9789888760053

香港參與國家改革開放志 下

香港地方志中心　編纂

中華書局

目錄

上　冊

第十四章
多媒體產業

第一節 音樂

一、流行音樂

1978 年國家實行改革開放後，香港同內地的往來逐漸密切。於 1978 年，內地接待入境人數達 180.92 萬人次，港澳台人士佔 86.31%。1978 年至 1979 年間，部分返鄉探親、旅遊的港澳台人士中，有帶同錄音機，以及香港和台灣地區的流行歌手，包括許冠傑、鄧麗君和劉文正等的卡式錄音帶（磁帶、盒帶）進入內地。

另一方面，毗鄰香港的廣東省，當地居民透過接收來自香港電視台的信號，接觸到香港電視劇的主題曲和插曲。1980 年，中國音樂家協會（中國音協）遼寧分會在該年的會刊指出，香港流行曲的傳播遍及全國各地，在內地大、中城市，有青少年互相傳抄流行曲的樂譜，並爭購這些香港和台灣地區歌手的卡式錄音帶。

1979 年起，廣州接待外賓的酒店開始經營音樂茶座，聘請內地歌手翻唱港台地區流行歌曲。同年 3 月，國有企業廣州太平洋影音公司（太平洋影音）與香港企業合作，首次引進國外先進的立體聲錄音帶灌錄設備，製作及出售各類音樂錄音帶，包括內地音樂人彈奏及翻唱的港台地區流行曲。自改革開放初期起，廣州引入港台地區流行曲和外國先進音響設備及技術，成為推動內地流行音樂產業發展的發源地。

1983 年至 1984 年，中、英兩國就香港回歸祖國問題進行談判。1984 年 2 月 1 日，中央電視台（央視）舉辦第二屆春節聯歡晚會（春晚），央視邀請香港歌手張明敏和奚秀蘭，以及演員陳思思參加，是該節目首次邀請香港歌手參加演出，來自港台地區的流行音樂首次在官方媒體向全國播放。他們演唱的國語曲目中，張明敏演唱《我的中國心》，歌詞由香港詞曲家黃霑填寫，歌詞最後一句「就算身在他鄉也改變不了我的中國心」。該曲在春晚播出後，全國廣為傳唱，同年獲中國音協月刊《歌曲》編輯部頒發第三屆晨鐘獎，是十首獲獎創作歌曲之一。由黎小田作曲、盧國沾作詞、葉振棠主唱的香港流行曲《萬里長城永不倒》，為同一屆晨鐘獎獲獎的五首電視歌曲之一，此曲為香港麗的電視台（1982 年 9 月改名亞洲電視，簡稱亞視）1981 年製作的電視劇《大俠霍元甲》主題曲。該劇於 1983 年至 1984 年在廣東電視台、央視及全國多個電視台相繼播出，是首部全國播放的香港電視劇。

1985 年年初，香港歌手再獲邀出席春晚，包括張明敏、奚秀蘭、羅文、汪明荃和斑斑。除 1983 年及 1994 年未有參加外，至 2017 年，香港流行歌手均有參加一年一度、全國播放的央視春晚節目。

1984 年，全國音像業發展迅速，在各個城市成立 300 多家音像公司，流行音樂產品銷量

上升。1984 年至 1985 年間，內地開始提出「通俗音樂」的稱謂，代替「流行音樂」一詞，指稱在內地民眾間廣泛流傳的歌曲作品。1986 年，通俗音樂正式成為央視歌唱比賽的項目，獲官方認可。同年，文化藝術出版社出版《鄧麗君自選演唱歌曲 225 首》，為內地首次公開出版鄧麗君的歌曲作品。

自 1984 年開始，香港流行音樂界往內地進行交流逐步頻繁，奚秀蘭、張明敏、葉振棠、汪明荃、羅文等成為首批在內地舉辦演唱會的香港歌手。1987 年，黃霑為有「小鄧麗君」之稱的內地歌手程琳創作《我常有一個夢》。1988 年 3 月，亞洲電視舉辦「88 未來偶像爭霸戰」，廣州歌手李達成獲邀參加，並獲得冠軍，隨即簽約香港華納唱片，成為廣東第一位簽約香港唱片公司的歌手，同年推出大碟《李達成・再一次》。李達成於 1990 年在廣州體育館一連舉行三場個人演唱會。

1991 年，香港和內地流行歌手相繼舉辦華東水災賑災活動，成為促進海峽兩岸和香港流行音樂界交流和發展的契機。同年 7 月 27 日，香港跑馬地馬場舉辦「演藝界總動員忘我大匯演」，出席的歌手、樂隊和藝人包括香港的羅文、林子祥、譚詠麟、梅艷芳、成龍等，內地的崔健、韋唯等，以及台灣地區的李宗盛、羅大佑、張艾嘉等。「忘我大匯演」主題曲《滔滔千里心》改編自保羅・西蒙的《惡水上的大橋》一曲，周禮茂作詞，由香港流行歌手羅文、葉麗儀、劉德華、張學友、葉蒨文等主唱。8 月 18 日，內地歌影視界參與上海舉辦的「8・18 上海賑災千人大義演」。

1990 年代開始，在香港跨國唱片公司的推動下，香港與內地的流行音樂界加強交流。1991 年，英資香港百代唱片公司簽約解曉東、毛阿敏等內地歌手，協助他們來港發展。另一方面，香港跨國唱片公司安排香港流行歌手往內地舉辦慈善演唱會及商業演唱會，將香港流行音樂產業的經驗帶進內地，包括演唱會製作和唱片宣傳的經驗。1992 年開始，香港流行歌手譚詠麟、黎明、林憶蓮、葉蒨文等往內地推廣他們的國語歌曲和舉辦演唱會。自1990 年代初起，香港與內地的流行歌手兩地跨境發展愈趨頻繁。

1990 年代中至 2017 年，香港流行歌手相繼進入內地流行音樂市場，在全國各省市舉辦演唱會、參加音樂頒獎典禮及電視綜藝節目等。他們成為內地觀眾追捧的明星。這段時期，在內地受歡迎的香港歌手包括王菲、香港「四大天王」劉德華、張學友、黎明和郭富城、周華健、陳奕迅、容祖兒、鄧紫棋（又名 G.E.M.）等。同一時期，內地歌手相繼來港開演唱會。1994 年 12 月 17 日，內地歌手竇唯、張楚、何勇、王瀾和唐朝樂隊在位於紅磡的香港體育館（紅館）舉辦「搖滾中國樂勢力」演唱會。2001 年 9 月 25 日，那英在紅館舉辦一場演唱會，為首位在紅館舉辦個人演唱會的內地歌手。2006 年 5 月，崔健及樂隊在香港 Hard Rock Café 舉行小型音樂會。截至 2017 年 7 月 1 日，其他在紅館開演唱會的內地歌手包括周筆暢（2015 年）和丁噹（2014 年、2017 年）。

2000 年後，隨着內地流行音樂商演市場迅速發展，部分香港作詞家、製作人往內地（尤其是北京）發展個人事業，與內地流行音樂界合作。香港音樂人陳少琪等在內地成立公司，為內地舉辦的音樂活動擔任監製及音樂總監。這些公司為香港和內地大型活動創作國語主題歌曲，以及在全球推廣內地及香港歌手的國語歌曲。

1. 香港流行音樂產業引進內地

1979 年，廣州東方賓館內的花園餐廳首次開辦小規模的音樂茶座，在中國出口商品交易會（廣交會）每年春、秋兩屆舉辦期間開放，每次辦一個月，憑護照入場，收費六元外匯券。東方賓館與廣東民間曲藝團作曲兼指揮吳國材合作，籌建音樂茶座的第一支輕音樂隊，吳國材將港台地區流行歌曲加入演出曲目。

1980 年 3 月，東方賓館在翠園宮餐廳開辦營業性音樂茶座，全年開放，吸引來自港、澳、台及海外的商務旅客觀賞，至 1981 年，茶座正式向公眾開放。隨後幾年，廣州的華僑大廈、廣州賓館、大同酒家、華僑酒店等相繼舉辦音樂茶座。

茶座歌手以翻唱港台地區流行歌曲和模仿當地歌手的舞台演繹手法而為觀眾認識，包括粵劇團出身的「廣州羅文」李華勇、廣東省民間樂團出身的「廣州鄭少秋」陳浩光、星海音樂學院聲樂系畢業生「廣州梅艷芳」湯莉、廣東省歌舞團出身的「廣州張國榮」陳棟等。

1980 年代初，廣州各處相繼開辦音樂茶座，歌手演出內容包括翻唱港台地區流行歌曲。圖為 1984 年 7 月，廣州賓館音樂茶座演出情況。（新華社提供）

1983 年和 1984 年年間，廣州有 70 多家音樂茶座。音樂茶座歌手演唱香港粵語流行曲作品，包括徐小鳳主唱的《風的季節》和《隨想曲》，鄧麗君主唱的《漫步人生路》，羅文主唱的《好歌獻給你》、《紅棉》和《願望就是明天》，甄妮主唱的《再度孤獨》，譚詠麟主唱的《酒紅色的心》、《愛的根源》和《愛在深秋》，汪明荃主唱的《萬水千山總是情》以及關正傑主唱的《天籟⋯星河傳說》等。

1980 年代初，廣州市政府成立專門管理音樂茶座的社會文化管理辦公室。1983 年，廣州市文化局、《羊城晚報》等單位聯合舉辦為音樂茶座徵歌的活動，鼓勵本土創作。1986 年 5 月，廣東省政府頒布《廣東省音樂茶座管理暫行辦法》，規定茶座播放及演唱曲目，以「我國傳統的和新創作的優秀歌曲為主」，世界名曲及港台地區流行歌曲為次（第五條）。

改革開放初期，香港流行音樂在廣東省普及的同時，香港企業協助內地引進先進的錄音帶製作器材。1978 年 6 月，香港百利唱片有限公司（百利唱片，1962 年成立）與廣東省廣播事業管理局 [1] 通過「補償貿易」方式合作，由港方代購引進立體聲音樂錄音帶灌錄設備，促進內地流行音樂產業的發展；而局方出售內地音樂產品的版權，供港方在境外市場發行。

1978 年 10 月，廣東省廣播事業管理局安排廣東電視台音樂音響組負責人廖明祖往香港考察學習。1979 年 1 月 3 日，局方投資成立太平洋影音，由廖明祖擔任第一代領導人。同年 3 月，太平洋影音取得全套立體聲錄音帶製作器材，成為全國第一家能夠生產立體聲卡式盒帶的企業。

1979 年 5 月，太平洋影音錄製、生產、出版、發行內地第一盒立體聲錄音帶《薔薇處處開 —— 朱逢博獨唱歌曲選》。朱逢博是改革開放後，內地首批使用「氣聲」演唱歌曲的流行歌手之一，因翻唱《薔薇處處開》（1968 年鄧麗君主唱）等流行歌曲而成名。根據太平洋影音代表 2006 年接受《南方都市報》記者採訪時提供的資料，太平洋影音經營的第一年虧損四萬元人民幣，第二年生產 800 萬盒錄音帶，轉虧為盈，盈利達 159 萬元人民幣。1981 年太平洋影音的純利潤為 429 萬元人民幣，至 1983 年急升至 1200 多萬元人民幣。

1982 年 5 月，太平洋影音開始採用明星包裝手法推廣音樂產品，為歌手度身訂做創作歌曲，簽約成為合約歌手。太平洋影音成為改革開放後，首個採取市場營銷手法推廣音樂產品和歌手的內地企業。太平洋影音第一首成功推銷的內地歌曲是《請到天涯海角來》，第一批成功推銷的內地歌手包括朱曉琳和沈小岑。

1980 年代初期起，太平洋影音發行由內地職業音樂師編曲和彈奏的港台地區及外國流行歌曲，嘗試推動內地流行音樂商業化。太平洋影音邀請 20 多位中央樂團的樂手，組成「太平洋樂隊」，為公司錄製流行樂曲。太平洋樂隊的成員包括 1984 年移居香港，並成為香港中樂團首席敲擊手的閻學敏。他們在完成北京的演奏工作後，南下廣州兩次，每次逗留約兩個星期，為太平洋影音彈奏灌錄四至六張流行音樂和輕音樂唱片或卡式錄音帶，包括《夢幻

曲》、《祝你幸福》和《祝你快樂》。每位樂手獲數千元人民幣的酬金。是時中央樂團 100 多位成員中，近百人的月薪低於 100 元人民幣。

1982 年 11 月 15 日，內地第一家集團化管理的大型音像出版單位中國唱片公司成立，原中國唱片社（1958 年成立）屬下的中國唱片廠、中國唱片發行公司等單位歸屬中國唱片公司。1983 年，中國唱片公司在上海、廣州、成都設立分公司。中國唱片公司廣州分公司在成立後，隨即錄製《廣州羅文—李華勇》專輯唱片，將在東方賓館音樂茶座翻唱香港粵語流行曲而成名的李華勇，介紹給內地廣大聽眾。

1980 年代初，內地開始播放香港電視台的連續劇，將香港流行歌曲推向全國。1983 年 5 月，亞洲電視武俠劇《大俠霍元甲》改名為《霍元甲》後在廣東電視台播出，隨後在全國其他電視台播放，由黎小田作曲、盧國沾填詞、葉振棠主唱的主題曲《萬里長城永不倒》傳遍全國。1985 年，香港電視廣播有限公司（TVB）的劇集《射鵰英雄傳》和《上海灘》在內地播映，《鐵血丹心》（顧嘉煇作曲、鄧偉雄填詞、羅文和甄妮主唱）、《世間始終你好》（顧嘉煇作曲、黃霑填詞、羅文和甄妮主唱）、《上海灘》（顧嘉煇作曲、黃霑填詞、葉麗儀主唱）等主題曲，在內地電視台播放。

太平洋影音於 1984 年推出音樂錄音帶《大號是中華—呂念祖專集》，收錄歌曲包括由廣東歌手翻唱香港亞洲電視劇集《陳真》的主題曲《大號是中華》。呂念祖為東方賓館音樂茶座的模仿歌手之一，以「廣州劉文正」的稱號為聽眾所熟悉。同年，太平洋影音推出音樂錄音帶《大地恩情》，收錄歌曲包括廣東歌手張鳳、呂念祖及李華勇翻唱的香港電視劇主題曲。

1980 年代至 1990 年代初期，廣州成為全國首個流行音樂生產中心。廣州最具影響力的音像及唱片公司包括太平洋影音、中國唱片公司廣州分公司、白天鵝和新時代。

1990 年，內地頒布《中華人民共和國著作權法》，正式將內地音像市場的版權納入法律保護。著作權法於 1991 年 6 月 1 日正式生效，使香港原版卡式錄音帶可以通過合法渠道引入內地。香港的粵語流行曲開始通過中國圖書進出口（集團）總公司，以音樂錄音帶為主的形式正式進入內地市場。

進入 1990 年代，跨國唱片公司（音像企業）決定重新開拓內地市場，利用它們在香港和台灣地區設立的分公司，以及收購當地最具規模的唱片公司，令港台地區成為開拓內地流行音樂市場的跳板。1994 年開始，在香港有悠久歷史的跨國公司百代唱片（EMI，1953 年在香港成立分公司，是香港最早成立的唱片公司）和 CBS／新力唱片（1979 年在香港成立，1997 年重新命名為新力唱片，2004 年與 BMG 合併，成為 SonyBMG）在內地設立代表處。1999 年，跨國公司環球唱片收購香港寶麗金公司。

1990 年代，跨國唱片公司開拓內地市場，與白天鵝及中國唱片公司等內地半官方音像企

業，以及京文、美卡等與官方有聯繫的音像公司合作，在內地發行香港及內地流行歌手專輯。1990 年代初，百代唱片與中國唱片公司上海分公司合作，在內地發行王菲等港台地區流行歌手的作品。

從 1999 年開始，國家加大對盜版音像市場的整頓力度，文化部分階段取締和關閉 200 多個盜版音像城，涉及 7000 多個商戶。同年文化部鼓勵發展音像連鎖經營，上海美亞、三辰影庫、牡丹四星、新華驛站等音像公司先後建立，同時又大力推進連鎖、超市、總代理、品牌經營、配送中心等營銷方式的發展。

2003 年 8 月 21 日，香港金牌經理人公司與內地 21 東方唱片公司結成策略聯盟，雙方進行地域業務融合，合作開拓內地及海外市場。金牌經理人公司旗下藝人在內地的演藝活動，交由 21 東方唱片公司負責。同年 12 月 8 日，文化部、商務部發布《中外合作音像製品分銷企業管理辦法》，自 2004 年 1 月 1 日起施行，允許香港、澳門服務提供者在內地以合資形式，設立音像製品分銷企業，港澳服務提供者可在合資企業中擁有多數股權，惟不得超過 70%。2004 年 2 月，跨國企業環球唱片與上海文廣集團於香港新世界中心簽署合資協議，成立上騰娛樂有限公司，開拓內地娛樂製作事業。

2009 年 5 月 9 日，香港與內地簽訂《內地與香港關於建立更緊密經貿關係的安排》（CEPA）的補充協議六，內地「允許香港服務提供者在內地以獨資形式提供音像製品（含後電影產品）的分銷服務」。同年 7 月，新聞出版總署、商務部頒布關於《中外合作音像製品分銷企業管理辦法》的補充規定。同年 10 月 1 日，該規定正式實施，允許港澳服務提供者在內地以獨資形式提供音像製品的分銷服務。這些港澳企業仍以中外合作形式經營，非外資獨立經營。2010 年 5 月 27 日，香港與內地簽訂 CEPA 補充協議七，「允許香港服務提供者在內地設立獨資、合資或合作企業，從事音像製品製作業務」。

2012 年 5 月 19 日，國家音樂產業基地廣州飛晟園區揭牌奠基儀式暨音樂高峰論壇在廣州舉行。新聞出版總署副署長孫壽山指出，廣東國家音樂產業基地是促進廣東及全國音像業發展的平台，加強內地與港澳台地區及國外市場文化交往的窗口。

2. 香港流行歌手參與內地綜藝節目

改革開放初期，香港歌手參與全國播放的綜藝節目，成為港台地區流行歌曲在內地傳播的途徑。1984 年 2 月 1 日，香港歌手奚秀蘭和張明敏、長城電影公司演員陳思思三人應邀到北京參加央視舉辦的第二屆春晚，是香港歌手和藝人首次受邀參加春晚。陳思思擔任其中一名司儀，並演唱《三笑》插曲，奚秀蘭演唱國語歌曲《花兒為什麼這樣紅》、《天女散花》、《阿里山姑娘》和《我的祖國》，張明敏演唱國語歌曲《我的中國心》、《壟上行》、《外婆的澎湖灣》和《鄉間的小路》。永恒唱片公司在同年 6 月推出《張明敏北京春節聯歡會特輯》現場演唱作品，僅出版錄音帶，以內地音像市場為銷售對象。

1985 年 2 月 19 日至 20 日，香港歌手和藝人張明敏、奚秀蘭、汪明荃、羅文和斑斑獲邀參加春晚演出。同年，奚秀蘭在上海發行《大地回春》錄音帶，是首位在內地發行原聲帶的歌手。1987 年初，活躍於港台地區演藝圈的中美混血兒歌手費翔獲邀參加春晚，演唱《故鄉的雲》和《冬天裏的一把火》。同年 10 月，太平洋影音推出費翔專輯《跨越四海的歌聲》，是內地音像界第一次與港台地區歌手合作製作音樂專輯。專輯在內地銷量達 300 萬盒。

1980 年代中至 2017 年，香港主要流行歌手受邀參加央視春晚包括甄妮、譚詠麟、鄺美雲（1991 年）、劉德華（1992 年）、羅文、王傑、郭富城（1993 年）等。1997 年香港回歸祖國，該年的春晚邀得彭羚演唱《公元一九九七》（見表 14-1-1）。

2000 年至 2010 年，央視播映《同一首歌》節目。節目為當時內地最大型、播放時間最長的音樂表演節目。香港歌手和藝人有出席該節目在內地、香港、澳門以至海外的演出。

2003 年 6 月 21 日至 22 日，北京舉行自 SARS 疫情後首個大型慈善演唱會 ——「同一首歌—陽光總在風雨後」大型晚會[2]，由全國政協聯同中國慈善基金會和央視聯合主辦。香港歌手郭富城和古巨基獲邀演出。同年 12 月 20 日，香港金利來集團在北京人民大會堂與央視《同一首歌》欄目聯合舉辦「金利來 35 周年慶典晚會」。全國人大常委會副委員長許嘉璐、全國政協副主席羅豪才、全國人大常委、金利來集團主席曾憲梓等出席慶典晚會。香港、內地、台灣地區、韓國四地的演藝明星參與演出。

2004 年 3 月 20 日，央視和香港電台在尖沙咀合辦「同一首歌走進香港—東方之珠大型歌會」。黎明、許志安、陳奕迅、容祖兒、楊千嬅、莫文蔚和余文樂等香港歌手和內地歌手一同參與演出。2007 年 6 月 21 日，《同一首歌》節目「同一首歌：ITAT[3] 之夜」在香港尖沙咀舉行，迎接香港回歸祖國 10 周年。該節目由香港 TVB 和央視聯合主辦，海峽兩岸和香港歌手及藝人參與演出。參與演出的香港歌手和藝人包括林子祥、汪明荃、梁詠琪、鍾鎮濤、米雪、朱茵、楊千嬅、呂方、許志安、林保怡等。2009 年 6 月 1 日，香港歌手鄧紫棋在央視製作的兒童節節目《童心如歌》六·一晚會上演唱。

2009 年至 2017 年間，內地地方電視台相繼創立或引進外國音樂真人秀及音樂表演節目，全國播放。節目包括《百事群音》、《麥王爭霸》、《我是歌手》、《中國最強音》、《中國夢之聲》、《快樂男聲》、《我的中國星》、《中國好聲音》、《中國音超》、《中國好歌曲》、《我為歌狂》、《粵唱越響》、《音樂大師課》、《中國新聲代》、《蒙面歌王》、《中國之星》、《誰是大歌神》、《我想和你唱》、《跨界歌王》、《蒙面唱將猜猜猜》、《天籟之戰》、《超強音浪》、《我想和你唱》。香港歌手和藝人參加這些節目成為參賽者、導師和評委（見表 14-1-2）。

 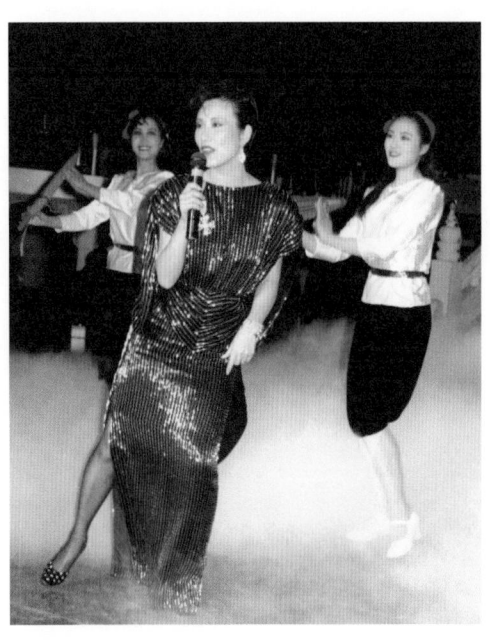

香港歌手奚秀蘭（左）和張明敏（中）與內地流行歌手李谷一（右）參加在北京舉辦的第二屆央視春晚，在演出前合照。（攝於 1984 年 2 月 1 日，張明敏提供）

1985 年 2 月 20 日凌晨，香港藝人汪明荃在北京舉辦的第三屆央視春晚上演唱《問候你，朋友》、《長城長江萬里長》和《家鄉》三首歌曲。（新華社提供）

1985 年 2 月 19 日晚，香港歌手羅文在北京舉辦的第三屆央視春晚上演唱《共享歡樂年》、《在我生命裏》和《中國夢》三首歌曲。（新華社提供）

表 14-1-1　1983 年至 2017 年香港演藝界參與央視春晚演出一覽表

年份	香港流行歌手、藝人（按出場序排列）	表演歌曲及節目
1983	未獲邀請	不適用
1984	奚秀蘭	《花兒為什麼這樣紅》、《天女散花》、《阿里山姑娘》、《我的祖國》
	張明敏	《我的中國心》、《壟上行》、《外婆的澎湖灣》、《鄉間的小路》
	陳思思（兼任主持人）	《三笑》插曲
1985[①]	羅文	《共享歡樂年》、《在我生命裏》、《中國夢》
	奚秀蘭	《故鄉情》
	張明敏	《登上高峰》
	汪明荃	《問候你，朋友》、《長城長江萬里長》、《家鄉》
1986	江樺	《燕子》、《阿拉木罕》
	張德蘭	《春光美》、《祝福歌》
1987	葉麗儀	《送給你明天的太陽》、《我們見面又分手》
1988	蔣麗萍	《故鄉情》
	葉振棠	《遊子心》
1989	徐小鳳	《明月千里寄相思》、《心戀》
1990	張明敏	《獻出心中誠與愛》、《我們愛這個錯》
1991	甄妮	《魯冰花》、《同一首歌》（與杭天琪合唱）
	譚詠麟	《水中花》
	鄺美雲	《留不住的話》
1992	劉德華	《心中常駐芳華》（與毛阿敏、張雨生合唱）
1993	梁雁翎（兼任主持人）	《像霧像雨又像風》
	鄺美雲	《除了你還有誰》
	成龍	《龍鼓喧天震四海》
	郭富城	《熱歌熱舞》、《把所有的愛都給你》、《全心演好每一個自己》（與馬萃如合唱）
	王傑	《回家》
	羅文	《攜手同行》（與解曉東、蘇芮、巫啟賢、那英合唱）
1994	未有參加	不適用
1995	劉德華	《忘情水》
1996	葉蒨文	《我的愛對你說》
1997	彭羚	《天使》、《公元一九九七》（與孫國慶等合唱）
	馬嘉仕（魔術師）	《魔術表演》（與姚金芬合作）（非歌曲類表演節目）

（續上表）

年份	香港流行歌手、藝人 （按出場序排列）	表演歌曲及節目
1998	周海媚	歌組合《流行風》中的《萬水千山總是情》（與其他歌手合作）
	王菲	《相約一九九八》（與那英合唱）
	劉德華	《大中國》（與毛寧、張信哲合唱）
1999	莫華倫（男高音）	《風，請你告訴我》（與胡曉平等合唱）
	梅艷芳	《床前明月光》
	溫兆倫	《激情飛越》（與韋唯、黃偉麟、蘇芮等合唱）
	曾志偉、沈殿霞	小品《減肥變奏曲》（與潘長江等合演）（非歌曲類表演節目）
2000	溫兆倫 （兼任主持人）	《大年三十》（歌舞表演；與其他歌手合唱）
	梁詠琪	《澳門，我帶你回家》（與黃偉麟、蔡國慶等合唱）
	黎明	《快樂 2000 年》
	謝霆鋒	《今生共相伴》
2001	李玟	《好心情》（歌舞表演；與紫色舞蹈團合作）
	鄭伊健	《選擇你的愛》（與章子怡合唱）
	梁朝偉、張曼玉	《花樣年華》
2002	陳慧琳	《踏雪尋梅》（組歌之一）（在深圳演唱）
	莫華倫	《飲酒歌》（北京、深圳）（小品；與內地藝人合作）
2003	張柏芝	《DV 今晚》（與解曉東合唱）
	林憶蓮	《至少還有你》
	郭富城	《動起來》
2004	莫文蔚	歌組合中的《外面的世界》（與齊秦合唱）
	王菲	《難忘今宵》（最後一曲）（與其他歌手合唱）
2005	劉德華	《恭喜發財》
	成龍	《壯志凌雲》（武術歌舞）
	房祖名	《爭奇鬥艷—流行風》聯唱中的《要強》（與其他歌手合作）
	容祖兒	《揮着翅膀的女孩》（與魏思佳、謝風合唱）
2006	謝霆鋒	《百家姓》（與其他歌手合唱）
	Twins	《2005 流行風》中的《見習愛神》（與其他歌手合作）
	莫華倫	《難忘今宵》（最後一曲）（與其他歌手合唱）
2007	容祖兒	歌組合《歡樂和諧·流行色二》中的《越唱越強》
2008	梁詠琪	歌曲聯唱《點擊時尚》中的《天天向上》（與黃聖依合唱）
2009	成龍、陳奕迅、容祖兒	《站起來》（歌舞；與譚晶合作）

（續上表）

年份	香港流行歌手、藝人（按出場序排列）	表演歌曲及節目
2010	容祖兒	《相親相愛》（與其他藝人合唱）
	王菲	《傳奇》
	陳奕迅	《龍文》（與譚晶合唱）
2011	容祖兒、古巨基	《新民樂組合》中的《康定情歌》
	方大同	《愛愛愛》（歌舞新勢力；與其他歌手合作）
2012	蔡卓妍	《歡樂中國年》（與李谷一等合唱）
	張衞健、張茜夫婦	《祝福你》
	李雲迪 [2]	《金蛇狂舞》、《龍的傳人》（創意鋼琴加歌曲；與王力宏合作）
	王菲、陳奕迅	《因為愛情》
	張明敏	聯曲《致敬 30 年》中的《我的中國心》（與費翔等歌手合作）
2013	陳慧琳	《抱喜》
	郎朗 [2]	《指尖與足尖》（創意樂舞；與侯宏瀾合作）
2014	成龍、張學友	《春晚是什麼》（開場短片；與一眾演員歌手合作）
	李玟	《想你的 365 天》（開場歌曲；與其他歌手合唱）
	成龍	《劍心書韻》（創意武術；與山東省萊州中華武校等合作）
	梁家輝、陳慧琳	《最好的夜晚》
	郎朗	《野蜂飛舞》（創意樂器；與雪兒等合作）
	張明敏	《我的中國夢》
2015	張智霖、袁詠儀、楊千嬅、丁子高	《四世同堂合家歡》（開場歌舞；與其他歌手藝人合作）
	劉德華	《回家的路》
	莫文蔚	《當你老了》
	鄧紫棋	《多遠都要在一起》
	郎朗	《從前慢》（與歌手劉歡、小提琴家呂思清合作）
	莫華倫	《把心交給你》（與呂薇、中國傳媒大學合唱團合唱）
2016	梁詠琪	《山水中國美》（與其他歌手、上海評彈團、蘇州評彈學校合作）
	甄子丹	《天地人和》（武術；與山東萊州中華武校合作）（非歌曲類表演節目）
	草蜢	《難忘今宵》（結束曲；與李谷一等合唱）
2017	李克勤、蔡卓妍	《太陽出來喜洋洋》（歌舞）
	陳偉霆	《愛你一萬年》（與鹿晗合唱）
	鄧紫棋	《歌從灕江來》（歌舞；與黃婉秋、張信哲合唱）
	成龍	《國家》（與海峽兩岸和香港及少數民族大學生代表合唱）
	李玟	《夢想之城》（歌曲與雜技；與其他歌手舞者合作）

資料來源： 央視網、易車網春晚節目單 https://www.yiche.com/chunwan/jiemu/。
注：① 香港藝人斑斑沒有演唱，擔任主持人。
　　② 內地鋼琴家郎朗和李雲迪申請優秀人才入境計劃，分別於 2006 年 11 月和 2007 年 1 月成為香港居民。

表 14-1-2　2009 年至 2017 年參與部分內地音樂真人秀及節目的香港評委、導師及參賽者

首播日期	節目名稱	內地播放媒體	評委／導師	參賽者[©]
2009 年 7 月 4 日	百事群音	浙江衞視	黃貫中、陳少琪、 黃家強	不適用
2011 年 10 月 26 日	2011 麥王 爭霸	廣東廣播 電視台	張敬軒擔任推廣大使	不適用
2012 年 10 月 13 日	2012 麥王 爭霸	廣東廣播 電視台	古巨基擔任形象大使	不適用
2012 年 11 月 4 日	2012 直通 春晚	央視	劉德華、成龍、林夕	劉威煌、胡鴻鈞、陳鴻碩
2013 年 1 月 18 日	我是歌手 （第一季）	湖南衞視	不適用	黃貫中
2013 年 4 月 19 日	中國最強音	湖南衞視	陳奕迅	不適用
2013 年 6 月 29 日	2013 年 快樂男聲	湖南衞視	謝霆鋒	不適用
2013 年 7 月 7 日	我的中國星	湖北衞視	譚詠麟、李克勤	不適用
2013 年 7 月 12 日	中國好聲音 （第二季）	浙江衞視	不適用	鍾偉強
2013 年 10 月 12 日	2013 麥王 爭霸	廣東廣播 電視台	張敬軒擔任推廣大使	Bro5、周美欣
2013 年 11 月 12 日	2013 直通 春晚	央視	林夕、陳小春	不適用
2013 年 12 月 22 日	中國音超[②]	深圳衞視	向雪懷、伍樂城、 陳欣健	謝安琪
2014 年 1 月 3 日	中國好歌曲 （第一季）	央視	周華健	柳重言
2014 年 1 月 3 日	我是歌手 （第二季）	湖南衞視	不適用	鄧紫棋
2014 年 5 月 17 日	我為歌狂 （第二季）	安徽衞視	林夕 （首席音樂評委）	泳兒
2014 年 7 月 18 日	中國好聲音 （第三季）	浙江衞視	不適用	Robynn & Kendy、鄧小巧
2014 年 8 月 30 日	2014 麥王 爭霸	廣東廣播 電視台	梁榮駿、舒文； 張敬軒擔任推廣大使	泳兒、關楚耀、王菀之、 湯寶如、洪卓立
2014 年 12 月 13 日	粵唱越響	廣東廣播 電視台	黎彼得、陳少寶擔任 「話事人」	黃凱芹、林志美、曾航生、楊思琦、 鄭融、鄭欣宜、吳國敬、王馨平、 蔡立兒、雷安娜、林漢洋
2015 年 1 月 2 日	中國好歌曲 （第二季）	央視	周華健	鍾舒曼、鍾舒祺、林二汶

（續上表）

首播日期	節目名稱	內地播放媒體	評委／導師	參賽者[1]
2015 年 1 月 2 日	我是歌手（第三季）	湖南衛視	不適用	古巨基
2015 年 7 月 11 日	中國新聲代（第三季）	湖南廣播電視台	李治廷、古巨基	不適用
2015 年 7 月 17 日	中國好聲音（第四季）	浙江衛視	鄧紫棋	趙展彤、李嘉琪、她她組合成員 Kartina
2015 年 7 月 19 日	蒙面歌王	江蘇衛視	李克勤	李克勤、梁詠琪
2015 年 10 月 17 日	2015 麥王爭霸	廣東廣播電視台	男人幫[3]擔任推廣大使，陳奐仁、查小欣任評委	C AllStar、鄭敬基、她她組合 、 BOP 天堂鳥、海俊傑）
2015 年 11 月 21 日	中國之星	東方衛視	林憶蓮	許志安、林憶蓮
2016 年 1 月 15 日	我是歌手（第四季）	湖南衛視	不適用	李玟、李克勤、容祖兒
2016 年 2 月 13 日	音樂大師課（第二季）	北京衛視、四川衛視	古巨基	不適用
2016 年 3 月 6 日	誰是大歌神	浙江衛視	不適用	譚詠麟、曾國祥、梁漢文、周華健、特別嘉賓曾志偉
2016 年 5 月 7 日	我想和你唱（第一季）	湖南衛視	不適用	容祖兒、李玟、古巨基、李克勤
2016 年 5 月 28 日	跨界歌王（第一季）	北京衛視	不適用	陳松伶、胡杏兒、王祖藍
2016 年 9 月 18 日	蒙面唱將猜猜猜	江蘇衛視	李克勤	許志安、陳曉東
2016 年 10 月 16 日	天籟之戰（第一季）	東方衛視	莫文蔚	不適用
2016 年 10 月 22 日	2016 麥王爭霸	廣東廣播電視台	不適用	張敬軒、陳樂基、鍾偉強
2017 年 1 月 21 日	歌手 2017	湖南衛視	不適用	林憶蓮、杜麗莎、側田、張敬軒
2017 年 4 月 2 日	超強音浪（第二季）	山東衛視	不適用	容祖兒
2017 年 4 月 15 日	跨界歌王（第二季）	北京衛視	不適用	鄧萃雯
2017 年 4 月 29 日	我想和你唱（第二季）	湖南衛視	不適用	譚詠麟、葉蒨文、梁詠琪、楊千嬅、李玟、鄧紫棋、林子祥、張智霖、林憶蓮
2017 年 6 月 25 日	超強音浪（第三季）	山東衛視	不適用	杜德偉、鄭伊健、林曉峰

注：① 如比賽設有海選，只記錄進入準決賽的參賽者。
　　② 前身為中國音樂金鐘獎流行音樂大賽，是由中共中央宣傳部批准成立，由中國文聯、中國音協和中共深圳市委宣傳部主辦，是內地唯一常設的國家級流行音樂大獎賽。
　　③ 男人幫由香港歌手蘇永康、梁漢文、黃家強以及台灣地區歌手任賢齊在 2015 年組成。

部分流行音樂節目由香港人引進內地，包括《中國好聲音》、《中國好歌曲》、《蒙面歌王》、《蒙面歌王猜猜猜》和《中國之星》。它們皆由香港星空傳媒旗下的燦星製作原創、或從外國引入內地播映。香港音樂人梁翹柏擔任《我是歌手》、《中國最強音》、《中國之星》等內地綜藝節目的音樂總監。他為參賽歌手改編歌曲，包括在 2014 年年初《我是歌手》第二季節目中，改編香港歌手鄧紫棋演唱的香港樂隊 Beyond 原唱曲《喜歡你》。同年 4 月 4 日，《我是歌手》第二季進入總決賽，鄧紫棋獲得亞軍，自此在內地樂壇走紅。另一方面，香港歌手陳奕迅、容祖兒、陳慧琳、許志安、楊千嬅、李克勤、盧巧音擔任《我是歌手》節目的唱片監製、作曲與編曲人。節目的吉他手黃仲賢、Jason Kui 以及低音結他手單立人也來自香港。

2014 年，廣東廣播電視台珠江頻道、音樂之聲頻率聯合主辦，廣東南方之星影視節目有限公司策劃、製作，粵語歌曲發展聯合會協辦大型粵語音樂真人秀《粵唱越響》，同年 12 月 13 日首播。《粵唱越響》是《我是歌手》的粵語版，邀得香港資深音樂人黎彼得和陳少寶擔任節目的「話事人」（嘉賓評委）。黎彼得曾為譚詠麟、梅艷芳、張國榮等歌手填詞；陳少寶曾發掘香港流行歌手王菲、Beyond、張敬軒等。

2014 年 4 月 4 日晚在湖南長沙舉行的《我是歌手》第二季總決賽，香港歌手鄧紫棋（左）在總決賽中獲得亞軍，並與另一香港歌手方大同（右）合唱《春天裏》。（中新圖片提供）

3. 香港流行歌手在內地舉行演唱會

1980 年代初期，香港流行歌手首次在內地舉辦慈善演唱會。1984 年 7 月 23 日至 25 日，奚秀蘭一連三日在首都體育館參加中國殘疾人福利基金籌款義演晚會，為首名在內地舉行個人演唱會的香港流行歌手。演唱會門票原價 0.9 元至 1.5 元人民幣，18,000 張門票全部售罄。演唱會獲 13 個北京團體給予資助。奚秀蘭所屬的香港風行唱片有限公司贊助演唱會，並製作 5000 盒《奚秀蘭演唱會歌曲精選集》音樂錄音帶在演唱會場義賣。演唱會的門票及義賣共籌得款項 50 萬元人民幣。

1984 年 8 月 7 日，張明敏應《北京青年報》邀請，在首都體育館舉行一連四場「《我的中國心》獨唱音樂會」，為「愛我中華，修我長城」活動義演。

1984 年 8 月 18 日，香港歌手葉振棠在廣州中山紀念堂舉行個人演唱會，為首名在該場館表演的香港歌手。同年 10 月 28 日，廣東省作家協會及文化局屬下演出公司主辦，在廣州中山紀念堂舉行以改革開放及特區成就為主題的「詩與歌」演唱會，香港演員兼歌手汪明荃與孫道臨、秦怡、趙青、陳燁等內地演員一同演出，共有 5000 名觀眾。

1984 年 9 月 13 日，香港華林集團和中國廣播藝術團，在北京工人體育館為北京市社會福利基金會舉行義演。參演的香港歌手包括陳棟（1983 年由廣州移居香港，同年獲亞洲電視主辦全港精英歌唱大賽冠軍）和蔣嵐。習仲勳、宋任窮、薄一波等國家領導人觀看演唱會，9 月 15 日《人民日報》第四版予以報道。

1985 年 1 月 5 日，香港電視劇《大俠霍元甲》演員梁小龍、黎漢持、容惠雯等出席在廣州體育館舉辦的表演會。表演由廣東音樂舞蹈劇院舞劇團和香港樂師伴奏，並由廣東粵劇院藝員伴舞。梁小龍等演唱《龍的傳人》及《大俠霍元甲》電視劇主題曲《萬里長城永不倒》等歌曲，並表演自由搏擊。同年 3 月 14 日至 18 日，羅文在廣州中山紀念堂舉行一連五場演唱會，由廣東省對外藝術交流中心與香港唱片公司合辦，是廣州市第一次由政府機構主辦的香港歌手個人公開表演。在此次演唱會與羅文合作的廣東省舞蹈學院師生，在同年 5 月獲邀參演羅文在紅館舉行的個人演唱會。

1988 年，香港女歌手陳慧嫻在廣州體育館舉行三場個人演唱會，是首位在廣州舉行個人演唱會的香港女歌手。

1988 年 5 月 21 日至 1989 年 4 月 12 日，張明敏為第 11 屆北京亞運會新興建月壇體育館籌款，在北京國際聲像藝術公司等機構的協助下，張明敏從香港攜帶音響設備和工作人員，在天津、武漢、瀋陽、哈爾濱、蘭州、成都、昆明、桂林、南京、上海、南昌、北京等 23 個城市的體育場館舉行 145 場全國巡迴個人演唱會，共籌得款項 60 餘萬元人民幣。張明敏是首位在內地進行全國巡迴演唱會的香港流行歌手。

進入 1990 年代，多位香港歌手前往內地舉行個人演唱會和慈善演唱會。1990 年 5 月，北京工人體育館、廣州體育館分別舉辦「亞運前夜」大型演唱會，參與的香港歌手包括李克勤、關淑怡等。

1991 年 5 月至 6 月間，華東地區發生嚴重水災，香港和內地流行歌手相繼舉辦賑災活動。同年 7 月 27 日，香港跑馬地馬場舉辦「演藝界總動員忘我大匯演」，多名香港、內地及台灣地區流行歌手參加。

1990 年代初開始，世界跨國唱片公司利用香港分公司作為跳板，開拓內地流行音樂市場，包括安排旗下香港歌手赴內地舉辦演唱會。1991 年年初，寶麗金唱片旗下歌手譚詠麟首次參加央視春晚，同年在香港及內地參加華東賑災活動。1992 年 11 月 17 日至 24 日，以及 12 月 4 日至 6 日，譚詠麟分別在廣州天河體育館及上海體育館舉辦 11 場個人演唱會，開始其在內地的商演活動。1993 年 6 月，在上海、廣州、深圳及汕頭，譚詠麟及其他溫拿樂隊成員，共舉辦 10 場演唱會。同年 10 月，譚詠麟在北京工人體育館、廣東中山體育場、南京五台山體育館及湛江體育館舉辦 10 場個人演唱會。自 1992 年 11 月 17 日至 2017 年 6 月 30 日，除了 2000 年，譚詠麟每年均在內地舉辦個人演唱會，或與溫拿樂隊及李克勤合作舉辦演唱會，總場次為 172 場。舉辦地點主要為內地一、二線城市的體育館和體育中心。

1992 年 10 月 29 日，「黎明北京大型義演音樂會」首場演唱會在首都體育館舉行，共有 18,000 名觀眾出席。演唱會由北京中華文化交流與合作促進會主辦，為文化交流而籌款。該次演唱會以演唱粵語歌曲為主。黎明抵達北京至釣魚台國賓館出席歡迎晚宴，獲全國人民代表大會常務委員會副委員長廖漢生和中華全國歸國華僑聯合會主席莊炎林等接見。央視拍攝演唱會特輯。同年 11 月 1 日，黎明北京歌迷會成立。

1993 年 3 月，香港歌手張學友發行第五張國語專輯《吻別》，收錄的歌曲為張學友粵語歌曲重填國語歌詞為主。張學友在同年舉辦《學與友 93 世界巡迴演唱會》。演唱會包括內地站，將香港商演的經驗和模式引入內地。

1993 年 4 月 18 日，香港與內地歌手及藝人在北京人民大會堂參與《減災扶貧創明天》義演，為內地西部貧困地區籌款。梅艷芳、曾志偉、劉德華、林子祥、張學友、譚詠麟、張曼玉等參與演出，內地歌手那英、毛阿敏等出席義演。「四大天王」分別演唱民歌：《沙里洪巴》（郭富城）、《康定情歌》（張學友）、《虹彩妹妹》（黎明）及《掀起你的蓋頭來》（劉德華）。同月月底，閉幕匯演移師香港跑馬地馬場舉行，黎明、郭富城、林憶蓮、羅文、蘇芮、倫永亮、蔡楓華等數十名演藝人參與演出。

1998 年 8 月 21 日，人民大會堂舉行「同獻愛心」賑災籌款晚會，為該年長江水災籌款。晚會由央視全國轉播。香港藝人汪明荃和曾志偉應邀擔任晚會司儀，黎明和王菲等香港歌手參與表演。

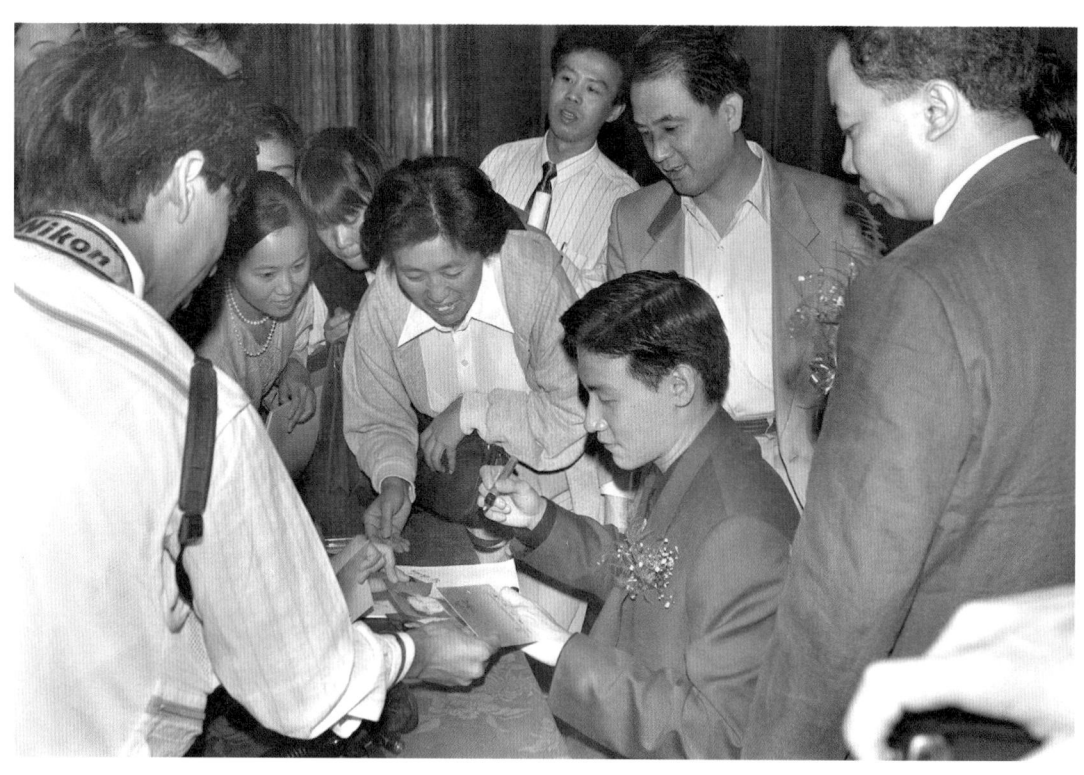

1993 年 9 月 19 日，香港歌手張學友在北京出席「93 張學友中國巡迴演出」新聞發布會，會後為來賓簽名。演唱會為《學與友 93 世界巡迴演唱會》內地站，於同年 10 月至 12 月在北京、上海、天津等城市舉行。（新華社提供）

1993 年 5 月 31 日至 6 月 1 日，香港歌手郭富城在北京首都體育館為第七屆全國運動會舉行集資義演。（新華社提供）

香港歌手黎明於 1992 年 10 月 29 日在北京舉辦大型義演音樂會後，同月 31 日往北海公園參觀，並擺出姿勢讓記者拍照。（新華社提供）

1997 年 8 月 30 日，香港歌手劉德華（左一）參加在北京慕田峪長城舉辦的義演活動，為甘肅乾旱地區農民用水工程籌款。（中新圖片提供）

2014 年 8 月 2 日，香港歌手陳奕迅在廣西南寧舉辦個人演唱會。（美聯社提供）

1998 年 12 月 22 日，香港歌手劉德華應國務院邀請，於北京人民大會堂舉行慶祝國家改革開放 20 周年慶典上，演唱歌曲《東方之珠》。同月 28 日，劉德華出席由央視在深圳主辦的第五屆康佳盃中國音樂電視大獎頒獎禮，以《中國人》及《東方之珠》兩首歌曲取得音樂錄影帶大獎，同時在 120 萬人投票當中，劉德華憑《中國人》取得最高票數，奪得「海外及港台地區特別大獎」，《東方之珠》則取得節目金獎。

根據道略音樂產業研究中心的數據，2014 年內地個人演唱會票房最高的前十名歌手中，有四名是香港歌手，分別是陳奕迅、鄧紫棋、譚詠麟和李克勤。陳奕迅以全年 33 場，共約三億元人民幣的演唱會門票收入名列榜首。

4. 香港與內地的流行音樂創作交流

1970 年代末至 1980 年代初，大量港台地區流行音樂輸入內地，內地音樂人重新錄製和翻唱港台地區及海外傳入的歌曲。同時期，內地流行音樂界受港台地區流行音樂影響，開始嘗試發展本土原創歌曲。1978 年，廣東民間曲藝團音樂創作員吳國材和蔡衍棻共同創作《星湖蕩舟》，此曲為廣東第一首原創粵語流行曲。廣州成為內地流行音樂發展的發源地。

1985 年起，香港音樂人黃霑、向雪懷、林慕德、蘇德華等常到廣州舉辦流行音樂講座、錄音，以及參與演唱會工作。兩地音樂人在粵語流行曲的填詞和作曲等方面交流。1987 年，黃霑為內地歌手程琳創作《我常有一個夢》，收錄於其專輯《程琳新歌·1987》。

1987 年至 1988 年間，內地流行音樂界掀起「西北風」浪潮。與港台地區歌曲歌調偏向柔弱的風格有異，「西北風」流行歌曲吸收內地西北民歌強烈節奏的風格，並引入歐美國家的搖滾音樂文化。「西北風」代表作品包括內地歌手崔健主唱的《一無所有》、程琳主唱的《信天游》和范琳琳主唱的《黃土高坡》等。1989 年 4 月，崔健及樂隊的專輯《新長征路上的搖滾》在內地、香港及台灣地區同步發行，在港台地區發行時唱片改名為《一無所有》，在香港由百代唱片代為發行，專輯在香港獲得白金唱片獎，即銷量逾五萬張。1990 年 1 月，由香港電台主辦的第 12 屆（1989 年度）十大中文金曲音樂頒獎禮，首設優秀國語歌曲獎，崔健主唱的《一無所有》和王虹主唱的《血染的風采》獲獎。

1988 年，廣東音樂人許建強創作粵語歌曲《願你把心留》。1992 年，香港歌手黃凱芹在廣州演出綵排時發現這首歌，委託經紀人買下這首歌的版權，交由香港飛圖唱片公司重新編曲，歌名改為《晚秋》。黃凱芹演唱的《晚秋》在粵港兩地獲得好評。

1989 年，珠江經濟電台舉辦節目《音樂衝擊波》，發掘粵語歌曲創作及演唱人才。節目介紹廣東音樂人王文光作曲、許建強填詞、廖百威原唱的《My Shirley》。此曲後來由香港寶麗金唱片公司音樂監製向雪懷重新填詞，交由香港歌手李克勤演唱。1992 年，香港填詞人潘偉源為內地音樂人李海鷹創作的作品《彎彎的月亮》重新填寫粵語歌詞，由香港歌手呂方翻唱。1993 年，廣東音樂人李海鷹、陳潔明接下央視電視劇《女人天生愛做夢》的歌曲

創作工作，其中一首《我的愛對你說》後來交給香港華納唱片公司發行，由葉蒨文演唱。這首歌在 1994 年獲廣州十大原創金曲獎及廣州新音樂十大金曲獎。

1993 年，廣東人陳輝權、梁天山等組建樂隊「豐收音樂合作社」，其創作風格受香港 Beyond 樂隊的影響。樂隊隊長陳輝權是結他手、主要創作人和主唱。2015 年 6 月，陳輝權發表一首向 Beyond 樂隊已故主唱黃家駒致敬的歌曲《致家駒》。

2004 年，由內地歌手刀郎創作的作品《2002 年的第一場雪》，經香港填詞人潘偉源重新填寫粵語歌詞，經由歌手譚詠麟翻唱，改名為《講不出的告別》。

截至 2017 年，香港「第四代填詞人」林夕、黃偉文、周耀輝等有為內地歌手填詞。林夕為內地歌手周筆暢填詞的歌曲，包括 2006 年的《風箏》、2007 年的《傻瓜的天才》、2013 年的《花樽與花》（《蜜友》的粵語版）。2015 年，周筆暢音樂專輯《翻白眼 III》中，其中兩首歌曲《翻白眼》及《愚公移山》（粵語）由黃偉文填詞，為他首次為內地女歌手填詞。

二、嚴肅音樂

香港職業樂團於內地實行改革開放前相繼成立，職業化的香港管弦樂團（港樂）和香港中樂團分別於 1974 年及 1977 年成立。音樂團體包括中樂團、泛亞交響樂團（1976 年成立）及音樂事務統籌處（1977 年成立，1995 年更名為音樂事務處），吸納了「文革」前後從內地移居香港的專業音樂家，為其提供就業機會施展所長。民間社團包括負責每年舉辦香港藝術節的香港藝術節協會（1972 年成立）、由香港作曲家林聲翕、林樂培等發起成立推廣亞洲音樂的機構亞洲作曲家同盟（ACL，1973 成立）、維護音樂版權的香港作曲家及作詞家協會（CASH，1977 成立）、統辦內地藝團藝人來港演出的香港聯藝機構有限公司（1977 年成立）等，這些音樂團體成為內地與香港、國際音樂同行交流合作的主體。

改革開放初期，音樂節和藝術節是香港與內地音樂團體及音樂家交流合作的主要形式，包括 1980 年由市政局舉辦的第五屆亞洲藝術節及 1981 年香港藝術節，首次邀請內地院團來港演出；1981 年 3 月在香港舉辦的亞洲作曲家同盟周年大會及音樂節，內地首次派出代表團來港出席，海峽兩岸和香港音樂家在香港舉辦的音樂盛會中作歷史性會面，香港擔當了促進海峽兩岸和本地交流的橋樑角色。1982 年 12 月香港電台派員前往廣州採錄第三屆羊城音樂花會，1983 年香港電台第四台與廣東省人民廣播局共同製作特備節目「1982 年羊城音樂花會」，播出音樂會錄音並介紹廣州樂壇現況。

香港唱片公司方面，藝聲唱片公司（藝聲唱片，1956 年成立）和百利唱片在改革開放前已代理發行及總經銷中國唱片、太平洋影音的音像產品，營銷到港澳以及東南亞市場。1980 年代中，數家製作及發行古典音樂與民族音樂的唱片公司在香港相繼成立，包括 1986 年成

立的香港雨果錄音製作有限公司（1991 年更名為雨果製作有限公司）、1987 年成立的拿索斯唱片（前身為 1978 成立的廠牌 HK Records）及 1993 年成立的龍音製作有限公司，將內地音樂作品、音樂家以及音樂團體向國際市場推廣。

1985 年 4 月，中共中央辦公廳和國務院辦公廳轉發文化部《關於藝術表演團體的改革意見》，提出模仿經濟體制改革的經驗，在文化單位推行以承包經營責任制為主要內容的改革；1988 年 9 月，國務院批轉文化部《關於加快和深化藝術表演團體體制改革的意見》，提出實行「雙軌制」改革，即一軌為需要國家扶持的全民所有制形式，另一軌為多種所有制的藝術團體，由社會主辦。香港職業樂團的營運和管理方式，得到內地同行的認可和借鑒，香港音樂家及藝術管理專家獲邀參與到內地藝術表演團體體制改革過程中，包括 1997 年 3 月香港指揮家葉詠詩獲聘為廣州交響樂團（廣交）實行體制改革後的首任首席指揮，協助樂團逐步走向職業化及國際化。

1997 年 7 月 1 日香港回歸，兩地合作舉辦慶祝活動，包括九七回歸音樂節，香港回歸後兩地文化藝術交流日益緊密。2001 年 4 月 1 日，香港中樂團、香港舞蹈團及香港話劇團三間新公司宣布成立，接管藝團的運作，聯同香港管弦樂團及香港小交響樂團（1999 年職業化）在內的香港主要藝團由政府撥款資助，香港樂團的外訪演出機會增多，與內地的文化藝術和人才培訓計劃不斷融合發展，包括自 2006 年推出的「何鴻毅家族基金—香港管弦樂團駐團學員培訓計劃」，2009 年香港中樂團與西安音樂學院合作，成立全球首間香港中樂團樂隊學院，以及 2011 年香港中樂團創辦全球首屆國際中樂指揮大賽等，為海峽兩岸和香港與海外的音樂家及音樂團體提供國際文化交流及專業培訓機會。

1. 香港音樂團體往內地演出交流

香港管弦樂團　　1986 年 2 月 15 日至 25 日，香港管弦樂團第四任音樂總監施明漢（Kenneth Schermerhorn）率領逾百名樂團成員首次出訪內地，在上海、杭州及北京作為期 11 天的巡演。此次巡演由中國對外演出公司主辦，最後一站演出安排在開幕僅一個月的北京音樂廳舉行，港樂成為首個在該場館演奏的境外樂團，曲目包括香港作曲家曾葉發的《管弦樂序曲》。港樂的首次內地巡演，建立樂團與上海交響樂團及中央樂團的合作基礎，雙方洽定互邀指揮合作演出。

1997 年 5 月，港樂應文化部邀請，由第五任總監艾德敦（David Atherton）率領重訪北京及上海作巡迴演出，作為內地慶祝香港同年 7 月回歸的重要節目。1999 年 10 月，總監艾德敦再度率領港樂在人民大會堂為第二屆北京國際音樂節作開幕演出，是港樂在香港回歸後首次到內地表演。香港管弦樂團第一副團長徐惟聆獨奏格拉祖諾夫《小提琴協奏曲》，樂團演奏駐團作曲家陳偉光創作的《懷遠》。

2006 年起，香港何鴻毅家族基金與港樂合作推出「何鴻毅家族基金—香港管弦樂團駐團學

1986 年 2 月 23 日，香港管弦樂團在北京音樂廳演出後，與文化部部長朱穆之（前排右五）等合照。（新華社提供）

員培訓計劃」，每年為北京中央音樂學院、上海音樂學院及香港演藝學院音樂學院的 10 位
畢業生，提供一個樂季的交流及駐團實習機會，助其晉身職業樂團。該計劃由 2009 年至
2012 年間擴展至四川音樂學院及廣州星海音樂學院的學生。

直至 2009 年 3 月，有四位內地學員成為港樂的全職樂師。2009 年 1 月，港樂藝術總監兼
總指揮艾度·迪華特（Edo de Waart）率領樂團在內地巡演，分別在廣州、北京及上海大
劇院演出，有五位內地提琴手作為駐團學員參加這次巡演。由 2010 / 2011 樂季開始，該
駐團培訓計劃接受來自全球華裔青年弦樂手參加，促進華人青年音樂家的交流，並為其提
供專業培訓機會。

2014 年 12 月起，港樂與上海樂隊學院開展合作計劃，學生可以與港樂或上海交響樂團排
練及同台演出，助其發展音樂事業。2016 年 10 月，音樂總監梵志登（Jaap van Zweden）
率團到上海、天津和北京巡演。曲目包括香港作曲家林丰委約作品《蘊》、小提琴家楊天媧
演繹莫扎特第四小提琴協奏曲，以及馬勒第一交響曲。其間港樂為上海樂隊學院學生舉辦
大師班及指導音樂會。

香港中樂團　自 1977 年 4 月香港中樂團成為職業樂團，吳大江擔任創團音樂總監，為樂
團奠定發展基石，以及與內地合作的基礎，包括確立委約兩地作曲家創作新作的制度、邀
請內地名家來港擔任客席指揮等。1987 年 9 月，香港中樂團應文化部之邀，第二任音樂總
監關迺忠及助理音樂總監白德率團首次出訪內地，參加在北京舉行的第一屆中國藝術節，
香港中樂團是唯一獲邀的香港藝團。演奏曲目包括關迺忠的《拉薩行》、林樂培的《昆蟲世
界》、內地作曲家瞿小松為樂團笛子首席鄭濟民創作的管樂協奏曲《神曲》，以及顧嘉煇《電

1987 年 9 月 12 日，香港中樂團在北京音樂廳舉行首場音樂會，站立者為指揮關迺忠。（新華社提供）

視主題曲組曲》。出訪期間中國音樂家協會及中央音樂學院與中樂團舉行聯誼會，與會代表一致表示加強海內外民樂界的聯繫和合作。

自 2001 年 4 月 1 日香港中樂團有限公司成立，推行樂團公司化後，樂團增加外訪演出，以推廣中樂及提升樂團的國際知名度。2003 年 12 月下旬，香港中樂團應邀舉行「中國移動通訊新年音樂會」，顯示香港中樂團建立起民樂名團的品牌效應，拓展到內地的商演市場，中樂團穿梭珠三角六個城市演出七場後，再到西安「樂壇神筆 —— 新年音樂會」演出四場。

2008 年 1 月 26 日至 27 日，香港中樂團獲邀成為於北京國家大劇院開幕國際演出季演出的首個香港藝團，也是首隊在該院演出的中樂團。藝術總監閻惠昌指揮，兩晚音樂會選奏的九首作品，均為樂團過往 30 年來委約創作的經典作品，包括劉文金和趙詠山改編的《十面埋伏》、創團總監吳大江創作的《緣》、郭文景的《滇西土風：阿佤山》、趙季平的《大漠孤煙直：感懷》及程大兆的《樂隊協奏曲》。28 日，中國民族管弦樂學會及《人民音樂》月刊舉辦香港中樂團大型民族音樂會訪演北京座談會，與會者包括中國音樂家協會、中國民族管弦樂學會及中央音樂學院的代表、指揮家及作曲家等近 40 位內地音樂界專家學者，他們對中樂團的演出水平、樂器改革、委約創作制度、樂團政策及管理、觀眾拓展和教育普及工作等方面，均予高度讚賞，會議綜述收錄於《人民音樂》專稿中，香港中樂團被譽為「民樂翹楚」。

2010 年 5 月 15 日，香港中樂團受邀參與上海世博會期間的「上海之春國際音樂節」，在上海音樂廳舉行香港中樂團音樂會，全程使用約 40 把自家研製的環保胡琴演出，以音樂向觀眾傳遞環保信息。

2011 年 3 月至 7 月，香港中樂團主辦全球首個國際中樂指揮大賽，大賽聯合主席中國音樂家協會主席趙季平表示，中樂指揮大賽是近百年來現代大型中樂表演藝術領域前無古人的一次創舉，是中樂發展史上的一個里程碑。大賽三年舉行一次，於 2014 年由香港中樂團與西安音樂學院合辦「第二屆國際中樂指揮大賽」，初賽及複賽在西安舉行，7 月中旬複賽者指揮樂團演奏古曲《春江花月夜》或《月兒高》，7 月底在香港舉行決賽。2017 年與台灣國樂團合辦「第三屆國際中樂指揮大賽」，大賽為青年中樂指揮家提供學習和展示指揮藝術的平台，促進海峽兩岸和香港中樂界的交流與發展。

2017 年 6 月 2 日至 11 日，香港中樂團出訪天津、北京、瀋陽、上海、武漢及成都，巡迴演出大型民族交響音樂會《精・氣・神》，慶祝香港特別行政區成立 20 周年。曲目包括民樂經典《大得勝》與《良宵》，以及當代香港作曲家的委約作品，包括陳明志的《精・氣・神》與伍卓賢的《唐響》等橫跨傳統與現代的樂章。是次巡演樂團全面使用自行研發、創製的環保胡琴系列。

香港小交響樂團　於 1999 年職業化的香港小交響樂團（小交），宗旨為推廣古典音樂及其發展。2007 年 5 月 6 日至 7 日應邀參加上海之春國際音樂節，演奏曲目包括格里格《挪威旋律二首》、西貝柳斯《小提琴協奏曲》和柯達伊《加蘭塔舞曲》等名曲之外，還有委約香港作曲家陳慶恩創作的《風留韻事》，由音樂總監葉詠詩指揮。

2010 年 4 月 23 日，葉詠詩率領香港小交響樂團首次參加在國家大劇院舉辦的第二屆「中國交響樂之春」，演奏特別委約香港作曲家陳慶恩創作的《鳳舞九天》，盧思泓擔任笙獨奏。10 月 22 日，香港小交響樂團聯同亞洲音樂、舞蹈及戲劇界精英上演《士兵的故事》，作為 2010 年上海世博會「香港活動周」的閉幕節目。

其他音樂團體　香港民辦的音樂團體相當多，較具規模且歷史悠久的團體包括香港聖樂團（1956 年成立）、宏光國樂團（1962 年成立）、明儀合唱團（1964 年成立）、香港兒童合唱團（1969 年成立）、泛亞交響樂團（1976 年成立）、香港青年交響樂團（1978 年成立）及葉氏兒童合唱團（1983 年成立）等，改革開放以來，這些音樂團體受邀赴內地參演國際性的或大型慶祝活動，包括回歸慶典、國慶慶典及世博會等。

1980 年，中國音樂家協會首次邀請香港音樂家到內地演出，同年 11 月至 12 月，明儀合唱團創辦人香港女高音歌唱家費明儀到上海、北京和廣州舉行演唱會，為改革開放後首位應中國音樂家協會邀請到內地演唱的香港歌唱家。節目包括神劇詠歎調、美國百老匯音樂劇選曲、黑人靈歌及中國藝術歌曲等，擴大內地聽眾的音樂欣賞視野。演唱會期間拜會李

1980 年 11 月 12 日，香港女高音歌唱家費明儀在北京紅塔禮堂演出。（新華社提供）

凌、趙渢、李煥之、吳祖強等內地音樂界知名人士，此次演出與交流，促成費明儀成為推動海峽兩岸和香港音樂交流合作的重要角色。1981 年 11 月費明儀再到上海，與上海交響樂團合作演出兩場音樂會，樂團團長黃貽鈞擔任指揮。是次音樂會公開售票，摒棄以往「送票」、「派票」的方式，是當時的創舉，演唱曲目包括香港作曲家林樂培的《李白夜詩三首》。

1987 年，龐信（Richard Pontzious）與小提琴及指揮家曼紐因（Yehudi Menuhin）開始籌辦以香港為基地的亞洲青年管弦樂團（亞青），為亞洲青年樂手提供學費全免的國際文化交流及專業培訓機會。100 位入選的精英樂手，分別來自海峽兩岸和香港、日韓及東南亞國家，每年夏天樂團相聚六個星期，首三星期為排練營，讓樂手接受各國專業導師指導後，與享譽國際的獨奏家和指揮家作為期三星期的世界巡迴演出。1990 年樂團首場演出後，翌年 8 月首次到北京及上海巡迴演出，至 2017 年樂團幾乎每年均到京滬等地巡演。

1999 年 8 月，葉氏兒童合唱團參加在北京舉辦的第六屆國際兒童合唱節，為慶祝國慶 50 周年的活動之一。

香港童聲合唱協會創辦人唐少偉策劃多項國際合唱節及音樂會，包括於 1998 年、2001 年及 2005 年籌劃三屆中國國際童聲合唱節，帶領本港及內地多個合唱團示範演出。2004 年，唐少偉擔任全國童聲合唱大賽評委，獲中國音樂家協會合唱聯盟授予中國童聲合唱貢獻大獎。

2010 年，為期半年的上海世博會期間，香港有 24 個演藝團體、合共超過 1200 名台前幕後藝術工作者參加演出，展現香港藝術表演者的創意和才華，並促進滬港兩地的文化合作關係。同年 8 月，香港「非凡美樂」與香港演藝學院校友會於上海大劇院公演由盧景文擔任監製與導演、盧厚敏作曲的原創歌劇《張保仔傳奇》；10 月，香港青年交響樂團為香港

香港指揮家葉詠詩（右）擔任中央樂團客席指揮，在北京音樂廳交響音樂會上向觀眾致意。
（攝於 1986 年 6 月，新華社提供）

特區政府參與上海世博會的「香港活動周」開幕獻奏，帶來不同地區的管弦樂作品，以及改編香港流行曲大師顧嘉煇的電視劇經典名曲《獅子山下》等。

由葉惠康博士創立的香港泛亞交響樂團，致力推廣古典音樂和中國管弦樂作品，於 2016 年 8 月 28 日首次北上，在北京音樂廳演出四十團慶音樂會，由國家一級指揮范燾率領演出葉惠康三首作品，以及配以由香港藝術家創作的動畫，演奏格里格《皮爾金》，嘗試以樂團搭配現場影像播放的模式，拓展古典音樂聽眾層面。

2. 香港音樂家參與內地音樂團體的改革與管理

1986 年 6 月，香港管弦樂團駐團指揮葉詠詩首次到北京和中央樂團合作演出，於 1991 年獲邀出任中央樂團的首席指揮，以及進行商業錄音。1996 年中央樂團重組，更名為中國交響樂團，雙方繼續合作。此外，1997 年 3 月，葉詠詩獲聘為廣州交響樂團實行體制改革後的首任首席指揮，推行全員考核聘任制及赴海外招聘外籍樂手，翌年設立音樂季市場運作模式，被認為是該樂團與國際接軌、走向職業化的重要標誌。1998 年廣州星海音樂廳落成啟用，6 月 13 日，葉詠詩指揮樂團在星海音樂廳舉行第一場公開演出 —— 廣州交響樂團「珠江樂韻星海情」音樂會，標誌星海音樂廳商業性演出正式開始。音樂廳裝置有大型管風琴，特別委約香港作曲家陳永華創作管風琴與管弦樂團作品《星之海》。內地當時管風琴演奏家難尋，於是邀請香港管風琴演奏家黃健羭擔任獨奏。2001 年葉詠詩出任廣州交響樂團首位音樂總監，同年 11 月，率領樂團聯同鋼琴家李雲迪和陳薩於國際知名維也納音樂協會會堂（金色大廳）演出，是中國首個在金色大廳演奏的省級交響樂團。至 2002 / 2003 年樂季，葉詠詩開始出任香港小交響樂團音樂總監。

1993 年，上海市政府啟動上海大劇院選址立項，是上海重大文化建設標誌性工程。1996 年香港藝術行政人員協會主席周勇平及香港管弦樂團前總經理杜輝尊（John Duffus）應上海大劇院首任藝術總監錢世錦邀請，參與上海大劇院的策劃及劇場管理，二人引進香港文化中心的劇場管理模式，提出將上海大劇院定位為國際性的藝術中心，管理人員及引進節目皆要達到國際水準，進行市場化營運，而非以往的送票模式。1998 年 8 月上海大劇院落成啟用，二人邀請世界三大男高音在滬演出，同年 9 月卡里拉斯（José Carreras）演唱，2001 年 1 月及 12 月，杜明高（Plácido Domingo）和巴伐洛堤（Luciano Pavarotti）先後在上海大劇院演唱，是內地首個成功舉辦三大男高音獨唱音樂會的劇場。2004 年上海大劇院獲文化部命名為首批「國家文化產業示範基地」，為上海國際文化藝術交流中心。

1998 年 10 月，指揮家余隆創辦首屆北京國際音樂節，香港演藝學院校長盧景文受邀擔任歌劇《波希米亞生涯》監製，將同年 9 月在香港文化中心上演的場景和團隊，直接搬到北京演出，並邀請廣州交響樂團現場伴奏。香港資深藝評家周凡夫每年均為音樂節撰寫樂評文章。2003 年盧景文獲邀擔任北京國際音樂節的國際顧問委員會成員。2005 年 7 月，在佛山舉辦的首屆中國廣東國際音樂夏令營開幕，是內地首個大型國際性專業音樂夏令營，為年輕管弦樂手提供專業訓練。廣州交響樂團音樂總監余隆擔任藝術委員會主席，邀請盧景文擔任廣東國際音樂夏令營校長一職至 2009 年。

2004 年 8 月 28 日，香港藝術管理培訓顧問鄭新文應邀前往重慶，為文化部主辦之《文化創意產業高級人才培訓班》講課，內容包括文化產業的市場調查與行政策略、演藝節目的策劃和安排，以及拓展藝術觀眾等課題。鄭新文於 2005 年至 2008 年擔任上海音樂學院藝術管理系系主任及教授，多次舉辦講座及培訓，如於 2006 年 4 月 15 日至 18 日，上海音樂學院藝術管理系首次舉辦「藝術管理 CEO 峰會」，邀請香港資深藝術行政人員茹國烈、台灣地區資深學者夏學理演講。2007 年為該系籌辦藝術管理研究生班課程，邀請海峽兩岸和香港專家學者授課任教，為內地及亞洲地區培養藝術管理人才。2009 年，鄭新文著作《藝術管理概論 —— 香港地區經驗及國內外案例》由上海音樂出版社出版發行，為首部中文藝術管理教材。

2009 年，資深藝評家、國際演藝評論家協會（香港分會）副主席周凡夫出席西安音樂廳開幕音樂會並撰寫樂評文章，奠定雙方合作基礎，其後周凡夫多次應邀到西安音樂廳講課，協助策劃音樂會及撰寫節目單。2017 年 4 月，陝西省委宣傳部、陝西省文化廳合辦為期半年的「劇院之光藝術管理高級人才培訓計劃」，為大劇院培養管理人員，周凡夫與鄭新文受邀擔任講者，將香港藝術行政管理經驗引入西安。

3. 製作及發行嚴肅音樂的香港唱片公司

香港唱片有限公司 / 拿索斯唱片 1978 年，曾任香港管弦樂團職業化籌募委員會主席的夏希文（Klaus Heymann）安排其妻子小提琴家西崎崇子，與指揮家林克昌率領的日本名古屋愛樂樂團合作，錄製《梁祝》小提琴協奏曲，是夏希文創辦的香港唱片有限公司品牌

「HK」錄製的首張唱片，發行後風行亞洲，於 1982 年香港金唱片頒獎典禮獲頒為國際白金唱片。繼《梁祝》後，西崎崇子亦演奏和錄製內地作曲家杜鳴心和陳鋼為其譜寫的協奏曲。為表揚西崎崇子在國際上推廣中國音樂，1982 年廣州太平洋影音授予金小提琴獎。1982 年至 1984 年出版內地院團（包括中央樂團，中央廣播樂團、中央歌劇院、中央民族樂團等）的中國管弦作品唱片，是源於 1980 年代初中央廣播系統從夏希文代理的德國公司購入音響設備時，在外匯緊張的情況下，夏希文提出以 30 至 40 款中國管弦作品錄音的出版權作為款項，使當時很多經典錄音，以數碼形式保存下來，包括作曲家盛禮洪《海之歌交響曲》（HK6.340070）、陳培勳的《清明祭》（HK6.340101）、王西麟《太行山音畫》（HK6.340194）及 1984 年首次以數碼技術為中央樂團錄製陳燮陽指揮的《中國普及名曲》（HK6.240346）等。

中國管弦作品受到市場追捧，夏希文於 1987 年在香港成立國際唱片品牌拿索斯唱片，為西曼國際唱片有限公司的子公司，旗下有「馬可波羅」、「黃河」等唱片品牌製作和推廣中國音樂，調動香港、東南亞及東歐的音樂資源，節省高昂的成本來製作優質唱片，並以廉價銷售。2015 年，唱片品牌馬可波羅重新發行 HK 品牌在 1978 年至 1980 年代灌錄的中國音樂唱片，包括《梁祝》小提琴協奏曲（8.225819）、《黃河協奏曲》（8.225805）、《十面埋伏》琵琶協奏曲（8.225806）及《王昭君》小提琴協奏曲（8.225801）等。2016 年1 月，拿索斯國際（遠東）有限公司與庫客音樂控股有限公司組建合資公司北京拿索斯文化傳播有限公司（拿索斯中國），業務範圍包括古典音樂的版權許可、製作、數字發行及藝人管理，並促成與 Countdown 等國際唱片公司的合作，線上音樂平台庫客音樂圖書館擁有全球 95% 的古典音樂版權。

雨果製作有限公司　1977 年，隨香港中樂團創團音樂總監吳大江移居香港的新加坡樂手易有伍，先後在香港中樂團擔任高胡、二胡演奏家，以及於音樂事務統籌處擔任教學及指揮工作。1986 年，創立香港雨果錄音製作有限公司，並擔任監製及錄音師，調動內地、台灣地區及俄羅斯的音樂資源，製作及發行古典音樂和民族音樂。發行的唱片包括易有伍自 1986 年起親自到內地發掘、錄製及保存的古琴唱片《廣陵琴韻（精選版）》（HRP718-2）（1988）、《吳門琴韻》（HRP712-2）（1989）及《蜀中琴韻》（HRP710-2）（1993）。1990 年代錄製的新世紀音樂唱片《無所事事》（KG1003-2）（1992）及《黃孩子》（KG1004-2）（1992）等。中央樂團重組前的錄音，包括指揮家胡炳旭指揮錄製的《梁祝黃河》（HRP775-2）（1990）、香港指揮家葉詠詩指揮中央樂團錄製《1812 序曲》（HRP750-2）（1992）及《火鳥組曲》（HRP779-2）（1993），華人優秀作品系列的《釋伽之沉默（葉小鋼作品精選）》（HRP792-2）（1994）。香港指揮家麥家樂指揮俄羅斯愛樂管弦樂團錄製《長征交響曲》（HRP7105-2）（1995）及《我的祖國（陳培勳交響作品）》（HRP7108-2）（1995）。2005 年雨果製作有限公司推出自主研發的 LPCD 技術製作唱片，2016 年推出終極專業母帶處理（UPM）技術，持續以國際領先的錄音技術製作並發行中

國音樂唱片。至 2017 年製作超過 400 張中國器樂、民歌、中國管弦樂及古典音樂的精品唱片。

龍音製作有限公司 1993 年，前中樂團首席譚耀宗和粵樂專家鄭偉滔創辦龍音製作有限公司，透過製作音像產品和音樂活動推廣中國音樂，以及促進國際間的文化交流。出版類型主要為錄製於 1930 年代至 1970 年代中國民族器樂名家的歷史錄音，以及二十世紀後半葉民族器樂演奏家的唱片。1994 年龍音製作有限公司發行中央樂團重組前錄製的唱片，包括胡炳旭指揮、中央樂團伴奏的《敦煌唐人舞 —— 林玲古箏獨奏》（RA-931003C）和《長城 —— 宋飛二胡獨奏》（RA-941001C）等，以及歷史錄音包括《音樂大師劉天華誕辰百週年紀念專集》（R-941001C）（1994）、《管平湖古琴曲集》（RB-951005-2C）（1995）、《民間音樂家華彥鈞（阿炳）紀念專集》（RC-961002-2C）（1996）、《吳景略古琴藝術》（RB-981014-2C）（1998）、《劉德海音樂人生 50 年》（RC-011007-3C）（2001）等。2009 年龍音製作有限公司推出《中國民樂器樂典藏》（CN-E02-08-323-00/A.J6）全集 22 張唱片，收錄二十世紀中國民族器樂名家如劉天華、阿炳、孫文明、管平湖等名家及團隊親自演奏的歷史錄音共 274 首，另附有兩冊近 30 萬字的文字資料分別介紹樂曲、演奏者以及論述二十世紀民族器樂藝術發展的文集，榮獲 2010 年第二屆中國出版政府獎及第三屆中華優秀出版物音像獎。至 2017 年製作近 1000 項集音像、圖片、文字資料的音像產品。

4. 內地音樂家及團體來港演出交流

1978 年 5 月 27 日至 6 月 5 日，在北京舉行中國文聯第三屆全國委員會第三次擴大會議，會上宣布中國文學藝術界聯合會，以及中國音樂家協會等機構正式恢復工作，內地與香港文藝界的交流正式恢復。改革開放後，內地專業樂團與音樂家絡繹來港登台，當時內地演藝人員到境外交流的審核手續繁複，初期只能透過香港藝團及相關組織來安排。

1979 年 12 月 15 日至 21 日，中央樂團獨唱獨奏組應香港聯藝娛樂有限公司之邀，在利舞臺公演九場音樂會，是改革開放後率先來港演出的內地主要音樂團體之一。成員包括領隊李凌，音樂家劉詩崑、胡松華、盛中國、孫家馨、羅天嬋、文征平、岳重及石叔誠等。其間，香港管弦樂團邀請小組在大會堂會面交流，由第三任音樂總監、美籍華裔指揮家董麟示範指揮樂團練習。1980 年董麟獲邀回國指揮上海交響樂團及中央樂團。

1981 年 1 月，中國歌劇舞劇院首次應邀來港參加香港藝術節，在香港大會堂首演大型民族歌舞劇《寶蓮燈》，是「文革」後首次有內地大型藝團參演香港藝術節。

1981 年 3 月 4 日至 12 日，亞洲作曲家同盟（ACL）在香港召開第七屆亞洲作曲家同盟周年大會及音樂節，內地首次派出代表團來港出席。以李煥之為中國作曲家代表團的團長，成員有丁善德、江定仙及杜鳴心等 11 位音樂家。香港中樂團在開幕式上，首演李煥之為這次大會創作的古箏協奏曲《汨羅江幻想曲》。大會期間，李煥之率領作曲家，向各國與會者

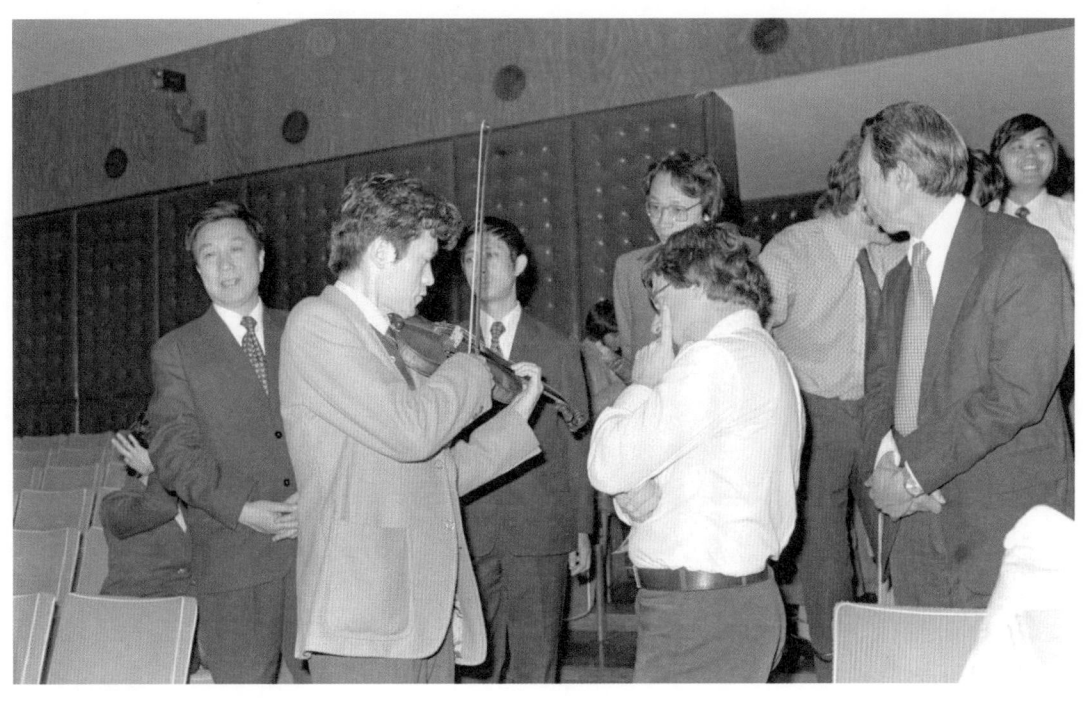

中央樂團獨唱獨奏組來港演出期間，小提琴演奏家盛中國（左）和香港管弦樂團小提琴手交流演奏技巧。（攝於 1979 年 12 月，新華社提供）

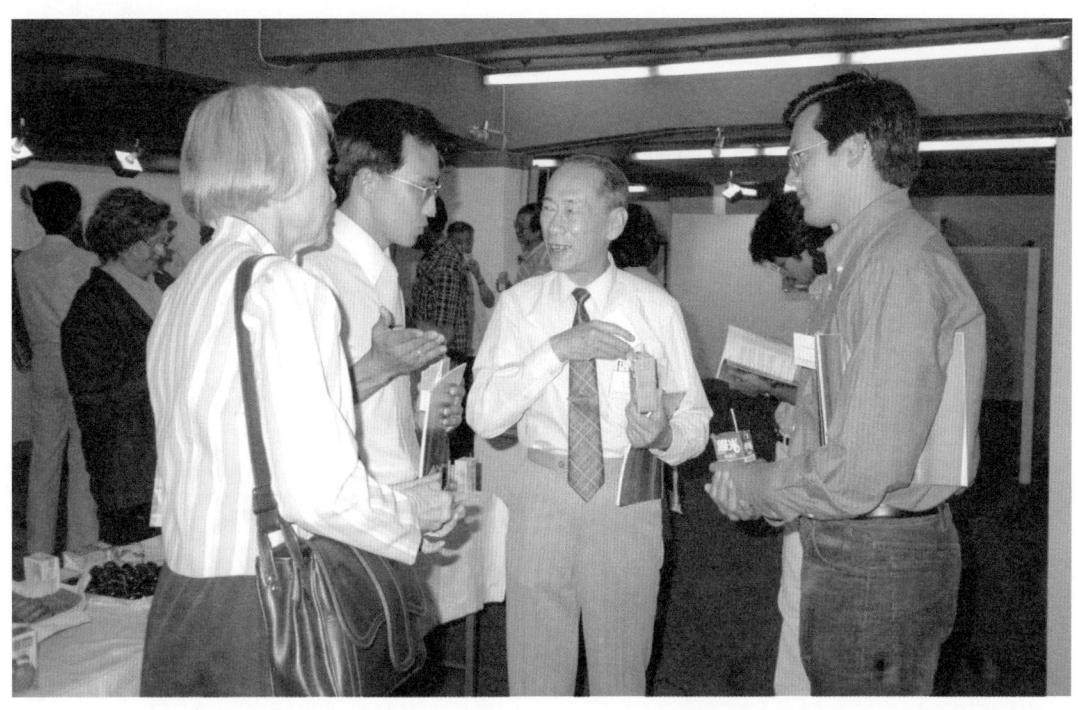

來自內地、香港以及到外國留學的華人作曲家 30 多人來港參加第一屆中國現代作曲家音樂節，共同探討中國音樂的發展方向。圖為中國音樂家協會主席李煥之（左三）與美國夏威夷大學教授史密夫（左一）及其研究生周光蓁（左二）、庫克（右一）交談。（攝於 1986 年 6 月，新華社提供）

發放內地新老作曲家的管弦作品錄音帶，如王西麟《雲南音詩四首》、陳培勳《第一交響曲：英雄的詩篇》、杜鳴心《洛神》、盛禮洪《海之歌》、黃安倫《春祭》及譚盾《離騷》等，引起國際樂壇對中國管弦作品的關注。此次大會由香港歌唱家費明儀接待內地音樂家，並邀得台灣地區音樂家許常惠、林道生、溫隆信、許博允、鄭思森等來港出席，香港代表有作曲家林聲翕和擔任本次大會藝術總監的林樂培等人，還有哥倫比亞大學美中藝術交流中心創辦人周文中，海峽兩岸和香港及海外華人音樂家在香港舉辦的音樂盛會中作歷史性會面。此次樂壇盛事增進國際樂壇與內地音樂發展的相互了解，並促成此後海峽兩岸和香港華人作曲家的交流和合作。大會於 1988 年及 2007 年再度在香港舉辦，為內地音樂家提供更多與亞洲地區同行交流的機會。

1981 年 6 月，中國廣播民族樂團指揮彭修文獲邀來港擔任香港中樂團客席指揮，自此市政局轄下藝團開始邀請內地音樂人來港合作。同年 12 月，香港宏光國樂團邀請中樂演奏名家陸春齡與湯良興在荃灣大會堂演奏三場音樂會，此次音樂會開啟香港業餘中樂團為內地音樂名家舉辦專場音樂會的先河。陸春齡的演出曲目包括《江南春》、《今昔》、《鷓鴣飛》和《瀟湘銀河》等名曲，湯良興帶來顧冠仁作曲的《花木蘭》，是這作品在香港的首演。樂團其後邀請寧保生和俞遜發來港獻藝。

1982 年 9 月，指揮家陳燮陽應美中藝術交流中心之邀，赴美訪問交流完畢，經港返滬前，香港管弦樂團邀請他指揮兩場於 25 日、26 日在荃灣大會堂及香港大會堂舉行的音樂會，是樂團首次和內地指揮家合作。曲目有兩位內地青年作曲家的作品 —— 林德虹的《思》和奚其明的芭蕾組曲《魂》，以推廣中國音樂作品。此次音樂會奠定陳燮陽與香港音樂界的合作基礎，陳燮陽於 1984 年出任上海交響樂團團長後，於 1986 年率先推行音樂總監制，成為內地文藝院團實行總監負責制的首位音樂總監，於 1987 年率領上海交響樂團訪港演出，1992 年至 1995 年擔任香港中樂團首席客席指揮。

1982 年夏希文創辦的香港唱片有限公司與香港管弦樂團合作，推出樂團首張數碼唱片《彩雲追月》（HK 6.240090），三個月內售出逾一萬張，樂團隨即宣布與香港唱片有限公司簽約，以先辦音樂會、後錄音的方式製作中國音樂唱片。於 1982 年 11 月邀請作曲家杜鳴心來港出席「杜鳴心作品音樂會」，美籍華裔指揮家甄健豪指揮香港管弦樂團與西崎崇子演奏委約杜鳴心創作的《小提琴協奏曲 —— 一九八二》。1983 年 9 月 30 日至 10 月 4 日，邀請作曲家丁善德來港出席香港太平洋音樂公司與香港管弦樂團主辦的「丁善德作品音樂會」，演奏曲目包括《長征交響曲》、《新中國交響組曲》和專門為此次音樂會創作的《序曲》等弦樂作品。同年 11 月，由日本指揮福村芳一在荃灣大會堂指揮香港管弦樂團錄製《長征交響曲》後推出足本唱片。先後在香港舉辦內地作曲家杜鳴心及丁善德的音樂會，被認為是內地作曲家步入國際樂壇的標誌。

1985 年 8 月 25 日，嚴良堃率領中央樂團合唱團來港參加香港中華文化促進中心主辦的

「黃河音樂節」，由歌唱家費明儀擔任學術顧問，組織港澳多個合唱團體，組成 1200 多人的陣容，由中央樂團樂隊首席楊秉孫領導香港交響樂團伴奏，在紅館演出《黃河大合唱》等合唱作品。其後，演出由荷蘭飛利浦唱片公司發行唱片（編號：416621-2）。此外，同年 9 月 20 日及 21 日，在柏林跟隨指揮大師卡拉揚學習的指揮家湯沐海，應邀來港指揮香港管弦樂團在大會堂舉行的兩場音樂會。自此次演出後，湯沐海多次來港與港樂合作。

1986 年 6 月 23 日至 29 日，中國音樂家協會與香港作曲家聯會、香港管弦樂團及中華文化促進中心等六個香港團體聯合舉辦「第一屆中國現代作曲家音樂節」，討論中國音樂發展。以李煥之為團長的中國作曲家代表團，葉純之兼作《人民音樂》雜誌的觀察員，一行 13 人來港出席，團員包括譚盾、葉小鋼、瞿小松、何訓田、陳怡和周龍等新一代青年作曲家。籌辦的有林樂培、曾葉發、羅永暉、陳永華等本地作曲家以及海外華人作曲家合共 30 餘人。音樂節有六場音樂會，選演的作品超過九成為香港首演，壓軸的管弦樂音樂會，由音樂總監施明漢率領香港管弦樂團，在開幕不久的香港演藝學院歌劇院演奏譚盾《樂隊與三種音色的間奏》、黃安倫《G 小調鋼琴協奏曲》、瞿小松 Mong Dong 及葉小鋼《西江月》等青年作曲家的獲獎作品，以及香港作曲家陳永華和鄧祖同的管弦樂曲，其後將現場錄音灌錄成唱片（編號：HK8.240442），最後由哥倫比亞大學美中藝術交流中心創辦人周文中和浸會學院音樂系系主任葉惠康主持總結座談會。2003 年 11 月，香港作曲家聯會和 CASH 合辦第二屆華人作曲家音樂節，2013 年第三度舉辦此項盛會。

1986 年 9 月，應香港永通娛樂（文化）有限公司邀請，指揮大師李德倫和韓中傑率領中央樂團來港演出，是樂團首次到境外演奏標準的交響音樂作品，在香港大會堂和紅館舉行三場音樂會，門票全部售罄。曲目包括吳祖強的弦樂合奏曲《二泉映月》、蕭斯達高維契《第五交響曲》、石叔誠獨奏柴可夫斯基《第一鋼琴協奏曲》和《黃河鋼琴協奏曲》等。此次訪港演出被視為出訪外國前的演習，以便吸收經驗接受國際性的挑戰，樂團於 1987 年首次出訪美國進行為期 40 天的訪問演出。

1987 年 2 月 17 日及 18 日，上海交響樂團應區域市政局邀請，參加荃灣藝術節等五場音樂會，是該團首次來港演出，分別由該團音樂總監陳燮陽和香港管弦樂團首任音樂總監林克昌擔任指揮，曲目包括由原奏者俞麗拿獨奏的《梁祝》小提琴協奏曲，以及朱踐耳的《第一交響曲》等樂曲。同年 3 月，中國中央民族樂團首席指揮閻惠昌首次來港客席指揮香港中樂團。1997 年 6 月起閻惠昌接替彭修文出任香港中樂團音樂總監（2003 年職稱改為藝術總監兼首席指揮）一職逾 20 年，成為香港中樂團任期最長的音樂總監。

先後於 1985 年及 1989 年落成啟用的香港演藝學院及香港文化中心，為香港藝術節的大型歌劇和音樂會提供場地支持，促成兩地與國際樂壇的合作。1988 年 1 月 26 日至 2 月 3 日，中央歌劇院率團首度來港參加香港藝術節，以普通話演出，由韓冰及勒內‧泰拉松導演的歌劇《蝴蝶夫人》和《卡門》，在香港演藝學院歌劇院各演四場，均由該院首席指揮鄭

小瑛指揮。此次演出也是該院赴歐洲巡迴演出前的首站。1990 年代，香港藝術節推出的歌劇有湯沐海指揮的《茶花女》、1991 年譚盾作曲、香港城市當代舞團編舞家黎海寧編導的《九歌》、1997 年譚盾創作並指揮的《馬可·波羅》，以及 1999 年郭文景創作《夜宴》和顧七寶的《三皇墓》等民族風格和現代風格結合的歌劇作品。

1988 年 10 月 22 日至 30 日，香港作曲家聯會承辦國際現代音樂協會（ISCM）世界音樂日，暨 ACL 會議及音樂節，是首次在亞洲主辦 ISCM 大會及音樂節，來自 40 多個國家及地區的 140 餘名音樂家，以及學者雲集香港。中國音樂家協會主席李煥之率團來港，團員包括高為傑、趙曉生和譚盾等。負責籌辦的香港代表包括林樂培、曾葉發和陳永華等。其間與中華文化促進中心合辦的「現代中國音樂演奏會」，演奏九首入選的中國作曲家新作，包括張大龍《漁陽鼙鼓動地來》、高為傑《秋野》和譚盾《距離》等作品。2002 年起曾葉發出任國際現代音樂協會主席，是該會自 1922 年成立以來首位華人主席。ISCM 大會於 2002 年及 2007 年再度在香港舉行，安排與會各國代表到訪成都和西安，並舉行作曲交流活動。香港是首個三度主辦 ISCM 大會的亞洲城市，展示香港在東西方文化藝術交流所發揮的橋樑作用。

關迺忠於 1990 年 3 月約滿離職改任首席指揮後，中樂團音樂總監職位一度懸空。於 1992 年 5 月，由上海民族樂團客席指揮夏飛雲出任駐團指揮至 1993 年 3 月，上海交響樂團音樂總監陳燮陽擔任首席客席指揮至 1995 年 4 月。1992 年至 1993 年間，邀請內地音樂名家駐團推動樂團發展。至 1993 年 6 月，石信之獲聘為第三任音樂總監。

1997 年 7 月 1 日，上午香港特區成立慶典上，首演香港各界慶祝回歸委員會（慶委會）委約譚盾創作並親自指揮的《交響曲 1997：天地人》，由大提琴家馬友友、歌手張學友、亞洲青年管弦樂團、葉氏兒童合唱團以及中華編鐘樂團聯合演奏。該曲錄音同年由新力唱片國際發行（編號：SK63368），由譚盾指揮香港管弦樂團演奏。

1997 年 7 月 1 日晚上，在紅館舉辦「七一歡騰慶回歸」大型綜合晚會，匯聚內地、香港和海外近 3000 名演出人員。當晚參演人數最多的節目是《九州同頌》，曲目是慶委會委約陳永華創作及由陳鈞潤作詞的交響樂作品《九州同》，由歌唱家費明儀組織 30 多個合唱隊而成的 900 人大合唱，在中國交響樂團總監陳佐湟指揮下，香港管弦樂團伴奏，由男高音莫華倫領唱該曲。慶委會主辦的「九七回歸音樂節」延續到 7 月上旬，節目包括 7 月 2 日的「新世紀的旋律」音樂會，葉詠詩及陳佐湟指揮香港管弦樂團，演奏 1996 年 12 月在北京舉行的「迎接香港回歸音樂作品徵集比賽」中的得獎作品；7 月 3 日，由湯沐海指揮、來自全球各地的華裔演奏家組成的環球華人回歸交響樂團，演奏貝多芬《第五交響曲》和德沃夏克的《新世界》交響曲，以及 7 月 6 日的《環球中華名歌手大匯演》，由莫華倫、汪燕燕、田浩江等七名歌唱家聯袂演出。

1997 年 7 月 1 日香港特區成立慶典上，內地作曲家譚盾（中）、大提琴家馬友友（前左）、歌手張學友（前右）等聯手演出《交響曲 1997：天地人》。（新華社提供）

1998 年 4 月 18 日，鋼琴家郎朗首次來港演出，在香港大會堂音樂廳與香港小交響樂團演奏柴可夫斯基第一鋼琴協奏曲，指揮為美籍華人葉聰。同場亦為首次在香港演出作曲家朱踐耳的音詩《納西一奇》，以及陳怡的《多耶》第二號。該兩首作品由雨果製作有限公司錄製唱片（編號：HRP 7204-2），作為中國管弦作品系列，以紀念國慶五十周年。其後，葉聰擔任香港小交響樂團 1999 年職業化後的首位音樂總監。2006 年優秀人才入境計劃（優才計劃）推出後，鋼琴家郎朗、李雲迪為首批獲批居港的優才。

2003 年 3 月，作曲家趙季平應邀參加香港中樂團在大會堂舉行的「樂壇神筆 ── 趙季平音樂精選之夜」音樂會，首演委約趙季平按香港中樂團樂隊編制而編的《大紅燈籠高高掛（選段）》，曲目還包括《大宅門寫意 ── 蘆溝曉月》、電視連續劇《水滸傳》主題曲《好漢歌》等作品。此次音樂會奠定趙季平與中樂團的合作基礎。同年 12 月，中樂團獲邀到西安舉辦「樂壇神筆 ── 新年音樂會」演出四場。2009 年 4 月，中樂團與趙季平擔任院長的西安音樂學院合作正式成立「香港中樂團樂隊學院」，選拔西安音樂學院的青年教師和學生到香港中樂團接受專業樂隊訓練，培訓範疇包括樂隊演奏、中樂指揮、創作研究及藝術管理四個方面，以培育更多中樂演奏、創作及管理人才。2014 年，香港中樂團再與西安音樂學院合辦第二屆國際中樂指揮大賽。

2015 年 1 月 14 日，香港管弦樂團宣布委任北京中國愛樂樂團、上海交響樂團和廣州交響

樂團音樂總監余隆為樂團首席客席指揮，由 2015 / 2016 樂季起，任期三年。雙方的合作計劃包括港樂與上海交響樂團合作在香港和上海兩地演出馬勒系列，以及邀請港樂樂師對上海樂隊學院的樂師作出指導。

第二節　電影

國家實行改革開放前夕，內地電影業發展不前，故事片產量由 1965 年 52 部，下降到 1975 年 27 部，香港與內地電影業界缺乏交流。其間，香港的電影產業蓬勃發展，擁有具規模的邵氏片場、本地及海外觀眾群及發行網絡，以及東亞首個國際電影節。

改革開放初期，內地的電影生產量和海外發行業務逐步恢復，故事片產量由 1978 年的 46 部，上升至 1980 年的 82 部。

1970 年代末，香港電影研究者開始進入內地，搜尋中國早期電影、接觸內地影人和電影研究者，加強兩地業界交流，並在內地政府允許下，香港電影公司前往內地取景拍攝電影。1979 年 9 月至 11 月，香港演員劉松仁和鍾楚紅主演、杜琪峯執導的《碧水寒山奪命金》在粵北地區取景拍攝，為改革開放後首部到內地拍攝完成的香港電影。

1980 年代初期起，香港電影業界人士邀請內地電影業界人士來港參加電影節、電影頒獎禮及學術研討會等活動。透過這些活動，內地新晉導演和他們的作品首次接觸香港及全球觀眾。此舉除了加強香港與內地電影業界的交流外，也為內地電影提供開拓國際市場的平台。

1980 年代中至 1990 年代，香港與內地在電影交流和合拍製作上日益頻繁。內地 16 家擁有拍片權的國有電影製片廠，進行企業化管理改革，實行自負盈虧，它們透過與香港合作拍攝電影，引入外資並接觸到香港商業電影製作模式，作為改革電影行業的參考，注重市場因素對電影產業的影響。1990 年前，根據《中國電影年鑑》，香港與內地合拍片數量每年不超過 9 部；1990 年代合拍片數量增加至每年 5 至 34 部。

1992 年 12 月 26 日，廣播電影電視部（1998 年改組為國家廣播電影電視總局，簡稱國家廣電總局；2013 年改稱國家新聞出版廣電總局）發布《關於當前深化電影行業機制改革的若干意見》，提出「電影作為精神產品，市場就在觀眾……檢驗電影市場發育如何，要看社會、經濟兩個效益」。隨着內地電影產業進一步朝市場化發展，香港電影產業在內地尋找機遇和市場，並探索新的合作和發展模式。

2002 年全國落實電影市場化體制改革，參考香港經驗建立電影院線制度，同時引入港資在全國大、中型城市改建及建造擁有先進設備的電影院，吸引觀眾入場。電影票房連續五年上升，於 2007 年票房超過 33 億元人民幣。2003 年起，香港與內地簽署《內地與香港關

於建立更緊密經貿關係的安排》（CEPA）及補充協議，香港與內地合拍片獲得內地優惠待遇，包括可被視為國產影片在內地發行，不少合拍片引入港台地區及海外資金，以國際商業大片模式製作電影，包括 2004 年 12 月上映的《功夫》，由香港藝人周星馳執導和主演，全球票房逾一億美元。該片獲美國荷李活投資並協助全球發行，助力促進華語電影產業全球化發展，合拍片成為全球電影產業鏈的重要部分。

2012 年至 2017 年，根據《香港電影業資料彙編》，香港與內地合拍片數量保持在每年 26 部至 39 部之間，佔香港電影（含港產片、香港與內地合拍片，以及香港與內地以外其他地區合拍的電影）總量的 54.0% 至 67.3% 不等，成為香港電影的主流。

一、業界交流

1. 香港業界人士往內地交流

1978 年 1 月，香港電影文化中心成立，由蔡繼光、羅卡、吳昊、冼杞然等香港電影導演、編劇和影評人發起，其宗旨是推動電影文化的教育和研究工作。同年 3 月，香港電影文化中心與香港藝術中心合辦 1940 年代至 1950 年代「中國電影回顧展」，影片於 3 月和 5 月分兩部分放映，同年 11 月至 12 月放映第三部分「現代中國電影選」的影片。這是「文革」後中國經典和當代電影在境外首次以影展形式放映，影片拷貝輾轉借自美國三藩市的電影院和香港機構。

1978 年 12 月，國家實行改革開放後，香港電影業人士開始前往內地進行各種交流活動，包括參與內地電影頒獎典禮和影展活動，把復蘇中的內地電影產業，向境外觀眾推介。1981 年 5 月 23 日，香港電影雜誌《香港影畫》組織的影評人和記者代表團，應邀出席在浙江杭州舉行的第一屆中國電影金雞獎（金雞獎）暨第四屆大眾電影百花獎（百花獎）頒獎禮。這是國家實行改革開放後，首次創立由專家評選的中國電影金雞獎。《香港影畫》代表團是改革開放後第一個參加內地電影頒獎禮的香港代表團，團員共 30 多人，包括林檎、戈武、列孚、周振生、王啟傳、黎傑、古兆奉、黃國兆、汪海珊和劉成漢等。

1981 年 7 月 21 日，在香港浸會學院大眾傳播系任教的香港電影理論家林年同，訪問位於北京的中國電影資料館，並為在香港舉辦中國早期電影展進行選片準備工作。1983 年 4 月，香港中國電影學會成立，林年同任會長，成員包括黃繼持、古兆申和張潛等。同年 7 月至 8 月，學會成員在中國電影資料館的安排下，赴北京觀看 1937 年以前的中國影片 30 多部，並走訪居於內地的資深編劇夏衍、柯靈，導演孫瑜、張駿祥，演員王人美、黎莉莉，攝影師吳印咸、黃紹芬、薛伯青、朱今明，美工師萬籟鳴、韓尚義和影評家魯思等。同年 8 月 19 日，後續活動「北上觀影座談」在港舉行。1984 年 1 月 20 日至 30 日，香港中國電影學會和香港藝術中心合辦的「探索的年代 —— 早期中國電影」回顧展及學術研討

1981 年 5 月，電影雜誌《香港影畫》組織國家改革開放後第一個參加內地電影頒獎禮的香港代表團。（香港大公文匯傳媒集團提供）

表 14-2-1　1993 年至 2017 年香港電影人在上海國際電影節擔任評委名單

年份	屆數	參與評審會的香港電影人	香港評委的主要專業及擔任評委前的國際經歷
1993	1	徐克	導演、編劇、監製、演員；1970 年代初於美國南部衛理大學及德州大學奧斯汀分校修讀電影。
1997	3	吳思遠	導演、監製、香港電影金像獎主席（1995 年—2000 年）、香港電影導演會首任會長。
2004	7	文雋	導演、監製、編劇。
2006	9	關錦鵬	導演、監製；1988 年憑電影《胭脂扣》獲法國南特三大洲電影節金球獎。
2008	11	王家衛（評委會主席）	導演、編劇；1997 年憑電影《春光乍洩》獲法國康城影展最佳導演獎。
2009	12	劉偉強	導演；作品包括《古惑仔》和《無間道》系列電影，2006 年執導韓國電影《雛菊》，2007 年執導美國荷李活電影《強捕者》。
2010	13	吳宇森	導演、監製；1993 年首次執導美國電影，2010 年獲意大利威尼斯國際電影節終身成就金獅獎。
2015	18	施南生	傳媒人、監製、主持人；2007 年出任德國柏林影展評委，2011 年任法國康城影展評委。
2016	19	林嘉欣	演員；林嘉欣出生於加拿大，活躍於香港影壇。

資料來源：〈上海國際電影節金爵獎〉，上海國際電影節網，http://www.siff.com/siff/chinese/archives/GoldenGobletAwards/。

會，作為第十二屆香港藝術節的節目之一。回顧展共放映 1922 年至 1939 年影片 30 部，均為中國電影資料館提供。

1990 年代初期，內地電影業界籌備在上海舉辦首個國際電影節，香港電影業界受邀參加並交流。1993 年 9 月 15 日至 21 日，香港銀都機構有限公司（銀都機構）和上海國際電影節組委會等聯合主辦香港「長城、鳳凰、新聯電影回顧展」，在上海影城放映《豪門夜宴》（1991 年香港演藝界為支持華東水災賑災工作所拍攝的電影）等九部電影。同年 10 月 7 日至 14 日，首屆上海國際電影節及電影市場在上海正式舉行，包括內地、香港、台灣地區以及美國、德國、英國、法國、意大利等 33 個國家和地區的 164 部影片參展，其中有 19 部影片參賽，香港電影《籠民》獲評委會特別獎。香港國際電影節經理唐詠詩和節目策劃羅卡皆有出席，兩人與主導創辦上海國際電影節的內地導演吳貽弓進行交流。自首屆上海國際電影節開始，香港電影業人士先後獲邀擔任電影競賽的評委，包括第一屆受邀的香港導演徐克，以及第三屆受邀的香港電影金像獎主席吳思遠（見表 14-2-1）。

1994 年，上海國際電影節成為內地首個獲國際電影製片人協會認可的 A 類（即非專門類競賽型）國際電影節，截至 2017 年 7 月 1 日，仍然保持內地唯一非專門類競賽型國際電影節的地位。

1994 年 3 月 13 日，第五屆香港電影導演會一行 14 人在新任會長成龍、名譽會長吳思遠、陳欣健率領下到珠海，與珠海電影節執委會主席李煥池等有關人員交流，探討兩地電影現況及發展前景，並表示致力促進內地和香港影人的交流。同年 6 月 15 日至 19 日，首屆「中國珠海海峽兩岸暨香港電影節」在廣東省珠海市舉行。該電影節由珠海市人民政府主辦，每兩年舉行一次。該電影節邀請香港及台灣地區一批電影界人士，擔任電影節港台地區事務顧問。

首屆電影節放映 1993 年以來的內地和台灣地區、香港的優秀電影，並由三地的電影藝術家，包括內地的丁嶠任主席、內地的王君正、鄭洞天、姜文等，台灣地區的王童等以及香港的石琪、許鞍華和張婉婷任委員組成的評委會，評選出「飛龍獎」的八個獎項。香港森信公司與西安電影製片廠合拍的《背靠背，臉對臉》獲得第一屆中國珠海海峽兩岸暨香港電影節最佳影片獎。香港電影導演爾冬陞以《新不了情》一片，獲得該電影節最佳導演獎。該電影節至 1996 年第二屆改稱中國珠海電影節，海峽兩岸及港澳地區有 17 部影片參賽。香港導演張澤鳴憑《月滿英倫》獲最佳導演獎、香港電影演員泰迪羅賓憑《香江花月夜》獲最佳男配角獎。其後，該電影節於 1998 年停辦。

2. 內地業界人士來港交流

改革開放前夕，香港透過舉辦電影節和影展建立起國際電影業界的交流平台。實行改革開放後，開始邀請內地電影業界參與香港電影業界的活動，並協助推介內地新製作的電影。

1981 年 4 月 9 日至 24 日，第五屆香港國際電影節首次邀請內地電影參展，參展故事片包括《歸心似箭》和《瞧這一家子》（圖）。（新華社提供）

1977 年 6 月 27 日至 7 月 10 日，香港市政局舉辦第一屆香港國際電影節，放映來自世界各地的電影為主。1979 年第三屆起，國際電影節改為每年 3 月至 4 月復活節期間舉行，電影節的展出模式逐漸形成，由放映國際電影、亞洲製作以至當代香港影片及回顧系列所組成。根據香港國際電影節官方網站的資料，自 1980 年代起，「香港國際電影節憑着高質素的節目、勇於發掘亞洲和中國的新製作，以至為香港電影所作出的努力，加上舉行連串的座談會和編製知名的電影叢書，在環球得到高度評價，有助於本土及海外推廣香港電影」。

1981 年 4 月 9 日至 24 日，第五屆香港國際電影節首次邀請內地電影參展，參展故事片《歸心似箭》（李俊導演）和《瞧這一家子》（王好為導演）是改革開放後，首批內地製作的電影，1979 年在內地首映。從 1981 年至 2017 年，均有內地電影在香港國際電影節參展（見表 14-2-2）。

1982 年 3 月 9 日，香港電影雜誌《電影雙周刊》和香港電台在香港藝術中心壽臣劇院舉辦第一屆香港電影金像獎，《歸心似箭》獲邀參加，與另外一部內地電影《天雲山傳奇》（1981年內地首映，謝晉導演）同獲當年十大華語電影殊榮，其餘八部獲獎作品為香港電影。

1981 年至 1984 年，來港參加香港國際電影節的內地電影皆由香港南方影業有限公司（南方影業，1950 年 5 月 1 日成立）代為推薦。1985 年，第九屆國際電影節的節目策劃梁慕齡打破慣例，親自到內地選片，在北京電影學院觀片後選中《黃土地》等電影。在北京電影學院副院長謝飛的協助下，《黃土地》獲批准來港參展。《黃土地》為內地「第五代」導演陳凱歌首部執導的電影，該片攝影師張藝謀同為「第五代」導演。

表 14-2-2　1981 年至 2017 年內地電影界參與香港國際電影節情況

年份	屆數	影片參展情況
1981	5	《歸心似箭》和《瞧這一家子》首次代表內地參展。兩部電影於 1979 年在內地上映。
1982	6	內地電影代表團由謝鐵驪率領來港參加，《傷逝》和《知音》獲邀參加亞洲電影組。
1983	7	《阿 Q 正傳》、《鄰居》和《駱駝祥子》參展。以武兆堤為團長、合共 10 人的中國電影團赴港參加。
1984	8	《沒有航標的河流》、《秋瑾》、《許茂和他的女兒們》和《人到中年》等參展。由文化部電影局派出以編劇周民雲為團長、合共 10 人的中國電影觀摩團赴港參加。
1985	9	奚姍姍為團長、團員包括陳凱歌和張藝謀，合共五人的中國電影代表團赴港參加。參展電影包括《黃土地》、《寒夜》。
1986	10	《被愛情遺忘的角落》、《絕響》、《青春祭》和《野山》等參展。峨眉電影製片廠導演張其、李亞林和珠江電影製片廠導演張澤鳴等赴港參加。
1987	11	《黑炮事件》和《湘女蕭蕭》等五部電影參展。陳凱歌、張藝謀和黃建新等 17 人赴港參加。
1988	12	《紅高粱》和《盜馬賊》參展，柳城擔任團長以及王曉棠、楊少毅、白德彰、田壯壯和孟犁野等 13 人組成的電影觀摩團赴港參加。《紅高粱》和由德國名導演雲‧溫達斯執導並獲得 1987 年法國康城電影節最佳導演獎的《柏林蒼穹下》並列為閉幕電影。
1989	13	《晚鐘》、《陰陽界》、《歡樂英雄》和《頑主》等六部電影參展。潘虹、米家山、吳子牛、司馬小加、陳劍雨、張兆龍、蔣衞和、張郁強、孫羽、李歇浦、謝廣燕和彭成梁等 16 人赴港參加。
1990	14	《秦俑》作為開幕式放映電影，另有《本命年》和《黃河謠》參展。上海電影製片廠廠長于本正、廣西電影製片廠導演曾學強、演員陶玉玲和中國影協姚世權和薛賜復等 12 人組成的電影觀摩團赴港參加。
1991	15	《大太監李蓮英》作為開幕式放映電影，另有電影《南行記》和《商界》參展。瀟湘電影製片廠副廠長周康渝、張西河、葛小英、高天紅、王秉林和陳少舟等 12 人組成的電影觀摩團赴港參加。
1992	16	北京電影製片廠副廠長馬秉煜為團長，閔希同、耿巍、劉雲舟、姚壽康、王承廉、韋廉、冷衞、張剛、李文斌、謝廣燕和楊海波為團員的 12 人電影觀摩團赴港參加。
1993	17	《找樂》為開幕電影。參展電影包括《媽媽》和《香魂女》。
1994	18	舉辦「香港電影回顧：香港—上海電影雙城展」。參展電影包括《背靠背‧臉對臉》。
1995	19	《陽光燦爛的日子》為開幕電影。參展電影包括《二嫫》和《郵差》。
1996	20	參展電影包括《兒子》。
1997	21	參展電影包括《巫山雲雨》。
1998	22	參展電影包括《極度寒冷》和《小武》。
1999	23	《瘋狂英語》為閉幕電影。參展電影包括《趙先生》。
2000	24	參展電影包括《蘇州河》。
2001	25	參展電影包括中、日、法合拍片《站台》。
2002	26	參展電影包括《盒子》和《陳默和美婷》。
2003	27	《卡拉是條狗》為閉幕電影。參展電影包括《臉不變 心不跳》。
2004	28	《戀愛中的寶貝》為開幕電影。參展電影包括《早安北京》。
2005	29	《孔雀》為開幕電影；《世界》為閉幕電影。
2006	30	本屆電影節特別設置「中國電影新天地」放映單元，集中放映《看上去很美》、《結果》、《芒種》、《無窮動》、《向日葵》和《靜靜的嘛呢石》六部內地電影。《我們倆》為隆重首映電影。
2007	31	應香港國際電影節協會邀請，中國電影家協會副主席李前寬率內地電影代表團赴港參加開幕式。

（續上表）

年份	屆數	影片參展情況
2008	32	參展電影包括《原油》、《左右》、《街口》等。
2009	33	《二十四城記》為閉幕電影。
2010	34	本屆「中國電影新天地」單元放映《成都我愛你》、《透析》、《夜·店》、《遠雷》及《尋找智美更登》共五套內地電影。其餘參展電影包括《團圓》、《如夢》、《尋歡作樂》、《光斑》、《夜郎》、《博弈》、《上訪》、《克拉瑪依》和《牛皮貳》。
2011	35	《太陽總在左邊》、《老狗》、《老唐頭》、《光棍》和《一國雙城》參展。
2012	36	《白鹿原》作為閉幕式放映電影，其餘參展電影包括《楊梅洲》、《我11》、《人山人海》及《嫦娥》。
2013	37	本屆電影節設立「中國電影生力軍」單元，放映《焚屍人》、《有人讚美聰慧，有人則不》、《告訴他們，我乘白鶴去了》和《美姐》共四套內地電影。其餘參展電影包括《愛的替身》、《唐皇遊地府》、《陌生》、《春夢》、《二峽啊》、《Hello! 樹先生》、《記憶望着我》、《忘了去懂你》及《痕跡》。
2014	38	《催眠大師》、《推拿》、《鬼日子》、《迴光奏鳴曲》、《犴達罕》、《白日焰火》、《無人區》、《西遊》、《瘋愛》、《那片湖水》、《水印街》及《夜》參展。
2015	39	《照見》、《心迷宮》、《尋愛》、《少年·小趙》、《百鳥朝鳳》、《滿州里來的人》及《少女哪吒》參展。
2016	40	《火鍋英雄》為開幕電影。本屆電影節設立「中國電影新貌」單元，放映《向北方》、《喊·山》、《岡仁波齊》、《路邊野餐》、《河》和《告別》共六套內地電影，其餘參展電影包括《李文漫遊東湖》、《癡》、《吾土》、《我祇認識你》、《喜馬拉雅天梯》、《枝繁葉茂》、《老石》、《悲兮魔獸》及《塔洛》。
2017	41	《石頭》、《檳榔血》、《工廠青年》、《囚》、《笨鳥》、《八月》及《清水裏的刀子》參展。

資料來源： 根據歷年《中國電影年鑑》、歷屆《香港國際電影節節目表及訂票手冊》。

1985 年 3 月 29 日至 4 月 13 日舉辦第九屆香港國際電影節，來港參展的內地電影代表團由團長奚姍姍率領，團員包括王家乙、陳凱歌、張藝謀、沈及明等。參展的內地電影包括《黃土地》、《九月》（田壯壯導演）、《寒夜》（闕文導演）以及北京電影學院 1982 年畢業生的短片《我們的角落》和《我們還年輕》，其中《黃土地》於 1985 年 4 月 1 日在香港舉行境外首映。

1985 年 5 月 8 日，由香港電影文化中心和南方影業主持、在南洋戲院舉行《黃土地》推薦首映儀式。香港電影文化中心為《黃土地》舉行公開座談會，並邀請該片導演陳凱歌和攝影師張藝謀來港作嘉賓講者，香港電影學者羅卡和古兆奉主持座談。同月 9 日，《黃土地》在南洋、南華兩戲院正式公映，共放映 14 天，票房超過 129 萬元。據 1986 年 4 月 10 日香港《電影雙周刊》第 185 期報道，經 58 位香港影評人的評選，《黃土地》以 888 分當選為 1985 年十大華語片冠軍。同年，《黃土地》獲瑞士第 38 屆洛迦諾國際電影節銀豹獎、第 29 屆倫敦電影節倫敦電影研究所電影獎、第七屆（亞、非、拉）三大洲電影節攝影獎。1980 年代中期，《黃土地》等在改革開放初期製作的內地電影獲邀來港參展，備受華語觀眾的首次關注，其後並獲國際影壇賞識，屢獲國際電影獎項。

自 1988 年香港國際電影節選擇內地電影《紅高粱》為閉幕電影開始，內地電影多次成為

香港國際電影節的開幕或閉幕影片。1990 年，香港國際電影節首次選用香港與內地合拍片作為開幕電影，開幕電影為 1989 年香港與內地合拍片《秦俑》（內地片名《古今大戰秦俑情》），由香港和內地導演徐克和張藝謀共同擔任製作人，男女主角為張藝謀和鞏俐，主題曲《焚心以火》由黃霑填詞，顧嘉煇和黃霑作曲，葉蒨文主唱。在 2006 年、2013 年及 2016 年的第 30 屆、37 屆及 40 屆香港國際電影節，分別增設「中國電影新天地」、「中國電影生力軍」及「中國電影新貌」單元，集中推介內地新製作的電影和新晉導演。

自 1980 年代中期開始，內地電影透過參加香港愛國電影機構舉辦的電影展，來港頻繁交流。1984 年 9 月 29 日至 10 月 12 日，香港南方影業主辦的「中國電影展 '84」，放映《人到中年》、《鄉音》、《雷雨》和《北國紅豆》等 14 部內地電影。當時珠江電影製片廠廠長孫長城，演員孫道臨、潘虹、劉曉慶等組成中國電影代表團來港出席影展。1987 年 1 月 18 日至 2 月 14 日，南方影業與香港藝術中心、藝文社和香港藝術節協會合辦當時香港最大型的中國當代電影展 ——「八十年代中國電影展」，為這一年香港藝術節節目之一。除少數影片曾在香港放映，大部分屬在香港首映，包括在 1980 年至 1986 年間出品的 30 部電影和 8 部短片。

1988 年 7 月 8 日，銀都機構在灣仔創辦影藝戲院，為香港首家採用多間戲院銀幕設計的電影院，主要放映內地、日本、歐洲等地的藝術電影。影藝戲院播放內地最新製作的主流及非主流電影，為香港少數主力推介內地電影的電影院之一。首映電影是陳凱歌導演的《孩子王》和台灣地區導演侯孝賢的《尼羅河女兒》。同年，影藝戲院舉辦「影藝國際影展 —— 巨匠新秀電影巡禮」活動；1989 年戲院慶祝一周年，舉辦第二回「影藝國際影展」。影藝戲院於 2006 年 11 月 30 日正式結業，當天放映五套內地電影，即《開國大典》、《芙蓉鎮》、《那山那人那狗》、《我想有個家》和《朗朗星空》，免費入場。

1997 年香港回歸祖國前夕，華南電影工作者聯合會、南方影業及銀都機構於同年 2 月 18 日至 3 月 1 日首次聯合舉辦「中國電影展 '97」，影展獲香港市政局贊助，放映《埋伏》、《孔繁森》和《冼星海》等十多部電影。影展期間舉辦「中國影人書畫展」和「中國近期電影面面觀」研討會。新華社香港分社社長周南、候任行政長官董建華、新華社香港分社文體部部長趙廣廷、銀都機構董事長廖一原、華南電影工作者聯合會副會長夏夢等出席影展。出席影展的內地電影代表團共 18 人，由廣電部電影事業管理局局長劉建中率領，成員包括電影事業管理局合拍部總經理鄭全剛、電影事業管理局外事處副處長欒國志、謝廣燕等。

2003 年 9 月 29 日，電影正式被納入《內地與香港關於建立更緊密經貿關係的安排》（CEPA）補充協議內的優惠項目，同年 10 月 20 日至 31 日，香港康樂及文化事務署（康文署）、銀都機構、南方影業聯合主辦「中國電影展 2003」，除放映內地電影新作外，還加插研討會，探討香港與內地在 CEPA 協議下的電影合作等議題。香港電影工作者總會會長吳思遠、香港立法會議員兼影業協會副理事長馬逢國和內地電影代表團團長、國家廣電

總局電影局局長童剛及團員出席研討會。

2005 年 10 月 18 日至 11 月 15 日，華南電影工作者聯合會與銀都機構合辦「中國電影展2005」，國家廣電總局電影局副局長張丕民率領內地電影代表團來港出席，先後拜訪邵氏兄弟（香港）有限公司（邵氏）、嘉禾娛樂事業集團有限公司（嘉禾，2009 年易名橙天嘉禾娛樂事業集團有限公司，簡稱橙天嘉禾）、英皇電影、寰亞傳媒集團有限公司（寰亞）、安樂影片有限公司（安樂影片）、星皓娛樂和美亞娛樂資訊集團有限公司（美亞）等香港主要電影公司。其間，代表團分別與香港電影界的九大工會和業界公司代表舉行兩次懇談會，討論電影審查制度、盜版、不同版本、類型片、分級制、合作片、引進片和電影立法等問題。1997 年至 2007 年間，「中國電影展」隔年舉辦，主辦機構包括香港康文署、銀都機構、南方影業。2008 年至 2017 年，影展每年由華南電影工作者聯合會，聯同香港康文署聯合舉辦。

二、香港與內地合拍片

1. 改革開放初期至 CEPA 協議簽訂前的合拍片

1978 年 1 月 31 日，愛國電影公司長城、鳳凰及新聯（「長鳳新」，1983 年整合為銀都機構）的董事長廖一原等香港電影界人士，獲邀參加在北京舉辦的香港電影界座談會，座談會由剛上任的國務院僑務辦公室主任廖承志召開，廖承志向與會者表示，在當天早上的全國旅遊工作會議上，他把香港影人冀到全國的風景區、名山大川、革命聖地拍電影的要求提出來，並獲國務院副總理李先念支持。1979 年，廖承志在廣州會見廖一原時表示，香港和海外觀眾喜歡看武俠片，建議香港愛國電影公司拍攝以少林寺或太極拳為題材的電影。

1970 年代末，香港愛國電影公司在國家領導人鼓勵下，率先重返內地拍攝風光旅遊片和武俠故事影片，開啟改革開放後香港與內地合作拍攝電影的模式。香港與內地最初合作拍攝的電影，以港方為主體，由港方出資，並由港方人員擔任主創人員，內地提供勞務、設備、場地等，屬於輔助性質工作，稱為協拍，影片拍攝完成後，由港方負責發行。1979 年7 月，長城電影製片有限公司在內地黃山取景，拍攝香港小說家梁羽生同名武俠小說改編的《白髮魔女傳》（1980 年 7 月 24 日至 8 月 6 日在香港上映，票房逾 203 萬元），由張鑫炎執導，演員包括方平、鮑起靜、劉雪華、江漢等。7 月 14 日，劇組人員在黃山遇見國家領導人鄧小平。

1979 年 8 月，中國電影合作製片公司成立，成為首家專門負責中外電影合拍事務的機構。境外公司同內地合作拍攝電影，須向中國電影合作製片公司申請。經國務院批准，文化部、海關總署於 1981 年 10 月 13 日頒布《進口影片管理辦法》（《辦法》）。《辦法》第七條規定，除香港「長鳳新」三家愛國電影公司回內地拍攝影片，由國務院港澳事務辦公室

與有關地區和單位直接聯絡外，凡屬中外或內地與香港的合拍電影業務，統由中國電影合作製片公司管理。

1979 年，鳳凰影業公司協助香港演員劉松仁組成宙斯影片製作公司（宙斯公司），同年 9 月，宙斯公司往內地粵北一帶取景拍攝古裝武俠片《碧水寒山奪命金》，11 月拍攝完畢。該片由劉松仁任男主角，1979 年香港小姐第四名鍾楚紅為女主角，劉松仁邀請無綫電視（TVB）編導杜琪峯為此片出任導演，影片為改革開放後，首部到內地拍攝完成的香港電影。其他參與拍攝的演員包括劉江、江漢、姜明，電影主題曲由關正傑主唱。該片於 1980 年 6 月 12 日至 25 日在香港首映，其後於 1985 年在內地上映。

1981 年，愛國電影公司新聯與長城合組成立中原電影公司，拍攝該公司第一部出品《少林寺》，由來自長城影業、曾往內地取景拍攝《白髮魔女傳》的張鑫炎擔任導演，廖一原監製。張鑫炎向國家體育運動委員會等部門借調 18 名武術人員，加入拍攝隊伍，包括北京武術隊蟬聯五屆全國武術比賽全能冠軍的李連杰、山東武術隊教練于海和于承惠、浙江武術隊隊長胡堅強、河南豫劇刀馬旦丁嵐等。1982 年 1 月 21 日，《少林寺》在香港上映，演員李連杰、于承惠、于海、孫建魁和劉懷良等到香港參加首映活動。《少林寺》打破當時香港功夫片票房收入的紀錄，達 1615 萬多元，主角李連杰其後成為國際武打巨星。《少林寺》在內地的收入以拷貝計算，沒有準確的票房數字，按 1982 年上映九個多月計算，在內地各城鎮以 35 毫米拷貝方式放映的《少林寺》，觀看人次達 2.7 億人次。承接《少林寺》的成功，張鑫炎於 1984 年再次與原班人馬合作，拍攝《少林小子》，在香港票房收入逾 2228 萬元。

《少林寺》在香港、內地和海外獲得理想票房，引發香港電影公司與內地合拍功夫片熱潮。1982 年，香港聯華電影公司（與 1930 年代上海聯華公司同名）與河南開封演出公司合作拍攝《少林寺弟子》。1983 年，香港長城電影公司演員夏夢創辦的青鳥電影公司，與峨眉電影製片廠合作拍攝兒童功夫片《自古英雄出少年》，在四川取景，該片為峨眉電影製片廠首部合拍片。1984 年，香港電影製片朱牧、韓培珠夫婦創辦的嘉民影業公司，與福建電影製片廠合作拍攝《木棉袈裟》，該影片由徐小明編劇及導演，在內地賣座，並獲得該年內地政府頒發的「優秀劇情片特別獎」，翌年 2 月 15 日在香港公映，票房收入 1500 多萬元，為當年香港十大最賣座影片之一。1985 年，朱牧夫婦以三羊影業有限公司之名，與中國電影合作製片公司聯合製作《少林俗家弟子》。主演者范冬雨為北京武術隊成員，後來組建了內地首支影視特技隊，專門拍攝危險動作及特技場面。

1980 年代初期，除武打片外，愛國電影公司出品或發行，在內地名山大川取景拍攝的紀錄片在香港上映，包括 1982 年上映的《四川搜秘錄》（孫華、郝偉光導演，長城攝製出品）、1984 年上映的《大西北奇觀》（朱楓導演，鳳凰出品），以及 1985 年 7 月上映的《神秘的西藏》（孫華、郭無忌導演，鳳凰發行，馬逢國製片）等。

除「長鳳新」等愛國電影公司外，香港非愛國陣營影人於 1979 年起往內地取景拍攝電影，題材以古裝和武俠片為主。1980 年，由香港影人楊吉爻成立的海華電影公司和內地福建電影製片廠合作，拍攝以少林武術為題材的影片《忍無可忍》，在香港上映。此片高揚擔任導演、蕭玉龍主演，為改革開放後，首部香港非愛國陣營電影公司與內地合拍的影片。《忍無可忍》的合拍計劃獲國務院僑務辦公室主任廖承志支持。

1979 年夏天，在文化部的安排下，香港邵氏導演李翰祥應邀赴北京，與長春電影製片廠簽署合約，合拍清宮題材電影《垂簾聽政》，但合拍計劃因該製片廠出現預算問題遭擱置。中國電影合作製片公司隨即承諾協助李翰祥推進合拍計劃，同年 11 月計劃獲內地相關部門正式批准；合拍計劃獲廖承志及港澳商人何賢支持。1982 年 3 月，李翰祥成立新崑崙影業有限公司（香港），籌備在內地拍攝兩部清宮電影《火燒圓明園》和《垂簾聽政》，男女主角分別由香港演員梁家輝和內地演員劉曉慶擔任。同年 8 月 10 日，電影在河北省承德避暑山莊開鏡拍攝。電影在內地拍攝期間，獲得北京電影製片廠、中國人民解放軍八一電影製片廠、中央新聞紀錄電影製片廠、北京電影學院、故宮博物院、承德避暑山莊、頤和園以及天壇公園等數十個單位及機構協助。1983 年 9 月和 10 月，《火燒圓明園》和《垂簾聽政》在香港上映，1985 年 4 月兩片在日本上映，票房分別為 2700 多萬元和 13 億日圓。香港電影人北上合拍電影，把香港與內地合拍片推向國際市場。

1989 年，《秦俑》開拍，由朱牧、韓培珠夫婦創辦的香港嘉民影業公司和中國電影合作製片公司合作拍攝，有多名香港與內地主創人員參與：香港動作指導程小東擔任導演、張藝謀擔任製作人和男主角、鞏俐擔任女主角。1990 年 4 月 12 日至 5 月 24 日，《秦俑》在香港首映。其後在日本（1991 年 6 月）、芬蘭（1993 年 10 月）、瑞典（1993 年 11 月）和丹麥（1995 年 10 月）等地上映，拓展國際市場。《秦俑》改編自香港作家李碧華同名小說，港方的甘國亮和徐克擔任監製，並邀得鮑德熹、麥子善和奚仲文分別擔任攝影、剪接和美術指導。1991 年 4 月，《秦俑》獲第 10 屆香港電影金像獎「最佳配樂」獎。同月，該片在法國巴黎「奇情動作」電影展獲得「大獎—最受歡迎影片獎」。

1983 年至 1989 年間，內地與香港兩地合拍的故事影片達 31 部，屬於武俠片等動作類型片佔 15 部，佔比 48%。

進入 1990 年代初期，香港與內地合拍片仍以香港創作人和演員為主導，以拍攝商業片模式進行，合拍片的內地版權開始交給內地的電影廠。1992 年至 1993 年間，香港影人吳思遠任出品人、與內地瀟湘電影製片廠合拍《新龍門客棧》、與上海電影製片廠合拍《青蛇》、與北京電影製片廠合拍《黃飛鴻之三：獅王爭霸》，內地版權由合拍的內地製片廠持有。1992 年，香港本地製作的電影及與內地合拍片的票房，合共 12.4 億元，創歷史高位，同年，在香港上映的外國電影，票房 3.12 億元。

1982 年 10 月，由香港導演李翰祥（中）執導的香港與內地合拍片《垂簾聽政》，在北京故宮取景拍攝。（新華社提供）

1983 年 9 月 20 日，香港與內地合拍片《火燒圓明園》在香港普慶戲院舉行首映禮，內地電影代表團團長陳播及演員項堃、陳燁等在二樓觀看觀眾入場情景。（新華社提供）

1989 年 3 月，香港和內地合拍電影《秦俑》在西安新興建的秦王宮前，拍攝秦始皇起駕的場景。（新華社提供）

表 14-2-3　1983 年至 1999 年香港與內地合拍故事影片數目

年份	合拍片數目	年份	合拍片數目
1983	2	1991	5
1984	4	1992	14
1985	3	1993	34
1986	6	1994	25
1987	0	1995	33
1988	7	1996	17
1989	9	1997	8
1990	14	1998	5

資料來源：　根據歷年《中國電影年鑒》。

1993 年 1 月，廣播電影電視部以「三號文件」形式，下發《關於當前深化電影行業機制改革的若干意見》。文件啟動內地電影全面產業化改革，並擴大電影製片廠的合拍權限，香港與內地的合拍片佔內地電影市場份額大幅上升。1993 年全年，包括北京電影製片廠、長春電影製片廠等在內的 14 家內地製片機構，與 30 家香港製片機構合作拍攝了 34 部影片，數目超過 1983 年至 1989 年香港與內地合拍片的總數。自 1996 年起，香港與內地合拍片數目現下降趨勢（見表 14-2-3）。

1993 年，香港喜劇演員周星馳成立彩星電影公司，與內地的西安電影製片廠（2000 年改組成立西部電影集團，簡稱西影）商討合作拍攝商業片《西遊記第壹佰零壹回之月光寶盒》和《西遊記大結局之仙履奇緣》，兩片分別於 1995 年 1 月 21 日至 2 月 15 日，以及同年 2 月 4 日至 3 月 1 日在香港上映，票房分別為 2509 萬多元和 2087 萬多元。這兩部電影由劉鎮偉擔任導演，周星馳主演。當時，西安電影製片廠負責電影生產的張丕民，以及負責宣傳和發行工作的童剛正探索多元化的電影題材和製作商業大片的模式，決定引進這兩部合拍片。兩套電影在內地合稱《大話西遊》。

1994 年，隨着香港與內地合拍片數量增加，「中國廣播電影電視部優秀影片獎」（1957 年原稱「文化部優秀影片獎」；1985 年至 1994 年改稱「中國廣播電影電視部優秀影片獎」）首次頒發合拍片獎項，香港藝能影業有限公司與內地瀟湘電影製片廠聯合出品的《股瘋》獲獎。1995 年，「中國廣播電影電視部優秀影片獎」改稱「中國廣播影視大獎電影華表獎」（華表獎）。華表獎與百花獎和金雞獎，並稱中國電影三大獎。

1990 年代初期起，香港、內地和台灣地區三地電影人的三方合作，成為香港與內地合拍電影的新發展方向。1990 年代初，台灣地區湯臣影業公司以香港「湯臣」名義，與內地合拍《霸王別姬》（陳凱歌導演，香港演員張國榮主演，1993 年 1 月 1 日香港上映）。台灣地區學者影業公司投資拍攝《東邪西毒》，該片由香港導演王家衛執導，1994 年 9 月 12 日意大利威尼斯影展首映，同年 9 月 17 日在香港和台灣地區同步上映。1994 年，香港銀都機

構和巨龍電影（香港）有限公司合作拍攝的《西楚霸王》，主創人員包括香港導演冼杞然、內地監製張藝謀、香港演員呂良偉和關之琳、內地演員鞏俐和張豐毅，以及台灣地區演員金士傑。

進入 1990 年中期，香港與內地合拍片出現「賣廠標」的假合拍問題，內地製片廠通過與香港片商合拍增加收益和產量，惟部分內地製片廠不投入或少投入資金。1994 年 7 月 5 日，廣播電影電視部頒布《關於中外合作攝製電影的管理規定》（《規定》），是第一部正式出台、對於合拍片審批、審查、管理等方面作出明確規定的政府公開文件。《規定》第十條列示，中外合拍電影的導演、攝影師等主要創作人員應以內地居民為主。第十五條規定完成的影片須由該部審查、批准並發給公映許可證後，方可在內地境內或境外公映。經該部審查通過的影片，為該影片的唯一版本。這些規定適用於香港電影製片者與內地合拍的電影。

1998 年 3 月，廣播電影電視部改組為國家廣播電影電視總局（國家廣電總局），同年 6 月 8 日至 11 日，香港電影界組成 48 人訪京團，參加中國電影家協會主辦的第 18 屆金雞、百花電影節，並向內地政府爭取放寬對香港電影的合拍限制和審查標準。訪京團由邵氏執行董事長方逸華任名譽團長，香港影業協會理事長洪祖星為團長，團員有梁家輝、李修賢、陳榮美、馮琳、張同祖、泰迪羅賓等。在京期間，香港電影界訪京團獲中共中央政治局常委、國務院副總理李嵐清接見；國家廣電總局副局長趙實，電影局局長劉建中等主管電影業的負責人與香港代表團進行洽談。會談取得三方面的成果：一、對於香港與內地合拍片的審查可作彈性處理，如對香港版本可以較寬鬆審檢；二、香港與內地合拍的影片，內地演員、工作人員比例可不作硬性規定；三、香港與內地合拍影片的沖洗及後期製作，不硬性規定在內地進行，可在香港沖洗及做後期製作。

1998 年訪京團後，香港電影界探索進一步開拓內地市場，以及再打入國際市場的電影類型模式，包括 2000 年上映的武俠動作電影《臥虎藏龍》。該片由台灣地區導演李安執導，香港影星周潤發、楊紫瓊和內地演員章子怡主演。電影主要投資者為美國哥倫比亞電影製作（亞洲）有限公司，香港投資人為安樂影片負責人江志強。《臥虎藏龍》在內地的票房收入為 1000 萬元人民幣。合作拍片帶動內地電影透過整合香港、內地和台灣地區優質電影資源和美國荷李活式電影創作經驗，發展出一套商業大片製作模式。

2001 年 12 月 11 日，中國成為世界貿易組織成員國。中國加入世貿組織，承諾開放市場，電影業進一步走向市場化和國際化。通過與香港合拍商業大片，內地引進國際商業大片製作制度，包括 2002 年上映的合拍片《英雄》。該片採用荷李活式商業大片製作模式，由香港銀都機構和精英娛樂有限公司，以及北京新畫面影業有限公司（北京新畫面）聯合出品，中國電影合作製片公司協助拍攝，香港安樂影片等公司負責發行。影片武術指導為香港武指程小東，攝影師為杜可風。影片採用國際影星主演的商業影片模式，由國際影星梁朝偉、張曼玉、陳道明、李連杰、甄子丹和章子怡主演。張藝謀執導的《英雄》，耗 2.4 億

電影《英雄》劇照。該片引進國際商業大片製作制度，由李連杰等國際影星領銜主演，於 2002 年 12 月 14 日在北京人民大會堂首映。（新華社提供）

元人民幣製作，打破內地影片製作費的紀錄，模仿美國荷李活電影大成本大製作的模式。《英雄》在內地上映首七天，票房已超過 1 億元人民幣，打破荷李活電影《鐵達尼號》（內地譯《泰坦尼克號》，1998 年 4 月 3 日於內地上映）在內地上映兩星期票房突破 1 億元人民幣的紀錄。《英雄》的內地總票房逾 2.5 億元人民幣，超過 2001 年 80 多部國產片在內地票房的總和 2.2 億元人民幣。2002 年 11 月 29 日，電影《英雄》VCD 和 DVD 的內地音像版權，為廣東偉嘉音像公司以 1780 萬元人民幣購得，創下內地電影音像版權拍賣的最高紀錄。美國米拉麥克斯影業以 1500 萬美元，買下該片在北美和其他英語國家的發行權。

2. CEPA 協議簽訂後的合拍片

2002 年，香港出品電影數量進入減產周期，僅出品 91 部電影，到 2007 年，為 51 部，同期電影票房由 3.6 億元，連續六年下跌至 2.27 億元。香港電影業面臨不景氣之際，2002 年 10 月 15 日至 28 日，香港貿易發展局率領香港影視業代表團赴京訪問文化部、中國電影集團公司（中影集團）、國家廣電總局等部門及單位。16 日，香港影視代表團就放寬香港電影進入內地上映的條件等議題，與國家廣電總局、新聞出版總署的官員磋商。香港電影工作者總會會長吳思遠、黃百鳴、爾冬陞、洪祖星在同日的媒體座談會上表示，加強與內地影視業的合作，有助振興陷入低谷的港產電影業。

2003 年 6 月 29 日，香港與內地簽署《內地與香港關於建立更緊密經貿關係的安排》（CEPA）協議。協議簽署之前，吳思遠向行政長官董建華建議，將電影納入 CEPA 協議，

獲董建華接納並向中央反映。2003 年 9 月 29 日，中央政府與香港特別行政區政府簽署 CEPA 六份附件，其附件 4〈關於開放服務貿易領域的具體承諾〉，當中有四條關於香港與內地合拍片的條款：第一，香港拍攝的華語影片經內地主管部門審查通過後，不受進口配額限制在內地發行；第二，香港拍攝的華語影片是指根據香港特別行政區有關條例設立或建立的製片單位所拍攝的，擁有 75% 以上的影片著作權的華語影片。該影片工作人員中，香港居民數目不少於人員總數的 50%；第三，香港與內地合拍片視為國產影片在內地發行，該影片以普通話為標準譯製的其他中國民族語言及方言的版本可在內地發行；第四，香港與內地合拍片，香港方的主創人員，即導演、編劇、攝影、主角和主要配角人數不受限制，惟內地主要演員的比例，不得少於影片主要演員總數三分之一。影片故事發生地沒有限制，故事情節或主要人物應與內地有關（見表 14-2-4）。

2003 年 10 月 21 日，國家廣電總局電影局根據 CEPA 協議附件 4 制定及頒布《關於加強內地與香港電影業合作、管理的實施細則》，允許在廣東、廣西和海南省等粵語地區，為內地和香港合拍片特別製作以普通話為標準的粵語拷貝作放映。此外，經過國家廣電總局批准，香港與內地合拍片的電影底片、樣片的沖印及後期製作，可不受特殊技術要求限制，在香港完成。10 月 23 日至 24 日，在特區政府支持下，香港立法會議員馬逢國擔任團長，率領立法會議員霍震霆、嘉禾主席鄒文懷、寰亞主席林建岳、中國星主席向華強、香港電影製作發行協會理事長黃百鳴、香港電影導演會會長爾冬陞和導演王晶等逾 100 人，組成香港影視演藝界訪京團，分批前往北京。24 日上午，訪京團部分團員出席 CEPA 座談會，國務院港澳事務辦公室、文化部、中宣局、國家廣電總局、商務部、新聞出版總署、國家版權局等派代表出席，探討「內地如何對港片未來發展提供協助」課題。港方代表團成員提出國家向香港電影公司開放發行領域、內地盡快推行電影分級制，以及在稅金上，對引進內地的香港電影能作出部分豁免。

2004 年 1 月 1 日起，CEPA 協議首階段實施，香港電影獲得較中國向世貿組織作出開放承諾更多的優惠條款：第一，香港電影不再受入口配額限制，香港與內地合拍片經內地主管部門審查後，可以國產片的形式在內地發行，不受進口配額限制。第二，港商在內地可以獨資形式新建、改建電影院，經營電影放映業務。2005 年 1 月 1 日起，CEPA 協議第二階段實施，對合拍片待遇更加放寬。香港製片公司經內地主管部門批准，可在內地試點設立獨資公司，發行國產影片。同年 3 月 7 日，國家廣電總局頒布《〈電影企業經營資格准入暫行規定〉的補充規定》，規定香港服務提供者經內地政府部門批准後，可以在內地試點設立獨資公司發行國產電影。

2004 年 12 月，合拍片《功夫》在香港和內地同步上映。2005 年 4 月，該片在美國上映。影片在香港、內地和美國的票房收入分別為 61,278,697 元、1.6 億元人民幣和 17,108,591 美元。《功夫》屬於 CEPA 協議簽訂後，首批的香港與內地合拍片，獲得美國荷李活資金、全球發行和宣傳推廣的支援。該影片由周星馳的星輝電影公司，與哥倫比亞

表 14-2-4　《內地與香港關於建立更緊密經貿關係的安排》（CEPA）中關於電影的條文

簽訂日期	所簽訂的文件	與電影製作相關的條款及具體承諾
2003 年 6 月 29 日	CEPA 主體文件	沒有相關的條款
2003 年 9 月 29 日	CEPA 六份附件	**附件 4 關於開放服務貿易領域的具體承諾** 華語影片和合拍影片 1. 香港拍攝的華語影片經內地主管部門審查通過後，不受進口配額限制在內地發行。 2. 香港拍攝的華語影片是指根據香港特別行政區有關條例設立或建立的製片單位所拍攝的，擁有 75% 以上的影片著作權的華語影片。該影片主要工作人員組別 [①] 中香港居民應佔該組別整體員工數目的 50% 以上。 3. 香港與內地合拍的影片視為國產影片在內地發行。該影片以普通話為標準譯製的其他中國民族語言及方言的版本可在內地發行。 4. 香港與內地合拍的影片，港方主創人員 [②] 所佔比例不受限制，但內地主要演員的比例不得少於影片主要演員總數的三分之一；對故事發生地無限制，但故事情節或主要人物應與內地有關。
2004 年 10 月 27 日	CEPA 補充協議	**附件 3 內地向香港開放服務貿易的具體承諾的補充和修正** 華語影片和合拍影片 1. 允許內地與香港合拍的影片經內地主管部門批准後在內地以外的地方沖印。 2. 允許香港服務提供者經內地主管部門批准，在內地試點設立獨資公司，發行國產影片。
2005 年 10 月 18 日	CEPA 補充協議二	**附件 2 內地向香港開放服務貿易的具體承諾的補充和修正二** 華語影片和合拍影片 1. 允許香港與內地合拍影片的粵語版本，經內地主管部門批准，在廣東省發行放映；允許香港影片的粵語版本，經內地主管部門審查通過後，由中國電影集團電影進出口公司統一進口，在廣東省發行放映。 2. 根據香港特別行政區有關條例設立的製片單位所拍攝並擁有 50%以上的影片著作權的華語影片 [③]，經內地主管部門審查通過後，不受進口配額限制在內地發行。
2006 年 6 月 27 日	CEPA 補充協議三	沒有相關的條款
2007 年 6 月 29 日	CEPA 補充協議四	沒有相關的條款
2008 年 7 月 29 日	CEPA 補充協議五	沒有相關的條款
2009 年 5 月 9 日	CEPA 補充協議六	**附件 內地向香港開放服務貿易的具體承諾的補充和修正六** 華語影片和合拍影片 允許國產影片（含合拍）由內地第一出品單位提出申請並經國家廣電總局批准後，在香港進行後期製作。
2010 年 5 月 27 日	CEPA 補充協議七	沒有相關的條款
2011 年 12 月 13 日	CEPA 補充協議八	沒有相關的條款
2012 年 6 月 29 日	CEPA 補充協議九	沒有相關的條款

（續上表）

簽訂日期	所簽訂的文件	與電影製作相關的條款及具體承諾
2013年 8月29日	CEPA 補充協議十	**附件 內地向香港開放服務貿易的具體承諾的補充和修正十** **電影或錄像帶製作服務** 1. 允許國產影片及合拍片在香港進行沖印作業。 2. 允許香港影片因劇情需要，在影片中如有方言，可以原音呈現，但須加注標準漢語字幕。 3. 允許香港服務提供者僱用的合同服務提供者以自然人流動的方式在內地提供本部門或分部門分類項下具體開放承諾的服務。 **電影或錄像的分銷服務，包括娛樂軟件及錄音製品分銷服務** 1. 允許香港與內地合拍影片的方言話版本，經內地主管部門批准，在內地發行放映，但須加注標準漢語字幕。 2. 允許香港影片的方言話版本，經內地主管部門審查批准通過後，由中影集團進出口公司統一進口，在內地發行放映，但均須加注標準漢語字幕。 3. 允許香港服務提供者僱用的合同服務提供者以自然人流動的方式在內地提供本部門或分部門分類項下具體開放承諾的服務。
2015年 11月27日	CEPA 服務 貿易協議[4]	**CEPA 服務貿易協議[4]** **華語影片和合拍影片** · 香港拍攝的華語影片經內地主管部門審查通過後，〔由中國電影集團公司統一進口，由擁有《電影發行經營許可證》的發行公司在內地發行，〕[5] 不受進口配額限制。 · 香港拍攝的華語影片是指根據香港特別行政區有關條例設立或建立的製片單位所拍攝的，擁有 [50%] [6] 以上的影片著作權的華語影片。該影片主要工作人員組別[3] 中香港居民應佔該組別整體員工數目的 50% 以上。 · 允許內地與香港合拍的影片經內地主管部門批准後在內地以外的地方沖印。[6] · 允許國產影片及合拍片在香港進行沖印作業。[6] · 允許香港服務提供者經內地主管部門批准，在內地試點設立獨資公司，發行國產影片。[6]
2019年 11月21日 最後修訂	CEPA 服務貿易 協議整合版本	**附件1 內地向香港開放服務貿易的具體承諾** **表1 對商業存在保留的限制性措施（負面清單）** **電影或錄像的製作和發行服務** · 設立獨資公司發行國產影片須經內地主管部門批准。 · 不得投資電影製作、電影引進公司。 **表2 跨境服務開放措施（正面清單）** **華語影片和合拍影片** · 香港與內地合拍的影片〔在主創人員、演員比例、內地元素上不設限制〕。[7] · 香港人士參與內地電影製作不受數量限制。[8] · 取消收取內地與香港電影合拍立項申報管理費用。[8]

資料來源： 香港特別行政區工業貿易署網站 https://www.tid.gov.hk/tc_chi/cepa/legaltext/cepa_legaltext.html。

注： ① 主要工作人員組別包括導演、編劇、男主角、女主角、男配角、女配角、監製、攝影師、剪接師、美術指導、服裝設計、動作 / 武術指導、以及原創音樂。
　　② 主創人員是指導演、編劇、攝影和主要演員，主要演員是指主角和主要配角。
　　③ 該影片主要工作人員組別中香港居民應佔該組別整體員工數目的 50% 以上。主要工作人員組別包括導演、編劇、男主角、女主角、男配角、女配角、監製、攝影師、剪接師、美術指導、服裝設計、動作 / 武術指導，以及原創音樂。
　　④《CEPA 服務貿易協議》是 CEPA 框架下的其中一份子協議，於 2016 年實施，整合和梳理 CEPA 下多年來有關服務貿易的開放措施和便利措施。
　　⑤ 本條款對 2003 年 9 月 29 日《CEPA 六份附件》附件 4 作修定，方括號內的內容為修訂部分。
　　⑥ 2019 年 11 月 21 日的最後修訂移除此具體承諾。
　　⑦ 本條款對 2015 年 11 月 27 日《CEPA 服務貿易協議》附件 1 作修定，方括號內的內容為修訂部分。
　　⑧ 本條款對 2015 年 11 月 27 日《CEPA 服務貿易協議》附件 1 作修定，為新增具體承諾。

電影製作（亞洲）有限公司，以及內地的華誼兄弟傳媒股份有限公司（華誼兄弟傳媒集團）和北京電影製片廠等聯合攝製，周星馳任導演，他將《功夫》定位為「國際資金、本土創造」的商業大片，向投資過《臥虎藏龍》的哥倫比亞公司香港辦事處提出合作建議。後者決定投入該片製作成本 2000 萬美元中的 95%，並負責全球發行和市場推廣工作。哥倫比亞公司安排周星馳以七個月時間，進行前期製作和完整結構劇本的規劃工作，並協助周星馳與中影集團和華誼兄弟傳媒集團商談合作共製，由內地方出資製作成本的 5%，並負責共同製作和內地的市場推廣工作。在充足製作資金的支持下，周星馳聘請包括香港先濤數碼特技有限公司在內的世界級特技和音響效果技師，對電影進行後期製作。《功夫》是繼《臥虎藏龍》和《英雄》後，少數受歐美主流市場歡迎的內地與香港合拍片，其在全球的票房突破一億美元。

香港與內地合拍片數量自簽署 CEPA 協議後增加，由 2004 年前每年約 10 部，增至 2010 年到 2014 年間每年約 25 至 30 部。與香港同時期每年製作 43 至 56 部電影的產量相比，合拍影片所佔的份額持續超過 50%。據商務部數據，2003 年至 2013 年，香港與內地合拍影片共 322 部，佔內地與境外合拍影片總量的 68.5%。

2007 年 6 月 26 日，北京舉行「1997—2007 年內地與香港合拍影片回顧展」，香港電影導演會名譽會長吳思遠、導演陳可辛、內地演員周迅等出席慶典。慶典結束後，新世紀影院放映

電影《功夫》劇照。該片屬於 CEPA 協議簽訂後，首批香港與內地合拍片，獲得美國荷李活資金、全球發行和宣傳推廣的支援，由周星馳（右）執導及主演，2004 年 12 月在香港和內地同步上映。（新華社提供）

開幕影片《如果．愛》。影展放映多部香港與內地合拍片，包括《緣，妙不可言》、《英雄》、《天下無雙》、《五月八月》、《大城小事》、《墨攻》、《雲水謠》和《瘋狂的石頭》等。截至 2007 年年中，共有 40 多部香港與內地合拍片在海內外 20 多個電影節上獲得重要獎項。

2013 年，香港與內地合拍片中，16 部在內地的票房逾一億元人民幣，《西遊：降魔篇》（票房 12.4 億元人民幣）、《狄仁傑之神都龍王》（票房 6 億元人民幣）、《中國合伙人》（票房 5.38 億元人民幣）分列票房第一、第五和第七位。同年 5 月 17 日，由香港導演陳可辛執導的《中國合伙人》在內地上映，同月 30 日在香港上映，截至 6 月 23 日，香港票房收入約 454 萬元。《中國合伙人》榮獲多個電影獎，包括 2013 年第 29 屆金雞獎「最佳故事片」及「最佳導演」獎、2013 年第 15 屆中國電影華表獎「優秀故事片」及「優秀境外華裔導演」獎，以及 2014 年第 32 節大眾電影百花獎「優秀故事片」獎等。陳可辛為首位獲得金雞獎「最佳導演」獎的香港導演。

2014 年，共有 27 部合拍影片在香港上映，數量佔同年上映的所有首輪香港電影的 54%，票房總額為 2.34 億元，與同期由香港公司製作的 23 部本地電影的票房總額 1.15 億元相比，金額為後者的兩倍（見表 14-2-5）。同年合拍影片在內地的票房總額為 41 億元人民幣（51 億元），佔內地整體票房 14%。

截至 2017 年 6 月，香港與內地合拍片在內地多次獲得主要電影獎，包括華表獎「優秀對外合拍片獎」（見表 14-2-6）。獲得該獎項的電影包括《英雄》（2002）、《赤壁》（2008 年）、《非誠勿擾》（2008 年）、《捉妖記》（2015 年）等。上述電影均打破內地華語電影票房紀錄（見表 14-2-7）。

3. 香港公司在內地建立電影院及院線

改革開放初期，港商開始在內地投資興建電影院，以合資形式進行。1986 年 10 月 31 日，香港海聯影業機構與中國電影發行放映公司和深圳影業公司，合資建造內地首個現代化 70 毫米弧形流動電影院啟用，提供巡迴電影放映服務。1980 年代初期，香港安樂影片創辦人江祖貽與中國電影發行放映公司總經理胡建洽談合作事宜，計劃投資 1000 萬元在內地興建電影院。1988 年 8 月 18 日，安樂影片、中國電影發行放映公司、廣東省電影發行放映公司，以及深圳市電影發行放映公司合資興建南國影聯娛樂中心，於深圳建成開業，為內地首座中外合資現代化綜合娛樂設施。中心內的南國電影院是內地首家由香港院商投資的電影院。江祖貽其後將投資本金及利息，全數捐獻深圳公共福利事業。

1990 年 2 月，新華社香港分社所屬中國旅遊投資有限公司，與上海影視公司共同投資 1200 萬元人民幣，興建上海電影文藝沙龍試業，提供餐飲、學術交流、觀片座談會、文藝欣賞等活動用地。

表 14-2-5　2012 年至 2017 年香港與內地合拍片數量及在港票房佔比

年份	香港上映的首輪電影數量（部）	香港上映的首輪電影總票房（元）	香港上映的首輪電影中香港電影[①]的數量（部）	香港與內地合拍片數量（部）（佔香港電影的百分比）	香港與內地合拍片票房（元）（佔總票房的百分比）
2012	301	1,559,237,866	52	35（67.3%）	248,300,891（15.9%）
2013	310	1,562,686,479	43	26（60.5%）	274,761,302（17.58%）
2014	310	1,619,004,822	52[②]	27（54.0%）	234,130,455（14.46%）
2015	332	1,954,125,822	59[③]	32（58.2%）	267,468,479（13.69%）
2016	348	1,864,805,968	61[④]	39（67.2%）	267,216,493（14.33%）
2017	330	1,812,201,279	53[⑤]	32（62.7%）	177,701,411（9.80%）

資料來源：　香港電影發展局公布的《香港電影業資料彙編》https://www.fdc.gov.hk/tc/press/publication.htm。

注：① 香港電影含港產片及合拍片。根據《香港電影業資料彙編》，香港電影的定義如下：

　　甲：所有出品公司均是香港註冊公司，有關影片即屬香港電影；或（如非所有出品公司均是香港註冊公司，須參看乙項要求。）

　　乙：影片必須同時符合下列兩項要求：

　　（一）出品公司中起碼有一間為香港註冊公司；及

　　（二）以下五個有效崗位其中，50% 或以上的崗位由香港永久居民擔任：監製（或出品人）、導演、編劇、主要男演員及主要女演員。所謂有效崗位即人擔任的崗位，例如一部講述動物的紀錄片中，主要男女演員並非有效崗位，如果無編劇，50% 或以上的崗位即導演或監製（或出品人）其中一方是香港永久居民即可。一般五個崗位均為有效的情況下，須有三個崗位由香港永久居民擔任。

　　符合甲項定義的香港電影稱為「港產片」，而符合乙項定義要求的香港電影則稱為「合拍片」。

② 含 2 部香港與內地以外其他地區合拍的電影。

③ 含 4 部香港與內地以外其他地區合拍的電影。

④ 含 3 部香港與內地以外其他地區合拍的電影。

⑤ 含 2 部香港與內地以外其他地區合拍的電影。

表 14-2-6　1994 年至 2016 年獲華表獎「優秀對外合拍片」獎的香港與內地合拍片

年份	年度	屆數	獲獎電影	與內地合拍的國家／地區
1994	1993	廣播電影電視部優秀影片獎[①]	《股瘋》（獎項名稱為「最佳合拍片」）	香港
1995	1994	1[②]	《二嫫》（獎項名稱為「最佳對外合拍片獎」）	香港
1996	1995	2	《變臉》（獎項名稱為「最佳對外合拍片獎」）	香港
1997	1996	3	《摯愛情緣》（又名《情人的眼淚》）	香港
1998	1997	4	沒有香港與內地合拍片獲獎	
1999	1998	5	《長江》	香港
2000	1999	6	沒有香港與內地合拍片獲獎	
2001	2000	7	合拍片獎項懸空	
2002	2001	8	《天脈傳奇》	香港、美國、台灣地區
2003	2002	9	《英雄》（同年獲得「合作拍攝榮譽獎」及「特殊貢獻獎」）	香港、美國
2004	2003	10	《雙雄》	香港
			《飛鷹》	香港、美國
			《忘不了》	香港
2005	2004	11	《天下無賊》	香港
			《早熟》	香港
2007	2005—2007	12	《老港正傳》	香港
			《神話》	香港
			《霍元甲》	香港
2009	2007—2009	13	《赤壁》	香港、美國、台灣地區、日本、韓國
			《畫皮》	香港
			《葉問》	香港
			《非誠勿擾》	香港
2011	2009—2011	14	《十月圍城》	香港
			《孔子》	香港
			《海洋天堂》	香港
2013	2011—2013	15[③]	《桃姐》	香港
			《寒戰》	香港
			《一代宗師》	香港
			《十二生肖》	香港
			《龍門飛甲》	香港
2016	2013—2015	16	《捉妖記》	香港
			《華麗上班族》	香港
			《可愛的你》	香港
			《智取威虎山》	香港
			《黃金時代》	香港

資料來源：　國家電影局。

注：①「廣播電影電視部優秀影片獎」為「華表獎」的前身。

　　②即第一屆華表獎。

　　③香港與內地合拍片《中國合伙人》獲該年華表獎優秀故事片獎。

表 14-2-7　2002 年 12 月至 2017 年 6 月華語電影內地總票房紀錄

內地上映年份	電影名稱	內地總票房（億元人民幣）	保持最高票房紀錄時間	華表獎「優秀對外合拍片獎」獲提名 / 獲獎	主要製片商及發行商	導演、主要演員
2002	《英雄》	2.5	4 年	獲獎	香港安樂影片與內地北京新畫面影業	導演：張藝謀；主要演員：梁朝偉、張曼玉、李連杰、章子怡、甄子丹
2006	《滿城盡帶黃金甲》	2.91	1 年7 個月	不適用	香港安樂影片與內地北京新畫面	導演：張藝謀；主要演員：周潤發、鞏俐、周杰倫
2008	《赤壁》	3.12	5 個月	獲獎	香港獅子山娛樂、美亞娛樂與內地中影集團等	導演：吳宇森；主要演員：梁朝偉、金城武、林志玲、張豐毅
2008	《非誠勿擾》	3.25	5 個月	獲獎	香港寰亞與內地華誼兄弟傳媒集團	導演：馮小剛；主要演員：葛優、舒淇、范偉、胡可
2009	《建國大業》	3.93	10 個月	不適用	香港寰亞、英皇電影與內地中影集團、北京華綠百納影視有限公司等	導演：韓三平、黃建新；主要演員：唐國強、張國立、許晴
2010	《唐山大地震》	6.5	5 個月	不適用	香港寰亞、英皇電影與內地華誼兄弟、中影集團	導演：馮小剛；主要演員：徐帆、張靜初、李晨、張國強
2010	《讓子彈飛》	6.53	1 年6 個月	不適用	香港英皇電影與內地中影集團、東陽不亦樂乎影業有限公司	導演：姜文；主要演員：姜文、周潤發、葛優
2012	《畫皮 II》	7.02	6 個月	獲提名	內地寧夏電影集團與華誼兄弟傳媒集團等	導演：烏爾善；主要演員：周迅、陳坤、趙薇
2012	《人在囧途之泰囧》	12.71	2 年7 個月	不適用	內地光線影業	導演：徐崢；主要演員：徐崢、王寶強、黃渤
2015	《捉妖記》	24.41	6 個月23 日	獲獎	香港安樂影片與內地北京新時刻影視文化發展有限公司	導演：徐誠毅；主要演員：白百何、井柏然、曾志偉、吳君如、鍾漢良
2016	《美人魚》	33.97	1 年6 個月	不適用	香港星輝海外有限公司、比高集團控股有限公司與內地中國電影股份有限公司等	導演：周星馳；主要演員：鄧超、林允、羅志祥、張雨綺

資料來源：　藝恩、國家電影局等。

1988 年 8 月 18 日，南國影聯娛樂中心於深圳建成開業，是由香港安樂影片與內地企業合資興建，為內地首座中外合資現代化綜合娛樂設施。(中新圖片提供)

踏入 1990 年代，內地開始引入外資、尤其香港資金改造老舊電影院。1993 年，中國電影公司（中影）與外商合資成立北京明星娛樂世界有限公司，改造北京明星電影院，1995 年 11 月 12 日建成開業，為改革開放後北京市第一家合資電影院。此外，在 1990 年代，香港嘉禾與馬來西亞資金投資改造上海海星、新樂兩家影院；由香港、新加坡和日本資金投資 6000 萬元人民幣，改造位於上海的大上海、和平、嵩山、東湖、新華五家影院。

1997 年 8 月，在香港經營娛藝院線（UA）的立基國際娛樂有限公司，在武漢投資興建環藝影城開幕，為首家香港公司參與營運的內地電影院，並為內地首家美式多放映廳電影院。

1999 年 2 月，中影等八個單位合併組建中影集團。同年，香港安樂影片在江祖貽之子江志強領導下，決定與中影集團合作，在內地投資百老匯院線，並展開籌劃工作，此決定為安樂影片繼 1980 年代在深圳投資電影院後，再次在內地投資興建電影院。2000 年 10 月 25 日，國家廣電總局、對外貿易經濟合作部、文化部發布《外商投資電影院暫行規定》，對外商在內地投資電影院進行規範管理，《規定》第四條指出：「中外合資電影院，合營中方在註冊資本中的投資比例不得低於 51%；對全國試點城市：北京、上海、廣州、成都、西安、武漢、南京市中外合資電影院，合營外方在註冊資本中的投資比例最高不得超過 75%。」同年 12 月，北京新東安影城開業，位於王府井商業大街商業綜合體新東安廣場內（1998 年建成，2008 年更名北京 APM），為安樂影片在內地投資的百老匯院線第一家大型影城。2003 年 8 月，百老匯斥資 1800 萬元人民幣，在北京新建擁有六個放映廳的新世紀影城。2004 年 6 月和 2005 年 6 月，百老匯在武漢投資兩個天匯影城，總投資 2500 萬元人民幣。

2001 年 12 月 18 日，國家廣電總局及文化部制定並印發《關於改革電影發行放映機制的實施細則（試行）》的通知，第四條列明實行以院線為主的發行放映機制。2002 年初，內地參照香港純發行院線式的院線制，推出建立電影發行院線制的市場化改革措施，發行公司負責影片的宣傳與發行，院線公司負責排片到電影院公映，原來的省級公司變成院線公司。香港電影公司加入內地興建院線的行列。2002 年 2 月 10 日，由香港廣裕有限公司和上海永樂股份有限公司合資建設的永樂電影城開業，位於港商在上海徐家匯投資興建的商業綜合體港匯廣場六樓（港匯廣場於 2011 年更名為港匯恒隆廣場）。永樂電影城是內地首批獲批准建立的合資院線電影院之一，擁有九個電影廳，容納 1400 名觀眾。同年 4 月 28 日，永樂電影城安裝數字放映系統，成為全國第一家數字放映電影城。2002 年中，全國 23 個省（市）30 條院線正式掛牌營業，其中 11 條為跨省院線，19 條為省內院線。與境外合資的電影院約 16 家，分布在九個省市，大部分為香港與內地合資。

2002 年 7 月 12 日，香港資深影人吳思遠在北京中關村商圈內興建的 UME 華星國際影城開業，影城按照國際先進的視聽技術和裝潢設計，有七個放映廳，近 1500 個座位。同年 8 月 15 日，國家廣電總局頒布《電影院星級評定要求（試行）》和《電影院星級評定暫行辦法》，將影院分為五級。UME 華星國際影城成為北京首家、當時全國唯一一家獲國家廣電總局評

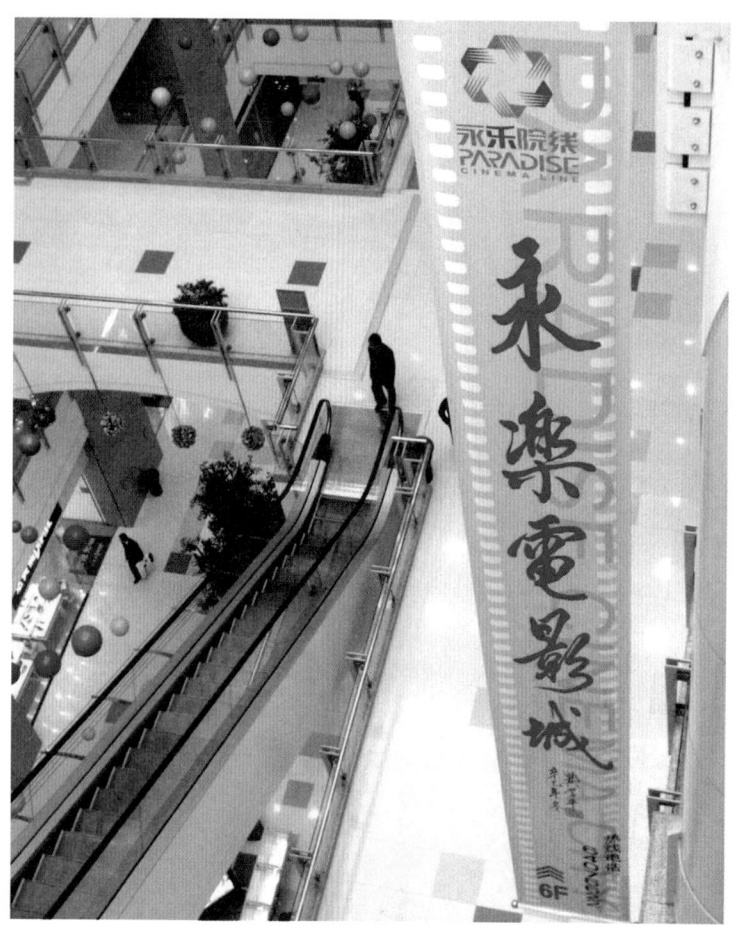

永樂電影城為內地首批獲批准建立的合資院線電影院之一。（攝於 2002 年 4 月，新華社提供）

定為五星級的電影院。同年 9 月 30 日，吳思遠投資的上海 UME 新天地國際影城竣工，影院坐落新天地二期南里玻璃建築四樓，影城佔地 2000 多平方米，有六個放映廳，1025 個座位，為上海第一座由私人投資建造的電影城。設施包括英國進口的主銀幕任意縮放，並以數字放映技術放映，配備高保真的音響還原系統，可以放映數字、立體等各種制式的電影。從 2002 年 7 月至 2006 年 12 月間，吳思遠先後在北京、上海、重慶、杭州和廣州建立 UME 品牌的國際影城。UME 影院集團在 2006 年取得 9000 萬元人民幣的票房收入。

2003 年 6 月，香港寰亞與廣東省僑聯青年委員會合作成立省僑青委文化宣傳中心，並成立廣東寰亞綜藝集團，在內地從事影視作品、音像製品、廣告製作、發行和分銷業務。寰亞與中影集團合資成立音像發行公司，自 2005 年起在內地提供影院管理服務。此外，寰亞與央視電影頻道合作，擴充影院之外的放映渠道。

2003 年 9 月 29 日，CEPA 首階段中有關香港在內地投資合拍片優惠協議（附件 4）簽訂後，同年 11 月 25 日，國家廣電總局、商務部、文化部共同發布《外商投資電影院暫行規定》，取代 2000 年的版本，並加入優待港澳電影業的附件說明：「自 2004 年 1 月 1 日起，允許香港、澳門服務提供者在內地以合資、合作的形式建造及經營電影院。允許香港、澳門服務提供者擁有多數股權，但不得超過 75%。」根據 2004 年 10 月 27 日簽訂、2005 年 1 月 1 日實施的 CEPA 協議第二階段（即 CEPA 補充協議附件 3），允許香港電影院經營者在內地全資擁有、設計、管理及營運電影院。隨着 CEPA 第二階段和新版《外商投資電影院暫行規定》落實，香港影業者在內地經營影院取得進一步發展（見表 14-2-8）。

2005 年 1 月 21 日，嘉禾於深圳華潤中心·萬象城開設國內首個旗艦嘉禾電影城，投資額 4000 多萬元人民幣，為首個通過 CEPA 落實港資與內地合作的影城項目，並為首家於 CEPA 下由香港公司獨立營運的內地電影院。2006 年 8 月，嘉禾與中影集團簽訂合約，在深圳華僑城內的益田假日廣場，興建全球首個會員俱樂部式影城。同年 8 月 6 日，深圳南山區的 MCL 洲立影城開幕，該影城是香港電影業在 CEPA 第二階段下，第一家由香港公司在內地獨資開設的電影院。

2006 年成立的大地影院，同年開設其第一家內地影院佛山巴黎春天店。大地影院為南海控股有限公司的全資附屬公司，港商于品海擔任主席。2015 年 10 月 23 日，大地影院在業內首次提出「電影＋」戰略，即「電影＋創意互聯網」、「電影＋創意餐飲」、「電影＋創意零售」。2017 年 4 月 21 日，大地影院以 33.87 億元人民幣收購橙天嘉禾旗下全部內地影院業務，進一步拓展其在內地的院線業務。同年 5 月至 7 月，「電影＋創意文化」正式啟動，先後在杭州、合肥、天津、廈門四地舉辦九場演唱會，打造國內首次影院專屬音樂現場。

根據國家廣電總局公布信息，2004 年至 2006 年，香港企業在內地陸續興建及改造電影院達 14 家，佔外資參與項目的絕大多數。截至 2013 年年底，香港公司在內地 27 個省及直轄市，投資興建及改造影院超過 232 家，放映電影的銀幕總數達 1116 塊（見表 14-2-9）。

表 14-2-8 《內地與香港關於建立更緊密經貿關係的安排》（CEPA）中關於電影院服務的條文

簽訂日期	所簽訂的文件	與電影院服務相關的條款及具體承諾
2003 年 6 月 29 日	CEPA 主體文件	沒有相關的條款
2003 年 9 月 29 日	CEPA 六份附件	**附件 4 關於開放服務貿易領域的具體承諾** 電影院服務 1. 允許香港服務提供者在內地以合資、合作形式建設、改造及經營電影院。 2. 允許香港服務提供者擁有多數股權，但不得超過 75%。
2004 年 10 月 27 日	CEPA 補充協議	**附件 3 內地向香港開放服務貿易的具體承諾的補充和修正** 電影院服務 允許香港服務提供者在內地以獨資形式新建、改建電影院，經營電影放映業務。
2005 年 10 月 18 日	CEPA 補充協議二	**附件 2 內地向香港開放服務貿易的具體承諾的補充和修正二** 電影院服務 允許香港服務提供者在內地設立的獨資公司，在多個地點新建或改建多間電影院，經營電影放映業務。
2006 年 6 月 27 日	CEPA 補充協議三	沒有相關的條款
2007 年 6 月 29 日	CEPA 補充協議四	沒有相關的條款
2008 年 7 月 29 日	CEPA 補充協議五	沒有相關的條款
2009 年 5 月 9 日	CEPA 補充協議六	沒有相關的條款
2010 年 5 月 27 日	CEPA 補充協議七	沒有相關的條款
2011 年 12 月 13 日	CEPA 補充協議八	沒有相關的條款
2012 年 6 月 29 日	CEPA 補充協議九	沒有相關的條款
2013 年 8 月 29 日	CEPA 補充協議十	沒有相關的條款
2015 年 11 月 27 日	CEPA 服務貿易協議[①]	**附件 1 內地向香港開放服務貿易的具體承諾** 表 2 跨境服務開放措施（正面清單） 電影院服務 允許香港服務提供者在內地設立的獨資公司，在多個地點新建或改建多間電影院，經營電影放映業務。[②]
2019 年 11 月 21 日 最後修訂	CEPA 服務貿易協議整合版本	**附件 1 內地向香港開放服務貿易的具體承諾** 表 1 對商業存在保留的限制性措施（負面清單） 電影院服務 不得組建電影院線公司。

資料來源： 香港特別行政區工業貿易署網站 https://www.tid.gov.hk/tc_chi/cepa/legaltext/cepa_legaltext.html。

注：① 《CEPA 服務貿易協議》是 CEPA 框架下的其中一份子協議，於 2016 年實施，整合和梳理 CEPA 下多年來有關服務貿易的開放措施和便利措施。

② 2019 年 11 月 21 日的最後修訂移除此具體承諾。

2005 年 1 月 21 日，財政司司長唐英年（右）出席位於深圳華潤中心·萬象城的嘉禾深圳電影城開業典禮儀式，並親身體驗沙發座椅。左二為嘉禾主要創辦人鄒文懷。（香港大公文匯傳媒集團提供）

表 14-2-9　香港公司在內地投資興建的主要電影院線

電影院線（母公司）	首家開業年份	電影院數目（年份）
香港娛藝院線（或稱環藝娛樂，香港立基國際娛樂旗下；娛藝簡稱 UA）	1997	14 (2017)
百老匯院線（安樂影片旗下）	1999	17 (2012)
中國星集團	2001	16 (2001)
UME 華星國際影城 （上海思遠影視文化旗下）	2002	16 (2012)
橙天嘉禾（2017 年旗下全部內地影院業務被大地影院收購，成為南海控股有限公司旗下）	2004	76 (2017)
新華角川影業（香港） 集團	2005	7 (2017)
香港寰亞洲立影藝 （麗新集團旗下；洲立影藝簡稱 MCL）	2006	3 (2017)
大地影院 （南海控股有限公司旗下）	2006	155 (2012) 第 200 家影院於 2013 年開幕
星美控股集團	2009	365 (2017)
耀萊成龍國際影城（耀萊集團旗下）	2010	40 (2016)
比高電影院管理（比高集團控股有限公司旗下）	2011	6 (2012)

資料來源： 各電影公司官方網站。

第三節 電視

1970 年代末，香港逾九成家庭擁有電視機，電視業發展成為市場導向的成熟產業，市場競爭激烈，本地製作的節目注重娛樂性和通俗性。另一方面，國家實行改革開放初期，內地電視節目的製作和廣播，由中央和省級電視台統籌，節目內容以資訊和宣傳為主，與香港市場導向的電視經營模式有別。

隨着電視機在內地漸趨普及，電視機數目從 1978 年的 300 萬台，增至 1982 年的 2761 萬台，內地觀眾對多元化電視節目、尤其對電視劇的觀賞需求漸增。內地電視台開始參考香港的電視經營模式，加強電視劇製作，並開始引入香港製作的電視劇。

1978 年，電視廣播有限公司（無綫電視、TVB）與麗的電視獲中央廣播事業局[4] 邀請，分別於 11 月及 12 月組團到訪各內地城市，與當地電視台進行關於技術、管理及節目等的業務座談，並談及在內地拍攝電視劇、體育節目及紀錄片等合作事宜。該兩個訪問團為同年 12 月召開的中共十一屆三中全會前後，正式獲邀訪問內地的香港電視業界代表團。

1979 年 8 月 18 日至 27 日，北京舉行第一次全國電視節目會議。會議期間，中央廣播事業局號召「大辦電視劇」；會議結束後，全國具製作條件的電視台開始自行製作電視劇。1980 年 2 月 5 日，中央電視台（央視）開始播出九集電視劇《敵營十八年》，為內地第一部電視連續劇。

1978 年 11 月 29 日，電視廣播有限公司總經理羅仲炳（中）率領林賜祥（右）等公司高層訪問北京，與國務院港澳辦公室主任廖承志（左）會面。（新華社提供）

廣東省作為改革開放前沿地區，毗鄰香港，與香港電視業界的交流漸趨緊密。1979 年 12 月，TVB 與麗的電視邀請廣東電視業界人士及官員赴香港訪問 10 天。該訪問團一行 12 人，以廣東省廣播事業管理局副局長楊繁為團長，副局長曾東漢為副團長。另一方面，在第一次全國電視節目會議上，中央廣播事業局同意廣東省可向香港採購電視劇。廣東電視台成為內地最早引進香港電視劇的地方電視台。

1982 年，廣東電視台副台長方冗和電視台文藝部主任劉熾赴香港，在 TVB 考察，了解香港的電視劇製作。自 1983 年起，廣東電視台引入香港電視連續劇，包括麗的電視製作的《大俠霍元甲》（內地易名《霍元甲》）、無綫電視製作的《射鵰英雄傳》、《上海灘》及《流氓大亨》等，為內地最早引進香港電視劇的地方電視台。1984 年 5 月 6 日，繼廣東電視台播放後，央視於黃金時段播出《霍元甲》，此劇其後在內地其他電視台陸續開播，成為第一部在全國播出的港劇。1985 年，《霍元甲》獲第三屆大眾電視金鷹獎「優秀連續劇獎」。同時期，香港也開始引進內地新製作的電視劇，惟數量不多，主要由亞洲電視（亞視）引進。

1984 年，TVB 管理層到北京講學，總經理陳慶祥、總監蕭孫郁標等分別主講關於電視企業管理、節目製作，以及市場經營等議題的講座。1986 年 10 月，廣東電視台台長劉熾派出 10 人考察團，到香港的 TVB 和亞洲電視考察，團員包括電視劇編劇、導演、美工、燈光、製片以及綜藝節目的編導，TVB 監製李添勝接待考察團。隨團的廣東電視台副台長張木桂表示，此行學習和借鑒香港處境劇集的製作方式。李添勝向張木桂解釋，香港電視劇的製作遵循市場經濟規則，面向競爭，重視觀眾反應和收視率。李添勝以快餐店的漢堡包作比喻，表示對繁忙的都市人來說，娛樂性和製作速度很重要。香港劇集利用多部攝影機同時拍攝的方式，拍攝時即時切換攝影機角度，作為初步的剪接，以縮短製作時間。[5] 李添勝一連數天為廣東電視台考察團介紹 TVB 電視劇及綜藝節目的製作情況，並領他們到片場、外景地參觀實拍、參加劇本選題，體會創作全程。

張木桂從香港考察回廣州後，撰寫調查報告送交廣東電視台台長劉熾，提出「走通俗劇的道路，從香港電視劇的包圍中突圍」，並把報告印發給電視劇中心的業務骨幹。廣東電視台總結香港的製作經驗，撥出專款成立短劇組，在製作短劇《萬花筒》時，參考香港製作方式，採用室內多機拍攝、插入少量外景、同期錄音等製作劇集方式。該劇於 1986 年 7 月 5 日開播，每集 20 多分鐘，每周播出一集，每集一個故事，至 1990 年 10 月停播。該劇內容貼近生活，廣受觀眾歡迎，廣告收益好，引起內地廣泛關注。

1988 年，全國電視機數量達到 1.43 億台，內地電視劇產量難以滿足大幅增長的電視觀眾需求，對香港娛樂性強的電視劇的需求持續增加。整個 1990 年代，中央政府陸續頒布與電視劇引進相關的法規，規管電視劇引進。踏入 1990 年代末期，內地製作的電視劇質量不斷提升，貼近市場和大眾口味，TVB 和亞視陸續購入內地電視劇在香港播放，受觀眾歡迎，包括 1999 年亞視播出央視製作的《雍正王朝》。

1997 年香港回歸祖國前後，香港銀都機構、TVB、亞視，以及鳳凰衛視中文台等推動下，香港與內地在合作拍劇、互相引進綜藝節目等電視節目交流上趨於頻繁。自 2004 年至 2007 年香港與內地簽署 CEPA 四個補充協議後，香港與內地影視機構在內地取景合作拍攝電視劇趨頻密；香港電視業在內地投資合作項目不斷增加。在內地持續對視聽服務作出市場開放承諾下，TVB 加強參與內地電視業務的投資和合作，其在內地的營業額自 2004 年起普遍持續增加，由 2004 年的 1.04922 億元，升至 2017 年的 5.29592 億元，升幅四倍。

一、香港與內地互相引進電視劇

1. 內地引進香港電視劇

改革開放初期，內地的電視節目普遍使用甚高頻（VHF）無線電波播放，香港的電視節目普遍使用特高頻（UHF）無線電波播放。[6] 兩地制式不同，電視機使用的接收天線也不同。廣東省珠三角地區因鄰近香港，屬粵語普及的地區，該區居民可透過自行安裝魚骨天線，接收來自香港的電視廣播信號，觀看香港電視節目。

1983 年，亞洲電視把黃元申、梁小龍、米雪主演的劇集《大俠霍元甲》（麗的電視 1981 年 9 月出品）送到央視作宣傳和文化交流，央視認為不宜在全國播放。同年，具引進境外電視劇許可權的廣東電視台引進該劇集，經廣東省委宣傳部和廣東電視台進行兩輪審檢後，認為劇集主要宣傳愛國主義，劇情經過刪節後可以播放。同年 5 月，該劇改名為《霍元甲》，首先在廣東電視台播放，其後，全國電視台也要求播放。當時版權價格是每集 500 美元，全劇 20 集共 10,000 美元，由要求播放的電視台，以共同引進的方式共同承擔版權費。《霍元甲》監製徐小明隨後製作續篇，包括梁小龍主演的《陳真》（1982 年）及錢小豪主演的《霍東閣》（1984 年）。

1983 年 2 月 28 日，香港 TVB 播出自行製作、改編自武俠小説作家金庸著作的武俠劇《射鵰英雄傳》，由黃日華、翁美玲主演。1984 年在深圳舉行的全國城市電視台節目展示會中，《射鵰英雄傳》電視劇引起各地方電視台購入版權的興趣。1985 年，金庸首次正式授權內地出版社出版其小説。同年，《射鵰英雄傳》被內地的「全國城市電視台節目交流中心」以 129,800 美元購入，全國 55 家電視台在黃金時段播放，是第一部在全國播放的 TVB 電視劇集。

1985 年 2 月 3 日，由周潤發、呂良偉、趙雅芝領銜主演的 TVB 劇集《上海灘》獲內地電視台引進播放，首先在上海播出。內地各電視台在播放《上海灘》期間，出現觀眾晚上回家追看劇集的現象。1986 年，由萬梓良、鄭裕玲主演的 TVB 電視劇《流氓大亨》，在香港創下收視冠軍，同年獲廣東電視台引進，劇名改為《流氓與大亨》。廣東電視台指出，劇集在該台播出後，收視率達 76%。[7] 同年，廣東電視台對珠江三角洲的觀眾進行調查，結果顯示收看

香港電視節目和廣東電視節目的比例為 8：2，當中，觀眾主要喜歡看的是香港的電視劇。

1994 年 2 月，內地廣電部頒布《廣播電影電視部關於引進、播出境外電視節目的管理規定》（廣播電影電視部令第 10 號），是內地首個對引進節目的管理規章。根據該規定的第九條，「各電視台每天所播出的每套節目中，境外電視劇不得超過電視劇總播出時間的 25%，其中黃金時間（即晚上 6 時至晚上 10 時）不得超過 15%」。同時，該規定的第十九條就引進劇訂定規範：「省、自治區、直轄市廣播電視行政管理部門負責本轄區內電視台播出境外電視節目的監督與管理。」1995 年廣電部規定晚上 7 時至 10 時的黃金時間，播出境外電視劇的比例不得超出 15%；廣電部於 1996 年 6 月頒布《關於加強廣播電台、電視台、有線電視台播出管理的通知》，第四條條例注明：「我部對境外影視劇實行統一審查制度。各地必須嚴格遵守送審制度。自本通知下發之日起，北京、上海、福建、廣東、四川五家省級電視台引進用於本台播出的境外影視劇，也改為報部統一審查後方可播出。」該規管以統一審查取代北京、上海、廣東、福建和四川五家省級電視台的引進劇自審權。有關規定其後被納入 1997 年 8 月的《廣播電視管理條例》第三十九條之中：「用於廣播電台、電視台播放的境外電影、電視劇，必須經國務院廣播電視行政部門審查批准。用於廣播電台、電視台播放的境外其他廣播電視節目，必須經國務院廣播電視行政部門或者其授權的機構審查批准。」

進入 1990 年代末期，海外和境外的進口電視劇（引進劇）、特別是港台劇在內地持續受到觀眾歡迎。1998 年，國家廣電總局批准香港電視台在內地經營衛星頻道。同年 12 月 7 日，TVB 星河頻道開播，是全球唯一及首條 24 小時普通話劇集衛星頻道，與 TVB8 同為 TVB 推出的華語衛星電視頻道，信號覆蓋亞洲、美洲、歐洲及澳洲等地。TVB 星河及 TVB8 頻道是少數獲國家廣電總局批准在內地有限度落地的電視頻道，為三星或以上級別酒店和涉外單位（大使館等）提供服務。TVB 星河以普通話和粵語播放 TVB 製作的劇集。TVB8 則 24 小時提供香港製作的娛樂資訊綜藝節目，以及全球資訊節目、戲劇及各地華人消息等內容。

1999 年 11 月 22 日，TVB 製作的連續劇《天地豪情》在央視頻道播出，分為《孽海深情》、《家族風雲》和《再訴真情》三部曲，收視率超過大部分同期播出的內地劇集。《孽海深情》最高收視率曾經達到 6.02 點，直至 2009 年才有央視電視劇超越這收視率水平。

2000 年 1 月 4 日，國家廣電總局發出《關於進一步加強電視劇引進、合拍和播放管理的通知》（廣發社字〔2000〕五號文件），於 2 月 15 日生效。該通知嚴格控制引進劇的播放比例和播出時段：一、嚴格把黃金時間（晚上 6 時至晚上 10 時）播放引進劇的比例控制在 15% 以內。其中，各電視台、有線廣播電視台在晚上 7 時至 9 時半，除經廣電總局確定允許播放的引進劇外，不得安排播放引進劇；二、同一部引進劇不得在三個以上的省級電視台衛星節目頻道（即衛星頻道）中播放；三、取得《電視劇製作許可證（甲種）》的單位，

必須生產完成 60 集國產劇，並經審查通過後，方可申請與境外合拍一部 20 集的電視劇。其完成片經廣電總局電視劇審查委員會審查通過後，決定是否可以在黃金時間播放。同年 6 月 15 日，國家廣電總局正式頒布及施行《電視劇管理規定》（2007 年 11 月 23 日廢止）。內地電視台每天所播出的每套節目中，進口電視劇不得超過電視劇總播出時間的 25%，晚上 6 時至 10 時的時段不得超過 15%（第三十五條）。上述法規出台後，引進劇數量迅速由原來近 3000 集減少至 1000 集以內，間接拓闊國產電視劇的市場空間，使艱難發展的民營製作公司獲得發展機遇。

除審查制度和限制播出時段外，當局在審查流程上也作出嚴格規定，要求引進的境外電視劇在送審時提供每集 300 字以上的詳細劇情，劇集長度不可超過 30 集；單本劇或六集以下的短劇，不受一年一次的限制。引進的長片，每個單位一年只能報審一次，如審查沒通過，不能更換另一片集再行送審。在嚴謹的送審制度下，內地挑選大製作的香港電視劇作為引進對象，包括 1999 年 TVB 慶祝 32 周年的台慶劇、戚其義監製的《創世紀》。該劇講述一名商家的發跡故事，在香港、澳門、內地等地取景拍攝，製作費 1.5 億元，是香港當時耗資最大的電視劇。劇集共 106 集，於 1999 年 10 月至 12 月及 2000 年 3 月至 5 月分兩輯在香港播放。2000 年，《創世紀》在央視播出時刪減為 80 集，成為央視全年收視冠軍。

2001 年，TVB 屬下的衛星電視 TVB8 和星河頻道繼續在內地發展。TVB8 在內地十多個省市電視台播放，以出售節目換取內地電視台的廣告時段獲得廣告收入，2001 年的廣告收入達 1000 萬元人民幣，家庭用戶從 2001 年初的 40,000 戶，到同年 4 月不再鎖碼後，增至接近 110 萬戶，星河頻道有 30,000 戶。同年 11 月 2 日，香港 TVB 與央視達成協議，計劃成立合資公司，透過 TVB 海外的衛星平台及其他網絡，發行央視第四台及其他節目。

2001 年 10 月，從香港衛星廣播有限公司改組成立的鳳凰衛視，獲國家廣電總局正式批准在廣東珠三角地區的有線網絡播放其中文台。2002 年 8 月，亞視獲國家廣電總局批准其電視頻道在廣東省正式落地，可合法透過廣東省有線網絡統一播出亞視本港台及國際台的節目。2004 年 2 月 18 日，TVB 與 Intelsat 合資的企業銀河衛星廣播有限公司，推出銀河衛視（exTV），正式宣布在香港提供多頻道數碼電視服務，開展收費電視業務。同年 9 月，TVB 正式獲廣東省電視頻道落地權並簽訂相關協議，透過 exTV 於廣東省分銷 TVB 翡翠台及明珠台頻道，自此 exTV 可在廣東的有線電視網絡合法播出，但僅限播出節目內容，不能播出廣告，並於 2005 年上半年度開始收取特許權使用費，可分成內地電視台插播廣告的部分收入。

2001 年 12 月及 2003 年 12 月，國家廣電總局分別頒布《境外衛星電視頻道落地審批管理暫行辦法》及《境外衛星電視頻道落地管理辦法》，訂定申請機制讓非新聞類的境外衛星電視頻道落地，在三星級以上涉外賓館飯店、專供境外人士辦公居住的涉外公寓等規定的範圍及其他特定的範圍播放其節目。

國家廣電總局於 2004 年 9 月 23 日頒布第 42 號令，即《境外電視節目引進、播出管理規

定》，規定引進境外電視劇和以衛星傳送方式引進其他境外電視節目，須由廣電總局指定的單位申報，並由廣電總局對引進境外電視劇的總量、題材和產地等進行調控和規劃，並規定省級廣播電視行政部門須於每季度第一周，把上季度本轄區引進境外電視節目的情況，報廣電總局備案。第 42 號令又規定各電視頻道每天播出的境外影視劇，不得超過該頻道當天影視劇總播出時間的 25%，未經廣電總局批准，不得在黃金時段（晚上 7 時至 10 時）播出境外影視劇。

政策實施後，一些香港製作的電視劇經改編再在內地電視台播出，其中以電視劇改名最為普遍，如 TVB 的《學警雄心》，在內地播出時改名為《鬥氣冤家好兄弟》。在境外影視劇 25% 的播放時間限制下，央視—索福瑞媒介研究（CSM）（2015 年起改稱中國廣視索福瑞媒介研究）的統計顯示，內地引進劇的播放量每年下跌，由 2005 年的 28% 減至 2010 年的 10.3%。此外，CSM 的統計顯示，2007 年至 2012 年，香港電視劇在內地的播放量為全國所有引進劇播放量之冠，保持在 36.4% 至 49% 之間（見表 14-3-1）。

2004 年 10 月 27 日，香港與內地簽訂 CEPA 補充協議，內地進一步開放電視市場，在有線電視技術服務方面，CEPA 補充協議附件 3 的條款允許香港經營有線電視網絡的公司，經內地主管部門批准後，在廣東省試點提供有線電視網絡的專業技術服務。

2006 年，四套香港 TVB 的連續劇：《狀王宋世傑》（1997 年）、《美麗在望》（2003 年）、《施公奇案》（2006 年）及《驚艷一槍》（2012 年）首次在央視綜合頻道播放。2006 年 2 月 15 日，TVB 的清朝古裝劇《金枝慾孽》（2004 年）在湖南衛視播出。該劇原本由河北電視台和廈門電視台報批引進，後來被湖南衛視以播映權轉讓的形式購進，成為獨播劇。2006 年 2 月 27 日，TVB 助理總監曾醒明、《金枝慾孽》監製戚其義、演員林保怡、陳豪、黎姿、佘詩曼等出席湖南的新聞發布會，展開《金枝慾孽》的內地宣傳活動。此劇在湖南衛視開播當日收視率達 1.7 點，打破韓國電視劇《大長今》於 2005 年在該頻道首播時創下的 0.75 點收視紀錄，在全國 31 個城市中，平均收視率達 2.2%。

表 14-3-1　2007 年至 2012 年內地引進劇播放量比較

年份／製作地	香港	韓國	台灣地區	其他國家及地區
2007[1]	39.8%	30.4%	19.6%	10.2%
2008	36.5%	29.3%	23.3%	10.9%
2009	38.7%	27.9%	20.7%	12.6%
2010	37.9%	30.1%	18.4%	13.6%
2011	40.6%	29.6%	15.7%	14.1%
2012	49.0%	18.0%	14.0%	19.0%

資料來源： 根據歷年《中國電視收視年鑒》。
注：① 2007 年至 2010 年以 CSM 統計網絡內的 80 個中國城市為統計地點，統計基於 18:00-24:00 的播放量；
　　 2011 年至 2012 年以 CSM 統計網絡內的 80 個中國城市為統計地點，統計其全天播放量。

2006 年 3 月 8 日，電視廣播有限公司電視劇《胭脂水粉》在杭州新世紀大酒店舉行首映禮，部分參演藝人包括陳敏之（左一）、黎姿（左二）、陳豪（左三）出席。（新華社提供）

TVB 於 2006 年把電視劇《胭脂水粉》（2005 年）的內地發行權賣給上海文廣集團。上海文廣集團在全國的地面頻道發行《胭脂水粉》，包括在杭州地區播映，而衛視的獨家播放版權留給東方衛視。同年 3 月 8 日，TVB 劇集《胭脂水粉》首映式在杭州新世紀大酒店舉行，電視劇《胭脂水粉》主創人員、演員黎姿、陳豪、陳敏之等出席。2007 年 1 月 1 日起晚上 10 時，《胭脂水粉》在上海東方衛視播出，此劇首次以全國衛視獨家衛星頻道的方式播出。

2006 年 8 月 24 日，TVB 根據 CEPA 補充協議，於內地註冊成立一間全資附屬公司，名為港視多媒體廣告（廣州）有限公司，從事 TVB 頻道的廣告銷售業務。2009 年，TVB 於 1982 年製作的劇集《萬水千山總是情》，獲廣東南方電視台和銀川電視台引進。廣東南方電視台把劇名改為《千山萬水總是情》，分 10 集播出。而銀川電視台採用原名，分 20 集播出。2017 年，內地冠亞文化傳媒和易星傳媒翻拍《萬水千山總是情》，同年 3 月，該劇被國家新聞出版廣電總局列入慶祝香港回歸 20 周年參考劇碼名單。

2012 年 6 月 29 日，香港與內地簽訂 CEPA 補充協議九，允許香港經營有線電視網絡的公司，經內地主管部門批准後，在內地提供有線電視網絡的專業技術服務。同年 8 月 8 日，TVB、華人文化產業投資基金會與上海東方傳媒集團有限公司，正式組成上海翡翠東方傳播有限公司（TVBC）。TVB 藉此推展其中國業務，包括發行電視節目予內地電視台和網站；在廣東省管理和分銷 TVB 頻道（翡翠台及明珠台）；代理 TVB 香港頻道在內地的廣告銷售；為 TVB 藝員安排內地演出機會；投資和分銷 TVB 所製作的普通話劇集。

2. 香港引進內地電視劇

香港於 1980 年代初期已引進內地電視劇，主要由亞視購買版權在香港播出，惟數量不多。1982 年 1 月 24 日，廣東電視台播放八集自製劇集《蝦球傳》，該劇改篇自南來香港作家黃谷柳的同名小說，成為廣東第一部自行製作的連續劇，以及內地製作的第一部粵語連續劇。《蝦球傳》首先播出粵語版，後來由上海電影譯製廠進行普通話配音，在央視播出。其後亞視購得版權，於 1983 年 2 月 18 日逢周五晚在香港播出。《蝦球傳》是香港首次播放內地製作的電視劇集。

1987 年，廣東電視台負責人及製作團隊在廣州南湖賓館開會，確定集中製作 20 集長篇通俗電視劇和長篇通俗系列短劇，同香港劇集進行收視率競爭。1989 年 11 月 12 日，廣東電視台自行製作的 22 集電視劇《公關小姐》開播，廣東電視台指出，該劇集播出時創下其自製劇集的最高收視率 90.99%，並首次打破香港 TVB 劇集《流氓大亨》於 1986 年在該台播放時創下的 76% 最高收視率。該劇集由曾經到訪香港電視台學習電視製作方法的張木桂監製，故事講述國家改革開放後，在廣州某外資酒店公關部門工作女性的故事，該劇集在港商於廣州投資興建的中國大酒店取景拍攝。亞視購買《公關小姐》版權後，於 1990 年 12 月在亞視本港台播出。

1992 年 4 月 20 日，TVB 播放購自內地的 50 集家庭倫理劇集《渴望》，該劇由北京電視藝術中心製作，為內地第一部室內劇，1990 年在內地首播。1995 年 8 月 21 日，亞視播出央視製作的劇集《三國演義》，該劇由亞視顧問李雪廬力主購入和播出。[8] 亞視初期播出《三國演義》的刪剪版，錄得 17 點收視（每一點收視代表總電視觀眾人口的 1%），播至中期，不再刪剪，在收視統計上，錄得於一兩個時段（15 分鐘為一時段）達 25 點收視水平。1996 年 9 月 9 日，亞視逢周一至周五晚上 10 時播映《三國演義超智版》，重新包裝央視的《三國演義》，加上美術繪圖和電腦動畫，把各場戰役的地理形勢和行軍布陣繪列出來，內容亦較 1995 年播出的刪剪版更為完整。

截至 1990 年中期，香港引入的內地電視劇數量不多，大部分是製作嚴謹的國營電視台作品。1990 年代末，國家廣電總局開始推進製作與播放分離，先後有 20 多家民營電視劇製作公司取得《電視劇製作許可證》（甲種），可獨立製作和發行電視劇。1990 年代末，內地透過利用海峽兩岸和香港的電視劇產業鏈，引入外地資金和人才，製作以市場導向、娛樂性豐富的電視劇。

改編自台灣地區暢銷小說作家瓊瑤同名小說的電視劇《還珠格格》，由台灣地區可人傳播和湖南經濟電視台合作製作，由內地及台灣地區兩地演員聯合主演，題材屬於歷史喜劇，娛樂性豐富，1998 年 4 月 28 日首先在台灣地區播放，同年 10 月 28 日在內地湖南經濟電視台首播。翌年 6 月 28 日，亞視引入《還珠格格》在香港播出，受觀眾歡迎，亞視首播時，收視率由起初 12 點，上升至 7 月中旬的 23 點。TVB 同時段的資訊節目《天地最前

線》，收視跌至 20 點，此節目後被中途腰斬。《還珠格格》全劇平均收視達 27 點，一度打破 TVB 長期以來的收視優勢。7 月 30 日，亞視播出《還珠格格 II》，平均收視 22 點。《還珠格格 II》結局收視最高達 169 萬人次（平均人次 120 萬），創出亞視當時的最高紀錄。隨後 TVB 於 1999 年 10 月 25 日播出兩岸合拍的《表妹吉祥》（內地名為《老房有喜》）；2000 年播出內地劇集《康熙微服私訪記》，收視率最高達到 40 點，登上 2000 年度 TVB 十大電視劇節目收視排行榜，是 TVB 首次有購自內地的劇集入榜。其後 TVB 於 2001 年播出兩岸合拍的瓊瑤小說改篇劇《情深深雨濛濛》；2003 年 8 月 25 日，播出瓊瑤與湖南華夏影視傳播有限公司合製的《還珠格格 III 天上人間》。

1999 年 7 月 6 日，亞視播出由央視製作、內地作家二月河同名小說改編的《雍正王朝》，此劇錄得 18 點收視，全劇平均收視有 13 點。亞視播出《還珠格格》和《雍正王朝》等內地劇集，收視大升，TVB 隨後也買下數部內地大型古裝劇的播映權，於黃金時間播出，包括三輯《康熙微服私訪記》，還有《少年包青天》（2000 年）、《大宅門》（2001 年）、《機靈小子》（2001 年）、《鐵齒銅牙紀曉嵐》（2002 年）等，其中《鐵齒銅牙紀曉嵐》躋身 2002 年度收視排行榜十強之列。至 2010 年，TVB 播出《鐵齒銅牙紀曉嵐》第四輯，這輯有香港藝人楊千嬅演出，開播首周平均收視有 29 點、最高 31 點。

2000 年前，罕見 TVB 引進內地電視劇，隨着 1990 年代中期民營資本進入內地電視市場，內地開始製作市場導向、娛樂性豐富的電視劇，於 2000 年後，TVB 開始定期引進內地電視劇，在翡翠台、TVBE、精選劇集台、J2 等免費及付費頻道播放。2000 年至 2005 年，TVB 每年引進 2 套至 6 套內地劇集；2006 年後，數目增加至每年 6 套或以上。2011 年起再不斷增加，至 2017 年增加至每年 20 套。

2017 年 5 月 29 日，港台電視 33 及 33A 轉播央視綜合頻道的港澳版節目，播放節目包括早上「第一精選劇場」（周一至周日）、下午「第一情感劇場」（周一至周日），以及晚上「黃金檔劇場」（周一至周五）的電視劇。當中由央視獨立製作、慶祝香港回歸 20 周年的獻禮劇《我的 1997》於同年 6 月 22 日播放，參演香港演員為徐小明、龔慈恩、徐偉棟及徐沅澔。截至 2017 年，港台電視 33 及 33A 在香港分別設有 19 個及 46 個發射站，共同覆蓋香港島、九龍及新界區。

二、香港電視業界與內地合作拍劇

改革開放初期，香港與內地開始合拍電視劇，屬個別嘗試性合作，並非持續的定制計劃。1981 年 9 月，中央廣播電視主管部門首次正式派員到訪香港，當中與其會面的 TVB 人員提出到廣東、深圳附近地區拍攝武俠片外景的合作建議。1984 年，TVB 與廣東電視台合作拍攝一集短劇《廣東鐵橋三》，由香港資深電視監製蕭笙監製，廣東武術運動員邱建國、香港演員廖啟智、黃曼凝等主演。

1980 年代末，香港演員開始往內地持續參與國產電視劇演出。香港演員湯鎮宗自 1989 年起到內地參演多套電視劇，包括上海電視台出品的《封神榜》（1990 年）、廣東電視台出品的《外來妹》（1991 年）等，並於 1996 年與廣東珠影明星創作室（1997 年起改稱廣東巨星影業公司）簽約，成為旗下藝人。1997 年，香港演員曾麗珍、邱月清、劉美娟、徐少強、張國強、林聰與廣東巨星影業公司簽約，在內地演出。

香港 1997 年回歸祖國前夕，香港與內地合拍電視劇趨向頻繁。1995 年，香港商人及小説作家梁鳳儀創立勤＋緣媒體服務有限公司（2014 年改稱星美文化集團控股有限公司；2016 年改稱星美文化旅遊集團控股有限公司），與內地電視台合作出品電視劇。同年，該公司聯合香港銀都機構、央視影視部，以及黃百鳴主理的東方電影，共同製作電視劇《花幟》。該劇改編自梁鳳儀同名小説作品，以現代都市生活中的商界鬥爭與人情故事為題材；梁鳳儀親自編劇，招振強執導，並由劉嘉玲、潘虹、黃百鳴、謝賢、狄波拉等主演，於 1996 年初在中央台首播，獲第十四屆大眾電視金鷹獎最佳合拍劇獎。截至 2007 年，勤＋緣媒體服務有限公司在內地出品的電視劇達 139 小時，合作的重點省市電視台發行網絡達 200 個。

1996 年，香港銀都機構製作針對內地電視市場的連續劇，完成《花幟》、《百老匯 100 號》和《漢宮飛燕》三部與內地合拍的連續劇。《百老匯 100 號》由銀都機構、祝希娟主理的深圳電視台製作中心、美國 — 上海洛杉磯娛樂公司聯合製作，由英達執導，宋丹丹、詹小楠、劉小峰等主演。該劇內容刻劃幾個來自內地、同住在美國洛杉磯市百老匯 100 號人物的故事，劇集在內地和美國播出。宮廷劇《漢宮飛燕》由銀都機構和中影集團聯合製作，製作總監為王增光、王承廉和龔華；銀都機構的林炳坤擔任執行監製；陳家林執導；主要演員有張鐵林、趙明明、袁立和李建群等。1996 年至 2010 年，銀都機構陸續製作劇集於內地發行，包括《香港的故事》（1997 年）、《四大名捕鬥將軍》（2001 年）、《梅花檔案》（2003 年）、《遠東特遣隊》（2004 年）、《綠水英雄》（2006 年）、《龍鳳呈祥》（2007 年）、《無名英雄》（2008 年）、《新警察時代》（2010 年）。

1996 年，香港電視業界與廣東電視台聯合製作的民國武俠片《丐王》，改編自內地作家蘇方桂的小説《羊城丐王》。總監製是廣東電視台的張木桂，監製為香港的蕭笙、內地的趙成海和顧小康，由香港演員邵仲衡、龐秋雁，以及內地演員李雲娟、高蓓蓓等主演。同年 9 月 2 日，改編自高陽歷史小説《荊軻》的電視劇《火燒阿房宮》，於北京舉行開鏡儀式。該劇由活躍於海峽兩岸和香港的導演李翰祥執導，內地演員劉曉慶的北京曉慶文化藝術有限責任公司投資，這是李翰祥第一次拍攝電視劇。12 月 17 日，李翰祥在北京《火燒阿房宮》劇組工作時心臟病發逝世，享年 70 歲。

1997 年 6 月中旬，香港銀都機構與央視聯合製作的劇集《香港的故事》（曾用名字《香港風雲》和《香港的早晨》）在香港和內地同步播出，迎接同年 7 月 1 日香港回歸祖國。該

1997 年 6 月 3 日，香港銀都機構有限公司與中央電視台聯合攝製的大型電視劇《香港的故事》，在九龍美麗華酒店舉行首播新聞發布會。圖為該劇女主角李媛媛。（新華社提供）

劇劇情涵蓋 1920 年代至 1984 年中英雙方簽署聯合聲明的時期，通過幾個家族幾代人在香港與內地離合聚散和情感衝突的故事，反映香港的時代變遷和香港人的奮鬥精神。該劇於 1998 年獲第 18 屆中國電視劇飛天獎合拍片獎。同年，中國電影製作（香港）公司、中影集團和央視合拍電視劇《京港愛情線》，由香港的李國立監製，黃俊文執導，陳寶華編劇（使用筆名程雅志）；北京市體育運動委員會體操隊等內地體育單位協助拍攝；吳倩蓮、李亞鵬、郭晉安、龔蓓苾、陳豪等主演。1999 年，香港鳳凰衛視、北京電視台和北影電視部合作拍攝、由老舍同名小說《二馬》改編的電視劇，以記念老舍百年誕辰，由陳道明主演。該劇 2 月 3 日在北京電視台首播。

1999 年 11 月，TVB 出品及播出電視劇《茶是故鄉濃》。該劇由籍貫廣西賀州的導演劉仕裕執導，講述民初時期的鄉土生活故事。《茶是故鄉濃》的製作參考劉仕裕在內地農村成長時的真實經歷，並在賀州地區旅遊局的協助下，在賀州鄉鎮取景拍攝。2000 年 11 月 20 日，TVB 播出與央視合拍的《碧血劍》，是 TVB 第一次與內地合拍金庸武俠劇，由李添勝監製，主要演員均來自香港，包括林家棟、江華、佘詩曼、吳美珩等。這次香港與內地合作拍攝電視劇，由 TVB 提供製作班底、演員、拍攝器材，而中國國際電視總公司協助提供內地的拍攝場地和部分內地演員。自《碧血劍》後，TVB 攝製的武俠劇到內地取景，包括《血薦軒轅》（2004 年）；改篇自香港作家黃易武俠小說的《尋秦記》（2001 年）、《大唐雙龍傳》（2004 年）和《覆雨翻雲》（2006 年）；改篇自溫瑞安小說的《少年四大名捕》（2008 年）等。

進入 2000 年代，來自香港、內地、台灣地區的監製、導演、演員共同參與，到內地取景拍攝電視劇的模式逐漸普及。2000 年，TVB 旗下的電視廣播（國際）有限公司（TVBI），與央視旗下的中國國際電視總公司聯合拍攝劇集《一網情深》，汪歧監製，演員來自香港、內地及台灣地區。該劇集於 2002 年 5 月在央視播出，2007 年 2 月在 TVB 播出。

亞視與上海永樂集團於 2000 年合作拍攝電視劇《俠女闖天關》，台灣地區的朱延平導演執導。《俠女闖天關》為合拍劇，不能在內地電視台黃金時段播出。2000 年 7 月底，該劇在亞視率先播出，其後，該劇通過審查，於天津電視台播出，嗣後，其他省市也相繼播出。

2002 年，亞視播出與春天電視製作公司聯合製作的電視劇《伴我同行》，改編自香港劇作家杜國威的同名舞台劇，由香港高志森監製，香港的焦媛、李香琴、譚倩紅和內地的黃磊等主演。故事背景發生在抗日時代，於廣州取景，由珠江電影製片廠協助拍攝。2004 年 5 月 24 日，亞視播出 47 周年台慶劇《愛在有情天》，該劇由亞視、大連電視台和武漢流金文化傳媒有限公司聯合製作；楊紹鴻監製；台灣地區的馬景濤、香港的陳秀雯、藍潔瑛、陳展鵬、內地的馬蘇等演出，赴番禺取景拍攝。同年 7 月 19 日，TVB 播出黃易武俠劇《大唐雙龍傳》，全劇在浙江省新昌市、永康市及江蘇無錫影視城實地拍攝，是 TVB 首部全內地取景拍攝的劇集，由莊偉建監製，香港演員林峯、吳卓羲、楊怡、唐寧、胡定欣、內地演員李倩等主演。該劇原為 TVB 和央視合作的作品，後因 SARS 疫情影響，央視退出製作組，劇集成為單純的 TVB 出品。同年，TVB 與上海天視文化傳播有限公司合資，製作以中國 1940 年代至 1980 年代為歷史背景的電視劇《歷史的天空》，該劇於 2004 年 8 月在內地播出，獲上海文化廣播影視集團唯一衛星電視頻道上海東方衛視頒發 2004 年第四名最高收視電視劇大獎。

2004 年 10 月 27 日，香港與內地簽訂 CEPA 補充協議，進一步開放內地電視市場，允許香港電視製作單位以「合拍」電視劇形式進入內地市場。有別於過往的「協拍」模式，「內地與香港合拍的電視劇經內地主管部門審查通過後，可視為國產電視劇播出和發行」，由此在播出安排上受較少限制，毋須把劇集版權售予內地單位。在 CEPA 補充協議生效以前，只有經內地廣電總局批准的進口電視劇和合拍電視劇，方可於黃金時間（即晚上 7 時至 10 時）在內地電視台播放（見表 14-3-2）。

2005 年 10 月 18 日，香港與內地簽訂 CEPA 補充協議二，「允許內地與香港合拍電視劇集數與國產劇標準相同」。在此之前，內地規定每套合拍劇不可超過 40 集。同年，TVB 與廣東金吉翔影視傳播有限公司，以及上海天視文化傳播公司合作拍攝 40 集武俠劇《遊劍江湖》，由作家梁羽生的同名小說改編，TVB 唐基明監製；香港演員何家勁、郭羨妮、陳錦鴻、李天翔、內地演員陳龍、李倩、台灣地區的陳怡蓉等主演，該劇赴四川宜賓市興文縣石海風景區及北京取景拍攝。

表 14-3-2　《內地與香港關於建立更緊密經貿關係的安排》（CEPA）關於電視的條文

簽訂日期	所簽訂的文件	與電視製作相關的條款及具體承諾
2003 年 6 月 29 日	CEPA 主體文件	沒有相關的條款
2003 年 9 月 29 日	CEPA 六份附件	沒有相關的條款
2004 年 10 月 27 日	CEPA 補充協議	**附件 3 內地向香港開放服務貿易的具體承諾的補充和修正** **有線電視技術服務** 允許香港經營有線電視網絡的公司經內地主管部門批准後，在廣東省試點提供有線電視網絡的專業技術服務。 **合拍電視劇** 內地與香港合拍的電視劇經內地主管部門審查通過後，可視為國產電視劇播出和發行。
2005 年 10 月 18 日	CEPA 補充 協議二	**附件 2 內地向香港開放服務貿易的具體承諾的補充和修正二** **合拍電視劇** 允許內地與香港合拍電視劇集數與國產劇標準相同。
2006 年 6 月 27 日	CEPA 補充 協議三	**附件 內地向香港開放服務貿易的具體承諾的補充和修正三** 國家廣電總局將各省、自治區或直轄市所屬製作機構生產的有香港演職人員參與拍攝的國產電視劇完成片的審查工作，交由省級廣播電視行政部門負責。
2007 年 6 月 29 日	CEPA 補充 協議四	**附件 內地向香港開放服務貿易的具體承諾的補充和修正四** 內地與香港節目製作機構合拍電視劇立項的分集梗概，調整為每集不少於 1500 字 。
2008 年 7 月 29 日	CEPA 補充 協議五	沒有相關的條款
2009 年 5 月 9 日	CEPA 補充 協議六	**附件 內地向香港開放服務貿易的具體承諾的補充和修正六** **錄像、錄音製品的分銷服務** 允許香港服務提供者在內地以獨資形式提供音像製品（含後電影產品）的分銷服務。[1]
2010 年 5 月 27 日	CEPA 補充 協議七	**附件 內地向香港開放服務貿易的具體承諾的補充和修正七** 1. 允許香港服務提供者在內地設立獨資、合資或合作企業，從事音像製品製作業務。 2. 允許香港永久性居民中的中國公民申請內地《音像製品經營許可證》，在內地設立個體工商戶。
2011 年 12 月 13 日	CEPA 補充 協議八	沒有相關的條款
2012 年 6 月 29 日	CEPA 補充 協議九	**附件 內地向香港開放服務貿易的具體承諾的補充和修正九** 允許香港經營有線電視網絡的公司經內地主管部門批准後，在內地提供有線電視網絡的專業技術服務。

（續上表）

簽訂日期	所簽訂的文件	與電視製作相關的條款及具體承諾
2013 年 8 月 29 日	CEPA 補充協議十	沒有相關的條款
2015 年 11 月 27 日	CEPA 服務貿易協議[2]	**附件 1：內地向香港開放服務貿易的具體承諾** **錄像、錄音製品** · 允許香港服務提供者在內地以獨資、合資形式提供音像製品（含後電影產品）的分銷服務。[3] · 允許香港服務提供者在內地設立獨資、合資或合作企業，從事音像製品製作業務。[3]
2019 年 11 月 21 日 最後修訂	CEPA 服務貿易協議整合版本	**附件 1：內地向香港開放服務貿易的具體承諾**[4] **表 1 對商業存在保留的限制性措施（負面清單）** **廣播和電視服務** · 不得投資各級廣播電台（站）、電視台（站）、廣播電視頻道（率）、廣播電視傳輸覆蓋網（發射台、轉播台、廣播電視衛星、衛星上行站、衛星收轉站、微波站、監測台及有線廣播電視傳輸覆蓋網等），不得從事廣播電視視頻點播業務和衛星電視廣播地面接收設施安裝服務。 **表 2 跨境服務開放措施（正面清單）** **合拍電視劇** · 放寬內地與香港合拍電視劇在主創人員比例、內地元素、投資比例等方面的限制，縮短電視劇合拍立項階段故事梗概的審批時限。 **引進劇** · 內地廣播電視台、視聽網站和有線電視網引進香港生產的電視劇不設數量限制，並放寬香港製作的引進劇在播放數量和時間方面等限制。 **其他電視節目** · 香港人士參與內地廣播電視節目和電視劇製作可不受數量限制。 · 香港人士參與網絡視聽節目製作可不受數量限制。 · 允許內地與香港合拍的除電視劇外的其他電視節目，經內地主管部門審查通過後，可視為國產節目播出和發行。 **電視動畫** · 內地廣播電視台、視聽網站和有線電視網引進香港製作的電視動畫片不設數量限制，並放寬香港製作的電視動畫片在播放數量和時間方面等限制。 · 允許內地與香港合拍的電視動畫片，經內地主管部門審查通過後，可視為國產動畫片播出和發行。

資料來源：　香港特別行政區工業貿易署網站 https://www.tid.gov.hk/tc_chi/cepa/legaltext/cepa_legaltext.html。

注：① 香港服務提供者在內地經營音像製品的分銷服務內容，應符合內地有關法律法規和審查制度的規定。
　　②《CEPA 服務貿易協議》是 CEPA 框架下的其中一份子協議，於 2016 年實施，整合和梳理 CEPA 下多年來有關服務貿易的開放措施和便利措施。
　　③ 2019 年 11 月 21 日的最後修訂移除此具體承諾。
　　④ 以下條款對 2015 年 11 月 27 日《CEPA 服務貿易協議》附件 1 作修定，為新增具體承諾。

2006 年 6 月 27 日，香港與內地簽訂 CEPA 補充協議三，「國家廣電總局將各省、自治區或直轄市所屬製作機構生產的有香港演職人員參與拍攝的國產電視劇完成片的審查工作，交由省級廣播電視行政部門負責」，措施減省內地製作機構一些行政程序，令香港演藝人員有較多機會參與製作國產電視劇。9 月，香港電視劇獲得國家政策支持，進入內地限制減少。國家廣播電影電視總局副局長趙實在介紹《國家「十一五」時期文化發展規劃綱要》時表示，電視方面與香港的合作措施有四點：一、內地和香港合拍的電視劇作為國產電視劇，可以在內地直接播出；二、過去合拍劇的 40 集集數限制取消，以及國產電視劇的標準相同；三、有香港影視演員參加的國產電視劇，審查可以由省一級廣電部門進行審准；四、香港有線電視網絡的經營公司，經過內地管理部門批准，可以在廣東試點，為網絡發展提供技術服務。同年 12 月 18 日，TVB 播出與內地合作拍攝的劇集《爭霸》（內地名為《爭霸傳奇》），由廣州金吉祥影視傳播公司和雲海文化傳播聯合出品；TVB 的梁家樹和蔡晶盛監製；香港演員馬德鐘、劉松仁、郭羨妮、陳國邦，以及內地演員陳坤、樊志起等主演；於河南孟州黃河灘、雲台山風景名勝區、央視涿州拍攝基地、焦作影視城等取景拍攝。

2007 年 6 月 29 日，香港與內地簽訂 CEPA 補充協議四，內地與香港節目製作機構合拍電視劇立項的分集梗概的字數，從 2004 年《國家廣播電影電視總局令第 41 號》要求的 5000 字，減少至每集不少於 1500 字。

2007 年，香港與內地的電視業界聯合製作《歲月風雲》、《香港姊妹》、《香港傳奇 —— 榮歸》（內地名為《榮歸》）三部電視劇，以配合香港回歸十周年。同年 6 月 11 日，上海電視節期間，TVB 業務總經理陳志雲與中國國際電視總公司總裁李健共同主持合作製作的 60 集連續劇《歲月風雲》的全國首播啟動儀式。該劇演員包括香港劉松仁、苗僑偉、佘詩曼、宣萱、林峯、馬德鐘、鄧萃雯、伍衛國、胡杏兒、吳卓羲，內地廖京生、馮紹峰、趙柯等，並在香港、內地、加拿大取景。該劇於 7 月 16 日在 TVB 首播（6 月 30 日在央視首播）。同月 16 日晚，央視中國電視劇製作中心、中共廣東省委宣傳部、廣東電視台聯合攝製的 30 集連續劇《香港姊妹》在央視和廣東衛視首播。該劇在廣州及香港取景拍攝。製片人為中國電視劇製作中心的潘小揚，珠江電影製片廠的廖致楷編劇，香港的麥貫之執導。劇中女主角分別由內地曹曦文和香港應采兒擔任；香港演員秦沛、黃一飛、鮑起靜等人主演。據央視資料，該劇為 2007 年上半年央視一台平均收視率最高的連續劇。同年 7 月 18 日，北京榮信達影視藝術有限公司和華視影視投資有限公司聯合出品 33 集連續劇《榮歸》，於亞視首播。總編劇為香港的陳寶華；內地的曾念平任總導演，其他執行導演包括來自香港的何耀宗。主要演員為海峽兩岸和香港的焦晃、鄭少秋和歸亞蕾。劇集於香港、北京、天津及深圳取景。

2008 年 7 月 9 日，亞視播出醫療劇《生命有明天》，由亞視和上海文廣新聞傳媒集團合資成立的新視線集團出品；阮惠源監製；編劇團隊包括陳淑賢、楊基、張之彥、袁緋、湯菁

2007 年 3 月 20 日，電視廣播有限公司（TVB）與中央電視台在香港會展中心舉行發布會，宣布合作拍攝電視劇集《歲月風雲》，同年 6 月及 7 月分別在央視及 TVB 首播。（新華社提供）

菁、危笑；演員包括香港的吳鎮宇、宣萱、呂頌賢、劉兆銘，以及內地的霍思燕、王亞楠、張磊等。8 月 26 日，亞視播出由廣西電視台和北京藝德環球文化有限公司出品的古龍武俠劇《浣花洗劍錄》，由香港譚友業、內地陳詠歌執導，演員包括海峽兩岸和香港的謝霆鋒、鍾欣桐（2013 年起改稱鍾欣潼）、喬振宇、伊能靜、譚耀文等；在無錫影視城取景拍攝，2008 年新年期間，該劇的粵語版在廣州電視台播出。

2009 年 6 月 9 日，香港 TVB 與上海文廣新聞傳媒集團首度合作拍攝的連續劇《摘星之旅》，於上海舉行簽約儀式。TVB 中國業務部總監劉建輝與上海 SMG 影視劇中心主任楊文紅就雙方拍攝事宜簽約。《摘星之旅》於 2010 年 8 月 9 日在東方衛視及 TVB 同步開播，為首部在內地及香港電視台同步放映的合拍電視連續劇。總監製為香港的梁家樹和內地的陳梁；演員有香港的劉松仁、林峯、黃宗澤、葉童，以及內地的趙子琪、宋汶霏等；劇集於香港及深圳取景拍攝。同年 10 月 25 日，亞視播出北京激動影業和廣東精銳影視傳播出品的劇集《如果月亮有眼睛》，改編自張小嫻小說《那年的夢想》，為張小嫻小說首次改編為電視劇。由香港的文雋監製及編劇；演員包括香港的楊恭如、陳啟泰、張達明，以及內地的瞿穎、胡兵、連凱、耿樂、秦海璐、蔣勤勤和馬來西亞的黃婉君等主演，劇集於上海取景拍攝。12 月 21 日，亞視播出中影集團的《亂世艷陽天》（內地名為《風雲兒女》），由香港楊紹鴻監製，陳十三編劇；演員包括海峽兩岸和香港的陳秀雯、袁詠儀、翁家明、嚴屹寬、李成儒、盧星宇等；劇集於北京取景拍攝。

2013 年 3 月 19 日，第 37 屆香港國際電影節舉行期間，TVB 與優酷土豆舉行優酷土豆集團與 TVB 戰略合作發布會，雙方達成戰略合作協議，優酷土豆集團成為唯一獲得全部 TVB 正版版權的內地視頻企業，其內容鎖定至少未來兩年內 TVB 所有電視劇集、過去的經典劇碼，以及港姐選美等在內的綜藝節目和相關娛樂新聞，讓優酷和土豆網的港產片片源取得年均超過 2000 小時。此外，優酷土豆集團獨享 TVB 旗下所有明星藝人涉及演出、合作等線下活動的優先使用許可權等資源。這次合作前，優酷在 2010 年 1 月已開闢 TVB 頻道，土豆網的 TVB 專區亦於 2011 年 1 月正式上線。

2014 年 10 月 13 日，亞視播出青春處境劇《女神辦公室》（第二季），該劇第一季由廣西衛視、廣州英揚萬盈影業及內地網上平台 PPTV 合拍，亞視由第二季開始加入，派出劉錫賢、林睿、黃集鋒等藝員參演。2015 年 4 月 1 日，行政會議宣布亞視不獲延續免費電視牌照後，該劇為亞視最後一套合拍的電視劇。同年 6 月 22 日，TVB 播出與內地能量影視製作有限公司合拍的劇集《風雲天地》，由香港的王晶任總導演及總編劇；演員包括香港汪明荃、趙雅芝、劉愷威、蕭正楠、黃德斌、內地唐嫣及童菲等；該劇在香港、澳門、北京、天津、巴黎等地取景拍攝。

2016 年 8 月 25 日，2016 中國國際影視節目展期間，TVB 與內地網站愛奇藝舉辦發布會，宣布雙方簽訂長期戰略合作關係。TVB 副總經理（節目及製作）杜之克、愛奇藝自製劇開發中心總經理戴瑩等共同出席發布會。杜之克指出繼 1990 年代 TVB 劇集《創世紀》後，TVB 與愛奇藝聯合製作《再創世紀》，作為香港回歸 20 周年、TVB 成立 50 周年獻禮，於 2017 年年底上線。2016 年 12 月 21 日，TVB 網上平台 myTV SUPER 與內地愛奇藝網台共同上架網絡劇《無間道》，該劇由香港寰亞傳媒集團與愛奇藝合作攝製；梁家樹監製；演員有羅嘉良、羅仲謙、王陽、蘇麗珊、朱銳、廖碧兒、姜皓文、劉松仁、吳廷燁等，曾志偉、元彪、任賢齊、梁漢文及石修等藝人客串。

2016 年至 2017 年，TVB 與內地網絡平台合作製作的網絡劇有《再創世紀》、《宮心計 2 深宮計》、《使徒行者 2》及《踩過界》（內地名為《盲俠大律師》）等。這些網絡劇並不符合 CEPA 及其補充協議條件下的合拍劇，未獲內地電視台播出，只在網絡平台播放，被視為引進劇。2017 年 1 月 18 日，TVB 舉辦記者會，宣布與內地科網公司騰訊旗下的企鵝影視合作拍攝《宮心計 2 深宮計》，梅小青監製，演員包括胡定欣、劉心悠、馬國明、馬浚偉、蕭正楠、周秀娜、陳煒、黃心穎、謝雪心、羅霖、康華、張文慈、張慧儀等。同年 3 月 19 日，TVB 與內地企鵝影視合作拍攝的《使徒行者 2》殺青，成為企鵝影視的引進劇。該劇由蘇萬聰監製，演員包括苗僑偉、陳豪、宣萱、袁偉豪、周柏豪、黃翠如、許紹雄、麥明詩等，於香港、內地、泰國取景拍攝。同年 6 月 24 日起，逢星期六及日晚上 9 點半，TVB 播出首部與愛奇藝聯合出品的連續劇《踩過界》（內地名為《盲俠大律師》），愛奇藝把該劇作為引進劇，於當天在網站上架。劇集由 TVB 林志華監製，劉彩雲、陳琪、李綺華

三人共同擔任編審，香港演員主演包括王浩信、蔡思貝、李佳芯、張振朗等。

2017 年 6 月 19 日，TVB 播出與星王朝有限公司、王晶創作室有限公司及上海優創影視文化有限公司聯合製作的《賭城群英會》，此劇王晶監製，演員包括謝賢、佘詩曼、馬國明、黃浩然、陳法蓉、劉兆銘、楊明、高海寧、沈卓盈、何浩文、陳百祥、文凱玲等，於香港、深圳、澳門取景拍攝。

三、香港與內地合作製作綜藝節目

國家實行改革開放之初，合拍電視劇成為香港與內地電視台的主要合作領域，間或合作製作綜藝節目，起初以體育賽事、賀歲節目及風光紀錄片為主。合作模式主要為香港電視台負責製作，內地提供場地及人員支援。

1979 年農曆新春為國家實行改革開放後第一個農曆新年，成為香港與內地合作製作大型綜藝節目第一個契機。1979 年 1 月 21 日，TVB 與廣東電視台合作，在香港與內地電視台現場轉播於廣州越秀山球場舉行的省港盃足球賽。TVB 於賽前派出工程部助理經理方健銓，帶領外勤廣播車隊往廣州，作攝影、錄音等製作工作，並與廣東電視台合作進行香港與內地間的微波信號發射工程；另派出製作事務經理何家聯，帶領其團隊到場為轉播工作部署。該球賽節目為香港與廣州間首個現場轉播的體育賽事。

1979 年 1 月 27 日，大除夕晚上 7 時半，麗的電視播出在廣州拍攝的特輯《省港一家親》，為麗的在內地首個大型賀歲節目。麗的參與拍攝的藝員包括奚秀蘭、林嘉華、文千歲等。節目記錄廣州人的生活、賀歲情景以及文娛活動。麗的藝員訪問了廣州的粵劇演員文覺非、羅品超、畫家關山月和廣東電視台代表。麗的總監麥當雄表示，24 日晚上，麗的藝員史無前例與廣州紅伶在文化公園勞動劇場的新春晚會內共同演出，中央廣播電台實地錄音。

同年 1 月 29 日，農曆大年初二，TVB 與廣東電視台合作，直播在廣州舉辦的春節聯歡晚會《羊城賀歲萬家歡》（廣州別名羊城），為 TVB 首個在內地的大型直播賀歲節目。該賀歲節目內容包括 TVB《歡樂今宵》藝員在廣州實地表演歌舞、年宵市場實況、工藝製作及名勝古蹟的紀錄片。另外，內地藝人同場參與賀歲節目的表演，包括羅品超和林小群在節目中演出《樓台會》粵劇折子戲、文覺非演出《借靴》折子戲、李丹紅和崔凌霄以南音小調對唱、廣東雜技學院表演雜技，以及廣東歌舞團表演歌舞等（見表 14-3-3）。

1979 年 4 月，TVB 播放其在改革開放後首個出品的內地風光片系列《廣東風物志》，介紹廣東省各地名勝古蹟、自然景色、地方物產及美食。TVB 於 4 月 11 日派出製作部外景團隊一行 11 人赴廣東省拍攝，獲肇慶市市委及地委等內地單位協助。該紀錄片系列的首兩輯節目介紹肇慶市七星岩及鼎湖山，於同月 29 日起在翡翠台播放。同年 5 月，麗的電視播

出風光節目《故鄉新貌》，介紹廣東潮汕地區的民間故事及人物。麗的電視派出外景隊及藝人，在 23 天內到訪潮州、潮陽、潮安、澄海、海豐、陸豐、汕頭七個地區拍攝。

其後 TVB 及亞視持續到訪內地拍攝風光片特輯。1983 年 9 月，TVB《歡樂今宵》播放在央視協助下於北京拍攝的中秋特輯；1986 年 6 月，《歡樂今宵》播放其獲安徽省黃山管理局等單位邀請赴黃山拍攝的《千峰秀色黃山行》特輯。亞視在 1983 年 8 月起播出《龍的家鄉》，當中介紹廣東風貌的部分，取材自廣東電視台出品的《嶺南風貌》，並以主持人主持形式重新包裝；1998 年出品《中國旅遊新樂趣》，介紹上海、杭州及無錫等地風光。

2000 年後，內地地方衛星電視的急速發展，以綜藝節目吸引大量觀眾。衛星電視的崛起帶來香港與內地合作製作綜藝節目的契機。2007 年 4 月 22 日，TVB 播出與深圳衛星電視共同製作的消閒節目系列《蔡瀾逛菜欄》，以及《輝煌十年 —— 香港回歸十周年慶典晚會》，該節目於深圳衛星電視頻道播放。同年，TVB 首次與佛山電視台共同製作選美節目《2007年度國際中華小姐競選》，並於翡翠台及處於相同時區的旗下及海外伙伴平台作現場直播。

2007 年 8 月 29 日，TVB 播出和湖南衛星電視合作製作的舞蹈綜藝比賽節目《舞動奇跡》，香港和內地的藝人同場參賽，包括曹敏莉、陳敏之、江嘉良、周衛星、馬德鐘、周家蔚、李學慶、朱江、黃長興、秦嵐、袁偉豪、張嘉倪、吳家樂、郭羨妮、吉傑、謝娜等。此節目版權源於英國廣播公司電視台，由專門引進外國節目版權的北京世熙傳媒文化有限公司引進內地。同年 11 月 4 日起，TVB 逢周日播出台慶特備節目《勇闖玉珠峰》，講述藝人登山隊在攀登青海省玉珠峰過程中面對的挑戰。節目為內地國家攀山隊邀請 TVB 作獨家合作伙伴，共同製作。

表 14-3-3　麗的電視、TVB 與廣東電視台合作製作賀歲晚會資料

合拍電視台	播出日期	節目名稱	拍攝地點
麗的電視	1979 年 1 月 27 日	省港一家親	廣州：文化公園勞動劇場
TVB	1979 年 1 月 29 日	羊城賀歲萬家歡	廣州：廣州起義烈士陵園、廣州中山紀念堂、越秀公園
	1989 年 2 月 7 日	羊城賀歲萬家歡十周年慶典	廣州：廣州天河體育中心、白天鵝賓館
	2009 年 1 月 25 日	粵港同慶接金牛（第三屆羊城賀歲萬家歡）	廣州：五羊雕像、天河城、白雲山、珠江邊、中山紀念堂 香港：維園花市、荃新天地
	2012 年 1 月 22 日	金龍吐艷迎新歲（內地名為龍騰賀歲萬家歡）	香港：荃新天地

資料來源：　MyTVsuper：〈羊城賀歲萬家歡十週年慶典〉，MyTVsuper，https://programme.mytvsuper.com/tc/125933/ 羊城賀歲萬家歡十週年慶典。
文匯報：〈穗港合作 打造《羊城賀歲萬家歡》〉（2009 年 1 月 7 日），文匯報，paper.wenweipo.com/2009/01/07/EN0901070021.htm。
電視廣播出版有限公司：《TVB 周刊 761 期》（香港：電視廣播出版有限公司，2012），頁 67。

第四節 動畫與漫畫

1970 年代，香港電台和 TVB 先後成立動畫部門，負責製作片頭片尾的動畫、新聞説明動畫等工作。1978 年國家實行改革開放後，部分內地動畫人才移居香港，首次接觸商業化的香港動畫行業。1982 年，內地動畫導演馮毓嵩和屠佳籌建香港動畫製作有限公司。1980 年代，南來動畫專才鄔強和符世深加入香港電台動畫部工作。

1980 年代中期，在內地市場逐步開放背景下，TVB 在 1985 年 6 月以中外合作形式，於內地獨資設立動畫製作公司翡翠動畫設計（深圳）公司（翡翠動畫），為內地第一家專業動漫企業。翡翠動畫在內地招聘和培訓動畫人才，開始製作原創電視動畫片，第一部是《成語動畫廊》。翡翠動畫成立後，內地紛紛成立民營的外資及合資動畫企業，包括 1986 年成立的廣州時代動畫公司、1988 年成立的深圳太平洋動畫公司、1991 年成立的深圳彩菱動畫公司。第一批進入內地的外資及合資動畫製作公司大部分是港資企業，主要從事動畫加工，它們自日本、歐美等國家接洽動畫加工訂單，並引入國外加工機制，促進內地動畫業與國際接軌。

1997 年香港回歸祖國後，馬榮成和黃玉郎等香港漫畫家把部分漫畫生產線移至內地深圳羅湖、深圳蛇口、東莞等地，並在當地培訓數百名漫畫人才。香港漫畫界開始同內地漫畫界和出版界進行頻繁和多元的交流，包括參加動漫展等相關活動，以及推動動畫片合拍項目。2000 年，香港資深大律師梁定邦及其弟梁定雄創立環球數碼創意控股有限公司（環球數碼，GDC，2003 年 8 月在香港聯合交易所創業板上市），同年，該公司與深圳大學合作，成立其首個數碼媒體專業培訓基地，名為環球數碼動畫學院（IDMT），透過課程引入美國的動畫製作技術。截至 2013 年，IDMT 在深圳、廣州及上海培訓超過 5340 名內地動漫人才。

2005 年 11 月，深圳召開首次文化產業工作會議，提出將深圳打造成國家動漫遊戲產業基地。同年 12 月 28 日發布的《關於扶持動漫遊戲產業發展的若干意見》，把動漫遊戲產業作為深圳優先發展的文化產業。該文件第二十四條指出：「實施『深港雙城互動計劃』。加強與香港文化及創意產業機構的資訊交流，大力吸引香港創意企業和人才來深創業、發展，鼓勵香港動漫遊戲企業和經營機構將開發、製作、加工、培訓及營銷等業務部門遷入深圳，爭取國家有關主管部門在深圳市範圍內實行港資動漫遊戲企業國民待遇試點。」

2006 年 5 月 18 日，超過 150 位來自香港及深圳的數碼娛樂業內人士，出席由香港生產力促進局及深圳科技工業園總公司在深圳舉辦的「深港動漫高峰論壇」，探討如何促進深港動漫行業的合作與發展，以及提升兩地行業的競爭力。這論壇是第二屆「中國（深圳）國際文化產業博覽交易會」內的其中一項活動。論壇上，深圳政府表示已批准建立深港動漫及

網絡遊戲產業基地。該基地建築面積為 17 萬平方米，位於深圳科技工業園內，深港雙方以此為平台，促進兩地企業在創意、設計、研發、製作、市場、衍生等產業鏈各個環節上開展互動與合作。

2000 年代中期，首批由港商與內地企業共同出品的動畫進入當地市場，隨之以相關角色知識產權（IP）授權的商業模式，協助推動國產動畫發展。2005 年，香港玩具商人錢國棟在內地成立深圳市方塊動漫畫文化發展有限公司（方塊動漫），製作動畫在內地、東南亞、歐洲及拉丁美洲等地區的電視台播放，並以 IP 授權方式生產動畫衍生產品。2006 年 8 月 4 日，香港環球數碼集團的全資附屬公司 —— 環球數碼媒體科技研究（深圳）有限公司與深圳電影製片廠聯合出品的《魔比斯環》在內地放映，為首部國產立體動畫電影。集團的另一家全資附屬公司深圳市環球數碼影視文化有限公司，於 2008 年至 2017 年間在內地推出動畫電影《潛艇總動員》系列及《玩偶奇兵》，在 IP 授權的方式下，以電影主角造型作包裝的衍生產品相繼進入市場。2010 年，港資動畫製作公司廣東原創動力文化傳播有限公司（原創動力）所創作的動畫系列《喜羊羊與灰太狼》，成為內地播出量最大的電視動畫。

2016 年，香港遊戲研發及發行商智傲集團開始與深圳市騰訊動漫有限公司（騰訊動漫）合作，將香港原創漫畫作品《封神紀》改編製作成《武庚紀》系列動畫短片，在騰訊動漫網上平台發布。2017 年，內地遊戲商觸控遊戲取得授權，就動畫系列達成出產手機遊戲產品計劃。

一、電視動畫

1985 年 6 月，TVB 與深圳市文化局屬下的深圳展覽館（1987 年 7 月起改稱深圳美術館）合作投資，在深圳成立翡翠動畫，是改革開放後在內地成立的首家專業動漫企業，除上海美術電影製片廠（上美影）外，也是當時在內地唯一一家動畫設計公司。1986 年開始，翡翠動畫任用香港動畫師許誠毅和林紀陶等為編導，以及來自上海及北京等地的內地動畫師，共同製作香港第一部原創電視系列動畫《成語動畫廊》。該動畫片的編劇、導演及菲林製作工序於 TVB 的香港錄影廠完成；而主要手繪工序包括畫面勾勒及上色於深圳動畫廠完成。《成語動畫廊》共設 180 集，每集三分鐘，1987 年 3 月 10 日晚上 8 時 10 分在 TVB 翡翠台首播，其後每周二和周五播放，直至 1989 年播放完畢。每集動畫解說一個中國成語故事，內容準確性由香港作家朱溥生（阿濃）考證。在粵語版本中，動畫中的主角熊貓博士和機械人 YY，分別由 TVB 配音員林保全和林丹鳳配音。在普通話版本中，熊貓博士和機械人 YY 分別由 TVB 配音員黃法勤和廖靜妮配音。繼《成語動畫廊》後，翡翠動畫接着製作其他原創動畫片集，包括 13 集動畫《小悟空》。

翡翠動畫第一部加工的動畫是日本和美國合製動畫《虎威戰士》（內地稱為《霹靂貓》），

於 1985 年在美國首播。在加工過程中，翡翠動畫吸收了日本的管理模式和動畫技術。自 1988 年起，翡翠動畫減少自家創作，轉為集中替外國動畫加工，參與全球動畫產業鏈。翡翠動畫的海外動畫加工訂單中，最多來自法國，其次來自英國和西班牙等歐洲國家的公司委託加工訂單。1991 年，翡翠動畫創辦人之一石少鳴（香港 TVB 代表）離開該公司，另創港資的獨資企業深圳彩菱動畫製作有限公司，開展外國動畫加工業務。

翡翠動畫和央視於 1992 年共同製作 30 集電視系列動畫《藍皮鼠和大臉貓》，於 1993 年在央視首播。2000 年，翡翠動畫與日本動畫公司合作製作《神鵰俠侶》動畫版，是全球第一部以金庸武俠小說為主題的動畫作品。前 26 集由雙方共同出資，日本方面負責造型設計、劇本和原畫，至於動畫、背景和後期製作由翡翠動畫完成。《神鵰俠侶》動畫版先後在香港和日本播出，前 26 集播出後，日本方面決定不再投資。翡翠動畫再以三年時間自行完成這部共 78 集的電視系列動畫。2005 年 6 月，TVB 與深圳市文化局簽訂的翡翠動畫 20 年合作營業執照期限屆滿，TVB 決定放棄繼續經營，翡翠動畫成為原港方總經理的私人企業，更名為翡翠數碼科技（深圳）有限公司。

1980 年代中期開始，透過引入香港及其他海外資金，內地民營動畫企業相繼成立。1986 年 2 月 5 日，由香港時代藝術有限公司、上美影、珠江電影製片廠三方，經國家對外經濟貿易部批准註冊，合資成立的廣州時代動畫公司正式開業，是內地第一家中外合資動畫企業，也是內地電影行業第一家中外合資企業，公司設在珠江電影製片廠內，由珠江電影製片廠總經理孫長城任董事長，時代藝術公司董事局主席梁幗馨（藝名狄娜）任副董事長及總經理、上美影副廠長王柏容任副董事長、上美影潘積躍和珠江電影製片廠周承人任副總經理。該公司初期決定自創中國動畫品牌，曾製作多集《熊貓悠悠的故事》，於 1990 年結業。

1988 年，廣州時代動畫公司舊員工與美國投資者在深圳成立中外合資太平洋動畫公司。該公司主要由美方出資，曾在廣州時代動畫擔任副總經理的潘積躍任中方經理，港方經理程志偉負責公司實際管理。深圳太平洋動畫公司聘請上海和香港的動畫設計師，並增聘美國、法國、菲律賓等外籍員工，員工數量曾達 400 餘人，每月製作四集（80 分鐘）具有影響力的加工片《加利諾》、《海默人》等電視系列動畫。1995 年，太平洋動畫因財務問題結業。總經理香港人程志偉在太平洋動畫結束後，在南京獨資開辦安利動畫公司，從事外國動畫加工業務，後在長江三角洲地區分設公司。同年 8 月 8 日，香港玩具商顧小坤與杭州出版局合作，設立杭州動畫製作公司，聘請內地畫家程十髮之子程助擔任總經理，為杭州培養動畫人才。

1989 年 10 月 7 日，香港億利發展有限公司與上美影，共同投資和經營上海億利美動畫有限公司，簽字儀式在上海舉行。香港億利發展有限公司由上海市外貿局在香港註冊成立，開拓承接境外的加工片、合作片等業務，賺取外匯。1990 年 4 月 14 日，上海億利美動畫有限公司正式註冊成立，上美影廠長周克勤任公司董事長，香港億利發展有限公司總經理

楊代藏任副董事長，方潤南任總經理。上海億利美動畫為法國、美國、加拿大、日本、澳洲、新加坡等地作動畫加工，其後又與法國公司合製 52 集系列動畫《嬰兒城》（1993 年出品）；與澳洲公司合製動畫《牙刷家族》（1997 年出品）等。

自 1980 年代初至 1991 年，內地的動畫專業製作機構，由上美影一家發展到 37 家，當中 24 家先後創作生產自己的動畫，包括港資的深圳翡翠動畫、廣州時代動畫公司、深圳彩菱動畫公司，加上美資的太平洋動畫公司，吸引全國近 70% 的動畫從業員在深圳工作。1985 年至 1991 年，有 18 家外資動畫公司在內地開設，從業人員 2400 多人，製作量每月 20 集以上。

隨着中國於 2001 年 12 月 11 日正式加入世界貿易組織，對外開放市場，引進片的數量增加，國產動畫產業在內地市場中面對更大競爭。2004 年 4 月，國家廣電總局向省市單位發出《關於發展我國影視動畫產業的若干意見》，表示支持省級電視台開辦動畫頻道、央視少兒頻道增加國產動畫片的播出比例、獲准省級電視台和副省級城市電視台開辦的少兒頻道適當增加國產動畫片的播出數量。各級電視台相關頻道要創造條件開設固定的動畫欄目，形成國產動畫片播出規模。省級電視台、省會城市電視台、計劃單列市電視台，均開辦動畫專欄、開闢動畫時段，擴大動畫片的播出數量。在每個播出動畫片的頻道中，國產動畫片與引進動畫片每季度播出比例不低於 6：4，即國產動畫片每季度播出數量不少於 60%。隨着國產動畫片製作數量的增加，製作質量的提高，國產動畫片播出比例和播出時間逐步增加。

2000 年代，繼湖南三辰卡通的《藍貓》電視動畫企劃，香港商人在內地引入配以 IP 授權作衍生產品銷售的港資電視動畫製作企劃。2004 年，從事玩具及童裝生意的香港商人蘇永樂，為推廣自家品牌，開始與香港資深編劇盧永強和內地動畫家黃偉明製作原創動漫，同年 6 月 12 日，以 Adobe Flash 軟件製作的動畫系列片《寶貝女兒好媽媽》在內地電視台播出，第一部共 40 集，2006 年獲得上海文廣集團頒發國產電視動畫特別獎。2004 年 10 月 21 日，蘇永樂和盧永強在內地正式成立原創動力，黃偉明擔任創作總監。2005 年 8 月 3 日，原創動力經過一年時間創作的動畫系列片《喜羊羊與灰太狼》，在杭州電視台少兒頻道首播，廣受歡迎，杭州少兒頻道總監要求原創動力繼續加緊製作，原創動力其後與內地電視台簽下以固定欄目形式合作的協議，每年提供 208 集《喜羊羊與灰太狼》。2008 年，《喜羊羊與灰太狼》第一部共播出 530 集。2010 年，《喜羊羊與灰太狼》成為全國播出量最大的動畫，在央視頻道、省級衛視頻道、省市級地面頻道等多個頻道中全年播放的時長，佔所有動畫片播放總時長的 16.91%。動畫先後在香港 TVB 翡翠台、台灣地區 MOMO 電視台及尼克兒童頻道播出。《喜羊羊與灰太狼》IP 授權衍生產品涵蓋音像製品、漫畫書、食品、玩具及手機壁紙等。

2005 年，香港玩具商人錢國棟於內地成立動畫製作公司 —— 深圳市方塊動漫畫文化發展

2005 年 8 月 3 日，港資動畫製作公司廣東原創動力文化傳播有限公司推出動畫系列《喜羊羊與灰太狼》，在杭州電視台少兒頻道首播。2010 年，《喜羊羊與灰太狼》動畫系列成為內地播出量最大的電視動畫。（中新圖片提供）

有限公司，招攬香港動畫導演帶領內地畫師及製作人員製作動畫，並在同年收購內地亞洲動畫多媒體有限公司（亞洲動畫）作發行代理。2005 年 7 月，兩家公司製作及發行改編自香港藝人薛家燕事跡的動畫片集《家燕媽媽》，共 13 集，每集約 22 分鐘，在香港 TVB 播放，其後於 2007 年在內地播放。2009 年起，方塊動漫於香港及內地推出香港漫畫人物老夫子的電視動畫《老夫子 3》。2010 年，另一套作品《超智能足球》於央視及內地約 80 個地區電視台，以及 21 個亞洲、歐洲、拉丁美洲、非洲國家的頻道放映，同年獲第七屆金龍獎「最佳系列動畫獎」提名。2011 年起，《甜心格格》在央視播放，為央視動畫收視首十位之一，並在香港、台灣地區、新加坡、馬來西亞及越南等地的頻道播放。2014 年起，《正義紅師》在央視等九個內地電視台播放，獲國家新聞出版廣電總局「2014 年第二季度國產優秀動畫片」、「優秀動畫片推薦獎」，以及「優秀動畫國產片一等獎」，並在泰國、馬來西亞及澳門等國家及地區放映。方塊動漫透過 IP 授權的方式，生產以動畫主角造型作包裝產品，包括電子產品、床單、家具、糖果，以及飾物等，截至 2017 年 1 月，集團的授權收益約佔總收入的三成，較其動畫銷售的收入佔比高。

2005 年 7 月，香港漫畫家黃玉郎創辦的玉皇朝集團，與央視簽訂合作意向書，共同推出 52 集動畫電視劇《神兵小英雄》（後更名為《神兵小將》），為黃玉郎原創漫畫《神兵玄奇》的姐妹作，目標觀眾為內地四億青少年。玉皇朝集團成為首家與央視合作進行動畫項目的境外動畫機構。2006 年 3 月 9 日，玉皇朝集團與央視就動畫電視劇集《神兵小將》合拍項目簽訂「動畫片聯合投資製作協議」，共同合拍動畫片，由央視及國家廣電總局審批及

2014 年 7 月 29 日電影監製錢國棟（右四）與內地八一電影製片廠副廠長顏品大校（右五）出席媒體見面會，宣傳雙方合作項目動畫片《正義紅師》。（新華社提供）

同意，完成最終監管程序。2007 年 9 月，玉皇朝主席唐啟立在記者會上表示，《神兵小將》總投資 3000 多萬元，主要收入來源來自漫畫圖書、VCD/DVD 銷售、產品授權及貼片廣告等。同時玉皇朝授權廣州歡樂反斗城玩具公司在全國批發零售《神兵小將》玩具。2007 年 10 月 4 日，《神兵小將》在央視少兒頻道首播。11 月，玉皇朝正式收購內地動畫製作公司鴻鷹集團，以配合公司全力發展內地原創動漫市場。

截至 2015 年，香港動漫企業在內地持續發展，廣東省動漫協會執行會長鍾路明表示，協會首批 79 家企業會員中，近十分之一是香港動漫企業，包括由港人或港資參與的動畫公司和玩具禮品企業，這批企業多數是在內地經營逾十年的中小企業。

二、漫畫

1990 年代末，港資漫畫商相繼往內地設生產線，並與內地文創機構合作。2000 年，香港漫畫家馬榮成開始在內地投資漫畫製作。2002 年，其天下出版有限公司（天下出版）製作上實行粵港合作，在深圳成立製作公司，在廣東一帶培訓和招攬人才，創作核心則留在香港，經營模式為香港創作，粵港一同製作。2004 年，天下出版開始同內地大型出版社簽約，繼漫畫《風雲》之後，旗下其他香港出版作品陸續在內地發行。10 月，天下出版與上

海文新集團合作出版整套《風雲》小説，跟上海少年兒童出版社合作出版漫畫雜誌《動漫天下》，直到 2004 年，天下出版在深圳的製作公司約有 80 人。天下出版在香港出版的漫畫，有 70% 是在內地製作完成。

2006 年 9 月，中央政府頒布《國家「十一五」時期文化發展規劃綱要》，提倡推動動漫產業，拓展中國對外的文化交流活動，兩地漫畫業界繼續聯合出版並開始在跨地域的展覽中交流。2006 年 5 月，隨着香港玉皇朝集團與央視合作製作電視動畫《神兵小將》，同名漫畫書《神兵小將》由上海美術出版社同步出版。負責內地出版發行事務的玉皇朝總經理黃振強表示，《神兵小將》在推出後幾個月內的銷售量已超過 300 萬冊。2008 年，黃玉郎連續四年參加在杭州舉辦、獲文化發展規劃綱要定位為重點支持文化會展的「中國國際動漫節」，其間與浙江新華書店的總經理會面，經金庸同意，玉皇朝集團與上海文匯出版社和浙江新華書店達成協定，出版金庸小説《天龍八部》的彩色漫畫版，這是玉皇朝在 1997 年第一套繪製的全彩色金庸小説漫畫版，全套共 21 期。

2006 年，香港動漫節（1999 年至 2005 年原稱香港漫畫節，2008 年起改稱香港動漫電玩節）的籌辦機構凌速博覽有限公司，獲廣州市新聞出版局邀請合作，在 2007 年 10 月於廣州錦漢展覽中心聯合主辦第一屆「穗港澳動漫遊戲展」。該博覽會共設 336 個由內地、香港、日本、韓國動漫遊戲商租賃的展位，展示首次亮相內地的新款漫畫精品，以及中韓漫畫插畫大賽的獲獎作品。展覽累計入場人數 10 萬人次，為內地首個以招租形式招攬參展商的動漫博覽會，改變過往由政府資助免費設展的模式。2008 年起，「穗港澳動漫遊戲展」獲納入為「中國國際動漫節」的項目之一。

2006 年 7 月至 8 月，香港動漫節新增「中港數碼娛樂陣營」展區，展出了 12 個內地參展商的展品，為內地漫畫業界首次於香港大型動漫博覽會的展出。2013 年，香港動漫電玩節在場內新增中國漫畫家創意區，邀請第一屆金龍獎「最佳繪本漫畫獎」得主寂地等內地漫畫家即席繪畫作品，展覽的總入場人次約為 70 萬人。

2009 年 10 月 26 日至 11 月 18 日，北京中國美術館舉行首屆中國動漫藝術大展。展覽由內地「扶持動漫產業發展部際聯席會議」成員單位主辦，為中國美術館首個結集香港、內地、澳門及台灣地區漫畫產業展品的展覽。參展的港資動畫製作公司原創動力及香港博善廣識有限公司分別展出旗下系列作品《喜羊羊與灰太狼》及《麥兜》。

2011 年 11 月 4 日至 6 日，首屆中國（杭州）國際漫畫節於浙江世貿國際展覽中心舉行。展覽由中國國際動漫節執委會主辦，120 多位香港、內地、台灣地區、日本及新加坡的出版集團負責人與漫畫家參加。香港漫畫家馬榮成展出作品，並舉行其在內地首個簽名會。

2015 年 12 月 5 日，上海香港聯會、香港藝術中心及動漫基地，共同組織香港動漫業界在上海舉辦「港漫老友記　好運迎新年」文化交流活動，開始了香港動漫都市展的首次內地

2007 年 10 月 3 日，首屆穗港澳動漫遊戲展開幕，香港漫畫家黃玉郎在動漫展記者會中接受訪問。（中新圖片提供）

2011 年 11 月 4 日至 6 日，浙江世貿國際展覽中心舉行首屆中國（杭州）國際漫畫節，展出作品包括香港漫畫家馬榮成的畫作。（新華社提供）

展覽。此次展覽內容主要以香港藝術中心動漫基地的動漫都市展為主，作為在上海的首次展出，匯集香港老中青三代漫畫家代表，如王澤、黃玉郎、馬榮成、李惠珍、大泥、麥家碧、蘇敏怡、黎達達榮、李香蘭、利志達、何家超、何家輝、貓室、姜智傑、李志清、羅浩光、阿高。展覽也展出知名香港漫畫人物形象、珍貴書籍、動漫周邊產品，以及這些漫畫家的簽名自畫像，向公眾介紹香港漫畫。此外，主辦單位舉辦動漫工作坊，與上海動漫組織、上海學生等互動。

三、電影動畫

改革開放後，香港與內地動畫電影業界加強交流和合作，包括在香港舉辦放映活動。1980年，香港放映上美影製作的首部國產彩色寬銀幕手繪動畫長片《哪吒鬧海》。1982 年，上美影另一部手繪動畫長片《大鬧天宮》於香港放映。1987 年 9 月，香港舉辦首個大型內地動畫影展「中國美術電影回顧展」，由香港藝術中心、《電影雙周刊》、上美影及中國動畫學會主辦，南方影業協辦。香港動畫從業員盧子英與林紀陶，以及《電影雙周刊》社長陳

柏生參與策劃該影展，赴上美影揀選展出動畫，當中包括亞洲首部有聲手繪動畫長片《鐵扇公主》、剪紙動畫《豬八戒喫西瓜》及水墨動畫《牧笛》等62部作品。「中國美術電影回顧展」在香港藝術中心壽臣劇院及演奏廳共放映32場，配以展覽展示由上美影提供的畫稿及木偶等製作用物品，及兩場由製作人員主講的講座「中國美術片的歷史及發展」及「中國美術片的民族特色」。

1988年11月，內地舉辦首個大型國際動畫電影節「上海動畫電影節」，展出78部出自內地、英國、美國及日本等地的手製電影動畫。香港動畫業界包括動畫組織「單格」、翡翠動畫導演及香港藝術中心人員等合共十多人，獲邀出席該電影節，與內地資深動畫導演萬籟鳴及戴鐵郎等從業員交流。

另一方面，香港於1980年代初開始出品動畫長片，起初為手製作品，其後在1990年代後期轉向數碼製作，並在2000年代進入內地電影市場。1981年代，香港首次製作一系列改編自《老夫子》漫畫的動畫長片，其後到1997年，畫師以電腦輔助完成製作動畫長片《小倩》，這些初期的動畫長片依賴台灣地區和日本畫師製作。2001年12月15日上映由博善廣識有限公司出品的《麥兜故事》，香港出現首部由香港人自編、自導、自製的動畫電影。2003年起，香港與內地簽署《內地與香港關於建立更緊密經貿關係的安排》（CEPA）及補充協議，香港與內地的合拍片獲得內地優惠待遇，可被視為國產影片在內地發行，不受進口配額限制，香港動畫業界開始聯合內地單位出品動畫電影，在原來由美國、日本等國動畫主導的內地電影動畫市場，加入更多香港原創動畫，以及運用電影IP授權的商業模式進行製作。

2005年3月，香港商人錢國棟旗下的方塊動漫，與來港參展香港電影節的中國人民解放軍八一電影製片廠，協商合作拍攝《閃閃的紅星之孩子的天空》（內地稱為《閃閃的紅星之紅星小勇士》）。動畫改編自1974年八一電影製片廠攝製的兒童電影《閃閃的紅星》，動畫主角是潘冬子、胡漢三。由香港導演林超賢執導，錢國棟旗下的亞洲動畫發行，於2007年10月國慶節長假期間在內地上映。《閃閃的紅星之紅星小勇士》粵語版，由香港偶像組合Twins分別為角色潘冬子和小蘭配音，而胡漢三則由香港藝人羅家英配音。音樂方面，由香港製作人羅堅創作配樂，以及重新演繹原電影中的幾首插曲。該動畫電影獲2008年第四屆中國國際動漫節美猴獎「動畫長片獎」及第四屆金龍獎「內地及港澳台最佳劇場動畫電影」等多個獎項。

2006年1月22日，香港銀都機構與摩根＆陳影業有限公司合作出品的麥兜電影系列第三部《春田花花同學會》於內地首映，是麥兜電影首次在內地放映。內地票房1200萬元人民幣，超過香港的票房1065萬元。在IP授權方式下，內地麥當勞餐廳於2007年推出該電影系列的主題套餐，此外，上海浦東發展銀行於2008年推出麥兜主題信用卡。其後《麥兜響噹噹》、《麥兜噹噹伴我心》、《麥兜我和我媽媽》和《麥兜飯寶奇兵》分別於2009年7

月、2012 年 7 月、2014 年 10 月和 2016 年 9 月在內地上映，內地票房分別為 7050 萬元人民幣、4690 萬元人民幣、4430 萬元人民幣和 1830 萬元人民幣，均遠高於香港的票房紀錄，分別為 246 萬元、266 萬元、201 萬元和 146 萬元。《麥兜響噹噹》和《麥兜噹噹伴我心》先於內地上映，早香港約一個月，《麥兜我和我媽媽》安排在 10 月 1 日國慶節當天在內地和香港同步上映。

2006 年 8 月 4 日，香港資深大律師梁定邦及其弟梁定雄創立的環球數碼，推出《魔比斯環》在全國上映，為首部國產立體動畫電影。該片耗資 1.3 億元人民幣，由內地 CG 動畫家陳明任藝術總監，內地漫畫家顏開任故事板創作，法國 Jean Giraud（Moebius）編劇，美國動畫導演 Glenn Chaika 執導，共超過 400 名中國和外國的動畫技師共同製作。2008 年至 2015 年環球數碼推出其《潛艇總動員》系列的五套原創動畫電影 ——《潛艇總動員》（2008 年）、《潛艇總動員 2》（2012 年）、《潛艇總動員 3：彩虹寶藏》（2013 年）、《潛艇總動員 4：章魚奇遇記》（2014 年）、《潛艇總動員 5：時光寶盒》（2015 年）。當中《潛艇總動員 3：彩虹寶藏》在 2013 年 6 月 1 日放映，以 2790 萬元人民幣票房打破國產動畫電影單日票房紀錄。2017 年 8 月 4 日，環球數碼推出動畫電影《玩偶奇兵》上映，製作團隊按荷李活動畫電影標準細分製作工序，並獲得 2015 年金猴獎「最具潛力動畫劇本獎」。《潛艇總動員》系列及《玩偶奇兵》均以 IP 授權的方式，推出以電影主角造型作包裝的衍生產品，包括服飾、玩具及電子產品等。

2007 年 6 月 29 日，香港先濤電影娛樂有限公司、中國電影集團公司和美國迪士尼影片公司聯合出品的電腦動畫與真人結合電影《寶葫蘆的秘密》在內地上映，同年 8 月 16 日，該片在香港上映。這部 85 分鐘的電影改編自中國小說家張天翼同名兒童文學作品，主角為電腦動畫角色寶葫蘆及真人角色王葆等。上海天馬電影製片廠曾於 1963 年攝製黑白片版本，2007 年版本由香港的朱家欣和鍾智行執導，香港藝人梁詠琪及內地藝人朱祺隆、魏萊等真人演出。香港版本及內地版本的電腦動畫角色寶葫蘆分別由香港藝人劉青雲及內地藝人陳佩斯配音。

2008 年 7 月 19 日，香港與內地合製的動畫電影《風雲決》在內地上映，同年 9 月 25 日在香港上映。該片改編自香港漫畫家馬榮成的漫畫《風雲》，由亞洲動畫多媒體有限公司、上海文廣新聞傳媒集團、深圳市方塊動漫畫文化發展有限公司聯合製作，香港的林超賢執導，製作歷時五年，採用二維結合三維的製作技術，由謝霆鋒、任賢齊、童自榮、韓雪等 28 名香港和內地藝人配音。《風雲決》票房於內地上映後三天為逾 1000 萬元人民幣，其後超過 3300 萬元人民幣，於 2008 年刷新了境外片和國產片的內地票房紀錄，成為該年度冠軍。同年，該片於東京國際電影節及日本影院放映。《風雲決》為上海文廣新聞傳媒集團首部出品的商業動漫電影，以及首部在日本上映的國產動畫電影。

其後《風雲決》榮獲香港資訊及通訊科技獎（2008）：最佳數碼娛樂大獎、最佳數碼娛樂（電

腦動畫）獎；電腦動畫優異證書：最佳電影、最佳指導、最佳剪接。此片獲得的內地獎項包括 2008 年第五屆金龍獎「最佳動畫長片獎」、第五屆中國（常州）國際動漫藝術周國際動畫比賽「最佳長片獎」、2008 廈門國際動漫節金海豚動畫作品大賽「最佳影視動畫獎」、中國動畫學會「2008 年優秀動畫作品推薦獎」、南方都市報 2008 深圳生活大獎：年度藝文獎、2008 年日本「TBS DigiCon6」香港區努力賞、2009 年第 16 屆北京大學生電影節「動畫片創作獎」，以及 2009 年第五屆中國國際動漫節美猴獎「最佳場景設計獎」。在 IP 授權下，《風雲》系列的主角步驚雲、聶風、楚楚、第二夢的造型獲用作包裝瓶裝水，於 2009 年的第一期銷售中，在全國約 30 個重點城市的超市發售，總投放數目為 500 萬瓶。

2010 年 7 月 9 日，改編自香港電影《長江 7 號》的動畫電影《長江 7 號愛地球》在內地上映。該動畫由中國電影集團公司、星輝海外、英皇影業有限公司、幸福藍海影視文化集團有限責任公司聯合出品，出品人為香港的周星馳和中國電影集團的韓三平，香港的袁建滔執導，李敏編劇，由中影數位製作基地北京影院動畫製作分公司製作。

2011 年 1 月 27 日，香港漫畫人物老夫子的動畫電影《老夫子之小水虎傳奇》於內地上映。該動畫由華誼兄弟與台灣地區的老夫子哈媒體共同出品，是華誼兄弟首度加入春節的兒童片市場，也是日本的東寶株式會社首度參與製作華人動畫，由日本的本多敏行監製，福富博執導。

2017 年 4 月，香港科技大學主辦「2017 年動畫大師圓桌論壇」，研討 1940 年代至 1980 年代的國產手製動畫，並放映《大鬧天宮》及水墨動畫《小蝌蚪找媽媽》等作品。

四、動畫短片

1989 年 5 月，上美影出身的動畫師馮毓嵩，代表台灣宏廣股份有限公司，以港資身份在珠海特區創辦獨資企業珠海馳勝藝術有限公司，並聘請特偉、錢運達、馬克宣等內地資深動畫創作人員擔當顧問。珠海馳勝藝術繼承中國學派動畫傳統，從事自創動畫業務，拍攝《學仙記》（1992 年）、《桔生》（1992 年）等動畫短片。珠海馳勝藝術兩年後遷往蘇州，改以加工外國動畫為主要業務。

隨數碼動畫技術於 1990 年代獲廣泛應用，外資動畫企業在 2000 年代初開始，將其加工工序從內地移往其他生產成本更低的亞洲及中東國家，內地的動畫加工行業逐漸轉向發展原創數碼動畫。港資企業相繼引入外地製作技術到內地，參與製作原創國產動畫短片。2000 年，香港環球數碼與深圳大學合作，成立環球數碼動畫學院，引入美國立體動畫製作技術及分鏡設計等前期製作技術，以訓練內地人才及建立動畫生產基地。學院教授動畫製作軟件 Autodesk Maya，導師包括獲奧斯卡金像獎「最佳特效導演獎」、教授創作技巧的美國導演安東尼·拉默里納拉。2003 年 6 月，該公司出品的四分鐘原創動畫短片《夏》

入選 SIGGRAPH 動畫劇場。短片結合中國傳統水墨風格與三維技術，是第一套入選 ACM SIGGRAPH 電腦繪圖年會的國產動畫短片。[9] 2006 年，該學院的深圳分部環球數碼媒體科技研究（深圳）有限公司，製作 16 分鐘原創動畫短片《桃花源記》，在日本東京電視台主辦的「DigiCon6+2」上，獲得該賽事中國賽區一等獎和總決賽的最優秀獎。《桃花源記》亦獲得中國國際動畫影視片「美猴獎」大賽的最佳短片獎；第三屆中國常州國際動漫藝術周動畫影片大賽獲得最佳短片大獎；「愛國者杯」首屆中國文化遺產動漫作品大賽最佳創意獎；CCGF2006 大獎最佳藝術類：專業組、動畫短片。

2003 年，香港思遠電影特技公司總經理丁遠大與杭州建築商吳建榮合作，開辦浙江中南卡通股份有限公司（中南卡通），製作二維及三維原創數碼動畫。同年，港人嚴啟仁自日本學習動畫返港，加入杭州中南卡通為導演。2005 年，中南卡通出品的動畫短片系列《天眼》獲得首屆中國國際動漫節「原創動漫大賽特別獎」；2009 年，另一套短片系列《鄭和下西洋》獲第十一屆精神文明建設「五個一工程」獎；2011 年，《樂比悠悠》系列獲納入「2011 國家動漫精品工程」名單。

2006 年 4 月起，中央政府接續頒布政策綱領，包括《關於推動我國動漫產業發展的若干意見》、《國家「十一五」時期文化發展規劃綱要》、《文化部關於扶持我國動漫產業發展的若干意見》、《文化產業振興規劃》、《國家「十二五」時期文化改革發展規劃綱要》，以及《國家「十三五」時期文化發展改革規劃綱要》等，推動國產動漫產業鏈的發展，包括其網絡化及 IP 授權業等。2005 年至 2015 年間，內地動漫產業的產值從 117 億元人民幣增長至 1131 億元人民幣，為香港動漫業界帶來機遇。

2008 年 5 月 16 日，香港特區政府於第四屆中國（深圳）國際文化產業博覽交易會設立的「創意香港」館揭幕，展示香港創意和文化產業的成果，包括動漫出品。財政司司長曾俊華和商務及經濟發展局局長馬時亨於深圳會展中心主持展館的開幕典禮，為「香港日」的一系列活動揭開序幕。「創意香港」館共分為五大區域，以互動多媒體形式展示香港的創意產業作品，表揚其創意思維和成就。「創意香港」館的立體影院於開幕儀式上首播一套以尖端技術及儀器製作的短片，把香港出色的文化創意產品，立體地呈現觀眾眼前。影片由製作《功夫》和《少林足球》電腦動畫及數碼視覺效果的技術人員班底親自操刀，並在亞洲首播。

2016 年，香港遊戲研發及發行商智傲集團開始與內地騰訊動漫合作，授權其網上平台發布改編自香港原創漫畫的動畫作品，當中香港漫畫家鄭健和及鄧志輝共同創作的漫畫《封神紀》，獲內地杭州玄機科技資訊技術有限公司（玄機科技）董事長及導演沈樂平改編製作成動畫短片系列《武庚紀》，於同年登錄騰訊視頻。鄭健和及鄧志輝另一套合作作品《西遊》（內地稱《西行紀》），在騰訊互動娛樂及廣州百漫文化傳播有限公司成立的西行紀 IP 製作委員會推動下，發展成動畫作品，達成在騰訊視頻獨家播出的計劃。2017 年，玄機科技與內地遊戲商「觸控遊戲」，就動畫系列達成出產手機遊戲產品的計劃。

注釋

1　廣東省廣播事業管理局於 1981 年改稱廣東省廣播事業局，1983 年改稱廣東省廣播電視廳，1997 年改稱廣東省廣播電影電視廳，2000 年改稱廣東省廣播電影電視局。

2　兩日晚會分別在全國政協禮堂和北京王府井大街舉行，為中國慈善基金會籌款。

3　ITAT 是港資以深圳為基地的服裝零售商。

4　中央廣播事業局於 1982 年 5 月改稱廣播電視部；1986 年 1 月改稱廣播電影電視部，簡稱廣電部；1998 年 3 月，改稱國家廣播電影電視總局，簡稱國家廣電總局；2013 年 3 月，與新聞出版總署整合為國家新聞出版廣電總局。

5　資料由李添勝在 2020 年 12 月 16 日接受香港地方志中心訪問時提供。

6　VHF 指頻帶由 30MHz 到 300MHz 的無線電波；UHF 指頻帶由 300MHz 到 3GHz 的無線電波。

7　1986 年，國家統計局聯同央視首次以計算機進行全國收視率調查；在此前，內地各地電視業界以各種傳統方式進行電視收視調查，當中包括向居民進行家訪及在節目播放時進行電話訪問等。1990 年代初，央視在全國各地方設立固定的調查站作收視調查；1990 年代中期，研究機構央視─索福瑞媒介研究及 AC 尼爾森公司相繼於內地成立，以數碼統計軟件進行全國性收視調查。

8　《三國演義》在內地獲得第 13 屆中國電視金鷹獎最佳長篇電視連續劇獎，及第 15 屆中國電視劇飛天獎長篇電視劇一等獎。

9　SIGGRAPH 是 ACM SIGGRAPH 的頂級電腦繪圖年會。從 1974 年起每年舉辦一次，1981 年開始年會增加 CG（Computer Graphics，電腦繪圖）展覽。大部分電腦圖技術軟硬件廠商每年都會將最新研究成果拿到 SIGGRAPH 年會上發布。

第十五章
設計、廣告及公關

第一節 建築設計

一、向內地引入現代化設計

1978 年國家實行改革開放後，港商北上投資，投資項目包括興建酒店。香港建築師跟隨北上，參與港商在內地投資的首批中外合作五星級標準的酒店設計，以及外銷住宅區的規劃設計，包括廣州白天鵝賓館、中國大酒店、花園酒店、南京金陵飯店以及廣州東湖新村等。香港建築師與內地設計院展開交流與合作過程中，將現代化多樣化建築設計和規劃新市鎮的經驗、國際設計標準，以及着重環境整體效益的設計理念引入內地。

1984 年 5 月 4 日，中央宣布進一步開放天津、上海和廣州等 14 個沿海港口城市，內地經濟進入快速發展時期，吸引港資開發商和建築業界到內地拓展業務商機，參與各類型的現代化建築設計工作，包括內地首座超過 200 米的超高層鋼結構建築北京京廣中心、上海首家五星級酒店靜安希爾頓酒店、參考香港新市鎮規劃設計的廣州大型綜合住宅區五羊新城，以及汕頭大學和天津國際經濟貿易展覽中心等大型公共建築。

1988 年 4 月 12 日，第七屆全國人大第一次會議通過憲法修正案，土地的使用權可以依照法律的規定轉讓。1990 年代起，隨着香港主要地產商進軍內地房地產市場，香港建築專才將香港大型房地產項目、商業綜合體及高層建築的設計理念、施工技術和管理帶入內地，標誌性的住宅項目包括廣州番禺祈福新邨、深圳梅林一村；商業建築方面有上海的招商局大廈、新金橋大廈及上海新天地，北京的恒基中心、新世界中心、新東安廣場以及廣州中信廣場。

隨着中國城市化進程高速推進，1978 年至 2017 年，內地城鎮化水平從 17.9% 提升到 58.5%，很多內地大城市中心經歷「大拆大建」的改造方式。2000 年代，由港商開發且長期營運的上海新天地、上海 8 號橋、北京三里屯太古里、成都太古里及上海 K11 購物藝術中心等項目是探索及實踐城市可持續發展模式的標誌性項目。香港建築師在內地開展綠色建築設計與建設，包括生態及智能化示範住宅區昆明世博 INTEGER，以及內地首個獲得「能源和環境設計領先」（LEED）鉑金級認證的綜合性商業建築北京僑福芳草地。2008 年北京奧運會籌備期間，香港工程師領導顧問團隊負責主要奧運場館的結構工程，推動內地綠色建築設計與施工技術的發展。此外，香港建築師透過廣東省博物館新館等項目，實踐中國傳統特色與新建造及節能技術的融合。2008 年 1 月至 3 月，深圳市政府、香港建築師學會、香港規劃師學會及香港設計師協會聯合舉辦第一屆香港·深圳城市 / 建築雙城雙年展，2013 年更名為港深城市 / 建築雙城雙年展（香港），是全球唯一關於城市固定主題的雙年展。至 2017 年，以雙城互動，一展兩地的形式在香港和深圳舉辦了五屆，兩地在發展創意產業上奠定緊密合作的基礎。2010 年代，香港建築師設計港商開發興建的鐵路加物

業綜合發展項目，如深圳港鐵天頌和上海 TODTOWN 天薈，將香港「公共運輸導向發展」（TOD）模式，以及高密度綜合發展的理念和經驗引入內地，協助內地建立可持續發展社區。

1. 廣州白天鵝賓館

1979 年 1 月，以廣州副市長林西為首的領導小組代表團應邀來港考察，並與港商霍英東商談興建賓館的協議。霍英東提出「三自」方針，建議由熟悉當地情況的內地建築師和相關部門自行設計、自行建設及自行管理。設計到施工期間，霍英東多次組織嶺南建築大師佘畯南、莫伯治領銜的廣州市設計院團隊來港考察九龍香格里拉酒店等國際五星級酒店的設計標準、酒店管理與服務。設計團隊測繪所入住的酒店套間，還獲得香港酒店提供的《設計指南》及各國星級旅館評定標準作參考。設計方案在考察後調整，借鑒帝苑酒店的中庭設計，外設玻璃頂光棚並增大底座以增加公共活動空間，結合以故鄉水為題的嶺南傳統園林設計成為方案亮點，並按國際標準增加客房面積及完善服務設施，最終廣州市設計院的方案獲得採納。廣州珠江外資建設公司總承包建造，1979 年 7 月 19 日，白天鵝賓館填江造地工程開展，1983 年 2 月 6 日，白天鵝賓館正式開業，於 1984 年獲評為國家優秀設計金獎，1985 年被「世界一流酒店組織」接納為內地首家成員。1990 年獲國家旅遊局評為內地首批三家五星級酒店之一。

2. 廣州東湖新村

廣州首宗引進港資興建的商品房小區，由香港寶江發展有限公司董事李允鉌建築師設計，把圍合式布局、二層步行系統及着重環境效益的住宅規劃設計引入內地。小區內實行人車分流，在建築圍合的空間組織園林綠化，一層設有入戶花園，二層以連廊平台連接住宅，增加社區的公共活動和交往空間，以合理布局節約用地，同時提升居住環境品質，有別於當時內地住宅區普遍採用行列式布局。項目佔地面積 6 萬平方米，1979 年 12 月動工，1981 年 11 月有 10 幢共 300 個單位落成並交予港商發售。東湖新村的引進外資建設、設計和管理模式吸引同行前來考察並被推廣至全國各地，對內地住宅小區的開發與規劃設計起示範作用，其後以同樣模式興建的項目有湖濱苑、花園新村及五羊新城等。

3. 南京金陵飯店

南京金陵飯店是 1979 年 5 月 4 日經國務院批准引進僑資、外資建設的首批六家大型旅遊涉外飯店之一，當局在籌建初期選定香港文華東方酒店作為建設範本。飯店由新加坡欣光有限公司與中國國際旅行社南京分社合作投資興建，香港巴馬丹拿設計事務所（1982 年更名為巴馬丹拿集團）設計，1980 年 3 月 17 日動工，37 層塔樓總高 110 米，為率先在內地設有頂層旋轉餐廳和屋頂停機坪的酒店，1983 年 10 月 4 日開業時為內地最高的現代化賓館。2008 年 10 月，巴馬丹拿集團再受委託設計的金陵飯店擴建工程開工，2013 年 10 月竣工，成為江蘇省較具規模的五星級酒店綜合體。

由港商霍英東投資的廣州白天鵝賓館動工興建期間，廣州市設計院總建築師佘畯南（左三）和嶺南建築大師莫伯治（左一）等在工地指導施工。（攝於 1981 年，新華社提供）

2015 年 7 月 15 日，內地首家中外合作五星級酒店廣州白天鵝賓館復業迎客，參觀者在大堂內的「故鄉水」景觀前拍攝留念。（中新圖片提供）

廣州市東湖新村規劃設計採用圍合式布局，着重環境效益，有別於當時內地住宅區普遍採用的行列式布局。（攝於1981年11月，新華社提供）

樓高110米的南京金陵飯店由香港巴馬丹拿設計事務所設計，1983年10月開業，是當時內地最高的現代化賓館。（攝於1983年5月，新華社提供）

4. 廣州中國大酒店

1980 年 4 月 20 日，港商胡應湘聯同鄭裕彤、李嘉誠、李兆基、郭得勝和馮景禧組建的新合成發展有限公司，與廣州羊城服務發展公司簽署中國大酒店的合作經營合同，率先在內地採用「興建─營運─移交」（BOT）合作方式經營五星級酒店。香港協興建築有限公司參與建造，胡應湘作為投資方及工程技術主管，引入滑模施工技術，施工速度和質量達到國際水平，1981 年 8 月動工到 1983 年 12 月部分開業僅用 28 個月，建成後把滑模工程設備全部贈送給廣東省。酒店總建築面積約 16 萬平方米，由酒店主樓、綜合樓及寫字樓三部分組成，有客房 1200 間。1984 年 6 月 10 日中國大酒店正式開業。

5. 廣州花園酒店

國際知名美籍華裔建築師貝聿銘負責花園酒店的外形設計，香港建築師司徒惠獲貝聿銘推薦，主持酒店的主體設計和室內設計，延續貝聿銘的現代主義設計風格的同時，在室內採用佛山傳統雲石壁畫裝飾增添中國色彩。1980 年 12 月 26 日，廣州花園酒店工程奠基，1985 年 8 月 28 日開業。花園酒店總建築面積約 17 萬平方米，有近 2.1 萬平方米園林面積，有客房、公寓和寫字樓共 2000 多間，30 樓頂層建有當時廣州最高的旋轉餐廳。1987 年獲頒首屆中國建築工程魯班獎。

6. 深圳南海酒店

1980 年 12 月，華森建築與工程設計顧問有限公司（華森）在香港正式宣布成立，是建設部建築設計院（2018 年更名為中國建築設計研究院有限公司）創辦的第一家中外合資建築設計企業，由中國建築科學研究院院長袁鏡身任主席，香港森洋國際有限公司董事長黃漢卿任副主席。隨後在深圳蛇口建立了分公司，以香港作為視窗，深圳作為基地，於兩地開展業務。1983 年華森公司受邀設計南海酒店，由當時派駐香港的陳世民建築師主持設計，9 月動工。酒店建築面積 3.2 萬平方米，有巨帆式外觀、階梯式陽台及海灣園林美景，採用創新的設計理念及建築師擔任工程項目責任人的模式。同年華森公司參與設計深圳經濟特區早期的主要公共建築，包括深圳體育館和深圳體育場等。南海酒店 1986 年 3 月 26 日正式開業，由美麗華酒店企業有限公司管理，是深圳第一家五星級酒店。

7. 上海華亭賓館

華亭賓館為 1979 年國務院批准建造的六大賓館之一，1983 年 8 月動工，1986 年 11 月開業。由上海華亭（集團）聯營公司投資開發，建築方案出自香港王董建築師事務有限公司，由華東建築設計研究院實施（2016 年更名為華建集團華東建築設計研究總院）。主樓高 90 米，地上 28 層，建築面積 9.7 萬平方米，主體框架為鋼筋混凝土結構，設計採用弧形造型，階梯形立面，兼顧路口建築的造型和功能，有別於當時普遍方正的建築造型。因應外立面弧形混凝土牆體，採用定型模板及支撐體系等先進的施工技術，為上海高層建築積累施工經驗。1987 年獲頒首屆中國建築工程魯班獎。

廣州中國大酒店以滑模施工技術興建，由動工至落成僅用 28 個月。（攝於 1984 年，合和實業有限公司提供）

廣州花園酒店由貝聿銘負責設計外形、香港建築師司徒惠主持主體設計和室內設計。30 樓頂層建有當時廣州最高的旋轉餐廳。（攝於 1984 年，新華社提供）

深圳首間五星級酒店、蛇口南海酒店由內地第一家中外合資建築設計企業 —— 華森建築與工程設計顧問有限公司設計。（攝於 2007 年，中新圖片提供）

上海華亭賓館採用弧形造型，階梯形立面的設計，1987 年獲首屆中國建築工程魯班獎。（攝於 1986 年，新華社提供）

8. 汕頭大學

1981 年國務院批准成立汕頭大學，是由教育部、廣東省、李嘉誠基金會三方共建的大學。早期校園由香港劉榮廣伍振民建築師事務所設計，建築師採用中西合璧、突出本土建築特色的設計理念，以中軸線串聯不同功能區，參考四合院的方式布局校舍院落，主要教學樓均設架空層作交通聯繫。1984 年 1 月舉行奠基典禮，1990 年 2 月落成。校園依山傍水，佔地面積 50 萬平方米，總建築面積 13.3 萬平方米。汕頭大學總體環境設計獲中國建設文化藝術協會頒為 1995 年度中國當代環境藝術設計優秀作品。

9. 廣州五羊新城

繼 1979 年設計廣州首個商品房小區東湖新村後，李允鉌建築師再度獲邀設計廣州首批大型綜合社區五羊新城，將香港沙田等新市鎮規劃的經驗，應用到內地新城規劃設計中。考慮到職住平衡，五羊新城中心區內建有寫字樓作為就業配套，並配備齊全的公共服務設施和市政設施。交通方面，以二層步行系統連接街區，下層為公共交通樞紐聯絡市區，更預留建地鐵站的空間。項目於 1984 年 6 月動工，1986 年竣工，佔地 31.4 萬平方米，總建築面積 74 萬平方米，建成逾 80 幢多層商住樓宇，規劃居住人口 3 萬。五羊新城被視為綜合開發的範例。

新建的汕頭大學校園一角。（攝於 1986 年，新華社提供）

生活設施配套齊全的廣州新住宅區五羊新城，設計上參考了香港沙田等新市鎮規劃的經驗。（攝於 1993 年 7 月，新華社提供）

10. 天津國際經濟貿易展覽中心

1984 年天津列為開放的 14 個沿海港口城市之一。同年，天津國際貿易促進委員會發起展覽館國際設計邀請賽，以展示天津改革開放成果及作為引進外國技術的視窗。1985 年宣布許李嚴建築師事務所（2019 年更名為嚴迅奇建築師事務所有限公司）的參賽方案中標。展覽中心於 1989 年正式開幕，由兩個 7000 平方米的主展覽館、附屬設施及酒店組成，服務大樓有着現代化的弧形玻璃幕牆結合中軸對稱的平面布局，體現現代建築和中國傳統建築特色的融合。

11. 上海靜安希爾頓酒店

上海靜安希爾頓酒店是香港信誼酒店投資有限公司與希爾頓集團投資興建的上海第一家五星級酒店，由香港協建建築師有限公司設計，邀請跨國公司奧雅納工程顧問公司（Arup）承接結構設計，上海市民用建築設計院（2015 年更名為華建集團上海建築設計研究院有限公司）擔任顧問。1985 年 2 月開工，地上 43 層，總高 143 米，1988 年 6 月正式開業時是上海最高的建築。當時沒有可以套用的高層建築設計防火規範，李景勳、雷煥庭建築師引入香港建築物消防安全守則，以及改良供熱系統設計。1989 年，靜安希爾頓酒店及華亭賓館獲評為「1949—1989 上海十佳建築」。

天津國際經濟貿易展覽中心概念圖。（嚴迅奇建築師事務所有限公司提供）

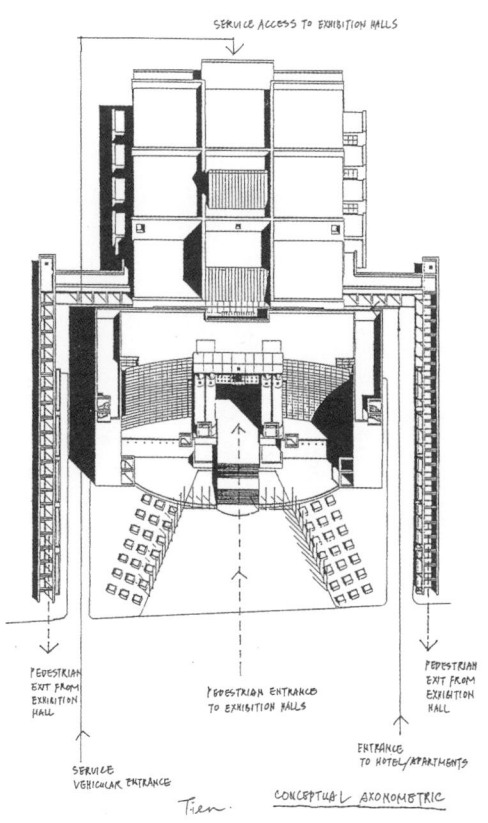

天津國際經濟貿易展覽中心外觀。（攝於 1989 年，嚴迅奇建築師事務所有限公司提供）

12. 上海新錦江大酒店

上海新錦江大酒店由香港王董國際有限公司與上海市民用建築設計院合作設計，於 1985 年 3 月動工，八角圓柱狀塔樓有 43 層 153 米高，1988 年 12 月竣工，是上海第一幢全鋼結構高層建築。1990 年 10 月 8 日新錦江大酒店開業，接替錦江飯店成為上海新的國賓館。1999 年 11 月新錦江大酒店獲選為「新中國五十年上海十大金獎經典建築」。

上海靜安希爾頓酒店高 143 米，引入了香港建築物消防安全守則，1988 年開業時是上海最高建築。圖為酒店擴大初步設計報告。（李景勳、雷煥庭建築師有限公司提供）

新錦江大酒店（後）高 153 米，是上海第一幢全鋼結構高層建築。前方建築物為錦江飯店。（攝於 1998 年，新華社提供）

13. 北京京廣中心

由熊谷組（香港）有限公司（1999 年更名為香港建設（控股）有限公司）與深圳深業發展有限公司（1985 年改組為深業集團）等五家廣東公司組成香港京廣開發有限公司，與北京華陽經濟開發公司合作投資興建北京京廣中心，是集酒店、寫字樓和公寓於一體的多功能綜合性超高層建築。京廣中心於 1985 年 12 月開工，1990 年 6 月開幕，佔地面積 1 萬平方米，總建築面積 14.5 萬平方米，高 208 米，地上 52 層，建成時是北京最高樓，也是內

位於北京商務中心區的京廣中心高 208 米，1990 年建成時是北京最高樓。（攝於 2006 年 1 月 13 日，中新圖片提供）

地第一座超過 200 米的鋼結構超高層建築。日本設計事務所主持設計,北京市建築設計研究院擔任設計顧問,熊谷組(香港)為工程總承包單位,境外分包施工企業派員指導內地施工人員按照國際標準施工,引進先進的施工技術、設備和管理方式,保證施工質量和速度,歷時 13 個月提前完成鋼結構工程。1990 年 7 月鄧小平與北京市領導在 40 層觀景層俯瞰北京市容及第十一屆亞運會建築。1992 年熊谷組與深業集團繼續合作投資興建深圳信興廣場(地王大廈),1996 年建成總高度達 384 米的綜合功能超高層建築。

14. 廣州番禺祈福新邨

1991 年香港祈福集團與番禺縣房地產聯合開發總公司等企業共同投資開發祈福新邨,採用衛星城概念規劃,是主要向港人銷售的度假休閒社區。分期建有 10 所國際及省級學校、一家國家三甲醫院、商業街、連接廣州市區及香港的交通樞紐,齊全的社區配套,高達 75% 的綠化率以及完善的物業管理服務,陸續吸引在廣州市中心工作的內地居民置業,開展郊區居住、城市中心上班的「一小時生活圈」居住方式。1993 年,國務院副總理朱鎔基親臨考察,稱祈福新邨為「中國第一邨」。至 2017 年祈福新邨發展土地面積已逾 400 公頃,建成有近 20 萬常住居民的全國最大規模高尚住宅區之一。

祈福新邨採用衛星城概念規劃。(祈福集團提供)

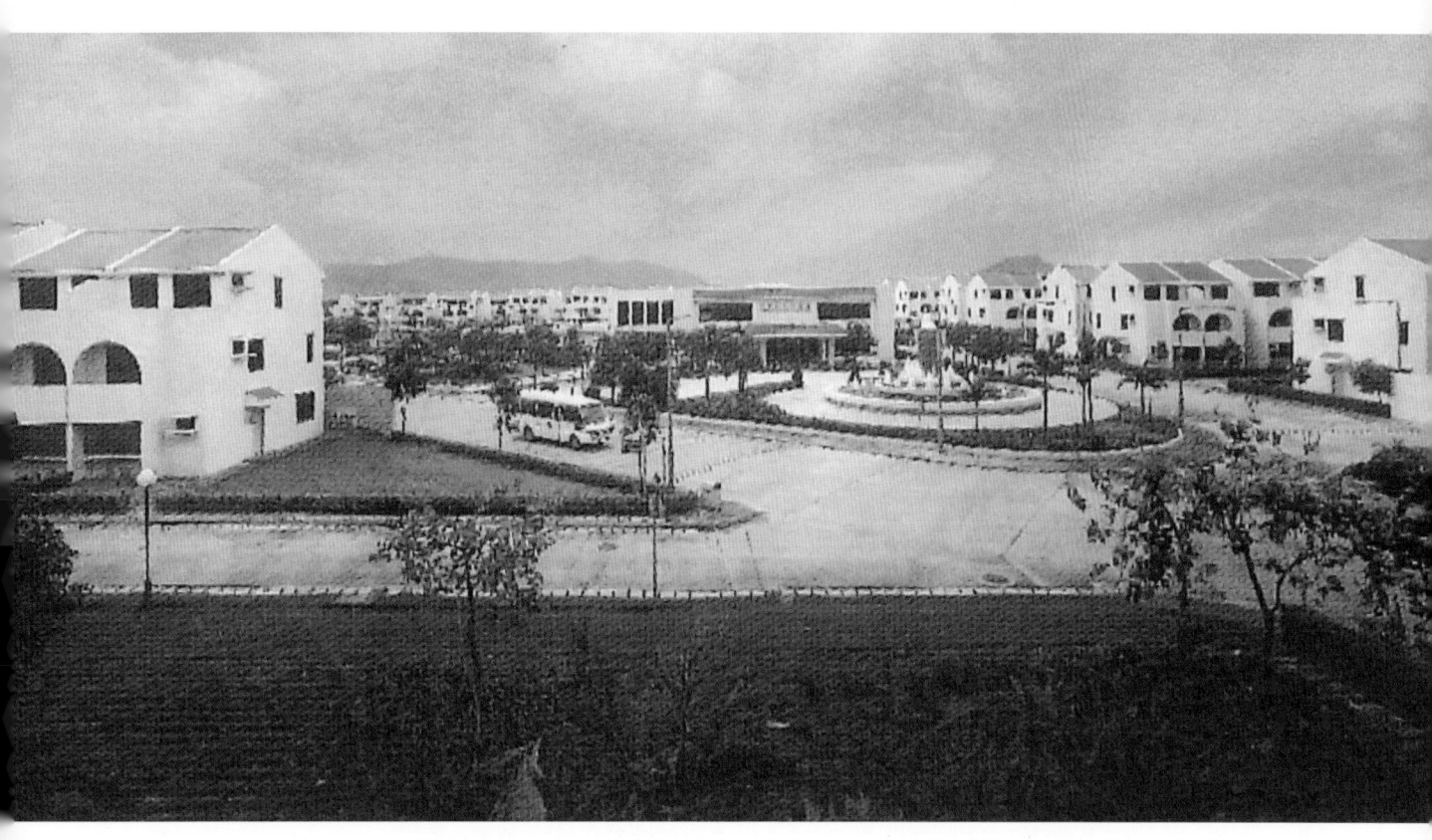

15. 上海招商局大廈

1990 年 4 月 18 日，中央同意上海加快浦東地區開發，在浦東實行經濟開發區的政策。香港招商局集團及招商銀行聯合投資在浦東興建招商局大廈，1992 年香港關善明建築師事務所有限公司的設計方案獲獎，與上海建築設計研究院聯合設計，同年動工，於 1995 年 12 月建成，共 40 層，樓高 186 米，為陸家嘴金融貿易區內首批竣工的甲級智能化寫字樓。

16. 上海新金橋大廈

1992 年上海市聘香港建築師何弢擔任高級顧問，參與陸家嘴中心區的規劃及城市設計。浦東新金橋大廈是金橋出口加工區聯合發展有限公司的行政管理中心，由何弢設計國際有限

位於浦東陸家嘴金融貿易區中心的上海招商局大廈 1995 年建成，是區內首批竣工的智能化甲級寫字樓。（招商局集團有限公司提供）

北京恒基中心由香港關善明建築師事務所有限公司參與設計。（新華社提供）

公司與華東建築設計研究院合作設計，於 1993 年 4 月動工，1996 年 10 月竣工，正方形底層和四稜錐尖塔組成的塔樓有 38 層，總高 212 米，建成時為上海最高的建築，有多家跨國公司進駐。

17. 北京恒基中心

由香港關善明建築師事務所有限公司和北京市建築設計研究院合作設計，1993 年動工，1997年竣工。佔地面積 3 萬平方米，總建築面積約 24.2 萬平方米，地上 27 層，是集商場、寫字樓、酒店於一體的大型綜合體，其東北角寫字樓頂部設有鐘樓，成為地區的標誌性建築。

圖中有藍色玻璃幕牆及尖塔的建築為新金橋大廈，由香港何弢設計國際有限公司參與設計。（攝於 1998 年，新華社提供）

北京新世界中心將中國建築斗拱元素應用於屋頂，彰顯了北京的古都風貌。（新華社提供）

興建中的新東安廣場是新鴻基地產參與的北京王府井首個重建項目。（攝於 1997 年 4 月 18 日，新鴻基地產發展有限公司提供）

18. 北京新世界中心

1993 年 1 月，新世界集團宣布參與北京市中心崇文門重建計劃，並投資建設北京新世界中心。由香港劉榮廣伍振民建築師事務所有限公司與中國電子工程設計院合作設計，將古建築中的斗拱元素應用於屋頂，用現代的手法展示傳統建築的特色。1994 年動工，1998 年竣工。建築總面積 18.7 萬平方米，地上 17 層，具商場、辦公、公寓等綜合功能。

19. 北京新東安廣場

1993 年，香港新鴻基地產有限公司與北京東安集團公司合資經營新東安有限公司，在東安市場舊址進行改擴建工程，1998 年新東安廣場建成開業，是王府井內首個落成的重建項目。建築設計出自香港王董國際有限公司，其立面造型和屋頂融入傳統建築特色，總建築面積 22 萬平方米，地上 11 層，是集百貨商場、電影院、餐飲娛樂、寫字樓的大型綜合體。

北京恒基中心、北京新世界中心及新東安廣場實現現代技術與傳統建築符號的融合，維持古都風貌，是 1990 年代北京商業建築的代表，於 2001 年獲選為 1990 年代「北京十大建築」。

20. 廣州中信廣場

中信廣場是由港資公司熊谷蜆殼發展（廣州）有限公司投資興建，由劉榮廣伍振民建築師事務所設計，熊谷組（香港）有限公司為工程總承包，於 1993 年 3 月動工，採用先進混凝土施工技術和設備，創造出標準層結構四天一層的施工速度，突破內地同類建築最高水準。1997 年 4 月竣工，主樓 80 層，樓高 391 米，是當時亞洲最高的鋼筋混凝土結構建築物。佔地面積 2.3 萬平方米，總建築面積達 32.2 萬平方米，集寫字樓、購物中心、公寓於一體。1998 年獲國家建設部授予「全國建築業新技術應用銀牌示範工程」及「國家優質工程銀質獎」。

21. 深圳梅林一村

1996 年，深圳市住宅局就大型住宅區梅林一村的規劃、建築設計舉行國際招標，香港何顯毅建築工程師樓地產發展顧問有限公司中標，是深圳市第一間全面負責單一開發項目之總包設計工作的境外建築師樓。項目於 2000 年竣工，總用地面積 40 萬平方米，總建築面積約為 80 萬平方米，規劃居住人口 2 萬，是當時深圳最大的住宅區。採用圍合式設計，着重綠化，有佔地 18 萬平方米的綠化面積以及完善的公共服務設施。住宅窗戶引入星級酒店景觀窗的做法，每棟多層住宅均破例設有電梯（當時規定只有 9 層以上才設電梯）。獲住宅局頒發之優秀規劃設計獎、2006 年度國際花園城市決賽「國際最適宜人居社區」銀獎和「最佳健康生活方式獎」首名。

廣州中信廣場大廈高 391 米，1997 年建成時是亞洲最高的鋼筋混凝土結構建築物。（攝於 1999 年，新華社提供）

深圳市梅林一村成為當地的樣板住宅小區。（攝於 1999 年，新華社提供）

22. 上海新天地

1996 年，上海盧灣區政府計劃改造位於市中心的太平橋棚戶區，向曾與政府合作建設城市酒店的香港瑞安集團主席羅康瑞諮詢改造意見。羅康瑞邀請美國 SOM 建築設計事務所制定太平橋地區重建計劃總體規劃，美國舊房改造專家伍德佳帕塔設計事務所和新加坡日建國際設計有限公司合作設計，上海同濟大學建築設計研究院（集團）有限公司任顧問。由於區內的石庫門里弄是上海獨特的建築群，是中國共產黨第一次全國代表大會會址（中共一大會址）所在地，羅康瑞提出「昨天、明天，相會在今天」的設計理念，創建兼具上海歷史文化風貌與現代化功能設施，配合未來城市生活方式的改變及滿足消費升級需求的新地標，而非採用以往大拆大建的改造模式。同年 12 月，瑞安集團與盧灣區政府簽訂開發意向書，獲得佔地 52 公頃的太平橋地區重建項目開發權，由瑞安集團和上海復興建設發展有限公司合資開發。

新天地分為南里和北里兩個部分。北里由多幢石庫門老房子所組成，佔地 3 萬平方米，建築面積約 6 萬平方米。由於大部分房屋原有的磚木結構受潮腐朽，需要重建，遂以外表「修舊如舊」、內部「翻新創新」的理念，保留石庫門建築風貌的同時，改造成高級消費場所及餐廳。第一期工程於 1999 年 2 月動工，2001 年 6 月北里竣工；南里建成一座建築面積達 2.5 萬平方米的購物中心，2002 年 9 月全面開業。上海新天地成為集時尚、娛樂、休閒與文化的城市地標，為內地城市更新帶來新思維及獲得國際的廣泛認可，獲頒城市土地學會（ULI）2003 年度卓越獎，為首個獲此殊榮的內地項目，2004 年獲國家文化部命名為首批「全國文化產業示範基地」。至 2017 年已發展為集住宅、辦公樓、零售、娛樂及文化為一體的綜合性城市中心總體規劃社區項目。有着開發上海新天地的成功經驗，瑞安房地產發展有限公司（瑞安房地產）自 2004 年起在重慶天地、上海創智天地、武漢天地、佛山嶺南天地及虹橋天地等多個城市的核心發展項目及重建項目中應用，持續推動內地城市可持續發展。

23. 昆明世博 INTEGER

昆明世博 INTEGER 位於雲南省昆明市世界園藝博覽園旁，是南中國首個生態及智能化示範住宅區項目，由雲南世博興雲房地產有限公司開發，歐華爾顧問有限公司（歐華爾）設計。項目於 2003 年展開，佔地約 2.5 公頃，包括 4 幢生態及智能化示範住宅及 2000 平方米的訪客及展覽中心，成為內地推廣綠色及智能化家居研究及設計的示範基地，獲頒 2006 年香港建築師學會會員香港境外作品獎。其後，歐華爾創辦人、香港建築師羅健中及團隊促成可持續發展研究機構 INTEGER Intelligent and Green Ltd. 和昆明的學術機構合作，開展首個多層竹屋研究實踐項目及其技術轉讓，於 2009 年建成昆明 INTEGER 竹屋，向內地鄉鎮推廣可負擔的環保建築建造方式。2011 年建成隱舍生態酒店，建築採用低碳環保策略和綠色智能化管理，配合當地興起的生態旅遊，獲頒 2015 年「香港建築師學會兩岸四地建築設計大獎」金獎等獎項。

上海新天地改造前原貌。（攝於 1998 年 11 月 17 日，羅康瑞提供）

上海新天地及太平橋人工湖。（攝於 2006 年，羅康瑞提供）

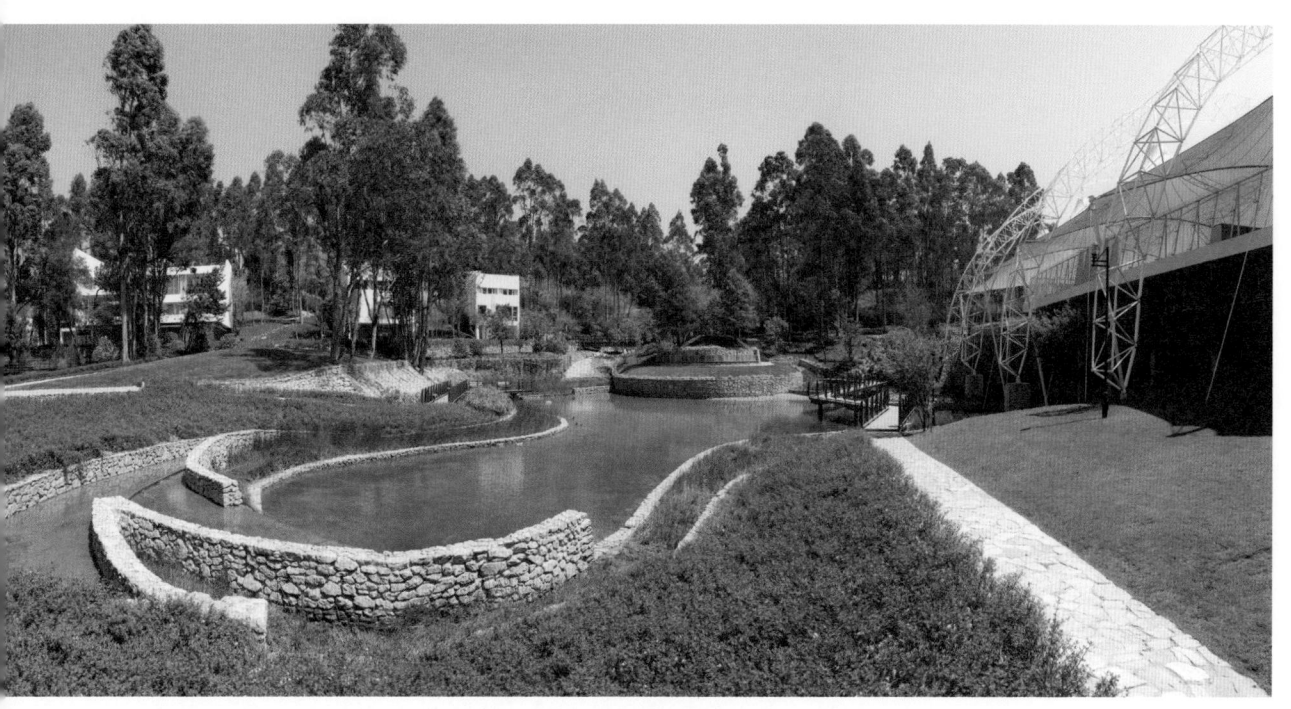

昆明世博 INTEGER 四幢生態及智能化示範住宅及展覽中心外景。（歐華爾顧問有限公司提供）

24. 上海 8 號橋

2003 年，上海盧灣區政府計劃改造上海汽車制動器廠舊廠房，上海新天地的首任總經理、港人黃瀚泓以及蔡超恒、鄭天麟等 6 位合伙人共同創立奧森時尚（上海）策劃諮詢有限公司（原名為香港時尚生活策劃（上海）有限公司），從上海華輕投資管理有限公司承租該廠房物業，以租賃 20 年的形式進行整體開發、改建、招商和管理，並更名為 8 號橋創意產業園。邀請上海廣萬東建築設計諮詢有限公司翻修建築的立面和內部裝修，保留工業園區風貌和廠房結構，同時提供高大寬敞的 loft 空間，滿足創意產業的使用需求，並以天橋連接所有廠房，也為企業與人才搭起互動交流的橋樑。

8 號橋一期於 2004 年 4 月動工，同年 12 月開幕，吸引建築設計、室內設計、服裝、廣告、影視製作等創意產業公司入駐，其中境外公司佔 80% 以上。8 號橋的更新改造模式對內地城市中心舊廠房改造及商業化營運具有示範作用，2005 年被評為上海市首批創意產業集聚區。

8 號橋二期至四期自 2009 年至 2015 年分階段落成。2014 年 8 月，由園區經營方及入駐企業發起成立上海江南智造創意產業促進中心，黃瀚泓擔任理事長，配合黃浦區政府規劃，將 8 號橋及若干舊廠房改造而來的創意園區組成上海首個一區多園模式的創意產業集聚區「江南智造」，以樹立上海創意設計引領地和上海創意城市實踐區的品牌形象。

8 號橋一期與二期之間架設了廊橋連接。（攝於 2006 年，奧森時尚（上海）策劃諮詢有限公司提供）

左圖為 8 號橋三期園區中庭改造前，右圖為 2010 年改造後。（奧森時尚（上海）策劃諮詢有限公司提供）

25. 北京奧運場館

2002 年 4 月，北京市發展計劃委員會成立奧運項目辦公室，負責奧運場館和相關設施建設項目法人招投標工作。2003 年 4 月起相繼宣布跨國企業 Arup 有份組成設計聯合體共同設計的多個奧運場館方案中選，其香港公司率領顧問團隊，負責場館與基建的結構工程，包括國家體育場（鳥巢）、國家游泳中心（水立方）以及國家會議中心 / 擊劍館等，採用先進的電腦分析技術測試體育場的抗震能力、精確計算觀眾視線設計觀眾席，以及應用先進的節能環保技術和環保建材，實現北京奧運會組織委員會（北京奧組委）提出「科技奧運、人文奧運、綠色奧運」三大理念。北京市「2008」工程建設指揮部專家表示，北京奧運場館設計施工難度大，得以發揮中國建築工程人員的自主創新能力，自主制定結構計算、施工工藝及質量檢驗標準，填補國內鋼結構工程技術多項空白，其中還有多項達到國際領先水平。2008 年奧運會推進了北京城市建設與發展綠色建築的步伐。

北京奧運會標誌性建築國家游泳中心（水立方，右）及國家體育場（鳥巢，左）的結構工程，由奧雅納工程顧問有限公司（Arup）香港工程師率領顧問團隊負責。（攝於 2008 年 2 月 4 日，美聯社提供）

26. 北京僑福芳草地

2002 年，香港綜匯建築設計有限公司受香港僑福集團委託，設計北京僑福芳草地項目，提出時尚藝術與節能環保結合的理念，改變大型綜合商業開發項目的成規。項目由北京僑福置業有限公司開發管理，與北京市建築設計研究院合作設計，Arup 擔任工程顧問；於 2005 年動工，2012 年建成建築面積逾 20 萬平方米，集寫字樓、購物中心、藝術中心和酒店於一身的綠色商業綜合體。集團在大樓內布置收藏的藝術品，營運畫廊和美術館推廣國內外藝術家。建築方面採用 ETFE 膜節能環保罩、混合式空調通風系統等前沿環保工藝與技術，能源使用量降低至同等規模建築的 50%，是內地第一個獲得「能源和環境設計領先」（LEED）鉑金級認證的綜合性商業項目，為內地樹立最高級別的綠色建築標準。

北京僑福芳草地是內地第一個獲得「能源和環境設計領先」（LEED）鉑金級認證的綜合性商業項目。（攝於 2014 年 7 月 21 日，美聯社提供）

27. 北京三里屯太古里

2003 年，歐華爾顧問有限公司接受北京國銳房地產開發有限公司委託，對北京三里屯作總體規劃。項目採用全新的「開放城市」理念，南北區低層建築組合成低密度和開放式的創意城市社區促進創意文化交流，改變傳統大盒子式的商業綜合體開發模式。開發商邀請多名國際知名建築師合作設計，包括日本著名建築師隈研吾、紐約 Lot-EK 及 SHoP Architects 等建築事務所參與外立面及細部設計，加上室內外的設計和藝術裝置會隨着時間和活動而調整，為社區增添多樣性和藝術性。

2007 年，太古地產購入三里屯地塊並更名為三里屯 VILLAGE（2015 年正式名命為三里屯太古里），歐華爾與 Arup 合作開展開放空間微氣候分析，提出以噴霧裝置、植樹、風屏障等微氣候控制方式，在北京營造宜人的戶外公共空間。三里屯南北兩區先後於 2008 年及 2010 年開幕，設計獲頒香港建築師學會 2010 年主題建築獎—都市設計。

歐華爾設計團隊的另一個太古里項目，是環繞千年古剎大慈寺展開的綜合發展項目「成都遠洋太古里」，由太古地產和遠洋地產合作打造。透過統一新建建築的形態和限制高度，保

北京三里屯太古里是太古地產於內地落成的首個綜合商業項目。（歐華爾顧問有限公司提供）

留舊巷里及修復大慈寺與廣東會館等六幢歷史院落建築，融入「快里」、「慢里」概念，使現代商業和小舖巷子兩種環境和生活方式共存。整個商業綜合體樓面面積約 15 萬平方米，包括一個購物中心、擁有 100 間客房及 42 個服務式住宅的精品酒店博舍，於 2014 年竣工並分階段開幕。項目獲頒香港建築師學會 2015 年全年境外建築大獎及主題建築獎—都市設計，以及美國城市土地學會（ULI）頒發的 2015 全球卓越獎等獎項。

28. 廣東省博物館新館

2003 年廣東省政府計劃在廣州珠江新城興建廣東省博物館新館，作為建設文化大省的標誌性文化設施。2004 年香港許李嚴建築師事務有限公司的方案，成為國際邀請競賽首名。該方案設計構思源自中國傳統寶盒，契合博物館收藏和陳列廣東地區具歷史文化價值藏品的功能，空間組織取材於傳統象牙球工藝技術，採用鋼桁架懸吊結構體系，形成大跨度無柱式的陳列及公共空間，並採用綜合安防、智能照明系統等實現節能目標，於 2010 年 5 月 18 日正式開幕。設計獲頒香港建築師學會 2009 年全年境外建築大獎、2011 年中國建築學會建築創作獎優秀獎及 2013 年芝加哥雅典娜神殿國際建築獎等獎項。

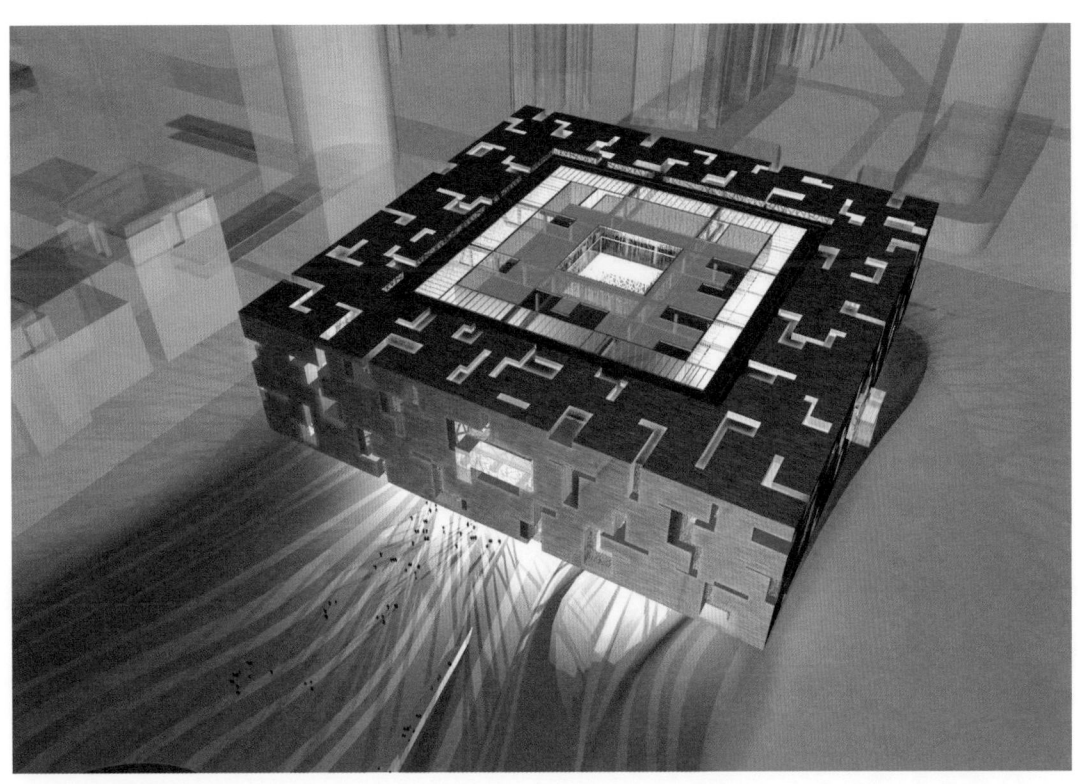

由香港許李嚴建築師事務有限公司設計的廣東省博物館新館，構思源自中國傳統寶盒。圖為廣東省博物館模型鳥瞰圖。（嚴迅奇建築師事務所有限公司提供）

29. 上海 K11 購物藝術中心

2009 年 12 月，新世界發展有限公司旗下首家 K11 購物藝術中心在香港開幕後，2010 年 K11 集團提出對於 2002 年落成的商業綜合體上海香港新世界大廈地下三層至地上六層裙房進行改造升級，成為集藝術欣賞、人文體驗、自然環保與購物休閒於一體的 K11 購物藝術中心，在內地實踐「藝術 × 商業」的營運模式，一改趨同化的傳統購物中心設計與營運成規。邀請 Kokaistudios 事務所與同濟大學建築設計研究院（集團）有限公司合作設計，通過增添自然要素如垂直綠化牆、都市農場、瀑布、玻璃天窗，予顧客置身自然的購物及觀展體驗，僅移除部分原有立面構造柱擴大店舖介面，減低改建工程的資源浪費。

上海 K11 於 2013 年 6 月開幕，地下三層設置 3000 平方米藝術空間，用作定期舉行藝術展覽、工作坊和講座等。香港 K11 藝術基金會促成多個跨區域合作項目，包括巴黎東京宮及紐約大都會博物館等，推動當代藝術發展及培育本地新晉藝術家。2014 年中法建交 50 周年，上海 K11 於 3 月至 6 月期間舉辦法國印象派大師莫奈在內地的首次特展；2015 年與中央美術學院美術館達成三年戰略合作協定，為中央美術學院美術館合作的展覽提供香港及上海的場地支持。

2016 年，樓高 530 米的超高層商業綜合體廣州周大福金融中心竣工並投入使用，設有 K11 購物藝術中心、甲級寫字樓及五星級的瑰麗酒店等，是廣州最高的商業建築，由紐約 KPF 建築事務所和香港利安顧問有限公司合作設計。截至 2017 年，K11 品牌已推展至武漢、北京、上海及廣州等城市。

30. 深圳港鐵天頌

2011 年 8 月 18 日，香港鐵路有限公司（港鐵公司）通過兩家全資子公司「港鐵軌道交通（深圳）有限公司」和「港鐵物業（深圳）有限公司」，成功投得深圳市軌道交通四號綫車廠一期地段的土地開發權。2013 年 12 月 16 日，港鐵公司在內地首個鐵路導向發展項目薈港尊邸（推廣名為「天頌」）舉行開工典禮，聯同由港鐵軌道交通（深圳）有限公司營運的深圳軌道交通四號綫，標誌着港鐵「鐵路加物業」綜合發展模式成功在深圳應用，向內地引入港鐵公司在社區綜合開發規劃、商業經營管理及物業管理等方面的經驗。項目總體規劃及建築設計出自梁黃顧建築師（香港）事務所有限公司，Arup 擔任工程技術顧問。項目佔地面積約 8.9 萬平方米，總建築面積約 20 萬平方米，是集住宅、購物、辦公及公共服務設施於一身的綜合社區，採用無縫連接設計，設有有蓋走廊連接住宅、商場及鐵路站。2017 年 6 月，天頌的多層住宅大廈單位交付使用。同年，港鐵公司在其他內地城市推行鐵路加物業綜合發展模式，分別與成都（8 月）和北京（11 月）的政府及軌道交通公司簽署合作意向書，發展當地地鐵物業業務。

上海 K11 外觀。（攝於 2013 年 6 月 28 日，新世界發展有限公司提供）

香港鐵路有限公司在內地的首個鐵路導向發展項目 ——「天頌」於 2017 年竣工。（香港鐵路有限公司提供）

31. 上海 TODTOWN 天薈

新鴻基地產與上海實業城市開發集團有限公司合作開發上海閔行區莘莊地鐵上蓋項目 TODTOWN 天薈一期住宅工程，於 2014 年 6 月開工，是內地首個在營運中的鐵路車站上方建設的上蓋物業項目，突破內地城市管理和建築規範。由香港呂元祥建築師事務所設計，Arup 負責結構設計，將香港以公共交通為導向（TOD）的開發模式和經驗引入內地。總地盤面積約為 11.8 萬平方米，總建築面積達 70 萬平方米，是集地鐵、城際高鐵、辦公、商業、住宅和社區中心等功能的大型城市綜合體，實踐城市土地的多功能集約利用。上蓋項目分三期建設，2015 年 9 月天薈概念館開幕，2016 年 9 月一期住宅工程結構封頂。

上海閔行區莘莊地鐵上蓋項目天薈，是內地首個在運營中的地鐵站和線路上興建的綜合開發項目。圖左面為興建中的一期住宅，圖右面為上海莘莊地鐵站。（攝於 2016 年 9 月 9 日，上海莘天置業有限公司提供）

天薈發展概念圖。（新鴻基地產發展有限公司提供）

二、協助完善內地業界制度

1980 年代初，香港建築師鍾華楠多次受邀北上講學，1983 年 11 月，鍾華楠與香港建築師學會（HKIA）會長潘祖堯，以及香港大學城市研究與城市規劃中心主任郭彥弘獲邀擔任中國建築學會外籍名譽理事，為兩地建築學會及業界交流的合作奠立基礎。1990 年代，香港建築師學會與建設部以及中國建築學會，就內地建築師註冊制度建立緊密合作關係。1994 年 3 月，中國建築學會理事長葉如棠與香港建築師學會會長劉榮廣在香港簽署《1994—1996 三年合作協議》，內容包括邀請香港建築師學會派員參與內地建築教育與評估、研究建築師考試與註冊，以及在設計與科技方面展開合作。2004 年 2 月 17 日，在北京簽訂《全國註冊建築師管理委員會與香港建築師學會建築師資格互認協議》，雙方於同年 5 月舉行協議下的首次培訓及測試，8 月 16 日向首批通過測試的兩地 205 名建築師頒發資格證書。2004 年至 2008 年期間，共有 412 名香港建築師獲得國家一級註冊建築師資格。截至 2014 年 10 月，有 39 名香港建築師及兩家香港建築師事務所在廣東註冊。

香港建築界的工作範疇和規範參照國際模式，採用「建築師負責制」以及香港獨有的認可人士名冊（建築師名單），建築師負責範圍涵蓋設計、施工圖、招投標、施工管理、竣工驗收到保修維護階段的全過程服務，有別於內地根據《中華人民共和國建築法規定》實施建築工程監理制度，由監理工程師代表業主監控工程品質。2016 年 2 月 29 日，香港特區政府發展局與前海管理局、深圳市住房和建設局簽訂《在深圳市前海深港現代服務業合作區

2004 年 8 月 16 日，「內地與香港建築師資格互認 —— 資格證書頒授儀式」在大連舉行，是 CEPA 簽署後重大成果之一。（香港建築師學會提供）

試行香港工程建設模式合作安排》（《合作安排》），在前海合作區範圍內的港商獨資或控股的開發建設項目，試行香港工程建設模式，前海管理局參照香港工程建設模式對港資建設項目進行管理，協助內地業界發展與國際接軌的工程建設模式。6 月 29 日，前海當局公布與香港特區政府發展局合作編訂的《專業機構名冊》，允許名冊上的公司為前海的港商投資項目提供設計、工程管理及施工監督的一條龍服務。

根據香港政府統計處《香港服務貿易統計報告》，建築、工程、科學及其他技術服務輸出價值自 2001 年 4.7 億元增至 2017 年 42.6 億元，佔總服務輸出份額由 1.3% 增至 3.8%，而內地是香港建築設計、工程及測量服務輸出的最大市場。市場開放及合作促進兩地建築創作和建築業發展。

表 15-1-1　2008 年至 2017/2018 年港深城市 / 建築雙城雙年展（香港）歷屆展覽主題

舉辦日期	主題	策展人
2008 年 1 月 10 日至 3 月 15 日	再織城市	首席策展人：王維仁 策展人：鍾宏亮 、馮景行、陳建國 、鄭嬋琦
2009 年 12 月 4 日至 2010 年 2 月 27 日	城市動員： 自備雙年展	總策展人：姚嘉珊 策展人：羅揚傑、 邵達輝（Eric Schuldenfrei）、余嘯峰
2012 年 2 月 15 日至 4 月 23 日	三相城市： 時間 · 空間 · 人間	總策展人：金光裕、李亮聰 策展人：劉文君、祈宜臻
2013 年 12 月 11 日至 2014 年 2 月 28 日	邊緣之外： 理想之都？	總策展人：傅軻林（Colin Fournier） 策展人：潘浩倫、劉栢堅、林達、 曲偉世（Travis Bunt）
2015 年 12 月 11 日至 2016 年 2 月 28 日	活在我城	總策展人： Christine Hawley 策展人：李國欣、 矢野豊（Yutaka Yano）、 胡燦森、 Paolo Zaide
2017 年 12 月 12 日至 2018 年 2 月 11 日	城市執生： 留得青山在的傳奇	總策展人：陳麗喬 策展人：黃保傑、葉頌文、 歐暉、潘浩倫、 洪彬芬、劉昇陽

資料來源：　香港建築師學會提供。

表 15-1-2　2000 年至 2017/2018 年香港建築師學會年獎會員香港境外作品獎得獎名單（內地項目）

年份	獎項	得獎作品	得獎者
2000	會員香港境外作品獎	昆明 99 世界博覽會—香港展園	香港特別行政區建築署
2001		未有內地項目得獎	
2002	會員香港境外作品獎	博鰲藍色海岸	許李嚴建築師有限公司
	會員香港境外作品獎	深圳何香凝美術館	龔書楷建築師事務所有限公司
2003	會員香港境外作品獎	上海董浩雲航運博物館	陳丙驊建築師有限公司
	會員香港境外作品獎	蘇州吳宮喜來登大酒店	巴馬丹拿建築及工程師有限公司
2004	會員香港境外作品獎	汕頭大學學生活動中心一期	雅砌建築設計有限公司聯同胡恩威
2005	會員香港境外作品獎	甘肅良橋助學夢成真	香港中文大學建築學系吳恩融教授
		船廠：東海船舶中山有限公司總部	王士維建築師
		成都萬科魅力之城銷售大樓	思聯建築設計有限公司
2006	會員香港境外作品獎	昆山世茂蝶湖灣會所	雅砌建築設計有限公司
		昆明世博生態 INTEGER 示範工程	歐華爾顧問有限公司 / IN 的家中國有限公司
2007	全年境外建築大獎	深圳半山海景蘭溪谷二期	羅麥莊馬香港有限公司
		深圳十七英里一期	許李嚴建築師有限公司
	境外優異獎—工業 / 運輸 / 公用建築	廈門港國際旅遊客運聯檢大樓	凱達環球有限公司
2008		未有內地項目得獎	
2009	全年境外建築大獎	廣東省博物館	許李嚴建築師有限公司
	主題建築獎 — 評審特別獎	「瑤學行」—廣西紅鄧小學新校舍援建計劃	香港中文大學建築學院
		甘肅毛寺生態實驗小學	香港中文大學建築學院
2010	主題建築獎 — 都市設計	北京三里屯 Village	歐華爾顧問有限公司
	全年境外建築大獎	惠州種子教堂	構詩建築設計有限公司
2011	境外優異獎—商業建築	昆明隱舍	歐華爾顧問有限公司
		杭州曦軒酒店	RAD Ltd.
2012	全年境外建築大獎	佛山北滘文化中心	嘉柏建築師事務所
	境外優異獎 — 商業建築	北京僑福花園芳草地	綜匯建築設計有限公司
	境外優異獎 — 社區建築	惠州羅浮山水博物院	思為建築設計有限公司
2013	境外優異獎 — 商業建築	無錫恒隆廣場	凱達環球有限公司
		廣州 W 酒店及公寓	許李嚴建築師事務有限公司
2014	全年境外建築大獎	雲南省博物館新館	許李嚴建築師事務有限公司
2015	全年境外建築大獎及主題建築獎 — 都市設計	成都遠洋太古里	歐華爾顧問有限公司
	全年境外建築大獎	長沙叮叮創意中心	匯創國際建築設計有限公司
	境外優異獎 — 住宅建築	順德聚舍	升建築有限公司
2016/ 2017	境外優異獎 — 商業建築	橫琴・澳門青年創業谷	嘉柏建築師事務所有限公司
		上海星薈中心	凱達環球有限公司
	境外優異獎 — 社區建築	合肥市第四十五中學芙蓉分校	利安顧問有限公司
2017/ 2018	境外優異獎 — 社區建築	常德右岸文化藝術中心	匯創國際建築設計有限公司

資料來源：　香港建築師學會提供。

表 15-1-3　2013 年至 2017 年「香港建築師學會兩岸四地建築設計大獎」得獎名單（香港註冊建築師企業單位參與內地項目）

年份	獎項	得獎作品	得獎者
2013	商業（商場／步行街）銀獎	廣州南豐匯	凱達環球有限公司
	社區、文化及康樂設施銀獎	天津萬科水晶城運動會所	嘉柏建築師事務所
	酒店優異獎	杭州曦軒酒店	RAD Ltd.
	住宅卓越獎	佛山嶺南天地東華軒	巴馬丹拿建築及工程師有限公司
	運輸及基礎建設項目卓越獎	深圳福田區步行天橋改造工程項目	利安建築顧問集團
		廣州南站	TFP Farrells Limited
	未興建項目：建築方案設計優異獎	重慶萬科沙坪壩鐵路樞紐綜合改造工程	嘉柏建築師事務所
		福建光電職業技術學院	拾稼設計
2015	商業（辦公大樓）金獎	蘇州西交利物浦大學行政信息樓	凱達環球有限公司
	商業（辦公大樓）卓越獎	廈門金融中心	嘉柏建築師事務所有限公司
	商業（商場／步行街）優異獎	北京三里屯太古里	歐華爾顧問有限公司
	商業（商場／步行街）卓越獎	無錫恒隆廣場	凱達環球有限公司
		上海尚嘉中心	利安顧問有限公司
	社區、文化、宗教及康樂設施卓越獎	西安萊安體驗中心	凱達環球有限公司
	酒店金獎	昆明隱舍	歐華爾顧問有限公司
	酒店卓越獎	廣州南豐朗豪酒店	凱達環球有限公司
	社會福利建築金獎	深圳價值農場	香港中文大學建築學院
	未興建項目：建築方案設計優異獎	香港中文大學（深圳）校園整體規劃及一期建設工程	嘉柏建築師事務所有限公司、許李嚴建築師事務有限公司、王維仁建築設計研究室
2017	住宅卓越獎	西安湖城大境天域	利安顧問有限公司
	商業（辦公大樓／酒店）金獎	橫琴‧澳門青年創業谷	嘉柏建築師事務所有限公司
	商業（辦公大樓／酒店）卓越獎	武漢長城匯綜合發展	拾稼設計
		深圳京基 100	TFP Farrells Limited
	商業（商場／商城／步行街）銀獎	長沙叮叮創意中心	匯創國際建築設計有限公司
	商業（商場／商城／步行街）卓越獎	蘇州綠寶廣場二、三期	王董建築師事務有限公司
		西安金地廣場	匯創國際建築設計有限公司
	教育及宗教項目卓越獎	合肥市第四十五中學芙蓉分校	利安顧問有限公司
	運輸及基礎建設項目優異獎	北京南站	TFP Farrells Limited
	社會福利建築卓越獎	前海深港青年創新創業夢工場	何周禮建築設計事務所有限公司
	未興建項目：建築方案設計卓越獎	重慶新華書店集團公司解放碑時尚文化城項目	凱達環球有限公司
		上海梯田上的雲彩	凱達環球有限公司
		浙江某互聯網企業總部	王董國際有限公司
		珠海澳門中醫藥科技產業園主大樓	凱達環球有限公司

資料來源：　香港建築師學會提供。

第二節 平面設計

國家實行改革開放後，香港設計業與內地業界展開交流，與內地分享香港及海外的設計知識和發展經驗。

1960 年代，香港經濟持續發展，工商企業對廣告、包裝、書刊、海報、商標設計等方面的服務需求漸增。1964 年石漢瑞創辦圖語設計有限公司（1998 年起改稱石漢瑞設計公司），專營品牌和企業形象設計，把歐美國家的「平面設計」專業首次引入香港。1967 年，鍾培正創辦恒美商業設計有限公司，為香港首家由華人創辦的平面設計企業，而香港大學校外課程部（1992 年起改稱香港大學專業進修學院）、香港工業專門學院（1994 年起改稱香港理工大學）相繼開辦設計課程，培育設計人才。

1970 年代起，香港設計業發展漸具規模，在國際社會得到專業認同，包括於 1980 年首次獲國際平面設計雜誌 *Graphic Design* ＋ 及 *IDEA* 刊登專文評介業界作品。1979 年至 1980 年代，香港業界為內地引入海外設計知識和發展經驗，發揮啟蒙作用。

1979 年，香港業界先後前往中央工藝美術學院（中央工藝美院，1999 年起改稱清華大學美術學院）及廣州美術學院（廣州美院）交流，是為 1978 年 12 月中共十一屆三中全會後，香港業界首次赴內地交流。香港業界到訪廣州美院期間，靳埭強向內地業界提出以「設計」的概念，取代「工藝美術」和「裝潢」。1980 年代，香港業界在內地高等學校和博物館舉辦展覽、與全國包裝協會等行業機構交流，向內地同業介紹香港的發展經驗。1986 年，中國銀行成為全國首家設有行標的國有銀行，行標由靳埭強於 1980 年為香港分行設計，是香港設計企業為內地企業設計商標首例。1989 年，廣州美院吸收香港及海外設計知識和發展經驗後，開辦設計學系，成為國家實行改革開放後，全國首家建立設計系的高等院校。

1990 年代起，內地設計業發展日漸成熟，香港業界轉變為內地同業的主要合作伙伴，兩地業界交流漸趨多元化。香港業界參與展覽及評獎活動，為內地同業在創作上提供國際標準的參考和借鑒，包括 1992 年內地第一個遵循國際專業評比規範的平面設計專業展覽「平面設計在中國 92 展」、1996 年內地首個以全球華人平面設計師為參賽對象的「全球華人平面設計大賽」等，並在實務上參與《中國設計年鑒》等專業刊物的編輯和出版工作。

自香港 1997 年回歸後，香港與內地設計業界關係更趨緊密，由個人和院校的交流，伸延至設計企業、業界機構和政府。香港業界繼續助力推動內地高等設計教育發展，1998 年協助創辦全國首個專為高等院校學生籌辦的平面設計比賽「靳埭強設計基金獎」（2004 年起改稱「靳埭強設計獎」），並以 2003 年創辦的汕頭大學長江藝術與設計學院為主要基地，推動內地藝術與設計教育改革，培育青年創意人才。

在業務參與上，香港設計企業憑藉在國際視野及糅合中國傳統文化與西方設計技藝方面的優勢，持續獲得內地大型國企、民企、政府機構和官方事業單位委聘，提供各類平面設計服務，協助建立現代化和國際化形象。香港貿易發展局亦舉辦各類招商活動，協助香港設計企業於內地開拓商機。香港作為國家重要一員，香港設計師獲邀以個人身份在國家主辦的大型活動參與設計和評審工作，以香港經驗協助國家籌辦盛事。

踏入二十一世紀，香港成為內地業界連繫國際社會的重要窗口。香港業界在香港特區政府支持下，以香港設計中心為樞紐，2002 年起舉辦「設計營商周」，為內地同業提供吸收國際經驗的平台。2003 年起，香港設計中心頒發「亞洲最具影響力設計獎」（2014 年起改稱「DFA 亞洲最具影響力設計獎」），表彰亞洲設計師對國際設計業界的貢獻。

2007 年起，香港與深圳業界在兩地政府支持下，致力共同建設兩地成為亞洲設計樞紐。2007 年 5 月 21 日，香港特區政府與深圳市政府簽訂「深港創新圈」協議，促進雙方業界合作。2008 年，兩地業界簽訂首份行業合作協議，籌辦文化論壇、展覽等活動，2014 年共同籌辦第一屆「深港設計雙年展」，是兩地設計業首個合辦的大型展覽。2015 年，兩地業界簽署《深港設計策動合作協議》，建立涵蓋人才、資訊、設備的交流平台。2016 年 2 月 29 日，深港兩地政府簽訂《香港特別行政區政府與深圳市人民政府關於促進創意產業合作的協議》，促進兩地互補優勢，共同發展成為亞洲首屈一指的「設計雙城」。

一、交流與培訓

1. 設計理論與實務經驗交流

1979 年 4 月 12 日，香港大一藝術設計學院院長呂立勛在中央工藝美院院長張仃邀請下，組織香港設計師及藝術家一行 16 人，前往北京交流 10 天，是 1978 年 12 月中共十一屆三中全會召開後，香港設計業首次赴內地的交流活動。交流團於中央工藝美院舉辦「香港現代設計展覽會」，展出香港海報和包裝設計作品，以及舉辦設計講座。同年 10 月 4 日至 28 日，呂立勛再度訪京，與中央工藝美院師生及來自全國各地的美術工作者研討平面、立體、包裝、色彩、攝影、海報、插圖等課題。

1979 年夏季，在廣州美院工藝美術系系主任高永堅邀請下，新華社香港分社轄下美術社組織「香港設計師與教育工作者交流團」，前往廣州交流三天，王無邪擔任團長、靳埭強為副團長。王、靳和團員與廣州美院同儕討論現代設計理論知識，題目涵蓋設計基礎教育、企業形象設計、產品設計等，其中靳埭強就設計概論和包裝設計兩個題目演講，並因應當時內地只有「工藝美術」、「裝潢」概念，提出以「設計」這個新概念取代，強調「設計不是單純的美化，重要的是怎樣配合功能、市場要求，將功能和美有機地結合，目的是提升生活質量」。[1] 與會者包括廣州美院裝潢系系主任尹定邦、剛從廣州美院畢業的內地設計師王

「香港設計師與教育工作者交流團」副團長靳埭強向廣州美院師生演講。（攝於 1979 年夏季，靳埭強提供）

序和王粵飛等。交流團團員其間將購自香港的設計相關書刊，包括《平面構成》、《立體構成》、《色彩構成》、《設計運動一百年》等送贈廣州美院。

1980 年，廣州市包裝技術協會、廣州輕工美術設計公司、廣州市二輕美術設計公司邀請王無邪到廣州講學。1982 年 8 月，廣東省包協設計委員會與全國輕工包裝科技情報站合辦「全國輕工包裝設計研究班」，邀請廣州美院、香港大一藝術設計學院、香港李惠利工業學院（1999 年開始成為香港專業教育學院李惠利分校）共八名教職員講課。1984 年 4 月，香港理工學院（1994 年起正名香港理工大學）派出教職員參加廣東省科學館為期三天的「工業設計與包裝設計」學術講座。1988 年 9 月，廣東省包協設計委員會組織考察團來港，訪問香港工業設計總會設計委員會設計及包裝中心、香港廣告設計中心、香港正形設計學校等機構。

2. 展覽與獎項評選

1979 年夏季，「香港設計師與教育工作者交流團」赴廣州美院交流期間，於該校展覽館舉辦「香港設計展覽」，主要展出香港設計師協會 1970 年代歷屆年展獲獎作品。1980 年 12 月 26 日，香港大一藝術設計學院於中央工藝美院舉辦「設計捌拾」展覽，展出來自香港的商標、廣告、包裝等設計作品。1981 年，香港正形設計學校校長靳埭強帶領該校校董和教師，前往廣州美院交流，並在校內展覽館舉辦「現在的香港設計展覽」，及後靳埭強帶領團員和攜

「平面設計在中國 92 展」場刊，刊載評審團評選作品情況，並附有全部六位評審親筆簽名。（靳埭強提供）

同展品，參加天津舉行的全國包裝協會大會，並在會上發表「中國銀行商標設計」和「包裝設計」兩場演講及展出展品。1983 年，廣東省包協設計委員會、廣州美院設計系、廣州市包協設計委員會邀請王無邪、靳埭強等人訪問，並在廣東省博物館舉辦「香港設計展」，是香港設計師作品首次在內地的省級博物館展出。1986 年 11 月，香港設計師協會與廣東省包裝設計委員會、省包裝進出口公司、廣州美院於廣州聯合舉辦「香港、日本、美國設計展示會」，展覽以香港設計師協會當屆雙年展「設計八六」為基礎，並在日本竹尾紙業公司贊助下增加美、日兩國的設計作品，展品合共達 1000 件，其間，靳埭強和陳幼堅舉行演講。

1988 年 10 月，香港大一藝術設計學院美術設計展於北京中國美術館舉行，是香港設計業界首次在國家級博物館舉辦展覽。同年 11 月，廣東省包協設計委員會主持首屆「粵港澳包裝博覽會」，內容圍繞學術交流、論文發布、設計評比及講座。至 12 月 8 日，王序於香港設計師協會的「八八設計展」獲消費刊物類別金獎，是內地設計師首次在該協會舉辦的年展獲獎。

「平面設計在中國」展覽（2019 年起改稱 GDC 設計獎） 1992 年 4 月 28 日，王粵飛、王序等內地設計師在深圳舉辦「平面設計在中國 92 展」，是內地第一個遵循國際專業評比規範及邀請國際評審的平面設計專業展覽，來自內地和台灣地區的參展作品各佔一半。評審團隊內有三名成員來自香港，包括石漢瑞、靳埭強和陳幼堅。

1995 年，靳埭強應展覽主辦方邀請擔任顧問，協助成立內地第一個平面設計專業組織 ——
深圳市平面設計協會。1996 年，該協會於深圳舉行「平面設計在中國 96 展」，是內地首
個匯聚海峽兩岸和港澳設計師展示作品的大型展覽，全場大獎由香港設計師廖潔連獲得。
2003 年，第三屆展覽於深圳舉辦，自此每兩年舉辦一次，每屆比賽均有香港設計師擔任評
審工作。

香港新生代設計師在內地聯展　　1994 年，「香港新設計十五人展」先後在廣州美院和中
央工藝美院舉行，參展者包括劉小康、李永銓、康少範、關慧芹、張偉航、葉偉珊、余志
光、湯宏華、古正言、區賢浩、鄧昭瑩、張再厲、張廣洪、陳超宏和吳秋全，均為從事
設計工作不足 20 年的香港青年設計師，展出個人代表作約 300 多件，是踏入 2000 年代
前，香港設計師親身北上內地舉辦聯展的少數例子之一。策展人靳埭強帶領參展者到廣州
和北京交流，其間舉行多場演講和座談會，香港和內地設計同業在廣州和北京兩地不同的
經濟與政治環境中，互相交流經驗。

2007 年 6 月，李永銓承傳「香港新設計十五人展」，策劃「70 / 80 香港新生代設計人展
及內地互動展」，作為成長於 1970 及 1980 年代的香港及內地設計師互相觀摩交流的平
台。展覽先後在杭州、上海、長沙、成都及深圳巡迴展出，參展的香港創作人為毛灼然、
林偉雄、江康泉、孫浚良、高少康、吳志偉、張仲材、陸國賢、蔡劍虹、區凱琳、鄒蘊
盈、楊德賢、羅佩恆、蔣子軒和蕭劍英，而內地參展設計單位有 13 個。

全球華人平面設計大賽　　1996 年 11 月 25 日，首屆「全球華人平面設計大賽」於北京王
府井飯店舉行，是內地首個以全球華人平面設計師為參賽對象的大型比賽暨展覽。大賽組
織機構於標誌、招貼、包裝、裝幀等八個範疇，共徵集來自全球各地約 4000 件作品，由
靳埭強和陳幼堅參與在內的國際評審團選出得獎作品。香港代表於賽事向內地業界展示香
港設計業的發展面貌，並獲得多個獎項，包括海報組李永銓、湯德麟各得一個金獎；劉小
康 / 張麗嫦組合得兩個銀獎；李永銓得兩個銅獎；劉小康 / 梁振威組合得一個銅獎。此外，
李永銓得四個裝幀銅獎及一個包裝銅獎，賴維鈞獲得機構形象銅獎。

2002 年 10 月 15 日，中國工業設計協會舉辦的第二屆比賽，於深圳關山月美術館舉行得
獎作品展覽，合共徵集來自全球 19 個國家和地區共 13,118 件平面設計作品。經初選評委
選出 2000 件入圍作品後，由靳埭強主持的終審委員會選出金、銀、銅及優秀。香港設計
師李永銓獲得一個包裝金獎、一個商業印刷銀獎、兩個海報銅獎、一個其他類別銅獎；劉
小康得商業印刷金獎、銅獎各一，一個書籍設計銀獎及海報設計優秀獎六個，周素卿和蔡
永耀分別於其他類別各得一個銀獎。

「一九九七亞太海報展」與「香港國際海報三年展」　　1997 年 11 月 22 日，香港臨時區域
市政局與香港設計師協會合辦「一九九七亞太海報展」，來自八個國家和地區的代表參加，
共提交 653 項參賽作品，由靳埭強和陳幼堅參與在內的國際評審團選出 111 項入選作品，

其中 22 項入選作品來自深圳平面設計協會 11 位會員。該協會會員畢學鋒憑「溝通 —— 深圳平面設計協會展覽參展海報」獲「臨時區域市政局海報設計獎（展覽／實驗性類別）」。

2001 年 10 月 31 日，康樂及文化事務署與香港設計師協會以「一九九七亞太海報展」為基礎，於香港文化博物館合辦首屆「香港國際海報三年展」，內地設計師於往後歷屆展覽多次獲獎及參與評審工作。

靳埭強設計基金獎（2004 年起改稱「靳埭強設計獎」） 1998 年 10 月，無錫輕工大學（2001 年併入江南大學）設計學院院長林家陽代表校方，邀請當時在該校擔任客座教授的靳埭強，為內地修讀設計的學生設立獎學金。經靳埭強同意，設立「靳埭強設計基金獎：全國大學生平面設計競賽」，為全國首個專為高等院校學生籌辦並以創辦人個人名義，向得獎者頒發獎學金的平面設計比賽，旨在推動平面設計在內地的發展及培養人才。首屆設計獎於 1999 年 7 月開始徵稿三個月，共收到全國 27 個省市、50 多所院校、合共近 800 件作品，涵蓋招貼、標誌、書籍裝幀、計算機美術等平面設計範疇。10 月 25 日，由評審靳埭強、林家陽及德國設計師岡特・蘭堡從 100 件入圍作品中，選出 3 個金獎、4 個銀獎、6 個銅獎、20 個優秀設計獎，11 月 4 日舉行頒獎典禮。

2004 年，靳埭強就任汕頭大學長江藝術與設計學院院長後，比賽自第六屆起，由該學院接辦，並得到李嘉誠基金會贊助，更名為「靳埭強設計獎：全國大學生平面設計比賽」。賽事往後除每年以中國傳統文化為題舉辦，歷年賽制改革包括 2005 年將參賽資格放寬至全球華人大學生，並更名為「靳埭強設計獎：全球華人大學生平面設計比賽」；作品範疇自 2009 年起，由平面設計擴大至立體及空間兩個組別；2011 年增設 35 歲以下青年專業組等；2012 年將專業組的參賽年齡上限調至 40 歲以下等。每屆比賽，靳埭強均聯同中外專家進行評審工作，獲獎作品於全國各省市院校巡迴展出。

亞洲最具影響力設計獎（2014 年起改稱「DFA 亞洲最具影響力設計獎」） 2003 年 12 月 8 日，香港設計中心於第二屆「設計營商周」期間，頒發首屆「亞洲最具影響力設計獎」及「世界傑出華人設計師」，旨在向國際社會介紹世界各地對亞洲地區具影響力的設計師及其設計作品，表彰華人設計師在全球的貢獻。首屆獎項的國際評審團共八人，來自香港的成員包括評審團主席羅仲榮及評審靳埭強；來自內地的評審為清華大學美術學院工業設計系教授柳冠中。評審團選出九名「大獎」得獎者及四名「優秀中國設計」得獎者。主辦方同時頒發首屆「世界傑出華人設計師」獎項，得獎者為莫家明。「亞洲最具影響力設計獎」往後每年舉辦，並於每屆「設計營商周」舉行期間頒發獎項，歷年增設獎項包括「設計領袖大獎」（2004 年）[2]、「終身成就獎」（2011 年）[3] 等，內地設計師每年均有獲獎。截至 2016 年，「DFA 亞洲最具影響力設計獎」下設「大獎」、「文化大獎」、「可持續發展大獎」、「科技大獎」及「組別獎」五大獎項，作品範疇涵蓋服飾設計、傳訊設計、[4] 環境設計、產品及工業設計，並由評審團選出得獎者。

「中國最美的書」評選活動（2018 年起改稱「最美的書」） 2005 年 1 月 5 日，上海市新聞出版局主辦的 2004 年度「中國最美的書」評選活動，公布 24 本得到「中國最美的書」稱號的獲獎圖書，包括陸智昌負責設計、生活‧讀書‧新知三聯書店出版的《我們仨》，是香港設計師首次獲獎。另黃炳培（又一山人）負責設計、湖南美術出版社出版的《點 1》於 2006 年度比賽獲獎。截至 2017 年，陸智昌設計的圖書四度獲獎，另至少三位香港設計師擔任評審委員會成員，包括廖潔連（2005 年度至 2011 年度）、韓秉華（2012 年度、2013 年度）及陸智昌（2016 年度）。每屆中國「最美的書」得獎作品均送往次年於德國萊比錫舉辦的「世界最美的書」評選，是讓國際社會認識中國書籍設計最新發展面貌的平台。

中國設計大展 2012 年 12 月 7 日至 2013 年 2 月 26 日，由文化部與深圳市政府共同主辦的首屆「中國設計大展」於深圳舉行。展覽以「時代‧創造」為主題，涵蓋平面、產品、空間和跨界（綜合）設計四個領域，從逾萬件參賽作品中，選出能夠反映 2007 年後中國設計領域發展狀況的 656 件展覽作品。展覽學術委員顧問包括來自香港的靳埭強、劉小康，負責參賽作品的終審工作。又一山人為平面設計展策展人之一，並參與參賽作品的初審工作。2012 年 12 月 9 日，作為展覽學術論壇其中一個專業論壇「視覺傳達版塊專業論壇」於深圳大學舉行，設計師區德誠及香港理工大學紡織及製衣學系博士生導師區偉文分別發表演講。

2012 年 12 月 7 日至 2013 年 2 月 26 日，首屆「中國設計大展」於深圳舉行。展覽學術委員顧問包括靳埭強和劉小康。（中新圖片提供）

2016 年 1 月 9 日至 2 月 28 日，第二屆展覽以「中國設計大展及公共藝術專題展」為名於深圳舉行，由文化部、廣東省政府及深圳市政府主辦，香港設計師協會為 25 個協辦機構之一。當屆展覽舉辦了設計案例展、設計文獻展、公共藝術案例展、公共藝術文獻展，展出逾 200 個設計和公共藝術案例。展覽學術委員會來自香港的顧問包括靳埭強，委員包括劉小康及建築師林雲峯。林雲峯兼任設計案例展策展團隊成員。

深港設計雙年展　2014 年 9 月 6 日，第一屆「深港設計雙年展」於深圳龍華新區大浪時尚創意城開幕，是兩地設計業首個合辦的大型展覽。當屆雙年展由深圳市龍華新區管委會、深圳市工業設計行業協會、深圳市經濟貿易和信息化委員會及香港設計總會聯合主辦，以「雙城・創意 Let's Create!」為主題，設有八個展覽，涵蓋平面設計、新媒體設計、時裝設計、室內設計、工業設計及深港企業合作的產品設計等範疇，並設有導賞團、深港設計企業配對會、設計市集等活動。當屆展覽於 11 月 15 日結束，參觀人數達 65 萬人次。同年12 月，香港設計總會聯同深圳市工業設計行業協會共同創建的「設計匯」線上平台投入服務，為兩地設計公司提供業務配對服務、設計作品展示平台、活動資訊及職位空缺資料。

2016 年 9 月 17 日，香港設計總會與深圳市設計之都推廣促進會合辦的第二屆「深港設計雙年展」，於香港中環 PMQ 元創方開幕，以「互動雙城 Together We Can」為主題，舉辦各類展覽及工作坊，涵蓋城市設計、空間設計、平面設計、室內設計、時裝設計、新媒體及科技和主題裝置設計等領域，推進深港兩地設計業界的合作與交流。雙年展開幕當日，「雙城品未」品牌店亦於 PMQ 元創方開張，發售由深港兩地設計師與品牌共同設計的時裝、家具、精品及日常用品等合共逾 100 款產品。11 月 19 日，雙年展閉幕，參與人數達 400 萬人次。同日，香港設計總會主辦的「薪火相傳　深港設計交流一大事記」，於香港文化博物館舉行，回顧深港兩地設計業界在過往 40 年的交流發展史，至翌年 3 月 10 日結束。

3. 設計刊物編輯及出版

1987 年，廣東包裝進出口有限公司派遣內地設計師王序來香港出差，其間多次造訪靳埭強、陳幼堅、石漢瑞。王序同年創辦《設計交流》雜誌，是國家改革開放後首本平面設計專業雜誌。王序將在港的所見所聞，以及把世界各地設計業界潮流資訊，透過《設計交流》向內地同業介紹，石漢瑞擔任該刊顧問。

1993 年，首冊《廣東設計年鑒》出版，輯錄廣東設計師自 1987 年後創作的作品逾 380 項，靳埭強為顧問。1994 年，《包裝與設計》期刊邀請靳埭強和韓秉華為顧問。1996 年 1 月，國家經濟貿易委員會屬下的中國包裝技術協會設計委員會出版《中國設計年鑒 1980—1995》，為內地首本輯錄海峽兩岸和港澳設計師作品的設計年鑒。年鑒的編輯委員會由海峽兩岸和港澳及國際華籍設計師組成，包括靳埭強為該書副主編之一，亦是該編輯委員會內唯一港人。編輯委員會合共選出海峽兩岸和港澳設計師創作的 1300 多套作品，涵蓋標

誌、包裝、招貼廣告、識別系統、裝幀等合共 10 個設計範疇，呈現 1980 年至 1995 年間中國設計業的發展面貌。年鑑往後每兩年出版一次，靳埭強擔任副主編至 2008 年，2010 年轉任編輯委員會顧問，劉小康、歐賢浩、韓秉華等香港設計師曾擔任編輯委員會成員。

1999 年，李永銓在香港創辦 VQ 視覺藝術海報雜誌，獲廣東美聯圖書展銷中心設計圖書部代理內地訂閱，是內地進口中英雙語設計專業雜誌的首例，至 2001 年停刊，前後出版合共六期。1999 年及 2008 年，靳埭強先後編著《中國平面設計叢書》（共六冊，至 2001 年出版最後一冊）及《長江新創意設計叢書》（共七冊，至 2013 年出版最後一冊），採用海峽兩岸和港澳設計作品為實例，對各門設計專業作出闡述。

4. 高等學校教學

廣州美術學院　1979 年，香港設計業界到北京和廣州兩地開展交流，向中央工藝美院和廣州美院介紹西方國家及香港設計業和設計教育發展情況。其後，廣州美院逐步改革設計課程，[5] 參照香港、美國、日本、瑞士等地的教材，按照院校自身需要，先後開辦「三大構成」[6] 基礎課程、編寫設計史論教材、開辦製圖、攝影、商業插畫等各類課程，並協助國務院屬下部分部屬機構和各大高等院校培訓設計業人才。1989 年 1 月，廣州美院將原有工藝美術系四個專業 —— 陶瓷美術設計、裝潢美術設計、工業產品造型設計及環境藝術設計重組為設計系，成為國家實行改革開放後，首家設立設計系的高等院校。同年，呂立勛獲該校聘任為客座教授。

中央工藝美術學院　1992 年 9 月，中央工藝美院裝潢設計系系主任陳漢民邀請靳埭強擔任該校畢業班導師授課一周，指導畢業生設計大型活動會標、海報和視覺形象系統。1999 年，中央工藝美院併入清華大學，改稱清華大學美術學院，靳埭強獲聘為客座教授，每年於學院舉辦工作坊教學活動。

中央美術學院　1995 年 3 月，中央美術學院（中央美院）成立設計系，翌年院長靳尚誼邀請靳埭強在 9 月 23 日至 27 日舉辦「平面設計專業研習班」，以「21 世紀中國設計」為主題，指導學生設計徽誌、文件及海報，以支持該系的教學工作。同期，中央美院陳列館舉行「靳埭強設計展」，展出靳埭強歷年代表作 200 多件，展品於展後捐贈予中央美院作教學及研究用途。1996 年，靳埭強成為首位於中央美院擔任客座教授的香港設計師。

汕頭大學長江藝術與設計學院　2003 年，李嘉誠基金會邀請靳埭強擔任策劃人，聯同香港文化工作者榮念曾、胡恩威、陳育強和設計師劉小康等人，協助改革汕頭大學藝術與設計教育課程，將藝術學院重組為長江藝術與設計學院，協助國家培育青年創意人才。同年 9 月 18 日，學院舉行揭幕禮，靳埭強擔任創院院長，清華大學美術學院副教授杭間以及美國洛杉磯藝術中心設計學院教授王受之任副院長。學院的辦學宗旨以中國文化為本，「培養能獨立自主，又具綜合創作能力」的學生。[7]

靳埭強任院長後，綜合多年來在海峽兩岸和香港的工作和教育經驗，建議學院「改變由上而下，傳統而單向的教學方法，提倡學生與師生平等互動、對等地討論問題」，[8] 啟發學生思辨和求知能力，並主張重新編寫各學科的課程大綱。

2007 / 2008 學年，學院開辦全國高等院校首個「設計倫理」學科，香港設計師張志凱和潘家健先後任教，內容涵蓋設計與世界的關係、設計師的責任與權利、與客戶之間的職業操守、對法律和知識產權的尊重等內容。

靳埭強在任院長期間，代表校方先後邀請香港創意產業的專家，參與學院日常的行政、教學和顧問工作，為學院的改革工作提供香港經驗作借鑒，包括鄭新文、崔德煒、丁羽、李藹儀、鄭炳鴻、嚴瑞源、蕭敬聰、陳碧如、莫健偉、孫俊良、劉柏基、陳迪凡、梁汝傑、許仲賢、馮國安、鄺志文和鄺志傑等。此外，學院多次舉辦國際研討會，與清華大學美術學院等友校及海內外專家，共同探討中國藝術與設計教育的改革路向。

2011 年，靳埭強卸任院長，內地學者王受之接任。截至 2017 年，學院設有六個本科專業，包括環境設計、數字媒體藝術、公共藝術、產品設計、視覺傳達設計及藝術設計學，碩士課程則包括設計藝術學、美術學、MFA 美術及 MFA 藝術設計。

5. 業界機構 / 官方合作

香港設計中心　2001 年，香港設計總會（由香港設計師協會、香港特許設計師協會、香港室內設計協會及香港時裝設計師協會於 2000 年共同成立）得到香港特區政府及香港賽馬會慈善信託基金撥款資助，成立香港設計中心，作為香港特區政府推廣設計和相關創意產業的策略伙伴，推動香港成為「亞洲區內享譽國際的設計之都」。2002 年 9 月 13 日，香港設計中心開幕，同年起，每年舉辦旗艦活動「設計營商周」，邀請來自世界各國的設計師、商界人士參與，透過演講、論壇、展覽等活動，成為香港和內地同業與來自世界各地與會者交流的平台。

2005 年，香港設計中心與香港貿易發展局共同倡議成立「國際設計聯盟」，旨在建立以香港為中心的國際設計業交流網絡。香港設計總會與香港設計中心每年合辦「國際設計師聯席會議」，便利全球各地同業交流資訊。截至 2016 / 2017 年度，聯盟全球會員達 96 個，當中內地成員 14 個。

香港特別行政區政府與深圳市人民政府關於「深港創新圈」合作協議　2007 年 5 月 21 日，香港特區政府工商及科技局與深圳市政府簽訂《香港特別行政區政府與深圳市人民政府關於「深港創新圈」合作協議》，協議指出深港兩地「加強雙方在設計方面的交流與合作，推動兩地企業、善用設計、努力創新，為產品和服務增值」。

深港創新圈—深港設計戰略框架合作協議　2008 年 12 月 3 日，香港設計中心與深圳市工

業設計行業協會分別代表港深兩地設計業界，在第一屆中國（深圳）國際工業設計節開幕日上簽訂首份行業合作協議——《深港創新圈—深港設計戰略框架合作協議》，共建交流平台，加強兩地業界的業務往來、資訊互通及人才培訓，並舉辦各類活動，將港深兩地打造成亞洲區的設計樞紐。同年 12 月 12 日，雙方代表於香港舉辦的「設計營商周 2008」會場舉行換文儀式。

深港重點合作項目確立 2010 年 12 月 16 日，香港設計中心與深圳市工業設計行業協會於深圳舉辦首屆「深港文化創意論壇」，邀請兩地的設計界代表、文化產業專家、商界領袖等參與，旨在探討兩地設計業和文創產業的進一步合作空間，並以香港業界的國際化視野，協助深圳文創產業走向國際，往後每年輪流由深港兩地舉辦。2012 年，香港設計中心委任香港設計總會擔任香港與深圳設計界對接的單位，負責與深圳市工業設計行業協會溝通，推進兩地業界合作。2013 年 11 月 18 日，香港設計總會舉行「2013—2015 港深設計業合作項目發布會」，當中三個重點項目包括舉辦第一屆「深港設計雙年展」、發表《香港—深圳設計行業調查》以及建立網上平台「設計匯」。

深港設計策動合作協議 2015 年 9 月 18 日，香港設計總會舉辦第六屆「深港文化創意論壇：深港設計雙城」，其間與深圳市設計之都推廣促進會簽署《深港設計策動合作協議》，成立「深港設計策動合作委員會」，每年舉行兩次會議，加強兩地業界交流，並合力籌辦第二屆「深港設計雙年展」。論壇舉行同日，香港設計總會發布《香港—深圳設計行業調查》，結果顯示港深兩地業界均認為香港設計師相較內地和國際同業，「優勢不在於價格，而在於設計質素及其處理設計業務的方法上」。[9] 受訪香港設計師當中，內地分公司設於珠三角地區者有 56.5%，其中近六成位於深圳。

香港特別行政區政府與深圳市人民政府關於促進創意產業合作的協議 2016 年 2 月 29 日，深港合作會議在香港舉行，會後，香港商務及經濟發展局與深圳市設計之都推廣辦公室簽訂《香港特別行政區政府與深圳市人民政府關於促進創意產業合作的協議》，同意兩地設計業界繼續舉辦大型展覽，加強人才培訓、商務及資訊交流等方面的合作與互動，並探討在深圳前海成立交流合作平台的可行性，推動深港共同發展成為亞洲區內首屈一指的「設計雙城」。

二、業務參與

1. 香港設計企業

中國銀行（商標及視覺形象系統設計） 1980 年，中國銀行香港分行聯同交通銀行、南洋商業銀行、廣東省銀行等合共 13 家在港營運的銀行，在香港開展電腦化聯營服務。香港新思域設計製作公司（1988 年改組為靳埭強設計有限公司）創辦人靳埭強受中國銀行香港分行委託設計商標，配合現代化計劃開展，是香港設計師為內地商業機構設計商標的首例。

中國銀行 1986 年起採用的行標。（靳埭強提供）

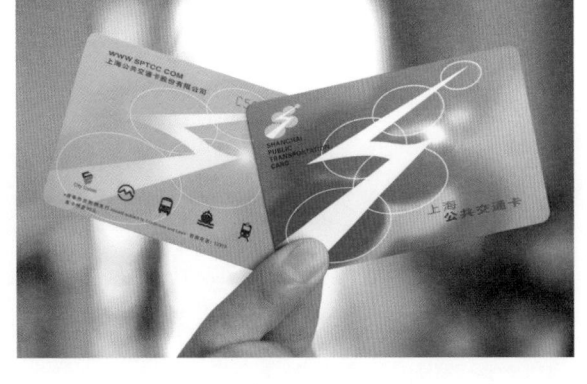

2013 年上海交通卡其中兩個流通版本。不同版本交通卡正反面均印有香港設計師韓秉華於 1999 年設計的標誌。（新華社提供）

1986 年，中國銀行總行決定將靳埭強於 1980 年設計的香港分行標誌，作為行標應用於全球分行，成為中國第一家擁有行標的國有銀行。中國銀行標誌由行徽和「中國銀行」四個大字組成。行徽內方外圓，整體設計模仿了中國古錢幣形象，外圈寓意中行是面向全球的國際性大銀行，內圈為「中」字變體，代表中國，行徽紅色白底，穩重大氣。「中國銀行」四字瀟灑飄逸、豪放遒勁，為郭沫若於 1950 年代所題寫。

此後，中國人民銀行（1988 年）、中國農業銀行（1988 年）及中國工商銀行（1989 年）等由內地設計師設計的行徽，同樣以中國古錢幣作為設計元素。1992 年，靳埭強協助中國銀行完成建立視覺形象系統標準設計手冊，為行標建立使用規範，是中國銀行業首例。

北京貴賓樓飯店（機構形象設計） 1986 年，霍英東家族邀請香港設計師陳幼堅，為香港霍英東投資有限公司與北京首都旅遊集團有限責任公司合資建造的北京貴賓樓飯店設計商標。陳幼堅以獅子圖騰為基礎設計金色商標，並為飯店設計餐牌及紀念品，至 1987 年全數完成。

上海世貿商城（品牌設計） 上海世貿商城於 1999 年竣工開業，是內地第一個及當時亞洲最大的常設國際交易展覽會場。1995 年商城建設期間，委託香港石漢瑞設計公司負責品牌設計工作。石漢瑞設計公司以中文「水」字為基礎設計標誌，同時為世貿商城撰寫平面設計標準手冊，確保品牌在不同場合的應用，能夠保持協調一致。

上海東方交通卡股份有限公司（商標設計） 1999 年，上海東方交通卡股份有限公司（2001 年起改稱上海公共交通卡股份有限公司）委託香港「韓秉華蘇敏儀設計空間」，負責上海公共交通卡標誌設計工作。韓秉華設計的標誌由五個橢圓構成「8」字形，象徵五路達八方，並由閃電狀的「S」字連結，象徵用家可享有方便快捷的出行體驗。同年 12 月 27 日，公共交通卡系統開始試運行，上海成為內地首個使用公共交通智能卡的城市。交通卡

卡面編印了韓秉華設計的標誌，往後發行的新版設計一直沿用。2000 年起，韓秉華與蘇敏儀負責設計公共交通卡紀念卡，包括 2001 年及 2002 年發行的兩套「十二生肖」系列、2003 年「上海今昔」系列及 2004 年「百年交通」系列等。

中國金幣總公司（商標設計） 1999 年，中國唯一經營貴金屬紀念幣業務的中國金幣總公司，委託靳與劉設計顧問有限公司（靳與劉設計，2013 年起改稱靳劉高設計顧問有限公司）設計商標。靳與劉設計以該公司發行的熊貓金幣為藍本，設計構想是在商標上表現熊貓身軀左搖右擺的形態。最終決定以金幣在旋動中，靜止之前的動態進行創作，商標定稿為「一個金幣三個不同角度虛實互疊的形態，表現出旋動美姿，不斷運轉，生生不息之意，象徵金幣業務發展無限，貨如輪轉」。[10]

聯合利華（中國）有限公司（商標設計） 2000 年，全球最大日用品消費公司之一的聯合利華在內地的分公司聯合利華（中國）有限公司，委託香港石漢瑞設計公司設計新商標。因應該公司在內地銷售的產品圍繞日常家庭生活，包括個人護理、家庭護理、飲料食品等，石漢瑞設計公司以聯合利華全球總公司的標誌為基礎，加上寓意中式屋頂的框架，配合該公司在內地「有家，就有聯合利華」宣傳標語。翌年起，該商標應用於旗下品牌立頓、力士、旁氏、凡士林等產品包裝上。

可口可樂中國（商標設計） 2003 年 2 月 18 日，可口可樂中國公布由香港陳幼堅設計公司設計的全新中文標誌。新標誌設計為帶波浪狀、流暢的新飄帶圖案，取代可口可樂自 1979 年起在中國市場使用的中文字體標誌，為可口可樂帶來更和諧的品牌形象。

重慶市政府（標誌及品牌形象設計） 2004 年 11 月 11 日，重慶市政府公布重慶城市形象標誌設計項目招標結果，靳與劉設計中標，是香港設計公司首次為內地的市政府設計城市形象標誌。2005 年，靳與劉設計徵集重慶市內黨和政府機關及市民意見後，創作三個候選方案，由重慶市政府舉辦大眾評選活動，參與人數逾 80,000 人，當中以「人人重慶」圖案得票率最高，達 42.38%。2006 年 1 月 16 日，重慶市政府公布採用該圖案為城市標誌。靳埭強指出：「『人人重慶』由兩個歡樂喜悅的人，組成一個『慶』字，道出重慶市名稱的歷史由來，象徵『雙重喜慶』。同時，標誌以『人』為主要元素，展現重慶『以人為本』的精神理念。整體而言，圖案有如兩人攜手並進、迎向未來，象徵政府與人民心手相連、緊密結合。」[11] 同時，靳與劉設計完成形象標誌輔助圖案，撰寫《重慶城市形象手冊》，便於市內黨和政府機關於不同場合應用相關標誌和圖案。

國家大劇院（標誌及導視系統設計） 2007 年 12 月 21 日，位於北京的國家大劇院公布選用香港設計師陳幼堅團隊設計的紅色標誌，由正面透視大劇院的線條組成，上下對稱，營造大劇院建於水上一樣的視覺效果。大劇院投入服務後，因應劇院進行建築設計時未有設置導視系統，院方委託靳與劉設計為劇院設計導視系統。靳與劉設計為各個場館分類並配

2009 年中國金幣總公司發行中華人民共和國成立 60 周年紀念金銀條、金銀章,盒內可見靳與劉設計顧問有限公司於 1999 年為該公司設計的商標。(中新圖片提供)

上海一個展示可口可樂新中文標識及新包裝的廣告牌。新中文標識由香港陳幼堅設計公司設計。(攝於 2003 年 3 月,中新圖片提供)

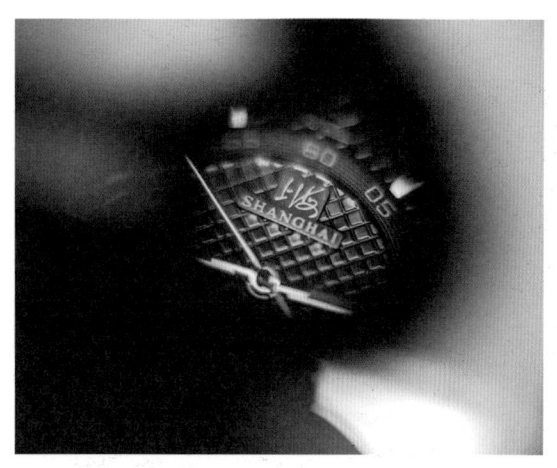

上海錶錶面上印有香港設計師李永銓設計的品牌標誌。（攝於 2018 年，美聯社提供）

2006 年 1 月 16 日，重慶市政府公布採用香港靳與劉設計顧問有限公司設計的「人人重慶」圖案為城市標誌。（靳埭強提供）

上編號，當中【O】代表歌劇院、【T】代表戲劇場、【C】代表音樂廳等，並列印在劇院門票上，配合設計應用中國書法的指示牌，方便觀眾前往場館內的目的地。

李寧有限公司（商標及品牌形象設計） 2008 年，李寧有限公司委託靳與劉設計顧問有限公司，連同李寧設計團隊及美國奇葩設計公司，協助重塑品牌形象。靳與劉設計提出以「人」為核心精神設計新標誌，最終以李寧早年作為體操運動員自創的「李寧交叉」動作為藍本，結合「人」字作抽象化處理，並指出新標誌「線條更俐落，廓形更硬朗，更富動感和力量感，鼓勵每個人透過運動表達自我、實現自我」。[12] 同時，靳與劉設計負責李寧實體零售店的新店面設計。

上海錶（產品及包裝設計） 上海錶於 1955 年創辦，國家領導人毛澤東、周恩來、鄧小平均曾佩戴。2009 年，上海錶委託香港設計師李永銓重新設計品牌形象。李永銓的團隊邀請瑞士鐘錶設計師艾利克・紀荷為上海錶設計全新陀飛輪手錶，而李永銓的團隊則負責設計全新的木盒包裝，及後將首隻手錶製成品送到位於歐洲的邦瀚斯拍賣行拍賣，上海錶得以在國際平台上展示品牌新形象。

***Design 360°* 設計雜誌（裝幀及包裝設計）** 2009 年，香港 Milkxhake 工作坊創辦人毛灼然出任內地首本中英雙語雙月刊設計雜誌 *Design 360°* 的創意設計指導，協助重組編輯方向及設計全新的欄目版面。2010 年，Milkxhake 工作坊負責該雜誌設計概念店的品牌視覺形象設計工作，涵蓋包裝設計、營銷策略等範疇，並與 *Design 360°* 總編輯王紹強討論概念店命名，同年位於北京 798 藝術區的首家「360° 店」開業。

方所書店（商標與品牌及空間設計） 2011 年，香港設計師又一山人與中國服裝協會副會

2007 年 6 月 18 日，重慶市委、市政府在重慶人民大會堂舉行「慶祝重慶直轄十周年大會」，會場內懸掛了香港靳與劉設計顧問有限公司設計的「人人重慶」標誌。(中新圖片提供)

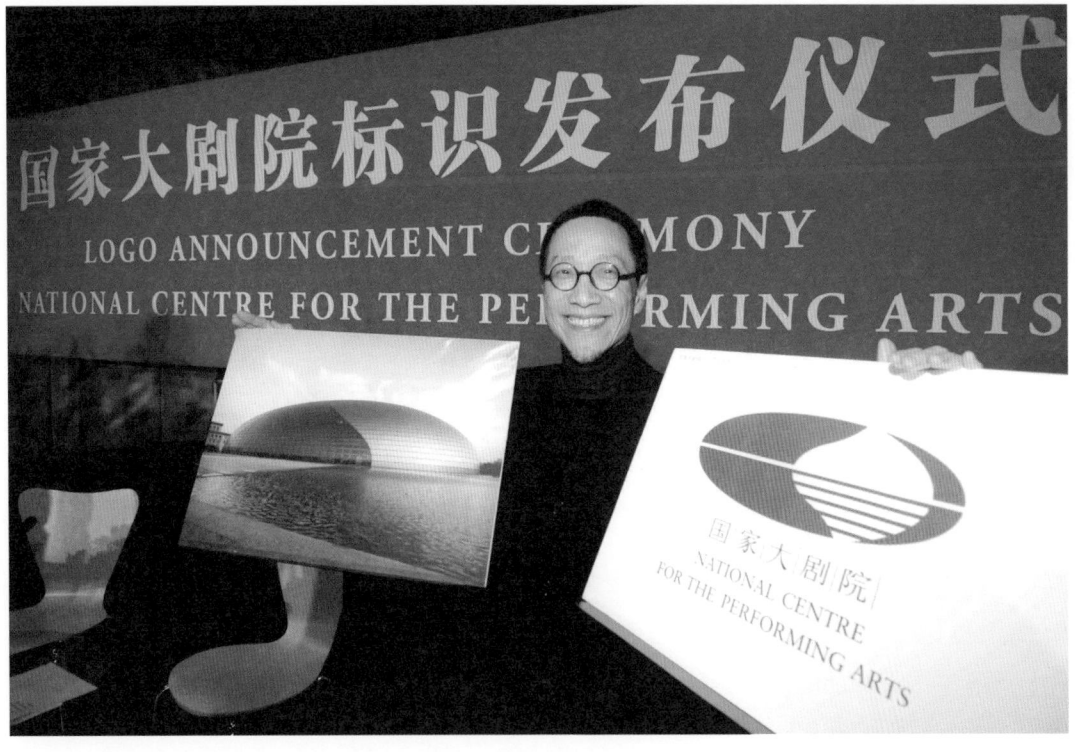

2007 年 12 月 21 日，國家大劇院標識發布儀式在北京舉行，標識設計者是香港設計師陳幼堅。(新華社提供)

長、內地服裝品牌「例外」創辦人毛繼鴻，以及台灣地區誠品書店創辦人之一廖美立共同創辦方所書店，是內地第一家由海峽兩岸和香港文化產業從業員共同創辦的民營連鎖書店，同年 11 月，廣州總店開業。又一山人為書店擬定視覺品牌推廣策略及負責廣州總店的空間設計，並協助店方策劃文化藝術及設計展覽。

深圳機場集團（商標設計） 2013 年 11 月 28 日，時為全國旅客吞吐量第六大的深圳寶安國際機場 3 號航站樓開幕。深圳機場集團為配合新航站樓開幕，深圳機場及旗下子公司一律採用由靳劉高設計顧問有限公司負責設計新品牌形象，是內地民航機場首次委任香港設計師負責同類工作。靳劉高設計指出，新標誌旨在為海內外前往深圳的旅客留下良好的第一印象，其造形源自航站樓的「飛魚」外形，外輪廓採用圓潤設計，象徵民航業面向國際交流及發展的行業特色。靳劉高設計亦表示新標誌「整體結構呈向上發展，具視覺引導效果，寓意企業追求卓越、積極進取、創新發展的企業文化」。[13]

騰訊控股有限公司（電腦字體設計） 2016 年，騰訊控股有限公司委託美國蒙納公司為旗下品牌設計新字體 TTTGB-Medium，當中來自香港的許瀚文負責設計中文字體，至 2017 年 11 月 14 日正式發布，其中全形漢字共 6763 個。

2. 香港設計師

北京 2008 年奧林匹克運動會 2000 年 1 月 18 日，北京申辦 2008 年奧運會會徽的總評選活動舉行，靳埭強連同六位內地專家，在北京 2008 年奧林匹克運動會申辦委員會（北京奧申委）常務副主席、北京市副市長劉敬民及中國美術家協會主席、中央美院院長靳尚誼（當日缺席，中國美術家協會副會長常沙娜代行並擔任總評選評委會主席）領導的評委會內參與評選工作，從 2000 餘件作品中，選出 10 件推薦作品。北京奧申委經過評委討論及修改推薦作品後未能確定最終方案，決定採用內地設計師陳紹華沒有遞交參賽的作品為藍本，再由陳紹華、內地藝術家韓美林與靳埭強共同修改設計，至同年 2 月 1 日公布採用為正式申奧會徽，三名參與設計者獲頒發獎狀及同等數目的獎金。

翌年 2 月 14 日，北京奧申委舉辦的「申奧主題招貼畫第二次徵選行動」結束，靳埭強參與在內的評審委員會選出五項得獎作品，其中兩項作品由香港設計師劉小康及陳幼堅創作。北京奧申委複印該五項得獎作品，在北京市面張貼宣傳申奧工作。

上海 2010 年世界博覽會 2002 年 12 月 2 日，中國政府代表團於摩納哥蒙地卡羅舉行的國際展覽局第 132 次大會作出陳述，游說與會各國代表支持上海舉辦 2010 年世界博覽會，同日經投票後取得主辦權。會上各國代表閱讀的《上海申博資料冊》，由韓秉華設計。同日，中國代表團於慶祝申博成功晚宴上，向各國賓客派發寓意「互相幫助 共用良機」的中國筷子，亦由韓秉華設計。

2007 年 4 月 29 日，靳埭強、陳幼堅、韓秉華與一眾國際專家於上海舉辦的「吉祥世博‧

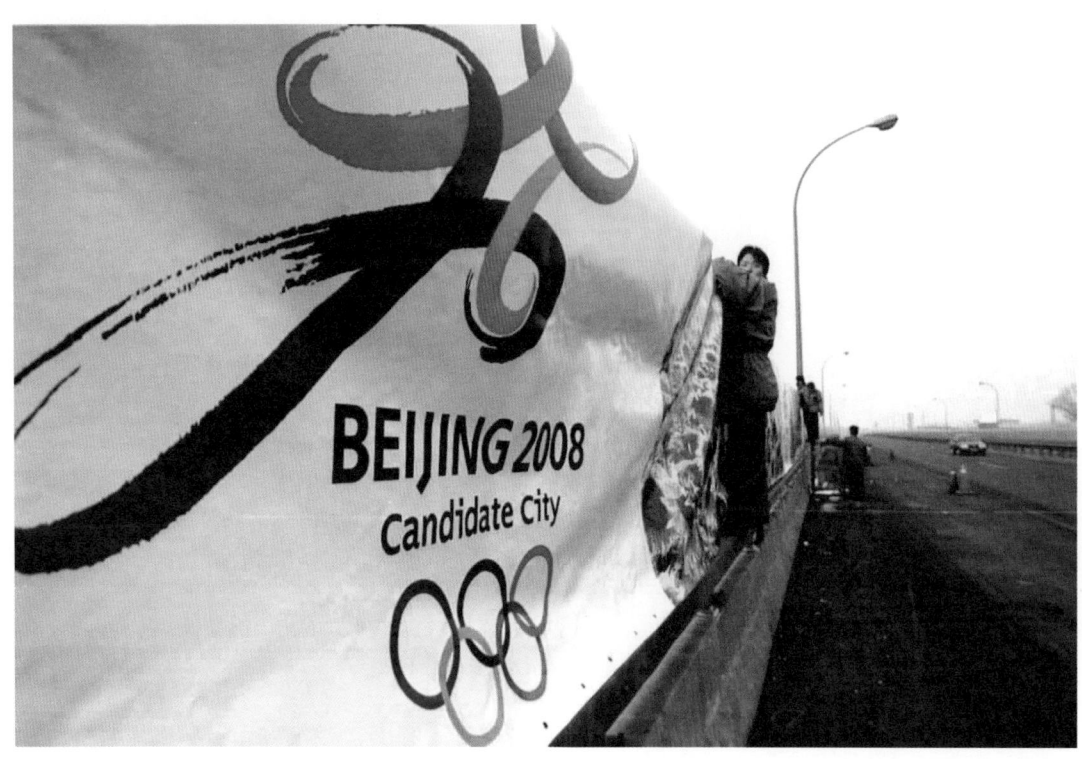

一幅展示北京申辦 2008 年奧運會會徽的彩噴繪畫。會徽由內地設計師陳紹華、內地藝術家韓美林與香港設計師靳埭強共同創作。(攝於 2001 年 2 月 11 日,新華社提供)

吉祥中國 —— 中國 2010 年上海世博會吉祥物設計創意研討會」,就大會吉祥物設計提出意見。同年 6 月,上海世博會事務協調局組織由中央美院院長靳尚誼領導,靳埭強參與其中的國際專家評審團,從全球徵集的 26,655 件吉祥物設計作品中,選取 10 件作品予上海世博會事務協調局挑選最終設計方案,並向當局提出評審意見。

2010 年上海世博會舉行期間,香港設計中心於 5 月 15 日至 10 月 31 日在上海 8 號橋創意產業園區舉辦「香港:創意生態 —— 商機、生活、創意」推廣活動,由香港珠寶設計師羅啟研擔任總策展人,活動包括靳埭強與平面設計師陳超宏、動畫師許誠毅、玩偶設計師劉建文及時裝設計師譚燕玉的作品展覽,並設有創意產業論壇及工作坊,旨在向內地業界以及到訪世博會的旅客推廣香港設計業。

廣州 2010 年亞洲運動會　2008 年 12 月 3 日,靳埭強在內合共八位來自全國各地的專家,在廣州舉辦的第二十三屆亞洲國際美術展開幕式上,獲第十六屆亞洲運動會組委會(廣州亞組委)頒發廣州亞運會視覺形象及景觀系統專家顧問組聘書。顧問組就廣州 2010 年亞運會吉祥物、體育圖標、志願者標誌、文化標誌、環境標誌、官方制服,以及應用於比賽場館內部和周邊、市內主幹道的圖案和色彩布置,向廣州亞組委提供意見。

廣州亞運城技術官員村一角，大廈前方可見展示體育圖標的燈柱。應用於亞運比賽場館內部和周邊的圖案和色彩布置，由全國專家組成的視覺形象及景觀系統專家顧問組提供意見。（攝於 2010 年 10 月 9 日，新華社提供）

深圳 2011 年世界大學生運動會　2008 年，靳埭強參與深圳 2011 年世界大學生運動會會徽、海報和火炬台設計的評選工作，並向吉祥物設計者提出修改意見。至同年 11 月 22 日，靳埭強獲深圳市政府聘用，擔任深圳世界大學生運動會文化顧問。

3. 香港貿易發展局

香港設計服務博覽會　1998 年 11 月 26 日至 29 日，香港貿易發展局（貿發局）於上海世貿商城舉辦首屆「香港設計服務博覽會」，是該局在內地舉辦的首個專業設計服務博覽，旨在向內地企業推廣香港設計業的卓越服務，以及協助業界開拓內地市場，配合內地企業因應中國加入世界貿易組織而對專業設計服務日漸增加的需求。博覽會有近 90 家香港設計公司參與，主辦方估計逾 30,000 人次參觀，當中約 15,000 人次為內地企業代表。貿發局在 1999 年 8 月及 2000 年分別於北京及上海再次舉辦該博覽。

《香港設計‧概覽》調查報告　2001 年 10 月，香港貿發局發表《香港設計‧概覽》調查報告，是該局自 1997 年香港特區成立後，為香港設計業在內地發展而進行的首個大規模調查。調查受訪對象來自 705 家位處北京、上海、廣州、深圳等九個城市大型或中型公司（包括國企、民企、合資／外資企業），涵蓋平面設計、產品設計、室內設計三大範疇。調查結果發現，21% 受訪企業曾使用外資供應商提供的設計服務，當中逾三分之二曾使用香港設計公司的服務。逾半數受訪企業認為，香港公司與內地同業相比，在設計效果及創意

兩方面較優勝，而且行業發展時間長，經驗較豐富，也易於接收世界各地的潮流資訊，但收費較貴。相比西方國家企業，香港公司在糅合西方風格與中國文化方面亦有顯著優勢。報告指出，隨着中國加入世界貿易組織，加上內地市場競爭加劇，對知識產權日益關注，內地企業對高質素設計服務需求料大增。儘管香港企業相較內地同業的收費為高，但在高檔市場具有優勢，應以內地營運的跨國企業和大型本地企業為合作對象，拓展業務。

創新科技及設計博覽　2005 年 11 月 21 日至 23 日，香港貿發局舉辦首屆「創新科技及設計博覽」，參展商來自海峽兩岸和香港、歐洲及亞洲，涵蓋設計公司、生產商、品牌持有人和零售商，旨在展示和介紹各種設計顧問服務及商業科技，讓與會者交流設計技術和尋找商機。該博覽其後每年舉辦，自 2017 年起改以「DesignInspire 創意設計博覽」名義舉辦。

香港創意營商日　2009 年起，香港貿發局每年在內地各省市舉辦「香港創意營商日」，讓香港設計業可向內地企業推廣香港的品牌宣傳和設計服務，進行商貿配對及協助內地企業提升品牌形象，達致轉型升級的目標。截至 2017 年 3 月，活動已在內地 23 個城市及台北舉行。

升級轉型・香港博覽　2011 年 5 月 12 日至 13 日，香港貿發局與廣東省對外貿易經濟合作廳，以及中國國際貿易促進委員會廣東省委員會於廣州合辦首屆「升級轉型・香港博覽」，是該局於內地首次舉辦服務業展覽，涵蓋香港服務業三大領域，包括設計創新、科技創新、市場推廣及管理創新。香港設計業界在展覽中向內地企業展示，如何透過建築及室內空間設計、設計、企業識別系統及品牌策略、專利授權、印刷及包裝等專業服務，提升品牌形象及拓展海內外市場，配合國家「十二・五」規劃推動產業升級的大方向。該博覽往後每年在內地舉辦一次。2012 年起，設計創新與市場推廣歸入同一領域，展覽改以「轉型升級・香港博覽」名義舉辦。2016 年起，以「創新升級・香港博覽」名義舉辦。

2012 年 8 月 30 日，「轉型升級・香港博覽」於杭州舉行開幕禮。（香港特別行政區政府提供）

一、概況

國家改革開放前夕，香港為歐美跨國廣告和公共關係（公關）企業的海外經營據點。1978年7月，14家屬香港廣告商會成員的跨國廣告企業香港分公司共聘用559人，包括當時廣告額排行第一至三的麥肯廣告（1963年成立）、李奧貝納廣告（1970年成立）和達彼思廣告（1974年成立）。1977年，上述14家企業廣告額合共3.16億元。跨國公關企業方面，偉達公關和博雅公關分別於1972年和1973年在香港註冊成立分公司。

1978年12月，中共十一屆三中全會議決把工作重點轉移至社會主義現代化建設。1979年11月，中宣部發出《關於報刊、廣播、電視台刊登和播放外國商品廣告的通知》，認可廣告業的發展。與此同時，歐美跨國廣告企業順應內地改革開放形勢，以香港為基地拓展內地業務。其時，兩地行業的發展存在差異。1978年至1980年代改革開放初期，香港成為內地廣告和公關行業吸收理論知識及實務經驗的來源地之一。

1979年3月15日，上海《文匯報》刊登奧美廣告香港分公司創作的瑞士雷達表廣告，是內地實行改革開放後，首個外商廣告，並為跨國廣告企業透過香港向內地傳播業務經驗之始。1986年5月16日，內地首家中外合資廣告公司 —— 電揚廣告公司在北京註冊成立，在1974年於香港註冊成立的揚雅廣告參與創辦。

1980年代，跨國公關企業以香港為基地，拓展內地業務。1984年10月15日，美資跨國公關企業偉達公關在北京辦事處正式營業，由香港分公司中國業務經理柯任彌出任經理，成為首間在中國設立辦事處的外資公關企業。1986年5月27日，中國環球公共關係公司於北京註冊成立，成為中國第一家本土專業公關企業，博雅公關香港分公司協助創辦。

隨着跨國廣告及公關企業進入內地，香港業界對內地的培訓和交流趨頻繁。1983年5月30日，國家教育部批准廈門大學新聞傳播系開辦廣告專業，為內地大專院校開辦的第一個廣告專業課程，香港中文大學新聞及傳播學系講座教授余也魯是該專業課程的聯合倡議人和籌辦人。1994年，中山大學開辦全國首個公關本科專業課程，這個課程主要籌辦者為該校教授廖為建。廖氏曾於1990年來港考察，汲取專業知識和實務經驗。1989年10月，廣東省廣告協會出版《進入廣告天地》，作者為香港精英廣告公司創辦人紀文鳳，是內地首本由香港廣告人員撰寫的中文廣告入門書。

1992年以前，按照內地規制，內地營業的跨國廣告企業，只能與指定國有外貿廣告公司合作。1992年1月至2月，鄧小平發表「南巡講話」，重申國家堅持改革開放路線；同年10

月，中國共產黨第十四次全國代表大會在北京召開，落實加快改革開放步伐，提出建立社
會主義市場經濟體制的明確目標。自此國家逐漸開放廣告業，允許各類內地廣告企業參與
市場競爭，以及放寬外資企業進入內地經營的規管。1992 年成為香港廣告和公關企業拓展
內地業務的發展轉捩點。

1992 年年底，至少有七間以香港為基地的跨國廣告企業，通過在內地成立合營公司方式，
經營內地廣告業務，精英廣告為其中之一。該公司於 1992 年 7 月在北京成立精信廣告公
司。精信廣告是內地首間外方股份佔超過 50% 的中外合資廣告公司。該公司於 1992 年下
半年至 1993 年期間，協助國家籌備申辦 2000 年夏季奧運會的公關工作 。

公關企業方面，1992 年 11 月 7 日，廣州方圓科技服務有限公司註冊成立，成為內地首間
內地與香港合作經營的公關公司。1993 年 5 月 11 日，先驅公關在廣州註冊成立代表辦事
處，成為首間在內地成立辦事處的港資公關公司。至 1995 年 6 月，至少有七家以香港為
基地的跨國公關企業，通過在內地成立合資公司方式，在內地經營公關業務。

1990 年代以來，香港成為內地企業主要境外集資市場，不少以香港為基地的跨國和港資公
關企業，計劃為內地來香港上市的企業提供財經公關服務。紅籌股公司駿威投資，率先委
託博雅公關香港分公司提供諮詢，開創內地企業在港上市使用財經公關的案例。1995 年 6
月，縱橫財經公關顧問公司在香港註冊成立，服務對象包括內地企業，這是香港首家本土
專業財經公關企業。截至 2017 年，該公司是香港規模最大的同類企業。

隨着香港業界到內地發展業務，他們同時參與完善監管制度、制定行業準則的相關工作。
1995 年 2 月《中華人民共和國廣告法》生效，為內地首部廣告法律，香港廣告商會中國分
會參與該法的起草諮詢工作。1995 年 6 月，七家以香港為中國業務基地的在華跨國公關企
業，參與簽訂了《對在中華人民共和國開展公共關係業務的職業標準的立場》，闡明在中國
從事公關行業的職業標準。

1990 年代，兩地業界的交流和合作不斷增加。部分任職跨國廣告和公關企業的香港從業員，
調職至母公司於內地開設的分公司，直接與內地同業交流經驗。1995 年 6 月，由香港廣告
業人員於同年 1 月創辦的《龍吟榜 —— 華文廣告精萃》首次在內地公開宣傳，這是全球首本
華文廣告作品集。1996 年，香港公共關係專業人員協會出版會員季刊《雙關》，其後並與中
國國際公共關係協會互相交換刊物以作交流。1998 年 7 月，香港廣告人員在香港註冊成立
龍璽創意獎有限公司，是世界首個國際華文廣告獎項，內地業界自首屆起已有參與。

中國於 2001 年 12 月 11 日成為世界貿易組織（世貿組織）會員。根據中國加入世貿簽署
《貿易服務減讓表》等文件規定，2003 年 12 月 10 日起，中外合資廣告公司將允許外資控
股；由 2005 年 12 月 10 日起，允許外資設立獨資廣告公司，反映香港廣告從業員在內地
經營將要面對全球競爭，內地業界亦全面與國外業界接軌，加強從香港以外的大中華地區

和歐美國家汲收廣告業知識和經驗。

2000 年代，隨着中國加入世貿、與國際社會接軌，加上互聯網媒體和新媒體的普及，內地廣告和公關業在從業員專業化、商業創意方面，形成一套自身的經營模式，此時期香港在內地行業發展的影響力，較 1980 年代和 1990 年代減弱。1999 年 5 月，勞動和社會保障部出版《中華人民共和國職業分類大典》，「公關員」被列入第三類職業「辦事人員和有關人員」，標誌國家確定公關的職業分類，實行職業資格證書制度；當時香港公關行業並沒有職業資格證書制度。

進入 2000 年代，內地廣告業務急速增張。於 2000 年，內地廣告營業額為 712 億元人民幣，至 2017 年，營業額為 6896 億元人民幣，17 年間，增加了約 9 倍，比對 1979 年的 1000 萬元人民幣，38 年間增加約 70,000 倍。

香港在內地的廣告業務增長放緩。2010 年，全港廣告與公關業僱員人數共 22,338 人，其中招聘至內地工作僱員總數共 293 人，佔兩個行業總僱員人數的 1.3%。根據 2003 年簽署的《內地與香港關於建立更緊密經貿關係的安排》協議而簽發的《香港服務提供者證明書》中，由 2004 年至 2017 年，廣告業的累積簽發數目共 142 份，其中 2004 年至 2009 年度共發 100 份，2010 年至 2017 年共發 42 份，至 2016 年及 2017 年錄得零簽發的紀錄。

在內地廣告和公關業高速發展和市場開放之際，香港對推動內地行業發展的影響力減弱。在香港和內地廣告和公關業界的互動中，香港角色轉型至提供培訓和交流為主，而交流更趨於雙向，香港業界亦吸收內地的發展經驗。2002 年 1 月至 5 月，香港公共關係專業人員協會舉辦與內地公關行業協會的首次互訪活動。2003 年 3 月 28 日，香港公共關係專業人員協會與中國國際公共關係協會簽署合作協議。2003 年 6 月，該協會獲中國國際公共關係協會委託，開始參與統籌中國最佳公共關係案例大賽的港澳區參賽作品。

2007 年至 2008 年，香港公關公司凱旋先驅公關協助內地引進國際商業傳播師資格認證。2007 年 10 月，香港城市大學與華中科技大學合辦首屆「公關與廣告國際學術論壇」，為海峽兩岸和港澳具影響力的公關業學術研討會。2008 年 5 月 22 日，香港各界參與北京夏季奧運會聖火傳遞的公關活動，展示香港對北京奧運的支持。2010 年 9 月 16 日，香港廣告商會在上海世界博覽會發表《中國品牌走向全球：現在與未來之成功因素》報告。2014 年 4 月 2 日，香港廣告客戶協會主辦「第七屆金投賞商業創意節峰會—香港」，是香港首次主辦金投賞商業創意節峰會。

人才培育方面，2004 年 9 月，香港浸會大學傳理學文學碩士課程首次在內地招生，提供廣告和公關專業課程，至 2017 年，該課程約九成學生來自內地，當中約七成內地畢業生返回

內地就業。截至 2017 年，香港共有四個以廣告和／或公關為主修範疇的教資會資助大學學位課程可供內地學生報讀，包括香港浸會大學開辦的傳理學社會科學學士課程；香港中文大學開辦的新聞與傳播學學士課程、廣告學社會科學碩士課程和企業傳播社會科學碩士課程 。進入 2000 年代後，香港大專院校的相關專業碩士課程，以內地學員為主要招收對象。

二、廣告

1. 業務參與

跨國外資廣告企業 [14] 是國家實行改革開放後，內地廣告業發展的推動力之一。這些跨國外資企業屬廣告代理公司，為廣告主提供包括設計、製作、代理的綜合服務。1996 年至 2000 年，營業額排名前五位的內地廣告企業，均由跨國外資廣告企業成立的合資公司佔據。2008 年，此類廣告企業約佔中國廣告市場 40% 份額。按資本來源，此類廣告企業可分為歐美和日本。香港對歐美跨國廣告企業進入內地市場發揮跳板作用。

國家實行改革開放後，歐美跨國廣告企業以香港為基地，相繼到內地發展，經營內地業務。其發展分兩大階段。首階段是在香港經營內地業務，於香港分公司成立「中國部」或「中國組」，或於香港成立專營內地業務的分公司。第二階段是進駐內地經營當地業務，於內地設立辦事處或／及成立合資公司。這些歐美跨國廣告企業進入內地市場，以香港作為跳板。

內地電視台最早的外商廣告　1979 年 3 月 15 日，上海《文匯報》刊登瑞士雷達表廣告，該廣告由香港《文匯報》代理上海廣告公司承辦。[15] 同日下午 6 時 51 分，上海電視台播出一分鐘雷達表廣告。雷達表系列廣告是國家實行改革開放後，內地第一個外商廣告，雷達表成為首個在內地播放廣告的外國品牌。同年 4 月 15 日，雷達表廣告在廣東電視台首次播放，成為該台廣告部接獲的首份外商廣告訂單。該品牌由奧美廣告公司代理，其廣告由 1979 年設立內地業務部門的奧美廣告香港分公司創作。

1979 年 7 月 16 日，香港《文匯報》、電視廣播國際有限公司與上海電視台簽訂廣告業務合作協議，獲上海電視台委託為香港地區獨家電視廣告代理，並指定於該台第 5 頻道播出。上述協議促進跨國廣告企業香港分公司代理的外商廣告於內地流通，包括雀巢、可口可樂在內的國際品牌，助內地借鑒香港廣告設計和製作經驗。

1980 年 1 月至 2 月，由香港華僑廣告公司代理的日本星辰表開始贊助廣東電視台的報時環節，開啟內地電視台以產品冠名贊助固定環節的先河，廣東電視台成為內地首家向廣告公司和廣告主提供特約贊助的電視台。至 1980 年 7 月，星辰表先後為上海電視台、北京電視台和福建電視台擔任報時。

1979 年 3 月 15 日，上海《文匯報》刊登瑞士雷達表廣告，該廣告由香港《文匯報》代理上海廣告公司承辦。同日，上海電視台播出雷達表廣告。雷達表系列廣告由奧美廣告香港分公司創作，是國家實行改革開放後的第一個外商廣告。圖為翌日香港《文匯報》頭版相關報道。（香港大公文匯傳媒集團提供）

即將發行全國各省市有關部門
本報獲北京批准正式內銷
本報代理外商廣告昨今在上海報紙刊出
上海電視昨播本報發出雷達錄彩色廣告

文匯報
WEN WEI PO

1992 年 1 月 23 日，中共中央政治局常委李瑞環（前左）在北京人民大會堂會見由董事會主席羅伯特・詹姆斯（前右）率領的美國麥肯世界廣告公司訪華團。（新華社提供）

內地首家中外合資廣告公司　1986 年 5 月 16 日，內地第一家中外合資廣告公司電揚廣告公司在工商行政管理局註冊成立，率先將國際專業廣告公司經營經驗帶入內地。電揚廣告公司由三家公司合資組成，包括電通揚雅廣告公司與兩家內地伙伴公司 —— 中國國際廣告公司、紐約中國貿易公司。電通揚雅是美日合資廣告公司，由美資揚雅廣告公司和日資電通廣告公司組成。揚雅廣告公司於 1974 年 5 月於香港註冊成立。

1992 年起跨國廣告企業擴展內地業務　1992 年以前，內地營業的跨國廣告企業只能與指定國有外貿廣告公司合作。1992 年 1 月至 2 月，鄧小平發表「南巡講話」，重申國家實行改革開放；同年 10 月，中國共產黨第十四次全國代表大會在北京召開，落實加快改革開放步伐。1993 年 12 月，國家工商行政管理局和國家計劃委員會出版《關於加快廣告業發展的規劃綱要》，提出「鼓勵國內廣告公司與世界著名廣告公司的合資與合作」有關政策。[16] 1994 年 11 月 3 日，國家工商行政管理局、對外貿易經濟合作部發出《關於設立外商投資廣告企業的若干規定》，推動內地廣告業對外開放。[17] 在上述政策背景之下，1992 年起，跨國廣告企業可與內地民營廣告公司組成合資公司，以香港為基地進入內地經營的跨國廣告企業迅速增加。

至 1992 年年底，至少有七間以香港為基地的歐美跨國廣告企業，以在內地成立合資公司方式，經營內地廣告業務，按其在內地成立首家合資公司的時序，包括揚雅廣告公司、麥肯廣告公司、奧美廣告公司、天高廣告公司、恒美廣告公司、盛世廣告公司和精英廣告公司（見表 15-3-1）。在內地經營合資公司的歐美跨國廣告企業集中在北京、上海、廣州三個城

表 15-3-1　1992 年及以前在內地成立合營公司的歐美跨國廣告企業

跨國廣告企業	在港開業年份	內地首家合資公司			
		名稱	設立日期	地點	內地合資伙伴
揚雅廣告公司 Young & Rubicam	1974	電揚廣告 有限公司	5/16/1986	北京	中國國際廣告公司 紐約中國貿易公司
麥肯廣告公司 McCann	1963	麥肯・光明廣告 有限公司	3/29/1989	北京	《光明日報》
奧美廣告公司 Ogilvy & Mather	1971	上海奧美廣告 有限公司	10/31/1991	上海	上海廣告公司
天高廣告公司 BBDO	1980	天聯廣告 有限公司	11/18/1991	北京	中國廣告聯合總公司
恒美廣告公司 DDB	1974	北京恒美廣告 有限公司	4/2/1992	北京	北京廣告公司
盛世廣告公司 Saatchi & Saatchi	1985	盛世長城國際廣告 有限公司	4/30/1992	北京	中國長城工業總公司
精英廣告公司 Grey	1978	精信廣告有限公司	7/7/1992	北京	北京國安廣告公司

資料來源：　公司註冊處網上查冊中心；陳立思：〈跨國廣告公司和中國大眾傳媒互動關係探討：廣東電視台個案研究〉（香港中文大學哲學碩士論文，1992 年），頁 199，跨國廣告公司在中國的發展情況；周茂君、姜雲峰：〈跨國廣告公司進入中國的心路歷程〉，《廣告大觀：理論版》，2008 年第 3 期；數英：〈黃金歲月誕生的華文廣告教父〉，2020 年 4 月 7 日發布，https://www.digitaling.com/articles/279257.html。

市開業，上述三地構成內地廣告業第一級地區，合佔內地廣告開支約 50%，廣告客戶以快速消費品的國際知名品牌為主。

1992 年 7 月 7 日，香港精英廣告公司與內地中信集團公司旗下的北京國安廣告公司合資在北京成立精信廣告公司，註冊資本為 10 萬美元，精英廣告公司佔股份 70%，中信集團佔 30%，[18] 成為內地首間外方股份佔超過 50% 的中外合資廣告公司。1978 年 7 月精英廣告公司於香港創辦，1979 年與入股的美國葛瑞廣告公司組成聯營企業。1992 年精信廣告公司推出第一個廣告計劃，為台灣地區即食麵品牌康師傅在內地策劃廣告。

1990 年代中期，已在香港開設分公司的跨國廣告企業，加速發展內地廣告業務（見表 15-3-2）。1995 年，香港營業額排名前十的跨國廣告企業，其香港營業額介乎 1.36 億元至 9.15 億元，內地營業額介乎 1.04 億元至 4.4 億元，香港營業額與內地營業額比例為 1 比 0.39 至 1 比 0.96。香港營業額排名第一至第三的跨國廣告企業，分別為智威湯遜廣告、李奧貝納廣告、奧美廣告，其香港營業額與內地營業額比例分別是 1 比 0.48、1 比 0.51 和 1 比 0.52。

1996 年，香港營業額排名前十的跨國廣告企業，其香港營業額介乎 1.96 億元至 9.54 億元，內地營業額介乎 1.84 億元至 5.7 億元，香港營業額與內地營業額比例為 1 比 0.25 至 1 比 1.16，其中靈獅廣告的內地營業額高於其香港營業額。香港營業額排名第一至第三的跨國廣告企業分別是智威湯遜廣告、李奧貝納廣告、奧美廣告，其香港營業額與內地營業額比例分別是 1 比 0.57、1 比 0.58 和 1 比 0.61，三者的內地營業額比例俱較 1995 年為高。

廣告業人員前往內地發展趨勢　1994 年 11 月 3 日，國家工商行政管理局與對外貿易經濟合作部聯合頒布《關於設立外商投資廣告企業的若干規定》（規定）。規定第六條列明在內地投資廣告企業的外商須具備的條件，包括「能夠在廣告策劃、創意、設計、製作和經營管理等方面培訓中國職員」。

1990 年代中期，跨國外資廣告企業以香港為基地，加強開拓內地市場，香港廣告業人員深入參與內地廣告業務，或任職於跨國廣告企業在北京、上海、廣州開設的分公司，或任職於專注內地業務的駐港公司部門，部分人士在內地出任創意總監、董事長，直接管理內地員工，向其傳授廣告知識和經驗，包括林桂枝、勞雙恩、莫康孫、林俊明、倫潔瑩等人。

林桂枝 1987 年任職奧美廣告香港分公司文案，1993 年至 1994 年任職奧美廣告北京分公司創意總監。勞雙恩 1996 年任職智威湯遜廣告上海分公司執行創意總監，截至 2017 年仍任職該公司，為亞太區創意委員會主席。莫康孫自 1998 年出任麥肯光明廣告公司北京辦公室總經理，兼中國以及亞太地區重點項目創意總監，至 2017 年離開麥肯集團。林俊明 1999 年至 2003 年任職達美高廣告亞太區執行創意總監，管理大中華地區及韓國、日本、

表 15-3-2　跨國廣告企業的香港營業額和內地營業額比較（1995 年和 1996 年）

廣告企業	1995 年香港營業額（億元）	1995 年內地營業額（億元）	1995 年香港營業額與 1995 年內地營業額的比例	1996 年香港營業額（億元）	1996 年內地營業額（億元）	1996 年香港營業額與 1996 年內地營業額的比例
智威湯遜廣告	9.152	4.409	1：0.48	9.546	5.460	1：0.57
李奧貝納廣告	8.486	4.305	1：0.51	9.294	5.389	1：0.58
奧美廣告	7.889	4.065	1：0.52	9.293	5.703	1：0.61
恆美廣告	6.973	不詳	不詳	8.239	2.095	1：0.25
達彼思廣告	6.316	2.447	1：0.39	7.246	3.639	1：0.50
精英廣告	4.898	2.873	1：0.59	4.459	4.013	1：0.90
靈智廣告	4.541	1.654	1：0.36	5.098	1.841	1：0.36
達美高廣告	3.984	3.828	1：0.96	5.520	3.667	1：0.66
天聯廣告	2.277	1.410	1：0.62	2.900	2.019	1：0.70
靈獅廣告	1.361	1.044	1：0.77	1.960	2.270	1：1.16

資料來源：　JWT holds onto No.1 spot in HK rankings，"IAA message to localise to reach Asians"，Media: Asia's Media & Marketing Newspaper, 4 April 1997, p.1 and p.3.

1992 年 7 月 7 日，香港精英廣告公司與內地中信集團旗下的北京國安廣告公司合資在北京成立精信廣告公司，成為內地首間外方股份佔超過 50% 的中外合資廣告公司。圖為公司註冊成立翌日在北京釣魚台國賓館舉行的開幕典禮。（紀文鳳提供）

印度和澳洲業務 。莫康孫與林俊明是首個國際華文廣告獎項「龍璽創意獎」（1998 年創辦）的其中兩位創辦人。倫潔瑩於 2001 年至 2016 年長駐內地從事廣告企業管理工作，2006 年至 2016 年任職睿獅廣告中國區董事長兼首席執行官。

廣告代理制在內地的推廣 1980 年代後期至 1990 年代中期，歐美跨國企業以香港為基地，進入內地開設合資公司，國際盛行的廣告代理制度逐步在內地實施，促進內地與國際廣告業接軌。代理制是廣告主委託廣告公司制定和實施廣告計劃，廣告媒介通過廣告公司尋求客戶的經營機制。1987 年 10 月 26 日，國務院發布《廣告管理條例》，其中第十五條列明「廣告業務代理費標準，由國家工商行政管理機關會同國家物價管理機關制定」，首次提出廣告代理費的概念。[19] 1988 年 1 月 9 日，國家工商行政管理局按《廣告管理條例》制定的《廣告管理條例實施細則》開始實施，規定「承辦國內廣告業務的代理費，為廣告費的 10%；承辦外商來華廣告付給外商的代理費，為廣告費的 15%」。[20] 1994 年起，廣告代理制開始在全國範圍內推廣。

貿易發展局廣告業研究報告 1998 年 3 月，香港貿易發展局研究部發表《中國內地廣告及市場研究業：為香港締造商機》，說明香港企業進入內地市場的方法、內地廣告業發展情況、香港企業在內地的業務經驗，附有包括「申請成立代表辦事處審批程序」和「申請成立外商投資企業審批程序」在內的實務資訊，[21] 為香港廣告業界進入內地經營提供參考。

內地首家在香港上市的廣告企業 2001 年 12 月 19 日，內地廣告企業白馬戶外媒體在香港主板掛牌，每股定價 5.89 元，成為內地首家在香港成功上市的廣告公司。該公司 1986 年於廣州創立，主要業務為在內地主要城市提供公車候車亭廣告，在港上市時擁有超過 48,000 個公車候車亭，是內地最大的戶外廣告媒體公司。

香港企業在內地設立獨資廣告公司 2003 年 6 月及 9 月，香港與內地簽訂《內地與香港關於建立更緊密經貿關係的安排》（《安排》），在附件 4「關於開放服務貿易領域的具體承諾中」，允許香港企業在 2004 年 1 月 1 日起在內地設立獨資廣告公司。《安排》簽訂後，工商貿易署向廣告業界提供內地法律和法規的資訊。2004 年 3 月 2 日，內地工商行政管理總局和商務部公布《外商投資廣告企業管理規定》，在「附件」部分確認和落實香港企業在內地成立獨資廣告公司的安排。

《安排》的簽訂為香港企業以獨資營業方式進入內地市場提供先機。根據中國加入世界貿易組織後對廣告業開放的承諾，至 2005 年 12 月 10 日香港和澳門除外的外資企業方可在內地設立獨資廣告企業。2004 年，總部設於香港的香港外資企業星空傳媒在上海成立星空傳媒（中國）有限公司，成為第一家內地開業的外資獨資廣告公司。截至 2017 年，根據《安排》簽發的《香港服務提供者證明書》，屬於廣告業的累積簽發數目共 142 份、涉及 131 家香港企業，簽發數目在 53 個服務行業中排行第五。

2. 培訓與交流

參與成立中國廣告學會和中國廣告協會 1982 年 2 月，中國廣告學會在北京成立，並舉行第一次全國代表大會，選出 65 名理事，包括三名香港代表：《大公報》呂德潤、《文匯報》周佐強和《經濟導報》劉華達。中國廣告學會是改革開放後首個全國性廣告學術組織，旨在開展廣告界學術交流活動。

1983 年 12 月，中國廣告協會在北京成立，香港代表與全國 28 個省、直轄市、自治區共265 人出席成立大會，並制定《中國廣告協會章程》。中國廣告協會是內地最大型的廣告行業組織，由全國廣告經營單位聯合組成，接受國家工商行政總局的領導。

內地大專院校首個廣告專業的開辦 1982 年 4 月，香港浸會書院傳理學系創辦人、香港中文大學新聞及傳播學系講座教授余也魯首次前往內地講授傳播學，同行者包括美國東西方中心高級研究員、余氏就讀史丹福大學師從的美國傳播學者宣偉伯。1982 年 5 月 5 日，余也魯與宣偉伯獲國務委員薄一波接見，分享美國和香港的傳播教育經驗，會上，薄一波主張內地參照美國和香港經驗建立大學傳播學課程。

1983 年 5 月 30 日，教育部批准廈門大學新聞傳播系開辦廣告專業，是內地大專院校開辦的第一個廣告專業課程，與國際新聞和廣播電視新聞組成同系三個專業，該系亦為內地首個以「傳播」命名的學系。余也魯是廈門大學創辦廣告專業的聯合倡議人，並參與籌備該專業的設置，包括在香港舉行師資培訓、課程設計、聯絡美國大專院校和紐約聯合基金會提供支援，成為內地廣告教育的奠基者。1984 年，該校廣告專業開始招收第一屆本科生。1984 年 6 月，余也魯帶領共八名成員的香港傳播教育交流訪問團前往廈門大學，進行為期四天、針對廈門大學教學人員的培訓講學。

金帆廣告大獎 1984 年香港廣告商會創辦「金帆廣告大獎」（前名「香港廣告商會創意大獎」），旨在認可和推崇每年的優秀廣告，由香港和海外資深廣告人員出任評審。該獎項是香港首個廣告創意獎項，主要面向香港廣告作品，1997 年至 2010 年度接受內地廣告作品參賽。2005 年上海的智威湯遜—中喬廣告有限公司成為首家登上「金帆廣告大獎」創意總分排名榜首的內地廣告公司。

北京 87 第三世界廣告大會 1987 年 6 月 16 日至 20 日，中國對外貿易廣告協會與英國《南方》雜誌在北京人民大會堂舉行「北京 87 第三世界廣告大會」，是中國首次舉辦的國際廣告會議，來自 52 個國家和地區共 1449 名代表（其中外國代表 887 名）出席會議，主題為「發揮廣告在促進經濟發展中的作用」。會議期間，國務院總理趙紫陽題詞，國務院代總理萬里在開幕式講話；國家主席李先念、國務院副總理李鵬接見全體與會代表。《南方》雜誌以香港為籌備會議的工作基地，博雅公關香港分公司受《南方》雜誌委託參與籌備，並與中國環球公關公司合作組織新聞發布會，安排國務院副總理李鵬與參會者的接見活動。

1987 年 6 月 16 日，第三世界廣告大會在北京人民大會堂開幕，國務院代總理萬里在開幕式上講話。（新華社提供）

1989 年 10 月，廣東省廣告協會出版《進入廣告天地》，作者為香港精英廣告公司創辦人紀文鳳。圖為該書封面。該書原名《點只廣告咁簡單》，於 1984 年 7 月在香港出版，是內地首本由香港廣告人員撰寫的中文廣告入門書。（廣東省廣告協會提供）

《進入廣告天地》的出版 1989 年 10 月，廣東省廣告協會出版《進入廣告天地》，作者為香港精英廣告公司創辦人紀文鳳。該書原名《點只廣告咁簡單》，於 1984 年 7 月在香港出版，是內地首本由香港廣告人員撰寫的中文廣告入門書，分為「基本知識」、「創作專題」、「廣告實例」、「公開討論」四部分共 18 章，內容包括廣告公司的組成、特色、創作意念；電視廣告的表現手法和製作；新產品的上市方法、品牌的譯名、廣告標語等。廣東省廣告協會出版該書以內地廣告業界、工商企業經營者為主要對象，目的是藉着向內地介紹香港和外國廣告經驗，提高內地廣告的創作水平、經濟和社會效益。

《中華人民共和國廣告法》諮詢工作 1994 年，香港廣告商會中國分會主席紀文鳳參與自 1991 年起草的《中華人民共和國廣告法》（《廣告法》）諮詢工作，其間在廣州與國家工商總局廣告司司長劉保孚會面，代表香港廣告商會介紹香港廣告業發展經驗，包括比較式廣告的使用。1994 年 10 月 27 日，第八屆全國人大第二次會議審議通過《廣告法》，並於 1995 年 2 月 1 日生效，成為內地首部廣告法律。

《龍吟榜 —— 華文廣告精萃》創刊 1995 年 1 月，林俊明、鄭光倫、勞雙恩在內的香港廣告業人員創辦《龍吟榜 —— 華文廣告精萃》（《龍吟榜》），由林俊明出任出版人及總編輯，每年出版四次，展示來自香港、內地、台灣地區、新加坡、馬來西亞、加拿大為主的全球華文電視、報刊和海報廣告，旨在提供創意交流的平台，是首本全球華文廣告作品集。同年 6 月，《龍吟榜》首次在內地公開宣傳，該刊人員在上海舉行的「95 中國國際廣告技術展覽會」擺設介紹攤位。1996 年 1 月起《龍吟榜》在內地發售，首間發售書店為北京的廣告人書店。至 2010 年 12 月，該刊停辦印刷本，其時在內地 8 個城市共 13 間書店有售。

創立龍璽創意獎 1998 年 7 月 20 日，龍璽創意獎有限公司在香港註冊成立，由香港廣告人員林俊明、莫康孫與台灣地區廣告人員孫大偉、新加坡廣告人員蘇秋萍創辦。該獎是首個國際華文廣告獎項，每年頒發，評審委員來自大中華地區，旨在提高華文廣告水平，並以香港為運作基地。1998 年 11 月，第一屆龍璽創意獎接受報名，共收集 1168 件參賽作品，來自香港、台灣地區、新加坡、馬來西亞、北美洲，以及內地華南、華北和華中地區；共評出 240 個獎項，其中學生組金獎由廣州美術學院及暨南大學各一名廣告專業學生獲得。

貿易發展局廣告業考察團 1998 年 3 月 22 日至 26 日，貿發局組織香港廣告業界北京和上海考察團，這是該局主辦的首個香港廣告業推廣活動，協辦單位包括中國對外經濟貿易廣告協會、上海市國際貿易業協會和上海市廣告協會。考察團旨在透過研討會、洽談和作品展覽，加強內地對香港廣告專業水平的認識，並推介香港作為內地廣告業與國際接軌的橋樑，港方參加者至少 20 人，包括香港廣告商會、香港人廣告協會、香港廣告牌製作協會和香港廣告客戶協會的代表。3 月 22 日及 25 日，考察團分別在北京和上海出席貿發局主辦的「香港—廣告創作的良伴」研討會，向內地同業分享「怎樣保持品牌青春常駐」、「廣告客戶如何爭取廣告最大效益」、「重新發掘亞太區廣告公司的核心價值」、「資訊科技推動

廣告進入無邊境界」在內的議題。

亞洲廣告展 '98　1998 年 9 月 2 日至 4 日，貿發局在香港會議展覽中心舉行「亞洲廣告展 '98」，是亞洲首個專為廣告業而設的大型貿易展覽活動，包括展覽、商務會議、研討會及工作坊，參展商至少 100 家，來自廣告、公關與企業傳訊、市場推廣在內的行業，旨在為廣告和市場推廣業界提供交流機會。是次展覽中，貿發局與香港《文匯報》合辦「中國內地媒體／廣告館」，中央電視台、新華通訊社、北京廣播電視台在內的至少 60 家內地媒體廣告單位設展，向外商展示內地廣告市場的潛力。是次展覽包括「國內主要傳媒的現狀及發展方向」研討會，參加者 600 人以上。

可供內地學生報讀的香港廣告教育課程　2004 年，香港浸會大學傳理學院於 1996 年開辦的傳理學文學碩士課程首次在內地招生，向內地學生提供廣告教育。該課程是教資會資助大學開辦時間最長、招生人數最多的授課式研究生課程，包括廣告、公關和媒介研究學科。2004 年 9 月，該課程錄取 92 名學生，其中三分之一為內地和海外學生。2005 年，面向香港和內地招生的香港浸會大學傳理學院「公關及廣告專業」課程，獲國際廣告協會鑒定為達到專業水準的市場傳播課程，是大中華地區第一個獲該協會認可的同類課程，至 2004 年，全球共有 51 所大學獲此認可。截至 2017 年，香港共有三個以廣告為主修範疇之一的教資會資助大學學位課程可供內地學生報讀，包括香港浸會大學開辦的傳理學社會科學學士課程，香港中文大學開辦的新聞與傳播學學士課程、廣告學社會科學碩士課程。

《中國品牌走向全球：現在與未來之成功因素》報告　2010 年 9 月 16 日，香港廣告商會在上海世界博覽會「創意香港‧品牌中國」研討會發表《中國品牌走向全球：現在與未來之成功因素》報告，匯集全球四大廣告集團即美國宏盟集團、英國 WPP 集團、美國 Interpublic、法國陽獅集團對中國品牌潛力的分析，研究遍布 29 個國家，共收集 490 位品牌專家對中國品牌的看法與建議，是當時最大規模的中國品牌潛力調查報告，並提出六項提升內地品牌形象和市場佔有率的建議，為內地廣告業發展提供策略。研討會由香港廣告商會與香港貿發局合辦，為特區政府參與 2010 年上海世博會節目。

內地首次獲得康城國際廣告節全場大獎　2011 年 6 月，任職上海跨國廣告企業智威湯遜─中喬廣告公司的香港廣告業人員勞雙恩帶領公司團隊創作的平面廣告作品《天堂與地獄》，獲得第五十八屆康城國際廣告節共 71 個獎項，包括 10 項全場大獎，是內地首次獲得康城國際廣告節全場大獎，該作品也是世界廣告歷史上獲獎最多的平面海報。同年 11 月，勞雙恩獲委任為 2012 年康城國際廣告節戶外廣告獎項的主席評審，成為首名華人出任此項國際廣告盛事的主席評審。

金投賞商業創意節峰會　2014 年 4 月 2 日，香港廣告客戶協會假香港富豪酒店主辦「第七屆金投賞商業創意節峰會─香港」，是香港首次主辦金投賞商業創意節峰會。是日，主講嘉賓為五位內地社交媒體領袖，包括金投賞創始人賀欣浩、美圖公司創辦人吳欣鴻、土豆

網總裁楊偉東、飛博共創創始人伊光旭和盛世瑞智總裁趙黎，在會上分享透過社交媒體建立商譽和開拓商機的經驗，超過 200 名廣告代理和客戶出席。金投賞商業創意獎 2008 年由賀欣浩創建於上海，是內地第一個商業創意獎項，旨在獎賞最具創意的品牌和企業，推動中國商業創意。

三、公關

1. 業務參與

外資跨國公關企業香港分公司是改革開放前期內地公關業發展的推動力之一。深圳經濟特區於 1980 年 6 月成立後，香港工商和公關業界人士前往當地洽商，視察投資環境，形成內地接觸公關觀念及實務的主要源頭之一。1998 年中國國際公共關係協會發表首份全國公關業調查報告《中國公共關係業 1998 年度行業調查報告》，指出跨國公關企業在內地專業公關公司中佔主導地位，在營業額、客戶、員工人數和專業程度佔據絕對優勢。上述公司業務多元化，涵蓋媒介關係、政府關係、營銷公關、大型活動、財經傳播、危機管理範疇，並同時於香港和內地設有辦事機構。

內地第一代跨國公關企業　香港是跨國公關企業進駐內地市場的跳板。在 1995 年參與簽署《對在中華人民共和國開展公共關係業務的職業標準的立場》的七間跨國公關公司，皆於 1970 年代至 1980 年代在香港註冊，並於 1980 年代初期至 1990 年代初期在內地開設辦事處或 / 及合資公司（見表 15-3-3），[22] 是內地第一代跨國公關公司。這些公關企業聘請香港資深華人公關主理中國業務，開拓內地市場，集中於北京、上海、廣州三個城市開業，

表 15-3-3　1995 年內地七大跨國公關企業在港註冊日期

跨國公關企業	在港註冊日期
偉達公關 Hill & Knowlton	1972 年 11 月 28 日
博雅公關 Burson-Marsteller	1973 年 3 月 2 日
奧美公關 Ogilvy & Mather	1985 年 1 月 2 日
宣偉公關 Shandwick	1986 年 11 月 14 日
愛德曼公關 Edelman	1990 年 4 月 18 日
富顯博公關 Fleishman-Hillard Scotchbrook	1990 年 6 月 5 日
奧博公關 Abbott	1990 年 8 月 31 日

資料來源：　公司註冊處網上查冊中心。

香港是其經營內地業務基地，間接推動內地公關業發展。《中國公共關係業 2017 年度調查報告》列示的「2017 年度 TOP 30 公司榜單」中，奧美公關、偉達公關、萬博宣偉公關和愛德曼公關仍然榜上有名。

首間在中國設立代表辦事處的外資公關企業 1984 年 10 月 15 日，美資跨國公關企業偉達公關在北京代表辦事處正式營業，成為首間在中國設立代表辦事處的外資公關企業。辦事處設於京倫飯店，為在內地的公司、機構和政府部門，以及在海外營業的中國機構提供公關服務，包括新聞稿發布、翻譯、聯絡內地媒介和外國記者，北京辦事處經理由香港分公司中國業務經理柯任彌出任。偉達公關北京辦事處成立時職員以外籍人員為主，至 1998 年，內地本土人員佔 90% 以上，包括任職高級管理層。香港是偉達公關經營內地業務的基地，1972 年 11 月 28 日，偉達公關在港註冊成立偉達公眾關係顧問公司。

中國環球公共關係公司的創立 1985 年 4 月，美國博雅公關香港分公司向新華社香港分社副社長陳伯堅提出在內地開展公關業務的合作意向。同年經陳伯堅引介，博雅香港派出代表赴京，與新華社屬下中國新聞發展公司副總經理虞孝淮會面，進一步討論合作細節。1985 年 8 月 31 日，中國新聞發展公司副總經理李穎息，以及博雅公關國際總裁葉博羅於北京人民大會堂簽訂為期八年的合作協議，規定中國新聞發展公司設立的「中國環球公共關係公司」獨家代理博雅公關的內地業務，同時由博雅公關代理中國環球的國際業務。

合作協議簽訂以後，博雅公關香港分公司為中國環球職員提供培訓。1985 年 9 月，美國波特曼公司委託博雅公關在上海召開新聞發布會，宣布該公司在中國第一個投資項目上海商城，博雅公關將此工作交託中國環球的籌備機構，並委派香港分公司員工協助和指導，包括舉辦新聞發布會的程序、新聞稿的格式。這次新聞發布會成為中國環球籌備人員的第一項公關活動，亦是首次有外國企業在內地舉辦商業性新聞發布會。1985 年 12 月 13 日，博雅公關在香港註冊成立博雅公共關係中國有限公司，專責博雅公關內地業務，並與中國環球接洽工作，由香港分公司中國事務高級顧問林乃仁出任總經理。

1986 年 5 月 27 日，中國環球公共關係公司於北京註冊成立，成為中國第一家本土專業公關公司，由虞孝淮出任董事長，馬運生任總經理。該公司提供的公關服務包括業務機會分析、舉辦活動及記者招待會、發布新聞稿、國情介紹、媒介宣傳策劃。1986 年起，中國環球職員開始在博雅公關香港分公司接受培訓，首位來港受訓人員是總經理馬運生。同年，中國環球職員在博雅公關香港分公司的協助下，完成北歐世家皮草公司在北京的一系列公關宣傳活動，包括在酒店舉行時裝表演。1986 年 11 月 26 日，博雅公關和中國環球於北京長城飯店舉辦時裝表演，吸引約 800 人到場，包括內地官員、各國駐華大使及夫人、新聞記者，為內地首次外國時裝表演活動。

1986 年博雅公關和中國環球於北京舉辦內地首次外國時裝表演活動。圖為身穿北歐世家裘皮時裝的模特兒在天安門廣場作宣傳演出。（新華社提供）

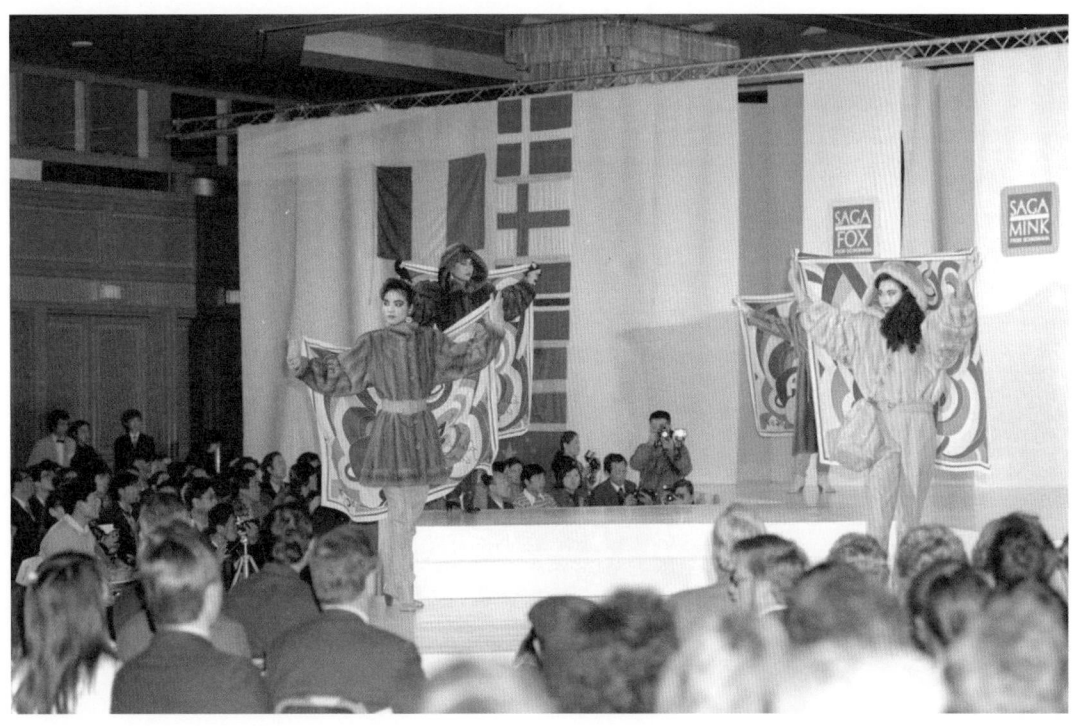

1986 年 11 月 26 日，博雅公關和中國環球於北京長城飯店舉辦北歐世家皮革公司裘皮時裝表演，為內地首次外國時裝表演活動。圖為出場表演的模特兒。（新華社提供）

1986 年 5 月 26 日，新華社副社長郭超人（中）在北京和平門烤鴨店舉行宴會，歡迎美國博雅公關主席夏博新和夫人。（新華社提供）

大亞灣核電站的公關案例　1986 年 7 月 11 日，國務院副總理李鵬召集核工業部部長蔣心雄、外交部副部長周南、港澳辦副主任李後等官員召開會議，應對 1986 年 4 月蘇聯切爾諾貝爾核電廠發生輻射泄漏事故在香港社會引發對核電安全的關注，包括要求擱置興建大亞灣核電站。會議認為需要加強在香港的輿論宣傳，通過報刊、科普講座、展覽向香港社會推廣核電安全。

1986 年 7 月 19 日至 8 月 18 日，香港《文匯報》及《大公報》合共刊登 70 篇以上支持興建大亞灣核電站和宣傳核電安全的文章。同年 9 月 12 日，「核技術展覽會」於尖沙咀星光行開幕，並於翌日對外開放。展覽會由香港科技協進會及中國核學會合辦，香港物理學會、促進現代化專業人士協會、香港電腦學會、香港理工學院校友會及香港放射學技師會協辦，旨在加深香港社會對國家核電技術發展的了解，並展示國家在核電管理和安全有所保證，場內設有模型、展板、影片播放區，並每天舉辦由專家學者主講的科普講座。9 月 28 日展覽結束，展覽會執行委員會公布共約 80,000 名觀眾入場，接待學校和社會團體至少 108 間，其間舉行 18 場科普講座，共約 5000 人參與。翌日，展覽會執行委員會公布，2000 名接受主辦單位訪問的參觀者中，超過九成認為展覽對提高市民的科技知識有很大幫助。香港社會各界所組織的相關活動，報章宣傳及舉辦展覽，為內地公關業界提供危機公關的教學案例。

申辦 2000 年夏季奧運會的公關工作　1992 年下半年，香港精英廣告公司、中國精信廣告

公司協助策劃北京申辦 2000 年夏季奧運會的公關工作，包括由精英廣告主席、精信廣告董事長紀文鳳在內地提出建立國家形象的宣傳策略。1993 年 2 月 5 日，北京 2000 年奧林匹克運動會申辦委員會正式委託香港精英廣告公司在內的三個集團和人士，共同負責北京申辦 2000 年奧運會的部分公關宣傳工作。[23] 同年 2 月 20 日，精信廣告向北京奧申委秘書長萬嗣銓提交「全港支持北京申辦奧運 2000 大行動計劃書」，提出在香港舉辦宣傳活動的計劃。[24]

內地首間兩地合作經營的公關企業　1992 年 11 月 7 日，廣州方圓科技服務有限公司註冊成立，設於廣州海珠廣場，祁來出任董事長，浦炳榮出任副董事長，謝景芬出任總經理。該公司屬中外合作經營企業，由港資天祥科技有限公司（由浦炳榮於 1992 年 2 月在香港註冊成立）與廣州科技開發總公司（廣州市科技和信息文化局屬下企業）合資 30 萬元創立，是內地首間兩地合作經營的公關公司，經營範圍包括企業管理諮詢、技術諮詢、法律諮詢、科研和技術服務。[25] 1991 年廣州方圓科技籌備期間，策劃承辦同年 11 月舉行、由國家科委和廣州市政府主辦的第三屆全國新技術新產品展銷會。1994 年，廣州方圓科技更名為廣州方圓諮詢顧問有限公司；2000 年，再更名為廣州方圓公關顧問有限公司。

首間在內地成立代表辦事處和獨資公司的香港公關企業　1993 年 5 月 11 日，香港公關企業「先驅公關」在廣州註冊成立代表辦事處，設於花園酒店，為首間在內地成立辦事處的港資公關公司，也是內地首間由香港華人全資營運的公關公司，提供市場推廣、經貿廣告策劃製作業務。先驅公關創辦人為盧茵茵，合伙人為朱偉基。2001 年 8 月 22 日，凱旋先驅公關（1995 年美資跨國公關企業凱旋公關入股先驅公關後成立）在上海註冊成立凱旋先驅公共關係顧問（上海）有限公司，成為首間在內地成立獨資公司（港澳台法人獨資）的港資公關企業，提供各類企業公關業務，同時參與內地公關業的培訓交流活動，包括於 2004 年協辦首屆「光明公益獎」、2007 年至 2008 年推動首屆國際商業傳播師資格認證、2010 年擔任廣州亞運會境外公關顧問。該公司於 2011 年獲中國國際公共關係協會頒發「中國公關業傑出貢獻大獎」。

《對在中華人民共和國開展公共關係業務的職業標準的立場》　1995 年 6 月 2 日，博雅公關、奧美公關、偉達公關、萬博宣偉公關、愛德曼公關、福萊公關、奧博公關七家在華外資跨國公關企業及中國環球公關公司，簽訂《對在中華人民共和國開展公共關係業務的職業標準的立場》（《職業標準的立場》），闡明和統一對在內地從事公關的職業標準。《職業標準的立場》除表示須符合中國國情，遵守中國的法律、規章和政策外；亦遵守國際行業準則，參照美國公共關係協會制定的《公共關係行業職業準則》和國際公共關係協會制定的《國際公共關係協會章程》。[26]

《職業標準的立場》針對內地有償新聞的現象，提出處理方案。該文件的附件 ——《中國公共關係行業操作指南》制定內地公關公司支付新聞媒介費用的指導原則，涵蓋交通費、就餐、禮品及樣品、新聞稿的使用、新聞媒介的旅行費用、廣告性報道、僱用電視台拍攝的

對在中华人民共和国开展
公共关系业务的
职业标准的立场

一. 前言

自中国实行对外开放政策以来，越来越多的外国公司在中国投资，因此不可避免地要同中国的政府、新闻媒介及有关机构和个人沟通、联系。

如同在其他国家的一般做法一样，许多外国公司在中国也利用公共关系咨询机构帮助他们的业务，以保证其计划和活动能得到正确的实施执行。

公共关系公司的业务大量涉及到推广客户在中国的投资，因而需要一个适合中华人民共和国国情的公共关系职业标准。大部分在中国有业务的公共关系公司和有公共关系业务的广告公司，为了阐明和统一其立场，并使外界对此充分了解，一致同意公布并执行此标准。

二. 目的

1）我们及我们的客户充分尊重中华人民共和国适用于公共关系及传播业的有关法律、规章和政策；

2）我们执行中国国际公共关系协会和中国公共关系协会的行业指导文件；

1

1995 年 6 月 2 日，七家在華外資跨國公關企業及中國環球公關公司簽訂《對在中華人民共和國開展公共關係業務的職業標準的立場》，以闡明和統一對在內地從事公共關係的職業標準。圖為文件首頁。（崔綺雲提供）

層面，包括媒介人員須出示收據方可向公關公司報銷交通費用；公關公司給予媒介人員的禮品和樣品，一般不得超過 25 美元；公關公司不得為發表新聞稿向新聞媒介支付費用；公關公司為新聞媒介組織的旅行，只限公務目的。[27] 簽署《職業標準的立場》的七家外資跨國公關企業，皆以香港為基地開展內地業務。

香港公關企業為內地企業提供財經公關　1990 年代後，香港證券市場是內地企業首選的境外集資中心。紅籌股企業、H 股企業、民營企業的各類內地企業先後在香港聯合交易所（聯交所）主板及創業板上市。香港公關企業初以香港為基地，為來港上市融資的內地企業提供財經公關服務；2000 年代後，香港主要專業財經公關企業在內地大城市開設辦事處，直接在內地提供財經公關服務。財經公關透過各類活動，協助上市公司設計形象，以及通過各類途徑向投資者傳達信息。

1992 年，博雅公關香港分公司為內地駿威投資有限公司部署香港上市的宣傳計劃。駿威投資是一家投資控股公司，擁有廣州國有企業廣州汽車集團的股權。博雅公關香港人員首先派員前往廣州考察，並為駿威投資的負責人提供培訓，包括定位會議、面對媒介訓練、活動計劃，以及參觀駿威廠房，讓其員工了解香港傳媒的運作方式。同年 12 月起，在港擬定公關工作，包括邀請香港報章記者、逾 50 位基金經理及財經分析家到廣州參觀駿威投資的廠房；舉行大型基金經理及財經分析家推介會，在正式招股前一天，舉行記者招待會。博雅公關香港人員協助駿威應對傳媒查詢，並在招股期間安排傳媒訪問和發布新聞稿。

1993 年 2 月 22 日，駿威投資有限公司於香港聯交所主板上市，招股成績打破當時香港紀錄，超額認購 657.38 倍，凍結資金逾 2400 億元。這是內地企業在港上市使用財經公關的首個案例。

1995 年 6 月 15 日，縱橫財經公關顧問有限公司在香港註冊成立，向香港、內地和海外企業提供財經公關服務，是香港首家本土專業財經公關企業。公司創辦人為曾立基。1998 年 2 月 6 日，縱橫財經公關顧問（中國）有限公司在香港註冊成立，專注內地財經公關業務。縱橫財經公關先後於 2000 年、2001 年及 2003 年分別在北京、上海及廣州成立分公司，在當地提供財經公關業務。2000 年至 2006 年，該公司曾服務 60 間以上內地企業，包括來自飲食、汽車及電訊行業的國營企業，並於 2002 年至 2006 年分別協助中國電信股份、中國網通集團（香港）、中國綠色食品（控股）及天津港發展控股在內的內地企業在香港股票市場上市。截至 2017 年，該公司為香港規模最大的專業財經公關企業。

1996 年 7 月 11 日，皓天財經集團在香港註冊成立，創辦人是內地商人劉天倪，是唯一在香港交易所上市的專業財經公關企業。該集團為內地企業提供海外諮詢服務，引導內地企業發展境外業務，促成內地和國際企業在中國地區的跨領域合作。該集團專注協助內地企業來港上市，分別於 2006 年、2014 年及 2016 年協助中國工商銀行、萬達集團及美圖公司在港上市。於 2009 年至 2011 年財政年度，皓天財經共有 39 名首次公開招股（IPO）客戶，包括 12 個內地國有企業客戶。2012 年 9 月 13 日，皓天策略投資顧問（北京）有限公司註冊成立，為該集團首家內地註冊的財經公關子公司。

推出關係營銷模式 2001 年下半年，美國精信整合傳播集團內地及香港地區辦公室推出關係營銷模式，應用於上海大眾汽車產品宣傳，該市場公關模式由集團中國及香港地區董事長及首席執行官、香港廣告和公關業人員陳一枬策劃。上海大眾汽車為內地首個使用該關係營銷模式的企業個案。與側重品牌宣傳的傳統市場營銷模式有別，該模式強調建立客戶體驗管理。上海大眾汽車透過建立三個溝通渠道落實關係營銷，包括客戶開發中心、經銷商廣域網和消費者網站。2004 年度和 2005 年度，上海大眾汽車蟬聯中國汽車行業最佳 CRM 實施企業。

創立威漢營銷傳播集團 2005 年 8 月 2 日，威漢營銷傳播集團有限公司在香港註冊成立，由 10 名任職於跨國廣告和公關企業的香港華人創辦，陳一枬任集團首席執行官。該集團是首個由華人管理的環球市場推廣網絡，總公司設於香港，從事市場公關為主業務，旨在協助內地品牌發展國際市場。同年，該集團為包括上海榮威汽車、北京奔馳汽車在內的內地企業建立品牌。截至 2017 年，威漢集團在上海、北京、南京、廣州設有辦公室。

「全民迎聖火—中國加油」運動 2008 年 4 月，「全民迎聖火—中國加油」運動委員會成立，由貿發局主席蘇澤光出任主席。該運動由香港廣告業界人士紀文鳳接受特區政府的邀

請而策劃，向世界展示香港對北京主辦 2008 年夏季奧運會的支持。4 月 27 日，委員會發起「全民迎聖火—中國加油」宣傳活動。同年 5 月 2 日，奧運聖火傳遞活動中國區首站在香港舉行，由 119 名火炬手傳遞聖火。當天超過十萬名香港市民穿上紅衣夾道歡迎聖火，並手持國旗和區旗，貼上印有「中國加油」字樣的紅色貼紙。特首曾蔭權親身參與相關活動，包括出席四個大型購物商場的聖火傳遞直播節目。

首間港資公關企業成為國家大型國際運動會的公關代理　2009 年 7 月，凱旋先驅公關正式獲委託為 2010 年第十六屆廣州亞運會公關代理機構，負責國際公共關係和媒體傳播，成為香港首間港資公關企業參與代理國家大型國際運動會的公關事務。該項目由凱旋先驅駐香港和廣州團隊管理，歷時 18 個月，內容包括國際市場的傳播策略計劃、海外媒體關係管理、媒體監察及危機管理。其間，凱旋先驅培訓逾 400 名內地官員和志願者。

2. 培訓與交流

全國首個公關專科和本科專業課程的設置　1985 年 9 月，深圳大學大眾傳播系設立公關專業，為全國高等院校首個公關專科專業課程，該課程與國際名校的同類課程接軌。香港浸會學院傳理系教授林年同協助深圳大學創立該課程，師資包括林年同、香港城市理工學院新聞傳播系教授祝建華等香港學者。1989 年 3 月，香港中文大學與北京大學社會學系在北京合辦「公眾關係學研修班」，由香港資深公關學者講授，來自全國高等院校約 150 名公關教學工作者參加學習，並於修畢課程後，在各自院校開設公關選修課，以及在管理、文秘、新聞等學科領域開設必修課，成為內地首批高等院校公關學教育的推動者和建設者。

1994 年，中山大學經國家教育部批准，設置試辦公關本科專業，並於同年招收第一屆學生；該課程隸屬於政治與行政學系，是全國首個公關本科專業課程。該課程主要籌辦者、中山大學教授廖為建於 1990 年獲香港大學畢業同學會資助，前來香港從事公關研究，在港期間，與中國首批華人傳播學者之一余也魯會面交流，並考察香港浸會學院傳理學院的課程設置、跨國公關企業香港分公司的營運方式，為中山大學其後在該校設置公關本科課程提供參考。

電視台連續劇《公關小姐》內容素材　1983 年，美國加州大學新聞系畢業的香港公關從業員田小玲出任中國大酒店首任公關部經理；1985 年，香港中文大學新聞傳播系畢業的香港公關從業員常玉萍出任第二任公關部經理。常玉萍團隊的工作和歷程，成為廣東電視台連續劇《公關小姐》的素材。1989 年 9 月 25 日，該台珠江頻道首播 24 集《公關小姐》（粵語版），同年 11 月 12 日，普通話版在中央電視台首播。該劇是全國首部反映公關職業的電視連續劇，展現早期內地公關業的發展，推動公共關係行業在內地的普及化，創下廣東電視台自製節目的最高收視率。

兩地公關業專業刊物交流互通　1996 年，香港公共關係專業人員協會出版《雙關》會員季

香港參與國家改革開放志

972

刊，讀者對象包括內地業界人士。《雙關》刊載的文章涵蓋公關學研究、香港和內地行業案例、香港公關企業和人員在內地發展的範疇，有助內地業界汲取香港公關行業的發展資訊和理論知識。2005 年 2 月，中國國際公共關係協會創辦《國際公關》雙月刊，創刊起香港公共關係專業人員協會獲其同意可轉載該刊文章。《國際公關》逢雙月份於北京出版，旨在傳播公關理念、交流技術經驗，並推動中國公關職業化、專業化和規範化，刊載內地各省市地方動態、公關行業新聞和參考案例，助香港業界了解內地行業動向。香港公共關係專業人員協會於 1995 年 5 月成立，是香港最大規模本土公關業行業組織，旨在推廣公共關係專業，定期舉行會議及論壇，促進同行交流。創會成員包括公營及私營機構公關人員、專業公關企業及自僱公關顧問專業人員。

「兩岸三地公關實戰研討會」　2000 年 3 月 4 日，香港公共關係專業人員協會與香港浸會大學傳理學院合辦「兩岸三地公關實戰研討會」，中國國際公共關係協會、國際公共關係協會（台灣）、香港旅遊協會、奧美公關香港分公司、中山大學和廣東商學院工商管理學院的人員出席會議。這是香港最大規模本土公關業行業組織首次與內地及台灣地區的公關專業團體合作，旨在促進海峽兩岸和香港公關業務經驗交流。

兩地主要公關行業組織首次互訪　2002 年 1 月至 5 月，香港公共關係專業人員協會舉辦與內地公關行業協會首次互訪活動。1 月 18 日至 20 日，該協會 22 位成員前往上海考察，獲中國國際公共關係協會、全國首家公關協會「上海市公共關係協會」接待，其間與內地企業哲基公關及海天網聯代表交流，參觀可口可樂、新天地、哲基公關，並於 1 月 19 日與接待單位召開以中國公關業為題的研討會。同年 5 月 10 日至 14 日，協會邀請中國國際公共關係協會組織代表團回訪香港，其間安排代表團前往香港政府新聞處、香港電台、恒生銀行、奧美公關公司、煤氣公司在內的機構考察，並於 5 月 11 日舉行「中國內地與香港公關趨勢：巨變中的策略性轉型」研討會，講者包括中國國際公共關係協會和特區政府新聞處代表，這是首次有內地公關業代表團訪港。

見證通過《中國國際公關協會會員行為準則》　2002 年 12 月 6 日，中國國際公關協會在北京舉行第三次全國會員代表大會，通過《中國國際公關協會會員行為準則》，推動中國公關職業化、專業化和規範化，該會單位會員和個人會員均同意遵守該準則。該準則是內地首部完善並付諸實施的行為準則，規範公關從業人員的行為，2003 年 1 月 1 日開始實施。香港公共關係專業人員協會會長崔綺雲、香港公共關係專業人員協會顧問張樹槐、凱旋先驅公關執行總裁朱偉基出席該會議，參與討論公關在內地的發展趨勢和未來發展方向，見證該行為準則的落實。

香港公關業人員出任內地全國性公共關係協會理事　2002 年 12 月 6 日，中國國際公共關係協會在北京舉行第三次全國會員代表大會，香港公共關係專業人員協會會長崔綺雲獲選為理事和第一屆學術工作委員會委員，是香港首位行業組織主管出任該協會理事和委員；

2003 年 3 月 28 日，香港公共關係專業人員協會前會長崔綺雲（右）與中國國際公共關係協會代表、中國前駐聯合國代表李道豫（左）簽署合作協議，加強香港公關業界與內地同業在教育、學術、和業務方面的交流。（崔綺雲提供）

同日，凱旋先驅公關執行總裁朱偉基亦獲選為該協會理事，是香港首位專業公關公司主管出任該協會理事。2005 年 12 月，恒生銀行助理總經理兼企業傳訊主管張樹槐獲選為該協會理事，是香港首位企業公關部門主管出任該協會理事。

兩地主要公關行業組織的合作協議　2003 年 3 月 28 日，香港公共關係專業人員協會在該會第七屆周年大會上，與中國國際公共關係協會簽署合作協議，推動香港公關業界與內地同業的交流，加強在教育、學術和業務方面的合作。按照協議，雙方建立一套固定的合作交流機制，開展定期交流活動，雙方每年各策劃、組織一次學術或業務交流活動，分別負責香港和內地的組織、接待和活動。合作內容包括舉辦研討會、公關實務培訓；開發課程、研究課題、時事論壇；組織專業人員訪問兩地代表性公關企業和機構。[28]2004 年 6 月，香港公共關係專業人員協會舉辦北京考察交流團，行程包括出席中國國際公共關係協會第五屆中國國際公共關係大會，是該合作協議簽訂後兩地協會的首次交流活動。

統籌中國最佳公共關係案例大賽港澳區參賽作品　2003 年 6 月，香港公共關係專業人員協會獲中國國際公共關係協會委託，統籌收集中國最佳公共關係案例大賽港澳區參賽作品，是首次有香港專業公關組織獲邀參與統籌此項大賽，協會副會長及中國事務常設委員會成員崔綺雲應邀出任大賽評審。該項比賽由中國國際公共關係協會於 1993 年創辦，每兩年舉

行一屆，是內地公關業界最大規模評獎活動，旨在為公關企業和機構提供交流機會、提高內地公共關係專業水平。

2004 年 6 月 24 日，頒獎禮於北京舉行，香港案例獲三個金獎和六個銀獎，獲金獎機構為中銀香港（控股）有限公司、恒生銀行和水務署，獲銀獎機構為九龍巴士、中華煤氣、新創建集團、香港理工大學。協會參照中國最佳公共關係案例大賽、香港和國際同類活動的比賽規則和評審方法，於 2010 年 9 月主辦首屆香港公共關係獎，是首個專門為香港公關業界而設的案例比賽。

截至 2017 年，香港公共關係專業人員協會連續統籌第六至十三屆案例大賽的港澳區參賽作品共 140 個，當中 15 個獲金獎、43 個獲銀獎；2006 年 6 月，協會在第七屆案例大賽首次獲頒最佳組織獎，截至 2017 年連續於第七屆至第十三屆獲頒此獎。[29] 協會透過統籌參賽作品，向內地展示香港業界經驗；同時香港公關公司透過案例大賽與內地業界建立關係，便利進入內地市場。

香港公關企業協助推動光明公益獎　2004 年 6 月 18 日，首屆光明公益獎（跨國公司）頒獎禮在北京舉行，為在華從事公益事業的跨國企業頒發「十佳獎」和「十最獎」共 20 個獎項。光明公益獎由《光明日報》主辦，是內地首個由全國性媒體頒發、以公益為主題的評獎活動，並得國家民政部、商務部和國務院新聞辦支持。光明公益獎旨在表彰跨國企業對中國公益事業的貢獻，使內地企業、在華跨國企業、專業公關企業提高注重企業社會責任。在內地成立首間獨資公關企業的香港凱旋先驅公關，為首屆評獎的贊助和主要協辦機構，該公司北京分公司總經理為首屆頒獎禮兩位主持者之一。

可供內地學生報讀的香港公關教育課程　2004 年 9 月，香港浸會大學傳理學院於 1996 年開辦的傳理學文學碩士課程錄取 92 名學生，其中三分之一為內地和海外學生。這是該課程首次在內地招生，向內地居民提供公關教育。該課程為香港本地教資會資助大學開辦時間最長、招生人數最多的授課式研究生課程，包括公關、廣告和媒介研究學科，香港浸會大學是首間提供公關學位課程的香港教資會資助大學。2005 年，向香港和內地招生的香港浸會大學傳理學院「公關及廣告專業」課程，獲國際廣告協會鑒定為達到專業水準的市場傳播課程，是大中華地區第一個獲該協會認可的同類課程。截至 2017 年，香港共有三個以公關為主修的教資會資助大學學位課程可供內地學生報讀，即香港浸會大學開辦的傳理學社會科學學士課程，以及香港中文大學開辦的新聞與傳播學學士課程、企業傳播社會科學碩士課程。企業傳播社會科學碩士課程於 2011 年至 2017 年收到共約 900 份申請，其中約七成來自內地。

香港公關企業協助推動國際商業傳播師資格認證　2007 年 4 月，上海市公關協會與國際商業傳播師協會簽訂協議，由後者在內地引進和籌劃國際商業傳播師資格認證。2008 年 9

月，內地首批國際商業傳播師頒證儀式在上海舉行，10 名公關從業人員通過一年的培訓和考核後，獲得「認證商業傳播師」稱號，標誌傳播國際認證正式引入。香港公關企業凱旋先驅透過其設於上海的中國區總部倡議、推動及贊助此次認證工作，並擔任上海市公關協會與國際商業傳播師協會的聯絡橋樑和協助認證考核。

公關與廣告國際學術論壇　2007 年 10 月，香港城市大學英文與傳播系，聯同華中科技大學新聞與資訊傳播學院合辦首屆公關與廣告國際學術論壇，主題為新媒體與公共關係，論壇地點在華中科技大學。2008 年 12 月 5 日至 7 日，香港城市大學媒體與傳播系在該校舉行第二屆公關與廣告國際學術論壇，主題為「危機管理與整合策略傳播」，是香港首次主辦該論壇，來自內地、香港、台灣地區、美國和新西蘭的學者和業界人士出席會議。截至 2017 年，該論壇為海峽兩岸和港澳具影響力的公關和廣告學術研討會，旨在加強學界、業界在公關和廣告理論、實踐和教育方面的合作。

注釋

1　靳埭強主編：《靳埭強　身度心道：中國文化為本的設計‧繪畫‧教育》（中國：安徽美術出版社，2008），頁 170-171。

2　2014 年起改稱 DFA 設計領袖獎。

3　2014 年起改稱 DFA 亞洲設計終身成就獎。

4　傳訊設計範疇屬下之設計組別與平面設計相關，包括形象及品牌、數碼媒體、包裝、書刊、海報、字體設計及市場企劃。

5　除廣州美院外，中央工藝美院在 1970、1980 年代之交亦開展設計課程改革，多參照日本、美國、德國，參見常沙娜：〈「三十而立」——祝賀中央工藝美術學院成立三十周年〉，《裝飾》，1986 年 04 期，頁 4-6；呂品田：〈設計與裝飾‧必要的張力——中央工藝美術學院辦學思想尋繹〉，《裝飾》，1996 年 05 期，頁 19-27。

6　三大構成即平面構成、色彩構成與立體構成，是現代設計教育基礎組成部分。

7　靳埭強、潘家健：《關懷的設計：設計倫理思考與實踐》（香港：商務印書館（香港）有限公司，2015），頁 6。

8　靳埭強：《情事藝事 100+1：設計大師記事本》（香港：經濟日報出版社，2012），頁 203。

9　大公網：〈深港共創「設計雙城」〉，大公資訊，2015 年 9 月 19 日發布，2021 年 7 月 1 日瀏覽，http://news.takungpao.com/paper/q/2015/0919/3174592.html。

10　靳埭強：《品牌設計 100+1：100 個品牌商標與 1 個城市品牌形象案例》（香港：經濟日報出版社，2013），頁 13。

11　〈主題：雙重喜慶　元素：以人為本　寓意：攜手並進　紅色：代表剛強　黃色：代表時尚〉，《重慶晨報》，2006 年 1 月 17 日。

12　靳劉高設計（深圳）有限公司：〈李寧品牌形象更新〉，靳劉高設計官方網頁，2010 年 12 月 29 日發布，2021 年 4 月 30 日瀏覽，http://www.klandk.com/projects/show.php?itemid=147。

13　靳劉高設計（深圳）有限公司：〈深圳機場〉，靳劉高設計官方網頁，2017 年 9 月 29 日發布，2021 年 4 月 30 日瀏覽，http://www.klandk.com/projects/show.php?itemid=158。

14　跨國外資廣告企業，香港廣告業界通稱「4A 公司」。此類企業一般是「香港廣告商會」（簡稱 HK4As）的成員。

15　1979 年 3 月 15 日上海《文匯報》雷達表廣告右下方有「本欄廣告由香港文匯報代理上海廣告公司承辦」的字眼。

16 國家工商行政管理局廣告司編：《關於加快廣告業發展的規劃綱要》（北京： 科學出版社，1993），頁 vi，參見序言。

17 國家工商行政管理局、對外貿易經濟合作部：《關於設立外商投資廣告企業的若干規定》（1994 年 11 月 3 日），參見第一條。

18 〈「香港廣告進軍中國」封面專題〉，《世界工貿商情》，1993 年 1 月號，頁 19；〈精信廣告在北京成立〉，《快報》，1992 年 7 月 15 日；中信集團精英（GREY）廣告有限公司：《精英（Grey）/ 中信（CITIC）合資經營企業意向書》（1991 年 9 月）。（由紀文鳳提供）

19 國家市場監督管理總局：《廣告管理條例》（1987 年 10 月 26 日）；陳剛主編：《當代中國廣告史 1979-1991 年》（北京：北京大學出版社，2010），頁 120。

20 國家工商行政管理局：《廣告管理條例實施細則》（1988 年 1 月 9 日）。

21 香港貿易發展局研究部：《中國內地廣告及市場研究業：為香港締造商機》（香港：香港貿易發展局研究部，1998）。

22 香港公共關係專業人員協會：《對在中華人民共和國開展公共關係業務的職業標準的立場》（1995 年 7 月 2 日）。（由崔綺雲於 2021 年 3 月提供）

23 北京 2000 年奧林匹克運動會申辦委員會：《北京 2000 年奧林匹克運動會申辦委員會委託函》（1993 年 2 月 5 日）。（由紀文鳳於 2021 年 1 月提供）

24 精信廣告公司：《全港支持北京申辦奧運 2000 大行動計劃書》（1993 年 2 月 20 日）。（由紀文鳳於 2021 年 1 月提供）

25 〈中華人民共和國企業法人營業執照（副本）〉，編號：No. 0132084，1993 年 11 月 7 日；〈關於廣州市對外經濟貿易委員會文件〉（穗外經貿業〔1992〕410 號），1992 年 9 月 7 日。（由謝景芬於 2021 年 7 月提供）。

26 香港公共關係專業人員協會：《對在中華人民共和國開展公共關係業務的職業標準的立場》（1995 年 7 月 2 日）。（由崔綺雲於 2021 年 3 月提供）

27 香港公共關係專業人員協會：《對在中華人民共和國開展公共關係業務的職業標準的立場》（附件七「中國公共關係行業操作指南」）（1995 年 7 月 2 日）。（由崔綺雲於 2021 年 3 月提供）

28 中國國際公共關係協會：《中國國際公共關係協會及香港公關專業人員協會合作協議》（2003 年 3 月 28 日）。（由崔綺雲於 2021 年 3 月提供）

29 "The 6th - 16th CIPRA Awards - No. of Entries & Award Winner"，香港公共關係專業人員協會提供，2021 年 6 月 30 日。

第十六章
培訓與教育

1970 年代末國家開始實行改革開放後，香港一群專業界和學術界人士到內地辦班講學，或為內地企業事業機構幹部在港舉辦培訓班，向內地介紹國際規則和有益經驗，支持國家改革開放。

與此同時，邵逸夫、田家炳等眾多港商先後以各種方式，捐助內地的高等教育事業，協助內地擺脫貧困、冀國家日益富強。這些捐助給予剛剛恢復的內地高等教育以支持。1986 年 4 月 19 日和 6 月 20 日，中共中央顧問委員會主任鄧小平兩次接見包玉剛、李嘉誠、霍英東、王寬誠、李兆基等人，讚賞他們熱心內地教育事業的愛國之心，稱他們為內地教育事業的捐款為「及時雨」。

隨着兩地交流日益頻密，兩地互往對方高校就讀的學生增多，並於 2004 年實現學位互認；學術界的合作也從改革開放初期的自發、零散，變得多樣和制度化，形成一批聯合研究機構與學術聯盟組織。香港與內地開始合作辦學並日趨規範，成立合作辦學機構北京師範大學 — 香港浸會大學聯合國際學院和香港中文大學（深圳）。

第一節　專業培訓機構

香港人初期參與內地政府、大學、社會機關及企業的培訓工作，出於支持國家改革開放的驅動，並由專業人士開始起步。1979 年，促進現代化專業人士協會、香港管理專業協會等機構開始內地的培訓工作。隨後，中華總商會、培華教育基金會等自 1980 年代開始，定期舉辦培訓班。香港機構為內地舉辦的培訓課程從早期以工商業、公共行政為主，逐步擴大至金融、法律、醫療以至社會服務等領域。這些培訓課程數量、種類繁多，本節的記述聚焦於在長時間段內成系統、規律舉辦的或是在特定行業內具代表性的培訓。

一、促進現代化專業人士協會

香港一班法律、會計、工程、測量等界別的專業人士在律師廖瑤珠牽頭下，於 1979 年成立促進現代化專業人士協會（現代化協會），響應內地「四個現代化」建設。創會會員除會長廖瑤珠外，還包括副會長劉紹鈞、秘書長陳子鈞以及馮慶炤、伍日照、李業廣、李頌熹、岑文禎、陳維端、何耀棣、廖子光和曾正麟。

現代化協會成立適逢深圳剛設置為出口特區（1980 年 5 月改稱經濟特區），該會成員不定期到深圳、廣州等地點當義工教師，自付車馬費及講義印刷費，為蛇口工業區技術幹部培訓班學員講課等，該會成員向內地官員闡述市場經濟，講解香港城市規劃、土地政策、建築條例、法律制度、會計制度等知識。

1985 年，現代化協會會員到深圳交流。圖左二為劉佩瓊；左四為梁振英；左六為唐一柱；右一為廖瑤珠。（劉佩瓊提供）

隨着「三來一補」、合資辦廠等的出現，商人對內地土地的需求日增，行政劃撥的土地使用方式不再滿足經濟發展需求。1985 年至 1986 年，現代化協會在深圳舉辦兩個培訓班，介紹香港房地產交易市場，當時上海市也專門派官員參加。為推動深圳土地改革，深圳房地產的代表團於 1986 年赴港考察 10 天。以梁振英為代表的現代化協會成員，前後三天給代表團講評香港的官地拍賣，並與代表團一道研討深圳的土地使用制度改革問題，無償提供意見。（現代化協會成員協助推動內地土地使用制度改革詳情，參見第六章「土地與房地產」第二節「引介香港土地有償制度」。）

二、香港管理專業協會

香港管理專業協會（管協）自 1979 年起展開對內地的管理培訓工作。1979 年 9 月 6 日至 17 日，管協在北京為約 30 位廠長舉辦一期生產管理研討會，1980 年 12 月，在香港為第一機械工業部派出的八位企業負責人舉辦企業管理研討課程。之後，管協亦為內地多地的企業管理協會、企業等舉辦管理人員培訓班，包括 1985 年 6 月，管協與香港上海實業有限公司聯合舉辦為期七日的香港工商管理課程，45 位來自上海外貿、商業、教育及城市規劃等部門的經理級學員修讀；8 月，為上海市財貿管理幹部學院（現上海商學院）主持為期 15 天的高級商業企業管理培訓班，修讀者為上海商業、財政及貿易等機構的 44 位經理；9 月，為南海東部石油公司的高級管理人員在香港舉辦題為中外合資／合營管理概論研討班。

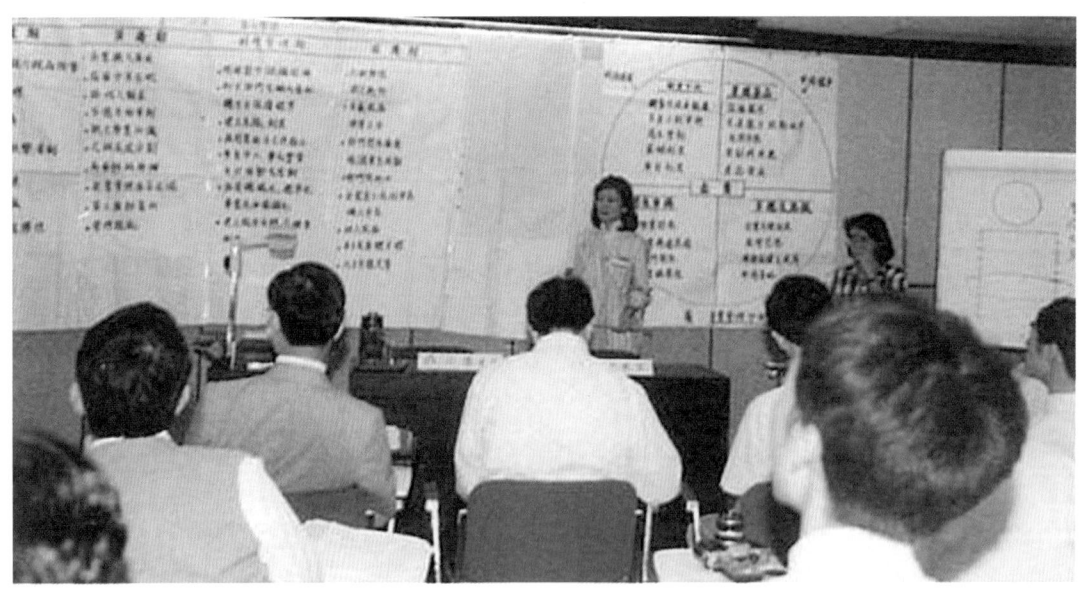

1985 年，香港管理專業協會聯席執行總幹事成小澄在管協總辦事處為內地高級幹部授課。（香港管理專業協會提供）

自 1987 年起，管協與香港工商企業合作進行中國管理人員培訓計劃。由香港企業，主要是在內地有投資的企業，贊助內地合作單位或在各省市挑選的幹部及工商企業管理人員，在深圳及來港參加現代管理精修文憑課程。此全日制精修課程為期三個月，旨在透過深入學習與實地研究，使學員掌握營運管理技巧。至 1995 年該課程共舉辦 10 屆，數百人先後學成。1988 年起，管協與西南政法學院（1995 年更名為西南政法大學）、京港學術交流中心聯合開辦中國涉外經濟法律案例研究文憑課程；1996 年起開辦中國中西部培訓課程，為中西部省份政府及企業行政人員提供培訓；2002 年開辦內地與香港市場物流管理專業文憑課程。管協針對公務員的培訓則包括行政管理、金融管理、商務區建設、對外經濟合作開發、城市規劃、城市建設、建築及管理、城市衛生及醫療管理、社會服務、社會治安、紀檢監察等領域。

作為國家外國專家局（國家外專局）指定的香港培訓機構，管協共為內地有關政府及企事業單位組織了 1000 多項培訓活動，參加人數三萬多人。委託管協或與管協合作組織培訓項目的內地單位包括一些中央部委、省、市政府機構、特別是外經貿和人事管理部門和涉外企事業單位，此外，亦有聯合國駐華項目發展處、國際勞工組織北京辦事處、國家外國專家局、中國國際人才交流協會及內地一些省市駐港機構等。

三、香港中華總商會

香港中華總商會（中總）於 1982 年夏天創辦香港工商業研討班，讓內地學員認識市場經濟模式，借鑒香港的成功經驗。首期研討班學員為來自廣州中山大學及暨南大學的教授和講

師共 40 人，課程為期兩個月。其後三年均委託香港中文大學（中大）市場及國際企業學系續辦培訓班。

隨着內地經貿人才需求與日俱增，1985 年中總成立培訓委員會，其後斥資購入太古城住宅單位作為學員宿舍，會長霍英東提出，「辦好香港工商業研討班」為該屆會董會核心任務之一。初期張永珍、霍震寰等人相繼出任培訓班主任。自此，舉辦香港工商業研討班、為國家培養經貿人才成為中總的長期重點工作之一。

中總提供授課與考察相結合的課程，向學員系統介紹香港的國際工商貿易、經濟、金融、管理和法規等多方面情況。課程主軸是較全面的綜合班，目標是培訓內地初次來港的幹部學員。課堂以外，中總安排學員到各政府部門、大專院校及企業等實地考察，了解香港社會及經濟的運作。1996 年因應內地需要增設專題研討班，安排學員參觀的機構種類日益多元化，亦包括金融管理局、香港交易所、廉政公署等。同時，隨着學員人數增多，參加者由廣東、福建、上海等沿海省市，擴展至甘肅、新疆等西北地區。研討班亦由初期每年一至二期，一度增至 2010 年前後的每年九期。

研討班的學員逐漸遍布全國各省、市、自治區及中央政府各機構、重要社團及國有企業等，包括中總多次與國家民族事務委員會（國家民委）合辦研討班，強化與少數民族交流合作；與國家、省市等各層級貿促會辦研討班，促進兩地企業交流等。參與的學員亦包括後來

參加香港中華總商會工商業研討班的內地學員，在香港建築業培訓中心參觀。（攝於 1987 年，新華社提供）

香港中華總商會工商業研討班內地學員在香港建築業培訓中心聽取講者介紹有關研討班的詳情。（攝於 1987 年，新華社提供）

任全國人大常委會副委員長的陳昌智、全國政協副主席黃孟復、財政部部長樓繼偉、財政部部長劉昆、青海省委書記及河南省委書記王國生、國務院港澳事務辦公室（港澳辦）副主任周波、港澳辦副主任徐澤等。據黃孟復表示，他首次踏足香港是 1992 年擔任南京市副市長時來港參加研討班。當時，國家亟需一批熟悉市場運作的工商管理人才參與建設，中總擔當了培訓人才的角色，讓學員通過研討、學習和參觀認識市場經濟的基本規律。[1] 2017 年內中總舉辦了第 218 期至 220 期共三期專題研討班，參加學員共 82 人。自 1982 年至 2017 年，參與中總研討班的學員總數達 7228 人。

四、香港培華教育基金會

1981 年 10 月，香港工商界組織訪問團前往北京和西安觀光，其間得到全國人民代表大會副委員長廖承志接見，會談交流中論及內地現代化建設人才匱乏的問題。返港後，團長李兆基聯同霍震寰、方潤華、鄭家純、王敏剛等 13 名團員發起，邀請霍英東、王寬誠、伍淑清等人，於 1982 年 4 月成立香港培華教育基金會（培華基金會），並推選李兆基為信託理事會主席。李兆基、霍英東、王寬誠為主要捐款人，首年共籌集捐款 1000 萬元。基金會以育己樹人為宗旨，通過參與人才培育工作認識中國（育己）的同時，致力「為祖國建設培養人才，從而以高素質人才推動建設，實現科教興國之目標」（樹人）。

1991 年 10 月 14 日，國家主席楊尚昆（前排中）在北京人民大會堂會見香港培華教育基金會代表團，前排左二為基
金會主席李兆基。（新華社提供）

1982 年 11 月 1 日至 12 月 19 日，培華基金會在廣州首次舉辦旅遊服務培訓班，以應對
內地導遊及飯店服務人員短缺，共有學員 36 人。1983 年 5 月，基金會資助余宇超、余宇
康、梁智鴻、陳煥章、謝德富五位香港醫生往內地示範腎臟穿刺手術。

此後，基金會相繼舉辦旅遊飯店培訓班（1983 年）、海洋石油企業管理研討班（1984 年）、
香港商業法律研討班（1985 年）和全國室內設計培訓班（1984 年至 1988 年共三期）等
課程。其中室內設計培訓班有來自全國各地的 60 多名學員參加。在為期 40 天的培訓中，
有十幾位香港建築師學會、香港政府建築設計處、香港大學及香港理工學院（1994 年正名
為香港理工大學）的建築師、室內設計師和園林設計師參與授課。

基金會於 1987 年 1 月首次為少數民族地區舉辦培訓班，分別於西安和烏魯木齊舉辦西北地
區賓館經理培訓班及新疆工業企業管理研修班。1989 年，基金會與隸屬中央統戰部的中國
少數民族人才培訓中心在蘇州、煙台、廣東等地合作舉辦少數民族經濟培訓班，在廣東舉辦
少數民族酒店管理培訓班，培訓內地少數民族幹部，開始與統戰部的長期合作。合作伊始，
雙方商定在選人上面向中西部「老、少、邊、窮」地區的決策層領導幹部，以培訓入手，逐
步幫助這些地區提高管理水平，培育市場經濟意識，加快社會主義市場經濟建設的速度。

此後，少數民族地區的發展成為基金會致力的重點。至 2017 年 7 月 1 日，基金會共舉

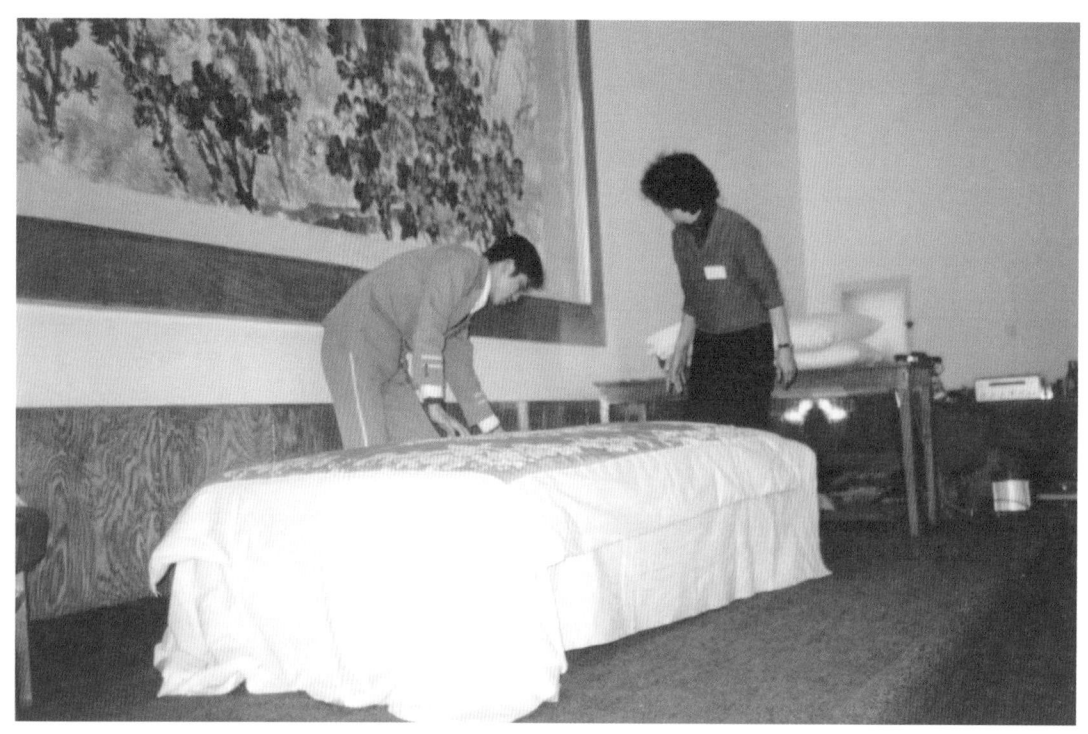

1980 年代，學員在香港培華教育基金會舉辦的培訓班上學習整理房間技巧。（香港培華教育基金會提供）

辦少數民族經濟管理培訓班 50 期，培訓 1642 人；舉辦少數民族會計培訓班（1991 年至 1994 年）四期，培訓 124 人；舉辦少數民族州長研討班 38 期（1993 年開始），培訓 1353 人；舉辦少數民族知名人士研討班（1998 年至 2005 年）三期，總參與人數 114 人；舉辦少數民族酒店總經理培訓班（1999 年至 2005 年）七期，共 237 人次參與；而主要針對全國人大代表及全國政協委員的少數民族代表人士培訓班（2006 年開始）已舉辦至第 10 期，總參與人數達 371 人。1999 年及 2005 年，培華兩次獲國務院頒發民族團結進步模範單位稱號。

1988 年 1 月，基金會首次舉辦開放建設研討班（又名遼東半島開放建設培訓班），協助幹部了解市場經濟，通過參觀訪問各公營機構及企業，認識香港的政治制度、經濟金融及社會福利，從而把所學成果用於國家建設。1996 年，培華教育基金會同中央統戰部合作，在香港培訓供職於中央、地方政府和人大、政協的黨外人士。截至 2017 年 7 月 1 日開放建設研討班共舉辦 33 期，總參與人數達 1137 人。

培華基金會成立後，陸續邀請多位工商界人士和專業人士出任會員，並於 1989 年 10 月註冊為香港培華教育基金有限公司，得到港府批准為認可公共性質慈善機構。基金會的合作機構也不斷增多。1994 年 1 月，基金會與中國國際人才交流協會在廣東、香港合作舉辦中國高級公務員經濟管理研討班（後稱中高級公務員經濟管理研討班），透過培訓及交流活動，讓高級公務員充分了解香港的政府管理、社會保障制度及政務運作經驗等。項目堅持

「雪中送炭」的選派原則，重點培訓西部和東北地區公務員以及少數民族幹部。培訓內容涵蓋經濟、工商管理、旅遊、城市規劃、環境保護等方面。培訓班也根據不同地區不同行業學員的實際情況和需求，確定培訓主題和內容。如在 2016 年的培訓中，四川班以扶貧為主題，廣西班則圍繞中國─東盟自貿區建設。截至 2017 年 7 月 1 日，中高級公務員經濟管理研討班已舉辦至第 84 期，總參與人數達 3076 人。

1990 年代，基金會舉辦多期公務員制度培訓班（1992 年至 1993 年）；為海南省舉辦三期環保技術人員培訓班（1994 年至 1997 年）；為廣東舉辦三期山區經濟管理發展研討班（1995 年至 1996 年）；並舉辦城市住宅小區物業管理培訓班（1995 年至 1997 年）；與全國工商業聯合會合辦全國工商聯聯絡幹部培訓班（1995 年至 1999 年）等。

步入 2000 年代，基金會先後舉辦中國西部大開發的商機研討會（2000 年）和工業振興研討會（2004 年），配合國家西部大開發和振興東北的政策；並先後舉辦三屆中國發展論壇（2007 年、2009 年、2012 年）。基金會自 2006 年與生產力促進局舉辦紅三角經濟發展研討班，幫助交通不便未得到充分開發的紅三角地區發展，至 2017 年已舉辦九期，339 人參與。[2] 2014 年又舉辦紅三角教育管理幹部研討班，截至 2017 年 7 月 1 日已舉辦至第四期，153 人參與。

2007 年，中國國際人才交流基金會、中國國際人才交流協會及國家外國專家局將第三屆炎黃獎頒予培華，以表彰基金會對內地特別是「老、少、邊、窮」地區人才培訓的資助。長年擔任基金會常務委員會主席的霍震寰先後獲國家外國專家局頒授友誼獎（1996 年），以及改革開放三十年中國最有影響的海外專家獎（2009 年）。

自 2008 年開始，基金會與全國工商聯旅遊業商會合作，定期舉辦西部旅遊發展研討班，提供機會讓西部業界人士來港學習，協助推動西部旅遊業發展。至 2017 年 7 月 1 日已舉辦至第九期，總參與人數 302 人。

2012 年，基金會與李兆基基金各捐款人民幣 4000 萬元，與國家教育部合作推行千名中西部大學校長海外研修計劃，資助逾 1000 名中西部大學的書記、校長等，到英國牛津大學、帝國理工大學、美國俄亥俄州立大學等歐美大學實地考察及培訓，拓展國際視野，並藉此提升中西部高校管理和教學水準。同年，項目被列入中西部高等教育振興計劃，至 2017 年 6 月已有 25 個中西部省份的 1117 名地方高校領導參加培訓。

2015 年，基金會為湖南舉辦一期湘西教育管理研討班。在湖南省港澳辦的爭取下，2016 年基金會再次資助湖南省舉辦大湘西地區經濟發展研討班，學員由邵陽、張家界、懷化和湘西四個市、自治州來自政府、發改委、商務、旅遊、扶貧等部門的幹部組成。2017 年，基金會又舉辦大湘西地區教育管理研討班。培華為其他地區舉辦的培訓班還包括山西社會經濟發展研討班（2016 年）等。

此外，基金會舉辦的其他短期培訓班涉及酒店餐飲、室內設計、翻譯導遊、涉外稅務、人事管理、園林與城市規劃、環境保護、銀行安全管理、職務犯罪偵查與緊急救援等領域。

至 2017 年，基金會資助、主辦或協辦了 670 多個項目，累計培訓學員 74,000 餘人。

五、經緯顧問研究有限公司

1983 年初經緯顧問研究有限公司成立，從事面向內地的教育培訓及有關香港制度及展望的研究。公司主要採取三種形式為內地進行人才培訓。一是培訓課程，共舉辦約 30 多班，範圍包括工商業、人事、城市管理以及介紹香港制度等。參加的學員包括內地廳局長、市長、廠長經理等，共約 1000 多人。二是與香港中文大學校外課程部（1994 年更名為香港中文大學校外進修學院，2006 年更名為香港中文大學專業進修學院）合作開辦商業管理及香港法律等函授加面授課程，參加學員約有 1000 多人。三是與廣東省高等教育局和中山大學等大學合作內地高等教育自學課程，參加者約有 1000 人。1989 年年底公司結束營運。

六、廉政公署

1. 接待內地人員訪問

1983 年 12 月，廣東省司法人員代表團造訪廉政公署（廉署），與廉政專員及執行處處長會面，開啟廉署接待內地代表團訪問的歷史。1985 年 8 月，一個由上海市官員、學術界人士及百貨公司主管組成的代表團應中華電力有限公司邀請來港訪問，在港期間，廉署應要求為代表團舉辦講座，介紹香港的反貪污法例和實踐。透過香港理工學院的安排，廉署亦為中國南海石油西部公司管理人員舉辦講座。另一方面，在香港為中國工廠經理和國營企業董事舉辦商業課程的中華總商會，定期在其課程中特別安排一些公署活動，由社區關係處負責安排課堂演講。1987 年，廉署為內地訪港人士安排講座，共舉辦活動 21 次，接觸553 人；其中，到署訪問共 13 次，出席講座人士大部分是幹部。至 1991 年，通過中介機構的邀請，廉署接觸的到港受訓官員已達 1000 人。

1990 年代，廉署通過中介機構接觸到的訪港或在港受訓的內地官員數量迅速增加，到1993 年超過 3000 人，至 1995 年接近 6000 人。廉署社區關係處於 1996 年 9 月成立香港大陸聯絡組[3]，應付不斷增加的兩地聯絡活動，負責為訪港的內地人員舉辦廉署工作簡介會。

香港回歸後，內地人員來訪日益頻繁。2002 年廉署共接待 283 個內地訪問團 8790 名官員，是截至 2017 年最多。步入 2010 年代，廉署接待的訪問團數量和訪客人數漸次回落，至 2017 年接待內地訪客降至 2798 人次。

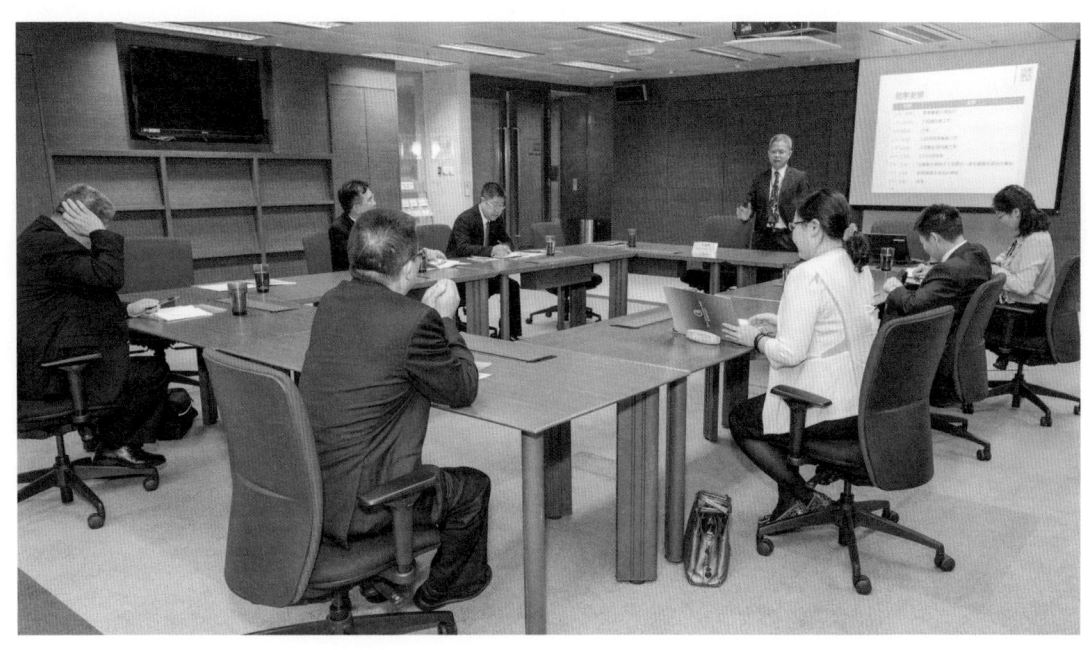

2017 年 6 月 21 日，廣州市人大常委會代表到訪香港廉政公署廉政建設研究中心進行交流。（香港廉政公署提供）

2. 往內地分享經驗

1985 年，廉署社區關係處職員三度造訪深圳大學，在一些工廠管理人員課程中主持講座。該年年底開始，深圳大學不斷邀請廉署人員往大學演講，對象包括在大學修讀管理課程的工廠經理、國營企業總監及黨內幹部，例如全國廠長經理研討班，以及為中國石油化工總公司人員而設核數課程的學員。深圳市人才服務公司及廣東省交流公司亦邀請廉署分別為深圳特區及廣東省的人事幹部舉辦講座（1986 年）。1992 年，廉署在深圳和海南省舉辦講座。1997 年後，內地聯絡組陸續在內地為業界人士組織講座。如多次應邀為數百名乃至上千名監察部官員舉辦講座（1998 年、2005 年、2007 年、2010 年）；應邀到北京為 160 多名反貪局官員主持講座（1999 年）等。

2007 年 6 月，社區關係處處長林燕明於北京中共中央黨校，向 50 名省級官員介紹廉署的肅貪工作。2010 年 7 月，社區關係處處長穆斐文於中央黨校，為全國 400 餘名市級紀委書記講授「香港打擊腐敗的經驗和成功要素」。廉政專員湯顯明和白韞六也分別於 2010 年和 2014 年獲邀赴上海中國浦東幹部學院，與來自各省的內地官員分享香港反貪經驗。

七、香港社會服務聯會

從 1980 年代中期起，香港社會服務聯會（社聯）開始與內地民政系統的部門及團體展開交流、定期組織訪問，以及與民政部轄下的中國社會工作協會（現中國社會工作聯合會）舉行內地與香港研討會。1986 年，社聯為民政部中國民政理論和社會福利研究會兩位幹部，

設計一個為期三個月的社會福利制度考察計劃。1990 年，首屆內地與香港社會福利發展研討會於北京舉行。此後，1993 年至 1997 年間分別於上海、香港、武漢共舉辦四次研討會。社聯亦於 1990 年代與內地合作推行培訓計劃，安排內地的福利工作人員來港，由社聯安排實習。1992 年，首次舉辦的中國社會福利工作人員考察及實習計劃，共有六名來自各地的社工來港，參與為期一星期的啟導及參觀計劃，其中四人參加了一個四星期的實習計劃，於本地社服機構服務。此後該計劃基本每年舉辦，至 2000 年共有 63 名內地社工參加。1996 年 3 月，社聯與香港公益金合作，為新成立的中華慈善總會的高級行政人員舉辦為期一周的訓練計劃。2004 年和 2010 年，社聯分別與廣東省民政廳、民政部港澳台辦公室簽署備忘錄，就加強福利機構業務培訓、社會服務和慈善領域的合作達成合作協定。

八、京港人才交流中心

京港人才交流中心為國家外國專家局下屬中國國際人才交流協會在香港的常設辦事機構，1987 年 8 月 25 日在香港註冊成立，是專門從事內地與香港人才交流的非牟利機構。中心通過組織內地各界來港培訓、聘請香港地區專業人才到內地講學、舉辦培訓等方式，推動內地與港澳台地區的人才交流，為內地培養和輸送優秀人才。

在中心組織的培訓項目中，廳（局）級領導幹部經濟管理研究班是實施時間跨度最長、學員層次最高。該項目起源於中共中央組織部（中組部）、中央引進國外智力領導小組辦公室、國家外國專家局、新華社香港分社於 1988 年共同舉辦的沿海地區領導幹部研究班。最初的培訓對象主要是沿海 12 個省（區、市）的廳局級領導幹部，之後擴展到全國各省（區、市）黨委和政府部門，以及中央國家機關有關部委的司局級領導幹部。香港回歸後，改由中央人民政府駐香港特別行政區聯絡辦公室（香港中聯辦）、中國國際人才交流協會和中心承辦，至 2013 年終止。

研究班針對改革開放、社會主義市場經濟體制建立以及現代化建設過程中遇到的重點和難點問題，結合香港經濟社會發展的經驗，組織深入學習和研討，使學員拓寬視野、增長知識、提高能力。課程最初僅介紹市場經濟運作一般性情況，後來升級為圍繞不同專題深入學習，如 2013 年最後一期培訓是現代服務業專題，圍繞香港服務業發展進行深入交流研討。從 1988 年開始到 2013 年結束，研究班共舉辦 104 期，培訓學員約 2600 人。

從 1994 年開始，香港培華教育基金會同中國國際人才交流協會合作開辦中國高級公務員經濟管理研討班（後稱中高級公務員經濟管理研討班），重點培訓西部地區、東北地區公務員及少數民族幹部，涵蓋經濟、工商管理、旅遊、城市規劃、環保等。至 2017 年 7 月 1 日，經管班共舉辦 84 期，培訓學員總數 3076 人。

中心還主要參與實施與蔣氏工業慈善基金合作的中國機械製造工業高級管理人員培訓班

（1992 年至 2004 年）、與香港工商專業聯會合作實施西部地區人才培訓計劃（2002 年至 2008 年）、與香港理工大學及香港生產力促進局合作中國工業企業高級人才培訓計劃（2004 年至 2007 年）等。截至 2017 年，中心累計辦理內地人員來港培訓逾百萬人次。

九、法律教育基金

1988 年 3 月 14 日，周克強及陳小玲夫婦在香港成立周克強、陳小玲慈善信託基金，翌年更名為法律教育信託基金，目的是通過資助進修、專題研究、舉辦座談會和培訓班、捐贈法律圖書等方式，促進香港和內地的法律教育，增進兩地法律界的交流。

1988 年起，基金向內地多間大學圖書館及有關研究單位贈送法律圖書，北京中國政法大學圖書館為最早獲贈圖書的單位。當時該館在港台法律文獻的收藏基本上是一片空白。基金捐贈的首批圖書於 1989 年 1 月送抵，至 1990 年該館合計收到香港及外國法律圖書 263 種 311 冊，其後再獲基金捐贈。其他如中山大學、南開大學、中國人民大學、中國高級律師高級公證員培訓中心、中國高級法官培訓中心等 17 家內地大學圖書館及相關單位亦先後獲基金捐贈圖書。

自 1988 年成立伊始，基金開始內地法律學者訪港計劃，邀請內地有研究資歷、副教授級別以上的學者或公檢法機構的高層公務員來香港作三至六個月短期進修研究，提供交通、食宿等一切費用，基金為訪港研究者租賃的土瓜灣宿舍，由是在內地法律學者間「享有盛名」。1990 年香港大學法律系首次接受來訪的中國法律學者，獲基金資助。此外，基金還贊助 40 多位內地學者到港進行專題研究（見表 16-1-1）。

表 16-1-1　　香港法律教育基金贊助的專題研究一覽

時間	贊助對象	成果
1992 年	由中國法學會副會長王叔文帶領的小組	於 1997 年出版《香港公務員制度研究》
1995 年	北京大學國際關係學院教研室主任李茂春	《香港後過渡期憲制》
1995 年	上海市高級人民法院副院長李昌道	於 1996 年出版《香港日用法律全書》
1996 年	北京大學國際關係學院副院長潘國華	香港政黨政治法律經濟概況研究
2000 年	最高人民法院、國家法官學院及上海市高級人民法院共四位法官	WTO 對中國司法審查制度的影響、TRIPS 協定對中國法院司法的影響以及 WTO 規則在中國法院適用問題研究

資料來源：香港法律教育基金。

基金也贊助和舉辦法律專題講座、研討會，如 1989 年 12 月贊助中山大學法律系召開國際投資法研討會，出席者包括後來出任最高人民法院副院長的端木正。會上學者就中國改革開放以來，涉外經濟合同、涉外侵權行為和外商投資的各項問題進行研討。

1993 年起，基金資助國家監察部與北京大學（北大）聯合舉辦國家監察幹部培訓班，使全國各省市的監察人員在北京接受為期一個月的培訓。培訓班突出經濟主題，相繼開設現代企業產權制度、證券投資與股票市場等專題講座，提高學員「在由計劃經濟體制向市場經濟體制過渡這樣一個複雜環境中……正確有效處理違法違紀問題的能力和水平」。基金也邀請或贊助香港廉政公署代表到班中講課，交流香港廉政公署的工作經驗。項目培訓了 1050 名地、市、縣級監察局長及國務院有關部委監察部門的負責人。1999 年及 2000 年，基金贊助兩期最高人民檢察院反貪局長培訓班，每期課程 21 天，培訓 300 多位省、市級反貪局局長。

1998 年起，基金舉辦香港及內地法律學生交流團，2004 年起，安排香港法律學生到內地實習。2007 年，基金與監察部合辦一個四天培訓課程，在監察部杭州培訓中心舉行，約 500 多名地、市級反貪局局長出席。2011 年 11 月 8 日，法律教育基金有限公司成立，並於次年承繼法律教育信託基金的管理及工作。至 2017 年，基金共贊助及安排 217 名內地法律工作者／專家學者到港進修；資助超過 1000 名內地及香港法律學生分別到港交流和到內地實習；在香港及內地贊助、合辦及主辦 15 個研討會，出席人數約 4500 人。

十、香港基督教服務處

香港基督教服務處於 1989 年開始就「內地社會服務事工發展」商議策略，並開展兩地社工交流及培訓。1991 年起，服務處安排北京大學首屆社會工作研究生來港研習，每年為北大社會學系社工專業碩士生提供探訪不同服務機構的機會，並安排到服務單位駐點學習。1990 年代末起，服務處與中國青年政治學院合作推行實習支援計劃，並協助中山大學及廣東商學院（2013 年 6 月更名廣東財經大學）舉辦社工課程及實習工作坊。同期，服務處將「參與國家社會福利發展」確定為機構發展路向之一。

2003 年起，服務處特聘一名香港社工駐上海，為上海浦東新區民辦非企業的專業社工組織 —— 上海樂群社工服務社提供實務指導，並邀請其成員來港學習（2006 年、2007 年）。服務處又促進上海基督教青年會建立社工部。2010/2011 年度，在上海與浦東新區社會工作者協會合辦本土督導人才種子計劃，為 80 名上海社工提供督導及訓練服務。2012 年與上海市民政局及楊浦區社工協會合作，協助上海市民政局進行社會工作的課題研究和本土督導培育，並為楊浦區社工提供實務工作督導。

廣東方面，2007 年 9 月起服務處受深圳市民政局委託，為市內多個試點站點的準社工提供

專業督導服務，第一批委派四名資深社工於 11 個試點督導 33 名準社工。2008 年 1 月，服務處與廣州白雲戒毒所開展合作，推廣服務處人性化的戒藥手法，其間邀請白雲戒毒所的四名心理醫生來港交流學習兩個星期；同時派人員赴粵提供培訓、個案會議及臨床督導。2010 年 12 月起，為三間深圳非政府社會服務機構提供機構管治架構、人力資源發展、財務管理等方面的顧問諮詢服務。至 2011 年，合共提供 23 次顧問諮詢環節及六天有關機構管理課程。2011 年督導服務推展至廣州、順德、珠海等。2013/2014 年度，服務處與八家機構共 34 間中心簽訂合作協議，提供督導和顧問服務，並協助中國社會工作教育協會主辦首屆全國督導培訓班，接近 200 名全國各地資深社工參與。同時，服務處派出資深社工到新疆喀什社工站，提供督導及培訓服務。

2015 年起，服務處停止派員往內地擔任社工督導的模式，改為以交流為主體的模式繼續支援內地的社工專業發展。

十一、蔣震工業慈善基金

1990 年，香港震雄集團創辦人及主席蔣震將所持集團股份全部捐出，成立蔣氏工業慈善基金（後稱蔣震工業慈善基金），目標是推動中國機械製造行業技術發展。1993 年，提供獎學金予 13 名學員到英美進修有關機械或製造工業的課程。1994 年起，與英國、德國及美國三所大學建立合作關係，設計為期 6 至 11 周的培訓課程如策略性製造業管理、工業製造管理等，至 2003 年，共辦 46 期海外培訓班，培訓包括內地企業的高層管理人員共829 人。

1994 年至 1998 年，基金在內地舉辦 13 期巡迴講學，培訓逾 2000 人，讓內地企業高層管理人員了解國際工業設計發展。1999 年 8 月 20 日，基金與武漢華中理工大學（2000 年與其他院校合併為華中科技大學）、無錫輕工大學（2001 年與其他院校合併為江南大學）及西安西北工業大學在北京簽署協議，成立工業培訓中心，並於翌年先後運作。2000 年至 2003 年間，基金合共撥款 1300 萬元資助三所中心的境外師資薪酬、境外課程引進、當地師資境外培養及購置教學設施。至 2013 年，三所中心共舉辦 800 多期培訓課程，培訓逾六萬人。

基金自 1992 年起在港開辦培訓班，為內地製造工業（以機械和注塑工業為主）的高級管理人員而設，基金安排培訓內容和聘請教師，並全數資助學員在港的培訓費用，是首個有計劃成批組織內地製造業人才赴港培訓的項目。培訓班種類包括中國機械製造工業高級管理人員培訓班、中國高校科技企業高級管理人員培訓班、中國製造業工業設計培訓班、中國注塑工業高級管理人員培訓班、公務員管理培訓班、市場經濟研討班等。其中，中國高校科技企業高級管理人員培訓班的學員，為來自內地高校產業主管部門和高校企業的高級管

1990 年代，蔣震工業慈善基金創辦人蔣震（左）在中國機械製造工業高級管理人員培訓班上講話。（蔣震工業慈善基金提供）

理人員，在港期間獲香港企業資深管理人員，以及專家學者講授香港經濟發展情況及其特點、產品發展及推廣經驗等，並參觀考察香港生產力促進局、廉政公署等。

2002 年起，基金加強香港與內地政府部門的合作，為內地各級政府官員，在港舉辦關於效率政府管治、法律及政制事務、人力管理、世界貿易組織、全球化等專題的政府公務員班，拓闊國際視野。至 2017 年，基金共舉辦近 320 期香港培訓班，為中國製造業培訓逾 20,000 名高級管理人員，其中不乏廠長、經理及工程師等，深圳海關、深圳市委管理人員及內地司法官員亦曾參加基金的研討班。

十二、鄰舍輔導會

1994 年鄰舍輔導會延展服務至內地，於翌年 2 月與廣州市民政局合辦廣州市老人服務專業培訓班，參與培訓者多來自廣州市各區街道辦事處轄下老人服務單位，共 80 多位主管和工作人員。1997 年，鄰舍輔導會成立內地社會服務委員會。鄰舍輔導會屢獲民政部、中國殘疾人聯合會、廣東省民政廳、廣東省殘疾人聯合會、廣州市民政局及廣州市殘疾人聯合會等邀請，在兩地舉辦培訓，如 2005 年至 2007 年獲廣州市民政局邀請推行廣州市居家養老服務培訓計劃，多次為護理員舉辦為期六天的認證上崗課程，培訓管理人員，並撰寫《廣州市居家養老服務教材》。

自 2012 年 11 月起,鄰舍輔導會獲廣州市義務工作者聯合會邀請,為超過 52 萬人的廣州市空巢老人(獨居長者)服務項目提供督導服務。自 2013 年 7 月起,為中山大學社工服務中心的機構管理與發展等事項,提供諮詢服務,並為其屬下八間中心提供恒常督導服務,並推出社工人才培養合作計劃,安排社工探訪香港綜合服務中心。同年,鄰舍輔導會與廣東省民政廳、廣東省社會工作師聯合會推行廣東社工實務能力提升計劃,八批 130 名廣東省社工赴港實訓 13 天。計劃於 2014 年至 2016 年續辦,並在計劃的最後一年完成後編寫《廣東社工實務能力提升計劃總結彙編》。

十三、香港城市大學

香港城市大學(城大)專業進修學院自 1995 年起,得到香港培華教育基金會的邀請,承辦中國高級公務員經濟管理研討班、少數民族代表人士研討班等多期交流研討班,自 2009 年起為山東科技大學、義烏工商職業技術學院等內地院校舉辦香港高校教育管理赴港研修班等教育管理類培訓班,為福建省舉辦政府性基金項目管理研修班等幹部管理類培訓班,以及各類企業管理培訓班。

香港城市大學法律學院自 2009 年 5 月起舉辦中國高級法官研修班。該研修班專門為中國高級法官而設,為兩周密集式的系統法律深造課程,向內地高級法官講解香港司法制度、法院以及其他司法機構的運作,提升其對普通法和主要國際法律概念的認識,了解香港的法律制度。研修班得到孖士打律師行贊助。參加首期研修班的 25 名學員來自北京、廣東、新疆和青海等內地不同省市自治區,大部分為任職高級法院及中級法院的資深法官。學習方式包括專家授課和實地考察。訪港期間,學員參訪了法律援助署、律政司、立法會、廉政公署、大律師公會、香港律師會等機構,並於香港法院聆聽審訊、與香港法官及司法機構職員交流、在城大學習普通法制度及國際法、出席由城大法律學院舉辦的學術講座等。截至 2017 年 7 月 1 日,中國高級法官研修班舉辦了 10 屆,共培訓法官 303 人。

十四、香港理工大學

1980 年,香港理工學院工商管理學系老師劉佩瓊獲邀到剛成立的深圳經濟特區講課。她主動請纓,於其後兩年到正進行改革的暨南大學(暨大)義務教授經濟學(內地稱西方經濟學)和投資學兩科,並親自進行翻譯及編寫教材,每科各用一個星期,為該校教師及高年級學生等全日上課。1984 年,廣州經濟技術開發區成立,劉佩瓊擔任開發區的顧問,給予意見,參加後擔任廣州市市長的朱森林主持的座談,並承擔為開發區培訓幹部的任務。劉氏亦組織香港理工學院酒店及餐飲學系(後來的酒店及旅遊業管理學院)兩位講師編寫及設計課程,專為霍英東投資建成的白天鵝賓館開辦兩期員工培訓班。

1985 年起，香港理工學院各學系開始為內地不同企業提供培訓課程。如商業及管理學系於 1985 年 7 月 8 日起，為中國南海石油（西部）公司六位高級經理開辦一項為期 10 個星期的高級管理培訓課程，由劉佩瓊等任教。1986 年 1 月 13 日開始，醫療服務學院（現醫療及社會科學院）為 60 名來自廣州的實習護士開辦六期每期一個月的護理管理伸展課程。1986 年 3 月 3 日至 27 日期間，電子計算機中心為華僑大學（華大）教職員舉辦一項數碼 VAX 硬件及軟件訓練課程。隨後，於 1986/1987 學年和 1987/1988 學年，香港理工學院分別為內地機構提供五個和三項短期課程，包括銀行會計學、飲食服務管理、酒店經營及護理管理學等。1989 年，在霍英東贊助下，香港理工學院為番禺縣級市政府 40 多名政府骨幹，開辦為期三個月的經濟管理培訓班，作深入培訓。培訓班共開辦約四年。佛山、珠海等市亦有派出幹部接受培訓。

1988 年，以任教於香港理工學院應用社會科學系的阮曾媛琪為代表的香港社工教育界，在亞太區社會工作教育協會（阮曾媛琪當時為協會義務秘書）發起成立中國聯絡小組，並於當年 12 月與北京大學社會學系合辦亞太區社會工作教育研討會。1990 年，香港理工學院派出阮曾媛琪等三位老師，到北京大學教授第一屆社工本科專業的社會工作導論課程，並參與社工課程建設的討論及日後的跟進工作。1992 年 12 月，香港社工教育界以亞太區社會工作教育協會名義，為內地 30 名社工老師在港舉辦為期 10 天的密集社工課程設計培訓班，並安排他們到各院校及服務機構交流考察，緊接培訓班舉辦第一屆華人社區社會工作教育發展研討會。1994 年 4 月，第二屆華人社區社會工作教育發展研討會和第二屆社工老師培訓班相繼舉行。

1985 年，六名內地石油業的高管來香港接受培訓，並參觀葵涌貨櫃碼頭。圖右三為港方導師劉佩瓊。（劉佩瓊提供）

1990 年代,因應培訓需求增加,香港理工學院於 1992 年成立專門的培訓及諮詢顧問部門、直屬專業機構中國商業中心,加強香港與內地的工商業與教育聯繫。[4] 1993 年至 1994 年間,中心為兩地組織 18 個短期課程與研討會,共 678 人參加。中心自 1996 年起組織內地赴港專題培訓班,為內地的政府官員和企業管理人員提供學習香港國際貿易經驗的機會。兩年內為內地官員舉辦 28 個培訓課程。1999 年香港理工大學企業發展院成立後,中國商業中心納入企業發展院。2000/2001 年度,企業發展院為國內商業機構 540 多名高層管理人員開辦的速成課程共 19 項。2004 年企業發展院與中國國際人才交流協會合作,實施中國工業企業高級人才培訓計劃。2005 年起,香港生產力促進局加入計劃。項目分為管理人員培訓和專業技術人員培訓兩類。在培訓課程安排上,前者突出現代企業管理、市場營銷、領導技巧與決策能力等;後者突出對新材料、新技術的介紹與相應的考察活動。

截至 2007 年,該計劃共舉辦 92 期培訓,學員逾 3600 人。自 2013 年起,企業發展院和上海復旦大學資產公司共同舉辦滬港創業企業研習班,每年一期,為企業始創人度身訂造深造課程。作為國家外國專家局的境外培訓合作伙伴,企業發展院主要為內地提供公共行政專題、高校管理專題和企業管理專題三方面的課程,分別針對超過 160 個政府機構、210 家院校和 150 家內地企業提供培訓。自 2008 年 1 月至 2017 年 7 月,企業發展院合共為內地赴港企業、機構、院校培訓 8471 人。

十五、健康快車

1997 年香港回歸前夕,內地各省區市給首屆特區政府捐贈禮物。在特區籌備委員會委員方黃吉雯提議與聯絡下,特區政府選定健康快車(即眼科火車醫院)作為回贈禮物,用以救助內地貧困地區的白內障患者,並成立民間慈善機構來運作項目,費用來自香港民眾的捐款。香港特區首任行政長官董建華任理事長,方黃吉雯任創會主席。

1997 年 7 月 1 日,首列健康快車火車醫院從香港駛往安徽省阜陽市,開始在內地提供免費白內障手術服務,展開扶貧治盲;第二、第三和第四列火車醫院分別在 1999 年、2002 年及 2009 年投入服務。前三列健康快車皆由香港健康快車基金會出資建造。火車醫院每年前往九至十個地方停站,於每一站停留約三至四個月,免費為當地貧困白內障患者施行白內障手術治療,讓他們恢復視力,早日脫離因病致貧。

火車醫院也發展成為一所教學醫院,為服務地方的基層眼科醫生提供實習和培訓機會。火車醫院所到之處,當地醫院派遣其眼科醫生到車上協助工作,為地方醫院基層眼科醫生,提供學習及接受培訓機會。健康快車向停靠點的醫院眼科醫生提供四個階段的白內障手術培訓:一、先往北京集中接受為期一周的授課;二、到健康快車火車醫院上進行三個月的服務實習;三、往健康快車在北京的白內障手術培訓基地接受一個月的強化實習;四、由專家小組作為期一年的扶持培訓。火車醫院離開後,受訓醫生可持續在醫院幫助更多有需要的白內障患者。

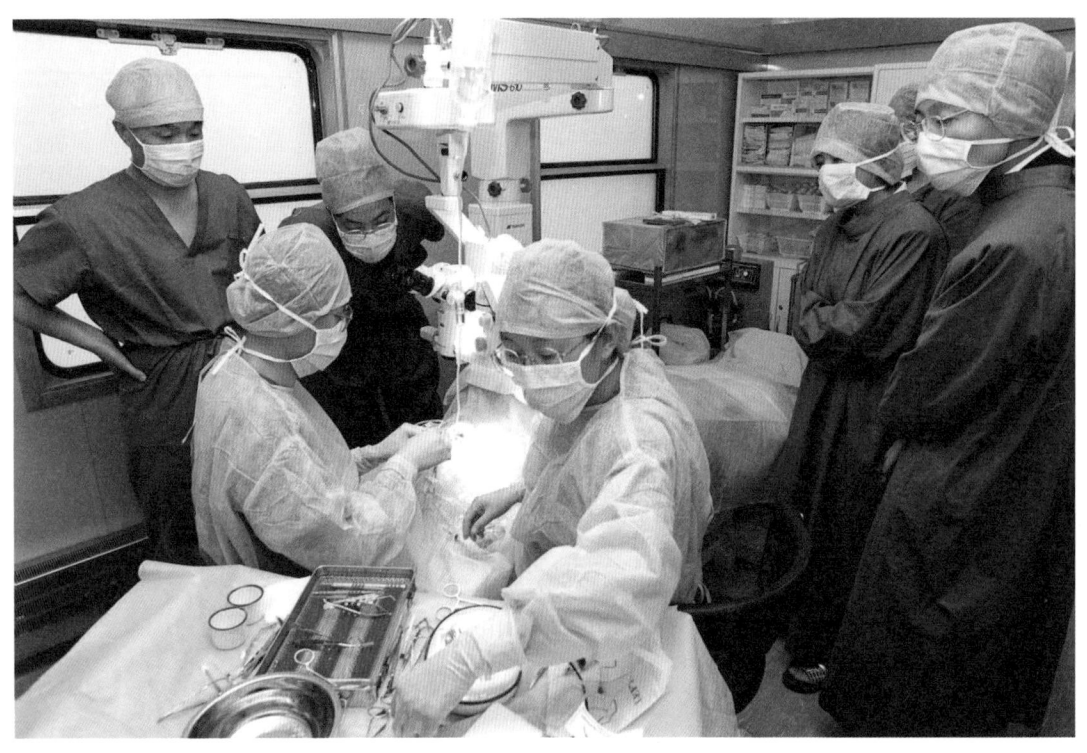

1997 年 7 月 31 日，首列健康快車 7 月 1 日由香港開出之後停靠在安徽省阜陽市，醫務人員為當地居民提供免費眼科服務。（新華社提供）

2001 年方黃吉雯提出並牽頭成立一個籌備小組，以建立一個為健康快車籌資的基金會。2002 年 11 月，國務院批准中華健康快車基金會在北京成立。

健康快車每年治療約一萬名貧困白內障患者，基於病患數字相對龐大，自 2005 年開始，健康快車在內地欠發達的省會城市，成立健康快車眼科顯微手術培訓中心（後改名為健康快車眼科中心）。培訓中心設立在當地醫院的眼科部門，除為培訓中心的主任醫生提供六個月的深造培訓課程，更為醫院補充不足的眼科醫療培訓裝備及安裝遠程醫療設施，使培訓中心可透過這些設備與內地及香港的大型眼科醫院連線，傳導最新的眼科醫學技術和信息。健康快車還通過聯網技術、培訓網站、動物手術實驗室等各種培訓方式，實現遠程眼科醫學學術培訓，提高內地眼科醫生的技術水平和國際交流能力；並廣邀海外眼科專家前往各眼科中心，以授課講座、應診及手術指導等方式，讓內地眼科醫生了解更多眼科醫學的最新成果和前沿技術，推動內地眼科醫學發展。

截至 2017 年，健康快車跑了 28 個省市自治區的 110 個地區，為 18 萬多名貧困地區的貧困患者做白內障復明手術，並在 68 個地方建立了健康快車眼科中心，聘請國際眼科專家，為內地培訓了 108 名眼科醫生。

十六、新世界哈佛中國高級公務員培訓計劃

新世界集團於 1998 年與國家外國專家局及美國哈佛大學甘迺迪學院簽定協議，建立新世界
哈佛中國高級公務員培訓計劃，每年保送 12 名表現卓越的中國領導幹部，到哈佛大學參加
為期四個月的院士研究課程，包括二至四星期的短期專題和行政人員進修課程。2006 年 3
月 5 日，新世界集團董事總經理鄭家純獲國家外國專家局頒發「炎黃獎」，表揚其對國家人
才培訓的貢獻。此後，集團多次與兩方續簽協議，延長計劃，保送幹部名額也增至每年 20
人。至 2010 年，有 157 名領導幹部透過計劃體驗國際水平的專業培訓。

十七、香港金融管理學院

1999 年 6 月，香港金融管理學院前身瑞科國際教育培訓中心成立，為政府部門、金融機
構、企事業單位提供專業課程。2000 年 6 月，國家科學技術部高新科技企業首期培訓班開
學。2001 年，中心獲國家外國專家局頒發國家人才交流服務境外機構資格證書，並啟動中
國證券監督管理委員會深圳證券監管辦公室（與深圳證管辦合署辦公）百名高級證券從業
人員培訓計劃。2002 年，中心重組更名為香港金融管理學院，同時受香港中華教育基金委
託，承辦國家外國專家局支持中西部開發的三年培訓計劃。學院自 2005 年開始為內地金
融行業舉辦培訓班（中國農村商業銀行高級培訓班），參與機構包括渤海銀行、長安銀行等
商業銀行，也有中國銀河金融控股公司、長城資產管理公司等證券和保險公司。同時，自
2005 年起，學院陸續與江西省南昌市、安徽省、山西省（2006 年）、寧波市（2007 年）、
青海省、新疆維吾爾自治區及新疆生產建設兵團、內蒙古自治區（2008 年）、雲南省、寧
夏回族自治區、深圳市、佛山市（2009 年）等多地簽訂人才培訓合作協議，並成為上海市
（2005 年）、福建省（2008 年）、貴州省（2009 年）、浙江省（2010 年）、湖南省岳陽
市（2015 年）等多地的境外培訓基地。

十八、社會服務發展研究中心

社會服務發展研究中心（社研）成立於 1998 年，旨在促進香港與內地社會福利服務交流和
發展。2000 年起，社研開始組織內地訪港交流活動，安排內地民政系統中國殘聯、婦聯、
青年和養老系統等單位來港參觀香港社會福利服務機構。2001 年與廣東省民政廳在番禺及
清遠合辦全省培訓班，邀請香港復康會、聖雅各福群會、鄰舍輔導會、保良局、協康會、
香港國際社會服務社為當地福利院管理及醫護人員等授課。2003 年與民政部社會服務司、
港澳辦及湖南省民政廳在長沙合辦安老服務培訓班，除在當地授課，亦安排參加者到香港
安老服務機構參觀和實習。

2007 年 12 月，社研與深圳市鹽田區社會工作者協會展開為期一年的合作，派出全職社工督導及半職總協調主任，為鹽田區約 61 名社工提供專業督導工作，並協助建立完善的管理系統，以發展本土化的專業社工服務；社研理事也與鹽田區民政局及鹽田社會工作者協會定期召開專家小組會議，為社工中心發展提供顧問服務。2008 年 3 月開始與深圳市社會工作協會合作展開深社計劃（2010 年改稱深圳計劃），第一階段督導及培訓深圳一線社工；第二階段培訓當地本土督導人才，並設立管理相關人才的制度；第三階段由社研兩名資深社工督導擔任見習督導小組顧問。2009 年首批見習督導誕生，2011 年深圳首批本土初級督導誕生。在初期，香港督導主要為深圳督導教育、司法、殘疾人士服務及社區民政四個工作領域的社工，後擴展至督導不同領域社工，包括團委青少年、婦女家庭、信訪調解、禁毒、醫務、工會企業、社保、綜治辦、法援、長者等。計劃至 2013 年 4 月 15 日完結。其間，社研共派出 106 名香港資深督導赴深圳，與香港 15 家社會服務機構協作，為深圳市 38 家機構培訓及督導近 2000 名深圳社工，並協助他們培養本土督導人才。

在深圳社工服務日漸成熟下，當地民政局於 2011 年推行機構顧問計劃，鼓勵安排在機構管治及服務運作上有豐富知識經驗的香港社工，擔任內地社工機構顧問。社研就此建立香港機構顧問交流平台，促進香港機構顧問間的溝通，共七家香港機構參加，並組織大型培訓。[5]

香港的社工督導引導內地社工思考問題，大家一起討論交流。（攝於 2011 年，社會服務發展研究中心提供）

深圳計劃之後，社研陸續推出東莞（2009 年）、廣州（2010 年）、番禺（2011 年）、佛山（2015 年）等地的合作計劃。2013 年起，社研亦參加與廣東省社會工作者聯合會合作的粵港合作社工培養計劃，為廣東省較偏遠地區的社工提供督導服務。

2012 年，社研與中國社會工作協會簽訂培訓協議，並於翌年開辦培訓課程，學員皆為來自北京、成都、合肥等十多個不同地區的社會服務單位領導，課程聚焦社會工作行政管理與社工組織發展。2013 年起，社研與中國社會工作協會社會工作師委員會合辦社會工作督導人才培訓課程，培訓分三部分：專業培訓課程、實習及考試。截至 2016 年年底，社會工作督導培訓班已舉辦 13 期。由於學員來自全國不同省市，課程設有遙距督導環節。

十九、香港工商專業聯會

2001 年 5 月，香港工商專業聯會（工商專聯）會長羅康瑞陪同政務司司長曾蔭權考察西部地區，其間獲國務院總理朱鎔基會見，羅康瑞建議舉辦西部地區人才培訓項目，邀西部官員到港學習交流，建議得到朱鎔基支持。2002 年，香港工商專業聯會開始與中國國際人才交流協會合作實施西部地區人才培訓計劃。首批 15 名學員均來自雲南、四川、貴州、重慶等西南省市，年紀 45 歲以下，大部分屬副局級或以上官員，不少擁有碩士、博士學位。八間香港公司（中電控股有限公司、埃克森美孚、夏利里拉酒店置業、嘉華集團、九廣鐵路公司、地下鐵路公司、中華煤氣有限公司和瑞安集團）參與贊助計劃，共籌集 200 多萬元，為學員安排住宿、後勤支援、舉辦課程等。學員須在七間公司（除埃克森美孚外的贊助企業）實習一年，並將其對香港社會、經濟等方面狀況的體會和學習成果撰寫成論文，「坊間的培訓班多數為期兩、三個星期，以講座及參觀為主；工商專聯的培訓班長達一年，卻以公司實習為主，講座及參觀為輔，可說是絕無僅有」。[6]

2002 年至 2008 年間，計劃共舉辦六期，恒生銀行、信德集團、德勤會計師事務所等企業相繼加入。隨着學員來自地區擴大至廣西、陝西及武漢、廣州等地，計劃更名為內地人才培訓計劃。六年內，計劃共培訓學員 69 人，每人每年資助 20 萬元，總額 1380 萬元。2005 年，羅康瑞因其對西部地區人才培訓的支持獲頒第一屆炎黃獎。

二十、香港中華教育基金

香港中華教育基金由瑞科國際發展有限公司和東方金融控股有限公司發起，於 2002 年在香港創立。基金自 2003 年至 2009 年年底，連續七年資助新疆維吾爾自治區、新疆生產建設兵團、青海、寧夏、內蒙等省區公務員和專業人員到港培訓，共為新疆維吾爾自治區、青海等 20 多個省區市及新疆生產建設兵團培訓學員 57 期，2300 餘人次，資助約 1200 萬元。

2009 年起，香港中華教育基金與國家外專局、各省市政府、中國富強基金會共同資助中國

西部各省的幹部及專業人才到港培訓，培訓課程由香港金融管理學院承辦，內容涵蓋人力資源開發與管理、經濟管理、金融知識、城市規劃、社會服務與社區建設等。至 2011 年，計劃用以資助西部的預算捐資約 1500 萬元，培訓總人數 3000 多人，共 70 多團，來自不同省份。2010 年，基金獲國家外專局、中國國際人才交流基金會、中國國際人才交流協會頒發第四屆炎黃獎，以表彰其配合國家支持新疆發展和西部發展戰略。基金累計資助並實施了 140 多個團組約 6000 餘人在港的專題培訓，涵蓋新疆、新疆建設兵團、青海、內蒙、寧夏、甘肅、雲南、貴州、四川、廣西、重慶、西藏等省市自治區。

二十一、東華三院

東華三院社會服務科自 2003 年起，每年接待國家民政部轄下福利單位的管理及專業人員，到屬下社會服務單位實習交流兩周，至 2012 年初有 43 名內地人員接受培訓。2011 年 12 月 8 日，東華三院與民政部簽訂合作備忘錄，落實培訓內地社會工作者的計劃。民政部安排所屬福利單位主管或專業人員赴港培訓實習兩星期，認識東華三院的單位運作及行政管理。東華三院則派出專家前往內地指定省份，開展短期培訓社工活動。東華三院先後在上海市（2011 年）和貴陽市（2012 年）兩地為約各 100 人提供兩天的培訓，分享社會工作的理念和作用、福利機構管理方法以及建立優質院舍的方法。

二十二、亮睛工程

亮睛工程為香港眼科醫生林順潮發起的可持續扶貧防盲復明工程，其先導計劃 —— 由李嘉誠基金會出資、林順潮策劃的「關心是潮流」農村扶貧醫療計劃於 2004 年 12 月展開。該計劃在廣東潮汕地區的鄉鎮醫療單位設立非營利醫療點，由汕頭大學（汕大）醫學院為農村醫護人員提供專科訓練。經培訓的基層醫療人員返回所屬醫療點後，提供治療或手術服務。

2006 年 11 月，亮睛工程慈善基金成立，通過向合作的縣級醫院贈送先進眼科醫療設備、挑選培訓當地醫護人員，讓他們能獨立診症及施手術。2007 年 9 月，首個亮睛點（即扶貧眼科中心）內蒙古錫林郭勒盟錫林浩特亮睛扶貧眼科中心成立。2010 年，亮睛工程與美國白內障與屈光手術協會合作，分別於雲南昆明紅十字會醫院及汕頭大學·香港中文大學聯合汕頭國際眼科中心成立白內障手術培訓中心，向基層眼科醫生提供白內障手術培訓。第三間白內障手術培訓中心於 2013 年在廣州中山大學中山眼科中心揭牌。同年，亮睛工程設立的首家慈善眼科醫院於汕尾啟用。該院慈善眼科醫院在每年完成 3000 至 5000 例白內障扶貧手術的同時，每年培訓三至五名白內障手術醫生。截至 2016 年 12 月，亮睛工程在內地培訓超過 140 名白內障手術醫生，建立 29 個扶貧眼科中心，完成超過 14 萬例白內障手術。

二十三、香港懲教社教育基金

香港懲教社教育基金前身懲教署儲蓄互助社成立於 1991 年，2003 年註冊為非牟利慈善團體，其理事會成員為現職或退休懲教人員及專業人士。2005 年起基金設立「薪火相傳」計劃，資助貴州、內蒙等地貧困師範學院學生。翌年起，資助農村教師參加由香港活知識立群社及清華大學舉辦的農村英語教師暑期培訓，2012 年起自行舉辦暑期英語教師培訓班，提高貧困地區英語教師對英語教學的興趣，掌握英語教學的實踐知識。2013 年起與香港教育學院（2016 年正名為香港教育大學）特殊學習需要與融合教育中心等合辦中國特殊教育骨幹教師培訓班。截至 2017 年 6 月 30 日，基金資助的教師培訓計劃令一共 470 名內地師範學生、教師及校長受惠。

二十四、醫院管理局

1. 粵港專科護士培訓計劃

2007 年 5 月 16 日，香港醫院管理局（醫管局）與廣東省衛生廳（現廣東省衛生健康委員會）舉行粵港聯合培訓專科護士簽約儀式，在為期四年的合作中，選擇重症監護、骨科護理、手術室護理等專科護理領域，聯合培養專科護士。合作期間，醫管局專門為廣東省護士開設專科護理文憑課程，目標是強化他們的特殊專科護理知識和技巧，同時希望透過認識香港醫院的管理系統，提升護理人員的管理才能。

首批 122 名學員於 2007 年 7 月 23 日起展開為期約 10 個月的專科培訓，包括約 300 小時的理論課程及 44 個星期的臨床實習。來自廣東省的護士以專科研習學員的身份，在伊利沙伯醫院、九龍醫院、威爾斯親王醫院、大埔醫院、雅麗氏何妙齡那打素醫院、北區醫院、屯門醫院及瑪麗醫院等公立醫院作臨床實習。在臨床部門進行護理實習期間，由醫院安排合資格的導師負責督導。培訓計劃每年約有 500 人申請，爭奪 100 多個名額。

至 2011 年，醫管局共舉辦四屆培訓課程，廣東省衛生廳共選派 615 名來自廣東省 21 個地市的 150 家醫院的護士，以進修的形式赴港在十幾個專科護理領域學習。

2. 社區醫療新世界—社區基層衛生建設課程

醫管局於 2007 年 11 月 2 日與衛生部（2013 年與國家人口和計劃生育委員會合併為國家衛生和計劃生育委員會，後於 2018 年與多家機構整合組建國家衛生健康委員會）及鄭裕彤基金簽署「社區醫療新世界—社區衛生及基層醫療管理培訓計劃」合作備忘錄，致力配合內地發展社區醫療的政策，為內地更多社區醫療人員提供培訓機會。[7]

課程特別針對社區基層衛生服務發展和有關的醫療政策發展、管理、專科醫生的培養和團

2007 年 7 月 23 日，來自廣東省的護士學員在香港醫院管理局於香港舉辦的護理培訓課程開學典禮上合照留念。(香港醫院管理局提供)

隊建設而設計，整個培訓計劃分三部分，包括社區基層衞生管理培訓課程、全科／家庭醫學專業進修培訓課程以及在培訓計劃完成後的大型總結討論會。醫管局進修學院負責承辦整項課程，衞生部統籌學員招募，鄭裕彤基金每年資助 150 萬元，為期十年，首階段為期三年。第一班於 2008 年開班。

醫管局為師資培訓課程度身訂造培訓教材，讓學員可以施教者的身份在內地提供持續培訓，進一步把培訓推廣至不同層面與單位，更有效推動全國社區基層醫療服務的建設和發展。

2014 年 10 月 21 日，醫管局、鄭裕彤基金、國家衞生和計劃生育委員會和北京市衞生和計劃生育委員會共同簽署「社區醫療新世界社區衞生服務培訓示範中心」項目合作協議，選點於北京市豐台區方莊社區創建培訓示範中心，先後舉辦兩期現場培訓。

截至 2017 年 7 月 1 日，計劃共為不同省市和地區的醫療單位培訓超過 1100 名高、中層的基層醫療管理人員。

3. 災後復康護理培訓課程

2008 年 9 月 16 日，醫管局與中華護理學會在北京簽署「災後復康護理培訓課程」合作備忘錄，為四川護理人員提供地震災後專業護理服務的培訓。培訓課程範圍包括殘疾專科護

理復康培訓、社區護理外展服務培訓、心理衛生輔導支援培訓。課程以「培訓施教者」方式進行，教授護理人員學習災後康復護理的基本概念、理論和護理技能，以及與傷病者的日常生活有密切相關的康復護理評價、自我護理的內容和意義。項目共舉行三期培訓，共2000 名當地專業醫護人員從中受益。

4. 病區護士長護理管理交流班

醫管局進修學院自 2009 年起共舉辦 12 次病區護士長護理管理交流班，每次為期五天，透過理論講解與科室考察，向內地病區護士長介紹香港公立醫院的護理管理模式及執行技巧，以提升其對現代護理管理的認識，強化他們在病區人力資源、科室護理質量、風險管理專業發展等各方面的掌握。國家衛生健康委員會、廣東省衛生健康委員會、北京市醫院管理中心、上海申康醫院發展中心、無錫市衛生健康委員會、天津市衛生健康委員會等機構均有派員參加。截至 2017 年 7 月 1 日，超過 380 名病區護士長完成課程。

5. 醫院院長赴香港交流研討班

醫管局與衛生部[8] 於 2012 年至 2014 年間，合作開展醫院院長赴香港交流研討班，為內地各省市的三甲醫院院長提供培訓，以配合內地醫療改革，加強公立醫院院長專業化領導和管理能力，提高醫院績效。研討班由醫管局進修學院承辦，每次為期一至四星期，透過面授課堂、參觀醫院以及到醫院借駐學習，讓內地院長從多角度了解香港的醫院管理和發展經驗。三年間醫管局共舉辦研討班四次，共為 55 名三甲醫院院長提供培訓。

二十五、香港公共行政學院

香港公共行政學院於 2007 年 5 月創立，是國家外專局認可的境外培訓合作機構，為國家高級行政人員提供培訓課程，學院成立初期曾舉辦四川省紀委、寧波市城市綜合管理、珠海公安高級警察管理培訓班。2009 年起，學院承辦由中組部組織的現代城市領導者專題研究班。2010 年，培訓內容除公共行政外，擴展至公檢法系統、企業管理、投資、文化、產業發展、現代城市發展等領域。2013 年，學院開始承辦香港公務員事務局的「內地公務員赴香港交流計劃啟導課程」，為獲選派赴特區政府對口部門培訓的內地處級以上公務員，提供一周課程，令學員較全面了解香港。學院舉辦的課程還包括為全國公安系統承辦培訓交流課程（2009 年至 2011 年）、為國家行政學院[9] 承辦培訓交流課程（2012 年至 2017年）、與四川、陝西、重慶、南京、寧波等地組織部開展培訓合作等。2014 年，首次有內地正部級領導幹部成為學院的參訓學員（現代服務業發展專題研究班香港段課程）。截至2017 年，學院累計舉辦近 200 個培訓班，來自廣東、四川、浙江、江蘇等省份的黨政機關、執法部門及企業的學員總數超過 7000 人。

2015 年 10 月中旬，香港公共行政學院為中國浦東幹部學院承辦城市現代服務業發展專題研討班（第 1 期），為 16 名學員安排八天的專題培訓課程。（香港公共行政學院提供）

二十六、香港文匯管理學院

香港《文匯報》自 1990 年代開展內地公務員赴港培訓業務，並獲中央統戰部和全國政協指定為內地赴港學員培訓基地。2012 年，香港文匯管理學院成立，是國家外國專家局境外培訓合作機構。學院先後和雲南省、貴州省、山西省、河南省等超過九個省市的外事辦、外專局等部門簽訂長期合作協議，為國務院新聞辦、港澳辦等內地政府機關、企事業單位組織上百期培訓班，培訓上萬名幹部和管理人員。特別是負責實施貴州千人赴港培訓計劃和雲南滇港省院省校合作人才高級研修項目。

1. 貴州千人赴港培訓計劃

2012 年 5 月 4 日，貴州省人力資源和社會保障廳與香港文匯報國際公關顧問有限公司、香港金融管理學院簽署《黔港千人培訓框架協議》，並於 9 月 14 日正式啟動，分期分批組織公務員、國企管理層、民營企業主等到港培訓，為西部地區首次大規模境外培訓項目。培訓計劃除社會管理、社會保障、人力資源開發等重點班外，還安排了園區建設、城市綜合體建設、旅遊開發管理等培訓班。2015 年，增開健康產業等培訓班，適應貴州新興產業發展對人才的需求。截至 2015 年 8 月底，計劃累計完成 80 餘期培訓班，共有近 4000 名公務員、經濟職能部門和企事業單位管理人員到港培訓。

2. 滇港省院省校合作人才高級研修項目

2013 年 5 月，雲南省人力資源和社會保障廳與文匯管理學院正式簽署滇港省院省校合作人才高級研修項目合作協定，計劃於 7 月正式啟動。學院結合雲南省情及發展需求定制研修專題，涉及政府績效管理、教育與校際交流合作、招商引資、邊境口岸園區建設與物流管理、文化金融等多領域。如 2016 年 7 月 17 日至 23 日的雲南省婦聯幹部能力建設培訓班，有來自省婦聯機關及 12 個市、自治州和 9 個縣（市）的 25 名婦聯幹部參加。至此，學院共承辦 13 期雲南滇港省院省校合作人才高級研修班。

二十七、大公國際傳媒學院

香港《大公報》於 2014 年 6 月宣布成立大公國際傳媒學院，面向內地政府新聞部門、企業傳訊部門及媒體從業者，開設多種培訓課程，推動內地政府部門新聞發言人、企業傳訊主管、媒體同行掌握新媒體傳播規律。學院分別在 2015 年 11 月和 2016 年 9 月，舉辦第一期、第二期中央企業提升海外傳播力研修班，近百家央企的 180 多位學員參與學習。學院還與地方政府合作舉辦公共關係研修班。如 2015 年和 2016 年兩年間，學院為深圳市政府舉辦五期深圳市政府公共關係與傳播力專題赴港項目，雲南省等其他省市公務員亦有參與培訓學習。至 2017 年，學院已培訓上千名來自廣東、雲南、深圳、河北、甘肅、貴州等省市的公務員和央企新聞發言人。

第二節 高等教育捐助基金

自 1980 年代起，邵逸夫、田家炳、王寬誠、霍英東、曾憲梓、李嘉誠、方潤華等港商，以基金或基金會等形式，或與教育部合作，或以獨立運作方式，捐資支持內地高等教育發展。[10] 當中有專注捐建教育設施，如邵氏基金；有聚焦支持師範教育和高校青年教師，如田家炳基金會、霍英東教育基金會等；有致力為國家培養高端科技人才，如王寬誠教育基金會；還有些機構如方潤華基金、新鴻基郭氏基金等重點關注落後地區，以及家庭經濟困難學生的發展。

一、叔蘋獎學金基金

叔蘋獎學金基金源自企業家顧乾麟 1939 年在上海創辦、以其父顧叔蘋命名的「紀念叔蘋公高初中學生獎學金」。從 1939 年到 1950 年，叔蘋獎學金共辦 20 期，近 1100 名學生獲獎，後來任國務院副總理的錢其琛及中共中央對外聯絡部部長李淑錚皆是獎學金得主。1949 年後，顧乾麟移居香港，曾參與東華三院、香港紅十字會等社會公益事業，並於

1988 年 4 月 25 日，顧乾麟及夫人（前排右二及右一）在上海為 340 名大、中學生頒發第 25 期叔蘋獎學金。（新華社提供）

1982 年起每年到京滬探望曾獲獎學金的學生。1986 年，顧乾麟在上海續辦第 21 期叔蘋獎學金，每年兩期。1988 年獎學金增設到北京、浙江湖州兩地。1995 年，顧乾麟出資 1000 萬元，委託上海市教育發展基金會管理，作為叔蘋獎學金發放的專項基金。

叔蘋獎學金提倡連續獲獎，在中學階段獲獎的學生都能在大學階段繼續申請。由於社會環境的變化，獎學金由針對家境清寒的學生，轉為着重於「獎優」。至 2005 年，有 752 名優秀學生在續辦後獲獎，受惠學生來自全國數十間大學，包括清華大學、北京大學、復旦大學及中國人民大學等。如 2005 年的第 59 至 60 期北京叔蘋獎學金共有 193 名大中學生獲得，同時 23 名家庭經濟困難的學生獲得叔蘋助學金資助。而上海第 59 至 60 期叔蘋獎學金由 235 名上海、湖州的中學生和 110 名大學生、研究生獲得。2013 年，評獎工作首次採用大學生主動申請與學校推薦相結合的申請機制。在評獎工作之外，叔蘋獎學金也舉辦夏令營、新生面談會、大學生座談會等各種教育活動。

自叔蘋獎學金創立至 2015 年，累計獲獎學子達 8000 多人，是中國近代歷史最悠久的民間獎學金，被錢其琛譽為「了不起的希望工程」。

二、邵氏基金會

邵氏基金會是實業家邵逸夫於 1973 年在香港設立的私人慈善機構，旨在協助促進教育、醫療和藝術事業之發展。1985 年，基金會向浙江大學捐 1000 萬元興建科學館，為邵氏捐贈

內地的首個教育項目。

1986 年，邵氏基金會向首批 10 所內地高等院校（北京師範大學、華東師範大學、南開大學、浙江師範大學、西南師範大學（2005 年與西南農業大學合併為西南大學）、雲南大學、西北大學、南京大學、華中師範大學、東北師範大學）共贈款一億元，用於校園建設，如興建華東師範大學圖書館逸夫樓、西北大學逸夫圖書館、雲南大學逸夫樓（圖書館）等。

1987 年，邵氏基金會捐贈 1.16 億元予內地 15 間大學及學院，培育科技人才。受惠的第二批院校包括重點科技院校〔西安交通大學、哈爾濱工業大學、中國科學技術大學、北京航空學院（1988 年更名為北京航空航天大學）、華中工學院（1988 年更名為華中理工大學，2000 年與其他院校合併為華中科技大學）〕、重點綜合大學（天津大學、浙江大學、吉林大學、四川大學、武漢大學、蘭州大學）及專科學院〔浙江農業大學（1998 年與其他院校合併為浙江大學）、北京中醫學院（1993 年更名為北京中醫藥大學）、中央民族學院（1993 年更名為中央民族大學）、寧波師範學院（1996 年併入寧波大學）〕，款項用於建設圖書館、科學館、體育館、建築信息和數據處理中心等。

1988 年，邵氏基金會向第三批共 22 所內地高等院校捐贈共 1.05 億元，受惠院校包括北京大學、清華大學、復旦大學、暨南大學、廈門大學、海南大學、深圳大學、南開數學研究所（現陳省身數學研究所）、新疆工學院（2000 年併入新疆大學）、青島海洋大學（2002 年更名為中國海洋大學）、大連理工大學、江西師範大學、青海大學、河南大學、河北大

1989 年 1 月 12 日，「邵逸夫向內地 22 所大專院校贈款的儀式」在香港中文大學舉行，國家教委副主任滕藤（右）向邵逸夫（左）遞交領款收據。（新華社提供）

1990 年 5 月 14 日，天津南開大學新建的大型圖書館「逸夫樓」落成開放。該館由國家投資 300 萬元人民幣、邵逸夫捐助 1000 萬元建成。（新華社提供）

1992 年，邵逸夫（右四）和方逸華（右三）參觀華中理工大學圖書館逸夫館。該館於 1987 年由邵氏基金會捐資興建（當時名為華中工學院），1990 年落成。（邵氏基金會提供）

學、內蒙古大學、湖南師範大學、寧夏大學、廣西大學、山西大學、貴州農學院（1997 年併入貴州大學）及西藏大學。按照規定流程，學校須向國家教委（1998 年更名為教育部）申請項目，由國家教委統籌後向基金申報，再由基金撥款。據教育部港澳台事務辦公室原常務副主任丁雨秋回憶，邵逸夫「尤其相信教育部，只要是教育部推薦的項目，他一般都會同意」。[11] 連同前兩次捐款，邵氏基金的捐贈至此時已遍及內地每一省、直轄市、自治區的高等院校。同年，基金會宣布成立研究生獎學金，讓內地、香港及東南亞各地優異大學生往英美加等國的著名學府深造。

1990 年代，邵氏基金會持續與國家教委合作，以捐款與項目單位資金配套的方式，資助內地大、中、小學的教學設施建設項目。2000 年代以後，資助重點為支持西部及中部貧困地區的教育事業發展，資助額每年二億元。2008 年起，教育部經徵得邵氏基金同意，實施《香港邵逸夫基金向內地教育事業贈款項目管理辦法》，當中規定獲資助高等院校須興建與教學密切相關建築、每個項目贈款額度在 500 萬元。至 2012 年邵氏基金會教育贈款項目實施 25 周年，共捐款 26 批、47.5 億元予內地發展教育，捐建項目總數 6013 個，包括內地各高等院校的圖書館、教學樓、科技樓、體育館、藝術樓、學術交流中心等。翌年，邵氏基金會續向內地教育事業資助二億元，主要用於建設內地中西部 16 所大學教學設施，以及浙江大學醫學研究中心。2014 年，邵逸夫逝世；邵氏基金會的捐贈獲教育部譽為「海內外愛國人士通過教育部捐款時間最長、贈款金額最大、建設項目最多的教育贈款項目」。[12] 截至 2017 年 7 月 1 日，邵氏基金會共資助內地高等院校約 21 億元。

三、方樹福堂基金與方潤華基金

方樹福堂基金是企業家方潤華及其父方樹泉於 1977 年創辦的非牟利慈善機構，方潤華基金則創辦於 1986 年 11 月。基金每年從家族集團公司抽取 10% 至 15% 利潤用於行善。兩個基金早年在方氏的家鄉廣東東莞捐資，1980 年代開始逐漸面向全國；捐資範圍包括科教、醫療及扶貧賑災，並通過當地政府部門、民間慈善機構或受捐學校協辦、篩選，再經基金研究決定資助項目，分期匯款。

1989 年，基金向東莞理工學院捐建大樓，為其捐助內地高等院校之始。1996 年，參與向南京大學捐建圖書館後，基金陸續於全國各地大學捐資興建圖書館、講堂、教學樓、實驗中心，並在部分大學設立獎教獎學金。1997 年，向北京大學捐建樹華電子智源中心（電腦中心），支持電子信息科學的發展，相關項目其後陸續擴至全國各地院校。

截至 2017 年，基金為內地高等院校捐建教育設施 40 餘所、樹華電子智源中心 97 所，當中除北京大學、清華大學等一線城市的重點高校外，西北民族大學、新疆醫科大學、寧夏大學、青海師範大學等偏遠地區院校也設有基金捐建的電腦中心。

1998 年 10 月 10 日，北京大學「樹華電子智源中心」建成使用，方潤華（右四）、全國人大常委會副委員長王光英夫婦（右三及右一）、北大校長陳佳洱（右二）到該中心參觀學生操作電腦。（新華社提供）

四、李嘉誠基金會

1980 年香港企業家李嘉誠創立李嘉誠基金會，主要專注於支持教育和醫療項目，並集中於大中華地區。基金會支持內地高等教育發展的項目包括汕頭大學（1981 年起）、長江學者獎勵計劃／長江成就獎（1998 年至 2008 年）、北京大學圖書館新館（1998 年）、清華大學「未來互聯網技術研究中心」（2000 年）、長江商學院（2002 年起）。其中於改革開放初捐資創立的汕頭大學為基金會的核心項目，亦成為推動中國高校教育改革的平台；捐款與教育部合作成立的長江學者獎勵計劃／長江成就獎則對國家構建人才計劃體系起示範及引領作用。

1. 汕頭大學

1979 年初，汕頭經濟特區籌建的同時，擬籌辦汕頭大學，惟其時廣東省受到地方財力有限的制約。1980 年 5 月，汕頭大學籌備委員會組成，其後，廣東省委書記、籌備委員會主任吳南生偕南洋商業銀行創辦人、籌委會副主任莊世平約見李嘉誠，商討籌辦汕頭大學，即獲李氏答允捐款，原定捐款 3000 萬元，1981 年 5 月加至 4500 萬元，其後陸續再增捐款。

1981 年 8 月，國務院批准汕頭大學成立，建校經費「包括校舍基建投資和購置圖書、儀器設備等，同意均由港澳愛國人士和海外僑胞捐贈解決」；[13]1983 年利用臨時校舍開始招生，同時將汕頭醫專改設為汕頭大學醫學院；1984 年動工興建校舍，1990 年 2 月落成，設 12 個學系與醫學院，為粵東第一所綜合大學；李嘉誠至此時為汕大共捐資 5.7 億元，包括用於興建校舍、教員宿舍、購置教學及實驗室儀器、設立獎學金、學術基金等。

其後，李嘉誠續對汕大捐款，以改善設備及增加對教師津貼等。2002 年 6 月，汕頭大學‧香港中文大學聯合汕頭國際眼科中心開幕。中心為集醫療、教學、科研、防盲與培訓於一體的眼科專科醫院，由李嘉誠基金會捐資 7000 萬元人民幣興建、購買醫療器材並提供科研與人才培訓資金。2012 年 6 月，教育部、廣東省人民政府與李嘉誠基金會聯合達成「三方共建汕大」的協議，內容包括省、部加大經費投入及政策支持力度，將汕大改革項目列入國家教育體制改革試點；基金會承諾繼續支持汕大。2013 年 9 月，李嘉誠基金會向以色列理工學院捐資 1.3 億美元，促成其與汕頭大學合作，在汕大校園旁開辦廣東以色列理工學院。2016 年 12 月 5 日，學院獲教育部批准正式設立。

汕頭大學獲李嘉誠基金會支持款項累計逾 80 億元（至 2018 年），是內地唯一私人資助的公立大學，共 10 個學院 23 個學系，創校至 2017 年累計畢業生 111,422 人。

2003 年 9 月 19 日，汕頭大學校董會名譽主席李嘉誠（左二）在汕頭大學頒發獎學金予該校優秀新生。（中新圖片提供）

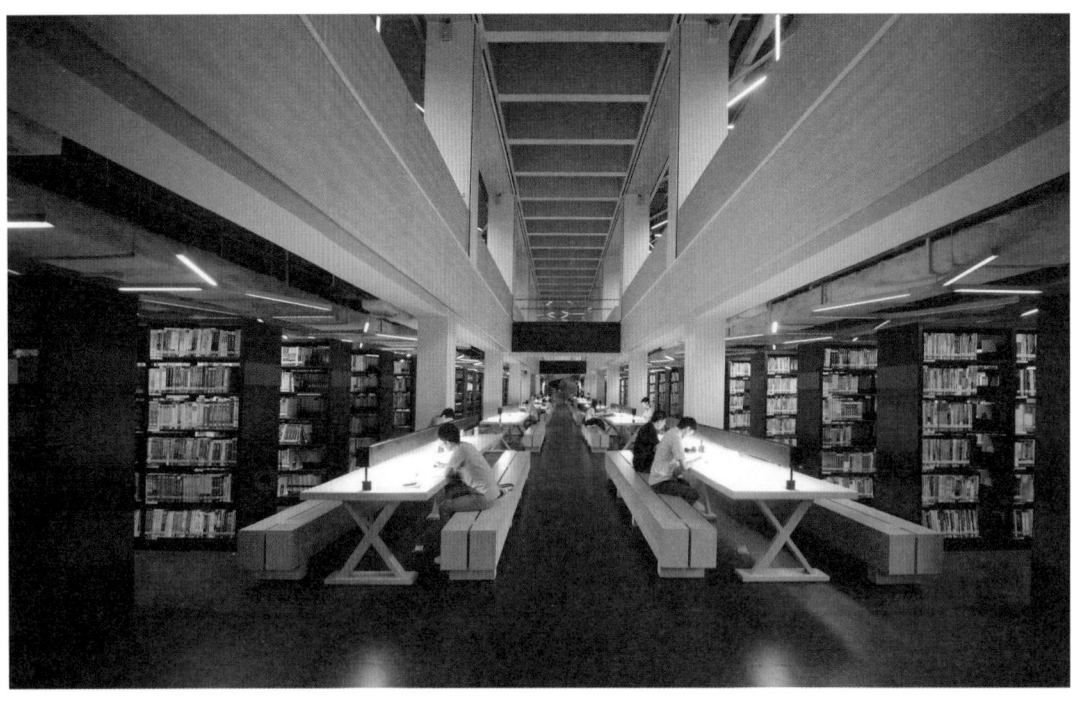

汕頭大學新圖書館於 2009 年 6 月落成，總建築面積超過 21,000 平方米，為學生提供超過 2100 個座位。（攝於 2010 年，新華社提供）

2001 年 10 月 18 日，長江學者獎勵計劃第四批特聘教授、講座教授受聘暨第三屆長江學者成就獎頒獎大會在北京人民大會堂舉行。圖為第三屆長江學者成就獎獲獎者南開大學張偉平（右）和北京師範大學李小文（左）在領獎台上合照。（新華社提供）

2. 長江學者獎勵計劃 / 長江成就獎

長江學者獎勵計劃由李嘉誠捐贈 6000 萬元與教育部合作成立，1998 年 8 月啟動，支持國家科教興國戰略，吸引和遴選中青年傑出人才，培養並造就一批有國際領先水平的學科帶頭人，提高中國高等院校的國際學術地位和競爭力。計劃包括分批於國家重點建設學科中設立特聘教授崗位，在國內外公開招聘。人選經學校遴選推薦後由專家評審，再由學校與之簽訂聘約，規定聘期及聘任雙方的權利和義務，每位受聘教授每年可獲 10 萬元人民幣特聘津貼，並享有學校按照國家有關規定提供的工資、保險、福利等待遇。特聘教授崗位制對高等院校的用人制度和分配制度改革起積極導向作用，突破教研人員薪酬結構僵化及平均主義的局限，更能為國家吸引及穩住人才，配合推動創新和改革的迫切需要。此外，李嘉誠捐贈 1000 萬元設立長江學者成就獎，頒予成就突出的優秀學者，每位最高可獲 100 萬元人民幣。

1999 年 4 月，首批 73 名長江學者獎勵計劃特聘教授獲聘，分別來自 40 間高等學校，其中 17 人來自國外大學。首屆獲得長江學者成就獎的學者包括上海交通大學（上交大）陳竺、中南大學夏家輝及其小組，以及清華大學范守善。

2000 年 2 月，長江學者獎勵計劃特聘教授制度框架內正式實施「講座教授崗位制度」。該制度是於特聘教授推薦人選中部分時間回國工作者實行的崗位制度，全國每年聘任講座教授 10 人，每年在國內講座教授崗位上工作三個月以上（特殊情況下不少於兩個月），職責為開設學科前沿領域的課程或講座、主持國家重大科研項目研究、領導學科學術梯隊建設、帶領學科在其前沿領域趕超或保持國際先進水平；獎金由長江學者獎勵計劃專項資金支付。

2003 年 2 月，李嘉誠基金會宣布再撥款 4000 萬元，繼續支持獎勵計劃。2004 年，特聘及講座教授項目擴大到高等院校的人文社會科學領域，講座教授數額亦由每年 10 人增至 100 人。2005 年，長江學者成就獎獎勵範圍擴大到中國科學院所屬研究機構和港澳高等院校，該年獲獎者包括中國科學院遺傳與發育生物學研究所李家洋，以及香港中文大學沈祖堯。2007 年，計劃由綜合評獎改為學科性單項獎，並將實施範圍擴大到環境保護部所屬研究機構。

至 2008 年，計劃總計投入 4.54 億元，其中李嘉誠投入 1.24 億元；全國共 24 個省的 115 所高校聘任 1308 名長江學者，其中包括 905 名特聘教授和 403 名講座教授，有 17 名華人學者獲長江學者成就獎。由長江學者特聘教授主持或參與完成的科研成果，獲得 93 項國家自然科學獎、27 項國家技術發明獎及 132 項國家科技進步獎。此外，42 名長江學者特聘教授獲高校人文社會科學成果獎共 65 項。長江學者獎勵計劃亦推進高等院校形成優秀人才培養體系，在該計劃的示範和引領下，各地和高等院校先後實施一批人才計劃，如北京市拔尖創新人才計劃、上海市東方學者計劃、廣東省珠江學者計劃等。

2011 年起，教育部實施新的長江學者獎勵計劃，實施經費由中央財政專項支持。

五、田家炳基金會

1982 年，實業家田家炳創辦田家炳基金會，依靠個人及家族公司的捐獻專事捐辦教育、醫療等公益事業。其對內地教育捐助始於田家炳的家鄉廣東梅州，包括於 1986 年捐建嘉應大學田家炳科學館。1992 年，擴充捐助教育項目到廣東省內各市，捐建廣東教育學院田家炳樓（校長培訓中心）和田家炳體育中心，啟動資助師範院校工程。1995 年，基金會決定擴大教育捐資到全國，重點資助各地師範大學，向東北師範大學、山東師範大學、南京師範大學、華中師範大學、四川師範大學五所師範大學與杭州大學（1998 年併入浙江大學）各捐資 800 萬元創建田家炳教育書院，此後又向陝西師範大學、西南師範大學、雲南師範大學、貴州師範大學、廣西師範大學、江西師範大學六所師範大學，以及廣東省的惠州大學與嘉應大學（後都改稱學院）等八校共捐資 4800 萬元。在了解到北京師範大學藝術系的辦學困難後，1997 年田家炳向北京師範大學捐贈 500 萬元，興建田家炳藝術教育書院大樓。同年，捐款 300 萬元人民幣支持國家教委「高等師範教育面向 21 世紀教學內容和課程體系改革項目」。自 1999 年至 2003 年，在教育部師範司推薦下，基金會實現了資助全國所有師範大學的目標。2002 年至 2009 年間，擴大資助內地大學範疇至各省重點綜合大學，捐建田家炳樓並完善其教學及科研條件，其中包括三峽大學、江南大學、東南大學、上海理工大學、湖北大學、河南大學、河北大學、山西大學、西藏大學、寧夏大學、安徽大學、雲南大學、四川大學、哈爾濱理工大學、華中科技大學、海南大學、北京大學、吉林大學、華南農業大學等。截至 2017 年，受惠田家炳基金捐助的內地高等院校共 80 所，當中 39 所為師範學院、41 所為綜合大學，遍布 31 個省市區。

另一方面，田家炳基金會自 1991 年起捐贈香港大學教育學院，成立田家炳教育基金，設立田家炳訪問學人計劃，主要資助內地學者及教育工作者訪問香港大學教育學院，與學院成員合作進行研究、調查及學術交流。2005 年，田家炳訪問學人計劃推廣至香港中文大學及香港科技大學（科大）；2008 年再擴充至香港理工大學、香港城市大學、香港浸會大學（浸大）、香港教育學院、香港公開大學和嶺南大學，以加強香港與內地高校的聯繫，促進兩地學術交流協作，提升教研水準，達至興教報國的目標。在該計劃下，理大護理學院自 2008 年起向內地護理專業人員提供到港訪問三至六個月的項目；科大提供為期半年或以上的高研學者研究計劃；香港教育學院、城大、浸大開放予不同學系／學院申請邀請學者；嶺南大學每年舉辦內地學者及行政人員交流（逗留七天至十天）；港大和中大的交流則集中在該校的教育學院。截至 2017 年，共有超過 600 名內地學者透過基金資助來港訪問及進行學術交流。

六、包氏基金

1980 年代，香港實業家包玉剛除向上海交通大學贈款 1000 萬美元建造以其父親包兆龍的

1996 年，田家炳（左七）到東北師範大學出席該校田家炳教育科學學院大樓奠基禮。1995 年，田家炳基金會為該校捐資 800 萬元創建田家炳教育書院。（田家炳基金會提供）

1997 年 6 月 7 日，田家炳基金會資助國家教委師範司 300 萬元人民幣，實施「高等師範教育面向 21 世紀教學內容和課程體系改革項目」，師範司司長馬立（前排右）在捐款儀式上向田家炳（前排左）致送紀念品。（田家炳基金會提供）

名字命名的包兆龍圖書館（1981 年），[14] 捐資 2000 萬美元（1984 年）創辦寧波大學外，亦捐資設立獎學金。1983 年 1 月，包玉剛捐贈 100 萬美元基金，設立包兆龍中國留學生獎學金。同年成立包兆龍中國留學生獎學金管理委員會，具體選派工作由教育部負責。1985 年 10 月，包玉剛訪問浙江大學，再捐贈 100 萬美元基金，獎學金改稱包兆龍包玉剛中國留學生獎學金（包氏獎學金），並移交浙江大學管理。在包氏獎學金委員會下成立以浙江大學為理事長的包氏基金理事會，負責出國留學人員的遴選和管理工作。

包氏獎學金以「公開報名、公平競爭、堅持標準、擇優選拔、按需派遣」為方針，以資助學習世界先進科學技術、培養高級專門人才為目的，堅持選派人員要符合國家社會主義建設對人才的需求，優先考慮新興邊緣學科及國家急需專業。獎學金獲得者必須履行按期回國服務的義務。獎學金主要用於支持浙江大學（佔總名額的 85%）和浙江省其他高校（佔總名額的 15%）的教師、科研人員等出國留學和訪問。資助類別包括攻讀博士學位研究生、普通訪問學者、高級訪問學者和參加國際會議。到 2017 年年底，包氏獎學金已選派獎學金獲得者 554 名（含原教育部派出的 21 人）。其中包括中國工程院院士潘雲鶴、譚建榮、徐楊生等。

2004 年 3 月，包玉剛長女包陪慶宣布再捐贈 100 萬美元，成立包玉剛國際基金，用於在浙江大學設立包玉剛講座教授（包氏講座教授）席位，面向國際聘任知名學者，與包玉剛設立的獎學金相呼應，從派出和引進兩方面推動浙江大學提升教育教學水平。2007 年，包玉剛國際基金正式面向世界著名高校及科研機構公開招聘，高薪聘請包氏講座教授。截至 2017 年為止，包括來自美國、加拿大、澳洲、英國、法國、德國、瑞士、新加坡、日本、意大利、瑞典、香港等國家和地區的知名學者共 48 人，入選浙江大學包氏講座教授。

此外，設立於 1986 年的包玉剛爵士基金會自 1987 年起，和中、英兩國政府共同出資，設立中英友好獎學金計劃，資助中國學者留學英國，以使其更好地為中國的現代化和發展作貢獻。至 1997 年計劃結束，包玉剛爵士基金和中國政府各為計劃捐資 1400 萬英鎊，英國政府提供 700 萬英鎊，合共培養 1728 名學者，包括中國工程院院士潘復生、復旦大學教授金光耀、南京航空航天大學教授王同光等。

七、王寬誠教育基金會

1970 年代末，香港實業家王寬誠先後向鄧小平、葉劍英、楊尚昆、習仲勳和胡耀邦等國家領導人提出捐資成立教育基金會的意見，以資助內地學者到國外深造，為國家培養高端科技人才。在鄧小平等國家領導人的支持下，1985 年 9 月 17 日，王寬誠出資一億美元，在香港成立王寬誠教育基金會。

1985 年，基金會在上海工業大學（1994 年與其他院校併入上海大學）校長錢偉長建議下，

1982 年 6 月 10 日，上海交通大學包兆龍圖書館舉行奠基典禮，由應邀出席的菲律賓第一夫人伊梅爾達·馬科斯（前左一）、包玉剛（前右一）、中國船舶工業總公司董事長柴樹藩（前排中）等主持奠基儀式。（新華社提供）

1979 年王寬誠（右二）與全國人大常委會委員長葉劍英（左一）、廣州市委第一書記楊尚昆（左三）及廣東省省長習仲勳（右一）在廣州會面，討論成立教育基金會事宜。（王寬誠教育基金會提供）

1985 年，王寬誠教育基金會考選委員會在上海舉行工作會議。前排左起：錢臨照、陳岱孫、湯佩松、王寬誠、陳省身、錢偉長、吳富恒；後排左起：黃貴康、費孝通、黃麗松、田長霖、張龍翔、薛壽生、王明道。（王寬誠教育基金會提供）

成立 16 人留學生考試選拔委員會，挑選資助學生出國深造。[15] 同年在北京、上海、西安、武漢、廣州、成都、香港等地開展第一次全國留學招考，凡持大學畢業證明文件、35 歲以下及身體健康者均可報名，結果從 2100 多名考生中錄取 51 人，共 45 個專業。翌年舉辦第二次全國考選，從 4200 多名考生中錄取 38 名學生出國深造。資助原屬貸款留學，包括出國返國旅費、學費及生活費，供期最長四年，後來決定如果留學生返國效力，貸學金便可轉為獎學金，不必還款。兩批送出去共 89 名博士留學生在學成後，成為各領域的中堅力量，當中包括北京大學英語系教授韓加明、香港城市大學數學系教授戴暉輝等。

1987 年，基金會在中國科學院設立中國科學院王寬誠獎學金，資助中國科學院選派優秀業務骨幹出國進修、合作研究或參加國際學術會議；在國家教委設立「國內學者出國參加國際學術會議」、「在國內舉辦國際學術會議」及「邀請國外專家來華講學、交流」資助項目；在上海工業大學設立王寬誠教育基金會學務委員會上海辦事處（由錢偉長負責），設資助項目助學者出國參加國際學術會議和進行博士後研究，以及在內地與港澳舉辦國際學術會議和講座；設立專家推薦項目，由陳省身、田長霖、錢臨照及湯佩松等教授直接遴選推薦學者，由基金會資助其往英美等國攻讀博士學位或從事博士後研究。基金會同年分別在英國皇家學會及英國國家學術院設立獎學金項目，資助內地學者赴英進行博士後研究。此後，基金會陸續在英國牛津大學、法國國家科學研究中心、德國學術交流中心、英國倫敦大學、法國高等科學研究院為內地學者設立獎學金項目。

1989 年，基金會在中國科學技術大學設立中國科學技術大學王寬誠育才獎，獎勵優秀教師；此後基金會陸續於西安交通大學（西交大）、上海大學、寧波大學設立同類資助項目。1991 年在中國科學院設立科研獎金，鼓勵海外華人學者及中國留學生回國開展高水準合作研究；1997 年設中國科學院王寬誠博士後工作獎勵基金，在中國科學院紫金山天文台設王寬誠行星科學人才培養基金。1998 年設寧波大學王寬誠獎學金，促進該大學教師隊伍建設。截至 1999 年 12 月 31 日，王寬誠教育基金會資助攻讀博士學位共 242 人；博士後研究 856 人；出國訪問、應邀來華講學 460 人；舉辦大型國際會議 322 次；參加國際學術會議 819 人；1055 人獲得王寬誠育才獎。

2000 年起，基金會擴大與內地高校之間的合作，在上海交通大學設立上海交通大學王寬誠醫學獎勵基金（2006 年）和上海交通大學王寬誠講席教授（2007 年）項目；在浙江大學設立浙江大學王寬誠講席教授項目和浙江大學王寬誠青年學者項目（2013 年），為大學引進海外高端科學家及重點學科帶頭人提供資助；在西安交通大學、暨南大學、寧波大學、寧波工程學院設立王寬誠青年學者項目（2016 年），支持青年科教人才培養。此外，2000 年基金會資助香港大學、香港中文大學、香港科技大學、香港理工大學、香港城市大學設立「資助內地學者到香港參加國際學術會議」項目，並在 2008 年於香港浸會大學設立中國內地訪問學人計劃項目，促進兩地高等教育機構的交流。

截至 2017 年，基金會在內地、港澳及海外共設立 48 個高級人才培養資助及獎勵項目，資助項目涵蓋數學、物理學、化學、生活科學和醫學、信息技術科學、工程科學及農業科學等學術領域。基金會共資助超過 13,000 人次，其中包括：資助 400 多人在歐、美、澳、港等著名大學完成博士學位；資助 2800 多人次完成博士後研究；資助各類高端國際學術會議、講座及訪學交流共計 5500 多人次；冠名傑出青年學者及講席教授 26 名；授予各類獎項共計近 4300 人次。

八、何氏教育基金會

1980 年代初，銀行家何善衡獲悉廣州中山大學擬籌建管理學院後，偕新華社香港分社副秘書長何銘思與中山大學商量幫助籌建事宜，並捐助 2000 萬元，於 1985 年 6 月成立何氏教育基金會，何銘思任管理委員會主席，以「為祖國的四個現代化建設培養德才兼備的各類管理人才貢獻力量」為宗旨，支持中山大學管理學院的建設和發展。中山大學管理學院原為中山大學經濟系的企業管理教研室，1983 年因應改革開放和學科發展需要，在教研室的基礎上成立管理學系；1985 年獲得基金會撥款後，管理學院即重新裝修管理學院大樓，並購置教學設備和辦公用具。

及後，基金會積極倡議並促成國家旅遊局和霍英東捐資興建酒店管理培訓中心大樓，為管理學院的酒店管理專業教育和酒店在職人員提供教學基地。1988 年，在基金會資助下，學院成立康樂會計師事務所，為該學院會計審計系建立教學、科研與實踐三結合的基地，並為社會提供查帳、驗資、會計公證、諮詢、稅務等服務。基金會亦資助學院教師到香港、美國、法國等地進修，並外聘外籍教師講學。2002 年，何氏教育基金會與香江集團、中山大學共同投資 3000 多萬元人民幣建成管理學院 MBA 大樓。基金會亦先後成立何氏助學金、何氏優秀本科生海外留學資助、何氏教學工作獎、何氏科研工作獎、何氏教學服務獎。2007 年至 2016 年間，獲獎教職工 255 人次。

2016 年，何氏教育基金會結束，並將其剩餘資產（約 1200 萬元）捐贈給中山大學教育發展基金會，指明款項唯一受益人是管理學院，用於管理學院的發展。

九、霍英東教育基金會

1986 年 4 月 2 日，霍英東在北京向國務院副總理、國家教育委員會主任李鵬表示，為振興中華，培育人才，決定出資一億元成立基金會，支持國家的教育事業，於是與國家教委合作成立霍英東教育基金會。

基金會成立後，邀請專家學者組成顧問委員會[16]，商討資助方向和重點，後決定設立高等院

校青年教師基金獎，為其從事的研究工作提供 5000 至 2 萬美元資助；設立青年教師獎，獎勵在教學和科研工作中作出突出貢獻的青年教師，每項獎金 1000 至 5000 美元；得獎者並獲授霍英東教育基金會金質獎章一枚。

經過近 2000 多名教授、專家評議及基金會顧問委員會的研究評審，1988 年 9 月 2 日，霍英東教育基金會第一次高等院校青年教師基金和青年教師獎頒獎儀式在人民大會堂舉行，共有 44 名 40 歲以下博士獲高等院校青年教師基金獎、40 名 40 歲以下博士獲青年教師獎；得獎者中包括北京大學陳章良及清華大學倪以信等。1990 年 11 月第二次頒授的規模擴大，共 77 人獲青年教師基金資助、141 人獲青年教師獎。

2003 年，基金會設立「優選資助課題」，由符合申報條件的青年教師公開申報，每項課題資助 2 萬美元左右，鼓勵高等院校青年教師結合國民經濟與社會發展的需要進行科學研究。2006 年，設立西部高校青年教師研究基金，重點培養和提升西部高校教師的科研能力。

截至 2016 年年底，基金會累計資助 262 所大學、襄助 3675 名青年教師，總資助金額超過 3000 萬美元。

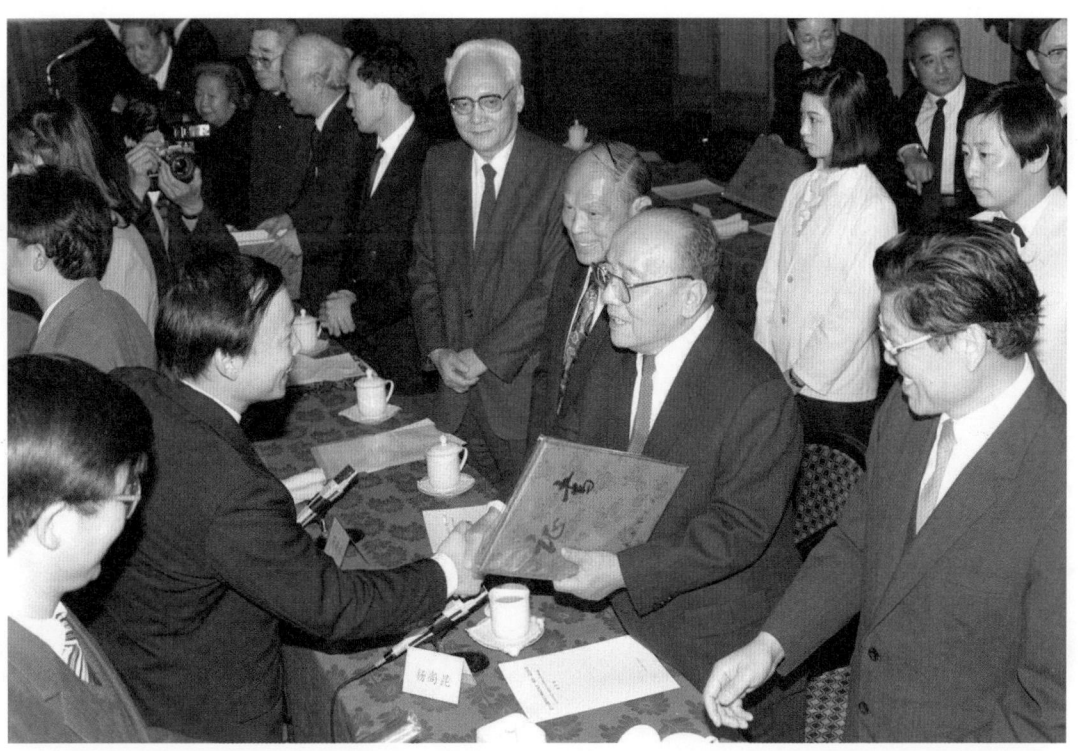

1990 年 11 月 24 日，霍英東教育基金會第二次高校青年教師基金及青年教師獎頒授儀式在北京人民大會堂舉行。國家主席楊尚昆（持證書者）、國務委員兼教委主任李鐵映（右一）和霍英東（右三）為獲獎者頒獎。（新華社提供）

2002 年 12 月 18 日，中山大學管理學院 MBA 大樓（善思堂）落成使用，全國政協副主席霍英東（右二）參加剪綵儀式。（中新圖片提供）

2006 年，在中央統戰部副部長胡德平、前新華社香港分社社長周南和前外交部駐港特派員楊文昌等見證下，蔣震（前排中）代表蔣震工業慈善基金與內地 10 所大學簽署協議，設立蔣震獎學金及蔣震海外研究生獎學金。（震雄集團提供）

十、蔣震工業慈善基金

1990 年，香港震雄集團創辦人蔣震捐贈其擁有的集團全數股份（1996 年中市值約 30 億元）成立蔣氏工業慈善基金（後更名蔣震工業慈善基金），協助華人地區培養更多工業技術專家。基金資助管理及技術人才培訓及工業科研（詳見本章第一節），撥款於海峽兩岸和香港等成立多個獎學金。截至 2017 年，接近 3000 名內地學生共獲得約 9000 萬元資助。

1. 蔣震獎學金

基金於 2006 年起在內地設立蔣震獎學金，用於資助優秀碩士生。獎學金首期五年，共 10 所大學受惠，資助專業包括法律、國際關係、經濟、機械工程、計算機科學、電子科學、外交學和機電工程管理。基金每年向合作院校指定院系的獲獎學生（10 人至 15 人）提供每人一萬元人民幣資助，成績優異者可連續於第二年獲頒獎學金，部分學科最優秀的獲獎學生可額外獲得一萬美元資助出國進修三至六個月。2011 年及 2016 年，第二、三期五年獎學金計劃陸續展開，受惠大學自原來清華大學、北京大學、中國人民大學、中國政法大學、復旦大學、浙江大學、上海交通大學、西安交通大學、華中科技大學和哈爾濱工業大學之外再增五所，包括外交學院、中國科學技術大學、天津大學、大連理工大學及西北工業大學，並在其中八間大學設立助學金，每年選出 10 名家境困難學生資助 5000 元人民幣。

2. 蔣震海外研究生獎學金

基金自 2006 年起設立蔣震海外研究生獎學金，每年在合作大學中選出 10 位品學兼優而家境困難的電機、電子工程、機械、製造及工業工程系學生，每位提供五萬美元，到美國著名大學攻讀為期一年的研究生學位課程。參與的 15 所內地學府包括清華大學、上海交通大學、浙江大學、哈爾濱工業大學、華中科技大學、天津大學、西安交通大學、北京航空航天大學、華南理工大學、西北工業大學、大連理工大學、中國科學技術大學、山東大學、北京大學及復旦大學。畢業後，絕大部分獎學金獲得者都返回內地，以協助當地的工業發展。

3. 山東大學蔣震菏澤獎學金

基金自 2007 年起與山東大學合作設立蔣震菏澤獎學金，鼓勵及資助來自山東菏澤地區（蔣震出生地）有經濟困難的優秀本科生，至 2017 年共捐贈超過 3000 萬元，1500 人獲獎。

十一、曾憲梓教育基金會

香港金利來集團有限公司創辦人曾憲梓於 1992 年捐資一億元，與國家教委合作設立曾憲梓教育基金會。1993 年至 1999 年，基金會在全國高等師範院校、中等師範學校及民辦教師中獎勵了 7028 名優秀教師，獎金總額 4502 萬元人民幣。

2000 年起，基金會配合國家科教興國戰略，培養優秀人才，資助方向轉為支持貧困大學生接受高等教育，設立優秀大學生獎勵計劃。2000 年至 2004 年基金會實施第一期計劃，在內地 35 所重點大學支持和幫助家境貧困、品學兼優的大學生完成學業共約 7000 人次。自 2004 年下半年開始實施的第二期計劃起，基金會每年資助內地 30 多所高校的優秀貧困大學生 1750 人次。

截至 2016 年，該計劃共獎勵包括北京大學、清華大學、中山大學、北京師範大學、復旦大學、西安交通大學等 38 所重點大學優秀貧困大學生 28,210 人次，資助總額近 1.08 億元人民幣；基金會用於資助內地教育事業的善款總額逾 2.5 億元人民幣。

十二、軒轅教育基金會

軒轅教育基金會於 2001 年 2 月在香港註冊成立，為非牟利的慈善機構，關注農村、邊遠貧困地區教育事業發展，通過助學、獎學、獎教縮小教育差距。2010 年基金會發起種子助學基金計劃，資助內地大學品學兼優的貧困大學生，包括 2012 年向華僑大學捐資 60 萬元人民幣，每年資助 50 名在校生，為期四年。接受此項資助的學生承諾畢業之後，在經濟條件許可下，自願把當年接受該基金資助的金額捐獻予母校種子助學基金管理委員會，用於繼續資助有需要幫助的師弟、師妹們完成學業。截至 2016 年年底，軒轅教育基金會在內地七個省市 15 所大學設立種子助學基金，包括北京大學、清華大學、華僑大學、暨南大學、雲南大學、河南大學等，受惠學生 1200 餘人。

十三、新鴻基地產郭氏基金

2002 年，新鴻基集團及郭氏家族成立慈善團體新鴻基地產郭氏基金，支持內地及香港的公益及教育項目。在教育方面包括捐助教育設施（2004 年捐助北京大學國際關係學院興建新鴻基樓），與內地多間高校合作，提供獎助學金協助學生接受高等教育，並資助內地學生到香港及海外學府學習、攻讀博士及碩士學位。

1. 資助內地升學
2002 年起，郭氏基金在中山大學設立助學金，每年資助 30 名品學兼優但家境貧困的本科

2004 年 12 月 23 日，曾憲梓教育基金會在北京人民大會堂舉行優秀大學生獎勵計劃 2004 年度頒獎大會，曾憲梓（中排左四）與中央民族大學的大學生合影。（中新圖片提供）

2013 年 6 月 6 日，香港軒轅教育基金會種子基金助學金分享會在內蒙古農業大學召開，基金會負責人與受資助學生暢談。（中新圖片提供）

新生完成大學課程。2006 年，為曾受惠於助學金的本科畢業生設立碩士獎學金，資助他們繼續於中山大學攻讀碩士課程，每人每年獎勵 17,000 元人民幣。2007 年郭氏基金中山大學博士生獎學金正式運作，以資助西部省份未獲得博士學位的大學教師繼續深造，攻讀博士課程。獲資助教師每人每年獲 40,200 元人民幣資助，承諾完成學業後，回原任職大學任教。助學金計劃其後陸續推廣至貴州大學（2004 年）、湖南大學、西北大學（2005 年）、復旦大學、同濟大學、南京大學、浙江大學（2006 年）等，資助家境貧困的優秀學生完成大學課程。

2006 年 9 月，基金設立中山市扶困助學金，資助中山籍本科貧困生，成為基金唯一於地級市教育局專設的助學金項目。至 2017 年，兩期總資助金額為 320 萬人民幣，受惠學生人數共 160 人。

截至 2015 年年底，郭氏基金在上海交通大學、西南大學（2007 年）、清華大學（2008 年）、北京大學（2012 年）、東南大學（2014 年）等內地 17 所高校設立獎助學金，逾 20,000 人次受惠。

2. 資助赴港升學

郭氏基金於 2005 年撥款 1500 萬元設立獎學金，資助內地偏遠地區優才前往香港中文大學攻讀四年本科課程，每年資助六名內地學生四年的學費、宿費及生活津貼等；至 2017 年，受助內地學生逾 60 人。2009 年 7 月，基金與香港大學合作成立新鴻基地產郭氏基金—香港大學法律獎學金，撥款 250 萬元資助內地學生在香港大學接受一年制法律碩士培訓，學習普通法、公司法與金融法等範疇，令內地政法專業人士進一步認識香港及國際法律制度。至 2014 年 7 月，共資助 60 名內地修讀法律課程的畢業生或年輕法律界從業員在港大深造，五年資助金額共約 1000 萬元。

3. 資助海外升學

2004 年起，基金與劍橋海外基金會合作設立獎學金，資助內地優秀但有財政困難的高校精英，赴劍橋大學深造，博士生資助三年、碩士生資助一年。所有獲資助的學生學習期滿後，返國工作或參與相關學科建設及科研項目。如 2011 年基金會選出 10 名內地學生赴笈劍橋大學，涉醫學、教育、建築、物理及經濟等專業。基金先後設立獎學金，資助學生赴倫敦帝國學院、德國陶秉根大學、倫敦大學、耶魯大學攻讀碩士和博士學位。

第三節 高等教育交流

1978 年改革開放後，中國與世界各國、各地區的交往日益頻繁。隨着 1983 年 10 月鄧小平提出「教育要面向現代化，面向世界，面向未來」，教育領域的對外開放加快。1985 年 5 月中共中央頒布《關於教育體制改革的決定》，學校特別是高等學校的自主權擴大，為內地高校對外交流合作提供了空間。

香港高校多自 1980 年代開始與內地展開學術交流，並逐漸多樣化、制度化。1990 年代，香港在教育國際化趨勢下，逐步提出發展成為區域教育樞紐的計劃，開始擴大對內地招生，並於回歸後北上內地合作辦學，進一步輸出香港的教育服務。2004 年《內地與香港關於相互承認高等教育學位證書的備忘錄》簽署後，兩地高等教育交流進一步增強。

一、學術交流[17]

改革開放之初，香港與內地的學術交流，多由個別院校或個人發起，及後才慢慢出現相對固定或制度化的機制，一些機構、組織也在兩地交流中起了重要作用。

1978 年 9 月，香港理工學院院長李格致率領 12 人代表團訪問西安交通大學，並先後訪問清華大學、北京大學、北京師範大學、上海交通大學、中山大學及華南工學院（1988 年更名為華

1978 年 9 月，香港理工學院代表團應邀訪問西安交通大學。（香港理工大學提供）

南理工大學），成為香港首家受邀到內地交流的專上學府。翌年 5 月至 6 月，西安交通大學校長陳吾愚應理工學院邀請，率領 10 人代表團回訪，其間參觀理工學院及香港電燈發電廠等。

香港理工學院與內地的交流活動在早期多由內地發起，包括到香港理工學院參觀或邀請香港理工學院教師到內地講課等；後逐漸建立互利合作，如共同組織國際會議（如 1983 年與華南工學院在廣州合辦第一屆國際金屬切削會議，有六國專家及廠商參加，部分經費由香港企業資助），或讓香港理工學院學生到內地高校接受訓練等，交流頻率和數量迅速增加。1985 年，香港理工學院接待的內地訪客逾 500 人，交流涉及校內幾乎所有系別，包括到內地講學、舉辦短期課程、共同研究、共同組織國際會議、內地學者在香港理工學院訪問學習等。到 1986 年，香港理工學院已與內地 100 多間大學建立聯繫，並與其中 10 所簽訂合作協議，包括北京工業大學、華東紡織工學院（1999 年更名為東華大學）、暨南大學、清華大學、蘇州絲綢工學院、上海機械學院、上海交通大學、華南工學院、武漢測繪學院、西安交通大學。1991 年成立中國事務聯絡小組，推動與策劃與兩岸的交流。1994 年，理大推出傑出中國訪問學人計劃，每年授予六名內地著名學者「傑出中國訪問學人」稱號，邀請他們到理大舉辦公開講座與研討會，交流治學心得。1995 年，牽頭成立國際應用科技開發協作網，成員來自內地 14 所大學，推動應用科研、技術轉移及科技成果在本地及世界市場商品化、產業化。[18]

香港大學於國家改革開放早期，在多個學術領域，包括文史、工程學、城市規劃、法律和社會工作等，與內地高等院校展開交流。1980 年 9 月 5 日，港大校長黃麗松獲國務院港澳辦公室主任廖承志邀請，往訪北京與廖承志會面，與會者有後來分別擔任香港基本法起草委員會正副秘書長的李後與魯平。黃麗松回港後，開始籌辦與內地大學展開學術交流。1982 年 6 月 2 日，鄧小平在人民大會堂會見黃麗松，說明香港回歸和「一國兩制」構思，並表示香港大學對內地大學發展，可以扮演重要角色。

在文史領域交流方面，1980 年，陳坤耀接任於 1967 年成立的港大亞洲研究中心（CAS）主任，開展與內地相關的研究項目。CAS 舉辦國際研討會旨在培養國際視野、協助中國人文學科長遠發展，促進香港學者把香港的經濟模式及市場理念帶入北京及上海等各地高校；研討會同時介紹西方經濟模型，如股票交易及銀行體系等概念。

1982 年，港大中文系及歷史系合辦「晚明至民國思想史研討會」，此後陸續舉辦系列會議。1986 年舉辦「人的革命」研討會，參與學者有內地哲學史家張岱年、文藝理論家王元化、經濟學家厲以寧和溫元凱、電視藝術家陳漢元、歷史和經濟學家何新，以及政治哲學家王滬寧等。

工程領域方面，港大土木工程系三位講座教授張佑啟、李焯芬和李行偉早年推動工程學院師生及其畢業生投入中國改革開放的事業。1983 年，來自華南工學院的郭大江和鄺君尚成為土木工程系第一批內地博士研究生。

城市規劃領域方面，1980 年，香港大學城市研究及城市規劃中心（港大城規中心）在首任中心主任郭彥弘和翌年出任講師的葉嘉安推動下，展開與內地學術交流。在 1980 年代初，郭彥弘和葉嘉安獲邀出席深圳特區的總體規劃研討會，參與深圳特區早年的規劃討論。與會者有來自清華大學、中國城市規劃設計研究院等城規學者和規劃師。1981 年 12 月，港大城規中心邀請國家城市建設總局城市規劃研究所工程師鄒德慈、清華大學建築系教授暨中國科學院院士吳良鏞，以及國家建委城市規劃設計研究所所長周干峙等內地知名學者來香港，出席由中心聯同香港規劃師學會、英國皇家城市規劃師學會香港分會合辦的亞洲地區城市規劃學術討論會。

1985 年，葉嘉安協助廣州規劃局成立廣州市城市規劃自動化中心，是中國最早期的地理信息系統之一。1986 年，葉嘉安獲得中國科學院地理研究所的邀請，加入陳述彭院士剛成立的資源與環境信息系統國家重點實驗室，出任其第一屆學術委員會委員。1989 年，港大舉行「計算機在城市規劃和城市管理中應用國際會議」及 1994 年舉行的「亞洲 GIS 會議」，邀請內地學者與會。此外，城規中心安排內地訪問學者參觀香港，如沙田等新市鎮，實地考察香港的城市規劃。中心並邀請中國社會學泰斗費孝通來城規中心講學。

法律領域方面，於 1979 年，香港大學錄取第一個內地學生修讀法學士課程，及至 1980 年代，法學院開始向校內的法學士學生，以及法學碩士學生教授中華人民共和國法律。同時，法學院成立專責的交流委員會，籌備研究中國課程，並協助內地法律界了解香港司法制度。1985 年，在香港培華教育基金會贊助下，港大 18 位老師（包括後來的法律學院院長陳弘毅）赴中山大學講授香港法制以及商業法。1987 年，首批內地學者包括張麗英（後來任中國政法大學教授），以及葉林（後來任中國人民大學教授）來港。交流委員會遴選聚焦研究香港法律的內地年輕學者來港選修課程，研究中國法律，撰寫論文；學期結束後安排到法院、律師樓實習。法學院接待的訪問學人包括第一位於劍橋大學研究法律的內地博士生劉巍、後來任港澳辦副主任的馮巍和後來任澳門中聯辦副主任的張榮順等人；中聯辦法律部前任部長、香港基本法澳門基本法研究會會長和清華大學法學院教授王振民，1993 年至 1995 年在港大法學院學習並進行研究工作。

社會工作領域方面，於 1986 年，港大與中山大學正式合作設立三年的社會工作課程，港大提供師資。合作課程包括社會工作專業本科教育和社會工作專業師資培訓。除中山大學的學生外，課程設立全國社會工作師資班，培訓來自北京、吉林、山東、廣東及湖南等省市的在職教師。1998 年，社工學系和復旦大學簽署了社會工作教育合作協議，並於 2001 年得到教育部審批，提供社會工作的碩士課程，八年間共有 50 多名學生完成學業。

港大教育學院 1991 年獲田家炳基金會支持，設立田家炳訪問學人計劃，主要資助內地學者及教育工作者訪問港大教育學院，與學院成員合作進行研究、調查及學術交流。計劃在 2000 年代逐步推廣至中大、科大、理大等其他高等院校（詳見本章第一節）。

香港中文大學於 1976 年開始與內地的學術機構接觸與聯繫，其與內地院校的交流項目包括交換刊物、學報；教研人員互訪講學；舉辦交流講座；合辦培訓班；邀請內地學者來港進修、出席研討會；中大教師到內地擔任客座教授與顧問等。

自 1978 年起，到中大訪問的內地院校代表團及學人數目趨增，由全年不及 20 團增至 1980 年代中期每天一團；往來院校由北京、上海、廣州擴至全國各省，包括黑龍江、吉林、雲南、四川；交流由零散接觸、短期訪問發展至有系統的人才師資培訓及中長期協作研究計劃；交流由偏重理科擴展至工管與經濟、社會科學和人文科。其中，與中山大學的接觸最早且密切，兩校自 1978 年起互有學人來往，1981 年兩校校長簽署學術交流協議，1982 年開展學術交流計劃。至 1985 年，中大先後與北京大學、清華大學、復旦大學、中國科學院等內地主要學府成立正式交換協議，互派代表團並訂立合作研究計劃。

1986 年，中大副校長徐培深率團訪問中國科學院，隨即協定開辦數項長期合作計劃。中大與內地的學術交流其後繼續擴展，至 1997 年，中大與內地主要大學及科研機構通過逾 20 項校際協議展開活動，年內逾 130 個內地學術及行政代表團到訪。翌年，在北京大學設立聯絡處。

香港浸會學院（1994 年正名香港浸會大學）於 1983 年制訂與內地學術交流的互利方針，並於 1985 年檢討修訂。按方針，浸院與內地交流項目主要分兩類，一為合作學術研究，如化學系與暨南大學合作研究處理工業廢水系統；二為合作編寫教材，如社會系與上海大學合編社會統計學教材。學院此時期並規定把交流活動集中於北京、上海、廣州和深圳的高等學校和研究單位。同年，學院向政府呈交《香港浸會學院中國關係學術活動報告書（1983 至 1988 學年）》，獲政府批款，展開與內地高等院校的學術交流活動。1989 年，與清華大學協議聯合成立偉倫學術交流中心，促進學院與北京高等院校的學術交流協作。

1984 年創校的香港城市理工學院（城市理工，1994 年正名香港城市大學），成立伊始便計劃制定與內地學術交流活動的指引，並設聯絡主任統籌，與內地院校互訪。1986 年 3 月，與中山大學簽署正式學術交流協議，其後與城市理工簽署交流協議的內地院校包括浙江大學、杭州商學院、華東政法大學、北京大學、上海交通大學、同濟大學、清華大學等。至 1994/1995 學年，城大與內地院校及學術機構的交流活動包括訪問、會議、講學與聯合研究逾 500 項，其中科技領域的交流佔 33%。

1997 年回歸前，香港與內地高等院校在研究、教學和學者訪問計劃等多方面進行合作，惟合作規模小（見表 16-3-1）。[19]

教育部及國務院港澳辦於 1999 年公布《關於開展內地與香港教育交流若干問題的意見》，指出香港回歸祖國後，兩地教育交流不斷擴大，大學間的學術交流與科研合作更加深入，提出「重點支持兩地大學開展校際合作。特別是高新技術研究與開發。雙方的大學可在相互的大學校園內聯合建實驗室、科研機構」、「內地的大學報經上級主管部門批准後，可同

表 16-3-1　1986 年至 1998 年內地到港研究生、訪問學者（在香港三個月以上）統計

年份	總數	學科科目							
		工科	醫科	理科	工商管理	文科	社會科學	教育	其他 / 資料不詳
1986	155	44	39	25	23	11	5	4	4
1987	224	58	58	22	32	35	7	12	0
1988	308	77	81	45	58	25	18	0	4
1989	309	83	108	46	43	17	12	0	0
1990	273	83	85	73	12	12	8	0	0
1991	273	76	77	66	27	18	4	0	5
1992	334	116	53	89	32	25	9	0	10
1993	363	135	47	129	8	21	14	0	9
1994	591	208	54	157	17	13	44	0	98
1995	730	340	50	212	25	40	27	0	36
1996	1484	536	125	629	52	71	49	0	22
1997	1321	440	105	569	25	97	56	0	29
1998	1257	393	146	356	114	65	55	0	128

資料來源：　京港學術交流中心年報。

註：由 1994 年起統計轉為計入在港六個月／半年以上者。

意香港的大學根據需要在本校校園內，設學術交流聯絡處」等，此後兩地學術交流合作更加頻繁多樣，並出現更多制度化的合作安排。

1997 年 11 月，中國大學校長聯誼會在上海成立，創會會員包括港大、中大、科大、浙江大學、北京大學、清華大學、上海交通大學、西安交通大學、復旦大學、南京大學。聯誼會舉行年會及校長論壇等學術交流活動，並設立學者／行政人員互訪計劃，致力加強大學間的交流合作，提高學術及科研水平。

其時，兩地高等院校成立聯合科研機構，香港回歸初期的合作包括港大與中國科學院成立新材料合成和檢測技術聯合實驗室、動物發育與轉基因研究聯合實驗室、中國語文科學聯合研究中心、邊坡工程岩土力學聯合研究中心（1997 年）；與復旦大學合作成立滬港管理教育與研究中心（1998 年）；與香港中文大學、中國科學院上海有機化學研究所組建滬港化學合成聯合實驗室（1999 年）；與北京大學成立稀土材料及生物無機化學聯合實驗室（1999 年）等。中大與中國科學院成立地球信息科學聯合實驗室（1997 年）、與浙江大學合作成立生物醫學工程聯合研究中心、與北京大學合作成立智能工程聯合研究中心及植物基因工程聯合實驗室（1998 年）、與復旦大學聯合成立滬港發展聯合研究中心（2001 年）等。

科大繼生命科學與生物技術聯合實驗室及微電子聯合實驗室後（均 1996 年），與中科院合作建立納米材料與技術聯合實驗室（1997 年）。理大與中國科學技術大學合作成立大空間火災實驗廳（1997 年）。各大學其後相繼有更多類似合作，不勝枚舉。

2008 年 12 月 16 日，中國大學校長聯誼會 10 所創會大學的校長及各校代表，參加於香港中文大學舉行的中國大學校長聯誼會 2008 年會暨校長論壇。左起：上海交通大學校長張傑、浙江大學校長楊衞、北京大學原校長許智宏、復旦大學校長王生洪、清華大學校長顧秉林、全國人大教育科學文化衛生委員會委員吳啟迪、香港中文大學校長劉遵義、南京大學校長陳駿、北京大學校長周其鳳、西安交通大學校長鄭南寧、香港科技大學副校長黃玉山、香港大學校長徐立之。（香港中文大學提供）

1997 年，由香港大學和中國科學院合建的新材料合成和檢測技術聯合實驗室在香港大學正式啟用。香港大學物理系教授唐叔賢（左一）陪同中國科學院半導體研究所所長鄭厚植（左二）和物理研究所所長楊國楨（左三）參觀實驗室內的超高真空系統裝置。（新華社提供）

1998 年 11 月，科大與北京大學舉行學術聯盟創建典禮。此後，兩所大學各有七位教授獲邀聘為兼任教授。

1999 年 9 月，深圳市政府成立深圳虛擬大學園，為按「一園多校、市校共建」模式建設的大學科技園區，港大及科大是園區首批 22 所院校之一，理大、城大、浸大和中大其後加入，六所院校並陸續在園區建立產學研基地或研究院。至 2014 年 9 月，六所香港院校共承擔國家項目 482 項，佔園區全部院校的 75.5%，「成為虛大高層次基礎研究的中流砥柱」。[20]

除設於深圳虛擬大學園的研究院及產學研基地外，香港院校設於內地的主要機構還包括：科大於 1999 年 8 月與深圳市政府及北京大學合作成立深港產學研基地；2001 年 9 月，與北京大學和深圳市政府合作成立深圳北京大學香港科技大學醫學中心；2007 年 1 月，在廣州南沙成立香港科技大學霍英東研究院。城大於 2002 年 5 月在珠海南方軟件園設立珠海應用研究中心；2005 年 10 月與中國科學技術大學在蘇州聯合設立中國科學技術大學 — 香港城市大學聯合高等研究中心。港大於 2012 年 12 月成立香港大學浙江科學技術研究院，作為港大在內地的延伸。浸大於 2013 年 4 月在江蘇常熟成立香港浸會大學常熟研究院；2015 年 4 月，與江蘇海門市政府合作創建香港浸會大學（海門）科技研究院。理大則由 1997 年起與內地院校合作，在杭州、西安及成都建立三個區域基地（浙江大學 — 香港理工大學聯合中心、西安通理國際學院、災後重建與管理學院）。

2004 年 6 月 19 日，香港理工大學在校園與深圳高新技術產業園區簽訂協議，成為首間正式入駐深圳虛擬大學園國家大學科技園香港院校產學研基地的香港高教院校。圖為深圳市長李鴻忠（左）與理工大學校長潘宗光（中）等在簽約儀式上握手合照。（中新圖片提供）

2005 年 7 月，港大新發傳染性疾病國家重點實驗室經科技部核准成立，為首個設於內地之外的國家重點實驗室，與同期成立的中國疾病預防控制中心傳染病預防與控制國家重點實驗室成為夥伴實驗室，聯合內地其他相關實驗室，共同開展傳染病預防和控制領域的研究。其後，中大、城大、理大、科大、浸大亦陸續成立國家重點實驗室，至 2017 年為止共有 16 所，針對多個科技範疇如農業生物技術、化學、信息及通訊科技、生命科學及精密工程等。另外，繼 2012 年 6 月香港應用科技研究院經科技部批准，與南京東南大學合作成立國家專用集成電路系統工程技術研究中心香港分中心後，理大、城大與科大亦於 2015 年各自成立共五所國家工程技術研究中心香港分中心，與內地研究機構如昆明貴金屬研究所，合作推動應用科研項目。

促進培養科研人才方面，兩地攜手作出制度化安排。2010 年 12 月 19 日，香港學者協會與國家人力資源和社會保障部全國博士後管委會辦公室，於廣州簽署「香江學者計劃」協議書，推動兩地聯合培養博士後人員的工作。成功獲選香江學者的人員被視為內地派出單位的博士後研究人員，以香港各大學院校合約人員的身份，在港開展博士後研究工作。從 2011 年到 2014 年，全國博士後管委會辦公室每年選派 50 名香江學者到香港各大學院校開展博士後研究工作，為期兩年（見表 16-3-2）。研究範疇最初主要在基礎研究、生物醫學、信息技術、農業、新能源、新材料、先進製造等七個專業領域內。

在致力進一步深化三地高校教育交流合作方面，重點圍繞成立青年學者聯合基金，開展前沿學術交流與研討，構建粵港澳高校協同創新網絡等方面。2017 年 6 月 6 日首屆粵港澳高校聯盟年會暨校長論壇上，中大聯同中山大學及澳門大學校長和圖書館館長簽署協議，成立粵港澳高校圖書館聯盟，以促進三地圖書館交流協作、資源共建共享為目標展開合作，包括館際互借、文獻傳遞、出版物交換、館員交流與培訓等（見表 16-3-3）。

2012 年 6 月 30 日，香江學者計劃啟動典禮在香港舉行，40 餘名入選者在啟動典禮上，合照留念。（京港學術交流中心提供）

表 16-3-2　香江學者計劃錄取情況

年份	錄取人數	各院校錄取香江學者數目						
		香港大學	香港中文大學	香港科技大學	香港理工大學	香港城市大學	香港浸會大學	嶺南大學
2011	50	8	5	12	13	6	6	0
2012	64	10	10	8	17	13	6	0
2013	50	6	5	3	23	9	4	0
2014	57	9	5	5	16	14	8	0
2015	55	7	7	5	18	10	8	0
2016	60	8	7	3	26	12	4	0
2017	60	10	10	4	16	10	9	1
總數	396	58	49	40	129	74	45	1

資料來源：　香江學者計劃網站。

表 16-3-3　粵港澳高校聯盟創始成員一覽

香港高校（9 所）	香港中文大學、嶺南大學、香港大學、香港公開大學、香港城市大學、香港科技大學、香港浸會大學、香港理工大學、香港教育大學
澳門高校（7 所）	澳門大學、聖諾瑟大學、澳門旅遊學院、澳門城市大學、澳門科技大學、澳門理工學院、澳門鏡湖護理學院
廣東高校（10 所）	中山大學、華南理工大學、暨南大學、華南農業大學、南方醫科大學、廣州中醫藥大學、華南師範大學、廣東工業大學、廣東外語外貿大學、汕頭大學

資料來源：　粵港澳高校聯盟網站。

二、互相招生

國家實施改革開放後，內地恢復招收港澳台學生，惟人數不多。隨着香港回歸，兩地教育交流和合作不斷加強，香港高校和內地高校在對方區域招生的規模逐步擴大。2017 年，在香港高校就讀的內地學生約 2.6 萬名；在內地就讀的香港學生超過 1.5 萬名。1997 年至 2017 年間，內地 200 多所高校累計招收培養香港學生近 7 萬名，而內地來港學生超過 12 萬人。

1. 香港招收內地學生

1996 年 10 月，大學教育資助委員會（教資會）發表《香港高等教育》報告書，指出香港若要發展成區域性的教育中心，需在香港的教育體制中注入一些國際性元素，並提議容許各受資助院校在學士學位、研究生修課課程以及研究生研究課程等程度增加招收非本地學

生，建議獲政府接納。特首董建華在 1997 年首份施政報告中提出，由 1998/1999 學年開始，把學士學位課程和研究生課程的非本地學生比例增加一倍，由 2% 增至 4%，並且增加研究生研究課程的非本地學生比例，由五分之一增至三分之一，並「已經籲請各院校招收成績優異的內地學生修讀學士學位課程」。[21]

1998 年 8 月，教資會公布試驗計劃，由教資會資助院校招收 150 名成績優異內地學生，來港修讀學士學位課程。同時，香港賽馬會慈善基金撥款 1.35 億元，每年為 150 名（或 3 年內 450 名）優秀內地學生提供獎學金，支付由 1999/2000 學年開始的三年學士學位課程學費、學術性開支及生活費用。[22] 招生工作於 1998/1999 學年開始，由香港院校委託內地大學代為招生。1998 年至 2001 年，香港院校委託內地大學在內地代招本科生人數分別為 148、147、148、150 人。[23]

2001 年 7 月 6 日，特區政府宣布內地學生來港入境政策放寬，內地學生來港修讀學士學位課程的入境名額，不再局限於特定的獎學金計劃或收生計劃。同年 8 月 1 日起實施新計劃，容許香港院校的內地畢業生在香港就業。[24] 翌年，公帑資助的學士學位及研究院修課課程中，非本地學生的限額放寬至 4%，並完全取消了研究生課程的非本地生限額。2004 年 7 月 11 日，教育部和香港特區教育統籌局在北京簽署《內地與香港關於相互承認高等教育學位證書的備忘錄》，兩地在升學銜接上正式互認高等教育學位。2005 年，非本地學生佔整體公帑資助學額的比例升至 10%，並准內地學生來港修讀非教資會資助的全日制認可專

2000 年 12 月 19 日，香港教資會在禮賓府舉行招待會，歡迎在香港多家大學就讀的 289 名內地學生，並向贊助他們來香港學習的香港賽馬會表示感謝。（中新圖片提供）

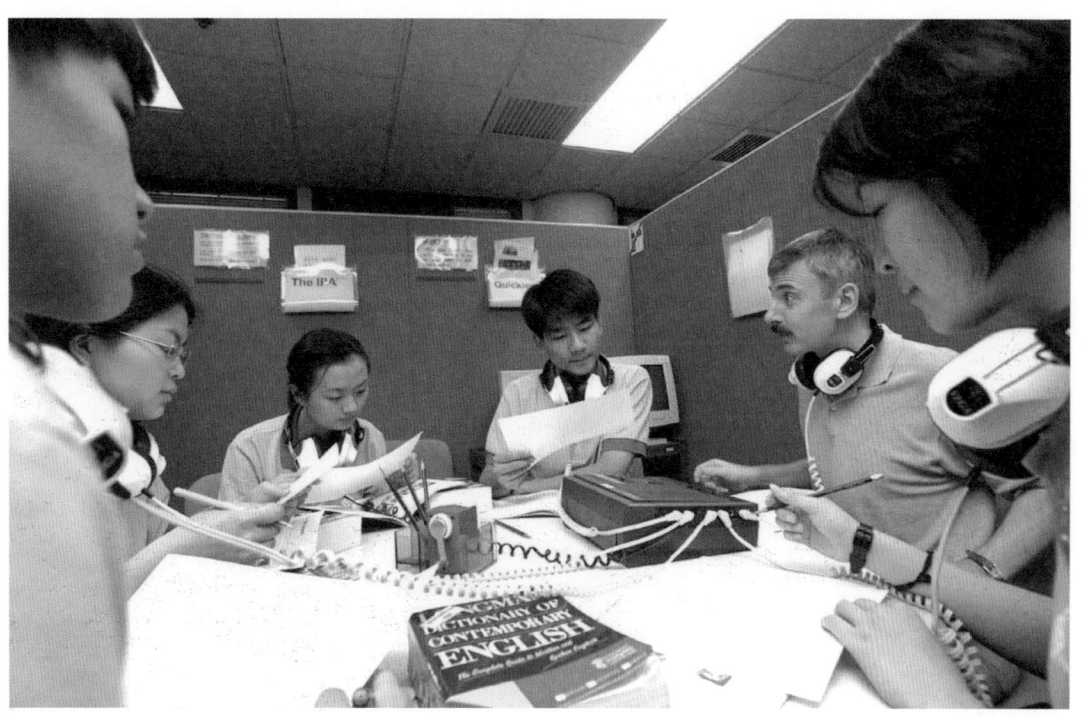

2000 年 6 月 21 日，27 名內地生在香港理工大學正式開始學習生活，他們首先要參加三個月暑期培訓活動，研習英語和廣東話等。（新華社提供）

2004 年 7 月 11 日，教育部部長周濟（前排右一）和香港特區教育統籌局局長李國章（前排右二）在北京簽署《內地與香港關於相互承認高等教育學位證書的備忘錄》。（中新圖片提供）

2007 年 4 月 14 日，香港 10 所大學在南京舉行招生諮詢會，工作人員在現場接受考生和家長諮詢，並提供填報志願的指導。（新華社提供）

2012 年 4 月 7 日，江蘇省教育考試院在位於南京的江蘇教育學院體育館舉辦香港、澳門地區高校招生諮詢會，香港大學、香港理工大學等院校派員到場接受考生及家長查詢。（新華社提供）

上學位或以上程度的課程。2008 年，特區政府推出一系列吸引非本地學生來港就學的措施，包括：把公帑資助課程的非本地學生限額增加一倍至 20%；[25] 設立 10 億元香港特別行政區政府獎學基金，向包括非本地生的全日制學士或以上課程學生頒發獎學金；容許非本地生從事暑期工作和校園兼職工作；以及推出「非本地畢業生留港／回港就業安排」，准許非本地學生畢業後無條件留港 12 個月，以便申請工作。

香港院校自 1998 年開始在內地招生後，招生規模逐步擴大。2002 年，香港院校獲准可在上海、北京、廣東、福建、江蘇及浙江招收自費本科生，並由教育部轄下國家留學基金管理委員會代理協辦。首年香港在內地招收自費生共 119 人，入讀院校包括港大及中大。2003 年招收內地自費生 338 人；2004 年 850 人。2004 年，八所香港院校招生範圍增加到 10 個省市（增加山東、湖北、重慶、四川）。2005 年，擴大到 17 個省市（增加天津、遼寧、河南、湖南、廣西、海南、陝西），其中城大及中大開始通過全國普通高校統一招生計劃錄取內地本科生，並獲安排在第一批次錄取。2006 年，香港院校招生範圍擴大到 20 個省市（加入雲南、貴州、江西），並增加了香港公開大學、香港演藝學院、珠海學院和樹

表 16-3-4　1996/1997 年至 2016/2017 年度非本地學生人數與內地來港學生人數一覽

年度	總學生人數	非本地學生人數	非本地學生佔總學生人數比例	內地來港學生人數	內地學生佔非本地學生人數比例	內地學生佔總學生人數比例
1996/1997	85,550	1239	1.4%	791	63.8%	0.9%
1997/1998	86,202	1355	1.6%	945	69.7%	1.1%
1998/1999	84,538	1377	1.6%	1000	72.6%	1.2%
1999/2000	83,754	1611	1.9%	1263	78.4%	1.5%
2000/2001	81,472	1781	2.2%	1463	82.1%	1.8%
2001/2002	78,912	2253	2.9%	1911	84.8%	2.4%
2002/2003	78,731	2604	3.3%	2230	85.6%	2.8%
2003/2004	80,879	3204	4.0%	2849	88.9%	3.5%
2004/2005	78,780	3729	4.7%	3362	90.2%	4.3%
2005/2006	74,760	4773	6.4%	4370	91.6%	5.8%
2006/2007	72,619	6217	8.6%	5754	92.6%	7.9%
2007/2008	71,020	7293	10.3%	6751	92.6%	9.5%
2008/2009	72,067	8392	11.6%	7713	91.9%	10.7%
2009/2010	73,552	9333	12.7%	8429	90.3%	11.5%
2010/2011	74,588	10,074	13.5%	8724	86.6%	11.7%
2011/2012	75,597	10,770	14.2%	8937	83.0%	11.8%
2012/2013	93,394	13,661	14.6%	10,963	80.3%	11.7%
2013/2014	94,635	14,510	15.3%	11,374	78.4%	12.0%
2014/2015	96,911	15,151	15.6%	11,610	76.6%	12.0%
2015/2016	98,788	15,713	15.9%	11,877	75.6%	12.0%
2016/2017	99,883	16,469	16.5%	12,032	73.1%	12.0%

資料來源： 教資會。

1983 年 6 月 22 日至 25 日，全國高等學校入學考試在香港漢華中學和香島中學同時進行，是建國以來頭一次在港設立全國高校入學考場，共 450 多人參加是次考試。（新華社提供）

仁學院（四所院校首年招生限定在北京、上海、福建、廣東、海南）。2007 年，招生省份擴大到 25 個省市（加入河北、山西、吉林、黑龍江、安徽）。2011 年，招生範圍擴大至全國 31 個省市自治區。

根據教資會的統計，內地到港升學學生自 2003/2004 年度的 2849 人，增至 2013/2014 年度的 11,374 人，10 年間增加三倍，佔這一年非本地生總人數的 78.4%。隨着內地學生來港就學增多，社會出現對「非本地學生佔用珍貴公共資源」的關注。為此，2016/2017 學年起，所有修讀副學位、學士學位及研究院修課課程的非本地新生，均以超收方式錄取，使各院校的資助學額全部用作錄取本地學生（即由原「4% 內 16% 外政策」改為「20% 外政策」，可參考注釋 25），以回應社會關注（見表 16-3-4）。

2016/2017 學年，教資會資助課程（包括副學位、學士學位、研究院修課及研究院研究課程）整體學生人數 99,883 人，非本地學生佔 16,469 人，當中全日制內地生 12,030 人，兼讀制內地生 2 人。

2. 內地招收香港學生

1977 年，內地高等學校恢復統一考試制度，其中廣東省高校招生委員會規定，招收一定數量港澳台青年及歸國華僑青年。1978 年，暨南大學及華僑大學復辦，招收港澳台及華僑子弟；國務院批轉文件規定，港澳及華僑生報考高等學校，在考試成績相同條件下，可優先錄取；政治、語文的考試成績可適當降低要求，遵行「一視同仁，不得歧視，根據特點，適當照顧」的原則。暨南大學與華僑大學是當時大部分報考內地高校香港青年的首選志願；復辦第一年，暨大招收本科生 705 人，港澳學生佔 266 人。

1978 年內地恢復招收研究生，即開始招收港澳台人士為研究生，招生高校包括北京大學、清華大學、北京師範大學、北京醫學院（1985 年更名為北京醫科大學，2000 年併入北京大學，成為北京大學醫學部）、復旦大學、上海師範大學、中山大學、中山醫學院（1985 年更名為中山醫科大學，2001 年併入中山大學）等；照顧原則上與高等學校接收港澳華僑學生的規定相同。

1980 年 2 月，全國人大常委會通過《中華人民共和國學位條例》，標誌內地學位制度正式建立。同年起，內地高校招收港澳台、華僑考生，實行提前單獨命題、考試、錄取。根據「來去自由」政策，學生畢業後可回原居地就業，願留在內地者，由國家分配工作。暨大、華大等組成辦公室，在廣東省招生委員會領導下負責對外招生事宜。1981 年在香港設立報名點，1982 年開始派人員到香港招生，1983 年在香港漢華中學及香島中學設考場。1984 年，暨南大學獲授權單獨向港澳台及海外招收全日制研究生。

1985 年，北京大學、清華大學、復旦大學、中山大學、華南工學院、中山醫科大學、廈門大學實行七校聯合招收港澳台及華僑學生（即港澳台僑聯招／全國聯招），翌年開始由香港考試局代辦香港考生報名及組織考試，參加港澳台僑聯招內地高校其後不斷增加，成為暨大華大聯招以外當時香港學生往內地升學另一主要途徑。基於兩地在教材、教學內容及考試方法等存有較大差異、香港不承認內地本科學歷等原因，這一時期北上讀書的港生為數不多，在 1992/1993 學年共 109 人透過香港考試局應考港澳台僑聯招。[26] 廣東高校與香港聯繫相對密切。華南工學院自 1985 年開始面向港澳地區招收本科生，至 1996 年共招收港澳本科生 100 人，其中 1993 年至 1996 年，每年招生 10 至 20 人。至 1996 年畢業港澳學生共 19 人。中山大學是第一批參加全國聯招的學校，但在校港澳生人數一直處於個位數水平。暨南大學 1978 年復辦至 1996 年期間，港澳學生共 3175 人。

研究生方面，國家教委於 1988 年首次為香港人設立研究生獎學金，首年共 10 人獲獎，赴內地深造。[27] 同年，京港學術交流中心受國家教委委託，開始在港辦理招收港澳台人士報考內地高等院校研究生，首年 25 名港人經中心報名，錄取 14 人。至 1998 年，經中心報名港人 149 名，錄取 74 人。而內地院校該年整體共招收港澳台研究生 506 人，其中香港學生 117 人。

1999 年 4 月 2 日，教育部、國務院台灣事務辦公室、國務院港澳辦、公安部頒布《關於普通高等學校招收和培養香港特別行政區、澳門地區及台灣省學生的暫行規定》（《暫行規定》），對港澳台學生招生、教學和管理作出規定。2002 年，教育部取消港澳台地區學生報考內地大學的年齡限制。[28]

2003 年，中山大學經教育部批准，首次面向港澳單獨招生，香港學生名額約 80 個，成為繼暨南大學和華僑大學之後，第三所在香港獨立招生的內地綜合性大學。2004 年，北京大

學和清華大學首次向香港招收免試保送生，首年共錄取 74 人。2006 年，復旦大學亦開始在香港免試招生。同年秋季開始，內地高等院校及科研院所對港澳學生的學費及住宿費標準須與內地學生一致，不得以任何名義和形式設立針對港澳學生的收費項目。同時由中央財政安排專項資金設立港澳及華僑學生獎學金，鼓勵更多港澳地區學生到內地學習；又開通內地高校面向港澳台地區招生信息網，讓所有面向港澳台地區招生的內地高校，都於該網站向考生介紹院校情況及招生政策。

2010 年，通過港澳台僑聯招錄取港澳台僑學生的內地普通高校共計 204 所。另有 29 所高校開設港澳台僑學生預科班。報名參加港澳台僑聯招的考生共計 4027 人，其中香港考生 2165 人。在內地高校及科研院所就讀的香港學生共 11,549 人。

2011 年 8 月，國務院副總理李克強來港視察期間，宣布試行對香港學生豁免港澳台僑聯招試，內地部分高校可依據香港中學文憑考試成績擇優錄取香港學生；2012/2013 學年 63 所內地高校免聯招試招收香港學生，分布內地 11 個省市（北京、天津、上海、江蘇、浙江、福建、湖北、廣東、重慶、四川、雲南），涵蓋綜合性大學、師範大學、醫學院、中醫藥大學、財經大學、語言大學、服裝學院、音樂學院和傳媒大學，共錄取香港學生 976 名（401 人入學）。免試招生內地高校名單其後不斷擴大，2013/2014 學年增至 70 所高校（新增湖南院校），錄取 1188 名香港學生。2014/2015 學年增至 75 所高校（新增江西及山東院校），錄取 1535 人，香港教育局並推出「內地大學升學資助計劃」，資助免試收生計劃下有經濟需要的香港學生，資助額為每年 15,000 元（全額）或 7500 元（半額）。

參加免試收生計劃的內地高等院校透過內地高等教育展，向香港學生介紹其院校及學科資訊、收生要求、名額及學習費用等。圖為 2014 年 11 月於九龍灣國際展貿中心舉行的「2014 內地高等教育展」。（香港特別行政區政府提供）

表 16-3-5　內地高校免試招收香港學生人數

學年	免試招生高校數目	報名參加人數	取錄人數
2012/2013	63	4248	976（401 人入學）
2013/2014	70	2279	1188
2014/2015	75	3249	1535
2015/2016	78	2988	1444
2016/2017	84	2689	1391

資料來源：　教育局內地高校免試招收香港學生指南。

2015/2016 學年免試收生內地高校增至 78 所，錄取 1444 人。2016/2017 學年增至 84 所（新增廣西院校）；教育局並擴大資助範圍，不再限於通過免試收生計劃入讀內地院校的香港學生，只要入讀指定 155 所內地院校學士學位課程均可申請資助。該年免試招生計劃下最多人報名內地院校為暨南大學（1283 人次），其次為中山大學（987 人次），第三為深圳大學（488 人次），共 1391 名香港學生透過計劃獲內地院校錄取。2016 年，教育部等六部門在 1999 年《暫行規定》的基礎上，制定印發《普通高等學校招收和培養香港特別行政區、澳門特別行政區及台灣地區學生的規定》，增加「進一步促進內地（大陸）與港澳台高等教育交流與合作」的政策目標，並補充、細化、調整港澳台生培養工作各領域的具體細則等。

截至 2016/2017 學年，香港學生入讀內地高校本科課程有三個途徑，包括通過內地部分高校免試招收香港學生計劃、港澳台僑聯招試及院校獨立招生。免試收生計劃共 84 所內地院校參加，實施以來報考人數累近共 15,500 人，錄取逾 6500 人。297 所內地高校（第一及第二批本科錄取院校）經港澳台僑聯招試招生，該年錄取香港學生 1770 人。六間院校包括暨南大學、華僑大學、中山大學、北京大學、清華大學及復旦大學獲批准在港直接招生，並自訂收生準則或入學考試。截至 2017 年 6 月，有超過 1.5 萬名香港學生在內地 23 個省市區的 233 所高校和科研院所就讀；在非本地升學的香港學生中，有近兩成（2015 年相應佔比為 17%，2017 年為 19.6%）選擇到內地升學，位列第三。

三、院校合作辦學

香港高等教育在 1990 年代初迅速發展，學額增加，另一方面，本地出生率下降導致生源不足，加上校園用地缺乏，使辦學空間受制的局限性逐漸顯現。[29] 在高等教育國際化趨勢下，1997 年香港回歸後北上辦學的本港大學日漸增多。

而內地中外合作辦學也在 1990 年代隨着教育改革得到較快發展。1995 年 1 月，國家教育委員會頒布《中外合作辦學暫行規定》，並在此後相繼出台的《教育法》（1995 年）、《高等教育法》（1998 年）等法規中明確指出：國家鼓勵開展教育對外交流與合作。[30] 1999 年 2 月，教育部和國務院港澳辦聯合發布《教育部、國務院港澳辦關於開展內地與香港教育交流若干問題的意見》，對兩地合作辦學作出規定。2001 年 12 月中國正式成為世界貿易組織成員，並對教育服務做出部分承諾。[31] 此後內地政府不斷出台有關政策推動高等教育國際化的進程，中外合作辦學成為高等教育國際化的重要領域之一。

2003 年 6 月 29 日，中央政府與香港特區政府簽訂《內地與香港關於建立更緊密經貿關係的安排》（CEPA），令兩地的經濟合作與交流逐步制度化，也為高等教育的合作創造條件，利用香港高等教育優勢的合作辦學進一步增多。據統計，僅從 2002 年 8 月到 2003 年年底，內地與香港合辦的課程數目從 12 個增至 19 個。

其後，香港與內地的合作辦學日趨規範。至 2017 年，香港各高等院校已與內地包括北京、上海、重慶、陝西等省（市）的高等院校，開展了合作辦學，其中合作辦學項目超過 30 個，合作辦學機構有三所，其中有獨立法人資格的機構有兩所（見表 16-3-6）。

表 16-3-6　經教育部審批的香港與內地合作辦學機構與項目（截至 2017 年 7 月 1 日在辦）

地區	項目／機構	名稱	招生起止年份	學制
廣東	合作辦學機構	北京師範大學—香港浸會大學聯合國際學院	本科：2005 年至 2023 年；博士、碩士：2016 年至 2025 年	本科：4 年 博士：4 年 研究型碩士：2 年 授課型碩士：1 年
廣東	合作辦學機構	香港中文大學（深圳）	2014 年至 2040 年	本科：4 年 碩士：1 至 2 年 博士：3 至 4 年
陝西	合作辦學機構	西安交通大學—香港科大可持續發展學院①	本科：2014 年至 2060 年 碩士：2014 年至 2061 年 博士：2014 年至 2060 年	本科：4 年 碩士：3 年 博士：4 年
北京	合作辦學項目	清華大學與香港中文大學合作舉辦工商管理碩士學位教育項目	2000 年至 2022 年	2 年
北京	合作辦學項目	中國人民大學與香港理工大學合作舉辦管理學博士學位教育項目	2011 年至 2017 年	3 至 6 年
上海	合作辦學項目	復旦大學與香港大學合作舉辦工商管理碩士學位教育項目	1998 年至 2021 年	2 年
上海	合作辦學項目	上海國家會計學院與香港中文大學合作舉辦高級財會人員專業會計碩士學位教育項目	2013 年至 2021 年	2 年
上海	合作辦學項目	華東政法大學與香港城市大學合作舉辦法學專業本科教育項目	2003 年至 2013 年，2014 年，2015 年	4 年

（續上表）

地區	項目／機構	名稱	招生起止年份	學制
重慶	合作辦學項目	重慶大學與香港大學合作舉辦可持續城市發展碩士學位教育項目	2004 年至 2016 年	2 年
浙江	合作辦學項目	浙江大學與香港理工大學合作舉辦品質管理碩士學位教育項目	1999 年至 2023 年	2 年
浙江	合作辦學項目	浙江大學與香港理工大學合作舉辦酒店及旅遊業管理碩士學位教育項目	2001 年至 2021 年	2 年
浙江	合作辦學項目	浙江大學與香港理工大學合作舉辦國際房地產碩士學位教育項目	2001 年至 2021 年	2 年
浙江	合作辦學項目	浙江大學與香港理工大學合作舉辦酒店及旅遊管理博士學位教育項目	2013 年至 2022 年	5 年
廣東	合作辦學項目	清華大學與香港中文大學合作舉辦工商管理（金融與財務方向）碩士學位教育項目	2012 年至 2022 年	2 年
廣東	合作辦學項目	北京大學與香港中文大學合作舉辦金融學專業碩士研究生教育項目	2012 年至 2016 年	3 年
廣東	合作辦學項目	北京大學滙豐商學院與香港科技大學合作舉辦工商管理碩士學位教育項目	2013 年至 2014 年、2013 年至 2014 年、2015 年至 2017 年	2 年
四川	合作辦學項目	四川大學與香港理工大學合作舉辦災害護理學專業碩士學位教育項目	2012 年至 2021 年	2 年
四川	合作辦學項目	四川大學與香港理工大學合作舉辦物理治療碩士學位教育項目	2013 年至 2017 年	2 年
四川	合作辦學項目	四川大學與香港理工大學合作舉辦職業治療學理學碩士學位教育項目	2013 年至 2017 年	2 年
陝西	合作辦學項目	西安交通大學與香港理工大學合作舉辦工商管理碩士學位教育項目	2002 年至 2022 年	2 年
陝西	合作辦學項目	西安交通大學與香港理工大學合作舉辦信息管理碩士學位教育項目	2002 年至 2022 年	2 年
陝西	合作辦學項目	西安工程大學與香港理工大學合作舉辦服裝及紡織品碩士學位教育項目	2004 年至 2021 年	1.5 年
陝西	合作辦學項目	西安交通大學與香港理工大學合作舉辦酒店及餐飲管理學士學位教育項目	2011 年至 2014 年，2015 年至 2019 年	2 年

資料來源： 教育部中外合作辦學監管工作信息平台。
注：① 雖為合作辦學機構，但無獨立法人資格。

1. 合作辦學機構

北京師範大學 — 香港浸會大學聯合國際學院 2003 年國務院頒布《中外合作辦學條例》後，香港浸會大學校長吳清輝走訪珠三角等多地，考察辦學地點。同年，吳清輝在北京參加全國兩會時，全國人大常委會副委員長許嘉璐表示支持北京師範大學與香港浸會大學合作辦學。2004 年 3 月，香港浸會大學與北京師範大學簽訂合作辦學協議，由北京師範大學提供位於珠海分校校園內約 200 畝土地的使用權，香港浸會大學提供 1.5 億元作為建設教學樓及開辦經費，共同創立北京師範大學 — 香港浸會大學聯合國際學院。

2009 年 11 月 7 日，北京師範大學—香港浸會大學聯合國際學院第一屆畢業生，在香港浸會大學舉行的畢業禮上「拋帽」合影。（新華社提供）

2005 年 4 月，獲教育部批覆同意；11 月 18 日，北京師範大學—香港浸會大學聯合國際學院（UIC）在珠海成立，許嘉璐擔任 UIC 校董會主席，吳清輝擔任校長，是首家由內地與香港高等教育界合辦的大學。2005/2006 學年度開辦五個（榮譽）學士學位課程，分別為應用經濟學、財務學、環境科學、計算機科學與技術以及統計學，首年共招生 274 人。師資來自 30 多個國家和地區，其中近七成來自國外和港澳台地區；學院實行全英文教學，本科畢業生學成後獲頒 UIC 畢業證書和香港浸會大學學士學位。管治方面引進港式管理，實行校董會領導的校長負責制，以各種委員會為決策機構等。

UIC 設有工商管理學部、人文與社會科學學部、理工科技學部及文化與創意學部。2006 年，UIC 成立社會工作與社會行政專業，是珠海市最早成立社工專業的大學，也是最先引進國際規範的社工培養模式的大學；其全職教師多來自香港，專業實習的合作單位則包括保良局、鄰舍輔導會、東華三院賽馬會康復中心等香港社福機構，並由香港社工督導跟進協助；至 2014 年，UIC 共培養 151 名社工畢業生。

2009 年 5 月，UIC 的會計學士課程通過香港會計師公會認證，是內地首家通過認證的大學，該課程畢業生自動成為香港會計師公會學生會員。2012 年 4 月 25 日，香港會計師公會專業資格課程（QP）資源中心於 UIC 正式啟用，是公會在內地開設的首個 QP 課程資源中心，並每年贊助 30 萬元以支持中心運作和舉辦學生職業發展活動；至 2017 年，共有 41 名 UIC 畢業生完成所有 QP 考試，並有 14 人獲香港註冊會計師資格。

2014 年 6 月，UIC 獲珠海市政府提供 300 畝土地建設新校園。[32]2015 年，招生範圍擴大至 30 個省市自治區，同時通過港澳台聯招錄取香港考生。2016/2017 學年，UIC 獲教育部批准開展研究生教育。2017 年，建立研究生院，開設研究型碩士、博士專業課程及授課型碩士專業課程，畢業生獲頒香港浸會大學學位證書。2017 年 6 月 16 日，UIC 首次在金同路新校園大學會堂舉行第九屆畢業典禮及榮譽院士頒授典禮。2017 年 UIC 在校學生 5645 名，招生約 1600 人。

香港中文大學（深圳） 2008 年起香港和廣東省推出先行先試措施，深化粵港合作，其中涵蓋合作辦學的審批。2008 年年底，國家頒布的《珠江三角洲地區改革發展規劃綱要（2008—2020 年）》提出，到 2020 年，重點引進三至五所國外知名大學到廣州、深圳、珠海等城市合作舉辦高等教育機構。2009 年 10 月，中大成立專責小組，開始探討在深圳辦學。2010 年《深圳市中長期教育改革和發展規劃綱要（2010—2020 年）》提出，要「引進港澳知名高校來深合作辦學」。

2010 年 2 月，香港中文大學與深圳市人民政府簽訂教育合作備忘錄，表達建立「香港中文大學深圳學院」的意向，並根據國家《中外合作辦學條例》的要求，尋找當地合作伙伴。2011 年 3 月，中大與深圳市政府簽訂框架協議，深圳市政府免費撥出土地供院校使用，並承諾為全日制學生提供辦學補貼；中大則嚴格保證院校的辦學質素。7 月，中大與深圳大學簽署協議，以合作辦學形式，籌建香港中文大學（深圳）（中大（深圳）），由中大負責日

北京師範大學—香港浸會大學聯合國際學院金同路新校園。（北京師範大學—香港浸會大學聯合國際學院提供）

常管理、教學科研、招聘教師，並參照香港中文大學的辦學理念和運作模式；深圳大學負責聯繫深圳市政府，落實中大（深圳）所需辦學場所和相關配套設施。2012 年 10 月 11 日，教育部宣布正式批准籌建香港中文大學（深圳）。2014 年 3 月 21 日，教育部同意正式設立香港中文大學（深圳）。

中大（深圳）定位為一所從事高等教育與研究、面向世界的研究型大學，傳承中大的辦學理念和學術體系：教學語言為中英雙語；採用中大的學術質量控制和學位頒授標準，所有課程均由中大教務會審批和監督，學生本科畢業獲頒發中大學位證書及國家教育部認可的中大（深圳）畢業證書；通識教育課程直接採用中大的規格，並與中大同樣推行書院制，以達至全人教育；人事選聘標準參照中大和其他國際知名院校，全球招聘；採用理事會（理事長由中大校長出任）領導下的校長負責制。

2014 年，中大（深圳）向全國 17 個省、市、自治區招收經管學院（市場營銷、國際商務及經濟學三個本科專業）學生，首屆本科生有 313 人，其中絕大多數位列所在省份考生排名前 1%。9 月 2 日舉行首屆本科生入學典禮。2015 年，理工學院四個本科專業招生，並招收首屆 79 名碩士研究生。2016 年，首屆近 20 名博士生入學，並成立逸夫、學勤及思廷三間書院。

教學以外，中大（深圳）先後引進國際人才，建立多個國際化研究平台：2015 年 4 月，中大（深圳）機器人與智能製造國家與地方聯合工程實驗室獲國家發改委批准為國家地方聯合

2014 年 8 月 31 日，香港中文大學（深圳）首批本科生開學前在校園內參觀。（新華社提供）

工程實驗室。翌年 1 月，中大（深圳）第一個研究院機器人與智能製造研究院成立。該研究院傳承自 1997 年在香港建立的香港中文大學先進機器人實驗室，目的引進海內外高水平研究團隊和先進產業化項目，開展擁有自主知識產權和核心技術研發，推動技術轉移和企業孵化。2016 年 3 月，組建深圳市大數據研究院，從事數據處理及應用，發展方向包括通信領域和網絡資源分配、城市管理及智能醫療。2017 年 1 月，由深圳市委託中文大學（深圳）籌建的深圳高等金融研究院揭牌成立，由中文大學前校長劉遵義擔任理事長，中大（深圳）經管學院學術院長熊偉任院長，目標是建成頗具國際影響力的創新拔尖人才培訓基地、國際高水平研究平台、國際高端學術平台和高端決策智庫。4 月，兩間由諾貝爾獎得主領銜的實驗室成立，分別為 2013 年諾貝爾化學獎得主阿里耶‧瓦謝爾領銜的香港中文大學（深圳）瓦謝爾計算生物研究院，以及 2012 年諾貝爾化學獎得主布萊恩‧科比爾卡領銜的香港中文大學（深圳）科比爾卡創新藥物開發研究院。6 月，由 1986 年圖靈獎得主霍普克羅夫特領銜的香港中文大學（深圳）霍普克羅夫特高等信息科學研究院成立。

至 2017 年，中大（深圳）設三個學院（經管、理工、人文）共 12 個本科專業、9 個研究生專業，共有學生 3400 多人，連續兩年成為廣東省內院校中錄取分數最高的大學；教師 200 多人，四名諾獎得主（阿里耶‧瓦謝爾、布萊恩‧科比爾卡、阿龍‧J‧切哈諾沃、邁倫‧斯科爾斯）、兩名圖靈獎得主（約翰‧霍普克羅夫特、姚期智）、一名菲爾茲獎得主（丘成桐）擔任傑出教授；並與海外 62 所大學開展合作，包括本碩連讀、聯合培養等，六成在校學生具海外學習經歷。

西安交大 — 香港科大可持續發展學院　2012 年 8 月，香港科技大學與西安交通大學在西安簽署策略合作協議，計劃合作建立西安交大 — 香港科大可持續發展學院，以可持續發展為主題，進行跨學科領域教研。2014 年 4 月獲教育部正式批准成立。[33]

2. 校際合作辦學項目

1980 年代，北京大學、暨南大學等高校來港合辦學位課程。另一方面，香港院校拓展往內地辦學發展的機會。回歸後，香港理工大學、香港大學等各香港院校紛紛在內地開辦學位課程。至 2017 年，兩地合作辦學項目達 30 多個。在合作伙伴的選擇上，香港院校多選擇與內地知名院校合作，項目課程主要為內地稀缺或者是經濟社會發展所急需的專業學科為主。

香港樹仁大學　1986 年，樹仁學院（2006 年正名為香港樹仁大學）與北京大學法律系簽署學術交流與合作協議，雙方互派學者講學及交換學生，共同培訓研究生。翌年，兩校開始合辦中國法律專業文憑及本科學士學位教育，由北京大學負責制定教學方案、選派教師授課，並授予學生北京大學學位，是首個獲國家教委批准在境外頒授的學位，第一屆本科畢業生共 81 人。1987 年，樹仁與中國人民大學合作共同培養民法研究生，在港招收民法碩士生，成為當時香港首間與內地大學合辦法律研究生課程的院校。

1986 年 12 月 8 日，樹仁學院校長鍾期榮（前排左）與北京大學法律系系主任張國華（前排右）簽署為期五年的「學術交流與合作協議書」，共同培養法律專業學生。（南華早報出版有限公司提供）

1994 年 8 月 29 日，北京大學與香港樹仁學院合作培養的 24 名碩士畢業生、22 名本科畢業生舉行畢業典禮並獲頒學位。圖為北京大學校長吳樹青（左二）授予 1994 屆碩士畢業生學位證書。左一為香港樹仁學院校監胡鴻烈。（新華社提供）

1991 年，與北京大學合辦四項兼讀碩士學位課程，北大研究生院派專人來校主持入學考試，共錄取 28 名研究生。北大派出魏敏、魏振瀛、褚斌杰、陳德華四名教授來港授課及指導研究，首批畢業生共 24 人。1993 年，與中國人民大學合作開辦新聞碩士課程。1994年，與司法部所屬中國律師資格考試中心、中國人民大學合作開辦中國律師課程培訓班，完成課程學員可參加全國律師資格統一考試，首屆共 201 名港澳台學員獲得參加全國律師考試資格，是「中國律師制度改革的一項重要舉措」。[34] 同年，與中國社會科學院研究生院在港合辦社會學兼讀碩士學位課程。2015 年 9 月，與北京語言大學合作開辦中國語言文學博士課程。

香港城市大學 城大與中國人民大學於 1995 年 9 月起合辦中國法與比較法法學碩士課程（後稱中國人民大學法學碩士課程），該課程獲國家教委（1998 年更名為教育部）批准承認，由中國人民大學法學院專業教授在城大講授，為香港培養了解內地和香港法律制度的法律人才，至 2015 年逾 500 人獲該碩士學位。

2008 年，城大與隸屬最高人民法院的國家法官學院簽署合作協議，開辦中國法官法學碩士課程，是最高人民法院及國家法官學院首次與其他教育機構合作，為內地法官提供碩士水平的培訓。國家法官學院每年從全國省市推薦現職法官報讀，城大法律學院選定學員和設計課程，並安排到美國、韓國等地的學府研修，讓內地法官學員實地比較國內外的法律觀

2016 年，第十屆中國高級法官研修班學員參觀九龍城法院大樓。（城大司法教育與研究中心提供）

點及司法程序。2009 年 1 月首批來自內地 17 個省份共 30 名學員開學。學員大多數是任職高級法院及中級法院的資深法官。2010 年，城大與國家法官學院簽署協議，聯合為內地法官提供法學博士課程，首屆課程翌年開課，共 20 名內地高級法官修讀，當中學員大多為內地各級法院院長或副院長。截至 2017 年 7 月 1 日，中國法官法學碩士課程舉辦了七屆，總培訓人數為 185 人；中國高級法官法學博士課程舉辦四屆，總培訓人數為 74 人。此外，城大也與華東政法大學合作舉辦法學專業本科教育項目，截至 2017 年 7 月 1 日共培訓 788 人。

法律課程外，城大與上海交通大學（上交大）合作，於 2001 年在上交大的安泰管理學院開辦工商管理碩士課程，頒授城大碩士學位；與復旦大學管理學院於 2010 年合作，開辦工商管理博士學位項目，課程以城大工商管理博士學位課程為藍本，根據內地社會及商界需求設計。

香港理工大學　理大於 1997 年與重慶大學合辦工程項目管理碩士學位課程，訓練學員處理大型項目的預算、籌劃、控制資金等，是香港最早到內地合作辦學的項目之一。其後，理大陸續與內地其他大學合辦各種類型的管理學位課程，包括品質管理、災害護理、物理治療及職業治療、房地產管理及物流專業等。

1997 年，浙江大學—香港理工大學聯合中心的前身 —— 浙江大學—香港理工大學國際企業培訓中心獲教育部批准成立。依託該中心，理大自 1999 年起與浙江大學合作，開辦品質管理碩士學位課程，此後相繼開辦酒店及旅遊管理碩士、護理學學士、國際房地產碩士學位、高級管理人員工商管理碩士學位（EMBA）課程以及酒店及旅遊管理博士學位等教育項目。理大在內地開設課程，主要選擇內地欠缺而理大擅長的學科，並因應中國發展需要而配合開設，如與浙大合辦的護理學學士項目的課程設計和教學內容，獲教育部學位與研究生教育發展中心評估為「突出強化了我國護理教育中比較缺乏的人文和社會科學內容，為國內護理教育提供了一種可借鑒的教學模式」。截至 2017 年，前六個項目總招生人數達 3526 人，累計畢業生 2684 人。

2002 年 5 月，理大與西安交通大學簽署合作協議，為促進西部經濟發展，開展工商管理碩士、信息管理碩士和酒店及餐飲管理文學士三個教育項目的合作（三個項目分別於 2002 年 8 月和 2003 年 6 月獲教育部及國務院學位辦批准）。同年，兩校成立通理國際深造培訓學院，並建設了國際教育科技大廈作為通理項目基地。三個項目皆以陝西的需求為導向，且為理大具明顯國際優勢的學科，如陝西大型國有企業的管理人員在轉型期，急需接受工商管理專業教育；陝西作為旅遊大省，當地酒店及餐飲行業急需高素質的專業人才等。截至 2017 年，通理項目三個中外合作辦學項目總招生人數達 2717 人，累計畢業 2658 人。2017 年 5 月，理大與西交大簽訂合作諒解備忘錄，啟動籌建西安交通大學—香港理工大學絲綢之路國際工程學院。

2004 年，與中國人民大學合辦管理學博士學位教育項目，是當時唯一獲教育部正式認證的內地與港澳台地區合作管理學博士項目。2004，與華中科技大學同濟醫學院合作，於內地開辦首項物理治療（康復）碩士課程，以同濟醫學院為教學及實習基地，由理大負責課程設置及教學，所有課程及臨床實習由理大選派教師以英語授課，頒授理大物理治療碩士學位，以培養國家急需的國際認可物理治療（康復）專業人才。

2008 年 5 月四川汶川特大地震，翌月理大成立四川大學—香港理工大學四川地震災後重建支持及研究中心；2013 年 5 月，由香港賽馬會捐助二億元人民幣啟動建設資金、理大與四川大學在成都共建的全國首間災後重建與管理學院揭牌。學院位於四川大學江安校區，佔地二萬多平方米，建有六個災害學科實驗室及一個災害資料與資源中心。同年國家民政部批准該學院成為民政部國家社會工作專業人才培訓基地，是首批 37 所獲批機構之一。截至 2017 年，理大與四川大學合辦的義肢及矯形、災害護理、物理治療及職業治療四個碩士課程共錄取了 272 名學生，累計畢業生 203 人。

理大還與西安工程大學合辦服裝及紡織品碩士學位教育項目，與華中科技大學合辦工程商業管理碩士學位教育項目，與南開大學合辦國際航運及物流管理理學碩士教育項目，與中國人民大學合辦會計學碩士學位教育項目。

自 1997 年起至 2017 年，理大先後獲得國家批准的內地課程 23 項；自 2000 年起，培育超過 9000 名畢業生。

香港大學　1998 年 9 月，港大與上海復旦大學合作開辦工商管理碩士課程，是經國務院學位辦批准的第一個由內地高校與香港高校聯合培養的項目，由兩校分別派出教授授課，並採用具國際水準的教材、案例及教學方法，首屆錄取 102 人。2001 年，項目在國務院學位辦組織的「授予境外學位的合作辦學項目評估」中被評為全優合作項目。2016 年英國《金融時報》的年度全球 EMBA 排名中，該項目位列全球第 42 位、在職 MBA 項目全球排列第六位，至 2017 年畢業校友逾 4500 人。

其後，港大又與復旦大學合辦社會行政管理碩士以及社會工作碩士課程，與重慶大學合辦可持續城市發展碩士課程，與北京大學合辦牙醫碩士課程，以及經濟學和金融學碩士課程。

香港中文大學　2000 年，中大與清華大學合辦內地首個金融 MBA——金融財務工商管理碩士課程，培育既熟悉國際金融財務理論與實務，又了解國情的高級金融財務管理人才，必修課包括香港實地考察，為學生提供了解香港金融市場運作的機會；至 2017 年培養畢業生 1908 人。

2003 年，香港中文大學—清華大學物流和供應鏈碩士開始招生，到 2013 年，10 年內共培養了近 300 名物流和供應鏈領域的專業碩士。中大承擔課程設置、師資、教學、頒授

2013 年 5 月 8 日，由香港賽馬會捐資、四川大學、香港理工大學合作成立的四川大學—香港理工大學災後重建與管理學院在四川揭牌，啟動運作。四川大學校長謝和平（左三）、理工大學校長唐偉章（左二）、香港賽馬會董事范徐麗泰（右四）等出席，為學院揭牌。（中新圖片提供）

2003 年 9 月 28 日，香港大學—復旦大學合作工商管理（國際）碩士項目開學典禮，出席者包括復旦大學副校長、管理學院院長鄭祖康（圖）。（中新圖片提供）

學位以及其他有關教學的職責。除香港課程在香港舉行外,其餘課程均在清華大學深圳研究生院進行。隨着香港中文大學(深圳)2014 年正式設立,項目由香港中文大學(深圳)開辦。

此外,中大還與北京大學合辦金融學專業碩士課程,與上海國家會計學院合辦高級財會人員專業會計學碩士課程,與中國科學院研究生院合辦心理諮詢與治療文學碩士課程,與西交大合辦高級管理人員工商管理碩士課程。

香港科技大學 2013 年,科大開始與北京大學滙豐商學院在科大位於深圳的產學研基地合辦工商管理碩士學位教育項目。項目於 2016 年停止招生,共計培養學生 148 人。

注釋

1 文匯報:〈中總香港工商業研討班 30 周年慶典〉,文匯報網頁,2012 年 4 月 12 日發布,2021 年 8 月 11 日瀏覽,http://paper.wenweipo.com/2012/04/12/zt1204120009.htm。

2 紅三角地區指廣東、江西、湖南三省交匯三角地帶的廣東韶關市、江西贛州市和湖南郴州市。參見香港培華教育基金會:《第三期紅三角教育管理幹部研討班》(2016 年 1 月 20 日至 29 日),頁 2。

3 1997 年更名為香港內地聯絡組,2014 年改名為國際及內地聯絡組。

4 香港理工大學中國商業中心於 2017 年 1 月 1 日起停止運作。參見香港理工大學中國商業中心:〈通告〉,香港理工大學中國商業中心網頁,2021 年 8 月 11 日瀏覽,https://www.polyu.edu.hk/cbc/scindex.html。

5 香港國際社會服務社、香港路德會社會服務處、香港家庭福利會、香港基督少年軍、仁愛堂、香港基督教信義會及山旅學會。

6 文匯報:〈工商專聯培訓西部人才〉,文匯報網頁,2002 年 9 月 24 日發布,2021 年 8 月 11 日瀏覽,http://paper.wenweipo.com/2002/09/24/HK0209240053.htm。

7 後期北京市衛生和計劃生育委員會(現北京市衛生健康委員會)加入,形成四方協作。

8 國家衛生部於 2013 年更名國家衛生和計劃生育委員會。

9 國家行政學院於 2018 年與中央黨校職責整合,組建新的中央黨校(國家行政學院)。

10 1985 年轉設為國家教育委員會,簡稱國家教委,1998 年更名為教育部。

11 中國教育發展基金會、教育部港澳台事務辦公室編:《企業翹楚慈善楷模 紀念邵逸夫先生逝世一周年》(香港:高等教育出版社,2014),頁 242。

12 中國教育發展基金會、教育部港澳台事務辦公室編:《企業翹楚慈善楷模 紀念邵逸夫先生逝世一周年》(香港:高等教育出版社,2014)。

13 教育部:《關於增設汕頭大學的通知》(教計事字 198 號)(1981 年 8 月 26 日)。

14 餘款後用於建造包玉剛圖書館。包兆龍圖書館,上海交通大學教育發展基金會,https://foundation.sjtu.edu.cn/story/view/1047;包陪慶:《包玉剛我的爸爸》(香港:商務印書館,2008),頁 285-290。

15 成員包括:王寬誠、錢偉長、盧嘉錫、費孝通、湯佩松、錢臨照、張龍翔、陳岱孫、吳富恒、黃麗松、馬臨、薛壽生、陳省身、李政道、林家翹、田長霖。

16 霍英東教育基金會顧問委員會成員包括丁石孫、王一飛、方惠堅、王賡武、史維祥、李儲文、陳子元、陳省身、高錕、馬臨、黃水生、張光斗、盛振邦、強連慶、路甬祥、楊振寧、雷潔瓊、談家楨、謝希德。資料來源:國家教育委員會:《霍英東教育基金會成立五周年紀念特刊》(北京:國家教育委員會,1991),頁 23-27。

17 本節相關內容另可參照本書第八章「科技合作」。

18　除理大外，協作網的創會成員包括：上海交通大學、中國人民大學、中國科學技術大學、四川聯合大學、北京大學、西安交通大學、同濟大學、東南大學、南京大學、復旦大學、哈爾濱工業大學、華南理工大學、清華大學及浙江大學。

19　香港大學資助委員會：《香港高等教育》（香港：香港大學資助委員會，1996），第 33 章。

20　清華大學深圳研究生院：〈深圳虛擬大學園創新資源利用生態體系研究〉，清華大學深圳研究生院網頁，2014 年 11 月發布，2021 年 8 月 11 日瀏覽，http://stic.sz.gov.cn/kjfw/rkx/rkxcgsjk/201711/P020171102743201418122.pdf，頁 46。

21　董建華：《一九九七年施政報告：共創香港新紀元》（1997 年 10 月）。

22　2000/2001 年度，賽馬會再捐資 3000 萬元延長該計劃一年，資助額外 100 名學生。2000 年，教資會同時獲得何關根國際慈善捐款，資助另一批為數 66 名內地學生來港，入讀 2002/2003 學年學位課程。

23　《中國教育年鑑》編輯部：《中國教育年鑑》（1999—2002）（北京：人民教育出版社，1999-2002）。

24　在此之前，各高校通過內地高校代招的內地學生取得學士學位後不能留在香港工作，除非被香港的大學錄取繼續攻讀碩士或博士學位，否則必須返回內地。參見瞿振元、盧兆彤、周利明：〈香港高校內地招生的觀察與思考〉，《中國高教研究》，2007 年第 5 期，頁 1-5。

25　教資會資助院校可錄取非本地學生修讀教資會資助的副學位、學士學位及研究院修課課程，人數最多可相等於核准教資會資助學額的 20%。這 20% 包括教資會資助學額內最多 4% 學額和教資會資助學額外最多 16% 學額（即毋須教資會給予額外經常資助而超額錄取的學生）（「4 內 16 外」政策）。參見香港特別行政區政府新聞處：〈立法會二十一題：擴大本地學生接受高等教育的機會〉，香港特別行政區政府新聞公報網頁，2015 年 1 月 21 日發布，2021 年 8 月 11 日瀏覽，https://www.info.gov.hk/gia/general/201501/21/P201501210334.htm。

26　1992 年香港高級程度會考考生共 16,879 人、香港高等程度會考考生共 2165 人。資料來源："table 15.23 Results of Advanced and Higher Level Examinations," *Hong Kong Annual Digest of Statistics* 1993 Edition (Hong Kong: Government Printer, 1993), pp. 218.

27　首年得獎者包括入讀北京大學八人（張偉國、朱博文、羅常、馮淑儀、陳永豐、羅永生、溫伯鈞、黃天成），入讀復旦大學一人（古祝芳），入讀南京大學一人（雷小雲）。參見〈港十青年獲獎學金赴內地修讀研究生〉，《大公報》（香港），1988 年 8 月 4 日，第 3 版。

28　此前港澳台聯招報名年齡限於 25 周歲以下及未婚者、報考碩士為 40 歲以下、報考博士為 45 歲以下。參見香港中國研究生會：〈中華人民共和國普通高等學校聯合招收華僑、港澳地區及台灣省學生（本科生）簡章〉、〈1996 年國內高等學校招收港澳台研究生簡章〉，載香港中國研究生會：《港澳台人士報考中國研究生指南》（香港：香港中國研究生會，1995），頁 16 及 19。

29　1984 年《中英聯合聲明》簽署後，香港大批專業人士移民海外，港英政府一方面通過提高高等教育入學率擴大在校學生數量，另一方面通過提升高等院校規格、合併學院等方式，令受教資會資助的高等院校數量在 1989 年至 1999 年十年內增至八所。與此同時，根據香港特別行政區政府統計處的數字，香港的粗出生率從 1975 年的 17.9‰ 一路下降至 1999 年的 7.8‰。參見香港特別行政區政府統計處：〈一九七五年至二零零四年香港生育趨勢〉，香港特別行政區政府統計處網頁，2021 年 8 月 11 日瀏覽，https://www.censtatd.gov.hk/tc/EIndexbySubject.html?pcode=FA100090&scode=160。

30　《教育法》第 67 條、《高等教育法》第 15 條。

31　有關合作辦學的教育服務承諾包括：允許中外合作辦學，外方可獲得多數擁有權。參見商務部：《附件七附錄 1：中國—具體承諾表》，商務部網頁，2021 年 8 月 11 日瀏覽，http://fta.mofcom.gov.cn/ruishi/xieyi/xieyifj07-zfcrb_cn.pdf。

32　2017 年秋，UIC 整體搬遷到金同路 2000 號新校園。

33　2018 年 6 月 19 日，教育部印發《關於批准部分中外合作辦學機構和項目終止的通知》，終止 234 個本科以上中外合作辦學機構和項目，當中包括西安交大—香港科大可持續發展學院。

34　曾憲義：〈在「中國律師課程培訓班」結業典禮上致詞〉，《法學家》1994 年第 6 期，頁 91。

第十七章
環境保育

第一節 概況

國家改革開放初期，大批港商北上，把廠房遷到內地，主要集中在珠江三角洲一帶。至 1980 年代末，中央放寬對外商直接投資的限制，珠三角地區經濟起飛。1980 年珠三角地區利用外資總額佔全國的 3.3%，到 2001 年，外商在珠三角地區的直接投資金額佔全國比例為 28.6%。珠三角地區蓬勃的經濟發展帶來可觀成果，同時也產生一系列環境問題。

珠三角地區 1954 年至 1978 年的能見度良好，每年能見度小於 10 公里的灰霾天氣不足 40 天。自 1980 年代初開始，該地區的能見度急劇惡化，灰霾天氣增加，在 1997 年就超過 200 天；根據學者的研究，這種現象與珠三角經濟容量的增加密切相關。此外，位於香港和深圳之間的后海灣（深圳灣），亦因經濟活動增加和城市發展而受到污染。1990 年，港府和廣東省政府成立「粵港環境保護聯絡小組」，就共同關注的環境問題交流，商討合作解決兩地的空氣及海水污染問題。

1999 年 10 月，香港環保署與廣東省環境保護局聯手進行第一次區域空氣質素研究。研究以 1997 年為基準年，估算香港和珠三角地區的污染物排放情況。結果顯示，香港及珠三角地區的污染物排放量，在 1997 年至 2015 年間增長 36% 至 75%。

兩地政府決定加強合作，改善區內空氣污染問題。1999 年，粵港兩地政府把「粵港環境保護聯絡小組」更名為「粵港持續發展與環保合作小組」（合作小組），並就大氣污染、水源治理、海洋生態保育等方面展開合作。2002 年 4 月，香港特區政府與廣東省政府聯合發表中國區域大氣污染聯防聯治的首個聲明，表明要在 2010 年或之前，大幅減少區域內四個主要污染物的排放量。合作小組隨後在 2003 年 12 月通過「珠江三角洲地區空氣質素管理計劃」，並同意在區內建立由 16 個空氣監測站組成的區域空氣監測網絡，就區內空氣質素提供準確數據。此監測網絡是中國第一個跨境區域性空氣監測系統，也是中國首個採用國際標準的空氣監測網絡。

2004 年，粵港兩地政府成立「粵港兩地企業開展節能、清潔生產專題小組」，促進區內企業節約能源、提高資源利用效率及減少排污，以緩減珠三角地區內空氣污染的情況。2008 年 4 月，香港特區政府推行「清潔生產伙伴計劃」（「伙伴計劃」），首次向珠三角地區內港資工廠提供技術和財務支援，協助它們實施清潔生產。「伙伴計劃」推出逾一年後，批出 380 多個資助項目，舉辦超過 100 個認知推廣活動，如考察團、研討會、展覽等，吸引超過 13,000 多名來自粵港兩地企業的代表參加。

2007 年 10 月，香港環保署委託艾奕康有限公司（AECOM Asia Company Limited）研究珠三角地區的主要工業空氣污染源，這是第一次對珠三角地區典型工業揮發性有機化合物

（VOC）污染源的研究，研究範圍包括香港、廣州、深圳、珠海、東莞、中山、江門、佛山、惠州和肇慶。研究發現，電力行業是二氧化硫（SO_2）和氮氧化物（NO_x）的主要排放源，分別約佔珠三角地區排放源的 60% 和 75%；區內可吸入懸浮粒子（PM_{10}）的主要排放源為非金屬物產品製造，約佔該區排放源的 40%。此外，研究亦確認區內典型工業 VOC 的污染來自以下九個行業：汽車製造業、印刷業、家具製造、鞋業製造、電子製造、油品運輸與儲存、玩具製造業、塗料生產和石化與煉油行業。粵港兩地政府之後繼續就跨境空氣污染展開合作，並簽訂多份協議，如 2009 年的《粵港環保合作協議》、2011 年的《粵港應對氣候變化合作協議》等。於 2014 年簽訂的《粵港澳區域大氣污染聯防聯治合作協議書》更把空氣監測站站點由 16 個增至 23 個。

揮發性有機化合物及含氧揮發性有機化合物（OVOC）為形成臭氧的主要前體物。2007 年 9 月，香港環保署委託顧問公司進行珠江三角區揮發性有機化合物和光化學臭氧污染研究，這是首次在珠江三角區開展實地 VOC 及 OVOC 採樣的研究。研究表明，機動車排放源為珠三角地區臭氧形成潛勢最高的排放源。研究得出的實地採樣數據，對認識珠三角地區內煙霧形成機理，提供大量基礎資料和科學數據。

此外，香港商界亦主動推出「一廠一年一環保項目」計劃（壹─壹─壹計劃）及《清新空氣約章》，以鼓勵珠三角地區內港商實施節能、減排的措施。「壹─壹─壹計劃」是香港商界首次自發性發起的環保運動，旨在鼓勵珠三角的港資廠商以自願性質在一年內至少參與或推行一項環保項目。《清新空氣約章》為兩地商界共同推動的計劃，機構若願意承諾採用節能措施及遵守國際認可的廢氣排放標準，就可簽署約章。兩項計劃共吸引逾千機構參加。

2011 年，香港可吸入懸浮粒子最大的排放源來自船舶排放，而遠洋船隻使用的重油含硫量高達 4.5%，平均約為 2.8%。本地及內河船舶以輕質柴油為燃料，標稱含硫量上限為 0.5%，而車用柴油的含硫量為 0.001%。遠洋船隻及內河船的柴油含硫量分別較汽車高出 2800 倍和 500 倍，反映船舶是香港其中一個主要空氣污染物排放源。同年，香港 17 家航運業公司主動發起全球首個由業界推動、自願承擔環境清潔費用的排減方案 ──《乘風約章》，承諾旗下船隻在香港停泊時，盡量轉用含硫量不超過 0.5% 的低硫燃料。船公司在《乘風約章》中，亦承諾會與香港特區政府及廣東省政府合作，實施符合國際標準的船舶排放管制規例。船公司並促請香港特區政府與廣東省政府合作，在 2012 年 12 月 31 日前規定船舶在珠江三角洲使用低硫燃料。交通運輸部在 2015 年 12 月發布《珠三角、長三角、環渤海（京津冀）水域船舶排放控制區實施方案》，確定珠三角排放控制區的範圍，並規定自 2019 年 1 月 1 日起，在排放控制區內的船舶須使用含硫量不超過 0.5% 的低硫燃料。

廣東省廠房的污染物排放增加，除對空氣造成污染外，其污染物亦對粵港邊境的后海灣、大鵬灣及深圳河造成污染。兩地政府於 1982 年成立「深港聯合治理深圳河工作小組」，合

作治理深圳河。1983 年，港方首次向粵方提出聯合監察后海灣的建議，並於翌年簽訂《粵港聯合監測深圳灣大氣、水體環境技術工作方案》，合力監察后海灣的水質。1990 年，粵港兩地政府同意合力保護大鵬灣，致力改善后海灣及大鵬灣的水質。

粵港兩地政府分別就中華白海豚保育及海上垃圾清理展開合作，以保育海洋生態。中華白海豚為國家一級保護野生動物，珠江口一帶為牠們的活動範圍之一。香港及廣東省政府於 1997 年 5 月成立「中華白海豚自然保護研究小組」，第一次就保育中華白海豚合作。2016 年 10 月，粵港兩地政府在「粵港持續發展與環保合作小組」框架下成立了「粵港海洋環境管理專題小組」，就區域內各項海洋環境事宜加強交流和溝通，當中包括就海上垃圾事宜成立通報警示系統，實時監控珠江流域的雨量數據，以及打擊非法傾倒垃圾入海等事件。

除粵港政府間的合作外，改革開放亦為香港民間環保團體北上參與環保工作提供機會。長春社早於 1978 年就環保工作與內地建立溝通渠道；世界自然基金會香港分會於 1980 年代早期受邀到內地工作，是最先把濕地管理經驗引入內地的香港機構；嘉道理農場在海南、雲南、廣東、廣西、四川等地開展生態多樣性熱點和瀕危物種的保育工作，其中不少工作都具有開創性，包括海南長臂猿保育工作、成立中國首支水獺監測隊等。此外，亞洲動物基金是香港唯一及全球首個在內地拯救黑熊的組織；地球之友為最先在內地推行學前環保教育的機構，並創辦內地首個環保個人獎項 ——「地球獎」。海洋公園保育基金針對內地的大熊貓和中華白海豚開展保育工作，其中認領大熊貓保護區計劃、鯨豚擱淺通報機制等工作，為內地保育工作做出開創性建樹。

第二節 香港與內地合作

一、合作機制

1. 粵港持續發展與環保合作小組

1979 年，港府與廣東省政府就兩地環保工作事宜展開接觸，建立解決跨界環境問題的合作溝通渠道。1983 年 1 月，應香港環保處邀請，廣東省環境保護局代表團在省環保局局長金陽率領下，一行六人首次訪港六天，與香港環保處建立互訪、交流及互相通報的關係。同年 11 月，香港代表團訪問廣東，雙方討論共同面對的問題及規劃合作範圍。此外，雙方又簽訂《粵港關於環境保護工作的會談備忘錄》，提出聯合監察后海灣（深圳灣）大氣、水體的建議，並於 1984 年 1 月在深圳交換資料，共同制定工作方案。

1984 年 5 月，廣東省環保局局長強炳寰率領七人代表團訪港，粵港兩地確認《粵港聯合監

測深圳灣大氣、水體環境技術工作方案》，磋商「粵港共同保護深圳灣的規劃設想」，並開始聯合監測深圳灣。1986 年 5 月，港方代表聶德到廣州參加粵港聯合監測深圳灣大氣環境工作組的會議，香港及廣東省兩地代表同意要預防深圳灣受到進一步的污染，並簽訂「粵港聯合監測深圳灣大氣、水體環境技術工作紀要」。

1989 年 10 月，港府環境規劃地政司派出官員到廣東省，與有關部門負責人商討成立環境保護機構，專責處理與兩地有關的空氣、水質及自然保護等環保事宜，並就跨境污染建立通報機制。為加強粵港在共同關注的環境管理和污染控制工作問題上的合作和協調，1990 年 7 月 10 日，粵港環境保護聯絡小組（聯絡小組）成立，並於翌日在香港召開首次會議。聯絡小組是粵港兩地政府首個就空氣污染和水質污染等環境事宜展開合作的機制，工作範圍包括：一、就兩地有關的空氣質量、水質和其他環境指標進行磋商；二、檢討現有和計劃開發的項目對港粵兩地的環境可能帶來的影響，以及商定對策；三、商定影響粵港兩地污染事故的緊急應對方案；四、安排交換與粵港兩地有關的污染物增減、生態變化、環境質量、廢物處理和其他環境保護方面的資料；五、定期回顧小組各項協議的執行情況和各項計劃的成效，包括研究是否需要進一步合作或作出修改。

聯絡小組的工作首先聚焦於香港與深圳之間的后海灣一帶，並逐漸擴展到雙方關心的其他地區。1990 年，香港和深圳聯合進行后海灣及其集水區的環境保護研究，這是香港和內地第一次共同進行的環境研究。1992 年，聯絡小組制定管理后海灣環境質素的環境管理和行動計劃，並完成《深圳灣及其集水區環境保護技術報告》。1996 年 1 月，聯絡小組展開大鵬灣環境保護的研究，有關研究於翌年 12 月完成，分析出將會影響大鵬灣生態的事項，包括鹽田港發展計劃、日後的人口增加及工業發展等，並完成《大鵬灣環境保護研究第一階段第一期報告》。另一方面，雙方設立機制，就后海灣附近大型發展計劃交換監測數據和環境資料。此外，粵港雙方同意成立不同小組，研究中華白海豚的保育工作、交換過往有關珠江三角洲空氣質素的研究資料和結果等。

1999 年，聯絡小組改名為「粵港持續發展與環保合作小組」（合作小組），分別由香港的環境食物局局長及廣東省環境保護局局長率領，並於 2000 年 6 月 8 日在廣州舉行首次會議，雙方在會上同意成立八個專題小組，這八個小組須向合作小組轄下的專家小組匯報工作結果及提出建議（見表 17-2-1）。

截至 2017 年 7 月，合作小組共開會 16 次，對跨境空氣污染防治、兩地水環境治理及海洋生態保育、清潔生產等題目作出持續性討論。其間粵港兩地政府就環境保護的不同範疇達成協議，並在空氣污染防治、水環境治理及清潔生產等方面取得多項成果（見表 17-2-2、17-2-3 及 17-2-4）。

表 17-2-1　粵港持續發展與環保合作小組下設的八個專題小組工作內容

名稱	工作主要內容
珠江三角洲空氣質素專題小組	1. 監察有關酸雨、二氧化氮、光化煙霧和粒子污染及其防治的專題研究的進度。 2. 研究珠江三角洲地區空氣質素問題的根源,並研究及建議防治措施。 3. 向合作小組轄下的專家小組匯報結果及提出建議。
粵港車用柴油規格專題小組	1. 研究兩地統一車用柴油規格的可行性。 2. 討論具體行動計劃以達到統一規格的目標。 3. 研究其他可在短期內推行的措施,以紓緩跨界車輛對空氣造成污染。 4. 向合作小組轄下的專家小組匯報結果及提出建議。
粵港林業及護理專題小組	1. 就兩地林業發展及自然護理事宜進行磋商。 2. 交流兩地在林業及自然護理方面的資料並探討合作計劃。 3. 向合作小組轄下的專家小組匯報結果及提出建議。
粵港海洋資源護理專題小組	1. 就兩地漁業管理、中華白海豚保護、水產養殖和紅潮監察事宜進行磋商。 2. 交流兩地在漁業、中華白海豚及其他海洋資源護理方面的資料。 3. 向合作小組轄下的專家小組匯報結果及提出建議。
珠江三角洲水質保護專題小組	1. 研究珠江三角洲水質管理方案。 2. 討論加強珠江三角洲水質保護合作的建議及具體行動計劃。 3. 向合作小組轄下的專家小組匯報結果及提出建議。
粵港城市規劃專題小組	1. 就香港與廣東省,特別是廣州、深圳、珠海及其他珠江三角洲城市的規劃交換意見。 2. 加強合作,共同研究粵港兩地土地利用及基礎設施的配合。 3. 研究及建議如何協調粵港兩地的社會及經濟發展和紓緩發展對環境所造成的影響,以達至長遠可持續發展的目標。 4. 交流與城市規劃方面有關的學術研究及調查報告。 5. 向合作小組轄下的專家小組匯報結果及提出建議。
大鵬灣及后海灣(深圳灣)區域環境管理專題小組	1. 審核雙方就保護大鵬灣行動計劃及保護后海灣(深圳灣)行動計劃的工作進度。 2. 研究及建議如何加強合作,以改善大鵬灣及后海灣的環境質素。 3. 交流粵港雙方對大鵬灣、后海灣(深圳灣)有影響的工程項目資料及環評報告。 4. 定期向合作小組轄下的專家小組提交審核報告。
東江水質保護專題小組	1. 監察東江及東深供水沿線的水質情況。 2. 討論加強保護及改善東江水質的策略及方案,以改善供港水質。 3. 監察保護及改善東江水質方案之成效。 4. 向合作小組轄下的專家小組匯報結果及提出建議。

資料來源:〈立法會七題:跨境委員會〉(附件二至九),政府《新聞公報》,2001 年 6 月 6 日。

「粵港持續發展與環保合作小組」於 2001 年 2 月 22 日在香港舉行第二次會議。港方代表團由環境食物局局長任關佩英（左一）帶領；粵方代表團則由廣東省環保局局長袁征（右二）帶領。（香港特別行政區政府提供）

表 17-2-2　粵港持續發展與環保合作小組就空氣污染防治方面討論的主要內容及成果

日期	會議次數	舉行地點	討論內容及工作成果
29/12/2003	4	廣州	小組通過「珠江三角洲地區空氣質素管理計劃」（「管理計劃」），準備在珠三角區內建立內地首個區域性空氣監測站網絡及首份區域空氣污染物排放清單。
22/12/2004	5	香港	1. 粵港兩地的環境監測部門計劃於 2005 年第一季起，啟動一個覆蓋整個珠江三角洲地區、擁有 16 個監測點的區域空氣監測網絡。雙方將根據網絡的運行情況，向公眾公布監測結果。 2. 兩地環保部門同意編製《二〇〇三年珠江三角洲地區空氣污染物排放清單》，評核自 1997 年以來，粵港兩地排放空氣污染物的變化。
20/12/2005	6	廣州	在推動「管理計劃」上取得重要成果，包括在「管理計劃」下，粵港雙方共同建立的區域空氣質素監測網絡於 2005 年 11 月 30 日開始運作，同時向兩地市民每日發布珠三角區域空氣質量指數。
20/12/2010	11	香港	在「管理計劃」的各項措施下，於 2006 年至 2009 年間，珠三角區內的二氧化硫 (SO_2)、二氧化氮 (NO_2) 及可吸入懸浮粒子 (PM_{10}) 的年均值分別下降 38%、9% 和 7%。
23/11/2012	12	廣州	港方達至粵港政府在 2002 年訂定四種主要空氣污染物至 2010 年的減排目標。
19/3/2015	14	廣州	開展「粵港澳區域性 $PM_{2.5}$ 研究」，為進一步改善區域空氣質素的策略提供確切的科學基礎。
14/12/2015	15	香港	區域空氣監測網絡顯示，2014 年區內的二氧化硫 (SO_2)、二氧化氮 (NO_2)、可吸入懸浮粒子 (PM_{10}) 的年均值較 2006 年分別下降 66%、20% 及 24%。
6/1/2017	16	廣州	根據區域空氣監測網絡的結果，2015 年區內的二氧化硫 (SO_2)、二氧化氮 (NO_2) 及可吸入懸浮粒子 (PM_{10}) 的年均值較 2006 年分別下降 72%、28% 和 34%。

資料來源：　粵港持續發展與環保合作小組第一至第十六次會議的新聞公報。

表 17-2-3　粵港持續發展與環保合作小組就水環境治理方面討論的主要內容及成果

日期	會議次數	舉行地點	討論內容及工作成果
8/6/2000	1	廣州	粵港兩地政府同意成立「大鵬灣及后海灣（深圳灣）區域環境管理專題小組」，共同保護大鵬灣及后海灣的水環境。 通過《后海灣（深圳灣）水污染控制聯合實施方案》（《聯合實施方案》），粵港政府透過污染控制措施，減少污水流入后海灣，並定下於 2015 年前把污水流入量控制至后海灣同化能力內的水平目標。雙方同意每隔五年對合作方案進行定期檢討。
10/12/2007	8	廣州	深港專家完成《聯合實施方案》第一次回顧，結果顯示各項污染防治工作進展良好，並指出后海灣的水質仍有待改善。
7/12/2009	10	廣州	粵港兩地政府同意在 2010 年開展「珠江河口區域水質管理合作規劃前期研究」（「前期研究」），利用共同研製的珠江三角洲水質數學模型評估珠江河口水質狀況，分析河口水域在不同水質目標下的納污能力，為制定區域水質管理方案提供科學依據。
13/1/2014	13	香港	粵港兩地政府於 2013 年同意推動《聯合實施方案》第二次回顧的工作，以檢視方案的成效和制定所需的增補措施。
14/12/2015	15	香港	粵港兩地政府完成審議「前期研究」成果，並就未來合作路向取得共識，同意按雙方現行政策和水污染防治規劃在多個專項上加強合作與交流。
6/1/2017	16	廣州	粵港兩地政府完成《聯合實施方案》第二次回顧研究，研究結果顯示方案進展良好，后海灣水質得到實質改善，雙方並就保護后海灣的水環境提出建議。
			粵港雙方根據「前期研究」的建議，共同草擬並制定「珠江河口水質管理合作方案」的具體工作計劃，以加強水質管理的合作與交流。

資料來源：　粵港持續發展與環保合作小組第一至第十六次會議的新聞公報。

表 17-2-4　粵港持續發展與環保合作小組就清潔生產方面討論的主要內容及成果

日期	會議次數	舉行地點	討論內容及工作成果
22/12/2004	5	香港	粵港政府成立專題小組，負責向珠江三角洲地區的工商業界推動節能及清潔生產的教育和技術。
18/12/2006	7	香港	粵港兩地政府同意支持香港工業總會推動「一廠一年一環保項目」計劃，並參加本年度「一廠一年一環保項目」計劃的綠色獎項評審工作。
10/12/2007	8	廣州	粵港雙方在 8 月簽署了《關於推動粵港兩地企業開展節能、清潔生產及資源綜合利用的合作協議》，並在宣傳、技術交流及進行企業示範項目等方面展開一系列活動。
18/12/2008	9	香港	香港特區政府撥款 9300 萬，於 4 月與廣東省經濟和信息化委員會共同啟動為期五年的「清潔生產伙伴計劃」。

資料來源：　粵港持續發展與環保合作小組第一至第十六次會議的新聞公報。

2. 環保協議

香港於 1997 年回歸後，香港特區和廣東省在雙方的合作機制內，就跨境環保事宜簽訂多項協議，包括：

《大鵬灣水質區域控制策略》 2000 年，香港特區政府和廣東省政府在「粵港持續發展與環保合作小組」下成立「大鵬灣及后海灣（深圳灣）區域環境管理專題小組」。在該專題小組 2000 年 1 月舉行的會議中，深港政府同意《大鵬灣水質區域控制策略》的研究範圍和工作計劃。有關研究之主要目的，是利用先進的模擬工具，為大鵬灣的受納能力作出估算，並制定長遠的雙邊水質管制策略，以確保大鵬灣的水質達標。合作研究於 2000 年 6 月 1 日展開，並於 2003 年完成。研究建議大鵬灣的發展設上限，以保護大鵬灣的良好水質。深港雙方亦同意定期回顧《大鵬灣水質區域控制策略》，以檢視各項控制策略的成效和制訂所需的增補措施。

2008 年 10 月，深圳市和香港特區開展《大鵬灣水質區域控制策略》第一次回顧研究，為保護大鵬灣水環境及實現可持續發展目標提出建議，有關工作於 2011 年 9 月完成。

《加強深港環保合作協議》 2007 年，深圳市環保局及香港環境保護署簽訂《加強深港環保合作協議》，深港兩地政府同意定期就跨境環保事宜舉行交流會議、建立信息互享機制等。此外，深港兩地政府成立「深港持久性有機污染物合作協調小組」，加強持久性有機污染物的技術交流與協作，並加強技術經驗的交流和培訓。

《粵港環保合作協議》 2009 年，第十二次「粵港合作聯席會議」中，香港環境局及廣東省環境保護局共同簽署《粵港環保合作協議》，雙方同意完善合作機制，打造「綠色大珠三角地區優質生活圈」。

協議的合作內容包括：

（一）共同推進「珠三角地區空氣質素管理計劃（2002—2010 年）」的落實，並研究珠三角地區 2010 年以後的減排安排；

（二）共同推進東江水質保護，開展「珠江河口區域水質管理合作規劃前期研究」；

（三）加強資源循環利用合作，雙方探討可重用物料利用的新合作模式；

（四）推動林業保育方面的交流與合作；

（五）共同推出「粵港清潔生產伙伴計劃」標誌計劃；

（六）加強海洋漁業資源保護方面的合作交流；

（七）推動環保產業發展，探索共同舉辦、輪流承辦環保研討會或環保博覽會的可能性。

粵港雙方於 2016 年 9 月簽訂《2016—2020 年粵港環保合作協議》，同意進一步加強區內的空氣質素監測、水環境保護及自然保育，以深化粵港兩地的環保合作，改善區域環境。

《粵港應對氣候變化合作協議》　廣東省政府和香港特區政府於 2011 年 8 月舉行的第十四次「粵港合作聯席會議」上，簽署《粵港應對氣候變化合作協議》。為落實有關協議，雙方在聯席會議下成立「粵港應對氣候變化聯絡協調小組」，負責就粵港兩地應對氣候變化合作進行磋商，協調粵港應對氣候變化的活動和措施，推進相關的科學研究和技術開發，並以控制區內溫室氣體排放，推動低碳經濟發展為目標，小組每年都會向「粵港合作聯席會議」報告工作進度。截至 2016 年 9 月，小組共開會五次。

《共建優質生活圈專項規劃》（《專項規劃》）　在 2008 年 8 月舉行的「粵港合作聯席會議」第十一次會議上，行政長官曾蔭權及廣東省省長黃華華同意制訂共同策略，把大珠三角地區打造成為低碳、高科技及低污染的優質生活城市群。行政長官的《二零零八至二零零九年施政報告》建議，把大珠三角地區打造成綠色優質生活圈。這項建議後來被納入 2009 年 1 月公布的《珠江三角洲地區改革發展規劃綱要（2008 — 2020 年）》，2010 年 4 月簽訂的《粵港合作框架協議》，及 2011 年 3 月公布的《中華人民共和國國民經濟和社會發展第十二個五年規劃綱要》之內。

2009 年 10 月，粵港澳政府共同編製《專項規劃》的研究工作，重點研究大珠三角地區的長遠發展方向，提出共建優質生活圈的區域發展願景及合作方向。

2012 年 6 月 25 日，粵港澳三地共同發布《專項規劃》，這是首份粵港澳三地共同編製的區域合作專項規劃，它以合作解決區域問題和跨界問題的需要為出發點，在環境生態、低碳發展、文化民生、優化區域土地利用及發展綠色交通等五個領域提出合作建議。其中又以環境生態、低碳發展及發展綠色交通與跨境環保工作的關係為最直接。

在環境生態方面，《專項規劃》建議以可持續發展、保護生物多樣性為目標，建立全區域的生態安全體系，以提升環境生態質量。當中包括以深圳梧桐山國家級森林公園 — 香港紅花嶺、深圳福田國家級自然保護區 — 香港米埔內后海灣拉姆薩爾濕地、澳門路氹城生態保護區 — 橫琴島以及珠江口中華白海豚自然保護區為重點，推動開展鄰接地區生態保育合作規劃。

《專項規劃》又建議粵港兩地政府加強水環境質素的管理，以及深化鄰近水域環境質素的合作，包括保護后海灣、大鵬灣及珠江口海域的水環境。此外，在改善區域空氣質素上，《專項規劃》建議兩地政府合作制訂 2011 年至 2020 年香港及珠三角地區空氣污染物減排計劃，以逐步削減多種主要空氣污染物的排放量，包括研究要求在大珠三角港口靠泊的船舶轉用更清潔的燃料，為區內高揮發性有機化合物（VOC）排放的工業制定清潔生產技術等。

在低碳發展方面，《專項規劃》建議粵港兩地政府共同建立低碳發展合作機制，促進環保產業發展，包括支持新能源及再生能源發展、推進清潔能源供應與基建發展、提升區內的清潔生產水平等。

在發展綠色交通方面，《專項規劃》建議逐步提高大珠三角交通工具燃料和排放標準，並提供政策誘因和資源，加快推進區域內交通工具節能減排、降低交通排放污染，建議措施包括：逐步提高車輛廢氣排放標準、引進高品質燃料、爭取為珠三角地區提供更多的低硫柴油和使用低硫柴油的優惠政策等。

二、大氣污染防治合作

隨着珠三角地區工廠及人口的增加，區域空氣污染情況惡化。大量污染物從深圳、東莞及珠三角東部擴散至香港，而廣東省的污染物中，亦有六至七成來自包括香港在內的珠江三角洲地區。此外，廣東省的汽車數量由 1995 年的 115 萬架增加至 2002 年的 231 萬架，汽車廢氣造成區域性空氣污染，促使粵港兩地於 1990 年代開始合作，改善區內空氣質素。

1. 研究與監測

為了解區內空氣質素狀況、確定空氣污染源，並制定控制空氣污染的策略，香港環保署與廣東省環境保護局於 1999 年就解決區域空氣污染問題展開首次合作，聯手進行「珠江三角洲空氣質素研究」，並制定一份珠三角地區空氣污染物排放清單，清單採用先進國家和國際組織所認可的標準，如：美國環保局（USEPA 1998）、聯合國發展計劃署（UNDP 2000）和政府間氣候變化專門委員會（IPCC 1996）等。研究在 1999 年 10 月開始，2002 年完成。

有關研究主要對臭氧（O_3）、可吸入懸浮粒子（PM_{10}）及二氧化氮（NO_2）進行研究，發現臭氧濃度在春季和秋季偏高，可吸入懸浮粒子及二氧化氮則在冬季偏高。研究發現，在污染物影響下，於 1991 年到 2000 年間，香港、深圳和廣州均出現能見度惡化的趨勢，能見度少於八公里的時間比例持續向上。1990 年後期，深圳和廣州能見度低於八公里的時間比例分別是 1991 年的九倍和五倍。此外，研究亦發現區內有未能符合《香港空氣質素指標》和《國家環境空氣質量標準》的情況，而區域空氣質素和能見度在 1991 年至 2000 年的十年間也不斷惡化。

研究又以 1997 年為基準年，對區域排放進行調查研究（見表 17-2-5）。[1]

按「珠江三角洲空氣質素研究」的成果，2002 年 4 月，香港特區政府與廣東省政府發表中國區域大氣污染聯防聯治的首個聲明：《改善珠江三角洲地區空氣質素的聯合聲明》（《聯合聲明》），表明要在 2010 年或之前，把區域內二氧化硫（SO_2）、氮氧化物（NO_X）、可吸入懸浮粒子和揮發性有機化合物（VOC）的排放量，以 1997 年為參照基準，分別減少 40%、20%、55% 及 55%。

隨後，粵港兩地政府在 2003 年 12 月聯手制訂「珠江三角洲地區空氣質素管理計劃」（「管

表 17-2-5　基準年（1997 年）區域排放清單總結

地區	排放量（萬公噸／年）				人口（萬人）
	揮發性有機化合物（VOC）	可吸入懸浮粒子（PM_{10}）	氮氧化物（NO_x）	二氧化硫（SO_2）	
香港	5.4（12%）	1.3（5%）	11.4（20%）	7.6（13%）	650
珠三角經濟區	41.2（88%）	24.5（95%）	45.0（80%）	52.0（87%）	3220
珠三角區域	46.6	25.8	56.4	59.6	3870

資料來源：環保署：《珠江三角洲空氣質素研究最終報告》，2002 年 4 月，第三章—5。
注：括弧內的數字為排放量佔全區域總排放量的比例。

理計劃」），並成立「珠江三角洲空氣質素管理及監察專責小組」，跟進「管理計劃」下的各項工作。「管理計劃」的要點包括：

（一）推行一系列具體措施，加強防治空氣污染的力度；
（二）建立一個可靠的監察系統，就區內的空氣質素提供快速、準確的數據；
（三）建立區域空氣污染物排放清單，讓兩地政府評核空氣污染防治措施的進度和成效；
（四）加強區內人員的技術交流和培訓，提高人員對區域性空氣質素問題的認識和技術水平，以更有效地落實管理和監控工作；
（五）收集國內外不斷發展防治空氣污染的新技術和管理方法，評估有關的新技術和方法在區內使用的可行性。

為達《聯合聲明》所訂下的目標，「管理計劃」建議香港推行的空氣防治措施包括：鼓勵使用清潔燃料小巴取代柴油小巴；資助歐盟前型號柴油車輛加裝微粒消減裝置；在 2005 年前收緊車用油品質量至歐盟四期；減少發電廠的排放等。廣東省的空氣防治措施則包括：沙角、黃埔、台山、珠海等電廠計劃建設煙氣脫硫裝置；分期分批淘汰高能耗、重污染的燃煤鍋爐和工業爐窰；控制機動車尾氣污染等。

完成執行各項防治措施後，預計香港可在七年後達到粵港共同訂立的減排目標，即在 2010 年把排放物減至低於 1997 年水平。

根據「管理計劃」，珠江三角洲擬建立一個區域空氣監測網絡，該網絡共有 16 個監測點，就區內的二氧化硫、氮氧化物、二氧化氮、臭氧、可吸入懸浮粒子等空氣污染物進行監測，並每天在互聯網上向粵港兩地市民發布空氣質量指數。監測點分別位於深圳、東莞、廣州、佛山、肇慶、江門、中山、珠海、惠州、從化、番禺、惠陽、順德，香港的塔門、荃灣和東涌。

監測網絡有助了解區域空氣質素的空間及時間分布變化，以及影響區域空氣質素的氣候狀況，還可以用作監察香港特區及廣東省政府實施的空氣控制措施的效果。

空氣監控網絡於 2005 年 11 月正式運作，是國家第一個跨境區域空氣監測系統，也是國家首個採用國際標準的空氣監測網絡。網絡也是內地首次引入國際機構獨立評估和審核機制，能確保內地和香港錄得的數據一致，以增強可信度。

根據管理計劃，粵港兩地政府又編製《珠江三角洲地區空氣污染物排放清單》（《排放清單》），清單會定期更新，以助兩地政府掌握區內各污染源的位置、排放量、排放物成分和治理水平等的最新資料。此外，粵港兩地政府又於 2005 年制定《珠江三角洲地區空氣污染物排放清單編制手冊》，以建立一套標準的編製及計算方法，使粵港兩地的環保部門可在同一基礎下制訂及更新《排放清單》，並分析和評核各防治措施的成效。

在 2006 年 8 月的粵港合作聯席會議第九次會議上，廣東省及香港特區政府同意開展「管理計劃」的《中期回顧研究》（《回顧研究》），並於 2008 年完成。根據研究結果，區內的二氧化硫及可吸入懸浮粒子的排放量在 2008 年已分別下降 19% 及 11%。

《回顧研究》發現，珠三角經濟區在 2010 年的經濟活動、人口、用電量和行車里數將較 1997 年的水平分別增加 509%、56%、158% 和 319%，遠超 2002 年所假設的水平。預計在 2010 年，區內二氧化硫、氮氧化物、可吸入懸浮粒子、揮發性有機化合物的排放量分別為 48 萬噸、57 萬噸、21 萬噸及 23 萬噸。因此，《回顧研究》建議一系列針對各類污染排放源的措施，包括新建電廠脫硝、實施更嚴格的地方鍋爐大氣污染物排放標準、加強含 VOC 產品行業清潔生產、限制消費品 VOC 含量、加強船舶污染排放控制等。在實施上述措施後，預計珠三角經濟區的二氧化硫、氮氧化物、可吸入懸浮粒子、揮發性有機化合物在 2010 年的排放量可減至 43 萬噸、50 萬噸、21 萬噸及 18 萬噸，與 1997 年的排放量相比，分別削減了 41%、20%、60%、56%，即可達到預定的減排目標。

2010 年 10 月 10 日，香港特區政府公布四種主要空氣污染物（二氧化硫、氮氧化物、可吸入懸浮粒子、揮發性有機化合物）的減幅超越粵港雙方在 2002 年 4 月所訂下的 2010 年目標。廣東方面，揮發性有機化合物（VOC）的排放量仍未達標，但較 2002 年大幅減少 26%。

2012 年 11 月，粵港兩地政府在粵港持續發展與環保合作小組會議上，訂立 2015 年的減排目標和 2020 年的減排幅度。

2014 年 9 月，粵港澳三地政府同意加強合作，並簽署《粵港澳區域大氣污染聯防聯治合作協議書》，把澳門大潭山的空氣質量監測子站加入區域空氣監測網絡內，於廣州的竹洞、磨碟沙，惠州的西角，台山的端芬，鶴山的花果山，香港的元朗新增監測子站，監測站站點由 16 個增加至 23 個，並把網絡更名為「粵港澳珠江三角洲區域空氣監測網絡」。網絡每小時發布各種空氣污染物的濃度水平，以替代以往每天發布一次的「區域空氣質量指數」，同時新增對一氧化碳（CO）及微細懸浮粒子（$PM_{2.5}$）的監測。

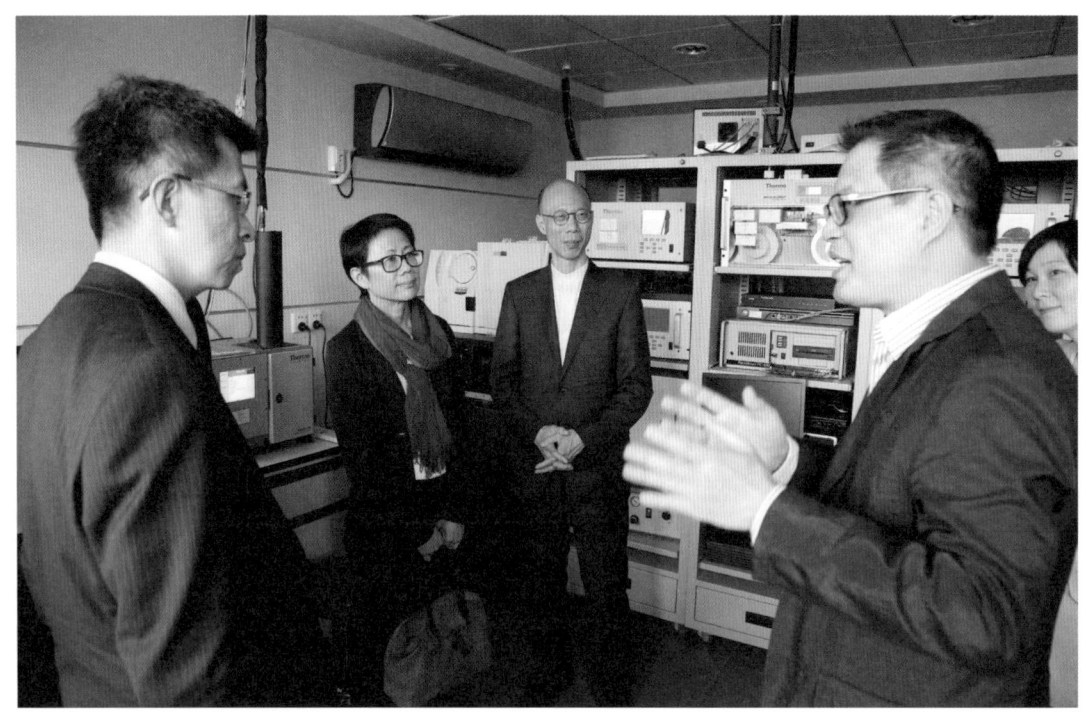

粵港持續發展與環保合作小組於 2015 年 3 月在廣州舉行第十四次會議，香港特區環境局局長黃錦星（中）其間參觀廣州的磨碟沙區域監測站。（香港特別行政區政府提供）

由 2006 年至 2017 年，空氣監測網絡列出各污染物濃度年平均值（見表 17-2-6）。

2006 年至 2017 年間，監測網絡錄得的二氧化硫、二氧化氮及可吸入懸浮粒子的年平均值分別下降了 76.7%、26.2% 及 32.8%，下降速率分別約為每年 3、1 及 2 $\mu g/m^3$。2014 年 9 月，監測網絡加入了對一氧化碳和微細懸浮粒子的監測，這兩種污染物於 2017 年的年平均值比 2015 年分別下降了 8.9% 及 3.4%。

2. 船舶減排

船舶是香港其中一個主要空氣污染物排放源。2011 年，船舶是本地可吸入懸浮粒子（PM_{10}）、氮氧化物（NO_x）和二氧化硫（SO_2）的最大排放源。當中，遠洋船使用的重油的平均含硫量為 2.8%，是汽車燃料的 2800 倍。遠洋船停泊時排放的空氣污染物，佔其總排放量約四成。

1990 年至 2008 年，陸上排放的二氧化硫（SO_2）、氮氧化物（NO_x）、可吸入懸浮粒子（PM_{10}）的排放量分別減少了 61%、52% 和 64%，而船舶就這三類空氣污染物的排放量則分別增加了 54%、4% 和 41%。同時，船舶抵港數目亦上升 57% 至 76% 不等。

2011 年，行政長官曾蔭權在《施政報告》公布下列計劃，以管制船舶排放，包括：

（一）聯同廣東、深圳、澳門政府研究，可否要求在香港及珠江三角洲港口的遠洋船停泊時

表 17-2-6　空氣監測網絡錄得的污染物濃度的年平均值（2006 年至 2017 年）

年份	二氧化硫（SO$_2$）	二氧化氮（NO$_2$）	臭氧（O$_3$）	可吸入懸浮粒子（PM$_{10}$）（μg/m^3）	微細懸浮粒子（PM$_{2.5}$）（μg/m^3）	一氧化碳（CO）（mg/m^3）
2006	43	42	44	67	不詳	不詳
2007	44	41	46	72	不詳	不詳
2008	36	40	46	65	不詳	不詳
2009	26	38	51	64	不詳	不詳
2010	23	39	49	59	不詳	不詳
2011	21	37	53	59	不詳	不詳
2012	17	35	49	52	不詳	不詳
2013	17	37	49	59	不詳	不詳
2014	14	34	52	50	不詳	不詳
2015	12	30	47	44	29	0.730
2016	11	32	44	41	26	0.728
2017	10	31	52	45	28	0.665

資料來源：《粵港澳珠江三角洲區域空氣監測網絡 2020 年監測結果報告》。
注：μg/m^3 表示微克 / 立方米，mg/m^3 表示毫克 / 立方米。

　　轉用低含硫量燃料；

（二）聯同廣東、深圳、澳門政府研究，長遠而言在珠三角水域設立排放控制區；

（三）與業界共同研究，可否提升本地出售的船用燃料質量，以減少船舶排放廢氣。

2011 年 1 月，香港 17 間遠洋船公司簽訂為期兩年的《乘風約章》，承諾旗下船隻在香港停泊時，盡可能轉用含硫量不超過 0.5% 的低硫燃料，並與航運界、香港特區政府及廣東省政府合作，實施符合國際標準的船舶排放管制規例。[2]

此外，船公司亦在《乘風約章》中，促請香港特區政府與廣東省政府在 2012 年 12 月 31 日前規定船舶在珠江三角洲使用低硫燃料。

《乘風約章》是全球首個由業界推動，並自願承擔環境清潔費用的排減方案，2012 年，財政司司長曾俊華在財政預算案內宣布，在未來三年寬減一半港口設施及燈標費，以補貼船隻轉用低硫燃油的額外支出，並為有關措施預留 2.6 億元，作為對業界的支持和鼓勵。而業界亦把計劃延長一年至 2013 年，並在 2013 年 1 月發表《乘風約章 2013》，促請政府與業界合作：一、在 2014 年 1 月或以前，將監管遠洋輪船泊岸轉油或同等減排措施的相關法例刊憲，為業界提供一個公平的營商環境；二、與內地相關部門合作，發展泛珠三角船舶減排法規；三、確保在珠三角地區推出劃一的船舶排放管控措施。《乘風約章 2013》其後又再延長一年至 2014 年年底，航運及郵輪業界繼續承諾，旗下的遠洋船舶在香港泊岸時

會自願轉用低硫燃油。

2012 年 6 月，粵港澳三地共同發表《共建優質生活圈專項規劃》（《專項規劃》），這是三地首次聯手編訂的區域性合作專項規劃，其中對船舶減排作出建議，包括：

· 參考《國際防止船舶造成污染公約》附件 VI 的規定，共同制定船舶有害污染物排放的減排目標以及船隻油品標準，積極鼓勵其他能達到相若減排效益的方案，從而進一步加強管制船隻的排放量；
· 限制船舶廢氣污染物的排放，包括新建成船舶柴油機引擎氮氧化物的排放必須與造機、造船、航運的發展保持同步；
· 研究採用更清潔的能源，讓停泊在大珠三角港口的郵輪及遠洋船舶獲得電能；
· 研究要求在大珠三角港口停泊的遠洋船舶，使用岸上供電系統供電或用低硫燃料；
· 提供誘因，鼓勵更多遠洋船在停泊香港水域時改用清潔燃料；及
· 探討研究在大珠三角海域建立「排放控制區」。

香港特區政府也在 2013 年的《施政報告》中，公布與廣東省政府加緊探討共同要求遠洋輪船在珠三角港口泊岸時轉用低硫柴油。

2015 年 7 月 1 日，香港特區政府實施《空氣污染管制（遠洋船隻）（停泊期間所用燃料）規例》（《規例》）（第 311AA 章），規定遠洋船在香港停泊期間必須轉用含硫量不逾 0.5% 的燃料。自《規例》生效後，鄰近葵涌貨櫃碼頭的葵涌一般空氣質素監測站在 2016 年所錄得的二氧化硫的平均濃度，較規例實施前一年（即 2014 年）的水平減少約 50%。

2015 年 12 月，交通運輸部發布《珠三角、長三角、環渤海（京津冀）水域船舶排放控制區實施方案》（《實施方案》），確定珠三角排放控制區的範圍。根據《實施方案》，由 2019 年 1 月 1 日起，在船舶排放控制區內航行的船舶須使用含硫量不超過 0.5% 的低硫燃料。

2016 年 12 月，香港環境局與交通運輸部轄下的海事局簽訂《內地與香港船舶大氣污染防治合作協議》，雙方同意加強控制船舶大氣污染方面的區域合作和交流，並建立長期合作機制。

三、水環境治理及海洋生態保育合作

香港的后海灣與大鵬灣和內地水體相連。其中后海灣在 1980 年代受禽畜廢物及工業污水污染，水質受到嚴重影響。粵港兩地政府於 1980 年代就后海灣的水質污染問題接觸。1990 年，粵港兩地政府進一步透過聯絡小組展開合作，合力改善后海灣及大鵬灣的水質。

此外，位於香港和深圳之間的深圳河出現臭味及氾濫問題，深港兩地政府於 1980 年代早期展開合作，治理深圳河。

1. 后海灣

后海灣（深圳灣）是香港與廣東共享的水體之一，它與米埔的濕地內有香港面積最大的紅樹林，又有香港和廣東省面積數一數二的蘆葦床，也是多種野生物種的棲息地，其中包括被列為全球瀕危物種的黑臉琵鷺、黑嘴鷗和小青腳鷸等。1995 年 9 月，內后海灣約 1500 公頃的濕地被列為「拉姆薩爾濕地」。早在 1980 年代至 1990 年代初期，后海灣就受生活污水及禽畜廢物的污染，其水體內的營養物（氮及磷）及有機物（即五天生化需氧量，化學需氧量）過高、海床缺氧、有毒氨氮和細菌污染，對灣內的敏感生態和養蠔業造成威脅。

1983 年 11 月，港方代表訪問廣東，提出聯合監察后海灣的建議，1984 年 5 月，廣東省環境局局長強炳寰率代表團訪港，兩地政府就聯合監察及保護后海灣區環境的計劃達成協議，並確認「粵港聯合監測深圳灣大氣、水體環境技術工作方案」，港方主力監察后海灣水質，粵方在后海灣近華界海岸一帶收集水體，以監察水質。1986 年 5 月，廣東省及香港簽訂「粵港聯合監測深圳灣大氣、水體環境技術工作紀要」，合作防止后海灣進一步受到污染。

1990 年 7 月 11 日，聯絡小組於香港舉行首次會議，粵港兩地政府同意合力保護和保育后海灣。同年 9 月，聯絡小組的專家小組在深圳銀湖旅遊中心舉行首次會議，商討如何共同管理后海灣的環境等問題。粵港雙方亦同意對后海灣及其集水區環境進行保護研究，這是粵港兩地政府第一次在環境研究上共同合作。

1992 年，聯絡小組擬定「后海灣（深圳灣）行動計劃」，目的是透過粵港兩地政府共同努力，解決威脅后海灣生態環境的污染問題。

1995 年年底，聯絡小組委託顧問公司進行后海灣水質區域管制策略研究，目的是確定后海灣海水的擴散和自淨能力。研究於 1998 年完成，粵港兩地政府根據研究結果，在 2000 年 1 月的合作小組會議中，共同制訂《后海灣（深圳灣）水污染控制聯合實施方案》（《聯合實施方案》）。根據方案，粵港兩地政府同意分階段推行污染控制措施，包括透過拓建和優化污水基礎設施，逐步削減后海灣的污染量，雙方同意每五年檢討方案一次。

2004 年 10 月，粵港兩地政府展開《聯合實施方案》第一次檢討工作，內容包括深入調查污染來源及收集水質相關資料，為下階段后海灣水環境容量分析及推算工作提供數據。檢討工作於 2007 年完成。結果顯示各項污染防治工作整體進展良好，隨着污水設施的拓建與優化，后海灣的污染負荷將會持續減少。粵港兩地政府又根據回顧結果制定了后海灣污染物減排目標及「實施方案 2007 年修訂本」。

2013 年起，粵港政府同意推動《聯合實施方案》第二次回顧，以檢視實施方案的成效和制

訂所需的增補措施。有關工作已於 2016 年完成，研究結果顯示后海灣水質有實質改善，根據環境保護署水質監測結果，自 2000 年代中期始，后海灣海水的有機污染物、營養物及細菌含量均下降。五天生化需氧量由 2004 年的每升 2.6 毫克下降至 2014 年每升 1.5 毫克，氨氮由每升 2.2 毫克下降至每升 0.9 毫克，總無機氮同期由每升 2.9 毫克下降至每升 1.9 毫克，正磷酸鹽由每升 0.2 毫克下降至每升 0.1 毫克，大腸桿菌由每 100 毫升 594 個下降至每 100 毫升 197 個。

2017 年，后海灣水質管制區的水質指標整體達標率為 60%，相比 2007 年至 2016 年的 10 年平均值 43% 為高。

2. 大鵬灣

除在 1980 年代後期，大鵬灣水質管制區的水質多年都維持良好水平。大鵬灣海底有珊瑚礁，吸引多種海洋生物，故有保育的需要。1990 年，聯絡小組成立，廣東省政府及香港政府同意共同保護大鵬灣水質，以保護大鵬灣的自然環境及生態資源。

1994 年，聯絡小組參照保護后海灣的經驗，對大鵬灣的環境保護和區域控制策略進行重點研究，1996 年 1 月，粵港雙方又展開大鵬灣環境保護的研究，研究於 1997 年 12 月完成，並找出影響大鵬灣生態的原因，包括：鹽田港發展計劃、大鵬灣一帶人口增加、康樂發展、工業發展及附近魚類養殖區的經濟活動等。有關研究有助為大鵬灣制訂環境管理策略和行動計劃，如：環境評估和審核、污染管制、污水處理和發展管制措施等。小組根據不同研究的結果，於 1996 年 11 月及 1997 年 11 月分別寫成《大鵬灣環境保護研究第一階段第一期報告》以及《大鵬灣環境保護研究第一階段第二期報告》。

2000 年，香港特區政府與廣東省政府在合作小組下，設立「大鵬灣及后海灣（深圳灣）區域環境管理專題小組」（區域環境小組），以加強保護大鵬灣和后海灣的水環境，並為大鵬灣制訂水質保護及污染控制政策。

2000 年 1 月，區域環境小組制定「大鵬灣水質區域控制策略」合作研究的範圍和工作計劃。研究於 2000 年 6 月展開，2003 年完成。研究指出，要為保護大鵬灣集水區的發展規模設定上限，確保集水區的發展規模不會超出大鵬灣水質環境可以承受的污染量。

2008 年 10 月，深港兩地政府開展《大鵬灣水質區域控制策略》第一次回顧研究，為保護大鵬灣水環境及實現可持續發展目標提出補充建議，有關工作於 2011 年 9 月完成，結果顯示大鵬灣水質維持在良好水平。

根據 2017 年的水質報告，大鵬灣的整體水質達標率為 98%，此外，大鵬灣水質管制區亦符合為次級接觸康樂活動分區所訂立的細菌水質指標（年幾何平均值每百毫升海水不超過 610 個大腸桿菌）。

3. 深圳河

深圳河全長 37 公里,是香港和深圳之間的分界河,發源於深圳市梧桐山牛尾嶺,由東北向西南流入深圳灣,流域面積達 312 平方公里,是香港梧桐河、平原河及新田溪流的排放出口。由於深圳河水流相對緩慢,大量污染物淤積在河床的底泥內,引發臭味及氾濫問題。香港與深圳於 1981 年就深圳河的治理展開首次商討。1982 年 4 月,深港兩地政府成立「深港聯合治理深圳河工作小組」,啟動深圳河治理的前期規劃,包括設立一套互相校準系統,並對深圳河水水質進行定期抽樣檢驗,以及追查污染來源等。

1995 年 5 月 19 日,深圳河治理工程正式動工,該工程由深港兩地政府共同出資,前後分四期進行,是深港最早啟動的跨境重大基礎設施項目之一,工程除預防水浸外,亦同時改善了河流環境及河道航運情況。

第一期:拉直落馬洲河曲及料壆河曲,於 1995 年 5 月動工,1997 年 1 月竣工;
第二期:擴闊和挖深料壆河曲至河口的餘下段落,於 1996 年 11 月動工,2000 年 6 月竣工。
第一及二期的工程分別耗資 3 億及 8.4 億元,新河道長 9.5 公里,可提高從羅湖至后海灣河口一段深圳河的防洪能力,基本消除了該區的水浸威脅。

第三期:分兩階段進行,第一階段屬前期工程,將工程範圍內的邊防巡邏路及邊防圍網遷移重建,第二階段屬河道工程,主要項目包括河道疏浚、局部裁彎取直、改建或加固羅湖鐵路橋、人行老橋、文錦渡橋等,並改造東深供水管線及生態環境恢復與綠化工程等。工程完成後,可擴闊和挖深料壆河曲上游至平原河匯流處的段落。
第三期工程於 2001 年 12 月動工,2006 年 11 月竣工,新建河道長 4 公里,耗資 6.5 億元。

三期工程共治理了 13.5 公里長的深圳河。工程完成後,下游河段的泄洪能力由 600 立方米 / 秒提高到 2100 立方米 / 秒。

第四期:工程分前期重建邊防巡邏路及圍網工程和河道工程。前期工程於 2012 年 3 月開展,河道工程項目包括擴闊河道、重置羅芳耕作橋、生態環境恢復和綠化工程、重置 4.3 公里邊境巡邏路等。工程完成後,可改善平原河匯流處至白虎山(包括蓮塘 / 香園圍口岸)一段的河道,改善其排洪能力。新河道長 4.5 公里,採用生態河道設計概念,以修復和保護現有生態環境作為主要考慮。

此外,為減少排入現有深圳河下游的洪峰流量,第四期工程建造容量達八萬立方米的蓄洪湖泊。全期工程共耗資港幣約 8.4 億,於 2017 年 7 月竣工。

隨着深圳河治理工程第四期完工,深圳河由以往的狹窄曲折變成寬闊順直,從深圳灣至白

1995 年 5 月 19 日，深圳河治理工程第一期正式啟動，深港兩地有關官員於 25 日出席奠基儀式，包括規劃環境地政司梁寶榮（左二）及深圳市市長李子彬（左三）等。（南華早報出版有限公司提供）

深圳河治理工程施工情況。（攝於 1996 年 2 月，南華早報出版有限公司提供）

深圳河治理工程情況。（攝於 2007 年 5 月，南華早報出版有限公司提供）

虎山之間一段，長約 18 公里的深圳河防洪能力提升至可抵禦 50 年一遇的暴雨，深圳河經常氾濫的問題亦得到解決。

除氾濫問題外，深港兩地政府亦合作處理深圳河的污染問題。2009 年 6 月，深港政府共同開展「深圳河污染底泥治理策略合作研究」，合力找出治理深圳河底泥的可行方案。深港聯合治理深圳河工作小組於 2015 年 2 月通過研究的最終報告書。研究建議以原位生化處理為主導，輔以固化穩定化技術來處理污染底泥，以減少臭味。但是，要有效治理深圳河的污染底泥，首要必須先控制流域內入河的污染源，否則新的污染又會帶來臭味。

四、海洋生態保育合作

1. 海上垃圾的管理

香港環保署於 2013 年至 2014 年度進行的《香港海上垃圾的源頭及去向調查》指出，在一般情況下，超過八成海上垃圾源自本地陸上，當中大部分是岸邊和康樂活動所產生，非本地源頭垃圾只佔海上垃圾的 5%。盛行風（雨季為西南風、旱季為東北風）對垃圾的積聚產生顯著影響。一般情況下，屯門、荃灣、南區和離島區的海岸在雨季通常會積聚較多垃圾；大埔和西貢在旱季受東北盛行風和東北洋流影響而接收較多的海上垃圾。此外，堆積在本

地雨水渠和沿岸的垃圾，在夏季降雨量較高時會被沖入海中，而一些垃圾或被珠江流帶入香港的水域和海岸。

2012 年 11 月，香港特區政府成立「海岸清潔跨部門工作小組」（工作小組），加強相關部門在應對海上垃圾問題上的合作。工作小組制定了三管齊下的長遠策略，以應對香港的海上垃圾問題，包括從源頭減少產生垃圾、減少垃圾落入海洋環境中，以及清理海洋環境中的垃圾。

鑒於區域內的海上垃圾可能對海洋環境構成影響，粵港雙方於 2016 年 10 月在合作小組的框架下，成立「粵港海洋環境管理專題小組」，就區域內各項海洋環境事宜加強交流和溝通，包括就海上垃圾事宜成立通報警示系統，實時監控珠江流域的雨量數據、打擊非法傾倒垃圾入海事件等。因應嚴重暴雨而可能出現大量海上垃圾的情況，系統能實時監控香港和珠江流域 13 個城市的雨量數據，並就粵港兩地可能出現大量海上垃圾的地區發出警示，以便雙方有效調配資源處理問題，適時跟進。

粵港雙方亦成立「粵港跨境海漂垃圾事件通報機制」（通報機制），以提升應對海上垃圾的能力。通報機制會按暴雨或海上重大環境事件啟動並作出通報，以便雙方能適時調配資源及進行相應準備。2017 年 5 月 7 日上午 11 時，廣州地區出現暴雨，觸發警示系統於 5 月 8 日早上首次發出警示。在 2017 年內，通報機制先後七次因暴雨或重大環境事件而啟動並作出通報。

2. 中華白海豚

中華白海豚學名太平洋駝背豚（*Sousa chinensis*），在華南沿岸大概有七至八個種群。1980 年代末，在香港水域出沒的中華白海豚開始受到環境學家的注意。1993 年，香港漁護署委託太古海洋科學研究院對中華白海豚展開生物學基線研究。1996 年，香港漁護署委任解斐生（Dr. Thomas Jefferson）對中華白海豚種群進行生物學研究，目的為調查該種群的分布和數目，以及找出數目變化趨勢，研究於 1998 年完成，香港特區政府亦在同年的施政報告中承諾，在 2000 年或之前制定中華白海豚的護理計劃。

中華白海豚的活動範圍分布在珠江口東面一帶，即由香港西面水域，伸展至珠海和澳門區域，常見於內伶仃至桂山島的水域。在香港區域內，中華白海豚通常會在受到珠江淡水影響的區域出沒，如外后海灣、大嶼山、屯門、沙洲及龍鼓洲一帶水域。根據樣條線分析，香港漁農自然護理署於 2000 年指出，香港水域的中華白海豚在夏天時有 145 條，珠江口在冬季時有約 900 條，在當年，這個種群最可靠的估計數字為 1028 條。[3] 2014 年至 2017 年間，在珠江口（包括香港、澳門及珠海一帶）出沒的中華白海豚維持在 2500 條左右。

在珠江口出沒的中華白海豚生境一直備受影響，原因包括填海造地，海上爆破工程、挖沙、過度捕撈、船隻及工程噪音、工業廢水和生活廢水排放等，這些因素令中華白海豚的

生存受到威脅，這些威脅包活：活動範圍收窄、容易被誤捕及受傷、食物種類和數量減少，甚至生境消失等。1989 年，國家把中華白海豚列為一級受保護動物，1997 年 5 月，內地和香港的政府官員和環保專家成立了「中華白海豚自然保護研究小組」，透過定期開會、交換資料等方法，首次展開共同保育中華白海豚的工作。

1999 年 10 月，廣東省政府成立珠江口中華白海豚省級自然保護區，該保護區更於 2003 年獲國務院批准升格為國家級自然保護區。

2000 年，漁護署發表《香港中華白海豚護理計劃》，表明要加強粵港兩地的合作，並建議進行一系列深入研究，包括：

（一）在珠江口長期進行有系統的樣條線觀測研究，以調查海豚的分布和數目。並把有關做法推廣至華南沿岸其他區域；

（二）制定小規模的試驗計劃，以收集香港及珠江口中華白海豚種群體內的有機氯含量的數據；

（三）以分子、形態特徵及其他技巧，研究華南沿岸各種群互不關連的程度；

（四）研究海豚和漁業（特別是雙拖捕魚）的關係，以評估誤捕的嚴重性，以及研究海豚分布和漁業資源的關係。

2013 年 11 月開始，香港漁護署與廣東珠江口中華白海豚國家級自然保護區工作人員交換常見海豚的相片資料，並整理相片目錄中同一條中華白海豚在粵港兩地的身份編碼，以助兩地共同研究海豚的跨境活動範圍。粵港兩地亦以此為基礎，整合跨境的海豚監察計劃和研究方法的資料，共同保育珠江口水域的中華白海豚。

為進一步保護香港水域的重要海洋生物（包括中華白海豚和江豚），香港政府在過去十多年，一直透過設立海岸公園以保護其棲息地，除在 1996 年 11 月指定沙洲及龍鼓洲作為海岸公園外，2016 年 12 月也指定大小磨刀海岸公園。這些海岸公園鄰近珠江口中華白海豚國家級自然保護區，形成一整片大範圍的受保護中華白海豚重要棲息地，有利中華白海豚的存續及繁衍。

五、綠色生產合作

1999 年，粵港環境保護聯絡小組對珠三角地區的空氣污染展開聯合研究，研究於 2002 年完成，發現區內主要的排放源為發電廠、工業生產、機動車輛，以及含揮發性有機化合物的產品。研究指出，由 1997 年至 2010 年，珠三角洲的經濟、人口、電力需求和行車里數將分別增長 150%、20%、130% 及 190%。在區域空氣污染排放量方面，香港約佔 5% 至 20%，珠三角經濟區則佔 80% 至 95%。為改善區內空氣，粵港兩地政府推行一連

串政策及工作，以協助珠三角港商進行清潔生產，包括 2004 年成立的「粵港兩地企業開展節能、清潔生產專題小組」，就專門研究和鼓勵粵港兩地企業執行具體的清潔生產措施。[4] 2008 年的「清潔生產伙伴計劃」是特區政府第一次資助珠三角港資工廠進行清潔生產的項目。此外，香港商界主動發起的「一廠一年一環保項目」計劃及與廣東省相關部門合作推動的《清新空氣約章》，有助推動珠三角地區的港商實施節能及減排措施。

1. 清潔生產伙伴計劃

2006 年 11 月，香港環保署聯同廣東省經濟貿易委員會及香港主要的商會，包括大珠三角商務委員會、香港工業總會、香港總商會、香港中華廠商聯合會，以及香港中華總商會等，開展「清潔生產技術支援試驗項目」（「試驗項目」），並委任香港生產力促進局（生產力局）為試驗項目的技術顧問。「試驗項目」透過評估和執行改善方案，用實例示範清潔生產措施在節省能源、減少排放、降低物耗、增加生產效益等多方面的實際操作和效益。試驗項目共吸引 15 間廠房參加，於 2007 年完結。

2007 年 4 月，特區政府借鑒試驗項目的經驗，於《二零零七至零八年施政報告》中宣布撥款 9300 萬元，與廣東省經濟和信息化委員會共同推行為期五年的「清潔生產伙伴計劃」（「伙伴計劃」）。伙伴計劃於 2008 年 4 月正式展開，是特區政府第一次跨境向珠三角的港資工廠提供直接資助和技術支援的項目。生產力局獲委任為「伙伴計劃」的執行機構，聯同香港及內地的環保技術公司，向珠三角地區的港資工廠提供專業意見及技術支援，協助珠三角地區的港資工廠採用清潔生產技術和作業方式。

「伙伴計劃」以紡織業、非金屬礦產製品業、金屬和金屬製品業、食品和飲品製造業、化學製品業、印刷和出版業、家具製造業、造紙和紙品製造業為主要目標，原因是這些行業大量使用可能有損環境的化學品或物料，並且排放不同程度的空氣污染物，但具有改善生產方式的潛力。估計珠三角地區當時約有 15,000 間港資工廠屬於前述的八個行業。

2009 年，粵港兩地政府聯繫珠三角九個市（廣州、深圳、東莞、佛山、江門、惠州、中山、珠海、肇慶）的經貿部門及相關政府部門，共同推進「伙伴計劃」。港資企業若在香港或上述珠江三角區九個指定市鎮設廠，即符合申請「伙伴計劃」資格。「伙伴計劃」推出逾一年後，已批出 380 多個資助項目，舉辦超過 100 個認知推廣活動，包括考察團、研討會、展覽等，吸引超過 13,000 多名來自粵港兩地企業的代表參加。

2013 年，特區政府將「伙伴計劃」延長兩年至 2015 年 3 月，並額外多投入 5000 萬元。在 2015 年的《施政報告》中，特區政府公布增撥 1.5 億，把「伙伴計劃」延展五年至 2020 年。

截至 2017 年 4 月 30 日，「伙伴計劃」批出逾 2800 個項目，舉辦約 470 個技術推廣活動，參與人數超過 37,000 人。此外，在實行「伙伴計劃」的首五年內，區內每年減排 3400 公噸揮發性有機化合物（VOC）、4400 公噸二氧化硫（SO_2）、2500 公噸氮氧化物

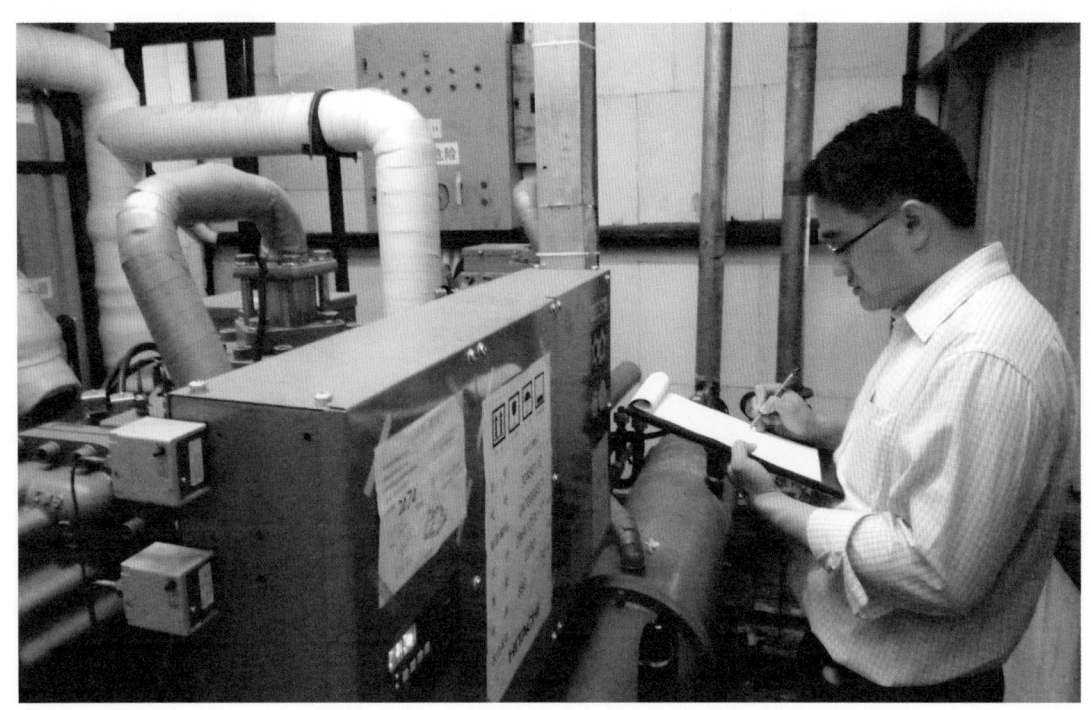

環境技術服務顧問為參與「清潔生產伙伴計劃」的工廠進行實地評估,找出節能減排的方案。(攝於 2013 年,香港特別行政區政府提供)

(NO_x)和 66 萬公噸二氧化碳(CO_2),每年節省能源約 4000 太焦耳及約 7 億的生產成本。

2.「一廠一年一環保項目」計劃(「壹—壹—壹計劃」)

2005 年 3 月,香港工業總會(工總)推出「一廠一年一環保項目」計劃(「壹—壹—壹計劃」),這是香港工商界首次自發性發起和參與的環保運動,目的是鼓勵在珠三角逾 56,000 間港資廠商在一年內,至少做一件有利於節能環保的事項。參與的企業可在節省能源、污水處理、廢物處理與減少排廢、資源回收、廢氣排放、降低噪音和環保管理等七個環保項目中選擇一項作環保生產。當企業完成三個項目,並經審核後,可獲工總頒予「綠色獎章」,有關企業還會得到「綠色獎章公司」的稱號。

計劃推出一年後,已有 100 多家企業參加並承諾推行 200 多個環保項目,其中 21 家企業完成三個或以上的環保項目,成為綠色獎章公司。

截至 2013 年,參加「壹—壹—壹計劃」的企業逾 977 家,完成 3347 個項目,參與的企業包括李錦記、茂森集團、淘大、美心、安利、香港電燈集團有限公司等。

3.《清新空氣約章》

2005 年 11 月,香港總商會、香港商界環保大聯盟[5],與大珠三角商務委員會、廣東省貿促會和廣東省環保產業協會聯手,邀請粵港兩地企業簽署《清新空氣約章》(《約章》),以降低區內廢氣排放量,簽署《約章》的機構以自願性質,作出六項承諾。承諾包括:

（一）在業務營運過程中，遵守國際認可或粵港政府要求的廢氣排放標準；

（二）對大中型排放源安裝連續性排放監控系統，以持續監察主要廢氣源頭的廢氣排放情況；

（三）公布全年耗用能源和燃料的資料以及空氣污染物總排放量，如廢氣排放量龐大，應及時披露；

（四）承諾在營運過程中採納節能措施；

（五）制定及推行適用於空氣污染指數偏高的日子、與業務有關的環保措施；

（六）與他人分享改善空氣質素的專業知識。

第一項承諾適用於直接排放污染物的工業操作、發電廠及企業；第二項承諾適用於大型及中型工業操作與發電廠；其他承諾適用於所有企業。

《約章》推出初期，共 206 家企業簽署。到 2007 年時，有 600 間企業及機構簽署《約章》。2006 年 11 月 27 日，行政長官曾蔭權代表特區政府簽署《約章》。

第三節 參與內地環保工作的香港環保團體

1979 年 9 月 13 日，第五屆全國人民代表大會常務委員會第十一次會議原則通過《中華人民共和國環境保護法（試行）》，並於同日公布試行，首次從法律上要求各部門和各級政府在制定國民經濟和社會發展計劃時，必須統籌考慮環境保護，為實現環境和經濟社會協調發展提供法律保障。

1983 年，國家召開第二次全國環境保護會議，正式把環保定為國策。1984 年，國務院發出《關於環境保護工作的決定》，規定每個省市設有負責環境保護的機構。隨着國家環保意識的加強，環保工作亦由空氣、水質等領域擴展至保護野生動物。1988 年 11 月，第七屆全國人民代表大會常務委員會第四次會議通過《中華人民共和國野生動物保護法》，同年 12 月，《國家重點保護野生動物名錄》獲國務院批准，正式把國家保護野生動物分為一級和二級。1989 年 12 月 26 日，第七屆全國人民代表大會常務委員會第十一次會議通過《中華人民共和國環境保護法》，更指明要對自然生態系統區域、珍稀、瀕危野生動植物自然分布區域、重要水源涵養區域、古樹名木等自然資源加以保護，嚴禁破壞。國家重視並開展環境保護工作，配合國家對外開放，予香港民間環保團體北上、在不同領域參與內地環保工作的機會。

世界自然基金會香港分會是首個獲邀到內地參與保育工作的香港環保組織，於 1980 年開始透過籌款活動，協助推動大熊貓的保育及研究工作。1990 年起，該會更為內地培訓濕地保育的專才，協助國家保育濕地。

香港的海洋公園和嘉道理農場暨植物園於 1990 年代成立專責部門，參與內地的環保工作。

香港海洋公園的保育對象為大熊貓及中華白海豚；嘉道理農場致力保育瀕危動物，包括海南長臂猿、海南坡鹿等。這兩個組織為國家的動物保育做出開創性的工作：海洋公園成立全國第一個中華白海豚基因數據庫；嘉道理農場為首個保育海南長臂猿的組織。此外，亞洲動物基金會以拯救黑熊為任務，是第一個和唯一一個在內地從事拯救黑熊的香港非政府環保組織。

1998 年，長春社開始在東江源頭開展植樹工作，之後，相關工作拓展至內蒙古及長江流域，目的是防止水土流失及紓解水患，保護野生動物家園。2008 年，香港地球之友開始組織義工團，到東江源頭區域進行植樹活動，以改善該區水土流失和沙漠化的情況。此外，地球之友又在 1997 年設立內地第一個環境個人獎項 ——「地球獎」，以表揚在環保事業上有傑出表現的人士。

2000 年，上述六個香港環保組織聯同其他綠色團體組成聯合訪京團，赴京與全國人大環境與資源保護委員會（全國人大環資委）主任委員曲格平、中國環境與發展國際合作委員會秘書長兼國家環保總局顧問張坤民，以及港澳辦資源環境委員會等官員會面，討論環保問題。張坤民邀請代表團推選一位代表加入「中國環境與發展國際合作委員會」，顯示國家對香港環保團體過去工作的肯定。

一、長春社

長春社成立於 1968 年，是香港最早成立的本地環保團體。長春社以「關心生態、保護環境」為宗旨，成立初期藉不同環境運動，提升市民的環保意識。之後把關注範圍擴展至能源及核電發展、空氣污染、環境教育及古蹟保育等，並就環保議題給予政府意見。

1978 年，長春社青年行動組致函國務院環境保護領導小組副主任曲格平，建立雙方溝通的渠道。廣東省環保局成立後，長春社與該局局長強炳寰聯繫，建構與內地政府部門合作推動環保工作的基礎。1993 年，長春社與北京自然博物館達成協議，開始資助出版由該博物館創辦的科普雜誌《大自然》。

自 1990 年代始，長春社在內地推動環保工作，包括「保育雲南省白馬雪山國家級自然保護區計劃」、「保育霸王嶺長臂猿國家級自然保護區計劃」、「助養熊貓 BB 計劃」等。其後較大型的項目有「雲南沼氣能源計劃」及「綠色禮物送祖國」植樹計劃。2008 年開始的「雲南沼氣能源計劃」，持續超過八年。1998 年展開的「綠色禮物送祖國」植樹計劃惠及八個縣市，是長春社在內地工作覆蓋面最廣的項目。於 1990 年代，長春社在內地展開多項環境保護工作（見表 17-3-1）。

表 17-3-1　長春社於 1990 年代在內地開展的工作

項目	開展年份	受保育物種	需保育原因	工作	最後情況
保育雲南省白馬雪山國家級自然保護區計劃	1995 年造訪保護區，翌年達成協議。	滇金絲猴	因人口增加、非法打獵和砍伐、過度開採等，令滇金絲猴生境受威脅。	1. 1996 年起，資助聘請護林員，每戶一年 200 元人民幣，並增加他們每年的獎金。 2. 在保護區內的喇嘛寺開辦基礎生態學習班，提高環境意識，從而推動藏民保護環境。	1998 年停止
保育霸王嶺長臂猿國家級自然保護區計劃	1993 年	海南黑冠長臂猿	1950 年代，島內有 2000 多頭長臂猿，後因人口增加，過度開墾及砍伐，濫捕濫殺等情況，令長臂猿剩下不到 30 頭。	1993 年起，資助以下工程： 1. 在保護區另一面興建南叉河長臂猿觀察站。 2. 修建全長 14 公里的小道，以便巡邏。 3. 豎立保護區界碑，讓農民知道保護區的界線。	1996 年完成
助養熊貓 BB 計劃	1999 年	大熊貓	因人口增加，過度砍伐，大熊貓原來的生活環境受到破壞，被迫遷到更高的山上。其生活環境又被人類的活動分隔成一個個小區域，族群分散，以致更難尋找配偶繁殖。	1. 助養一隻三個月大熊貓，為期三年。 2. 舉辦「熊貓 BB 命名」比賽，為需助養的大熊貓取名「豐豐」。 3. 1995 年 5 月，到訪四川，呈交第一年的助養資金。之後多次到訪四川，商討和安排有關事宜。	2002 年完成

資源來源：　長春社網頁。

1.「雲南沼氣能源計劃」

「雲南沼氣能源計劃」目的是在雲南較落後村莊內籌建沼氣廁所，並推行「一池三改」，即在建沼氣池外，同時改建豬欄、灶台和廁所，讓人和豬的糞便循管道收集至地下沼氣池，釋放出來的沼氣經喉管引導後，會變為供應穩定、能作為煮食及照明的免費能源。有關計劃有助減少村民砍伐林木作為柴薪的需要，經發酵後的糞便，可成為天然肥料以代替化肥。

自 2008 年開始，長春社在恒生銀行資助下，聯同雲南省綠色環境發展基金會在雲南不同縣、市、村，推動有關計劃，受惠地區包括瀘西縣、硯山縣、景訥鄉、騰沖縣、德宏州芒市、鳳慶縣、麗江市大具鄉及迪慶州上江鄉的農村等。截至 2016 年 6 月，「雲南沼氣能源計劃」在不同縣市共建 4600 套沼氣設施，受惠人數達 18,000 人、當地每年減少砍伐逾 3700 英畝樹林及減少逾 48,000 公噸二氧化碳排放。

2. 綠色禮物送祖國

長春社在 1998 年發起「綠色禮物送祖國」活動，透過大量植樹重建內地不同地區的植被，緩減因水土流失而引發的自然災害。「綠色禮物送祖國」因應不同情況，共有飲水思源植樹計劃、沙漠植樹行動、巴林右旗植樹護沙比賽及長江流域植樹護林行動四項（見表 17-3-2）。

表 17-3-2　長春社「綠色禮物送祖國」活動詳情

計劃	年份	地點	背景及目的	成果
飲水思源植樹計劃	1998	廣東省河源市新豐江水庫	在東江水源植樹，保護東江源不受污染，並喚醒人們對生態環境及當地人民生活的關注。	植樹 12,000 株，25 年內不得砍伐。並發展生態旅遊。
沙漠植樹行動	1998—2000	內蒙古赤峰市翁牛特旗	當地沙漠化情況嚴重，有關情況對北京市構成威脅。	植樹 25.77 萬株（90 公頃），種草 83 公頃，並於 50 年內不可砍伐。
巴林右旗植樹護沙比賽	1999—2002	內蒙古巴林右旗	香港 43 所中小學籌得 10 萬元，於當地發動植樹種草比賽。參加農戶需承擔一定面積的土地以植樹，成績突出者可獲額外獎金。	植樹面積 100 公頃。 讓當地人知道香港同胞對北部地區人民的關心。
長江流域植樹護林行動	1999—2006	四川省寶興縣、雲南省華坪縣、永勝縣、武定縣、大姚縣	內地不少地方因大量砍伐令水土流失，水災頻仍，1998 年 9 月，中央政府下令全面停止採伐天然林，實施天然林保護工程（天保工程）。長春社亦於 1999 年發起在長江流域植樹造林的運動，以重建植被，幫助災區根治水患。	整項計劃以長江上游流域集水區為植樹重點，共造林約 18 萬畝，其中封山護林 74,519 畝，生態林 3695 畝，經濟林 1000 畝，飛機播種 100,000 畝。

資料來源：　長春社網頁、不同網站及書刊等。

由國家林業局防治荒漠化辦公室和香港長春社、綠家園志願者共同組織的「綠色禮物送祖國」活動，於 1998 年 4 月 11 日在赤峰市翁牛特旗布日墩沙漠舉行。香港長春社總幹事張麗萍（右）和「綠家園志願者」負責人汪永晨共同為該區植樹。（新華社提供）

二、世界自然基金會香港分會

世界自然基金會香港分會（WWF-Hong Kong）於 1981 年成立，使命是遏止自然環境惡化，建立人類與大自然和諧共存的未來。創會初期，即成為首個獲邀到內地工作的環保組織。當時主要的工作是透過籌款支持內地熊貓的保育及研究工作。1997 年，世界自然基金會的中國項目辦公室遷往北京，繼續推動相關工作。

1984 年，世界自然基金會香港分會開始管理米埔自然保護區（米埔），該區位於每年有5000 萬隻遷徙水鳥使用的東亞—澳大利西亞遷飛區內，是水鳥遷徙的重要中途站及越冬地。[6] 1995 年，該區及內后海灣共約 1500 公頃的濕地獲《拉姆薩爾公約》（又稱《濕地公約》）劃為「國際重要濕地」。世界自然基金會香港分會亦憑藉多年管理濕地的經驗，成為首個為內地濕地保育人員舉辦培訓課程的香港環保組織。

1. 米埔濕地管理培訓項目

1989 年，世界自然基金會香港分會與江西鄱陽湖國家級自然保護區簽署友好合作協議，並於同年 9 月，於米埔舉辦鳥環誌培訓班，教導四名江西省林業廳職員學習環誌、分辨鳥齡和性別，以及量度雀鳥體重和長度的技巧。[7]

1990 年始，世界自然基金會香港分會與國家林業局以及其他政府部門、非政府組織等機構合作，於米埔舉行培訓課程，內容包括：基礎鳥類學、濕地基礎知識、濕地管理的原則與方法、濕地的監察與研究、濕地的恢復方法、濕地的管理規劃、中小學生環境教育等。課程以米埔和米埔內后海灣國際重要濕地作為案例，參加者可實地考察米埔，並學習應用不同的管理策略、技術和設施。有關培訓項目獲公認為亞洲最優秀的同類項目。

2011 年 1 月，國家林業局邀請世界自然基金會香港分會，為內地的濕地管理人員舉辦更多濕地管理培訓課程。世界自然基金會中國分會更要求香港辦公室提供米埔的運作、架構及管理細節供他們參考。

截至 2016 年，世界自然基金會香港分會在米埔共舉辦了逾 400 次培訓，為國家訓練超過4500 名濕地保育人員。

2. 滙豐／世界自然基金會華南濕地項目

2005 年，在滙豐銀行慈善基金的資助下，世界自然基金會香港分會與福建省林業局、廣東省林業局、福建省雲霄縣人民政府、廣東省海豐縣人民政府等機構合作，推出為期五年、共投資 1100 多萬元的「滙豐／世界自然基金會華南濕地項目」，目標為保育位於東亞—澳大利西亞遷飛區的漳江口濕地及海豐濕地。

粵港滙豐／世界自然基金會海豐濕地項目　廣東海豐鳥類省級自然保護區於 1998 年成立，

每年冬季有逾四萬隻水鳥在該區越冬，其中更有國家一級保護鳥類 2 種、國家二級保護鳥類 35 種。

2006 年 10 月，「粵港滙豐／世界自然基金會海豐濕地項目」正式啟動，項目共投入 450 萬元，推動以下工作：一、保護生物多樣性及生境；二、探尋濕地可持續利用運作模式；三、推行可持續發展教育；四、申報為國際重要濕地，以保護生態資源。

在保護生物多樣性及生境方面，項目除安排保護區人員到米埔參加濕地管理培訓課程外，也開展不同調研工作，如對濕地、紅樹林和動植物種群數量的分析、濕地植被調研、建立監測水鳥系統等，有助提升保護區的管理水平。

在探尋濕地可持續利用運作模式方面，項目比較基圍養殖及集約式養殖方式的成效，發現基圍方式的利潤，比集約式養殖方式高出三倍，能夠保育濕地及提高養殖戶的收入。

在推行可持續教育上，世界自然基金會香港分會與海豐教育工作者和保護區職員合作，於 2008 年編製可持續發展教育策略規劃，讓超過 30 名保護區職員及周邊學校教育工作者先後到米埔自然保護區接受可持續發展教育培訓。項目又提供小額基金，協助保護區周邊學校開展「可持續發展教育」，成為綠色示範學校。總計共有六間學校成為綠色示範學校，超過 3400 名學生參與了相關教育活動。

2008 年 2 月，海豐濕地被濕地公約秘書處正式批准列入國際重要濕地名錄，並獲確認為「拉姆薩爾濕地」，[8] 2009 年 1 月，停留海豐濕地的水鳥數目超過 60,000，並成為超過 20,000 隻遷徙水鳥的越冬點，包括罕有的卷羽鵜鶘、紫水雞、小青腳鷸和黑臉琵鷺。

滙豐／世界自然基金會福建漳江口濕地保護項目　漳江口紅樹林自然保護區位於福建省雲霄縣，擁有 167 公頃天然紅樹林，面積達 2360 公頃，是福建省最大的自然保護區。除了紅樹林外，區內其餘部分由灘塗和河流組成，可供不同野生動物棲息，包括中華白海豚及蟒蛇等 21 種國家重點保護動物，2003 年獲批為國家級自然保護區。

2005 年 7 月，世界自然基金會香港分會與漳江口紅樹林國家級自然保護區合作，展開為期一年的「滙豐／世界自然基金會福建漳江口濕地保護項目」試驗計劃，由於效果良好，滙豐銀行撥款 350 萬元，支持項目於 2006 年至 2010 年繼續推行。項目的目標為：一、促進保護區的有效管理；二、減少保護區內的人為干擾；三、提高公眾生態環境保護意識；四、提高周邊社區的生活水平。

在促進保護區有效管理方面，在項目開展的五年間，共邀得 82 名保護區的工作人員、政府官員、社區共管成員到米埔接受濕地管理、生態監測、水鳥辨認和調查、環境教育、社區共管等培訓。2007 年 12 月，首次在保護區記錄到全球瀕危的黑臉琵鷺。2008 年，工

2005 年 7 月起，世界自然基金會香港分會與漳江口紅樹林國家級自然保護區合作，展開為期一年的「滙豐／世界自然基金會福建漳江口濕地保護項目」試驗計劃。計劃展開後，自然保護區於 2007 年 12 月首次發現全球瀕危的黑臉琵鷺。（新華社提供）

作人員修建了七公頃的水鳥高潮位棲息地，水鳥停留的數目增加了 12 倍。工作人員又於 2009 年進行水位管理，並發現有 20 多種水鳥開始於保護區停留。

在減少保護區內人為干擾方面，項目提倡池塘養殖方式，以減低用藥用肥等養殖成本。項目又引入毒性較低的菊酯類來消毒，以取代成本較低但會影響環境的三唑磷。

在提高公眾生態環境保護意識方面，世界自然基金會香港分會與保護區管理局、雲霄縣教育局會作，協助雲霄第一中學編寫《走近濕地 —— 福建漳江口紅樹林國家級自然保護區》教材套。這是福建省第一份由自然保護區、教育機構和非政府組織以合作形式編撰有關濕地保育的教材套，內容包括漳江口自然保護區的濕地概況，以及保育濕地的方法等，協助教師於校內展開可持續發展教育活動。有關教材於雲霄縣第一中學試行。

在提高周邊社區的生活水平方面，項目在保護區建立環保洗手間、在保護區周邊的竹塔村和船場村分別建造了 18 及 16 所垃圾收集站，改善衛生情況，受益人數多達 10,000 人。

保護區在 2008 年 2 月 2 日世界濕地日被列為國際重要濕地。

3. 福建閩江河口濕地保育項目

福建閩江河口濕地自然保護區位於長樂市東北部閩江入海口，面積達 2100 公頃，並位於東亞—澳大利西亞遷飛區。該保護區已發現國家一級保護野生動物 5 種、國家二級保護野生動

物 49 種，包括屬極度瀕危的中華鳳頭燕鷗和勺嘴鷸。2013 年 6 月獲批為國家級自然保護區。

2012 年 7 月，世界自然基金會香港分會開展為期五年的「福建閩江河口濕地保育合作項目」，同年 11 月，與福建省長樂市人民政府簽訂合作備忘錄。項目目的聚焦提升閩江河口濕地保護區的管理水平，落實針對水鳥、水質、植被分布等定期監察工作，治理外來入侵物種，以及協助設立環境教育項目等。

為提升管理水平，保護區的工作人員、政府人員、保護區周邊社區的村委代表，前後六次參加在米埔舉行的濕地管理培訓班及考察團，學習管理濕地的方法及香港的自然保護制度。此外，世界自然基金會香港分會也派員到保護區，對工作人員進行水鳥辨認和調查的培訓。

項目制定水鳥、水質、植被監測等計劃，逐步完善科研監測基礎設施及信息管理系統，以執行生態監測項目。保護區又與不同科研院所合作，開展與濕地相關的科學研究與監測。

世界自然基金會香港分會又與保護區及當地教師合作，編製《心繫綠色閩江》長樂市環境教育校本教材套，透過世界濕地日、福建省愛鳥周、世界候鳥日等日子展開教育活動，讓周邊學校師生及社會大眾對濕地保育有更多認識。截至 2016 年，超過 160 位當地師生參與過濕地保育活動。

福建閩江河口濕地位於東亞—澳大利西亞遷飛區內，有多種國家級保護動物，也是眾多珍稀瀕危鳥種的棲息地。圖為閩江河口國家濕地公園。(新華社提供)

4. 世界自然基金會香港分會與深圳市紅樹林濕地保護基金會的合作

深圳福田紅樹林自然保護區（福田保護區）毗鄰香港米埔自然保護區，同樣位於東亞—澳大利西亞遷飛區。福田保護區也是廣東內伶仃福田紅樹林國家級自然保護區的一部分，是全國唯一地處城市中心、面積最小的國家級森林和野生動物類型的自然保護區。

深圳市紅樹林濕地保護基金會於 2012 年 7 月成立，為內地首個由民間發起的地方性環保公募基金會，以「立足深圳，致力於華南海濱濕地保育，守護中國海岸線」為目標；成立初期，便與世界自然基金會香港分會簽訂不同協議，希望借助香港在濕地保護上的經驗，為深圳的紅樹林和濱海濕地保護，制定科學的管理方法。

2014 年 7 月，深圳市紅樹林濕地保護基金會透過與世界自然基金會香港分會簽訂《福田紅樹林自然保護區保護管理能力提升方案合作協議》及《廣東內伶仃福田國家級自然保護區保護管理能力提升方案項目》合作協議，把香港管理濕地的經驗和技術引入深圳。

2016 年，世界自然基金會香港分會為深圳市紅樹林濕地保護基金會提供技術支援，把福田保護區 11 公頃的四號漁塘，改造為九公頃的高潮位水鳥棲息地和兩公頃的淡水生境。改造後，生物數量增加 40 至 60 倍，鳥類由 66 種加到 85 種，頂峰時期共有 6199 隻候鳥停留。

2016 年，深圳市紅樹林濕地保護基金會得到世界自然基金會香港分會的協助，於 1 月 16 日在深圳舉行第一屆深港濱海濕地論壇，也是深港兩地第一次民間發起、討論兩岸環境議題的專門論壇。與會者包括深港兩地政府部門的代表、濕地管理者、科研專家、環保團體、企業家以及公眾等，共約 150 人。

三、香港地球之友

香港環保公益組織「香港地球之友」（地球之友）於 1983 年成立，其公益使命旨在透過政策研究、公眾教育和環保運動，改善香港及全球環境，並推動政府、企業和社會制訂可持續發展及公平合理的環保政策，實踐綠色的營商及生活方式。自 1992 年始，地球之友進入內地開展環保交流和合作，包括推動幼兒學前環保教育、粵港兩地環保經驗交流、安排兩地學生互訪互學參加環保夏令營等。1996 年，創立「地球獎」，以表揚全國新聞工作者及教育工作者在環保上的努力和貢獻。2000 年後，推動「向日葵行動」及「飲水思源東江上下游伙伴計劃」，前者以改善農村生態為目的，後者目標是保護東江水源。

1. 學前環保教育

1990 年初，內地的環保關注和意識剛萌芽，幼兒學校缺教學方案和環保教材，1992 年，地球之友把其總幹事吳方笑薇主編的「學前環保教育教材套」贈予廣州幼稚園及廣州教育局。同年九月，地球之友獲邀參加由「廣州市教育科學研究所」舉辦的廣州市幼兒環保教

育研習班，向市內 400 多名幼兒教育工作者介紹香港學前兒童環保教育的發展和計劃，並於 1992 年年底開始培訓廣州的幼兒教師。經過往後多年努力，地球之友把學前環保教育推廣至全國其他城市，包括北京、上海、長沙、武漢、西安、徐州、深圳、珠海、潮州各地，啟發內地教育單位和幼兒園對環保教育的重視。

2. 地球獎

1996 年，地球之友獲國家環保局宣教司邀請，合作創立一個全國性的環保獎項，以表揚在環保工作上有突出表現的人士，並在全國傳播環保意識。1996 年 9 月 20 日，地球之友在北京召開新聞發布會，宣布與內地環境新聞工作者協會共同設立當時國家最高級別的環保獎項 ——「地球獎」。地球獎不單是國家第一個環境個人獎項，也是國家首個由民間環保公益組織舉辦的環保獎項。獎項分為新聞、教育、綜合、青少年（集體）四類，每類設獎項 10 名，每年評選一次。首屆地球獎頒獎禮於 1997 年在北京舉行，並由地球之友公益贊助，以突顯獎項無商業成分的特色。多年來，得獎者包括「自然之友」創辦人梁從誠、致力於三江源生態保護的「長江衛士」楊欣、《中國環境報》總編輯許正隆、創辦「陝西媽媽環保」活動的王明英等。1998 年 4 月第二屆地球獎頒獎大會上，全國政協副主席宋健和全國人大環資委主任委員曲格平獲頒地球獎最高榮譽獎，國家環保總局局長解振華獲頒環保卓越貢獻獎。

直至 2003 年，地球之友共舉辦過七屆地球獎，並選出 241 位在環保工作上有傑出貢獻的人士。得獎者包括新聞工作者、教師、專家、農民、婦女和環保社團的領袖等。為了傳承這些傑出環保人士的知識和實踐經驗，地球之友於 2000 年至 2006 年間組織「地球獎講師團」，於全國宣講環保宣傳教育的手法和心得，六年內講師團走遍 31 個省市、超過 30,000 多里程，在全國不同地方傳遞環保信息。

2013 年，地球之友開始專注香港環保工作，內地的公益環保工作暫告一段落，地球獎回歸國家和合作單位延續推行。

3. 向日葵行動

地球之友與「陝西省媽媽環保志願者協會」於 2005 年共同發起「向日葵行動」，目的是協助陝西省黃土高原的貧窮縣建造沼氣池，以改善農村生態和衛生環境。項目透過「一池三改」，即通過建設沼氣池，帶動改廁、改（豬）圈、改灶，讓農民改變燒煤和砍伐薪柴的習慣，轉用生態能源，發展無公害果業。一口 8 至 10 立方米的沼氣池，全年可產氣 280 至 450 立方米，能解決一個三至五人農村家庭 10 至 12 個月的生活燃料需要。

2006 年，有關項目獲英國「艾希頓可持續發展能源獎」，這是國家首次有環保項目入選有關獎項。英國查理斯王子認為這種以本地人推動本土方法解決本地環境問題甚具效益。

2009 年，有關項目共籌得 161 萬元善款，共節煤約 3132 噸，節電約 313,200 度，減少砍伐柴薪 3400 畝，產生 62,640 噸有機肥料，農民可用來栽種有機蔬果，此舉為農民節省化肥

2002 年 4 月 22 日，第六屆「地球獎」頒獎儀式在北京舉行，得獎者包括小學生、大學生、教師、科研專家、文學家、新聞工作者、志願者、農民、少數民族環保精英。（香港地球之友提供）

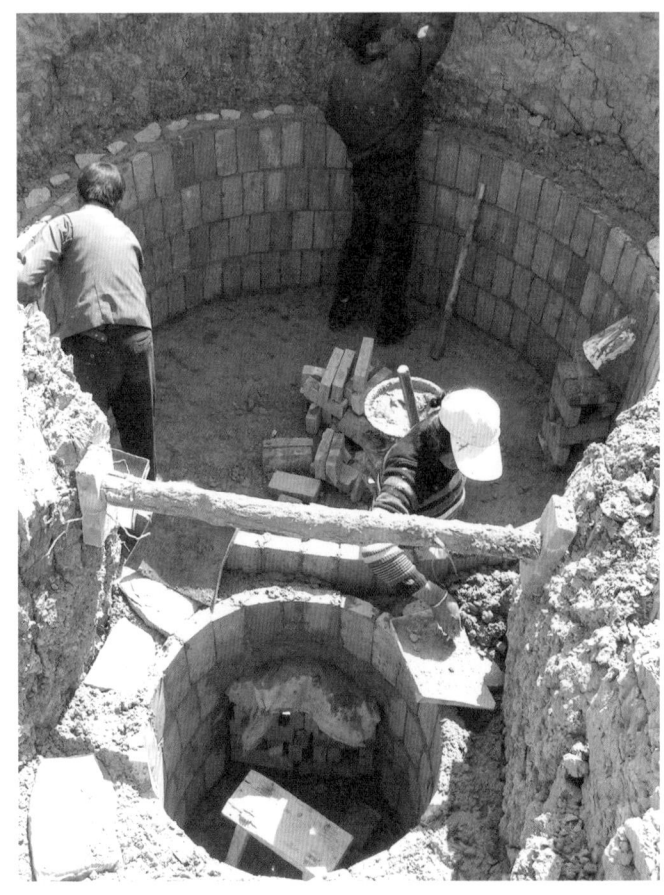

「香港地球之友」與「陝西省媽媽環保志願者協會」於 2005 年共同發起「向日葵行動」，協助陝西省黃土高原的貧窮縣建造沼氣池，改善農村生態和村民衛生環境。圖為志願者與村民合力建造沼氣池。（香港地球之友提供）

費用約 939,600 元人民幣，以及農藥支出 313,200 元人民幣。項目對包括婦女在內的 10,281
名村民進行社區環境能力培訓，從而推動農村婦女參與社區環境與發展的決策和管理。

截至 2010 年年底，向日葵行動已在陝北、關中、陝南等地區創建沼氣項目村 58 個，及創
建 2524 個沼氣生態能源示範戶。

向日葵行動創建低碳生態農村和「豬沼廁果」扶貧扶農示範點，七年後即 2012 年，「向日
葵行動」結束，地球之友功成身退。

4. 飲水思源東江上下游伙伴計劃

東江為珠江流域的三大水系之一，發源於江西省尋烏、安遠、定南三縣。1965 年起為香港
人供水。地球之友指出，香港居民用水、耗水，忽略對東江水源的生態保育，批評香港人
「飲水不思源，用水不惜水，買水不知價、賣水不保水，排水不治水、有水不思危」，[9] 因此
伙伴計劃的核心使命為：「推動東江上下游地區各界知水、惜水、節水、淨水、集水、保
水、補水、治水、搭建溝通合作的橋樑，回報源區人民無私的奉獻。」[10]

2002 年 5 月，江西省環保局局長許蘇卉率眾來港，與香港水務署、環境署、香港中文大
學、香港科技大學、環保非政府組織和各媒體舉行座談會，介紹了尋烏、安遠、定南三縣
的情況。2003 年 3 月，江西省代表團在全國人大會議上提出「關於建立東江源生態補償機
制」的建議。2004 年以後，全國人民代表大會環境與資源保護委員會、全國政協人口資源
環境委員會、國家發展及改革委員會、國家環保總局、廣東省人民代表大會環境與資源保
護委員會等單位的領導及專家到東江源區域考察，並向國家有關部門提出建立東江源頭區
域生態補償機制的建議。

2008 年 1 月至 9 月期間，地球之友中國事務小組主席吳方笑薇率領東江計劃調研考察組，
到東江源頭進行了四次考察，並與尋烏縣委、縣政府、環保局、農業局、林業局溝通。同
年 11 月，吳方笑薇代表地球之友與尋烏縣人民政府繆蘭英縣長簽署合作備忘錄，正式啟動
「飲水思源東江上下游伙伴計劃」（「飲水思源計劃」），該計劃的目的為促進上游源區和下
游用水區的可持續發展，保護東江源生態，確保廣東和香港 3000 多萬人飲用水的安全。
「飲水思源計劃」可分為「植樹護源計劃」及「東江之子義工活動」兩部分。

植樹護源計劃　東江源區礦產豐富，礦產種類包括有鎢、鉛、鋅和稀土等，但由於開採方
法落後，加上過度開墾和江邊栽種臍橙等因素，結果造成水源區水土流失和沙化現象。地
球之友於 2009 年開展植樹護源計劃，透過植樹造林來保護及改善東江源頭環境，活化荒廢
的土地及改善土壤。

2009 年 3 月 6 日至 8 日，地球之友展開第一次「植樹護源計劃」，廣東及香港的捐款者、
義工和媒體共 32 人，前往尋烏縣種植了 5000 多棵樹苗，覆蓋面積達 30 畝。為讓再造林

具天然林地特徵，地球之友選用當地樹種，包括山杜英、木荷、楓香、杉木、毛竹等，又把這些再造林命名為「香港林」、「廣東林」，代表香港和廣東市民向東江水源表達感謝。2010—2017 年植樹護源的計劃持續進行（見表 17-3-3）。

表 17-3-3　地球之友植樹護源計劃的情況與成果（2010 年至 2017 年）

年份	地點	植樹數目	面積
2010 年 4 月	尋烏縣	11,000 棵樹	約 90 畝
2013 年 3 月	尋烏縣	40,000 棵樹苗	約 420 畝
2014 年春季	尋烏縣三標鄉甲子烏村	約 20,000 棵樹	200 公頃
2015 年 3 至 4 月	尋烏縣三標鄉九曲灣水庫旁的舊果園	約 30,000 棵	12 公頃
2016 年 2 至 3 月	尋烏縣三標村附近	約 15,000 棵樹苗	70 畝
2017 年	尋烏縣三標鄉黃陂村	15,000 棵樹	70 畝

資料來源：「香港地球之友」年報及網站。

東江之子義工活動　2009 年 2 月開始，地球之友在每年寒暑假期間，組織東江上下游的青年（主要為香港、廣東及江西的大學生義工）到東江源頭及沿岸農村開展環保生態體驗及義工服務，稱為「東江之子義工活動」。活動主要內容包括：

「東江之子」青年志願者在東江發源地石碑前留念。東江之子來自香港、廣東和江西，各人在東江上下游協力實踐生態建設，示範生態公益補償。（香港地球之友提供）

（一）生態示範設施建設，包括生態廁所及垃圾池；

（二）入戶調查，包括農藥化肥使用情況，環保意識、垃圾分類及處理情況等；

（三）探源路修復及建立指示宣傳標識，包括加固路面、設立路標、掛樹牌、源區綠地圖繪製、源區植物導賞手冊製作、展覽室設置等；

（四）村民及中小學生環境教育及公眾宣傳；

（五）河流垃圾清理；

（六）農活體驗，包括植樹林地除草，果樹修剪等；

（七）上山探源生態體驗；

（八）參觀學習，包括稀土礦區、果園、客家博物館、河源新豐江水庫等；

（九）座談，包括與政府、專家及村民等；

（十）其他：健康義診、文藝晚會、送春聯、村民故事文集整理及主題視頻製作等。

第一屆東江之子義工活動於 2009 年 2 月 7 日至 18 日舉行，共有九名來自香港、廣東及江西的大學生參與，他們在東江源頭區域進行了生態考察、訪問農戶、培訓農民、在農村小學示範環保教學等。至 2016 年 7 月，東江之子義工活動舉行了 15 次，共約 250 名志願者參加此項計劃。2016 年後，東江源正式升格為國家濕地公園，地球之友功成身退。

四、嘉道理中國保育部

嘉道理中國保育部（Kadoorie Conservation China）為嘉道理農場暨植物園的部門之一，成立於 1998 年 2 月，前身為「華南生物多樣性研究隊」，2011 年正式改名為嘉道理中國保育部，宗旨為緩減內地生物多樣性消失和推廣可持續理念，嘉道理中國保育部開展的項目遍及海南、雲南、廣東、廣西、四川等地，主要工作是保護內地的生物多樣性熱點和受忽視的瀕危物種。嘉道理中國保育部除了不時發現新物種外，其保育工作還包括：自 2002 年起在中國南部長期調查研究獸類；2003 年起與海南省林業局合作，籌建並管理全省面積最大的鸚哥嶺自然保護區等。它也是首個對海南長臂猿這種全球最瀕危靈長類動物開展長期保育工作的組織。嘉道理中國保育部在內地展開多項重點工作（見表 17-3-4）。

1. 瀕危物種保育

自 2002 年起，嘉道理中國保育部在海南、雲南、廣東、廣西、江西和安徽等多個省份，使用可由動物體溫觸發的紅外自動拍攝相機，調查和監測野生動物，是內地首批採用有關技術的團隊之一，有關調查可作為珍稀動物最新保育情況的可靠參考依據。此外，有關技術也為內地極度罕見的動物（如：馬來熊、雲豹、縞靈貓等）保留了影像資料，有助這些動物的生態研究。

2. 生物多樣性熱點保育

嘉道理中國保育部對國家生物多樣性熱點的保育工作，詳見表 17-3-5。

表 17-3-4　嘉道理中國保育部對國家瀕危物種的保育

物種	特點	情況
海南長臂猿	國家一級重點保護野生動物；海南島特有物種，只分布在海南霸王嶺國家級自然保護區。嘉道理中國保育部是全球首個開展長期海南長臂猿保育項目的環保組織。	全球最瀕危靈長類動物。1980 年代數量曾經少於 10 隻 面臨主要的威脅是棲息地面積過小及破碎化，關鍵的低海拔森林嚴重退化，和強烈的人為干擾等。
天行長臂猿	僅分布於雲南省保山、騰沖及盈江地區，以及鄰近的緬甸邊境地區。	全球瀕危靈長類動物，截至 2017 年，內地的數量不足 150 隻，是國家一級重點保護野生動物。
海南坡鹿	坡鹿是全球瀕危動物，在中國只分布於海南島，是國家一級重點保護野生動物。牠是海南現存體型最大的低地動物，也是熱帶稀樹草原的標誌性動物。	曾廣布於島上大部分沿海低地，由於當地民眾認為牠具藥用功效，以致盜獵行為屢禁不止。1976 年時，全國只剩不足 50 隻，雖然經過多年的保育，種群數量上升至數百隻，但現存棲息地面積只佔海南島不足 1%。
雲南閉殼龜	為雲南省特有種，1906 年首次發現這種稀少龜類，最後一次記錄時間為 1946 年，曾被視為已絕種，直至 2004 年才再發現活體。	全球極度瀕危動物，也是國家二級重點保護野生動物，在非法市場甚有需求，牠們的分布點亦因開發而受破壞
冠斑犀鳥	國家一級重點保護野生動物，分布在西藏東南部、雲南南部及廣西西南部的熱帶雨林中。	面臨的主要威脅是森林破壞。現存最大的中國種群在廣西中部的西大明山，數目少於 100 隻。
水獺	中國有三種水獺：歐亞水獺、亞洲小爪水獺以及江獺。1980 年代起數量劇減，出現絕種危機。	牠們都是國家二級重點保護野生動物，但一直未有具體保護行動及研究。

資料來源：　嘉道理農場年報、嘉道理農場網頁、嘉道理農場特刊等。

注：① 同步調查意指所有調查人員在同一時段內分散在海南長臂猿已知及潛在的分布區域內進行搜查。同步調查可避免過往傳統調查方法中可能出現的重複統計動物數量的情況出現，以提高調查結果的準確性。

　　② 2003 年的同步調查發現海南長臂猿只剩下兩個家庭群。

工作重點	成果
03 年 10 月，嘉道理中國保育部應海南省林業局的邀請，對海□長臂猿展開首次的野外同步調查，確認長臂猿數目為 13 隻，□活兩個猿群和兩隻雄性獨猿。[1]	2011 年 5 月，在霸王嶺證實了一個新的長臂猿家庭群，並記錄了第一隻小猿的誕生。這是 2003 年以來，科學家首次證實的第三群海南長臂猿。[2]
05 年，嘉道理中國保育部向保護區提供資金和技術，支持成□海南長臂猿監測隊。2011 年，進一步成立以黎族和苗族村民□成的社區監測隊，堅持長期監測猿群。	嘉道理中國保育部在 2015 年 10 月的年度同步調查中發現第四個家庭群，共 25 隻長臂猿。
05 年至 2008 年間，嘉道理中國保育部在退化的棲息地共種□逾八萬棵本土樹苗，為長臂猿增添糧食及擴大棲息地。	2016 年 5 月，長臂猿首次利用架設的人工樹冠廊道。
14 年超強颱風威馬遜肆虐海南，嘉道理中國保育部在 2015□於受滑坡破壞的林區，架設人工樹冠廊道以連接長臂猿關鍵棲□。	2017 年，長臂猿數目增至四群 27 隻。
16 年 4 月起與雲南高黎貢山國家級自然保護區保山管理局騰□分局合作，資助建立長臂猿監測隊，並定期向監測隊提供培訓□物資。同期在保護區周邊社區開展以長臂猿保護為題的宣傳教□活動。	2016 年年底開展對騰沖地區的首次長臂猿種群數量調查，發現當地棲息至少七群 20 隻天行長臂猿，是目前中國已知的最大種群。
2015 年起，嘉道理中國保育部與海南邦溪省級自然保護區展□合作，透過優化棲息地、增建巡護設施和提高保護區管理能力□，為海南坡鹿提供更安全和高質的棲息地。又舉辦校園遊園會□反盜獵宣傳等活動，為保護區爭取更大的社會支持。	隨着棲息地質量不斷改善，海南坡鹿的種群數量增至 800 隻，在邦溪保護區內就有過超 120 隻。
05 年，嘉道理中國保育部與中國科學院昆明動物研究所合作，□開野外調查、人工繁殖及保育計劃。	團隊於 2008 年發現閉殼龜的野生小種群，並嘗試協助政府設立雲南閉殼龜保護區。
	2010 成功繁殖人工飼養種群。
	2014 年，成功在 24 隻龜卵中，孵化了 11 隻幼龜。
09 年 11 月，在廣西西大明山進行了內地首次犀鳥種群數量同□調查，錄得最少 43 隻犀鳥。	2011 年，在廣西南寧召開第一屆中國犀鳥保育國際研討會，以提高國內外專家對中國犀鳥保育的關注，並向內地保護區和相關政府部門提出保育建議。
11 年 12 月，在西大明山安裝了四個人工巢箱，是國家首次嘗□以此方法增加犀鳥的合適營巢地點。	2014 年 5 月，在西大明山自然保護區發現兩個冠斑犀鳥的巢洞，是 1970 年代以來首次確認該物種在廣西野外繁殖，並展開了內地首個野生犀鳥繁殖生態研究，有關研究成果亦已在科學期刊內發表。
12 年起，開始調查水獺在中國的保育狀況。	在科學期刊發表研究成果，積極與科研人員研討交流，令水獺研究與保護在我國受到重視。
16 年，在雲南省盈江拍攝到亞洲小爪水獺在中國的首批生態□像資料，還在繁忙的珠江口發現歐亞水獺的殘存種群。	
17 年，與海南省吊羅山林業局合作，成立內地首支水獺監測□，對林區的亞洲小爪水獺進行長期調查與監測。	

表 17-3-5　嘉道理中國保育部對國家生態多樣性熱點的保育

地點和特點	情況	嘉道理中國保育部的工作重點	成果
海南鸚哥嶺國家級自然保護區 華南地區最廣闊的熱帶雨林，也是海南省面積最大的保護區，佔地超過 500 平方公里。	因盜獵、偷伐等干擾而令保護區退化，生物多樣性特色漸減。化學農藥及有機廢物帶來了污染，過度捕撈為魚類種群帶來威脅。	海南中部的鸚哥嶺位置偏僻，以往沒有進行過深入的科學考察。2003 年，嘉道理中國保育部首次進入鸚哥嶺調查，發現華南最大連片的原始熱帶森林及林內豐富的生物多樣性。	2005 年的調查發現了大量珍稀物種，包括科學新種，如鸚哥嶺樹蛙；中國的新紀錄，如輪葉三棱櫟，和超過 160 個海南新紀錄，如伯樂樹及小鱗胸鷦鶥等。
		2005 年度，與海南省林業局轄下的野生動植物保護中心合作，組織 60 人的專家考察隊，開展歷時三個月的生物多樣性調查。	2010 年 11 月發現曾被懷疑已在海南絕種的緋胸鸚鵡，亦是海南省唯一本土物種鸚鵡。
		2006 年起，參與規劃鸚哥嶺自然保護區，並派遣專家直接參與保護區管理工作，以成為國際水準的保護區為目標。	2014 年成為國家級自然保護區。
海南俄賢嶺石炭岩森林 是國內最高大茂密的石灰岩森林之一，海南石炭岩森林內有不少特有物種，如海南孔雀雉和海南山鷓鴣。	俄賢嶺的生態資源受偷獵、濫伐等因素所影響。此外，農業發展和水泥需求的上升亦對石灰岩森林帶來壓力。	於 2004 年起開始資助科學家探索海南石灰岩森林的保育價值，並發現大片原始熱帶雨林及眾多珍稀動植物。	致力培育當地護林團隊的野外知識，個別護林員已成為不同動物類群的專家。
		2006 年，聯同海南省林業局舉辦海南石灰岩森林保護研討會。	
		2009 年，協助海南省林業局管理俄賢嶺，並着手籌建海南首個石灰岩森林保護區。	
高黎貢山 位於雲南省和緬甸接壤的邊境，山脈延綿 600 公里，雨量充沛，為不同動植物的生長提供了有利條件。	高黎貢山保護區雖然受到良好保護，但對生活其中的動物尚欠深入調查，其豐富的生物多樣性也未被廣泛認識。	2014 年，與雲南高黎貢山國家級自然保護區保山管護局騰沖分局合作，在高黎貢山展開了為期四年的生物多樣性調查，目的是挖掘高黎貢山的保育價值，並為今後監測提供本底資料。	發現了不少珍稀動物，如：中國首次發現的紅鬣羚和在雲南消失了 30 年的雲貓等。
			2016 年，發現兩個兩棲類新物種：騰沖掌突蟾和騰沖擬髭蟾。同年，出版中英雙語的《高黎貢山騰沖生物多樣性圖鑒》。
雲南銅壁關熱帶雨林 銅壁關省級自然保護區位於雲南西南邊陲，擁有內地面積最大的龍腦香熱帶雨林，生物多樣性豐富，也是國家已知唯一有雙角犀鳥、花冠皺盔犀鳥和大灰啄木鳥繁殖的地方。	保護區周邊的少數民族依賴森林資源生活，令區域生態系統逐漸退化。	與銅壁關保護區管護局合作，推動周邊社區參與保育，又通過建立社區保護地，生態旅遊和可持續農林項目，以保育當地生態。	周邊社區的保育意識日漸提高，生態破壞情況日漸減少。
		2015 年在盈江縣召開「中國犀鳥保育國際研討會」，讓國內外專家及政府官員藉此交流犀鳥保育與研究經驗。	政府及社會各界更重視犀鳥及森林的保護。

資料來源：　嘉道理農場年報、嘉道理農場網頁、嘉道理農場特刊等。

2016 年 11 月，嘉道理農場於雲南高黎貢山國家級自然保護區騰沖片區開展天行長臂猿種群數量同步調查。（嘉道理農場暨植物園提供）

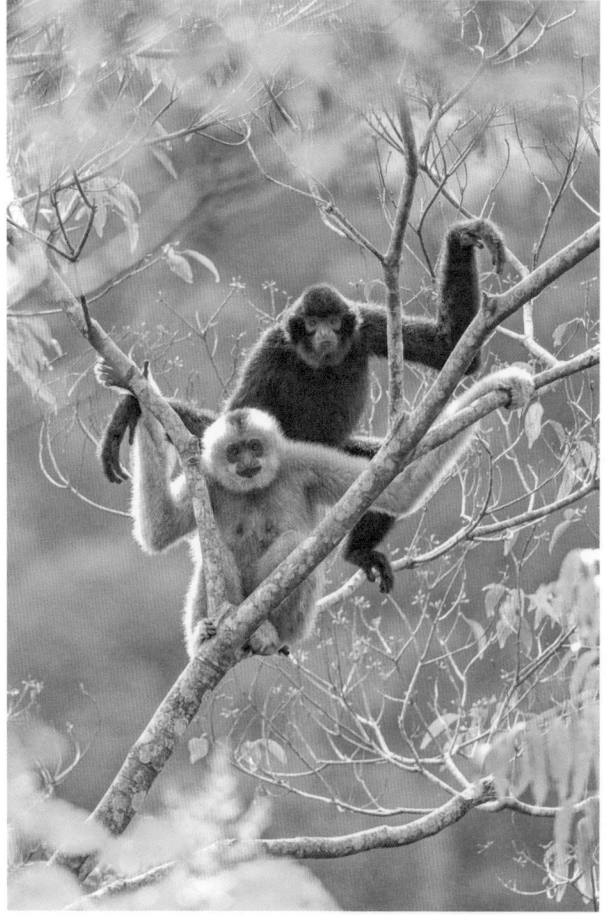

全球最瀕危的靈長類動物 —— 海南長臂猿（黑色為雄性，橘色為雌性），攝於海南霸王嶺。（嘉道理農場暨植物園提供）

五、亞洲動物基金

亞洲動物基金於 1998 年 8 月由 Jill Robinson 創立，總部設於香港，是一個以改善動物生存環境為使命的非營利慈善組織，在多個國家與地區皆設有分支機構。亞洲動物基金於 2017 年根據《中華人民共和國境外非政府組織境內活動管理法》成為首批合法註冊登記的非政府組織。自成立以來，亞洲動物基金與內地各級政府部門合作，並取得社會各界支持，向數以百計的黑熊提供救援及終生保育，是香港唯一及全球首個在內地致力拯救黑熊的組織。

此外，亞洲動物基金在與自然和諧共處的原則下，引入動物福利的理念，以改善動物與人的關係，並開展多項社會公益項目，包括「狗醫生」、「狗教授」及「動物園分享交流項目」等。

1. 黑熊保護工作

1998 年，在中國國家林業局的支持下，亞洲動物基金與中國野生動物保護協會簽署協議，這也是亞洲動物基金首次與內地非政府動物權益組織簽訂協議，目標是共同拯救 500 隻受困於非法養熊場的黑熊。

2002 年，在原四川林業廳及中國野生動物保護協會的支持與幫助下，龍橋黑熊救護中心在成都落成。中心佔地約 200 畝，分為動物醫院、隔離區、康復區及生活區四大部分，能為獲救熊隻提供安度餘生的居所。該中心不僅是亞洲動物基金首個黑熊救護中心，也是世界上首個黑熊救護中心。龍橋黑熊救護中心於 2010 年獲得全球動物救護中心聯盟頒發的全球最佳動物救護中心獎，這也是內地首個獲此殊榮的動物救護中心。

亞洲動物基金的中國黑熊救護中心為獲救亞洲黑熊提供的自然圍場。（亞洲動物基金提供）

2015 年，亞洲動物基金憑一頭名為 Oliver 的月熊紀實微電影《回家之路》，奪得第四屆中國公益映像節基金會類「最佳作品獎」。中國公益映像節是內地首個國家級公益影像比賽，也是內地最大型的公益映像比賽，當年的參賽影片共逾 600 部。

2016 年，亞洲動物基金在四川發現一隻誤中山林非法陷阱而受傷的野生幼年黑熊 Rainbow，在四川省彭州林業局協助下，亞洲動物基金派出獸醫團隊入林拯救。由於 Rainbow 的掌部已經壞死，獸醫團隊立時為 Rainbow 麻醉，並把牠帶到動物醫院進行截除掌部手術。團隊在 Rainbow 康復後把牠放歸野外，這是亞洲動物基金第一次參與的放歸行動。一年後，團隊通過林業局所設攝錄鏡頭，看見 Rainbow 健康愉快地於野外覓食，取得成功放歸效果。

2. 社會公益項目
狗醫生　項目透過選拔性格溫順的犬隻，組織牠們向長久臥床的病人、老人院的長者、孤兒院的小孩、殘疾兒童以及其他與社會隔離的弱勢群體提供動物治療服務，以減輕相關群體的精神及心理壓力。

狗醫生為亞洲地區首個動物治療計劃，於 2004 年第一次在成都出現，2012 年，狗醫生已在香港、廣州和深圳探訪約 25,000 名有需要人士，包括特殊兒童、病患和長者。

狗教授　亞洲動物基金挑選性情溫順的狗隻，讓牠們與幼兒園及小學低齡兒童接觸，藉此教導小孩與動物安全互動的方式，並讓小孩學習關愛身邊的動物以至善待所有生命。狗教授是內地首個把動物帶入課室的生命教育活動，截至 2017 年，約有 900 所學校的 10 萬名學生與「狗教授」互動。

動物園分享交流項目　亞洲動物基金積極與行業協會及動物園合作，分享交流圈養野生動物在飼養、醫療、種群管理及保育教育等方面的專業知識及管理理念，如環境豐容、行為管理、改正強化行為訓練等，從而改善圈養野生動物的生理及心理狀況。有關合作與交流有助改善圈養野生動物的生存環境、並協助內地動物園提升野生動物異地保護的意識及發揮公眾教育功能。

有關項目主要面向中國動物園協會的 100 多個成員，並已改善約 100,000 隻內地圈養野生動物的生活環境。

3. 與政府合作
拯救地震災區犬隻　2008 年四川汶川大地震後，亞洲動物基金隨即派出專業獸醫團隊多次進入災區，拯救在地震中受傷或被棄置的百多隻貓狗。在義工協助及當地政府批准下，團隊在災區設置臨時支援站，並借用當地一間獸醫診所的部分設施，建立臨時的都江堰災區動物救助站，如飼主因房屋受損而被迫外遷，可把寵物暫託於支援站或救助站。

亞洲動物基金亦出資在成都建立「希望犬舍」，它是唯一專為汶川大地震獲救犬隻修建的犬舍。亞洲動物基金又與當地救助收容所合作，讓他們把受災犬隻及貓隻送到希望犬舍，並支付貓狗照顧及管理費用，以及災難期間照護人員的額外薪金。

此外，犬舍內百多犬隻都獲飼主領回家或得到愛心市民領養。一年後，亞洲動物基金把「希望犬舍」捐贈予四川啟明小動物保護中心，以繼續救助及收容當地犬隻。

舉辦與犬隻管理有關的研討會 為改善城市養犬管理問題，亞洲動物基金於 2006 年起分別於廣州、長沙、深圳等地舉辦「中國伴侶動物研討會」，其後，於 2009 年起在廣州、南京、上海等地舉辦「中國養犬管理研討會」。截至 2017 年，兩個研討會共舉辦了七屆，各吸引約共 800 人赴會。此外，兩個研討會先後邀得 51 個城市 86 個政府部門的 523 位政府代表參加。

「人熊衝突」研究項目 2016 年，亞洲動物基金與中國林業科學院、雲南保山高黎貢自然保護區管理局合作展開「人熊衝突」研究項目，項目專注了解自然保護區內亞洲黑熊的種類、分布、種群數量，以及人熊衝突於時間及空間上的發生規律，從而提出緩解人熊衝突的辦法與措施，並向政府提出改善建議，以減少人熊衝突對人類造成的傷亡及財產損失。

六、海洋公園保育基金

香港海洋公園聚焦關注大熊貓和中華白海豚的保育工作，於 1993 年和 1999 年，分別成立「海洋公園鯨豚保護基金」（鯨豚保護基金）及「香港熊貓保育協會」（熊貓保育協會），這兩個組織於 2005 年合併為「香港海洋公園保育基金」（基金），宗旨為「透過協作籌款與科研教育，致力提倡促進及參與亞洲區內務實有效的野生生態保育工作，並重點保育中華白海豚與大熊貓以及其棲息地」。[11] 基金就內地大熊貓和中華白海豚開展大量保育工作，其中不少項目為開拓性的工作，如認領保護區計劃、大熊貓放歸研究、大熊貓生境選擇研究、透過種植竹子以修復大熊貓生境、建立鯨豚擱淺通報機制、建立內地第一個中華白海豚生化指標庫及國家最大的中華白海豚基因數據庫等。

1. 對大熊貓的工作

認領保護區計劃 1999 年，熊貓保育協會成立後，便展開了認領馬邊大風頂自然保護區的計劃，計劃目的是「協助因成立自然保護區而受影響的當地社區人士重建生活，讓他們得以維持生計之餘，不會對居於區內的大熊貓構成威脅」。[12] 該保護區位於四川省涼山彝族自治區，面積約 300 平方公里。根據 1989 年發表的大熊貓國家調查報告顯示，約有 38 隻大熊貓居於馬邊。熊貓保育協會與國家林業局及四川省林業廳合作，透過調查、工作坊、講座等，教導保護區員工保育理念、監控自然生態技巧、GPS 使用方法等，以助他們保護該區的生態環境。

熊貓保育協會協助制訂發展政策及保育計劃，令社區、大熊貓、保護區均能受惠，建立起三者之間的和諧共處關係。協會於 2003 年至 2008 年間，投入 125 萬元，資助當地推行社區教育、提供監測設備及提升工作人員的技術和知識。

四川地震後的熊貓保育工作 2008 年 5 月四川大地震影響遍及內地 83% 大熊貓棲息地，其中超過 500 平方公里被毀，包括位於臥龍的繁育及研究中心，以及多個野外監測站。此外，道路及公路亦同樣受損，難以運送物資。基金於同年 5 月成立「大熊貓基地震後重建基金」，撥出 100 萬元人民幣購買應急物資，如活動房屋、清水丸及發電機等，又捐贈電腦、越野車，到訪保護區、舉辦講講座及展覽等，以支持災後重建及大熊貓的保育工作。

地震後數年，基金繼續透過撥款，協助重建多個保護區（見表 17-3-6）。

表 17-3-6　香港海洋公園保育基金在四川地震後撥款支持重建的區域

年份	撥款重建區域
2009 年 5 月	龍溪—虹口國家級自然保護區
2011 年 6 月	甘肅省裕河自然保護區
2012 年 4 月	甘肅省插崗梁省級自然保護區受破壞的嘎爾隆溝保護站

資料來源： 香港海洋公園保育基金網頁及年報。

與大熊貓相關的研究 2009 年 7 月，基金撥款支持「5‧12 大地震對甘肅省大熊貓生境選擇影響及對策」的研究，目的是探討地震對大熊貓生境的影響，以便調整保育策略。[13] 這是香港首次研究大熊貓的生境，歷時七年，結果於 2015 年 3 月公布。研究發現，大熊貓在地震後，選擇生活環境時會變得小心，不會再去坡度較大的山溝，在吃竹子時會選擇視野較廣的竹林，也不再以坡向和鬱閉度作為選擇生境的主要因素。有關發現填補了內地對大熊貓研究領域的空白。

2013 年 6 月，基金資助四川林業廳推行「瀘欣放歸後續研究」。瀘欣是國家林業局 2009 年於瀘定縣興隆鄉拯救、並放歸至小相嶺栗子坪保護區的大熊貓，也是國家第一隻異地放歸的大熊貓。三年後，瀘欣融入了當地的熊貓族群，並且懷孕產子。研究有助進一步了解大熊貓的覓食習慣及生活模式，以助制定大熊貓放歸及保育策略。

生態恢復與保育 臥龍保護區三江保護站共有 86 隻熊貓，2008 年的大地震破壞了牠們的生活環境，亦影響了大熊貓的食物來源。2010 年 6 月，基金向該保護站撥款，種植 16 萬株竹子苗，修復逾 800 畝的大熊貓棲息地，並把大熊貓群連接起來，增加繁殖機會。

栗子坪國家級自然保護區監測人員安裝主動觸發式紅外線照相機，以監測放歸大熊貓。（栗子坪國家級自然保護區提供）

香港海洋公園保育基金透過種植竹子以修復大熊貓生活環境，可把不同的大熊貓群體連繫起來。（李彬彬提供）

香港參與國家改革開放志

1106

2012 年 6 月，基金撥款資助「陝西省秦嶺大熊貓牛尾河及桑園壩區域種群西南部棲息地恢復項目」。項目旨在透過種植竹苗及樹苗，以修復 170 公頃至 500 公頃的大熊貓棲息地。

2013 年至 2014 年度，基金資助陝西觀音山國家級自然保護區管理局的項目，種植約 13 公頃的秦嶺箭竹，以修復大熊貓棲息地。

2. 中華白海豚保育工作

根據各項監測及研究，危及中華白海豚的因素有多種，包括：填海、挖沙、誤捕、爆破、船隻噪音、工業廢水排放、農藥及原油污染、廢物棄置等。據基金在 2012 年至 2013 年度的年報資料顯示，珠江口的中華白海豚野外群種數量約為 2500 條，這數量正以每年平均 2.46% 的速度減少，而現存的 74% 中華白海豚恐於 60 年內消失。為保護中華白海豚，基金資助不同機構開展了一連串研究工作，協助拯救中華白海豚，並協辦國際會議。

研究工作 鯨豚保護基金於 1995 年開始研究香港和內地水域的海豚品種，1997 年 5 月，又與國家海洋局第三海洋研究所合作，研究廈門水域內出沒的中華白海豚狀況。這是首次有香港環保團體研究廈門海域的中華白海豚，研究員初步調查中華白海豚的分布和數量，發現廈門的海豚與香港及珠江三角洲水域的不同，屬另一群種。

基金於 2005 年至 2011 年間，資助南京師範大學教授周開亞對湛江中華白海豚種群作出第一次研究，研究團隊在雷州半島東部沿岸 1000 平方公里的水域，考察約 2000 小時，搜集該區中華白海豚種群的數量、季節性遷移及停留的情況。編入相片辨認目錄的中華白海豚數量，由 2005 年的 38 條，增加至 2011 年的 430 條。2007 年，湛江市政府建立雷州灣中華白海豚市級自然保護區，以保護湛江市雷州灣的中華白海豚。

2012 年 1 月 14 日，基金向中山大學撥款及捐贈樣本，成立國家首個及最大的中華白海豚基因數據庫。數據庫以統一的基因分析方法，了解中華白海豚不同種群間的關係和對環境的適應力，從而協助政府制訂有效的保育政策。基因庫設於中山大學內，佔地 1200 平方米，是當時內地基因樣本最多、覆蓋率最全面的中華白海豚基因數據庫。2013/2014 年度，基金再度撥款，支持中山大學建立生化指標庫。庫內儲存了中華白海豚飲食習慣、健康狀況及對其生境的分析和數據，並保存了 120 個擱淺海豚的內臟、皮膚、牙齒等樣本。研究顯示，珠江口的中華白海豚體內積聚了不同的有機污染物，如農藥、鉛及水銀等。

基金支持的中國科學院三亞深海科學與工程研究所於 2014 年 10 月 20 日，證實三亞附近海域出現新的中華白海豚種群，有關發現把中華白海豚在中國的分布範圍向南推進了 300 公里。

拯救工作 鑒於國家過去一直未有海洋哺乳類動物擱淺的通報機制，甚少錄得擱淺報告，基金於 2002 年 7 月至 2003 年 6 月期間，撥款 70,000 元，資助動物學家周開亞建立首個

中國南部海洋哺乳類動物擱淺通報網絡。2003 年至 2004 年，撥款 100,000 元資助周開亞建立中國北部海洋哺乳類動物擱淺通報網絡。

2012 年 3 月 12 日，一條年約 30 多歲、身長 2.6 米的老年中華白海豚誤入廣東省佛山市南海區羅村鎮的小河溝內，珠江口白海豚保護區管理局與羅村鎮村民聯防隊、城管、漁政等十多個政府部門和機構展開營救，香港海洋公園鯨豚專家亦提供協助。整個救治過程包括打撈、運輸、治療、暫養，共 300 多天。這是內地第一次在淡水河涌成功救治中華白海豚，基金的團隊事後與內地工作人員分享了處理擱淺海豚的經驗。

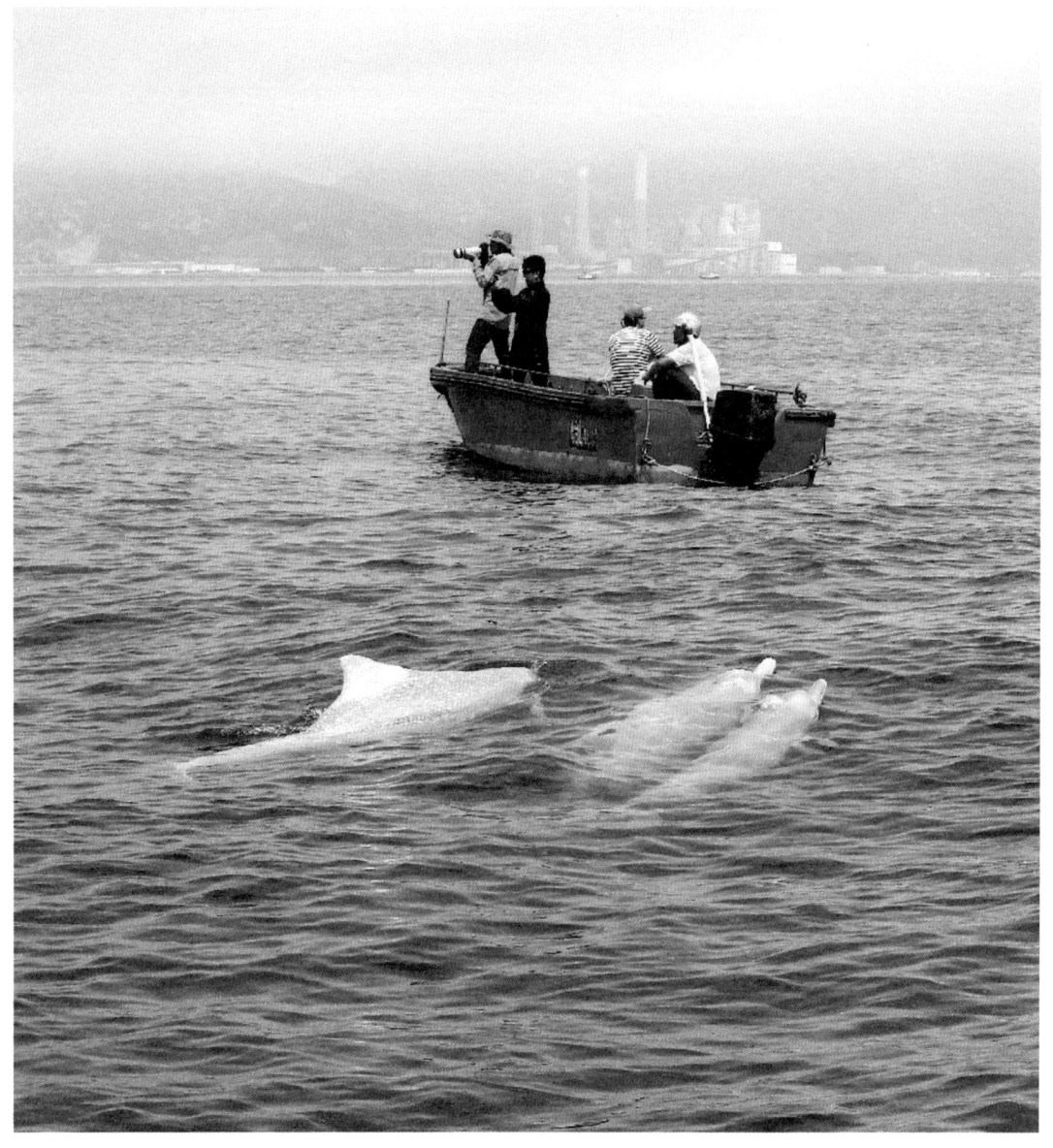

海洋公園旗下基金會自 1995 年開始研究香港和內地水域的海豚品種及種群數量。圖為海洋公園保育基金於 2016 年 12 月起展開的《廣東江門中華白海豚省級自然保護區中華白海豚種群數量的調查》，保育專家在保護區觀察白海豚的活動。（祝茜提供）

注釋

1　以 1997 年為基準，是因為在該年可取得香港特區及珠江三角洲經濟區完整的排放數據資料。

2　歐盟在 2010 年 1 月限制船隻在歐盟國家港口停泊時須使用含硫量不超過 0.1% 的燃料。北美洲一些港口，包括溫哥華、西雅圖、塔科馬港市、紐約和新澤西等，於 2015 年 1 月 1 日規定船隻在排放控制區內須使用含硫量不超過硫 0.1% 的燃料。美國亦於 2014 年 1 月起，規定船隻於加州海岸伸延 24 海里範圍內操作，必須使用含量不超過 0.1% 的燃料。此外，北海排放區、波羅的海排放區、北美洲排放區等，亦於 2015 年 1 月 1 日規定，船隻在區內須使用含硫量不超過 0.1% 的燃料。

3　樣條線分析即用船隻在不同水域，沿着劃定路線（樣條線）進行調查。調查船上的兩位調查員發現海豚時，須同時記錄海豚數目、時間、位置等資料。之後把數據輸入專門電腦程式 DISTANCE，此程式能協助估計在調查範圍內的白海豚密度及數目。

4　清潔生產即在生產工序的每一個環節上進行改善，包括設計、物料採購等環節上，應用先進的環保技術和管理方法，以減少污染物排放及節省排污費用，並透過減少原材料消耗和節約能源，達至源頭減廢的效果。

5　商界環保大聯盟由香港 33 個工商組織組成，成員包括香港總商會、香港中華總商會、香港中華廠商聯合會、香港工業總會、香港美國商會、香港英商會、香港澳洲商會、香港加拿大商會等，秘書處為香港總商會，召集人為怡和高層關正仕。

6　東亞—澳大利西亞飛行航道是指由北極圈經東南亞，一直伸延至澳洲及新西蘭、共 13,000 公里的雀鳥遷徙航道。每年有超過 5000 萬隻來自逾 250 個不同族群的水鳥飛過此航道。

7　鄱陽湖保護區佔地 22,400 公頃，位於全中國最大的淡水湖鄱陽湖的西北面，它是逾萬珍禽候鳥的棲息地，其中更包括全球九成以上的白鶴。江西省林業廳就是負責管理鄱陽湖保護區的部門。

8　「拉姆薩爾濕地」乃根據《拉姆薩爾公約》而劃定的地域，該公約是世界多國政府於 1971 年 2 月 2 日在伊朗拉姆薩爾市所簽訂，宗旨是「透過本土性、地區性及國際性的行動，保育及善用濕地，為達至全球的可持續發展作出貢獻」。公約在國家層面上及國際合作上制訂了保育和善用濕地和濕地資源應採取的措施。根據公約，全球各地會劃定某些重要濕地，作為重點保育區域，如香港米埔於 1995 年被劃定為「拉姆薩爾濕地」。

9　香港地球之友：《源來護水自有方 —— 東江上游下游飲水思源》（香港：香港地球之友，2012），頁 89。

10　同上，頁 58。

11　海洋公園保育基金：〈理念與宗旨〉，海洋公園保育基金網頁，2021 年 8 月 9 日瀏覽，http://www.opcf.org.hk/tc/vision-mission。

12　香港熊貓保育協會：《香港熊貓保育協會一九九九至二零零零年度年報》（2001 年 3 月），頁 10。

13　生境是指野生動物在野外生活時選擇的棲息環境。在研究大熊貓選擇棲息地的特徵時，研究員會記錄海拔、位置、坡形、鬱閉度、竹種、水源等 18 項因素。

第十八章
參與救災重建

中國地域遼闊，氣候複雜多樣，自然災害種類多、發生頻率高。國家實行改革開放前，以「自力更生」原則和政策進行救災工作，不接受國際救災援助。1976 年 7 月 28 日，河北省唐山市發生大地震後，香港團體組織捐款，把籌得的善款、衣物及藥品送交新華社香港分社，以及透過銀行匯送到唐山災區。在國家實行「自力更生」、不接受國際援助的政策下，善款和救災物資未為內地政府官方接收。

內地實行制度改革和市場開放後，國家對接受對外援助的政策立場逐步放寬。[1] 1991 年 5 月、6 月間，華東地區發生大水災，低窪廣泛地區為河水淹沒，大批災民無家可歸。1991 年 7 月 11 日，國家在北京召開「救災緊急呼籲」新聞發布會，首次直接呼籲國際社會對內地發生的自然災難作出援助，港府和香港民間各界響應呼籲，共籌得 7 億元人民幣協助賑災，佔當年災區接受捐款總數逾四成。

2008 年 5 月汶川大地震，香港各界參與救援捐輸，香港立法會通過撥款 3.5 億元注資予賑災基金用於四川賑災，特區政府和香港賽馬會合共捐出 100 億元援建災區；中聯辦和五家慈善機構（香港紅十字會、香港世界宣明會、樂施會、聯合國兒童基金會及救世軍）捐款共約 30 億元，官方和民間捐款數目規模，創下截至 2017 年歷來救災賑災捐款之最。華東水災和汶川地震兩場特大災難中，香港參與救災和災後重建工作，展現支援內地同胞的人文關愛；在 2014 年 4 月的青海省玉樹地震中，香港義工黃福榮在參與救災中犧牲，亦展現了捨己為人的精神。

2010 年 4 月 14 日，青海玉樹縣發生 7.1 級大地震，正在玉樹縣一家孤兒院做義工的港人黃福榮，在救人期間犧牲。圖為黃福榮（圖中）生前在內地當義工，與一班小朋友合照。（香港大公文匯傳媒集團提供）

第一節 華東水災

1991 年 5 月下旬開始，淮河流域、長江中下游一帶出現逾兩個月陰雨天氣，全國 18 個省、自治區、直轄市發生洪災，當中以華東地區，尤其江蘇和安徽兩省災情最嚴重。據初步統計，安徽省受災人口達 4800 多萬人，佔全省總人口近 70%，經濟損失近 70 億元人民幣；江蘇省受災人口達 4200 多萬人，佔全省總人口的 62%，經濟損失 90 億元人民幣。

1991 年 7 月 11 日，「救災緊急呼籲」新聞發布會在北京召開，中國國際減災十年委員會秘書長兼民政部副部長陳虹在新聞發布會上，向中外記者介紹災情，並代表中國政府緊急呼籲聯合國有關機構、各國政府、國際組織以及國際社會各有關方面，向中國安徽、江蘇兩省災區提供人道主義的救災援助，為首次大規模直接向國際社會發出呼籲救災。

回應中國政府向國際社會所發出的呼籲，港府於 1991 年 7 月 12 日宣布撥款 5000 萬元賑助華東災區。香港各界組成六類賑災籌款的機構團體，[2] 包括慈善機構及救援組織、大眾傳播機構及演藝界、社會組織、公用事業機構、宗教團體組織和商貿系統機構，賑災具體行動包括直接捐款和物資、公開募捐、的士小巴義載、足球義賽、義賣、贈藥，還有團體舉行誦經、祈禱，以及演藝界組織大規模義演等。配合賑災行動，新華社香港分社亦成立「救災專戶」，接收香港社會各界市民的救災捐款。

慈善機構及救援組織方面，香港紅十字會於 1991 年 7 月 13 日捐贈 505 萬元，並於同年的大型賑災籌款行動中，共籌得 1.44 億元。香港世界宣明會於 7 月 13 日宣布捐款 100 萬元，並向災區提供衣服、膠布等物資，派員前往災區了解情況，在安徽合肥設立臨時救援辦事處，派駐 7 名職員與 2 名救援專家負責推行救援工作，並推出鄉村醫院診所計劃，以在安徽興建 4 間醫院診所，提供災民醫療照顧防止疫症蔓延，以及協助興建 15 條村莊。樂施會協助內地水災的救援工作集中在貴州，首階段撥款 170 萬元，包括援助災區恢復耕種、重修水利和重建民房。另外，香港越南難民及船民為華東水災災民募款，共籌得 35,300 元，並捐贈樂施會作賑災之用。相關慈善機構及救援組織亦接收香港社會各界捐款，投放於內地救災和重建行動。

大眾傳播機構及演藝界方面，香港電台安排第一台《九十年代》、第二台《晨光第一線》作系統性報道一切賑災籌款活動詳情，並擴闊推廣網絡，向全球華人提供賑災捐款資訊，包括利用已建立的海外華人電台網，與美國三藩市、紐約市、加拿大溫哥華市、多倫多市、台灣地區、新加坡、澳門、馬來西亞等十多個國家或地區的華語電台聯播，呼籲海外華人捐款賑濟華東災民。香港電視廣播有限公司（無綫電視）於 1991 年 7 月 17 日舉辦「華東水災籌款之夜」，籌得 5000 萬元善款送交新華社香港分社，該公司主席邵逸夫捐出 1000 萬元。同年 7 月 20 日，亞洲電視《愛心獻華東》演出，籌得 3000 萬元善款。

1991 年 7 月 27 日，跑馬地馬場舉行馬拉松式演藝界總動員忘我大匯演，海峽兩岸和香港藝人演出近百節目，逾 10 萬市民入場，為華東水災籌得逾 1.1 億元善款。（新華社提供）

1991 年 7 月 27 日，香港演藝人員協會發起馬拉松式「演藝界總動員忘我大匯演」賑災活動，獲超過 10 萬名市民入場支持，籌得善款逾 1.1 億元，獲列入單一天最長時間最多藝人參與的籌款節目世界健力士紀錄。另一方面，演藝界籌拍電影《豪門夜宴》，由多名導演合作，歌影視界藝人支持演出，上映後籌得善款逾 2000 萬元。演藝界所籌善款中，4000 萬元經新華社香港分社轉北京中國減災十年委員會購買藥物轉送災區，2000 萬元交香港紅十字會購買濾水車、救護車；2000 萬元交宣明會用作安徽重災區重建工作，包括興建 500 間永久居所，2300 間可使用兩年的臨時居所，並向災民提供糧食、藥物、禦寒衣物及人民幣現金救濟，以及向農民提供種子及農具以恢復耕作。

社會組織方面，香港工會聯合會從 1991 年 7 月 14 日起，發起「發揚愛心，齊解災困」街頭公開籌款活動，至同月 22 日，共籌得善款超過 230 萬元，並收到屬會、會員工友及家屬捐款共 220 多萬元，工人醫療所亦舉行義診與義賣藥材，部分醫生、職工及病人支持，解囊捐款，捐款分別由香港紅十字會和新華社香港分社轉交內地災區。香港醫學會、香港醫學聯會、香港藥品業協會收到中國中華醫學會要求藥物，三會組織購買及捐贈急需醫療藥物，包括退燒丸 5 萬樽、清潔消毒劑 100 萬噸，透過紅十字會運到內地。

1991 年 7 月 19 日，約 2500 部的士發起義載行動，為華東水災籌款。（新華社提供）

香港各區 29 個婦女團體特別組成「香港婦女華東賑災委員會」發動募捐賑災活動，包括港九街坊婦女會、亞洲婦女會、東區婦女福利會、中華總商會婦女組、國際婦女會、新九龍婦女福利會、公民協會婦女會、工商婦女團、港灣婦女會及中國婦女會等，連同其他個別人士，聯合捐贈新衣物、食物、建築材料等，在 1991 年 7 月 16 日的成立會上，籌得 108 萬元，交付中華全國婦女聯合會匯轉。香港足球總會在同月 28 日假政府大球場舉行「華東賑災足球義賽」，場內設有球衣義賣，包括南華、麗新、愉園、香港隊捐出球衣，另印製 4000 件 T 恤義賣，無綫電視支持該項義舉，並派出旗下藝員向觀眾募捐，活動籌得 117 萬元善款。

公用事業機構組織方面，由汽車交通運輸業總會負責統籌 27 個的士團體，於 1991 年 7 月 19 日發起「的士義載籌款行動」，參加義載的士約 2500 部；活動中，車主捐出車租，司機捐出收入，蜆殼石油公司贊助燃油，籌得善款達 133.5 萬元。7 月 22 日，香港、九龍、新界公共專線小型巴士聯合總商會發起為期兩日的義載籌款，約 500 架小巴參與。

宗教團體方面，寶蓮禪寺於 1991 年 7 月 15 日晚，在沙田大會堂演奏廳舉辦「文珠法師佛學講座」，籲請聽眾布施捐款賑災，即席籌得善款 22.5 萬元。寶蓮禪寺並在大嶼山寺內發動信徒繼續捐款賑災。香港佛光協會於同年 7 月 16 日主辦一場超過 1000 名善信參加的華東賑災籌款法會；當日連同電話認捐，共籌得約 30 萬元善款。同年 7 月 21 日，香港佛教聯會為內地災民啟建消災超薦法會。香港基督教協進會透過「五餅二魚」行動，同年 7 月捐贈 58 萬多元支持華東水災救援，至 1992 年 8 月善款數額增至 160.2 萬元。1991 年 7 月 12 日，基督徒學會發起「血濃於水賑災運動」，籌得款項悉數交香港紅十字會轉交內地紅十字會賑災。同月 13 日起，香港天主教社會傳播處舉辦「血濃於水」賑災運動，至同月 21 日，共舉行 67 次街頭募捐，籌款 346 萬元，以及直接存入該機構銀行帳戶的 479 萬多元，合共籌得募捐款額 826 萬多元，全數捐贈華東災區。同月 31 日，基督徒學會與 12 個基督教團體舉辦「唇齒相依 —— 華東水災祈禱會」。

多家商貿系統機構及相關慈善基金提供大額捐款賑災。1991 年 7 月 12 日，李嘉誠基金會以長江實業等四家集團公司名義捐款 5000 萬元。此外，截至 1991 年 7 月，香港煙草公司捐出 2000 萬元、香港賽馬會捐款 1500 萬元、香港電訊集團捐款 1000 萬元、九龍倉捐款 1000 萬元、合和集團捐款 1000 萬元。在港中資機構包括招商局捐款 2434 萬元、華潤集團 1335 萬元、中旅集團 1000 萬元、中銀集團 1000 萬元、粵海集團 600 萬元、中國保險公司 500 萬元、華閩集團 200 萬元、中信公司 200 萬元、中國海外建築公司 300 萬元等。在港英資企業包括滙豐銀行 500 萬元、太古集團 500 萬元等。

港中旅旗下香港中旅貨運有限公司，收到社會各界人士委託捐贈賑災的物資，並發運往內地有關災區，包括麵粉、餅乾、罐頭食品、急凍肉類、服裝、鞋、藥水、藥油、消毒器等物品。

1991 年 8 月 7 日，新華社香港分社副社長秦文俊和半島針織有限公司董事長唐翔千率領一行 28 人的「港澳同胞賑災慰問團」，到安徽、江蘇災區慰問災民，8 月 10 日轉抵北京，新華社香港分社社長周南以團長身份參與慰問團活動，轉交港澳賑災捐款，並獲國家領導人接見。8 月 30 日，香港藝人到北京舉行「心連心賑災義演獻藝晚會」，共籌得款項 500 萬元人民幣，捐贈救災期間犧牲解放軍的遺屬。

1991 年 10 月 8 日，北京舉行紀念國際減災日暨賑災答謝招待會，會上向港澳台及海外各方面致謝，並宣布提高全民減災意識，增強抗災能力。同年 10 月 20 日至 28 日，中國紅十字會副會長孫柏秋率團專程赴香港、澳門答謝賑災義舉。

據中央人民政府駐香港特別行政區聯絡辦公室（中聯辦）資料，華東水災災區共收到來自香港的 7 億元人民幣善款和救災物資，佔當時災區接收全部捐款的四成以上。

1991年華東水災，香港各界紛紛發起賑災籌款活動。圖為香港天主教社會傳播處舉行街頭募捐。（新華社提供）

1991年7月底，香港賑濟災區的大批物資，以陸、海、空的方式運往安徽、江蘇等水災重災區。圖為嘉頓公司捐贈的餅乾，由香港中旅貨運有限公司裝上火車運往安徽合肥。（新華社提供）

1991 年 8 月 7 日，新華社香港分社副社長秦文俊率領一行 28 人的「港澳同胞賑災慰問團」，到安徽、江蘇災區慰問災民。圖為翌日上午，慰問團在江蘇重災區盱眙縣慰問災民期間，半島針織有限公司董事長唐翔千（左二）與一名農婦交談。（新華社提供）

1991 年 8 月 30 日，香港藝人到北京舉行「心連心賑災義演獻藝晚會」，共籌得 500 萬元人民幣。（中新圖片提供）

第二節 汶川地震

2008 年 5 月 12 日下午 2 時 28 分，四川省阿壩藏族羌族自治州汶川縣發生黎克特制 8.0 級地震，震央在映秀鎮。地震造成嚴重破壞的面積超過 10 萬平方公里，受災範圍涉及四川、甘肅及陝西等省市。地震造成 69,227 人遇難，17,923 人失蹤，374,643 人受傷，1993.03 萬人失去住所，受災總人口約 4625.6 萬人，直接經濟損失 8451 億元人民幣。

地震發生後，特區政府和民間各界捐款賑災，共籌得達 130 億元，並往當地協助後續重建援建工作。

一、特區政府參與救災行動

汶川地震發生當日，特區政府發聲明表示非常關注，並承諾因應情況迅速作出適當回應，以及提供一切可行協助，配合內地的救災工作。行政長官曾蔭權次日宣布向立法會財務委員會申請撥款 3 億元，交予中央抗震救災指揮部，並組成專業救援隊伍協助救援。

2008 年 5 月 14 日，立法會通過撥款 3.5 億元注入賑災基金，用於四川賑災。特區政府另設立「民政事務局局長法團 —— 捐款」戶口接收公眾捐款，賑濟四川地震災民，至 5 月 19 日籌得捐款 7787 萬元，到 6 月 6 日籌得善款逾 1.61 億元。捐款交予五個救援團體，包括香港紅十字會、香港世界宣明會、樂施會、聯合國兒童基金會及救世軍，用於四川地震的緊急賑災工作。

香港消防處、衛生署、政府飛行服務隊、食物環境衛生署、水務署及醫院管理局先後派出合共 136 人到災區，在搜救、環境衛生控制方面提供支援，並為災民提供醫療支援、手術、精神心理輔導及康復治療服務。

自 2008 年 5 月 15 日起，醫管局先後分五批調派 50 多名醫護人員前往四川成都，向災區居民提供醫療服務支援。相關醫護人員來自骨科、麻醉科、手術室、急症科、感染控制、微生物學、深切治療、兒童精神科、臨床心理治療、物理治療、職業治療、義肢及矯形、膳食服務及中央無菌物品供應部等，向四川的醫療機關及醫院作出支援，並對有需要的災民提供手術、精神心理輔導及復康治療等服務。

2008 年 5 月 15 日凌晨，特區政府派出消防處一隊特別救援隊、衛生署一名醫生及護士組成 20 人搜救隊伍，前往災區協助搜救工作，並攜備重約四噸的救援工具，包括生命探測器及混凝土切割工具等。5 月 16 日早上，第二批為數 20 人的特區搜救隊伍赴災區協助搜救工作。5 月 17 日，政府飛行服務隊 5 名隊員到四川，協助當地的搜索救援工作。5 月 19

日，特區政府調派公共衛生人員組成的 15 人小隊出發，前往四川地震災區提供支援。在實施感染控制措施及環境消毒上提供支援協助，以及在食水消毒方面給予專業意見。5 月 20 日，消防處再派遣兩名消防人員，前往四川支援駐紮於綿竹市漢旺鎮的特區搜救隊，攜帶重約 1.5 噸的物資前往災區，包括醫療用品、輕型搜救工具等。

2008 年 5 月 22 日，應汶川縣映秀鎮抗震救災指揮部的要求，特區政府採購及安排空運約值 80 萬元的救援物資送抵四川，包括 N95 口罩、護眼罩、短筒黑膠靴、黑膠手套、生化

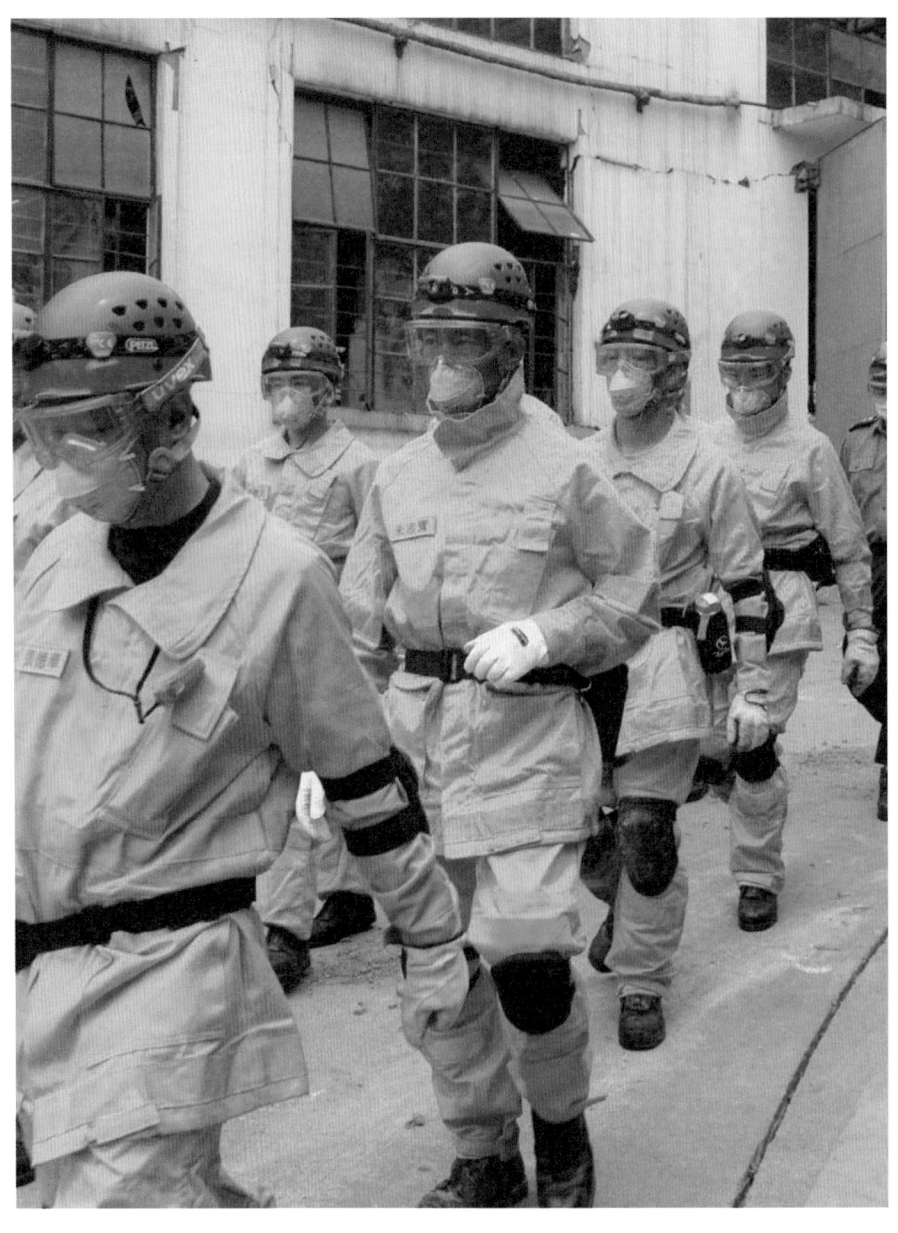

2008 年 5 月 15 日上午，由 20 名消防及醫護人員組成的香港特區搜救隊，攜帶重達 4 噸的裝備包括生命探測器及混凝土切割工具等，抵達四川省綿竹市災區，展開搜救工作。（新華社提供）

衣及消毒用漂白粉。5 月 29 日和 6 月 5 日，特區政府公布，應四川省政府港澳辦的要求，分別採購及安排空運約值 370 萬元的帳篷和 60 萬元帳篷往四川，協助受地震影響的災民。

2008 年 7 月 8 日，國家副主席習近平在港視察期間，到位於赤鱲角的政府飛行服務隊總部，會見約 120 名參與救援工作的志願人員。習近平代表中央政府和災區人民，向各志願人員表示衷心感謝和崇高敬意。

截至 2008 年 7 月 25 日，「民政事務局局長法團 —— 捐款」帳戶收集接近 2.1 億元捐款，當中大部分捐款交予香港紅十字會、香港世界宣明會、樂施會、聯合國兒童基金會及救世軍等五個團體在災區開展工作。同年 8 月 1 日，該銀行帳戶停止運作，不再接收賑災捐款，特區政府表示，抗震救災工作的重點轉移到災區的重建，代之以新設立的「民政事務局局長法團 —— 四川重建捐款」帳戶接受公眾捐款。

二、特區政府參與災後重建行動

2008 年 6 月 26 日，特區政府宣布成立由政務司司長主持的「香港特區支援四川地震災區重建督導委員會」，負責督導和統籌特區支援災區重建工作。6 月 27 日至 29 日，行政長官曾蔭權率團訪問災區，訪問團與四川省領導研究就三個範疇跟進重建工作：第一、建學校、醫院、殘疾人士復康中心、老人院和婦女幼兒保健院等公共服務設施；第二、重點援助四川省個別區域災區基建，包括道路、橋樑等；第三、重建臥龍大熊貓保育區。

2008 年 7 月 4 日至 6 日，立法會四川災區訪問團前往四川地震災區訪問三天，與當地有關官員會面，商討災後重建工作。7 月 18 日，「支援四川地震災區重建工作信託基金」成立，立法會通過注入 20 億元。同時設立「民政事務局局長法團 —— 四川重建捐款」帳戶。8 月 1 日，政務司司長唐英年與四川當局召開「香港特區參與四川災後恢復重建協調機制」第一次會議，交流香港參與災後援建範圍和方式。

2008 年 10 月 11 日，川港兩地政府簽訂《就香港特別行政區支援四川地震災後恢復重建合作的安排》（《特區援建合作安排》），就援建工作的基本原則、項目管理安排、資金管理安排，以及溝通協調機制等事宜，定下合作的框架，確定首階段 20 個援建項目，經費為 18.97 億元，有關項目預算三至五年內完成，雙方並建立三層架構機制協調援建項目。特區政府承諾連同香港賽馬會協助重建撥出的 10 億元在內計算，整體承擔不多於 100 億元。港方援建項目的技術標準須符合內地的法規，以及有適當的監察機制。在內地進行的援建工作和技術標準，以內地相關的法律法規和政策為準。川方引入香港的規劃、設計、管理經驗和專業技術，同意港方委派的專業機構或人士，按需要為香港援建項目的規劃、設計、施工、諮詢、管理、監理、會計和審計等工作提供專業意見，供川方參考。

2009 年 2 月 20 日，立法會通過向「支援四川地震災區重建工作信託基金」增加注入 40 億元資金。3 月 27 日，川港雙方議定第二階段重建項目 103 個，包含 52 個教育、21 個醫療康復、7 個社會福利，以及 23 個與臥龍自然保護區相關的項目，特區政府最高總承擔額為 38 億元。7 月 3 日，立法會財務委員會通過增加撥款 30 億元，注入「支援四川地震災區重建工作信託基金」，推展特區第三階段的援建工作。7 月 6 日，雙方再簽署第三階段重建工作意向書，議定第三階段援建項目共 32 個，總承擔額 28.59 億元（見表 18-2-1）。

表 18-2-1　特區政府負責重建援建項目

項目性質	項目名稱	詳情
公路基建	省道 303（映秀至臥龍段）	特區政府共投入 31.8 億元援建兩個重點公路項目。省道 303 是通往臥龍自然保護區，以及前往四川西北及西藏的主要道路。特區援建的映秀至臥龍路段，全長約 45 公里，連接汶川縣映秀鎮與臥龍鎮。綿茂公路連接綿竹市漢旺鎮與阿壩州的茂縣，是川東川中地區至阿壩州的幹線公路，以及通往甘肅、青海的一條最便捷的通道。特區政府援建的路段，由漢旺鎮至清平鄉，全長約 24 公里。
	綿茂公路（漢旺至清平段）	
臥龍自然保護區	臥龍自然保護區規劃編制項目	特區政府以類似「對口支援」的模式援建臥龍，為臥龍區內設施的重建作整體援助，援建共 23 個項目，總承擔金額為 15.8 億元。當中生態保育項目共 11 個，主要為恢復保護區內自然生態環境及大熊貓保育科研設施。民生基建項目共 12 個，包括供電、供排水、垃圾處理、地質災害治理、道路、學校、醫療衛生、福利院等。旗艦項目為「中國保護大熊貓研究中心」的兩個基地：分別是在臥龍神樹坪的「中華大熊貓苑」及在都江堰的大熊貓救護與疾病防控中心。川港雙方共同委任香港海洋公園為「榮譽技術顧問」，同時邀請 7 位內地和香港著名建築師組成「臥龍建築專家團」，義務為這兩個項目的建築設計提供專業意見。該兩個基地自 2016 年 5 月起，免費開放予香港居民入場參觀。
	都江堰大熊貓救護與疾病防控中心	
	電力能源恢復	
	中國保護大熊貓研究中心	
	管理局辦公與職工工作用房	
	耿達一貫制學校	
	臥龍鎮中心小學	
	臥龍自然保護區醫療保健	
	臥龍社會福利院	
	垃圾處理和轉運系統	
	供排水設施	
	五一棚大熊貓野外生態觀察站	
	基層保護站—鄧生保護站	
	臥龍二基層保護站—木江坪保護站	
	基層保護站—三江保護站	
	自然與地震博物館	
	野外監測巡護路網	
	大熊貓棲息地植被恢復	
	道路交通	
	地質災害治理與防治	
	鄉土文化遺產	
	標椿標牌設施	
	「數字臥龍」系統工程	

（續上表）

項目性質	項目名稱	詳情
教育	水磨中學	
	蒼溪中學校	
	三台縣第一中學	
	德陽市第一小學	
	華山路學校	
	東汽小學	
	魏城鎮中心小學	
	雲溪鎮初級中學	
	南隆鎮第一小學	
	寶飛鎮初級中學	
	青龍鎮初級中學	
	書院初級中學	
	興賢小學	
	隴東中學	
	蜂桶寨小學	
	五龍中心校	
	金山鎮第一小學校	
	略平鎮小學	特區政府共資助 56 個教育及培訓項目，包括 1 所幼兒園、17 所小學、4 所九年制學校、33 所中學和 1 所職業中學，惠及 178,000 名學生，受惠人數最廣的儀隴中學共有 12,500 名學生。項目涉及 10 個自治州 / 市，包括阿壩州、德陽、雅安、樂山、眉山、 綿陽、南充、廣元、巴中和達州。
	合江鎮中心校	
	隆興中心校	
	文昌鎮初級中學	
	夾江中學	
	仁義初級中學	
	天全縣初級中學	
	樂英初級中學	
	滎經中學	
	泗坪中學	
	嚴橋三九中心學校	
	涪江路小學	
	城北中學	
	小河壩中學	
	永興鎮初級中學	
	巴中中學	
	巴州區第一小學	
	玉井鄉中心小學	
	邱家小學	
	平昌縣第二中學	
	平昌中學	
	平昌縣實驗小學	

（續上表）

項目性質	項目名稱	詳情
教育	麻石鎮中心小學	
	通江縣第二中學	
	馬鞍中學	
	新政初級中學	
	西罡學校	
	北外鎮中心校	
	渠縣中學	
	石棉縣幼稚園	
	恩陽中學	
	巴州區第四中學	
	朝陽中學	
	南部中學	
	綿陽中學	
	儀隴中學	
	小河職業中學	
	蘆山縣初級中學	
	白塔中學	
社福	朝天區社會福利綜合服務中心	特區政府負責 35 個社會福利項目，包括 8 個社會福利綜合服務中心、1 所敬老院，以及 26 個縣級殘疾人康復服務中心，與特區援建的另一個項目—川港康復中心，組成一個為 40 萬殘疾人服務的網絡。
	元壩區社會福利綜合服務中心	
	游仙區社會福利綜合服務中心	
	德陽市社會福利綜合服務中心	
	旺蒼縣社會福利綜合服務中心	
	蒼溪縣社會福利綜合服務中心	
	羅江縣社會福利綜合服務中心	
	廣漢市社會福利綜合服務中心	
	大邑縣悦來敬老院	
	江油市殘疾人康復服務中心	
	綿竹市殘疾人康復服務中心	
	南江縣殘疾人康復服務中心	
	大邑縣殘疾人康復服務中心	
	崇州市殘疾人康復服務中心	
	小金縣殘疾人康復服務中心	
	九寨溝縣殘疾人康復服務中心	
	松潘縣殘疾人康復服務中心	
	茂縣殘疾人康復服務中心	
	理縣殘疾人康復服務中心	
	黑水縣殘疾人康復服務中心	
	閬中市殘疾人康復服務中心	
	石棉縣殘疾人康復服務中心	

（續上表）

項目性質	項目名稱	詳情
社福	漢源縣殘疾人康復服務中心	
	寶興縣殘疾人康復服務中心	
	蘆山縣殘疾人康復服務中心	
	三台縣殘疾人康復服務中心	
	北川縣殘疾人康復服務中心	
	平武縣殘疾人康復服務中心	
	安縣殘疾人康復服務中心	
	梓潼縣殘疾人康復服務中心	
	涪城區殘疾人康復服務中心	
	鹽亭縣殘疾人康復服務中心	
	劍閣縣殘疾人康復服務中心	
	中江縣殘疾人康復服務中心	
	旌陽區殘疾人康復服務中心	
醫療	朝天區中醫醫院	特區政府援建的 35 個醫療及康復設施項目，分布在 10 個縣市，包括醫院、保健院／衛生院、省級核心康復中心和遠程醫學網絡平台。部分項目包括提供相關醫療設備。項目興建面積共 376,764 平方米，提供 6788 張病床。
	旺蒼縣人民醫院	
	元壩區人民醫院	
	梓潼縣人民醫院	
	鹽亭縣中醫院	
	德陽市第二人民醫院（一期工程）	
	旌陽區中醫院（人民醫院）	
	廣漢市人民醫院	
	四川省人民醫院川港康復科技綜合大樓內的川港康復中心	
	朝天區人民醫院	
	旺蒼縣中醫醫院	
	元壩區中醫醫院	
	鹽亭縣人民醫院	
	德陽市中西醫結合醫院	
	羅江縣中醫院	
	涪城區吳家鎮中心衛生院	
	三台縣中醫院	
	梓潼縣中醫院	
	滎經縣人民醫院	
	名山縣人民醫院	
	百丈中心衛生院	
	儀隴縣婦幼保健院	
	仁壽縣精神衛生保健院	
	宣漢縣人民醫院	
	石湍中心衛生院	

項目性質	項目名稱	詳情
醫療	平昌縣人民醫院	
	南江縣人民醫院	
	德陽市東汽職工醫院（市六醫院）	
	德陽市第二人民醫院（二期工程）	
	雅安市中醫醫院住院綜合大樓	
	雅安市婦幼保健院	
	四川大學華西醫院遠程醫學網絡平台	
	綿陽市中心醫院康復腫瘤大樓	
	綿陽市中醫院	
	綿陽市婦幼保健院	

資料來源： 香港特別行政區政府發展局：《香港特區支援四川地震災後恢復重建援建工作完成報告》，2016 年 11 月：
https://www.512rjc.hk/doc/resources/Summary_Report_Sichuan_Reconstruction_20161118.pdf。

按照《特區援建合作安排》，援建工作中引入香港特區的專業技術和管理經驗，以及安排兩地專業人士交流。發展局在「香港建造界 5‧12 重建工程聯席會議」、臥龍重建專家顧問團、海洋公園保育基金等團體和專家支援下，舉辦工作坊和研討會，與四川省政府各級相關部門，以及負責實施特區援建工作項目的各方單位分享經驗，包括項目規劃、設計、施工、管理和運營等。在四川的重建項目建築設計方面，引入建築隔震和消能減震、綠色建築技術；在招投標方面，試行打綑招標和設計施工總承包；在項目管理方面，聘請項目管理公司提供專業服務；在施工方面，採用獨立專業顧問執行技術檢查；在臥龍重建方面，推動可持續發展理念。

在 183 個「支援四川地震災區重建工作信託基金」項目中，特區政府負責 151 個項目，包括 2 個公路基建項目、56 個教育項目、35 個醫療衛生項目、35 個社會福利項目，以及 23 個臥龍自然保護區重建項目。政府同時制定「政府牽頭、全民參與」方針，資助 16 個非政府機構推展合共 32 個項目，涵蓋教育、醫療、肢體及心理康復、社會福利和公共設施等範疇。香港賽馬會運用 10 億元撥款合共援建 7 個項目，涉及教育、醫療及康復軟件服務等。

至 2013 年，特區政府負責項目完成 144 個，餘下 7 個為省道 303（映秀至臥龍段）和綿茂公路（漢旺至清平段），以及受省道 303 不能通行影響（被自然災害破壞而導致斷路）的個別臥龍重建項目。臥龍重建項目到 2014 年全部完成。

2016 年初，川港兩地政府檢視援建資金使用情況後，確定剩餘資金的結餘有 1.9 億元人民幣。根據兩地政府就剩餘資金使用達成的共識，於同年 5 月簽訂協議，以剩餘資金 1.9 億元人民幣為上限，推展三個有關臥龍自然保護區的項目，作為特區支援臥龍優化重建工作。

位於四川臥龍國家級自然保護區的神樹坪基地「中華大熊貓苑」，是香港特區政府支援四川地震災區重建工作的項目之一。該園總投資逾二億元人民幣，是集大熊貓飼養、繁育、研究以及公眾教育和高端科學觀察為一體的大熊貓保護研究基地。2017 年，神樹坪基地共有 19 隻熊貓出生。（新華社提供）

汶川地震後，四川省南充市順慶區涪江路小學校舍被鑒定為 D 級危房，香港特區政府投入 1500 餘萬元人民幣參與整體重建。2010 年 11 月該校設施投入使用，圖為該校學生在教學樓新建的書吧看書。（新華社提供）

2009 年 7 月，政務司司長唐英年（右）率團赴四川，考察香港特區在當地援建項目的情況。其間，就讀德陽市第一小學二年級的學生王姿懿向他送上由該校印製、記念512汶川大地震記念冊。（香港特別行政區政府提供）

2016 年 10 月，省道 303（映秀至臥龍段）和綿茂公路（漢旺至清平段）重建先後竣工和通車，特區政府同時宣布援建工作圓滿結束。

特區政府基金資助重建項目　特區政府以「支援四川地震災區重建工作信託基金」資助 16 個非政府機構，推展共 32 個項目，涵蓋教育、醫療、肢體及心理康復、社會福利、公共設施等不同範疇。項目除硬件重建外，還有由香港專業人員為當地教育、醫護及社會福利設施提供專業服務支援和培訓，協助援建項目持續有效運作（見表 18-2-2）。

三、民間參與救災重建行動

除特區政府，多個民間機構和慈善組織參與救災和後續重建活動。地震發生後兩個月，中聯辦和香港五個主要志願機構（香港紅十字會、樂施會、香港世界宣明會、香港聯合國兒童基金會和救世軍）籌得超過 22 億元賑災款項。其他大額捐款和民間籌款賑災活動，包括 2008 年 5 月 12 日起，李兆基及其家族成員和旗下企業集團，合共捐款約 1.2 億元賑災和重建，其中 8000 萬元用於重建廣元市中心醫院門診內科綜合大樓。6 月 1 日，香港演藝人協會舉辦《演藝界 512 關愛行動大匯演》馬拉松式籌款活動，籌款 3400 萬元。

表 18-2-2　申請政府「支援四川地震災區重建工作信託基金」的重建項目

申請機構	主要重建項目	基金承擔額（萬元）
九龍西區扶輪社有限公司聯同工程界社促會	德陽市旌陽區袁家小學重建	150
	四川省北川縣通口鎮防疫康復中心	90
	四川省北川縣通口鎮 11 條村救急及康健中心	260
中國福音事工促進會有限公司	南充市高坪區第三初級中學教學樓重建	1000
	南充市高坪區白塔中學初中部重建	1000
青年發展基金	四川災後心理康復培訓及服務計劃	800
	四川災後復康支援網絡計劃	400
苗圃行動	德陽市中江縣聯合鎮中心學校群星分校災後重建及師資培訓	510
	德陽市中江縣石泉鄉九年一貫制中心校災後重建及師資培訓	710
香港教育工作者聯會教育機構有限公司	德陽市中江縣永豐鄉中心學校永豐小學災後重建	200
	綿陽市三台縣上新鄉初級中學	200
	綿陽市三台縣樂加初級中學	200
	德陽市中江縣興隆鎮中心小學	200
香港理工大學（醫療科技及資訊學系）	災區假肢及矯形專業培訓支援計劃	420
香港理工大學（康復治療科學系）	物理治療及職業治療專業培訓計劃	510
香港復康會	四川地震災區社區復康資源中心	760
華裔骨科學會「站起來」計劃	川港康復培訓及發展中心（三階段）	8010
香港童軍總會	德陽市青少年宮重建及支援	1040
	綿陽市青少年活動中心重建及支援	2830
SCMP Charities Limited	南華早報希望之家	440
「源」慈善基金有限公司	綿陽市三台縣里程鄉衛生院	280
	綿陽市涪城區河邊鎮衛生院	400
香港基督教青年會	金堂縣學校改建及擴建	1000
	蓬安縣龍蠶初級中學重建	1000
香港關懷行動慈善有限公司	崇州災區幼兒園重建	500
雅博慈善基金會有限公司	西充縣人民醫院綜合業務樓重建	1000
無國界社工有限公司	擂鼓社區服務處	580
救世軍港澳軍區	羅江縣人民醫院救護車項目	40
	羅江縣萬安鎮康復中心項目	240
	羅江縣金山鎮 17 個村衛生站及設備建設項目	240
	羅江縣鄉鎮衛生院醫療設備項目	460
	羅江縣御營鎮衛生院醫療設備項目	100

資料來源：　香港特別行政區政府發展局：《香港特區支援四川地震災後恢復重建援建工作完成報告》。

2008 年 6 月 1 日，香港舉行「512 關愛行動」大型義演，為四川汶川大地震災區籌款，來自海峽兩岸和香港的 500 多名演藝界人士參加，在場藝人和觀眾一同為在地震中遇難者默哀。（新華社提供）

2008 年 6 月，中聯辦發表《致香港社會各界的感謝信》，代表中央政府有關部門、受災地方政府和災區人民，向特區政府和港人表達謝意。截至 2009 年 3 月 23 日，香港各界經中聯辦向災區捐款約 10.7 億元（見表 18-2-3）。同日，中聯辦累計匯出捐款 7.2 億元予民政部、中國婦女發展基金會、中國教育發展基金會、中國少年兒童基金會、四川省政協、四川省財政廳、四川省教育廳、四川省海外聯誼會、四川省青少年發展基金會、陝西省政協、陝西省海外聯誼會、陝西省賑災募捐辦公室、甘肅省海外聯誼會、全總中國職工對外交流中心等，用於抗震救災。

表 18-2-3　通過中聯辦向內地捐款的機構及人士名單

捐款機構及人士	捐款金額（萬元）
邵逸夫（此捐款通過教育部辦理）	10000.00
李嘉誠基金會（此捐款通過教育部、民政部辦理）	7000（萬元人民幣）
雅居樂地產控股有限公司 （通過中聯辦聯繫四川省政府辦理）	5000.00
雅居樂地產控股有限公司陳氏兄弟 （通過中聯辦聯繫四川省政府辦理）	5000.00
榮智健	5000.00
香港賽馬會	3944.15
長江集團（此捐款通過教育部辦理）	3000（萬元人民幣）
和記黃埔集團（此捐款通過教育部辦理）	3000（萬元人民幣）
龔如心遺產	3000.00
香港中資企業慈善基金有限公司	2150.00
香港廣東社團總會	1252.02
李東海基金有限公司	1000.00

（續上表）

捐款機構及人士	捐款金額（萬元）
蔣震工業慈善基金	1000.00
曾憲梓	1000.00
SOUND GOOD HOLDINGS LIMITED	1000.00
劉鑾雄慈善基金	1000.00
信興教育及慈善基金有限公司	1000.00
自由黨四川地震賑災基金	1000.00
譚兆慈善基金	1000.00
香港聖公會大主教世界援助基金	900.00
新鴻基地產慈善基金有限公司	900.00
民主建港協進聯盟	874.67
百仁基金	810.00
和富慈善基金有限公司	700.00
香港中華總商會	600.00
霍英東基金	600.00
香港工會聯合會	539.68
超大現代農業（控股）有限公司	519.18
香港福建社團聯會	508.55
中國銀行（香港）有限公司	500.00
香港董氏慈善基金	500.00
許世勳慈善基金（信託人許晉幹）	500.00
CENTRAL BUILDING(BVI) LTD（許晉平）	500.00
華人置業有限公司	500.00
香港交易所	500.00
陳啟宗（恆隆地產有限公司）	500.00
香港能源礦產聯合會（國際）有限公司	500.00
李賢義	500.00
郭得勝基金	500.00
香港梅州聯會有限公司	500.00
CHINACHEM AGENCIES LIMITED	500.00
保良局	480.00
香港教育工作者聯合會	440.51
廣東各級政協委員聯誼會（捐款機構自行匯入內地）	400.00
香港崇光百貨有限公司	388.00
香港理工大學	348.41
美心食品有限公司	300.00
新恆基國際（集團）有限公司	300.00
東華三院（此捐款通過中國紅十字會辦理）	300.00
香港建滔化工集團	300.00
HUNG CHAO HONG（洪祖杭）	300.00
協鑫（集團）控股有限公司	300.00
潘彬譯	300.00
惠明慈善基金有限公司	300.00
何善衡慈善基金有限公司	300.00
大陸礦業有限公司（高彥明）	300.00

資料來源：〈香港社會各界通過中聯辦向地震災區捐款情況〉，中聯辦網站，2009 年 3 月 23 日。

注：只列出捐款金額超過 300 萬元者。

1. 香港紅十字會

2008 年 5 月 12 日，香港紅十字會緊急調撥 50 萬元人民幣救災，次日派出兩隊考察隊前往四川災區，評估災情及策劃救援工作，協助處理賑災捐款。同月 14 日，香港紅十字會宣布動用 1500 萬元賑災。第一支醫療救援隊同日前往重災區四川省北川縣，為傷者提供緊急醫療服務。

地震發生後，香港紅十字會共派出八支賑災及醫療隊伍前赴四川、甘肅以及陝西等重災區協助賑災工作，包括設立臨時醫院並向災民派發物資。至 5 月 26 日，香港紅十字會共籌得約 6.2 億元捐款，為自 1950 年香港紅十字會成立後，在兩星期內所籌集得最快和最多的一次募捐呼籲。香港紅十字會就汶川地震籌款獲多方機構和個人響應支持（見表 18-2-4）。

香港紅十字會經與中國紅十字會總會及四川省紅十字會的商討及協調，於 2008 年 5 月 28 日公布計劃分五方面協助災民重建災區，包括緊急援助、醫療援助、設立災區臨時設施、重建和社區備災。該會的成都「聯絡辦事處」同月啟用，並派駐職員跟進，執行及監督是次在受災地區的恢復工作、重建及備災項目。香港紅十字會會長曾鮑笑薇 6 月 10 日起到訪四川災區，探訪災民及視察香港紅十字會雁門鎮醫療站的工作，代表香港紅十字會與四川省政府商談該會草擬的災區援助計劃。

2008 年 5 月 15 日，香港紅十字會的工作人員在四川北川縣展開工作，與現場的中國四川紅十字會工作人員取得聯繫，並合作展開救援。（新華社提供）

表 18-2-4　香港紅十字會籌得汶川地震捐款

人士／機構／團體	善款（除特別標明外，均為港元）
滙豐銀行中國地震救災戶口代收銀行員工、客戶及公眾捐款	113,000,000 .00（人民幣）
國泰航空有限公司及港龍航空有限公司	16,020,194.50
利豐集團	13,035,208.00
自由黨四川地震賑災基金	12,000,000.00
港鐵公司	11,270,000.00
渣打銀行（香港）有限公司	10,000,000.00
滙豐銀行慈善基金	10,000,000.00
中銀香港慈善基金代收集團員工、客戶和公眾捐款	10,000,000.00
滙豐銀行中國地震救災戶口配對捐款	8,000,000.00（人民幣）
香港政府賑災基金	7,500,000.00
Jacky Cheung Production Ltd.	6,404,560.20
商台製作有限公司	6,395,900.00
香港演藝人協會	6,000,000.00
電訊盈科	5,482,906.47
法國巴黎私人銀行香港	5,442,000.00
中電控股有限公司及員工	5,407,551.10
先施有限公司及員工	5,000,000.00
李玟	5,000,000.00
民政事務局局長法團一捐款	4,929,188.30
中原地產代理有限公司	4,300,000.00
新鴻基地產發展有限公司全人	4,016,754.00
Rolex (Hong Kong) Ltd.	4,000,000.00
寶光實業（國際）有限公司	3,817,529.15
利豐（貿易）有限公司及員工	3,506,346.85
香港警察	3,504,182.30
民主黨	3,300,000.00
顧紀筠	3,153,800.00
香港警務處	3,124,023.00
新世紀集團香港有限公司	3,000,000.00
中銀香港慈善基金	3,000,000.00
香港蘇浙滬同鄉會	2,824,791.40
古馳	2,800,000.00
溢勝亞洲有限公司	2,503,452.32
Megaman Charity Trust Fund	2,453,610.00
中國工商銀行（亞洲）	2,100,000.00
志蓮淨苑	2,000,000.00
新昌營造集團有限公司	2,000,000.00
Road King Infrastructure Ltd.	2,000,000.00
Po and Hellen Chung Foundation	2,000,000.00
上海總會	2,000,000.00

（續上表）

人士／機構／團體	善款（除特別標明外，均為港元）
志蓮淨苑	2,000,000.00
香港機場管理局	1,870,000.00
AXA China Region Insurance Co. Ltd.	1,846,117.00
富邦銀行（香港）有限公司及員工捐款	1,763,960.00
香港電燈有限公司	1,679,604.56
兆亞投資集團有限公司	1,620,000.00
南洋商業銀行	1,580,000.00
Pioneer Time Investment Ltd.	1,536,910.00
香港會計師公會	1,500,000.00
萬海航運（香港）股份有限公司	1,500,000.00
香港醫學會慈善基金有限公司	1,404,639.73
偉易達企業服務有限公司	1,400,440.00
香港興業國際集團	1,355,708.10
牛奶公司代收集公眾捐款	1,346,762.20
香港永明金融公司及員工／顧問	1,344,524.80
Rabobank International & Staff members	1,337,090.00
德勤・關黃陳方會計師行	1,305,283.79
香港願景村畢業生	1,302,642.00
華特迪士尼公司、香港迪士尼樂園、其演藝人員及幻想工程師	1,300,000.00
香港教育專業人員協會	1,282,967.50
香港日本人俱樂部	1,276,486.00
Orient Overseas Container Line Ltd.	1,237,622.00
新界東青年關懷四川大地震行動籌委會	1,226,744.50
Aedas Limited	1,188,180.00
致富證券有限公司及員工	1,157,020.00
聖雅各福群會	1,142,092.00
蘋果日報	1,135,181.28
卓悅控股有限公司	1,124,185.70
領匯管理有限公司	1,122,000.00
張沛松紀念中學	1,084,155.80
中國國際再保險有限公司及員工	1,063,070.00
Baker & McKenzie and Staff Members	1,050,000.00
香港空運貨站有限公司	1,049,021.90
美聯慈善基金有限公司	1,030,000.00
新濠集團及員工	1,029,282.20
愛普生香港有限公司	1,011,633.00
Maunsell AECOM .	1,010,154.00
富通保險（亞洲）有限公司	1,008,942.00
偉新有限公司及集團員工	1,000,000.00
Mr. Li Stephen Charles	1,000,000.00
Simon Fook Sean Li GBM	1,000,000.00
Tang Sau Yuen Tong Foundation Ltd.	1,000,000.00

（續上表）

人士／機構／團體	善款（除特別標明外，均為港元）
大家樂快餐有限公司	1,000,000.00
偉新教育基金有限公司	1,000,000.00
羅哲欽	1,000,000.00
Antony Hung & Amy Hung	1,000,000.00
惠理集團有限公司及員工	1,000,000.00
Simatelex Charitable Foundation	1,000,000.00
海洋公園	1,000,000.00
Yang Lam	1,000,000.00
Lee Wai Yin, Lee Hung Man & Lee Wai Ming（只提供英文）	1,000,000.00
許生祥, 容常潔	1,000,000.00
UBS AG Singapore Branch	980,000.00
Merrill Lynch (Asia Pacific) Limited	961,880.66
道德善堂有限公司	954,120.00
九龍社團聯會	932,156.00
太古地產有限公司全人	930,000.00
齊伯禮律師行及員工	919,960.00
偉易達企業服務有限公司	917,780.00
傅德蔭基金有限公司	900,000.00
觀塘民聯會	899,787.80
長洲鄉事委員會	890,240.00
Watson's The Chemist - A Division of A.S. Watson Group (HK) Ltd.	864,455.67
周生生集團	850,000.00
鳳凰衛視有限公司	836,710.00
Societe Generale Corporate & Investment Banking.	823,780.50
公民黨	822,360.20
Gammon Construction Limited and staff members	804,609.00
壹傳媒有限公司及員工	800,000.00
香港市民支援愛國民主運動聯合會	783,024.70
信和集團	781,621.40
鏞記酒家集團有限公司	777,993.00
養和醫院	767,351.60
瑞安建業有限公司	763,910.00
Folli Follie Hong Kong Ltd.	756,919.00
Amorepacific Hong Kong Co., Limited	756,000.00
DFS Hong Kong Ltd. & Staff	751,162.40
華敦國際集團有限公司	736,907.00
香島教育機構，包括香島中學、將軍澳香島中學、天水圍香島中學、香島專科學校、香島中學校友會全體師生、家長、校友	729,760.90
衛訊電訊有限公司	715,600.00
香港硯殼有限公司	711,030.00
愛彼（香港）有限公司	710,800.00

人士 / 機構 / 團體	善款（除特別標明外，均為港元）
T.C.Agrotrading Co Ltd.	700,000.00
American Express International, Inc. & Staff	696,150.00
景順投資管理有限公司	664,930.00
維他奶國際集團有限公司及員工	660,000.00
廉政公署職員康樂會	652,848.40
飛利浦電子香港有限公司	651,404.00
Swire Group Charitable Trust	634,311.00
Q P Printing Ltd.	632,500.00
Chinese Community at Harvard University	607,994.85
香港養和醫院有限公司	600,000.00
Jones International Ltd.	586,505.79
明輝亞太有限公司	576,390.00
華潤萬家（香港）有限公司	575,967.00
屈臣氏集團	574,834.50
Mattel Asia Pacific Sourcing Limited	564,262.00
美國萬通金融集團	563,187.50
中國國際金融（香港）有限公司	559,322.73
Meglobal Asia Ltd.	557,732.00
創興銀行有限公司及員工	555,120.00
香港國際貨櫃碼頭	550,000.00
HSBC Insurance (Asia) Co. Ltd.	545,791.10
香港流動通訊有限公司	540,180.00
Marriott International Inc.	538,086.59
DHL (Hong Kong) Limited	531,489.00
利豐 (1906) 慈善基金有限公司	527,700.00
品質有限公司	520,651.00
The Society of Chinese Accountants & Auditors Charitable Trust（只提供英文）	520,000.00
英國保誠保險	510,000.00
長江製衣有限公司	510,000.00
均富會計師行	507,000.00
香港籃球總會	500,840.00
YGM Trading Limited	500,018.00
瑞士嘉盛萊寶投資管理有限公司	500,000.00
新栢製衣有限公司	500,000.00
新昌管理服務有限公司	500,000.00
Mr. Cheong Kheng Lum	500,000.00
CITIC 1616 Holdings Limited	500,000.00
合和慈善基金	500,000.00
渣打銀行客戶	500,000.00
妙麗有限公司	500,000.00
Wu Nga Mui	500,000.00

（續上表）

人士 / 機構 / 團體	善款（除特別標明外，均為港元）
啟思小學幼稚園	500,000.00
大昌行集團有限公司及員工	500,000.00
新昌管理服務有限公司	500,000.00
Lot Index Ltd.	500,000.00
ATICO International (HK) Ltd.	500,000.00
美維企業（香港）有限公司	500,000.00
Sony International (Hong Kong) Limited and Staff Members	500,000.00
香港有線電視有限公司	500,000.00
迦南教育機構有限公司	500,000.00
香港天德聖教忠和精舍有限公司	500,000.00
香港保險業聯會	500,000.00
渣打銀行及其職員	500,000.00
H.W. Textiles Co Ltd	388,000.00
美聯物業	330,000.00
新鴻基金融集團	301,043.00
何文發紀念基金有限公司	300,000.00
Panasonic	300,000.00
余麟威基金會有限公司	300,000.00
陳慧琳 Love Fighters 演唱會 08 主辦單位： Star Talent Ltd, 耀榮娛樂有限公司, 東亞娛樂及正東唱片	300,000.00
陳慧琳	300,000.00

資料來源： 香港紅十字會網頁。

注：只列出捐款金額超過 30 萬元者。

2008 年 7 月，香港紅十字會與德陽市殘疾人聯合會，以及德陽市紅十字會合作開設「德陽市殘疾人聯合會香港紅十字會康復及假肢中心」（德陽康復及假肢中心），為地震傷患及其家屬提供一站式跨專業康復服務，包括骨科醫療、假肢矯形、物理治療、職業治療、心理服務、社會康復和短期住宿服務。同年 9 月，香港紅十字會在北京與中國紅十字會及中國殘疾人聯合會達成合作協議，未來五年投入 5000 萬元人民幣，作為德陽康復及假肢中心的成立及五年運作經費，並從香港提供所需的技術支援。

就汶川地震的救災工作，香港紅十字會共收到約 13 億元指定捐款，在 6 個受「5.12 四川地震」影響地區（四川、陝西、甘肅、寧夏、雲南和重慶）進行賑災、災後重建、社區恢復、備災及康復等工作。截至 2017 年 12 月，香港紅十字會實際支出 11.4 億元，佔捐款總數 87%。

2. 樂施會

樂施會於 2008 年 5 月 13 日宣布，撥出 1200 萬元支援內地救助地震災民，以及災區重建工作，並呼籲香港公眾人士積極捐款。

同年 5 月至 7 月，樂施會在四川、甘肅、陝西三省開展緊急救援項目，包括提供急需的基本居住設施和日常生活用品；地震後的疾病防治和傳染病控制工作，包括與四川大學華西公共衛生學院合作，派出 260 名專業醫護人員志願前往災區進行公共衛生和防疫工作；地震後的臨時學校建設，工作包括和四川教育基金會，理縣和茂縣教育局合作，在地震發生兩個月內建造了 7 所具有防震功能的臨時學校。同年 6 月，樂施會在成都成立災後救援與重建項目辦公室，負責實施四川災區的緊急救援及災後重建項目。樂施會在三省的緊急人道救援工作至 2009 年 3 月正式完成，合共支持 17 個項目，投入共 2500 萬元，125 個受災社區中超過 63 萬人次獲得援助。

緊急救援以外，樂施會 2008 年 8 月啟動災後重建項目，並於同年 10 月制定為期五年的汶川地震災後重建策略規劃，目標通過與政府、本土民間組織、大學及受災社區合作，應用參與式的項目管理模式，幫助社區的受災群眾恢復正常生活和災前生計水平，提高社區的可持續發展、防災及自我組織能力。

2009 年 1 月，樂施會與國務院扶貧辦（國扶辦）外資項目管理中心和中國國際扶貧中心，簽訂《開展汶川地震貧困村災後恢復重建試點項目框架協議》，進行災後重建及修復工作，是國扶辦繼與聯合國開發計劃署（UNDP）合作進行災區重建工作後，再次與國際民間機構合作的災後重建試點。在該協議下，樂施會在四川、甘肅和陝西的受災縣，選擇 80 個村開展災後重建。

2013 年 4 月中，樂施會發表《5.12 汶川地震五周年樂施會工作報告》，向公眾匯報汶川災後重建項目。同年 12 月底，樂施會在四川的汶川地震災後重建項目全部結束。截至 2013 年 12 月，樂施會在四川、陝西、甘肅三省共開展 228 個緊急救援和災後重建項目，受惠人次逾 85 萬。樂施會為汶川地震共籌得 1.72 億元捐款，是樂施會在香港為全球人道救援工作籌款的最高紀錄，該會為汶川救援及重建籌募到的專項基金，悉數使用。

3. 香港世界宣明會

香港世界宣明會於 2008 年 5 月 13 日宣布，撥款 300 萬元捐助四川地震災區，並設立「賑災戶口」向公眾募款，通過世界宣明會—中國在四川省、陝西省及甘肅省等受災地區進行緊急救援行動，工作包括糧食、帳篷、棉被及灶具發放，以及兒童保護工作、教育和醫療衛生活動。

2008 年 9 月，宣明會宣布其工作重點從緊急救援過渡到災後重建。在重建工作中，據宣明會的年報資料顯示，該會為有需要的災民及師生提供棉被、棉衣、回風爐、燜燒鍋及彩條布等物資抵禦寒冷天氣，並參與重建在地震中被摧毀的社區設施，包括學校、衛生院、民房、飲水設備及公路等項目。在衛生方面，在災區配置太陽能熱水器，為衛生院供應必要的設備，並與當地的醫療人員合作進行衛生常識教育及提供基本的醫療服務。因應殘障人

汶川地震後,樂施會在成都建立救援物資儲存貨倉,並在多個地區建立供應商儲存網絡,將救援物資運抵災區。(樂施會提供)

2008年汶川地震,宣明會在災區設立兒童天地,讓當地兒童學習和玩耍。(世界宣明會提供)

士的需要，與當地伙伴合作，為醫護人員進行訓練，向有需要的家庭提供輔助器具，並向因災致殘的人士配置輔具。除基本物資發放以及社區設施建設外，宣明會為有需要的板房學校建圍柵及鋪設石板地，為受災學校提供教育設備及物資如課桌椅、書本、書架、體育用品和音樂器材等。宣明會並舉辦防災減災活動，加強兒童對未來災害的應變能力，亦支持學校在災區舉行各類兒童活動，幫助受災兒童舒緩情緒。

至 2012 年，宣明會宣布對汶川地震開展的救災及重建工作踏入尾聲，項目共幫助逾 236 萬人恢復正常生活及生計。宣明會展開覆蓋四川、陝西、甘肅和寧夏這 4 個受災最嚴重省級行政區共計 82 個縣、市、區的工作，投入資金約 3.623 億元人民幣。

4. 救世軍

地震發生後，救世軍開設籌款戶口，香港總部及內地辦公室團隊，於 2008 年 5 月 15 日出發前往四川災區評估災情。5 月 16 日，救世軍籌組屬下社會服務單位和公眾人士，在香港、九龍、新界的四個地點，包括尖沙咀天星碼頭、觀塘、沙田和中環進行街頭募捐，支持四川地震救援工作。

2008 年 5 月 21 日，救世軍宣布為確保災區有清潔食水，當地救災人員能安全搬移遇難者，救世軍撥款 400 萬元，經當地政府設立的慈善總會派發淨水丸、口罩、保護衣、橡膠及勞工手套，確保衛生。22 日，救世軍人員再次抵達四川北川市，參與第二批派發救援物資工作。

2008 年，救世軍向災區提供緊急救援服務，包括運送救援物資。（救世軍港澳軍區提供）

災後重建方面，救世軍集中在什邡市、綿竹市及羅江縣進行重建工作，重點包括醫療、衛生及復康、教育及培訓、基礎建設及農業與生產等範疇。此外，救世軍港澳軍區於 2009 年 10 月獲香港政府「支援四川地震災區重建工作信託基金」撥款 10,740,600 元，支援羅江縣人民醫院救護車項目、羅江縣萬安鎮康復中心項目、羅江縣金山鎮 17 個村衛生站，以及設備建設項目和羅江縣御營鎮衛生院醫療設備項目（見表 18-2-2）。

5. 聯合國兒童基金會

2008 年 5 月 13 日，聯合國兒童基金會香港委員會宣布，向地震災區提供 200 萬元援助。在緊急援助階段，聯合國兒童基金會協同相關政府部門等合作伙伴，啟用救災應急機制，向災區輸送藥品、醫療設備、帳篷教室、基本教學物資、淨水設備和個人衛生用品等緊急賑災物資。聯合國兒童基金會還與政府合作伙伴一起向災區兒童及其家人提供社會心理援助，並為中國政府制定災後重建規劃策略提供建議。

在災後重建階段，聯合國兒童基金會重點支持當地的社會服務工作者的能力培養，改善為兒童所提供的各項服務機制和質量。在汶川地震發生後的三年間，聯合國兒童基金會為受汶川地震影響的災區兒童，以及其家人提供總價值接近 4200 萬美元（約 3.3 億元）的物資、技術和項目援助。當中，聯合國兒童基金香港委員會合共為川震重建項目撥捐逾 1.5 億元。

6. 香港賽馬會

汶川大地震發生後，香港賽馬會緊急捐款 3000 萬元支援緊急救災工作。賽馬會同年 7 月宣布捐款 10 億元，用於四川災後的援建項目。

2008 年 11 月 7 日，香港賽馬會與四川省政府簽訂備忘錄，協議以約 4.01 億元人民幣開展四項援建項目，協助災區重建學校及醫院設施，使每年約 17,000 名住院病人、26 萬至 35 萬名門診病人及 10,000 名學生受惠。

2010 年 8 月 20 日，香港賽馬會先後與四川省政府簽訂協議，以 3.43 億元人民幣開展三個新項目，協助重建職業訓練和復康設施，為超過 15,000 人提供全面的復康及心理輔導服務。

在援建項目中，馬會撥備約 2500 萬人民幣，聘請國際工程顧問及醫療復康顧問，並調派馬會工程人員，為當地工程監理及四川省發展和改革委員會提供專業意見，包括為硬件建設工程的規劃、設計、招標、施工、監察和器材設備購置等各個工序提供專業意見；為軟件培訓工程以及復康醫療設備的選購和設置，提供獨立專業評估和專家意見，確保培訓項目和器材的質量和適用性。

香港賽馬會與四川省港澳辦在 2015 年簽訂諒解備忘錄，同意在撥備的 10 億元款項中，將剩餘資金用於四川援建項目的持續發展上，目的在於提升各項目的長遠功能發揮，以及深化川港的合作與交流（見表 18-2-5）。

表 18-2-5　香港賽馬會四川災後的援建項目

項目名稱		開支（人民幣）	項目詳情
2008 年 11 月起開展項目	綿陽市第三人民醫院香港馬會醫學綜合樓	0.80 億元	重建心理危機干預綜合樓 20,000 平方米、加固維修房屋 1800 平方米，以及維修、購置震損醫療設備 48 套。
	綿陽市游仙區忠興鎮香港馬會初級中學	0.37 億元	重建校舍建築面積 12,984 平方米、體育場地建築面積 6500 平方米，以及採購設備圖書等。校內亦加建無障礙設施，以方便殘疾青年人入讀。
	德陽市香港馬會第五中學	1.49 億元	新建校面積 58,050 平方米，包括教學樓、實驗樓、食堂、學生宿舍和圖書館，以及室外運動場等；新建體育館面積 16,000 平方米。馬會捐款亦協助該校購置儀器設備 5860 套和圖書 157,500 冊。
	四川香港馬會奧林匹克運動學校	1.35 億元	學校是四川省首間同類型學校，以吸納和培訓四川省以至全國青少年運動人才，打造成國內頂尖的運動教育機構為目標。
2010 年 8 月起開展項目	雅安職業技術學院	0.90 億元	興建位於青年路校區的學生宿舍、圖書綜合樓、實驗實訓樓及體育運動場地。
			馬會與學院簽訂校企全面合作框架，在人才培養方面展開合作。
	四川大學—香港理工大學災後重建與管理學院、香港馬會災害管理中心	2.00 億元	全國第一所針對自然災難進行「防災、減災、災後重建」研究的最高學府。
			總建築面積 25,500 平方米的校舍建設、具國際水準的災害相關實驗室設立，首階段的博士、碩士和本科教育，社會實踐和服務基地以及香港馬會災害科技研究中心建設。
	四川省八一康復中心	0.53 億元	支援康復中心開展一系列復康項目，包括購置設備（康復車輛）、物資的捐贈（藥品等）、人才培訓、為殘疾人士提供醫護、復康及輔導服務。
諮詢國際項目顧問及醫療復康顧問以及調撥賽馬會工程師開支		0.25 億元	不適用
應急預算		1.01 億元	不適用

資料來源：　1.〈馬會在四川援建項目竣工後繼續支援災區重建〉，香港賽馬會網站，2016 年 5 月 17 日發布，https://corporate.hkjc.com/corporate/corporate-news/chinese/2016-05/news_2016051701810.aspx
　　　　　　2. The Hong Kong Jockey Club, "HKJC's post-earthquake reconstruction projects in Sichuan: Fact Sheet", 20 August 2010.

2012 年 4 月 23 日，四川香港馬會奧林匹克運動學校開學。該校由香港賽馬會出資 1.35 億元人民幣援建，是「體教結合」的新型學校。（新華社提供）

注釋

1　1980 年 10 月，國務院批准對外經濟貿易合作部、民政部和外交部提出請示，確定可適當爭取聯合國救災署的援助，可及時提供災情（包括組織報道），情況嚴重亦可提出援助的要求。次年更改方針為「不主動提出和要求援助，對方主動提供援助又不附加先決條件，可以接受」。至 1987 年 6 月，國務院批准《關於調整國際救災援助方針問題的請示》，明確規定「有選擇地積極爭取國際救災援助」，遇重大災情可通過聯合國救災署向國際社會提出救災要求，局部災情在「有關國際組織和友好國家主動詢問」下可表示接受救災援助意向。

2　分類參見嚴雙軍、張希昆：《中國大洪災：1991 年中國特大洪澇災害紀實》（北京：地震出版社，1993），頁 346。

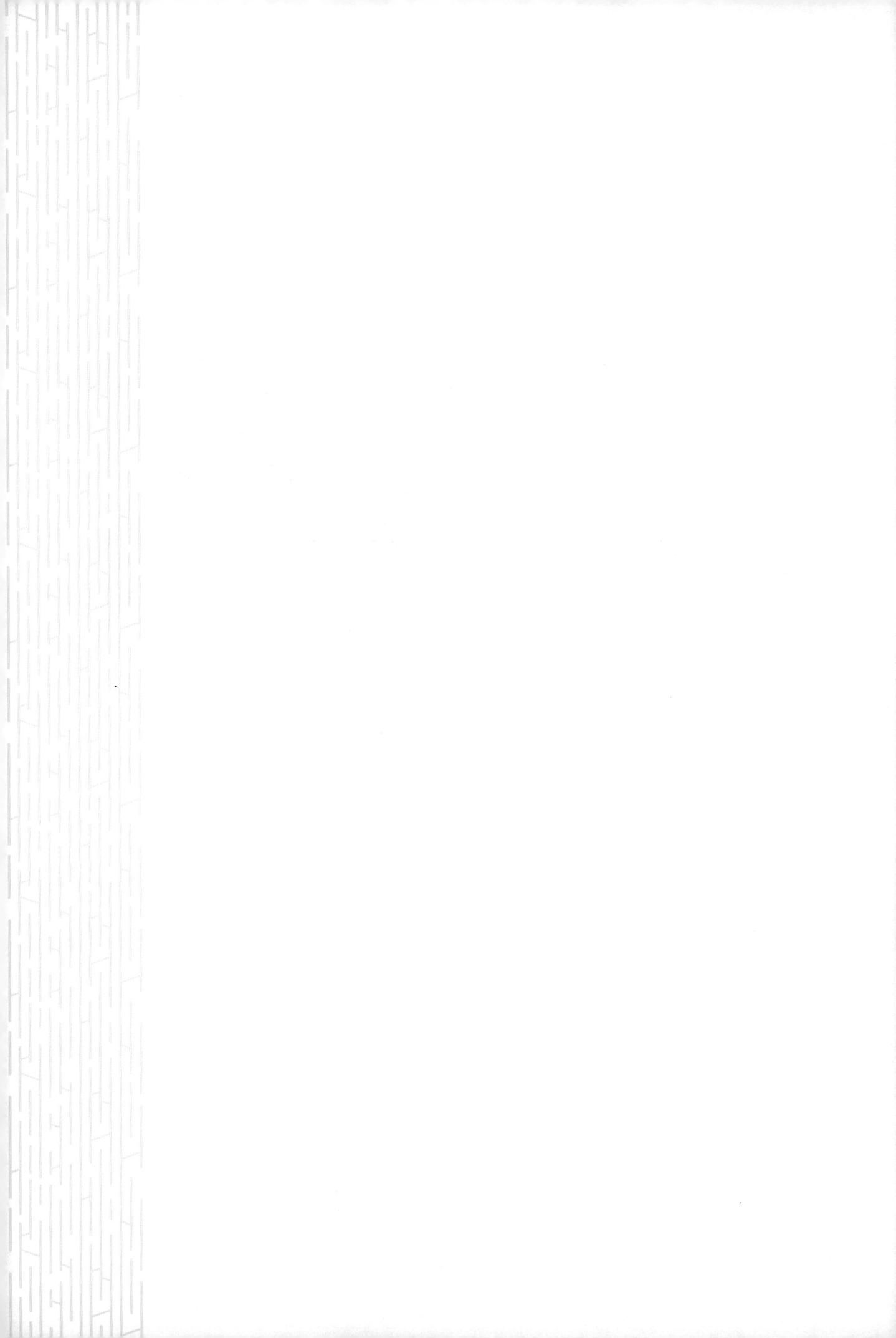

第十九章
體育

參與體育界活動和事務的港商霍英東，自 1970 年代開始在國際體壇溝通斡旋，協助中國恢復在國際體育組織特別是國際奧林匹克委員會（國際奧委會）的合法席位。

1978 年國家實行改革開放後，在霍英東、霍震霆父子等人士助力下，中國先後重返國際足球協會（國際足協）、國際奧委會等國際體育組織。霍英東、曾憲梓等香港商人在內地捐建體育設施、發獎金鼓勵優秀運動員，為改革開放初期國家體育運動發展創造條件。北京申辦舉辦奧運會、亞運會等大型體育活動，香港相關人士均參與其事，除霍氏父子、朱樹豪等人參與對外游說工作，支持國家申辦奧運，香港環保專家廖秀冬、香港賽馬會等專業人士與機構也為活動的成功舉辦作出貢獻。

此外，國家實行改革開放，香港亦協助內地推動高爾夫球與賽車運動的興起和發展。另一方面，一批內地運動員、教練員相繼來港，加入香港體育界，提升港隊實力，並促進了兩地體育交流。

第一節 協助重返國際組織

中國奧林匹克委員會（中國奧委會）於 1958 年 8 月宣布斷絕與國際奧委會的關係，並在 1958 年 6 月至 8 月間先後退出游泳、田徑、籃球、舉重、射擊、摔跤等 15 個國際單項體育組織，以抗議國際奧委會主席布倫戴奇製造「兩個中國」政策。直至 1971 年「乒乓外交」開啟中美關係正常化歷史性進程，以及中華人民共和國恢復在聯合國的合法席位，為國家重返國際體壇提供有利外部條件。

霍英東自 1970 年代開始，透過在國際體育組織任職的身份，協助中國體育界重返國際社會。1973 年 11 月，中國恢復亞洲運動會聯合會的成員資格，並於翌年首次參加亞運會，香港業餘體育協會暨奧林匹克委員會會長沙理士、霍英東被視為主力推動者。[1] 中國自 1974 年起陸續重返亞洲足球協會（亞足協）、亞洲籃球聯合會和國際籃球聯合會等國際體育組織，得到霍英東、程萬琦等人的助力推動。

1979 年 1 月 1 日，全國人民代表大會常務委員會（人大常委會）發表《告台灣同胞書》，號召兩岸統一並通航通郵，中國在國際體育組織中對台方針同步作出改變，一方面堅持一個中國原則，同時允許台灣地區體育組織作為中國的一個地區組織，參加國際體育組織及其活動，為中國恢復在國際奧委會以及國際體育組織的合法地位創造條件。此後，中國陸續恢復在國際單車聯盟、國際足協等世界各單項體育組織以及國際奧委會的合法會籍，香港體育界人士在當中亦扮演助力角色。[2]

一、國際單車聯盟

1979 年 8 月，中國自行車協會秘書長魏紀中與香港單車聯盟代表霍震霆前往荷蘭馬斯特利赫特，參加國際單車聯盟會議。霍震霆與魏紀中商討，確定向會議提出的方案，由霍震霆作為香港單車聯盟代表，聯合其他代表向大會提出提案，要求恢復中國在國際單車聯盟的合法席位，台灣在改名、改旗、改歌等條件下，可參加國際單車聯盟。抵達馬斯特利赫特後，霍震霆和魏紀中分別找各國代表做游說工作，介紹推廣香港提案。會議當天，中國並沒有參加會議資格，霍震霆在會場內與眾與會者辯論，解答提問，最終，提案以一票的微弱優勢獲得通過。這是台灣在改名、改旗、改歌的前提下，繼續參與奧林匹克運動和國際體育組織的方案首次正式出現，以解決中國恢復國際體育組織會籍問題。

二、國際足球協會

中國 1974 年重返亞足協後，霍英東繼續穿梭瑞士蘇黎世總部和各國之間，與國際足協高層及會議代表聯絡，邀請國際足協高層訪問北京並陪同遊覽，通過國際足協會議進行斡旋，爭取支持。

在 1978 年 5 月國際足協阿根廷會議前，霍英東聯同科威特足協代表艾哈邁德·薩阿敦，以及來自伊朗的亞洲足球協會執行主席坎比茲·阿塔巴伊等人，以伊朗的名義起草《恢復中國在國際足協合法席位及驅蔣提案》，提交大會討論；另一方面，分別在香港與國際足協副會長阿特米奧·弗蘭基、於巴黎與愛迪達（adidas）總裁霍斯特·達斯勒等人會面，爭取並得到他們的支持，惟大會的決議，遭隨後的執委會否決。

1979 年 5 月，霍英東赴瑞士蘇黎世出席國際足協執委會議，促請國際足協主席夏維蘭治在處理中國入會問題時以簡單多數票方式表決。會上，夏維蘭治發表聲明，冀在 1980 年解決中國入會問題。三個月後，霍英東、霍震霆、霍震霆的夫人朱玲玲陪同夏維蘭治率領的國際足協訪問團到北京，商談中國入會問題。夏維蘭治一行返國途經香港，霍英東邀請他們到其家裏作客，並邀請夏維蘭治為香港足球總會新會址主持開幕禮。

1979 年 10 月 12 日，中國奧委會副秘書長何振梁，聯同霍英東、霍震霆父子等人訪問瑞士蘇黎世國際足協總部，與主席夏維蘭治及秘書長凱瑟商談。翌日，國際足協執委會在瑞士蘇黎世作出決定，恢復中國足球協會在國際足協的合法權利，並要求台北的足球協會改名為「中國台北足球協會」，不可使用「中華民國」的任何標誌，以彰示一個中國原則。

1980 年 7 月 7 日，國際足協第 42 屆大會通過國際足協執委會作出恢復中國在國際足協合法權利的決定。

三、國際奧林匹克委員會

1974 年初，鄧小平向國家體育運動委員會（國家體委，現國家體育總局）主任王猛提出，要恢復中國在國際奧委會的合法席位。

1979 年 1 月 1 日，全國人大常委會發表《告台灣同胞書》，中國允許台灣地區體育組織作為中國的一個地區組織，參加國際體育組織及其活動後，中國先後恢復在國際單車聯盟和國際足協的合法權利。

1979 年 10 月 25 日，國際奧委會執委會在日本名古屋舉行會議，正式作出恢復中華人民共和國在國際奧委會中合法席位的決議。11 月 26 日，經國際奧委會全體委員通訊表決，決議以 62 票贊成，17 票反對，1 票棄權，1 票廢票獲得通過。此後，游泳、田徑等國際體育組織相繼恢復中國的合法席位。

中國奧委會前秘書長魏紀中指出，「中國恢復在國際奧委會席位的鬥爭中，霍先生（霍英東）應該說是個大功臣」。[3] 國際奧委會前副主席何振梁在《重返五環》一書中記述，從 1951 年準備參加 1952 年赫爾辛基奧運會開始，中國在國際體育界經歷 28 年的鬥爭，終於恢復了在國際奧委會的合法席位。「在亞洲，出力最多的是香港朋友霍英東。」

四、國際羽毛球聯合會

在中國提出加入國際羽毛球聯合會（國際羽聯）多次被拒後，霍英東於 1977 年在香港舉辦國際羽毛球邀請賽，邀請尚未在國際羽聯恢復合法席位的中國隊參賽。其後，他於 1978 年 2 月 25 日在香港成立新的世界羽毛球聯合會（世界羽聯），總部設在中環畢打街的公司。隨後，霍英東派遣霍震霆前往泰國，邀請泰國前副總理他威出任會長職務，還聘請一位專職秘書（郭國鍾），並承擔辦公室的一切費用。成立世界羽聯後，霍英東父子廣邀亞洲、非洲、拉丁美洲業內人士來港，爭取他們對中國的支持。霍英東的夫人馮堅妮和兩個女兒都參與世界羽聯的工作。

1978 年 11 月，世界羽聯在曼谷舉辦第一屆世界羽毛球錦標賽，霍英東贊助四萬美元。1979 年 6 月，世界羽聯舉辦的第一屆世界盃賽暨第二屆世界羽毛球錦標賽，賽事在杭州舉行。

這些賽事的舉辦，與國際羽聯形成競爭。在多方建議兩個組織合併的輿論共識下，國際羽聯向外透露願意與世界羽聯聯合的意向。

1980 年 5 月，在雅加達世界羽毛球錦標賽舉辦期間，霍英東、國家體育運動委員會國際司副司長朱仄等人代表世界羽聯，赴印尼萬隆與國際羽聯的代表舉行會談。

1979 年 6 月，世界羽聯舉辦的第一屆世界盃賽暨第二屆世界羽毛球錦標賽在杭州舉行，有 18 個國家及地區代表團參賽。圖為世界羽聯名譽主席霍英東向獲得世界羽聯第一屆世界盃女子團體賽冠軍的中國隊頒發獎杯。（新華社提供）

1981 年，霍英東邀請世界羽聯和國際羽聯的代表到香港，就兩個國際羽毛球組織是否合併的問題進行會談。經過磋商，雙方的分歧縮小，並同意在適當的時候合併。

1981 年 3 月，國際羽聯以 57 票對 4 票通過合併決定，同年 5 月 26 日於東京舉行的國際羽聯年會上正式宣告合併，中國重返國際羽聯。霍英東被推選為國際羽聯名譽主席。

第二節 支持舉辦國際賽事

一、參與申辦奧運會

1991 年 2 月 22 日，北京提出舉辦 2000 年第 27 屆奧林匹克運動會的申請，並於同年 4 月 1 日成立申辦委員會（奧申委）。

霍英東、霍震霆父子聯同香港其他各界人士支持國家申辦奧運會。1992 年，霍英東在西班牙巴塞羅那觀看第 25 屆奧運會期間宣布，北京若能夠成功申辦 2000 年奧運會，他出資捐

建一座可容 10 萬人、建造成本約 10 億元的奧運會主場館。霍氏父子並向國際奧委會執行委員會進行游說。

1992 年下半年,香港精英廣告公司主席、中國精信廣告公司董事長紀文鳳自薦協助策劃北京申辦奧運的公關工作。1993 年 2 月 5 日,香港精英廣告公司正式獲奧申委委託,參與申辦奧運的公關宣傳工作,並於 2 月 10 日,提交「全港支持北京申辦奧運會 2000 大行動計劃書」。[4] 同年 3 月 4 日,香港商業電台發起的「全港支持北京申辦奧運 2000 大行動」拉開序幕,行動獲得香港工會聯合會、汽車交通運輸業總工會及其他港九新界的士小巴工商團體等 42 個機構的支持,香港加德士有限公司、埃索石油香港有限公司、香港蜆殼有限公司贊助印製大量支持北京申辦 2000 年奧運的旗幟,遍插在全港小巴和的士天線上。成龍、張學友等一班演藝界代表亦參與響應,把支持旗幟插在其私家車天線上,呼籲全港駕車人士參與。

3 月 5 日,國際奧委會成員抵港,準備前往北京考察,翌日《南華早報》以四頁篇幅登載香港支持北京申辦 2000 年奧運的特刊。5 月 2 日,香港青年聯會、傑出青年協會、香港青年商會等 14 個青年團體聯合發起的香港青年支持北京申辦 2000 年奧運會步行活動在香港體育學院舉行,活動獲香港謝瑞麟珠寶有限公司贊助 30 萬元,有 1.3 萬餘名香港市民參加。

1993 年 6 月,霍英東在應邀出席在洛桑的奧林匹克博物館開館儀式之際,將國際奧委會主席薩馬蘭奇贈予他的奧林匹克火炬轉贈給北京市政府,作為對北京成功申辦的祝福。同年 9 月,霍英東夫婦、霍震霆夫婦參加北京申辦城市代表團赴摩納哥國際奧委會 101 次全會的活動,為北京申辦奧運做最後的游說努力。一行 193 人的中國代表團中,包括霍英東、霍震霆在內的海外企業家有 13 人。霍英東以中國代表團顧問身份到場參加游說工作。霍英東父子連續兩晚在蒙地卡羅招待內地記者以及申辦代表團 13 位運動員,並預先在香港《文匯報》等報刊訂廣告位,慶祝北京申辦成功。9 月 23 日投票當晚,香港兩家電視台無綫電視和亞洲電視對蒙地卡羅的情況作通宵現場直播,本港台、翡翠台、明珠台分別推出《奧運 2000 花落誰家》等晚會節目。香港三家電台也製作專輯,支持北京申辦奧運。在 9 月 23 日國際奧委會第 101 次全體會議最後一輪投票中,北京最終以兩票之差(43 票對 45 票)敗給澳洲悉尼。

這次申辦奧運會未能成功。其後,於 1998 年 11 月 25 日,北京市正式宣布申辦 2008 年奧運會。霍震霆參與協助北京申奧。根據國際奧委會規定,國際奧委會委員們不能到申辦城市訪問,霍震霆邀請委員到香港、廣東參觀,展示中國發展面貌。原中國奧委會秘書長魏紀中後來接受傳媒訪問表示,「霍震霆為成功申辦 2008 年奧運會付出了很多,他帶領委員們參觀香港、廣東起到了很大的作用」。[5]

北京再次宣布申奧後,香港實業家朱樹豪隨即以民間體育大使角色,穿梭於歐美各國,為北京做宣傳推廣,並獲北京奧申委邀請委任特邀顧問。

1993 年 9 月 23 日，北京申辦城市代表團顧問霍英東（左一）與長子霍震霆（左二）和國際
足協主席夏維蘭治（右一）在摩納哥蒙地卡羅舉行的國際奧委會 101 次全會前交談。會議就
2000 年奧運主辦城市一事進行表決。（新華社提供）

2000 年 2 月，北京奧申委確定，由內地藝術家陳紹華、韓美林聯同香港設計師靳埭強共同
創作的標誌圖案，作為北京 2008 年奧申委會徽。靳埭強作為專家參與評選工作。同年 10
月 26 日，香港影星成龍成為北京申奧形象大使，並於當晚與內地導演張藝謀在北京電影製
片廠 1 號攝影棚拍攝「龍人形象」申奧宣傳片。11 月 3 日，北京市市長、北京奧申委主席
劉淇在香港代表北京奧申委，聘請包括霍英東、李嘉誠、曾憲梓、李兆基、鄭裕彤、郭炳
湘、陳經綸、郭鶴年、馮國經在內的 11 位港澳知名人士為北京奧申委顧問。同日，特區行
政長官董建華在宴請劉淇時表示，香港特區全力支持北京申辦 2008 年奧運會，並致送一座
銅馬像祝願北京申辦成功。

從 2000 年 11 月開始，朱樹豪先後飛往美國、英國、瑞士、荷蘭、西班牙，拜訪十多位專
家、奧運贊助商及國際奧委會官員，對國際奧委會評審委員會主席、申辦城市評估團團長
維爾布魯根等重要人士進行公關游說。回港後，朱樹豪向北京奧申委提交一份長達 50 頁的
報告，反映國際意見。

此外，朱樹豪邀請全球申奧專家組成國際專家顧問團，在一年多時間裏，以國際視角對申
辦策略、硬件準備、形象設計、公關宣傳、申辦報告、市場策劃、賽事管理、人員培訓、
危機處理等各申辦環節，提出意見。2001 年 1 月，顧問團向北京奧申委遞交《策略建
議》。同年 2 月，國際奧委會評估團訪問北京前夕，顧問團又將每位評估團成員的資料分
析，提供給北京奧申委參考。

2001 年初，在北京奧申委主辦的申奧主題招貼徵集活動中，香港設計師劉小康和陳幼堅的作品入選五款優秀作品。

自 2001 年上半年起，香港各界舉辦多種活動，支持北京申奧，包括香港中國企業協會舉辦有逾 800 名中企員工及家屬參加的奧運環山步行活動；坪洲舉辦龍舟賽、足球賽；香港郵政與中國集郵總公司合作推出紀念封、小版張郵票；民政事務局、港協暨奧委會、康體發展局與大專體育協會聯合主辦「支持北京申辦 2008 年奧運會」簽名會活動等。特別是港協暨奧委會，由會長霍震霆去信國際奧委會主席薩馬蘭奇，申明香港支持北京申奧。

2001 年 5 月，霍震霆在日本舉辦的大阪東亞運動會期間，邀請國際奧委會成員與他會面，藉此介紹北京申奧的優勢，同時港協暨奧委會舉辦中、小學徵文比賽等一系列支持申奧的活動，是年舉辦的奧運歡樂跑活動也以「全力支持北京申辦 2008 年奧運會」為主題。

此外，香港環保專家廖秀冬 2001 年加入奧組委，擔任環境顧問，並擔當 2001 年北京申奧期間環境保護的主陳述人。在莫斯科申奧陳述大會上，國際奧委會委員向北京代表團提出共 11 個問題，其中環境保護問題佔一半，皆由廖秀冬應答。

2001 年 7 月 13 日投票當晚，香港特區政府及體育界於九龍公園合辦「活在香港 全民打氣」支持北京申辦 2008 年奧林匹克運動會大型綜合晚會，同時新界林村舉行千人祝願晚會，廣東社團總會和福建社團聯會在灣仔華潤大廈 50 樓舉行「香港是我家」香港各界盼望北京申奧成功茶會，九龍總商會等多個團體於尖沙咀文化中心露天廣場舉行大型團體表演活動，20 多個青年團體也聚集在北角敦煌酒樓等待申奧消息。無綫電視、亞洲電視和有線電視等多個電台及電視台也製作播出申奧特別節目並直播國際奧委會投票情況，顯示香港各界對國家能夠成功申奧的熱切期盼。

中國第二次申奧，年近 80 歲的霍英東未親赴莫斯科參加國際奧委會第 112 次全會。擔任港協暨奧委會會長的霍震霆和香港武術運動員李暉參與國際奧委會投票前的游說拉票。7 月 13 日，北京以 56 票取得 2008 年奧運會主辦權。

時任奧申委副秘書長的張清説，「海內外一大批企業家對我們的申辦工作提供了巨大的支持，特別是我們體育界的老朋友 —— 霍英東、霍震霆父子對北京申辦注入了極大的熱情，在一線主動做國際奧委會委員的工作。不少領導同志感慨地説，有霍家父子相助，猶如我們又增加了兩位國際奧委會委員」。[6]

2001 年 7 月 12 日，五個 2008 年奧運會申辦城市的代表團在莫斯科斯拉夫飯店舉行新聞發布會。圖為北京奧申委舉行新聞發布會，左起：環境顧問廖秀冬、秘書長王偉、秘書長屠銘德、運動員代表鄧亞萍及體育主任樓大鵬。(新華社提供)

二、參與協辦國際賽事

1. 參與協辦首屆女足世界盃

1988 年 7 月，國際足協致函中國足球協會，建議首屆女足世界盃於 1991 年 11 月在廣東省舉行，但中國足協基於資金問題一度考慮放棄，後獲霍英東為賽事贊助經費，並擔任第一屆女足世界盃中國籌委會名譽主任。

1990 年，霍英東資助 570 萬元用於對廣東省人民體育場進行大規模改建，包括在東西看台加蓋風雨篷、觀眾席增設塑膠椅墊、田徑場鋪塑膠跑道、改造電子顯示屏和音響設備，使之成為一座標準的現代體育場，迎接配合 1991 年首屆女足世界盃在廣東舉行。此外，霍英東捐款 350 萬元重建佛山新廣場體育館，捐資中山市 700 萬元修建體育場，作為女足比賽場館。

首屆女足世界盃於 1991 年 11 月如期在廣州舉行。霍英東為首場中國隊對挪威隊的比賽開球。

第一屆國際足協女子足球世界盃 1991 年 11 月在廣州舉行。圖為季軍戰瑞典對德國，賽事於 11 月 29 日在獲霍英東資助改建的廣東省人民體育場舉行。（Tommy Cheng/AFP via Getty Images）

2. 參與協辦亞運會

1984 年北京成功申辦 1990 年第 11 屆亞運會，這是中國重返奧運舞台後舉行規模最大的體育活動。霍英東 1986 年捐出 1 億元在亞運村興建國家奧林匹克體育中心游泳館（英東游泳館），以及投資 2400 萬美元與北京飯店合資興建一家高級酒店 —— 貴賓樓，以接待亞洲各地前來參觀北京亞運會的嘉賓。

1989 年 12 月，英東游泳館建成，是當時亞洲最大的游泳館，佔地面積 6 萬平方米，建築面積 3.76 萬平方米。地下一層為設備用房；地上首層為運動員訓練、郵電通訊、記者工作等用房；二層為觀眾休息廳、貴賓室、廣播室、電視轉播室等；三層為觀眾席，看台可容納觀眾 6100 人。比賽大廳設有 50 米長標準游泳池和 5.5 米深跳水池各一座；另設有準備池和放鬆池。1990 年 9 月 8 日，第 11 屆亞運會組委會在國家奧林匹克體育中心舉行英東游泳館命名儀式。[7] 中央政治局委員、國務委員李鐵映向霍英東頒發體育事業貢獻獎。

1990 年 9 月，貴賓樓開業。在亞運會期間，亞洲運動會組織委員會租下酒店 217 套客房中的 190 套，亞奧理事會的理事、國際奧委會的官員，包括奧委會主席薩馬蘭奇在內共 178 位貴賓全都住在貴賓樓，亞奧理事會第九次代表大會也在貴賓樓召開。

2004 年，廣州成功獲得 2010 年亞運會主辦權。2009 年 12 月 2 日，香港賽馬會（馬會）在廣州同第 16 屆亞運會組織委員會（亞組委）簽署《關於亞運會馬術比賽場建設、賽事技

術支撐和賽後利用相關合作事宜備忘錄》。馬會獲第 16 屆亞組委和廣州市政府授權，與廣州珠江實業集團有限公司合作成立廣州香港馬會賽馬訓練有限公司，負責從化亞運會馬術比賽場地的建設投資和賽後營運。此外，馬會還負責為亞運會馬術比賽提供專業諮詢和技術服務。第 16 屆亞組委授予馬會「第 16 屆亞運會馬術比賽項目重要貢獻機構」的名銜，以表彰馬會對廣州亞運會的支持。

從化亞運馬術場主要由中心比賽及訓練區、競賽配套功能區和馬廄區三大部分構成，馬術場地可舉辦馬術盛裝舞步、場地障礙賽和越野賽三個項目的比賽。

經香港特區政府漁農自然護理署、香港賽馬會與國家質量監督檢驗檢疫總局合作，從化馬匹無疫區於 2010 年 4 月 30 日獲歐盟委員會認可，列為與美國、加拿大、日本、香港同一動物衛生標準的 C 類地區。這是內地首個國際認可的「無規定馬屬動物疫病區」，範圍覆蓋香港至從化沿途地區。從化亞運馬場成為內地第一個能舉辦大型國際性馬術比賽的場所。

2010 年 9 月 16 日，第 16 屆亞組委與香港馬會簽訂《第 16 屆亞運會組委會與香港賽馬會關於亞運會馬術比賽賽事技術支撐備忘錄》和《第 16 屆亞運會組委會捐贈協議》。根據備忘錄與協議，馬會負責亞運會馬術項目馬匹的入境後運輸、馬匹檢驗，提供賽事化驗所、場地維護、馬醫院、馬匹救護的人員和相關設備、馬房管理的人員和相關器械、競賽專用器材等技術服務，並向亞組委捐贈 3000 萬元人民幣用於馬術項目。

2010 年 11 月，廣州亞運會馬術比賽在從化舉行，這是內地首次主辦有境外代表隊自帶馬匹參賽的重大國際賽事。

3. 參與協辦 2008 年奧運會

2001 年北京申辦奧運成功翌日，霍英東向媒體表示，香港有條件協辦部分賽事。此後，港協暨奧委會會長霍震霆向國家體育總局提出要求，希望在帆船、乒乓球和馬術三個項目中選擇其一承辦賽事，最後獲確定為馬術。隨後，身為國際奧委會委員的霍震霆游說國際馬聯成員，並承諾讓馬術比賽的騎手運動員參加北京奧運會的開閉幕式，以為香港取得 2008 年奧運會馬術比賽的協辦資格。

2001 年北京申奧成功後，北京市政府決定接受港澳台及海外華僑華人的捐贈，用於建設一座奧運賽場。國家游泳中心「水立方」成為北京奧運會唯一由民間捐資建造的場館。霍英東於 2004 年 1 月 24 日透過霍英東體育基金會捐資 2 億元，資助「水立方」建設，是北京奧運場館建設中接受的最大一筆個人捐款。2005 年，曾憲梓為「水立方」捐款 1000 萬元。此外，李兆基、李嘉誠及屬下企業、楊孫西、鄭裕彤、郭炳湘等人也分別為「水立方」捐資，他們與其他地區的捐資華僑共 19 人，在奧運會開幕式翌日獲頒捐資共建功勳榮譽章。

2010 年廣州亞運會馬術比賽場地，由香港賽馬會負責建設投資和賽後營運的從化馬術場。（香港賽馬會提供）

由香港賽馬會為 2010 年廣州亞運會馬術測試賽提供的馬匹抵達從化馬術場。（香港賽馬會提供）

2005 年 7 月 8 日，國際奧委會在新加坡舉行的國際奧林匹克委員會第 117 次全會上，接納第 29 屆奧運會北京奧組委的建議，決定 2008 年奧運會和殘奧會的馬術比賽項目在香港舉行，這是奧運歷史上第二次由兩個不同地區的奧委會共同承辦。

2005 年 10 月 5 日，北京奧組委香港馬術委員會（奧馬委）正式成立。2006 年 2 月 15 日，第 29 屆奧林匹克運動會馬術比賽（香港）公司（奧馬公司）成立，作為奧馬委的執行機構。香港賽馬會負責設計和建造兩個比賽場地，6 月，香港奧運馬術比賽場（雙魚河和沙田）的改造工程開始動工，共斥資 12 億元並歷時 18 個月完成。同年 8 月 31 日，北京市副市長、北京奧組委執行副主席劉敬民和香港特別行政區民政事務局局長、香港奧馬委執行副主席何志平分別代表北京奧組委和香港特區政府，於北京簽署《關於舉辦第 29 屆奧運會和第 13 屆殘奧會馬術比賽安排》協議，香港正式成為 2008 北京奧運會協辦城市。奧馬公司從 2006 年 11 月開始招募志願工作者，最終有 1800 人參與奧運和 600 人參與殘奧會。

2008 年 8 月 9 日至 21 日，第 29 屆奧林匹克運動會馬術比賽於香港舉辦。13 日的比賽共吸引逾 15 萬名觀眾進場。來自 42 個國家奧委會的 197 名運動員和 218 匹馬來港參與奧運馬術比賽的三個項目共 13 場賽事，競逐六組獎牌。此次奧運馬術比賽共有 28 名亞洲運動員參與，中國隊和中國香港隊均有參加馬術比賽。

殘奧會馬術比賽在 9 月 7 日至 11 日的五天期間舉行。28 個國家殘奧委會派出共 73 名運動員和 71 匹馬參與共九場賽事，競逐 11 組獎牌。殘奧會的平均入座率達 56%，大幅超過過往殘奧馬術比賽的入座率。

2008 年北京奧運會馬術場地障礙個人賽於 8 月 15 日至 21 日在沙田奧運會馬術比賽主競賽場舉行。圖為中國運動員黃祖平於比賽途中策馬越過障礙，是首度有中國選手出戰此奧運項目。（新華社提供）

中國香港派出包括林子心（策馬者）在內四位運動員參與北京奧運馬術比賽項目的場地障礙個人賽及團體賽項目。（香港賽馬會提供）

2008 年北京奧運會香港區火炬接力同年 5 月 2 日舉行。圖為特區行政長官曾蔭權（右一）於尖沙咀文化中心外將火炬交予第一棒火炬手李麗珊（右三）。（南華早報出版有限公司提供）

在近一個月的時間內，200 多匹參賽馬匹安全和健康地抵港、離港，包括場地之間的轉移。香港接待運動員、技術和隨團官員等超過 3000 人次，接待媒體人員約 650 人。

為表彰馬會在興建場地以及在奧運比賽期間為馬醫院、賽事化驗所及其他設施提供支援等貢獻，北京奧組委正式授予馬會「北京 2008 年奧運會馬術比賽重要貢獻機構」的榮譽。

此外，廖秀冬作為北京奧組委環境顧問，參與奧組委規範性文件和工作規劃的編制以及建立環境管理體系、設計綠色奧運標誌、展示奧運場館環保亮點等方面的工作。香港作為北京奧運聖火進入中國的第一個城市，有 119 人參加香港的火炬傳遞。

第三節 引入體育項目

1978 年改革開放後，港商到內地投資體育設施，香港體育組織與內地合作，協助內地推動相應體育項目的發展。如香港商人投資興建的中山溫泉高爾夫球場，是內地第一個符合國際水準的高爾夫球場；1985 年香港汽車會聯合中國摩托車運動協會（摩協）發起第一屆香港—北京汽車拉力賽，開啟內地賽車運動的先河。

一、高爾夫球

1984 年 8 月 25 日，由霍英東、鄭裕彤在廣東省三鄉溫泉投資的中山溫泉高爾夫球場建成，為內地最早符合國際水準的高爾夫球場。同月，中山溫泉高爾夫球會正式成立。

霍英東聘請世界著名高爾夫球星阿諾・龐瑪主持設計、督建球場，建設符合國際標準球場。球場 1984 年正式啟用，長 6115 米，果嶺與水塘交織，因率先舉辦大型國際性高爾夫球賽 —— 登喜路盃太平洋區決賽（1988 年）而受到矚目。1993 年，另一位世界著名高爾夫球星積・尼告斯設計的球場落成使用。

球場建成使用後，霍英東委託香港本土首位華人職業高爾夫球手鄧樹泉組建內地第一支高爾夫球隊。1985 年 1 月，鄧樹泉在中山市三鄉桂山中學物色男女各九人組成中山高爾夫球隊，進行業餘訓練。畢業後僱為職工，邊工作，邊訓練。男隊員分別為鄭文君（後改名鄭文根）、肖成漢、譚國華、鄭洪濤、鄭金旦、朱小明、陳少江、陳家揚及伍錦江；女隊員分別為林燕媚、林少茹、黃麗霞、黃麗瑜、周佩霞、鄭少娟、鄭麗明、陳安娜及陸妙雲。此後，內地培養出中國第一批高爾夫球手。球隊一直堅持公益培訓青少年高爾夫球運動員，高爾夫球運動員梁文沖是其中一個學成的受益者。

1986 年 1 月 25 日至 26 日，「中山盃」職業／業餘國際邀請賽在中山溫泉高爾夫球會舉行，這是內地首次舉辦國際性高爾夫球賽。同年，球隊選拔出鄭文根、伍錦江、陳家揚、鄭洪濤四位男隊員代表中國參加亞運會。其中鄭文根取得中國選手的最好成績 —— 第 41 名。據中山市體委不完全統計，從 1986 年至 1995 年，球隊參加一系列國內外賽事，共獲第一名 30 個，第二名 16 個，第三名 11 個，其他名次共計 16 個，特別是參加 1994 年日本廣島亞運會，奪得女子團體亞軍、男子團體第四名。

二、賽車

1980 年代初，香港汽車會與中國摩協聯絡，並攜手探討香港—北京汽車拉力賽（港京拉力賽）的計劃。基於贊助商問題，直到 1985 年英美煙草公司與摩協簽約，首屆比賽得以確定，並於同年 9 月舉行。

第一屆港京拉力賽 1985 年 9 月 15 日拉開帷幕，36 輛賽車由香港尖沙咀新世界中心出發，由深圳入境，駛向終點北京。路線全長 3000 多公里，沿途地形多變，首屆冠軍由駕駛奧迪 Quattro A2 的 555 車隊主力車手米高拿奪得。中國車手盧寧軍駕駛「555 COLT LANCER」賽車獲得總成績第 21 名。

港京拉力賽拉開中國汽車運動的序幕。該項賽事前後舉辦過七屆，分兩個時間段：第一段

1986 年 1 月，「中山盃」職業／業餘國際高爾夫球邀請賽在由霍英東、鄭裕彤投資興建的中山溫泉高爾夫球會舉行，霍英東（右三）與香港首位華人職業高爾夫球手鄧樹泉（右二）合作出戰團體賽。（新華社提供）

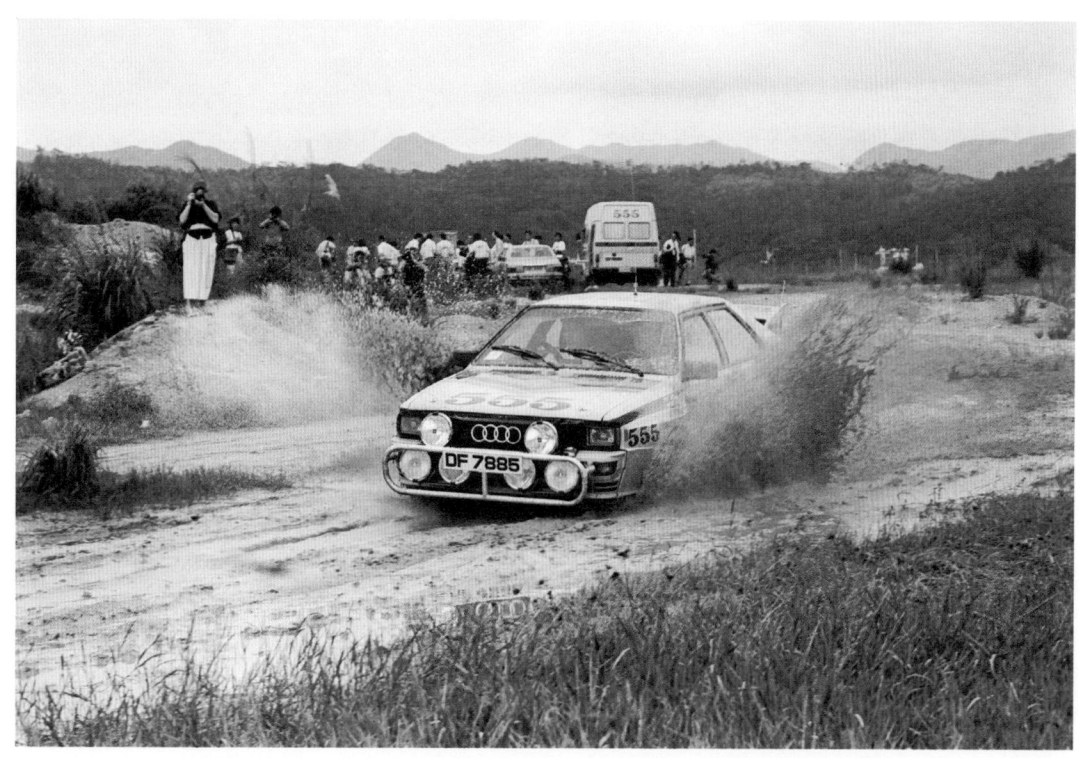

第一屆港京拉力賽於 1985 年 9 月舉行，是首次有拉力賽在中國舉行。圖為參賽車輛於賽前試車的情況。（南華早報出版有限公司提供）

1985 年 9 月 15 日，第一屆港京拉力賽參賽車輛於在尖沙咀新世界中心起步出發，駛向北京，群眾夾道圍觀。（南華早報出版有限公司提供）

是 1985 年至 1987 年；第二段是 1993 年至 1996 年。自 1994 年起，港京拉力賽被國際汽車聯會列為亞太拉力錦標賽的一站。同年，中國汽車運動聯合會正式成立，中國汽車賽車學校也在同年相繼成立，中國的汽車運動開始全面發展。

第四節 與內地體育交流與合作

一、體育人員交流

內地實行改革開放後，香港與內地體育交流逐漸加強，內地運動員和教練員來港人數增多。2006 年，香港特區政府推出優秀人才入境計劃，一批內地運動員通過優才計劃來港。內地運動員和教練員「南下」香港，促進了兩地體育交流，並為香港隊實力提升作出貢獻。香港方面，亦有向內地輸出體育人才的個案。

1. 內地人員來港

「國援」（內地運動員來港）是兩地體育交流的重要方式。1970 年代末期，香港乒乓總會開始招攬內地球手，來港代表香港出賽。1978 年，內地乒乓球手許素虹移民香港，抵埗兩

天，獲邀到香港乒乓總會打球，隨後通過測試進入港隊，兩個月後，代表香港出戰泰國亞運會，在女子雙打比賽取得銀牌。

1980 年代，陳盛興、李光祖、盧傳淞、陳江華先後來港。其中，盧傳淞於 1985 年第 38 屆世界乒乓球錦標賽（世乒賽）奪得男單季軍。女子隊方面，1988 年後，齊寶華、陳丹蕾、鄭濤相繼來港。齊寶華及陳丹蕾的雙打組合，被譽為「香港孖寶」，助港隊贏得多個獎項，包括 1989 年第 40 屆世乒賽女團季軍、1990 年北京亞運會女團季軍、1994 年廣島亞運會女團亞軍、1995 年第 43 屆世乒賽女團季軍等等。

步入 2000 年代，內地來港球員接連獲得佳績。2002 年釜山亞運會上，張鈺、帖雅娜獲混雙金牌。2003 年，張鈺及梁柱恩於國際乒聯職業巡迴賽總決賽獲得男雙銀牌。第二代「乒乓孖寶」李靜及高禮澤，於 2004 年雅典奧運會上，贏得香港回歸後首面奧運獎牌 —— 男雙銀牌，並在 2006 年多哈亞運會上奪得男雙金牌，掀起香港乒乓熱潮。

2012 年倫敦奧運會，唐鵬與江天一、梁柱恩組成的香港男子乒乓球隊晉級團體賽四強，江天一在男子單打晉身八強。這些內地球員將技術帶進港隊，其中部分運動員退役後，選擇繼續留任港隊擔任教練，如李靜及張瑞執教香港女隊，[8] 高禮澤和梁柱恩亦於男隊擔任教練。

足球方面，1980 年代吳志英、何佳、古廣明等前國家隊成員在港踢球。1993 年天津籍球員宋連勇加盟南華隊，並在效力南華隊三年後，代表香港隊出戰世界盃預選賽。1994 年，中國國家隊前隊長吳群立加入南華，並兩度入選香港聯賽最佳 11 人陣容。同時期來港球員還有王東寧（1992 年）、秦國榮、魏克興（1993 年）等。隨着內地中國足球超級聯賽待遇提高，2000 年後來港發展的足球運動員，以內地二線球員居多。來港足球運動員中，李海強（2006 年度、2007 年度）、黃洋（2012 年度）榮膺香港足球先生，球藝和球品受到讚賞，以及王選宏等入選最佳 11 人陣容的選手。惟有個別球員曾捲入假球風波（2010 年）。

此外，曾入選中國青年隊的巢鵬飛、徐德帥和鞠盈智加入的中國香港隊，於 2010 年廣州亞運會晉級十六強，是香港參與亞運 52 年歷史上的最佳成績。2010 賽季，香港甲級足球聯賽的「國援」達 26 人，年齡從 20 歲到 33 歲，分別效力九支球隊。其後，來港發展的內地球員漸次減少。

羽毛球運動員來港相對乒乓球運動員較晚。前國家隊主力王晨 1999 年加盟香港隊，從 2002 年開始代表港隊出賽，2006 年、2007 年相繼獲得多哈亞運會女單金牌和世界錦標賽女單亞軍，並一度排名女單世界第一。2009 年起，王晨出任港隊教練。此後，周蜜、胡贇（2006 年）等前國手相繼來港打球，其中，周蜜代表香港出賽期間多次獲得冠軍，並重回女單世界排名第一。

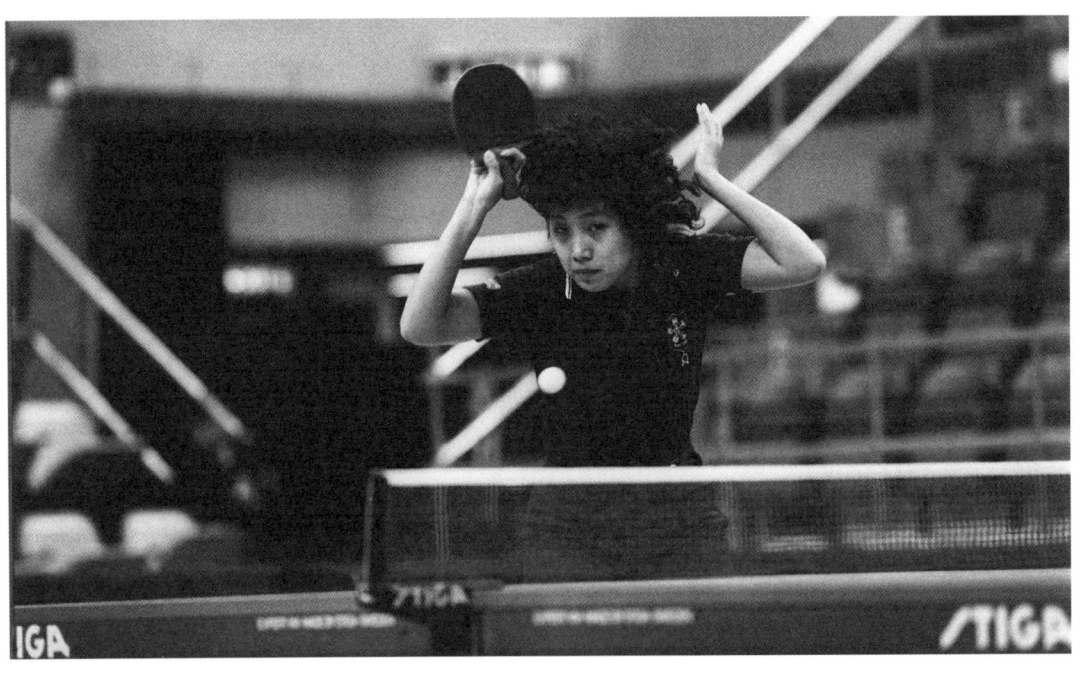

內地乒乓球手許素虹 1978 年移居香港後加入港隊，代表香港出戰國際賽事。圖為許素虹於 1983 年出戰全港公開乒乓球賽，最後獲得女子單打冠軍。（南華早報出版有限公司提供）

齊寶華（左）及陳丹蕾（右）從內地來港後，代表香港獲得包括 1994 年亞運會女子團體賽亞軍在內多個國際賽獎項，被譽為「乒乓孖寶」。圖為 1996 年亞特蘭大奧運會，二人出戰女子雙打賽事。（南華早報出版有限公司提供）

內地來港的第二代「乒乓孖寶」李靜（左）及高禮澤（右），於 2004 年雅典奧運會乒乓球男子雙打項目獲得亞軍，為香港贏得回歸後首面奧運獎牌。圖為二人攝於 2004 年 9 月 1 日在香港體育學院舉行的慶祝會上。（南華早報出版有限公司提供）

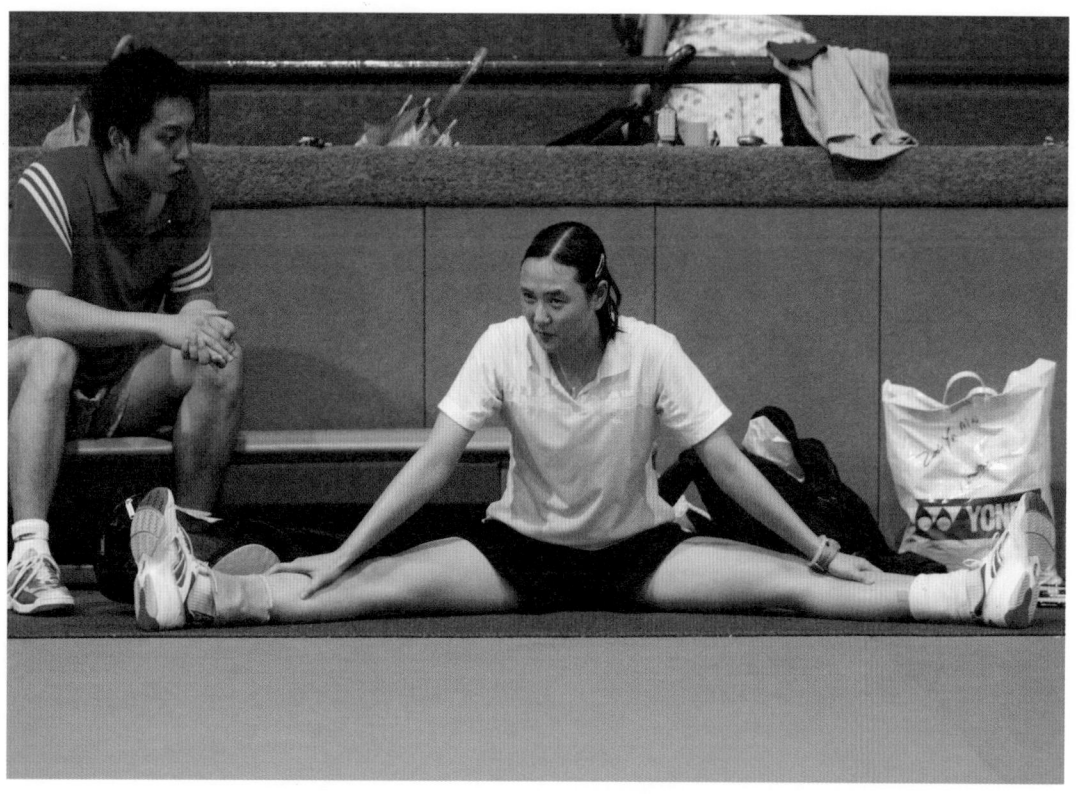

前中國國家羽毛球隊隊員王晨來港後加入港隊，於 2006 年多哈亞運會獲得女子單打金牌，並一度名列女單世界排名第一。圖為王晨在香港體育學院進行訓練，準備出戰香港公開羽毛球錦標賽。（攝於 2003 年 7 月 21 日，南華早報出版有限公司提供）

教練員方面，廣州市應邀於 1991 年 12 月至 1992 年 1 月，派出曾秀英、梁志強、周倩珉、陳智榮四名教練員到香港，協助羽毛球訓練。其後，前國家羽毛球隊成員何一鳴在 1993 年加入香港體育學院（體院），擔任羽毛球教練，主力培訓女子隊，並兼責青年軍的訓練。20 多年間，為香港培養不少羽毛球選手，其中王晨和葉姵延在多哈 2006 亞運會分別包辦女子單打的金、銀牌。2010 年，何一鳴正式出任體院羽毛球總教練。

1994 年，前國家自行車隊總教練沈金康受國家體委公派到香港單車聯會執教。三個月後，黃金寶在廣島亞運會上，獲得個人公路賽第四名。此後，沈金康正式轉任港隊主教練，逐步引入科學化的系統性訓練，並把大量內地資源包括訓練場地、比賽、人才等引入港隊，20 多年來培養了黃金寶、郭灝霆、張敬煒、張敬樂、黃蘊瑤、李慧詩等冠軍級車手。至 2010 年代，港隊的教練、按摩師及科研人員，多來自內地。

1997 年香港回歸後，兩地人才交流更趨密切。前乒乓球世界冠軍惠鈞（1998 年）、李惠芬（2001 年），以及從德國返港的陳江華（2000 年）相繼加入港隊，擔任教練。同期，還有香港劍擊花劍隊教練汪昌永（2000 年）來港，他們把本地相應體育項目的成績引領上

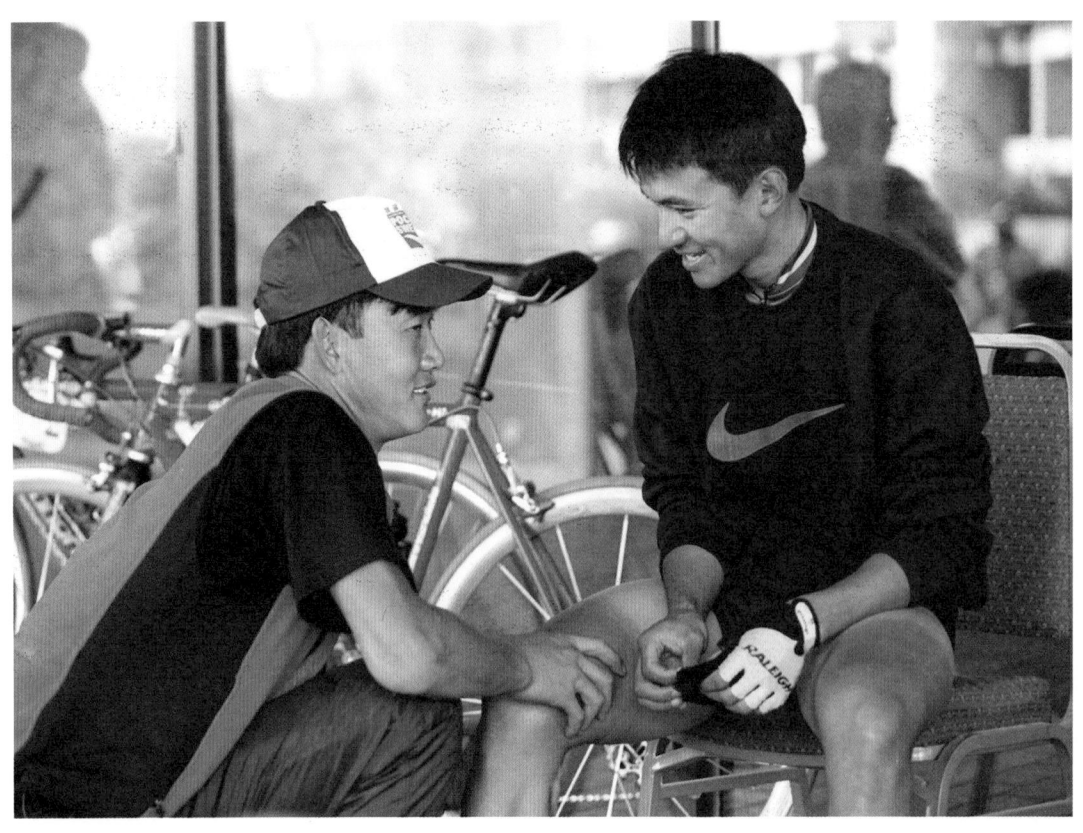

香港單車運動員黃金寶（右）與由內地來港執教香港單車隊的主教練沈金康（左），為在澳門舉行的環南中國海單車賽進行賽前準備。（攝於 1999 年 1 月 1 日，南華早報出版有限公司提供）

2017 年 8 月 29 日，香港劍擊運動員崔浩然（右）在天津全國運動會獲得男子花劍個人賽亞軍，與由內地來港執教的香港劍擊隊教練汪昌永（左）一同展示獎牌。（中新圖片提供）

新台階，如汪昌永為香港劍擊花劍隊培養出張小倫、崔浩然、張家朗等亞洲和世界青年劍擊錦標賽冠亞軍。[9]

香港特區政府 2006 年推出優秀人才入境計劃，吸引不少內地運動員，如體操的李寧、李小雙、劉璇、女排的張萍、羽毛球的周蜜、花樣滑冰的齊佳，乒乓球的姜華珺、唐鵬、江天一等。其中的著名退役運動員，為香港的體育界和運動員增添士氣；也有現役運動員，為香港隊實力提升做出貢獻（見表 19-4-1）。2015 年，特區政府調整優才計劃下的綜合計分制，內地運動員來港發展數目漸次減少。

2. 香港人員往內地

香港體育學者傅浩堅於 1987 年 12 月應邀，參加中國第二屆全國體育科學報告會並作報告，其後，他多次到內地講學，並獲廣州體育學院聘任為榮譽教授，以及獲華南師範大學聘為客座教授，另一體育學者錢銘佳亦被華南師範大學聘任為客座教授。

2001 年，剛從美國返港到香港理工大學（理大）任教的運動康復與體能訓練專家陳方燦，受邀到廣東幫助備戰第九屆全國運動會。隨後，他獲十運會東道主江蘇代表團聘為顧問和專家。其間，分別得到廣東和江蘇體育局的特殊貢獻獎，並參與 2004 年雅典奧運會的保障工作。

表 19-4-1　內地來港主要運動員與教練員

姓名	性別	首次代表香港作賽或工作時間	運動項目	身份
許素虹	女	1978	乒乓球	運動員，後轉為教練
陳江華	男	1983	乒乓球	運動員，後轉為教練
盧傳淞	男	1985	乒乓球	運動員，後轉為教練
齊寶華	女	1987	乒乓球	運動員
陳丹蕾	女	1988	乒乓球	運動員
鄭濤	女	1992	乒乓球	運動員
梁柱恩	男	1995	乒乓球	運動員
王晶	女	1996	乒乓球	運動員，後轉為教練
桑亞嬋	女	1996	乒乓球	運動員
容朗展	男	1998	乒乓球	運動員，後轉為教練
惠鈞	男	1998	乒乓球	教練
李惠芬	女	1998	乒乓球	教練
張鈺	男	1999	乒乓球	運動員，後轉為教練
李靜	男	1999	乒乓球	運動員，後轉為教練
柳絮飛	女	2000	乒乓球	運動員
郭芳芳	女	2000	乒乓球	運動員
高禮澤	男	2000	乒乓球	運動員，後轉為教練
帖雅娜	女	2001	乒乓球	運動員
林菱	女	2002	乒乓球	運動員
張瑞	女	2002	乒乓球	運動員，後轉為教練
董倫	男	2004	乒乓球	教練
江天一	男	2005	乒乓球	運動員
姜華珺	女	2005	乒乓球	運動員，後轉為教練
唐鵬	男	2005	乒乓球	運動員
管建華	女	2005	乒乓球	教練
羅佳佳	男	2007	乒乓球	教練
管夢圓	女	2008	乒乓球	運動員，後轉為教練
龐勇	男	2010	乒乓球	教練
劉國棟	男	2015	乒乓球	教練
劉穎倪	男	不詳	乒乓球	教練
金恩華	男	不詳	乒乓球	教練
古廣明	男	1983	足球	運動員
王惠良	男	1983	足球	運動員
何佳	男	1984	足球	運動員
曾雪麟	男	1990	足球	教練
宋連勇	男	1993	足球	運動員
吳群立	男	1994	足球	運動員
蕭國基	男	1999	足球	運動員
馮繼志	男	2000	足球	運動員
張春暉	男	2002	足球	運動員
劉全昆	男	2003	足球	運動員
魏釧	男	2003	足球	運動員

（續上表）

姓名	性別	首次代表香港作賽或工作時間	運動項目	身份
林俊生	男	2003	足球	運動員
范志毅	男	2003	足球	運動員
李　健	男	2003	足球	運動員
馬　帥	男	2004	足球	運動員
元　洋	男	2004	足球	運動員
陳立明	男	2004	足球	運動員
王振闖	男	2004	足球	運動員
趙　旭	男	2004	足球	運動員
尚雲龍	男	2004	足球	運動員
楊　揚	男	2004	足球	運動員
程謀義	男	2004	足球	運動員
吳　俊	男	2005	足球	運動員
李扣成	男	2005	足球	運動員
龔　民	男	2005	足球	運動員
潘吉東	男	2005	足球	運動員
徐德帥	男	2005	足球	運動員
巢鵬飛	男	2005	足球	運動員
王振鵬	男	2005	足球	運動員
吳昊鵬	男	2005	足球	運動員
張恩華	男	2005	足球	運動員
樊偉軍	男	2005	足球	運動員
隋維杰	男	2005	足球	運動員
鄒　正	男	2005	足球	運動員
張作俊	男	2005	足球	運動員
石　琛	男	2005	足球	運動員
宋俊亞	男	2005	足球	運動員
陳　謙	男	2005	足球	運動員
劉　峰	男	2005	足球	運動員
萬立昱	男	2005	足球	運動員
寧　晨	男	2005	足球	運動員
周　煒	男	2006	足球	運動員
李海強	男	2006	足球	運動員
黃　洋	男	2006	足球	運動員
白　鶴	男	2006	足球	運動員
高　文	男	2006	足球	運動員，後轉為教練
鄧景煌	男	2006	足球	運動員
于　洋	男	2006	足球	運動員
梁子成	男	2006	足球	運動員
葉　佳	男	2006	足球	運動員，後轉為教練
李　明	男	2006	足球	運動員
凌　琮	男	2006	足球	運動員
梁　享	男	2006	足球	運動員

（續上表）

姓名	性別	首次代表香港作賽或工作時間	運動項目	身份
謝偉	男	2006	足球	運動員
張建忠	男	2006	足球	運動員
唐金凱	男	2006	足球	運動員
蘇曉鳴	男	2006	足球	運動員
鞠盈智	男	2007	足球	運動員
王選宏	男	2007	足球	運動員
陳志釗	男	2007	足球	運動員
李學鵬	男	2007	足球	運動員
李堯	男	2007	足球	運動員
閻世鵬	男	2007	足球	運動員
郭峰	男	2007	足球	運動員
鍾杰	男	2007	足球	運動員
楊旭	男	2007	足球	運動員
黎梓菲	男	2007	足球	運動員
孫曉軒	男	2007	足球	運動員
周明樂	男	2007	足球	運動員
李昕	男	2007	足球	運動員
杜萍	男	2007	足球	運動員
周展宏	男	2008	足球	運動員
姚曉聰	男	2008	足球	運動員
郭劍橋	男	2008	足球	運動員
李偉軍	男	2008	足球	運動員
宋濤	男	2008	足球	運動員
魏仲虎	男	2008	足球	運動員
曾其祥	男	2008	足球	運動員
紀捷	男	2008	足球	運動員
潘偉明	男	2008	足球	運動員
于臣	男	2008	足球	運動員
毛夢索	男	2008	足球	運動員
趙偉	男	2009	足球	運動員
車潤秋	男	2009	足球	運動員
劉松偉	男	2009	足球	運動員
荊騰	男	2009	足球	運動員
金鑫	男	2009	足球	運動員
于濤	男	2009	足球	運動員
崔琳	男	2009	足球	運動員
王禹程	男	2009	足球	運動員
郝爽	男	2009	足球	運動員
黎志星	男	2009	足球	運動員
牛景龍	男	2010	足球	運動員
謝思利達	男	2010	足球	運動員
張碩科	男	2010	足球	運動員
蘇洋	男	2010	足球	運動員
燕鳴昊	男	2011	足球	運動員
侯宇	男	2011	足球	運動員

（續上表）

姓名	性別	首次代表香港作賽或工作時間	運動項目	身份
潘　佳	男	2011	足球	運動員
樊群霄	男	2011	足球	運動員
肖藝峰	男	2012	足球	運動員
胡　俊	男	2013	足球	運動員
馮　濤	男	2013	足球	運動員
張　夢	男	2013	足球	運動員
尹廣俊	男	2013	足球	運動員
張　君	男	2013	足球	運動員
張樹棟	男	不詳	足球	運動員
王　丹	男	不詳	足球	運動員
何一鳴	男	1993	羽毛球	教練
凌婉婷	女	2000	羽毛球	運動員
王　晨	女	2001	羽毛球	運動員，後轉為教練
鄭昱閩	男	2002	羽毛球	教練
周　蜜	女	2006	羽毛球	運動員
胡　贇	男	2006	羽毛球	運動員
鄧　旋	女	2017	羽毛球	運動員
劉志恆	男	不詳	羽毛球	教練
陳　康	男	不詳	羽毛球	教練
欒　勁	男	不詳	羽毛球	教練
鍾海玉	女	不詳	羽毛球	教練
沈金康	男	1994	單車	教練
孟昭娟	女	2006	單車	運動員
刁小娟	女	2008	單車	運動員
逄　瑤	女	2010	單車	運動員
楊倩玉	女	2011	單車	運動員
普林俊	男	2012	單車	教練
于立光	男	1995	武術	教練
耿曉靈	女	2005	武術	運動員，後轉為教練
韓月雙	女	2003	滑冰	運動員
王馨悅	女	2007	滑冰	運動員
齊　佳	女	2012	滑冰	教練
張　玲	女	2005	網球	運動員
王　輝	男	2000	射擊	運動員，後轉為教練
符大進	男	不詳	游泳	教練
陳劍虹	男	2000	游泳	教練
張嬋鶯	女	2000	游泳	教練
王銳基	男	1993	劍擊	教練
鄭兆康	男	1998	劍擊	教練
汪昌永	男	2000	劍擊	教練
何泰順	男	2004	劍擊	教練
趙錦文	男	2007	水球	教練
孫　玥	女	2014	排球	運動員
熊松良	男	2016	體操	教練

資料來源：相關報道整理。

香港足球名宿郭家明於 2010 年應邀出任中國足協首位技術主任。圖為 2011 年 8 月 29 日郭家明於中國足協第二期 A 級教練員證書培訓班的開班禮上發言。（新華社提供）

2005 年，理大與國家體育總局簽約，以陳方燦為首的康復治療團隊出任特聘專家，長駐內地，協助國家隊運動員備戰 2008 年北京奧運。理大的康復治療團隊也有為來港的內地運動員療傷，如女排運動員張萍和羽毛球運動員鮑春來、張寧等。這隊理大專家包括物理治療師、運動治療師、康復治療師、眼科視光師、生物醫學工程師及護理人員等。陳方燦出任特邀專家和國家隊醫療專家組專家，訓練監控和恢復科技專家組專家和高原訓練專家組專家。理大獲國家體育總局頒授「體操中心備戰 2008 年奧運會科研合作伙伴」與「運動保健與康復指定單位」；亦獲中國奧委會科教部授予「中國奧委會備戰 2008 年奧運會科技合作伙伴」榮譽稱號。理大康復治療科學系派出超過 60 位義工，分別於北京奧運村、青島奧帆基地以及香港的奧運馬術比賽場地，為來自世界各地的奧運選手提供專業治療服務。

隨着體能康復理念得到廣泛認可，2008 年北京奧運會後，陳方燦先後主持游泳運動員張琳、短跑道速度滑冰運動員王濛等人的治療訓練。2009 年年底他辭去理大工作到北京發展體能康復。

在足球方面，2010 年中國足球協會（足協）邀請香港足壇名宿郭家明出任首位技術主任，負責為國家隊的發展提供專業意見，並在足球聯賽、青少年人才培養、學校足球的構建工程中，負責技術指導工作，以及在新搭建的足協 IT 信息中心中擔任要角。此外，香港壁球選手王偉恒曾於 2010 年 1 月至 2011 年 5 月擔任中國國家壁球隊的主教練。

香港運動員到內地參賽方面，足球員吳偉超踢過六年中超、七年中甲，獲得過中甲聯賽冠軍、中超亞軍並以外援身份出戰亞冠盃（2001 年至 2016 年），是在內地足壇發展較為成功的香港球員。繼吳偉超之後，梁振邦（2012 年至 2013 年）、陳肇麒（2012 年至 2013年）、李志豪（2013 年至 2014 年、2016 年至 2017 年）等香港球員曾於 2010 年代效力內地職業足球聯賽（見表 19-4-2）。

表 19-4-2 香港往內地參加職業聯賽運動員、顧問與教練

姓名	性別	首次到內地加盟球隊或工作時間	運動項目	身份
吳偉超	男	2001	足球	運動員
郭家明	男	2010	足球	顧問
聶凌峰	男	2010	足球	運動員
陳肇麒	男	2012	足球	運動員
梁振邦	男	2012	足球	運動員
高梵	男	2012	足球	運動員
李志豪	男	2013	足球	運動員
方栢倫	男	2014	足球	運動員
白鶴	男	2014	足球	運動員
李毅凱	男	2014	足球	運動員
劉全昆	男	2015	足球	運動員
歐陽耀冲	男	2016	足球	運動員
基藍馬	男	2016	足球	運動員
法圖斯	男	2016	足球	運動員
積施利	男	2016	足球	運動員
伊達	男	2016	足球	運動員
福保羅	男	2016	足球	運動員
曾健晃	男	2016	足球	運動員
潘志豪	男	2002	籃球	運動員
呂楚威	男	2002	籃球	運動員
虞興海	男	2002	籃球	運動員
羅意庭	男	2010	籃球	運動員
高禮澤	男	2000	乒乓球	運動員
李靜	男	2000	乒乓球	運動員
張鈺	男	2002	乒乓球	運動員
梁柱恩	男	2002	乒乓球	運動員
林菱	女	2002	乒乓球	運動員
張瑞	女	2002	乒乓球	運動員
江天一	男	2007	乒乓球	運動員
桑亞嬋	女	2007	乒乓球	運動員
唐鵬	男	2005	乒乓球	運動員
帖雅娜	女	2001	乒乓球	運動員
姜華珺	女	2005	乒乓球	運動員
黃鎮廷	男	2015	乒乓球	運動員
杜凱琹	女	2016	乒乓球	運動員
王偉恒	男	2010	壁球	教練

資料來源：相關報道整理。

此外，潘志豪、呂楚威、虞興海等籃球運動員在 2002 年前後，乒乓球運動員黃鎮廷、杜凱琹等在 2015 年左右，曾到內地參加職業聯賽。步入 2000 年代後，部分內地運動員入籍香港後，返回內地參加職業聯賽，當中以乒乓球運動員居多。

3. 奧運獎牌運動員訪港

1984 年夏，霍英東作為中國奧委會的客人出席第 23 屆美國洛杉磯奧運會。10 月 2 日，霍英東在人民大會堂宴請參加第 23 屆奧運會的金牌運動員時，宣布捐贈 1 億元，作為發展中國體育事業的基金。1985 年 9 月 3 日，霍英東體育基金有限公司在香港註冊成立。

內地奧運選手的訪港活動，於 1988 年漢城奧運會之後開始。1988 年 10 月 7 日，中國奧運會獲獎牌運動員代表團一行 37 人，在團長李富榮率領下，抵達香港，展開表演賽、宣傳慶祝等親善活動。此後確立四年一度的金牌選手訪港安排。另一方面，香港關心內地體育事業發展的人士，給予內地運動員獎勵，以示支持。同年，霍英東撥給中國奧委會 265.8 萬元獎勵運動員及其他作出貢獻的人士。曾憲梓捐贈 10 萬元給獲獎運動員（金牌運動員 1 萬元、銀牌運動員 3000 元、銅牌運動員 2000 元），以示鼓勵。

1992 年巴塞羅那奧運會，中國運動員取得 16 枚金牌、22 枚銀牌、16 枚銅牌，位列獎牌榜第四位。霍英東指示基金會製作重量分別為 1000 克、250 克、150 克的三種純金獎章。同年 9 月，第 25 屆奧運獎牌運動員代表團一行 50 人到港訪問，霍英東專門設家宴招待，並向金、銀、銅牌得主分別頒贈 1000 克純金獎章及 4 萬美元獎金、250 克純金獎章及 1 萬美元獎金、150 克純金獎章及 4000 美元獎金。按這個獎勵標準，霍英東體育基金會於 1994 年制定《優秀運動員成績獎的暫行辦法》，使獎勵運動員制度化。奧運會金牌得主獲一枚重 1000 克的純金金牌和 4 萬美元，銀牌得主可獲重 250 克的金牌和 1 萬美元，銅牌得主可獲重 150 克的金牌和 5000 美元。當年按此辦法獎勵冬季奧運會上進入前三名的運動員。基金會間或用等重的黃金或者黃金市價折價的現金代替。從 2006 年開始，基金會正式採用等重的黃金或者黃金市價折價的現金，代替作為獎勵的純金金牌。

1992 年，曾憲梓為第 25 屆奧運會中國獲獎運動員頒發獎金及服飾贊助達 407 萬元。1996 年，他獎勵第 26 屆奧運會中國金牌運動員 800 萬元人民幣，並贊助第 26 屆奧運會中國十佳運動員評選活動 158 萬元。2000 年第 27 屆奧運會，曾憲梓將獎金及代表團禮儀裝備贊助金額增至 880 萬元，其中獎勵金牌運動員 270 萬元。

2008 年第 29 屆北京奧運會，中國代表團位列金牌榜榜首。同年 8 月，曾憲梓宣布個人捐出 1 億元，設立曾憲梓體育基金會，用於獎勵在第 29、30、31 和 32 屆奧運會上獲得金牌的中國選手，每屆奧運會取得金牌的中國運動員，共同分享 2500 萬元獎金。

2012 年 8 月 23 日，曾憲梓在第 30 屆倫敦奧運內地金牌選手的頒獎大會上，表示曾憲梓體育基金將在原來的基礎上再追加 1 億元，即增加四屆奧運會的獎金，其獎勵活動將持續

1992 年 9 月 30 日，霍英東（中排左五）在其家中宴請隨 1992 年巴塞羅那奧運中國獎牌運動員代表團訪港的運動員，並向他們贈送金牌和獎金。（霍英東基金會提供）

2012 年 8 月 23 日，曾憲梓（右）在北京人民大會堂出席 2012 年倫敦奧運會內地金牌運動員頒獎儀式，向包括倫敦奧運會羽毛球男子單打冠軍林丹（左）在內的獲獎運動員頒發獎金。（中新圖片提供）

表 19-4-3 奧運獎牌運動員訪港代表團人數資料

年份	日期	代表團人數	
		運動員人數	總人數
1988	1988 年 10 月 7 日至 11 日	33	37
1992	1992 年 9 月 29 日至 10 月 6 日	34	50
1996	1996 年 10 月 4 日至 9 日	33	49
2000	2000 年 11 月 26 日至 29 日	25	40
2004	2004 年 9 月 6 日至 9 日	50	68
2008	2008 年 8 月 29 日至 31 日	63	93
2012	2012 年 8 月 24 日至 26 日	47	70
2016	2016 年 8 月 27 日至 29 日	45	64

資料來源： 根據公開報道整理。

至 2036 年。2016 年 9 月 1 日，在於北京國家體育總局舉行的第 31 屆里約奧運會頒獎典禮上，曾憲梓基金會理事長曾智明代表曾憲梓宣布，曾憲梓體育基金會獎金在原 2 億元基金的基礎上，再次追加 1 億元至 3 億元。截至 2017 年 7 月 1 日，基金會獎勵曾在奧運會上獲得金牌的內地運動員 176 人次，獎金總額逾 7500 萬元。

隨着奧運成績的提高，奧運獎牌運動員訪港代表團人數從 1988 年的 37 人，增至 2008 年的 93 人（見表 19-4-3）。訪問期間，運動員為民眾示範乒乓球、羽毛球、體操和跳水等項目，與香港市民近距離接觸。

截至 2016 年，訪港的奧運選手共計超過 300 人。[10]

二、體育賽事交流

1. 省港盃

1978 年年初，廣東省委第二書記習仲勳批准廣東省體育運動委員會（廣東省體委，現廣東省體育局）「三進三出」方案，即每年讓三支球隊走出去，邀請三支球隊走進來的體育交流方案。廣東省體委、廣東省人民政府港澳事務辦公室（廣東省港澳辦）通過新華社香港分社文體部，將這一方案和原則告知香港足球總會會長霍英東。霍英東隨即提出定期舉辦省港足球盃賽的想法。方案經國家體委批准，並上報國務院後，獲鄧小平批准。

1978 年冬，霍英東不顧國際足協限制同中國進行比賽的禁令，以香港足總會長名義率團訪問廣州，發起及組織一年一度的省港盃足球賽，突破國際體育組織不許同非會員國中國進行體育比賽的限制，推動兩地的足球運動交流。

1978 年 12 月 7 日，以霍英東為首的香港足總代表團，與以陳遠高為首的廣東足協代表

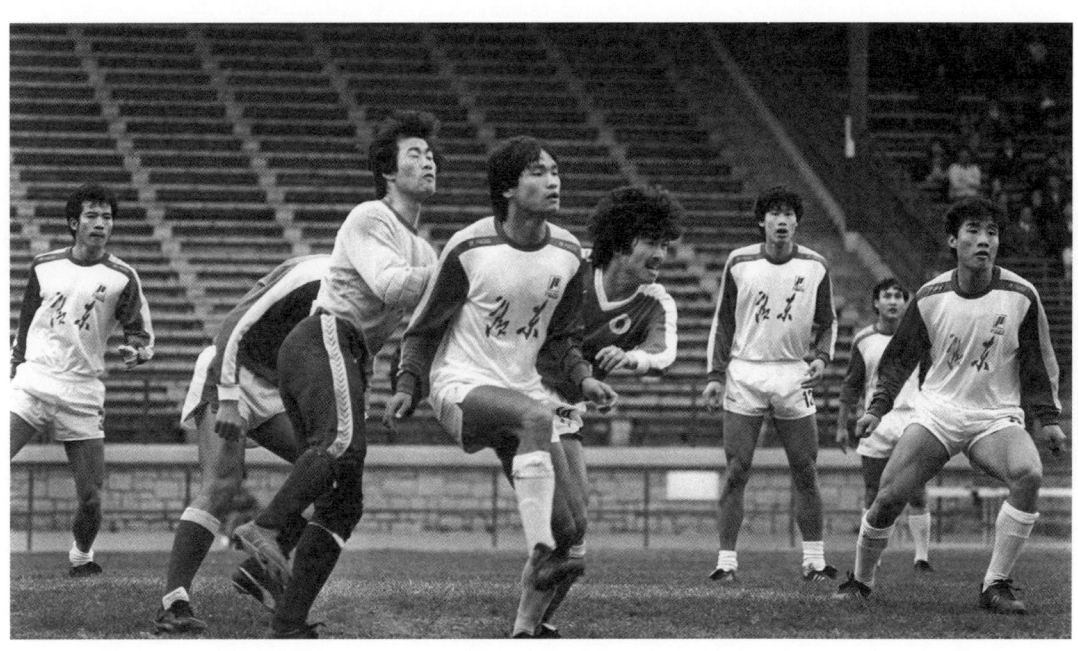

1985 年 1 月 6 日，第七屆省港盃足球賽次回合賽事在香港政府大球場舉行，比賽中香港球員曾偉忠（前方深色球衣者）與廣東球員在場上爭持。（南華早報出版有限公司提供）

團，在廣州市東方賓館正式簽署廣東足球協會、香港足球總會足球盃賽（省港盃足球賽）協議書，促進兩地足球運動交流。這是中華人民共和國歷史上第一項地方性涉外體育競賽。

省港盃足球賽制規定，每年元旦至春節期間，粵港兩地互派足球隊，分別在香港、廣州各舉行一場比賽，以兩場比賽入球之和多少決出勝負。勝者獲得一座刻有勝利者隊名的流動銀盃，該銀盃由粵港兩足球協會合資鑄造，銀盃在勝者名字刻滿後由獲勝次數最多的一方擁有。

1979 年 1 月 21 日，首屆省港盃於廣州越秀山球場舉行首回合比賽，廣東省革命委員會副主任楊康華，連同霍英東、鍾逸傑及廣東省體委主任陳遠高等人主持開球禮。賽事吸引逾三萬人入場觀看，並有電視台向香港及全國播映。第一回合比賽，廣東隊憑藉歐偉庭的入球以 1：0 勝出。是次省港盃的香港代表團，成員包括代表隊及參觀團，由逾 130 人組成。1 月 28 日，首屆省港盃次回合在香港大球場上演，最終廣東隊以總比分 4：1 獲得首屆省港盃冠軍，捧走第一屆省港盃。

1982 年第四屆省港盃，香港隊以港聯名義出戰，在比賽中，首次容許派遣外援上陣。1983年第五屆省港盃次回合賽後，省隊的古廣明及王惠良未有隨隊返穗，臨時被邀客串愉園，留港參加兩場香港甲組聯賽，為內地球員首次加盟香港甲組隊。省港盃由首屆至第 18 屆，共36 場比賽，據廣東省足球協會的統計，累計現場觀眾達 70 萬人次以上。

2006 年 12 月 30 日，第 29 屆省港盃首回合賽事，首次離開廣州市，移師到霍英東的家鄉番禺市番禺英東體育場舉行，以悼念省港盃創辦人、已故香港足球總會永遠名譽會長霍英東。

作為常設的機制、有組織的交流，省港盃在發展過程中，賽事逐步增補了粵港兩地的足球元老比賽（霍英東等許多足球名宿參加）、裁判員賽（霍英東盃）、少年足球賽、女子足球賽（2015）以及體育新聞記者足球賽等。省港盃於 2017 年踏入第 39 屆，香港隊共取得 15 次冠軍（見表 19-4-4）。

2. 三英盃

1985 年，乒壇名宿王錫添建議舉辦三英盃賽，緬懷 1950 年代從香港回到內地的乒乓球手容國團、姜永寧、傅其芳為中國乒乓球事業作出的貢獻，提議獲國家體委批准，並於同年創辦舉行。比賽以單循環形式進行，每場採五局三勝制，各場比賽須打足五場。截至 2017 年 7 月 1 日，三英盃乒乓球友好邀請賽共舉辦 26 屆，參賽隊伍包括北京、上海、廣東、香港、澳門、寧波，每隊成員皆由元老球員、成年球員及少年球員組成。

3. 滬港盃

1987 年，上海市體育運動委員會與香港足球總會協商，決定復辦已停辦近 40 年的滬港盃，以增進兩地足球的交流及友誼。[11] 賽制為一年一度，輪流主辦，一場決勝負。1987 年 3 月 29 日，上海隊在江灣球場迎戰香港隊，以 4：1 獲勝。復辦 15 屆後，滬港盃因爆發 SARS 等多種原因再次中斷。後於 2005、2006、2008 年再辦，改由兩地球會出戰，賽事於 2006 年易名為滬港球會盃。該三屆賽事，皆由上海申花代表上海，擊敗香港球會奪冠。2010 年，滬港球會盃改為兩回合制，並於 2015 年停辦（見表 19-4-5）。

4. 全國運動會

香港自 1997 年回歸後，開始參加全國運動會。1997 年 10 月 1 日，香港特區政府於香港組織全運會香港聖火傳遞活動。1997 年 10 月 12 日至 24 日，第八屆全運會在上海舉行，首次參加全運會的香港特別行政區派出由 257 人組成的代表團，其中運動員 169 人。1997 年 10 月 15 日，香港單車運動員黃金寶在男子個人 157 公里公路賽，為香港贏得回歸後第一面全運會金牌。截至 2017 年 7 月 1 日，香港一共參加五屆全運會，分別在九個競賽項目奪得獎牌，包括單車、田徑、馬術、劍擊、高爾夫球、橄欖球、網球、鐵人三項和滑浪風帆（見表 19-4-6）。而全國學生運動會、全國城市運動會（1999 年起）和全國青年運動會（2015 年起）等內地大型運動會，香港特區亦有組團參加。

5. 其他賽事

1978 年後，香港與內地特別是廣東省開展友誼比賽，體育團體互相訪問、參觀、學習、交流經驗等活動快速發展。香港的足球隊、乒乓球隊、排球隊、網球隊、射擊隊、田徑隊、棋協、柔道隊等體育運動隊，於 1979 年後分別到廣東參加體育比賽；廣東游泳隊、田徑隊、划船隊、網球隊、水球隊、籃球隊、足球隊，以及廣東省各市體育隊，也先後到香港參加比賽。其中部分賽事定期進行比賽。

表 19-4-4 省港盃歷年賽果

屆別	首回合			次回合			總比數（前者香港）	勝方
	舉行日期	主場	比數（前者香港）	舉行日期	主場	比數（前者香港）		
1	1979年1月21日	廣州市越秀山體育場	0：1	1979年1月28日	香港政府大球場	1：3	1：4	廣東
2	1979年12月30日	香港政府大球場	1：0	1980年1月13日	廣州市越秀山體育場	0：0	1：0	香港
3	1981年1月18日	廣州市廣東省人民體育場	0：0	1981年1月22日	香港政府大球場	0：1	0：1	廣東
4	1982年1月3日	香港政府大球場	1：1	1982年1月12日	廣州市廣東省人民體育場	1：1（加時1：0）	3：2	香港
5	1983年1月25日	廣州市廣東省人民體育場	1：1	1983年1月30日	香港政府大球場	0：0（加時0：0）	1：1，互射十二碼3：4	廣東
6	1984年1月1日	香港政府大球場	0：1	1984年1月5日	廣州市廣東省人民體育場	0：0	0：1	廣東
7	1985年1月3日	廣州市廣東省人民體育場	1：2	1985年1月6日	香港政府大球場	0：1	1：3	廣東
8	1986年1月5日	香港政府大球場	0：1	1986年1月9日	廣州市廣東省人民體育場	1：2	1：3	廣東
9	1986年12月31日	廣州市廣東省人民體育場	0：1	1987年1月4日	香港政府大球場	1：0（加時0：0）	1：1，互射十二碼3：5	廣東
10	1988年1月3日	香港政府大球場	0：0	1988年1月9日	廣州市廣東省人民體育場	0：3	0：3	廣東
11	1988年12月24日	廣州市廣東省人民體育場	0：1	1989年1月1日	香港政府大球場	4：2	4：3	香港
12	1990年1月6日	香港政府大球場	0：1	1990年1月13日	廣州市廣東省人民體育場	2：0	2：1	香港
13	1991年1月19日	廣州市廣東省人民體育場	0：4	1991年1月26日	香港政府大球場	1：2	1：6	廣東
14	1992年1月9日	香港政府大球場	1：2	1992年1月18日	廣州市廣東省人民體育場	0：1	1：3	廣東
15	1993年1月3日	旺角大球場	1：1	1993年1月10日	廣州市廣東省人民體育場	1：0	2：1	香港
16	1994年1月9日	旺角大球場	2：0	1994年1月16日	廣州市廣東省人民體育場	1：3（加時0：0）	3：3，互射十二碼4：5	廣東
17	1995年1月1日	廣州市廣東省人民體育場	0：2	1995年1月8日	旺角大球場	0：2	0：4	廣東
18	1995年12月31日	香港大球場	0：4	1996年1月4日	廣州市廣東省人民體育場	1：4	1：8	廣東
19	1996年12月29日	廣州市廣東省人民體育場	0：3	1997年1月5日	香港大球場	2：1	2：4	廣東

（續上表）

屆別	首回合			次回合			總比數（前者香港）	勝方
	舉行日期	主場	比數（前者香港）	舉行日期	主場	比數（前者香港）		
20	1998年1月11日	香港大球場	1：1	1998年1月17日	廣州市廣東省人民體育場	0：1	1：2	廣東
21	1999年1月3日	廣州市廣東省人民體育場	0：1	1999年1月10日	香港大球場	1：1	1：2	廣東
22	2000年1月2日	廣州市廣東省人民體育場	1：0	2000年1月9日	香港大球場	1：1	2：1	香港
23	2001年1月7日	廣州市廣東省人民體育場	2：2	2001年1月13日	香港大球場	1：0	3：2	香港
24	2001年12月30日	香港大球場	3：1	2002年1月6日	廣州市廣東省人民體育場	0：1	3：2	香港
25	2002年12月29日	廣州市廣東省人民體育場	0：2	2003年1月5日	香港大球場	1：2	1：4	廣東
26	2003年12月28日	香港大球場	2：1	2004年1月4日	廣州市廣東省人民體育場	0：0	2：1	香港
27	2005年1月2日	廣州市廣東省人民體育場	2：0	2005年1月9日	香港大球場	2：2	4：2	香港
28	2005年12月31日	旺角大球場	1：0	2006年1月8日	廣州市廣東省人民體育場	0：2	1：2	廣東
29	2006年12月30日	番禺英東體育場	0：1	2007年1月7日	香港大球場	3：2（加時1：0）	4：3	香港
30	2007年12月30日	香港大球場	3：0	2008年1月7日	佛山市世紀蓮體育場	1：0	4：0	香港
31	2009年1月1日	廣州市越秀山體育場	1：3	2009年1月4日	旺角大球場	3：1（加時1：0）	5：4	香港
32	2009年12月29日	小西灣運動場	2：1	2010年1月2日	肇慶市肇慶體育中心	0：2	2：3	廣東
33	2011年1月1日	廣州市廣東省人民體育場	1：3	2011年1月4日	香港大球場	1：1	2：4	廣東
34	2011年12月28日	香港大球場	2：2	2012年1月1日	惠州市惠州奧林匹克體育場	0：0（加時0：0）	2：2，互射十二碼5：4	香港
35	2012年12月29日	惠州市惠州奧林匹克體育場	0：1	2013年1月1日	旺角大球場	2：1（加時0：0）	2：2，互射十二碼9：8	香港
36	2013年12月29日	旺角大球場	2：3	2014年1月1日	惠州市惠州奧林匹克體育場	2：3	4：6	廣東
37	2014年12月31日	惠州市惠州奧林匹克體育場	0：1	2015年1月4日	旺角大球場	0：0	0：1	廣東
38	2015年12月31日	旺角大球場	1：1	2016年1月3日	廣州市廣東省人民體育場	3：4	4：5	廣東
39	2017年1月1日	廣州市廣東省人民體育場	2：3	2017年1月4日	香港大球場	1：1	3：4	廣東

資料來源：《省港盃足球賽三十周年紀念特刊》、香港足球總會。

表 19-4-5　滬港盃歷年賽果

屆別	舉行日期	比賽場地	比數（前者香港）		勝方
1	1987 年 3 月 29 日	上海江灣球場	1：4		上海
2	1988 年 3 月 13 日	香港政府大球場	3：2		香港
3	1989 年 4 月 30 日	上海虹口體育場	0：1		上海
4	1990 年 5 月 12 日	香港政府大球場	2：1		香港
5	1991 年 5 月 12 日	上海江灣球場	0：1		上海
6	1992 年 5 月 24 日	香港旺角大球場	0：1		上海
7	1993 年	上海	0：0，互射十二碼 4：3		香港
8	1994 年 5 月 14 日	香港旺角大球場	3：2		香港
9	1995 年 5 月 14 日	上海	0：2		上海
10	1996 年	香港	2：3		上海
11	1997 年	上海	1：3		上海
12	1998 年	香港大球場	0：1		上海
13	1999 年	上海	2：3		上海
14	2000 年	香港大球場	0：0，互射十二碼 5：3		香港
15	2001 年	上海金匯足球場	1：1，互射十二碼 5：4		香港
16	2005 年 2 月 16 日	香港旺角大球場	0：1		上海 香港傑志隊； 上海申花隊
17	2006 年 2 月 7 日	申花足球俱樂部體育場	0：1		上海 香港澎馬流浪隊； 上海申花隊
18	2008 年 1 月 24 日	香港大球場	1：2		上海 香港南華隊； 上海申花隊
19	2010 年 11 月 6 日	上海源深體育場	1：4	3：5	上海 香港公民隊； 上海東亞隊
	2010 年 11 月 13 日	香港小西灣運動場	2：1		
20	2011 年 11 月 5 日	香港旺角大球場	2：3	3：10	上海 香港和富大埔隊； 上海東亞隊
	2011 年 11 月 12 日	上海源深體育場	1：7		
21	2012 年 11 月 1 日	香港將軍澳運動場	0：4	2：7	上海 香港傑志隊； 上海特萊士隊
	2012 年 11 月 10 日	上海源深體育場	2：3		
22	2013 年 11 月 5 日	上海源深體育場	1：2	2：2， 互射十二碼 6：7	上海 香港南華隊； 上海上港隊
	2013 年 11 月 8 日	香港旺角大球場	1：0 （加時 0：0）		
23	2014 年 11 月 5 日	上海體育場	1：6	1：6	上海 香港傑志隊； 上海上港隊
	2014 年 11 月 8 日	香港大球場	0：0		

資料來源：　香港足球總會。

表 19-4-6　香港特別行政區參加全國運動會統計（1997 年至 2013 年）

屆別	地點	賽事舉行日期	香港派出運動員總人數	金牌	獲獎運動員（項目）	銀牌
第 8 屆	上海	1997 年 10 月 12 日至 24 日	169	1	黃金寶（單車〔男子公路個人賽〕）	0
第 9 屆	廣東	2001 年 11 月 11 日至 25 日	138	2	何兆麟（單車〔男子場地記分賽〕） 黃金寶（單車〔男子公路個人賽〕）	2
第 10 屆	江蘇	2005 年 10 月 12 日至 23 日	178	1	王史提芬（單車〔男子 BMX 小輪車個人賽〕）	0
第 11 屆	山東	2009 年 10 月 16 日至 28 日	223	2	黃金寶（單車〔男子公路個人賽〕） 林立信（馬術〔場地障礙個人賽〕）	1
第 12 屆	遼寧	2013 年 8 月 31 日至 9 月 12 日	223	1	李慧詩（單車〔女子場地凱琳賽〕）	3

除省港盃外，香港球會愉園、東昇、流浪等足球隊，於 1979 年後，常到廣東進行友誼賽或訓練。在廣州舉行的國際性或區域性足球賽，香港隊常常參加。1985 年 6 月，首屆穗深港盃少年足球賽在廣州舉行，廣州隊獲冠軍。此後，穗深港盃少年足球賽定期舉行。

1979 年，香港象棋總會與廣東省象棋協會中華全國體育總會廣東分會、澳門象棋總會商洽，每年 6 月至 7 月聯合主辦舉行省港澳象棋埠際賽，輪流在廣州、香港與澳門舉行。第一屆於 1979 年 7 月 1 日至 2 日晚在廣州文化公園舉行，廣東隊獲男女團體冠軍。到 2017 年 7 月 1 日共舉辦 35 屆。

1984 年廣東射擊協會、香港射擊總會與澳門射擊總會首辦省港澳射擊賽，賽事輪流主辦。每年 11 月底至 12 月 15 日前舉行，在廣州、香港、澳門輪流舉行，共設九個比賽項目，到 2010 年為止，共舉行 23 屆比賽。

獎牌數目 獲獎運動員（項目）	銅牌	獲獎運動員（項目）	獎牌總數
—	0	—	1
蔣偉洪、鄧漢昇、何君龍、杜韋諾 （田徑〔男子 4x100 米接力〕） 李麗珊 （滑浪風帆〔女子奧林匹克航線米斯拉級〕）	1	許建業、唐敏聰 （網球〔男子雙打〕）	5
—	3	黃金寶 （單車〔男子 40 公里場地記分賽〕） 黃金寶 （單車〔男子公路個人賽〕） 鄧亦峻 （田徑〔男子 200 米〕）	4
陳振興 （單車〔男子山地車越野賽〕）	4	韓理強 （單車〔男子 BMX 越野賽〕） 李致和 （三項鐵人〔男子個人〕） 鄭文傑、賴楨敏、林子心、林立信 （馬術〔場地障礙團體賽〕） 鄭文傑 （馬術〔場地障礙個人賽〕）	7
賴楨敏 （馬術〔場地障礙個人賽〕） 黑純一、鄧子鏗、黃煥民、楊慕天 （高爾夫球〔男子團體〕） 張浩甯、范信基、郭嘉進、梁鴝岩、麥堅力、金志豪、曾慶鴻、華路雲、姚錦成、Anthony Nicholas HAYNES、Christopher Russell MAIZE、Robert Adam Carlyle ROLSTON （欖球〔男子七人制欖球〕）	3	崔浩然 （劍擊〔男子花劍個人〕） 陳振興 （單車〔男子山地越野賽〕） 張敬樂 （單車〔男子公路個人計時賽〕）	7

省港澳乒乓球友誼賽、省港澳柔道邀請賽、省港澳田徑賽等為粵港之間定期舉行的體育比賽。此外，廣東省各市與香港之間也有定期比賽，如穗港澳桌球錦標賽、穗港澳弱智人運動會、輪椅運動會等。此外，粵港兩地也有運動員互往參與龍舟、舞獅和健美等比賽。

三、其他交流與合作

在滙豐銀行慈善基金資助下，香港教練培訓委員會與中華全國體育總會自 1993 年起，每年合辦一次精英教練員研討會，致力提供一個讓海外和內地專家及本地專業教練人士，就運動培訓交流意見的平台。研討會自第 23 屆起獲賽馬會資金支持。截至 2017 年 7 月 1 日，研討會共舉辦 24 屆。

此外，北京體育大學自 1999 年起，於香港體育學院開辦運動訓練教育學士學位課程，為香港體壇培養高質素教練。課程專為教練和運動員而設，屬五年兼讀制，至 2017 年 3 月 31 日，有 79 名教練與運動員修畢課程。2000 年起滙豐銀行慈善基金為課程學員提供獎學金。

青少年交流方面，香港屈臣氏集團自 2006 年起，每年在集團舉辦的「香港學生運動員獎」獲獎者中選拔約 30 人，參加內地運動交流團活動，至 2017 年 7 月 1 日，超過 300 名得獎學生先後到北京、南京、上海等多個城市作運動交流。在香港賽馬會資助下，香港學界體育聯會自 2014 年起，每年組織超過 60 名青少年參加香港青少年體育交流團赴內地多個城市交流參訪訓練，在為期一周的活動中，深化對內地體育事業的了解，推動兩地體育交流。此外，中國香港體育協會暨奧林匹克委員會、各體育總會也多次組織形式多樣的內地香港青少年體育交流活動。

注釋

1　1981 年，亞洲運動會聯合會更名為亞洲奧林匹克理事會。參見亞奧理事會：〈關於我們〉，亞奧理事會網頁，2021 年 8 月 11 日瀏覽，https://ocasia.org/council/。1999 年 3 月 8 日，中國香港業餘體育協會暨奧林匹克委員會正式易名為中國香港體育協會暨奧林匹克委員會（港協暨奧委會）。參見中國香港體育協會暨奧林匹克委員會：〈歷史〉，中國香港體育協會暨奧林匹克委員會網頁，2021 年 8 月 11 日瀏覽，https://www.hkolympic.org/zh/%E9%97%9C%E6%96%BC%E6%88%91%E5%80%91/%E6%AD%B7%E5%8F%B2/。

2　內地稱國際自行車聯盟，香港稱為國際單車聯合會。

3　〈大紫荊勳賢霍英東 改革開放 先導先行〉，《香港商報》，2018 年 12 月 19 日，第 A12 版。

4　精英廣告公司後於 3 月因利益衝突退出，紀文鳳則作為義工，為北京申奧做外國傳媒工作、印刷品，並在香港找企業贊助，發動各界支持推廣活動。參見紀文鳳：香港地方志中心編輯部訪問，2021 年 3 月 9 日，訪談 HKCI 2021-A66，影像，41:44，香港地方志中心資料庫，香港：香港地方志中心。

5　大公報：〈不遺餘力＼親歷兩次北京申奧成功〉，大公報網頁，2019 年 5 月 12 日發布，2021 年 8 月 11 日瀏覽，http://www.takungpao.com/life/238149/2019/0512/286918.html。

6　張清：《申奧紀實》（北京：中國社會科學出版社，2008），頁 55。

7　國家體委為表達謝意建議命名為英東游泳館，霍英東最初謝絕，説他不為個人出名，只想出力，後經體委堅持下同意。參見政協全國委員會辦公廳編：《霍英東風範長存》（北京：中國文史出版社出版，2007），頁 85。

8　2021 年 8 月 5 日，中國香港代表隊乒乓球運動員杜凱琹、蘇慧音及李皓晴在教練李靜帶領下，於東京 2020 奧運會女子乒乓球團體項目奪得銅牌。

9　2021 年 7 月 26 日，中國香港代表隊劍擊選手張家朗於東京 2020 奧運會男子花劍個人賽奪得金牌。

10　訪港奧運選手通常以金牌運動員為主，惟 2016 年傅園慧、林丹和蘇炳添三位非金牌選手亦隨團訪港。參見大公報：〈奧運精英代表 64 人將訪港 林丹傅園慧隨團〉，大公網，2016 年 8 月 24 日發布，2021 年 8 月 11 日瀏覽，http://news.takungpao.com.hk/hkol/topnews/2016-08/3360788.html?pc。

11　首屆滬港盃 1908 年在香港舉行，舉辦 21 屆後於 1948 年停辦。參見香港足球總會：〈滬港盃回顧（一）、（二）〉，香港足球總會網頁，2010 年 11 月 8 日發布，2021 年 8 月 11 日瀏覽，https://www.hkfa.com/news_details/8083/，https://www.hkfa.com/news_details/8088/。Now 新聞：〈滬港球會盃歷史簡介〉，Now 新聞網頁，2011 年 11 月 4 日發布，2021 年 8 月 11 日瀏覽，https://news.now.com/home/sports/player?newsId=716591067。

大事記

1977 年 7 月 16 日 至 21 日	中國共產黨第十屆中央委員會第三次全體會議在北京舉行。全會決定恢復鄧小平中共中央委員、中央政治局委員、常委，中共中央副主席，中共中央軍委副主席，國務院副總理，中國人民解放軍總參謀長的職務。
1978 年 1 月 31 日	香港愛國電影公司長城、鳳凰及新聯的董事長廖一原等香港電影界人士，獲邀參加在北京舉辦的香港電影界座談會。僑務辦公室主任廖承志在會上表示，祖國的名勝古蹟、名山大川，都可以拍外景，內地大力支持。其後，香港愛國電影公司率先重返內地拍攝風光旅遊片和各類故事影片。
1978 年 6 月 23 日	香港大進（國際）貿易有限公司和中國紡織品進出口總公司廣東省分公司簽訂來料加工補償貿易協議，在順德開辦順德縣容奇鎮製衣廠，是國家改革開放前夕試辦的「三來一補」企業。1980 年 8 月易名為廣東省順德縣容奇鎮大進製衣廠。
1978 年 7 月 15 日	國務院頒發《開展對外加工裝配業務試行辦法》，允許廣東、福建作為先行試點，吸收港澳僑胞投資，開展來料加工和來件裝配業務。
1978 年 8 月 31 日	香港商人曹光彪創辦的永新企業有限公司及旗下的澳門紡織品有限公司，與中國紡織品進出口總公司廣東省分公司在澳門簽署「籌辦毛紡定點廠協議」，通過補償貿易在珠海合辦香洲毛紡廠，生產純羊毛紗和羊兔毛混紡紗；1979 年 11 月 7 日正式開幕。
1978 年 9 月 3 日	國務院正式出台《開展對外加工裝配和中小型補償貿易辦法》，對開展加工裝配和中小型補償貿易作出明確的規定和給予優惠政策。
1978 年 9 月 15 日	港商張子彌與東莞縣第二輕工業局合辦的東莞太平手袋廠正式開業，該公司獲國家工商總局發出「粵字 001 號」企業牌照，是廣東省第一家投產的對外來料加工廠。
1978 年 10 月	香港溢達企業有限公司與中國紡織品進出口公司江蘇省分公司簽署江蘇省第一份補償貿易協議。協議簽署後，於 1979 年 6 月，生產的第一批 19 萬打成衣經香港運往美國。
1978 年 11 月 17 日	中斷 30 年的港穗海上客運—飛翔船服務於當日恢復，首班船由香港大角咀碼頭開出，海事處長魏樂新到場主持開航禮剪綵儀式。
1978 年 11 至 12 月	電視廣播有限公司（TVB）與麗的電視獲中央廣播事業局邀請，分別於 11 月及 12 月組團到訪各內地電視台進行業務座談。
1978 年 12 月 18 日	香港怡高實業公司、深圳輕工工藝品進出口支公司與寶安縣石岩公社上屋大隊加工廠，簽署「深輕寶第 001 號」來料加工協議書，成立深圳第一家「三來一補」工廠 —— 石岩公社上屋大隊熱線圈廠。

1978 年 12 月 18 日 至 22 日	中國共產黨召開第十一屆中央委員會第三次全體會議，議決從 1979 年 1 月起，把全黨的工作重點和全國人民的注意力轉移到社會主義現代化建設，正式揭開改革開放序幕。
1978 年 12 月	合和實業有限公司董事總經理胡應湘向廣東省政府提交珠江三角洲綜合公路網的構思，建議興建廣深高速公路及廣州東南西環高速公路。
	香港商人張氏兄弟簽約籌辦龍眼髮具廠。到 1979 年 3 月，髮具廠在東莞虎門鎮投產，是內地第一家農村「三來一補」企業。
	東亞銀行總經理簡悅隆接獲中國銀行香港分行告知，內地邀請東亞重新恢復其上海分行國際業務。東亞銀行上海分行於 1979 年 5 月重新經營國際業務，並繼續委任由 1960 年起負責上海分行日常運作的胡象賢，出任分行經理，為當時唯一在內地營業的香港華資銀行。
1978 年	香港理工學院院長李格致率領代表團訪問西安交通大學，為香港首家受邀到內地交流的專上學府。
	內地乒乓球手許素虹移民香港，抵埗兩天後獲邀到香港乒乓總會打球，並進入港隊。12 月代表香港出戰泰國亞運會，在女子雙打比賽取得銀牌。
1979 年 1 月 3 日	廣東省廣播事業管理局投資開辦太平洋影音公司。3 月，太平洋影音通過「補償貿易」方式與香港百利唱片公司合作，首次向內地引進立體聲錄音帶製作設備；5 月，出版內地第一盒立體聲錄音帶《薔薇處處開—朱逢博獨唱歌曲選》。
1979 年 1 月 21 日	首屆省港盃於廣州越秀山球場舉行首回合比賽，廣東隊以 1：0 勝出。電視廣播有限公司與廣東電視台合作，同步在香港與內地播映，為香港與廣州間首個現場電視轉播的體育賽事。到 1 月 28 日，首屆省港盃次回合在香港大球場上演，最終廣東隊以總比分 4：1 獲得首屆省港盃冠軍。此後，每年元旦至春節期間，粵港兩地互派足球隊，分別在香港、廣州各舉行一場比賽，以兩場比賽入球總和決定勝負。
1979 年 1 月 23 日	在中國糧油食品進出口公司安排和香港五豐行的協助下，第一批美國飲料可口可樂重返內地市場，成為內地改革開放後第一批經香港輸往內地的消費品。
1979 年 1 月 31 日	香港招商局在當日獲批准建立蛇口工業區。同年 7 月 8 日破土動工，是國家第一個對外開放的工業區。到 1980 年 1 月 15 日，香港招商局在香港舉行「香港招商局起義 30 周年紀念招待會」，會上派發《香港招商局深圳市蛇口工業區投資簡介》，啟動蛇口工業區公開對外招商引資的工作。

1979 年 3 月 2 日	中國建設財務（香港）有限公司在香港註冊成立。該公司成立後，安排多項內地和香港的大型基建融資項目，並協助青島啤酒股份有限公司來港上市。青島啤酒為首家在港上市的國有企業。
1979 年 3 月 15 日	上海《文匯報》刊登瑞士雷達表廣告，該廣告由香港《文匯報》代理上海廣告公司承辦。同日下午 6 時 51 分，上海電視台播出一分鐘雷達表廣告；雷達表系列廣告是國家實行改革開放後內地第一個外商廣告，也是首個在內地播放廣告的外國品牌。
1979 年 3 月 31 日	中電主席羅蘭士・嘉道理與廣東省電力公司總經理師兆祥，在葵涌控制中心主持粵港聯網通電儀式。
1979 年 4 月 4 日	中斷 30 年的港穗直通車恢復服務。
1979 年 4 月 10 日	港商霍英東、彭國珍與中國旅行遊覽事業管理總局局長盧緒章簽訂協議，在廣州興建鵝潭賓館。鵝潭賓館其後由霍英東改名為白天鵝賓館，是新中國首批中外合作的五星級酒店之一。白天鵝賓館於 1982 年 10 月 16 日竣工，1983 年 2 月 6 日正式開業。
1979 年 4 月 12 日	香港大一藝術設計學院院長呂立勛獲北京中央工藝美院院長張仃邀請，組織香港設計師及藝術家一行 16 人，前往北京交流 10 天，是改革開放後香港設計業首次赴內地交流。
1979 年 4 月	國務院批轉《中國人民銀行行長會議紀要》，決定「逐步恢復國內保險業務」。同年 11 月，全國保險工作會議在北京召開，內地保險業務開始復業。
1979 年 6 月 1 日	京泰貿易有限公司（京泰）是日在香港註冊成立。1981 年，北京國際信托投資公司獲國家批准，投資於京泰，成為北京國際信托投資公司駐香港的境外企業。1988 年，京泰改由北京市政府直接領導，成為北京市政府駐香港的「窗口公司」。
	中國海外建築工程有限公司（1992 年改組為中國海外集團）在港註冊成立，註冊資本 100 萬元，是國家實行開放後國企在香港開辦的首家「窗口公司」，承包各類建築工程設計和施工。
1979 年 6 月	廣州市東山區委成立「引進外資住宅建設指揮部」（「引進辦」）。同年 10 月與香港寶江發展有限公司簽訂國家第一份引進外資開發住宅小區的合同，共同發展內地首個實施物業管理的住宅小區東湖新村。1979 年 12 月東湖新村動工興建 。在興建過程中，於 1980 年 4 月，廣州東山區委組織人員專程赴香港的住宅小區考察，並將香港一個屋苑的管理規程帶回廣州參考，據此制定出東湖新村的管理章程。1982 年年底東湖新村基本建成。1983 年，外交部組織駐 100 多個國家的駐外使節，集體參觀東湖新村小區，作為改革開放重要成就之一，向國際社會展示。

| 1979 年 6 月 | 國務院批准成立「中國國際信托投資公司」,即中信集團的前身。該公司於同年 10 月正式成立。公司成立初期,以引導、吸收、利用外資為目的,提供國際經濟諮詢、租賃公司等服務,並在海外發行債券,吸收資金協助內地經濟建設。1984 年起擴展在港業務,翌年註冊「中國國際信托投資(香港)有限公司」,1987 年集團化改組成「中信(香港)集團有限公司」。 |

| 1979 年 7 月 8 日 | 中國出台第一部利用外資的法律《中華人民共和國中外合資經營企業法》。該項法律出台前,於 1978 年 9 月,香港律師廖瑤珠獲中央有關部門邀請擔任顧問,協助內地起草中外合資企業的章程和合同。 |

| 1979 年 7 月 19 日 | 廣州白天鵝賓館動工。投資港商霍英東從設計到施工期間,多次組織以佘畯南和莫伯治為代表的廣州市設計院團隊,來港考察星級酒店的設計,參考其建築設計、房間尺寸、酒店管理與服務,還獲得香港酒店業代表提供的《設計指南》及各國旅館評定星級標準,以調整設計方案達到國際五星級酒店標準。1983 年 2 月 6 日白天鵝賓館正式開業。1990 年獲評為全國首批五星級酒店。 |

| 1979 年 7 月 25 日 | 是日起,三年內多次有效的《港澳同胞回鄉證》接受申請。同年 8 月 1 日正式面世使用,港人往返內地的手續得以簡化,不用再預先填寫《港澳同胞回鄉介紹書》。1981 年 12 月 1 日,回鄉證再改為 10 年內多次有效,再於 1999 年 1 月 1 日起推出卡式《港澳居民來往內地通行證》(俗稱回鄉卡),接受港澳居民申請。 |

| 1979 年 8 月 8 日 | 港澳知名人士何賢、霍英東、何鴻燊和馬萬祺等組建的中澳投資建設有限公司,與廣東省旅遊局局長楊可忠簽訂協議,合資興建中山溫泉賓館,總投資為 4000 萬元。賓館於同年 10 月 28 日開始動工,1980 年 12 月 28 日落成開業,是改革開放後全國最早建造的中外合作旅遊酒店之一。 |

| 1979 年 8 月 | 中國自行車協會秘書長魏紀中與香港單車聯盟代表霍震霆前往荷蘭馬斯特利赫特,參加國際單車聯盟會議;霍震霆作為香港單車聯盟代表,聯合其他代表向大會提出提案,要求恢復中國在國際單車聯盟的合法席位。霍震霆和魏紀中分別聯絡各國代表,介紹推廣香港提案,最終提案以一票的些微優勢獲得通過。 |

| 1979 年 9 月 5 日 | 香港宏德機器鐵廠與招商局簽訂合辦中宏製氧廠的協議,投資總額 1000 萬元,是蛇口工業區引進的第一家合資企業。 |

| 1979 年 9 月至 11 月 | 香港男演員劉松仁在鳳凰影業公司協助下組成宙斯影片製作公司,拍攝《碧水寒山奪命金》,劉松仁任男主角,香港女演員鍾楚紅為女主角,杜琪峯導演,是改革開放後首部到內地拍攝完成的香港電影。 |

1979 年 10 月 10 日 促進現代化專業人士協會在香港註冊成立。該協會會員包括法律、會計、工程、測量等界別的專業人士，協會多名成員定期返內地向當地幹部義務授課，講解香港土地制度、相關的法律和政府政策。

1979 年 10 月 25 日 國際奧林匹克委員會執行委員會在日本名古屋舉行會議，正式作出恢復中華人民共和國在國際奧委會合法席位的決議。到 11 月 26 日，經國際奧委會全體委員通訊表決，決議以 62 票贊成、17 票反對、一票棄權，一票廢票獲得通過；此後，游泳、田徑等國際體育組織相繼恢復中國的合法席位；香港商人霍英東自 1970 年代開始，即透過在國際體育組織任職的身份，協助中國體育界重返國際社會。

1979 年 10 月 由東亞銀行及美國銀行在港聯合發行的國際信用卡「東美信用卡」獲中國銀行廣州分行接受使用，為首張在內地使用並由香港銀行發行的國際信用卡。1980 年 1 月起，該款信用卡可於中國銀行上海分行業務部、上海友誼商店、錦江飯店、華僑飯店使用。

1979 年 11 月 1 日 中、英政府在倫敦簽訂《民用航空運輸協定》，規定內地指定空運企業所經營的航線，包括往來北京與倫敦；此外，協定亦規定雙方的空運企業，可互相提出要求，提供不定期包機服務。

1979 年 12 月 14 日 港府發表《1979 年經濟多元化諮詢委員會報告書》，提出增強香港與廣東省之間的運輸聯繫，包括改善海上、鐵路及道路運輸的基本設施，以及提升貨物處理能力，以充分發揮香港作為內地轉口港的角色。

1979 年 12 月 由香港建築師李允鉌設計的廣州首個商品房小區東湖新村動工，把圍合式布局、二層步行系統，以及着重環境整體效益的理念引入內地住宅小區規劃設計，1982 年年底建成。

1980 年 1 月 1 日 香港妙麗集團董事長劉天就與深圳市首任房管局副局長駱錦星簽約，由深圳提供土地，妙麗集團投入資金，合作興建住宅小區東湖麗苑。合約規定稅後純利深方、港方按 85：15 分成，開土地有償使用的先河。

1980 年 3 月 廣州東方賓館在翠園宮餐廳推出營業性的音樂茶座，全年開放，吸引來自港、澳、台及海外的商務旅客觀賞。1981 年茶座正式向公眾開放；隨後幾年，廣州的華僑大廈、廣州賓館、大同酒家、華僑酒店等相繼舉辦音樂茶座，茶座歌手翻唱港台地區流行歌曲為主，並模仿港台地區歌手的舞台演繹手法。

1980 年 4 月 香港發展商胡應湘（合和實業有限公司董事總經理）、鄭裕彤（新世界發展有限公司董事兼總經理）、李嘉誠（長江實業集團有限公司董事總經理）、李兆基、郭德勝和馮景禧（三人創辦新鴻基企業，即新鴻基地產發展有限公司前身）合組新合成有限公司，共同斥資 1.25 億美元，在廣州市中心興建中國大酒店。該酒店於 1984 年全面開業。

| **1980 年 5 月 1 日** | 美心集團創辦人伍沾德和中國民航北京管理局合資經營的北京航空食品有限公司在北京開業。開業前,該公司於同年 4 月 4 日獲得中國外資管理委員會頒發「外資審字〔1980〕第一號」批文,是國家改革開放後批准的第一家中外合資企業。 |

1980 年 5 月 5 日　羅氏美光集團獲廣東省經濟特區管理委員會批准,在深圳獨資興辦新南新印染廠有限公司(後稱深圳中冠印染有限公司),是深圳第一家獲批准成立的外商獨資企業,1981 年 12 月正式投產。

1980 年 5 月 21 日　廣東光明華僑電子工業有限公司是日投產。公司由港商林中翹創辦的香港港華電子企業有限公司,與廣東省華僑企業公司合資成立。其後,於 1995 年 8 月 29 日,更名為康佳集團股份有限公司。

1980 年 6 月 21 日　國泰航空公司由香港至上海航班首航,是香港航機 30 年來首次重返內地。

1980 年 6 月　「粵海企業有限公司」在香港註冊成立。1981 年 1 月該公司正式在香港開業,是廣東省各經濟機構及各進出口公司駐香港的總代理。1985 年,粵海企業有限公司集團化改組,更名為粵海企業(集團)有限公司。

香港半島針織有限公司聯合香港國際棉業有限公司、新疆烏魯木齊毛紡織廠、日本東洋紡絲工業株式會社成立合資經營企業 —— 新疆天山毛紡織品有限公司,是國家改革開放後第一家中外合資紡織企業;該公司所建的天山毛紡廠於 1981 年 10 月建成投產。

1980 年 7 月 4 日　香港怡和迅達(遠東)股份有限公司、瑞士迅達股份有限公司和中國建設機械總公司三方合資,在北京興辦的中國迅達電梯有限公司獲批准成立。該公司是內地改革開放後,第一家獲批准成立的中外合資機械工業企業。同年 8 月,中國迅達電梯有限公司上海電梯廠成立,成為上海第一家中外合資工廠。

1980 年 7 月 7 日　國際足協第 42 屆大會通過國際足協執委會作出恢復中國在國際足協合法權利的決定。此前霍英東、霍震霆父子等人曾多次與國際足協高層及體育界代表聯絡,爭取支持,並成功推動 1979 年 10 月 13 日國際足協執委會在瑞士蘇黎世會議上作出決定,恢復中國足球協會在國際足協的合法權利,並要求台北的足球協會改名為「中國台北足球協會」,不得使用「中華民國」的任何標誌,以彰示一個中國原則。

1980 年 7 月 8 日　香港新藝行與浙江省二輕局下屬的浙江省家具雜品工業公司,在杭州合辦西湖藤器企業有限公司,是浙江省第一家中外合資經營企業。其後於 1981 年 1 月 1 日正式開業。

1980 年 9 月 9 日　中國再保險(香港)有限公司在港註冊成立,為歷史上首家由中國人開辦的再保險公司。

1980 年 9 月 14 日至 16 日	深圳經濟特區成立後邀請香港學者、記者及專業人士在深圳新園招待所就《深圳經濟特區社會經濟發展規劃大綱》初稿進行討論,香港與會人士就深圳人口發展、土地規劃與功能分區等議題,提供參考意見。
1980 年 9 月	南洋商業銀行成立南洋信用卡有限公司,發行第一張港澳、內地通用的信用卡。初期為獨自發行「發達卡」,後於 1985 年加入 MASTER 及於 1987 年加入 VISA 國際組織。
1980 年 10 月	滙豐銀行獲准在北京設立代表處,成為首家在內地成立代表處的香港銀行。
1980 年 11 月至 12 月	香港女高音歌唱家費明儀先後在北京、上海及廣州舉行演唱會,為改革開放後首位應中國音樂家協會邀請到內地演出的香港音樂家。
1980 年 12 月	建設部建築設計院和香港森洋國際有限公司創辦的第一家中外合資建築設計企業 —— 華森建築與工程設計顧問有限公司在香港宣布成立。
1980 年	香港輸往內地的轉口貨值達到 46.42 億元,佔香港轉口貿易總額的 15.4%。1980 年起,內地成為香港轉口貨物的最大目的地。
	香港海華電影公司和內地福建電影製片廠合作拍攝動作片《忍無可忍》,由高揚導演、蕭玉龍主演,為改革開放後首部內地和非愛國陣營香港電影公司合拍的影片。
1981 年 1 月 20 日	由南洋商業銀行成立的南洋信用卡有限公司發行發達卡。該卡可在香港、澳門及內地使用,持卡用戶可在北京、廣州、上海、杭州、南京、天津等地的中國銀行、友誼商店、賓館、旅店、機場、碼頭、火車站的兌換點提款。
1981 年 1 月	文錦渡增闢為客運、貨運口岸。同年 6 月 25 日口岸開通進出境客運汽車,每日進出客車六班,同時開闢小汽車通道,是內地最早對外開放的客、貨運綜合公路口岸。
1981 年 3 月 4 日至 12 日	亞洲作曲家同盟(ACL)在香港召開第七屆亞洲作曲家同盟大會及音樂節,內地首次派出代表團來港出席。
1981 年 3 月	國際羽聯以 57 票對 4 票通過合併決定。同年 5 月 26 日於東京舉行的國際羽聯年會上正式宣告與世界羽聯合併,中國重返國際羽聯。此前,因為中國加入國際羽聯的要求多次被拒,霍英東於 1978 年 2 月 25 日在香港成立新的世界羽聯,廣泛爭取亞洲、非洲、拉丁美洲國家加入,並舉辦世界錦標賽和世界盃,與國際羽聯構成競爭;1981 年,霍英東邀請世界羽聯和國際羽聯的代表到香港,就兩個國際羽毛球組織分合問題談判,雙方同意在適當時候合併。

| 1981 年 4 月 | 港商莊啟程創辦的菲律賓維德集團有限公司、香港維德行,和江蘇省輕工業進出口公司、無錫家具總廠、無錫縣輕工業公司,在無錫市共同興辦中國江海木業有限公司,是江蘇省第一家中外合資企業。 |

| 1981 年 5 月 23 日 | 第一屆中國電影金雞獎暨第四屆百花獎頒獎禮在杭州舉行;香港電影雜誌《香港影畫》組織影評人和記者代表團應邀出席頒獎禮,是改革開放後第一個參加內地電影頒獎禮的香港代表團,成員共 30多人。 |

| 1981 年 5 月 | 港府政治顧問魏德巍(後易名為衞奕信)訪穗,與廣東省副省長曾定石及廣東省公安廳官員會晤,商討兩地建立更多經常性的聯繫,以處理邊境客貨運、走私及非法入境等事宜;香港與廣東省在翌年設立跨境聯絡制度,磋商打擊跨界罪案、治理深圳河等問題,推動雙邊合作發展。 |

| 1981 年 7 月 | 以香港天廚味精廠、南洋煙草公司及其下屬的永發印務公司為基礎的上海實業有限公司,在香港註冊成立。該公司作為上海市政府在香港的窗口企業,其職責包括為上海引進境外資金、技術和設備、滬港經濟交流、信息溝通和資金流通。1989 年,上海實業啟動申請成立集團公司,至 1993 年 6 月,獲准改組為上海實業(集團)有限公司。 |

| 1981 年 8 月 4 日 | 以唐翔千為代表的香港聯滬毛紡織有限公司和上海毛麻紡織工業公司投資興辦上海聯合毛紡織有限公司,是日在上海浦東舉行開工典禮。該公司是浦東第一家中外合資經營企業和上海第一家滬港合資企業。 |

| 1981 年 8 月 10 日 | 由港澳商人霍英東、何賢、馬萬祺、何鴻燊等經營的澳門南聯公司,與廣東省公路建設公司簽訂《關於貸款建設廣珠公路四座大橋協議》,開創內地引進外資興建交通基礎設施和貸款修橋的先例。 |

| 1981 年 8 月 | 華潤正式成立「省市聯絡部」,協助各省市自治區、各部委在香港開辦貿易「窗口公司」。 |

| | 國務院批准汕頭大學成立。到 1983 年,該校利用臨時校舍開始招生;1984 年動工興建校舍,1990 年 2 月落成,為粵東第一所綜合大學。李嘉誠自 1980 年汕頭大學籌辦起開始為汕大捐資,用於興建校舍、教員宿舍、購置教學及實驗室儀器、設立獎學金、學術基金等;汕頭大學獲李嘉誠基金會支持款項累計逾 80 億元(至 2018年),是內地唯一私人資助的公立大學。 |

| 1982 年 1 月 9 日 | 在香港經營的南洋商業銀行獲准於深圳經濟特區開設分行。該行為新中國成立後,第一家獲准在內地開業的香港銀行。開設分行後,引進香港的銀行服務與產品,包括發放了改革開放後內地第一筆境外商業銀行貸款,並在羅湖口岸安裝內地第一部 ATM 提款機、發放第一筆商品房按揭貸款。 |

1982 年 1 月 21 日	香港與內地合拍片《少林寺》在香港上映，主要演員李連杰、于承惠、于海、孫建魁和劉懷良等到港參加首映禮；該片打破香港功夫片票房紀錄，達 1615 萬多元。
1982 年 3 月 21 日 至 24 日	深圳市政府秘書長甄錫培為團長的深圳市政府代表團，與港府政治顧問麥若彬在港舉行會議，就港深之間的交通往來和促進兩地繁榮廣泛交換意見並簽署協議，同意成立四個聯合工作小組。同年 4 月 30 日，麥若彬和甄錫培分別代表雙方政府簽署《深圳—香港關於增闢兩地之間通道的協議》，議定興建皇崗連接落馬洲大橋、文錦渡新橋和沙頭角橋，及設立小梅沙至香港旅遊專用口岸。
1982 年 4 月	香港商人李兆基聯同霍震寰、方潤華、鄭家純等人，邀請霍英東、王寬誠、伍淑清等，成立香港培華教育基金會，致力為國家建設培養人才。到 1982 年 11 月 1 日至 12 月 19 日，基金會在廣州首次舉辦旅遊服務培訓班，以應對內地導遊及飯店服務人員的短缺；基金會其後陸續組織各類培訓班，包括旅遊飯店、企業管理、商業法律、室內設計等領域；至 2017 年，基金會資助、主辦或協辦了 670 多個項目，累計培訓學員 74,000 多人。
1982 年	香港中華總商會創辦香港工商業研討班，讓內地學員認識市場經濟模式；至 2017 年共舉辦研討班 220 期，參與研討班學員總人數達 7228 人。
1983 年 1 月	港澳地區 14 家中資銀行組成「港澳中銀集團」，成為香港第二大銀行集團。該集團成員包括：中國銀行香港分行、鹽業銀行香港分行、廣東省銀行香港分行、中南銀行香港分行、交通銀行香港分行、金城銀行香港分行、國華商業銀行香港分行、浙江興業銀行香港分行、新華銀行香港分行、集友銀行、寶生銀行、南洋商業銀行、華僑商業銀行以及南通銀行。1986 年，港澳中銀集團與香港銀行同業聯合為華能國際電力開發公司提供銀團貸款，是內地企業首次在港籌集資金發展的能源項目。
	廣東省環境保護局局長金陽率領代表團，首次到訪香港考察。
1983 年 5 月 30 日	教育部批准廈門大學新聞傳播系開辦廣告專業，是內地大專院校開辦的第一個廣告專業學系，該系亦為內地首個以「傳播」命名的學系。香港浸會書院傳理學系創辦人、香港中文大學新聞及傳播學系講座教授余也魯是廈門大學創辦廣告專業的聯合倡議人，並參與籌備。
1983 年 5 月	王光英在香港創辦「紫光實業有限公司」。同年 8 月正式開業，成為改革開放後第一家直屬國務院的在港窗口公司。1984 年 7 月，紫光實業更名為中國光大集團有限公司。
	亞洲電視製作劇集《大俠霍元甲》在廣東電視台播放（內地稱《霍元甲》）。1984 月 5 日，《霍元甲》在黃金時段於央視播出，其後在內地其他電視台陸續開播，成為第一部在全國播出的港劇。

1983 年 7 月 18 日	廣東省政府批准由廣東省旅遊服務公司和粵海公司屬下的廣東（香港）旅遊有限公司聯合經營，試辦「香港遊」。同年 11 月 15 日，廣東省居民共 25 人從廣州出發來香港旅遊、探親，展開為期八天的「香港遊」試辦首團之旅，香港媒體稱之為「新中國第一團」。
1983 年 7 月	華潤公司正式改組為華潤（集團）有限公司（華潤集團），註冊資本兩億元，按自主經營、自負盈虧、市場化方式運營，進行多元化業務發展。
1984 年 1 月 24 日	鄧小平到深圳經濟特區視察，在深圳市委書記、市長梁湘等陪同下，登上由香港中發大同地產公司、深房公司及廣東省信託投資公司深圳分公司合資開發的深圳國際商業大廈，俯瞰建設中的羅湖新城區。
1984 年 2 月 1 日	中央電視台（央視）的春節聯歡晚會（春晚）節目邀請香港歌手奚秀蘭和張明敏，以及演員陳思思參加，是首次有香港歌手出席春晚節目表演。
1984 年 2 月	香港空運貨站有限公司的全資附屬公司香港空運服務有限公司註冊成立，以支援在香港機場的處貨需要，並以多式聯運服務連接香港與內地華南地區。
1984 年 7 月 23 日至 25 日	奚秀蘭在北京首都體育館參加中國殘疾人福利基金籌款義演晚會，是首位香港歌星在內地舉行個人演唱會。
1984 年 8 月 25 日	由霍英東、鄭裕彤在廣東省三鄉溫泉投資的中山溫泉高爾夫球場建成，為內地最早符合國際水準的高爾夫球場。同月，中山溫泉高爾夫球會正式成立。
1984 年 10 月 15 日	美資跨國公關企業偉達公關在北京的辦事處正式開業，由香港分公司中國業務經理柯任彌出任經理，是首間在內地設立代表辦事處的外資公關企業。
1984 年 10 月	中國保險港澳管理處成立。該管理處作為中國人民保險公司派駐香港的行政管理機構，與中國銀行港澳管理處平行，代表中央政府行使對駐港中資保險機構的管理職能。
1985 年 1 月	香港首位華人職業高爾夫球手鄧樹泉在中山市三鄉桂山中學物色男女各九人，組建內地第一支高爾夫球隊，進行業餘訓練，培養出內地第一批高爾夫球手。
1985 年 4 月	美特容器（香港）有限公司創辦人羅富昌和廣州市飲料工業公司、中國包裝進出口總公司、振華輕工企業有限公司、廣州經濟技術開發區工業發展總公司、美波國際有限公司，在廣州合資組建內地第一家鋁合金易拉罐製造企業——廣州美特容器有限公司。

1985 年 5 月 24 日　由港商曹光彪創辦的港龍航空公司（港龍航空）註冊成立。該公司是香港首家華資航空企業，其母公司是由安子介、李嘉誠、包玉剛、曹光彪、霍英東、王寬誠、郭鶴年、馮秉芬和馬萬祺等 30 多名港澳商人，與包括中國銀行、華潤、招商局等駐港中資機構組成的「港澳國際投資有限公司」。港龍航空於 1985 年 7 月開始營運，以一架波音 737 客機服務來往香港和馬來西亞哥打基納巴盧。

1985 年 6 月 14 日　由「胡應湘建築工程設計師事務所」負責設計、香港合和中國發展（深圳）有限公司興建的羅湖聯檢大樓啟用。大樓高共 11 層，每天可接待 8 萬名旅客，一年可接待 2800 萬人次過關，是當時香港與內地最多人使用的陸路大樓。

1985 年 6 月 17 日　滙豐銀行與中國銀行聯手向嘉華銀行提供充足的信貸，是中國銀行第一次向香港銀行提供信貸支持。到 1986 年 3 月 6 日，中國國際信託投資（香港）有限公司，向嘉華銀行注資 3.5 億元收購 95% 股權，首次有中資機構收購香港銀行。

1985 年 6 月　電視廣播有限公司與深圳市文化局屬下的深圳展覽館合作投資，成立翡翠動畫設計（深圳）公司，是改革開放後在內地成立的首家專業動漫企業，除上海美術電影製片廠外，是當時在內地唯一一家動畫設計公司。

1985 年 9 月 15 日　首屆香港—北京汽車拉力賽拉開帷幕，36 輛賽車由香港出發駛向北京；香港汽車會自 1980 年代初就與中國摩托車運動協會聯絡，探討港京拉力賽的計劃。

1985 年 10 月　中華電力有限公司動工興建首條連接香港與內地的海底電纜。於 1986 年年底開始，向受斷電及限電影響的深圳蛇口工業區輸電，保障區內工廠的生產運作。

1985 年 11 月　招商局正式組建成立招商局集團。該集團透過整合交通部在港企業和招商局下屬企業的經營，實行分級管理，制定「發展多種經營」的方針，逐漸成為以航運為中心、兼營其他業務的綜合集團企業。

1985 年　香港與內地之間的商品貿易額達 1201.75 億元，超越香港與美國的 942.88 億元。自 1985 年起，內地取代美國，成為香港最大的商品貿易伙伴。

金利來集團創辦人曾憲梓與梅州市外經發展有限公司興辦中國銀利來有限公司。該公司於 1986 年 3 月正式投產，是內地首家專營領帶的中外合資企業。

北京大學、清華大學、復旦大學、中山大學、華南工學院、中山醫科大學、廈門大學實行七校聯合招收港澳台及華僑學生（即港澳台僑聯招／全國聯招），參加港澳台僑聯招的內地高校其後不斷增加，至 2016／17 學年，共有 297 所內地高校（第一及第二批本科錄取院校）經港澳台僑聯招試招生。

1985 年

王寬誠出資 1 億美元在香港成立王寬誠教育基金會，為國家培養高端科技人才。截至 2017 年，基金會在內地、港澳及海外共設 48 個高級人才培養資助及獎勵項目，共資助超過 13,000 人次，包括資助完成博士學位、博士後研究，資助高端學術會議、講座以及設立冠名青年學者及講席教授等。

邵氏基金會向浙江大學捐 1000 萬元興建科學館，為邵氏捐贈內地的首個教育項目。其後，邵氏基金會與教育部合作，繼續向內地教育捐款，於內地各高等院校興建圖書館、教學樓、科技樓、體育館、藝術樓、學術交流中心等。截至 2017 年 7 月 1 日，邵氏基金會共捐助內地高等院校約 21 億元。

1986 年 2 月 5 日

香港時代藝術有限公司、上海美術電影製片廠、珠江電影製片廠三方經對外經濟貿易部批准註冊、合資成立的廣州時代動畫公司正式開業，是內地第一家中外合資動畫企業，也是內地電影行業第一家中外合資企業。

1986 年 2 月

香港管弦樂團第四任音樂總監施明漢率領樂團首次出訪內地，在上海、杭州及北京巡演 11 天。

1986 年 5 月 16 日

內地第一家中外合資廣告公司電揚廣告公司在工商行政管理局註冊成立。該公司由電通揚雅廣告公司與兩家內地公司合資組成；電通揚雅則由在港註冊成立的美資揚雅廣告公司和日資電通廣告公司組成。

1986 年 5 月 27 日

中國環球公共關係公司於北京註冊成立，成為內地第一家本土專業公關公司。該公司由跨國公關企業博雅公關與新華社屬下中國新聞發展公司共同創立；博雅公關香港分公司於 1986 年起為中國環球公關職員提供培訓。

1986 年 5 月

中共中央書記處要求上海學習和借鑒香港經驗。上海隨即組織成立滬港經濟比較研究課題組，對土地利用、自由港、外匯自由兌換、稅收、利用香港等五個課題進行研究。

1986 年 6 月 23 日 至 29 日

香港作曲家聯會及中華文化促進中心等六個香港團體，與中國音樂家協會聯合舉辦第一屆中國現代作曲家音樂節。

1986 年 8 月 26 日 至 9 月 9 日

上海市委、市政府派出 11 人組成的房地產、港口考察團赴香港，主要聚焦探討三個專題：土地批租和房地產經營、港口建設和自由港政策，以及進一步發展香港上海實業公司的作用。考察團回上海匯報後，上海市委決定落實土地批租。

1986 年 10 月

廣東電視台台長劉熾派出十人考察團到香港的電視廣播有限公司（TVB）和亞洲電視考察，學習和借鑒香港的節目製作經驗，團員包括電視劇編劇、導演、美工、燈光、製片以及綜藝節目的編導；TVB 派出監製李添勝接待考察團，並互相交流。

1986 年 11 月 17 日

深圳市副市長李傳芳率領深圳房地產代表團赴港,進行為期 10 天考察。訪港期間,其中三天由現代化協會成員向代表團講解香港的官地拍賣及土地制度、研討深圳的土地使用制度改革問題,並陪同考察團觀摩香港土地拍賣會現場,向他們介紹香港土地拍賣的程序、準備等情況。

1986 年

中國銀行總行決定將靳埭強於 1980 年設計的香港分行標誌,作為行標應用於全球分行,成為內地第一家擁有行標的國有銀行。

霍英東出資 1 億元,與國家教委合作成立霍英東教育基金會,設立高等院校青年教師基金和青年教師獎,資助和獎勵青年教師。到 2003 年設立優選資助課題,2006 年設立西部高校青年教師研究基金;截至 2016 年年底,基金會累計資助 262 所大學、襄助 3675 名青年教師,總資助金額超過 3000 萬美元。

霍英東捐資 1 億元,為 1990 年北京亞運會興建國家奧林匹克體育中心游泳館(英東游泳館)。英東游泳館 1989 年 12 月建成,是當時亞洲最大的游泳館,佔地面積 6 萬平方米,建築面積 3.76 萬平方米;1990 年 9 月 8 日,第 11 屆亞運會組委會在國家奧林匹克體育中心舉行英東游泳館命名儀式,中央政治局委員、國務委員李鐵映向霍英東頒發了體育事業貢獻獎。

1987 年 9 月

香港中樂團第二任音樂總監關迺忠率團首次出訪內地,參加在北京舉行的第一屆中國藝術節。

香港舉辦首個大型內地動畫影展「中國美術電影回顧展」,由香港藝術中心、《電影雙周刊》、上海美術電影製片廠及中國動畫學會主辦、南方影業協辦;香港動畫從業員盧子英與林紀陶,以及《電影雙周刊》社長陳柏生參與策劃該影展。

1987 年 10 月 20 日

美國道瓊斯工業平均指數在 10 月 19 日下跌 22.6%,香港聯合交易所於 10 月 20 日早上宣布停市四天,期貨交易所部分客戶拒絕承擔責任。10 月 25 日,香港政府的外匯基金聯合期貨保證公司股東及期交所部分經紀,向香港期貨保證公司提供 20 億元貸款,以應付期貨客戶拖欠款項。10 月 26 日,股市重開,恒生指數下跌 33.3%,是截止 2017 年 7 月錄得的單日最大跌幅,香港期貨保證公司主席當天向港府財政司翟克誠請求協助,港府再為香港期貨保證公司安排 20 億元備用貸款,其中外匯基金出資 10 億元,滙豐銀行、渣打銀行及中國銀行共同提供 10 億元,為首次有中資金融機構參與穩定香港金融體系。

1987 年 10 月

中央批准進行土地使用權有償出讓後,上海市土地批租領導小組(1988 年改稱上海市土地使用制度改革領導小組)及土地批租試點辦公室邀請香港測量師、律師、銀行家、發展商及建築師等 17 人在深圳分批進行座談諮詢。港方出席成員梁振英、劉紹鈞等獲邀單獨會面提供意見。

1987 年 12 月 1 日 | 深圳舉行國有土地使用權全國首次公開拍賣會。地塊編號 H409-4，位於深圳水庫旁，面積 8588 平方米，使用年限 50 年，由深圳經濟特區房地產公司總經理駱錦星代表公司，舉牌以 525 萬元人民幣投得。該地塊於 1988 年至 1989 年間發展成為東曉花園；是次拍賣會的拍賣槌由香港測量師學會贈送。

1987 年 | 香港貨櫃吞吐量超越鹿特丹，成為全球第一位的貨櫃港。1980 年代，內地發展出口導向製造業，香港擔當連接內地與海外的貨物中轉站。

1988 年 1 月 25 日 至 2 月 13 日 | 由上海市土地批租辦公室副主任王安德、上海虹橋聯合發展有限公司經理周友琪及朱克君三人組成的上海虹橋 26 號地塊國際招標文件起草組，帶着初稿赴香港進行修訂。來港期間，在仲量行合伙人、現代化協會會員梁振英的協助下，完成內地首個面向國際的土地招標文件的最後修訂工作，梁振英負責英文版的翻譯。

1988 年 4 月 12 日 | 國家將原憲法中禁止土地「出租」兩字刪去，首次規定土地使用權可以依照法律規定，有償轉讓。

1988 年 4 月 29 日 | 合和實業有限公司投資興建的沙角 B 電廠舉行投產典禮，是中外合資興建的第一個火力（燃煤）電廠，落成時是廣東省最大的發電廠，開創內地以「興建—營運—移交」（BOT）方式投資大型基建項目的先例。

1988 年 5 月 21 日至 1989 年 4 月 12 日 | 張明敏為第 11 屆北京亞運會新興建月壇體育館進行全國巡迴演唱會籌款，在天津、北京、哈爾濱、上海及武漢等 23 個城市，開了 145 場個人演唱會，共籌得逾 60 萬元人民幣，為首位在內地進行全國巡迴演唱會的香港流行歌手。

1988 年 6 月 7 日至 18 日 | 上海市土地管理局局長蔣如高率團到港，為上海批租作市場考察及政策宣傳。訪港期間接觸上海實業有限公司、太古地產有限公司、恒基兆業地產有限公司、瑞安集團有限公司、新鴻基地產發展有限公司等多家香港發展商及中銀 13 家銀行團。考察團此行同時向梁振英、劉紹鈞、簡福飴、周安橋、羅康瑞、阮北耀及胡經緯七人頒發上海市房地產改革諮詢顧問證書。

1988 年 6 月 20 日 至 7 月 2 日 | 上海虹橋 26 號地塊國際招標工作在港、滬兩地同步進行。香港翁余阮律師行阮北耀律師為招標公證的委託公證員；6 月 30 日中午 12 時截標，港滬兩地標箱各收到三份標書。7 月 2 日開標，由日籍華人孫忠利以 2805 萬美元投得虹橋經濟技術開發區 26 號地塊使用權 50 年，投標金額是同年上海財政收入的 2%。

1988 年 8 月 18 日 | 內地首座中外合資現代化綜合娛樂電影院設施 —— 南國影聯娛樂中心在深圳落成開業。中心由香港安樂影片有限公司、中國電影發行放映公司、廣東省電影發行放映公司及深圳市電影發行放映公司合資興建。

| 1988 年 8 月 28 日 | 洛溪大橋舉行開通典禮。大橋耗資 8100 萬元人民幣，其中港澳商人霍英東、何賢、何添等捐資 1485 萬元人民幣，餘款由當地政府出資及借貸籌得。 |

| 1988 年 9 月 | 中國海外取得深圳第一塊以美元作價的國際招標土地，命名為海富花園。取得地塊發展後，於 1990 年 5 月興建落成的單位開始發售，並引進「物業管理」概念、「銀行按揭購房」模式，以及「實體樣板房」展示、「空中花園與入戶花園」設計等。 |

| 1988 年 10 月 7 日 | 國家隊參加漢城奧運會後，獲獎牌運動員代表團一行 37 人，在團長李富榮率領下抵達香港，展開表演賽、宣傳慶祝等親善活動；從此確立了四年一度的國家隊金牌選手訪港安排。 |

| 1988 年 11 月 4 日 | 上海市政府辦公廳發布《上海市人民政府辦公廳關於同意組織開展本市房地產市場信息調查工作的通知》，接受香港專業人士的建議進行房地產市場信息調查。調查結果《1989 年上海房地產市場調查報告》於 1989 年 5 月發表。 |

| 1988 年 11 月 | 內地舉辦首個大型國際動畫電影節「上海動畫電影節」；香港動畫業界包括動畫組織「單格」、翡翠動畫設計（深圳）公司導演及香港藝術中心人員等合共十多人獲邀出席，與內地資深動畫導演萬籟鳴及戴鐵郎等從業員交流。 |

| 1988 年 | 香港轉口貿易總額是年達到 2754.05 億元，轉口貿易超過港產品出口，佔香港整體出口 55.9%，港產品出口的主導地位被轉口所取代。 |
| | 香港投資銀行百富勤開業。1990 年代，百富勤安排多家紅籌股公司及 H 股公司來港上市集資，包括首隻公開招股的紅籌股公司海虹集團。1998 年 1 月，受亞洲金融風暴衝擊，百富勤由臨時清盤人接管。 |

| 1989 年 8 月 8 日 | 廣佛高速公路正式通車。公路全長 15.7 公里，是廣東省首條、內地第二條通車的高速公路；其中香港的珠江船務有限公司注資 5500 萬元人民幣，彌補建設資金缺口。 |

| 1989 年 10 月 28 日 | 中國民航廣州管理局、香港和記黃埔（中國）有限公司，以及美國洛克希德飛機服務公司合資的廣州飛機維修工程有限公司在廣州白雲機場成立，並舉行開幕典禮。該公司擁有當時內地最大的飛機維修機庫。 |

| 1989 年 12 月 29 日 | 皇崗口岸邊檢綜合檢查站開放貨運通道；皇崗口岸是內地規模最大的客貨綜合公路口岸，由香港合和中國發展高速公路有限公司及廣東省公路建設公司組成的「廣深珠高速公路有限公司」投資及興建。 |

| 1989 年 12 月 | 由香港王董建築師事務有限公司設計的上海華亭賓館，以及香港協建建築師有限公司設計的上海靜安希爾頓酒店，獲評為「1949—1989 年上海十佳建築」。 |

| 1989 年 | 《秦俑》開拍。該電影由程小東導演、張藝謀擔任製作人並兼任男主角，鞏俐擔任女主角，由朱牧、韓培珠夫婦創辦的嘉民影業公司和中國電影合作製片公司合作拍攝。1990 年 4 月至 5 月在香港上映。 |

香港大學土木工程系張佑啟教授的「有限條法」，獲頒年度「國家自然科學獎」二等獎；香港大學生理學系龍建音教授及王紀慶教授的「鼻血循環與氣道阻力的研究」獲頒四等獎，是自該獎項開放給香港地區申報後，首次有香港科研項目獲此獎項。

| 1990 年 1 月 18 日 | 中國國際信托投資（香港集團）宣布以 3.7 億元向曹光彪購入泰富發展（集團）51% 股權，並向泰富發展（集團）注入港龍航空 38% 股權及三項工廠物業，成為首家透過借殼上市的中資股公司。1991 年 8 月 22 日，泰富發展（集團）易名為中信泰富。 |

| 1990 年 1 月 | 在內地金融行業對外資開放的背景下，光大集團調整發展策略，聚焦發展內地金融業。同年 9 月，中國光大集團總公司在北京獲批准成立，隨後取得到內地金融領域的准入資格，並以「一個集團兩個總部」的管理架構，在香港和內地雙線經營發展。 |

| 1990 年 7 月 10 日 | 粵港環境保護聯絡小組成立，是粵港兩地政府首個就空氣污染和水質污染等環境事宜展開合作的機制。 |

| 1990 年 8 月 19 日 | 國務院頒布《關於鼓勵華僑和香港澳門同胞投資的規定》，允許華僑、港澳投資者在境內投資工業、農業、服務業以及其他符合社會和經濟發展方向的行業，並提出一系列鼓勵華僑和香港澳門同胞前往內地投資的優惠政策，自發布日起執行。 |

| 1990 年 9 月 | 為接待亞洲各地前來參觀北京亞運會嘉賓而建的高級酒店貴賓樓在北京開業。貴賓樓是霍英東投資 2400 萬美元、與北京飯店合資興建；北京亞運會期間，亞奧理事會的理事、國際奧委會官員，包括奧委會主席薩馬蘭奇在內的共 178 位貴賓都住在貴賓樓，亞奧理事會第九次代表大會也在貴賓樓召開。 |

| 1990 年 | 內地洛溪新城項目發展商接觸香港中原地產代理公司，邀請協助推銷樓盤，是中原地產開展內地物業代理業務的起端。中原地產在香港透過廣告和樓盤推介講座推銷洛溪新城樓盤，銷情理想，吸引了一批準備到內地購房退休的香港人士購買。 |

香港工業家蔣震成立蔣氏工業慈善基金，推廣工業培訓。基金自 1992 年起在香港開辦培訓班，為內地製造工業（以機械和注塑工業為主）的高級管理人員而設，是首個有計劃成批組織內地製造業人才赴港培訓的項目；至 2017 年，基金共舉辦近 320 期香港培訓班，為內地製造業培訓逾 20,000 名高級管理人員；基金自 2006 年起相繼設立蔣震獎學金、蔣震海外研究生獎學金和山東大學蔣震菏澤獎學金等；截至 2017 年，接近 3000 名內地學生共獲得約 9000 萬元資助。

| 1990 年 | 香港和深圳聯合進行后海灣及其集水區環境保護研究，是深港兩地第一次在環境研究上合作。 |

霍英東資助 570 萬元對廣東省人民體育場進行大規模改建，迎接 1991 年首屆女足世界盃在廣東舉行；此外，又捐出 350 萬元重建佛山新廣場體育館、捐資中山市 700 萬元修建體育場，作為女足比賽場館。首屆女足世界盃於 1991 年 11 月在廣州舉行。

1991 年 5 月

華東地區發生大水災，大批災民無家可歸。水災過後，國家於 7 月 11 日在北京召開「救災緊急呼籲」新聞發布會，首次直接呼籲國際社會對內地發生的自然災難作出援助；香港政府和香港民間各界響應呼籲，最終共籌得 7 億元人民幣善款和救災物資協助賑災，佔當年災區接受捐款總數逾四成。

1991 年 7 月 27 日

香港跑馬地馬場舉辦「演藝界總動員忘我大匯演」，海峽兩岸及香港流行歌手參加，為賑濟華東水災災民籌款，獲超過 10 萬名市民入場支持，籌得善款逾 1.1 億元，獲列入單一天最長時間最多藝人參與的籌款節目世界健力士紀錄。

1991 年 8 月 7 日

新華社香港分社副社長秦文俊和半島針織有限公司董事長唐翔千率領一行 28 人的「港澳同胞賑災慰問團」，到安徽、江蘇災區慰問災民。8 月 10 日轉抵北京，新華社香港分社社長周南以團長身份參與慰問團活動，轉交港澳賑災捐款，並獲國家領導人接見。

1991 年 8 月 8 日

落馬洲管制站客運部分正式開通。該管制站於 2003 年 1 月 27 日實施 24 小時通關，是香港和內地之間唯一提供 24 小時客運通關服務的陸路關口。

1991 年 8 月

深圳首個貨櫃碼頭 —— 蛇口集裝箱碼頭開始營運，由香港招商局集團及中國遠洋運輸集團投資，是內地首個由企業自行籌資、自主經營的現代化專業貨櫃碼頭。

1991 年 10 月 8 日

北京舉行紀念國際減災日暨賑災答謝招待會，會上民政部部長崔乃夫代表民政部、中國國際減災十年委員會及災區民眾向港澳台同胞及海外僑胞等致謝。同年 10 月 20 日至 28 日，中國紅十字會副會長孫柏秋率團專程赴香港、澳門答謝賑災義舉。

1991 年 12 月 3 日

粵海投資有限公司向母公司粵海企業（集團）有限公司收購包括廣東旅遊在內的三項資產，以注入資產形式，將母公司在內地資產在香港上市，並據此擴大粵海投資的資產規模。

1991 年

港商彭磷基在番禺興建大型郊區樓盤祈福新邨。該發展項目是內地首個國際化大型綜合社區，項目佔地逾 7000 畝，建成並出售住宅超過 5 萬套，常住居民達 20 萬。

1991 年	田家炳基金會捐贈香港大學教育學院設立田家炳訪問學人計劃,資助內地學者及教育工作者訪問香港大學教育學院。到 2005 年,基金會將田家炳訪問學人計劃推廣至香港中文大學及香港科技大學;2008 年再將該計劃擴充至香港理工大學、香港城市大學、香港浸會大學、香港教育學院、香港公開大學和嶺南大學。
1992 年 4 月 28 日	「平面設計在中國 92 展」在深圳舉辦,是內地第一個遵循國際專業評比規範及邀請國際評審的平面設計專業展覽,來自內地和台灣地區的參展作品各佔一半,評審團隊有三人來自香港,包括石漢瑞、靳埭強和陳幼堅。
1992 年 4 月	香港聯合交易所主席李業廣前往北京拜訪國務院相關部門及人民銀行,並獲國務院副總理朱鎔基接見。與朱鎔基會面期間,李氏提出讓「優質國企」來港上市集資建議。同年 10 月 6 日,九家國企率先獲批准赴香港上市。
1992 年 7 月 7 日	香港精英廣告公司與內地中信集團公司旗下的北京國安廣告公司合資在北京成立精信廣告公司,註冊資本為 10 萬美元,精英廣告佔70%,中信集團佔 30%,成為內地首間外方股份佔超過 50% 的中外合資廣告公司。
1992 年 7 月 15 日	海虹集團在香港聯合交易所上市買賣,為內地企業透過在香港成立附屬公司在香港聯合交易所上市的首宗個案。
1992 年 8 月	招商銀行在香港成立本地代表辦事處。該行為招商局在深圳蛇口創辦的第一家完全由企業法人持股的股份制商業銀行。2002 年 8 月28 日,招商銀行香港分行成立,是內地股份制商業銀行的第一家境外分行。
1992 年 9 月	以香港為亞太區總部的美國友邦保險有限公司於上海設立分公司,恢復內地業務。該公司為改革開放後首家獲准重返內地經營的外資保險公司。
	霍英東設家宴招待中國奧運獎牌運動員代表團時,獎勵給在西班牙巴塞羅那奧運會獲前三名的運動員重量分別為 1000 克、250 克、150 克的三種純金獎章,另外分別獎勵 4 萬美元、1 萬美元、4000美元。到 1994 年,霍英東體育基金會按這個獎勵標準制定了《優秀運動員成績獎的暫行辦法》,使重獎運動員制度化。從 2006 年開始,基金會正式採用等重的黃金或者黃金市價折價的現金,代替作為獎勵的純金金牌。
1992 年 10 月 20 日	香港中國保險(集團)有限公司成立。該公司代替中國保險港澳管理處,以法人身份行使對轄下港澳地區各公司的管理職權。2009年 6 月,該公司更名為中國太平保險集團(香港)有限公司。

1992 年 11 月 7 日	廣州方圓科技服務有限公司註冊成立，由港資天祥科技有限公司與廣州科技開發總公司合資 30 萬元創立，是內地首家內地與香港合作經營的公關公司。
1992 年	是年香港全年接待的內地訪港旅客人次首次突破 100 萬，達 1,149,002 人次。
	香港商人曾憲梓捐資 1 億元，與教育部合作設立曾憲梓教育基金會，獎勵優秀教師和優秀大學生。1993 年至 1999 年，基金會在全國高等師範院校、中等師範學校及民辦教師中獎勵了 7028 名優秀教師，獎金總額達 4502 萬元人民幣。自 2000 年起基金會的資助方向轉為支持貧困大學生接受高等教育，設立優秀大學生獎勵計劃。截至 2016 年，該計劃共獎勵 38 所重點大學優秀貧困大學生 28,210 人次，資助總額近 1.08 億元人民幣。
1993 年 1 月	廣播電影電視部以「三號文件」形式，下發《關於當前深化電影行業機制改革的若干意見》，啟動內地電影全面產業化改革，並擴大電影製片廠的合拍權限。
1993 年 2 月 22 日	駿威投資有限公司於香港聯交所主板上市，招股成績打破當時香港紀錄，超額認購 657.38 倍，凍結資金逾 2400 億元。駿威在港上市的宣傳計劃由博雅公關香港分公司部署，是內地企業在港上市聘用財經公關的首個案例。
1993 年 5 月 11 日	香港公關企業「先驅公關」在廣州註冊成立代表辦事處，為首家在內地成立辦事處的港資公關公司，也是內地首家由香港華人全資營運的公關公司，提供市場推廣、經貿廣告策劃製作等業務。
1993 年 6 月 19 日	中國證監會、上海證券交易所、深圳證券交易所、香港證監會及香港聯合交易所在北京簽訂《監管合作備忘錄》，為加強投資者保障、確保與股票市場有關的法規得到遵守，以及促進互相磋商和合作等方面奠定基礎。
1993 年 7 月 1 日	廈門太古飛機工程有限公司在廈門註冊成立。該公司由香港飛機工程有限公司、廈門航空工業有限公司、國泰航空公司、日本航空公司、新加坡航空公司和北京凱蘭航空技術服務公司共同合資興建；公司委託香港飛機工程有限公司管理，提供飛機維修等服務。
1993 年 7 月 15 日	青島啤酒在香港聯合交易所上市買賣，成為首家在香港上市集資的國有企業。
1993 年 8 月 12 日	和記黃埔港口投資有限公司和上海港務局共同投資組建的「上海集裝箱碼頭有限公司」開始營運。該公司是內地當時規模最大的中外合資碼頭營運公司。
1993 年 9 月	中國人民建設銀行成立本地代表辦事處。1995 年 12 月，該辦事處升格為香港分行。

| 1993 年 10 月 5 日 | 和黃主席李嘉誠在北京釣魚台國賓館與深圳東鵬實業有限公司簽署《深圳鹽田國際集裝箱碼頭合資合同》。同年 11 月 16 日，鹽田國際集裝箱碼頭有限公司正式成立，負責建設和經營鹽田港，這是內地第一個由外資控股的合資港口項目。1994 年 7 月 20 日，鹽田港一期工程竣工。 |

| 1994 年 2 月 1 日 | 大亞灣核電站投產。核電站由中華電力有限公司的全資附屬公司香港核電投資有限公司，與廣東核電投資有限公司興建和營運，是最早的中外合資核電發展項目。 |

| 1994 年 2 月 | 中國農業銀行設立本地代表辦事處。1995 年 11 月，該辦事處升格為香港分行，參與經營銀團貸款、項目融資等業務。 |

| 1994 年 3 月 | 上海港匯廣場動工興建。廣場含兩幢樓高 52 層的甲級寫字樓和一幢樓面面積 122,262 平方米、共 6 層的購物商場，於 1999 年 12 月 28 日落成開業。該項目由香港發展商恒隆、恒基兆業及希慎興業合股組成的港興企業有限公司，與上海徐家匯商城（集團）有限公司合作開發，總投資 6 億美元。2011 年項目更名為港匯恒隆廣場。 |

| 1994 年 5 月 1 日 | 中國銀行成為繼滙豐銀行及渣打銀行後第三家發鈔銀行。 |

| 1994 年 5 月 | 中國民航總局和外經貿部聯合頒布《關於外商投資民用航空業有關政策的通知》。通知指出，允許港商以合資合作方式，在內地投資建設民用機場飛行區（包括跑道、滑行道、停機坪）、候機樓、貨運倉庫、地面服務、飛機維修、航空食品、賓館、餐廳、航空油料等機場配套項目；空中交通管制系統則由國家投資和管理，外商不得投資或參與管理。 |

| 1994 年 6 月 9 日 | 中國人民建設銀行與大新銀行簽訂協議，向大新銀行收購旗下的香港工商銀行 40% 股權，並易名為建新銀行。1998 年建設銀行增持建新銀行股權至 70%，為國有大型商業銀行首次獲得香港註冊銀行控股權。 |

| 1994 年 9 月 | 鹽田國際安排歐洲六國考察團，由和記黃埔港口集團中國區總經理盧寶鎏陪同深圳市副市長朱悅寧率領的代表團，到德國、荷蘭和丹麥考察現代化港口和海關的運作。成員還包括國務院特區辦、公安部邊檢總局、海關總署、國家口岸辦和深圳市官員。 |

| 1994 年 | 長江實業集團有限公司啟動北京東方廣場項目。該項目位於北京市東城區，南臨長安街，西靠王府井大街，投資 20 億美元，拆遷 10 萬平方米舊城區，建成建築面積達 80 萬平方米，集商業、辦公、服務式公寓與酒店綜合體項目。1996 年項目正式動工；2000 年第一批辦公樓啟用，同年商場開業。2001 年，東方廣場內的東方君悅大酒店竣工。2004 年整個項目落成開業。 |

「中國廣播電影電視部優秀影片獎」首次頒發合拍片獎項,香港藝能影業有限公司與內地瀟湘電影製片廠聯合出品的《股瘋》獲獎;1995 年開始,「中國廣播電影電視部優秀影片獎」改稱「中國廣播影視大獎電影華表獎」,並設「最佳合拍片」獎項(1997 年改稱「優秀對外合拍片」獎)。

國家自行車隊前總教練沈金康受國家體委公派到香港單車聯會執教;三個月後,黃金寶在廣島亞運會獲得個人公路賽第四名,沈金康正式轉任港隊主教練後逐步引入科學化的系統訓練,同時把大量內地資源包括訓練場地、比賽、人才等提供給港隊。經過 20 多年,培養出黃金寶、郭灝霆、張敬煒、張敬樂、黃蘊瑤、李慧詩等冠軍級車手。

香港理工大學推出傑出中國訪問學人計劃,每年授予六位學德雙馨的內地著名學者「傑出中國訪問學人」稱號,邀請他們到理大舉辦公開講座與研討會。

林俊明、鄭光倫、勞雙恩等香港廣告業人員創辦《龍吟榜 —— 華文廣告精萃》,林俊明出任出版人及總編輯,輯錄全球華文電視、報刊和海報廣告的代表作,是首本全球華文廣告作品集;6 月,《龍吟榜》首次在內地公開宣傳。

博雅公關、奧美公關、偉達公關、萬博宣偉公關、愛德曼公關、福萊公關、奧美公關七家在華的外資跨國企業及中國環球公關公司,簽訂《對在中華人民共和國開展公關業務的職業標準的立場》,闡明和統一對在內地從事公關的職業標準。

香港首家本地專業財經公關企業縱橫財經公關顧問有限公司在香港註冊成立,向香港、內地和海外企業提供財經公關服務。到 1998 年,縱橫財經公關顧問(中國)有限公司在香港成立,專注內地財經公關業務,其後分別在北京、上海及廣州成立分公司。

海關總署署長錢冠林率全國沿海及內地 17 家海關的負責人,出席深圳大鵬海關與鹽田國際《關於鹽田港進口集裝箱轉關運輸合作備忘錄》簽字儀式。

世界貿易組織的《紡織品與服裝協議》規定,世界貿易組織成員在 10 年內分階段取消紡織品和服裝貿易限制。隨着配額制度取消,原經香港轉口的內地加工貨品向內地直接付運轉移,加速香港離岸貿易的發展。

是年香港從內地購入服務 1524.72 億元,佔同年香港服務輸入總額的 54%,內地成為香港服務輸入的最大來源地。

1995 年

田家炳基金會向四川師範大學、東北師範大學、華中師範大學、山東師範大學、南京師範大學五所師範大學與杭州大學,各捐資 800 萬元創建田家炳教育書院。此後又向山西、雲南、貴州、廣西等省六所師範大學,以及廣東省的惠州大學與嘉應大學(後改稱學院)等八校共捐 4800 萬元,教育捐資擴大至全國;至 2017 年,受惠田家炳基金捐助的內地高等院校共 80 所,當中 39 所為師範學院、41 所為綜合大學,遍布 31 個省市區。

香港大學化學系講座教授支志明當選為中國科學院香港院士,為香港首位獲中國科學院院士名銜的科學家。

1996 年 6 月

瑞安集團有限公司與上海虹口區政府共同對佔地 90 萬平方米的上海虹鎮老街 16 個舊區進行改造,達成共識。瑞安將上海市中心舊棚舍打造為一個包括辦公樓、購物中心、酒店、文化及娛樂設施,以及住宅物業的「瑞虹新城」綜合社區,其中住宅部分是由外資發展商開發的首批內銷樓盤之一。同年 12 月,瑞安與上海市盧灣區政府簽訂開發意向書,取得太平橋地區重建項目開發權。項目原地塊為中國共產黨第一次全國代表大會會址,後經瑞安保留舊區內石庫門建築,1999 年至 2001 年間打造成集餐飲、商業、娛樂、文化的休閒步行街「上海新天地」。

1996 年 9 月 9 日

對外貿易經濟合作部發布《外商投資國際貨物運輸代理企業審批規定》。根據規定,香港的服務提供者可以合資、合作方式在內地設立國際貨運代理企業,註冊資本不低於 100 萬美元,可經營訂艙、倉儲;貨物的監裝、監卸、集裝箱拼裝拆箱;國際快遞(私人信函除外);報關、報驗、報檢、保險;繕制有關單證、交付運費、結算雜費、交付雜費,以及其他國際貨物運輸代理業務,經營期限不超過 20 年。

1996 年 9 月

香港地球之友與內地環境新聞工作者協會共同設立當時國家最高級別的環保獎項 ——「地球獎」。地球獎是國家第一個環境個人獎項,也是國家首個由民間環保公益組織頒發的環保獎項。

1996 年 12 月 1 日

中國人民銀行發布《中國人民銀行關於上海浦東外資金融機構經營人民幣業務試點工作的通知》,准許外資金融機構申請經營人民幣業務,上海為外資銀行試辦人民幣業務首個試點城市。1997 年 3 月,滙豐銀行上海分行在浦東新區正式經營人民幣業務。

1996 年

香港成立的嘉里物流聯網有限公司在是年首次進入內地市場,與三菱集團在上海外高橋合資投建倉庫,成立上海菱華倉儲服務有限公司。嘉里物流佔 25% 股權,開始拓展內地業務。

1997 年 5 月 29 日

北京控股在香港聯合交易所上市。該公司在港進行首次公開招股期間,派發 110 萬張申請認購表格,凍結資金 2149.32 億元,超額認購 1275 倍,為 1997 年超額認購倍數最多的新股。

| 1997 年 5 月 | 內地和香港的政府官員和環保專家成立「中華白海豚自然保護研究小組」，透過定期開會、交換資料等方法，首次展開共同保育中華白海豚的工作。 |

| 1997 年 6 月 9 日 | 合和實業有限公司投資興建的虎門大橋正式通車。主輔橋及引橋全長 15.76 公里，這座跨越珠江出海口的特大型橋樑，是內地自主設計、建造的首座大跨度鋼箱樑懸索橋。 |

| 1997 年 6 月 16 日 | 恒指服務公司首次發布俗稱為「紅籌指數」的恒生香港中資企業指數。該指數成份股包括 32 隻紅籌股，以 1993 年 1 月 4 日為基準，2000 年 1 月 3 日為基日，基值為 2000 點。 |

| 1997 年 6 月 20 日 | 國務院頒布《關於進一步加強在境外發行股票和上市管理的通知》，規管紅籌股公司在港進行分拆上市、增發股份等活動。 |

| 1997 年 7 月 1 日 | 合和實業有限公司投資興建及營運的廣深高速公路全線通車。公路全長 122. 8 公里，是首條直接貫通廣州、深圳及香港的高速公路。 |

| 1997 年 8 月 | 香港娛藝院線（UA）的武漢環藝影城開幕，為首家香港公司參與營運的內地電影院，並為內地首家美式多放映廳電影院。 |

| 1997 年 10 月 20 日 | 首屆北京‧香港經濟合作研討洽談會在北京召開。洽談會隨後每年在香港和北京輪流舉行，以半官方合作的形式，推動北京對香港開放投資，促進雙方在經貿、社會等領域的合作。 |

| 1997 年 10 月 23 日 | 中國電信（香港）在香港聯合交易所上市，集資 326.65 億元，為《關於進一步加強在境外發行股票和上市管理的通知》發出後，首隻在香港上市的大型紅籌新股。 |

| 1997 年 | 香港科技大學與廣州中山大學合作，在珠江口和近岸海域研製和設立「近岸環境要素立體監測示範系統」。該系統獲列入中央政府的「863 計劃」，是特區政府成立以來，首次有香港大專院校主持的研究項目進入國家重量級研究計劃。 |

香港理工大學與重慶大學合辦工程項目管理碩士學位課程，訓練學員處理大型項目的預算、籌劃、控制資金等，是全港最早到內地合作辦學的項目之一。

香港特區行政長官董建華在施政報告中宣布由 1998 / 1999 學年開始，將學士學位課程和研究生課程的非本地學生比例由 2% 增至 4%，並籲請各院校招收成績優異的內地學生修讀學士學位課程。

| 1998 年 3 月 5 日 | 香港證監會主席梁定邦獲國務院副總理朱鎔基邀請擔任中國證監會首席顧問。梁定邦於 1999 年履新，至 2004 年任期結束。任內，梁定邦向中國證監會建議實行合格境外機構投資者（QFII）制度。 |

| 1998 年 3 月 30 日 | 經國務院批准,「粵港合作聯席會議」正式成立。是日在廣州舉行成立大會。當天下午,舉行「粵港合作聯席會議」首次會議,商討加強香港與廣東省的合作,包括改善兩地在貿易與經濟、基建發展、運輸連接道路、過關旅客等事務上的協調。 |

| 1998 年 4 月 14 日 | 交通銀行香港分行回歸交通銀行總行全面管理,不再作為中銀集團成員行。 |

| 1998 年 7 月 2 日 | 國家主席江澤民在香港特區行政長官董建華陪同下,主持位於赤鱲角的新機場 —— 香港國際機場開幕典禮。這座在香港回歸前動工、建築期橫跨 1997 年的新機場,於 1998 年 7 月 6 日啟用,而運作了 72 年的啟德機場同日凌晨關閉。 |

| 1998 年 7 月 10 日 | 中銀國際在香港註冊成立。其前身為始建於 1979 年的中國建設財務(香港)有限公司。1999 年,中銀國際與英國保誠集團合資,成立中銀國際英國保誠資產管理有限公司和中銀國際英國保誠信託有限公司。 |

| 1998 年 7 月 20 日 | 龍璽創意獎有限公司在香港註冊成立,是首個國際華文廣告獎項,旨在提高華文廣告水平,以香港為運作基地。同年 11 月,第一屆龍璽創意獎接受報名,共收集 1168 件參賽作品,其中學生組金獎由廣州美術學院及暨南大學各一名廣告專業學生獲得。 |

| 1998 年 7 月 | 國務院公布《關於進一步深化城鎮住房制度改革加快住房建設的通知》。根據通知,取消福利住房實物分配制度,並實行住房分配貨幣化。同年,香港的中原地產代理公司開始拓展內地物業二手市場業務。 |

| 1998 年 8 月 13 日 | 中國人民銀行深圳分行發布《深圳外資金融機構試辦人民幣業務原則指引》,宣布開放深圳作為外資銀行在內地經營人民幣業務的第二個試點城市。11 月,東亞銀行深圳分行獲准經營人民幣業務;12 月,滙豐銀行深圳分行獲准經營人民幣業務。 |

| 1998 年 8 月 | 大學教育資助委員會公布試驗計劃,由教資會資助院校招收 150 名成績優異內地學生,來港修讀學士學位課程。同時,香港賽馬會慈善基金撥款 1.35 億元,每年為 150 名(或 3 年內 450 名)優秀內地學生提供獎學金,支付由 1999 / 2000 學年開始的三年學士學位課程學費、學術開支及生活費用。 |

| 1998 年 9 月 12 日 | 創新科技委員會主席田長霖率領代表團參觀三間位於深圳、東莞的工廠,又參觀深圳市高新技術產業園區,與深圳及廣州市官員會面,確立香港與珠江三角洲兩地互利發展,以及在科技發展策略上,增強兩地間的合作。 |

| 1998 年 10 月 | 國務院批准撤銷中國人民保險(集團)公司,並將該保險公司的海外經營機構劃歸香港中國保險(集團)有限公司管理,以香港為總部,管理香港和海外的國有保險業務。 |

1998 年 11 月 25 日	北京市正式宣布申辦 2008 年奧運會,港協暨奧委會會長霍震霆參與協助北京申奧。由於國際奧委會委員不能到申辦城市訪問,霍震霆邀請委員到香港、廣東參觀,展示中國發展面貌。
1998 年 12 月 7 日	電視廣播有限公司星河頻道開播,是全球唯一及首條 24 小時普通話劇集衞星頻道,與 TVB8 同為電視廣播有限公司推出的華語衞星電視頻道,信號覆蓋亞洲、美洲、歐洲及澳洲等地;該兩條頻道也是少數獲國家廣播電影電視總局批准在內地有限度落地的電視頻道,為三星或以上級別酒店和涉外單位(大使館等)提供服務。
1998 年 12 月	粵海集團嚴重資不抵債,廣東省政府宣布債務重組。隨後,於 2000 年 12 月 22 日與債權人正式簽署債務重組協議,事件暴露在港中資企業的管理和監督紕漏問題。到 2003 年 10 月 20 日,商務部、港澳辦、中央政府駐香港聯絡辦和中央政府駐澳門聯絡辦的《關於改革內地駐港澳地區「窗口公司」管理模式的意見》獲中央同意下發,當中列明取消「窗口公司」稱謂,內地政府及部門此後不得直接出資到港澳地區設立中資企業,並要求各省級政府建立現代企業制度的要求,改革原「窗口公司」並與之脫鈎。
1998 年	李嘉誠捐贈 6000 萬元與教育部合作成立長江學者獎勵計劃,吸引和遴選中青年傑出人才,支持國家「科教興國」戰略。至 2008 年,計劃總計投入 4.54 億元,其中李嘉誠投入 1.24 億元;全國共 24 個省的 115 所高校聘任 1308 名長江學者,其中包括 905 名特聘教授和 403 名講座教授,有 17 名華人學者獲長江學者成就獎。
1999 年 7 月 1 日	《中華人民共和國證券法》正式實施,規定境內企業直接或間接到境外發行證券或將其證券在境外上市交易,須經國務院證券監督管理機構批准。
1999 年 7 月 14 日	中國證監會發出《中國證券監督管理委員會關於企業申請境外上市有關問題的通知》,提出境內企業往境外上市須符合一系列條件,包括資產不少於 4 億元人民幣、過去一年稅後利潤不少於 6000 萬元人民幣、並有增長潛力;按合理預期市盈率計算,集資額不少於 5000 萬美元的要求。
1999 年 8 月 16 日	香港科技大學、深圳市政府及北京大學於深圳簽署合作協議,共同在深圳高新技術產業園區創建「深港產學研基地」,採取開放式的官、產、學、研結合模式,發展以科創為主的對外合作基地。
1999 年 9 月	深圳市政府為發展高新技術產業,在深圳成立虛擬大學園,建設一個創新型產學研結合的示範基地,以集合內地及港澳院校的科研人才、技術等。首批 22 間院校包括香港大學及香港科技大學;隨後香港浸會大學、香港理工大學、香港城市大學及香港中文大學陸續加入。

| 1999 年 10 月 15 日 | 國家開發銀行在香港成立的本地代表辦事處正式掛牌辦公，成為首家在香港成立本地代表辦事處的政策性銀行。到 2009 年 7 月 29 日，國家開發銀行獲香港金融管理局授予銀行牌照，是唯一設有香港分行的國家政策性銀行。 |

| 1999 年 11 月 4 日 | 「靳埭強設計基金獎」於無錫輕工大學舉行首屆頒獎典禮，是全國首個專為高等院校學生籌辦並以創辦人個人名義、向得獎者頒發獎學金的平面設計比賽。 |

| 1999 年 11 月 | 香港王董國際有限公司設計的上海新錦江大酒店，獲評為「新中國五十年上海十大金獎經典建築」。 |

香港研究資助局與國家自然科學基金攜手設立聯合科研資助基金。按照協議，雙方每年合共撥出 1500 萬元，促進香港與內地研究人員於信息科學、生物科學、新材料科學、海洋與環境科學、中醫中藥研究、管理科學六個方面的合作。

| 1999 年 12 月 27 日 | 上海公共交通卡系統開始試運行並發行首批交通卡，卡面印有香港設計師韓秉華設計的交通卡標誌。 |

| 1999 年 12 月 28 日 | 香港特區政府經濟局與交通部簽署《內地和香港特別行政區關於對內地和香港兩地登記註冊的船舶在對方港口停靠時徵收船舶噸稅的備忘錄》。雙方同意，在香港和內地註冊的船隻停靠對方港口時，可按優惠稅率計算港口稅。 |

| 2000 年 1 月 | 香港總商會在《中國加入世貿對香港商界的影響》報告書中，率先提出香港與內地訂立自由貿易協議的構想，並為此於同年 3 月致函特區行政長官董建華。 |

| 2000 年 2 月 1 日 | 北京 2008 年奧林匹克運動會申辦委員會正式公布申奧會徽，由內地設計師陳紹華、內地藝術家韓美林與香港設計師靳埭強共同創作。 |

| 2000 年 2 月 2 日 | 香港特區政府經濟局局長葉澍堃與中國民用航空總局副局長鮑培德，於北京簽署《內地和香港特別行政區間航空運輸安排》。該安排提供一個架構，利便雙方航空公司可享有同樣的機會，經營定期航班。 |

| 2000 年 4 月 19 日 | 中國工商銀行以 18.05 億元收購友聯銀行 52.23% 股權，成為繼中國建設銀行後，第二家收購香港註冊銀行控股權的國有大型商業銀行。 |

| 2000 年 6 月 8 日 |

「粵港持續發展與環保合作小組」（前稱「粵港環境保護聯絡小組」）分別由香港環境食物局局長及廣東省環境保護局局長率領，在廣州舉行首次會議，雙方在會上同意成立八個專題小組，分別為：珠江三角洲空氣質素專題小組、粵港車用柴油規格專題小組、粵港林業及護理專題小組、粵港海洋資源護理專題小組、珠江三角洲水質保護專題小組、粵港城市規劃專題小組、大鵬灣及后海灣（深圳灣）區域環境管理專題小組、東江水質保護專題小組。兩地日後不少重要的跨境環保協議和項目皆由小組促成，包括《后海灣（深圳灣）水污染控制聯合實施方案》、「珠江三角洲地區空氣質素管理計劃」等。

| 2000 年 6 月 15 日 |

國家廣播電影電視總局頒布《電視劇管理規定》，境外電視劇不得佔電視劇總播出時間的 25%，晚上 6 時至 10 時的時段不得超過 15%；除了審查制度和限制播出時段外，國家廣播電影電視總局要求引進的境外電視劇在送審時要提供每集 300 字以上的詳細劇情，原則上不可超過 30 集。

| 2000 年 6 月 29 日 |

中保國際控股有限公司於香港聯交所掛牌上市，為新中國成立以來第一家境外上市的中資保險機構（2009 年 8 月更名為中國太平保險控股有限公司）。其後，更多中資保險機構陸續在港上市，包括中國人民財產保險股份有限公司（2003 年 11 月 6 日）；中國人壽保險股份有限公司（2003 年 12 月 18 日）；中國平安保險（集團）股份有限公司（2004 年 6 月 24 日）；民安（控股）有限公司（2006 年 12 月 22 日上市，2009 年 11 月 2 日撤銷上市地位）；中國太平洋保險（集團）股份有限公司（2009 年 12 月 23 日）；新華人壽保險股份有限公司（2011 年 12 月 15 日）；中國人民保險集團股份有限公司（2012 年 12 月 7 日）；中國再保險（集團）股份有限公司（2015 年 10 月 26 日）。截至 2017 年 7 月 1 日，共有八家中資保險機構在港上市。

| 2000 年 8 月 |

香港空運貨站有限公司的全資附屬公司香港空運服務有限公司聯同香港海關，推出「超級中國幹線」海關監管陸路聯運服務，連接香港及內地主要城市，提供運輸聯繫。這項服務經落馬洲管制站轉運往內地的空運貨物，在機場經海關檢查和貼上封條，加封的貨物通常毋須再行查驗便可直達目的地，以縮短貨物在跨界通道的清關時間。

| 2000 年 10 月 |

以香港為基地的亞洲動物基金在成都設立「四川龍橋黑熊救護中心」，照顧在不同地方拯救出的黑熊。中心是亞洲動物基金首個黑熊救護中心，也是世界上首個黑熊救護中心。

2000 年 11 月

隨着內地進一步開放旅遊業，港穗兩地加強旅遊推廣合作。是月起，在准許訪港外國人免簽跟團到深圳停留不超過 72 小時的基礎上，廣東省獲准實施「144 小時便利簽證」措施，已到港澳持普通護照的建交國家外國人組團，可進入珠三角九市（廣州、深圳、珠海、佛山、東莞、中山、江門、肇慶、惠州）和汕頭市旅遊，入境停留時間不超過 144 小時（六天）；2013 年，措施再推廣至全廣東省實施。

2000 年 12 月 14 日

中國銀行行長劉明康宣布，中銀集團重組計劃獲中國人民銀行批准，並正式遞交香港金管局審批。

2000 年

翡翠動畫設計（深圳）公司（翡翠動畫）與日本動畫公司合製《神鵰俠侶》動畫版，為全球第一部以金庸小說為主題的動畫作品；前 26 集由雙方共同出資，其後日本方面不再投資，翡翠動畫再以三年時間獨自完成這部共 78 集的電視系列動畫。

香港環球數碼創意控股有限公司（環球數碼）與深圳大學合作，成立首個數碼媒體專業培訓基地環球數碼動畫學院（IDMT），透過課程引入美國動畫製作技術。到 2003 年 6 月，環球數碼出品的四分鐘原創三維動畫短片《夏》入選 ACM SIGGRAPH 電腦繪圖年會的動畫劇場，為內地第一次有動畫作品入選 SIGGRAPH 年會。

2001 年 2 月 12 日

國務院宣布委任香港證監會副主席史美倫擔任中國證券監督管理委員會副主席，任期由 2001 年 1 月至 2004 年 9 月，是首位非內地人士擔任中國政府副部長級官員。在任期間，史美倫致力改革內地上市機制和提升上市公司管治水平。

2001 年 2 月 14 日

北京 2008 年奧林匹克運動會申辦委員會舉辦的申奧主題招貼畫第二次徵選行動結束，香港設計師靳埭強為成員之一的評審委員會最終選出五項得獎作品，其中兩項由香港設計師劉小康及陳幼堅創作。

2001 年 3 月 28 日

香港國際機場海運碼頭正式啟用。啟用初期為往來珠江三角洲 16 個港口與香港國際機場之間的貨輪提供服務；華南地區運往海外的貨物，除經陸路運抵香港機場外，也可選擇水路運輸。

2001 年 5 月 20 日 至 29 日

政務司司長曾蔭權率領逾 280 人的訪問團，考察陝西、四川、新疆三地，以了解西部發展機遇。訪問團成員包括香港主要工商企業領袖、專業人士、特區政府官員、半官方機構代表和傳媒。

2001 年 5 月

香港關善明建築師事務所有限公司設計的北京恒基中心、香港王董國際有限公司設計的新東安廣場，以及香港劉榮廣伍振民建築師事務所有限公司設計的新世界中心獲選為 1990 年代「北京十大建築」。

| 2001 年 7 月 6 日 | 特區政府宣布放寬內地學生來港入境政策，內地學生來港修讀學士學位課程，入境名額不再局限於特定的獎學金計劃或收生計劃。 |

| 2001 年 10 月 1 日 | 中國銀行將中銀集團 10 家銀行重組為中國銀行（香港），並持有南洋商業銀行、集友銀行、中銀信用卡（國際）有限公司股權，為香港銀行史上最大規模的機構合併及資產重組。2002 年 7 月 25 日，中國銀行（香港）的控股公司 —— 中銀香港（控股）在香港聯合交易所上市。 |

| 2001 年 10 月 10 日 | 香港特區行政長官董建華發表 2001 年施政報告，宣布特區政府與國家旅遊局達成協議，由 2002 年 1 月 1 日起取消「香港遊」配額制度，並增加內地的組團旅行社數目，目標是容許所有組織內地居民「出國遊」的內地旅行社，均可組辦「香港遊」，藉此吸引更多內地旅客來港。 |

| 2001 年 10 月 | 香港貿易發展局發表《香港設計．概覽》調查報告，是該局自 1997 年香港特區成立後，協助香港設計業拓展內地市場而進行的首個調查所得之結果；調查涵蓋平面設計、產品設計、室內設計三大範疇，訪問了內地國企、民企、合資和外資企業代表共 705 名。 |

| 2001 年 12 月 11 日 | 中國正式加入世界貿易組織，承諾加大服務業和基礎設施建設的對外開放力度，就速遞、貨物運輸代理及倉儲物流服務範疇作出對外開放。在入世後四年內，內地物流業全面對外開放，允許外商以獨資成立公司。 |

| 2002 年 2 月 10 日 | 永樂電影城在上海開業，為首批獲批准建立的合資院線電影院之一，由上海永樂股份有限公司和香港廣裕有限公司合資建設；7 月 12 日，香港電影人吳思遠在北京建立的第一家電影院 —— UME 華星國際影城開業，是北京首家獲國家廣播電影電視總局評定為五星級的電影院。 |

| 2002 年 4 月 | 香港特區政府與廣東省政府就共同改善珠江三角洲空氣質素達成共識，並發表《改善珠江三角洲地區空氣質素的聯合聲明》，表明會在 2010 年或之前，把區域內二氧化硫（SO_2）、氮氧化物（NO_x）、可吸入懸浮粒子（PM_{10}）和揮發性有機化合物（VOC）的排放量，以 1997 年為參照基準，分別減少 40%、20%、55% 及 55%。 |

| 2002 年 11 月 5 日 | 中國證監會與中國人民銀行發表《合格境外機構投資者境內證券投資管理暫行辦法》，准許合格境外機構投資者投資在內地證券交易所上市的 A 股及債券；《暫行辦法》由 2002 年 12 月 1 日起生效。 |

| 2002 年 11 月 22 日 | 第二次粵港澳深保險監管聯席會議在港舉行。會議首次為四地就違規向內地居民銷售境外保單問題進行溝通及討論監管合作。 |

| 2002 年 12 月 2 日 | 國際展覽局第 132 次大會於摩納哥蒙地卡羅舉行，上海經與會各國代表投票後取得 2010 年世界博覽會主辦權；中國政府代表團於會上派發予各國代表閱讀的《上海申博資料冊》，由香港設計師韓秉華設計。 |

| 2002 年 | 香港高等院校獲准可在上海、北京、廣東、福建、江蘇及浙江招收自費本科生。之後招生範圍不斷擴大，2007 年擴大到除內蒙古、甘肅、青海、寧夏、新疆和西藏等 6 個省區以外的 25 個省區市；至 2011 年，招生範圍擴大至全國 31 個省市自治區。 |

| 2003 年 2 月 | 香港爆發「嚴重急性呼吸系統綜合症」（SARS）疫情。在疫情下，香港居民外遊數字由升轉跌；以全年計，整體外遊人次（業務及私人旅行）下跌 5.6% 至 6090 萬人次；前往內地旅行的香港居民人次亦減少 300 萬，至 5260 萬。 |

| 2003 年 3 月 28 日 | 香港公共關係專業人員協會與中國國際公共關係協會簽署合作協議，推動香港公關業界與內地同業的交流，加強在教育、學術和業務方面的合作。 |

| 2003 年 6 月 29 日 | 中央人民政府與香港特區政府簽署《內地與香港關於建立更緊密經貿關係的安排》（The Mainland and Hong Kong Closer Economic Partnership Arrangement, CEPA）的主體文件。其後，於同年 9 月 29 日簽署六份附件，於 2004 年 1 月 1 日起正式生效。這是香港與內地簽訂的首份雙邊自由貿易協議，也是內地簽署的第一份全面自由貿易協定。 |

| 2003 年 6 月 | 香港公共關係專業人員協會獲中國國際公共關係協會委託，統籌收集第六屆中國最佳公共關係案例大賽港澳區參賽作品，是首次有香港專業公關組織獲邀參與統籌此項大賽；大賽由中國國際公共關係協會於 1993 年創辦，每兩年舉行一屆，是內地公關業界最大規模評獎活動。 |

| 2003 年 7 月 28 日 | 內地政府允許廣東省境內居民根據香港特區政府與內地簽署的 CEPA 協議，以個人身份赴港旅遊，首階段在四個廣東省城市（中山、佛山、江門、東莞）率先實施。到 2004 年 5 月 1 日，「個人遊」計劃在廣東省全面展開；2007 年 7 月 1 日起，範圍擴展至全國 49 個城市，「香港遊」計劃同時結束。 |

| 2003 年 8 月 8 日 | 安順電廠二期的四號機組投產，成為「西電東送」工程展開以來首個竣工的項目。該電廠由貴州中電電力有限責任公司興建及經營，是中電在內地首間取得控股權的電廠，也是貴州省當時最大的合資企業。 |

| 2003 年 8 月 25 日 | 香港金融管理局與中國銀監會簽訂《諒解備忘錄》，訂明雙方就銀行監管範疇互相提供監管資訊及合作。到 2010 年 11 月 5 日，香港金融管理局與中國銀監會簽署《跨境危機管理合作協議》，根據雙方年度監管磋商機制，雙方每年舉行兩次磋商；截至 2017 年 6 月，雙方共舉行 23 次磋商。 |

| 2003 年 9 月 18 日 | 汕頭大學長江藝術與設計學院舉行揭幕禮，由香港設計師靳埭強擔任創院院長。 |

| 2003 年 9 月 29 日 | 中央政府與香港特別行政區政府簽署《內地與香港關於建立更緊密經貿關係的安排》（CEPA）六份附件，其中附件 4〈關於開放服務貿易領域的具體承諾〉，當中有四條關於香港與內地合拍片的條款，在 2004 年 1 月 1 日起實施：第一，香港拍攝的華語電影經內地主管部門審查通過後可以不受進口配額限制在內地發行；第二，合拍片可被視為國產影片發行，只要港方擁有該影片 75% 或以上影片著作權，而主要工作人員中香港居民數目不少於人員總數的 50%；第三，在內地發行的合拍片，其以普通話為標準譯製的其他中國民族語言及方言的版本可在內地發行；第四，合拍片內地及香港方面主創人員，即導演、編劇、攝影、主角和主要配角人數不再受限制，但內地主要演員的比例不得少於影片主要演員總數三分之一；2003 年 10 月 21 日，內地電影事業管理局根據 CEPA 協議，制定及頒布《關於加強內地與香港電影業合作、管理的實施細則》。|

2003 年 10 月 11 日 至 14 日 — 中共第十六屆三中全會上，第一次提出「引導加工貿易轉型升級」戰略，內地加工貿易產業優化的進程正式展開。按香港貿易發展局於 2007 年發表的調查報告，在珠三角從事生產的受訪企業中，30.9% 受加工貿易政策和出口退稅降低的影響嚴重。

2003 年 10 月 27 日 — 滬港經貿合作會議第一次會議在香港舉行，啟動兩地政府高層會面的常設機制。雙方同意在 CEPA 框架下以現代服務業為重點，在航空港、港口航運和物流、世博會、旅遊會展、投資和商貿、教育、衛生和體育事業、金融服務、專業人才交流八個領域加強合作。

香港國際機場與上海機場（集團）有限公司簽訂「緊密合作框架意向書」，推動港滬兩地機場在多個領域的合作，包括安全及保安管理、旅客流程管理、設施規劃及專營權業務等。

2003 年 11 月 18 日 — 香港特區行政長官董建華宣布，經國務院批准，中國人民銀行同意為香港試行辦理個人人民幣業務提供清算安排。清算業務範圍限於方便個人消費，包括存款、兌換、匯款及人民幣卡（扣帳卡及信用卡）。到 2004 年 2 月 25 日，香港銀行正式提供個人人民幣存款、兌換及匯款服務。同年 4 月 30 日起，香港銀行發行人民幣卡，供市民在內地使用。

2003 年 11 月 — 中保國際控股有限公司發行 1.75 億美元（約 13.6 億元）10 年期國際優先債券，創內地保險企業海外發債首例。

2003 年 12 月 5 日 — 香港證監會宣布與中國證監會簽訂《內地與香港關於建立更緊密經貿關係安排—與證券及期貨人員資格有關的安排》。從 2004 年 1 月 1 日起，香港與內地相互承認對方證券及期貨人員的資格。同年 3 月 20 日，中國證券業協會在深圳舉行首次考試，有 348 名香港專業人員應考，其中 169 名考生通過考試。

2003 年 12 月 24 日	香港金管局宣布接獲中國人民銀行通知,中國銀行(香港)有限公司經遴選後,獲委任為香港人民幣業務清算行,任期 3 年。中銀香港其後分別於 2007 年、2011 年、2017 年獲授權繼續擔任香港人民幣業務清算行。
2003 年 12 月 29 日	利豐貿易(上海)有限公司(香港利豐貿易公司的全資附屬公司)獲商務部批出口企業許可證,成為內地首間具有採購權的外商獨資貿易公司。
2004 年 1 月 1 日	CEPA 全面實施。香港及內地海關同時啟用雙方首次共同編製的《內地海關及香港海關陸路進/出境載貨清單》,該清單是內地海關首次與其他地區海關統一作業單證。
	根據 CEPA 協議,是日起,香港保險公司可以合併組成集團的形式進入內地保險市場,並在持股比例不超過 24.9% 下參股內地保險公司;同時,香港居民如獲內地保險從業資格並受聘於內地的保險營業機構,獲准於當地從事相關保險業務。
	根據 CEPA 附件 4〈關於開放服務貿易領域的具體承諾〉,香港企業由是日起可在內地設立獨資廣告公司。截至 2017 年,根據 CEPA 簽發的《香港服務提供者證明書》中,屬於廣告業的累積簽發數目共 142 份,簽發數目在 53 個服務行業中排行第五。
2004 年 1 月 5 日	工業貿易署簽發首張 CEPA 原產地證書予香港阜德實業有限公司一批總值 36 萬元出口內地的枇杷膏。
2004 年 1 月 24 日	霍英東透過霍英東體育基金會捐資 2 億元,資助國家游泳中心「水立方」建設,是北京奧運場館建設中接受的最大一筆個人捐款。到 2005 年,曾憲梓為「水立方」捐款 1000 萬元;此外,李兆基、李嘉誠及屬下企業、楊孫西、鄭裕彤、郭炳湘等人也分別向「水立方」捐資,他們與其他地區的捐資華僑共 19 人在奧運會閉幕後獲頒捐資共建功勳榮譽章。
2004 年 2 月 17 日	全國註冊建築師管理委員會與香港建築師學會在北京簽訂兩地建築師專業資格互認的正式協議;雙方於同年 5 月舉行協議下的首次培訓及測試;8 月 16 日,首批兩地互認的 205 位建築師獲頒發資格證書。
2004 年 2 月 18 日	電視廣播有限公司與 Intelsat 合資的企業銀河衛星廣播有限公司推出銀河衛視(exTV),開展收費電視業務;9 月,電視廣播有限公司簽訂廣東省落地權協議,透過 exTV 於廣東省分銷翡翠台及明珠台頻道,exTV 可合法地在廣東的有線電視網絡播出。
2004 年 2 月	首家主要由民營企業發起設立的股份制商業銀行民生銀行,獲中國銀監會及香港金融管理局批准,在香港成立本地代表辦事處。到 2012 年 3 月 30 日,民生銀行首家境外分行在香港開業。

2004 年 3 月 1 日	地鐵有限公司在內地的首間全資擁有附屬公司「港鐵軌道交通（深圳）有限公司」在深圳註冊成立，負責投資和建造深圳地鐵四號綫第二期，以及營運四號綫第一期（自 2010 年 7 月 1 日）和第二期（自 2011 年 6 月 16 日）。
2004 年 3 月 29 日	永隆銀行深圳分行成立，是 CEPA 實施後，首家獲准在內地設分行的香港銀行，亦是 CEPA 降低註冊門檻後，首家獲批的香港中小型銀行。
2004 年 4 月	商務部准許南京利豐英和商貿有限公司 —— 香港利豐貿易公司的全資附屬公司，透過 CEPA 成為內地首家從事貿易及分銷業務的香港獨資商貿公司。
2004 年 5 月 17 日	香港與內地簽署《內地與香港成立科技合作委員會協議》。根據協議，雙方共同成立「內地與香港科技合作委員會」，以加強兩地在科技和多個產業領域的交流與合作；委員會由雙方高層代表或指定官員組成。
2004 年 6 月 1 日	第一屆泛珠三角區域合作與發展論壇於香港召開。福建、江西、湖南、廣東、廣西、海南、四川、貴州、雲南九個省區以及香港、澳門兩個特別行政區，在兩日後於廣州舉行的閉幕禮簽署《泛珠三角區域合作框架協議》。
2004 年 6 月 17 日	深港兩地政府設立由香港政務司司長及深圳市市長共同主持的深港合作會議，簽署《關於加強深港合作的備忘錄》，以及另外八份合作協議書，涵蓋法律服務、工業貿易、投資推廣、經貿交流、旅遊及科技等。
2004 年 7 月 11 日	教育部部長周濟和香港特區教育統籌局局長李國章在北京簽署《內地與香港關於相互承認高等教育學位證書的備忘錄》。
2004 年 7 月	中海集裝箱運輸股份有限公司旗下的超級集裝箱船「中海亞洲」在香港首航；該船在香港註冊，運載力 8500 個標準貨櫃，是當時全球最大的集裝箱船。
2004 年 8 月 9 日	中國保監會與中國人民銀行聯合公布《保險外匯資金境外運用管理暫行辦法》，首次容許內地保險公司運用自有外匯資金，投資香港及境外市場的債券及銀行存款。
2004 年 8 月 21 日	第二代「乒乓孖寶」李靜及高禮澤在雅典奧運會贏得香港回歸後首面奧運獎牌 —— 乒乓球男子雙打銀牌。李高二人均為內地來港的乒乓球運動員。
2004 年 9 月 2 日	京港經貿合作會議第一次會議於香港舉行。雙方同意建立「京港經貿合作會議」機制，為兩地交流合作開闢高層會晤渠道。

| 2004 年 9 月 6 日 | 香港特區政府與廣東省政府宣布成立「粵港科技合作資助計劃」，支援六個科技範疇的應用研究項目。首屆計劃港方共收獲 79 份申請，粵方則收獲 186 份申請，最終粵港政府合共出資 3 億元，支持 67 個研發項目，包括港方撥款資助 24 個項目，粵方資助 43 個項目。 |

2004 年 9 月

香港浸會大學傳理學院傳理學文學碩士課程錄取 92 名學生，其中三分之一為內地和海外學生，是該課程首次在內地招生；課程於 1996 年開辦，提供廣告和公關專業課程。

2004 年 10 月 27 日

香港與內地簽訂 CEPA 補充協議，進一步開放內地電視市場，允許香港電視製作單位以「合拍」電視劇的形式進入內地市場。有別於過往的「協拍」模式，香港與內地合拍的電視劇經內地主管部門審查通過後，可視為國產電視劇播出和發行。

2004 年 11 月 1 日

根據 CEPA 第二階段開放措施，是日起，香港銀行的內地分行經批准後，可於當地從事代理保險業務。

2004 年 11 月 10 日

上海新天地獲文化部命名為首批「全國文化產業示範基地」。該項目由香港瑞安集團的內地房地產旗艦公司 —— 瑞安房地產開發，對上海石庫門建築進行復修及改造，使其成為集時尚、娛樂、休閒與文化的城市地標。

2004 年 11 月 26 日

特區政府與中國保監會於北京簽署《中國保險監督管理委員會與香港特別行政區保險業監督保險監管合作協議》。協議涉及兩地保險監管機構之間的保險監管法規交流、交換資訊、調查支援、互訪與合作，以促進彼此溝通，提高各自對保險市場的監管能力 。

2004 年

是年內地訪港旅客突破 1000 萬人次，達 12,245,862 人次，佔整體訪港旅客總數 21,810,630 人次的 56.1%。

長江三角洲（上海、江蘇、浙江）利用港商實際投資金額是年達到 85.62 億美元，首次超過廣東省，成為香港在內地最大的投資目的地。

北京大學、清華大學首次在香港招收免試生。2006 年，復旦大學開始招收香港免試生。

2005 年 1 月 21 日

嘉禾深圳影城開幕，成為首家於 CEPA 下由香港公司獨立營運的內地電影院，也是嘉禾首家在內地的超級品牌影城。

2005 年 1 月

香港理工大學獲中國科學技術部批准於深圳的「理大現代中藥研究所」，成立專門研究中藥及分子藥理的國家重點實驗室。該實驗室為全國首個從事中藥開發、也是首家由香港特區高等院校設於內地的國家重點實驗室。

2005 年 3 月	香港工業總會推出「壹—壹—壹計劃」，是香港工商界首次主動發起和參與推動香港及珠三角地區廠商的環保運動，目的是鼓勵在珠三角地區的每一間港資廠商在一年內，至少做一件有利於節能環保的事項。
2005 年 4 月 15 日	香港機場管理局與杭州蕭山國際機場有限公司在杭州簽署《杭州蕭山國際機場有限公司增資認購協定》，雙方通過就增資入股形式組建中外合資公司，共同參與杭州蕭山國際機場的運營和管理。香港機場管理局注資 19 億元，佔 35% 股權。
2005 年 6 月 23 日	交通銀行 H 股上市，為內地首家國有大型商業銀行於內地以外上市。
2005 年 9 月 12 日	歷時六年、耗資超過 200 億元興建的香港迪士尼樂園開幕，為全球第五座迪士尼樂園，也是在中國建成啟用的首個迪士尼樂園。國家副主席曾慶紅親自來港主持開幕剪綵儀式。
2005 年 9 月 28 日	新創建集團有限公司宣布與鐵道部下屬企業中鐵集裝箱運輸有限公司及其他合資方，正式簽訂合資合同，成立為期 50 年的合資公司「中鐵聯合國際集裝箱有限公司」，以建設及經營 18 個內地城市之樞紐性鐵路集裝箱中心站。此項目是經營內地鐵路集裝箱運輸的新模式，也是鐵道部首個大型中外合資項目。
2005 年 10 月 4 日	香港大學的「新發傳染性疾病國家重點實驗室夥伴實驗室」和「腦與認知科學國家重點實驗室夥伴實驗室」開幕，並正式運作。
2005 年 10 月 18 日	香港與內地簽訂《CEPA 補充協議二》，符合資格的內地證券及期貨公司，將獲允許在香港設立分支機構。
2005 年 10 月 27 日	中國建設銀行股份有限公司於香港上市，籌集資金達 715.78 億元，為截至 2017 年 7 月 1 日為止集資額最高的 10 隻新股之一。建設銀行也是首家以 H 股全流通形式在港上市的內地註冊股份有限公司。
2005 年 11 月 1 日	香港人民幣業務擴大。金管局宣布，中國人民銀行同意為新增人民幣業務範圍提供清算安排，包括擴大指定商戶定義及容許指定商戶開立人民幣存款戶口、容許香港居民在廣東省使用人民幣支票、提高個人人民幣現鈔兌換及匯款限額、取消人民幣卡的授信限額。
2005 年 11 月 18 日	首家由內地與香港高等院校合辦的大學 —— 北京師範大學—香港浸會大學聯合國際學院在珠海成立。
2005 年 11 月	亞洲金融集團（控股）有限公司與中國人保控股公司、泰國盤谷銀行及日本住友生命保險公司於內地合組中國人保壽險有限公司。其後，於 2007 年，中國人保壽險有限公司增資，改制為中國人民人壽保險股份有限公司。

2005 年 11 月

香港總商會、香港商界環保大聯盟、大珠三角商務委員會、廣東省貿促會和廣東省環保產業協會聯手，邀請粵港兩地企業簽署《清新空氣約章》，承諾會採用節能措施、遵守國際認可的廢氣排放標準、監測廢氣排放等方法，以降低區內廢氣排放量。

香港特區政府與廣東省政府聯合啟動珠三角區域空氣質素監測網絡，是國家第一個跨境區域空氣監測系統，也是首個採用國際標準的空氣監控網絡，可實時監控區域空氣環境質量，並每日發布各監測站的區域空氣質量指數。

2005 年

內地開始取代美國，成為內地原產貨物經香港轉口的最大目的地，顯示貨物從內地出口香港後返銷內地的情況日益普遍。

香港玩具商人錢國棟成立深圳市方塊動漫畫文化發展有限公司（方塊動漫）並擔任動畫監製，在內地、東南亞、歐洲及拉丁美洲等地區放映其製作的電視動畫，並以 IP 授權方式生產動畫的衍生產品；2007 年 10 月，方塊動漫與中國人民解放軍八一電影製片廠的合作項目《閃閃的紅星之紅星小勇士》（香港片名為《閃閃的紅星之孩子的天空》）在內地上映，由香港導演林超賢執導，改篇自 1974 年八一電影製片廠攝製的兒童電影《閃閃的紅星》。

2005 年至 2012 年

2005 年 10 月 18 日，香港與內地簽訂 CEPA 補充協議二，允許香港與內地合拍電視劇集數與國產劇標準相同。在此之前，內地規定每套合拍劇不可超過 40 集。

2006 年 6 月 27 日，香港與內地簽訂 CEPA 補充協議三，國家廣電總局將各省、自治區或直轄市所屬製作機構生產的有香港演職人員參與拍攝的國產電視劇完成片的審查工作，交由省級廣播電視行政部門負責。

2007 年 6 月 29 日，香港與內地簽訂 CEPA 補充協議四，香港與內地節目製作機構合拍電視劇立項的分集梗概，調整為每集不少於 1500 字。在此之前，根據 2004 年的《國家廣播電影電視總局令第 41 號》，需提供每集不少於 5000 字的分集梗概。

2012 年 6 月 29 日，香港與內地簽訂 CEPA 補充協議九，允許香港經營有線電視網絡的公司經內地主管部門批准後，在內地提供有線電視網絡的專業技術服務。

2006 年 1 月 16 日

地鐵有限公司、北京首都創業集團與北京基礎設施投資有限公司合資成立的「北京京港地鐵有限公司」，取得北京地鐵四號綫 30 年運營權。這是內地首個以「公私合營」模式參與投資、建設並負責運營軌道交通線路的企業。

2006 年 3 月 9 日

香港玉皇朝集團與內地央視就動畫電視劇集《神兵小將》合拍項目簽訂「動畫片聯合投資製作協議」，為首家與央視合作進行動畫項目的境外動畫機構。

2006 年 4 月 20 日	香港五所研發中心成立。研發中心由香港的大學及科技支援機構承辦，提供應用科研、技術轉移及科研成果商品化服務，主要針對大珠三角地區產業的需要，集中發展五項科技範疇，包括汽車零部件、資訊及通訊技術、物流及供應鏈管理應用技術、納米科技及先進材料，以及紡織及成衣。
2006 年 6 月 1 日	中國銀行在香港上市，集資 867.41 億元。其後，於 2006 年 7 月 5 日，中國銀行 A 股在上海證券交易所掛牌上市，成為首家完成 A+H 股上市的國有大型商業銀行。
2006 年 8 月 24 日	中國建設銀行以 97.1 億元向美國銀行收購美國銀行（亞洲）全部股份。收購完成後，美國銀行（亞洲）易名為中國建設銀行（亞洲）股份有限公司。
2006 年 9 月 11 日	恒指公司宣布加入中國建設銀行作為首隻 H 股成份股，成份股數目由 33 隻增至 34 隻，成為首隻恒生指數成份股中內地註冊成立的股份公司。同時，恒指公司亦放寬成份股的上限數目至 38 隻，是恒生指數自 1969 年設立以來，首次調整成份股數目。
2006 年 10 月 27 日	中國工商銀行在香港及上海同步上市，集資 191 億美元，為截至 2006 年全球集資額最高的招股活動，其 H 股集資金額為 H 股中最高者。
2007 年 1 月 10 日	國務院同意進一步擴大香港人民幣業務的範圍，內地金融機構經批准，可以在香港發行人民幣金融債券。
2007 年 3 月 16 日	第十屆全國人民代表大會第五次會議通過並公布《中華人民共和國企業所得稅法》，規定統一內外資企業所得稅制度及稅收優惠，自 2008 年 1 月 1 日起施行。在新稅法下，內外資（包括港資）的所得稅率為 25%；國家需要重點扶持的高新技術企業，可享受減按 15% 的稅率繳納企業所得稅。
2007 年 4 月	滙豐銀行在內地註冊成立全資附屬公司滙豐銀行（中國），為首批獲銀監會批准在內地註冊成立的全資附屬外資法人銀行之一，總行設於上海。2007 年 12 月 13 日，設於湖北隨州曾都的滙豐村鎮銀行正式開業，是首家進入內地農村市場的國際外資銀行。
	東亞銀行成立東亞銀行（中國），是首批獲中國銀監會批准在內地註冊成立的全資附屬外資法人銀行之一，為內地居民及企業提供全面的銀行和金融服務，包括於 2008 年成為首家在內地發行人民幣借記卡及信用卡的外資銀行，以及於 2009 年成為首家在香港發行人民幣零售債券的外資銀行。

2007 年 4 月

香港特區行政長官曾蔭權於《2007 至 2008 年度施政報告》中宣布撥款 9300 萬元，與廣東省經濟和信息化委員會共同推行為期五年的「清潔生產伙伴計劃」，鼓勵和協助位於珠三角區的港資工廠採用清潔生產技術和作業方式，減少空氣污染物，並提升能源效益。伙伴計劃於 2008 年 4 月正式展開，是特區政府第一次跨境向珠三角的港資工廠提供直接資助和技術支援，以鼓勵它們採用清潔生產技術；生產力促進局獲委任為該計劃的執行機構。

2007 年 5 月 11 日

香港特區政府舉辦「泛珠三角商貿通關便利化論壇」暨「區域海關關長聯席例會」。海關總署副署長劉文杰、香港海關關長湯顯明和澳門海關關長徐禮恆簽署「八個項目合作意向書」，促進泛珠三角區域貿易通關便利化，進一步擴大內地對外開放，主要項目包括擴展 X 光機查驗結果參考互認口岸範圍、跨境快速通關項目等。

2007 年 5 月 21 日

香港特區政府工商及科技局局長王永平與深圳市常務副市長劉應力在香港正式簽署「深港創新圈」合作協議，推進和加強深港科技合作。協議包括人才交流和資源共享，並成立深港創新及科技合作督導會議，成員包括兩地政府高層官員及各職能部門和科技支援機構代表；「深港創新圈」是 2006 年 9 月舉行的《「十一五」與香港發展》經濟峰會的策略性建議之一。

2007 年 6 月 18 日

香港人民幣交收系統提升為人民幣 RTGS 系統（Renminbi Real Time Gross Settlement System，又稱人民幣結算所自動轉帳系統），以即時支付結算方式，處理銀行同業人民幣支付項目，亦處理人民幣批量結算及交收支付項目。到 2015 年 7 月 20 日起，人民幣 RTGS 系統運作時間延長至 20.5 小時，為全球服務時間最長的人民幣清算系統。

中國證監會公布《合格境內機構投資者境外證券投資管理試行辦法》，於 2007 年 7 月 5 日實施。

2007 年 7 月 1 日

首個按照「一地兩檢」模式運作的客貨綜合公路口岸 —— 深圳灣口岸啟用，國家主席胡錦濤在香港特區行政長官曾蔭權陪同下主持剪綵儀式，港深兩地的邊境人員在同一樓層的聯檢大樓查驗過境旅客，給旅客帶來便利。

2007 年 7 月 12 日

國家開發銀行在香港發行總值 50 億元人民幣債券，是首批在內地境外推出的人民幣債券。到 2009 年 9 月 28 日，財政部在香港首次發售人民幣國債，發行規模共 60 億元人民幣，是首批在內地以外地區發行的中國國債。

| 2007 年 8 月 20 日 | 國家外匯管理局發布《國家外匯管理局關於開展境內個人直接投資境外證券市場試點的批覆》，批准國家外匯管理局天津分局上報的《開展境內個人直接投資境外證券市場試點方案》（即「港股直通車」），內地投資者獲准投資在聯交所公開上市交易的證券。發布後，恒生指數由 8 月 20 日的 21,595 點升至 10 月 30 日最高的 31,958 點，升幅達 48%。到 11 月 3 日國務院總理溫家寶表示，「港股直通車」從實質意義上是允許部分內地資本流動，惟內地資本市場的全流動還需要相當長時間，必須有相應法律法規監管，否則將引起內地資本市場的大波動，給經濟帶來不良影響。其後，於 2010 年 1 月 12 日，國家外匯管理局宣布批准「港股直通車」的文件失效。 |

| 2007 年 12 月 15 日 | 香港鐵路有限公司與北京京港地鐵有限公司、北京市交通學校簽署戰略合作協議，創辦「北京市交通學校—港鐵及京港城市軌道交通人才培訓中心」。這是內地首個具有培訓大專學歷地鐵專才資格的學校。 |

| 2008 年 1 月 10 日 至 3 月 15 日 | 深圳市政府、香港建築師學會、香港規劃師學會及香港設計師協會聯合舉辦的第一屆香港・深圳城市 / 建築雙城雙年展於香港前中區警署舉行。 |

| 2008 年 3 月 27 日 | 香港證監會與中國保監會於北京簽訂監管合作諒解協議，為首個關於內地保險資金境外運用的監管合作協議，涵蓋效力範圍、信息共享、信息使用、溝通機制，並議定雙方互相提供監管協助，包括交換各自持牌機構的信息。 |

| 2008 年 4 月 8 日 | 中國證監會發布《關於證券投資基金管理公司在香港設立機構的規定》，允許合資格的內地基金管理公司按照《CEPA 補充協議四》在香港設立業務。隨後，南方東英資產管理於 6 月 27 日獲中國證監會批准成立，香港證監會於 9 月 29 日批出有關牌照，成為第一家在香港成立的資產管理子公司的內地基金公司。 |

| 2008 年 4 月 | 內地第一艘液化天然氣貨輪「大鵬昊」在香港註冊，是內地首艘建造及擁有的液化天然氣貨輪。該液化天然氣貨輪由招商局集團、中遠集團和英國石油公司合資、耗時九年取得的首項成果，為建立一支內地液化天然氣船隊的第一步。 |

| 2008 年 5 月 19 日 | 港深兩地機場簽署《深港機場客運合作框架協議書》。其後，於同年 10 月推出「港深機場中轉服務」，旅客可在出發的機場預辦中轉航班的登機手續和領取登機證。 |
| | 特區政府推出「非本地畢業生留港 / 回港就業安排」，准許非本地學生畢業後無條件留港 12 個月，以便申請工作。 |

| 2008 年 5 月 30 日 | 招商銀行以 193.02 億元的現金總額或每股 156.5 元的價格，有條件收購出售股東所持有的永隆銀行 53.12% 的股權。 |

2008 年 5 月	5 月 12 日,四川省阿壩藏族羌族自治州汶川縣發生黎克特制 8.0 級地震,地震造成破壞的面積超過 10 萬平方公里,受災範圍涉及四川、甘肅及陝西省;地震造成 69,227 人遇難,受災總人口約 4625.6 萬人,直接經濟損失 8451 億元人民幣,地震發生後,香港特區政府和民間各界捐款賑災。5 月 14 日,立法會通過撥款 3.5 億元注入賑災基金,用於四川賑災;特區政府另設立「民政事務局局長法團—捐款」戶口接收公眾捐款,賑濟四川地震災民。5 月 15 日起,香港消防處、衞生署、政府飛行服務隊、食物環境衞生署、水務署及醫院管理局先後派出合共 136 人到四川災區,在搜救、環境衞生控制多方面提供支援,並為災民提供醫療支援、手術、精神心理輔導及康復治療服務。7 月 8 日,國家副主席習近平來港視察期間,到位於赤鱲角的政府飛行服務隊總部,會見約 120 名參與救援工作的志願人員;習近平代表中央政府和災區人民,向各志願人員表示衷心感謝和崇高敬意。截至 7 月 25 日,「民政事務局局長法團—捐款」帳戶收集接近 2.1 億元捐款,當中大部分捐款交予香港紅十字會、香港世界宣明會、樂施會、聯合國兒童基金會及救世軍五個團體,在災區開展工作。
2008 年 6 月 26 日	特區政府宣布成立由政務司司長主持的「香港特區支援四川地震災區重建督導委員會」,負責督導和統籌特區支援災區重建工作。同年 10 月 11 日,川港兩地政府就援建工作的基本原則、項目管理安排、資金管理安排,以及溝通協調機制等事宜,定下合作的框架。特區政府承諾連同香港賽馬會協助重建撥出的 10 億元在內計算,整體承擔不多於 100 億元。
2008 年 6 月	中聯辦發表《致香港社會各界的感謝信》,代表中央政府有關部門、受災地方政府和災區人民,就香港特區政府和港人以多種形式向四川地震災區表達的關愛和慰問及其提供的援助和支持表達謝意。截至 2009 年 3 月 23 日,香港各界經中聯辦向災區捐款約 10.7 億元。
2008 年 7 月	香港賽馬會宣布捐款 10 億元用於四川災後的援建項目。11 月 7 日,香港賽馬會與四川省政府簽訂備忘錄,協議以約 4.01 億元人民幣開展四項援建項目,協助災區重建學校及醫院設施。2010 年 8 月 20 日,香港賽馬會先後與四川省政府簽訂協議,以 3.43 億元人民幣開展三個新項目,協助重建職業訓練和復康設施。
2008 年 8 月 9 日至 21 日	第 29 屆奧林匹克運動會馬術比賽於香港順利舉行;13 日的比賽共吸引逾 15 萬名觀眾進場;殘奧會馬術比賽在 9 月 7 日至 11 日舉行。為表彰香港賽馬會在興建場地及於奧運比賽期間,在馬醫院、賽事化驗所及其他設施方面提供支援作出的貢獻,北京奧組委正式授予馬會「北京 2008 年奧運會馬術比賽重要貢獻機構」的榮譽。

2008 年 8 月	曾憲梓宣布個人捐出 1 億元,設立曾憲梓體育基金會,用於獎勵在第 29、30、31 和 32 屆奧運會獲得金牌的中國選手,每屆奧運會奪金的中國運動員,共同分享 2500 萬元獎金。此後,分別於 2012 年、2016 年第 33、34 屆各追加 1 億元至 3 億元;截至 2017 年 7 月 1 日,基金會獎勵曾在奧運會獲得金牌的內地運動員 176 人次,獎金總額逾 7500 萬元。

2008 年 9 月 25 日	動畫電影《風雲決》在香港上映(7 月 19 日在內地上映)。電影改編自香港漫畫家馬榮成的漫畫《風雲》,由香港商人錢國棟旗下兩家公司方塊動漫畫文化發展有限公司及亞洲動畫多媒體有限公司,聯合上海文廣新聞傳媒集團共同製作,香港導演林超賢執導,是上海文廣新聞傳媒集團首部出品的商業動漫電影;同年,《風雲決》於東京國際電影節及日本影院放映,為首部在日本上映的國產動畫電影。

2008 年 12 月 3 日	香港設計中心與深圳市工業設計行業協會分別代表港深兩地設計業界,在第一屆中國(深圳)國際工業設計節開幕日上簽訂《深港創新圈 — 深港設計戰略框架合作協議》,旨在加強兩地業界交流,打造兩地成為亞洲區設計樞紐。

2009 年 1 月 8 日	國家發展和改革委員會公布《珠江三角洲地區改革發展規劃綱要(2008—2020 年)》。規劃綱要將珠三角地區的發展提升到國家發展戰略層面,首次提出擴大粵港自主磋商範圍,並將粵港合作定為國家政策。

2009 年 1 月 16 日	地產代理監管局、中國房地產估價師與房地產經紀人學會簽署備忘錄。其後,於同年 8 月,東莞房產管理局及東莞房地產中介協會 21 人來港,先後參觀地產代理監管局、職業訓練局、中原地產及香港大學校外課程,了解香港地產代理行業的運作。

2009 年 1 月 20 日	香港金管局與中國人民銀行簽署 2000 億元人民幣 / 2270 億港元貨幣互換協議,有效期三年。其後,雙方於 2011 年、2014 年、2017 年續簽協議,規模分別為 4000 億元人民幣 / 4900 億港元、4000 億元人民幣 / 5050 億港元、4000 億元人民幣 / 4700 億港元。

2009 年 4 月 1 日	內地放寬內地居民的來港旅遊限制,是日起深圳戶籍居民可以申請「一簽多行」簽注,在一年有效期內,無限次往返香港,每次逗留時間不多於一星期。其後,於同年 12 月 15 日,合資格的常住深圳非廣東籍居民,也可於深圳辦理「個人遊」簽注來港旅遊;同月 25 日,內地居民持附有一年多次赴香港探親簽注的往來港澳通行證,可於簽注有效期內多次來港探親。

2009 年 7 月 6 日	人民幣貿易結算試點開始運作。國務院是於 2008 年 12 月 24 日宣布進一步擴大香港人民幣業務範圍,以試點形式,允許內地及香港合資格企業使用人民幣進行貿易支付。

| 2009 年 8 月 19 日 | 第十二次粵港聯席合作會議中，香港環境局及廣東省環境保護局共同簽署《粵港環保合作協議》，內容包括推進落實「珠三角地區空氣質素管理計劃（2002—2010 年）」、共同推出「粵港清潔生產伙伴計劃」標誌計劃、加強海洋漁業資源保護方面的合作交流等。2016 年 9 月，粵港雙方簽訂《2016—2020 年粵港環保合作協議》，同意進一步加強區內的空氣質素監測、水環境保護及自然保育等工作，共同改善區域環境。 |

| 2009 年 10 月 1 日 | 根據《CEPA 補充協議六》，香港銀行直接或透過內地子行在廣東省設立的分行可以在省內設立「異地支行」措施生效。 |

| 2009 年 12 月 2 日 | 香港賽馬會獲第 16 屆亞運會組委會和廣州市政府授權，與廣州珠江實業集團有限公司合作成立廣州香港馬會賽馬訓練有限公司，負責亞運會馬術比賽場地的建設投資和賽後營運；第 16 屆亞組委授予馬會「第 16 屆亞運會馬術比賽項目重要貢獻機構」名銜，以表彰馬會對廣州亞運會的支持。 |

| 2009 年 12 月 15 日 | 港珠澳大橋正式施工，全長 55 公里，是首個連接粵港澳三地的跨境運輸基建項目。 |

| 2009 年 | 是年經香港轉口的內地原產貨品價值 15,033.19 億元，較 2008 年的 17,076.96 億元下跌 12%，是內地改革開放以來錄得的最大跌幅。 |

| 2010 年 1 月 27 日 | 全長約 26 公里的高鐵香港段動工，由香港西九龍站開始，興建專用隧道直達深圳福田站，連接全國高鐵網絡。這是香港首條高速鐵路。 |

| 2010 年 2 月 11 日 | 香港金管局發出通告，詮釋香港人民幣業務的監管原則及操作安排，釐清兩項基本原則，當中包括人民幣流進香港以後，只要不涉及資金回流內地，香港銀行可以按照香港的法規、監管要求及市場因素發展人民幣業務。同年 7 月，香港金管局與人民銀行簽訂補充合作備忘錄，人民銀行亦與清算行中銀香港簽署新修訂的清算協議。 |

| 2010 年 2 月 | 榮駿保險服務有限公司獲中國保監會批准，於深圳設立匯才保險代理（深圳）有限公司，成為首家經 CEPA 獲取內地保險代理業務資格的港資保險代理公司。 |

| 2010 年 3 月 25 日 | 隨着內地訪港旅行團不斷增加，購物團的問題陸續湧現，一名香港女導遊當日接待一個從安徽到香港的內地三天旅行團，因不滿旅客購物的金額過少，在旅遊車上以冒犯語言責難旅客，事件引起輿論關注經營低服務收費甚或零服務收費的接待旅遊公司，以及「強迫旅客購物」的問題。女導遊後來遭旅遊業議會規條委員會指她嚴重違規，於 2010 年 9 月 4 日會議後，決定即時吊銷其導遊證。 |

2010 年 4 月 7 日 粵港兩地於北京簽訂《粵港合作框架協議》。協議把《珠江三角洲地區改革發展規劃綱要（2008—2020）》的宏觀政策，落實為有利兩地發展的具體措施，是首次由國務院批准的粵港合作綱領文件，涵蓋範圍包括跨境基建、現代服務業、產業合作、科技創新、優質生活圈、教育等。

2010 年 4 月 14 日 青海玉樹發生 7.1 級強烈地震，造成 2698 人遇難；當時正在玉樹一家孤兒院做義工的港人黃福榮在參與救災期間犧牲，展現捨己為人的精神。香港特區政府事後向黃福榮追頒金英勇勳章；8 月，國務院追授「抗震救災捨己救人傑出義工」榮譽稱號。

2010 年 5 月 22 日 前國家乒乓球隊隊員陳佑銘參加湖南海外旅遊有限公司香港四天團，在一間珠寶店內遭無牌導遊拒絕讓他離開，雙方發生爭執，陳佑銘心臟病發死亡。涉事的永盛旅遊有限公司，事後被旅遊業議會判處永久釘牌，至 2012 年 3 月 26 日上訴獲減刑至暫停會籍一年，打破旅行社被判罰停牌期限之長的紀錄。

2010 年 5 月 27 日 香港與內地簽署《CEPA 補充協議七》，同意適時在內地推出投資港股的交易所買賣金（ETF）。其後，於 2012 年 6 月 29 日，中國證監會批准兩隻港股 ETF 分別在上海和深圳交易所上市，為有意投資於香港證券市場的內地投資者開闢新途徑。

2010 年 7 月 16 日 中國農業銀行在香港聯合交易所上市，其香港 H 股以及上海 A 股的首次公開招股合共集資 221 億美元，成為第五家完成股份制改革的國有大型商業銀行。

2010 年 12 月 19 日 香港學者協會與人力資源和社會保障部全國博士後管委會辦公室，在廣州簽署「香江學者計劃」協議書，推動兩地聯合培養博士後人員的工作。

2010 年 中銀集團人壽保險有限公司推出香港首個人民幣保險計劃。

2011 年 1 月 13 日 中國人民銀行推出試點管理辦法，內地機構經內地相關部門核准後，可使用人民幣進行境外直接投資；內地企業可通過香港的離岸人民幣業務中心進行有關投資項目，也可利用香港的金融平台進行相關融資和資金管理。

2011 年 1 月 中國海運集團旗下集裝箱船「中海之星」成為香港船舶註冊一員。該船為當時全球最大集裝箱船，載貨量 14,100 個標準貨櫃。

2011 年 3 月 16 日 國家公布《中華人民共和國國民經濟和社會發展第十二個五年規劃綱要》，首次將港澳部分單獨成章，詳述香港特區在國家發展戰略中的重要功能定位，明確表述中央政府支持香港鞏固和提升競爭優勢，包括支持香港發展成為離岸人民幣業務中心。此外，綱要第五十七章中表明繼續支持香港發展高增值服務業，並強調支持香港鞏固和提升貿易中心的地位。

2011 年 4 月 29 日 ┃ 匯賢產業信託上市，是香港聯合交易所首隻上市的人民幣計價基金產品，以及全球首隻以人民幣計價的房地產信託基金（REITs）。其後，於 2012 年 10 月 29 日，合和公路基建透過「雙幣雙股」模式配售的人民幣交易股票掛牌，是首隻中國內地境外上市、以人民幣交易的股本證券。

2011 年 6 月 27 日 ┃ 財資市場公會推出美元兌人民幣（香港）即期匯率定盤價（Spot USD/CNY(HK)Fixing）。其後，於 2013 年 6 月 24 日，公會推出人民幣香港銀行同業拆息定價（CNH Hibor Fixing），兩者均為香港離岸人民幣市場提供參考基準。

2011 年 8 月 17 日 ┃ 國務院副總理李克強在香港宣布一系列支持香港發展成為離岸人民幣業務中心的政策，包括把跨境貿易人民幣結算範圍擴大到全國、開展外資銀行以人民幣增資試點、支持香港企業使用人民幣到境內直接投資、允許以人民幣境外合格機構投資者方式（RQFII）投資內地證券市場。

2011 年 8 月 ┃ 國務院副總理李克強訪港期間，宣布試行對香港學生豁免港澳台僑聯招試，內地部分高校可依據香港中學文憑考試成績擇優錄取香港學生。至 2016 / 17 學年，參加免試收生的內地高校增至 84 所。

2011 年 10 月 14 日 ┃ 中國人民銀行及商務部分別發布管理辦法及通知，進一步訂明外商以境外人民幣辦理跨境人民幣直接投資的相關規定，為香港人民幣資金提供更多出路，推動香港人民幣債券及證券市場發展。

2011 年 12 月 14 日 ┃ 行政長官曾蔭權主持港珠澳大橋香港口岸動工典禮。

2011 年 12 月 16 日 ┃ 中國證監會、中國人民銀行及國家外匯管理局公布，允許符合資格的內地試點機構，運用在港募集的人民幣資金投資內地證券，額度初期為 200 億人民幣。2012 年 4 月，額度增至 700 億元人民幣；同年再擴容至 2700 億元人民幣；2017 年 7 月增至 5000 億元人民幣。

2011 年 12 月 30 日 ┃ 香港證監會認可首批四隻 RQFII 基金，香港散戶首次可直接以人民幣投資內地股票及債券；2012 年 6 月 29 日，香港證監會認可全球首隻人民幣 RQFII A 股 ETF 在港上市。

2011 年 ┃ 香港大學深圳研究院申報的「中國語言相關腦功能區與語言障礙的關鍵科學問題研究」通過評審，為首個成功申請國家重點基礎研究發展計劃（「973」計劃）的項目、以及香港在內地設立科研單位獲得資助的機構。項目以港大深圳研究院研究員譚力海教授為首席科學家，帶領 25 名由香港、內地及國際研究人員組成的團隊進行研究工作，獲國家撥款 3900 萬元人民幣，項目於 2012 年 2 月 18 日正式啟動。

2012 年 2 月 10 日 ┃ 創新科技署推薦 56 名香港專家加入「國家科技計劃專家庫」，獲科技部核准，是創新科技署首次推薦香港專家進入專家庫。

2012 年 6 月 21 日	香港應用科技研究院獲科技部批准，與南京東南大學合作成立「國家專用集成電路系統工程技術研究中心香港分中心」。中心為香港首個國家工程技術研究中心香港分中心。
2012 年 6 月 25 日	粵港澳三地共同發布《共建優質生活圈專項規劃》，為首份粵港澳三地共同編製的區域合作專項規劃，在環境生態、低碳發展、文化民生、優化區域土地利用及綠色交通組織等五個主要領域訂定長遠合作方向。
2012 年 6 月 30 日	中央政府公布一系列支持香港離岸人民幣業務發展的措施，包括繼續赴香港發行人民幣國債；繼續安排境內銀行和企業赴香港發行人民幣債券；繼續擴大人民幣在境外的使用；支持第三方利用香港辦理人民幣貿易投資結算、發展離岸人民幣貸款市場，進一步豐富香港人民幣離岸產品；進一步提高人民幣合格境外機構投資者的額度、擴大試點機構範圍、豐富投資產品品種，放寬投資比例限制等多個方面。
2012 年 8 月 1 日	香港銀行可為非香港居民開戶及提供各類人民幣服務。
2012 年 12 月 19 日	中國國際海運集裝箱（集團）股份有限公司 H 股在香港聯合交易所上市，是首家從 B 股上市轉為在香港 H 股上市的公司。
2013 年 1 月 8 日	和黃投資及營運的鹽田國際集裝箱碼頭，在營運 18 年半內的吞吐量突破一億個標準貨櫃，創下世界港口發展史上最快實現這輸送量的新紀錄。
2013 年 2 月 1 日	香港特區政府公布一籃子措施，以穩定香港的配方奶粉供應，並提出修訂《進出口（一般）規例》（第 60 章，附屬法例 A），打擊購買奶粉的跨境「水貨活動」。
2013 年 2 月	2013 年農曆新年期間，大批內地旅客訪港，香港旅店房間供不應求，旅客接待承載力出現問題；接待內地旅行團的旅行社「世通假期」遭旅客投訴及報警，指該社無法安排酒店住宿而要在巴士上度宿，貨不對辦。事件經香港旅遊業議會調查聆訊後，於 2 月 21 日首度引用議會章程，宣布暫停該公司的會籍；同年 6 月 14 日，旅行代理商註冊主任撤銷「世通假期」的牌照。
	康宏理財控股有限公司宣布成功透過 CEPA 取得全國性的保險代理牌照，成為第一家於內地獲發相關牌照的香港企業。
2013 年 9 月 9 日	泛珠各方在第九屆泛珠論壇暨經貿洽談會簽署《貴州共識》，提出進一步深化泛珠新一輪合作的方向。共識包括進一步發揮港澳優勢，帶動泛珠區域內重點地區加快發展、將泛珠大會改為兩年召開一次，並把洽談會由展覽調整為展銷結合。

| 2013 年 12 月 7 日 | 前海管理局、深圳青年聯合會和香港青年協會三方發起成立前海深港青年夢工場,讓 18 歲至 45 歲青年實踐創業計劃,探索創新創業孵化器產業化發展的新模式。2014 年 11 月,開始接受初創企業申請進駐,同年 12 月開園。 |

| 2013 年 | 香港與內地服務貿易額是年達到 5530.57 億元峰值,佔香港服務貿易總額 39.6%。 |

| 2014 年 2 月 14 日 | 越秀企業和越秀金融完成收購創興銀行 75% 股權,為首宗由內地地方國有企業併購香港銀行的個案。 |

| 2014 年 3 月 21 日 | 香港中文大學(深圳)獲批正式成立。9 月 2 日,舉行首屆本科生入學典禮。此前,香港中文大學於 2011 年 7 月與深圳大學簽署協議,以合作辦學形式,籌建香港中文大學(深圳)。 |

| 2014 年 6 月 | 何設計建築設計事務所(深圳)有限公司(hpa)獲發工程設計資質證書,是在《內地與香港關於建立更緊密經貿關係的安排》(CEPA)下,香港首家獲得住房和城鄉建設部批准的具有甲級建築工程設計資質的獨資公司。 |

| 2014 年 8 月 | 中信集團將旗下主要業務經營平台中信股份 100% 股權 ,注入香港上市公司中信泰富,實現境外整體上市,中信泰富更名為「中信股份」。 |

| 2014 年 9 月 6 日 | 深圳龍華新區管委會、深圳市工業設計行業協會、深圳市經濟貿易和信息化委員會及香港設計總會聯合主辦的「第一屆深港設計雙年展」於深圳大浪時尚創意城開幕,是深港兩地設計業合辦的首個大型展覽。 |

| 2014 年 9 月 | 粵港兩地政府簽署《粵港澳區域大氣污染聯防聯治合作協議書》,增加監測站站點至 23 個,並把網絡更名為「粵港澳珠江三角洲區域空氣監測網絡」;監測網絡每小時發布各種空氣污染物的濃度水平,並提供粵港澳地區最新的空氣質素指數;另外,監測網絡還會每年公布珠江三角洲區域的監測結果及長期趨勢分析,並每季度發布監測數據的統計概要。 |

| 2014 年 10 月 13 日 | 泛珠各方政府簽署新一輪泛珠合作的綱領性文件 ——《泛珠三角區域深化合作共同宣言(2015 年—2025 年)》,重點在基礎設施、產業投資、商貿、旅遊、農業、人力資源、科教文化、醫療社保、環境生態、信息化建設及金融共 11 方面深化合作。 |

| 2014 年 10 月 | 人工智能初創企業商湯科技於香港成立。其後,於 2017 年 7 月該公司完成 4.1 億美元 B 輪融資,當時估值超過 15 億美元,成為香港科學園首間「獨角獸公司」。 |

2014 年 11 月 17 日	「滬港通」開通；香港及海外的機構及個人投資者可以直接透過滬港通平台，參與有關 A 股的投資，而內地合資格的投資者亦可以投資合資格的港股；香港居民兌換人民幣限額（每日兩萬元）於同日取消。
2014 年 12 月 18 日	香港與內地把 CEPA 補充協議提升為「子協議」，簽署《關於內地在廣東與香港基本實現服務貿易自由化的協議》（《廣東協議》），首次採用負面表列的開放清單和准入前國民待遇。
2015 年 1 月 22 日	第一次閩港合作會議在福州舉行，香港特區政府與福建省政府在會上簽署《關於加強閩港經貿合作的協議》和《關於加強閩港金融合作的協議》。
2015 年 4 月 13 日	中央政府宣布，即日起，深圳戶籍居民「一簽多行」調整為「一周一行」，以減少來港內地旅客的人次。政策調整後至 2016 年 3 月 31 日期間，內地訪客人次約為 4249 萬，按年下跌 8.6%。
2015 年 4 月 21 日	廣東自貿區正式掛牌，是國務院規劃的粵港澳深度合作示範區、21 世紀海上絲綢之路重要樞紐和全國新一輪改革開放先行地。
2015 年 5 月 22 日	香港證監會與中國證監會簽署《關於內地與香港基金互認安排的監管合作備忘錄》。
2015 年 5 月 30 日	中國信達資產管理以 680 億元完成收購南洋商業銀行所有股權，在當日完成交易，成為首家內地金融資產管理公司購入香港銀行。
2015 年 7 月 1 日	《關於內地與香港基金互認安排的監管合作備忘錄》實施，內地與香港基金互認安排正式啟動，合資格的內地與香港基金透過簡化程序，可在對方市場向公眾投資者銷售。
2015 年 8 月 11 日	中國人民銀行調整人民幣兌美元匯率中間價報價機制，增加整個匯率形成機制的市場成份。隨着匯改及市場對人民幣匯率預期轉變等因素，香港離岸人民幣資金池在年終按年收縮 13% 至約 10,000 億元人民幣。
2015 年 10 月 19 日	黑龍江旅客苗春起隨港澳遊旅行團到紅磡一家珠寶店購物，拒絕消費，遭導遊和領隊毆打，致心肌急性栓塞病發死亡，事件交由法庭審理。法庭於 2016 年 6 月 30 日裁定導遊和領隊「普通襲擊罪」罪成，分別被判監五個月及三個月。
2015 年 11 月 19 日	香港國際仲裁中心上海代表處成立，是首家落戶上海自貿區的國際仲裁機構。
2015 年 12 月 7 日	臨時保險業監管局成立，並於 2017 年 6 月 26 日起正名為保險業監管局，接替作為特區政府部門並於同日解散的保監處，開始規管香港保險公司，以及繼續與內地保險監管機構聯繫及合作。

2016 年 2 月 29 日	深港合作會議在香港舉行，會後香港特區政府商務及經濟發展局與深圳市設計之都推廣辦公室簽訂《香港特別行政區政府與深圳市人民政府關於促進創意產業合作的協議》，同意兩地設計業界繼續舉辦大型展覽，加強人才培訓、商務及資訊交流等方面的合作與互動，並探討在深圳前海成立交流合作平台的可行性。

香港特區政府發展局與前海管理局、深圳市住房和建設局簽訂《在深圳市前海深港現代服務業合作區試行香港工程建設模式合作安排》，前海合作區對香港工程建設領域服務業擴大開放，容許已備案的香港專業人士可為港商在前海獨資或控股的項目直接提供工程建設領域服務，前海管理局參照香港工程建設模式，對港商獨資或控股之開發建設項目進行管理。

2016 年 3 月 15 日	國務院發布《關於深化泛珠三角區域合作的指導意見》。指導意見強調「深化內地九省與港澳合作」，構建經濟繁榮、社會和諧、生態良好的泛珠三角區域，使泛珠地區成為全國改革開放先行區、全國經濟發展的重要引擎、內地與港澳深度合作核心區、「一帶一路」建設重要區域、生態文明建設先行先試區。

2016 年 3 月 17 日	國家公布《中華人民共和國國民經濟和社會發展第十三個五年規劃綱要》（「十三五」規劃）。規劃涉及港澳部分的內容再次單獨成章（《港澳專章》）；《港澳專章》確立香港在國家整體發展中的重要功能定位，以及在多個重要範疇的發展空間和機遇，提出支持港澳提升經濟競爭力，包括強化全球離岸人民幣業務樞紐地位，並支持港澳在泛珠三角區域合作中發揮重要作用，推動粵港澳大灣區和跨省區重大合作平台建設。

2016 年 5 月 18 日	特區政府及貿發局在香港合辦首屆「一帶一路高峰論壇」，邀請沿線市場的主要官員、國際機構代表、商界和相關行業專家，探討「一帶一路」帶來的商機和合作機會，以及香港可發揮的獨特作用。

2016 年 6 月 1 日	CEPA 的子協議《服務貿易協議》生效，基本實現服務貿易自由化的地域範圍擴展至內地全境。

2016 年 7 月 1 日	恒生前海基金管理有限公司成立，是《CEPA 補充協議十》框架下，經中國證監會核准設立的首家外資控股的基金管理公司，註冊資本為兩億元人民幣，恒生銀行持股 70%，前海金融控股持股 30%。

2016 年 7 月 4 日	香港金融管理局成立基建融資促進辦公室，旨在匯聚相關持份者，包括投資者、銀行和開發基建項目的企業等，將香港發展成為「一帶一路」的基建融資樞紐。

2016 年 8 月 1 日	香港特區政府成立「一帶一路」辦公室，委任蔡瑩璧為「一帶一路」專員。

2016 年 8 月 3 日	在國家深化國有企業改革的背景下，旅遊央企「中國國旅集團」整體併入中國港中旅集團公司（香港中旅），組成「中國旅遊集團有限公司」（暨香港中旅集團有限公司）。重組目的實現「旅遊央企強強聯合」、優化資源配置並打造具有國際視野和國際競爭力的大型旅遊企業集團。
2016 年 9 月 8 日	中國保監會公布《關於保險資金參與滬港通試點的監管口徑》，內地保險資金可透過滬港通購買港股，而不佔用 QDII 投資額度。
2016 年 9 月 14 日	粵港兩地政府簽署首個關於「一帶一路」的合作意向書 ——《粵港攜手參與國家「一帶一路」建設合作意向書》，支持兩地企業共同把握「一帶一路」的商機。
2016 年 9 月 17 日	香港設計總會與深圳市設計之都推廣促進會合辦的「第二屆深港設計雙年展」於香港中環 PMQ 元創方開幕，是香港首次主辦深港設計雙年展。
2016 年 9 月 28 日	成立於 2007 年的中國郵政儲蓄銀行股份有限公司在香港上市，首次公開招股集資 591.5 億元。
2016 年 10 月	由香港特區政府負責的省道 303（映秀至臥龍段）和綿茂公路（漢旺至清平段）重建項目先後竣工和通車，特區政府同時宣布支援四川地震災區援建工作圓滿結束。
2016 年 11 月 30 日	香港理工大學與華為技術有限公司設立「理大 — 華為先進計算系統與網絡光互連聯合實驗室」，為香港首個以高傳輸容量光通訊及先進計算系統為主要研究領域的實驗室。
2016 年 12 月 5 日	深圳香港股票市場交易互聯互通機制（深港通）開通。
2016 年 12 月 16 日	中國科學院宣布在香港科學園設立廣州香港幹細胞及再生醫學研究中心，借助香港的國際醫療體系，與香港、深圳、廣州三地互補優勢，提供一個進行幹細胞和細胞治療試驗及應用的策略性合作平台。翌年 7 月 1 日，中國科學院廣州生物醫藥與健康研究院香港中心在香港科學園開幕。
2016 年	香港國際機場是年全年接待旅客人次突破 7000 萬。
2017 年 1 月 3 日	港深兩地政府簽署《關於港深推進落馬洲河套地區共同發展的合作備忘錄》，共同將佔地 87 公頃的河套地區發展為「港深創新及科技園」，以創新和科技為主軸，建立重點科研合作基地，以及相關高等教育、文化創意和其他配套設施。「港深創新及科技園」的上蓋建設和營運，由香港科技園公司成立附屬公司負責。

2017 年 3 月 15 日 | 國務院總理李克強宣布 2017 年度在內地及香港試行債券通。其後，於 5 月 16 日，人民銀行和香港金管局發布聯合公告，同意中國外匯交易中心暨全國銀行間同業拆借中心、中央國債登記結算有限責任公司、銀行間市場清算所股份有限公司、香港交易及結算有限公司、香港債務工具中央結算系統開展債券通。7 月 3 日，債券通正式開通。

2017 年 3 月 27 日 | 中國銀行（香港）以 76.85 億元出售集友銀行 70.49% 股權，於當日完成交易，集友銀行即日起成為廈門國際銀行旗下公司。

2017 年 5 月 16 日 | 香港保監處與中國保監會於北京簽署《關於開展償付能力監管制度等效評估工作的框架協議》，在內地風險導向償付能力體系（償二代）實施下，開展香港與內地的保險償付能力監管制度等效評估工作，以實現兩地償付能力監管制度的等效互認，為雙方保險業提供監管便利，避免兩地監管重疊。

2017 年 6 月 13 日 | 香港正式加入亞洲基礎設施投資銀行（亞投行），香港認繳 7651 股股本，其中 1530 股為實繳股本，相當於 12 億元，分 5 年繳交，6121 股為待繳股本。香港加入亞投行前，於 2013 年 10 月 2 日，國家主席習近平與印尼總統蘇西諾在雅加達舉行會談，習近平提出倡議籌建亞投行。該行於 2016 年 1 月 16 日開業，向亞洲國家及地區提供融資資金，以興建或改善基礎設施，包括「一帶一路」沿線亞投行成員國相關的基建項目。

2017 年 6 月 28 日 | 香港與內地簽署《經濟技術合作協議》和《投資協議》，令 CEPA 成為一份更全面的現代化自由貿易協議，涵蓋貨物貿易、服務貿易、投資以及經濟技術合作四個重要支柱，確保香港業界在內地市場繼續享受最優惠准入待遇。

2017 年 6 月 30 日 | 中國保監會發布《保險資金參與深港通業務試點監管口徑》，允許內地保險資金通過深港通及證券投資基金投資港股通股票。

2017 年 7 月 1 日 | 在國家主席習近平見證下，國家發改委與粵港澳三地政府在香港簽署《深化粵港澳合作 推進大灣區建設框架協議》，為粵港澳大灣區建設訂下合作目標和原則，合作重點領域包括推進基礎設施互聯互通、進一步提升市場一體化水平、打造國際科技創新中心、構建協同發展現代產業體系、共建宜居宜業宜遊的優質生活圈、培育國際合作新優勢，以及支持重大合作平台建設。

中外譯名對照表

中文譯名	外文原名
一畫	
一級流動性提供行	Primary Liquidity Providers
二畫	
人民幣合格境外機構投資者	Renminbi Qualified Foreign Institutional Investor (RQFII)
人民幣合格境內機構投資者	Renminbi Qualified Domestic Institutional Investor (RQDII)
人民幣回購服務	RMB Repo Facilities
人民幣跨境支付系統	Cross-border Interbank Payment System (CIPS)
三畫	
《1978 工業生產調查》報告	The 1978 Survey of Industrial Production
小鱗胸鷦鶥	*Pnoepyga pusilla*
大額實時支付系統	High-value Payment System (HVPS)
千瓦	kW
千瓦時 / 度	kWh
千伏	kV
千伏安	kVA
上海集裝箱碼頭有限公司	Shanghai Container Terminals Limited (SCT)
四畫	
尤德	Sir Edward Youde
中國預託證券	China Depositary Receipt (CDR)
中國置業（控股）有限公司	China Assets (Holdings) Limited
中國基金	The China Fund
中國現代化支付系統	China National Advanced Payment System (CNAPS)
公共運輸導向型發展	Transit-oriented Development
公私合營 / 政府和社會資本合作模式	Public-Private Partnership (PPP)
《內地與香港關於建立更緊密經貿關係的安排》	Mainland and Hong Kong Closer Economic Partnership Arrangement (CEPA)
天行長臂猿	*Hoolock tianxing*
巴伐洛堤	Luciano Pavarotti
巴塞羅那	Barcelona
五畫	
加拿大養老金投資公司	Canada Pension Plan Investment Board (CPPIB)
卡里拉斯	José Carreras
四海保險公司	International Assurance Company Limited (INTASCO)
平面設計	Graphic Design
石漢瑞	Henry Steiner
石威廉	Sir William Frederick Stones

中文譯名	外文原名
弗萊	Dana Fry
皮特‧戴伊	Pete Dye
尼克兒童頻道	Nickelodeon
尼克遜	Richard Milhous Nixon
世界品牌實驗室	World Brand Lab
世界品牌 500 強	The World's 500 Most Influential Brands
世界貿易組織	The World Trade Organization（WTO）
世界宣明會	World Vision
世界宣明會—中國	World Vision China
世界羽毛球聯合會	World Badminton Federation
「世界最快進步機場獎」	Most Improved Airport
21 世紀優質船舶計劃	QUALSHIP 21
「Skytrax 2011 世界機場大獎」	Skytrax World Airport Awards 2011
北京師範大學—香港浸會大學聯合國際學院	Beijing Normal University-Hong Kong Baptist University United International College（UIC）
布萊恩‧科比爾	Brian K. Kobilka
布倫戴奇	Avery Brundage
布義德	Sir John Dixon Ikle Boyd
六畫	
自由貿易帳戶	Free Trade Account
百富勤投資控股	Peregrine Investments Holdings Limited
百富勤國際控股	Peregrine International Holdings Limited
百富勤定息債券有限公司	Peregrine Fixed Income Limited
百利唱片有限公司	Bailey Record Company Limited
《多種纖維協定》	The Multi-fibre Arrangement（MFA）
多邊投資擔保機構	Multilateral Investment Guarantee Agency（MIGA）
多模式聯運轉運貨物便利計劃	Intermodal Transhipment Facilitation Scheme（ITFS）
合格境外機構投資者	Qualified Foreign Institutional Investors（QFII）
合格境內機構投資者	Qualified Domestic Institutional Investors（QDII）
合格境外有限合伙人	Qualified Foreign Limited Partner（QFLP）
合格境外一般合伙人	Qualified Foreign General Partner（QFGP）
全要素生產率	Total Factor Productivity
全球十大機體維修企業排名榜	Top 10 Airframe MRO Providers
老布殊	George Herbert Walker Bush
米高拿	Hannu Mikkola
安石集團	Ashmore Group
安東尼‧拉默里納拉	Anthony LaMolinara
江獺	*Lutrogale perspicillata*
艾利克‧紀荷	Eric Giroud
艾德敦	David Atherton
艾度‧迪華特	Edo de Waart
艾哈邁德‧薩阿敦	Ahmed Abdulaziz Al-Sadoun

中文譯名	外文原名
邦瀚斯拍賣行	Bonhams
西曼國際唱片有限公司	HNH International Limited
伍德佳帕塔設計事務所	Wood and Zapata Inc.
七畫	
貝理雅	Tony Blair
貝氏評級機構	AM Best
希孟	Simon Mark Page
里昂中國增長基金	Credit Lyonnais China Growth Fund
阿里巴巴集團控股有限公司	Alibaba Group Holding Limited
阿里耶·瓦謝爾	Arieh Warshel
阿特米奧·弗蘭基	Artemio Franchi
阿諾·龐瑪	Arnold Palmer
阿爾斯通公司	GEC Alsthom Limited
「阿爾基西拉斯」輪	Maersk Algeciras
辛茜婭·戴伊	Cynthia Dye
希斯	Edward Heath
即時支付結算系統	Real Time Gross Settlement (RTGS) System
佛洛丹尼樂	Fluor Daniel Engineers & Constructors Limited
坎比兹·阿塔巴伊	Kambiz Atabay
伯樂樹	*Bretschneidera sinensis*
杜輝尊	John Duffus
杜明高	Plácido Domingo
李格致	Keith Leonard Charles Legg
沙理士	Arnaldo de Oliveira Sales
八畫	
亞洲基礎設施投資銀行	Asian Infrastructure Investment Bank (AIIB)
亞洲開發銀行	Asian Development Bank (ADB)
亞洲作曲家同盟	The Asian Composers League
亞洲小爪水獺	*Aonyx cinereus*
亞洲研究中心	Centre of Asian Studies (CAS)
周日平均乘客量	Average Weekday Patronage
法國國家科學研究中心	Centre National de la Recherche Scientifique (CNRS)
法國高等科學研究院	L' Institut des Hautes Études Scientifiques
法國杜卡斯學院	École Ducasse
拉美開發銀行	Banco de Desarrollo de América Latina (CAF)
「明成」輪	Pacific Winner
岡特·蘭堡	Gunter Rambow
奇葩設計公司	Ziba Design Inc.
芭芭拉	Barbara Pierce Bush
祈天順	Erik Bøgh Christensen
九畫	
前海聯合交易中心	Qianhai Mercantile Exchange (QME)

中文譯名	外文原名
冠斑犀鳥	*Anthracoceros albirostris*
紅鬣羚	*Capricornis rubidus*
俄羅斯外貿銀行	VTB Bank
美林香港證券有限公司	Merrill Lynch Hong Kong Securities Limited
美亞保險公司	American Asiatic Underwriters (AAU)
美洲電信	América Móvil
美國俄亥俄州立大學	The Ohio State University
美國哈佛大學甘迺迪學院	John F. Kennedy School of Government, Harvard Kennedy School
美國國際集團	American International Group (AIG)
哈佛大學	Harvard University
洛桑	Lausanne
恒美商業設計有限公司	Graphic Atelier Limited
保羅・西蒙	Paul Simon
甚高頻	Very High Frequency (VHF)
施明漢	Kenneth Schermerhorn
香港唱片有限公司	Hong Kong Records Company Limited
香港精英廣告公司	Grey Advertising Hong Kong Limited
香港公共關係專業人員協會	Hong Kong Public Relations Professionals' Association Limited (PRPA)
香港作曲家及作詞家協會	Composers and Authors Society of Hong Kong Limited
香港紅十字會	Hong Kong Red Cross
香港建築師學會	The Hong Kong Institute of Architects
香港飛機工程有限公司	Hong Kong Aircraft Engineering Company Limited (HAECO)
耶魯大學	Yale University
英國廣播公司	British Broadcasting Corporation, BBC
英國牛津大學	University of Oxford
英國皇家學會	The Royal Society
英國國家學術院	The British Academy
英國倫敦大學	University of London
英國皇家城市規劃師學會	The Royal Town Planning Institute
英國電力國際有限公司	British Electricity International Limited
英雪納碼頭公司	Encinal Terminals
帝國理工學院	Imperial College London
城市土地學會	Urban Land Institute
KPF 建築事務所	Kohn Pedersen Fox Associates
SOM 建築事務所	Skidmore, Owings & Merrill
十畫	
高盛（亞洲）有限責任公司	Goldman Sachs (Asia) L.L.C.
通用電氣	General Electric (GE)
通用電氣航空	GE Aviation
海南長臂猿	*Nomascus hainanus*

中文譯名	外文原名
海南坡鹿	*Rucervus eldii*
馬可波羅	Marco Polo
馬斯特利赫特	Maastricht
馬士基集團	Maersk Group
拿索斯唱片	Naxos Records
特高頻	Ultra High Frequency (UHF)
陶德	Lord Alexander Robertus Todd
埃森哲	Accenture
夏希文	Klaus Heymann
夏維蘭治	João Havelange
能源與環境設計先鋒	Leadership in Energy and Environmental Design
十一畫	
國泰財富有限公司	Cathay Clemente (Holdings) Limited
國內生產總值	Gross Domestic Product (GDP)
國庫控股	Khazanah Nasional Berhad
國際金融公司	International Finance Corporation (IFC)
國際設計聯盟	Global Design Network
國際現代音樂協會世界音樂日	ISCM World Music Days
國際奧林匹克委員會	International Olympic Committee
國際足球協會	International Federation of Association Football (FIFA)
國際籃球聯合會	International Basketball Federation (FIBA)
國際單車聯盟	Union Cycliste Internationale
國際乒乓球聯合會	International Table Tennis Federation
國際羽毛球聯合會	International Badminton Federation
國際商業傳播師協會	International Association of Business Communicators (IABC)
《國際紡織品貿易協定》	Arrangement Regarding International Trade in Textiles
終極專業母帶處理	Ultimate Professional Mastering
BUD 專項基金	Dedicated Fund on Branding, Upgrading and Domestic Sales
基建融資促進辦公室	Infrastructure Financing Facilitation Office (IFFO)
荷德贊	Mike Hurdzan
貨銀兩訖	Delivery versus Payment (DvP)
梵志登	Jaap van Zweden
曼紐因	Yehudi Menuhin
十二畫	
賀凱迪	Tim Halhead
富豪汽車	Volvo
雲南閉殼龜	Cuora yunnanensis
雲貓	*Pardofelis marmorata*
《惡水上的大橋》	Bridge Over Troubled Water
湯森路透	Thomson Reuters
救世軍	The Salvation Army
凱瑟	Helmut Käser
登喜路盃	Alfred Dunhill Cup

中文譯名	外文原名
十三畫	
跟單信用證	Documentary Credit
電力服務公司	Electric Power Service
載重噸	Deadweight Tonnage (DWT)
廈門太古飛機工程有限公司	HAECO Xiamen
愛迪達	Adidas
勢必鋭航空系統公司	Spirit AeroSystems
奧林匹克運動會	Olympic Games
奧林匹克博物館	Olympic Museum
奧雅納工程顧問公司	Ove Arup & Partners Hong Kong Limited
十四畫	
舞動奇蹟	Strictly Come Dancing
圖語設計有限公司	Graphic Communication Limited
蒙納公司	Monotype Imaging Holdings Inc.
維爾布魯根	Hein Verbruggen
鄧祿普飛機輪胎公司	Dunlop Aircraft Tyres
嘉里物流在東南亞的跨境業務網絡	Kerry Asia Road Transport (KART)
境外機構境內外匯帳戶	Non-Resident Account (NRA)
寧波北侖國際集裝箱碼頭有限公司	Ningbo Beilun International Container Terminals Company Limited (NBCT)
十五畫	
黎恪義	Tony Nicolle
廣州飛機維修工程有限公司	Guangzhou Aircraft Maintenance Engineering Company Limited (GAMECO)
廣州修仕倍勵國際實驗學校	Huangpu Shrewsbury Experimental School
歐亞水獺	*Lutra lutra*
輪葉三棱櫟	*Trigopnobalanus verticillatus*
標準貨櫃	Twenty-foot Equivalent Unit (TEU)
德國 L-Bank	Landeskreditbank Baden-Wuerttemberg-Foerderbank (L-Bank)
德國學術交流中心	Deutscher Akademischer Austauschdienst (DAAD)
德國陶秉根大學	Universität Tübingen
樂施會	Oxfam
劍橋大學	University of Cambridge
歐盟	European Union
歐米茄	Omega
衛奕信	Lord David Clive Wilson of Tillyorn
十六畫	
霍禮義	Robert Fell
霍普克羅夫特	John Edward Hopcroft
霍斯特·達斯勒	Horst Dassler
興建—營運—移交	Build-Operate-Transfer (BOT)
積·尼告斯	Jack Nicklaus
邁朗公司	Mirant Corporation

中文譯名	外文原名
十七畫	
聯合利華	Unilever
聯合國開發計劃署	The United Nations Development Programme (UNDP)
聯合國兒童基金會	The United Nations Children's Fund (UNICEF)
環球唱片	Universal Records
總噸位	Gross Registered Tonnage (GRT)
十八畫	
薩馬蘭奇	Juan Antonio Samaranch
十九畫	
羅德滔	Robert Nottle
羅蘭士‧嘉道理	Lord Lawrence Kadoorie
《關稅及貿易總協定》	General Agreement on Tariffs and Trade (GATT)
龐信	Richard Pontzious
二十畫	
嚴重急性呼吸系統綜合症	Severe Acute Respiratory Syndrome (SARS)
騰衝掌突蟾	*Leptolalax tengchongensis*
騰衝擬髭蟾	*Leptobrachium tengchongense*
寶麗金唱片有限公司（香港）	PolyGram Records Limited (Hong Kong)
二十八畫	
鸚哥嶺樹蛙	*Rhacophorus yinggelingensis*

附錄一
香港澳門各界慶祝國家改革開放 40 周年訪問團 —— 香港特別行政區代表團

引言

自改革開放以來，國家發展取得了舉世矚目的成就，在這一歷史進程中，香港從未缺席，香港人始終如一，在各個領域不斷為國家發展作出貢獻。

2018 年 11 月 12 日，國家主席習近平會見「香港澳門各界慶祝國家改革開放 40 周年訪問團」（「訪問團」）時發表了講話，其中有以下一段：「40 年改革開放，港澳同胞是見證者也是參與者，是受益者也是貢獻者。港澳同胞同內地人民一樣，都是國家改革開放偉大奇跡的創造者。國家改革開放的歷程就是香港、澳門同內地優勢互補、一起發展的歷程，是港澳同胞和祖國人民同心協力、一起打拼的歷程，也是香港、澳門日益融入國家發展大局、共享祖國繁榮富強偉大榮光的歷程。」

習近平主席還總結了改革開放以來港澳同胞和社會各界人士發揮的主要作用，包括投資興業的龍頭作用、市場經濟的示範作用、體制改革的助推作用、雙向開放的橋樑作用、先行先試的試點作用，和城市管理的借鑒作用。

改革開放初期，內地市場雖然逐步放開，但投資環境差、政策不完備、投資前景不明朗，種種因素都令人卻步。在這種情況下，港商率先到內地投資設廠、合資興辦各類企業，修橋起路、建電廠、起酒店，為國家改革引入了急需的資金、人才及管理知識，一批又一批香港人成為了北上參與改革開放事業的先行者。

除了到內地投資興業，香港人在教育、科技、文化、體育、醫療、扶貧濟困等公益事業方面，也做了大量工作，或作出了無償捐助。

把握住內地改革開放的歷史機遇，香港成功轉型為連接內地與世界市場的重要橋樑，建立和鞏固了香港作為國際商貿、物流航運、金融和專業服務中心的地位。

展望未來，正如習主席在講話中所言：「我們前所未有地接近實現中華民族偉大復興的目標。實現中華民族偉大復興，港澳同胞大有可為，也必將帶來香港、澳門發展新的輝煌。」

本附錄是以 2018 年「訪問團」的香港成員為基礎，介紹他們參與國家改革開放的事跡及貢獻。由於「訪問團」中有些成員是代表其家族或企業，故此在文中也一併收錄其家族成員或企業的事跡和貢獻。此外，為尊重部分「訪問團」成員的意願，在人物錄中不收錄他們的事跡。

本附錄配圖除特別註明出處，其餘均由「訪問團」成員、其企業、所屬機構，或由香港地方志中心提供。

國家主席習近平會見「香港澳門各界慶祝國家改革開放40周年訪問團」時的講話（2018年11月12日）

很高興同香港、澳門各界代表人士見面。今年是改革開放40周年，我們要進行一系列慶祝活動，同時要深刻總結改革開放的經驗和啟示。在這個時機，我們邀請香港、澳門各界代表組團來內地參觀訪問，並安排今天這樣的會見和座談交流，表明中央充分肯定港澳同胞在國家改革開放進程中的作用和貢獻。在國家改革開放進程中，港澳所處的地位是獨特的，港澳同胞所作出的貢獻是重大的，所發揮的作用是不可替代的。

今天在座各位，大多數在改革開放初期就到內地投資興業，從事捐資助學等社會公益活動。改革開放40年來，我國發展取得舉世矚目的歷史性成就，港澳同胞以及在香港、澳門的外資企業和人士也有一份功勞。對這一點，祖國和人民永遠不會忘記。在這裏，我向你們並通過你們，向一直以來關心、支持、參與國家改革開放和現代化建設的港澳同胞和社會各界人士，致以衷心的感謝和誠摯的問候！

剛才，兩位特首和幾位代表從不同角度談了很好的意見，從中可以感受到大家的拳拳赤子心、殷殷愛國情，感受到大家對國家改革開放的高度認同，對「一國兩制」方針的高度認同，對香港、澳門與祖國共命運、同發展關係的高度認同，也能感受到大家對祖國和香港、澳門未來的信心。大家提出的意見和建議也很好，我們會認真研究。

1978年12月，在鄧小平同志倡導下，以中共十一屆三中全會為標誌，我們國家開啟了改革開放偉大歷程。國家改革開放從一開始就注入了香港、澳門活力元素。40年來，港澳同胞在改革開放中發揮的作用是開創性的、持續性的，也是深層次的、多領域的。

對這方面的情況，我是很了解的，我在福建、浙江、上海工作期間都親自謀劃和推動了大量內地同香港、澳門的合作項目。2007年到中央工作後，我分管港澳工作，全面了解這方面的情況。在這個過程中，我結識了很多港澳朋友。

我總結了一下，港澳同胞和社會各界人士主要發揮了以下作用。

一是投資興業的龍頭作用。國家改革開放之初，港澳同胞率先響應，踴躍北上投資興業，創造了許多「全國第一」，如內地第一家合資企業、第一條合資高速公路、第一家外資銀行分行、第一家五星級合資飯店等。霍英東先生、何鴻燊先生1979年建的中山溫泉賓館開業後，我去參觀過，無論是硬體設備還是軟件服務，都是當時內地招待所無法相比的。港澳同胞不僅為內地經濟發展注入了資金，而且起到了帶動作用，吸引國際資本紛至沓來。長期以來，香港、澳門一直是內地最大的投資來源地，到去年年底，內地累計使用香港、澳門資金1.02萬億美元，佔引進境外資本總額的54%。

二是市場經濟的示範作用。內地剛開始搞改革開放時，很多人觀念還沒有完全轉過來，條條框框很多。許多香港、澳門有識之士率先向內地介紹國際規則和有益經驗。香港許多了解國際市場、熟悉國際規則的專業人士扮演了「帶徒弟」的「師傅」角色，為內地企業改革、土地制度改革等提供了諮詢意見。梁振英先生 1978 年就到深圳、上海等地免費舉辦西方土地經濟管理制度的講座，1987 年參與編寫了深圳第一份也是全國第一份土地拍賣中英文標書。梁定邦先生、史美倫女士幫助創建證券市場有關監管制度，只拿「一元人民幣」的象徵性年薪。港澳同胞為內地市場經濟發展作出了重要貢獻。

三是體制改革的助推作用。創辦經濟特區這一重大決策充分考慮了香港、澳門因素。1979 年廣東省委向黨中央建議，發揮廣東鄰近香港、澳門的優勢，在對外開放上做點文章，讓廣東先走一步，在深圳、珠海和重要僑鄉汕頭劃出一些地方搞貿易合作區。在經濟特區創辦過程中，從規劃到有關法律法規制定，再到各項事業興辦，都有港澳同胞參與和努力。

四是雙向開放的橋樑作用。國家改革開放初期，香港、澳門利用擁有歐美市場配額等優勢，為內地帶來了大量出口訂單。到上世紀 90 年代中期，香港 80% 以上的製造業轉移到珠三角等地，促進內地出口導向型製造業迅速發展，助推內地產業融入全球產業鏈。香港、澳門也是內地企業境外融資和對外投資的視窗平台。很多內地企業通過香港逐漸熟悉和適應國際市場，學會了在國際市場大海中游泳。目前，在香港上市的內地企業已經佔香港上市公司總數的近 50%，市值更是接近 70%。

五是先行先試的試點作用。國家實行開放政策中，有不少是對香港、澳門先行先試，積累經驗之後再逐步推廣。這既促進了國家對外開放，又有效控制了風險，也為香港、澳門發展提供了先機。比如，內地服務業市場開放，就是先在 CEPA 框架內基本實現廣東與香港、澳門服務貿易自由化，為全面實行准入前國民待遇加負面清單管理模式積累了經驗。香港、澳門在國家金融領域開放中的試點作用更為突出。近年來推出的「滬港通」、「深港通」、「債券通」都是內地資本市場開放的重要舉措。人民幣國際化也是從香港開始的。目前，香港擁有全球最豐富的離岸人民幣產品，是全球最大的人民幣離岸業務中心。

六是城市管理的借鑒作用。香港、澳門在城市建設和管理、公共服務等方面積累了比較豐富的經驗，是內地學習借鑒的近水樓台。比如，上海虹橋機場引進香港國際機場管理理念，短期內實現了管理水準躍升，被評為「世界最快進步機場獎」第一名；北京、廣州、深圳等多個城市的地鐵建設和管理借鑒了香港地鐵的先進經驗；內地第一支救助飛行隊是在香港飛行服務隊手把手幫助下組建起來的。內地通過學習借鑒香港、澳門的先進做法和有益經驗，有力提升了內地城市建設和管理水準。

古人說：「恩德相結者，謂之知己；腹心相照者，謂之知心。」特別值得肯定的是，廣大港澳同胞到內地投資興業，不只是因為看到了商機，而且是希望看到內地擺脫貧困、國家日

益富強。大家無償捐助內地的教科文衛體和扶貧濟困等公益事業，不只是為了行善積德，而且是基於與內地人民的同胞之情。比如，邵逸夫先生對內地公益捐款超過 100 億港元，田家炳先生為了捐助內地教育慈善事業甚至賣掉自己的別墅，晚年租着公寓住。2010 年青海玉樹發生大地震，香港「愛心義工」黃福榮先生冒着餘震救人，不幸遇難。每一次內地遇到重大自然災害時，港澳同胞都是感同身受，最先伸出援手，表現出守望相助、血濃於水的同胞之情。

總之，40 年改革開放，港澳同胞是見證者也是參與者，是受益者也是貢獻者。港澳同胞同內地人民一樣，都是國家改革開放偉大奇跡的創造者。國家改革開放的歷程就是香港、澳門同內地優勢互補、一起發展的歷程，是港澳同胞和祖國人民同心協力、一起打拼的歷程，也是香港、澳門日益融入國家發展大局、共用祖國繁榮富強偉大榮光的歷程。

「任重而道遠者，不擇地而息。」中共十八大以來，我們高舉改革開放的旗幟，以前所未有的力度推進全面深化改革，作出頂層設計，在經濟、政治、文化、社會、生態文明建設等領域一共推出 1600 多項改革方案，其中許多是事關全域、前所未有的重大改革，如市場體制改革、宏觀調控體制改革、財稅體制改革、金融體制改革、國有企業改革、司法體制改革、教育體制改革、生態文明建設體制改革、黨和國家機構改革、監察體制改革、國防和軍隊改革等。每逢重要場合，我都要談改革、談開放，強調要敢於啃硬骨頭、敢於涉險灘，拿出壯士斷腕的勇氣，把改革進行到底。今年，我在博鰲亞洲論壇年會開幕式、首屆中國國際進口博覽會開幕式等場合都宣示了改革永不停步的決心。前不久，我去廣東考察，目的就是釋放新時代改革開放再出發的強烈信號，強調改革只有進行時，沒有完成時。我在廣東特別講到，中國改革不停頓、開放不止步，中國一定會有讓世界刮目相看的新的更大奇蹟！愈是環境複雜，我們愈是要堅持改革開放不動搖，絕不會回到關起門來搞建設的老路上去。中華民族要實現偉大復興，必須與時俱進、不斷前進，也就是我們古人說的苟日新、日日新、又日新！

中國特色社會主義進入了新時代，意味着國家改革開放和「一國兩制」事業也進入了新時代。新時代的顯著特徵之一就是堅持改革開放。在新時代國家改革開放進程中，香港、澳門仍然具有特殊地位和獨特優勢，仍然可以發揮不可替代的作用。希望港澳同胞繼續以真摯的愛國熱忱、敢為人先的精神投身國家改革開放事業，順時而為，乘勢而上，在融入國家發展大局中實現香港、澳門更好發展，共同譜寫中華民族偉大復興的時代篇章。

對香港、澳門來說，「一國兩制」是最大的優勢，國家改革開放是最大的舞台，共建「一帶一路」、粵港澳大灣區建設等國家戰略實施是新的重大機遇。我們要充分認識和準確把握香港、澳門在新時代國家改革開放中的定位，支持香港、澳門抓住機遇，培育新優勢，發揮新作用，實現新發展，作出新貢獻。為此，我對大家提幾點希望。

第一，更加積極主動助力國家全面開放。在國家擴大對外開放的過程中，香港、澳門的地位和作用只會加強，不會減弱。希望香港、澳門繼續帶頭並帶動資本、技術、人才等參與國家經濟高質量發展和新一輪高水準開放。特別是要把香港、澳門國際聯繫廣泛、專業服務發達等優勢同內地市場廣闊、產業體系完整、科技實力較強等優勢結合起來，提升香港國際金融、航運、貿易中心地位，加快建設香港國際創新科技中心，加強澳門世界旅遊休閒中心、中葡商貿合作服務平台建設，努力把香港、澳門打造成國家雙向開放的重要橋頭堡。

第二，更加積極主動融入國家發展大局。香港、澳門融入國家發展大局，是「一國兩制」的應有之義，是改革開放的時代要求，也是香港、澳門探索發展新路向、開拓發展新空間、增添發展新動力的客觀要求。實施粵港澳大灣區建設，是我們立足全域和長遠作出的重大謀劃，也是保持香港、澳門長期繁榮穩定的重大決策。建設好大灣區，關鍵在創新。要在「一國兩制」方針和基本法框架內，發揮粵港澳綜合優勢，創新體制機制，促進要素流通。大灣區是在一個國家、兩種制度、三個關稅區、三種貨幣的條件下建設的，國際上沒有先例。要大膽闖、大膽試，開出一條新路來。香港、澳門也要注意練好內功，着力培育經濟增長新動力。

第三，更加積極主動參與國家治理實踐。香港、澳門回歸祖國後，已納入國家治理體系。港澳同胞要按照同「一國兩制」相適應的要求，完善特別行政區同憲法和基本法實施相關的制度和機制，提高管治能力和水準。同時，大家要關心國家發展全域，維護國家政治體制，積極參與國家經濟、政治、文化、社會、生態文明建設，自覺維護國家安全。港澳人士還有許多在國際社會發揮作用的優勢，可以用多種方式支援國家參與全球治理。

第四，更加積極主動促進國際人文交流。香港、澳門多元文化共存，是中西文化交流的重要紐帶。要保持香港、澳門國際性城市的特色，利用香港、澳門對外聯繫廣泛的有利條件，傳播中華優秀文化，宣介國家方針政策，講好當代中國故事，講好「一國兩制」成功實踐的香港故事、澳門故事，發揮香港、澳門在促進東西方文化交流、文明互鑒、民心相通等方面的特殊作用。

今天在座有不少港澳青年創業者，看到你們我很高興。青年興則國家興，青年強則國家強。廣大港澳青年不僅是香港、澳門的希望和未來，也是建設國家的新鮮血液。港澳青年發展得好，香港、澳門就會發展得好，國家就會發展得好。要為港澳青年發展多搭台、多搭梯，幫助青年解決在學業、就業、創業等方面遇到的實際困難和問題，創造有利於青年成就人生夢想的社會環境。

現在，我們前所未有地接近實現中華民族偉大復興的目標。實現中華民族偉大復興，港澳同胞大有可為，也必將帶來香港、澳門發展新的輝煌。行百里者半九十。全體中華兒女要同心協力、堅忍不拔、風雨無阻、勇往直前，矢志實現我們的目標。希望廣大港澳同胞和社會各界人士同內地人民一道，不斷開創「一國兩制」事業新局面，為創造港澳同胞更加美好的生活、為實現中華民族偉大復興的中國夢而團結奮鬥！

香港特別行政區代表團名單*

團長：行政長官林鄭月娥

顧問：中央人民政府駐香港特別行政區聯絡辦公室主任王志民（2017 年至 2020 年）

成員（以姓氏筆畫排序）：

支志明	方文雄	王冬勝	王庭聰	王敏剛	王彭彥	包陪慶
史美倫	田北辰	田慶先	任志剛	伍淑清	安白麗	葉玉如
何世柱	何柱國	何鍾泰	余國春	吳光正	吳宏斌	吳良好
吳亮星	吳秋北	吳康民	吳清輝	吳傑莊	吳換炎	呂耀東
李小加	李文俊	李本俊	李宗德	李建紅	李家傑	李國章
李國寶	李業廣	李慧琼	李澤楷	汪明荃	汪穗中	車品覺
林貝聿嘉	林亮	林建岳	林順潮	林廣兆	林樹哲	林龍安
邱浩波	邱達昌	邱騰華	姚祖輝	姜在忠	施子清	施銘倫
查毅超	查懋聲	洪丕正	洪祖杭	胡定旭	胡曉明	胡應湘
范徐麗泰	唐本忠	唐英年	唐家成	唐偉章	夏佳理	夏雅朗
孫大倫	徐世英	徐立之	徐揚生	馬浩文	馬逢國	高迎欣
張宇人	張明敏	張華峰	曹其鏞	梁君彥	梁亮勝	梁智鴻
梁愛詩	莊啟程	莊耀華	許榮茂	郭孔華	郭炳聯	郭振華
陳小玲	陳永棋	陳仲尼	陳亨利	陳勇	陳茂波	陳振彬
陳國基	陳清泉	陳智思	陳馮富珍	陳聰聰	陳驚雄	傅育寧
曾正麟	曾智明	曾鈺成	費斐	黃小峰	黃友嘉	黃玉山
黃均瑜	黃志祥	黃周娟娟	黃宜弘	黃敏利	黃楚標	楊孫西
楊釗	楊敏德	萬敏	雷添良	廖長江	劉允怡	劉宇新
劉長樂	劉炳章	劉家駿	劉紹鈞	劉業強	劉漢銓	劉鳴煒
劉遵義	蔡加讚	蔡冠深	蔡崇信	蔡黃玲玲	蔡德河	蔡毅
蔣麗芸	鄭志亮	鄭明明	鄭張永珍	鄭翔玲	鄭慕智	鄭耀棠
盧文端	盧溫勝	盧寵茂	霍震寰	戴德豐	鍾志平	聶德權
羅仲榮	羅康瑞	羅熹	譚惠珠	譚錦球	譚耀宗	嚴迅奇
饒清芬	龔俊龍					

* 香港特別行政區政府提供

香港特別行政區政府提供

香港澳門各界慶祝國家改革開放40周年訪問團 ——香港特別行政區代表團

團長

林鄭月娥女士

大紫荊勳賢（GBM）

金紫荊星章（GBS）

職銜

香港特別行政區行政長官

顧問

王志民先生

中央人民政府駐香港特別
行政區聯絡辦公室主任
（2017年至2020年）

香港特別行政區政府官員代表簡介

陳茂波先生

大紫荊勳賢（GBM）

金紫荊星章（GBS）

榮譽勳章（MH）

太平紳士（JP）

職銜

香港特別行政區政府財政
司司長

邱騰華先生

金紫荊星章（GBS）
太平紳士（JP）

職銜
香港特別行政區政府商務
及經濟發展局局長

聶德權先生

太平紳士（JP）

職銜
香港特別行政區政府公務
員事務局局長（2020 年
至今）
香港特別行政區政府政制
及內地事務局局長（2017
年至 2020 年）

陳國基先生

銀紫荊星章（SBS）
香港入境事務卓越獎章（IDSM）
太平紳士（JP）

職銜
香港特別行政區政府行政
長官辦公室主任

注：圖片由香港特別行政區政府和中央人民政府駐香港特別行政區聯絡辦公室提供

支志明

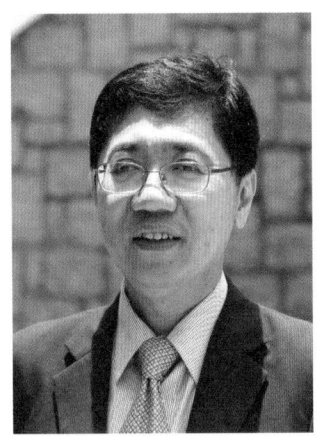

銀紫荊星章 (SBS)
銅紫荊星章 (BBS)
中國科學院院士
美國科學院外籍院士
亞洲化學學會聯合會院士
香港科學院創院院士

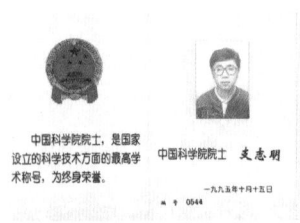

（上圖）1995 年獲選為中國科學院院士，是港澳地區首位獲得該榮銜的學者。

（下圖）2006 年獲國家自然學一等獎，是香港首位獲該榮銜人士。

支志明 1957 年出生於香港，香港大學化學博士；1980 年於美國加州理工學院深造光化學和生物無機化學。1983 年返回香港大學任教，1992 年以 35 歲之齡成為香港大學史上最年輕講座教授；1993 年以「高價氧釕配合物的氧化化學」項目獲國家自然科學獎三等獎，1995 年獲選為中國科學院院士，是港澳地區首位獲得該榮銜的學者；2006 年獲國家自然學一等獎，亦是香港首位獲該榮銜人士。

支志明將無機化學與材料物理與工程科學其他學科交叉糅合，成功促進了節能環保和可持續發展。此外，支志明對金屬藥物的化學生物學、中草藥的天然產物活性成份以及醫藥開發相結合等方面，也做了很多開拓性貢獻；他亦利用金屬多重鍵配位化學揭示原子和基團轉移反應的機理這一獲得國家自然科學一等獎的發現，開發了一系列可應用於藥物合成和精細化工的鐵催化劑和催化反應，領先金屬配合物激發動態力學和光催化碳氫鍵活化。

支志明也是 OLED 材料的全球領導者，其研究小組成功開發出鉑 (II) 發光材料，發光效率可媲美世界上最好 —— 由美國通用顯示器公司開發的銥 (III) 熒光劑；此外，他結合配位化學、分子生物學和蛋白質科學，開拓配位化合物化學生物學研究，設計和合成了一系列對多種癌細胞系具有高毒性和高選擇性的抗癌金屬配合物，對多種抗藥性癌細胞系作有效治理。

支志明亦積極加強與內地科研合作，推動中國化學研究發展及為國家培養科研人才，牽頭在香港大學創建「合成化學國家重點實驗室」、「香港 —— 中科院新材料聯合實驗室」等大型實驗室，並出任負責人；他也是滬港化學合作聯合實驗室研究員。支志明前後發表學術論文逾 950 篇，H 指數為 123（即其中 123 篇學術論文、每篇被引用 123 次或以上），文章被他人引用 57,203 次，先後培養逾 150 名博士生。

方文雄 （隨團代表）

銅紫荊星章 (BBS)
太平紳士 (JP)

家族代表人物：
方潤華（父親）

方潤華

金紫荊星章 (GBS)
銀紫荊星章 (SBS)
太平紳士 (JP)

方文雄 1957 年出生於香港，香港大學工商管理學碩士。現為協成行發展有限公司董事總經理；2013 年獲香港城市大學頒授榮譽院士。

方文雄參與多項公職，2011 年起擔任北京大學名譽校董；2006 至 2014 年出任香港中華總商會副會長，現任永遠榮譽會長；2013 年至今擔任中國人民政治協商會議全國委員會香港地區委員；現任博彩及獎券事務委員會主席。

方潤華 1924 年出生於廣東河源，1927 年隨父親方樹泉移居香港。1948 年創立協成行，經營貿易及房地產業務，現任協成行發展有限公司主席；歷任多項公職，包括香港地產建設商會副會長、東華三院首總理、保良局主席、香港經濟促進會主席、中華慈善總會名譽會長等。方潤華心繫國家桑梓，1950 年代已在家鄉東莞捐建學校、醫院；1977 年與父親方樹泉創辦方樹福堂基金，並於 1986 年成立方潤華基金，基金每年從家族企業抽取 10% 至 15% 利潤，捐資興教助學、安老護幼、施醫濟殘、賑災扶貧等慈善公益，歷年捐助總額逾 6 億元。

1980 年代以來，方潤華的慈善事業遍及 31 個省、市、自治區及港澳台地區。科教方面，基金捐建希望小學 121 所、中學 32 所、幼兒園 21 所及教育中心、職業培訓中心等，並於北京大學、清華大學等百多所高等學府捐建教學樓及電腦中心等，及於部分大學設立「獎學金」。醫療方面，為內地貧困鄉鎮捐建衛生院 56 所，在香港及內地著名學府捐建醫學醫療中心，設立專項醫學研究基金等 37 項。社福方面，歷年捐助及向善長募捐近 30,000 輛輪椅幫助內地老弱病殘人士，及在山東濟南軍區醫院捐建先天性心臟病兒童救助中心。2008 年四川汶川大地震，為災區重建 10 所小學及捐助受災大學生；除此並透過相關部門及機構捐建長者中心、幼兒中心及殘疾人士康復中心等。

鑒於方潤華對社會的貢獻，先後獲第四屆全國十大「扶貧狀元」、國家民政部頒授「中華慈善獎」、國內外 17 所大學頒授榮譽博士或榮譽院士、14 個城市頒授榮譽市民。1994 年經國際小行星組織批准，將 5198 號小行星命名為「方潤華星」。

王冬勝

金紫荊星章 (GBS)
太平紳士 (JP)

王冬勝 1951 年出生於香港，獲美國印第安納大學電腦科學學士、碩士和市場及財務學碩士；1980 年回港任職花旗銀行，1997 年加入渣打銀行（香港），2002 年升任董事及大中華區總裁；2005 年出任滙豐集團總經理兼香港上海滙豐銀行有限公司執行董事，負責香港及內地業務；2010 年成為該行首位華人行政總裁，並由 2013 年起兼任副主席；2021 年 6 月，他正式榮休並獲委任為非執行主席。王冬勝先後擔任多項金融界公職，曾於 2001、2004、2006 及 2009 年四度擔任香港銀行公會主席，現任香港金融管理局外匯基金諮詢委員會成員及香港銀行學會會長；2019 年獲香港金融學院頒授院士榮銜。

從事銀行業務 40 餘載，王冬勝親歷了內地改革開放的偉大歷程，以及香港金融界積極參與和推動改革開放，既是「見證者」、「貢獻者」，也是當中的「受惠者」。

實行改革開放後，滙豐及渣打銀行於 1980 年代初已在北京設立代表辦事處，滙豐更於 1984 年成為新中國建立後首家取得內地牌照的外資銀行；2004 年，香港特區政府與內地簽署《關於開放服務貿易領域的具體承諾》，放寬香港銀行於內地開展業務的限制；滙豐隨即申請於內地註冊，並於 2007 年成立滙豐銀行（中國）。王冬勝擔任滙豐集團總經理兼香港上海滙豐銀行有限公司執行董事期間，滙豐持續協助內地金融市場國際化，於 2014 年在上海自由貿易試驗區設立首間分行，並先後參與「滬港通」、「深港通」和「債券通」互聯互通機制的發展，進一步推動內地資本市場對外開放。

王冬勝相信，國家金融改革與開放的最終目標，是完善自身的金融體系，創造融匯貫通的國際金融平台和營運環境。未來，香港將繼續提升「外引內聯」的功能，幫助國家推進更高水準的開放。

（上圖）滙豐中國位於上海的總部大樓。

（下圖）滙豐於 1980 年代向企業客戶介紹拓展內地市場的刊物。

王冬勝以香港金融界翹楚資歷積極參與內地改革開放，獲邀擔任內地多個委員會和協會的成員，包括 2013 年起擔任中國人民政治協商會議全國委員會香港地區委員，並由 2018 年起兼任農業和農村委員會副主任；他也是廣東經濟發展國際諮詢會省長經濟顧問、中國香港（地區）商會──廣東永遠榮譽會長，及中國銀行業協會理事。王冬勝從 2020 年開始出任香港總商會主席、香港貿易發展局一帶一路及大灣區委員會委員；2015 至 2020 年間擔任香港公益金執行委員會主席。

王庭聰

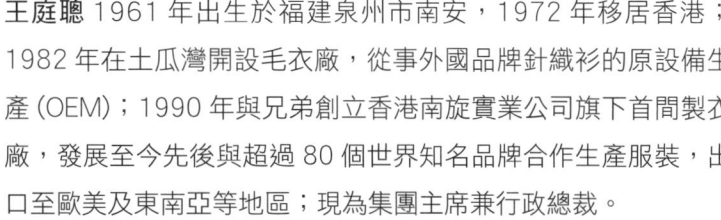

銅紫荊星章 (BBS)
太平紳士 (JP)

王庭聰 1961 年出生於福建泉州市南安，1972 年移居香港；1982 年在土瓜灣開設毛衣廠，從事外國品牌針織衫的原設備生產 (OEM)；1990 年與兄弟創立香港南旋實業公司旗下首間製衣廠，發展至今先後與超過 80 個世界知名品牌合作生產服裝，出口至歐美及東南亞等地區；現為集團主席兼行政總裁。

集團早於 1992 年已投入內地改革開放事業，至 2000 年先後在廣東東莞、惠州開設工廠，其中在惠州投資 20 億元建設廠房，主營服裝製造業務；2005 年開始在天津、安徽等地投資興建酒店、房地產項目及健康食品業，並在廣東惠州、天津武清、上海投資房地產項目；在廣東惠州、安徽蕪湖投資經營五星級酒店，及在廣東惠州開設健康食品企業；1990 年代末特別看到日本不設服裝出口配額限制優勢，在日本投資開廠生產出口外國的產品，降低配額風險，為中國企業在國際舞台上打響招牌。

王庭聰多年來積極參與慈善事業，2005 年成立惠州市慈善總會港澳基金管理委員會，捐款資助興建中學，資助廣東山區白內障病人進行康復手術及向落後地區醫院捐贈醫療物資；此外又擔任香港小母牛籌款委員會主席，幫助內地貧困地區農民脫貧致富；又歷任九龍及港島公益金百萬行主席，及萬眾同心公益金籌委會主席。

（上圖）南旋集團位於廣東省惠州市水口的廠房。

（下圖）2015 年 6 月，王庭聰先生向惠州市實驗中學「宏志班」捐款 120 萬元人民幣，支持貧困學生。

2013 年起任香港特別行政區全國人民代表大會代表；現任香港工商總會主席、築福香港基金會常務副主席、香港福建社團聯會永遠名譽主席、中國人民政治協商會議惠州市委員會常委、中國廣東省福建商會常務副會長、香港僑界社團聯會永遠名譽會長、香港廣東社團總會永遠榮譽會長、饒宗頤學術館之友會長等。2003 年及 2009 年先後獲惠州市「惠州榮譽市民」、惠州市「愛心大使」、「惠州慈善家」等稱號；2007 年獲中國廣東省民政廳頒授「南粵慈善獎」，2008 至 2012 年獲香港公益金頒發「公益榮譽獎」。

王敏剛 (1949—2019)（隨團代表）

銅紫荊星章 (BBS)
太平紳士 (JP)

家族代表人物：
王華生（父親）

王華生 (1923—2018)

大英帝國員佐勳章 (MBE)

王敏剛於香港出生，美國加州柏克萊大學工程學士，主修船舶工業設計，返港後加入家族的造船事業，1988 年獲香港青年工業家獎。

國家推行改革開放，王敏剛是最早前往內地考察及投資的港商之一。1990 年代初獨自踏足大西北絲綢之路沿線城市，決定開發當地文化資源；1993 年在敦煌鳴沙山興建文化旅館敦煌山莊，自此經營大西北文化產業逾 28 年。

歷任剛毅（集團）有限公司主席，文化產業開發有限公司、絲路酒店有限公司及西北拓展有限公司董事長。2002 年參與成立全聯旅遊業商會，協助推動中國民營旅遊業發展；2012 至 2017 年獲世界公民組織邀請為「絲綢之路市長論壇」演說；2017 年獲聯合國世界旅遊組織頒發促進世界旅遊發展社會責任傑出貢獻獎。

王敏剛亦熱心社會公益，歷任多項公職，包括 1982 年參與成立香港培華教育基金會，擔任首任秘書長及常務委員會副主席；1993 至 2019 年任全國人民代表大會香港地區代表，期間創立香港青年聯會、香港青年工業家協會；曾任中華全國青年聯合會副主席等。

王華生出生於廣東東莞，14 歲隻身赴港當太古船廠焊接學徒，從學徒到成為承建商，創立中華風電焊鐵工廠，後擴展為中華造船廠有限公司，從事造船、修船、建築及鋼鐵工程，業務遍及歐美及亞洲多國；曾參與大型工程項目包括粵港「東江輸水管」、香港首條海底隧道、滙豐銀行、中國銀行大廈、香港會議展覽中心、大嶼山天壇大佛，以及裝嵌發電廠、焚化爐、海水化淡廠等。

為配合內地改革開放，1970 年代末與內地合資興建深圳東角頭碼頭，投資東莞山莊酒店及廣州華茂中心，參與上海及成都的建築項目，及投得國家「南海探油服務」合同；1997 年後將業務擴展到內地多個大城市，參與當地公交共交通及旅遊行業。

王華生亦積極參與慈善公益事業，包括在家鄉東莞捐助獎學金及扶貧，參與香港保良局、東華三院、仁濟醫院及少年警訊等工作；長期支持香港及國家體育運動，先後成立華人游泳聯會、香港華人拳擊總會、獨木舟總會及海天體育會等，曾任中國香港體育協會暨奧林匹克委員會副會長。

王彭彥 （隨團代表）

家族代表人物：
王寬誠（祖父）

王寬誠 （1907—1986）

（上圖）1986 年「王寬誠教育基金會」考選委員會在上海舉行工作會議。

（下圖）「王寬誠教育基金會」考選委員會部分委員之尺牘。

王寬誠祖籍浙江寧波，15 歲起學習從商，28 歲創立寧波麵粉號，1937 年在上海創立外貿公司，1947 年移居香港，在港島區大量購置土地開展房地產業務。

1949 年王寬誠參觀東北解放區，回港後發表《北行見聞》，表示盼到了理想的新政府。1951 年朝鮮戰爭爆發，王寬誠向國家捐獻一架戰鬥機，並帶頭認購「人民勝利公債」，帶動各界人士響應捐獻；1961 年開拓遠洋航運業務，成立幸福企業集團有限公司；改革開放後積極投身國家現代化建設，1981 年中華總商會成立中國四化服務委員會，兼任主任，積極促進香港與內地交流，為港商投資內地搭橋鋪路。

王寬誠自 1956 年起任中國人民政治協商會議全國委員會特邀委員，翌年增補為委員直至 1978 年；1983 至 1986 年出任常務委員；1975 至 1983 年出任全國人民代表大會香港地區代表。在香港，王寬誠自 1958 年起擔任香港中華總商會 13 屆副會長及會長，至 1984 年出任當然永遠榮譽會長，又擔任香港中華出入口商會會長等。

王寬誠多年來為祖國富強、民族復興、國家統一和香港長遠發展作出重大貢獻，於 1957 年獲總理周恩來接見，1982 年與 11 位港澳人士獲中共中央副主席鄧小平接見，回港後發表文章和談話安定人心，更首次以「股照炒，馬照跑，舞照跳」形容 1997 年後香港市民的生活方式維持不變。

王寬誠同時熱心捐助香港與內地辦學，參與成立香港培華教育基金會；1985 年 9 月捐助一億美元在香港成立「王寬誠教育基金會」，資助國家培養高端科技人才，基金會同年成立「留學生選拔委員會」，在北京、上海、西安、武漢、廣州、成都、香港等地進行全國考選博士留學生選拔，在 2100 多名考生中，錄取了 51 名學生作為基金會首批資助出國攻讀博士學位的留學生；1998 年國際小行星委員會通過將中國科學院紫金山天文台發現的 4651 號小行星，命名為「王寬誠星」；2018 年在北京慶祝改革開放 40 周年大會上，中共中央及國務院宣布王寬誠獲「改革先鋒」稱號。

包陪慶 （隨團代表）

銀紫荊星章 (SBS)

家族代表人物：
包玉剛（父親）

包玉剛 (1917—1991)

大英帝國司令勳章 (CBE)
太平紳士 (JP)
爵士勳銜 (Knight Bachelor)

（以上圖片由南華早報出版有限公司提供）

包陪慶 1945 年出生於重慶，為包玉剛長女，先後就讀於美國普渡大學、芝加哥大學、加拿大麥吉爾大學、英國倫敦大學等著名學府；1980 年代初與丈夫蘇海文接手主理父親的航運事業。

包陪慶曾任中國人民政治協商會議全國委員會香港地區委員、浙江省委員會委員及黑龍江省委員會常務委員；1970 年代曾在香港大學授課，業餘幫助慈善機構伸手助人協會的成立，也是香港肝壽基金會創辦人；1982 年參與創辦漢基國際學校，為香港首間提供普通話與英語跨文化教學的國際學校；2004 年在浙江大學成立「包玉剛國際基金」及「包玉剛獎學金」；2007 年於上海以四億元人民幣創立包玉剛實驗學校，為國家培養具國際視野人材，並連續三年獲選為全國最優秀的中國國際學校；歷任環球航運有限公司董事、香港中華廠商聯合會名譽會長、香港演藝學院董事會主席、寧波大學名譽校長、同濟大學名譽教授銜；先後獲普渡大學及香港演藝學院頒授榮譽博士榮銜、香港嶺南大學授予榮譽院士銜。

包玉剛出生於浙江寧波，中學畢業後跟隨父親學做生意，其後加入英商洋行，1945 年任上海市銀行經理和副總經理，1948 年移居香港；初做貿易公司，1955 年以一條舊煤船，創立環球航運公司，至 1977 年擁有 1377 萬載重噸，被譽為「世界船王」；1971 年成為滙豐銀行首位華人董事，後任副董事長；1980 年成功收購九龍倉集團，業務拓展至商住物業、酒店和運輸物流業。

1980 年與國家第六機械工業部合作成立國際聯合船舶投資有限公司，是內地首間以中外合資形式經營的船舶貿易公司，並向內地造船廠訂購六艘總值達一億美元的商船，成為國家在改革開放初期航運業對外的主要平台；1981 年捐贈 1000 萬美元在北京朝陽區興建兆龍飯店，成為首家獲國家領導人鄧小平親自出席開業典禮的酒店。

包玉剛熱心推動內地教育事業。1983 年設立包兆龍中國留學生獎學金，資助內地傑出學生前往海外留學；1984 年捐款 2000 萬美元協助籌辦寧波大學；1986 年聯同中國及英國政府創辦「中英友好獎學金計劃」，至 1997 年共捐款 1400 萬英鎊，資助共 1728 名內地學者前往英國各家大學深造。1985 至 1990 年任香港特別行政區基本法起草委員會副主任委員，先後獲香港及內地三所大學頒授榮譽博士學位。

史美倫

大紫荊勳賢 (GBM)
金紫荊星章 (GBS)
銀紫荊星章 (SBS)
太平紳士 (JP)

（上圖）史美倫於 1990 年代與香港證監會執行董事合照。

（下圖）史美倫於 2000 年與香港證監會執行董事合照。

史美倫為美國威斯康辛大學文學士及加州聖達嘉娜大學法律博士，1983 至 1991 年在美國加州及香港任執業律師，現任香港交易所主席。

1991 年加入香港證監會，並於 1998 年擔任副主席。憑着出任證監會的經驗，史美倫多年來協助國家完善證券監管制度及發展資本市場作出重大貢獻，包括於 1991 至 1993 年代表香港證監會促成首批 H 股來香港上市；當時內地還沒有公司法及證券法，史美倫與團隊建議發行 H 股的公司在公司章程中加入「必備條款」，以配合香港上市制度；此外，她也經常與內地官員分享香港證監會工作及香港市場監管架構的經驗，協助內地股票市場建立監管制度。

史美倫於 2001 至 2004 年獲國務院委任為中國證監會副主席，是至今唯一曾在中央部門擔任副部級官員的香港人；任內積極提升內地股市制度與法規，推動內地上市公司加強企業管治，包括要求上市公司設獨立董事，及邀請香港會計師公會安排在內地開班訓練人才、引入保薦人考試制度等；現為中國證監會國際顧問委員會副主席。

她於 2006 至 2012 年擔任香港交易所獨立非執行董事，2013 至 2018 年任香港金融發展局主席，期間推動香港與內地市場互聯互通計劃，見證「滬港通」、「深港通」及「債券通」開通；2018 年出任香港交易所主席，推行新上市制度，令香港成為內地及海外新經濟企業、生物科技企業的集資中心。

史美倫歷任多項公職，現為行政會議成員，2007 至 2011 年任大學教育資助委員會主席，2007 至 2012 年為香港廉政公署貪污問題諮詢委員會主席；2008 至 2018 年出任香港特別行政區全國人民代表大會代表，2010 至 2013 年為世界經濟論壇全球議題會議之全球金融體系成員之一。史美倫先後擔任滙豐控股有限公司及多家香港、上海及印度上市公司的獨立非執行董事，香港上海滙豐銀行有限公司非執行主席及獨立非執行董事。2002 年獲香港科技大學頒授法學榮譽博士榮銜。

田慶先 （隨團代表）

家族代表人物：
田家炳（父親）

田家炳 (1919—2018)

大紫荊勳賢 (GBM)
大英帝國員佐勳章 (MBE)
英女皇榮譽獎章 (Badge of
Honour)

田慶先 1949 年出生於印尼雅加達，父親為香港著名工業家田家炳。1958 年田慶先隨家人移居香港，中學畢業後赴美國侯斯頓大學升學，取得化學工程學士學位，1974 年畢業回港加入家族企業田氏化工，現任田家炳基金會董事局主席，及仁愛堂田家炳中學校監。

田家炳出生於廣東省梅州市大埔縣，1937 年前往越南發展，翌年建立茶陽瓷土公司，成為越南最大的瓷土供應商。1946 年於印尼成立超倫樹膠廠，後引入設備生產 PVC 薄膜，屬當地第一間，產品深受歡迎。1958 年舉家遷居香港，創立田氏塑膠廠，在屯門填海建廠生產 PVC 薄膜和人造皮革。1978 年為支持內地改革開放，向佛山市塑膠皮革工貿集團捐贈人造皮革生產設備及技術；1992 年後在廣東東莞、廣州黃埔等地建廠，將香港生產事業北移。

田家炳在 1959 年開始投身社會公益事務，先後出任博愛醫院及東華三院總理，1970 年代中期更協助創辦仁愛堂。改革開放後尤其關注內地民生福利及基建發展，率先在祖籍梅州市轄屬各市、縣、區捐建醫療、教育、交通及其他有關民生公益二百餘宗，受惠單位逾百。

1982 年在香港成立慈善機構田家炳基金會，先後在海峽兩岸、港澳地區捐建及資助大學及師範院校 90 多所、中小學及幼稚園 200 多間、鄉村學校圖書室 1800 間、醫院 29 間以及北京自然博物館「田家炳樓」、南京市紫金山天文台「田家炳天文科學交流中心」等。千禧年後，田家炳更將自己居住了 37 年的洋房及一幢高 24 層的工廠大廈——田氏廣場出售，獲得款項提前清付已承諾的數十所大學、中學的捐款，另增加對 50 多所大學、中學的資助。

田家炳多年來足跡遍及全國，其貢獻令他獲得多項嘉許，先後獲選為中國最具影響力的 100 位慈善人物，獲廣東、江蘇、青海、福建、雲南、湖北、海南、黑龍江、甘肅等多個省政府頒授榮譽獎章，全國 80 餘市縣授予榮譽市民，數十所大學聘為榮譽教授，12 所大學頒授博士、院士榮銜，中國科學院紫金山天文台更於 1993 年將 2886 號小行星命名為「田家炳星」。

任志剛

大紫荊勳賢 (GBM)
金紫荊星章 (GBS)
太平紳士 (JP)

（以下圖片由香港特別行政區政府提供）

（上圖）1983 年，港元受到衝擊，時任財政司彭勵治（左二）宣布實行聯繫匯率制度，挽狂瀾於既倒。任志剛當時是首席助理金融司。

（下圖）2007 年，香港成為首個在中國大陸境外設有人民幣債券市場的地方。圖為任志剛與時任中國人民銀行行長周小川（右）在北京簽署擴大香港人民幣業務補充合作備忘錄。

任志剛 1948 年出生於香港，香港大學社會科學學士，主修經濟及統計學，1971 年加入香港政府，1982 年出任首席助理金融司，1983 年參與建立香港的聯繫匯率制度，1985 年出任副金融司，1991 年出任外匯基金管理局局長，1993 年香港金融管理局成立，出任總裁至 2009 年 9 月退休。

任志剛在香港回歸前後的敏感時期，以居安思危的態度致力強化香港貨幣金融制度，及維護聯繫匯率，包括在 1997 至 1998 年亞洲金融風暴期間建議和主持特區政府在香港股票市場採取入市行動，成功使香港的貨幣和金融體系免受國際炒家操控；並在 2007 至 2008 年全球金融風暴爆發時，適時採取有效措施，令香港貨幣金融體系能安全渡過危機。

任志剛任內致力發展香港人民幣業務，推動人民幣國際化；2001 年 11 月率領香港銀行公會代表團訪問北京，在國家外匯管理局會議上首次提出香港開辦人民幣業務；2004 年香港銀行開始提供人民幣存款、兌換和匯款服務，至 2007 年 1 月中國人民銀行宣布合資格的內地金融機構可以在港發行人民幣債券，香港成為首個在中國大陸境外設有人民幣債券市場的地方，其後香港更發展成為全球最大離岸人民幣業務中心。

2006 年任志剛提出多方面的發展策略，通過香港促進內地與境外之間的資金融通，以配合國家改革開放，包括建議放寬香港金融機構「走進去」內地的限制；放寬內地投資者、集資者及金融機構經香港「走出去」的限制；允許香港發行的金融工具在內地交易；加強香港金融體系處理以人民幣為貨幣單位的交易的能力；以及加強香港與內地金融基礎設施的聯繫。2007 年 1 月特區政府公布《「十一五」與香港發展》行動綱領，其中金融服務綱領通過上述策略，建立香港與內地金融體系的互助、互補和互動關係，有助香港發展為中國的國際金融中心，亦促進內地金融發展。

任志剛現為行政會議成員、中國人民銀行屬下中國金融學會執行副會長、香港中文大學劉佐德全球經濟及金融研究所傑出研究員及商學院名譽教授；任志剛先後獲香港及海外多所大學頒授榮譽博士及教授榮銜，及獲頒香港金融學院院士。

伍淑清 （隨團代表）

銀紫荊星章 (SBS)
太平紳士 (JP)

家族代表人物：
伍沾德（父親）

伍淑清 1948 年出生於香港，1970 年畢業於美國 Armstrong 學院，獲工商管理學學士。

1978 年內地實行改革開放後，獲邀赴內地考察，其後多次協助父親伍沾德到北京洽談成立合資公司章程；1980 年創立中國合資企業北京航空食品有限公司，公司獲中國外資委員會頒發「外資審字 [1980] 第一號」許可證；同年 5 月為中美首班航機配餐，其後又建立合資富華食品有限公司、北京航空地毯廠等多家合資企業。

伍淑清熱心參與社會服務，1988 年倡議由宋慶齡基金會主辦的北京培華人才培訓中心成立，擔任理事長及香港培華教育基金會副主席；1988 至 2018 年擔任中國人民政治協商會議全國委員會委員，其中 2003 至 2018 年任常務委員；2010 年出任上海世界博覽會世界貿易中心協會館館長；1978 年獲選香港十大傑出青年，1990 年獲頒香港青年工業家獎、曾被美國《財富》雜誌選為香港成功的女商業家。現任北京航空食品有限公司名譽董事長。

伍沾德 （1922—2020）

金紫荊星章 (GBS)
銀紫荊星章 (SBS)

伍沾德出生於美國，祖籍廣東台山，1947 年畢業於廣州嶺南大學，因逃避戰禍移居香港；1956 年與兄長創立美心食品有限公司，在中環開設首家高級西餐廳美心餐廳，是香港華人首次成功涉足西餐業；1960、70 年代開創糕點及速食連鎖店先河，其後發展為包括中菜、西菜、速食、糕點、星巴克咖啡店等多元化飲食集團。

1970 年在日本大阪世界博覽會香港館提供廣東小菜和點心；1979 年獲邀到北京商討成立航空食品合資企業，1980 年成立合資企業北京航空食品有限公司；其後業務發展至上海、大連、青島和廈門等地機場；2005 年美心西餅在廣州設製造廠及旗艦店，2008 年在上海開設首家餐廳，2010 年為上海世界博覽會美食廣場唯一香港餐飲業代表。

伍沾德熱心支持教育發展，1987 年申請於廣州嶺南大學原址復校，1989 年嶺南學院（廣州中山大學）成立並出任首屆董事會主席；1995 年起先後獲四所香港及海外大學頒授名譽院士和博士榮銜；2008 年獲中國企業改革發展研究院頒發「中國改革開放 30 年十大突出貢獻人物」榮譽稱號。

安白麗 （隨團代表）

家族代表人物：
安子介（祖父）

安子介 （1912—2000）

大紫荊勳賢（GBM）
大英帝國司令勳章（CBE）
大英帝國官佐勳章（OBE）
太平紳士（JP）

安白麗 1967 年出生於香港，畢業於香港拔萃女書院，美國史丹福大學工程經濟學碩士，香港老一輩實業家安子介為其祖父。安白麗志向推動教育，2001 年創辦香港首間註冊為非牟利、以中英雙語教學的蒙特梭利國際學校，以多感官和互動理念為基礎創立中文課程；2015 年獲美國商會授予「年度最佳企業家獎」。此外又積極服務社會，為兒童發展基金、社區投資共用基金成員。

安子介出生於上海，早年就讀上海聖芳濟學院經濟系，1948 年因戰亂逃難到香港，與唐翔千等人開辦華南染廠，成為戰後香港首批紡織廠之一；其間研究設計出世界首創的優質斜紋布，打開歐美及東南亞市場；1960 年代初率領香港紡織貿易團出訪世界多國拓展貿易，為香港紡織業出口作出巨大貢獻；旗下南聯實業在 1960、1970 年代是香港主要紡織集團，於 1969 年在香港上市，屬下公司 70 餘家；1965 年起先後擔任香港棉紡業同業公會主席、香港工業總會主席、香港職業訓練局主席、香港貿易發展局主席。

安子介是集工業家、貿易專家、語言文字學家、社會活動家於一身的香港人，一生矢志為祖國和平統一及香港人服務。1982 年獲國家領導人邀請到北京訪問，回港後連續發表一系列有益於香港平穩過渡的文章；1983 年起任中國人民政治協商會議第六屆全國委員會委員，後任常務委員及副主席；在香港歷任多項公職，推動社會發展及順利回歸；自 1965 年起先後擔任香港大學及理工教育資助委員會副主席、香港立法局非官守議員、行政局成員、香港基本法起草委員會副主任及基本法諮詢委員會主任；1990 年成立「香港一國兩制經濟研究中心」；1993 至 1997 年任香港特別行政區籌備委員會預備工作委員會委員和副主任。

除了工業貿易，安子介也長期鑽研並發明了安子介漢字電腦編碼法和安子介中文寫字機，後者獲得內地、美國、英國、日本和新加坡五國專利；此外又先後出版中英文版《國際貿易實務》和《解開漢字之謎》等學術論著；1976 年獲香港中文大學頒授榮譽法學博士榮銜。

葉玉如

銅紫荊星章（BBS）
榮譽勳章（MH）
太平紳士（JP）
法國國家榮譽騎士勳章

（上圖）葉玉如與學生討論實驗結果。

（下圖）葉玉如獲選中國科學院院士。

葉玉如 1955 年出生於香港，獲美國波士頓 Simmons 學院化學和生物學雙學士，後獲美國哈佛大學醫學院藥理學博士，畢業後曾於紐約 Regeneron 製藥公司擔任高級科學家，領導神經生物學基礎研究及藥物研發；1993 年起受聘於香港科技大學，先後出任生物化學系系主任、生物技術研究所所長和理學院院長；現任香港科技大學副校長（研究及發展）、晨興生命科學教授、分子神經科學國家重點實驗室主任。

葉玉如長期致力於探索神經科學的前沿領域，主要研究包括神經系統的功能及可塑性，以及阿爾茲海默氏症等神經退行性疾病的病理學及藥物開發，取得卓越成就，在頂尖國際學術期刊發表了 300 多篇論文和綜述，擁有 60 多項國際科技發明專利。

葉玉如 2001 年獲選為中國科學院院士，2015 年獲選美國國家科學院外籍院士；此外，她也獲授美國人文與科學院外籍院士、世界科學院院士、香港科學院創院院士、中國醫學科學院學部委員等榮銜。葉玉如屢獲殊榮，包括 2004 年獲歐萊雅 —— 聯合國教科文組織「世界傑出女科學家成就獎」，成為生命科學領域首位得獎的中國人；2003 年和 2011 年兩次獲國家自然科學獎二等獎；現任世界經濟論壇「達沃斯・阿爾茨海默症協作組織」領導小組成員及《美國國家科學院院刊》、《國家科學評論》等編委成員；曾經擔任國際人類前沿科學計劃評審小組成員以及《神經科學雜誌》資深編輯，並且曾當選美國神經科學學會理事會成員，是該學會歷史上第一位被選入理事會的國際會員。

從事科研之餘，葉玉如積極參與推動香港科技發展，擔任多項社會公職，現任香港特別行政區第十三屆全國人民代表大會代表、香港大學教育資助委員會成員、香港食物及衛生局醫藥衛生研究基金評審撥款委員會主席、香港基因組中心董事局成員等；也曾經出任香港特區政府創新及科技諮詢委員會、香港科技園公司董事局、香港研究資助局等成員。

何世柱 （隨團代表）

大紫荊勳賢（GBM）
金紫荊星章（GBS）
太平紳士（JP）

家族代表人物：
何耀光（父親）

何世柱 1937 年出生於香港，於香港工業專門學校（今香港理工大學）修讀建築工程，1957 年起加入家族企業福利建築公司，以項目經理身份參與興建伊利沙伯醫院，並協助承辦香港政府大量重要公務工程及房地產建設。

1982 至 2008 年連續五屆擔任中國人民政治協商會議全國委員會香港地區委員。1980 至 2000 年先後出任香港中華總商會九屆副會長，任內積極宣傳國家改革開放，並參與創辦香港工商業研討班，協助內地幹部及少數民族領袖來港接受培訓，為國家培養具國際視野的經貿人才。

多年來積極參與香港公益服務，1964 年當選東華三院主席，任內見證廣華醫院整項重建計劃完成；1972 至 1983 年任香港社會服務聯會主席；1985 至 2000 年先後當選立法局、臨時立法會及立法會議員。主持何耀光慈善基金工作期間，何世柱於 1980 至 2014 年間向廣州市政府捐款 4000 多萬元人民幣資助市內多個教育、文化、醫療衛生、兒童福利及賑災項目，尤其大力支持旨在掃除內地白內障為目標的「健康快車」計劃，影響力甚巨；1999 年起設立何耀光助學金，資助東南大學及廣州大學等貧困學生；何世柱歷任職業安全健康局主席、破產欠薪保障基金委員會主席、香港足球總會主席等；現任香港中華總商會（中總）永遠榮譽會長、建安保險有限公司董事長。2009 年獲嶺南大學頒授榮譽院士銜。

何耀光 （1907—2006）

何耀光出生於廣東南海，祖籍福建永定，1927 年移居香港，1938 年創立福利公司（現福利建築有限公司）承辦政府工程，其後曾參與興建香港瑪麗醫院等大量公營設施及公務工程，成為香港主要本地建築商之一。

1973 年與霍英東前往廣州，開始認識內地發展；1975 年參加廣州交易會，從內地訂購建築材料；1981 年及 1985 年分別成立何耀光慈善基金有限公司、至樂樓藝術發揚（非牟利）有限公司；先後在內地捐建多間學校和慈善醫院、修路供電，尤其大力支持旨在掃除內地白內障為目標的「健康快車」計劃，影響力甚巨；並將 365 項中國書畫藏品捐贈給國家，由香港藝術館收藏。1952 年起歷任香港建造商會會長，又成立香港建造商會及學校、醫療所等。

何鍾泰

銀紫荊星章 (SBS)
大英帝國員佐勳章 (MBE)
聖約翰員佐勳章 (S.B.St.J.)
太平紳士 (JP)

（上圖）大亞灣核電站嶺澳核電站 1 期及 2 期核安全諮詢委員會於 1988 年成立，何鍾泰先後任副主席、主席及榮譽主席。圖為 1986 年委員會籌辦核技術展覽會，共有 18 萬名市民參觀。

（下圖）2005 年，何鍾泰與有份創立的工程界社促會在北京出席「清華大學中國國情研修班」。

何鍾泰 1939 年出生於香港，香港大學土木工程系畢業，英國曼徹斯特大學研究文憑（岩土）及倫敦市大學土木工程博士；認可人士、註冊結構工程師、香港註冊專業工程師資格。

國家實施改革開放後，何鍾泰加入香港專業人士於 1979 年成立的香港促進現代化專業人士協會，協助將香港土地制度介紹到內地；1980 年出席深圳市規劃座談會，1987 年 12 月參觀深圳首次土地拍賣，其間獲委任為深圳房地產顧問；1985 年起出任基本法諮詢委員會委員、港事顧問，曾多次代表工程界到北京與港澳辦官員討論有關基本法內專業制度及專業團體運作的條文。

1985 年與專業人士成立香港科技協進會，1987 年出任香港工程師學會會長，與全國科技協會合作，協助內地工程人員加入國際專業組織如華盛頓協議，讓 300 萬名內地工程師的資歷獲得國際認可；1986 年受新華社香港分社邀請籌辦核技術展覽會，以加深市民對核能的認識，共 18 萬名市民參觀；1988 年廣東大亞灣核電站安全諮詢委員會成立，任副主席，其後接任主席；1996 年起當選香港特別行政區第一屆政府推選委員會委員及第一至第四屆的選舉委員會成員；1996 至 2012 年出任臨時立法會及立法會議員（工程界功能組別），歷任工務小組主席；2003 至 2012 年任香港特別行政區全國人民代表大會代表；每五年一屆的全國科協特邀代表大會，何鍾泰獲邀參加第三至第七屆的活動，第四至第五屆被委任為港澳團團長，第六屆（2001 年）擔任香港、澳門、台灣及海外團總召集人。

多年來熱心推動專業人士支持國家發展。其間任「工程界社促會」主席 25 年，專注培訓管理人才和領袖人才，持續推動年輕專業人士到內地交流及到粵港澳大灣區創業或就業；2011 年創立大舜基金，獲 650 位專業界精英加入，以多元化、多角度、多範疇發展模式服務社會；又成立「一帶一路」跨地域、跨界別國際平台，推動專業交流、組織綠色基建及金融投資考察活動，推動「一帶一路」及粵港澳大灣區發展；2008 年獲香港大學授予榮譽大學院士，現任北京科技大學客座教授及上海同濟大學建設監理研究所顧問教授；獲英國曼徹斯特大學頒授榮譽法律學博士學位及香港城市大學頒授榮譽工商管理學博士學位。

余國春

大紫荊勳賢 (GBM)
金紫荊星章 (GBS)
銀紫荊星章 (SBS)
太平紳士 (JP)

（上圖）改革開放初期，余國春在內地捐資助學。圖為梅縣連慶禮堂落成典禮。

（下圖）1995 年余國春在北京開設內地首間合營公司，將北京王府井大街穆斯林大廈改建為樓高八層的商場和賓館。

余國春 1951 年出生於印尼雅加達，祖籍廣東梅州，1959 年隨父母移居香港，1973 年畢業於澳洲悉尼麥格理大學；1974 年加入家族企業裕華國貨有限公司，引入現代化企業管理模式，1976 年成為亞洲首家使用電腦連線收銀的百貨公司；1977 年又成為香港首家以電腦系統管理貨品存倉、銷售的零售百貨公司；1986 年起出任董事長兼總經理，現任集團主席及裕華國產百貨有限公司董事長。

裕華國貨於 1959 年開始經營，以「富裕中華」為初心，希望讓「國貨」成為中華文化的載體及連接家國的橋樑；早期積極通過一年兩次的「廣州交易會」購買貨品，協助促進內地經濟發展；改革開放初期，更推出「香港買單，國內提貨」服務，促進國貨銷售；1995 年在北京開設內地首間合營公司，將北京王府井大街穆斯林大廈改建為樓高八層的商場和賓館；在香港則發展「裕華保健坊」專門店，吸引內地及海外顧客專程前往購買具品質保證的中成藥、地道藥材和保健產品等；在國家改革開放進程中，裕華國貨的生意還延伸到新加坡，以海外市場為據點，持續增加中國品牌和文化的世界影響力。

余國春積極參與家鄉與內地的公益事業，自 1980 年代中開始多次捐款支援家鄉和內地教育文化事業；1985 年起任中國人民政治協商會議廣東省委員會委員，1986 至 2003 年任中國人民政治協商會議全國委員會委員，2003 年起兼任常務委員；長期以來余國春積極參與社會事務，早於 1985 年與友好組織成立九龍西區各界慶祝國慶籌備委員會，舉辦慶祝國慶活動；1996 年合組香港廣東社團慶祝回歸委員會並任總會主席 12 年，致力推動香港社會和諧及「一國兩制」的實施。

現任中國僑聯副主席、香港僑界社團聯會首席主席、香港集友銀行副董事長、香港友好協進會主席團常務主席、香港廣東社團總會創會主席及首席會長、香港梅州聯會永遠榮譽顧問、九龍西區各界協會永遠名譽會長兼創會會長，和港九百貨業商會榮譽理事長等；余國春先後獲香港理工大學和香港浸會大學頒授榮譽院士，香港城市大學頒授榮譽博士榮銜；1992 年獲授梅州市榮譽市民。

吳光正

大紫荊勳賢 (GBM)
金紫荊星章 (GBS)
太平紳士 (JP)

（上圖）攝於 1986 年九龍倉集團成立一百周年慶典。包玉剛爵士及吳光正先生出席慶典。

（下圖）九龍倉內地總部上海會德豐廣場。

吳光正 1946 年出生於上海，五歲時隨父母移居香港，於美國辛辛那提大學主修物理及數學，後獲哥倫比亞大學商學院工商管理碩士學位，畢業後在紐約及香港美國大通銀行任職；1975 年獲邀加入岳父包玉剛之環球航運集團出任董事，並在 1980 年代參與收購九龍倉集團控制權；1986 至 1994 年、2002 至 2015 年間任九龍倉主席；1986 至 2013 年出任會德豐集團主席。

1990 年代起吳光正積極推動香港和內地合作，促進內地發展。集團透過技術、經驗、網絡轉移，向內地的人才、硬體、軟件和基建投資以千億元計，涉足超過 50 個城市、建設 100 多個項目；其中地產發展項目遍及上海、北京、廣州、深圳等多個大城市，投資興建 80 多個項目，並引入國際級建築設計標準和物業發展概念。另外，香港海港城是不少國際知名品牌的「示範窗口」，吳光正把現代化商場的成功經驗帶入內地，1993 年起先後於武漢、北京及上海等城市投資興建一系列時代廣場，並在成都、無錫、重慶、長沙及蘇州等地以香港海港城為模範，發展商業綜合體模式的國際金融中心摩天大廈；為配合及支持國家科技創新，先後投資不少於 400 億元人民幣於新經濟及科技項目。

2006 年起先後在上海、成都和長沙引入提供歐洲風格購物體驗的奧特萊斯 (outlets)，促進內地商場的現代發展；旗下連卡佛在 2007 年進入內地，在上海、北京、成都等地開設名牌專門店，把超過 600 個國際頂尖時尚品牌引入內地；旗下俊思集團於 1990 年代起也在 50 多個城市建立逾 500 個時尚品牌銷售點，擴闊了內地民眾的消費視野，成為推動內地與國際頂尖品牌接軌的先驅；2004 年集團與蘇州市政府合營太倉國際門戶，引入先進的經營管理理念和操作技術，現已成為長江三角洲重要集裝箱碼頭之一；另於 2008 年與深圳市鹽田港集團共同開發的深圳大鏟灣碼頭，亦成為泛珠三角主要貨物集散點。

吳光正歷年出任多項公職，包括在 1998 至 2018 年出任中國人民政治協商會議全國委員會香港地區委員、2003 至 2018 年間兼任常務委員；又先後擔任香港理工大學校董會主席、醫院管理局主席、香港貿易發展局主席等；多年來獲香港及海外多所大學頒授榮譽博士學位。

吳宏斌

銀紫荊星章 (SBS)
銅紫荊星章 (BBS)
榮譽勳章 (MH)

（上圖）吳宏斌在 1980 年代進軍珠寶製造業，圖為寶星參與珠寶展覽的情況。

（下圖）吳宏斌 2005 年在番禺興建的新廠房佔地 9 萬呎。

吳宏斌 1950 年出生於香港，祖籍廣東潮陽，小學畢業後進入社會工作，擔任練習生；1980 年以累積的一萬元與三位友人合資創辦寶星行工藝品首飾有限公司，經營象牙飾物和工藝品，藉創新設計成功創業。1985 年業務轉型，進軍珠寶製造業。現任寶星行工藝品首飾有限公司董事總經理。

1990 年在廣東省廣州市番禺區設立廠房，成為最早一批北上內地發展的香港珠寶商之一，高峰期每年營業額高達三億元，2005 年更擴大投資，成為香港具規模、結合設計與生產的珠寶首飾製造商；多年來，港商為番禺當地提供資金、技術、人才、管理及機器設備，注入發展動力。時至今天，番禺是內地最大的珠寶加工基地，實現港商業務與國家共同成長。

業務發展的同時，吳宏斌亦積極參與公職，2003 年出任首任埃塞俄比亞聯邦民主共和國駐港澳名譽領事，2011 年與工商界人士創辦香港提升快樂指數基金並擔任聯席主席，以提升香港人的快樂水準。2017 年當選香港中華廠商聯合會（廠商會）會長，帶領業界實踐「再工業化」、拓展粵港澳大灣區及「一帶一路」市場，融入國家發展大局。吳宏斌現為香港出口信用保險局諮詢委員會主席、香港職業訓練局珠寶及鐘錶業訓練委員會主席、香港九龍潮州公會主席。其中廠商會早於 1994 年已聯同中華全國工商業聯合會及台灣工商企業聯合會，舉辦海峽兩岸及香港特區經貿合作研討會，2002 年更獲澳門中華總商會加入，至今已成為兩岸四地民間經貿交流的一個重要平台。

此外，吳宏斌亦歷任香港珠寶製造業廠商會主席、香港中小型企業總商會會長。吳宏斌多年來積極投入公共服務，包括參與香港理工大學籌款活動、出任香港生產力促進局理事會委員、香港與內地經貿合作諮詢委員會委員，以及中央政策組非全職顧問等。

吳宏斌工餘仍持續進修。2002 年和 2009 年分別獲得北京燕山大學工程學碩士和亞洲（澳門）國際公開大學工商管理學博士學位；2014 年和 2017 年分別獲頒香港理工大學院士和職業訓練局榮譽院士榮銜。

吳亮星

銀紫荊星章 (SBS)
太平紳士 (JP)

（上圖）1986 年出席為內地航空業引進民航機的接收儀式。

（下圖）1980 年代國家與英方就香港回歸談判成立中英土地委員會。

吳亮星 1949 年出生於香港，獲澳門東亞大學研究院文憑；1967 年加入中國銀行香港分行工作，歷任助理總經理、浙江興業銀行香港分行副總經理及中南銀行香港分行總經理、山東青島啤酒（2 廠）副董事長、青島海天大酒店副董事長；現任中國銀行（香港）信託有限公司董事長及中銀香港慈善基金董事。

1970 年代末國家實行改革開放，中國銀行總行即組織香港中銀集團專題考察團視察廣東、福建及上海，探討集團銀行在金融方面如何為改革開放提供服務，吳亮星全程參與跟各省市機關的交流，共同完成綜合報告，供集團各行落實操作措施。

其後中銀集團率先融資及投資，協助內地興建大量基礎建設，包括修路、造橋、辦電廠、建造碼頭、港口、賓館酒店，協助改善內地大量城市基建、設施等投資環境，便利外商進入內地投資興業。1980 年代集團各銀行向相關內地貸款額達 150 億美元，項目約 2500 個。集團也曾派轄下銀行到各個經濟特區經營，以配合內地融資服務，包括南洋商業銀行、廣東省銀行、新華銀行（深圳）、僑商銀行（汕頭）、集友銀行（廈門）等，之後擴至廣州、上海、青島等城市。1980 年代吳亮星參與組織同業進入內地，開展槓桿稅務融資租賃等，如開辦由中國銀行、法國興業銀行及東亞銀行合資的鼎協租賃國際有限公司，並為內地航空業引進民航機提供融資。

吳亮星積極服務國家社會，歷任多項公職，1988 至 1997 年出任中英土地委員會中方代表及香港特別行政區政府土地基金受託人；先後於 1997 年出任臨時立法會議員及立法會議員至 2004 年，2012 年再獲選立法會議員，2013 年當選為立法會財務委員會主席；2003 年起擔任香港特別行政區第十屆至第十三屆全國人民代表大會代表，香港特別行政區選舉委員會委員、香港金融管理局銀行業務諮詢委員會委員；歷任銀行業行業培訓諮詢委員會主席等。

吳秋北

銀紫荊星章 (SBS)

（上圖）1992 年，工聯會與教聯會為希望工程進行籌款。

（下圖）工聯會組織不同專業技師回內地交流。

吳秋北 1970 年出生於福建晉江市，1979 年定居香港，2009 年中國社會科學院文學博士。

1990 年代開始參與香港工會聯合會（工聯會）工作。改革開放之初，工聯會即率先組織多個行業，包括酒店管理、電訊及機電行業等專業人員到內地交流及培訓。工聯會成立於 1948 年，是一個職工會的聯合組織，目前有 200 多個屬會及贊助會，會員約 41 萬人，多年來積極維護勞工權益，推動改善民生及開辦職業培訓、業餘進修等多元化服務；1992 年與香港教育工作者聯會合作，在香港發起「希望工程重返校園助學計劃」，籌得超過 4000 萬元，所屬工會先後在內地十多個省市地區捐建希望學校 30 多所，助學兒童十多萬人，吳秋北當時也參與其中。2001 年工聯會響應國家開發西部地區號召，開展西部開發人才支援計劃，匯集市場銷售、資訊科技、金融財務與城市規劃等領域的專業人士，支援廣西、四川、貴州及內蒙古等地的發展。

吳秋北長期專注於工會工作，經常代表工聯會以及不同行業的工會就社會關注的勞工議題獻策；2006 年任工聯會副理事長，2009 至 2018 年任理事長，2018 年起出任會長。2010 年當選勞工顧問委員會勞工代表，協助推動多項勞工政策，包括標準工時；2012 年起出任香港特別行政區全國人民代表大會代表，歷年提交人大建議超過 80 份，議題涵蓋國家安全、勞工權益、青年發展、國民教育、食品安全及兒童權益等，並重點深入研究粵港澳大灣區發展規劃，提出多項便民利民政策，包括優化高鐵票務，促進各地職業資格互認等。

吳秋北其他職務還包括廈門市政協常務委員、香港再出發大聯盟副秘書長、香港文職及專業人員總會監事長等；曾任標準工時委員會委員、中央政策組非全職顧問、強制性公積金計劃上訴委員會委員等；現擔任創知中學（前勞工子弟學校）校董，關心青少年發展，多次應邀到兩地大學及不同學會講課，與師生交流。

吳傑莊

榮譽勳章 (MH)

吳傑莊於深圳前海成立香港青年專業聯盟前海眾創空間（上圖），及南京江北新區成立「蘇港青年創新創業基地」（下圖）。

吳傑莊 1974 年出生於香港，香港理工大學製造工程學學士及工業及系統工程學博士；2004 至 2006 年清華大學計算機科學博士後研究；1999 年與友人成立高鋒集團，由初期設計及銷售中小企業管理軟體，擴展至現時為大中華地區的科技、媒體通訊和教育等初創概念企業提供種子投資、策略合伙及綜合諮詢業務；2001 年創立鈦極科技集團，在深圳從事生物識別技術開發，並於 2005 年與其團隊成功研發首個面部識別軟件，先後應用於深圳羅湖、珠海拱北、深圳皇崗等海關口岸，並銷售至日本、澳洲、土耳其等國，集團於 2006 年在美國上市。

吳傑莊於深圳創業，目睹粵港澳大灣區的全新機遇，因而創立青年專業聯盟，推動香港青年深層次融入祖國發展大局，推動粵港澳地區深度合作，為兩地有志青年牽線搭橋；由 2011 年起連續八年舉辦「共創」及「CEO 接班人」系列香港大學生暑期內地實習計劃，為超過 2000 名香港青少年提供於政府部門、大型企業的實習機會；2013 年承辦「伴你啟航」及「大灣區青年創業資助計劃」，為有潛力的創業計劃提供資金及導師輔導，吸引近 15,000 多名青年學生參與；2016 年在深圳前海發起成立香港青年專業聯盟前海眾創空間，推動香港青年到內地創新創業，協助企業進行融資，令他們能立足內地發展；眾創空間成功孵化企業近 85 家，其中香港本土企業 60 家，入駐企業獲得融資上億元。

此外又選擇在南京、北京、成都等地設點，其中南京江北新區「蘇港青年創新創業基地」，G-Rocket 國際加速器、中山、廣州、成都基地陸續落地，針對金融科技產業，推動香港青年專才開拓華東及華北市場。

吳傑莊自 2000 年至今為高鋒集團主席，發展業務之餘也積極回饋社會，2008 年汶川大地震後，與研究團隊於十天內開設「5．12 尋親網」，利用人面識別技術為上載到該網頁的照片進行配對，幫助災區失散的家庭團聚。吳傑莊亦為香港僱員再培訓局委員及香港藝術發展局大會委員、中國人民政治協商會議全國委員會委員、中華全國青年聯合會委員、廣東省青年聯合會副主席及香港青年學生動力創會主席。

呂耀東 （隨團代表）

家族代表人物：
呂志和（父親）

呂志和

大紫荊勳賢（GBM）
金紫荊星章（GBS）
大英帝國員佐勳章（MBE）
太平紳士（JP）

呂耀東 1955 年出生於香港，為著名企業家呂志和長子，持有美國加州大學柏克萊分校土木工程學理學士和結構工程學理學碩士學位，回港後即加入家族企業，現為嘉華集團副主席、銀河娛樂集團副主席，以及嘉華國際集團有限公司執行董事。

呂耀東為中國人民政治協商會議第十三屆全國委員會委員、香港特別行政區行政長官選舉委員會委員及澳門特別行政區行政長官選舉委員會委員、旅遊發展委員會委員及文化諮詢委員會委員，同時也出任其他多個社會職務。呂耀東於 2012 年獲澳門特區政府頒發旅遊功績勳章；2020 年蟬聯「亞博匯五十強」榜首，榮膺亞洲博彩界最具影響力領袖；2021 年獲法國政府頒發「法國藝術與文學軍官勳章」；呂耀東分別為廣州市、深圳市及江門市榮譽市民。

呂志和 1929 年出生於廣東江門，四歲隨家人移居香港，1955 年創立嘉華集團，1960 年代起涉足香港房地產、酒店及旅遊業，1980 年代積極參與祖國投資建設，經營石礦建材業務，也是最早進駐內地房地產市場的港企之一；嘉華集團至今發展成為跨國綜合企業，旗下公司分別從事地產、娛樂休閒、酒店及建築材料等業務，投資業務遍及內地、香港、澳門、東南亞及各地主要城市。

呂志和年少時因戰亂而輟學，憑着勤奮和眼光，不僅打造了世界級的財富，數十年來捐資無數支持教育事業，並以淵博的知識獲得海內外多家知名學府頒授榮譽博士學位。

2015 年呂志和成立「呂志和獎－世界文明獎」，表彰促進世界資源可持續發展、以正面人生觀及正能量推動社會精神文明進步，及改善人類福祉的人士或團體。呂志和積極服務社會，1983 年起出任香港酒店業主聯會創會主席，歷任東華三院主席及中國人民政治協商會議全國委員會香港地區委員。

為表彰對國家和社會的貢獻，1990 年代呂志和獲南京、江門及廣州市頒發榮譽市民獎，1995 年中國科學院紫金山天文台將其發現的一顆小行星命名為「呂志和星」。

李小加

銀紫荊星章 (SBS)

李小加擔任香港交易所集團行政
總裁時，推動香港與內地資本市
場互聯互通，包括於 2014 年推
行「滬港通」（上圖）和 2016 年
的「深港通」（下圖）。

李小加 1961 年出生於北京，1984 年畢業於廈門大學，取得文學士學位（英國文學）。曾當過渤海油田石油工人和英文《中國日報》的編輯記者；其後赴美國，獲阿拉巴馬大學新聞系碩士，又取得紐約哥倫比亞大學法學博士學位。

在美國完成法律博士學位後，在紐約達維（Davis Polk & Wardwell）與布朗伍德（Brown & Wood）律師事務所執業，從事金融證券和兼併收購工作；1999 年出任美林證券中國區總裁，2003 年加入摩根大通任中國區主席，任內促成多項重大交易，如中海油 196 億美元競購美國第九大石油企業優尼科公司 (Unocal Corp)，被認為是開創了中國企業新時代；2006 年亦完成中海油、中國鋁業、中國招商銀行等股票發行上市工作；2010 至 2020 年出任香港交易所集團行政總裁兼董事會成員，2018 年起任中國人民政治協商會議全國委員會香港地區委員。

李小加在擔任香港交易所集團行政總裁期間，制定多項戰略舉措，包括於 2012 年收購全球最大的金屬定價中心倫敦金屬交易所 (LME)，帶領香港交易所由地區交易所轉型為全球領先的金融基礎設施集團之一，並致力讓香港成為連接內地與國際金融市場的紐帶。此外，李小加在香港與內地資本市場互聯互通計劃中亦扮演重要領導角色，如 2014 年和 2016 年分別推行「滬港通」和「深港通」，以及 2017 年的債券通，建立一個雙向、全方位的市場開放結構，成為內地深化經濟體制改革、穩步推進資本市場開放的重要發展；由於所有跨境資金流動都以人民幣進行，亦有效促進人民幣國際化。

李小加任內積極強化和鞏固香港作為全球離岸人民幣業務樞紐地位，在 2011 至 2013 年間推出「人證港幣交易通」、「雙幣雙股」模式、成立香港場外結算公司等，為香港發展為全球首選離岸人民幣中心奠定了穩固基礎，成功將香港推動成為全球最大離岸人民幣中心。

此外，李小加也大力改革香港上市制度，包括在 2018 年 4 月接受未有收入的生物科技公司及採用不同投票權架構（「同股不同權」）的創新產業公司在香港上市，促成不少內地新經濟公司來港上市集資，有助維持香港的競爭力和鞏固香港首次公開招股中心的領先地位。

李本俊 （隨團代表）

家族代表人物：
李達三 （祖父）

李本俊 1976 年出生於美國，美國科爾蓋特大學經濟學及亞洲研究學雙學士，畢業後於矽谷投資銀行工作，返港後加入家族企業聲寶—樂聲（香港）有限公司，2009 年出任公司董事局主席。隨後參與家族的酒店業務，2013 年兼任新加坡卡爾登酒店董事，2016 年出任新加坡卡爾登城市酒店董事總經理至今。自 2015 年，他一直是新加坡酒店協會董事會成員，2017 年升任為執行委員會成員。

歷任香港寧波同鄉會會長、中國人民政治協商會議浙江省委員、香港浙江省同鄉會聯合會常務副會長，及世界中華寧波總商會副會長等。2014 年獲世界華商組織聯盟推許為世界傑出青年華商，2016 年獲頒「寧波市榮譽市民」、「浙江慈善獎」，及獲選為「浙江省愛鄉楷模」；2015 年家族捐款 3 億元予香港大學、香港中文大學及香港科技大學，成立「李達三葉耀珍伉儷李本俊獎學金」。2017 年分別獲香港中文大學及英國諾丁漢大學頒授榮譽院士榮銜及名譽法學博士學位。

李達三

大紫荊勳賢 (GBM)
太平紳士 (JP)

李達三 1921 年出生於寧波市鄞縣，1945 年畢業於復旦大學會計系。1949 年移居香港，經營電器批發，後來開設家用電器門市並取得日本「聲寶」產品香港總代理權。1987 年創立聲寶—樂聲（香港）有限公司。1980 年代後期開始發展酒店業；現任樂聲物業投資有限公司及新加坡卡爾登集團董事會主席。

李達三情繫鄉梓，先後於 1967 年及 1998 年參與成立旅港寧波同鄉會及香港浙江省同鄉會聯合會，並擔任兩會創會會長；歷年多次分別捐助浙江、寧波及香港多所教育機構，包括上海復旦大學、寧波大學、浙江大學、寧波諾丁漢大學、香港大學、香港中文大學、香港城市大學及香港科技大學，每所均逾億元人民幣或港元。此外，他亦支持建造中國近地天體探測望遠鏡計劃。

1994 至 2002 年歷任中國人民政治協商會議浙江省委員及常務委員；1995 年及 1996 年獲授予「寧波市榮譽市民」及「白玉蘭獎」；1996 年中國科學院紫金山天文台將 3812 號小行星命名為「李達三星」；1984 至 2020 年間獲多所高等學府頒授榮譽院士及榮譽博士學位，當中包括香港中文大學、香港大學、香港科技大學、英國諾丁漢大學及上海復旦大學。

李宗德

金紫荊星章（GBS）
銀紫荊星章（SBS）
銅紫荊星章（BBS）
太平紳士（JP）

（上圖）1980 年代和富塑膠第一個生產廠房。

（下圖）1993 年，李宗德在內地設立廠房 —— 科銓塑膠（深圳）有限公司，多年來見證深圳的發展，直至 2018 年搬遷。

李宗德 1951 年出生於香港，原籍浙江省寧波市，畢業於美國伊利諾理工學院，1980 年在香港成立和富塑膠有限公司，現任和富塑化集團主席。

李宗德自 1979 年開始乘國家推行改革開放的機遇，先後在深圳、寧波、東莞等地開設塑膠加工廠和金屬加工廠，以及精細化工貿易；1991 年獲香港傑出青年工業家獎，1997 年獲深圳外商投資企業協會推選為理事會副會長。1990 年代開始在內地提供慈善服務，修建奉化河頭渡、奉化松嶴大埠小學、寧海縣岔路衛生院等。

業務發展之餘，李宗德在內地及香港均積極參與公益慈善，先後獲深圳市觀瀾鎮及寧波市授予「榮譽市民」稱號，並獲邀出任中華慈善總會創始人；1995 至 2000 年擔任全國青年聯合會常委；1996 年在香港成立頌恩護理院，其後成立和富慈善基金及和富社會企業，開展教育、醫療等範疇服務；2000 年資助國外醫生與內地醫生交流，為內地小孩進行矯形手術，此外亦資助內地學校圖書館購買書籍，並獲中國青少年發展基金授予希望工程貢獻獎；2002 年興辦直資學校和富慈善基金李宗德小學，致力培養具智、信、愛理念的孩子；2010 年參與國家衛生部舉辦「再創生命 —— 扶輪百萬小兒健肝工程」；2012 年發起香港學界支援青海地震災民行動，號召香港 60 間學校及團體參與籌款，興建位於青海省的稱多縣清水河鎮中心寄宿學校。

李宗德在不同領域擔任多項公職，1993 至 2002 年任中國人民政治協商會議寧波委員會及常務委員會委員；1995 年任國務院港事顧問；1998 至 2012 年任香港特別行政區全國人民代表大會代表；歷任國際扶輪社 3450 地區總監、寧波大學校董會董事，及香港特區政府多個委員會主席或成員。現任香港中華出入口商會榮譽會長、香港寧波同鄉會永遠名譽會長。2011 年起，李宗德先後獲香港浸會大學、香港城市大學及香港教育大學頒授榮譽社會科學博士，香港城市大學頒授榮譽院士及香港理工大學及職業訓練局頒授榮譽院士。

李家傑 （隨團代表）

金紫荊星章 (GBS)
太平紳士 (JP)

李家傑 1963 年出生於香港，曾在英國接受教育，1985 年出任恒基兆業地產執行董事，主力開拓內地業務，1993 年出任副主席，2019 年出任恒基地產及香港中華煤氣主席。

李家傑熱心公益，他創立的「李家傑珍惜生命基金」，自 2009 年起致力為內地孤貧兒童提供醫療救助和生活支援，截至 2021 年 5 月，已為超過 36,500 名患先天性心臟病的兒童成功進行手術。他在 2008 年創立「百仁基金」，帶動香港青年企業家參與慈善工作，撮成工商界與社福界合作，援助弱勢社群，並致力培養香港青少年的科技技能和全人發展。此外，他於 2012 年創設非牟利、連鎖式的「家園便利店」，向逾 24 萬名基層市民以貼近來貨價售賣食品和日常用品。

李家傑現任中國人民政治協商會議第十三屆全國委員會常務委員、中華全國工商業聯合會第十二屆執行委員會副主席。

家族代表人物：
李兆基（父親）

李兆基

大紫荊勳賢 (GBM)

李兆基 1928 年出生於廣東順德，為香港恒基兆業地產及恒基兆業發展之創辦人，自 1976 年起擔任恒基兆業地產主席兼董事總經理，直至 2019 年 5 月 28 日退任該職務，繼續擔任執行董事一職。李兆基曾擔任新鴻基地產發展副主席、香港中華煤氣主席、恒基兆業發展執行董事、香港小輪（集團）非執行董事，以及美麗華酒店企業非執行董事。李兆基於 1996 年及 1997 年在美國《福布斯》財經雜誌「世界富豪排名榜」排名第四位，躍居亞洲首富。

李兆基是廣受尊崇的大慈善家，1982 年他與多名友好共同創立「香港培華教育基金會」，歷年資助、主辦及協辦逾 670 個教育項目，培訓逾 74,000 人，為國家培育大批領導人才；2006 年成立「溫暖工程李兆基基金百縣百萬農民及萬名鄉村醫生培訓計劃」，在全國 26 省、自治區和直轄市協助農民就業脫貧和改善農村衛生事業。2012 年起與國家教育部合作推行「千名中西部大學校長海外研修計劃」，捐款 1.2 億元人民幣，資助逾 1500 名中西部大學領導到歐美著名大學考察及培訓。此外，「李兆基基金」歷年捐資支持多個香港、內地及海外教育及公益賑災項目，捐獻數以十億元計。

李兆基的卓越成就，以及對國家社會的貢獻，讓他獲得多間內地、香港及海外大學頒授榮銜以及順德市、廣州市、佛山市和北京市「榮譽市民」榮銜等。

李國章

大紫荊勳賢（GBM）
金紫荊星章（GBS）
太平紳士（JP）

李國章 1945 年出生於香港，英國劍橋大學醫學博士；1982 年加入香港中文大學醫學院，出任外科學系創系講座教授，1992 年及 1995 年兩度當選醫學院院長，任內創辦香港唯一的眼科及視覺學系、香港首個皮膚庫、綜合性內鏡中心及肝臟移植中心等；1996 年獲頒英國愛丁堡皇家外科學院金章，是獲此榮銜的首位華人；2004 年更獲學院委任為學院委員，成為學院的最高級顧問；1996 至 2002 年出任香港中文大學校長。

李國章在國家實施改革開放後，多年來積極推動兩地醫學界交流，提升內地業界國際地位；1989 年促成在港首次舉辦王澤森國際外科學術研討會，成為促進內地外科醫生參與國際學術會議及與外國專家交流的重要橋樑，隨後每年分別在內地和香港兩地舉行會議。出任中文大學校長之初，帶領成立中國大學校長聯誼會，積極促進香港與內地大學聯繫與交流；在位期間，又成立酒店及旅遊管理學院、中醫學院、公共衛生學院、藥劑學院及那打素護理學院，帶領中文大學在新世紀全方位發展奠定基礎。

2002 至 2007 年任教育統籌局局長，成為香港特區政府推行問責制首批主要官員之一；任內銳意推行教育改革，重點工作包括推動高中學制及高等教育學制、實施學前教育學券計劃、推行學校發展與問責架構、提升教師專業水平，以及籌劃推行資歷架構等；此外又推動教統局與教育署合併，精簡架構、有效運用資源；2004 年簽訂《內地與香港關於相互承認高等教育學位證書的備忘錄》，推動兩地學位以上程度學生的互動及交流。

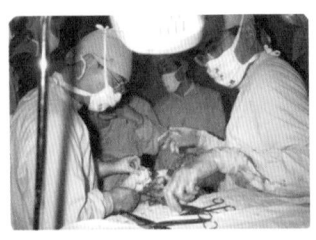

李國章多年來推動內地和香港的醫學界交流，提升內地業界國際地位。

李國章熱心參與教育及醫療公職，早於 1983 年當選香港外科學會會長，帶領學會發展成香港外科醫學院；並服務於教育統籌委員會、科技委員會、大學及理工資助委員會、醫院管理局及醫務委員會、大學教育資助委員會，及擔任中國大學校長聯誼會副會長等；1998 至 2018 年出任中國人民政治協商會議全國委員會香港地區委員，2012 年起出任行政會議成員；先後獲頒眾多獎銜，包括香港科技大學榮譽文學博士、英國愛丁堡皇家外科學院金章，及多個國際著名醫學院榮譽院士；現任香港大學校委會主席、香港中文大學外科學系榮休講座教授、東亞銀行有限公司副主席。

李國寶

大紫荊勳賢 (GBM)
金紫荊星章 (GBS)
太平紳士 (JP)

（上圖）位於上海浦西的東亞銀行大廈建成於 1926 年。

（下圖）東亞銀行 2019 年舉行成立一百周年酒會。

李國寶 1939 年出生，1969 年加入東亞銀行有限公司（「東亞銀行」），歷任行政總裁、副主席、主席，現擔任執行主席，並出任其全資附屬公司東亞銀行（中國）有限公司（「東亞中國」）董事長及東亞銀行慈善基金有限公司主席。

東亞銀行自 1918 年成立之初，便以「為祖國策富強」為理念，為香港和內地客戶引入現代化銀行服務，並於 1920 年在上海開設分行。李國寶自 1970 年代起，積極推動東亞銀行在內地的業務發展，為國家改革開放作出貢獻。1979 年東亞銀行上海分行參與建立內地首家合資公司「北京航空食品公司」，揭開國家引進外資和興辦三資企業的序幕；1980 年與中國銀行合作在內地推出外幣信用卡結算服務；1986 年建立內地第一間合資財務公司「中國國際財務有限公司（深圳）」；1988 年率先將香港的樓宇按揭貸款業務引入內地；2006 年成為首批取得合格境內機構投資者 (QDII) 資格的外資銀行之一。

2007 年東亞中國成為最早獲准在內地註冊成立的外資法人銀行之一；2008 年成為首間在內地發行人民幣借記卡及信用卡的外資銀行；2009 年在香港發行 40 億元人民幣債券，成為首間在香港發行人民幣零售債券的銀行。東亞銀行亦積極配合國家粵港澳大灣區發展戰略，網點遍布廣東省九個城市、香港和澳門；其中，深圳為東亞銀行參與大灣區發展的重要切入點，特別是在前海，東亞銀行在銀行、證券、投資以及房地產等板塊深入布局其發展。

東亞銀行亦致力公益事務，包括於 2009 年成立內地首個由外資銀行發起設立的公益基金「上海宋慶齡基金會—東亞銀行公益基金」，致力提升偏遠地區青少年教育素質，至今逾數十萬位鄉村學生和教師受惠。李國寶於 1985 至 2012 年代表金融界出任香港立法會議員，並於 2005 至 2008 年出任行政會議成員。1985 年被委任為香港特別行政區基本法起草委員會副主任，其後獲委任為港事顧問、香港特區預委會及籌委會委員和第一屆政府推選委員會委員。李國寶歷任多項社會公職，包括香港華商銀行公會主席、香港管理專業協會委員會及執行委員會主席、救世軍港澳軍區顧問委員會主席、聖雅各福群會執行委員會主席、香港大學副校監及劍橋之友香港有限公司執行委員會主席等；他也是多間香港及歐美主要上市公司董事。

李業廣

大紫荊勳賢（GBM）
金紫荊星章（GBS）
大英帝國官佐勳章（OBE）
太平紳士（JP）

（上圖）2005 年，香港交易所交易大堂重新改建，李業廣主持封遷儀式。（南華早報出版有限公司提供）

（下圖）2013 年，李業廣出席 H股上市二十周年慶祝儀式。（香港交易所提供）

李業廣 1936 年出生於上海，在香港成長及接受教育，獲倫敦大學法律碩士學位後，成為香港及英國執業律師，是香港主要律師行胡關李羅律師行創始人之一，現任該行顧問。李業廣多年來在香港證券及期貨市場以及金融領域的發展擔當重要角色，1968至 1973 年任公司法檢討委員會秘書，促成有關《保障投資者條例》及《公司條例》改革；1988 年出任香港聯合交易所理事會理事，1992 至 1994 年出任主席；1998 年擔任香港強制性公積金計劃管理局首任主席，至 2007 年卸任；1999 年香港交易及結算所有限公司成立後擔任主席，至 2006 年卸任。

擔任香港聯合交易所主席任內，李業廣在協助內地企業「走出去」參與國際市場作出重大貢獻。1992 年聯交所與中央有關部門研究安排內地國有企業在香港上市，協助企業籌集外匯資金、利用市場力量推動與加快國企體制改革的步伐，經過各方努力，內地企業終於符合香港上市標準，大大提升了投資市場的信心。1993 年首家國企成功在香港上市，開啟內地企業走向國際資本市場的大門，香港也成為全國首選貨幣可自由兌換的集資中心。歷年發展，至 2019 年年底內地企業在港上市總數逾 1300 多家，上市首發及上市後再增發股票集資總額超過 7.4 萬億元，內地企業佔香港證券市場總市值已超過 80%。國家改革開放也為香港資本市場提供了快速發展的歷史機遇，內地企業來港上市取得良好成果，就是兩地緊密合作、共創雙贏的典型例子。

李業廣先後擔任多項重要公職及推動各項社會服務，歷任香港總督商務委員會委員、港事顧問、公益金籌募委員會主席、香港公開大學校董會主席、香港藝術節協會有限公司主席、港台經濟文化合作協進會主席、香港會計師公會之審計專業改革顧問小組主席等。1997 至 2002 年及 2005 至 2012 年，出任行政會議成員。現任香港公益金會長及董事會主席、香港公開大學副校監，2000 年起先後獲香港科技大學、香港理工大學、香港公開大學（現名為「香港都會大學」）及香港大學頒授榮譽博士學位。

李澤楷 （隨團代表）

李澤楷 1966 年出生於香港，為著名企業家李嘉誠幼子。1990 年，李澤楷成立亞洲首間以人造衛星傳送的衛星電視。1993 年，創辦駐足亞洲的盈科拓展集團，業務涉足金融服務、科技、媒體與電訊，現任香港電訊主席一職。2013 年成立富衛集團，為東南亞（內地除外）第四大保險公司，業務遍布香港和澳門地區、日本、泰國、印尼、菲律賓、新加坡、越南、馬來西亞及柬埔寨。集團旗下的資產管理公司柏瑞投資（前身為美國國際集團），為全球投資者管理逾 1300 億美元的資產。李澤楷於 2011 年獲 Cable & Satellite Broadcasting Association of Asia 頒發終身成就獎。

家族代表人物：
李嘉誠（父親）

李嘉誠

大紫荊勳賢（GBM）

李嘉誠 1928 年出生於廣東潮安，1940 年因戰亂逃難至香港。1950 年，創辦長江塑膠廠，後來將業務拓展至地產業。1972 年長江實業（集團）在香港上市，成為香港主要地產發展商之一。1979 年，收購和記黃埔，成為首位入主英資大集團的香港華人。2018 年退任集團主席，由長子李澤鉅接任。

1980 年代起，長江集團已於內地開展業務，積極參與推動內地經濟發展，現投資範圍包括港口、零售、基建、能源、電力、醫藥、物業發展及投資、酒店及服務套房業務。至今長江集團業務遍布全球 50 多個國家，員工逾 32 萬人，旗下上市公司總市值逾 8000 億元。長江集團作為內地投資規模最大的香港公司，繼續為推動國家發展貢獻力量。

1980 年，成立李嘉誠基金會，並視之為他的「第三個兒子」，注入三份一財產，至今在推動教育、醫療、公益扶貧項目已逾 300 億元，其中 80% 在內地和香港。內地重要項目包括，1981 年，創辦中國首間私人捐資的公立大學 —— 汕頭大學，至今已捐款達 120 億元，培育逾 16 萬名學生，包括 5.6 萬名醫科生；1998 年起推行全國寧養醫療計劃，為貧困癌症末期病人提供免費鎮痛服務。1990 年代至今，為華東水災、汶川地震及新冠病毒等大災害提供緊急援助。歷年以來，醫療及公益項目受惠人數逾千萬。

李嘉誠曾任基本法起草委員會委員、香港特別行政區籌備委員會委員，其眾多成就令他獲國內外八所大學頒授榮譽博士衛，並於 2007 年獲國家民政部頒發中華慈善獎終身榮譽獎。

車品覺

（上圖）車品覺一直不遺餘力推動內地大數據行業發展。

（下圖）車品覺參加北京大數據專家小組會議。

車品覺 1965 年出生於香港，澳洲新南威爾士大學信息科學系畢業，後獲歐洲工商管理學院 (INSEAD) 和清華大學工商管理雙碩士學位。畢業後當過軟件工程師、產品經理等工作。2006 年加入初創企業敦煌網，推出內地首個以外貿交易平台為核心的搜尋引擎。

2010 年加入阿里巴巴擔任集團副總裁，創立阿里數據委員會並成為首任會長，其間創立大數據產品——「觀星台」和「阿里數據平台」，讓阿里成為內地首屈一指的大數據驅動企業，2014 年獲 Top CIO 頒發中國最佳信息化團隊獎。2014 至 2016 年間擔任全國信息標準委員會大數據標準工作小組副組長，為內地在大數據的規模化作出貢獻。2016 年加入紅杉資本任專家合伙人，推動京東、微眾銀行、美團、滴滴和唯品會等企業制定大數據治理及戰略布局。

大數據在國家戰略和人民認知中日趨重要，車品覺肩負大數據行業先行者與布道者的責任，一直不遺餘力推動內地大數據行業發展。2016 年起以大數據顧問專家身份服務於北京、上海、貴陽、香港及澳門特區政府，先後在清華五道口金融學院、北大講堂、中信銀行、建設銀行、北京市政府等高校、企業及政府機構舉辦上百場經驗分享和實戰培訓。2017 年被國家信息中心評選為中國十大最具影響力大數據企業家；2017 年發布推動香港成為「國際數據港」白皮書；2018 年受國務院港澳事務辦公室港澳研究會委託，完成名為《以數據驅動粵港澳大灣區創新發展規劃》研究報告；他也為北京市撰寫「城市精準數據決策系統研究」報告。

針對大數據的未來發展與重要性，及多年來致力於數碼化轉型研究，車品覺先後撰寫出版《決戰大數據》、《數據的本質》、《數循環》，及編譯暢銷書《數據驅動的智慧城市》等。他也積極關注慈善事業，對童年時期師長心懷感恩，從 2010 年開始致力資助偏遠地區學生上學。

車品覺現任紅杉資本中國基金專家合伙人、「促進國內香港數據流程通責任小組」港方專家組長、「香港增長組合」管治委員會成員、香港科技園公司董事局成員；歷任「全國信標委大數據標準工作組」副組長、首任阿里資料委員會會長、阿里健康獨立董事等。

林貝聿嘉

金紫荊星章（GBS）
銀紫荊星章（SBS）
大英帝國官佐勳章（OBE）
大英帝國員佐勳章（MBE）
太平紳士（JP）

（上圖）在內蒙古捐建「母親水窖」。

（下圖）香港婦協是唯一婦女團體，設宴歡迎楊利偉太空人一行訪港。

林貝聿嘉 1928 年出生，祖籍江蘇蘇州，1949 年畢業於上海滬江大學社會學系，其後移居香港；1964 年及 1971 年先後取得美國芝加哥大學及美國密西根大學專業證書。

1961 年起任香港家庭計劃指導會總幹事近三十年，推動香港家庭計劃取得重要成就，令香港出生率由千份之三十九點六，降至她退休離職時的千份之十一。1970 年起參與社會服務，協助推廣灣仔文娛康樂體育活動，參與灣仔區撲滅罪行、青少年、老人服務。

1993 年創立香港各界婦女聯合協進會，凝聚婦女團體推廣愛國愛港精神，任主席至 2017 年卸任。任內長期關注內地貧困山區女童的教育問題，於 1997 年啟動山區女童教育計劃，以「一人助一童」為口號，為 3000 多名山區女童完成小學課程，其後在雲南、廣西等 20 多個省市山區興建 24 所女童技術培訓中學及服務中心，提升貧困山區女童和婦女的工作技能，亦多次在香港及內地發動籌款，為貧困地區建造農村衛生所、「母親水窖」、「西部鄉村流動圖書車」、「大地之愛 —— 母親健康快車」和「現代遠程教育支援服務車」等項目，亦先後為華南水災、長江水災、汶川大地震等發動募捐，合共籌得逾 3000 萬元賑濟災民；此外，她也積極促進香港與內地婦女團體交流，舉辦培訓班讓內地各省市女幹部來港學習，又在內地舉辦香港婦協女企業家國情班，多次舉辦國際婦女論壇，如 2009 年「亞太區婦女論壇」和 2010 年「北京 +15 婦女地位論壇」，推動香港、內地和海外婦女團體交流。

多年來，林貝聿嘉服務範疇遍及教育、婦女、青少年、老人、環保、慈善、社團以至中國事務；歷任灣仔區議員及四屆灣仔區議會主席、立法會議員、香港環境保護運動委員會創會主席、香港愛滋病基金會創會主席等；亦曾被政府委任為二十多個法定諮詢架構的主席及委員；自 1988 年起任中國人民政治協商會議全國委員會第七屆至第九屆委員，及全國婦聯執行委員；2006 年及 2014 年先後獲上海理工大學頒授名譽教授和名譽博士，2009 年獲香港浸會大學頒授榮譽大學院士。

林亮（原名林亮添）

銅紫荊星章（BBS）

（上圖）1980 年代在廣東省南海區開設的永好玩具廠工友工作狀況。

（下圖）林亮於 2014 年以 90 歲之齡，重新設計和推廣在 1948 年面世的小黃鴨為中國原創 IP LT Duck 小黃鴨品牌。

林亮 1924 年出生於香港，祖籍廣東南海，1941 年因太平洋戰爭爆發輟學回鄉，戰後返回香港；1946 年在雜誌社工作，1947 年轉職塑膠原料公司，繼而助老闆成立永新塑膠廠。當年全世界充斥日本製造的易燃賽璐珞玩具，1948 年林亮大膽首創用新興的聚苯乙烯為原料，創作並生產塑膠小黃鴨，由鴨媽媽帶着三隻小鴨的玩具由此誕生；1949 年他在廣州創辦利民塑膠膠木製品廠，生產塑膠浮水鴨玩具，成為香港及內地塑膠玩具的先驅，之後獲「第一代膠鴨之父」及「小黃鴨之父」稱譽；1952 至 1957 年先後在香港創辦力行塑膠廠、福和製品和美麗有限公司，生產塑膠日用品、玩具和公仔服裝；1960 年創辦永和實業有限公司，1969 年在台灣地區開設分廠，1970 年代開始全面拓展代工生產業務。

早於國家實施改革開放前，林亮於 1976 至 1978 年連續三年擔任香港中華總商會組織的京津及東北工業考察團和華東考察團副團長，先後前往北京、天津、瀋陽等十五個城市考察；1979 年 4 月在東莞開設永和玩具廠及美麗洋娃娃服裝廠，其後在南海和連州設廠；1987 年撮合著名美國玩具公司孩之寶（Hasbro）與永和及佛山市鹽步鎮政府，聯合成立永南玩具製品公司生產變形金剛玩具，1988 年起在內地市場推出，三個月內銷售額超過 1100 萬元人民幣；1992 年把生產變形金剛賺來的利潤成立了教育基金，25 年來幫助了 4000 名內地學生，從此林亮被譽為「中國變形金剛之父」；2010 年世界博覽會在上海舉行，林亮為世博吉祥物「海寶」設計「海寶滑板」，成為世博紀念品，並於當年榮獲中國玩具協會頒授「從業 60 年特別榮譽獎」；2014 年以 90 歲之齡再次創業，成立得意創作有限公司，重新設計和推廣在 1948 年面世的小黃鴨為中國原創 IP LT Duck 小黃鴨品牌，並授權在全國發售，備受歡迎。

林亮多年來在佛山建立玩具生產基地，帶動當地發展，1994 年起先後獲授予南海區榮譽市民、佛山市榮譽市民稱號、南海人民政府頒發感動南海道德人物關愛之星獎；商業成就之外，林亮亦通過成立助學基金資助內地數千名貧困學生完成學業，又借義賣小黃鴨活動，把收入捐給內地的留守兒童和有關學校；支持「微笑行動」資助兔唇兒童手術服務；2005 年開始在美國康奈爾大學成立一個 50 萬美元的助學基金，指定每三年資助一名內地學生就讀康大。

林建岳 （隨團代表）

金紫荊星章（GBS）

林建岳 1957 年出生於香港，美國俄勒岡大學畢業，現任麗新集團主席。林建岳積極投身內地改革開放事業，業務遍及北京、上海、廣州、中山、珠海等地的物業發展、投資、餐飲、電訊、文化娛樂等項目。旗下寰亞傳媒集團與中國電影集團及上海電影集團組成合資公司，投資及參與製作多部大型電影。集團還投資發展珠海橫琴創新方項目，銳意打造大灣區文化創意產業孵化基地。

林建岳多年來積極推動香港經貿及旅遊發展，2019 年獲委任為香港貿易發展局主席，2013 至 2019 年任香港旅遊發展局主席；自 2008 年起擔任中國人民政治協商會議全國委員會香港地區委員，2018 年起任常務委員。他也是香港經濟民生聯盟監事會主席、一帶一路總商會理事會主席、香港文化產業聯合總會會長等；2011 年獲香港演藝學院頒授榮譽博士。

家族代表人物：
林百欣（父親）

林百欣 （1914—2005）

林百欣 原籍廣東潮陽，1931 年隨家人移居香港，1947 年創辦麗新製衣廠。1972 年，麗新製衣在香港上市，成為香港主要的成衣製造商之一。1980 年代後，旗下業務涵蓋至零售、房地產、酒店、傳媒等，投資經營「鱷魚恤」、「亞洲電視」及「寰亞綜藝集團」等著名品牌。

早在改革開放初期，林百欣已先後在上海、廣州等地投資多個項目，總投資額逾百億元。他心繫國家桑梓，多年來在內地及香港捐資逾 12 億元，支援教育、醫療、公益、慈善事業，包括在家鄉汕頭捐資逾 3 億元，興建汕頭林百欣國際會議展覽中心、汕頭百欣寶珠圖書館、汕頭林百欣中學及附小、潮陽林百欣中學、汕頭林百欣科技中專等，又捐資設立獎教、獎學基金；捐款支持潮陽井都水改工程；捐款 1 億多元興建廣州孫逸仙紀念醫院項目。在香港，他捐建了多所中小學；捐款成立「香港大學林百欣學術基金」；捐款支持理工大學教育基金及中文大學眼科醫學研究等。

林百欣歷任香港事務顧問、香港特別行政區籌備委員會委員、香港明天更好基金創會成員等多項公職；他也是廣州市、汕頭市、昆山市、廈門市榮譽市民。2003 年獲香港大學頒授名譽大學院士。2005 年，中國科學院紫金山天文台將編號 5539 的小行星命名為「林百欣星」。

林順潮

太平紳士（JP）

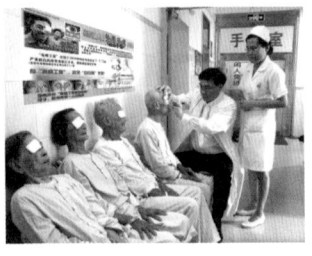

（上圖）深圳希瑪林順潮眼科醫院是深港醫療合作和民營醫院改革的一個成功典範，曾多次成為國務院、港澳辦和國家各級領導前來視察、調研和學習的對象。

（下圖）「亮睛工程」至今一共在10個省份成立了30個亮睛扶貧眼科中心和一間扶貧眼科醫院，培訓了逾140名白內障手術醫生，完成逾16萬例白內障手術。

林順潮 1959 年出生於香港，祖籍廣東潮州，1984 年香港大學內外全科醫學士，2003 年香港中文大學醫學博士；1998 至 2011 年擔任香港中文大學眼科及視覺科學系主任，任內將中大眼科建立為全球著名眼科中心之一，2004 至 2009 年擔任香港中文大學醫學院副院長；2012 年創辦香港希瑪國際眼科醫療集團，分別在香港、北京、深圳、上海、昆明、珠海、惠州等地開設眼科中心和醫院；希瑪眼科 2018 年 1 月在香港交易所主板上市。

國家實行改革開放後，林順潮積極投入內地與香港的扶貧掃盲工作，包括推動香港及內地的眼角膜無償捐贈，擔任香港首間「積極性」眼庫（李馮琪華眼庫）義務總監，主動游説死者家屬捐贈死者眼角膜，其後將此模式推廣至內地，2004 年在汕頭成立眼庫；1997 年參與籌備「健康快車」，任創會醫務總監，先後組織四列火車行走內地偏遠地區，為貧困人士免費治療眼科疾病，並負責首十年醫療及培訓工作；2004 年創辦「亮睛工程」，推行可持續發展扶貧復明工程，至今一共在 10 個省份成立了 30 個亮睛扶貧眼科中心和一間扶貧眼科醫院，培訓了逾 140 名白內障手術醫生，完成逾 16 萬例白內障手術。

1994 年獲選為香港十大傑出青年，翌年獲頒世界十大傑出青年；2007 年獲香港紅十字會頒授首屆香港人道年獎；此外又獲得多個國際專業獎項與榮譽，包括連續四屆被選為「世界眼科 100 強」（2018 年位列 18）、美國眼科學會「高級成就獎」（2008）、國際眼科理事會 "Golden Apple Award"（亞太眼科最佳臨床教授獎 2011）、亞太眼科學會 "Jose Rizal Medal"（亞太眼科最傑出成就獎 2014）、"De Ocampo Lecture"（亞太眼科最高學術成就獎 2003）及 "Arthur Lim Award"（亞太眼科最傑出培訓及教學領袖獎 2020）。2008 年起任香港特別行政區全國人民代表大會代表。

林順潮是亞太眼科領軍人物之一，曾任亞太眼科學會和亞太視網膜黃斑病學會會長、2008 年籌辦於香港舉行的世界眼科大會並出任大會及籌委會主席（102 個國家逾 13,000 人參加）；現任《亞太眼科醫學雜誌》總編輯、亞太眼科科學院及亞太近視學會秘書長、國際眼科科學院院士、國際近視手術學會和世界青光眼協會執委委員等要職。

林廣兆

金紫荊星章 (GBS)
銀紫荊星章 (SBS)

（上圖）1996 年 1 月，中銀擔任安排行和包銷行，向香港機場管理局提供 82 億元銀團貸款，參與融資興建香港新機場。

（下圖）廈門國際電力發展有限公司簽約儀式。

林廣兆 1934 年出生於福建漳州平和縣，1952 年加入中國銀行，1960 年成為中國銀行首批派駐香港員工，自此扎根及服務香港金融界逾 60 年。改革開放初期，負責中國銀行港澳管理處信貸業務，積極推動中銀集團開展內地業務。1980 年代，中銀集團共向內地 2500 多個項目累計貸款 150 多億美元，尤其對廣東、福建等地基礎設施建設和實體經濟發展起到有力的推動和支撐作用。此外，從 1979 至 1992 年，中國銀行通過外國政府貸款、政府混合貸款、買方信貸、商業貸款和發行國際債券，共籌措資金達 168.4 億美元，佔同期內地實際利用外資近 88%，成為內地對外籌資的主要管道。

1980 年代擔任中國銀行港澳管理處業務部總經理及港澳管理處副主任，積極推動集團多元化改革，創建外匯中心和票據交換中心，推出代客買賣外匯和黃金等創新措施，並支持中國建設財務公司轉型為中銀國際，成為中國第一家投資銀行。此外，他也在集團所屬銀行網點推出 ATM 連線服務和人民幣兌換服務。1997 年亞洲金融風暴期間，通過增加貸款或貸款重組方式扶持陷入困境的中小企業，使中銀集團成為維護香港繁榮穩定的重要力量。

2001 年 10 月任寶生銀行董事長，林廣兆親歷中銀集團以寶生銀行為載體啟動重組上市的重大改革。2002 年中銀香港上市前夕，林廣兆轉任中銀國際控股有限公司副董事長，並主動提出放棄薪酬待遇，只領取退休金，無償服務。

林廣兆工作之餘亦積極參與社會服務。2003 至 2008 年擔任香港特別行政區全國人民代表大會代表；歷任香港福建社團聯會榮譽主席、旅港福建商會永遠榮譽會長、閩港經濟合作促進會副主任、香港中華總商會永遠榮譽會長、香港中國企業協會顧問及香港銀行華員會名譽會長。2008 年與陳守仁成立兩岸和平發展聯合總會，為兩岸和平發展作出了重大貢獻。

林樹哲

金紫荊星章 (GBS)
銀紫荊星章 (SBS)

林樹哲 1948 年出生於福建泉州南安，1974 年隻身來港，兩年後與朋友創辦針織廠，1979 年成為香港南益織造有限公司股東。1981 年返回家鄉合作創辦南豐針織廠，成為福建省非公有制企業先鋒，被稱譽為「閩南的第一枝報春花」。針織廠以「三來一補」方式加工生產羊毛衣，由香港南益提供原料、樣板、設備、資金和海外市場，並派出技術人員指導。1984 年 4 月，南豐針織廠黨支部正式成立，成為全國第一家非公有制企業黨組織；1997 年 6 月，集團黨支部升格為黨委，為福建第一個跨地區成立的非公有制企業黨委。

林樹哲現為南益實業（集團）有限公司董事長，集團在眾董事及股東支持下，30 多年來捐資總額逾 5 億元扶助內地教育事業發展，惠及大中小學逾 200 所，包括中國人民大學、廈門大學、武漢大學、華僑大學等大中專院校和一批中小學。2008 年四川汶川大地震，他向災區捐款 500 萬元。

（上圖）1981 年南豐公司開業典禮。

（下圖）1980 年代電訊設施落後，內地工廠與香港部門的溝通都要依賴一台三洋卡式錄音機，通過貨車來回輸送，一趟交流過程來回動輒 4 至 5 天。

林樹哲積極投入社會服務工作，1980 年代起參與政協工作，歷任中國人民政治協商會議南安縣委員會委員、常務委員、副主席，中國人民政治協商會議泉州市委員會委員、常務委員，中國人民政治協商會議福建省委員會委員、常務委員、港區召集人，並在 2003 年起擔任中國人民政治協商會議全國委員會香港地區委員及常務委員。此外，他在 1997 年參與成立香港福建社團聯會，促進閩港經濟合作；2004 年創立「香港黑龍江經濟合作促進會」，匯聚不同省市、政商各界人才加入，推動龍港兩地經濟互動；自 2010 年起歷任中華海外聯誼會副會長、中國僑聯常委、中國僑商投資企業協會副會長、香港福建社團聯會榮譽主席、香港友好協進會副會長、香港福建社團聯會第七屆及第八屆主席，及連續三屆擔任香港中華總商會副會長。林樹哲熱心社會公益，為改革開放作出重大貢獻，先後獲中華慈善總會授予「中華慈善突出貢獻人物」、福建省政府授予「閩商建設海西突出貢獻獎」、「海外華僑捐贈公益事業突出貢獻獎」等榮銜。

林龍安

太平紳士（JP）

（上圖）2002 年，林龍安於廈門出席禹洲・棕櫚城奠基慶典。

（下圖）2009 年，禹洲集團於香港交易所上市。

林龍安 1964 年出生於福建惠安縣，中國科技大學碩士畢業。1994 年在廈門成立禹洲集團，在海西地區開發禹洲新村，並在 2002 年建成廈門首個城市綜合體項目禹洲・世貿商城。現任禹洲集團董事長、禹洲地產股份有限公司董事局主席。

禹洲集團參與改革開放，發展成為集房地產開發建設、商業投資、運營管理、物業管理、資訊通訊產業、金融為一體的多元化、集團化的大型綜合性企業；業務覆蓋長三角、粵港澳大灣區、環渤海、海西、華中和西南六大都市圈，連續多年蟬聯中國房地產 30 強。

林龍安熱衷社會慈善事業，歷年帶領禹洲集團捐款累計逾 3 億元。2014 年成立禹洲公益基金會，致力於教育、環保公益慈善活動。歷年捐助內地教育事業，包括成立「禹洲集團集美大學實習基地」，捐助 1700 萬元予集美大學教育發展基金會扶助貧困學生、捐贈中國僑聯 500 萬元作僑聯發展基金、捐贈華僑大學 500 萬元作獎教學基金、捐贈廈門大學 100 萬元助學基金、捐贈 150 萬元給中出慈善基金、捐助 100 萬元予福建省的廣兆中學，捐贈 150 萬元予廈門雙十中學建設教學大樓、捐贈 200 萬元予中國科技大學、捐贈 130 萬元予武漢經開區教育局作教育基金等。2008 年捐款 100 萬元支援汶川地震災區，2020 年捐款 500 萬元支援武漢抗疫。除此，亦連續多年贊助「關懷全港獨居長者團年宴」活動，每年陪同全港 1500 名獨居長者共進團年飯。

服務社會之餘，林龍安擔任香港與內地眾多社會公職。歷任香港特別行政區第十三屆全國人民代表大會代表、中國人民政治協商會議天津市、廈門市委員會常務委員及福建省委員會委員、中華全國工商業聯合會第十二屆執行委員會常委、中華全國歸國華僑聯合會常委、香港中華出入口商會會長、香港僑界社團聯會永遠名譽會長等。2008 年起先後獲頒「中國民主建國會全國抗震救災優秀會員」、「中國 MBA 十大精英人物」、「廈門市榮譽市民」、「中國房地產新風雲人物」等稱號。

邱浩波

銀紫荊星章 (SBS)
銅紫荊星章 (BBS)
榮譽勳章 (MH)
太平紳士 (JP)

（上圖）社研協助安排香港的社工學生探訪深圳首間社工機構 —— 深圳市鵬星社會工作服務社。

（下圖）香港國際社會服務社在廣州開設「穗港及海外分隔家庭服務中心」。

邱浩波曾在內地、香港及美國接受教育，持有法律學士、碩士學位，及社會工作碩士學位，為資深社工，現任香港國際社會服務社行政總裁、國際社會服務社亞洲及太平洋區總監。

自 1997 年開始帶領香港國際社會服務社在內地成立多家社工服務機構，把香港社會工作服務模式、技巧和經驗引入內地，並與中國社會工作協會和廣東省民政廳等合作開展培訓項目，推動內地社工人才培訓，促進香港與內地社會工作的合作與發展；1992 年香港國際社會服務社將國際領養服務及個案工作服務延伸至內地，1996 年開始服務分隔於香港與內地家庭，翌年在廣州開設穗港及海外婚姻家庭輔導服務中心；其後陸續在香港開辦新來港人士輔導服務，在廣州開設廣東省赴港定居人士服務中心，開設協助綜援長者廣東省養老計劃、福建省赴港定居人士服務中心，及協助綜援長者養老計劃延伸至福建省，又在廣州成立穗港青少年服務中心，在深圳設立羅湖區港人家庭社工服務站，開辦深港跨境家庭服務、跨境學童服務中心及在廣州設穗港家庭服務中心等。

1998 年參與創立社會服務發展研究中心並擔任主席；2000 年起組織兩地業界交流考察，協助內地結合香港資源發展社會服務；此外亦與內地部門合辦交流會及培訓班，協助培訓內地機構管理人員及社會工作者；2008 年啟動「深社計劃」，由香港社工向深圳社工提供督導培訓，至 2011 年深圳首批本地初級督導誕生；其後計劃推廣至東莞、佛山、廣州等地。

邱浩波多年來積極參與公共服務，歷任香港酒牌局主席，又出任中央政策組、安老事務委員會、香港博彩及獎券事務委員會、城市規劃委員會、監管釋囚委員會以及社會福利諮詢委員會委員、灣仔區議會議員等；現任人口政策督導委員會顧問、和富社會企業主席等；1997 年獲頒香港巴哈伊人群服務獎，2008 年獲香港浸會大學頒授榮譽院士，2015 年獲中國社工年會組委會評選為「2014 年度中國十大社工人物」之一。

邱達昌 （隨團代表）

家族代表人物：
邱德根（父親）

邱德根 （1925—2015）

太平紳士（JP）

邱達昌 1954 年出生於香港，1975 年於日本上智大學取得工商管理及經濟學雙學位，1978 年擔任香港遠東發展有限公司董事總經理，其後到馬來西亞經營地產業務，創辦馬來西亞置地有限公司，為當地最活躍的地產發展商之一；1994 年及 1997 年先後出任遠東發展副主席及行政總裁，2011 年起出任主席。

遠東集團業務遍及內地、香港、澳洲、新西蘭及英國等地，集團積極參與投資「一帶一路」沿線國家，如馬來西亞、新加坡及捷克等。邱達昌同時出任香港有線寬頻通訊有限公司主席，有線電視積極製作節目協助中華文化走向世界，推動財經節目進入粵港澳大灣區。邱達昌歷任多項公職，包括第十二屆及第十三屆中國人民政治協商會議全國委員會香港地區委員，並當選第十三屆全國政協社會和法制委員會副主任；2017 年起任中華全國工商業聯合會副主席、粵港澳大灣區廣電聯盟副理事、香港明天更好基金信託人、中美交流基金會贊助人及廣東外商公會名譽會長等；1997 年及 2005 年先後獲得馬來西亞拿督及丹斯里拿督銜。

邱德根 1925 年出生於上海，祖籍浙江寧波，1950 年移居香港，在新界開設電影院及遠東錢莊，其後錢莊發展成遠東銀行，在荃灣建成當年新界最高的遠東銀行大廈；1961 年收購九龍荔園遊樂場，並投資建成中國歷史文化遊樂園「宋城」，仿造宋代商店、庭園等宣揚中華傳統文化；1972 年創立遠東發展有限公司並擔任主席，經營地產、娛樂及旅遊業、金融及銀行等；1982 年全面收購麗的電視並改名為亞洲電視，出任董事局主席，任內推行多項改革令電視台轉虧為盈，至 1989 年轉售。改革開放初期，邱德根即開始投資內地，1979 年於深圳蛇口開設遠東麵粉廠、金錢飼料有限公司及餅乾廠等。

邱德根熱心公益，1967 年領導創辦仁濟醫院，同年至 1974 年擔任仁濟醫院董事局主席；1968 年成為香港公益金贊助人之一及永遠名譽副會長；1965 年起在內地及香港創辦四間以妻子名字命名的裘錦秋中學，並擔任校董會主席；邱德根也在 1959 年擔任新界總商會創辦人及主席、1960 年擔任荃灣總商會永久名譽主席、1964 年擔任新界鄉議局當然執行議員、1983 至 2003 年出任中國人民政治協商會議全國委員會香港地區委員。

姜在忠

姜在忠 1960 年出生，山東昌邑人，1983 年蘭州大學中文系畢業，歷任新華社記者、編輯、《新華每日電訊》報副總編輯、內蒙古分社社長等職。現任香港新聞工作者聯會主席、香港大公文匯傳媒集團董事長兼《文匯報》、《大公報》社長以及香港美協顧問。

姜在忠獲邀為 2018 年「香港澳門各界慶祝國家改革開放 40 周年訪問團」香港特別行政區代表團成員，彰顯了香港《文匯報》和《大公報》對國家改革開放的貢獻。1978 年 12 月 24 日，《大公報》以頭版大篇幅介紹國家「對內改革、對外開放」的戰略決策；《文匯報》在 1992 年 2 月 14 日率先發表鄧小平南巡視察珠海的報道和講話，為改革開放提供重大推動力量，並從輿論上增強社會對國家實施改革開放的信心。

（上圖）2016 年未來之星「一帶一路」沿線國家交流團。

（下圖）2019 年「第九屆全港學生中國國情知識大賽」決賽暨頒獎典禮。

香港《文匯報》和《大公報》在推動香港年青人認識國情和改革開放等方面作出了重要貢獻。《文匯報》自 2011 年起與國家教育部港澳台事務辦公室和香港教育局合辦「全港學生中國國情知識比賽」，當中第八屆比賽更以「紀念改革開放 40 周年」為主題，吸引 148 間大中小學約 6000 名學生參加。《大公報》自 2014 年起組織「范長江行動」內地遊學活動，讓香港青年重踏 1935 年《大公報》著名記者范長江的腳步考察甘肅；近年活動更包括中原地區、內蒙古和「一帶一路」國家。此外，香港大公文匯傳媒集團聯合北京上市公司協會亦與香港中國企業協會、香港中國金融協會、香港中資證券業協會等兩地機構共同推出中國證券金紫荊系列活動，當中中國證券「金紫荊」獎，是對內地及香港兩地上市公司及其高管最具公信力的評選。

姜在忠歷年出任多項社會公職，包括 2013 年起擔任中國人民政治協商會議全國委員會香港地區委員，2018 年獲選為海外華文傳媒合作組織主席，現任世界中文報業協會主席；著作有《「內容為王」講好中國故事》、《「一帶一路」是歷史機遇》。

施子清

銀紫荊星章 (SBS)
太平紳士 (JP)

（上圖）1995 年出任中國人民政治協商會議政協全國委員會香港地區委員時，於會議發言。

（下圖）2019 年出席「共圓中國夢寰宇墨花飛」全球華人書法名家邀請展。

施子清 1939 年出生於福建晉江南莊村一個華僑家庭，1957 年移居香港，先後就讀於香港聯合書院中文系和香港菁華中醫學院，獲學士和中醫全科文憑；1960 年創辦香港集美僑校，任校長；2008 年榮獲香港城市大學社會科學榮譽博士學位。

1967 年施子清棄教從商，經營國際進出口貿易、證券等行業。在 1980 年代初乘着國家改革開放東風，先後在上海、江蘇、福建、廣東以及湖南、江西、廣西、遼寧、重慶等地投資辦廠、開發房地產以及參與各種工程建設，業務遍及大江南北；多年來，他堅信國家改革開放的道路，秉持誠信的理念，帶領恆通資源集團經歷了時代的變化，多元發展，經營網絡廣泛，包括韓國、日本、美國、加拿大、英國、越南、海峽兩岸等國家和地區。

施子清事業有成之後，對國家、家鄉及香港的教育慈善公益事業貢獻良多；自 1987 年開始，施子清捐贈各類教育基金、大學教研機構、慈善團體等，其中包括 1993 年捐資華僑大學敬萱堂教學樓，能同時容納 2000 人；先後捐資廈門大學，成立廈門大學中青年教師培養基金會、北京大學教育基金會、香港吳淑敏幼稚園、香港城市大學教育基金、香港浸會大學教育基金會等。

1988 年 10 月在香港舉行第十二屆亞洲女子籃球比賽，施子清作為大會主禮嘉賓，為海峽兩岸女籃首次球賽開出第一球，打破海峽兩岸由隔絕走向交流的新局面。

施子清歷年擔任公職包括於 1985 年出任中國人民政治協商會議福建省委員會委員；1994 年被聘為港事顧問；1993 至 2013 年任政協全國委員會香港地區委員、第十一屆全國政協文史委員會副主任，2003 至 2007 年任中華全國工商業聯合會副主席；現被授予中國文聯榮譽委員、中國書法家協會顧問、西泠印社海外特邀社員、中國書協香港分會主席、香港福建書畫研究會創會會長、香港福建社團聯會永遠名譽會長及海內外數十個社團的會長、榮譽會長、永遠名譽會長等重要職務。

施銘倫 (Merlin Bingham Swire)

施銘倫 1973 年出生於英國，為太古集團創始家族成員、前主席施雅迪 (Adrian Swire) 之子，於英國牛津大學獲古典學一等學位；1997 年加入家族企業太古集團，先後於香港、悉尼、上海、廈門和倫敦等地任職，參與集團旗下航空、船務、飲料和飛機工程等業務的管理工作；2015 至 2018 年出任英國太古集團有限公司行政總裁，2018 年 7 月至 2021 年 8 月出任香港太古集團有限公司、太古股份有限公司、太古地產有限公司和香港飛機工程有限公司主席，並在卸任後恢復擔任英國太古集團有限公司行政總裁。

國家實行改革開放初期，隨着中英兩國政府簽訂《中英聯合聲明》，太古集團即以行動對香港回歸祖國投下信心一票，成為首批重返內地的外資企業之一，致力引入中資伙伴共同開拓商機；重點投資內地地產、航空、飛機工程、飲料等多元化業務，至今在內地聘用近四萬名員工，資本投入超過 1000 億元人民幣，香港的資本投入則近 4000 億元。

（上圖）已故國家領導人鄧小平在北京接見太古集團時任主席施雅迪。

（下圖）太古早於 1989 年開始在內地營運兩間可口可樂裝瓶廠。圖為杭州的廠房。

1979 年把首批共 20,000 箱可口可樂汽水運往上海、北京及廣州，成為改革開放後首個進入內地的國際消費品牌；1980 年代與美國可口可樂公司及中國中信集團合作發展內地裝瓶業務，並於 1989 年在浙江省及江蘇省設立首兩家內地可樂裝瓶廠；至今在內地 12 個省市擁有生產、推廣及經銷專營權，擁有 18 家裝瓶廠；1993 年集團成立廈門太古飛機工程有限公司 (TAECO)，位於廈門高崎國際機場的維修設施於 1996 年投入運作，並在廈門招收近 1000 多名工程人員和學徒，為他們興建宿舍及保送他們到香港接受培訓，又與廈門大學合作開辦相關科目培養飛機維修人才，協助廈門成為世界航空維修中心之一。

集團於 1986 年把國泰航空在香港上市，翌年邀請香港中信集團加入成為股東；1996 年讓中信增加其所持有的國泰航空股份；2006 年國泰航空進行股權重組，增加中國國際航空（國航）和中航興業於國泰的持股量，而國泰亦增持國航股權，協助鞏固國家航空業各主要公司之間的策略伙伴關係，促進香港與內地航空業的持續發展。

施銘倫也是英中貿易協會 (China-Britain Business Council) 顧問委員會委員、中國人民對外友好協會全球首席執行官委員會委員及上海市市長國際企業家諮詢會議成員。

查毅超

銅紫荊星章 (BBS)

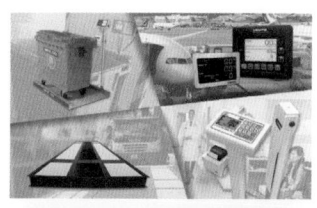

（上圖）福田科技有限公司是世界前列的磅秤製造商。

（下圖）查毅超自擔任香港科技園公司主席以來，致力推動香港創科發展，帶領科技園公司積極建構蓬勃的創科生態圈。

查毅超 1966 年出生於香港，美國羅徹斯特理工學院商學理學士；1988 年回港加入家族企業福田科技有限公司工作，致力以數碼化專業方式管理公司業務，並重點發展磅秤製造技術。他於 1990 年代透過多次海外收購，掌握頂尖磅秤製造技術，開發各種醫療、工業、汽車等嶄新商用磅秤，成功將公司由一家小型燈具和雜貨工廠，發展成世界前列的磅秤製造商；2007 年和 2010 年分別在香港中文大學和香港城市大學取得行政人員工商管理碩士和工程學博士學位。

為支持國家改革開放，公司於 1989 年開始在深圳開設廠房，踏入 1990 年代並引入第一套企業資源計劃 (ERP) 系統，使公司走上數碼化和專業管理的新階段；1993 年在深圳成立查氏電子實業（深圳）有限公司，2002 年收購世界有名的歐洲品牌 Terraillon 和 Hanson，使公司成功開發各種醫療、工業、汽車等嶄新商用磅秤；2006 年成為全球首家企業獲得 IECQ QC 080000 HSPM 有害物質流程管理系統認證。

查毅超參與多項公職，2006 年起擔任中國人民政治協商會議重慶市委員會委員，2018 年 7 月起擔任香港科技園公司主席，推動科學園第二階段擴建計劃，及積極促進香港再工業化的發展進程。香港科技園公司多年來對國家改革開放及推進大灣區發展成為國際科創中心作出貢獻，2017 年更成立全資子公司港深創新及科技園有限公司，全面統籌與深圳接壤、位於落馬洲河套區的港深創新及科技園的興建工程，借助深圳供應鏈、生產實力及人力資源，將香港打造成為國際創科樞紐。

查毅超現任福田集團控股有限公司董事總經理、香港工業總會副主席、香港貿易發展局製造業拓展計劃委員會及創新科技諮詢委員會主席、香港中華廠商聯合會會董；歷任物流及供應鏈多元技術研發中心有限公司董事局主席、知識產權署版權審裁署委員、香港貿易發展局電子及家電業諮詢委員會主席、香港理工大學工業及系統工程學系顧問委員會主席、香港應用科技研究院有限公司 (ASTRI) 董事局成員及其技術檢討小組（企業與消費電子）主席等；2004 年獲香港工業總會頒發香港青年工業家獎；2018 年獲香港理工大學授大學院士銜。

查懋聲 （隨團代表）
（1942—2020）

太平紳士 (JP)

查懋聲出生於重慶，為香港紡織工業家查濟民之子，美國史丹福大學工商管理碩士，1995 年聯同美國摩根士丹利、中國建設銀行、新加坡政府投資 (GIC) 及中國投資擔保有限公司等公司成立中金公司，成為首間中外合資投資銀行及香港首間內地證券公司。1997 年成功策劃中國移動（香港）於香港上市，開創大型國家中央企業在境外集資先河，對國家金融業改革開放有重大貢獻。

1993 至 2013 年間，查懋聲擔任中國人民政治協商會議全國委員會香港地區委員；歷任香港海洋公園董事局主席及香港創新科技顧問委員會主席、香港明天更好基金信託人、中美交流基金會理事、求是科技基金會主席及桑麻基金會受託人等；2001 年獲香港城市大學頒授榮譽社會科學博士。

家族代表人物：
查濟民（父親）

查濟民 （1914—2007）

大紫荊勳賢 (GBM)
太平紳士 (JP)

查濟民出生於浙江海寧，1931 年於浙江大學工學院附設高級工科中學畢業後投身紡織業，1940 年代末年移居香港；1949 年創辦中國染廠，1977 年收購香港興業有限公司，拓展以房地產業務為主的企業。

查濟民是國家實行改革開放的堅定擁護者，1980 年代率先在內地投資辦廠，先後在廣東中山、浙江杭州、江蘇常州、重慶、上海及家鄉海寧等創辦合資企業，促進當地紡織業走向現代化並帶動港人到內地的投資熱潮，包括於 1996 年成立常州名力紡織有限公司；2000 年收購杭州一棉及杭州漂染廠；2001 年在海寧興建氨綸化纖廠；2005 年又在海寧創辦新能紡織公司，積極推進民族紡織工業發展。

查濟民熱心推動國家科研和教育事業，1992 年起先後出資 3000 萬元設立桑麻基金會，鼓勵內地紡織服裝業科技創新和人才培養；1994 年成立求是科技基金會，表揚為國家科技研究、環境保護和航太事業作出貢獻的科學家，前後共獎勵 370 名在不同科學領域中有傑出成就的學者，並資助 8000 多名貧困大學生及博士研究生完成學業。

查濟民歷任香港特別行政區基本法起草委員會委員、香港特別行政區籌備委員會及第一屆政府推選委員會委員等。1996 年獲聘為浙江大學名譽教授、北京大學顧問教授、浙江大學經濟學院名譽院長，先後獲香港及內地四所大學頒授榮譽博士。

洪丕正

銅紫荊星章 (BBS)
太平紳士 (JP)

（上圖）2013 年 1 月，渣打與香港金融管理局在杜拜合辦有關人民幣的研討會，推廣人民幣國際化。

（下圖）渣打大力支持「一帶一路」倡議，並於 2019 年舉行全球首個「一帶一路」跑，跨越「一帶一路」沿線其中 44 個市場。圖為渣打「一帶一路」跑在北京舉行的最後一站活動。

洪丕正 1964 年出生於香港，獲美國華盛頓大學及加拿大多倫多大學文學士（工商管理）及工商管理碩士，2009 年獲嶺南大學頒授榮譽院士銜。他於 1992 年加入渣打銀行，2008 年出任渣打香港行政總裁兼執行董事，成為該行最年輕的行政總裁及第二位華人大班；2015 年升任為渣打大中華及北亞地區行政總裁；2021 年再獲擢升為渣打亞洲區行政總裁。

渣打銀行是香港歷史最悠久的發鈔行，早於 1859 年已經在香港開展業務。作為土生土長的資深銀行家，洪丕正善用渣打銀行的跨地域網絡，支持內地加快改革開放步伐，帶領渣打銀行積極參與香港和內地經濟金融發展，高度參與「滬港通」、「深港通」和「債券通」等互聯互通計劃，協助國際投資者進入內地資產市場，推動香港成為人民幣離岸中心，協助國家金融市場國際化及加快改革開放步伐。2009 年國務院於廣東省和上海市開展跨境貿易人民幣結算試點，渣打與其他 10 家銀行成為首批境內代理行；2012 年，渣打推出「渣打人民幣環球指數」，是市場上首個追蹤人民幣發展的量化指標，為國際投資者提供離岸人民幣活動的走勢和規模參考；2017 年又與香港貿易發展局推出「渣打大灣區營商景氣指數」，是市場首個針對粵港澳大灣區營商景氣的前瞻性季度調查。此外，渣打亦大力支持「一帶一路」倡議，舉行全球首個「一帶一路跑」— 跨越「一帶一路」沿線 44 個市場的跑步活動，藉此推動國際對「一帶一路」的認識。

洪丕正於 2010 年及 2013 年出任香港銀行公會主席，代表本地銀行業與香港和內地財金官員及機構緊密溝通合作，反映銀行業界關注的議題，提出實質可行的建議，例如向香港財資市場公會提供意見，促成後者在 2013 年推出人民幣香港銀行同業拆息定價，推動離岸人民幣貸款市場發展。

洪丕正工作之餘積極參與香港社會服務，歷任香港機場管理局成員、香港醫院管理局成員、香港大學校務委員會委員及香港貿易發展局一帶一路委員會委員；現任行政長官創新及策略發展顧問團成員、外匯基金諮詢委員會委員、香港交易所集團獨立非執行董事和香港總商會理事等。

胡定旭

金紫荊星章（GBS）
太平紳士（JP）

胡定旭 1954 年出生於香港，在英國 Teesside Polytechnic 修讀會計課程，並以全英第一名成績取得特許會計師資格；1976 年加入英國安永會計師事務所為首位華人會計師，1985 年成為事務所史上最年輕合伙人，2000 至 2005 年間出任事務所首名華人遠東區主席。

1981 年安永於北京設立辦事處，為國家實行改革開放後首批獲准開設內地分公司的國際專業服務公司之一。胡定旭積極為安永拓展業務，成為中國平安保險、中國海洋石油及中國工商銀行等內地大型企業的指定顧問公司，並協助它們來港集資上市。胡定旭出任遠東區主席期間，促成安永於 2001 年與當時內地最大的會計師事務所大華合併，成為首間兼併內地大型會計師行的國際會計師事務所，協助提升內地會計業的專業水平，促進內地企業改革和國際化。

胡定旭歷年擔任多個公職。1999 年加入香港醫院管理局，並於 2004 至 2013 年間出任主席，任內推動香港多項公私營醫療合作計劃。1998 年起出任中國人民政治協商會議全國委員會委員，2013 年起兼任常務委員，於 2008 至 2013 年間出任教科文衛體委員會委員；擔任政協委員時向中央政府提交多份推動內地醫療改革提案，包括建議提高醫護人員薪酬、改善「以藥養醫」問題、推行「緩和醫療」模式和設立大灣區健康資訊平台等；現為廣東省粵港澳合作促進會醫藥衛生大健康委員會榮譽顧問、國家中醫藥管理局國際合作首席顧問、北京協和醫院榮譽教授及香港中文大學醫學院榮譽教授；曾任國務院深化醫療改革領導小組專家諮詢委員會委員，及國家衛生和保健委員會顧問等職務。

胡定旭亦積極參與香港公共政策研究工作，2007 至 2012 年間出任民間智庫智經研究中心主席，帶領中心就香港經濟社會議題撰寫多份具前瞻性的政策研究報告，為粵港澳地區長遠發展出謀獻策。此外，他在 2010 至 2012 年間出任香港總商會主席；2009 年獲香港社會醫學學院頒授榮譽院士銜。

胡曉明 （隨團代表）

銀紫荊星章 (SBS)
銅紫荊星章 (BBS)
太平紳士 (JP)

家族代表人物：
胡法光（父親）

胡法光

大紫荊勳賢 (GBM)
金紫荊星章 (GBS)
大英帝國官佐勳章 (OBE)
大英帝國司令勳章 (CBE)
太平紳士 (JP)

胡曉明 1954 年出生於香港，1976 年獲美國柏克萊加州大學電機工程及電腦科學學位後，回港協助管理家族業務，1980 年任菱電公司中國部總經理，現為菱電發展有限公司主席。

2013 年起任第十二屆、十三屆香港特別行政區全國人民代表大會代表，並任中國香港體育協會暨奧林匹克委員會副會長、香港中華總商會副會長；曾任香港專業及資深行政人員協會會長；2003 至 2012 年任中國人民政治協商會議上海市委員會常務委員、香港城市大學校董會主席等，2018 年出任第 18 屆印尼亞洲運動會香港隊團長，同年獲香港城市大學頒授榮譽博士。

胡法光 1924 年出生於上海，1944 年畢業於上海交通大學機械工程系，先後在上海及英國工作，1952 年移居香港，1966 年創辦菱電工程有限公司。

改革開放初期，胡法光是首批到內地投資的香港商人；1979 年胡法光旗下菱電擔任廣州五星級酒店白天鵝賓館的機電總承包商；其後成立中國部，拓展內地業務，包括機電工程、酒店、房地產，為國家現代化貢獻。

1980 年代起推動家鄉上海發展，與日本三菱電機株式會社合作成立上海三菱電梯有限公司，引進日本電梯產品及製作技術，並投資興建上海新錦江大酒店；先後組織數十次幹部培訓班赴港學習，為上海市培養人才。1999 年獲上海市政府頒發白玉蘭榮譽獎，表揚其對上海經濟建設和社會發展的貢獻；1993 至 2003 年任中國人民政治協商會議全國委員會委員；曾任香港基本法諮詢委員會委員、港事顧問、香港特別行政區籌備委員會委員、香港特別行政區第一屆政府推選委員會委員。

胡法光擔任多項公職，1973 至 1984 年出任市政局議員，1982 至 1984 年任灣仔區區議員，1979 至 1988 年任立法局議員，1990 年創立香港自由民主聯會兼任主席。此外致力推動體育運動，曾任中國香港體育協會暨奧林匹克委員會副會長及香港多個體育總會名譽會長。歷任康樂體育局主席、土地發展公司主席、新機場諮詢委員會主席、九龍城寨清拆特別委員會主席、交通審裁署主席、香港房屋委員會委員、香港法律改革委員會委員等；2012 年獲香港城市大學頒授榮譽博士，現為菱電發展有限公司名譽主席。

胡應湘

金紫荊星章 (GBS)
聖米迦勒及聖喬治爵級司
令勳章 (KCMG)

（上圖）1991 年皇崗口岸落成的
照片。

（下圖）1995 年廣深高速公路通
車運作。

胡應湘 1935 年出生於香港，畢業於美國普林斯頓大學，獲土木工程學士學位，回港後任職工程師，1963 年與父親胡忠創立合和建築有限公司，1972 年成立合和實業有限公司，現任該公司主席。

1978 年，國家實施改革開放，他為最早響應到內地投資及參與國家改革開放的香港企業家之一。他預視到要推動地區的經濟發展，「交通、能源、通訊」這三個基礎建設必不可少，而廣東是對外開放的先行者，他於廣東珠江三角洲地區，率先採用「建設—營運—移交」(BOT) 方式投資、興建及經營多項大型交通及能源基建項目。

1980 年，他同幾位香港實業家與廣州市合作，投資、興建及經營廣州中國大酒店，並於 1984 年開業，是內地首個以 BOT 方式完成的五星級酒店。其後他參與發展多個重要基建項目，包括 1985 年落成的深圳羅湖口岸聯檢大樓、1991 年落成的皇崗口岸，大大改善兩地人流與物流。其他大型基建包括 1987 年投產的沙角 B 發電廠，供電量佔當時廣東電網的四分之一，大大緩解廣東供電緊張狀況；沙角 C 發電廠及河源電廠則分別在 1996 年及 2009 年投產。

1980 年代初，他提出興建連接廣州、深圳至珠海的高速公路，得到國家領導人支持動工，其中廣深高速公路於 1994 年全線通車。其他由合和實業發展的高速公路項目還包括於 1995 年通車的順德公路、1997 年通車的虎門大橋、2000 年通車的廣州東南西環高速公路及 2013 年通車的廣珠西線高速公路。1983 年，他已率先倡議興建連接香港和珠江三角洲西岸的跨海大橋，為今日伶仃洋大橋及港珠澳大橋的倡導者。隨後，他提出興建中山至深圳機場的南沙港大橋、瓊州海峽大橋等構思。

胡應湘熱心公務，出任多項公職，包括香港港口及航運局主席、香港地產建設商會副會長、中國人民政治協商會議全國委員會香港地區委員、全國政協轄下港澳台僑委員會副主任、中國聯合國協會理事，及國家開發銀行顧問。他亦獲多家大學頒授榮譽博士及為多個專業組織之資深會員，包括香港工程師學會榮譽院士、院士和香港工程科學院院士、英國土木工程師學會院士、英國特許物流及運輸學會（香港分會院士）。

范徐麗泰

大紫荊勳賢 (GBM)
金紫荊星章 (GBS)
太平紳士 (JP)

（上圖）2015 年到江西東江源考察東江水水質問題時，與當地農家交流。

（下圖）2019 年 8 月勵進教育中心的貴州高科技之旅，同教師們歡聚一堂。

范徐麗泰 1945 年出生於上海，1949 年隨家人移居香港，獲香港大學理學士和社會科學碩士學位，其後於理工學院任職學生輔導處主任，1987 年任助理院長。歷任教育統籌委員會主席、立法局議員研究越南船民問題召集人等，現為勵進教育中心理事會主席；2003 年後獲香港和內地六所大學頒授榮譽博士學位。

1980 年代開始積極投身政務及參與各項公職，1983 年起獲委任為立法局議員，1989 年起兼任行政局議員；1993 年後擔任香港特別行政區籌備委員會預備工作委員會委員，及香港特別行政區籌備委員會委員；1997 至 2008 年先後任臨時立法會及立法會主席；1998 至 2018 年任香港特別行政區全國人民代表大會代表，2008 至 2018 年任常務委員會委員。

作為人大代表，范徐麗泰致力擔當香港與內地溝通的橋樑，包括設立個人網頁，讓香港市民了解人大的工作，亦收集香港市民對內地各級政府或各部門的申訴，轉介予內地相關部門及委員會跟進，並在人大會議上反映有關問題；在人大會議上，范徐麗泰曾向中央政府表達對東江水水質、跨境空氣污染等議題的關注，亦與其他人大代表提議中央對地方幹部的考績，除了經濟發展外，亦應關注環保和生態建設，最終獲得落實。

此外，她也積極推動內地扶貧和香港國民教育工作，1996 年參與成立香港各界慶祝回歸委員會慈善信託基金，並擔任基金信託人；1997 至 2012 年期間，她積極呼籲香港社會關注內地扶貧事業，又與中華全國婦女聯合會合作，在內地 13 個省區進行扶貧工作，以及每年親自到內地貧困地區視察，了解脫貧情況，並鼓勵全國婦聯基層幹部全力協助貧困戶脫貧；慶祝回歸慈善信託基金亦在香港積極推行國民教育，透過舉辦各類型比賽和交流團等，讓老師和中小學生認識中國歷史和國家的發展。2016 年又成立勵進教育中心，透過互聯網、交流團、研究會等方式，協助青少年加深對中國歷史、文化及和國情的認識，建立歷史感和民族觀。

唐本忠

中國科學院院士
發展中國家科學院院士
亞太材料科學院院士
英國皇家化學會會士
中國化學會會士
國際生物材料科學與工程
Fellow

（上圖）1982 年在日本留學期間
與導師討論工作。

（下圖）獲得 2017 年度國家自然
科學一等獎。

唐本忠 1957 年出生於湖北潛江市，1982 年於華南理工大學獲學士學位，1985 年、1988 年先後獲日本京都大學碩士和博士學位，曾在加拿大多倫多大學從事博士後研究。1994 年至今歷任香港科技大學化學系助理教授、副教授、教授、講座教授、張鑑泉理學教授，並兼任香港科技大學工學院化學及生物工程學系講座教授。2006 年受聘為浙江大學「光彪講座教授」，2012 年受聘為華南理工大學兼職教授及 2021 年受聘為香港中文大學（深圳）理工學院院長。

唐本忠主要從事高分子化學和先進功能材料研究。2001 年提出聚集誘導發光（Aggregation-Induced Emission, AIE）「中國原創」科學概念，改變了關於聚集導致發光猝滅（ACQ）的傳統觀念，開闢了有機發光材料設計和應用的新思路和研究領域，研究團隊研製了基於四苯基乙烯、六苯基噻咯等核心分子結構的數百種 AIE 新材料；通過分子構效關係研究和理論模擬，發展了多種光學機制競爭的調控方法，將 AIE 發展為化學和材料研究的新領域。2016 年世界權威期刊《自然》（Nature）雜誌將 AIE 分子製備的納米粒子（AIE 點）列為支撐和驅動未來「納米光革命」的四大納米材料（量子點、聚合物點、AIE 點以及上轉換粒子）之一，是唯一一種由中國科學家原創的納米材料。2020 年聚集誘導發光被國際純粹和應用化學聯合會（IUPAC）列為 2020 年度化學領域十大新興技術之一。

隨着 AIE 技術的不斷發展與科技突破，唐本忠率領研究團隊在粵港澳大灣區成立廣東省大灣區華南理工大學聚集誘導發光高等研究院，目標成為全球 AIE 先進技術研發和技術轉移中心、AIE 全球研發總部及全球技術轉化基地，同時推進粵港澳深度合作，培養國際化創新人才，促進大灣區融合發展，帶動周邊產業升級。

唐本忠先後獲得多項榮譽，2007 年獲國家自然科學獎二等獎、Croucher 基金會高級研究成就獎、中國化學會高分子基礎研究王葆仁獎和 Elsevier 雜誌社馮新德聚合物獎，2012 年獲 Science China Chemistry 傑出貢獻獎和美國化學會 Macro2012 講座獎等，2014 年獲 Khwarizmi 國際獎，2015 年獲「廣州市榮譽市民」稱號，2017 年獲國家自然科學獎一等獎和何梁何利基金科學與技術進步獎，2018 年當選科技盛典 -CCTV2018 年度科技創新人物。

唐英年（隨團代表）

大紫荊勳賢（GBM）
金紫荊星章（GBS）
太平紳士（JP）

家族代表人物：
唐翔千（父親）

唐翔千（1923—2018）

金紫荊星章（GBS）
大英帝國官佐勳章（OBE）
太平紳士（JP）

唐英年 1952 年出生於香港，美國密歇根大學心理學學士，1975 年回港加入父親唐翔千創辦的半島針織，其後任董事會主席。

1989 年獲香港青年工業家獎，1995 至 2001 年任香港工業總會主席，其間先後出任立法局及臨時立法會議員、行政會議成員；2002 年棄商從政，出任工商及科技局局長、財政司司長及政務司司長。

2013 年起任上海唐君遠教育基金會理事長，先後向基金會捐資逾 4 億元人民幣，為支援家鄉江蘇、上海各項建設，及資助新疆、西藏少數民族學生的教育事業作出重要貢獻；2013 年起擔任中國人民政治協商會議全國委員會香港地區委員，2018 年起兼任常務委員；現任西九文化區管理局董事局主席，先後獲香港和內地多家大學頒授榮譽博士學位。

唐翔千 出生於江蘇無錫紡織世家，畢業於上海大同大學商學院，後獲美國伊利諾大學經濟學碩士學位，回國後於上海中國實業銀行任職，後被派往香港分行工作，1953 年創辦五洲布廠、中南針織廠等；1968 年獨資成立半島針織，翌年與安子介等人創立當時香港最大的棉紡織上市集團 —— 南聯實業。

1973 年以棉紡同業公會主席身份率團訪問上海，是首個前往內地考察的香港工商代表團。唐翔千是改革開放初期首批赴內地發展的香港商人，被鄧小平稱為「香港來內地投資的 001 號」；1980 年於新疆成立天山毛紡織品有限公司，是全國首間中外合資紡織廠；1981 年創辦上海聯合毛紡織有限公司，為首家滬港合資企業；由於對社會發展作出了重大貢獻，分別被上海市、烏魯木齊市和東莞市授予「榮譽市民」稱號；1983 年起任中國人民政治協商會議全國委員會委員，1988 年起出任常務委員。

唐翔千曾任香港東華三院總理，先後捐助香港中文大學和新亞書院、上海科技大學、東華大學等；1987 年創立唐君遠獎學金，其後再捐款逾 2 億元人民幣創立上海唐君遠教育基金會，2012 年獲國家民政部頒發「中華慈善獎」；歷任香港工業總會主席、香港基本法諮詢委員會委員等；1996 年獲授香港中文大學榮譽社會科學博士榮銜。

唐家成

金紫荊星章（GBS）
銀紫荊星章（SBS）
太平紳士（JP）

（上圖）2014 年滬港通開通儀式。（香港交易所提供）

（下圖）唐家成及教資會成員到訪中文大學（深圳）。

唐家成 1954 年出生於香港，1979 年成為英國特許會計師，1979 年加入英國畢馬威會計師事務所，1985 年調任回港，1989 年成為畢馬威香港審計合伙人，2007 至 2011 年間先後擔任畢馬威中國及香港區主席、亞太區主席。

任職畢馬威期間，積極協助中資企業在香港上市，包括 1992 年協助招商局國際有限公司成為首家在港上市的中資企業；1993 年協助內地首批 H 股於香港聯交所上市，揭開內地國有企業及民營企業來港上市序幕，確立香港作為內地企業集資中心地位；2002 年獲委任為香港交易所上市委員會委員，並於 2006 至 2008 年出任委員會主席，處理大量 H 股上市審批。

唐家成 2012 至 2018 年出任證券及期貨事務監察委員會主席，其間致力促進香港與內地市場融合，發揮香港作為內地與環球市場「超級聯繫人」角色，包括在 2014 及 2016 年與中國證監會啟動滬港通和深港通，推動內地金融市場改革開放；2015 年與中國證監會推出內地與香港基金互認安排計劃；2017 年推出債券通，加速內地債券市場對外開放步伐。此外，亦不斷加強與中國證監會合作，簽訂多項合作安排，通過有效市場監察和執法，確保跨境資本有序流動和保障投資者權益。

唐家成 2016 年起任大學教育資助委員會主席。任內三個內地與香港的大學聯盟 —— 粵港澳高校聯盟、京港大學聯盟和滬港大學聯盟相繼成立，教資會亦撥款推動兩地高等學府的學術及科研合作；2017 年放寬大學招收非本地學生上限；2019 學年推出措施支援大學為學生安排更多跨境交流學習活動，例如前赴粵港澳大灣區實習交流。

唐家成現任「香港特別行政區政府行政會議成員、立法會議員及政治委任制度官員薪津獨立委員會」主席、香港金融學院董事等；歷任僱員補償保險徵款管理局主席、香港體育學院主席；2010、2015、2019 年先後獲嶺南大學、香港教育學院、香港金融學院頒授院士榮銜。

夏雅朗 (Aron Harilela)

銅紫荊星章 (BBS)
太平紳士 (JP)

夏雅朗於 2018 年起任香港總商會主席；香港總商會一直積極支持國家改革開放事業，致力促進兩地經濟發展。

夏雅朗 1971 年出生於香港，為香港印度裔商人夏利萊（Hari Harilela）之子，英國赫爾大學法律及政治榮譽學士及政治哲學博士；1994 年加入家族企業夏利里拉集團倫敦辦事處，1996 年調職至香港總部，2012 年起出任夏利里拉酒店有限公司主席及行政總裁。

夏雅朗於 2018 年起任香港總商會（總商會）主席，他作為「香港澳門各界慶祝國家改革開放 40 周年訪問團」香港特別行政區代表團成員，顯示國家對總商會在改革開放中所作貢獻的重視。總商會一直積極支持國家改革開放事業，致力促進兩地經濟發展；早於 2000 年發表《中國加入世貿及其對香港商界的影響》報告，提出香港與內地訂立「自由貿易協定」的構想，成為日後 CEPA 協議的基礎；2002 年國家對外貿易經濟合作部與香港特區政府就制定 CEPA 協議展開磋商期間，總商會再提交《訂立中國與香港特區的區域貿易協議》建議書，協助加快商議過程；其後總商會於 2004 年向榮利集團有限公司批出獲港府認可的 CEPA 產地來源證，使其成為 CEPA 生效後首間以零關稅把港製貨物輸入內地的香港企業。

此外，總商會於 2018 年先後發表《香港總商會關於便利香港與內地之間的貨物貿易的意見和建議》及《加強大灣區內資本、人口、貨物和服務流動》建議書，就加強粵港澳大灣區人才、貨物、資本和資訊自由流通提出多項改善建議，促進大灣區發展及完善香港營商環境。

夏雅朗歷年積極參與香港教育及公益事務，家族兩代尤為支持大學發展；2014 年設立「夏利萊伉儷基金教授席（戰略資訊管理學）」，支援大學培育創業家。夏雅朗現任總商會理事會理事、香港大學基金榮譽會長和香港理工大學基金永遠榮譽副會長；2011 年起任香港投資推廣署投資推廣大使等；歷任香港貿易發展局理事會成員、香港工商專業聯會榮譽秘書長及亞太經合組織商貿諮詢理事會（ABAC）中國香港替補代表、香港大學校董會成員、香港科技大學委任顧問委員等；2012 年起先後獲香港理工大學、香港大學頒授榮譽院士銜。

孫大倫

銅紫荊星章 (BBS)
太平紳士 (JP)

（上圖）1993 年於北京舉行中國第七屆全國運動會開幕典禮並慶祝富士攝影器材有限公司成立 25 周年暨北京辦事處成立誌慶，與公司創辦人 — 父親孫建業先生、日本富士廠代表及一眾嘉賓祝酒。

（下圖）1996 年在香港大球場舉行「青年邁步賀國慶，認識祖國迎回歸」大型賀國慶、迎回歸活動時與周南先生合影。

孫大倫 1950 年出生於上海，1962 年移居香港，美國奧克拉荷馬州大學藥劑學博士；1994 年任中港照相器材集團有限公司執行董事，1996 年出任主席至今。該集團配合改革開放步伐，自 1980 年起已在內地拓展業務，在北京、上海、成都及廣州均設有辦事處。

孫大倫多年來一直積極支持國家建設，專注青年工作，培育青年發展。1995 年聯合多位香港商界及社會人士成立香港明天更好基金，他作為基金信託人之一，致力促進各界對香港發展的信心，加強香港和內地與外國的溝通；同年擔任香港青年聯會第三屆主席，任內舉辦大量愛國愛港青年活動，加深香港青年對國家的認識和歸屬感。其後擔任香港各界青年慶祝回歸籌委會執委會主席，1996 年在香港大球場舉行「青年邁步賀國慶，認識祖國迎回歸」大型賀國慶、迎回歸活動，組織 30 多個團體超過 4000 人參與巡遊，2 萬多名青年在場助興。他還擔任中華全國青年聯合會常委，協助推動香港與內地及海內外交流活動，每年均多次組團往內地考察交流、及接待內地青聯代表團和訪問團。1995 年成立香港青聯交流基金，兼任主席，先後贊助香港學生節、大學生交流團等活動，及贊助「共創香港好明天」基本法推介活動等，亦撥款賑濟湖南水災及雲南地震災民。

孫大倫歷任中國人民政治協商會議江蘇省第九至十一屆委員會委員、中華全國工商業聯合會第九、十屆執行委員會委員、中華海外聯誼會第二至第五屆理事、中華慈善總會創始會員、中華全國青年聯合會第八屆委員會常務委員香港區特邀委員、香港青年聯會有限公司主席、香港藝術中心監督團主席、香港管理專業協會主席、亞洲管理協會聯會主席、香港城市大學榮譽院士、旅行代理商諮詢委員會主席；現任中美交流基金會顧問、香港公益金名譽副會長、香港中華總商會選任會董等。

2010 年，獲香港城市大學頒授榮譽院士。

徐世英 （隨團代表）

家族代表人物：
徐四民（父親）

徐四民 （1914—2007）

大紫荊勳賢（GBM）

徐世英 1942 年出生於緬甸，仰光大學數學碩士畢業後，留校任教至 1970 年，翌年赴法國深造數學和電腦，先後在法國第十三大學教授數學，在法國中央工程學院及法國教育部擔任電腦高級工程師，2005 年獲法國總理授予教育部最高榮譽棕櫚葉勳章。徐世英現任由父親徐四民創辦的香港政論月刊《鏡報》榮譽董事長兼社長。《鏡報》積極在校園推廣青少年對中華傳統文化認同和社會責任理念，舉辦「學校社會責任獎」評選活動，及連續七年舉辦「傑出企業社會責任獎」評選活動。

徐四民出生於緬甸仰光，祖籍福建。日本侵華時參加當地華僑抗日救亡團體緬甸救災總會；1949 年應邀出席於北京召開的中國人民政治協商會議第一次全體會議；1954 至 1959 年當選第一屆中國全國人民代表大會華僑代表，積極參政議政；1964 年舉家移居北京，1976 年後定居香港。

1977 年創辦《鏡報》，把「振興中華」定為辦報宗旨，經常親自撰文及在全國政協講台上發言，積極支持改革開放事業和中華民族的偉大復興；在見證改革開放 40 年過程中，《鏡報》充分發揮了海外傳媒作用，向全世界推介內地發展，招商引資，幫助內地省市政府機構、國營企業和民營企業走出國門；此外還經常走訪各大省市及經濟特區，並在歐美與東南亞等地鼓勵當地華僑為國家改革開放事業貢獻力量。

中英談判香港回歸問題期間，徐四民先後出任香港特區基本法諮詢委員會委員、港事顧問、香港特別行政區籌備委員會委員，為「一國兩制」在香港的成功實施建言獻策；2005 年獲授「中國人民抗日戰爭勝利 60 周年紀念章」，以表彰其抗日愛國功勳。

定居香港期間，徐四民在 1978 至 1993 年，及 1993 至 2003 年先後出任中國人民政治協商會議全國委員會委員和常務委員；至九十三高齡仍堅持寫作，議事論政，著作有《一個華僑的經歷》、《徐四民言論集》、《國事港事話三年》、《有話要說》、《老實話》、《諍友的話》、《諍友的話之二》。

徐立之

大紫荊勳賢 (GBM)
金紫荊星章 (GBS)
加拿大官佐勳章 (OC)
太平紳士 (JP)
英國皇家學院院士 (FRS)
加拿大皇家學院院士 (FRSC)
美國國家科學院外籍院士
中國科學院外籍院士
台灣中央研究院院士

（上圖）2003 年國務院總理溫家寶參觀香港大學醫學院。

（下圖）2009 年國務委員劉延東到訪香港大學並送贈一套《永樂大典》予香港大學。

徐立之 1950 年出生於上海，三歲時隨家人定居香港，在香港中文大學取得理學士及碩士，後赴美國匹茲堡大學深造，在 1979 年取得生物科學博士學位。1981 年開始於加拿大多倫多病童醫院從事遺傳病及基因研究工作，其後成為醫院首席遺傳學家、遺傳學和基因組生物學研究所所長，以及多倫多大學教授。

2002 至 2014 年徐立之出任香港大學校長，其間帶領香港大學推行一系列管治、管理與人力資源改革，並完成在研究、教學及與社會知識交流方面的策略發展。徐立之努力推動社會投資高等教育為慈善事業，任內為香港大學籌得超過 100 億元支持學生及學術發展。此外，他聯同多所世界一流高等院校，包括北京大學及復旦大學等，開設多個合作學位課程，加強學生培訓與學術交流。

徐立之積極推動香港與內地醫療界合作交流，包括香港大學與深圳市政府由 2011 年起開始合作營運香港大學深圳醫院；在上海設立香港大學教學中心，浙江杭州設立香港大學浙江科學技術研究院；同時推出香港學生到內地交流計劃，增進香港青年對內地的認識。

徐立之任內有三位國家領導人訪問香港大學，包括 2003 年國務院總理溫家寶參觀香港大學醫學院；2009 年國務委員劉延東到訪並送贈香港大學一套《永樂大典》；2011 年國務院副總理李克強出席香港大學百周年校慶典禮。徐立之同時於浙江大學出任求是高等研究院院長 (2014) 及國際校區（海寧）住宿書院院長 (2016)，致力培育科研人材，協助完善香港與內地的科技及創新研究政策。

徐立之至今共發表逾 300 篇科學文獻論文及 65 篇受邀發表的書章，當中包括於 1989 年成功找出導致囊狀纖維症的缺陷基因 (CFTR)，被喻為人類遺傳學界的重大突破，因而獲 16 所大學授予榮譽博士學位，於 2011 年更登上加拿大醫學殿堂榜。

2015 年徐立之任香港科學院創院院長，現任港深創新及科技園董事、香港中文大學新亞書院校董、珠海學院校務委員會主席、經綸慈善基金理事長，及分別擔任上市公司恒隆集團與培力控股獨立非執行董事；2017 年任港府檢討研究政策及資助專責小組主席，協助檢討香港的專上教育。

徐揚生

中國工程院院士
香港工程科學院院士
美國國家工程院外籍院士
歐洲科學院院士

徐揚生參與籌備和創建香港中文大學（深圳），並於 2013 年出任首任校長。

徐揚生 1958 年出生於浙江紹興，是內地恢復高考後第一屆大學生，先後獲浙江大學學士、碩士和美國賓夕法尼亞大學博士學位。1989 至 1997 年在美國卡耐基梅隆大學計算機學院機器人研究所擔任研究員，其後加入香港中文大學，歷任教授、講座教授、機械與自動化工程系系主任、協理副校長和副校長，現為香港中文大學（深圳）創校校長。

徐揚生研究領域專注於空間機器人、服務機器人、穿戴式人機介面、智能汽車、動態穩定系統和機器學習，先後發表六部專著和 300 多篇國際學術論文；歷年積極投身內地與香港在科技、教育、人才的合作交流與共創共建，為深港兩地協同發展、粵港澳大灣區及國家的科技創新、高等教育改革作出重大貢獻；2006 年根據建設創新型國家的總體戰略目標，香港中文大學與中國科學院、深圳市人民政府在深圳共建中國科學院深圳先進技術研究院，徐揚生任籌建組副組長，後出任副院長，將中文大學先進的科學研究與管理體制引入內地，為深港兩地在科研、教育等領域深化合作奠定基礎。

徐揚生又參與籌備和創建香港中文大學（深圳），並於 2013 年出任首任校長；大學至今已成立五所學院、四所書院和 34 個科研平台，並連續五年成為廣東省內錄取分數最高的學校，讓眾多全球知名學者和科學家聚首深圳，成為粵港澳大灣區發展重要動力。

2006 年起，徐揚生歷任中國科學院香港中文大學深圳先進集成技術研究所所長、中國科學院深圳先進技術研究院副院長、國際電機及電子工程師學會 (IEEE) 機器人與自動化學報副主編、中國國家高科技航太航空領域委員會顧問、深圳市決策諮詢委員會顧問等。2016 年國際小行星命名委員會將國際永久編號第 59425 號小行星 1999 GJ5 命名為「徐揚生星」，以表彰他對科學的貢獻。

馬浩文

銅紫荊星章 (BBS)

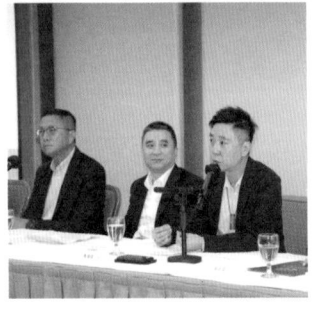

（上圖）馬浩文出席 2016 義工聯盟傑出義工嘉許獎。

（下圖）2020 年馬浩文以香港重慶總會主席身份舉辦慶祝香港回歸 23 周年暨全國兩會分享會。

馬浩文 1973 年出生於香港，祖籍廣東省海豐縣，1991 至 1995 年在美國南加州大學修讀會計及金融學，隨後返港加入英皇金融集團工作。2000 年及 2005 年加入實德證券和實德環球集團，出任實德環球集團副主席；集團旗下業務包括旅遊、娛樂業務及澳門十六浦度假村，馬浩文為酒店副行政總裁。

馬浩文一直以不同社團為平台推動愛國愛港工作，涵蓋青年、文化、體育及公益慈善等服務。先後參與由民建聯與各界反暴力團體聯手舉辦的「全港反暴力大簽名行動」、「反辱華反港獨大聯盟」於立法會門外發起的萬人集會、「保民主 撐政改 反拉布 做選民」簽名行動、「保和平保普選反暴力反佔中簽名大行動」等。除此亦一直致力推動發展香港及內地公益事務，包括 2014 年起至今出任香港義工聯盟副主席，推動聯盟成為解決香港貧富懸殊和基層青年向上流動的平台；2016 年擔任籌委會主席，舉辦「2016 傑出義工嘉許禮」，藉此鼓勵更多青年人積極參與義務工作；他積極在內地參與社會活動，2013 年至今擔任中國人民政治協商會議重慶市委員會委員，2018 年至今兼任常務委員，現任重慶政協港澳台僑和外事委員會副主任；2018 年至今出任中國人民政治協商會議全國委員會文化藝術界委員；先後在重慶政協會議上提出建立重慶成為西南五省經濟金融中心提案，亦在全國政協會議上提議加強對虛擬貨幣比特幣的監管，獲得政府接納；並提出「將香港打造成粵港澳大灣區資料中心，助力區內資料互聯互流互通」以及「關於創立特區數字貨幣，說明國家推動虛擬貨幣國際化」等提案，對大灣區數據互聯互通以及國家數字貨幣的發展有積極意義。

馬浩文現任香港各界文化促進會執行主席、香港各界扶貧促進會執行主席、香港重慶總會主席、港區省級政協委員聯誼會副會長、香港義工聯盟常務副主席、香港政協青年聯會創會副主席、香港友好協進會董事等；2009 年及 2010 年分別獲加拿大特許管理學院頒授院士名銜及林肯大學頒授榮譽管理博士名銜；2010 年獲中國企業創新論壇頒發中國企業最具創新力十大領軍人物獎。

馬逢國

金紫荊星章 (GBS)
銀紫荊星章 (SBS)
太平紳士 (JP)

（上圖）馬逢國擔任電影發展局主席時，為「首部劇情電影計劃」頒獎。

（下圖）馬逢國作為立法會議員，經常為業界爭取發展機會。

馬逢國 1955 年出生於香港，香港理工學院（今香港理工大學）土木及環境工程學系畢業，後投身電影界，任職於鳳凰影業公司，1982 年出任由鳳凰、長城及新聯三間電影公司合併而成的銀都機構有限公司的副總經理及執行董事；1992 至 1994 年任衛星電視高級副總裁，也是香港主要電影製作及發行機構寰亞綜藝集團（今寰亞傳媒集團）創辦人之一。

改革開放初期，馬逢國參與多個香港和內地合作拍製的電影項目，曾任《神秘的西藏》、《中國三軍揭秘》、《最後的貴族》和《秋菊打官司》等電影的監製、製片或出品人，多年來積極參與和推動香港和內地影藝事業發展，及內地與香港業界交流和合作。

1996 年起先後出任臨時立法會、立法會選舉委員會組別及立法會功能組別（體育、演藝、文化及出版界）議員。他擔任議員期間經常為業界爭取發展機會，2003 年以團長身份率領 103 名香港影視演藝界代表前往北京，與國家廣播電影電視總局和文化部舉行座談會，提出開放香港電影業內地發行領域，並豁免部分稅項，協助促成廣電總局於 2005 年頒布《〈電影企業經營資格准入暫行規定〉的補充規定》，讓香港電影企業能以試點形式參與內地電影市場的營運，發行國產電影。2004 至 2010 年間獲特區政府委任為香港藝術發展局主席，任內亦積極推動香港與內地的文化藝術交流，多次組織香港藝術文化界訪問團前往上海、廣州及中山等地考察，並成功爭取於 CEPA 補充協議內簡化內地對香港藝術團體的限制，方便藝團在其他省市進行巡迴表演。

2003 年起馬逢國四度當選香港特別行政區全國人民代表大會代表，現任中國文學藝術界聯合會香港會員總會會長、香港中華文化促進中心副主席和饒宗頤文化館管理委員會副主席，香港友好協進會執委會副會長。歷任香港電影發展局主席、香港影業協會副理事長、香港電視專業人員協會副會長和香港演藝學院校董會副主席等文化界公職；2019 年獲香港浸會大學頒授榮譽大學院士銜。

張宇人

金紫荊星章（GBS）
銀紫荊星章（SBS）
太平紳士（JP）

張宇人 1949 年出生於香港，美國 Pepperdine University 工商管理學士及碩士，畢業後回港幫父親打理酒樓業務，自此投身飲食業；1985 年成立現代管理（飲食）專業協會，一直致力團結業界及為業界爭取權益。

1990 年代，他把握內地改革開放機遇，在南京經營餐飲業，並以外商身份在南京夫子廟附近開設海鮮店，售賣廈門出產的海鮮。2000 年起出任立法會功能組別（飲食界）議員，至 2016 年第四度連任，同年獲委任為行政會議成員，又曾任立法會財務委員會主席；其間一直積極向政府反映飲食業界意見，並協助爭取優惠政策，例如在 2004 年代表香港月餅生產和經銷商，向工商及科技局爭取將月餅列入零關稅的貨品清單，令香港飲食業也能受惠於 CEPA 協議。

張宇人 2016 年起擔任自由黨主席、中國人民政治協商會議全國委員會委員，經常代表香港各界就不同經濟社會議題向香港及內地政府提供意見，曾在全國政協提交《加強支援內地與香港合作發展創意產業》和《落實廣深港高鐵「一地兩檢」安排》等提案，以及於 2020 年向港府提出以香港大學深圳醫院為試點，資助香港市民選用粵港澳大灣區內的醫療服務，促進大灣區發展和融合，對國家深化改革開放作出貢獻。

張宇人現任香港飲食業聯合總會會長、現代管理（飲食）專業協會創會會長及永遠名譽會長、港九粉麵製造業工會名譽會長、香港酒類行業協會名譽主席、西貢區飲食業協會顧問及優質旅遊服務業協會顧問。他在電台節目擔任聯合主持，推廣香港餐飲行業，及出任香港中文大學校董會成員。歷任臨時市政局議員、東區區議會議員、香港特別行政區基本法諮詢委員會委員、香港房屋委員會委員、輸入優秀人才及專才諮詢委員會委員、勞工顧問委員會轄下就業輔導委員會委員等。

（上圖）2000 年起出任立法會議員，一直致力團結業界及為業界爭取權益。

（下圖）1985 年成立的現代管理（飲食）專業協會。

張明敏

銅紫荊星章 (BBS)

（上圖）1984 年獲邀在中央電視台春節聯歡晚會獻唱《我的中國心》。

（下圖）1990 年，北京籌備第十一屆亞洲運動會，張明敏舉辦全國巡迴演唱會為活動籌款。

張明敏 1956 年出生於香港，祖籍福建晉江；自幼喜愛唱歌，自 1976 年起參加多項公開歌唱比賽，1979 年獲得由香港工會聯合會主辦的全港工人歌唱比賽，及由香港電台主辦的全港業餘歌手歌唱比賽冠軍，之後加入唱片公司開始歌唱事業。

1982 年錄製《中華民族》、《龍的傳人》、《我是中國人》等愛國歌曲，成為流行歌手；1983 年灌錄《我的中國心》並發行首張專輯，翌年獲國際唱片業協會（香港會）頒發「白金唱片」大獎；1984 年獲邀在中央電視台春節聯歡晚會獻唱《我的中國心》，是首位在內地春晚演出的香港歌手之一；同年 8 月應《北京青年報》邀請，在北京首都體育館舉行一連四場演唱會，成為首位在北京舉行演唱會的香港歌手，並為當時全國開展的「愛我中華，修我長城」活動舉行義演；其後更在內地舉行全國巡迴演唱會，在 1988 至 1989 年間走遍全國 24 個城市舉行 145 場個人演唱會，為 1990 年北京亞洲運動會籌款捐建北京月壇體育館；1990 年再獲邀參加春晚演出。

自 1984 年開始在內地為殘疾人、為賑災扶貧、為希望工程、為中國旅遊等舉行眾多義演；由於擅長演唱具中華民族色彩的歌曲，被譽為「愛國歌手」。他作為香港與內地青年的溝通橋樑，在 1992 年參與創辦香港青年聯會，擔任該會副主席，舉辦香港與內地青年團體活動，促進兩地青年交流，鼓勵香港年輕人認識國家。

歷年參與多項社會工作，2013 至 2018 年擔任香港特別行政區全國人民代表大會代表，歷任中華全國青年聯合會第 6 至第 8 屆香港特邀委員、中國人民政治協商會議廣西壯族自治區委員會委員、北京市青年聯合會副主席、中華海外聯誼會理事、北京海外聯誼會理事、香港協進聯盟青年委員會主席、香港特別行政區第一屆政府推選委員會委員、香港中華出入口商會副會長等。2014 年獲聘為廣西科技大學榮譽教授。個人專輯有《我的中國心》、《趁着青春放光芒》、《我們擁有個名字 —— 中國》、《我是中國人與精選》等，現為建滔集團獨立非執行董事。

曹其鏞 （隨團代表）

曹其鏞 1939 年出生於上海，香港實業家曹光彪長子，東京大學機械工程學士、美國伊利諾伊大學機械工程碩士，現任永新控股集團有限公司副董事長。

曹其鏞致力推動國家教育和文化公益事業，迄今在亞洲地區和內地捐助逾十億元人民幣，包括於 2010 年捐出一億元人民幣予內地五所大學建設宿舍樓，推動亞洲國際學生與中國學生合宿計劃；2013 年捐出逾一億美元成立百賢教育基金會，每年資助多達 100 名學者前往居住國家或地區以外的合作大學進修；歷任中國人民政治協商會議浙江省委員會委員、常務委員及香港地區召集人；2011 年獲風雲浙商終生成就獎，2015 年獲授香港科技大學頒發榮譽大學院士和浙江大學名譽博士學位。

家族代表人物：
曹光彪（父親）

曹光彪 (1920—2021)

銀紫荊星章 (SBS)
日本政府瑞寶勳章

曹光彪出生於上海，祖籍浙江寧波，1949 年來港創業；1954 年開辦香港首家毛紡廠太平毛紡廠，1964 年成立永新企業有限公司，先後在毛里求斯、葡萄牙、南非、印度、孟加拉、東南亞等地投資建廠，是 1970 年代以來世界紡織業、成衣及潮流品牌重要企業家。

曹光彪早於 1978 年上書中央領導人，提出以「補償貿易」的方式，出資在內地興建現代化毛紡廠；同年於香洲（今珠海）投資數百萬美元，創辦香洲毛紡廠，成為 1949 年後內地第一家由港商投資的「三來一補」工廠，營運手法為香港工商界所仿效。1988 年，他在上海合資建立永新彩色顯像管廠，協助國產彩電發展；1985 年成立港龍航空公司，打破英資在香港航空業的壟斷；同年獲定期飛行內地的牌照。

曹光彪歷年積極參與內地教育公益事業，先後捐資逾三億元人民幣資助清華大學、浙江大學、寧波大學、杉達大學等，及助建曹光彪小學（上海）、清華大學綜合體育中心曹光彪館、浙江大學曹光彪高科技大樓、寧波大學曹光彪科技大樓等。

曹光彪 2021 年離世，其遺產捐贈給清華大學，支持大學的教學改革、科技創新及學者交流等工作；1999 年國際小行星命名委員會將由南京紫金山天文台發現的第 4566 號小行星命名為「曹光彪星」，以表彰其貢獻。

梁君彦

（立法會提供，www.legco.gov.hk）

大紫荊勳賢 (GBM)
金紫荊星章 (GBS)
太平紳士 (JP)

（上圖）新興織造廠響應國家改革開放初期企業合作貿易模式，即「三來一補」模式設立。

（下圖）梁君彥率領立法會訪問團參觀上海證券交易所。（立法會提供，www.legco.gov.hk）

梁君彥 1951 年出生於香港，祖籍廣東順德，1973 年畢業於英國利茲大學，修讀顏色化學。畢業回港後加入家族經營的新興織造廠；2003 年出任香港工業總會主席，2004 年獲選為立法會議員，2012 年成立「香港經濟民生聯盟」並為創黨主席，2016 年起擔任立法會主席。

1989 年梁君彥家族在廣東惠州設廠，以「三來一補」（來料加工、來樣加工、來件裝配，以及補償貿易）的合作貿易模式經營，並投入資金、技術及技術人員發展業務。

2003 年梁君彥出任香港工業總會主席，任內積極倡導成立珠三角工業協會，旨在促進區內港資企業利益，發展並維持港商與內地政府間溝通，增加香港與區內工商業交流，並為會員提供支援與服務；該會至今在珠三角區內設立了八個分部，加強了香港工業與內地經濟發展及工業技術的融合；據 2007 年珠三角工業協會報告，當時港商在珠三角區內九個城市有逾 55,200 間製造企業，僱用人數達 960 萬人，報告顯示港資企業在珠三角的重要角色。梁君彥曾多次率領工總代表團訪京，與商務部、國家發展及改革委員會、港澳辦及全國工商聯等代表會面，討論加快香港與珠三角地區經濟融合；為加強粵港經濟融合，梁君彥與工總領導層亦多次訪問廣州，與省領導討論粵港工業發展事宜。

2003 至 2009 年，梁君彥獲委任為香港生產力促進局主席，致力將局方服務擴展至珠三角，同時在廣州、東莞、深圳和珠海設辦事處，提供顧問及培訓服務，並與廣東省開展清潔生產伙伴計劃，協助逾千港商在區內工廠採用清潔生產技術以改善環境。

梁君彥擔任立法會主席期間，立法會於 2018 年審議並通過有關「一地兩檢」的《廣深港高鐵（一地兩檢）條例草案》，以及有關港珠澳大橋香港口岸的本地公共交通安排；2019 年他率領立法會訪問團前往長三角地區進行職務訪問，了解區內發展。

梁君彥 2010 年取得英國考文垂大學工商管理榮譽博士，並於 2008 年起獲委任為中國人民政治協商會議全國委員會委員，現為香港經濟民生聯盟榮譽主席、香港工業總會名譽會長、珠三角工業協會名譽會長及香港紡織業協會名譽會長。

梁智鴻

大紫荊勳賢（GBM）
金紫荊星章（GBS）
大英帝國官佐勳章（OBE）
太平紳士（JP）

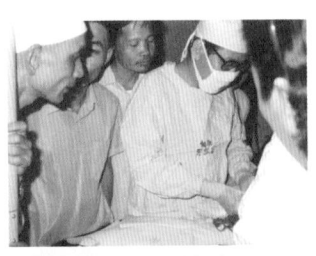

（上圖）梁智鴻於 1979 年在福建泉州進行外科手術示範。

（下圖）1993 年與原國家衛生部部長陳敏章醫生出席愛滋病大會。

梁智鴻 1939 年出生於香港，畢業於香港大學醫學院，是著名泌尿科醫生，1962 至 1978 年在香港大學歷任外科學系講師、教授；1988 年起從政，至 2000 年先後擔任立法局、臨時立法會和立法會議員，2005 至 2012 年任行政會議成員；多年來在推進香港與內地醫療技術及制度發展，建樹良多。

梁智鴻自 1979 年起積極參與內地的醫療和衛生發展，多次獲邀到廣州、福建泉州、北京、上海、烏魯木齊及蘭州等地講學和示範手術，分享先進醫療知識和臨床經驗；任香港大學校委會主席期間，參與香港大學深圳醫院建設，引入先進醫院管理經驗和醫療技術，如採取「先全科，後專科」分診制度，高薪養廉禁止醫護人員收取回扣或紅包等，推動內地醫療發展和行政改革。

梁智鴻另一重要工作是積極推動內地愛滋病教育和預防，把內地與國際愛滋病預防及教育組織聯繫起來，再協助制定政策，展開有效的教育和預防工作。1996 年成功安排中國性病愛滋病防治協會時任秘書長在溫哥華舉行的國際愛滋病會議上發言，揭開內地正視愛滋病問題的序幕；其後持續推出「培訓員培訓計劃」，培訓內地培訓員，先後培訓包括醫生、民政、法律、交通、公安等培訓員多達兩萬人，大大推動內地的愛滋病治療、教育和預防工作；此外，他在國際知名愛滋病專家何大一醫生協助下，在內地推廣雞尾酒治療法，使內地幼兒經母體感染愛滋病的個案大為減少。

梁智鴻積極參與公共事務，有「公職王」稱號，歷任醫院管理局主席、香港大學校務委員會主席、人類生殖科技管理局主席、安老事務委員會主席、立法會內務委員會主席、基本法諮詢委員會委員、標準工時委員會主席、香港外科醫學院創院院長、香港專科學院院長等；現任香港愛滋病基金會主席。2006 年開始，先後獲香港大學、香港城市大學及英國亞伯丁大學頒授榮譽博士學位，及香港和外國多家醫學院頒授院士榮銜。

梁愛詩

大紫荊勳賢（GBM）
太平紳士（JP）

（上圖）1985 年法律界訪京團記者招待會。（左起：高主賜、李國能、張健利、李柱銘、王澤長、梁愛詩、鄧國楨、周淑嫻）

（下圖）2006 年 3 月 26 日接受全國人民代表大會常務委員會委員長吳邦國頒發香港基本法委員會副主任委任證書。

梁愛詩 1939 年出生於香港，祖籍廣東南海，1967 年通過英國律師執業資格考試，翌年執業，成為香港早期的女性律師之一；1988 年又成為香港大學法學碩士首屆畢業生，1993 至 1997 年任職姚黎李律師行，專責家事法及中國業務；1997 至 2005 年出任香港特區政府成立後首位律政司司長。

1986 年獲委任為中國司法部公證律師，1989 至 1993 年出任廣東省人民代表大會代表，1993 至 1997 年任全國人民代表大會香港地區代表；1994 年出任港事顧問，1996 年任香港特別行政區第一屆政府推選委員會委員，就香港特區法律事宜提供意見，為香港平穩過渡作出重要貢獻。

她在擔任律政司司長期間，致力確保香港特區的新憲制體系，協助《基本法》實施及向特區政府各決策局與部門提供法律意見及支援；此外又致力加強香港與內地法律界交流和聯繫，包括加強律政司與內地司法部及省市的司法廳或司法局簽訂法律服務合作協議，提供信息交流平台及加強兩地司法互助合作；2004 年 CEPA 實施後，積極協助商訂相關法律服務條款，促進香港律師在內地拓展業務及內地與香港簽訂《關於內地與香港特區法院相互委託送達民商事司法文書的安排》和《內地與香港特區相互執行仲裁裁決的安排》。

梁愛詩歷年在司法界及社會服務擔任多項公職，包括 2006 至 2018 年出任全國人民代表大會常務委員會香港基本法委員會副主任；在擔任香港中國委託公證人協會理事期間，積極協助業界成立以個人質素和考試成績為本的委任評核制度；又曾任國際女律師協會主席、獨立監察警方處理投訴委員會委員、社會福利諮詢委員會及稅務上訴委員會委員等；又擔任多個志願機構的名譽法律顧問，也是民主建港協進聯盟創會成員。

2004 年起先後獲中國政法大學、英國華威大學、香港樹仁大學、香港科技大學、香港大學、香港公開大學頒授名譽法學博士、名譽社會科學博士、名譽文學博士；現任姚黎李律師行顧問律師、俄羅斯聯合鋁業有限公司（直至 2021 年 6 月）、中國石油天然氣股份有限公司、中國人壽保險股份有限公司及華潤電力控股有限公司獨立非執行董事等。

莊啟程

大英帝國員佐勳章（MBE）
太平紳士（JP）
（中新圖片提供）

莊啟程 1940 年出生於福建晉江市，畢業於廈門大學物理系，家族為菲律賓華僑望族。1963 年於香港成立維多利木業公司，1970 年代創辦維德集團，經營亞洲及非洲地區木材加工和國際貿易，亦涉足香港、美國及加拿大等地房地產發展項目。

莊啟程是最早參與改革開放的港商之一，積極協助內地木材業界打入國際市場，1981 年在江蘇省無錫市創辦中國江海木業有限公司，為江蘇第一間中外合資企業；1993 年投資 3 億美元於蘇州滸墅關經濟開發區興建維德工業城，佔地 1.2 平方公里，形成一條年產量達 20 多萬立方米的建築裝飾新材料產業鏈，成為現在內地最大的木材加工基地之一；2008 年憑「刨切微薄竹生產技術與應用」項目獲國務院頒發「國家技術發明二等獎」。

莊啟程多年來在香港、內地及東南亞積極參與社會服務，先後捐款設立多所中小學及幼稚園，包括莊啟程小學和保良局莊啟程預科書院等，並於 1990 至 1991 年間擔任保良局主席；此外又運用自身的國際資源，協助國家發展民間外交，於 1980 年代初分別擔任福建省和美國俄勒岡州的政商訪問團顧問，促成雙方於 1984 年締結成為姐妹省州。他是赤道幾內亞駐港名譽領事，及菲律賓棉蘭老島蘇丹王，是首位華裔蘇丹王。

其他公職方面，1983 至 2014 年莊啟程擔任華僑大學董事會副董事長，1998 至 2013 年擔任第九至第十一屆中國人民政治協商會議全國委員會經濟界及香港地區委員，香港特別行政區第一屆政府推選委員會委員；又歷任中華海外聯誼會常務理事、中國僑商聯合會名譽會長、中國華僑投資企業協會副會長、江蘇省僑商總會第一至第二屆會長、創會會長等。現任中國僑商聯合會榮譽會長及江蘇省僑商總會永遠榮譽會長；先後受聘為廈門大學經濟學院名譽院長、中國社會科學院客座教授、南京林業大學兼職教授；又曾獲授美國俄勒岡州榮譽公民、中國蘇州榮譽市民等榮譽；2001 年獲加拿大維多利亞大學授予榮譽法學博士。

莊耀華 （隨團代表）

莊耀華 1953 年出生於香港，南洋商業銀行創辦人莊世平女兒，現為培僑中學校友會常務理事。2020 年為香港再出發大聯盟發起人之一；2018 年代表父親參加香港澳門各界慶祝國家改革開放 40 周年訪問團。

莊世平出生於廣東普寧，為泰國華僑，1933 年畢業於北京中國大學經濟系，其後以教師、記者身份於泰國工作。日軍侵華期間於東南亞多個國家發動籌款支援抗日工作，並協助年輕華僑回國參加抗戰。戰後重返曼谷，1948 年移居香港，翌年創辦南洋商業銀行並在香港升起第一面五星紅旗，又在澳門創辦南通銀行。

家族代表人物：
莊世平（父親）

莊世平 （1911—2007）

大紫荊勳賢（GBM）

1979 年為廣東省委、省政府創辦經濟特區提供大量有關資料，並參與制定廣東經濟特區政策及有關法規，建議在經濟特區實行市場經濟制度，與國際、香港市場密切聯繫；旗下南洋商業銀行隨即成立中國投資諮詢部，率先在深圳特區設立分行，為內地和香港有關單位及人士提供市場信息；1981 年成立南洋信用卡有限公司，發行首張港澳、內地通用的信用卡 —— 發達卡，成為當時最多內地商戶接受的信用卡，有助促進內地信用卡市場的發展；1982 年，南洋商業銀行深圳分行成立，是 1949 年後首家進入內地經營的外資銀行，引入香港先進的銀行服務與產品，在 1987 年首次為內地樓盤提供商品房抵押分期付款業務，向境外人士和企業提供外銷商品房按揭貸款。1998 年莊世平獲授「深圳市榮譽市民」稱號。

1980 年代起莊世平積極推動家鄉潮汕地區建設；1980 年與李嘉誠等籌辦汕頭大學，出任該校籌備委員會副主任，並先後籌建揭陽大學、潮汕體育館、明華體育館、普寧華僑中學、普寧華僑醫院等，更擔任汕頭經濟特區顧問委員會主任，經常來往港、汕兩地，為建設汕頭特區出謀獻策；1990 至 2004 年間先後獲汕頭、揭陽、普寧、深圳、潮州市政府頒授「榮譽市民」稱號，以表揚其對建設各個城市的貢獻。

多年來歷任多項公職，包括 1959 至 1988 年擔任全國人民代表大會華僑和廣東省代表，1983 至 1988 年任全國人民代表大會主席團成員及華僑委員會委員，1988 至 2003 年任中國人民政治協商會議全國委員會委員兼常務委員、中華全國歸國華僑聯合會副主席、中華海外聯誼會副會長等。

許榮茂

大紫荊勳賢（GBM）
金紫荊星章（GBS）
太平紳士（JP）

（上圖）許榮茂於 1980 年代在內地投資簽約照。

（下圖）許榮茂在內地投資的製衣廠。

許榮茂 1950 年出生於福建石獅市，現任中國人民政治協商會議第十三屆全國政協常務委員、中國僑商聯合會會長、中華海外聯誼會副會長、香港新家園協會創會會長兼董事會主席、香港僑界社團聯會主席、香港友好協進會副會長等職務。

改革開放大潮拉開，許榮茂在福建、河北、甘肅、四川、廣東興辦了多家企業。1987 年，在外經貿部批准進入中國市場的外資企業名錄內，排名前 200 的外資企業中，有 4 家出自許榮茂旗下。1989 年，福建省同意批准外商申辦開發區，許榮茂申請了振獅開發區，世茂就此誕生。

2004 年，世茂開始涉足商業地產；2006 年，世茂房地產在香港聯交所上市；2008 年，世茂股份在 A 股上市；2009 年，世茂股份（600823）成為世茂房地產控股子公司；2014 年世茂開始布局主題娛樂等領域；2018 年世茂成立文化公司；2020 年，世茂物業也在聯交所上市。世茂不斷在地產、商業、物管、酒店、主題娛樂、文化、金融、教育、健康、高科技等領域發力，形成多元化業務並舉的「可持續發展生態圈」。

改革開放需要「走出去」。2014 年，世茂正式啟動海外業務的布局，涉及農牧業、地產、大健康、商業、金融、酒店、物儲和娛樂等八大領域，遍及澳洲、亞洲和歐洲等地。

分享改革開放的成果，許榮茂也不忘回報社會，截至 2020 年年底，世茂集團累計捐款逾 17 億元，涉及醫療教育、防艾抗艾、文化保護、賑災濟難、香港社會和諧等多個公益領域。2010 年，許榮茂牽頭成立「香港新家園協會」，致力於服務新來港及少數族裔人士。作為香港唯一一家在國家民政部註冊成立的全國社會服務組織，新家園協會會員人數已超 20 萬，服務超過 238 萬人次。自 2015 年起，協會每年舉辦「四海一家」香港青年交流活動，共組織超過一萬名香港青年赴內地交流，成功增進香港青年對偉大祖國和中華文化的情感認知和理性認同。

郭炳聯 （隨團代表）

太平紳士 (JP)

家族代表人物：
郭得勝（父親）

郭得勝 (1912—1990)

中山市「榮譽市民」

郭炳聯 1953 年出生於香港，英國劍橋大學法律碩士及美國哈佛大學工商管理碩士；1979 年加入新鴻基地產集團，現任集團主席及董事總經理，新意網集團、數碼通電訊集團創辦人及主席。

郭炳聯幼承父訓，愛國愛港，多年來積極建設香港及投資內地，包括建造香港國際金融中心 (IFC)、九龍環球貿易廣場 (ICC) 及五星級酒店、上海市的上海國金中心、上海環貿廣場及 ITC 等地標項目。除熱心公益外，郭炳聯自 2018 年起任中國人民政治協商會議全國委員會香港地區委員。此外，他亦歷任多項公職，包括香港證券及期貨事務監察委員會非執行董事、香港總商會理事等；分別獲香港公開大學及香港中文大學頒授榮譽工商管理博士學位及榮譽法學博士學位。

郭得勝祖籍廣東中山石岐，年輕時經營雜貨批發，戰亂時期移居香港，1950 年代轉營地產；1972 年創立新鴻基地產集團，目前市值是當年上市約 4 億元的逾 850 倍，為香港主要發展商之一。

郭得勝多次以行動體現對香港前景的信心。1982 年，中英就香港前途談判，郭得勝斥資發展新城市廣場，為沙田及日後新市鎮發展寫下重要一頁。集團亦秉持郭得勝的信念，在艱難時期包括亞洲金融風暴及 2008 年環球金融海嘯時，分別發展香港 IFC 及完成 ICC 地標項目，積極投資香港。

郭得勝是最早參與國家改革開放的港商之一，早於 1970 年代末率先以合作形式於廣州投資興建首批五星級酒店 —— 中國大酒店及廣州花園酒店。郭氏兄弟秉持先父郭得勝對內地及香港發展的堅定信念，以行動支持祖國，集團在他們的領導下在 1990 年代起積極參與投資北京、上海及廣州等城市的大型地標綜合項目，包括北京新東安市場（今北京 APM）、上海國金中心商場及廣州合資商場，引進香港商場管理模式，對推動國家經濟與地產發展起着重要作用。

郭得勝歷年服務香港和內地社會，捐資創建葛量洪醫院郭得勝心臟中心；並於 1988 年設立郭得勝基金會，基金會及後捐助公開大學擴建校舍、賑濟汶川大地震災民等。1980 年代先後於家鄉捐建孫中山紀念堂及中山頤老院等社福設施；1989 年獲中山市頒發「榮譽市民」稱號。

郭振華

銀紫荊星章 (SBS)
銅紫荊星章 (BBS)
榮譽勳章 (MH)
太平紳士 (JP)

（上圖）郭振華 2019 年起出任工
總名譽會長。

（下圖）工總大力響應國家「一帶
一路」倡議，並就「粵港澳大灣
區」政策創新、互聯互通，向內
地及香港特區政府提出一系列具
體建議。

郭振華 1953 年出生於香港，畢業於台灣國立成功大學化學系，及後加入父親的貴金屬冶煉公司；1977 年創立永保冶金有限公司，1986 年擴充表面處理化工產品製造；現任永保化工（香港）有限公司董事總經理。

自 1986 年起跟隨任深水埗區議員、深水埗東分區委員會主席的父親郭永昌參與深水埗社區服務，1991 至 1994 年獲政府委任為深水埗區議員、深水埗私人樓宇管理委員會主席，積極在地區參與香港的平穩過渡工作，獲新華社委任為香港事務顧問；1997 年回歸後，郭振華先後獲委任為深水埗滅罪委員會主席、深水埗區委任議員、深水埗臨時區議會議員，深水埗民選區議員（又一村）及深水埗區議會主席。

2000 至 2016 年出任中國人民政治協商會議湖南省委員會委員，並擔任湖南省海外聯誼會理事及副會長；2002 年起獲選出任中華廠商會會董，自 2017 年起為名譽會董；2003 年加入香港工業總會（工總）理事會；2017 至 2019 年出任工總主席，任內積極推動香港創新科技及再工業化，開拓 B2B（企業與企業間的電子商務）及 B2C（企業對顧客銷售）商機，以及「粵港澳大灣區」國家發展規劃的機遇。1978 年，工總成立香港優質標誌局，並設立「Q嘜」標誌計劃，香港、澳門以至內地企業都可申請「Q嘜」認證，從而提升產品質素。

工總又大力響應國家「一帶一路」倡議，並就粵港澳大灣區政策創新、互聯互通，向內地及香港特區政府提出一系列具體建議；2019 年起出任工總名譽會長，並出任粵港澳大灣區經貿協會榮譽顧問。

郭振華先後擔任多項公職，包括出任回收基金諮詢委員會主席、能源諮詢委員會主席、工業貿易諮詢委員會委員、勞工顧問委員會委員及香港貿易發展局理事會成員等；現任香港創新科技及製造業聯合總會榮譽主席，創新科技署創新及科技基金的再工業化資助計劃評審委員會主席，創新及科技局的創新、科技及再工業化委員會委員。

陳小玲

銀紫荊星章 (SBS)
銅紫荊星章 (BBS)
太平紳士 (JP)

（上圖）2005 至 2006 年香港法律學生到北京參與內地暑期實習。

（下圖）1998 年，內地訪問學者拜訪香港警務處。

陳小玲祖籍上海，於香港成長；獲得澳洲雪梨大學文學士及社會工作文憑。1980 年代初進入內地開展來料加工業務，1988 年創辦「周克強，陳小玲慈善基金」，1990 年改名為「法律教育信託基金」，自此停止生產業務，一直全職、義務為基金工作。基金在發展過程中得到香港與內地法律界、教育界、司法界等大力支持協助，至今經過 33 年耕耘，成為推廣內地及香港法律教育，推動兩地法律人士互相交流的重要橋樑。

基金工作集中於安排、贊助兩地法律培訓、講座、研討、法律學者和法律工作者、學生等交流考察、及反貪人員培訓；1988 年開始，共贊助和安排 200 多名來自 51 個內地各省市大學法律學者和政府機關官員到香港各大學法學院進行一個月至六個月的研習，培育了一批了解香港、精通兩地法律、為準備回歸及回歸後香港及內地法律建設作出不少貢獻的內地法律專家。1996 至 2006 年期間，安排內地學者訪港進行數十次法律專題講座，介紹內地法律，出席人數 5000 多人；1989 至 2014 年，在香港及內地合辦或主辦大型研討會近 20 次，出席人士達 4500 人。

1993 至 1998 年，與北京大學國際政治系和國家監察部合作舉辦監察人員培訓班，前後贊助 11 屆國家監察人員地（市）監察局長培訓班，接受培訓的內地監察人員約 1100 人；1999 年及 2000 年在北京及成都贊助最高人民檢察院舉辦反貪局長培訓班，接受培訓的反貪局（省）、（市）級局長共 300 人；其間介紹香港廉政公署工作。

自 1998 年起亦贊助 15 屆、逾 700 名內地法律學生到香港進行訪問交流；由 2004 年起另舉辦 16 屆「香港法律學生暑假實習」；此外基金還向內地大學及法律研究會等捐贈法律圖書及舉辦模擬法庭，比較內地與香港的審訊制度。

陳小玲現任香港法律教育基金有限公司主席、香港國際仲裁中心認可家事及一般調解員、香港中華廠聯合會名譽會董、香港中華總商會榮譽會董；先後獲中國政法大學授予名譽教授、雲南大學法學院客座教授、中華女子學院（北京）榮譽教授，並為北京大學法學院港澳台法律研究中心特邀研究員。

陳永棋

大紫荊勳賢（GBM）
金紫荊星章（GBS）
大英帝國官佐勳章（OBE）
太平紳士（JP）

（上圖）陳永棋 1978 年與無錫市紡織廠國棉一廠合作，簽訂無錫市第一個外資合同，增置先進設備，令當地紡織業規模得以壯大。

（下圖）陳永棋 2001 年向北京大學捐贈 1200 萬元人民幣，建設北京大學國際關係學院大樓。

陳永棋 1947 年出生於香港，祖籍廣東東莞，父親陳瑞槐是粵港澳布商，叔父陳瑞球是長江製衣廠創辦人；1970 年獲美國普渡大學工業工程學士學位，隨即加入家族企業長江製衣有限公司，歷任生產經理、營業經理、董事，自 1987 年起擔任董事總經理，並於 2021 年起成為公司執行董事；其間多次以香港及澳門官方代表團成員身份，與歐美各國洽談紡織品雙邊協定，為兩地爭取成衣配額作出重要貢獻。

「長江製衣」是改革開放之初最早進入內地發展的港企之一；1977 年陳永棋首次參加廣州交易會，1978 年與無錫市紡織廠國棉一廠合作，簽訂無錫市第一個外資合同，增置先進設備令當地紡織業規模得以壯大。陳永棋也是最早投資西部的香港商人之一，合資 2.08 億元創辦青海長青鋁業有限公司，並在 1998 年投產；2003 年再投資長青碳素有限公司，2004 年又簽署投資 12.5 億元建設火電廠協定。1996 年起涉足電視業，參與創立鳳凰衛視中文台；2002 年陳永棋入主亞洲電視，擔任行政總裁至 2007 年。

在發展業務同時，陳永棋先後捐款近億元於家鄉東莞及內地其他地方支援農業、教育、醫療等慈善事業；2001 年向北京大學捐贈 1200 萬元人民幣建設北京大學國際關係學院大樓，獲北京大學授予北京大學「傑出教育貢獻獎」。

服務社會方面，歷任公職包括 1993 至 2003 年任全國人民代表大會香港地區代表、2003 至 2018 年任中國人民政治協商會議全國委員會香港地區常務委員、香港特別行政區推選委員會委員、香港司法人員推薦委員會委員、香港特別行政區中小型企業委員會主席、港事顧問、香港及澳門基本法諮詢委員會委員、香港中華廠商聯合會會長、香港工商專業聯會副主席、香港貿易發展局理事、澳門經濟委員會委員；現任香港廣東社團總會永遠榮譽會長、香港紡織業聯會名譽會長、香港出口商會名譽會長和程思遠（中國—國際）肝炎研究基金會理事會主席等。曾獲澳門總督頒授工商業勳章、東莞市及無錫市榮譽市民。

陳仲尼

銀紫荊星章 (SBS)
銅紫荊星章 (BBS)
太平紳士 (JP)

（上圖）2009 年慶祝國家建國 60 周年，在西九龍展示國旗。

（下圖）陳仲尼擔任香港各界青少年活動委員會創會主席時，帶領青年學生參加內地交流團，認識國家及國情。

陳仲尼 1966 年出生於香港，祖籍浙江紹興，美國賓夕凡尼亞大學沃頓學院經濟學學士和美國西北大學凱洛格工商管理學院工商管理碩士；父親陳元鉅創辦的大興紡織廠曾是香港三大紡織廠之一；陳仲尼畢業後回港加入美國摩根大通銀行的企業財務部門工作，參與上海柴油機股份有限公司於上海證券交易所境內外資股（B 股）上市計劃，其後再參與多宗內地企業的上市集資及項目融資。

陳仲尼在 1995 年創立金鷹控股有限公司，投資內地企業在香港聯交所的紅籌股、H 股，亦直接投資入股著名內地私募基金及重大新經濟旗艦股的上市前融資，及管理內地企業在境外發行的美元債券及境外人民幣點心債券等。

其父陳元鉅 1990 年代初開始為內地培育人才，先後捐資 4000 萬元人民幣予浙江紹興文理學院，以科教興國。陳仲尼深受父親薰陶，於 2006 年起設立浙江大學陳仲尼獎助學金，每年資助 40 名大專生完成四年本科課程。

陳仲尼積極推動香港社團舉辦活動與內地交流，在擔任香港青年聯會主席期間，舉辦慶祝國家建國 60 周年系列活動；也曾為香港大學生在北京、上海、廣州及大連提供 480 個暑期實習名額，讓香港青年人體驗國家在改革開放中的變化及進步；他在擔任香港各界青少年活動委員會創會主席任內，在 2014 年和 2016 年帶領 1600 名青年學生參加京哈冰雪之旅，深入認識國家發展。

陳仲尼 2013 年起擔任中國人民政治協商會議全國委員會委員、2008 年起任中國人民政治協商會議浙江省委員會常務委員。現任香港機場管理局董事、香港學術及職業資歷評審局副主席、香港中華總商會副會長及香港義工聯盟執委會秘書長。曾任中華全國青年聯合會副主席及香港考試及評核局主席等。

陳亨利 （隨團代表）

銅紫荊星章 (BBS)
太平紳士 (JP)

家族代表人物：
陳守仁（父親）

陳守仁

銀紫荊星章 (SBS)

陳亨利 1953 年出生於香港，1970 年代開始參與家族在關島的航運及貿易業務，並逐步擴展至不同行業，現為聯泰集團行政總裁及海天地悅旅集團有限公司董事會副主席兼行政總裁。

陳亨利熱心社會公益，現為香港特別行政區全國人民代表大會代表、香港選舉委員會成員。他參與服飾製造業 40 年，為香港紡織業聯會會長、香港紡織商會永遠榮譽會長，也是香港理工大學大學顧問委員會成員、香港理工大學專業及持續教育學院顧問委員會主席及校董會成員、香港浸會大學諮議會榮譽委員，並曾任保良局主席。陳亨利也是北京大學名譽校董及華僑大學董事會董事；2013 年獲關島大學頒授名譽博士、2018 年獲香港理工大學頒授大學院士榮銜。

陳守仁 為聯泰集團創辦人。1930 年出生於福建泉州市浮橋鎮，1948 年往菲律賓謀生，1965 年與友人合作創辦聯泰經營航運和進出口生意，1972 年往關島和塞班島開拓業務，現已成為當地最大企業之一，業務遍及整個西太平洋地區包括酒店旅遊、漁業、陸空物流、地產、醫療保健、保險及零售批發等；業務以外，更擔當國家和西太平洋諸島的橋樑角色，協助促進國民外交。

國家實行改革開放，陳守仁積極參與內地投資，2000 年代在東莞建立「聯泰供應鏈城」，協助打造珠三角成為世界工廠，目前與美國斯凱奇 (Skechers) 合作在內地拓展零售業務，是內地運動時尚品牌之一。

陳守仁多年來積極參與社會公益事業，自 1980 年代一直捐資支援賑災、扶老、助殘、救孤和助學等領域；2015 年捐資成立仁善扶貧基金會，在福建、雲南、甘肅、貴州、河北等 43 個貧困縣進行「精準扶貧 創業脫貧」工作，共協助了超過 3000 戶貧困戶脫貧。因其貢獻獲關島大學頒授榮譽法學博士，香港浸會大學及香港中文大學頒授榮譽大學院士。

新冠病毒疫情期間，其基金會及企業積極對外搜購口罩，並不惜工本以包機運送物資贈予內地及太平洋島國有需要的政府部門、醫療及慈善單位。陳守仁亦以密克羅尼西亞聯邦 (Federated States of Micronesia) 駐香港名譽領事名義，捐資湖北紅十字會抗疫。

陳勇

銅紫荊星章 (BBS)
太平紳士 (JP)

（上圖）陳勇到學校進行主題講座，推動香港年輕人國情教育。

（下圖）2019 年首屆少數民族地區（香港）成就展開幕典禮。

陳勇 1969 年出生於河南開封市，祖籍福建，資深註冊社工；1984 年移居香港，取得香港城市大學社會工作學士和香港中文大學法律與公共事務碩士學位。自 2007 年起響應特區政府號召，組織新界社團聯會社會服務基金營辦社會企業，在大埔經營晴天茶座和大埔海濱休閒生態水陸墟，推廣漁民文化和社區旅遊，為當區漁民、婦女及青少年提供就業及創業機會。

2008 至 2015 年任北區區議會委任議員，2013 年起擔任香港特別行政區全國人民代表大會代表，任內積極處理港人求助，包括跨境個案、財產和生意糾紛等，擔當香港與內地溝通橋樑，致力就香港市民關注的民生議題和國家發展作出建議和提案，如提出支持香港企業在內地的畜牧業發展、促進香港持續發展；除此，他也積極推動香港與內地融合接軌，參與粵港澳大灣區為主題的分享活動，如出席香港青年到內地發展機遇學校講座和粵港澳大灣區醫療安老發展座談會，舉辦青少年以及社會不同階層市民參與的交流團等。

鑒於有 50 多萬名香港人長期在廣東省定居，赴內地高校就讀的香港學生也與日俱增，陳勇與其他民建聯人大代表曾提出在廣東省試行落實 16 條香港人國民待遇，包括給予內地身份證明、放寬免試招收港生計劃、鼓勵及便利港人申請廣東省公務員職位等；部分建議其後得到落實，廣東省在 2020 年首次向港澳地區選拔公務員；此外也積極推動香港年輕人國情教育，提出完善香港學校與內地進行交流學習的長效機制，並建議政府鼓勵和資助香港青年到大灣區發展，或到「一帶一路」沿線國家留學和交流，投入國家建設，同時尋找發展機遇。

2005 年獲民政事務局局長嘉許獎章；2014 年參與組成「保普選反佔中大聯盟」並任執行委員；2014 年及 2016 年獲委為大嶼山發展諮詢委員會非官方委員；現任民建聯副主席、香港再出發大聯盟副秘書長、新界社團聯會理事長、全港社區抗疫連線召集人、香港各界慶典委員會董事會董事暨名譽會長、新界各界慶委會執行副主席等。

陳振彬

大紫荊勳賢 (GBM)
金紫荊星章 (GBS)
銀紫荊星章 (SBS)
銅紫荊星章 (BBS)
太平紳士 (JP)

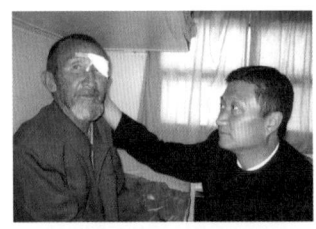

（上圖）陳振彬致力推動內地「健康快車」治盲服務。

（下圖）陳振彬出席香港青年領袖論壇，與內地及香港各界共同探討青年發展方向。

陳振彬於 1957 年出生，祖籍廣東潮州，年輕時曾在製衣廠工作，晚間在夜校進修，其後考取倫敦商會會計專業文憑；1979 年在九龍土瓜灣創業，翌年創立寶的製衣廠有限公司，1992 年成立寶的集團有限公司。

為配合及支持國家改革開放，在中央政府《中外合資經營企業》鼓勵港澳台等地區企業到內地成立三資企業和設廠政策下，寶的集團將主要生產線設於內地，發展歐美運動及休閒服名牌製造產品。陳振彬多年來積極推動內地社會發展，參與內地社會慈善事務，1998 年在家鄉潮州捐建鳳岐學校。1999 年開始參與內地「健康快車」治盲服務，2005 至 2008 年獲推選擔任香港健康快車主席，致力將治盲工程推展到偏遠地區，經過多年努力，現已成為國家一項重要醫療扶貧服務；2006 年開始，10 間眼科顯微手術培訓中心陸續在內地營運，「健康快車」列車亦增至 4 部，自推出服務以來已在內地 28 個省 121 個地區，為逾 21 萬名貧困白內障患者免費施行復明手術，成為港人在內地進行最大規模的扶貧工程之一。

陳振彬亦積極參與香港青少年事務，加深青少年對國家發展的認知。2003 至 2007 年獲香港特區政府委任為全香港十八區青少年暑期活動中央委員會主席，並於 2006 年帶領 500 名青少年到北京和河北交流。2007 年成立香港青少年發展聯會，積極推展多元化的活動，同年舉辦北京交流團，與北京市青年聯合會在北京共建京港同心奧運林；他也是 2015 年成立的香港青少年軍總會主席及創會人之一，以中式步操培養青少年自強、自律、自信、承擔、領導和服務的精神。

陳振彬擔任的社會公職包括 2013 年起任香港特別行政區全國人民代表大會代表、2013 至 2018 年擔任扶貧委員會關愛基金專責小組副主席、2004 至 2019 年獲推選為觀塘區議會主席。2008 年和 2013 年先後獲香港公開大學頒授榮譽大學院士和榮譽工商管理博士榮銜。2004 年起分別出任多間公司的獨立非執行董事。

陳清泉

銀紫荊星章 (SBS)
中國工程院院士
英國皇家工程院院士

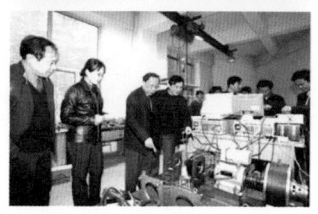

（上圖）陳清泉和諾貝爾物理獎得主 Carlo Rubbia 教授在中國礦業大學創辦可持續能源研究院。

（下圖）陳清泉指導哈爾濱工業大學團隊研發電動汽車驅動系統。

陳清泉 1937 年出生於印尼，原籍福建省漳州市，先後畢業於北京礦業學院機電系、北京清華大學電機系研究生班，並取得香港大學電機電子工程哲學博士學位 (PhD)。1976 年移居香港，任教香港理工學院；1982 年加入香港大學電機電子工程系，1992 年升任講座教授，1994 至 2000 年任系主任，1987 年獲美國能源部支持，於香港大學成立國際電動車研究中心。

陳清泉是現代電動汽車領域開拓者和奠基人之一。早在 1980 年代初便提出電動車研究的總體理論和動力總成核心技術；1983 年到廣州華南理工大學、合肥工業大學講學，並設立陳清泉獎學金；其後擔任內地 30 所相關大學的名譽校長、名譽教授等，培養近 60 名博士和博士後；1990 年代倡議內地和香港工程師資格互認，其後推動中國成功加入國際工程教育互認組織「華盛頓協定」，2016 年與諾貝爾物理獎得主 Carlo Rubbia 教授在徐州中國礦業大學創辦可持續能源研究院；翌年在北京創辦國際院士科創中心，其後在土耳其、韓國、德國、以色列、瑞典和加拿大等地相繼成立國際科創中心，推動國際科技合作，造福全人類。

陳清泉自 1970 年代起積極投入國際科技交流，擔任歐美專業學術團體的有關委員會主席或委員，15 所國外著名大學客座教授，50 多間著名跨國公司的科技顧問、政府顧問；1997 年獲選為香港首位中國工程院院士，先後獲英國皇家工程院院士、匈牙利工程院榮譽院士、美國電氣電子工程學會會士和英國工程技術學會會士等榮銜；2003 至 2008 年任中國人民政治協商會議全國委員會科學技術界委員代表。著作有英文專著《現代電動汽車技術》、《能源、信息、交通、人文的融合》，中文專著《陳清泉院士論文選集一》、《陳清泉院士論文選集二》和《四網四流融合產業發展白皮書》。

陳智思 （隨團代表）

大紫荊勳賢（GBM）
金紫荊星章（GBS）
太平紳士（JP）
泰皇御賜皇冠三等勳章

家族代表人物：
陳有慶（父親）

陳有慶

大紫荊勳賢（GBM）
金紫荊星章（GBS）
太平紳士（JP）
泰皇御賜皇冠二等勳章

陳智思 1965 年出生於香港，畢業於美國加州 Pomona College，選修藝術。父親為泰國華僑家族成員陳有慶博士。陳智思畢業後返港任職家族投資企業，為香港金融及保險界代表人物。現為亞洲金融集團總裁和亞洲保險有限公司主席。

陳智思於 1998 年循保險界功能組別晉身立法會，2004 至 2009 年獲委任行政會議成員；2008 年當選香港特別行政區全國人民代表大會代表，2012 年再度被委任為行政會議成員，並由 2017 年 7 月 1 日起出任行政會議非官守議員召集人。陳智思參與多項社會公職，涵蓋社會、文化等範疇，歷任司法人員與紀律人員薪俸及服務條件常務委員會主席、活化歷史建築諮詢委員會主席、古物諮詢委員會主席、可持續發展委員會主席及嶺南大學校董會主席等。現任香港社會服務聯會主席、香港故宮文化博物館主席及大館文化藝術有限公司主席。自 2015 年起，先後獲嶺南大學、香港城市大學、香港公開大學（現名為「香港都會大學」）及薩凡納藝術設計大學頒授榮譽博士。

陳有慶 1932 年出生於廣東汕頭，先後在香港、泰國及美國受教育。1955 年學成後，於家族創辦的泰國盤谷銀行任職，繼而在港拓展銀行、保險等業務並投資內地保險業；2005 年與中國人民保險集團、泰國盤谷銀行等組成中國人民人壽保險股份有限公司。

陳有慶早於 1975 年率領首個香港銀行界代表團踏足內地，1983 年再率業界代表團訪京，積極支持及參與內地改革開放發展。1988 至 2008 年任全國人民代表大會香港地區代表，推動香港財經界與內地合作交流。1998 年出任香港中華總商會會長，帶領工商界支持特區政府施政，並擔當橋樑角色，配合國家發展戰略。

陳有慶積極參與香港及內地僑務，2004 年為香港僑界社團聯會創會會長，2011 年獲選中華全國歸國華僑聯合會副主席，兼任中國僑商聯合會會長，同年協助促成中國華僑博物館在北京動工。2008 年汶川大地震後，率香港僑領到訪災區，帶頭捐款並呼籲僑領及各界協助重建北川中學。自 1995 年起，先後獲授美國洛杉磯 Pepperdine University 榮譽法學博士、香港浸會大學榮譽大學院士及香港大學名譽大學院士榮銜。現任亞洲金融集團董事長。

陳聰聰

銅紫荊星章 (BBS)
行政長官社區服務獎狀

（上圖）2018 年 8 月 3 日，福建省婦女聯合會、香港福建婦女協會聯合主辦慶祝改革開放 40 周年閩港澳台婦女發展論壇。

（下圖）2019 年 10 月 22 日，香港福建婦女協會於北角街頭舉行敬老活動出發前合照。

陳聰聰 1949 年出生於福建晉江市，畢業於福州大學電機系，1988 年來港定居，其後創辦香港綠洲行有限公司，現任董事長及聯華集團控股有限公司主席。

陳聰聰擔任福州大學香港校友會會長 15 年，凝聚校友力量參與內地改革開放事業及香港社會服務，自 1990 年代後期起積極參與內地教育和社會慈善事業。陳聰聰分別在 1998 年和 2003 年以福州大學香港校友會會長身份，推動在港校友進行募捐，資助該校建設和發展；2012 年被福州大學評為傑出校友。此外她也積極關心及扶助基層的福利，推動賑災救災、希望工程及支援家鄉教育事業、體育事業，修橋鋪路等；先後在家鄉捐資興建一所現代化幼兒園、家鄉榕霞小學，又興建寧化華僑農場敬老院，在福州大學新校區興辦「亞周小學」，及多次為福建省婦聯兒童基金捐款。在擔任中國人民政治協商會議福建省委員會委員期間，深入晉江沿海各重災區了解受災情況，獲省政府撥款修建洋下海堤，紓緩當地水患問題。在香港，陳聰聰於 2014 年創立香港福建婦女協會，關心香港長者，每年親自籌款舉辦千人齋宴，為香港祈福，此外並組織旅行及生日活動，及在街頭向長者派發福袋。

陳聰聰出任多項公職，先後擔任第十二屆全國政協委員、第十二屆全國婦聯執委、第十屆中國僑聯常委、第九至十屆福建省政協委員、香港福建婦女協會創會主席、第二十三至二十四屆香港福建同鄉會會長、中華海外聯誼會常務理事、福建省海外聯誼會副會長、福州大學校董會會董、香港福建社團聯會副主席、香港和平統一聯合總會常務副會長、中國高等院校香港聯合會常務副會長、香港僑界聯合會常務董事等。由於她對內地教育事業的貢獻，被福建省婦聯評為福建省兒童慈善三十年感動人物。

傅育寧

傅育寧 1957 年出生於河北省，1981 年大連理工大學學士，1986 年獲英國布魯諾爾大學海洋工程力學博士，其後在該校擔任博士後研究員；1988 年加入深圳赤灣石油基地股份有限公司，出任總經理助理、常務副總經理；1991 至 1998 年任中國南山開發（集團）股份有限公司總經理、深圳赤灣港航股份有限公司董事長；1998 年加入招商局集團領導層，歷任常務董事及副總裁；2000 年出任總裁，並出任集團旗下香港上市子公司的主席，又出任招商局蛇口工業區有限公司董事長、中國南山開發（集團）股份有限公司董事長等，2010 至 2014 年任招商局集團董事長、招商銀行董事長，2014 至 2020 年任華潤（集團）有限公司董事長。

任職招商局集團期間，協助集團於 2013 年發展成為排名第 10 位的央企；而在華潤集團任內亦致力推動業務轉型與創新，重塑香港業務，增加關注香港民生產業及增加投資，集中盈利強、前景好的板塊，成功提升集團業務。傅育寧作為「2018 年香港澳門各界慶祝國家改革開放 40 周年訪問團」香港特別行政區代表團成員，顯示國家肯定華潤集團對國家改革開放的貢獻；集團前身是 1938 年於香港成立的聯和行，與香港共同成長，1984 年於香港開設首間超級市場，1990 年代初並參與開發天水圍住宅項目，開始涉足地產業；經過多重體制改革，成為躋身世界 500 強的多元化業務企業。

（上圖）1998 年 7 月，傅育寧在香港參加招商局集團慶祝香港回歸祖國一周年酒會。

（下圖）2018 年 12 月，傅育寧於香港交易所的大灣區共同家園基金成立儀式上發表講話。

傅育寧於 2013 年起擔任中國人民政治協商會議全國委員會委員，2018 年起任常務委員會委員；歷年並參與多項公職，1999 至 2003 年任香港中國企業協會副會長，2013 至 2016 年任會長，後出任名譽會長；2000 至 2003 年任香港港口及航運局成員，2009 至 2011 年任證券及期貨事務監察委員會諮詢委員會成員，2011 至 2013 年擔任香港港口發展局成員，2013 至 2015 年出任經濟發展委員會成員，2016 至 2018 年任西九文化區管理局董事局成員，2018 年起出任行政長官創新及策略發展顧問團成員；他也是亞太經濟合作組織（APEC）中國工商理事會理事兼理事會副主席。

曾正麟

（上圖）曾正麟與一批香港測量師於 1980 年代參與協助蛇口工業區及深圳城市規劃。

（下圖）1993 年 5 月，建設部確認全國第一批 140 名房地產估價師，並向十位香港測量師學會的成員頒發高級顧問聘書。

曾正麟 1937 年出生於香港，祖籍廣東南海縣，1965 年香港大學建築系畢業，先後考獲英國特許建築師、特許測量師及特許規劃師資格，及倫敦大學（城市規劃）碩士、英國皇家建築師學會會士及英國皇家測量師學會會士等專業資格；現為註冊建築師、註冊城市規劃師及規劃測量師。資深城市規劃師、建築師、測量師。先後在香港參與多項重大工程，包括天水圍及將軍澳新市鎮規劃，1987 年創辦曾正麟建築師樓，參與市區重建項目。

1979 年起以專業人士資歷，在城市規劃及土地價值及使用等範疇，參與推動國家改革開放事業。加入「香港促進現代化專業人士協會」為創會會員。翌年與多位專業會員組團訪問北京，與國務院港澳辦及國家計委等官員討論包括法律、規劃及房地產改革及發展等議題。協會會員亦自發不定期前往深圳、廣州等地向內地官員授課及舉辦座談會。曾正麟與一批香港測量師亦到深圳蛇口講學，此外亦參與協助深圳城市規劃，於 1980 年獲邀參加深圳特區規劃座談會。1993 年與多位香港測量師學會測量師，獲國家建設部委任為高級顧問，通過測量師專業功能，介紹源於英國的香港估價原理、制度，如何規劃和善用土地；將土地有償使用、土地所有權與使用權分離，徵收土地使用費，土地價值與估值，土地估價與公開競投以及規劃的觀念帶到內地，從而令國家擁有無限財力資源。同時亦協助培訓內地首批估價師，見證第一批 200 人中國估價師授證。1994 年亦協助成立中國房地產估價師學會，並出任清華大學房地產研究所高級顧問。1990 至 2007 年獲委任中國人民政治協商會議北京市委員會委員，為北京市規劃建言獻策，就北京市交通及規劃問題提交調研分析報告。

社會服務方面，現任香港測量師學會、香港建築師學會及香港規劃師學會專業資深會員；歷任「香港促進現代化專業人士協會」創會會員、新界扶輪社社長、國際扶輪社地區總監代表、鄉議局增選議員、香港基礎建設學會成員、香港測量師學會規劃及發展組創組及理事會主席、國家建設部高級顧問等。

曾智明 （隨團代表）

太平紳士（JP）

曾智明 1966 年出生於香港，1989 年加入家族企業金利來（遠東）有限公司，1995 年任總經理，2003 年任金利來集團副主席，2018 年起任金利來集團有限公司主席兼行政總裁。

曾智明自小深受父親曾憲梓的言傳身教，秉承父親的愛國情懷和善舉，擔任多項社會公職以實現其抱負，積極參與兩岸三地的社會活動，為社會和諧發展、經貿合作及文化交流作出貢獻。曾智明熱心公益與發展客家文化；2007 年起任曾憲梓教育、載人航天、體育等三個基金會理事長；2014 年創立「關愛行動」，扶助內地偏遠貧困地區弱勢群體。2016 年成立曾智明青少年發展基金會，2008 年起任中國人民政治協商會議全國委員會委員；歷任廣東省工商業聯合會副主席、香港中華總商會副會長及香港廣東青年總會創會主席等；2008 年獲香港青年工業家獎，2011 年獲世界廣東僑青十傑，2020 年獲 2019 年度廣東扶貧濟困紅棉杯銅杯獎。

家族代表人物：
曾憲梓（父親）

曾憲梓 （1934—2019）

大紫荊勳賢（GBM）

曾憲梓出生於廣東梅縣，1961 年廣州中山大學畢業，1968 年定居香港，創立金獅領帶公司；1971 年創立金利來（遠東）有限公司，1992 年成立金利來集團有限公司並任主席至 2018 年。1985 年內地首個投資項目在家鄉梅州成立中國銀利來有限公司，是內地首家專營領帶的中外合資企業。歷年致力捐助內地及香港教育事業；1978 年起先於家鄉捐建中小學及母校中山大學教學設施等；1992 年起設立曾憲梓教育、載人航天、體育等三個基金會，支持國家教育、航天、體育、醫療和扶貧賑災等公益事業，捐資項目逾 1400 項次，累計捐獻金額達 12 億元。

曾憲梓積極參與多項公職，1983 年起任中國人民政治協商會議廣東省委員會委員、常委，1991 至 2008 年任全國人民代表大會代表，1994 年起任常務委員；1993 年任中華全國工商業聯合會第七屆副主席，就任香港中華總商會會長期間，促成世界華商大會會議於 2001 年首次在內地舉行。

1993 年獲廣州中山大學頒授名譽博士；1994 年中國科學院紫金山天文台將 3388 號小行星命名為「曾憲梓星」；1997 年為首批頒授香港特別行政區大紫荊勳章人士；2018 年獲中共中央、國務院授予改革先鋒稱號及改革先鋒獎章；2020 年北京圓明園將每年 5 月 24 日定為「曾憲梓紀念日」。

曾鈺成

大紫荊勳賢（GBM）
金紫荊星章（GBS）
太平紳士（JP）

（上圖）2013 年 12 月，民建聯舉行「一人一步 擁抱維港」活動，爭取連貫港島區海濱長廊。

（下圖）在香港政策研究所與譚惠珠女士評析「一國兩制」實踐。

曾鈺成 1947 年出生於廣州市，原籍廣東順德，兩歲移居香港；香港大學畢業，獲文學士；畢業後於培僑中學任教，1985 至 1997 年出任校長，退休轉任校監；任職期間，香港學生對內地社會民情日趨關注，培僑中學聯同各大專機構舉辦不同交流活動，致力促進香港青年的家國情懷。

1992 年聯同多名社會人士成立民主建港聯盟（民建聯），並成為創黨主席至 2003 年，帶領民建聯成為香港主要政治團體之一；1996 年任香港特別行政區籌備委員會委員；1997 至 2016 年當選臨時立法會及立法會議員，2002 年獲委任為行政會議成員，2008 年起任立法會主席，任內曾處理立法會調查雷曼迷你債券風波和香港政制改革等重大事件，並積極推動立法會與不同內地政府機構交流溝通，包括於 2009 年擔任團長率領立法會經濟事務委員會和環境事務委員會議員前往深圳、廣州、南沙和珠海進行考察，了解珠三角地區的物流、旅遊及環保政策；1993 至 2013 年出任中國人民政治協商會議全國委員會香港地區委員。

除議會工作外，曾鈺成也積極參與香港公共政策研究工作。2005 至 2008 年間出任策略發展委員會行政委員會委員。2016 年香港政策研究所倡導成立「香港願景計劃」，擔任召集人，先後發表 24 份研究報告，包括《香港成為國際法律樞紐 —— 把握「一帶一路」的機遇》、《人口政策的新思維 —— 鼓勵生育、引入人才、研究「雙非」》和《一國兩制實踐：回顧、評析、建議》等，提出設立專責「一帶一路」事務的法律專員、促進「非本地研究院畢業生」留港發展，以及香港特區政府善用「一國兩制」下香港與國際非政府組織聯繫的優勢，為香港成為「綠色金融中心」作出貢獻等措施及建議，為實行「一國兩制」未來發展提供不同方位的建議，使香港能繼續為改革開放作出貢獻；2011 年及 2015 年先後獲香港城市大學及香港公開大學頒授榮譽博士學位，現為香港中文大學社會科學院榮譽教授。

費斐 （隨團代表）

銀紫荊星章 (SBS)
太平紳士（JP）

家族代表人物：
費彝民（父親）

費彝民 （1908—1988）

法國榮譽騎士勳章

（以上圖片由南華早報出版有限公司提供）

費斐 1942 年出生於上海，6 歲隨父母移居香港，後畢業於北京外國語大學英文系，1973 年起進入中國外交部工作，先後擔任國家領導人周恩來、鄧小平的翻譯員；1981 年前往美國弗萊徹法律外交學院攻讀碩士學位，1985 年返回香港協助父親從事社會工作。

1996 年出任香港特別行政區籌備委員會秘書處香港辦事處副主任，1998 至 2013 年出任香港特別行政區全國人民代表大會代表，為香港平穩過渡作出長期貢獻。現任香港婦女基金會會長、香港中華總商會婦女委員會榮譽主席等。

費彝民出生於上海，1925 年考獲獎學金赴法國深造，但出國前因投身五卅運動而放棄出國機會，充份表現其愛國情操；1930 年起先後於瀋陽、天津和上海等地出任《大公報》不同崗位，開展其長達近 60 年的新聞工作及事業；1947 年受上海《大公報》委派到香港負責香港《大公報》復刊工作，其後一直擔任香港《大公報》社長直至逝世。

多年來，香港《大公報》在辦報之餘，亦大力開展外事工作，成為 1960 年代國家與外國聯繫的重要橋樑。1970 年代初費彝民更成為馬可勃羅會創會會員，藉舉行演講會及文化交流活動，加強西方對國家政治、經濟發展的了解。除此亦積極推動香港與內地及西方各國的文化交流，大量國內外知名的文化、藝術、教育、新聞界人士和學者都經他策劃來港進行交流；1982 年獲法國政府頒授榮譽騎士勳章，以表彰他在促進中法文化交流的貢獻。

1978 年改革開放初期，費彝民特別組織了港澳財團，以三年時間在北京建立了國家獨資的五星級大酒店首都賓館；1980 年代初安排國務院領導來港參觀大埔大型私人屋邨，其後內地城市參考香港模式發展居民住宅小區；此外又積極向港商介紹中央對外開放政策，更陪同他們到內地實地考察，成功促進兩地經貿合作及促成改革開放初期第一批中外合資企業發展。

歷任全國人民代表大會常務委員、中國人民政治協商會議全國委員會常務委員、全國記者協會副主席、香港基本法起草委員會副主任委員等公職。

黃友嘉 （隨團代表）

金紫荊星章 (GBS)
銅紫荊星章 (BBS)
太平紳士 (JP)

家族代表人物：
黃保欣（父親）

黃保欣 (1923—2019)

大紫荊勳賢 (GBM)
大英帝國司令勳章 (CBE)
太平紳士 (JP)

黃友嘉 1957 年出生於香港，獲芝加哥大學經濟學博士學位後，曾出任美國費城聯邦儲備銀行經濟師，擁有企業融資、工業生產及貿易等多個範疇的豐富經驗。

黃友嘉秉承父親黃保欣博士熱心服務社會的理念，心繫香港，多年來在商界及公共服務領域出任過多項公職，尤其在 2015 至 2021 年擔任強制性公積金計劃管理局主席時，積極完善強積金制度，建樹良多。

黃保欣 福建惠安縣張阪鎮下浦村人，畢業於廈門大學化學系，1958 年開始經營塑膠及化工原料業務，有「塑膠原料大王」美譽。改革開放以來，黃保欣積極參與內地經濟發展，1985 年於家鄉惠安投資超過 2000 萬元，為最早於福建設廠的外資之一。1993 年及 1994 年，黃保欣先後獲得香港城市大學理工學院榮譽工商管理學博士和香港浸會大學榮譽社會科學博士榮銜。

黃保欣對內地與香港的商貿合作貢獻良多，1970 年代出任香港貿易發展局中國貿易諮詢委員會主席，為貿發局拓展內地業務及推動該局在北京、廣州等地設立辦事處，加強了貿發局與中國貿易促進委員會總會及各省分會的聯繫，又經常撰文介紹及分析內地經濟動態，鼓勵港商到內地投資。

1970 年代末改革開放全面啟動，然而能源短缺卻追不上珠江三角洲經濟發展速度，發展核電是解決廣東省能源困局的策略之一。1979 年初廣東省電力勘測設計院設立核電組，開始了國家第一座大型商業核電站的選址工作，最終選定了大亞灣。

大亞灣核電站是內地改革開放以來最早和最大型的中外合資項目之一。1983 年香港政府同意香港參與廣東核電計劃，為內地及香港供電。黃保欣出任大亞灣核電安全諮詢委員會主席，就核電廠的安全標準、監管制度、廢料處理等議題向各地專家徵詢意見，回應了公眾對核電安全的關注；他又組織了兩次由香港立法局議員組成的考察團，讓議員親身了解核電廠的安全設計，最後促成了大亞灣核電站的安全建設及順利營運，為國家發展核電邁出了重要一步。現在大亞灣核電站有八成產電量會輸到香港，佔香港電力需求的四分之一，對香港減碳目標起了關鍵作用。

黃玉山

銀紫荊星章 (SBS)
銅紫荊星章 (BBS)
太平紳士 (JP)

（上圖）2017 年 3 月 18 日，一百多名來自內地的香江學者博士後人員參加「香江學者計劃」周年學術交流會。

（下圖）黃玉山率領「香江學者計劃」博士後學員參觀香港科學園。

黃玉山 1949 年出生於福建，七歲來港。獲加拿大麥基爾大學生物化學碩士及博士。返港後先後於香港理工大學及香港中文大學任教；1990 年為香港科技大學創校教授之一。1998 年任香港城市大學副校長；2006 年任科大副校長；2014 年起出任香港公開大學（現名為「香港都會大學」）校長。

黃玉山長期從事大學的教研及行政工作，至今共發表國際學術論文 170 餘篇，著作 8 冊。自改革開放以來，黃玉山積極發展內地與香港兩地學術交流及科研合作。1980 年代中起經常到內地院校講學及從事科研合作。2003 年成立「福田—城大紅樹林研發中心」，成為內地紅樹林研究的重要平台，至今培養了數以十計的專家。

黃玉山關心香港與內地社會事務，1995 年曾經以環境生態專家身份聯同數十學者專家積極反對當時港英政府興建的「策略性污水排放計劃」，以科學態度及理據在報章發表評論，要求政府停止該計劃，以免對香港及南中國海造成嚴重的破壞。

1992 至 1999 年，黃玉山擔任香港學者協會副主席／主席期間，與吳清輝教授等人推動內地「科技扶貧」，成立「振華科技扶貧基金」，組織及贊助每年 280 多位內地院校專家到內地最貧困的地區推廣「造血型」式的科技扶貧工作。每年暑假，黃玉山會與學者協會同仁赴內地貧困地區，包括大別山、井岡山及延安等。

黃玉山於 2009 年在全國人大會議上建議成立「香江學者計劃」，由香港八間院校導師為內地培養博士後學員。至今共有 200 多位導師參加，培養了 560 名博士後學者，合共發表 2000 多篇學術期刊論文、出版 41 部專著及 356 項發明專利申請。黃玉山是該計劃的創始人，並擔任學術委員會主席。

黃玉山自 2008 年起三屆當選香港特別行政區全國人民代表大會代表，並一直兼任全國人大常務委員會香港特別行政區基本法委員會委員。現任司法人員薪俸及服務條件常務委員會主席、研究資助局主席、香港學者協會主席；歷任課程發展議會主席、消費者委員會主席及濕地諮詢委員會主席、1998 至 2004 年出任濕地諮詢委員會主席、教育統籌委員會委員、環境諮詢委員會副主席、香港獸醫管理局主席等；2006 年及 2009 年為英國生物學會院士和香港科學會創會院士。

黃均瑜

銀紫荊星章 (SBS)
銅紫荊星章 (BBS)
榮譽勳章 (MH)
太平紳士 (JP)

（上圖）「教聯英語教師義工隊」前往西部地區培訓當地教師。

（下圖）「海西之路助學自駕遊」籌募經費資助泉州市洪德小學和援建河源市「教聯希望小學」。

黃均瑜於 1953 年出生，香港大學理學士及教育碩士，是資深教育工作者，福建中學（小西灣）創校校長；2005 至 2013 年出任香港教育工作者聯會（教聯會）主席，2014 年起任會長，現任旅港福建商會教育基金教育發展總監。

黃均瑜多年來帶領教聯會積極參與國家改革開放，推動和拓展兩地教育交流合作，包括響應國家推動「希望工程」和「西部大開發」發展戰略，推出教聯會「園丁工程」計劃、「教聯西部義工隊」、「華夏園丁大聯歡」，並透過「姊妹學校」、「同根同心」等平台，在學校、教師和學生層面開展大量愛國教育活動。

教聯會自 1992 年起推行「希望工程重返校園助學計劃」，先後籌得逾四千萬元善款，並於 2009 年獲中國青少年發展基金會頒發「希望工程 20 年特殊貢獻獎」；2001 年發起「西部開發人才支援計劃」，重點招募英語教學義工前往西部地區培訓當地教師，範圍包括江西、安徽、新疆、甘肅、福州、重慶等地，先後培訓近一萬名內地英語教師；2002 年起推行「園丁工程」，資助貴州山區及西部省份初中畢業生完成師範課程，然後回到山區執教，至今受惠師範生近 2000 人次。2008 年四川汶川大地震，黃均瑜擔任召集人，組成「香港教育界支援四川災區重建聯席會議」，籌募援建 5 所位於綿陽市和德陽市的學校，並以「紫荊」命名，以紀念香港教育界的心意。

教聯會積極推動愛國教育，2018 年國家教育部首次將香港和澳門納入四年一度的國家級教學成果獎評審，教聯會聯同另外五間教育機構共同申報的「香港愛國學校的國民教育實踐及探索」，獲得教學成果一等獎。黃均瑜任福建中學（小西灣）校長期間，帶領學校進行課程改革，獲「全國教育管理科研成果優秀獎」，成為 1949 年以來第一間獲國家教研獎的香港學校，他個人亦獲得「全國教育科研傑出管理者」的榮譽；其他公職服務還有2020 年起任香港特別行政區全國人民代表大會代表，歷任中國人民政治協商會議福建省委員會委員，香港敬師運動委員會主席、基本法推廣督導委員會委員、教育統籌委員會委員、公民教育委員會委員等。

黃志祥 （隨團代表）

香港信和集團主席

家族代表人物：
黃廷方（父親）

黃廷方 (1928—2010)

信和集團是最早進入內地的香港地產發展商之一。圖為信和集團慶祝香港特別行政區成立 24 周年。

黃廷方出生於福建莆田，少年時隨父親移居新加坡，20 多歲時創立雜貨店生意，1950 年代開始在新加坡投資房地產業，1960 年創辦遠東機構，先後在新加坡主要商業區烏節路興建遠東購物中心、烏節商業中心等多幢商廈，成為新加坡主要私人物業發展商，有「烏節地王」稱號；遠東機構是新加坡最具規模的私人發展商。在 2007 至 2018 年間，黃氏家族連續 12 年蟬聯福布斯新加坡富豪排行榜首位。

黃廷方於 1971 年創辦香港信和集團，發展香港地產及一系列與物業相關的業務。黃廷方一直活躍於香港土地拍賣會，是新加坡及香港的重要企業家之一；五十年來，信和集團以「綠色生活、健康舒泰、匠心設計、創意革新、文化傳承、連繫社群」六大範疇，致力為顧客提供全面的服務，建構更美好生活；集團於香港、內地，新加坡和澳洲等地的發展項目總數超過 250 個。

信和集團作為最早進入內地的香港地產發展商之一，於 1980 年代改革開放之初，就參加了在廈門市舉行的內地首次土地競拍，並成功獲得開發良機，被稱為內地土地制度改革的積極推動者；信和集團在上海、深圳、廣州、福州、廈門、漳州、成都、重慶等地均有投資，拓展住宅、寫字樓、商場等項目，相關的物業管理服務也在各地展開。

黃廷方先生歷任香港工商界國慶籌委會成員、香港地產建設商會副會長。2010 年，信和集團主席、中國人民政治協商會議全國委員會委員黃志祥出資成立了黃廷方慈善基金有限公司，捐助社會公益事業，紀念及繼承先父黃廷方樂善好施、奉獻社會的傳統。黃廷方慈善基金重點支持教育、醫療、扶貧、文化、環保、養老、保育等民生項目，資助弱勢群體和社會福利事業，致力推動構建可持續發展的健康和諧社會。

黃廷方慈善基金成立以來，在內地、香港，新加坡和澳洲等地捐助社會公益，累計金額超逾 21 億元。

黃周娟娟 （隨團代表）

榮譽勳章 (MH)

家族代表人物：
黃光漢（丈夫）

黃光漢 （1942—2007）

銀紫荊星章 (SBS)
太平紳士 (JP)

黃周娟娟 1947 年出生於上海，1953 年定居香港，在培僑中學畢業；1967 年與黃光漢結婚後，隨夫經商，擔任泉昌有限公司董事及司庫至今，並接任華豐國貨有限公司董事長十一年。

黃周娟娟熱衷於教育事業，2007 年起出任福建中學、福建中學（小西灣）、福建中學（北角）及福建中學附屬學校四校校監；同年成立黃光漢獎學教育基金，資助香港及內地貧困生圓大學夢，及促進兩地學校交流合作；曾任香港升旗隊總會會長六年，也曾經出任全國婦聯執委。

黃光漢出生於菲律賓，原籍福建惠安縣，1947 年隨父親愛國僑領黃長水移居香港；隨後入讀華南師範學院。1963 年返港接掌家族的泉昌有限公司，出任董事長兼總經理，後擔任華豐國貨有限公司董事長。

1950 年代初泉昌公司將北京同仁堂中成藥引進香港，並轉口東南亞及歐美，其後更在福建廈門、泉州等開設連鎖店；2002 年推廣北京同仁堂藥業公司開辦加拿大溫哥華業務，協助北京同仁堂藥店走向世界。

黃光漢為推銷國貨及企業轉型作出重要貢獻，他自設廠房確保產品質素，並擴展業務至貿易、醫藥、地產、電子及陶瓷建材等，為國貨走向國際發揮窗口與橋樑作用。

黃光漢自 1960 年代起參與香港經濟、教育和社團工作，貢獻突出；積極組織及推動在港閩籍人士參與社區工作，1987 年成立香港惠安同鄉總會，1989 年成立香港泉州市同鄉總會，1997 年將百多個福建社團組織起來，成立香港福建社團聯會並任創會主席；2004 年成立香港僑界社團聯會任副會長；亦積極推動香港教育，先後出任福建中學、福建中學（小西灣）及福建中學（北角）三校校監。

黃光漢歷年擔任的公職包括 1985 年出任香港特區基本法諮詢委員會委員，1988 年起任中國人民政治協商會議福建省委員會委員及常務委員，1988 至 2003 年擔任全國人民代表大會香港地區代表，2003 至 2007 年任中國人民政治協商會議全國委員會香港地區委員兼常務委員；歷任香港特別行政區政府推選委員會委員、香港福建社團聯會創會主席暨第一、二屆執行主席；曾任旅港福建商會正、副理事長共 13 屆之長及香港中華總商會副會長達五屆之久。

黃宜弘 (1938—2021)

金紫荊星章 (GBS)

（上圖）中央電視台首次第一套節目於黃金檔播放香港作家改編之電視劇《花幟》，該劇於 1996 年獲金鷹大獎，圖為原著作者梁鳳儀與男主角湯鎮宗合照。

（下圖）東莞永固紙業有限公司外貌。

黃宜弘出生於廈門鼓浪嶼，於香港成長，先後獲美國加利福尼亞大學工程學學士及碩士、美國加利福尼亞海岸大學工程學博士和美國修蘭大學法學博士。1971 年返港後，長期從事金融業、地產業、工商業。1986 年為香港聯合交易所策劃創建的全電腦股票交易系統，開啟香港證券交易所結合電子工程及商業業務需要之先河。黃宜弘歷任永固紙業有限公司董事會主席、三利文化產業媒體服務有限公司董事會主席。改革開放以來，黃宜弘積極參與內地經濟和文化發展。1989 年成立勤 + 緣出版社，曾為香港營業額最高的出版社之一。

黃宜弘 1993 年斥資一億元人民幣在廣東東莞市購地建廠，創辦東莞永固紙業有限公司，發展包裝工業，經營印刷耗材。1990 年代起投資內地影視業市場，參與內地電視媒體發展；1999 年與國營福建勤 + 緣影視製作傳播中心合作，先後製作逾千集電視劇。2002 年與妻子梁鳳儀創辦勤 + 緣媒體服務有限公司，為內地電視劇的投資方、策劃方及廣告贊助單位。2004 年，該公司成為首家以外資控股、主管境內媒體業務的香港主板上市公司。

黃宜弘在政界及商界曾出任多項公職。自 1991 至 2012 年任立法會議員逾 20 年，其間擔任帳目委員會主席八年並主持多個專責小組；此外也為香港貿易發展局理事會理事逾 30 年，為該局有史以來服務時間最長之理事。1998 至 2008 年擔任香港特別行政區全國人民代表大會代表。

公職方面，黃宜弘歷任香港中華總商會永遠榮譽會長、香港中華廠商會名譽會長、香港福建商會永遠名譽會長、香港出版總會名譽會長、香港出版印刷唱片同業協會名譽會長、勤 + 緣慈善基金會創辦人及永遠名譽主席等。公職服務之餘，黃宜弘也關注教育和醫療公益，捐贈多個有關教育及醫療項目，尤其重視宏揚中華文化的公益及年青一代教育活動。

2021 年，於香港及內地捐獻共十項有關教育醫療文藝的慈善工程。其中香港中文大學命名中大崇基學院新建之綜合大樓為「梁鳳儀樓」，以慶祝崇基學院 70 周年紀念；同年 4 月亦為廈門大學 100 周年紀念，把教育研究院命名為「黃宜弘樓」；同年 6 月，香港中文大學（深圳）把創校圖書館命名為「黃宜弘梁鳳儀伉儷圖書館」；均為表彰黃宜弘在教育方面對國對港之貢獻。

楊孫西

大紫荊勳賢（GBM）
金紫荊星章（GBS）
銀紫荊星章（SBS）
太平紳士（JP）

楊孫西 1937 年出生於福建泉州市石獅一個華僑家庭，1951 年隨母親移居香港，曾就讀於廣州暨南大學華文學院和香港工業專門學院（香港理工大學前身）；1969 年創立香港國際針織製衣廠，產品出口歐美與日本，後來業務多元化及國際化，1980 年代發展為香江國際集團，擔任董事長。

1980 年投入國家改革開放大業，香江國際集團成為首批進入內地投資的香港企業，先在廣州荔灣合辦首家時裝來料加工廠，接着在珠江三角洲及福建投資設廠，並在江蘇、浙江、上海、山東及江西開辦合資企業，生產不同品牌系列服裝；1990 年代初參與投資家鄉石獅的閩南黃金海岸度假村，1995 年發展北京房地產業務，興建北京國際友誼花園、北京科技會展中心、北京財富中心、香江別墅等大型項目，包括辦公樓、公寓、酒店和展覽中心等，並參與開發重慶財富中心及山東膠州灣財富中心等。

歷年積極參與多項公職，包括 1993 至 2013 年出任中國人民政治協商會議全國委員會香港地區委員，2003 至 2013 年兼任常務委員；1995 年任香港特別行政區籌備委員會委員，2004 年任大珠三角商務委員會委員和經濟及就業委員會委員，2004 至 2005 年任香港中華廠商聯合會會長和香港貿易發展局理事；現任香港中華總商會永遠名譽會長、香港中華廠商聯合會永遠名譽會長、香港福建社團聯會榮譽顧問、香港福建商會永遠榮譽會長、世界石獅同鄉聯誼會創會會長及中國和平統一促進會香港總會創會理事長等；楊孫西也是福建石獅市第一中學創辦人、清華大學教育基金會理事、南京大學顧問教授、南京大學、復旦大學、暨南大學和華僑大學董事會董事、香港理工大學顧問委員會榮譽委員及嶺南大學商學課程諮詢委員會成員。

2014 年獲北京市委員會委員、北京市人民政府頒予「特別榮譽獎」，並獲清華大學人文學院聘請為資深研究員，此外又獲澳洲查理斯達爾文大學頒授榮譽經濟學博士學位。

（上圖）1990 年代中，楊孫西出席福建投資貿易洽談，並簽署閩南黃金海岸度假村投資協議。

（下圖）1990 年代初，楊孫西向石獅一中校長捐助教育基金。

楊釗 （隨團代表）

金紫荊星章 (GBS)
銀紫荊星章 (SBS)
太平紳士 (JP)

楊釗 1947 年出生於廣東惠州市，1967 年來港，1974 年白手興家，創立旭日製衣廠，現為旭日集團有限公司董事長；胞弟楊勳則出任旭日集團有限公司副董事長兼總經理。

旭日集團初期經營牛仔褲加工業務，1970 年代後期開始在菲律賓、印尼及內地設製衣廠，其後收購澳洲服裝品牌，發展成為一家以香港為中心的多元化跨國企業集團 —— 旭日集團，業務包括地產發展、金融投資、酒店、服裝零售及出口貿易等。

旭日集團對內地改革開放以及製衣服裝行業發展曾作出引領和示範的貢獻。1978 年楊釗與中國紡織品進出口公司廣東分公司洽談，於同年 6 月 23 日簽訂協議，開辦廣東順德縣容奇製衣廠，是全國首批「三來一補」工廠之一，在改革開放初期創立了「來料加工、補償貿易」與內地的合作模式。同年 7 月國務院頒行《開展對外加工裝配業務試行辦法》，8 月製衣廠投產；1979 年 6 月 12 日，順德縣革委會向廣東省革委會習仲勳主任、楊尚昆副主任報送 043 號文件，詳細報告了開工廠八個月來的情況，指出開展來料加工裝配業務大有可為。1985 年楊釗與楊勳在家鄉惠州開辦「旭日服裝職業學校」，成為全國第一批建校辦學的企業，推動內地職業教育；1993 年收購澳洲服裝品牌，進入內地服裝零售市場，促進了中國休閒服的發展。

楊氏昆仲歷年擔任多項社會公職。楊釗於 1998 至 2018 年任中國人民政治協商會議全國委員會香港地區委員，他也曾任中國外商投資企業協會副會長、廣東外商公會會長、香港中華總商會會長、香港廣東社團總會首席會長、香港紡織商會會長、香港青年工業家協會會長、香港各界文化促進會會長、香港臨時立法會議員。

楊勳

楊勳於 2018 年起任中國人民政治協商會議第十三屆全國委員會香港地區委員，現任中國外商投資企業協會副會長、廣東省外商投資企業協會副會長、惠州市外商投資企業協會會長、香港紡織業聯會副會長；他曾任製衣業訓練局主席、香港製衣業總商會會長。

楊氏昆仲熱心社會公益，積極肩負社會企業責任，二人多次榮獲「中華慈善獎」之「最具愛心捐贈個人」榮譽。

廖長江

（香港賽馬會提供）

金紫荊星章（GBS）
銀紫荊星章（SBS）
太平紳士（JP）

（以下圖片由立法會提供，
www.legco.gov.hk）

（上圖）2018 年職務訪問粵港澳
大灣區，參觀無人機科技。

（下圖）2014 年訪問上海時，參
觀上海城市規劃展示館。

廖長江 1957 年出生於香港，英國倫敦大學榮譽經濟學士及法學碩士，並考取英格蘭及威爾斯執業大律師資格，1985 年獲香港大律師執業資格，1992 年獲取新加坡訟務及事務律師執業資格。

從 2008 年起，他擔任香港特別行政區全國人民代表大會代表，2012 年起出任立法會議員，2016 年起擔任行政會議成員；廖長江 2012 年及 2018 年隨立法會訪問團訪問上海及粵港澳大灣區，助他更深入思考香港在國家於改革開放邁進新台階後的定位，以及如何在帶動投資興業、市場經濟、協助推動體制改革、雙向開放橋樑及城市管理等方面，為國家作出貢獻。就此他多次在立法會提出議案，增進香港社會大眾了解與關心國家發展大局，以及促請香港特區政府適切帶領及支援香港各界把握內地改革開放機遇，包括 2015 年提出「把握『一帶一路』機遇，尋找香港經濟新方向」議案，敦促特區政府支援各業界把握好這項國家未來長遠發展的重大戰略，為香港整體經濟尋找可持續發展的新方向；提出「香港作為國際金融中心面對的新挑戰」議案修正案，強調應抓緊國家「一帶一路」帶來的新機遇，鞏固和提升香港為國際金融中心的競爭力；2018 年提出「加強區域合作，共建粵港澳大灣區」議案修正案，促請特區政府帶領香港青年人和中小企業界以最廣闊視野和開放態度積極投入大灣區發展；2019 年提出「積極拓展粵港澳大灣區的發展機遇」議案修正案，建議特區政府建立機制收集各界對大灣區的訴求及增加互動，協助香港人積極參與大灣區建設等。

廖長江熱心社會服務，歷任香港區域法院暫委法官、香港學術及職業資歷評審局主席、打擊洗錢及恐怖分子資金籌集（金融機構）覆核審裁處主席、香港大學校務委員會委員、香港大律師公會執委會委員、版權審裁處委員及中央政策組非全職顧問；現任廉政公署貪污問題諮詢委員會主席、香港賽馬會董事、香港中華總商會常務會董。

劉允怡

銀紫荊星章 (SBS)
中國科學院院士

劉允怡 1947 年出生於香港，肝膽胰外科專家。1972 年畢業於香港大學醫學院，1977 年及 1979 年先後獲愛丁堡皇家醫學院院士和澳洲皇家醫學院院士，1995 年獲香港中文大學醫學博士學位。劉允怡創建香港中文大學肝移植中心和肝癌診療研究組，在國際上首先提出以「肝段為本」的肝切除方法，並率先應用釔 90 微粒為晚期肝癌治療，顯著提高生存率。此外並應用化療和免疫聯合治療令不能切除的肝癌能以手術切除，是香港和東南亞地區肝移植的創始人之一。

改革開放以來，劉允怡致力推動中國肝膽胰外科醫學與世界接軌，因此積極加強醫學技術現代化，先後出任內地多所著名大學或醫院名譽或客座教授。每年到內地講學，把創新的研究理論和先進技術傳入內地，並在上海、廣東，以至新疆等地舉辦多次肝臟外科手術培訓班，由其本人和團隊親自授課和示範，藉以提高外科醫生的臨床和科研水準。此外他也利用其在國際上的影響力，推動中國肝膽胰外科技術走向世界。1990 年代初與其他專家合作，在香港和內地連續十多年舉辦王澤森國際外科研討會，為內地外科醫生建立對外交流平台。

（上圖）2010 年接受香港中文大學授予理學博士，為該校授予之第二人。

（下圖）2010 年與中文大學和聲書院院監會、教師、行政人員和學生合照。

2002 至 2004 年劉允怡擔任國際肝膽胰協會首位亞洲人主席，期間推薦內地肝膽外科專家出任國際肝膽胰協會 (IHPBA) 常務理事兼秘書長，藉以加強內地專家在國際醫學界的影響力。至今內地醫生參加 IHPBA 的人數已居全球第一，在 2004 年成立的 IHPBA 中國分會至今已有會員 1600 餘人，成為 IHPBA 會員人數最多的分支機構。

劉允怡亦為多位內地醫生批改論文，甚至翻譯成英文，協助他們投稿到國際學術期刊。近十年，科學引文索引 (SCI) 已收錄 280 多篇經劉允怡指導和修改後發表的內地醫生論文。此外，他也努力爭取大型國際學術會議在內地舉行，包括 2013 年 3 月在上海成功召開第四屆亞太肝膽胰會議，提升內地肝膽外科人員的國際地位。

劉允怡現任香港中文大學外科學系榮休講座教授、香港中文大學和聲書院創院院長、香港醫務委員會主席，歷任 IHPBA 主席、亞太區肝膽胰協會 (A-PHBA) 會長。

劉宇新

銅紫荊星章 (BBS)

（上圖）1978 年，劉宇新捐資母校坭陂中學興建科學大樓，成為改革開放初期第一個在內地捐資助學的香港同胞。

（下圖）1996 年 3 月，劉宇新被選任為首屆特區政府推選委員，積極組織各界推選委員與首任行政長官候選人進行對話活動。

劉宇新 1941 年出生於香港，祖籍廣東潮汕，抗日戰爭時隨父母逃難回鄉，途中淪為孤兒，流落異鄉興寧；1962 年回香港定居，白手興家創立新寶德電子有限公司。

國家實行改革開放之後，劉宇新率先到廣東省開設多家分廠，包括在興寧、梅州投資興辦無線電廠、電子廠及紗廠，成為最早一批在內地設廠投資的「三來一補」企業；此外又積極參與深圳經濟特區建設，參與籌組成立特區總商會，捐資支持教育和其他社會事業。1978 年已率先捐資 100 萬元在家鄉母校坭陂中學興建科學大樓，成為改革開放初期第一個在內地捐資助學的香港同胞；其後亦贊助梅縣、廣州、深圳等地 20 多所中、小學；除此歷年在全國範圍參與 100 多個公益項目，支持廣東、北京等地的教育、衛生、文化、體育和道路橋樑等工作，累計捐獻款項達一億元。

劉宇新獲邀參加國家建國 50 及 60 周年盛大慶典和抗戰勝利 70 周年天安門閱兵觀禮；獲得國務院僑辦頒發「熱愛祖國、造福桑梓獎」、廣東省人民政府頒發「為廣東社會經濟發展作出突出貢獻獎」、「南粵慈善之星」、「粵港澳捐資公益事業先驅人物」、「熱心推動粵港經濟社會發展傑出人士」以及中國少年基金會頒發「熱愛兒童獎」、「關心兒童金球獎」、「全球傑出華人」等獎項和榮譽證書，先後獲深圳市、梅州市、河源市、興寧市「榮譽市民」稱號。

社會公職方面，劉宇新在 1983 至 1998 年擔任中國人民政治協商會議廣東省委員會委員、常委；1993 至 2003 年擔任中國人民政治協商會議梅州市委員會副主席、名譽主席；1993 至 2013 年擔任中國人民政治協商會議全國委員會香港地區委員。香港特區政府第一屆推選委員及第二至第五屆選舉委員會成員；九龍城區議會議員以及國民教育委員會主席；歷任香港各界文化促進會常務副會長、廣東外商公會執行會長、深圳市總商會副會長、廣東社團永遠名譽會長、暨南大學董事會董事、廣東仲愷農業工程學院董事會副董事長等；現任香港客屬總會名譽主席、香港中華總商會榮譽常務會董等。

劉長樂

金紫荊星章（GBS）
銀紫荊星章（SBS）
太平紳士（JP）

（上圖）1997 年連續 60 小時報道香港回歸前後實況，直播中英政府交接全過程。

（下圖）2000 年，鳳凰衛視在香港聯交所創業板上市。

劉長樂 1951 年出生於上海，1980 年畢業於北京廣播學院，曾任職中央人民廣播電台，出任記者、編輯、新聞評論員、高級管理人員；1988 年移居海外，1996 年創辦鳳凰衛視中文台，至 2021 年出任鳳凰衛視董事局主席和行政總裁，是香港傳媒業領袖人物之一。鳳凰衛視以「拉近全球華人距離，向世界發出華人聲音」為宗旨，致力向世界推介內地改革開放歷程，傳播香港實行「一國兩制」的成就。

2001 年創立鳳凰衛視資訊台，是全球第一個面向世界、覆蓋兩岸四地 24 小時不停廣播的華語新聞資訊頻道。2011 年開辦以粵語廣播的頻道香港台，加強香港與內地和海外的溝通了解。在 2003 年和 2012 年，鳳凰衛視分別舉辦了「美麗的眼睛看中國」活動和國際艾美獎香港日活動等，吸引了全球媒體對香港的關注。鳳凰衛視在全球主要國家和地區建立了 60 個記者站，觀眾人數超過 5 億，連續 15 年打入「亞洲品牌 500 強」排行榜，位列亞洲的電視品牌四強，推動華文媒體登上世界舞台。鳳凰衛視節目也多次獲紐約電視電影節、芝加哥國際電影節、亞洲影藝創意大獎等國際獎項，展現了香港電視業優質製作水準，建立了香港國際傳媒資訊中心的重要地位。

劉長樂自 2005 年起至今連續擔任國際艾美獎世界電視節主席，2008 年獲國際電視藝術與科學學院頒授國際艾美理事會獎，是 21 世紀首位獲得此獎項的華人。此外他也擔任世界華文媒體合作聯盟名譽主席；2008 年擔任中國人民政治協商會議第十一屆全國委員會委員及教科文衛體委員會副主任，2013 年起擔任中國人民政治協商會議第十二屆、十三屆全國委員會常務委員，其間就融入粵港澳大灣區建設、強化香港國際金融中心地位、再建香港亞洲文化中心、推動香港在公共外交和兩岸交流中發揮更大作用等議題，提出建設性的建議。2008 年獲「2007 年度中國十大傳媒創新領軍人物之特別貢獻獎」，2015 年獲北京師範大學 —— 香港浸會大學聯合國際學院頒授榮譽院士榮銜，並先後獲香港城市大學頒授榮譽博士學位、台灣南華大學頒授榮譽管理科學博士。

劉炳章

金紫荊星章（GBS）
銀紫荊星章（SBS）
太平紳士（JP）

（上圖）1997 年 10 月率香港測量師學會訪問北京及上海。

（下圖）2013 年國家倡導發展「一帶一路」，香港專業聯盟參與多個香港官方貿易代表團，訪問中亞、南亞和歐洲等海外地區，推廣香港專業界於「一帶一路」的優勢。

劉炳章 1951 年出生於廣東潮安，獲香港理工學院（今香港理工大學）工料測量高級文憑及香港大學建築工程管理碩士學位，曾任香港測量師學會會長、英國皇家特許測量師學會（香港分會）主席及香港專業測量師註冊管理局主席。

改革開放之後，1980 年代初，劉炳章首次踏足北京，參與北京中央商務區第一個中外合資建設項目；1997 年香港回歸，劉炳章率領香港測量師學會訪問北京及上海，分享西方土地經濟模式、房屋制度改革等。

2001 年在行政會議召集人梁振英牽頭下，成立香港專業聯盟（聯盟），其中包括香港會計師公會、香港律師會、香港建築師學會、香港測量師學會等主要專業團體，各團體合共有成員十多萬人，目標是推動香港專業界別共同利益，協助業界拓展市場，並鼓勵對國家社會及經濟發展作貢獻；香港與內地於 2003 年討論 CEPA 協議，聯盟代表香港專業界向兩地政府部門和相關機構提供意見，促進兩地專業資格互認及降低香港專業人士在內地執業的門檻，促進兩地有效落實服務貿易自由化。

2013 年國家倡導發展「一帶一路」，聯盟一直與中央及內地各省市政府及機構緊密聯繫，分享香港專業界的國際經驗及資源，同時參與多個香港官方貿易代表團，訪問中亞、南亞和歐洲等海外地區，推廣香港專業界於「一帶一路」的優勢，為業界及內地企業提供開拓海外業務的管道與相關服務，共同開拓「一帶一路」沿線各地市場，促進國家經濟和貿易進一步發展。

2018 年起，劉炳章擔任中國人民政治協商會議全國委員會香港地區委員，任內個人及與多位委員聯名提交《進一步結合深圳及香港河套國際創科中心建設》、《關於探索高水準對外開放新途徑，建設汕頭自由貿易港》、《關於充分發揮鐵路運輸大動脈通道功能，加強粵港澳大灣區輻射帶動作用》等提案，支持完善大灣區交通網絡和促進泛珠三角區域經濟融合。劉炳章歷任市區重建局董事會非執行董事、香港城市大學及香港理工大學校董會成員、香港立法會議員、經濟發展委員會成員、長遠房屋策略督導委員會成員、大嶼山發展委員會委員、香港鐵路有限公司獨立非執行董事等。

劉紹鈞

銅紫荊星章 (BBS)

（上圖）1987 年 12 月 1 日深圳舉行內地首次土地使用權公開拍賣，拍賣會使用的木槌由香港測量師學會訂製及送贈。

（下圖）香港測量師學會訪問團於 1988 年 10 月訪問北京，並獲國務院港澳辦公室主任姬鵬飛於人民大會堂接見。

劉紹鈞 1935 年出生於香港，祖籍廣東東莞，1963 年畢業於倫敦大學，同年入新界理民府工作，1965 年獲香港政府派往英國進修，1967 年考獲專業測量師資格，調派至香港工業專門學院創辦香港首個測量師課程，任教至 1972 年；同年轉入私營地產公司工作，並開辦劉紹鈞產業測量師行，成為在私營機構工作之第一位港人產業測量師。

劉紹鈞多年來對內地房地產專業及發展貢獻良多；1979 年聯同廖瑤珠律師等專業人士組成「香港促進現代化專業人士協會」，任創會副會長，1980 年組團訪問國務院港澳辦交流有關法律、規劃、房地產等議題；同年參與深圳特區籌備會議，協助招商局深圳蛇口工業區規劃，並聯同協會會員前往深圳、廣州等地講解香港土地政策，以及土地使用權的拍賣、招標及估價的工作。

1987 年 12 月 1 日作為香港測量師學會會長帶團見證深圳舉行國家首次土地使用權公開拍賣，拍賣會使用的木槌是由學會訂製及贈送的；1988 年他積極參與上海市土地使用權向外資招標工作，見證了於同年 8 月 8 日上海市出讓虹橋第一塊土地使用權的簽字儀式；為了向外表示內地土地使用制度改革正式啟動，國務院港澳辦公室主任姬鵬飛於當年 10 月在北京人民大會堂公開接見了香港測量師學會訪問團及會長劉紹鈞。

為了響應內地土地使用制度改革的啟動，及推進港資和外資投入內地房地產市場，劉紹鈞聯同香港數十家房地產建築商及多名專業人士，於 1991 年組成「香港房地產建築業協進會」，並出任創會會長；協會成立時，由新華社香港分社社長周南、國家土地管理局局長王先進及建設部副部長譚慶璉主禮；協會經常在香港主辦有關內地房地產建築業之研討會，訪問北京、上海、廣州等地開展廣泛交流，開辦及贊助內地政府房地產部門之行政人員到香港培訓。

從 1980 至 2000 年，劉紹鈞先後出任香港中華房地產建設研究發展基金會及中華建設基金會會長、中國土地估價師協會及建設部中國房地產估價高級顧問，上海及深圳市房地產諮詢顧問、中國人民大學客座教授及同濟大學顧問教授；現任香港大學房地產及建設系名譽教授，香港大學名譽院士及香港大學基金會榮譽會長。

劉業強 （隨團代表）

銅紫荊星章 (BBS)
榮譽勳章 (MH)
太平紳士 (JP)

家族代表人物：
劉皇發（父親）

劉皇發 (1936—2017)

大紫荊勳賢 (GBM)
金紫荊星章 (GBS)
大英帝國官佐勳章 (OBE)
大英帝國員佐勳章 (MBE)
太平紳士 (JP)

劉業強 1966 年出生於香港，英國倫敦政治經濟學院經濟學理學士，2015 年接任鄉議局主席，現任永同益集團有限公司副主席。

2016 年當選立法會議員，2017 年出任行政會議成員，並擔任屯門鄉事委員會主席、屯門區議員及香港經濟民生聯盟執行委員會副主席，並曾經擔任仁愛堂主席；2013 年起任中國人民政治協商會議全國委員會香港地區委員。

劉皇發 1936 年出生於屯門龍鼓灘村，為新界原居民，完成初中教育後務農和經商，24 歲成為當時最年輕的村代表；1970 年任屯門鄉事委員會主席，1980 至 2015 年擔任新界鄉議局主席，1982 年同時出任屯門區議會主席，1985 至 2016 年先後出任立法局、臨時立法會及立法會議員，2009 年任行政會議成員，並曾任區域市政局議員及臨時區域市政局主席，長期領導新界居民參與香港建設及支持內地改革開放事業。

1983 年他參與「新界知名人士代表團」訪問北京，1984 年率領鄉議局代表團訪問北京，呈交「維持香港安定繁榮具體意見書」，希望有新界代表參與起草香港《基本法》的工作，及提出 1997 年後新界土地業權安排等建議；1985 年獲委任為香港基本法起草委員會委員，提交《原居民的合法權益與傳統習俗之歷史淵源》報告，成功爭取《基本法》規定新界原居民合法傳統權益；1993 至 2013 年任中國人民政治協商會議全國委員會香港地區委員，並任香港特別行政區籌備委員會委員。

劉皇發歷年熱心教育及社會慈善公益，歷任香港科技大學顧問委員會名譽委員、仁愛堂永遠會長等，亦曾捐助開辦仁愛堂劉皇發幼稚園暨幼兒園、仁愛堂劉皇發夫人小學、世界龍岡學校劉皇發中學等；2012 年獲中國政法大學頒授名譽博士榮銜。

劉漢銓

金紫荊星章 (GBS)
太平紳士 (JP)

（上圖）1994 年香港工商專業界
訪問北京。

（下圖）1996 年發布京滬穗深四
市居民對香港問題的認識及態度
調查。

劉漢銓 1947 年出生於香港，英國倫敦大學法學士，1971 年獲香港執業律師資格，1978 年成立劉漢銓律師行任高級合伙人，並獲英格蘭及威爾斯最高法院律師資格、國際公證人與中國司法部委託公證人資格。

1994 年與一批工商和專業界人士成立香港協進聯盟（港進聯），並出任創會主席；其後領導聯盟致力促進香港與內地交流、合作，及促成香港專業界投入內地建設；同年率領港進聯成員訪問北京，獲國家領導人接見，行程中團員提出要利用香港工商經濟科技配合內地經濟發展，並希望在高科技、專業培訓與機場建設上開展兩地合作；隨後於 1995 年起多次組團到上海、浙江、福建、江蘇等地，商討建立優勢互補合作關係；亦多次訪問深圳、廣州與珠海，深入探討粵港合作；1997 年與廣東省政府發展研究中心合作完成「加強合作，共創繁榮」的建議，首次提出共同建設大珠江三角洲的設想，其中部分建議被納入香港特區首任行政長官董建華的首份施政報告內容，其中有關 24 小時通關、內地與香港建立更緊密經貿安排、設立經貿辦事處及興建港珠澳大橋等事項均陸續落實。在歷次立法會和區議會選舉中，港進聯都強調與內地，尤其是珠三角的經濟互補合作，會員更身體力行，將香港資金、技術、國際聯繫帶入內地，促進內地發展。

2000 年港進聯響應西部大開發號召，發起組建渝港經濟促進會，帶動大批港商到重慶投資，僅香港國際集團就投資超過 80 億元；此外也重視提升內地工商服務業專業水準，多次組織交流及在東莞設立服務中心；2003 年赴北京訪問商務部等部委，更對準備加入世貿組織後國家經濟發展、兩地合作、經濟融合大局，從基建、金融、投資、銀行、證券、會計、法律、房地產等方面提出一系列政策建議，並在香港努力宣傳和推行。

1995 至 2004 年劉漢銓先後出任立法局議員、臨時立法會議員及立法會議員，2003 至 2018 年任中國人民政治協商會議全國委員會常務委員；歷任中西區區議會主席、香港律師會會長、香港特別行政區籌備委員會委員、港事顧問等。

劉鳴煒 （隨團代表）

金紫荊星章 (GBS)
銅紫荊星章 (BBS)
太平紳士 (JP)

家族代表人物：
劉鑾雄（父親）

劉鑾雄

劉鳴煒 1980 年出生於香港，英國倫敦國王學院法律學士、博士及倫敦政治經濟學院法律碩士；2006 年加入家族企業華人置業集團，2014 年起擔任主席。

劉鳴煒 2007 年開始投入內地公益事務，向北京大學捐資 5000 萬元支援教學科研經費，後成為北大史上最年輕的名譽校董。2008 年於四川設立 250 間「留守兒童之家」，惠及約十萬名兒童；2015 至 2018 年出任青年事務委員會主席，2015 年成立青年辦公室，聘用香港青年畢業生進行政策研究及倡議等工作。現任香港海洋公園主席、青年發展委員會副主席及智經研究中心主席。曾任中國人民政治協商會議四川省委員會委員。2014 年獲香港教育學院（今教育大學）頒授榮譽博士學位，亦獲香港城市大學及香港科技大學榮譽院士銜。

劉鑾雄 1951 年出生於香港，加拿大溫莎大學理學士；1978 年聯同友人創辦愛美高實業有限公司，製造及銷售吊扇和燈飾等。1986 年收購華人置業有限公司，業務拓展至金融投資及物業管理，後經過多次併購後，成為香港主要發展商之一。

內地改革開放初期他積極參與國家輕工業發展。1979 至 1980 年期間，愛美高公司於內地設立風扇加工廠，並引入香港的管理及質量控制模式。自 1980 年代末起，華人置業亦於 12 個內地城市，包括北京、上海、廣州、深圳及汕頭等，投資開發共 23 個各類商住物業項目，累積投資超過 100 億元人民幣；1991 年與中國保利集團簽訂聯營合同，於北京發展麗京花園豪華別墅，並獲發編號為 001 的國土證明書，是北京首個外銷住宅項目。1993 年續興建五星級北京希爾頓酒店，促進當地旅遊業發展。除此也積極支持內地企業及房地產的金融產品，前後投入資金數以百億元。

1997 年成立劉鑾雄慈善基金，身體力行投入國家的慈善公益，尤其教育及醫療項目，包括北京大學、清華大學及北京對外經濟貿易大學等；2019 年亦捐建中山大學附屬第一醫院醫學綜合樓及澄海華僑醫院等，大力推動內地教育和醫療等發展。

劉遵義

金紫荊星章 (GBS)
太平紳士 (JP)

劉遵義 1944 年出生於貴州遵義，祖籍廣東汕頭潮陽，1946 年隨家人移居香港。1964 年獲美國史丹福大學理學士，後分別於 1966 年與 1969 年獲加州大學柏克萊分校經濟學碩士及博士學位；1966 至 2006 年間任教於史丹福大學經濟學系，先後出任大學亞太研究中心共同主任和史丹福經濟政策研究所主任；2004 至 2010 年任香港中文大學校長，任內積極推動大學國際化，及促成大學成立五所全新書院；2010 至 2014 年期間擔任中投國際（香港）有限公司董事長；現任香港中文大學藍饒富暨藍凱麗經濟學講座教授及香港中文大學（深圳）高等金融研究院理事會主席。

劉遵義專長研究東亞經濟發展與增長，曾於國際學術期刊發表 200 多篇論文，1966 年建立學術界首個中國計量經濟模型。

1979 年首次以美國經濟學會代表團成員身份訪問中國，為國家實行改革開放後首批訪華的美國經濟學家之一。1980 年參與以諾貝爾經濟學獎得主克萊因 (Lawrence Klein) 為首的美國經濟學家代表團，與中國社會科學院合作，在北京頤和園舉辦為期七周的計量經濟學講習班，將西方計量經濟學理論引進內地，協助國家經濟學界重新與世界接軌，對制定改革開放的經濟政策有深遠影響。其後多次獲內地官員邀請，到內地向有關官員及專家就宏觀調控、財政儲備及金融體制等經濟改革議題提供意見，包括於 1993 年向副總理朱鎔基建議中國人民銀行應利用外匯儲備實行外匯調節市場操作，以及在外匯併軌時實行強制結匯，協助國家於翌年推行匯率制度改革。1997 年亞洲金融風暴期間，東南亞國家貨幣貶值，劉遵義發表了《天塌不下來》文章，闡述人民幣不應該貶值的道理。

（上圖）1979 年劉遵義與肯尼斯阿羅 (Kenneth J. Arrow) 教授攝於北京故宮。

（下圖）1993 年，劉遵義就外匯問題向副總理朱鎔基建言獻策，協助國家於翌年推行匯率制度改革。

公職服務方面，劉遵義在 2008 至 2018 年出任中國人民政治協商會議全國委員會香港地區委員，先後兼任人口資源環境委員會及經濟委員會副主任；2009 至 2012 年任香港特別行政區行政會議成員；現任中國國際經濟交流中心副理事長；歷年獲七所大學頒授榮譽博士學位、當選為計量經濟學學會院士、台灣中央研究院院士、國際歐亞科學院院士及英國劍橋大學邱吉爾學院海外院士；1997 年起為中國社會科學院榮譽資深研究員，2019 年獲香港金融學院頒授院士。

蔡冠深

大紫荊勳賢 (GBM)
金紫荊星章 (GBS)
銅紫荊星章 (BBS)
太平紳士 (JP)

（上圖）2011 年時任國家副主席習近平在北京接見蔡冠深率領的香港中華總商會訪京團。

（下圖）蔡冠深於 2018 年第四度出任香港中華總商會會長。

蔡冠深 1957 年出生於澳門，幼年移居香港；改革開放初期即率領新華集團投資內地，1990 年代成為內地和東南亞一帶海產龍頭企業，其後擴大投資至房地產、金融、科技、傳媒文化、環保及醫療康養等領域。

基於科教興國理念，蔡冠深傾力支持科教文化公益，先後捐資逾 6 億元，在香港、澳門、內地 10 多所大學設立教育基金，並捐資美國密歇根州立大學及北京師範大學成立「中美先進教育研究中心」、「新華優質教育研究中心」，並在北京建立三奕國際學校、中歐文化交流中心 —— 白雲館，與遼寧大學及英國德蒙福特大學合辦新華國際商學院；2003 年在中國科技部支持下創立中印軟件協會，2005 年成立「中國香港以色列民間科技合作及促進中心」，2015 年捐資支持香港科學院成立，並先後向南京大學、上海大學、復旦大學、東北大學、暨南大學捐資創辦藝術館、人文館、博物館等；長年支持越南、柬埔寨學生到中國深造，並在法國、日本、越南、英國、加拿大捐建蔡冠深文化中心，推動中外交流。

蔡冠深熱心社會及國際事務，主要公職包括中國人民政治協商會議全國委員會常務委員、亞太區經濟合作組織商貿諮詢理事會中國香港代表、中國內地 — 香港一帶一路工商專業委員會港方主席、粵港澳大灣區企業家聯盟創會主席、香港越南商會創會會長、香港韓國商會創會會長等。他先後四度出任香港中華總商會會長，並於 2011 年率團到北京訪問時，獲時任國家副主席習近平接見。

蔡冠深全力推動民間外交，持續近十年助推香港加入東盟與中國的 10 ＋ 1 協議，有香港「東盟先生」及「帶路先生」之譽，被外交部專員公署授予「外交之友」稱號。

蔡冠深獲美國、英國、加拿大、越南、香港等多家大學頒授榮譽博士、院士、教授銜；並於 2015 年獲越南政府頒發越南友誼勳章、韓國政府聘任為對外投資推廣榮譽大使，2017 年獲日本政府頒授外務大臣表彰、法國政府頒授法國藝術與文學軍官勳銜；2008 年獲「世界傑出華人獎」，2014 年「第四屆世界華人經濟論壇」獲頒「企業及社會領袖終身成就獎」。

蔡黃玲玲

榮譽勳章（MH）
太平紳士（JP）

（上圖）蔡黃玲玲於河北石家莊贊皇縣贊皇許亭小學捐資興建蔡黃玲玲綜合樓。

（下圖）2007 年加入仁愛堂董事局，其後創立仁愛堂蔡黃玲玲教育基金，拓展低收入家庭學生的全方位學習經歷。圖為 2012 年，蔡黃玲玲及董事局成員前往機場，為一眾出征極地之旅 —— 珠穆朗峰的考察團學生打氣。

蔡黃玲玲 1957 年出生於上海，祖籍福建，成長於上海，1970 年代末赴港定居；1985 年與丈夫蔡金山成立兆進投資有限公司，現任總裁。

她能夠成為「香港澳門各界慶祝國家改革開放 40 周年訪問團」香港特別行政區代表團成員，顯示國家重視香港福建婦女協會對國家改革開放的貢獻。香港福建婦女協會多年來團結在港福建籍女性力量，支持香港繁榮穩定及國家改革開放；2018 年協會與福建省婦女聯合會在香港共同舉辦「慶祝改革開放 40 周年閩港澳台婦女發展論壇」，集合四地婦女代表探討「開放中的『她力量』—— 新時代 新女性 新作為」主題，以謀劃加強婦女在改革開放中的貢獻。

1980 年代蔡黃玲玲已積極支持內地扶貧教育及婦女發展工作，捐助希望工程在內地興建希望學校；2007 年加入仁愛堂董事局，其後創立仁愛堂蔡黃玲玲教育基金，資助低收入家庭學生參與離岸教育考察計劃，拓展學生的全方位學習經歷。2011 年任仁愛堂董事局主席，2015 年捐資予華東師範大學興建黃玲玲樓，並設立黃玲玲獎學金；她關心香港高等教育發展，資助於 2017 年成立的大教育平台經費，支持香港弱勢學生、提供多元化高質素的科普教育。

2018 年起任中國人民政治協商會議全國委員會中華全國婦女聯合會委員，其間提交《關於健全農村留守婦女關愛服務體系的建議》提案，關注內地農村婦女問題；現任香港福建婦女協會主席、香港升旗隊總會名譽會長、香港志願者協會名譽主席、香港公益金籌募委員會委員等；她參與多個社會事務組織和慈善團體，包括新界區香港公益金百萬行主席、港區婦聯代表聯誼會副會長、香港各界婦女聯合協進會名譽會長、香港再出發大聯盟共同發起人、香港志願者協會名譽主席等；她一直支持各慈善機構，包括香港公益金、仁愛堂、保良局、香港乳癌基金會、香港遺傳性乳癌家族資料庫、齊惜福、生命熱線、香港弦樂團等，多年來累積捐款近兩億元。

蔡毅

太平紳士 (JP)

（上圖）蔡毅出席粵港澳大灣區推動供應鏈創新發展論壇。

（下圖）2000 年捐建福建泉州第五中學蔡毅綜合樓。

蔡毅 1960 年出生於福建省，1982 年畢業於上海海事大學經濟系；1987 年赴港發展，先後創辦興祥實業公司、興樺行紡織公司、興祥集團公司、鼎盛投資公司，並出任富通（香港）資本投資管理有限公司董事長和總經理；1991 年在海南省成立外商獨資的新紀元房地產公司，並向內地拓展包括紡織品、食用油、綠色產業、房地產、股權投資等業務。

蔡毅積極投入公益慈善事業，包括 2000 年在泉州第五中學興建蔡毅綜合樓，在內地捐修公路、興學助教；並促進香港、國際與內地的各方面交流，包括 2004 年贊助「維也納愛樂樂團弦樂獨奏家團隊」到內地演出；組織香港各界與內地的交流活動（包括青少年），提升香港專業人士的競爭力，跟進 CEPA 安排等政策執行過程中出現的問題，向內地和香港特區政府反映及作出建議；在擔任香港島各界聯合會（港島聯）理事長時，以主要主辦方身份贊助「香港青年愛樂樂團」參加歐洲音樂節比賽，樂團分別於比利時及荷蘭音樂節獲得六個獎項；港島聯每年也跟民政事務總署及各區民政事務處合辦抗戰勝利紀念晚會，以及慶祝七一回歸、十一國慶等大型活動；此外，他也主導成立了港島聯藝術團，到各區舉行匯演。

蔡毅積極參政議政，2013 至 2021 年任香港特別行政區全國人民代表大會代表；2003 至 2018 年任中國人民政治協商會議重慶市委員會委員；歷任香港島專業人士聯會（現名為「香港專業人士聯會」）創會會長、香港島政團社團聯席會議召集人、粵港澳大灣區港口與航運聯盟發起人、香港仁愛堂第 27 屆董事及總理、香港紡織商會副會長、中國高等院校香港校友會聯合會常務副會長、香港中國商會會長；現任香港福建社團聯會副主席、港島聯會長、香港島各界社會服務基金會創會主席。

蔣麗芸 （隨團代表）

銀紫荊星章 (SBS)
太平紳士 (JP)

家族代表人物：
蔣震（父親）

蔣震

大紫荊勳賢 (GBM)
大英帝國官佐勳章 (OBE)

蔣麗芸 1955 年出生於香港，加拿大 Concordia University 心理學學士。畢業後返港加入父親蔣震創辦的家族企業震雄集團，1988 年獲首屆「香港青年工業家獎」，1988 年創立香港青年工業家協會，為香港和內地的工業發展及培育工業人才作出貢獻。

1993 至 2013 年擔任中國人民政治協商會議全國委員會香港地區委員，2012 年起任立法會議員，歷任臨時區域市政局議員、立法會教育事務委員會主席等；工餘進修，先後獲香港中文大學文學碩士和中國社會科學院法學博士學位；2002 年和 2012 年分別獲香港工業專業評審局及香港城市大學頒授榮譽院士銜。

蔣震 1923 年出生於山東菏澤，幼年家境貧困，年輕時曾參與抗日戰爭；1949 年移居香港，曾從事碼頭及採礦等勞力工作，1956 年加入香港飛機工程有限公司，憑着辛勤鑽研、學習、思考，且鍥而不捨的性格，逐步掌握機械技術基礎。1958 年與友人集資 200 元，於鑽石山大磡村開設震雄機器廠小型機械零件維修場；1966 年成功研發出全球首部十安士螺絲直射注塑機，同年獲香港中華廠商聯合會頒發最新產品榮譽獎；1980 年於台灣地區成立分公司，開拓國際市場，震雄集團亦於 1991 年在香港上市，發展成為全球最大的注塑機企業之一。

1980 年代初開始參與內地工業建設，1989 年在廣東順德合組震德塑料機械公司，為全國首間中外合資注塑機企業；1990 年將其持有的震雄集團股份全數捐出，成立蔣震工業慈善基金，把每年股息用於推動內地、台灣地區及香港工業技術的培訓及研究，先後培育逾六萬名工業科技及相關管理人才；歷年與基金合作的國內外著名學府，包括美國加州柏克萊大學、喬治華盛頓大學、麻省理工學院、史丹福大學及哥倫比亞大學；內地的北京大學、清華大學、復旦大學、上海交通大學、浙江大學等；蔣震亦先後獲香港大學、香港理工大學、香港中文大學、香港公開大學（現名為「香港都會大學」）等頒授名譽博士；2018 年退休後擔任集團榮譽主席。

鄭志亮（隨團代表）新創建集團執行董事

家族代表人物：鄭裕彤（祖父）、鄭家純（父親）、鄭志剛（兄長）

鄭裕彤（1925—2016）

大紫荊勳賢（GBM）

鄭家純

大紫荊勳賢（GBM）
金紫荊星章（GBS）

鄭志剛

太平紳士（JP）

鄭裕彤出生於廣東順德，1946 年任職周大福香港分行司理，以首創 999.9 足金在金飾業建立信譽；1961 年出任周大福珠寶金行有限公司董事長兼總經理；1970 年代起在南非設鑽石廠；品牌於 1990 年代開始進駐內地。1970 年創立新世界發展，兩年後上市，成為香港主要地產發展商之一；後期出任主席一職至 2012 年。國家改革開放之初，新世界發展與香港數家地產商合作於廣州興建五星級中國大酒店，是內地首間中外合資經營的酒店；1980 年代在廣東投資多項基建工程；及後成立新世界發展（中國）有限公司，在內地引入香港房地產市場經驗與模式，並參與北京崇文區舊城改造、武漢長江二橋及天河國際機場等建設工程。新世界發展參與的舊城改造及安居工程項目遍及內地多個城市。鄭裕彤致力回饋社會，2007 年捐款興建北京奧運國家游泳中心「水立方」；同年與國家衛生部及香港醫管局合作於內地推行「社區醫療新世界 —— 社區衛生及基層醫療管理培訓計劃」；2008 年捐款支持四川大地震救災工作，並通過鄭裕彤基金支持內地及港澳慈善項目。

鄭家純 1946 年出生於廣東順德，1971 年加入周大福珠寶集團，2011 年起出任主席，推動周大福成為華人第一珠寶品牌。1972 年加入新世界發展，2012 年起出任主席，其間將業務擴展至物業、基建、零售、保險、酒店等範疇，分布於大中華地區。新世界發展是首家在內地引進居者有其屋項目的港企，讓中低收入家庭安居。他於 1995 年成立香港明天更好基金，促進香港與內地及外國之間的交流；2007 年起為內地貧困及偏遠地區修建橋樑；翌年成立周大福慈善基金，支持內地及港澳慈善項目；曾任中國人民政治協商會議全國委員會常務委員會第十一、十二屆委員。2006 及 2009 年分別獲國家外國專家局和國家民政部頒發炎黃獎與中華慈善獎。

鄭志剛 1979 年出生於香港，畢業於哈佛大學東亞文學系，現任新世界發展執行副主席兼行政總裁。鄭志剛於 2008 年創立品牌 K11，以「博物館零售」的前瞻概念，將文化、藝術與商業融合，為全球千禧世代打造「文化矽谷」。他近年帶領集團積極投資大灣區，亦倡導「創造共享價值」，推動社會創新，致力紓解香港的房屋問題，達致企業與社會共贏。他熱心社會及公益事務，現為中國人民政治協商會議天津市委員會委員、中華青年精英基金會主席；曾任中華全國青年聯合會第十一、十二屆副主席。

鄭明明

銀紫荊星章 (SBS)
銅紫荊星章 (BBS)

（上圖）鄭明明在改革開放初期進入內地示範美容產品。

（下圖）1980 年代鄭明明發明了紋眉及紋眼線技術，並把此技術帶到內地。

鄭明明出生於印尼雅加達，16 歲時隻身一人來港，從事美容師工作，其後遠赴日本學習美容技術。1966 年開設了第一家蒙妮坦美髮美容院，其後創辦蒙妮坦美容美髮學院；1980 年成立「CIDESCO 中國分會—國際斯佳美容協會」，1984 年率先引入世界權威的 CIDESCO 國際文憑考核制度，並爭取使用中文考核，為香港及東南亞地區培育大量美容專才；1983 年率先涉足內地美容市場，在北京俱樂部示範護膚技術後，獲北京 123 職業高中支持合辦美髮美容學校；1986 年成立首家內地美容美髮職業學校 —— 北京蒙妮坦美髮美容學校，至今蒙妮坦分校遍布全國已超過 20 所。

在 1980 年代期間，鄭明明發明了紋眉及紋眼線技術，並將技術帶到內地；1992 年在上海建立了第一家化妝品獨資外資企業 —— 鄭明明化妝品有限公司，1997 年更變賣香港物業，將全部資金投入興建位於上海西郊區的公司生產總部，成為內地首個獲得 GMP 國際證書及 ISO9001 雙認證的工廠；2003 年鄭明明更成為內地首位境外人士擁有「非民辦企業單位」法人資格。

2017 年第 44 屆阿布達比世界技能大賽，國家第一次派選手參加大賽的美容項目，香港蒙妮坦委派專業導師到內地培訓選手；最終國家代表隊在美容項目勇奪銀牌。除了在自己專業上的成績，鄭明明還熱心社會公益，特別是婦女和兒童事務；經歷多年貢獻，1994 至 2008 年她獲任中國人民政治協商會議北京市委員會委員，2003 至 2013 年獲任中國人民政治協商會議全國委員會中華全國婦女聯合會委員。

鄭明明熱心參與公職，先後出任 CIDESCO 中國分會 —— 國際斯佳美容協會創會主席、香港職業訓練局 (VTC) 美容美髮訓練委員會主席、香港各界婦女聯合協進會首席名譽會長等；1993 年獲授予「國際美容教母」稱號，是獲此殊榮的第一位中國人；曾獲上海市頒發「白玉蘭紀念獎」、CIDESCO International 頒發國際美容教育貢獻大獎及美業專業貢獻功績勳章；2008 年獲 VTC 頒授榮譽院士榮銜。

鄭慕智

大紫荊勳賢 (GBM)
金紫荊星章 (GBS)
大英帝國官佐勳章 (OBE)
太平紳士 (JP)

（上圖）胡百全律師事務所成都代表處於 2002 年開幕。

（下圖）鄭慕智 2012 年於北京出席政協會議。

鄭慕智 1950 年出生於香港，1972 年畢業於香港大學法律學系，1973 年取得香港大學法學專業證書，入職胡百全律師事務所；1979 年出任合伙人，1994 至 2015 年為首席合伙人，2016 年起為顧問律師。

1995 年起擔任中國委託公證人，負責為香港居民辦理在內地使用的公證文書。2001 年國家落實西部大開發發展規劃，鄭慕智於翌年帶領胡百全律師事務所在成都設立首間內地代表辦事處，為當地首間境外律師事務所；自此積極把香港執業經驗引進當地，同時讓香港法律專才接觸內地市場，推動香港與內地的法律交流。團隊憑藉豐富的法律經驗，把香港法律界處理國際和涉外貿易專業服務知識引進當地，並義務為當地企業來港上市提供法律諮詢和支援，包括公司架構重組、籌集資金、路演及與投資者溝通技巧等，協助更快適應國際市場運作和規律，為內地企業「走出去」打下基礎。在 CEPA 協定實施下，2011 年胡百全律師事務所與北京中倫文德律師事務所獲北京市司法部批准兩所聯營，胡百全律師事務所可為北京、上海、廣州、深圳、成都、天津、武漢、濟南、石家莊、太原、西安、南京、廈門、前海、常川、長沙、重慶等地的客戶提供國際專業法律服務。

鄭慕智多年來參與多項公職，範圍涵蓋政治、法律、教育、金融、藝術等領域。2013 至 2018 年任中國人民政治協商會議全國委員會香港地區委員、1991 至 1995 年出任立法局議員，歷任香港浸會大學校董會及諮議會主席、教育統籌委員會主席、教育委員會主席、香港歌劇院創會主席、香港聯合交易所上市委員會主席、香港公民教育委員會主席、免費幼稚園教育委員會主席等；現任保險業監管局主席、香港恒生大學校務委員會主席等。2003、2007 和 2013 年先後獲香港大學、香港浸會大學、香港演藝學院頒授榮譽博士，並於 2013 年獲北京師範大學—香港浸會大學聯合國際學院頒授榮譽院士，2019 年獲香港金融學院頒授院士榮銜。

鄭耀棠

大紫荊勳賢（GBM）
金紫荊星章（GBS）
銀紫荊星章（SBS）
太平紳士（JP）

鄭耀棠 1948 年出生於香港，祖籍廣東珠海，1970 年代開始擔任香港洋務工會副主席，1974 年起歷任香港工會聯合會（工聯會）副理事長、理事長、會長、榮譽會長，先後達 40 多年；現任香港發展研究基金主席。

鄭耀棠在不同時代都致力擔當國家與香港的溝通橋樑；1994 年 8 月鄭耀棠聯同其他全國人民代表大會香港地區代表，在第八屆常委會會議上，提出關於「重組香港特別行政區立法機關及區域組織，終止英國政府在香港設立之政制架構的決定」的議案，並獲通過；會議決定由香港特別行政區籌委會負責籌備成立特區有關事宜，以保香港平穩回歸；1998 年成立中港關係策略發展研究基金（後改名為香港發展研究基金），提出開發河套區、24 小時通關及「一地兩檢」等建議，均獲中央政府及特區政府採納；有見兩地交往日益頻繁，2004 年起工聯會在內地成立多間諮詢服務中心，為身處內地的港人提供諮詢及緊急援助；同年與廣東省職業技能服務指導中心簽署協定，在港提供課程培訓及職業資格考試，並與內地勞動市場網站進行聯通，協助港人在內地就業；2018 年在全國人大和全國政協會議期間發起聯署提案，促請國務院制定「灣區政策」，促進區內人流、物流、資金流、資訊流；2020 年建議中央政府撥地予香港建立新社區，加快灣區城市協同發展。

鄭耀棠積極支援國家發展，2001 年響應國家西部大開發號召，工聯會展開西部開發人才支援計劃，向有關機構推介香港專業人才；此外亦多次為內地的自然災害發起籌款活動，如 1991 年華東水災，2008 年汶川大地震等，都積極在工聯會、屬會等發動籌款賑災。

1988 年起擔任全國人民代表大會廣東省和香港地區代表；1995 年獲選為立法局議員，1997 至 1998 年任臨時立法會議員，2002 至 2017 年出任行政會議成員；曾任國務院港澳辦港事顧問、香港特別行政區籌備委員會委員、第一屆政府推選委員會委員、策略發展委員會成員、醫院管理局成員、大珠三角商務委員會委員、經濟及就業委員會成員、保良局顧問局顧問、勞工顧問委員會勞方代表，以及授勳評審委員會委員等，長期參與特區建設工作。

（上圖）廣州工聯諮詢服務中心 2004 年揭幕。

（下圖）1991 年 7 月，華東發生特大水災，工聯會展開籌款雙周賑災。

盧文端

大紫荊勳賢 (GBM)
金紫荊星章 (GBS)
銀紫荊星章 (SBS)
銅紫荊星章 (BBS)
榮譽勳章 (BH)
太平紳士 (JP)

（上圖）榮利集團在廣州、東莞、福州等地投資，更在東莞開辦工廠，生產錄影帶、光碟及背包旅行袋等。

（下圖）盧文端在東莞廠房引入光碟生廠線。

盧文端 1948 年出生於福建石獅市一個華僑家庭，6 歲隨母親移居香港，高中畢業後在父親工廠工作，後來自籌資金創業，營辦一家小廠，專攻錄音帶生產；1983 年成立香港榮利有限公司，現為榮利集團（國際）有限公司董事局主席。

盧文端是最早一批將先進技術和管理經驗引進內地的香港企業家；1980 年代初到廣州、東莞、福州等地投資開辦工廠，引進西方先進的生產線和管理模式，聘請員工一萬多人，生產錄音帶、錄影帶、光碟，並取得日本、韓國及美國等著名品牌產品生產專利權和代理權，產品行銷內地、日本及美國等地，躋身世界大製造商行列；投資內地初期，雖然面對各項挑戰，但因看到中央政府不斷改善投資環境，堅持改革方針不變，堅持克難闖關；1980 年代末至 1990 年代初，在家鄉石獅開發地產項目，建設石獅閩南黃金海岸旅遊度假村，1997 年在江蘇鎮江合資興建百盛商業城；2009 年在東莞設廠生產相機袋、電腦袋、手提袋、手拉行李袋、背包、背囊等產品。

盧文端歷年擔任多項公職，1998 至 2018 年任中國人民政治協商會議全國委員會香港地區委員，其中 2008 至 2018 年任外事委員會副主任；2012 至 2017 年出任中華全國工商業聯合會執行委員會副主席；2013 年起任中國和平統一促進會香港總會理事長；2015 年起任中國港澳台僑和平發展總會會長，並出任民主建港協進聯盟監察委員會主席、中國僑聯副主席、旅港福建商會永遠榮譽會長、香港福建社團聯會永遠名譽會長、香港中華總商會永遠榮譽會長及香港中華廠商聯合會名譽會長等；先後獲美國林肯大學頒授榮譽管理博士及美國哈姆斯頓大學頒授榮譽博士榮銜；全國工商聯《中國工商》雜誌等聯合發起編撰《100 位對民族產業貢獻卓著的民營功勳企業家》，盧文端獲「民營功勳企業家」榮譽。

盧寵茂

銅紫荊星章 (BBS)
太平紳士 (JP)

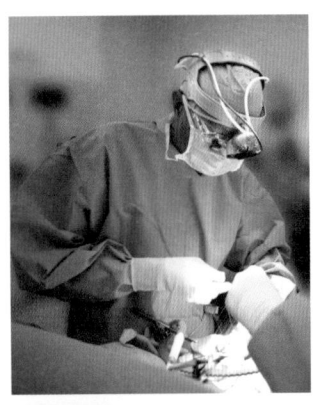

（上圖）盧寵茂一直致力協助提升香港及內地的肝臟移植技術至國際水平。

（下圖）盧寵茂 2012 年任香港大學深圳醫院外科部主管，2016 年起兼任院長。

盧寵茂 1961 年出生於澳門，1985 年於香港大學醫學院畢業，1993 年取得香港醫學專科學院院士（外科），1996 年成功進行全球首宗成人活體右肝移植手術，為著名肝臟移植權威。

盧寵茂從事肝臟領域的臨床研究，至今已發表超過 500 篇獲科學引文索引 (SCI) 收錄的論文，亦曾擔任多份擁有高學術影響力的國際醫學期刊的副主編及編輯委員會成員，協助提升香港及內地的肝臟移植技術至國際水平。1996 年與范上達等人完成全球首宗成人活體右半肝移植手術，獲 2005 年度「國家科學技術進步一等獎」，成為首批獲得該獎項的香港學者。2014 年與其團隊憑「肝移植術後抗原發病復發的基礎和轉化研究」項目，獲國家教育部頒發「高等學校科學研究優秀成果獎（科學技術）自然科學一等獎」，同年另獲「中華醫學會科技進步一等獎」。

2012 年任香港大學深圳醫院外科部主管，2016 年起兼任院長。該醫院由深圳市政府出資 40 億元人民幣以試點形式興建，由香港大學派駐醫生和行政人員協助營運，是首間引進香港管理模式的內地大型綜合性公立醫院。醫院採用「先全科，後專科」的分診、全科醫療門診「打包」收費及病人關係管理等制度，為內地公立醫院改革起了重要示範作用。醫院於 2014 年成為全國首間獲澳洲醫療服務標準委員會 (ACHS) 認證的醫院，並於 2017 年成為國家三級甲等綜合醫院。

盧寵茂長期從事肝臟移植研究，歷任瑪麗醫院外科部主任、香港移植學會主席和香港外科學會副主席、香港大學李嘉誠醫學院外科學系教授、系主任兼肝膽胰外科主任。2006 年，盧寵茂出任國際消化外科學會主席，2010 至 2011 年間出任國際肝臟移植學會 (ILTS) 主席，是該會首位來自亞洲地區的主席；現任瑪麗醫院肝臟移植中心主任、香港大學李嘉誠醫學院秦蘭鳳基金（肝膽胰外科）講座教授、香港大學校委會成員等。先後於英國愛丁堡皇家外科醫學院、澳洲皇家外科醫學院、香港外科醫學院及香港醫學專科學院取得院士資格；2014 年獲選美國外科學會、歐洲外科學會及美國外科學院榮譽院士；2020 年榮獲愛爾蘭外科學院榮譽院士。

霍震寰 （隨團代表）

銀紫荊星章 (SBS)
太平紳士 (JP)

家族代表人物：
霍英東（父親）

霍英東 (1923—2006)

大紫荊勳賢 (GBM)

霍震寰 1949 年出生於香港，加拿大英屬哥倫比亞大學理科學士及工商管理碩士，1973 年畢業後回港協助管理家族事業，參與家族涉及的改革開放和科教文衛體項目。現任全國人民代表大會香港地區代表和霍英東集團行政總裁。

霍震寰在中華全國工商業聯合會、香港中華總商會、香港武術聯會等多個社團歷任要職，助推香港和內地的經濟社會、體育文化事業發展；又參與創辦和管理香港培華教育基金會和霍英東教育基金，為內地幹部和年輕教師安排進修培訓，為國育才儲才，獲中國國際人才交流協會頒授「改革開放 30 年最有影響的海外專家」及「友誼獎」，並獲香港公開大學（現名為「香港都會大學」）和香港中文大學頒授榮譽院士及香港科技大學頒授榮譽博士榮銜。

霍英東於香港出生，朝鮮戰爭期間協助國家進口醫藥物資，其後發展地產物業，廣泛參與經濟民生建設，首創「樓花」制度，促進香港經濟起飛，助解居住和民生問題。

國家改革開放伊始，霍英東立即響應並成為首批參與建設投資的先行者，先後興建中山溫泉賓館和白天鵝賓館，成為內地首家中外合資酒店和首家五星級酒店，又專門成立霍英東基金會、英東教育基金會、霍英東體育基金會和澳門霍英東基金會等機構，分別以獨資、合資、捐贈和低息貸款等方式，步履不停地在全國範圍開展數百個跨界別建設項目，為業界和改革開放引進新技術和新體制，創新和完善管理模式和標準，並為促進中外接觸交流、探索體制完善、引進外來投資，起到重要的帶頭和示範作用，搭起全球華商與祖國的合作橋樑，掀起回國投資熱潮。

霍英東積極推動祖國基礎建設，倡議「橋通路財通」和「以路養路、以橋養橋」的發展新思路，又以全方位的基礎建設啟動南沙海濱新城的發展建設，助促深化改革開放和粵港澳合作，並且全面推廣科教文體衛和慈善扶貧工作，鞏固改革開放成果，助促國興民強。

半個世紀以來，霍英東殫精竭慮地支持香港和內地的重大基礎建設，以及教育、體育、文化、衛生等社會事業發展，在改革開放的征途上廣樹豐碑，獲得中央肯定，晉身國家領導人行列，榮膺中國人民政治協商會議全國委員會副主席，並獲頒授「改革先鋒獎章」，獲譽「為國家改革開放作出傑出貢獻的香港著名企業家和社會活動家」。

戴德豐

戴德豐 1949 年出生於香港，祖籍廣東普寧，1971 年創辦四洲集團，開始代理日本食品；集團現在的業務多元化，全面覆蓋食品原料供應、食品製造、食品代理、零售、餐飲連鎖店、農業及投資控股業務。

戴德豐人稱「香港食品大王」，是積極支持國家發展的港商之一；2003 年香港與內地簽署 CEPA 後，四洲集團擴大在廣東省投資開設食品生產廠，2005 年率先在汕頭開辦廣東最大薯片廠；至今在內地和香港 18 間食品廠分布在青島、蘇州、遵化、汕頭、惠州、東莞、深圳和廣州等地；2006 年收購廣州老字號泮溪酒家，進行硬體修復及產品管理改造，為地區保留傳統嶺南文化和西關味道；此外又協助將內地食品拓展至海外市場。

2001 年戴德豐獲中國食品工業協會頒授「1981—2001 年中國食品工業傑出外商投資企業」獎；2005 年獲中國食品工業協會頒發「傑出貢獻獎」；2015 年集團在南沙廣東自貿區成立全資公司「四洲國際交易中心」，拓展國際食品貿易進口及電商業務，同年開辦暨南大學大學生創新創業實踐基地「四洲紫菜生活館」。

戴德豐歷年參與多項公職，包括香港食品商會會長、香港友好協進會榮譽會長、香港廣東外商公會主席、廣東省繁榮粵劇基金會理事長等；2003 至 2018 年任中國人民政治協商會議全國委員會香港地區委員，2008 至 2018 年擔任常務委員，現任中國人民政治協商會議廣東省委員會常務委員，並出任港區省級政協委員聯誼會創會主席；先後獲香港工業總會頒發傑出工業家獎、香港傑出品牌領袖獎、世界傑出華人獎、優質食品終身成就獎、中國食品工業傑出貢獻獎、亞太卓越企業家、南方華人十大慈善人物獎、廣州市、汕頭市和吉林市榮譽市民稱號；此外又獲日本政府授予農林水產大臣獎及食品功勞獎，並於 2017 年榮獲日本天皇授予旭日雙光章；美國摩利臣大學頒授榮譽哲學博士及南加州大學榮譽工商管理博士、華南師範大學客座教授及華南農業大學客座教授等。

大紫荊勳賢 (GBM)
金紫荊星章 (GBS)
銀紫荊星章 (SBS)
太平紳士 (JP)

（上圖）戴德豐 1971 年創辦四洲集團，人稱「香港食品大王」，圖為卡樂 B 四洲位於將軍澳工業邨的薯片廠。

（下圖）戴德豐 2006 年收購廣州老字號泮溪酒家，為地區保留傳統嶺南文化和西關味道。

羅康瑞

大紫荊勳賢（GBM）
金紫荊星章（GBS）
太平紳士（JP）

（上圖）1980 年代中期瑞安牽頭的國際財團，以 20 個月時間完成開發全港最大規模（5904 個居屋單位）的私人機構參建居屋九龍灣「麗晶花園」。

（下圖）2001 年，瑞安發展的「上海新天地」正式竣工。「上海新天地」不僅是聞名國際的上海新地標，更是中國舊城改造的一個範例。

羅康瑞 1948 年出生於香港，祖籍廣東普寧，就讀香港聖約瑟書院和澳洲新南威爾斯大學。他於 1969 年返回香港，在父親羅鷹石創辦的鷹君集團工作。1971 年創立瑞安建築公司；現任瑞安集團主席，瑞安房地產有限公司及瑞安建業有限公司主席，從事房地產、高端商業地產和建築，業務遍及香港與內地。

1978 年參與香港政府「居者有其屋」的「私人機構參建居屋發展計劃」首個項目，之後參與興建多個公共屋邨及政府公共工程。1980 年代初積極支持內地改革開放事業，1985 年與上海共青團合作發展「城市酒店」，從此開始參與內地城市的房地產建設，並協助上海推行土地使用改革，介紹香港土地制度，為 1987 年上海市政府制訂的土地批租辦法（《上海市土地使用權有償轉讓辦法》）提供意見，並參與 1988 年當地首次土地批租招標的投標。1996 年發展上海「瑞虹新城項目」，1997 年獲太平橋地區 52 公頃市中心舊區重建計劃土地發展權，項目後來命名為「上海新天地」，2001 年開幕後成為上海重要地標之一。「上海新天地」保留了上海特有的石庫門建築，開創了內地舊城區改造與時尚生活文化結合的商業地產模式。2004 年參與了上海楊浦大學城區的「創智天地」。此外也在重慶、武漢、杭州、佛山等城市中心發展多個「新天地」項目；1998 年任長江開發促進會理事長，現任該會會長；1998 至 2018 年出任中國人民政治協商會議全國委員會香港地區委員；1999 年獲授「上海市榮譽市民」名銜。1985 年出任香港特別行政區基本法諮詢委員會執行委員，1990 年參與成立香港工商專業聯會，現任永遠名譽會長。1996 年出任香港特區籌備委員會委員；除此並出任多個重要公職，包括 2014 至 2015 年任香港機場管理局主席，2015 至 2019 年任香港貿易發展局主席，任內積極推動香港成為「一帶一路」的商業平台。

羅康瑞歷任香港總商會主席、香港科技大學校董會主席，並先後獲聘為上海同濟大學顧問教授、上海大學顧問教授、兼任上海大學上海經濟管理中心董事會主席；1996 年獲香港科技大學頒授榮譽工商管理博士；2013 年獲澳洲新南威爾斯大學頒授榮譽商業博士。

譚惠珠

大紫荊勳賢（GBM）
金紫荊星章（GBS）
太平紳士（JP）

（上圖）兩局訪京團在釣魚台國賓館準備見李鵬總理。

（下圖）立法局會議廳前廳的銅鑼，是提醒議員進入會議廳開會的標誌。

譚惠珠 1945 年出生於香港，祖籍中山小欖，獲英國倫敦大學法學士學位，先後在 1972 年獲英國執業大律師和 1974 年獲香港執業大律師資格。

1977 年創立香港警察隊員佐級協會，1979 年參加市政局選舉勝出後開始從政，1982 年起先後獲委任區議員、立法局議員和行政局議員，在 1986 至 1987 年同時兼任四項職務，成為唯一一位「四料議員」。1980 年香港政府突然宣布結束「抵壘政策」，譚惠珠協助數千名未能及時取得香港身份證的內地人士，最後爭取留港超過三年者可獲發香港身份證。1985 年創立香港勵進會，1991 年加入香港自由民主聯會（自民聯），後成為副主席；1997 年隨自民聯合併加入香港協進聯盟（港進聯），續任副主席；2005 年港進聯再被合併至民主建港協進聯盟（民建聯）。1985 年獲委任為香港特別行政區基本法起草委員，同年首次踏足北京出席基本法起草委員會第一次會議，參與中央地方關係小組及政治體制小組，協助訂定《基本法》第 11 條及第 74 條，決定立法會議員提出的草案屬於私人草案，凡涉及政府政策者均須在提出前獲行政長官書面同意，確保了行政主導原則；此外並全程協助審視香港原有法律是否抵觸《基本法》的基礎審閱工作。自此她以法律界專業全程參與基本法起草，為香港平穩過渡作出重大貢獻。

譚惠珠歷任基本法起草委員會委員、港事顧問、香港特區籌委會預委會委員、香港特區籌委會委員和香港臨時立法會議員；1993 至 1998 年任中國人民政治協商會議全國委員會委員；1998 至 2018 年任香港特別行政區全國人民代表大會代表，2018 年起出任全國人大常務委員會香港特別行政區基本法委員會副主任；她也曾出任香港警察隊員佐級協會創會會長、香港專業、商業婦女聯會創會會長、香港女律師聯會副主席、交通諮詢委員會主席、香港勵進會首任主席等；1989 年獲香港中文大學頒授榮譽法學博士學位。

譚錦球

金紫荊星章 (GBS)
銀紫荊星章 (SBS)
太平紳士 (JP)

（上圖）2019 年 12 月，譚錦球以香港各界扶貧促進會監事長身份，與各善長到訪雲南永勝縣。

（下圖）2017 年 1 月，譚錦球以香港義工聯盟主席身份，於「2017 香港義工聯盟傑出義工嘉許禮」與一眾主禮嘉賓主持啟動儀式。

譚錦球 1962 年出生於香港，祖籍廣西欽州；1979 年開始於廣東省經營出租車生意，接載港人往返深圳、東莞、番禺及廣州等地；1980 年代起在內地興辦各類實業，1991 年創辦香港頌謙企業集團，從事建材生產、無碳複寫紙製造、碼頭存倉管理及地產發展等。

1990 年代初起重點投資廣西，積極推動當地社會經濟發展。並於 2006 年成立香港廣西社團總會，成為首任會長；透過凝聚熱愛廣西人士促進交流往來，促成桂港的招商引資、經濟合作發展，以及推動扶貧、救災、助學等公益慈善工作；多年來舉辦廣西參觀、考察、投資的香港、澳門、台灣地區以及日本的各種考察團達 200 多個，達成合作項目及可行性報告 100 多項，投資項目遍及工業、農業、漁業、製造業、醫療衛生、教育等領域，對廣西的外向型經濟發展起到積極作用，亦大大增強香港廣西社群的凝聚力。譚錦球前後在廣西合共投資數十億元和捐資助學逾千萬元，連同義工及青年交流活動，成為香港與廣西交流合作的重要橋樑。

譚錦球曾捐助建設多所小學，在廣西大學、廣西農業大學設立譚錦球教育基金會；2005 年組織十多家香港企業負責人組成香港廣西聯誼總會賑災考察團，到梧州視察水災災情及捐款賑災；2018 年牽頭成立香港各界扶貧促進會，動員香港各界參與內地滅貧工作，把四川南江縣定為首個精準扶貧工作點，撥款逾 6000 萬元人民幣於當地設立六個扶貧專項，協助該縣成功「脫貧摘帽」；扶貧促進會已擴大工作至貴州、廣西、江西和雲南，累計捐款逾億元。

譚錦球 2008 年起出任中國人民政治協商會議全國委員會香港地區委員，2013 年兼任文史和學習委員會副主任，2018 年起出任中國人民政治協商會議全國委員會常務委員，及政協廣西壯族自治區委員會常務委員；現任香港各界慶典委員會主席、香港友好協進會副會長兼秘書長、香港廣西社團總會創會會長、香港義工聯盟主席、香港再出發大聯盟副秘書長等；歷任東華三院總理及九龍社團聯會首席會長等；2005 年獲世界華商投資基金會頒發「世界傑出華人獎」。

譚耀宗

大紫荊勳賢（GBM）
金紫荊星章（GBS）
太平紳士（JP）

（上圖）2008 年汶川大地震翌日，發起「賑濟四川地震災民籌款」全港籌款活動。

（下圖）2010 年起在廣東東莞成立首個專業服務中心，協助香港專業服務人士進入內地工作。

譚耀宗 1949 年出生於香港，祖籍廣東惠州，先後在澳洲國立大學延續教育部和倫敦大學附屬政治經濟學院修讀成人教育和工會學；出身基層，早年已經參加工會，希望為勞工階層爭取權益保障；1985 年循勞工界當選立法局議員，同年以勞工界代表身份參與《基本法》起草工作；1992 年參與成立民主建港協進聯盟（民建聯），為創黨副主席；1996 年任臨時立法會議員，1997 至 2002 年任行政會議成員；自 1998 年起連續四屆當選立法會議員，2007 年任民建聯主席，並連任至 2015 年。

譚耀宗從政多年，除了關注香港工人權益和民生事務，更致力擔當香港和內地的發展橋樑；早在 1980 年代中期於工聯會舉辦內地旅行團，與中國民用航空局每周安排包機，接送港人到北京旅遊；其後任民建聯主席期間，亦致力促進兩地交流，如 2007 年內地頒布《中華人民共和國勞動合同法》，法例涉及港人利益，譚耀宗即邀請內地官員來港舉辦講座，向港人介紹和解釋新法例內容和搜集意見；2010 年起在廣東東莞成立首個專業服務中心，協助香港專業服務人士進入內地工作。近年在全國人大和全國政協會議提出《設立大灣區顧問制度》、《建立大灣區創業配對平台》等提案，推動港人走進大灣區，融入國家發展大局。此外又多次為內地的自然災害發起籌款活動，其中 2008 年汶川大地震翌日，即發起「賑濟四川地震災民籌款」全港籌款活動，籌得 870 多萬元，為災民重建家園。

在 1997 年回歸前後，譚耀宗擔任香港特別行政區基本法起草委員會委員、香港特別行政區預備工作委員會委員、香港特別行政區籌備委員會委員；2003 至 2018 年間任中國人民政治協商會議全國委員會香港地區委員，2018 年起當選全國人民代表大會常務委員會委員和香港地區代表；社會服務方面，先後出任安老事務委員會主席、僱員再培訓局主席、香港工會聯合會副理事長及副會長、香港惠州社團聯合總會首席會長等；現任香港再出發大聯盟秘書長、民建聯會務顧問等，長期為香港特區建設及平穩過渡作出貢獻。

嚴迅奇

銅紫荊星章 (BBS)
太平紳士 (JP)

許李嚴建築師事務所曾參與設計
多座香港和內地的標誌性建築，
包括香港特別行政區新政府總部
（上圖）及廣東省博物館（下圖）。

嚴迅奇 1952 年出生於香港，1976 年香港大學建築學士畢業，1979 年創辦嚴迅奇建築師事務所，1982 年成立許李嚴建築師事務有限公司。

歷年與其團隊曾獲多個國際建築設計獎項，如法國巴黎巴士底歌劇院國際競賽一等獎、埃及亞歷山大圖書館國際競賽榮譽獎、1994 年及 2003 年亞洲建築師協會金獎、2006 年及 2011 年芝加哥 Athenaeum Awards、2007 年 Kenneth F Brown Award，及世界建築節項目獎等；曾參與設計多座香港標誌性建築，包括香港特別行政區新政府總部、東九文化中心等，2016 年獲委任為香港故宮文化博物館總建築師，負責該館的設計及興建工作。

1985 年許李嚴建築師事務所參加天津國際展覽中心國際設計邀請賽，並成功中標，是嚴迅奇團隊首個內地建築設計項目，設計成為天津對外開放的重要標誌。其後亦參與多個內地商住樓宇及公眾設施項目的設計工作，如北京「長城腳下的公社」內的歪院宅（2001 年）、上海九間堂（2005 年）、深圳十七英里（2005 年）、廣東省博物館（2010 年）、雲南省博物館（2015 年）、南京九間堂（2015 年）、廣州南海區地鐵金融城（2015 年）及深圳寶安中心區中央綠軸總體規劃及公共建築（2020 年）等。2000 年代開始，許李嚴建築師事務所於廣州開設辦事處，聘請當地年輕建築師和相關專才，由香港資深建築師負責在職培訓和監督，為內地培育具國際水準的建築設計人員。

嚴迅奇的卓越作品多次獲世界各地雜誌及國際期刊介紹，並曾四度在威尼斯雙年展展出；歷年擔任多項公職，包括 1987 至 1992 年任香港建築師學會理事、1991 至 1992 年任香港建築師學會副會長、1991 至 1993 年任香港大學建築系建築學士校外考試員；現任香港大學及香港中文大學建築學院名譽教授、香港大學建築學系諮詢委員會成員、香港大學專業進修學院客席教授、康樂及文化事務署博物館專家顧問，及南加州大學國際藝術家資助委員會國際顧問等；作品集包括 2003 年出版的 *The City in Architecture*、2004 年 *Being Chinese in Architecture* 及 2012 年的 *Presence*；2013 年獲香港大學頒授名譽社會科學博士榮銜。

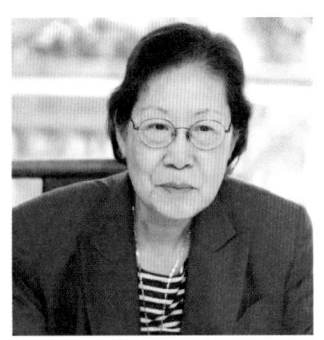

饒清芬 （隨團代表）

家族代表人物：
饒宗頤（父親）

饒宗頤 （1917—2018）

大紫荊勳賢 (GBM)

饒清芬 1947 年出生於潮安，大學畢業後從事教育工作；為協助父親饒宗頤推動中國文化，饒清芬決定離開原職，全力處理饒宗頤內外事務，讓饒宗頤可專注投入教學和研究工作；2012 年創立饒學研究基金，資助各項研究饒宗頤學術、文學、藝術及思想的工作，又籌辦各類藝術及教育項目，包括由 2016 年始聯同多家機構合辦「蓮蓮吉慶：饒宗頤教授荷花書畫巡迴展」，於 13 個海內外城市展出饒宗頤 39 件套以荷花為主題的書畫作品。

饒宗頤，出生於廣東潮州，自少稟承家學並自學成家。1935 年完成編修其父親的著作《潮州藝文志》，其後任中山大學廣東通志館研究員、無錫國學專修學校教授及汕頭華南大學文史系教授兼《潮州志》總編纂；1949 年定居香港，先後於香港大學、日本京都大學、印度班達伽東方研究所、新加坡大學、美國耶魯大學、台灣中央研究院歷史語言研究所、香港中文大學、法國高等實用研究院、澳門東亞大學及內地多家高等教育院校從事教研工作；1962 年榮獲法國法蘭西學院的漢學儒林特賞，1993 年獲得法國文化部的藝術及文學軍官勳章；長期致力於中華傳統文化的學術研究，實踐「東學西漸」的理念，有著作約八十餘種，論文及其他文章逾千篇，研究範圍涵蓋語言文字、史學、宗教、哲學及中外關係等，亦精通中國文學詩詞、古琴及書畫藝術。

國家實行改革開放後，饒宗頤致力帶動內地的國學研究和交流工作；1979 年參加中國古文字研究會第二屆學術年會，是該年會首位境外學者；1980 年考察敦煌莫高窟，後於 1993 年在香港中文大學成立香港敦煌吐魯番研究中心，邀請相關內地學者進行研究及學術交流；2000 年獲中國國家文物局及甘肅省人民政府頒授敦煌文物保護、研究特別貢獻獎；2009 年獲國務院聘為中央文史研究館館員；2011 年接任西泠印社第七任社長；曾多次捐贈其書畫作品作慈善拍賣之用，所得款項用於籌建潮州市選堂創價小學、救濟四川汶川大地震災民及保育敦煌石窟等。

1978 年退休後周遊各國講學及舉辦書畫展，先後獲十多家內地著名大學及國際院校頒授名譽教授及榮譽博士銜；2011 年中國科學院紫金山天文台將 10017 號小行星命名為「饒宗頤星」；2014 年成為首位獲香港大學頒授「桂冠學人」榮銜學者。

龔俊龍

金紫荊星章 (GBS)
太平紳士 (JP)

（上圖）2018 年恒裕集團捐資 3.6 億元人民幣建造陸豐市第二人民醫院。

（下圖）2020 年廣東扶貧濟困日，恒裕集團捐款 1.01 億元人民幣支持慈善事業。

龔俊龍於 1959 年出生，廣東陸豐甲子鎮人，1977 年中學畢業後進入家鄉的五金塑膠廠工作，1979 年被陸豐縣商業局派駐深圳工作，見證了改革開放中經濟特區的發展。1982 年移居香港，1987 年創辦香港恒裕控股集團有限公司，1990 年代初發展房地產行業，主要扎根深圳，先後開發恒裕濱城、前海金融中心等大型商住綜合項目；1994 年出資興建南京漢中西路西延工程，並合資成立南京金龍物業發展有限公司。1990 年及 1994 年獲授汕尾市及南京市榮譽市民稱號；1997 年將業務重心遷往內地，集團業務亦多元化發展。

龔俊龍歷年支援內地慈善工作有重大貢獻，先後捐助逾 22 億元扶困助學、抗震救災；2006 年成立甲子民心工程理事會，興建陸豐縣瀛江大道；2012 年起先後捐資 3 億元於陸豐興建甲子中學新校區；2016 年再捐款 2 億元，成立龔俊龍教育慈善基金會，其後再向海豐縣及豐順縣捐建彭湃中學學生宿舍及協助鄉民脫貧，又成立廣東省甲中慈善基金會恒裕獎教助學基金；2018 年捐款 3.6 億元人民幣興建陸豐市第二人民醫院，及為甲子鎮一萬多名漁民和農民購買醫療保險；其他捐助尚有 2008 年四川汶川大地震及 2013 年陸豐市受颱風「天兔」破壞的救災活動；自 2010 年起連續多年獲「廣東扶貧濟困紅棉杯金杯獎」；2017 年被評為「南粵新鄉賢」、2018 年榮獲「2018 年全國脫貧攻堅奉獻獎」、2018 年度南粵慈善盛典榮獲「年度公益貢獻人」、2019 年中國慈善企業家排行榜位列第 7 位。

參與社會公職方面，2003 年起任中國人民政治協商會議廣東省委員會委員，2018 年起兼任常務委員；2018 年起任中國人民政治協商會議全國委員會香港地區委員；歷任香港新民黨中央會員、廣東省第五屆海外聯誼會副會長、中國高級檢察官教育基金會常務理事、深圳市十大優秀青年企業家、香港汕尾同鄉總會名譽會長等；現任香港廣東社團總會主席、香港義工聯盟監事會監事長、廣東省慈善總會榮譽會長等。

附錄二
香港全國人大代表及全國政協香港委員名單

中國共產黨於 1978 年 12 月召開第十一屆中央委員會第三次全體會議，議決把黨和國家的發展重點，轉移到社會主義現代化建設。一些支持國家推行改革開放的香港愛國人士，早期以廣東省人民代表大會香港代表，或政治協商會議全國委員會香港委員的身份，參與國家改革開放大業，向國家提出發展意見和實務奔走。1997 年香港回歸後，從 1998 年第九屆全國人民代表大會開始，全國人大的香港代表，以香港特別行政區代表團的身份參與全國人大工作；此外，政協委任「香港特別行政區特邀委員」，參與全國及地方政協工作，為國家發展出謀獻策。在國家改革開放歷程中，香港全國人大代表及全國政協香港委員作出努力和貢獻。茲列出本志記述上下限時期內，香港全國人大代表及政協香港委員名單，供參考。

全國人大香港代表 / 港區全國人大代表

第五屆全國人大香港代表（1978—1983）

方善桂	王寬誠	石　慧	莊世平	陸達兼
湯秉達	吳康民	蘇　友	張　泉	楊　光
李菊生	李　崧	胡　九	費彝民	郭增愷
黃燕芳				

第六屆全國人大香港代表（1983—1988）

方善桂	石　慧	莊世平	陸達兼	湯秉達
吳康民	楊　光	李菊生	李連生	陳　紘
陳植桂	唐治安	秦　暉	費彝民	梁　燊
黃燕芳				

第七屆全國人大香港代表（1988—1993）

方善桂	許家屯	汪明荃	陸達兼	湯秉達
吳康民	張建華	李連生	陳　紘	陳有慶
鄭耀棠	費彝民	唐治安	徐是雄	黃光漢
曾憲梓	曾德成	廖瑤珠	霍英東	

第八屆全國人大香港代表（1993—1998）

王敏剛	韋基舜	張建華	李偉庭	李連生
李澤添	吳康民	何耀棣	汪明荃	陸達權
陸達兼	陳紘	陳有慶	陳永棋	周南
鄭耀棠	徐是雄	唐治安	黃光漢	黃建立
黃滌岩	梁愛詩	曾憲梓	曾德成	簡福飴
蔡渭衡	廖瑤珠	薛鳳旋	霍英東	

第九屆港區全國人大代表（1998—2003）

馬力	王英偉	王敏剛	盧重興	鄔維庸
陸達兼	劉佩瓊	陳永棋	陳有慶	李偉庭
李連生	李澤添	李宗德	李鵬飛	楊耀忠
吳清輝	吳康民	羅叔清	范徐麗泰	鄭耀棠
姜恩柱	袁武	倪少杰	費斐	黃光漢
黃保欣	黃宜弘	曹宏威	曾德成	曾憲梓
溫嘉旋	簡福飴	譚惠珠	廖烈科	薛鳳旋
釋智慧	梁秉中			

第十屆港區全國人大代表（2003—2008）

馬力	馬逢國	王如登	王英偉	王敏剛
葉國謙	鄔維庸	朱幼麟	劉佩瓊	劉柔芬
李連生	李澤添	李宗德	李鵬飛	楊耀忠
吳亮星	吳康民	吳清輝	陳有慶	范徐麗泰
林廣兆	羅叔清	鄭耀棠	費斐	袁武
高寶齡	黃國健	黃宜弘	曹宏威	釋智慧
曾憲梓	曾德成	溫嘉旋	簡福飴	譚惠珠
薛鳳旋	梁秉中	何鍾泰	黃保欣	

第十一屆港區全國人大代表（2008—2013）

馬逢國	馬豪輝	王如登	王英偉	王敏剛
盧瑞安	史美倫	葉國謙	田北辰	劉佩瓊
劉柔芬	劉健儀	何鍾泰	吳亮星	吳清輝
李宗德	楊耀忠	陳智思	林順潮	羅叔清
羅范淑芬	范徐麗泰	鄭耀棠	費 斐	袁 武
高寶齡	曹宏威	梁秉中	黃玉山	黃國健
溫嘉旋	雷添良	廖長江	蔡素玉	譚惠珠
霍震寰				

第十二屆港區全國人大代表（2013—2018）

馬逢國	馬豪輝	王庭聰	王敏剛	盧瑞安
葉國謙	田北辰	史美倫	劉佩瓊	劉柔芬
劉健儀	李少光	李引泉	楊耀忠	吳秋北
吳亮星	張明敏	張鐵夫	陳 勇	陳振彬
陳智思	范徐麗泰	林順潮	羅范椒芬	鄭耀棠
胡曉明	姚祖輝	黃友嘉	黃玉山	雷添良
蔡素玉	蔡 毅	廖長江	譚惠珠	顏寶玲
霍震寰				

全國政協委員（港澳委員）

第五屆全國政協委員（香港委員）（1978—1983）

祁 烽	李俠文	黃祖芬	李萍倩	李作基
李子誦	徐四民	吳炳昌	王 匡	賈桂藩
蘇務滋	陳復禮	夏 夢	霍英東	

第六屆全國政協委員（香港委員）（1983—1988）

馬蒙	王匡	王衡	王寬誠	鄧廣殷
古勝祥	石景宜	馮慶鏘	司徒輝	朱鶴皋
安子介	祁烽	許東亮	阮北耀	孫城曾
牟潤孫	李子誦	李作基	李俠文	李儲文
李萍倩	吳多泰	邱德根	何世柱	何銘思
余平仲	余國春	閔建蜀	陳文裘	陳丕士
陳復禮	陳煥璋	林惠卿	羅桂祥	胡應湘
胡鴻烈	賈桂藩	夏夢	徐四民	唐翔千
黃克立	黃啟鐸	黃祖芬	黃振輝	黃夢花
黃瑤璧	蔣文桂	程慕灝	簡福飴	蔡章閣
蔡演雄	翟暖暉	潘江偉	霍英東	

第七屆全國政協委員（香港委員）（1988—1993）

馬蒙	王衡	鄧廣殷	古勝祥	石慧
石景宜	司徒輝	馮永祥	馮慶鏘	朱鶴皋
伍淑清	莊世平	劉迺強	安子介	許東亮
阮北耀	孫城曾	牟潤孫	蘇務滋	李子誦
李東海	李作基	李俠文	楊光	楊聲
吳多泰	吳炳昌	邱德根	利黃瑤璧	何世柱
余平仲	余國春	閔建蜀	張永珍	陳文裘
陳丕士	陳復禮	陳煥璋	羅桂祥	林貝聿嘉
鄭華	胡應湘	胡鴻烈	鍾景輝	賈桂藩
夏夢	徐四民	唐翔千	黃允畋	黃克立
黃啟鐸	黃祖芬	黃夢花	脫維善	梁燊
程慕灝	簡福飴	蔡章閣	蔡演雄	翟暖暉
潘江偉				

第八屆全國政協委員（香港委員）（1993—1998）

于元平	文　樓	古勝祥	石景宜	伍淑清
安子介	朱蓮芬	何世柱	何志平	余國春
利漢釗	李大壯	李東海	李俠文	李祖澤
李國強	阮北耀	林克平	林貝聿嘉	林淑儀
邵友保	邱德根	施子清	施祥鵬	查懋聲
胡法光	胡應湘	胡鴻烈	唐翔千	夏　夢
徐四民	徐展堂	徐國炯	秦文俊	袁　武
馬　臨	高苕華	張永珍	張雲楓	梁天培
梁欽榮	莊世平	郭炳湘	陳文裘	陳日新
陳復禮	陳瑞球	陳麗玲	曾星如	曾鈺成
閔建蜀	雲大棉	馮永祥	馮慶鏘	黃允畋
黃守正	黃克立	黃啟鐸	黃夢花	楊　光
楊孫西	鄒哲開	鄒燦基	趙漢鐘	趙鎮東
劉宇新	劉皇發	劉浩清	劉迺強	潘江偉
潘祖堯	蔣麗芸	蔡德河	鄭家純	鄧廣殷
黎錦文	賴慶輝	霍英東	霍震霆	羅友禮
羅祥國	譚惠珠	楊海成	楊祥波	董建華
廖志強	榮智健	潘君密	王丹鳳	王國華
田一明	朱樹豪	李　揚	邢　籟	周寶芬
姚美良	施展熊	馬志民	高敬德	張閭蘅
梁尚立	莊永競	陳玉書	陳廣生	陳麗華
傅　冬	司徒輝	梁　燊		

第九屆全國政協委員（香港委員）（1998—2003）

于元平	文　樓	王丹鳳	王永樂	王國華
古勝祥	田一明	石景宜	伍淑清	安子介
朱蓮芬	朱樹豪	何世柱	何志平	余國春
余　燊	利漢釗	吳光正	吳家瑋	呂志和
李大壯	李君夏	李俠文	李祖澤	李國強
李國章	李　揚	李澤鉅	汪明荃	阮北耀
周永新	林貝聿嘉	林淑儀	邵友保	邱德根

姚美良	施子清	施展熊	施祥鵬	查懋聲
胡　仙	胡法光	胡應湘	胡鴻烈	計佑銘
韋基舜	唐翔千	夏　夢	徐四民	徐是雄
徐展堂	徐國炯	馬　臨	高敬德	高苕華
張永珍	張家敏	張雲楓	張閭蘅	梁天培
梁尚立	梁欽榮	莊世平	郭炳湘	陳文裘
陳日新	陳玉書	陳復禮	陳瑞球	陳廣生
陳麗玲	陳麗華	陸達權	曾星如	曾鈺成
閔建蜀	雲大棉	馮永祥	馮慶鏘	黃守正
黃克立	黃景強	楊　光	楊孫西	楊海成
楊祥波	鄒哲開	鄒燦基	廖正亮	榮智健
趙漢鐘	趙鎮東	劉宇新	劉皇發	劉浩清
劉迺強	劉漢銓	潘江偉	潘君密	潘宗光
潘祖堯	蔣麗芸	蔡德河	鄭家純	鄭國雄
鄭耀宗	鄧廣殷	黎錦文	賴慶輝	霍英東
霍震霆	謝中民	謝志偉	鄺廣傑	羅友禮
羅康瑞	羅祥國	羅德丞	龔如心	謝　炳
方　鏗	王美岳	田北俊	何柱國	李秀恒
李家傑	李群華	李嘉音	李曉華	李　靜
李覺文	杜　毅	邢　籟	周安達源	侯伯文
姚志勝	洪祖杭	洪清源	洪敬南	胡定旭
徐起超	徐增平	浦　江	馬介璋	馬毓真
張勳賢	張學明	梁志敏	莊啟程	許明良
許智明	郭　炎	陳金烈	陳曉穎	陸宗霖
曾文仲	黃紫玉	黃　鑑	楊　釗	劉志強
蔣秋霞	劉詩昆	蔡國雄	蔡冠森	劉鴻書
鄭蘇薇	馮國倫	李東海	盧文端	

第十屆全國政協委員（香港委員）（2003—2008）

霍英東	陳永棋	何柱國	郭炳湘	楊孫西
李澤鉅	譚耀宗	鍾瑞明	張永珍	徐展堂
鄒哲開	梁振英	吳光正	劉漢銓	余國春
黃光漢	文　樓	方黃吉雯	方　鏗	王荙鳴

王永樂　王　征　王國華　王敏賢　王曉玉
田北俊　石漢基　朱孟依　朱景輝　朱蓮芬
朱樹豪　何世柱　何志平　余　燊　吳良好
吳家瑋　吳　歡　李大壯　李君夏　李秀恒
李家傑　李家祥　李祖澤　李國強　李國章
李　揚　李業廣　李群華　李嘉音　李賢義
杜　毅　汪明荃　車書劍　阮北耀　周永健
周安達源　林光如　林國文　林淑儀　林學甫
林樹哲　邵善波　邱維廉　侯伯文　施子清
施展熊　施祥鵬　查懋聲　洪祖杭　洪敬南
胡定旭　胡經昌　胡漢清　胡應湘　計佑銘
孫必達　徐是雄　徐增平　浦　江　秦　曉
馬介璋　馬澄坤　高敬德　區永熙　張信剛
張家敏　張國良　張勛賢　張華峰　張閭蘅
張學明　張賽娥　梁天培　梁志敏　梁亮勝
梁國貞　梁欽榮　莊啟程　莊紹綏　許智明
許榮茂　郭　炎　郭修圃　陳文裘　陳玉書
陳奇偉　陳振東　陳清泉　陳新華　陳鳳英
陳曉穎　陳澤盛　陳麗華　陳鑑林　彭磷基
曾文仲　曾鈺成　閔建蜀　馮國經　馮華健
馮慶鏘　黃守正　黃英豪　黃景強　黃智超
黃紫玉　楊海成　楊　釗　楊敏德　楊祥波
楊　瀾　胡葆琳　葉順興　董利翔　鄒燦基
廖正亮　廖長城　榮智健　趙漢鐘　劉兆佳
劉宇一　劉宇新　劉志強　劉皇發　劉迺強
劉詩昆　潘宗光　潘祖堯　蔣秋霞　蔣麗芸
蔡志明　蔡來興　蔡冠深　蔡國雄　鄭明明
鄭家純　鄭維健　鄭耀宗　黎錦文　盧溫勝
賴慶輝　霍震霆　戴德豐　薛希立　謝中民
謝志偉　謝　炳　藍鴻震　酈廣傑　羅友禮
羅康瑞　羅祥國　羅德丞　伍淑清　盧文端
薛光林　董建華　王國強　鄧兆棠　龍子明
呂明華　林銘森　周梁淑怡　黃楚標　王鳳超
劉長樂

第十一屆全國政協委員（香港委員）（2008—2013）

董建華	譚耀宗	蘇澤光	孔慶平	方　方
方黃吉雯	方　鏗	王葛鳴	王永樂	王再興
王國強	王國華	王敏賢	王惠貞	王鳳超
王曉玉	包陪慶	田北俊	石漢基	伍淑清
朱孟依	朱景輝	朱蓮芬	朱樹豪	何志平
何柱國	余國春	吳光正	吳良好	吳　歡
呂明華	呂耀東	李　揚	李大壯	李子良
李文岳	李文俊	李月華	李民斌	李秀恒
李家祥	李家傑	李國強	李國章	李惠森
李群華	李嘉音	李賢義	李澤鉅	杜　毅
汪明荃	周永健	周安達源	周俊明	周梁淑怡
林大輝	林光如	林建岳	林健鋒	林國文
林淑儀	林銘森	林樹哲	邵善波	邱維廉
侯伯文	施子清	施展熊	施祥鵬	查懋聲
洪祖杭	洪敬南	胡定旭	胡經昌	胡葆琳
胡漢清	胡應湘	計佑銘	孫必達	容永祺
徐是雄	徐展堂	徐增平	浦　江	秦　曉
馬介璋	馬澄坤	高敬德	區永熙	張松橋
張信剛	張紅力	張家敏	張　茵	張國良
張華峰	張閭蘅	張學明	張學武	張賽娥
張懿宸	梁君彥	梁志敏	梁亮勝	梁振英
梁偉浩	梁國貞	梁欽榮	梁鳳儀	莊啟程
莊紹綏	許仕仁	許智明	許榮茂	郭　炎
郭炳湘	郭修圃	陳永棋	陳玉書	陳成秀
陳奇偉	陳紅天	陳振東	陳婉嫻	陳清霞
陳萬雄	藍鴻震	譚錦球	陳經緯	陳曉穎
陳澤盛	陳麗華	陳鑑林	彭磷基	曾文仲
曾智明	曾鈺成	湯偉奇	馮國經	馮華健
馮曉增	黃光苗	黃守正	黃志祥	黃英豪
黃景強	黃朝陽	黃紫玉	黃楚標	塗輝龍
楊孝華	楊孫西	楊海成	楊　釗	楊敏德
楊　瀾	葉順興	董利翔	鄒燦基	廖正亮

廖長城	榮智健	劉兆佳	劉宇一	劉宇新
劉志強	劉長樂	劉皇發	劉詩昆	劉夢熊
劉漢銓	劉遵義	潘宗光	潘祖堯	滕一龍
蔣秋霞	蔣麗芸	蔡志明	蔡來興	蔡冠深
蔡國雄	談理平	鄭明明	鄭家純	鄭海泉
鄭維健	鄭耀宗	鄭禕	鄧日燊	鄧兆棠
黎桂康	盧文端	盧溫勝	賴慶輝	霍震霆
龍子明	戴希立	戴德豐	薛光林	謝炳
鍾瑞明	簡松年	羅友禮	羅康瑞	羅祥國
陳新華				

第十二屆全國政協委員（香港委員）（2013—2018）

董建華	梁振英	吳光正	陳永棋	殷曉靜
劉漢銓	余國春	何柱國	伍淑清	李澤鉅
鄭家純	洪祖杭	戴德豐	唐英年	林樹哲
李家傑	劉長樂	胡定旭	劉遵義	許榮茂
陳經緯	吳良好	高敬德	蔡冠深	霍震霆
周安達源	廖長城	譚耀宗	陳麗華	林建岳
郭炎	盧文端	王國強	林淑儀	譚錦球
鄺保羅	魏明德	羅康瑞	蘇澤光	釋寬運
孔慶平	方方	方文雄	方黃吉雯	王濱
王葛鳴	王力平	王冬勝	王再興	王志民
王志良	王亞南	王明洋	王惠貞	王貴國
王曉玉	王樹成	包陪慶	田北俊	白水清
石漢基	朱共山	朱李月華	朱鼎健	朱銘泉
江胡葆琳	江達可	何一心	吳歡	吳惠權
吳換炎	呂耀東	宋林	李子良	李文俊
李民斌	李秀恒	李家祥	李國章	李勝堆
李惠森	李嘉音	李德麟	李賢義	杜惠愷
汪明荃	沈沖	周永健	周春玲	周梁淑怡
和廣北	林大輝	林光如	林定強	林健鋒
林雲峰	林銘森	林積燦	邱達昌	邱維廉
邵善波	侯伯文	姜在忠	施榮懷	紀文鳳

胡經昌	胡漢清	唐偉章	孫少文	容永祺
徐增平	浦 江	塗輝龍	高彥明	區永熙
張 茵	張文光	張松橋	張家敏	張國榮
張華峰	張閭蘅	張學明	張學武	張學修
張賽娥	張懿宸	曹王敏賢	梁伯韜	梁君彥
梁志敏	梁亮勝	梁高美懿	梁偉浩	梁國貞
梁滿林	梁鳳儀	莊紹綏	許智明	許漢忠
郭 莉	郭孔丞	郭加迪	陳山玲	陳仲尼
陳成秀	陳紅天	陳婉嫻	陳清霞	陳港生
陳新滋	陳萬雄	陳曉穎	陳澤盛	陳聰聰
陳鑑林	傅育寧	彭長緯	曾智明	湯顯明
馮丹藜	馮國經	馮華健	黃小峰	黃光苗
黃志祥	黃其森	黃若虹	黃英豪	黃揚略
黃景強	黃朝陽	黃紫玉	黃楚標	黃蘭發
楊 釗	楊孝華	楊志紅	楊國強	楊敏德
楊祥波	楊紹信	葉順興	董利翔	簡松年
翟美卿	劉兆佳	劉宇一	劉宗明	劉業強
蔣秋霞	鄧日燊	鄧清河	鄧竟成	鄭 旭
鄭 褘	鄭翔玲	鄭維健	鄭慕智	盧紹傑
盧溫勝	賴海民	龍子明	戴希立	薛光林
鍾瑞明	韓國龍			

主要參考文獻

官方文件及報告

ASM 太平洋有限公司:《ASM 太平洋有限公司 1995 年年報》(1995 年 12 月 31 日)。

ASM 太平洋有限公司:《ASM 太平洋有限公司 2003 年年報》(2003 年 12 月 31 日)。

TCL 集團:《TCL 集團首次公開發行股票招股說明書》(2004 年 1 月)。

九龍倉集團有限公司:《九龍倉集團有限公司年報》(1997-2017)。

《「十一五」與香港發展》經濟高峰會:《「十一五」與香港發展》經濟高峰會報告(2007 年 1 月)。

《「十一五」與香港發展》經濟高峰會專業服務、信息、科技及旅遊專題小組:《專業服務、信息、科技及旅遊專題小組報告》(2007 年 1 月 15 日)。

上海市人民政府:《上海市外商投資企業享受技術密集型、知識密集型項目優惠待遇的辦法》(1988 年 4 月 3 日)。

上海市人民政府:《上海市國民經濟和社會發展第十一個五年規劃綱要》(2006 年 1 月 20 日)。

上海市對外經濟貿易委員會:《上海市關於鼓勵外商投資的若干規定》(1986 年 10 月 23 日)。

上海海欣股份有限公司:《上海海欣股份有限公司 A 股招股說明書》(1993 年 10 月 8 日)。

上海真空電子器件股份有限公司:《真空 B 股(600602)人民幣特種股票(B 種股票)招股說明書》(1992 年 1 月 15 日)。

上海真空電子器件股份有限公司:《上海真空電子器件股份有限公司 1999 年年度報告》(2000 年 3 月 27 日)。

上海國際港務(集團)股份有限公司:《上海國際港務(集團)股份有限公司年度報告》(2006-2019)。

上海實業控股有限公司:《上海實業控股有限公司招股書》(1996 年 5 月 21 日)。

上海實業控股有限公司:《上海實業控股有限公司年報》(1996、2004、2017)。

上海實業控股有限公司:《上海實業控股有限公司社會責任報告》(2015-2018)。

上海銀行股份有限公司:《上海銀行股份有限公司首次公開發行股票招股說明書》(2016 年 9 月 26 日)。

上海證券交易所:《上海證券交易所統計年鑒》(2015-2018)。

大公國際資信評估有限公司:《河北省高速公路開發有限公司:主體與相關債項 2018 年度跟蹤評級報告》(2018 年 6 月 26 日)。

大昌行集團有限公司:《大昌行集團有限公司招股書》(2007 年 10 月 4 日)。

大昌行集團有限公司:《大昌行集團有限公司年報》(2014、2016)。

大連港股份有限公司:《大連港股份有限公司 2017 年年報》(2018 年 3 月 26 日)。

大連港股份有限公司:《大連港股份有限公司換股吸收合併營口港務股份有限公司並募集配套資金暨關聯交易報告書(草案)》(2020 年 9 月 4 日)。

大新金融集團有限公司、大新銀行集團有限公司:《須予披露交易 聯合公布及恢復股票買賣 大新銀行有限公司收購重慶市商業銀行 17% 已發行股份》(2006 年 12 月 21 日)。

大學教育資助委員會:《香港高等教育》(1996 年 10 月)。

大學教育資助委員會:《一九九五年七月至一九九八年六月報告》(1999 年)。

大學教育資助委員會:《香港高等教育 共展所長與時俱進》(2004 年 1 月 30 日)。

大學教育資助委員會:《展望香港高等教育體系 —— 大學教育資助委員會報告》(2010 年 12 月)。

大學教育資助委員會:《2010-11 至 2019-20 學年按修課程度、原居地及主要學科類別劃分的教資會資助課程的非本地學生人數》(2011-2021)。

大學教育資助委員會秘書處:《大學教育資助委員會資助學士學位及研究院研究課程的收生

安排》（立法會 CB(4)362/13-14(03) 號文件）
（2014 年 1 月）。

中山大學港澳珠三角研究中心：《南沙粵港教育、
科技合作案例分析報告》（2011 年 2 月）。

中央人民政府委員會：《中華人民共和國土地改革
法》（1950 年 6 月 30 日）。

中共中央：《中國共產黨第十一屆中央委員會第三
次全體會議公報》（1978 年 12 月 22 日）。

中共中央：《中共中央關於科學技術體制改革的決
定》（1985 年 3 月 13 日）。

中共中央：《中共中央關於建立社會主義市場經濟
體制若干問題的決定》（1993 年 11 月 14 日）

中共中央：《中共中央關於完善社會主義市場經濟
體制若干問題的決定》（2003 年 10 月 14 日）。

中共中央：《國民經濟和社會發展第十一個五年規
劃綱要》（2006 年 3 月 14 日）。

中共中央：《國民經濟和社會發展第十二個五年規
劃綱要》（2011 年 3 月 16 日）。

中共中央：《中共中央關於全面深化改革若干重大
問題的決定》（2013 年 11 月 12 日）。

中共中央：《第十八屆三中全會〈決定〉、公報、
説明（全文）》（2013 年 11 月 18 日）。

中共中央：《中華人民共和國國民經濟和社會發
展第十三個五年規劃綱要》（2016 年 3 月 17
日）。

中共中央、中華人民共和國國務院：《中共中央、
國務院批轉〈廣東、福建兩省和經濟特區工作
會議紀要〉的通知》（1981 年 7 月 19 日）。

中共中央、中華人民共和國國務院：《關於深化國
有企業改革的指導意見》（中發〔2015〕22 號）
（2015 年 8 月 24 日）。

中共中央辦公廳、國務院辦公廳：《國家「十一五」
時期文化發展規劃綱要》（2006 年 9 月 13
日）。

中共中央辦公廳、國務院辦公廳：《國家「十二五」
時期文化改革發展規劃綱要》（2012 年 2 月
15 日）。

中共中央辦公廳、國務院辦公廳：《國家「十三五」
時期文化發展改革規劃綱要》（2017 年 5 月 7
日）。

中共中央辦公廳、國務院辦公廳：《天然林保護修
復制度方案》（2019 年 7 月 23 日）。

中共珠海市委辦公室、珠海市人民政府辦公室：

《2015 年廣東自貿試驗區珠海橫琴片區改革
創新發展總體方案》（2015 年 7 月 27 日）。

中共廣東省委、廣東省人民政府：《關於推進產業
轉移和勞動力轉移的決定》（粵發〔2008〕4
號）（2008 年 5 月 24 日）。

中保國際控股有限公司：《中保國際控股有限公司
年報》（2000、2006）。

中信泰富有限公司：《中信泰富有限公司年報》
（1991-1992）。

中信泰富有限公司：《完成涉及中國中信集團公司
認購可換股債券的關連交易涉及將由中國中信
集團公司承擔若干槓桿式外匯合約的非常重
大出售事項增加法定股本》（2008 年 11 月 12
日）。

中信泰富有限公司：《備用信貸涉及中國中信集團
公司認購可換股債券的關連交易申請清洗豁免
涉及將由中國中信集團公司承擔若干槓桿式外
匯合約的非常重大出售事項增加法定股本及恢
復買賣》（2008 年 12 月 2 日）。

中信泰富有限公司：《中信泰富公告—（1）非常
重大的收購事項及關連交易；（2）建議根據
特別授權發行對價股份及配售股份；（3）建
議更改公司名稱及相應修訂公司章程；及（4）
潛在持續關連交易》（2014 年 4 月 16 日）。

中信泰富有限公司：《中信泰富收購中信股份百分
百股權》（2014 年 5 月 14 日）。

中信泰富有限公司：《中信泰富完成收購中信股份
公告》（2014 年 8 月 25 日）。

中信嘉華銀行有限公司：《中信嘉華銀行 2002 年
中期報告》（2002 年 8 月 15 日）。

中信銀行股份有限公司：《中信銀行股份有限公司
控股股東變更的提示性公告》（2012 年 1 月
18 日）。

中原集團研究中心編：《中原地產紅皮書 2009》
（共七卷）（上海：同濟大學出版社，2009）。

中海物業集團有限公司：《以介紹方式在香港聯
合交易所有限公司主板上市》（2015 年 7 月 6
日）。

中國人民人壽保險股份有限公司：《中國人民
人壽保險股份有限公司年度資訊披露報告》
（2016－2017）。

中國人民保險集團股份有限公司：《中國人民保險
集團股份有限公司首次公開發行股票招股説明
書》（2012 年 11 月 26 日）。

中國人民財產保險股份有限公司：《中國人民財產保險股份有限公司 2011 年年報》（2012 年 3 月 28 日）。

中國人民銀行：《關於僑資外資金融機構在中國設立常駐代表機構的管理辦法》（〔83〕銀發字第 3 號）（1983 年 2 月 1 日）。

中國人民銀行：《中國人民銀行關於上海外資金融機構、中外合資金融機構管理辦法》（1990 年 9 月 8 日）。

中國人民銀行：《中國人民銀行關於國家貨幣出入境限額的公告》（銀發〔1993〕21 號）（1993 年 2 月 5 日）。

中國人民銀行：《中國人民銀行關於改革中國人民保險公司機構體制的通知》（銀發〔1995〕301 號）（1995 年 11 月 6 日）。

中國人民銀行：《中國人民銀行關於上海浦東外資金融機構經營人民幣業務試點工作的通知》（〔1996〕銀發第 425 號）（1996 年 12 月 1 日）。

中國人民銀行：《中國人民銀行關於擴大上海、深圳外資銀行人民幣業務範圍的通知》（銀發〔1999〕243 號）（1999 年 7 月 17 日）。

中國人民銀行：《中國人民銀行關於進一步加強房地產信貸業務管理的通知》（銀發〔2003〕121 號）（2003 年 6 月 5 日）。

中國人民銀行：《中國人民銀行關於為香港銀行辦理個人人民幣業務提供清算安排的公告》（中國人民銀行公告〔2003〕第 16 號）（2003 年 11 月 19 日）。

中國人民銀行：《授權中國銀行（香港）有限公司作為香港銀行個人人民幣業務清算行的公告》（中國人民銀行公告〔2003〕第 20 號）（2003 年 12 月 24 日）。

中國人民銀行：《關於決定調整國家貨幣出入境限額》（中國人民銀行公告〔2004〕第 18 號）（2004 年 11 月 29 日）。

中國人民銀行：《中國人民銀行公告〔2004〕第 18 號》（2004 年 12 月 2 日）。

中國人民銀行：《關於進一步深化香港人民幣業務的公告》（中國人民銀行公告〔2005〕第 26 號）（2005 年 10 月 29 日）。

中國人民銀行：《人民銀行公告第 26 號 進一步深化香港人民幣業務》（中國人民銀行公告〔2005〕21 號）（2005 年 11 月 1 日）。

中國人民銀行：《中國人民銀行 2005 年年報》（2006 年 6 月 5 日）。

中國人民銀行：《人民銀行關於印發〈跨境貿易人民幣結算試點管理辦法實施細則〉的通知》（銀發〔2009〕212 號）（2009 年 7 月 3 日）。

中國人民銀行：《境外直接投資人民幣結算試點管理辦法》（公告〔2011〕第 1 號）（2011 年 1 月 6 日）。

中國人民銀行：《中國人民銀行關於明確跨境人民幣業務相關問題的通知》（銀發〔2011〕145 號）（2011 年 6 月 3 日）。

中國人民銀行：《中國人民銀行關於實施〈基金管理公司、證券公司人民幣合格境外機構投資者境內證券投資試點辦法〉有關事項的通知》（銀發〔2011〕321 號）（2012 年 1 月 4 日）。

中國人民銀行：《中國人民銀行關於簡化跨境人民幣業務流程和完善有關政策的通知》（2013 年 7 月 5 日）。

中國人民銀行：《人民幣國際化報告》（2015-2019）。

中國人民銀行：《關於進一步做好境外機構投資者投資銀行間債券市場有關事宜的公告》（中國人民銀行公告〔2016〕第 3 號）（2016 年 2 月 24 日）。

中國人民銀行、上海市人民政府：《上海市人民幣特種股票管理辦法》（銀發〔1991〕315 號）（1992 年 11 月 22 日）。

中國人民銀行、香港金融管理局：《香港銀行人民幣業務的清算協議》（2003 年 11 月 19 日）。

中國人民銀行、財政部、商務部、海關總署、國家稅務總局、中國銀行業監督管理委員會：《跨境貿易人民幣結算試點管理辦法》（公告〔2009〕第 10 號）（2009 年 7 月 1 日）。

中國人民銀行、財政部、商務部、海關總署、國家稅務總局、中國銀行業監督管理委員會：《關於擴大跨境貿易人民幣結算試點有關問題的通知》（銀發〔2010〕23 號）（2010 年 2 月 3 日）。

中國人民銀行、財政部、商務部、海關總署、國家稅務總局、中國銀行業監督管理委員會：《關於擴大跨境貿易人民幣結算地區的通知》（銀發〔2010〕186 號）（2010 年 6 月 17 日）。

中國人民銀行、國家外匯管理局：《內地與香港證券投資基金跨境發行銷售資金管理操作指引》（2015 年 11 月 9 日）。

中國人民銀行、國家發展和改革委員會：《境內金融機構赴香港特別行政區發行人民幣債券管理暫行辦法》（人民銀行、國家發改委公告〔2007〕第 12 號）（2007 年 6 月 8 日）。

中國人民銀行、深圳市人民政府：《深圳市人民幣特種股票管理暫行辦法》（1991 年 12 月 5 日）。

中國人民銀行上海總部：《中國（上海）自由貿易試驗區分賬核算業務境外融資與跨境資金流動宏觀審慎管理實施細則（試行）》的通知（銀總部發〔2015〕8 號）（2015 年 7 月 1 日）。

中國人民銀行外資金融機構管理司編：《在華外資金融機構概覽（第一輯）》（北京：中國金融出版社，1997）。

中國人民銀行金融穩定分析小組：《中國金融穩定報告 2013》（2013 年 5 月）。

中國人民銀行深圳市中心支行：《前海跨境人民幣貸款管理暫行辦法實施細則》（深人銀發〔2013〕3 號）（2012 年 12 月 27 日）。

中國人民銀行深圳經濟特區分行：《深圳外資金融機構試辦人民幣業務原則指引》（1998 年 8 月 13 日）。

中國人民銀行調查統計司編：《中國人民銀行統計季報》（1999-01、2001-04、2003-03）（北京：中國金融出版社，1999-2003）。

中國人壽保險（集團）公司：《中國人壽保險（集團）公司關於參與青島港國際股份有限公司新發 H 股配售的資訊披露公告》（臨時資訊披露〔2017〕15 號）（2017 年 5 月 15 日）。

中國人壽保險股份有限公司：《中國人壽保險股份有限公司年報》（2005、2007、2009、2016）。

中國人壽保險股份有限公司：《中國人壽保險股份有限公司 2013 年度股東大會會議材料》（2014 年 5 月 29 日）。

中國人壽信託有限公司：《中國人壽強積金集成信託計劃：強積金計劃說明書》（2020 年 12 月）。

中國工商銀行（亞洲）有限公司：《更改本銀行名稱》（2000 年 8 月 21 日）。

中國工商銀行（亞洲）有限公司：《中國工商銀行（亞洲）有限公司年報》（2004-2005、2016）。

中國工商銀行（亞洲）有限公司：《中國工商銀行（亞洲）有限公司收購華比富通銀行全部已發行股本有關發行新股份之須予披露交易及恢復買賣》（2003 年 12 月 31 日）。

中國工商銀行股份有限公司：《中國工商銀行股份有限公司 2007 年年報》（2007 年 4 月 4 日）。

中國工商銀行股份有限公司、中國工商銀行（亞洲）有限公司：《聯合公告根據公司條例第 166 條以協議安排之方式建議私有化中國工商銀行（亞洲）有限公司》（2018 年 8 月 10 日）。

中國中信股份有限公司：《中國中信股份有限公司年報》（2014-2017）。

中國中信股份有限公司、正大集團、伊藤忠商事株式會社：《中信股份引入正大集團和伊藤忠股權投資》（2015 年 1 月 20 日）。

中國太平保險控股有限公司：《股價敏感資料 出售全資附屬公司》（2010 年 10 月 29 日）。

中國太平保險控股有限公司：《中國太平保險控股有限公司 2017 年年報》（2018 年 4 月 26 日）。

中國太平洋保險（集團）股份有限公司：《中國太平洋保險（集團）股份有限公司 2010 年年報》（2011 年 3 月 25 日）。

中國平安人壽保險股份有限公司：《中國平安人壽保險股份有限公司關於因碧桂園回購股票被動持股至 10.02% 的信息披露公告》（2016 年 6 月 13 日）。

中國平安保險（集團）股份有限公司：《中國平安保險（集團）股份有限公司年報》（2005-2006、2016）。

中國民用航空總局、對外貿易經濟合作部：《關於外商投資民用航空業有關政策的通知》（民航總局函〔1994〕448 號）（1994 年 5 月 6 日）。

中國民航總局、對外貿易經濟合作部、國家發展計劃委員會：《外商投資民用航空業規定》（CCAR-201）（2002 年 6 月 21 日）。

中國石油化工股份有限公司：《中國石油化工股份有限公司招股書》（2000 年 3 月 27 日）。

中國石油化工股份有限公司：《中國石油化工股份有限公司公開發行 A 股招股說明書》（2001 年 7 月 12 日）。

中國光大明輝有限公司：《中國光大明輝有限公司年報》（1994-1995）。

中國光大科技有限公司：《中國光大科技有限公司年報》（1993-1999）。

中國光大國際有限公司：《中國光大國際有限公司

年報》（1993-1999）。

中國光大控股有限公司：《中國光大控股有限公司年報》（1997-2017）。

中國光大控股有限公司：《根據上市規則第 13.09 條及證券及期貨條例第 XIVA 部刊發的公告》（2014 年 8 月 1 日）。

中國光大控股有限公司：《順勢有為 —— 跨境投資及另類資產管理在香港的發展與機遇》（香港：中國光大控股有限公司，2017）。

中國共產黨第十四屆中央委員會：《中國共產黨第十四屆中央委員會第三次全體會議公報》（1993 年 11 月 14 日）。

中國共產黨第十五屆中央委員會第四次全體會議：《中共中央關於國有企業改革和發展若干重大問題的決定》（中發〔1999〕16 號）（1999 年 9 月 22 日）。

中國共產黨廣東省委員會：《關於發揮廣東優勢條件，擴大對外貿易，加快經濟發展的報告》（1979 年 6 月 6 日）。

中國再保險（集團）股份有限公司：《中國再保險（集團）股份有限公司首次公開發行股票招股說明書》（2015 年 10 月 13 日）。

中國房地產估價師與房地產經紀人學會、香港地產代理監管局：《內地房地產經紀人與香港地產代理專業資格互認計劃的協議書》（2010 年 11 月 3 日）。

中國金茂控股集團有限公司：《更改公司名稱及股份簡稱公告》（2015 年 9 月 11 日）。

中國保險監督管理委員會：《關於中國人保壽險有限公司增資改制的批覆》（保監發改〔2007〕780 號）（2007 年 6 月 22 日）。

中國保險監督管理委員會：《關於設立華泰資產管理（香港）有限公司的批覆（保監國際〔2007〕1513 號）》（2007 年 11 月 30 日）。

中國保險監督管理委員會：《中國保險監督管理委員會關於香港榮駿保險服務有限公司在深圳設立匯才保險代理（深圳）有限公司的批覆（保監國際〔2010〕123 號）》（2010 年 2 月 5 日）。

中國保險監督管理委員會：《關於調整保險資金投資政策有關問題的通知》（保監發〔2010〕66 號）（2010 年 8 月 11 日）。

中國保險監督管理委員會：《關於印發〈保險資金境外投資管理暫行辦法實施細則〉的通知》（保監發〔2012〕93 號）（2012 年 10 月 22 日）。

中國保險監督管理委員會：《關於設立康宏保險銷售服務（江蘇）有限公司的批覆》（2013 年 1 月 29 日）。

中國保險監督管理委員會：《關於設立寰宇保險代理（上海）有限公司的批覆》（2013 年 2 月 17 日）。

中國保險監督管理委員會：《關於設立中美國際保險銷售服務有限責任公司的批覆》（保監許可〔2014〕115 號）（2014 年 1 月 27 日）。

中國保險監督管理委員會：《中國保監會關於調整保險資金境外投資有關政策的通知》（保監發〔2015〕33 號）（2015 年 3 月 31 日）。

中國保險監督管理委員會：《關於加強對非法銷售境外保險產品行為監管工作的通知》（保監壽險〔2016〕第 46 號）（2016 年 5 月 11 日）。

中國保險監督管理委員會、中國人民銀行：《保險外匯資金境外運用管理暫行辦法》（2004 年 8 月 9 日）。

中國建築股份有限公司：《關於控股股東改制及更名的公告》（2017 年 12 月 4 日）。

中國建築國際集團有限公司：《全部已發行股本於香港聯合交易所有限公司主板上市》（2005 年 6 月 14 日）。

中國建築國際集團有限公司：《須予披露及關連交易及持續關連交易》（2007 年 8 月 13 日）。

中國科學院國際合作局：《關於公布 2013 年度中國科學院與香港地區聯合實驗室評估結果的通知》（2014 年 1 月 2 日）。

中國旅遊集團有限公司：《中國旅遊集團有限公司企業社會責任報告》（2016-2018）。

中國旅遊集團有限公司：《中國國旅股份有限公司收購報告書摘要》（2016 年 8 月 19 日）。

中國海外發展有限公司：《中國海外發展有限公司年報》（1997-2017）。

中國海外集團有限公司：《中國海外集團十五周年誌慶特刊》（香港：中國海外集團有限公司，1993）。

中國海外集團有限公司：《中國海外集團 40 周年特刊》（香港：中國海外集團有限公司，2019）。

中國海洋石油有限公司：《中國海洋石油有限公司招股書》（2001 年 2 月 16 日）。

中國國際金融股份有限公司：《中國國際金融股份有限公司招股書》（2015 年 10 月 27 日）。

香港參與國家改革開放志

1394

中國國際信托投資公司:《中國國際信托投資公司章程》（1979 年 10 月 4 日）。

中國港中旅集團公司:《中國港中旅集團公司企業社會責任報告》（2010-2015）。

中國農業銀行股份有限公司:《中國農業銀行股份有限公司招股書》（2010 年 6 月 30 日）。

中國電信集團有限公司:《中國電信集團有限公司招股書》（1997 年 10 月 13 日）。

中國電影家協會產業研究中心編著:《2007 中國電影產業研究報告》（北京:中國電影出版社，2007）。

中國銀行（香港）有限公司:《中國銀行（香港）有限公司年報》（2001-2017）。

中國銀行（香港）有限公司:《中國銀行（香港）有限公司招股書》（2002 年 7 月 15 日）。

中國銀行（香港）有限公司:《百年中銀與您同行》（香港 : 中國銀行（香港）有限公司，2018）。

中國銀行股份有限公司、中銀香港（控股）有限公司:《有關出售集友銀行權益的交割》（2017 年 3 月 24 日）。

中國銀行香港分行:《中國銀行香港分行七十五周年紀念》（香港:中國銀行香港分行，1992）。

中國銀行業監督管理委員會:《中國銀行業監督管理委員會關於向外資金融機構進一步開放人民幣業務的公告》（2003 年第 2 號）（2003 年 10 月 24 日）。

中國銀行業監督管理委員會:《中國銀行業監督管理委員會關於渤海銀行股份有限公司開業有關問題的批覆》（銀監覆〔2005〕337 號）（2005 年 12 月 29 日）。

中國銀行業監督管理委員會:《中國銀監會關於批准由原東亞銀行有限公司在內地分支機構改制的東亞銀行（中國）有限公司開業的函》（銀監函〔2007〕75 號）（2007 年 3 月 20 日）。

中國銀行業監督管理委員會:《中國銀監會關於批准由原美國花旗銀行有限公司在內地分支機構改制的花旗銀行（中國）有限公司開業的函》（銀監函〔2007〕74 號）（2007 年 3 月 20 日）。

中國銀行業監督管理委員會:《中國銀監會關於批准由原英國渣打銀行有限責任公司在中國境內分支機構改制的渣打銀行（中國）有限公司開業的函》（銀監函〔2007〕73 號）（2007 年 3 月 20 日）。

中國銀行業監督管理委員會:《中國銀監會關於批准由原香港上海滙豐銀行有限公司在內地分支機構改制的滙豐銀行（中國）有限公司開業的函》（銀監函〔2007〕72 號）（2007 年 3 月 20 日）。

中國銀行業監督管理委員會:《中國銀監會關於批准由原恒生銀行有限公司在內地分支機構改制的恒生銀行（中國）有限公司開業的函》（銀監函〔2007〕129 號）（2007 年 5 月 18 日）。

中國銀行業監督管理委員會:《中國銀監會關於批准由原永亨銀行有限公司在內地分支機構改制的永亨銀行（中國）有限公司開業的函》（銀監函〔2007〕134 號）（2007 年 5 月 21 日）。

中國銀行業監督管理委員會:《中國銀監會關於批准由大新銀行有限公司在內地分支機構改制大新銀行（中國）有限公司開業的函》（銀監函〔2008〕135 號）（2008 年 6 月 10 日）。

中國銀行業監督管理委員會:《外國及港澳台銀行分行名單（2017 年 6 月底）》（2017 年 8 月）。

中國銀行業監督管理委員會:《銀行業金融機構法人名單（截至 2017 年 12 月底）》（2018 年 2 月 9 日）。

中國銀行業監督管理委員會辦公廳:《中國銀監會辦公廳關於調整商業銀行代客境外理財業務境外投資範圍的通知》（銀監辦發〔2007〕114 號）（2007 年 5 月 10 日）。

中國證券業協會:《中國證券業協會關於首批獲得內地證券從業資格的香港專業人員名單的公告》（2004 年 5 月 19 日）。

中國證券監督管理委員會:《關於境內企業到境外發行股票和上市審批程序的函》（1994 年 2 月 4 日）。

中國證券監督管理委員會:《國務院證券委批准七家企業為海外上市預選企業》（1995 年 9 月 27 日）。

中國證券監督管理委員會:《中國證券監督管理委員會關於企業申請境外上市有關問題的通知》（證監發行字〔1999〕83 號）（1999 年 7 月 14 日）。

中國證券監督管理委員會:《境內企業申請到香港創業板上市審批與監管指引》（1999 年 9 月 21 日）。

中國證券監督管理委員會:《關於批准北京金裕興電子技術有限公司重組後到香港創業板上市的函》（證監函〔2000〕12 號）（2000 年 1 月

17 日)。

中國證券監督管理委員會:《中國證監會關於做好第二批行政審批項目取消及部分行政審批項目改變管理方式後的後續監管和銜接工作的通知》(證監發〔2003〕17 號)(2003 年 4 月 1 日)。

中國證券監督管理委員會:《關於核准荷銀金融期貨亞洲有限公司期貨公司股東資格的通知》(證監期貨字〔2005〕191 號)(2005 年 11 月 29 日)。

中國證券監督管理委員會:《關於國泰君安證券股份有限公司在香港特別行政區設立國泰君安金融控股有限公司的批覆》(證監機構字〔2006〕82 號)(2006 年 4 月 28 日)。

中國證券監督管理委員會:《關於國元證券有限責任公司設立國元證券(香港)有限公司的批覆》(證監機構字〔2006〕99 號)(2006 年 6 月 2 日)。

中國證券監督管理委員會:《關於核准銀河期貨經紀有限公司變更註冊資本和股東通知》(證監期貨字〔2006〕102 號)(2006 年 7 月 3 日)。

中國證券監督管理委員會:《關於廣發證券股份有限公司設立廣發控股(香港)有限公司的批覆》(證監機構字〔2006〕164 號)(2006 年 7 月 13 日)。

中國證券監督管理委員會:《關於華泰證券有限責任公司設立華泰證券(香港)有限公司的批覆》(證監機構字〔2006〕183 號)(2006 年 8 月 4 日)。

中國證券監督管理委員會:《關於申銀萬國證券股份有限公司在香港特別行政區設立申銀萬國(香港)集團有限責任公司的批覆》(證監機構字〔2006〕303 號)(2006 年 12 月 5 日)。

中國證券監督管理委員會:《合格境內機構投資者境外證券投資管理試行辦法》(中國證券監督管理委員會令第 46 號)(2007 年 6 月 18 日)。

中國證券監督管理委員會:《中國證券監督管理委員會 2007 年年報》(2008 年 4 月 28 日)。

中國證券監督管理委員會:《中國證券監督管理委員會關於核准設立廣州廣證恒生證券投資諮詢有限公司的批覆》(證監許可〔2012〕306 號)(2012 年 3 月 9 日)。

中國證券監督管理委員會:《關於股份有限公司境外發行股票和上市申報文件及審核程序的監管指引》(證監會公告〔2012〕45 號)(2012

年 12 月 20 日)。

中國證券監督管理委員會:《〈人民幣合格境外機構投資者境內證券投資試點辦法〉及實施規定正式發布》(2013 年 3 月 6 日)。

中國證券監督管理委員會:《公開募集證券投資基金參與滬港通交易指引》(2015 年 3 月 27 日)。

中國證券監督管理委員會:《香港互認基金管理暫行規定》(2015 年 5 月 14 日)。

中國證券監督管理委員會:《關於准予建銀國際 —— 國策主導基金註冊的批覆》(2016 年 2 月 17 日)。

中國證券監督管理委員會:《關於准予中銀香港全天候中國高息債券基金註冊的批覆》(2016 年 2 月 18 日)。

中國證券監督管理委員會:《中國證監會行政處罰決定書(唐漢博、王濤)》(〔2017〕21 號)(2017 年 3 月 10 日)。

中國證券監督管理委員會:《關於核准設立滙豐前海證券有限責任公司的批覆》(2017 年 6 月 19 日)。

中國證券監督管理委員會:《合格境外機構投資者名錄(2021 年 3 月)》(2021 年 4 月 20 日)。

中國證券監督管理委員會、上海證券交易所、深圳證券交易所、香港證券及期貨事務監察委員會、香港聯合交易所有限公司:《監管合作備忘錄》(1993 年 6 月 19 日)。

中國證券監督管理委員會、中國人民銀行:《合格境外機構投資者境內證券投資管理暫行辦法》(中國證券監督管理委員會第 12 號令)(2002 年 11 月 5 日)。

中國證券監督管理委員會、中國人民銀行、國家外匯管理局:《基金管理公司、證券公司人民幣合格境外機構投資者境內證券投資試點辦法》(中國證券監督管理委員會、中國人民銀行、國家外匯管理局第 76 號令)(2011 年 12 月 16 日)。

中國證券監督管理委員會、香港證券及期貨事務監察委員會:《內地與香港股票市場交易互聯互通機制下中國證監會與香港證監會加強監管執法合作備忘錄》(2016 年 11 月 3 日)。

中華人民共和國中央人民政府:《2013 年到期的三年期人民幣國債、2015 年到期的五年期人民幣國債、2020 年到期的十年期人民幣國債招標章程》(2010 年 11 月 22 日)。

中華人民共和國文化部:《文化部關於扶持我國動漫產業發展的若干意見》(2008 年 8 月 13 日)。

中華人民共和國文化部:《文化部關於公示「2011 國家動漫精品工程」評審結果的公告》(2012 年 1 月 18 日)。

中華人民共和國文化部、中華人民共和國商務部:《中外合作音像製品分銷企業管理辦法》(2003 年 12 月 8 日)。

中華人民共和國文化部、海關總署:《進口影片管理辦法》(1981 年 10 月 13 日)。

中華人民共和國司法部:《香港特別行政區和澳門特別行政區居民參加國家司法考試若干規定》(2003 年 11 月 30 日)。

中華人民共和國交通運輸部:《珠三角、長三角、環渤海(京津冀)水域船舶排放控制區實施方案》(2015 年 12 月 2 日)。

中華人民共和國科學技術部:《科技部關於公布第二批眾創空間的通知》(國科發火〔2016〕46 號)(2016 年 2 月 15 日)。

中華人民共和國科學技術部:《對十二屆全國人大五次會議第 3949 號建議的答覆》(國科建議外〔2017〕111 號)(2017 年 7 月 24 日)。

中華人民共和國科學技術部、對外貿易與經濟合作部:《科技興貿行動計劃》(1999 年 6 月 12 日)。

中華人民共和國海關總署:《中華人民共和國海關對進料加工出口貨物管理辦法》(1988 年 5 月 6 日)。

中華人民共和國海關總署:《關於來往香港、澳門小型船舶及所載貨物、物品監管規定》(1998 年 10 月 17 日)。

中華人民共和國財政部:《人民幣 55 億元 2014 年到期的固定利率國債》(2012 年 6 月 29 日)。

中華人民共和國財政部、國家稅務總局:《財政部、國家稅務總局關於調整部分商品出口退稅率的通知》(財稅〔2007〕90 號)(2007 年 6 月 19 日)。

中華人民共和國財政部、國家稅務總局:《關於調整紡織品服裝等部分商品出口退稅率的通知》(2008 年 7 月 31 日)。

中華人民共和國財政部、國家稅務總局:《關於提高部分商品出口退稅率的通知》(2008 年 10 月 21 日)。

中華人民共和國財政部、國家稅務總局:《關於提高勞動密集型產品等商品增值稅出口退稅率的通知》(2008 年 11 月 17 日)。

中華人民共和國財政部、發展改革委、商務部、海關總署、國家稅務總局:《關於調整部分商品出口退稅率和增補加工貿易禁止類商品目錄的通知》(財稅〔2006〕139 號)(2006 年 9 月 14 日)。

中華人民共和國財政部會計司司長、香港特別行政區財經事務及庫務局常任秘書長(財經事務):《內地與香港註冊會計師部分考試科目相互豁免補充協議》(2008 年 7 月 29 日)。

中華人民共和國財政部會計司司長、香港特別行政區財經事務及庫務局常任秘書長(財經事務):《擴大內地與香港註冊會計師部分考試科目相互豁免受惠人員範圍的協議》(2008 年 7 月 29 日)。

中華人民共和國財政部會計司司長、香港特別行政區財經事務及庫務局常任秘書長(財經事務):《內地與香港註冊會計師部分考試科目相互豁免補充協議二》(2010 年 11 月 1 日)。

中華人民共和國財務和機關事務司:《1991 年民政事業發展統計報告》(1992 年 4 月 4 日)。

中華人民共和國商務部:《中華人民共和國國際貨物運輸代理業管理規定》(對外貿易經濟合作部令第 5 號)(1995 年 6 月 29 日)。

中華人民共和國商務部:《關於開展試點設立外商投資物流企業工作有關問題的通知》(2002 年 6 月 20 日)。

中華人民共和國商務部:《外商投資商業領域管理辦法》(商務部令二〇〇四年第 8 號)(2004 年 4 月 16 日)。

中華人民共和國商務部:《外商投資國際貨物運輸代理企業管理辦法》(商務部令 2005 年第 19 號)(2005 年 12 月 1 日)。

中華人民共和國商務部:《繼續深化落實 CEPA,提升兩地經貿合作水準 —— 9 月 19 日,廖曉淇副部長在香港出席「〈CEPA 補充協議四〉專題論壇」開幕式上的致辭》(2007 年 9 月 19 日)。

中華人民共和國商務部:《中國外商投資報告》(2011、2013、2018)(北京:中華人民共和國商務部,2011、2013、2018)。

中華人民共和國商務部:《商務部關於跨境人民幣直接投資有關問題的通知》(2011 年 10 月 12 日)。

中華人民共和國商務部：《中國外資統計公報 2018》（北京：中華人民共和國商務部，2018）。

中華人民共和國商務部、海關總署、環保總局：《2007 年加工貿易禁止類商品目錄》（商務部、海關總署公告 2007 年第 110 號）（2007 年 4 月 5 日）。

中華人民共和國商務部、國務院國有資產監督管理委員會、國家稅務總局、國家工商行政管理總局、中國證券監督管理委員會、國家外匯管理局：《關於外國投資者併購境內企業的規定》（2006 年 8 月 8 日）。

中華人民共和國商務部、國務院港澳辦：《關於內地企業赴香港、澳門特別行政區投資開辦企業核准事項的規定》（商合發〔2004〕452 號）（2004 年 8 月 31 日）。

中華人民共和國商務部、港澳辦、中央政府駐香港聯絡辦、中央政府駐澳門聯絡辦：《關於改革內地駐港澳地區「窗口公司」管理模式的意見》（國辦發〔2003〕90 號）（2003 年 11 月 1 日）。

中華人民共和國商務部外貿發展事務局：《商務部關於舉辦最新關稅和保稅（區）政策暨海關通關實務研討會的通知》（2005 年 11 月 28 日）。

中華人民共和國商務部副部長、香港特別行政區財政司司長：《關於內地對原產香港的進口貨物實行零關稅（即〈安排〉附件 1）的磋商紀要》（2003 年 6 月 29 日）。

中華人民共和國商務部產業司：《商務部、人力資源和社會保障部、海關總署關於在蘇州、東莞開展加工貿易轉型升級試點工作的通知》（商產函〔2011〕826 號）（2010 年 11 月 10 日）。

中華人民共和國國家外匯管理局海關總署：《國家外匯管理局海關總署關於印發〈攜帶外幣現鈔出入境管理暫行辦法〉的通知》（2003 年 8 月 28 日）。

中華人民共和國國家林業和草原局：《國家重點保護野生動物名錄》（1989 年 1 月 14 日）。

中華人民共和國國家旅遊局及公安部：《中國公民自費出國旅遊管理暫行辦法》（1997 年 6 月 5 日）。

中華人民共和國國家教育委員會、國家計劃委員會、財政部：《中華人民共和國國家教育委員會為香港人士設立研究生獎學金的規定》（〔87〕教研司字 053 號）（1987 年 12 月 31 日）。

中華人民共和國國家發展和改革委員會：《珠江三角洲地區改革發展規劃綱要（2008-2020）》（2008 年 12 月）。

中華人民共和國國家發展和改革委員會：《中國廣東核電集團有限公司借用境外人民幣貸款已獲批覆》（2011 年 12 月 31 日）。

中華人民共和國國家發展和改革委員會：《國家發展改革委關於境內非金融機構赴香港特別行政區發行人民幣債券有關事項的通知》（2012 年 5 月 2 日）。

中華人民共和國國家稅務總局廣州市稅務局、畢馬威企業諮詢（中國）有限公司：《粵港澳大灣區稅收服務指南》（2019 年 8 月 9 日）。

中華人民共和國國務院：《國務院關於開展對外加工裝配業務試行辦法》（1978 年 7 月 15 日）。

中華人民共和國國務院：《1979 年政府工作報告》（1979 年 6 月 18 日）。

中華人民共和國國務院：《國務院關於開展對外加工裝配和中小型補償貿易辦法》（國發〔1979〕220 號）（1979 年 9 月 3 日）。

中華人民共和國國務院：《中華人民共和國國務院關於管理外國企業常駐代表機構的暫行規定》（國發〔1980〕272 號）（1980 年 10 月 30 日）。

中華人民共和國國務院：《國務院批轉財政部關於進出口商品徵免工商稅收的規定的通知》（國發〔1980〕315 號）（1980 年 12 月 30 日）。

中華人民共和國國務院：《教育部、國務院僑務辦公室關於華僑青年回國和港澳地區、台灣省青年回內地報考高等學校的通知》（1981 年 4 月）。

中華人民共和國國務院：《國家經委、對外經濟貿易部關於進一步辦好中外合資經營企業的報告》（1983 年 3 月 16 日）。

中華人民共和國國務院：《國務院批轉中國人民保險公司〈關於加快發展我國保險事業的報告〉的通知》（1984 年 11 月 3 日）。

中華人民共和國國務院：《國務院批轉中國民用航空局關於民航系統管理體制改革的報告的通知》（國發〔1985〕3 號）（1985 年 1 月 7 日）。

中華人民共和國國務院：《保險企業管理暫行條例》（1985 年 3 月 3 日）。

中華人民共和國國務院：《國務院批轉財政部關於對進出口產品徵、退產品稅或增值稅報告的通知》（1985 年 3 月 22 日）。

中華人民共和國國務院:《中華人民共和國經濟特區外資銀行、中外合資銀行管理條例》（1985年4月2日）。

中華人民共和國國務院:《國務院發布關於華僑投資優惠的暫行規定的通知》（國發〔1985〕49號）（1985年4月2日）。

中華人民共和國國務院:《國務院批轉國家經委等部門〈鼓勵集資辦電和實行多種電價的暫行規定〉》（1985年5月23日）。

中華人民共和國國務院:《國務院批轉國家計委等八個部門關於擴大機電產品出口報告的通知》（國發〔1985〕128號）（1985年10月19日）。

中華人民共和國國務院:《國務院關於鼓勵外商投資的規定》（國發〔1986〕95號）（1986年10月11日）。

中華人民共和國國務院:《國務院關於擴大沿海經濟開放區範圍的通知》（國發〔1988〕21號）（1988年3月18日）。

中華人民共和國國務院:《國務院批轉文化部關於加快和深化藝術表演團體體制改革意見的通知》（1988年9月6日）。

中華人民共和國國務院:《國務院關於加強華僑、港澳台同胞捐贈進口物資管理的若干規定》（國發〔1989〕16號）（1989年2月20日）。

中華人民共和國國務院:《國務院批轉國家計委關於加強和改進全國抗災救災工作報告的通知》（國發〔1989〕65號）（1989年9月8日）。

中華人民共和國國務院:《境外金融機構管理辦法》（1990年3月12日）。

中華人民共和國國務院:《中華人民共和國城鎮國有土地使用權出讓和轉讓暫行條例》（國務院令第55號）（1990年5月19日）。

中華人民共和國國務院:《外商投資開發經營成片土地暫行管理辦法》（國務院令第56號）（1990年5月19日）。

中華人民共和國國務院:《國務院關於鼓勵華僑和香港、澳門同胞投資的規定》（中華人民共和國國務院令第64號）（1990年8月19日）。

中華人民共和國國務院:《中華人民共和國海上國際集裝箱運輸管理規定》（國務院令第68號）（1990年12月5日）。

中華人民共和國國務院:《國務院關於環境保護工作決定》（國發〔1990〕65號）（1990年12月5日）。

中華人民共和國國務院:《1992年政府工作報告》（1992年3月20日）。

中華人民共和國國務院:《國務院關於進一步加強證券市場宏觀管理的通知》（1992年12月17日）。

中華人民共和國國務院:《中華人民共和國禁止國家貨幣出入國境辦法》（1993年1月20日）。

中華人民共和國國務院:《國務院關於金融體制改革的決定》（國發〔1993〕91號）（1993年12月25日）。

中華人民共和國國務院:《中華人民共和國外資金融機構管理條例》（1994年2月25日）。

中華人民共和國國務院:《中華人民共和國公民出境入境管理法實施細則》（1994年7月13日）。

中華人民共和國國務院:《指導外商投資方向暫行規定》和《外商投資產業指導目錄》（1995年6月7日）。

中華人民共和國國務院:《國務院關於改革和調整進口稅收政策的通知》（國發〔1995〕34號）（1995年12月26日）。

中華人民共和國國務院:《電影管理條例》（1996年6月19日）。

中華人民共和國國務院:《國務院關於進一步加強在境外發行股票和上市管理的通知》（國發〔1997〕21號）（1997年6月20日）。

中華人民共和國國務院:《中華人民共和國國務院令第221號 —— 中華人民共和國香港特別行政區行政區域圖》（1997年7月1日）。

中華人民共和國國務院:《廣播電視管理條例》（1997年8月11日）。

中華人民共和國國務院:《中共中央、國務院關於進一步擴大對外開放，提高利用外資水準的若干意見》（1998年4月14日）。

中華人民共和國國務院:《關於進一步深化城鎮住房制度改革加快住房建設的通知》（1998年7月3日）。

中華人民共和國國務院:《國務院關於撤銷中國人民保險（集團）公司實施方案的批覆國函》（國發〔1998〕85號）（1998年10月7日）。

中華人民共和國國務院:《關於實施西部大開發若干政策措施的通知》（國發〔2000〕33號）（2000年10月26日）。

中華人民共和國國務院:《國務院關於修改〈中華

人民共和國外資企業法實施細則〉的決定》（國
務院令第 301 號）（2001 年 4 月 12 日）。

中華人民共和國國務院：《中華人民共和國國際海
運條例》（2002 年 1 月 1 日）。

中華人民共和國國務院：《國務院關於印發民航
體制改革方案的通知》（國發〔2002〕6 號）
（2002 年 3 月 3 日）。

中華人民共和國國務院：《關於進一步實施科技興
貿戰略若干意見的通知》（2003 年 10 月 10
日）。

中華人民共和國國務院：《境外金融機構投資入股
中資金融機構管理辦法》（中國銀行業監督管
理委員會令 2003 年第 6 號）（2003 年 12 月
8 日）。

中華人民共和國國務院：《收費公路條例》（國務
院令第 417 號）（2004 年 8 月 18 日）。

中華人民共和國國務院：《國務院關於保險業改革
發展的若干意見》（國發〔2006〕23 號）（2006
年 6 月 15 日）。

中華人民共和國國務院：《中華人民共和國外資
銀行管理條例》（中華人民共和國國務院令第
478 號）（2006 年 11 月 11 日）。

中華人民共和國國務院：《文化產業振興規劃》
（2009 年 9 月 26 日）。

中華人民共和國國務院：《國務院關於〈前海深港
現代服務業合作區總體發展規劃〉的批覆》（國
函〔2010〕86 號）（2010 年 8 月 26 日）。

中華人民共和國國務院：《科學技術部現行有效規
章和規範性文件目錄》（2011 年 1 月 26 日）。

中華人民共和國國務院：《國務院關於支持深圳前
海深港現代服務業合作區開發開放有關政策的
批覆》（國函〔2012〕58 號）（2012 年 6 月
27 日）。

中華人民共和國國務院：《國務院關於印發服務業
發展「十二五」規劃的通知》（國發〔2012〕
62 號）（2012 年 12 月 1 日）。

中華人民共和國國務院：《國務院關於印發中國
（上海）自由貿易試驗區總體方案的通知》（國
發〔2013〕38 號）（2013 年 9 月 18 日）。

中華人民共和國國務院：《國務院關於加快發展現
代保險服務業的若干意見》（國發〔2014〕29
號）（2014 年 8 月 13 日）。

中華人民共和國國務院：《國務院關於促進海運業
健康發展的若干意見》（國發〔2014〕32 號）

（2014 年 9 月 3 日）。

中華人民共和國國務院：《國務院關於印發中
國（廣東）自由貿易試驗區總體方案》（國發
〔2015〕18 號）（2015 年 4 月 8 日）。

中華人民共和國國務院：《國務院關於加快構建大
眾創業萬眾創新支撐平台的指導意見》（國發
〔2015〕53 號）（2015 年 9 月 26 日）。

中華人民共和國國務院：《國務院關於深化泛珠三
角區域合作的指導意見》（國發〔2016〕18 號）
（2016 年 3 月 3 日）。

中華人民共和國國務院、中央軍委：《國務院、
中央軍委關於民航管理體制若干問題的決定》
（1980 年 5 月 17 日）。

中華人民共和國國務院副總理李嵐清：《關於實施
科教興國戰略工作情況的報告 —— 2000 年 8
月 24 日在第九屆全國人民代表大會常務委員
會第十七次會議上》（2000 年 8 月 24 日）。

中華人民共和國國務院辦公廳：《國務院批轉關於
光大實業公司若干問題報告的通知》（國辦發
〔1983〕19 號）（1983 年 5 月）。

中華人民共和國國務院辦公廳：《國務院辦公廳轉
發國家體改委、國家經貿委關於深圳口岸管理
體制改革試點方案的通知》（國辦發〔1995〕
42 號）（1995 年 7 月 21 日）。

中華人民共和國國務院辦公廳：《國務院辦公廳關
於同意上海外高橋保稅區與外高橋港區聯動
試點的覆函》（國辦函〔2003〕81 號）（2003
年 12 月 8 日）。

中華人民共和國國務院辦公廳：《國務院辦公廳
關於暫停新建高爾夫球場的通知》（國辦發
〔2004〕1 號）（2004 年 1 月 10 日）。

中華人民共和國國務院辦公廳：《國務院辦公廳
關於同意擴大保稅區與港區聯動試點的覆函》
（國辦函〔2004〕58 號）（2004 年 8 月 16 日）。

中華人民共和國國務院辦公廳：《國務院辦公廳轉
發財政部等部門關於推動我國動漫產業發展若
干意見的通知》（國辦發〔2006〕32 號）（2006
年 4 月 25 日）。

中華人民共和國國務院辦公廳：《國務院辦公廳關
於當前金融促進經濟發展的若干意見》（2008
年 12 月 8 日）。

中華人民共和國教育部：《國家教育委員會關於發
布〈中外合作辦學暫行規定〉的通知》（1995
年 1 月 26 日）。

中華人民共和國教育部：《中華人民共和國教育法》（1995 年 3 月 18 日中華人民共和國主席令第 45 號）（1995 年 3 月 18 日）。

中華人民共和國教育部：《中華人民共和國高等教育法》（1998 年 8 月 29 日中華人民共和國主席令第 7 號）（1998 年 8 月 29 日）。

中華人民共和國教育部：《關於同意重慶大學與香港理工大學繼續合作培養「工程項目管理」碩士的批覆》（學位辦〔2001〕11 號）（2001 年 1 月 3 日）。

中華人民共和國教育部：《關於同意香港、澳門特區高等學校在內地部分省、自治區、直轄市招收自費生的通知》（教學廳〔2004〕5 號）（2004 年 3 月 25 日）。

中華人民共和國教育部：《教育部辦公廳關於同意香港、澳門特區高等學校在內地 17 個省、自治區、直轄市招收自費生的通知》（教學廳〔2005〕7 號）（2005 年 4 月 25 日）。

中華人民共和國教育部：《財政部、教育部關於印發〈港澳及華僑學生獎學金管理暫行辦法〉的通知》（財教〔2006〕129 號）（2006 年 8 月 25 日）。

中華人民共和國教育部：《關於同意香港、澳門特區高等學校在內地 25 個省、自治區、直轄市招收自費生的通知》（教學廳〔2007〕2 號）（2007 年 3 月 22 日）。

中華人民共和國教育部：《教育部關於做好 2012 年內地部分高校免試招收香港學生工作的通知》（教港澳台函〔2011〕72 號）（2011 年 11 月 16 日）。

中華人民共和國教育部：《關於政協十二屆全國委員會第五次會議第 4054 號（教育類 407 號）提案答覆的函》（教提案〔2017〕第 199 號）（2017 年 9 月 29 日）。

中華人民共和國教育部：《關於政協十三屆全國委員會第一次會議第 3989 號（教育類 375 號）提案答覆的函》（教提案〔2018〕第 239 號）（2018 年 9 月 19 日）。

中華人民共和國教育部、國務院港澳事務辦公室：《教育部、國務院港澳辦關於開展內地與香港教育交流若干問題的意見》（教外港〔1999〕5 號）（1999 年 2 月 5 日）。

中華人民共和國農業農村部：《對十三屆全國人大二次會議第 5074 號建議的答覆》（2019 年 8 月 30 日）。

中華人民共和國電力工業部：《電力工業部關於印發〈電力建設利用外資暫行規定〉的通知》（電政發〔1994〕184 號）（1994 年 3 月 30 日）。

中華人民共和國對外貿易經濟合作部、科學技術部、國家經濟貿易委員會、信息產業部：《關於印發〈科技興貿「十五」計劃綱要〉的通知》（2001 年 8 月 3 日）。

中華人民共和國審計署：《18 個省市收費公路建設運營管理情況審計調查結果（二〇〇八年二月二十七日公告）》（2008 年 2 月 27 日）。

中華人民共和國廣播電影電視部：《廣播電影電視關於引進、播出境外電視節目的管理規定》（廣播電影電視部令第 10 號）（1994 年 2 月 3 日）。

中華人民共和國廣播電影電視部：《廣播電影電視部關於加強廣播電台、電視台、有線電視台播出管理的通知》（1996 年 6 月 20 日）。

中華人民共和國廣播電影電視部：《電視劇管理規定》（廣播電影電視總局令第 2 號）（2000 年 6 月 15 日）。

中誠信國際信用評級有限責任公司：《招商局港口集團股份有限公司 2020 年面向合格投資者公開發行公司債券（第一期）信用評級報告》（2020 年 6 月 24 日）。

中誠信國際信用評級有限責任公司：《中國光大集團股份公司 2020 年面向專業投資者公開發行可續期公司債券信用評級報告》（2020 年 7 月 20 日）。

中電控股有限公司：《中電控股有限公司 2002 年季度報告》（2002 年 1 月 -2002 年 9 月）。

中電控股有限公司：《中電控股有限公司中期報告》（2003-2005）。

中電控股有限公司：《中電控股有限公司年報》（2004-2017）。

中電控股有限公司：《須予披露交易》（2016 年 11 月 30 日）。

中遠太平洋有限公司：《中遠太平洋有限公司年報》（2005-2010）。

中遠海運港口有限公司：《中遠海運港口有限公司年報》（2016-2017）。

中銀香港（控股）有限公司：《有關出售南洋商業銀行有限公司全部已發行股份的主要交易》（2015 年 12 月 29 日）。

中銀國際亞洲有限公司：《中銀國際亞洲有限公司

發行的結構性產品的基本上市文件》（2008 年 5 月 7 日）。

中銀國際證券股份有限公司：《中銀國際證券股份有限公司首次公開發行股票招股説明書》（2020 年 2 月 12 日）。

中證指數公司：《香港離岸人民幣債券市場及相關指數研究》（2012 年）。

五豐行有限公司：《五豐行有限公司 1995 年年報》（1996 年）。

友邦保險控股有限公司：《首次公開發行股票招股説明書》（2010 年 10 月 18 日）。

友邦保險控股有限公司：《友邦中國年度信息披露報告》（2016、2017）。

友邦保險控股有限公司：《友邦保險控股有限公司 2016 年年報》（2017 年 2 月 24 日）。

天津港股份有限公司董事會：《天津港股份有限公司關於收購天津東方海陸集裝箱碼頭有限公司部分股權及放棄部分股權優先購買權的公告》（2019 年 6 月 10 日）。

太平再保險有限公司：《太平再保險三十周年紀念特刊 1980-2010》（香港：太平再保險有限公司，2011）。

巴克萊國際投資管理北亞有限公司：《i 股新華富時 A50 中國指數基金章程》（2004 年 11 月 15 日）。

方興地產（中國）有限公司：《根據一般授權完成配售新股份》（2015 年 6 月 17 日）。

牛鳳瑞主編：《中國房地產發展報告 No. 1》（房地產藍皮書）（北京：社會科學文獻出版社，2004）。

世界自然基金會香港分會：《世界自然（香港）基金會年報》（1997-2017）。

世界自然基金會香港分會：《世界自然基金會香港分會 30 周年特刊》（香港：世界自然基金會香港分會，2011）。

世界宣明會：《世界宣明會五十周年紀念特刊》（香港：國際世界宣明會中國辦事處，2000）。

世茂房地產控股有限公司：《世茂房地產控股有限公司 2017 年年報》（2018 年 3 月）。

北京市人民政府：《國務院關於北京城市總體規劃的批覆》（國函〔1993〕144 號）（1993 年 10 月 6 日）。

北京控股有限公司：《北京控股有限公司年報》（1998 年 4 月 20 日）。

北京控股有限公司：《非常重大的收購事項（包括發行新股份）關連交易及持續關連交易》（2007 年 4 月 30 日）。

北京控股有限公司：《董事會欣然宣布收購交易已於 2007 年 6 月 30 日完成》（2007 年 6 月 30 日）。

北京控股有限公司：《北京控股有限公司社會責任報告》（2013 年 4 月 29 日）。

北京控股有限公司、北京發展（香港）有限公司、衝浪平台軟件國際有限公司：《聯合公告》（2005 年 1 月 10 日）。

北京控股集團有限公司：《北京控股集團有限公司招股書》（1997 年 5 月 20 日）。

北京控股集團有限公司：《北京控股集團有限公司 1997 年年報》（1998 年 4 月 20 日）。

可持續發展委員會可持續發展策略工作小組：《改善香港空氣質素的策略和計劃》（譯本）（第 07/05 號文件）（2005 年 10 月）。

四洲集團有限公司：《截至二零一六年九月三十日止六個月之中期業績公告》（2016 年 11 月 29 日）。

布萊亞、香港政府新聞處：《港口及機場發展策略 —— 香港的發展基礎》（香港：政府印務局，1991）。

永隆銀行有限公司：《永隆銀行有限公司 2004 年中期報告》（2004 年 8 月 18 日）。

永隆銀行有限公司：《永隆銀行有限公司 2017 年年報》（2018 年 3 月 20 日）。

永達利企業公司：《永達利企業公司 1991 年度年報》（1992 年）。

申港證券股份有限公司：《申港證券股份有限公司 2017 年年度報告公開披露信息》（2018 年 4 月）。

交通銀行股份有限公司：《關於交通銀行香港分行委託中國銀行港澳管理處的協議》（交銀〔1987〕58 號）（1987 年 3 月 31 日）。

交通銀行股份有限公司：《交通銀行股份有限公司招股書》（2005 年 6 月 13 日）。

交通銀行股份有限公司：《交通銀行股份有限公司首次公開發行股票（A 股）招股意向書》（2007 年 4 月 17 日）。

交通銀行股份有限公司：《交通銀行股份有限公司

2007 年中期報告》（2007 年 8 月 30 日）。

交通銀行股份有限公司：《根據香港上市規則第 13.09（1）條件出之公告建議以供股方式發行 A 股及 H 股》（2010 年 2 月 23 日）。

交通銀行股份有限公司：《交通銀行股份有限公司 2015 年年報》（2016 年 4 月 19 日）。

全國人民代表大會：《中華人民共和國中外合資經營企業法》（1979 年 7 月 1 日）。

全國人民代表大會：《中華人民共和國外資企業法》（1986 年 4 月 12 日）。

全國人民代表大會：《中華人民共和國憲法修正案（1988 年）》（1988 年 4 月 12 日）。

全國人民代表大會：《中華人民共和國外商投資企業和外國企業所得稅法》（1991 年 4 月 9 日）。

全國人民代表大會：《中華人民共和國國民經濟和社會發展十年規劃和第八個五年計劃綱要》（1991 年 4 月 9 日）。

全國人民代表大會：《中華人民共和國海商法》（1992 年 11 月 7 日）。

全國人民代表大會：《中華人民共和國國民經濟和社會發展「九五」計劃和 2010 年遠景目標綱要》（1996 年 3 月 17 日）。

全國人民代表大會：《關於國務院機構改革方案的說明》（1998 年 3 月 6 日）。

全國人民代表大會：《中華人民共和國國民經濟和社會發展第十一個五年規劃綱要》（2006 年 3 月 14 日）。

全國人民代表大會：《中華人民共和國企業所得稅法》（2007 年 3 月 16 日）。

全國人民代表大會常務委員會：《告台灣同胞書》（1979 年 1 月 1 日）。

全國人民代表大會常務委員會：《中華人民共和國廣東省經濟特區條例》（1980 年 8 月 26 日）。

全國人民代表大會常務委員會：《中華人民共和國公民出境入境管理辦法》（1985 年 11 月 22 日）。

全國人民代表大會常務委員會：《中華人民共和國土地管理法》（1986 年 6 月 25 日）。

全國人民代表大會常務委員會：《中華人民共和國中外合作經營企業法》（1988 年 4 月 13 日）。

全國人民代表大會常務委員會：《中華人民共和國著作權法》（1990 年 9 月 7 日）。

全國人民代表大會常務委員會：《中華人民共和國公司法》（1993 年 12 月 29 日）。

全國人民代表大會常務委員會：《中華人民共和國廣告法》（1994 年 10 月 27 日）。

全國人民代表大會常務委員會：《中華人民共和國保險法》（1995 年 6 月 30 日）。

全國人民代表大會常務委員會：《中華人民共和國外資企業法》（修訂）（2000 年 10 月 31 日）。

全國人民代表大會常務委員會：《全國人民代表大會常務委員會關於修改中華人民共和國外資企業法的決定》（2000 年 10 月 31 日）。

全國人民代表大會常務委員會：《中華人民共和國野生動物保護法》（2006 年 9 月 22 日）。

全國人民代表大會常務委員會：《中華人民共和國勞動合同法》（2007 年 6 月 29 日）。

合和公路基建有限公司：《合和公路基建有限公司年報》（2002-2014）。

合和公路基建有限公司：《合和公路基建有限公司招股書》（2003 年 7 月 28 日）。

合和公路基建有限公司：《截至二零零九年十二月三十一日止六個月之中期業績》（2010 年 2 月 4 日）。

合和公路基建有限公司：《2009/10 財政年度全年業績》（2010 年 8 月 31 日）。

合和公路基建有限公司：《截至二零一二年十二月三十一日止六個月之中期業績》（2013 年 2 月 21 日）。

合和公路基建有限公司：《合和公路基建有限公司中期報告》（2016-2017）。

合和電力（中國）有限公司：《中國廣東省沙角火力發電廠 B 廠》（1988 年 4 月 29 日）。

合和實業有限公司：《合和實業有限公司年報》（2000-2017）。

地球之友：《米埔濕地自然解說員培訓課程 2013》（2013 年 2 月）。

地產代理監管局：《2017 / 2018 年報》（2018 年 4 月）。

汕頭大學：《汕頭大學年報》（2016/17-2017/18）。

百麗國際控股有限公司：《百麗國際控股有限公司招股書》（2007 年 5 月 9 日）。

行政長官特設創新科技委員會：《第一份報告》（1998 年 9 月）。

行政長官特設創新科技委員會：《第二份報告（最

後報告）》（1999 年 6 月）。

行健資產管理有限公司：《行健宏揚中國基金份額發售公告》（2016 年 1 月 1 日）。

亞洲金融集團（控股）有限公司：《關連交易：涉及出售中國人民保險（香港）之股份》（2003 年 7 月 31 日）。

亞洲動物基金：《亞洲動物基金年報》（2014-2017）。

京港學術交流中心：《京港年報》（1986、1990-2017、2019）。

京港學術交流中心：《京港學術交流中心成立五周年紀念特刊暨一九八九年年報》（1989 年）。

依利安達集團有限公司：《依利安達集團有限公司：以介紹形式上市》（2011 年 6 月 30 日）。

兒童醫健基金會：《兒童醫健基金會 2017 年年報》（2018 年 7 月 25 日）。

和記黃埔有限公司：《和記黃埔有限公司年報》（1984、1996-2012）。

招商局地產控股股份有限公司：《招商地產：招商局蛇口工業區控股股份有限公司發行 A 股股份換股吸收合併公司並向特定對象發行 A 股股份募集配套資金報告書修訂說明公告》（2015 年 11 月 28 日）。

招商局地產控股股份有限公司：《招商局地產控股股份有限公司關於公司 A 股股票終止上市並摘牌的公告》（2015 年 12 月 28 日）。

招商局國際有限公司：《招商局國際有限公司年報》（2001-2004）。

招商局蛇口工業區控股股份有限公司：《2004 年第一季度報告》（2004 年 4 月 17 日）。

招商局蛇口工業區控股股份有限公司：《招商蛇口：發行 A 股股份換股吸收合併招商局地產控股股份有限公司上市公告書（修訂稿）》（2016 年 1 月 8 日）。

招商局港口控股有限公司：《招商局港口控股有限公司 2017 年年報》（2018 年 3 月 29 日）。

招商局集團有限公司：《航程：招商局 130 周年紀念專輯》（香港：招商局集團有限公司，2003）。

招商局集團有限公司：《我説「招商局」》（香港：招商局集團有限公司，2004）。

招商局集團有限公司：《關於招商局集團向香港中旅（集團）有限公司移交中國招商國際旅遊管理總公司管理權的協議》（2005 年 6 月 30 日）。

招商局集團有限公司：《招商局集團有限公司 2017 年年度報告》（2018 年 4 月 27 日）。

招商銀行股份有限公司：《招商銀行股份有限公司 2002 年年報》（2003 年 2 月 26 日）。

招商銀行股份有限公司：《新上市》（2006 年 9 月 20 日）。

招商銀行股份有限公司：《招商銀行股份有限公司年報》（2010 年 4 月 13 日）。

招商銀行股份有限公司、永隆銀行有限公司：《有關招商銀行股份之須予披露交易及股價敏感信息 — 由招商銀行股份有限公司收購永隆銀行有限公司的控股權益》（2008 年 6 月 2 日）。

招聯消費金融有限公司：《招聯消費金融有限公司 2020 年第三期金融債券發行公告》（證監許可〔2017〕954 號）（2020 年 3 月 19 日）。

東方海外（國際）有限公司：《東方海外（國際）有限公司年報》（2009-2017）。

東亞銀行有限公司：《東亞銀行有限公司年報》（1979、1998、2009）。

東莞生益敷銅板股份有限公司：《東莞生益敷銅板股份有限公司 1999 年年報》（2000 年 3 月 4 日）。

法律教育基金：《香港法律教育基金工作報告》（1988-1995、1988-2001）。

泛海控股股份有限公司董事會：《泛海控股股份有限公司關於收購民安財產保險有限公司 51% 股權獲得中國保監會批准的公告》（2015 年 11 月 3 日）。

泛珠三角區域（「9+2」）各政府：《泛珠三角區域合作框架協議》（2004 年 6 月 3 日）。

泛珠三角區域（「9+2」）各政府：《泛珠三角區域深化合作共同宣言（2015 年 -2025 年）》（2014 年 10 月 30 日）。

社會服務發展研究中心：《社會服務發展研究中心年度工作報告》（2011、2015）。

長江和記實業有限公司：《長江和記實業有限公司 2017 年年報》（2018 年 3 月 16 日）。

長江基建集團有限公司：《長江基建集團有限公司年報》（1996-2017）。

長江實業（集團）有限公司：《長江實業（集團）有限公司 2006 年年報》（2007 年 4 月 19 日）。

長春社:《長春社 2012-2013 年年報》(2012-2013)。

阿里巴巴網絡有限公司:《阿里巴巴網絡有限公司招股書》(2007 年 10 月 23 日)。

阿里巴巴網絡有限公司:《阿里巴巴網絡有限公司私有化聯合公告》(2012 年 2 月 21 日)。

青島啤酒股份有限公司:《青島啤酒股份有限公司1993 年年報》(1994 年 4 月 27 日)。

保險索償投訴局:《保險索償投訴局 2013/2014年年報》(2014 年 4 月 30 日)。

保險業監理處:《保險業監理處年報》(2001-2016)。

保險業監管局:《2017 年年度一般保險業務統計數字(表 G19 個別保險公司的統計數字:承保業績)》(2018 年 9 月 28 日)。

保險業監管局:《2017 年年度長期保險業務統計數字(表 L13 個別保險公司的統計數字:有效業務總額)》(2018 年 9 月 28 日)。

前海深港現代服務業合作區管理局:《前海深港現代服務業合作區管理局 2015 年年報》(2016年 4 月 28 日)。

勁投國際控股有限公司:《勁投國際控股有限公司招股書》(2017 年 6 月 27 日)。

南方基金管理有限公司:《南方全球精選配置證券投資基金 2007 年第四季度報告》(2008 年 1月 19 日)。

南洋商業銀行有限公司:《南洋商業銀行有限公司1994 年年報》(1995 年 3 月 8 日)。

建銀房地產業諮詢有限公司:《我國第一家全國性房地產業仲介機構正式建立》(1992 年 8 月15 日)。

恒生銀行有限公司:《恒生銀行有限公司與興業銀行股份有限公司建立合作夥伴關係簽署入股興業銀行百分之十五點九八股權協議》(2003 年12 月 17 日)。

恒生銀行有限公司:《恒生銀行有限公司年報》(2004、2012)。

恒生銀行有限公司:《恒生銀行有限公司 2007 年中期業績》(2007 年 7 月 30 日)。

恒生銀行有限公司:《恒生人民幣黃金 ETF 產品資料概要及章程》(2012 年 2 月 6 日)。

恒生銀行有限公司:《恒生銀行有限公司 2012 年業績》(2013 年 3 月 4 日)。

恒生銀行有限公司:《本行完成出售所持部分興業銀行的股權》(2015 年 5 月 14 日)。

恒基兆業地產有限公司:《恒基兆業地產有限公司年報》(2007、2018)。

恒隆地產有限公司:《恒隆地產有限公司 2019 年年報》(2020 年 1 月 21 日)。

政府布政司署財經事務科經濟分析部:《1996 年經濟概況》(香港:政府印務局,1997)。

政府統計處:《香港統計月刊》(1978-1996)(香港:政府印務局,1978-1996)。

政府統計處:《香港對外商品貿易回顧》(香港:政府印務局,1979-2017)。

政府統計處:《香港能源統計年刊》(1981-1996)(香港:政府印務局,1981-1996)。

政府統計處:《香港船務統計》(1983-1997)(香港:政府印務局,1983-1997)。

政府統計處:〈香港轉運業務的回顧(1983-1994)〉,載政府統計處編:《香港統計月刊(1995 年 8 月)》(香港:政府印務局,1995),頁 FB1-FB15。

政府統計處:《香港標準行業分類第一冊 ——「香港標準行業分類 1.1 版」的統計數字》(1995年 2 月 14 日)。

政府統計處:《一九八二至一九九二年香港製造業的勞工生產力》(1995 年 5 月)。

政府統計處:《一九八九年至一九九四年涉及外發中國加工的貿易》(1995 年 6 月)。

重慶銀行股份有限公司:《重慶銀行股份有限公司招股書》(2013 年 10 月 25 日)。

重慶銀行股份有限公司:《重慶銀行股份有限公司2017 年年報》(2018 年 4 月 26 日)。

香格里拉(亞洲)有限公司:《香格里拉(亞洲)有限公司年報》(2002-2017)。

香港大學公共衛生學院暨社會醫學系、香港科技大學環境研究所、香港中文大學社區及家庭醫學系、思匯:《空氣污染:經濟成本及解決問題方案》(立法會 CB(1) 232/06-07(01) 號文件)(2006 年 6 月)。

香港大學文化政策研究中心:《香港特別行政區政府中央政策組委託顧問報告:香港文化及創意產業與珠江三角洲的關係研究》(終期報告)(香港:香港特別行政區政府中央政策組,2006)。

香港大學深圳醫院:《香港大學深圳醫院簡介》

（2019 年 4 月）。

香港工業總會：《珠三角製造：香港工業的挑戰與機遇》（香港：香港工業總會，2007）。

香港中文大學（深圳）：《香港中文大學（深圳）2017 年年報》（2018 年 3 月）。

香港中文大學：《中文大學校刊》（1980 年春季及夏季、1988 年秋季）。

香港中文大學：《校長報告書》（1985-1987）。

香港中文大學：《中大通訊》（1994 年 6 月第 55 期）。

香港中文大學：《香港中文大學年報》（1993-1994、1996-1998、1996/97-1999/00、2004-2013）。

香港中央結算有限公司：《建立深港通及撤銷滬港通總額度通告》（2016 年 8 月 16 日）。

香港中旅國際投資有限公司：《香港中旅國際投資有限公司年報》（1992-2017）。

香港中旅廣告有限公司：《香港中旅集團大廈落成特刊》（香港 ： 香港中旅廣告有限公司，1987）。

香港中華廠商聯合會：《人民幣 FDI 實施開啟香港投資內地新篇章》（2012 年 2 月 28 日）。

香港中華總商會：《香港中華總商會年報》（2016-2017）。

香港世界宣明會：《香港世界宣明會年報》（1990-2016）。

香港生產力促進局：《香港生產力促進局年報》（1992-1996、2012-2013）。

香港立法局：《香港立法局會議過程正式紀錄》（1986 年 10 月 8 日）。

香港立法局：《香港立法局會議過程正式紀錄》（1989 年 10 月 11 日）。

香港交易及結算所有限公司：《香港交易所市場資料》（2000、2003-2004、2006、2009、2011-2018）。

香港交易及結算所有限公司：《香港交易及結算所有限公司截至 2003 年 9 月 30 日止第三季度業績報告》（2003 年 11 月 12 日）。

香港交易及結算所有限公司：《香港交易所發展人民幣產品的最新情況》（2011 年 9 月 5 日）。

香港交易及結算所有限公司：《於 2011 年 10 月 24 日推出「人證港幣交易通」（「交易通」）》（2011 年 10 月 12 日）。

香港交易及結算所有限公司：《H 股上市便覽》（2013 年 8 月 6 日）。

香港交易及結算所有限公司：《香港交易所 2013 年年報》（2014 年 2 月 26 日）。

香港交易及結算所有限公司：《建立市場互聯互通的可能性及復牌買賣》（2014 年 4 月 2 日）。

香港交易及結算所有限公司：《滬港股票市場交易互聯互通機制》（2014 年 11 月 10 日）。

香港交易及結算所有限公司：《滬港通開通首日市場數據摘要》（2014 年 11 月 17 日）。

香港交易及結算所有限公司：《市場統計數據》（2015、2017）。

香港交易及結算所有限公司：《離岸人民幣流動性供應機制的現狀影響及改善方向》（2017 年 1 月）。

香港交易及結算所有限公司：《香港交易所邁向成為離岸人民幣產品交易及風險管理中心》（2017 年 4 月）。

香港交易及結算所有限公司：《進軍中國境內債券市場 —— 國際視角》（2017 年 5 月 16 日）。

香港交易及結算所有限公司：《滬深港通主要統計數據（2014 年 11 月 17 日至 2017 年 10 月 31 日）》（2017 年 11 月 14 日）。

香港交易及結算所有限公司：《跨境資本流動宏觀審慎管理與債券市場開放 —— 國際經驗與中國探索》（2018 年 10 月）。

香港交易及結算所有限公司：《人民幣貨幣期貨及期權 —— 美元兌人民幣（香港）》（2019 年 3 月）。

香港交易及結算所有限公司：《現貨市場交易研究調查 2018》（2019 年 7 月）。

香港交易及結算所有限公司：《滬深港股票市場交易互聯互通機制再創新里程常問問題》（2021 年 2 月 4 日）。

《香港年報》（1970-2018）。

香港李氏大藥廠控股有限公司：《香港李氏大藥廠控股有限公司 2016 年年報》（2017 年 4 月 11 日）。

香港房地產建築業協進會：《香港房地產建築業協進會周年紀念特刊（九二）》（1992 年）。

香港房地產建築業協進會：《香港房地產建築業協進會二周年紀念特刊（九三）》（1993 年）。

香港房地產建築業協進會：《香港房地產建築業協

進會三周年紀念特刊（九四）》（1994 年）。

香港房地產建築業協進會：《香港房地產建築業協
　進會四周年紀念特刊（九五）》（1995 年）。

香港招商局：《香港招商局深圳市蛇口工業區投資
　簡介》（1980 年 1 月 15 日）。

香港物流發展局、香港航運發展局、香港港口發
　展局：《香港：物流樞紐、華南大門、航運中心》
　（2015 年 6 月）。

香港社會服務聯會：《香港社會服務聯會年
　報》（1986/87、1992/1993、1993/1994-
　1999/00）。

香港金融發展局：《有關〈內地與香港關於建立
　更緊密經貿關係的安排〉的政策發展建議》
　（2014 年 9 月）。

香港金融管理局：《香港金融管理局年報》（1994-
　1996、2001、2003-2017）。

香港金融管理局：《立法會財經事務委員會香港
　人民幣業務清算行》（立法會 CB(1)682/03-
　04(01) 號文件）（2003 年 12 月 24 日）。

香港金融管理局：《香港金融管理局季報》（2005
　年 3 月、2005 年 12 月、2006 年 9 月、2009
　年 9 月、2011 年 3 月、2012 年 3 月、2014
　年 3 月、2015 年 6 月、2015 年 9 月、2018
　年 3 月）。

香港金融管理局：《金管局資料簡介（4）：香港的
　金融基建》（2006 年 12 月）。

香港金融管理局：《人民幣國債銷售的簡化安排》
　（2009 年 9 月 8 日）。

香港金融管理局：《香港人民幣業務的監管原則及
　操作安排的詮釋》（2010 年 2 月 11 日）。

香港金融管理局：《香港的人民幣業務》（2010 年
　7 月 19 日）。

香港金融管理局：《內地人民幣銀行間債券市場》
　（2010 年 8 月 17 日）。

香港金融管理局：《流動資產比率 —— 人民幣交
　易》（2010 年 10 月 25 日）。

香港金融管理局：《人民幣跨境貿易結算及未平倉
　淨額》（2010 年 12 月 23 日）。

香港金融管理局：《人民幣業務 —— 與清算行平
　倉及未平倉淨額》（2011 年 7 月 28 日）。

香港金融管理局：《調整人民幣風險管理限額及未
　平倉淨額》（2012 年 1 月 17 日）。

香港金融管理局：《人民幣未平倉淨額》（2012 年

5 月 22 日）。

香港金融管理局：《人民幣流動資金安排的條款與
　條件》（2012 年 6 月 14 日）。

香港金融管理局：《人民幣未平倉淨額及流動資產
　比率》（2013 年 4 月 25 日）。

香港金融管理局：《人民幣流動資金安排增設日間
　回購協議》（2014 年 11 月 3 日）。

香港金融管理局：《人民幣業務》（2014 年 11 月
　12 日）。

香港金融管理局：《貨幣與金融穩定情況半年度報
　告》（2014 年 3 月、2014 年 9 月 -2018 年 3
　月）。

香港金融管理局：《金融數據月報：表 3.3.2：客
　戶存款（按類別劃分）—— 人民幣存款》（2020
　年 1 月）。

香港金融管理局基建融資促進辦公室：《IFFO 資
　料便覽》（2019 年 6 月）。

香港保險業聯會：《香港保險業聯會年報》（1990-
　1993、1996-1999、2001-2006、2013-
　2016）。

香港保險業聯會：《香港保險業聯會 10 周年特刊》
　（香港：香港保險業聯會，1998）。

香港保險業聯會：《香港保險業聯會 20 周年特刊》
　（香港：香港保險業聯會，2008）。

香港城市大學：《香港城市大學 1994/95 年報》
　（1995 年 11 月）。

香港城市理工學院：《報告書》（1984 年 1 月至
　1985 年 6 月、1985 年 7 月至 1986 年 6 月、
　1987-1988、1991-1992）。

香港城市理工學院：《香港城市理工學院年報》
　（1985/86-1994/95）。

香港政府一站通：《香港便覽 —— 環境保護》
　（2018 年 4 月、2019 年 6 月）。

香港科技大學：《香港科技大學年報》（1995-
　2015）。

香港科技園公司：《香港科技園公司年報》（2001-
　2019）。

香港科技園公司、佛山市南海區人民政府：《佛山
　市南海區人民政府與香港科技園公司戰略合作
　協議》（2012 年 9 月 14 日）。

香港科技園公司、深圳市南山區人民政府、深圳
　大學生創新聯合會、在港內地畢業生聯合會：
　《第二屆深港澳台大學生創意計劃大獎賽階段

報告》（2011 年 8 月）。

香港飛機工程有限公司：《香港飛機工程有限公司
　年報》（1995-2017）。

香港旅遊協會：《香港旅遊業統計》（1995-1998）。

香港旅遊發展局：《訪港旅客分析報告》（2002-
　2017）。

香港旅遊發展局：《訪港旅客統計》（2002-2017）。

香港旅遊發展局：《與入境旅遊相關的消費》
　（2002-2017）。

香港旅遊發展局：《香港旅遊發展局年報》（2002-
　2018）。

香港旅遊發展局：《訪港旅客訪港的目的統計》
　（2010-2017）。

香港旅遊發展局：《2017 年香港旅遊業統計》
　（2018 年 3 月）。

香港旅遊發展局和香港特別行政區政府經濟發展
　及勞工局：《香港旅遊發展局 2006-07 年度業
　務計劃》（立法會 CB(1)1805/05-06(05) 號文
　件）（2006 年 6 月）。

香港旅遊業議會：〈主題故事：為香港旅遊業診斷
　脈〉，載香港旅遊業議會：《香港旅遊業議會
　季刊》（2004 年第 2 期）。

香港旅遊業議會：《香港旅遊業議會的運作》（立
　法會 CB(1)2270/08-09(02) 號文件）（2009
　年 7 月）。

香港旅遊業議會「檢討內地來港團經營模式與規
　管措施專責小組」：《檢討內地來港團經營模式
　與規管措施專責小組報告》（2010 年 10 月 11
　日）。

香港旅遊業議會：〈總幹事語：內地團現行模式不
　得不變〉，載香港旅遊業議會：《香港旅遊業
　議會季刊》（2010 年第 4 期）。

香港海洋公園保育基金：《香港海洋公園保育基金
　年報》（2008-2017）。

香港海洋公園香港熊貓保育協會：《香港熊貓保育
　協會年報》（1999-2004）。

香港海洋公園鯨豚保護基金：《海洋公園鯨豚保護
　基金進展報告》（1993-1997）。

香港海洋公園鯨豚保護基金：《海洋公園鯨豚保護
　基金年報》（2001-2003）。

香港海運港口局：《香港港口發展策略 2030 研究
　行政摘要》（2014 年 10 月）。

香港特別行政區立法會：《邊境管制站 24 小時

運作的事宜》（立法會 IN03/01-02 號文件）
　（2001 年 12 月 11 日）。

香港特別行政區立法會：《保安事務委員會會議紀
　要》（立法會 CB(2)666/04-05 號文件）（2005
　年 1 月 14 日）。

香港特別行政區立法會：《兩鐵合併條例草案》
　（2007 年 6 月 8 日）。

香港特別行政區立法會：《立法會參考資料 ——
　香港特別行政區支援四川地震災區重建工作》
　（2008 年 7 月 14 日）。

香港特別行政區立法會：《香港特別行政區立法會
　發展事務委員會委員及其他相關委員會的主席
　和副主席於 2009 年 9 月 24 日至 26 日前往四
　川考察災後恢復重建訪問活動的報告》（立法
　會 CB(1) 496/09-10 號文件）（2009 年 12 月
　9 日）。

香港特別行政區立法會：《有關落馬洲河套地區
　港深創新及科技園的背景資料簡介》（立法會
　CB(1)624/16-17(03) 號文件）（2017 年 3 月
　6 日）。

香港特別行政區立法會：《聯席會議紀要》（立法
　會 CB(1)1366/16-17(04) 號文件）（2017 年 3
　月 6 日）。

香港特別行政區立法會人事編制小組委員會：《補
　充資料—粵港合作聯席會議之下成立的 15 個
　專責小組的成員名單及其運作方式》（立法會
　ESC9/03-04 號文件）（2003 年 12 月 10 日）。

香港特別行政區立法會工商事務委員會：《內地
　與香港關於建立更緊密經貿關係的安排（〈安
　排〉）》（立法會 CB(1)2534/02-03(01) 號文
　件）（2003 年 6 月 30 日）。

香港特別行政區立法會工商事務委員會：《內地與
　香港關於建立更緊密經貿關係的安排》（立法
　會 CB(1)2101/02-03(02) 號文件）（2003 年 7
　月 2 日）。

香港特別行政區立法會工商事務委員會：《粵港
　合作聯席會議專責小組工作簡介》（立法會
　CB(1)529/03-04(01) 號文件）（2003 年 12 月
　8 日）。

香港特別行政區立法會工商事務委員會：《向香港
　的國家重點實驗室夥伴實驗室提供資助》（立
　法會 CB(1)1050/10-11(05) 號文件）（2011
　年 1 月 18 日）。

香港特別行政區立法會工商事務委員會：《2013
　年施政報告商務及經濟發展局工商及旅

遊科和創新科技署的政策措施》（立法會
CB(1)436/12-13(03) 號文件）（2013 年 1 月
16 日）。

香港特別行政區立法會工商事務委員會：《立法會
工商事務委員會〈內地與香港關於建立更緊密
經貿關係的安排〉框架下的新服務貿易協議》
（立法會 CB(1)213/15-16(01) 號文件）（2015
年 11 月 27 日）。

香港特別行政區立法會工商事務委員會：《有關透
過創新及科技基金資助本地大學的技術轉移
處、國家重點實驗室夥伴實驗室及國家工程技
術研究中心香港分中心的背景資料簡介》（立
法會 CB(1)436/15-16(07) 號文件）（2016 年
1 月 19 日）。

香港特別行政區立法會工商事務委員會：
《2016-17 年度研發中心進度報告》（立法會
CB(1)1144/16-17(03) 號文件）（2017 年 6 月
20 日）。

香港特別行政區立法會工商事務委員會：《有關落
馬洲河套地區港深創新及科技園的最新背景資
料簡介》（立法會 CB(1)449/17-18(04) 號文
件）（2018 年 1 月 16 日）。

香港特別行政區立法會工商事務委員會：《促進外
來投資》（立法會 CB(1)1238/17-18(06) 號文
件）（2018 年 7 月 17 日）。

香港特別行政區立法會內務委員會：《2009 年 12
月 11 日內務委員會會議文件 —— 議員應邀前
往香港以外地方進行訪問的處理機制》（立法
會 AS 72/09-10 號文件）（2009 年 12 月 11
日）。

香港特別行政區立法會民政事務委員會：《二零零
八奧運會及殘疾人奧運會馬術項目》（立法會
CB(2)2041/06-07(01) 號文件）（2007 年 6 月
8 日）。

香港特別行政區立法會交通事務委員會：《有
關港珠澳大橋的背景資料簡介》（立法會
CB(1)1348/07-08 號文件）（2008 年 4 月 24
日）。

香港特別行政區立法會交通事務委員會：《港
珠澳大橋最新的背景資料簡介》（立法會
CB(1)407/08-09 號文件）（2008 年 12 月 17
日）。

香港特別行政區立法會交通事務委員會：《鐵路
事宜小組委員會 2010 年 4 月 16 日舉行的
會議：有關廣深港高速鐵路香港段的背景資
料簡介》（立法會 CB(1)1581/09-10 號文件）

（2010 年 4 月 13 日）。

香港特別行政區立法會交通事務委員會：《有關港
珠澳大橋及香港口岸的運作安排的背景資料簡
介》（立法會 CB(4)1072/17-18(04) 號文件）
（2018 年 5 月 18 日）。

香港特別行政區立法會交通事務委員會、保安事
務委員會、司法及法律事務委員會：《有關廣
深港高速鐵路香港段清關、出入境及檢疫安
排的背景資料簡介》（立法會 CB(4)1496/16-
17(01) 號文件）（2017 年 8 月 4 日）。

《香港特別行政區立法會秘書處文件》（1997-
2017）。

香港特別行政區立法會秘書處資料研究及圖書館
服務部：《中華電力龍鼓灘工程：政府對電力
供應公司的監察》（1999 年 9 月 28 日）。

香港特別行政區立法會財務委員會：《工務小組委
員會討論文件》（立法會 PWSC(2009-10)2 號
文件）（2009 年 4 月 8 日）。

香港特別行政區立法會經濟事務委員會：《發展香
港作為國際航運中心》（1999 年 1 月 25 日）。

香港特別行政區立法會經濟事務委員會：《香港港
口及海運服務的發展背景資料簡介》（立法會
CB(4)130/19-20(04) 號文件）（2019 年 11 月
20 日）。

《香港特別行政區立法會經濟事務委員會討論文
件》（1997-2017）。

香港特別行政區立法會資訊科技及廣播事務委員
會：《數碼港在營造香港的資訊及通訊科技生
態系統方面的角色》（立法會 CB(4)926/15-
16(03) 號文件）（2016 年 5 月 9 日）。

香港特別行政區立法會資訊科技及廣播事務委員
會：《數碼港在營造香港的資訊及通訊科技生
態系統方面的角色》（立法會 CB(4)372/16-
17(05) 號文件）（2017 年 1 月 9 日）。

香港特別行政區立法會資訊科技及廣播事務委員
會：《數碼港在營造香港的資訊及通訊科技生
態系統方面的角色》（立法會 CB(4)330/17-
18(02) 號文件）（2017 年 12 月 11 日）。

香港特別行政區立法會調查廣深港高速鐵路香港
段建造工程延誤的背景及原委專責委員會：《調
查廣深港高速鐵路香港段建造工程延誤的背景
及原委專責委員會報告》（2016 年 7 月）。

香港特別行政區立法會環境事務委員會：《立法
會環境事務委員會會議紀要》（1998 年 9 月
11 日、2004 年 10 月 25 日、2004 年 12 月

21 日、2007 年 12 月 17 日、2009 年 7 月 29
日、2012 年 10 月 22 日）。

香港特別行政區立法會環境事務委員會：《粵港
跨界環境事宜上的合作》（2001 年 5 月）。

香港特別行政區立法會環境事務委員會：《環境
事務委員會 2005 年 9 月 29 日舉行的特別會
議：有關空氣污染管制的背景資料簡介》（立
法會 CB(1)2304/04-05(06) 號文件）（2005
年 9 月 23 日）。

香港特別行政區立法會環境事務委員會：《環境事
務委員會 2006 年 3 月 27 日舉行的會議有關
空氣污染管制的最新背景資料簡介》（立法會
CB(1)1122/05-06(11) 號文件）（2006 年 3 月
21 日）。

香港特別行政區立法會環境事務委員會：《環境
事務委員會向立法會提交的報告》（立法會
CB(1)2023/07-08 號文件）（2008 年 6 月 26
日）。

香港特別行政區立法會環境事務委員會：《「粵港
合作框架協議」環境保護和生態保育》（立法
會 CB(1) 1923/09-10(05) 號文件）（2010 年
5 月 24 日）。

香港特別行政區立法會環境事務委員會：《乘風
約章 —— 管制船舶排放廢氣》（立法會環境事
務委員會討論文件附件 B）（2011 年 12 月 21
日）。

香港特別行政區立法會環境事務委員會：《環境
事務委員會向立法會提交的報告》（立法會
CB(1)2251/11-12 號文件）（2012 年 6 月 29
日）。

香港特別行政區立法會環境事務委員會：《環境
事務委員會 2014 年 7 月 17 日舉行的特別會
議 —— 立法會秘書處擬備關於「與廣東合作
改善珠江三角洲地區空氣質素」的最新背景資
料簡介》（立法會 CB(1)1785/13-14(04) 號文
件）（2014 年 7 月 15 日）。

《香港特別行政區行政長官施政報告》（1997-
2017）。

香港特別行政區政府：《行政長官出席粵港合作聯
席會議成立儀式演辭全文》（1998 年 3 月 30
日）。

香港特別行政區政府：《人口政策專責小組報告書》
（2003 年 2 月 27 日）。

香港特別行政區政府、四川省人民政府：《香港特
別行政區政府與四川省人民政府就香港特別行

政區支援四川地震災後恢復重建合作的安排》
（2008 年 10 月 11 日）。

香港特別行政區政府、深圳市人民政府：《推進
落馬洲河套地區共同開發工作的合作協議書》
（2011 年 11 月 25 日）。

香港特別行政區政府、深圳市人民政府：《香港特
別行政區政府與深圳市人民政府關於促進創意
產業合作的協議》（2016 年 2 月 29 日）。

香港特別行政區政府入境事務處：《入境事務處年
報》（2001-2017）。

香港特別行政區政府入境事務處：《入境事務處
四十周年年報 1961-2001》（2002 年）。

香港特別行政區政府工商及科技局：《立法會工商
事務委員會：內地與香港關於建立更緊密經貿
關係的安排 》（立法會 CB(1)1710/03-04(04)
號文件）（2004 年 5 月 4 日）。

香港特別行政區政府工商及科技局：《立法會工商
事務委員會：《內地與香港關於建立更緊密經
貿關係的安排》（《安排》）進一步貿易自由
化》（立法會 CB(1)2500/03-04(01) 號文件）
（2004 年 8 月 27 日）。

香港特別行政區政府工商及科技局：《特稿：工
商及科技局局長曾俊華為何不給數碼港一個
機會？》（立法會 CB(1)814/04-05(02) 文件）
（2005 年 1 月 26 日）。

香港特別行政區政府工商及科技局：《〈內地與
香港關於建立更緊密經貿關係的安排〉——
對香港經濟的影響》（立法會 CB(1)1259/04-
05(03) 號文件）（2005 年 4 月）。

香港特別行政區政府工商及科技局：《立法會工商
事務委員會：〈內地與香港關於建立更緊密經
貿關係的安排〉（〈安排〉）第三階段的貿易開
放措施》（立法會 CB(1)90/05-06(01) 號文件）
（2005 年 10 月 18 日）。

香港特別行政區政府工商及科技局：《立法會工商
事務委員會：〈內地與香港關於建立更緊密經
貿關係的安排〉（〈安排〉）二零零六年度進
一步貿易開放措施》（立法會 CB(1)1898/05-
06(01) 號文件）（2006 年 6 月 29 日）。

香港特別行政區政府工商及科技局：《〈內地與
香港關於建立更緊密經貿關係的安排〉——
對香港經濟的影響》（立法會 CB(1)1849/06-
07(04) 號文件）（2007 年 6 月）。

香港特別行政區政府工商及科技局：《立法會工商
事務委員會：〈內地與香港關於建立更緊密經

貿關係的安排〉(〈安排〉)二零零七年度進一
步開放措施》(立法會 CB(1)2012/06-07(01)
號文件)(2007 年 6 月 29 日)。

香港特別行政區政府工商及科技局、深圳市人民
政府:《香港特別行政區政府與深圳市人民政
府關於「深港創新圈」合作協議》(2007 年 5
月 21 日)。

香港特別行政區政府工業貿易署:《內地與香港關
於建立更緊密經貿關係的安排》(主體文件)
(2003 年 6 月 29 日)。

香港特別行政區政府工業貿易署:《內地與香港關
於建立更緊密經貿關係的安排》(附件四:關
於開放服務貿易領域的具體承諾)(2003 年 9
月 29 日)。

香港特別行政區政府工業貿易署:《內地與香港關
於建立更緊密經貿關係的安排》(補充協議一
至十主體文件)(2004-2013)。

香港特別行政區政府工業貿易署:《內地與香港關
於建立更緊密經貿關係的安排擴大開放措施
(〈安排〉第二階段)》(EEC 文件第 IN 3/ 04
號)(2004 年 8 月 27 日)。

香港特別行政區政府工業貿易署:《〈內地與香港
關於建立更緊密經貿關係的安排〉(〈安排〉)
修改手錶的〈安排〉原產地規則及香港自有
品牌手錶登記》(產地來源證通告第 11/2005
號、商業資料通告第 468/2005 號)(2005 年
11 月 16 日)。

香港特別行政區政府工業貿易署:《立法會參考資
料摘要:〈內地與香港關於建立更緊密經貿關
係的安排〉(「〈安排〉」)進一步開放及深化
與廣東省的經貿合作》(2008 年 7 月 29 日)。

香港特別行政區政府工業貿易署:《〈內地與香
港關於建立更緊密經貿關係的安排〉——
2 0 0 9 年 度 進 一 步 開 放 措 施》(立 法 會
CB(1)1551/08-09(08) 號文件)(2009 年 5
月)。

香港特別行政區政府工業貿易署:《內地向香港
開放服務貿易的具體承諾的補充和修正六》
(2009 年 5 月 9 日)。

香港特別行政區政府工業貿易署:《立法會工商事
務委員會〈內地與香港關於建立更緊密經貿關
係的安排〉》(立法會 CB(1)2065/09-10(01)
號文件)(2010 年 5 月 27 日)。

香港特別行政區政府工業貿易署:《立法會工商事
務委員會:〈內地與香港關於建立更緊密經貿

關係的安排〉》(立法會 CB(1)623/11-12(01)
號文件)(2011 年 12 月 13 日)。

香港特別行政區政府工業貿易署:《立法會工商事
務委員會〈內地與香港關於建立更緊密經貿關
係的安排〉》(立法會 CB(1)373/14-15(01) 號
文件)(2014 年 12 月 18 日)。

香港特別行政區政府工業貿易署:《關於內地在
廣東與香港基本實現服務貿易自由化的協議》
(主體文件)(2014 年 12 月 18 日)。

香港特別行政區政府工業貿易署:《內地與香港關
於建立更緊密經貿關係的安排》(服務貿易協
議)(2015 年 11 月 27 日)。

香港特別行政區政府工業貿易署:《服務貿易協議》
(主體文件)(2015 年 11 月 27 日)。

香港特別行政區政府工業貿易署:《香港服務提供
者證明書的累積簽發數目》(2016 年 6 月 30
日)。

香港特別行政區政府工業貿易署:《CEPA 成功故
事》(2017 年 6 月 28 日)。

香港特別行政區政府工業貿易署:《投資協議》(正
文)(2017 年 6 月 28 日)。

香港特別行政區政府工業貿易署:《經濟技術合作
協議》(正文)(2017 年 6 月 28 日)。

香港特別行政區政府工業貿易署:《CEPA 小冊子》
(2020 年 2 月)。

香港特別行政區政府工業貿易署:《香港服務提
供者證明書的累積簽發數目(按行業劃分)》
(2020 年 10 月 16 日)。

香港特別行政區政府公務員事務局:《香港公務員
隊伍卓越成就選輯》(香港:政府物流服務署,
2004)。

香港特別行政區政府民政事務局:《北京 2008
奧運會及殘疾人奧運會馬術比賽摘要報告》
(2008 年 11 月)。

香港特別行政區政府地政總署:《賣地紀錄》
(2009/2010-2017/2018)。

香港特別行政區政府保安局:《羅湖管制站大
樓改善工程(擴建離境大堂)》(立法會
CB(2)1218/01-02(03) 號文件)(2003 年 1 月
8 日)。

香港特別行政區政府保安局:《政府當局提供有
關在深港西部通道的新口岸建造過境設施以
實行「一地兩檢」模式的通關安排》(立法會
CB(2)1914/02-03(01) 號文件)(2003 年 5 月)。

香港特別行政區政府律政司:《立法會司法及法律事務委員會:有關〈粵港合作框架協議〉的進一步資料》(立法會 CB(2)1729/11-12(02) 號文件)(2012 年 4 月)。

香港特別行政區政府政制及內地事務局:《立法會工商事務委員會:粵港合作的最新發展》(立法會 CB(1)347/09-10(01) 號文件)(2009 年 11 月)。

香港特別行政區政府政制及內地事務局:《2009 年深港合作會議》(立法會 CB(1)633/09-10(01) 號文件)(2009 年 12 月)。

香港特別行政區政府政制及內地事務局:《立法會工商事務委員會:「粵港合作框架協議」》(立法會 CB(1)1559/09-10(01) 號文件)(2010 年 4 月)。

香港特別行政區政府政制及內地事務局:《立法會工商事務委員會:2010 年深港合作會議》(立法會 CB(1)846/10-11(01) 號文件)(2010 年 12 月)。

香港特別行政區政府政制及內地事務局:《立法會工商事務委員會 2011 年深港合作會議》(立法會 CB(1)512/11-12(01) 號文件)(2011 年 12 月)。

香港特別行政區政府政制及內地事務局:《立法會工商事務委員會資料文件:粵港合作聯席會議第十五次會議》(立法會 CB(1)41/12-13(01) 號文件)(2012 年 10 月 17 日)。

香港特別行政區政府政制及內地事務局:《立法會工商事務委員會資料文件:特區政府在內地及台灣辦事處工作報告》(立法會 CB(1)165/12-13(04) 號文件)(2012 年 11 月)。

香港特別行政區政府政制及內地事務局:《立法會工商事務委員會:深港合作會議》(立法會 CB(1)514/12-13(01) 號文件)(2013 年 1 月)。

香港特別行政區政府政制及內地事務局:《立法會工商事務委員會資料文件:特區政府在內地及台灣辦事處工作報告》(立法會 CB(1)72/13-14(04) 號文件)(2013 年 10 月)。

香港特別行政區政府政制及內地事務局:《立法會工商事務委員會:粵港合作聯席會議第十六次會議》(立法會 CB(1)171/13-14(01) 號文件)(2013 年 10 月)。

香港特別行政區政府政制及內地事務局:《立法會工商事務委員會:深港合作會議》(立法會

CB(1)530/13-14(01) 號文件)(2013 年 12 月)。

香港特別行政區政府政制及內地事務局:《香港與內地合作 —— 粵港合作及國家「十三五」規劃工作》(立法會 CB(1)1258/13-14(01) 號文件)(2014 年 4 月)。

香港特別行政區政府政制及內地事務局:《香港特別行政區政府有關配合國家「十三五」規劃的工作進度》(立法會 CB(1)594/14-15(01) 號文件)(2015 年 2 月)。

香港特別行政區政府政制及內地事務局:《立法會工商事務委員會資料文件:深港合作會議》(立法會 CB(1)595/14-15(01) 號文件)(2015 年 2 月)。

香港特別行政區政府政制及內地事務局:《立法會工商事務委員會:粵港合作聯席會議第十八次會議》(立法會 CB(1)41/15-16(01) 號文件)(2015 年 10 月)。

香港特別行政區政府政制及內地事務局:《立法會工商事務委員會:深港合作會議》(立法會 CB(1)750/15-16(01) 號文件)(2016 年 4 月)。

香港特別行政區政府政制及內地事務局:《立法會工商事務委員會資料文件:特區政府在內地及台灣辦事處工作報告》(立法會 CB(1)115/16-17(03) 號文件)(2016 年 10 月)。

香港特別行政區政府政制及內地事務局:《立法會工商事務委員會:粵港合作聯席會議第十九次會議》(立法會 CB(1)39/16-17(01) 號文件)(2016 年 10 月)。

香港特別行政區政府政制及內地事務局:《本屆政府與內地合作的進展 2012-2017》(香港:香港特別行政區政府物流服務署,2017)。

香港特別行政區政府政制及內地事務局:《立法會工商事務委員會:深港合作會議》(立法會 CB(1)557/16-17(01) 號文件)(2017 年 2 月)。

香港特別行政區政府香港海關:《香港海關年刊 2005-2006》(2007 年)。

香港特別行政區政府差餉物業估價署:《私人分層工廠大廈 —— 租金及售價指數(自 1978 年起)》(2021 年 5 月)。

香港特別行政區政府差餉物業估價署:《香港物業報告 2016》(2016 年 4 月 29 日)。

香港特別行政區政府差餉物業估價署:《香港物業報告 每月報編》(2021 年 5 月)。

香港特別行政區政府海事處：《香港海事通訊》
　　（2000-2017）。

香港特別行政區政府財政司司長辦公室經濟分析
　　及方便營商處經濟分析部：《二零零四年經濟
　　概況及二零零五年展望》（2005 年 3 月）。

香港特別行政區政府財政司司長辦公室經濟分析
　　及方便營商處經濟分析部：〈專題 2.1 離岸貿
　　易與內地的對外貿易〉，載香港特別行政區
　　政府財政司司長辦公室經濟分析及方便營商
　　處經濟分析部編：《二零零六年第三季經濟報
　　告》（香港：香港特別行政區政府物流服務署，
　　2006），頁 20-21。

香港特別行政區政府財政司司長辦公室經濟分析
　　及方便營商處經濟分析部：《二零零五年經濟
　　概況及二零零六年展望》（2006 年 2 月）。

香港特別行政區政府財政司司長辦公室經濟分析
　　及方便營商處經濟分析部：《二零零六年第三
　　季經濟報告》（2006 年 11 月）。

香港特別行政區政府財政司司長辦公室經濟分析
　　及方便營商處經濟分析部：《二零一零年經濟
　　概況及二零一一年展望》（2011 年 2 月）。

香港特別行政區政府財政司司長辦公室經濟分析
　　及方便營商處經濟分析部：《二零一一年經濟
　　概況及二零一二年展望》（2012 年 2 月）。

香港特別行政區政府財政司司長辦公室經濟分析
　　及方便營商處經濟分析部：《二零一三年第三
　　季經濟報告》（2013 年 11 月）。

香港特別行政區政府財政司司長辦公室經濟分析
　　及方便營商處經濟分析部：《二零一四年經濟
　　概況及二零一五年展望》（2015 年 2 月）。

香港特別行政區政府財政司司長辦公室經濟分析
　　及方便營商處經濟分析部：《二零一六年第一
　　季經濟報告》（2016 年 5 月）。

香港特別行政區政府財政司司長辦公室經濟分析
　　及方便營商處經濟分析部：《二零一六年經濟
　　概況及二零一七年經濟展望》（2017 年 2 月）。

香港特別行政區政府財政司司長辦公室經濟分析
　　及方便營商處經濟分析部：《二零一七年半年
　　經濟報告》（2017 年 8 月）。

香港特別行政區政府財政司司長辦公室政府經濟
　　顧問辦公室：《二零二零年經濟概況及二零
　　二一年展望》（2021 年 2 月）。

香港特別行政區政府財經事務及庫務局：《建議
　　成立獨立保險業監管局諮詢文件》（2010 年 7
　　月）。

香港特別行政區政府財經事務及庫務局：《建議
　　成立獨立保險業監管局諮詢總結及詳細建議》
　　（2011 年 6 月 24 日）。

香港特別行政區政府財經事務及庫務局：《立
　　法會財經事務委員會：〈前海深港現代服務
　　業合作區〉有關金融的政策措施》（立法會
　　CB(1)631/12-13(02) 號文件）（2013 年 2
　　月）。

香港特別行政區政府財經事務及庫務局：《財務委
　　員會討論文件：資本投資基金新總目－亞洲基
　　礎設施投資銀行 新分目「認繳亞洲基礎設施
　　投資銀行的股本」》（立法會 FCR(2017 -18) 2
　　號文件）（2017 年 3 月）。

香港特別行政區政府財經事務及庫務局金融領導
　　委員會：《香港：具領先地位的國際金融中心
　　連繫中國與世界各地》（2018 年 10 月）。

香港特別行政區政府財經事務及庫務局經濟分析
　　部：〈專題 2.2 香港對外貿易的結構性轉變〉，
　　載香港特別行政區政府財經事務及庫務局經
　　濟分析部編：《二零零三年第三季經濟報告》
　　（香港：香港特別行政區政府物流服務署，
　　2003），頁 62-63。

香港特別行政區政府財經事務及庫務局經濟分析
　　部：《二零零三年第三季經濟報告》（2003 年
　　11 月）。

香港特別行政區政府財經事務及庫務局經濟分析
　　部：《二零零三年經濟概況》（2004 年 3 月）。

香港特別行政區政府財經事務局經濟分析部：《二
　　零零一年經濟概況》（2002 年 3 月）。

香港特別行政區政府商務及經濟發展局：《香
　　港承受及接待旅客能力評估報告》（立法會
　　CB(1)765/13-14 號文件）（2013 年 12 月）。

香港特別行政區政府商務及經濟發展局、政制及
　　內地事務局：《立法會工商事務委員會：內地
　　與香港的商貿關係及粵港合作聯席會議有關
　　兩地的商貿事宜》（立法會 CB(1)1531/10-
　　11(05) 號文件）（2011 年 3 月）。

香港特別行政區政府商務及經濟發展局、政制
　　及內地事務局：《香港特別行政區配合國家
　　「十二五」規劃工作的最新進展》（立法會
　　CB(1)1675/10-11(01) 號文件）（2011 年 3
　　月）。

香港特別行政區政府商務及經濟發展局、政制及
　　內地事務局：《立法會工商事務委員會資料文
　　件：粵港合作聯席會議第十四次會議》（立法

會 CB(1)3102/10-11(01) 號文件）（2011 年
10 月）。

香港特別行政區政府商務及經濟發展局、政制及
內地事務局：《內地與香港的商貿關係》（立法
會 CB(1)1282/12-13(03) 號文件）（2013 年 6
月）。

香港特別行政區政府商務及經濟發展局、政制及
內地事務局：《內地與香港的商貿關係》（立法
會 CB(1)794/15-16(05) 號文件）（2016 年 4
月）。

香港特別行政區政府商務及經濟發展局政府資訊
科技總監辦公室：《香港特別行政區立法會資
訊科技及廣播事務委員會數碼港計劃報告》
（2002-2015）。

香港特別行政區政府商務及經濟發展局政府資訊
科技總監辦公室：《數碼 21 資訊科技策略諮
詢委員會：與內地合作以配合國家「十二五」
規劃工作》（6/2011）（2011 年 7 月 7 日）。

香港特別行政區政府商務及經濟發展局旅遊事務
署：《香港旅遊業的運作和規管架構檢討》（立
法會 CB(1)1367/10-11(06) 號文件）（2011
年 2 月）。

香港特別行政區政府商務及經濟發展局旅遊事務
署：《推行香港旅遊業新規管架構改革的最新
進展》（立法會 CB(1)1522/12-13(03) 號文件）
（2013 年 7 月）。

香港特別行政區政府商務及經濟發展局旅遊事務
署：《〈中華人民共和國旅遊法〉對香港旅遊
業的影響》（立法會 CB(1)120/13-14(05) 文
件）（2013 年 10 月）。

香港特別行政區政府商務及經濟發展局工商及旅
遊科旅遊事務署：《香港旅遊基建發展規劃及
相關措施》（2015 年 4 月）。

香港特別行政區政府商務及經濟發展局旅遊事務
署：《〈旅遊業條例草案〉的主要立法建議》（立
法會 CB(4)253/16-17(13) 號文件）（2016 年
12 月）。

香港特別行政區政府康樂及文化事務署：《香港特
別行政區康樂及文化事務署年報（2008-09）》
（2010 年 1 月 14 日）。

香港特別行政區政府教育局：《立法會教育事務委
員會 2009 至 10 年施政綱領：教育範疇的新
措施》（立法會 CB(2)35/09-10(01) 號文件）
（2009 年 10 月 20 日）。

香港特別行政區政府教育局：《立法會參考資料摘
要：大學教育資助委員會資助院校 2015/16
延展年的經常撥款》（檔號：EDB(HE)CR
2/2041/14）（2014 年 12 月）。

香港特別行政區政府教育局：《內地部分高校
免試招收香港學生計劃指南》（2015/16-
2017/18）。

香港特別行政區政府教育統籌局：《專上教育界別
檢討》（2006 年 3 月）。

香港特別行政區政府統計處：《香港對外商品貿易
回顧》（1997-2011）（香港：香港特別行政區
政府統計處，1997-2011）。

香港特別行政區政府統計處：《香港統計月刊》
（1997-2017）（香港：香港特別行政區政府物
流服務署，1997-2017）。

香港特別行政區政府統計處：《香港船務統計》
（1997-2017）（香港：香港特別行政區政府統
計處，1997-2017）。

香港特別行政區政府統計處:《香港能源統計年刊》
（1997-2017）（香港：香港特別行政區政府統
計處，1997-2017）。

香港特別行政區政府統計處：《香港統計年刊》
（1997-2018）（香港：香港特別行政區政府物
流服務署，1997-2018）。

香港特別行政區政府統計處：《一九八六至
一九九六年香港製造業結構的轉變》（1998 年
12 月）。

香港特別行政區政府統計處：《香港服務貿易統計
報告》（2000-2017）。

香港特別行政區政府統計處：〈按運輸方式分析的
香港對外貿易〉，載香港特別行政區政府統計
處編：《香港統計月刊（2000 年 5 月）》（香
港：香港特別行政區政府統計處，2000）。

香港特別行政區政府統計處：〈一九九零年至
一九九九年香港涉及外發中國內地加工的貿
易〉，載香港特別行政區政府統計處編：《香
港統計月刊》（2000 年 7 月）（香港：香港特
別行政區政府物流服務署，2000）。

香港特別行政區政府統計處：《二零零零年香港服
務貿易統計報告》（香港：香港特別行政區政
府印務局，2001）。

香港特別行政區政府統計處：〈本港居民到中國內
地旅行的消費開支〉，載香港特別行政區政府
統計處編：《香港統計月刊》（2001-2015）（香
港：香港特別行政區政府物流服務署，2001-
2015）。

香港特別行政區政府統計處:〈到中國內地作私人旅行的本港居民的社會經濟特徵〉,載香港特別行政區政府統計處編:《香港統計月刊》(2003-2012)(香港:香港特別行政區政府物流服務署,2003-2012)。

香港特別行政區政府統計處:〈香港服務貿易的發展〉,載香港特別行政區政府統計處編:《香港統計月刊》(香港:香港特別行政區政府物流服務署,2003),頁 FC1-FC11。

香港特別行政區政府統計處:〈一九九八至二零零三年港口轉運貨物統計〉,載香港特別行政區政府統計處編:《香港統計月刊》(2004 年 8 月)(香港:香港特別行政區政府物流服務署,2004),頁 FA1-FA12。

香港特別行政區政府統計處:〈按運輸方式分析的香港對外貿易〉,載香港特別行政區政府統計處編:《香港統計月刊(2004 年 4 月)》(香港:香港特別行政區政府物流服務署,2004),頁 FC1-FC11。

香港特別行政區政府統計處:〈二零零四年就業綜合估計數字〉,載香港特別行政區政府統計處編:《香港統計月刊》(2005 年 6 月)(香港:香港特別行政區政府物流服務署,2005),頁 FC1-FC9。

香港特別行政區政府統計處:〈一九九七年至二零零七年香港涉及外發中國內地加工的貿易〉,載香港特別行政區政府統計處編:《香港統計月刊》(2008 年 2 月)(香港:香港特別行政區政府物流服務署,2008),頁 FA1-FA11。

香港特別行政區政府統計處:《香港對外商品貿易》(2011-2018)(香港:香港特別行政區政府統計處,2011-2018)。

香港特別行政區政府統計處:《香港的文化及創意產業在二零零五年至二零一零年的概況》(2012 年 4 月)。

香港特別行政區政府統計處:〈香港與中國內地的貿易〉,載香港特別行政區政府統計處編:《香港統計月刊》(2013 年 6 月)(香港:香港特別行政區政府物流服務署,2013),頁 FC1-FC13。

香港特別行政區政府統計處:〈到中國內地作私人旅行的本港居民的社會及經濟特徵和消費開支〉,載香港特別行政區政府統計處編:《香港統計月刊》(2013-2015)(香港:香港特別行政區政府物流服務署,2013-2015)。

香港特別行政區政府統計處:《表 E055:離岸貨品貿易》(2013 年版)(2015 年 2 月 27 日)。

香港特別行政區政府統計處:《香港對外商品貿易(2016 年 12 月)》(2017 年 2 月 7 日)。

香港特別行政區政府統計處:〈2007 至 2017 港口轉運貨物統計〉,載香港特別行政區政府統計處編:《香港統計月刊》(2018 年 12 月)(香港:香港特別行政區政府物流服務署,2018),頁 FB1-FB11。

香港特別行政區政府統計處:《香港商品貿易統計 — 港產品出口及轉口:周年附刊(2017 年版)》(2018 年 2 月 28 日)。

香港特別行政區政府統計處:〈2018 年就業綜合估計數字〉,載香港特別行政區政府統計處編:《香港統計月刊》(2019 年 8 月)(香港:香港特別行政區政府物流服務署,2019),頁 FA1-FA11。

香港特別行政區政府統計處:《本地生產總值》(1978-2017)(2019 年 2 月)。

香港特別行政區政府統計處:《表 189:四個主要行業的增加價值佔本地生產總值的百分比》(2020 年 11 月 13 日)。

香港特別行政區政府統計處:《表 100:按選定行業大類劃分的所有製造業機構單位的主要統計數字》(2020 年 11 月 27 日)。

香港特別行政區政府統計處:《表 101:按就業人數劃分的所有製造業機構單位的主要統計數字》(2020 年 11 月 27 日)。

香港特別行政區政府統計處:《表 E210:按經濟活動劃分的本地生產總值(以當時價格計算)》(2021 年 2 月 24 日)。

香港特別行政區政府統計處:《表 83:按主要目的地劃分的服務輸出》(2021 年 2 月 26 日)。

香港特別行政區政府統計處:《表 84:按主要來源地劃分的服務輸入》(2021 年 2 月 26 日)。

香港特別行政區政府統計處:《表 082:按服務組成部分劃分的服務輸出、輸入及輸出淨額》(2021 年 2 月 26 日)。

香港特別行政區政府統計處:《表 1:按香港標準行業分類(HSIC)1.1 版編製的按經濟活動劃分的本地生產總值 —— 佔以基本價格計算的本地生產總值百分比》(2021 年 3 月)。

香港特別行政區政府統計處:《表 81:選定經濟體於世界商品貿易排名位置》(2021 年 4 月 23 日)。

香港特別行政區政府統計處：《表 36：按主要經濟活動劃分的本地生產總值 —— 佔以基本價格計算的本地生產總值百分比》（2021 年 5 月 14 日）。

香港特別行政區政府統計處：《表 E210：按經濟活動劃分的本地生產總值（以當時價格計算）》（2021 年 5 月 14 日）。

香港特別行政區政府統計處：《表 E204：貨品出口及進口與服務輸出及輸入 —— 以當時市價計算》（2021 年 5 月 15 日）。

香港特別行政區政府統計處：《表 6：勞動人口、失業及就業不足統計數字》（2021 年 6 月 17 日）。

香港特別行政區政府規劃署：《北往南來》（1999-2017）（香港：香港特別行政區政府規劃署，1999-2017）。

香港特別行政區政府規劃署：《香港 2030 規劃遠景與策略初議報告書》（2001 年 2 月）。

香港特別行政區政府規劃署：《粵港跨界環境事宜上的合作》（2002 年 1 月）。

香港特別行政區政府規劃署：《河套地區諮詢報告書》（2008 年 10 月）。

香港特別行政區政府規劃署：《落馬洲河套地區發展規劃及工程研究：第二階段公眾參與摘要》（2012 年 5 月）。

香港特別行政區政府規劃署：《香港與區域的發展趨勢》電子簡報（2016 年 10 月）。

香港特別行政區政府規劃署：《香港 2030＋：跨越 2030 年的規劃遠景與策略》（2016 年 11 月）。

香港特別行政區政府規劃署、土木工程拓展署：《第一階段公眾參與報告：書面意見：香港境內接獲的書面意見一覽表》（2011 年 1 月）。

香港特別行政區政府規劃署、土木工程拓展署：《技術報告編號 4 —— 選取土地用途方案及建議發展大綱圖 —— 摘要》（2012 年 1 月）。

香港特別行政區政府規劃署、土木工程拓展署：《落馬洲河套地區發展規劃及工程研究：第二階段公眾參與：書面意見》（2012 年 5 月）。

香港特別行政區政府規劃署、土木工程拓展署：《落馬洲河套地區發展規劃及工程研究 —— 勘查研究 第一階段公眾參與報告》（2012 年 5 月）。

香港特別行政區政府規劃署、土木工程拓展署：《落馬洲河套地區發展規劃及工程研究 —— 勘查研究 第二階段公眾參與報告》（2013 年 7 月）。

香港特別行政區政府規劃署、土木工程拓展署：《環境影響評估行政摘要》（2013 年 7 月）。

香港特別行政區政府規劃署、土木工程拓展署：《落馬洲河套地區發展規劃及工程研究 —— 勘查研究：行政摘要》（2015 年 2 月）。

香港特別行政區政府規劃環境地政局：《臨時立法會環境事務委員會有關環境事宜的跨界合作和統籌工作》（1997 年 12 月 12 日）。

香港特別行政區政府創新及科技局、政府資訊科技總監辦公室：《立法會資訊科技及廣播事務委員會：促進數碼經濟》（立法會 CB(4)926/15-16(05) 號文件）（2016 年 5 月 9 日）。

香港特別行政區政府創新科技署：《深化「深港創新圈」建設合作安排》（2009 年 11 月 30 日）。

香港特別行政區政府創新科技署、廣東省科學技術廳：《共同推進粵港產學研合作協議》（2010 年 9 月 16 日）。

香港特別行政區政府發展局：《2015 年 4 月 1 日（星期三）財務委員會特別會議（工務）發展局局長發言稿》（2015 年 4 月 1 日）。

香港特別行政區政府發展局：《香港特區支援四川地震災後恢復重建援建工作完成報告》（立法會 CB(1)248/16-17(01) 號文件）（2016 年 11 月）。

香港特別行政區政府發展局：《2017 年 3 月 31 日（星期五）財務委員會特別會議（工務）發展局局長發言稿》（2017 年 3 月 31 日）。

《香港特別行政區政府新聞公報》（1997-2020）。

香港特別行政區政府新聞處：《粵港合作聯席會議第八次工作會議成果一覽表》（2005 年 9 月 28 日）。

香港特別行政區政府新聞處：《政務司司長出席廣州廣證恒生證券投資諮詢有限公司籌建慶祝酒會致辭全文》（2012 年 4 月 12 日）。

香港特別行政區政府經濟局：《內地和香港關於對內地和香港兩地登記註冊的船舶在對方港口停靠時徵收船舶噸稅的備忘錄》（1999 年 12 月 28 日）。

香港特別行政區政府經濟局：《立法會經濟事務委員會〈2000 年香港旅遊協會（修訂）條例草案〉》（立法會 CB(1)206/00-01(03) 號文件）

（2000 年 11 月 27 日）。

香港特別行政區政府經濟局旅遊事務署：《旅遊事務署與香港旅遊協會職能的劃分》（立法會 CB(1)347/00-01(01) 號文件）（2000 年 12 月 15 日）。

香港特別行政區政府經濟局旅遊事務署：《立法會經濟事務委員會〈2001 年旅行代理商（修訂）條例草案〉》（立法會 CB(1)320/00-01(03) 號文件）（2000 年 12 月 19 日）。

香港特別行政區政府經濟發展及勞工局：《重振經濟活力及推廣旅遊業的措施》（立法會 CB(1)1874/02-03(01) 號文件）（2003 年 6 月）。

香港特別行政區政府經濟發展及勞工局：《香港港口規劃總綱 2020 研究摘要草稿》（2004 年 11 月）。

香港特別行政區政府經濟發展及勞工局：《香港旅遊發展局 — 新增撥款的運用》（立法會 CB(1)1647/04-05(03) 號文件）（2005 年 5 月）。

香港特別行政區政府經濟發展及勞工局旅遊事務署：《全球旅遊推廣計劃進展報告》（立法會 CB(1)116/03-04(03) 號文件）（2003 年 11 月）。

香港特別行政區政府經濟發展及勞工局旅遊事務署：《打擊與「零團費」內地訪港團有關的市場不良行為》（立法會 CB(1)344/06-07(07) 號文件）（2006 年 11 月）。

香港特別行政區政府經濟發展及勞工局旅遊事務署：《進一步保障內地旅客在港的消費權益》（立法會 CB(1)1716/06-07(01) 號文件）（2007 年 5 月）。

香港特別行政區政府經濟發展及勞工局旅遊事務署：《香港旅遊發展局 2009-10 年度工作計劃》（立法會 CB(1)571/08-09(03) 號文件）（2009 年 1 月）。

香港特別行政區政府經濟發展及勞工局旅遊事務署：《香港與珠江三角洲地區的旅遊合作》（立法會 CB(1)1952/08-09(01) 號文件）（2009 年 6 月）。

香港特別行政區政府經濟發展及勞工局旅遊事務署：《加強規管內地旅行團來港的接待安排及檢討香港旅遊業議會的運作》（立法會 CB(1)450/10-11(07) 號文件）（2009 年 11 月）。

香港特別行政區政府經濟發展及勞工局旅遊事務署：《香港旅遊發展局 2011-2012 年度工作計劃》（立法會 CB(1)1090/10-11(09) 號文件）（2011 年 1 月）。

香港特別行政區政府資訊科技及廣播局：《立法會參考資料摘要數碼港計劃協議》（檔號：ITBB/CP 303/2 (00)）（2000 年 5 月 17 日）。

香港特別行政區政府運輸及房屋局：《港珠澳大橋香港本地工程的最新進展》（立法會 CB(1)126/11-12(01) 號文件）（2011 年 10 月 26 日）。

香港特別行政區政府運輸及房屋局：《港珠澳大橋項目的發展背景》（立法會 PWSC(2011-12)30 號文件）（2011 年 11 月 8 日）。

香港特別行政區政府運輸及房屋局：《港珠澳大橋項目的發展背景》（立法會 PWSC(2011-12)31 號文件）（2011 年 11 月 8 日）。

香港特別行政區政府運輸及房屋局：《港珠澳大橋項目的發展背景》（立法會 PWSC(2011-12)32 號文件）（2011 年 11 月 8 日）。

香港特別行政區政府運輸及房屋局：《財務委員會工務小組委員會討論文件》，（立法會 PWSC(2015-16)50 號文件）（2015 年 12 月 23 日）。

香港特別行政區政府運輸及房屋局、路政署：《有關港珠澳大橋及香港段工程的最新進展》（立法會 CB(4)584/16-17(01) 號文件）（2017 年 2 月）。

香港特別行政區政府運輸局：《鐵路發展策略 2000》（香港：香港特別行政區政府運輸局，2000）。

香港特別行政區政府運輸局：《落馬洲的交通情況》（立法會 CB(1)1059/00-01(06) 號文件）（2001 年 4 月）。

香港特別行政區政府運輸局：《在屯門碼頭營辦跨境客運渡輪服務》（立法會 CB(1)356/01-02(04) 號文件）（2001 年 11 月）。

香港特別行政區政府運輸局：《改建屯門碼頭為跨境客運渡輪碼頭的建議》（立法會 CB(1)1779/01-02(01) 號文件）（2002 年 5 月）。

香港特別行政區政府運輸署：《交通運輸資料月報》（2001-2017）（香港：香港特別行政區政府運輸署，2001-2017）。

香港特別行政區政府運輸署：《運輸資料年報

2011》（2011 年 9 月 29 日）。

香港特別行政區政府運輸署：《就港珠澳大橋跨境交通安排與廣東省和澳門特別行政區政府討論的最新進展》（立法會 CB(4)629/15-16(06) 號文件）（2016 年 2 月）。

香港特別行政區政府運輸署：《港珠澳大橋香港口岸的本地公共交通服務安排》（立法會 CB(4)629/15-16(04) 號文件）（2016 年 2 月）。

香港特別行政區政府漁農自然護理署：《香港中華白海豚護理計劃》（2000 年 11 月）。

香港特別行政區政府漁農自然護理署、廣東珠江口中華白海豚國家級自然保護區管理局：《中華白海豚 — 穿梭粵港水域的使者》（香港：香港特別行政區政府漁農自然護理署，2013）。

香港特別行政區政府駐上海經濟貿易辦事處：《香港特別行政區政府駐上海經濟貿易辦事處通訊》（2007 年 7 月、2007 年 12 月、2008 年 8 月、2010 年 6 月、2013 年 10 月）。

香港特別行政區政府駐粵經濟貿易辦事處：《香港特別行政區政府駐粵經濟貿易辦事處通訊》（2004 年 12 月、2006 年 6 月）。

香港特別行政區政府環境局：《立法會環境事務委員會「粵港合作框架協議」環境保護和生態保育》（立法會 CB(1) 1923/09-10(05) 號文件）（2010 年 5 月 24 日）。

香港特別行政區政府環境局：《〈共建優質生活圈專項規劃〉初步建議公眾諮詢》（立法會 CB(1) 2971/10-11(01) 號文件）（2011 年 9 月 1 日）。

香港特別行政區政府環境局：《香港空氣清新藍圖》（2013 年 3 月）。

香港特別行政區政府環境局：《環境局的政策措施：環境保護》（2015 年 1 月 26 日）。

香港特別行政區政府環境局：《香港空氣清新藍圖 2013-2017 進度報告》（2017 年 6 月）。

香港特別行政區政府環境局、環境保護署：《環保工作報告 2008》（2009 年 3 月）。

香港特別行政區政府環境局、環境保護署：《環保工作報告 2012》（2013 年 3 月）。

香港特別行政區政府環境局、環境保護署：《立法會環境事務委員會與廣東省合作改善珠江三角洲地區的空氣質素》（立法會 CB(1)1785/13-14(03) 號文件）（2014 年 7 月 17 日）。

香港特別行政區政府環境局、環境保護署：《立法會環境事務委員會 2015 至 16 年度財政預算案—環境政策的簡報》（2015 年 3 月 23 日）。

香港特別行政區政府環境保護署：《環境保護 香港一九九八》（香港：香港特別行政區政府環境保護署，1998）。

香港特別行政區政府環境保護署：《珠江三角洲空氣質素研究行政摘要》（2002 年 4 月）。

香港特別行政區政府環境保護署：《解決空氣污染》（譯本）（2006 年 6 月）。

香港特別行政區政府環境保護署：《立法會環境事務委員會推動珠江三角洲地區實踐清潔生產》（立法會 CB(1)418/07-08(06) 號文件）（2007 年 12 月 17 日）。

香港特別行政區政府環境保護署：《立法會環境事務委員會「粵港合作框架協議」環境保護和生態保育》（2010 年 5 月 24 日）。

香港特別行政區政府環境保護署：《立法會環境事務委員會清潔生產伙伴計劃首五年終結報告》（立法會 CB(1)1703/12-13(01) 號文件）（2013 年 8 月）。

香港特別行政區政府環境保護署：《「珠江三角洲地區主要工業空氣污染源研究 —— 可行性研究」研究摘要》（2014 年 1 月 22 日）。

香港特別行政區政府環境保護署：《香港海上垃圾的源頭及去向調查研究報告》（2015 年 4 月）

香港特別行政區政府環境保護署：《財務委員會 2015 年 7 月 14 日會議跟進事項 408DS —— 元朗淨水設施》（2015 年 9 月 2 日）。

香港特別行政區政府環境保護署：《2017 年香港海水水質》（香港：香港特別行政區政府環保署，2017）。

香港特別行政區政府環境保護署：《改善珠三角空氣質素的 PM2.5 研究 —— 可行性研究：研究摘要》（2018 年 12 月）。

香港特別行政區政府環境保護署空氣科學組：《香港空氣質素》（2004-2017）。

香港特別行政區政府環境保護署空氣質素技術支援組：《香港空氣質素》（1996-2003）。

香港特別行政區政府環境食物局：《立法會環境事務委員會 —— 改善珠江三角洲空氣質素》（2002 年 4 月 29 日）。

香港特別行政區政府環境運輸及工務局：《落馬

洲、文錦渡及沙頭角的旅客流量和車輛交通的情況》（立法會 CB(1)308/02-03(04) 號文件）（2002 年 11 月）。

香港特別行政區政府環境運輸及工務局：《立法會財務委員會工務小組委員會討論文件 759TH－深港西部通道及 736TH－后海灣幹線》（立法會 PWSC(2002-03)80 號文件）（2003 年 1 月）。

香港特別行政區政府環境運輸及工務局：《有關落馬洲管制站實施 24 小時客運通關的交通安排》（立法會 CB(1)602/02-03(08) 號文件）（2003 年 1 月）。

香港特別行政區政府環境運輸及工務局：《落馬洲至皇崗的新跨界橋》（立法會 CB(1)1678/02-03(06) 號文件）（2003 年 5 月）。

香港特別行政區政府環境運輸及工務局：《羅湖管制站的交通安排》（立法會 CB(1)1678/02-03(08) 號文件）（2003 年 10 月）。

香港特別行政區政府環境運輸及工務局：《港珠澳大橋》（立法會 CB(1)128/03-04(01) 號文件）（2003 年 10 月）。

香港特別行政區政府環境運輸及工務局：《港珠澳大橋及新界西北交通及基建檢討》（立法會 CB(1)2180/03-04(02) 號文件）（2004 年 6 月）。

香港特別行政區政府環境運輸及工務局：《邊境管制站的公共交通設施和安排》（立法會 CB(1)2180/03-04(03) 號文件）（2004 年 6 月）。

香港特別行政區政府環境運輸及工務局：《立法會環境事務委員會管制空氣污染的策略》（立法會 CB(1)79/04-05(04) 號文件）（2004 年 10 月 25 日）。

香港特別行政區政府環境運輸及工務局：《政府當局就港珠澳大橋、香港口岸及香港接線》（立法會 CB(1)1317/07-08(04) 號文件）（2008 年 5 月）。

香港特別行政區臨時立法會內務委員會：《〈保險公司條例〉（第 41 章）〈1997 年保險公司（授權費及年費）（修訂）規例〉》（1997 年 11 月 14 日）。

香港特別行政區臨時立法會內務委員會：《1997 年 11 月 7 日及 10 日在憲報刊登的附屬法例法律事務部報告》（1997 年 11 月 14 日）。

香港特別行政區臨時立法會環境事務委員會：《臨時立法會環境事務委員會會議紀要》（1997 年 12 月 19 日）。

香港國際仲裁中心：《香港國際仲裁中心 2017 年年報》（2017 年）。

香港培華教育基金會：《香港培華教育基金會三十周年紀念特刊》（香港：香港培華教育基金會，2012）。

香港基督教協進會：《香港基督教協進會年報》（1990-1992）。

香港基督教服務處：《香港基督教服務處年報》（2006-2014）。

香港理工學院：《香港理工大學年報》（1979-2017）。

香港設計中心：《香港設計中心年報》（2007-2018）。

香港華人銀行集團有限公司：《香港華人銀行集團年報》（1992-1993）。

香港貿易發展局研究部：《香港設計‧概覽》（香港：香港貿易發展局，2001）。

香港廉政公署：《廉政公署年報》（1983、1985-1987、1991-1993、1995、1998-1999、2002、2005、2007、2010、2014、2016-2017）。

香港經濟多元化諮詢委員會：《一九七九年經濟多元化諮詢委員會報告書》（香港：政府印務局，1979）。

香港經濟導報社：《香港經濟年鑒 1980》（香港：香港經濟導報社，1980）。

香港電子業總會：《香港電子業穩步向前 —— 回顧與前瞻》（香港：香港電子業總會，2018）。

香港管理專業協會：《香港管理專業協會年報》（1979-1980、1985、1988、1990-1995-1999、2002）。

香港與內地經貿合作諮詢委員會促進落實貿易自由化及投資便利化小組：《推動香港與南沙、前海和橫琴合作的建議》（2015 年 12 月 11 日）。

香港銀行業監理處：《香港銀行業監理處年報》（1986、1989、1992）。

香港數碼港管理有限公司、廣東軟件行業協會：《香港數碼港管理有限公司及廣東軟件行業協會合作意向書》（2012 年 9 月 14 日）。

香港樂施會：《香港樂施會年報》（2008-2016）。

香港樂施會:《512 汶川地震五周年樂施會工作報告》(2013 年 4 月 17 日)。

香港樂施會、北京師範大學中國公益研究院:《架設京港善橋 —— 香港公益組織在內地開展資助和服務情況調研報告 2016(會議版)》(2016 年 10 月 20 日)。

香港機場管理局:《香港機場管理局年報》(1998-2017)。

香港機場管理局:《2015/16 可持續發展報告》(2016 年)。

香港總商會:《清新空氣約章 商界指南》(香港:香港總商會,2006)。

香港聯合交易所有限公司:《股市資料》(1992-1996)。

香港聯合交易所有限公司:《香港聯合交易所有限公司 1993 年年報》(1993 年 9 月 18 日)。

香港聯合交易所有限公司:《一九九四年股市資料》(1995 年)。

香港聯合交易所有限公司:《關於百富勤投資控股有限公司(現正處於清盤程序)按照〈證券上市規則〉第 17 項應用指引的除牌程序取消其上市地位》(1999 年 7 月 12 日)。

香港聯合交易所有限公司:《香港聯合交易所有限公司通告 —— 在主板上市之新公司》(2007 年 5 月 22 日)。

香港聯合交易所有限公司:《通告 — 關於康宏環球控股有限公司(於開曼群島註冊成立之有限公司)(股份代號:1019)取消上市地位》(2021 年 4 月 30 日)。

香港懲教社教育基金:《香港懲教社教育基金年報》(2016-2017)。

香港鐵路有限公司:《香港鐵路有限公司年報》(2001-2020)。

香港體育學院:《香港體育學院年報 2016-2017》(2017 年)。

時計寶投資有限公司:《時計寶投資有限公司全球發售》(2013 年 1 月 24 日)。

泰富發展(集團)有限公司:《泰富發展(集團)有限公司年報》(1989-1990)。

浙江省人民政府:《浙江省政府關於鼓勵外商直接投資若干政策的通知》(1998 年 4 月 14 日)。

浙商銀行股份有限公司:《浙商銀行股份有限公司招股説明書》(2016 年 3 月 16 日)。

海南省人民政府:《關於加強三亞海洋生物中華白海豚資源保護的建議》(2015 年 2 月)。

海虹集團有限公司:《海虹集團有限公司 1992 年年報》(1993 年 4 月 29 日)。

海通資產管理(香港)有限公司:《海通環球人民幣收益基金》(2010 年 8 月)。

海通證券股份有限公司:《海通證券股份有限公司公開發行公司債券募集説明書摘要(第一期)》(2013 年 11 月 20 日)。

珠江三角洲空氣質素管理及監察專責小組:《珠江三角洲空氣質素管理計劃中期回顧研究報告》(2007 年 12 月)。

珠海市人民政府國有資產監督管理委員會:《市國資委 2007 年工作總結及 2008 年工作計劃》(2008 年 11 月 20 日)。

珠海港控股集團有限公司:《2019 年第一期珠海港控股集團有限公司綠色可續期公司債券募集説明書》(2019 年 12 月)。

財團法人海峽交流基金會、海峽兩岸關係協會:《海峽兩岸經濟合作架構協議》(2010 年 6 月 29 日)。

馬臨:《中文大學校長報告書 1978-1982》(香港:香港中文大學,1982)。

偉志控股有限公司:《偉志控股有限公司 2020 年年報》(2021 年 3 月 26 日)。

偉易達集團:《偉易達集團年報》(1990-1991)。

國家工商行政管理總局、中華人民共和國商務部:《外商投資廣告企業管理規定》(2004 年 3 月 2 日)。

國家工商行政管理總局、國家計劃委員會:《關於加快廣告業發展的規劃綱要》(1993 年 7 月 10 日)。

國家工商行政管理總局、對外貿易經濟合作部:《關於設立外商投資廣告企業的若干規定》(1994 年 11 月 3 日)。

國家文化和旅遊部:《文化部關於命名文化產業示範基地的決定》(2004 年 11 月 10 日)。

國家外匯管理局:《關於境內居民個人投資境內上市外資股若干問題的通知(證監發〔2001〕22 號)》(2001 年 2 月 22 日)。

國家外匯管理局:《中國外匯管理年報》(2002、2006-2007)。

國家外匯管理局:《國家外匯管理局關於基金管理

公司境外證券投資外匯管理有關問題的通知》（匯發〔2006〕46號）（2006年8月30日）。

國家外匯管理局：《保險資金境外投資管理暫行辦法》（2007年第2號）（2007年7月31日）。

國家外匯管理局：《國家外匯管理局關於規範銀行外幣卡管理的通知》（匯發〔2010〕53號）（2010年10月11日）。

國家外匯管理局：《國家外匯管理局積極落實人民幣合格境外機構投資者額度審批工作》（2011年12月30日）。

國家外匯管理局：《國家外匯管理局年報（2017）》（2018年5月31日）。

國家外匯管理局：《香港基金內地發行銷售資金匯出入情況表（截至2020年1月31日）》（2020年3月11日）。

國家外匯管理局：《內地基金香港發行銷售資金匯出入情況表》（2021年5月31日）。

國家外匯管理局：《香港基金內地發行銷售資金匯出入情況表》（2021年5月31日）。

國家統計局：《2005年國民經濟和社會發展統計公報》（2006年2月28日）。

國家統計局：《城鎮化水準顯著提高 城市面貌煥然一新 —— 改革開放40年經濟社會發展成就系列報告之十一》（2018年9月10日）。

國家發展改革委員會、外交部、商務部：《推動共建絲綢之路經濟帶和21世紀海上絲綢之路的願景與行動》（2015年3月）。

國家發展計劃委員會、國家經濟貿易委員會、對外貿易經濟合作部：《外商投資產業指導目錄》（國家發展計劃委員會、國家經濟貿易委員會、對外貿易經濟合作部令第21號）（2002年3月11日）。

國家稅務總局：《中華人民共和國國務院關於經濟特區和沿海十四個港口城市減徵、免徵企業所得稅和工商統一稅的暫行規定》（1984年11月15日）。

國家開發銀行：《國家開發銀行年度報告》（2018年6月7日）。

國家經濟體制改革委員會：《關於到香港上市的公司執行〈股份有限公司規範意見〉的補充規定》（體改生〔1993〕91號）（1993年5月24日）。

國家經濟體制改革委員會：《到香港上市公司章程必備條款》（體改生〔1993〕92號）（1993

年6月10日）。

國家經濟體制改革委員會：《國家經濟體制改革委員會關於〈股份有限公司規範意見〉和〈關於到香港上市的公司執行〈股份有限公司規範意見〉的補充規定〉致香港聯合交易所的函》（體改函生〔1993〕74號）（1993年6月10日）。

國家經濟體制改革委員會辦公室：《經濟體制改革文件匯編（1978-1983）》（北京：中國財政經濟出版社，1983）。

國家廣播電影電視總局：《廣播電影電視部關於中外合作攝製電影的管理規定》（廣播電影電視部令第14號）（1994年7月5日）。

國家廣播電影電視總局：《關於進一步加強電視劇引進、合拍和播放管理的通知》（2000年1月4日）。

國家廣播電影電視總局：《境外衛星電視頻道落地審批管理暫行辦法》（廣播電影電視總局令〔2001〕第8號）（2001年12月26日）。

國家廣播電影電視總局：《電影院星級評定要求（試行）》（廣發字〔2002〕第838號）（2002年8月15日）。

國家廣播電影電視總局：《關於加強內地與香港電影業合作、管理的實施細則》（2003年10月21日）。

國家廣播電影電視總局：《境外衛星電視頻道落地管理辦法》（國家廣播電影電視總局令第22號）（2003年12月4日）。

國家廣播電影電視總局：《國家廣播電影電視總局印發〈關於發展我國影視動畫產業的若干意見〉的通知》（2004年4月20日）。

國家廣播電影電視總局：《境外電視節目引進、播出管理規定》（2004年9月23日）。

國家廣播電影電視總局：《〈電影企業經營資格准入暫行規定〉的補充規定》（國家廣播電影電視總局、中華人民共和國商務部令第50號）（2005年3月7日）。

國家廣播電影電視總局、文化部：《印發〈關於改革電影發行放映機制的實施細則〉（試行）的通知》（廣發辦字〔2001〕1519號）（2001年12月18日）。

國家廣播電影電視總局、商務部、文化部：《外商投資電影院暫行規定（2003年）》（國家廣播電影電視總局令第21號）（2003年11月25日）。

國家廣播電影電視總局、對外貿易經濟合作部、文化部:《外商投資電影院暫行規定》（2000年10月25日）。

國家體改委、國家經貿委:《深圳口岸管理體制改革試點方案》（1995年7月17日）。

國務院國有資產監督管理委員會:《關於理順香港中旅（集團）有限公司管理體制有關問題的通知》（國資改革（2006）1015號）（2006年8月）。

國務院證券委員會:《國務院證券委員會關於轉批證監會〈關於境內企業到境外公開發行股票和上市存在的問題報告〉的通知》（證委發〔1993〕18號）（1993年4月9日）

國務院證券委員會:《國務院證券委員會〈關於1994年度第一批境外上市企業名單的函〉》（證委函〔1994〕34號）（1994年6月4日）。

康宏金融控股有限公司:《更改公司名稱及更改中文股份簡稱》（2014年9月15日）。

康宏理財控股有限公司:《康宏理財控股有限公司中期報告》（2010、2017）。

康宏理財控股有限公司:《康宏理財控股有限公司年報》（2012、2016）。

康宏理財控股有限公司:《〈截至二零一二年十二月三十一日止年度末期業績公告〉，康宏理財控股有限公司公告》（2013年3月22日）。

康宏理財控股有限公司:《〈截至二零一三年十二月三十一日止年度之末期業績公告〉，康宏理財控股有限公司》（2014年3月27日）。

康宏理財控股有限公司:《業務最新資料 —— 與金誠財富集團之策略性合作》（2014年8月5日）。

康宏環球控股有限公司:《康宏環球控股有限公司2016年年報》（2017年4月27日）。

康宏環球控股有限公司:《康宏環球控股有限公司2017年中期報告》（2017年9月28日）。

康健國際醫療集團有限公司:《康健國際醫療集團有限公司2015年中期報告》（2015年9月8日）。

康健國際醫療集團有限公司:《康健國際醫療集團有限公司2015年年報》（2016年4月28日）。

深圳中冠紡織印染股份有限公司籌委會:《深圳中冠紡織印染股份有限公司招股說明書》（1992年6月12日）。

深圳中恒華發股份有限公司:《深圳中恒華發股份有限公司2017年年度報告》（2018年3月）。

深圳中華自行車（集團）股份有限公司:《深圳中華自行車（集團）股份有限公司A股股票上市公告書》（1992年3月28日）。

深圳市人民政府:《深圳市政府關於進一步扶持高新技術產業發展的若干規定》（1998年1月1日）。

深圳市人民政府:《深圳市國民經濟和社會發展第十個五年計劃綱要》（2001年3月31日）。

深圳市人民政府:《深圳市公用事業特許經營辦法》（深圳市人民政府令第124號）（2003年3月21日）。

深圳市人民政府:《深圳市人民政府印發〈關於扶持動漫遊戲產業發展的若干意見〉的通知》（深府〔2005〕219號）（2005年12月28日）。

深圳市人民政府:《中共深圳市委深圳市人民政府關於實施自主創新戰略建設國家創新型城市的決定》（深發〔2006〕1號文件）（2006年1月4日）。

深圳市人民政府:《香港特別行政區會計專業人士申請成為前海深港現代服務業合作區會計師事務所合伙人暫行辦法》（深圳市人民政府令第247號）（2013年1月29日）。

深圳市物業發展（集團）股份有限公司:《深圳市物業發展（集團）股份有限公司A股招股說明書》（1998年10月12日）。

深圳市金融辦:《關於深入推進深港澳合作着力實現互惠共贏的提案》（深府金函〔2017〕807號）（2017年12月20日）。

深圳市前海深港現代服務業合作區管理局:《中國（廣東）自由貿易試驗區深圳前海蛇口片區建設實施方案》（2015年7月23日）。

深圳市前海深港現代服務業合作區管理局:《深圳市前海管理局關於公布香港工程建設〈專業機構名冊〉的通知》（深前海〔2016〕114號）（2016年6月29日）。

深圳市前海深港現代服務業合作區管理局、香港特別行政區政府發展局:《合作意向書》（2013年9月16日）。

深圳市前海深港現代服務業合作區管理局、深圳市住房和建設局、香港特別行政區政府發展局:《在深圳市前海深港現代服務業合作區試行香港工程建設模式合作安排》（2016年2月29日）。

深圳市紅樹林濕地保護基金會：《深圳市紅樹林濕地保護基金會年報》（2014-2016）。

深圳市能源集團有限公司、合和電力（中國）有限公司：《沙角 B 電廠移交紀念畫冊（1988-1999）》（1999 年）。

深圳市教育局：《深圳市中長期教育改革和發展規劃綱要（2011-2020 年）》（2012 年）。

深圳市鹽田港股份有限公司：《深圳市鹽田港股份有限公司年度報告》（2004-2011）。

深圳市鹽田港股份有限公司董事會：《深圳市鹽田港股份有限公司關於向深圳鹽田西港區碼頭有限公司增資的公告》（2011 年 11 月 16 日）。

深圳市鹽田港集團有限公司：《2021 年面向專業投資者公開發行公司債券（第一期）募集說明書》（2021 年 3 月 4 日）。

深圳歐菲光科技股份有限公司：《深圳歐菲光科技股份有限公司首次公開發行股票招股意向書》（2010 年 8 月 2 日）。

深圳歐菲光科技股份有限公司：《深圳歐菲光科技股份有限公司 2010 年年度報告》（2011 年 3 月）。

深港合作會議：《深港創新圈創新技術科技合作協議》（2009 年 11 月 30 日）。

陸氏實業（集團）有限公司：《陸氏實業（集團）有限公司 2001 年年報》（2002 年 4 月 24 日）。

創科實業有限公司：《創科實業有限公司 1990 年報》（1991 年 5 月）。

創維集團有限公司：《創維集團有限公司 2020 年度第一期中期票據（疫情防控債）募集說明書》（2020 年 3 月 5 日）。

創維數碼控股有限公司：《創維數碼控股有限公司 2017/18 年報》（2018 年 6 月 12 日）。

創興銀行有限公司：《創興銀行有限公司年報》（2014、2017）。

創興銀行有限公司：《2016 年中期業績：截至 2016 年 6 月 30 日止六個月業績》（2016 年 8 月 22 日）。

富邦金融控股股份有限公司：《公布就近日報章內一篇文章作出澄清》（2003 年 9 月 15 日）。

富邦金融控股股份有限公司、港基國際銀行有限公司：《花旗環球金融亞洲有限公司代表收購方提出可能自願有條件現金收購港基全部已發行股本之建議及恢復買賣》（2003 年 9 月 8 日）。

復星國際有限公司：《復星國際有限公司 2012 年年報》（2013 年 4 月 17 日）。

惠理集團有限公司：《惠理集團有限公司首次公開發行股票招股說明書》（2007 年 7 月 11 日）。

惠理集團有限公司：《新上市股份配發結果》（2007 年 11 月 21 日）。

惠理集團有限公司：《根據收購守則規則 3.7 及上市規則第 13.09 條及證券及期貨條例第 XIVA 部之內幕消息條文作出的公布》（2017 年 5 月 22 日）。

普華永道：《跨國企業可以通過人民幣資金池進行資金集中運營》（2015 年 2 月）。

渣打集團有限公司：《渣打集團有限公司 2004 年度年報及賬目》（2002 年 10 月 21 日）。

渣打銀行（香港）有限公司：《渣打銀行（香港）有限公司 2010 年年報》（2011 年 3 月 2 日）。

渤海銀行股份有限公司：《渤海銀行股份有限公司招股書》（2020 年 6 月 30 日）。

湖北省林業局天保中心：《長江上游、黃河上中游地區天然林資源保護工程二期實施方案》（林規發〔2011〕21 號附件）（2015 年 4 月 29 日）。

皓天財經集團：《二零一八年度報告》（2018 年 7 月 11 日）。

策略發展委員會：《香港特別行政區配合國家「十二五」規劃的工作方向》（CSD/2/2011）（2011 年 5 月）。

策略發展委員會經濟發展及與內地經濟合作委員會：《人才匯聚》（CSD/EDC/3/2006）（2006 年 4 月 11 日）。

《粵港合作框架協議》（2010 年 4 月 7 日）。

粵港合作統籌小組：《立法會工商事務委員會文件：粵港合作統籌小組工作進度報告》（立法會 CB(1) 2146/01-02(03) 號文件）（2002 年 7 月）。

粵海啤酒集團有限公司：《粵海啤酒集團有限公司 1997 年年報》（1998 年 4 月 27 日）。

粵海啤酒集團有限公司：《更改公司名稱》（2004 年 7 月 22 日）。

粵海置地控股有限公司、金威啤酒集團有限公司：《更改本公司名稱及採納本公司第二名稱及更改股份簡稱及更改公司網址》（2013 年 10 月 3 日）。

華安基金管理有限公司:《華安國際配置基金2007年半年度報告》(2007年8月29日)。

華潤(集團)有限公司:《華潤四十年紀念特刊》(香港:華潤(集團)有限公司,1988)。

華潤(集團)有限公司:《公司業務架構調整計劃公告》(2000年06月19日)。

華潤(集團)有限公司:《華潤(集團)有限公司社會責任報告》(2015-2017)。

華潤水泥控股有限公司:《2009年華潤水泥控股有限公司招股書》(2009年9月20日)。

華潤創業有限公司:《華潤創業有限公司年報》(1992-2014、2017)。

華潤電力控股有限公司:《華潤電力控股有限公司招股書》(2003年11月3日)。

華潤電力控股有限公司:《華潤電力控股有限公司年報》(2004年4月14日)。

華潤燃氣控股有限公司:《華潤燃氣控股有限公司年報》(2009-2014)。

華潤勵致有限公司:《非常重大收購及關連交易收購華潤燃氣有限公司》(2008年8月21日)。

《貴州共識》(2013年9月9日)。

越秀交通基建有限公司:《越秀交通基建有限公司中期報告》(2017-2018)。

越秀金融控股有限公司、創興銀行有限公司、廖創興企業、越秀企業有限公司:《越秀金融控股有限公司收購創興銀行聯合公告》(2013年10月25日)。

集友銀行有限公司:《集友銀行有限公司2017年年報》(2018年3月27日)。

勤＋緣媒體服務有限公司:《截至二零零七年三月三十一日止六個月中期業績公布》(2007年5月10日)。

匯賢產業信託:《匯賢產業信託公布首次公開發售》(2011年4月10日)。

匯賢產業信託:《2011年4月29日至2011年12月31日止期間全年度業績公告》(2012年3月1日)。

匯賢產業信託:《二零一七年一月一日至二零一七年十二月三十一日止期間全年業績公告》(2018年3月12日)。

圓通速遞股份有限公司:《國通速遞股份有限公司關於收購先達國際控股權項目交割的公告》(2017年11月4日)。

廈門華僑電子股份有限公司:《廈門華僑電子股份有限公司1999年年度報告》(2000年2月25日)。

廈門華僑電子股份有限公司:《廈門華僑電子股份有限公司2017年年度報告》(2018年4月24日)。

愛高集團:《愛高集團2002年年報》(2002年7月11日)。

新世界中國地產有限公司:《新世界中國地產有限公司2001年年報》(2001年10月10日)。

新世界中國地產有限公司:《新世界中國地產有限公司2003年年報》(2003年10月16日)。

新世界發展有限公司:《新世界發展有限公司年報》(1978-2017)。

新創建集團有限公司:《新創建集團有限公司年報》(2003-2017)。

新華人壽保險股份有限公司:《新華人壽保險股份有限公司2013年年度報告》(2014年3月26日)。

新鴻基地產發展有限公司:《新鴻基地產發展有限公司2016/2017年年報》(2017年9月14日)。

新鴻基有限公司:《新鴻基有限公司一九八八年年報》(1989年3月13日)。

新疆天山毛紡織股份有限公司:《新疆天山毛紡織股份有限公司招股說明書概要》(1998年4月)。

滙豐人壽保險有限公司:《滙豐人壽保險有限公司年度資訊披露報告》(2016、2017)。

滙豐投資管理(香港)有限公司:《滙豐中國翔龍基金發售通函》(2007年7月6日)。

滙豐控股有限公司:《滙豐控股有限公司年報》(2002-2005)。

滙豐控股有限公司:《滙豐將悉數認購交通銀行供股計劃之股份》(2010年6月6日)。

滙豐控股有限公司:《中國保監會批准轉讓平安保險股權》(2013年2月1日)。

滙豐銀行(中國)有限公司:《年度報告及會計報表滙豐銀行(中國)有限公司》(2010年4月20日)。

瑞安房地產有限公司:《瑞安房地產有限公司2017年年報》(2018年3月21日)。

裕興電腦科技控股有限公司:《配售股份及在香港

聯合交易所有限公司創業板上市》（2000 年 1 月 28 日）。

路勁基建有限公司：《路勁基建有限公司 2011 年 年報》（2012 年 2 月 27 日）。

電能實業有限公司：《電能實業有限公司 2017 年 年報》（2018 年 3 月 16 日）。

電視廣播有限公司：《電視廣播有限公司年報》 （2003-2017）。

鼎睿再保險有限公司：《鼎睿再保險有限公司年報》 （2016、2017）。

嘉里物流聯網有限公司：《嘉里物流聯網有限公司 招股文件》（2013 年 12 月 6 日）。

嘉道理農場暨植物園：《嘉道理農場暨植物園年報》 （2003-2017）。

寧波永新光學股份有限公司：《寧波永新光學股 份有限公司首次公開發行股票招股説明書》 （2017 年 6 月 16 日）。

寧波永新光學股份有限公司：《寧波永新光學股 份有限公司 2019 年年度報告》（2020 年 4 月 28 日）。

寧波舟山港股份有限公司：《寧波舟山港股份有 限公司 2020 年年度報告》（2021 年 3 月 31 日）。

寧發國際有限公司：《寧發國際有限公司 1992 年 年報》（1993 年）。

對外貿易經濟合作部：《外商投資國際貨物運輸代 理企業管理辦法》（2002 年 12 月 21 日）。

熊谷組（香港）有限公司：《熊谷組（香港）有限 公司 1996 年年報》（1997 年 3 月）。

福建省人民政府商務廳、香港特別行政區政府商 務及經濟發展局：《關於加強閩港經貿合作的 協議》（2015 年 1 月 22 日）。

遠洋地產控股有限公司：《根據一般授權認購新股 份》（2009 年 12 月 27 日）。

遠洋地產控股有限公司：《自願性公告 — 主要股 東轉讓股份之進一步資料》（2015 年 12 月 7 日）。

遠洋地產控股有限公司：《在指明日期的大股東名 單》（2015 年 12 月 31 日）。

銀河娛樂集團有限公司：《銀河娛樂集團宣布成功 完成人民幣債券超額發行 獲市場強勁信任投 票 人民幣債券超額認購逾 13 倍 發行規模 由人民幣 10 億元擴大 38% 至 13.8 億元 首

隻於香港聯合交易所上市之非金融機構人民幣 公司債券》（2010 年 12 月 16 日）。

銀河娛樂集團有限公司：《銀河娛樂集團有限公司 2010 年年報》（2011 年 4 月 21 日）。

銀河娛樂集團有限公司：《2015 年第一季度未經 審核之財務數據》（2014 年 4 月 16 日）。

廣州市人民政府：《廣州市華僑、港澳同胞投資優 惠暫行辦法》（1984 年 10 月 24 日）。

廣州市人民政府：《廣州市國民經濟和社會發展第 十三個五年規劃綱要》（2016 年 3 月）。

廣州市人民政府、香港特別行政區政府政制及內 地事務局：《關於穗港合作推進南沙新區發展 意向書》（2011 年 8 月 23 日）。

廣州市人民政府商務局：《廣州市外經貿「十五」 計劃》（2003 年 7 月 28 日）。

廣州市地方金融監督管理局：《廣州市金融局 2016 年工作總結和 2017 年工作計劃》（2017 年 11 月 2 日）。

廣州交通投資集團有限公司：《2020 年面向專業 投資者公開發行公司債券（第一期）募集説明 書摘要》（2020 年 11 月 9 日）。

廣州汽車集團股份有限公司、駿威汽車有限公 司：《廣汽集團及駿威汽車聯合公告》（2010 年 5 月 19 日）。

廣州南沙開發區管委會、香港科技大學：《粵港共 建新型研發機構項目合作框架協議書》（2014 年 11 月）。

廣州恒運企業集團股份有限公司：《廣州恒運企業 集團股份有限公司 2003 年度報告》（2004 年 3 月 12 日）。

廣東出入境檢驗檢疫局：《廣東檢驗檢疫局關於發 布〈廣東檢驗檢疫局自貿試驗區進口「CEPA 食品」檢驗檢疫監督管理規定〉的通告》（2015 年第 4 號）（2015 年 10 月 26 日）。

廣東省人大常委會：《深圳經濟特區土地管理暫行 規定》（1981 年 12 月 24 日）。

廣東省人民政府：《廣東省華僑、港澳同胞捐辦公 益事業支援家鄉建設優待辦法》（1984 年 12 月 19 日）。

廣東省人民政府：《廣東省政府關於加快橫琴開發 建設的若干意見》（粵府〔2012〕30 號）（2015 年 2 月 15 日）。

廣東省人民政府：《廣東省人民政府關於印發廣東 省工業轉型升級攻堅戰三年行動計劃（2015-

2017 年）的通知》（2015 年 3 月 26 日）。

廣東省人民政府：《廣東省人民政府關於廣東粵海
控股集團有限公司實施國有資本投資公司改革
試點的批覆》（粵府函〔2015〕352 號）（2015
年 12 月 25 日）。

廣東省公路建設有限公司：《2019 年廣東省公路
建設有限公司公司債券募集説明書》（2019 年
4 月 1 日）。

廣東省住房和城鄉建設廳、香港特別行政區政府
環境局、澳門特別行政區政府運輸工務司：《共
建優質生活圈專項規劃》（2012 年 6 月）。

廣東省科學技術廳：《中共中央、國務院關於加速
科學技術進步的決定》（1996 年 5 月 6 日）。

廣東省科學技術廳、香港特別行政區政府創新科
技署：《共建科技創新平台合作協議》（2008
年 8 月 5 日）。

廣東省高速公路發展股份有限公司：《股票上市公
告書》（1997 年 2 月）。

廣東省高速公路發展股份有限公司：《廣東省高
速公路發展股份有限公司 2017 年年度報告摘
要》（2018 年 3 月 28 日）。

廣東省發展和改革委員會、香港特別行政區政府
運輸及房屋局、澳門特別行政區政府建設發展
辦公室：《粵港澳基礎設施建設合作專項規劃》
（2012 年 9 月）。

廣東省環境保護廳：《廣東省環境保護廳關於
政協第十一屆廣東省委員會第五次會議第
20170152 號提案答覆的函》（粵環函〔2017〕
900 號（B））（2017 年 6 月 26 日）。

廣東省環境保護廳、香港特別行政區政府環境
局：《粵港合作無間 共享天清海澄》（2017 年
6 月 23 日）。

廣東省環境監測中心、香港特別行政區環境保護
署、澳門特別行政區環境保護局、澳門特別
行政區地球物理暨氣象局：《粵港澳珠江三角
洲區域空氣監測網絡 2017 年監測結果報告》
（2017 年）。

廣東省環境監測中心、香港特別行政區環境保護
署、澳門特別行政區環境保護局、澳門特別行
政區地球物理暨氣象局：《粵港澳珠江三角
洲區域空氣監測網絡 2018 年 4 月至 6 月第二
季度監測結果統計概要》（2018 年）。

廣東粵海控股集團：《社會責任報告》（2017-
2019）。

廣深港高速鐵路香港段獨立專家小組：《廣深港高
速鐵路香港段獨立專家小組報告》（2014 年
12 月）。

廣發證券股份有限公司：《配發結果公告》（2015
年 4 月 9 日）。

廣播電影電視部：《關於當前深化電影行業機制
改革的若干意見》（廣發影字〔1993〕3 號）
（1993 年 1 月 5 日）。

鄰舍輔導會：《鄰舍輔導會年報》（2014/15-
2016/17）。

震雄集團有限公司：《震雄集團有限公司年報》
（1993-1994、2005）。

興業銀行股份有限公司：《興業銀行股份有限公司
年報》（2004、2006）。

興業銀行股份有限公司：《興業銀行股份有限公司
首次公開發行股票招股説明書》（2007 年 1 月
11 日）。

環球數碼創意控股有限公司：《環球數碼創意控
股有限公司 2013 年年報》（2014 年 3 月 25
日）。

豐德麗控股有限公司：《二零一八年七月三十一日
止年度報告》（2018 年 10 月 25 日）。

證券及期貨事務監察委員會：《證券及期貨事務監
察委員會年報》（1992-2017）。

證券及期貨事務監察委員會：《中國證監會和香港
證監會簽署有關創業板內地發行人監管合作事
宜的換文》（1999 年 10 月 14 日）。

證券及期貨事務監察委員會：《證券及期貨事務監
察委員會 2003-2004 年年報》（2004 年 5 月
12 日）。

證券及期貨事務監察委員會：《證券及期貨事務監
察委員會季度報告》（2011 年 10 月至 12 月、
2017 年 4 月至 6 月）。

證券及期貨事務監察委員會：《基金管理活動調查》
（2008-2016）。

證券及期貨事務監察委員會：《中國證券監督管理
委員會香港證券及期貨事務監察委員會聯合公
告》（2014 年 4 月 10 日）。

證券及期貨事務監察委員會：《中國證券監督管理
委員會香港證券及期貨事務監察委員會聯合公
告》（2016 年 8 月 16 日）。

證券及期貨事務監察委員會：《2016 年基金管理
活動調查》（2017 年 7 月）。

證券及期貨事務監察委員會：《2017年資產及財富管理活動調查》（2018年7月）。

麗豐控股有限公司：《截至二零一七年七月三十一日止年度報告》（2017年11月15日）。

權智（國際）有限公司：《權智（國際）有限公司1993年報》（1993年7月23日）。

鷹君集團有限公司：《鷹君集團年報》（2007-2017）。

鹽田國際集裝箱碼頭有限公司：《大港：鹽田國際25周年紀念》（2018年）。

Animals Asia, *An Animals Asia investigation, Report No. 3, China's rural dogs in crisis* (Hong Kong: Animals Asia, 2015).

Animals Asia, *An Animals Asia investigation, Report No. 4, Survey of public attitudes to dog and cat eating in China*, (Hong Kong: Animals Asia, 2015).

Bank for international settlements. "Bis Quarterly Review". 11 Dec 2016.

Bank of Communications and Bank of China. "Joint Statement by the Bank of China and the Bank of Communications on the overall management by the Bank of Communications of its Hong Kong Branch". 13 March 1998.

Bank of Korea. *Economic Statistics Yearbook, 1969-1979* (Seoul: Bank of Korea, 1970-1980).

Census and Statistics Department, *Hong Kong Review of Overseas Trade in 1964* (Hong Kong: Government Printer, 1970).

Census and Statistics Department, *Hong Kong Review of Overseas Trade in 1970* (Hong Kong: Government Printer, 1970).

Census and Statistics Department, *Hong Kong Review of Overseas Trade (1972-1979)* (Hong Kong: Government Printer, 1972-1979).

Census and Statistics Department. "Labour Utilization in Hong Kong". October 1976.

Census and Statistics Department, *Estimates of Gross Domestic Product (1966-1980 Edition)* (Hong Kong: Government Printer, 1982).

Census and Statistics Department. "Structural Changes in Manufacturing Industries 1981-1991". September 1993.

Census and Statistics Department. "Labour Productivity of the Manufacturing Sector In Hong Kong, 1981-1991". July 1994.

China Resources Enterprise Limited. "Disclose and Connected Transactions". 18 June 1997.

Council for Economic Planning and Development Republic of China, *Taiwan Statistical Data Book 2001* (Taipei: Council for Economic Planning and Development, 2002).

Deutsche Bank. "Investing in China's Bond Market：An Overview for Global Investors". July 2016.

European Union. "COMMISSION DECISION amending Decisions 92/260/EEC, 93/195/EEC, 93/197/EEC and 2004/211/EC as regards the importation of registered horses from certain parts of China and adapting certain third country denominations (2010/266/EU)". 30 April 2010.

Government Information Services (ed), *Hong Kong 1984: A review of 1983* (Hong Kong: Government Printer, 1984).

Government Information Services (ed), *Hong Kong 1985: A review of 1984* (Hong Kong: Government Printer, 1985).

Hong Kong Industrial and Commercial Bank Limited. "Hong Kong Industrial and Commercial Bank Balance Sheet". 11 May 1994.

Hong Kong Legislative Council. "FSTB(FS)004 Question Serial No. 3297—Written Reply regarding the RQFII Scheme". Feb 2012.

Hong Kong Monetary Authority. "Liquidity Return-Personal Renminbi Business in Hong Kong". 13 April 2004.

Hong Kong Monetary Authority. "Personal Renminbi Business in Hong Kong". 13 December 2005.

Hong Kong Monetary Authority. "Renminbi（"RMB"）Business-Thematic Examinations". 14 March 2007.

Hong Kong Monetary Authority. "Personal Renminbi Business in Hong Kong". June 2007.

Hong Kong Monetary Authority. "Renminbi Business in Hong Kong". 20 June 2007.

Hong Kong Monetary Authority. "Renminbi Business in Hong Kong". 6 July 2009.

Hong Kong Monetary Authority. "Liquidity Ratio-Cross-border Trade Settlement in Renminbi ("RMB")". 29 July 2009.

Hong Kong Monetary Authority. "Renminbi Business in Hong Kong". 19 July 2010.

Hong Kong Port and Maritime Board, "Study to Strengthen Hong Kong's Role as an International maritime Centre", Hong Kong Port and Maritime Board, January 2003.

Hospital Authority, Hospital Authority Institute of Health Care. *Hospital Authority Institute of Health Care Annual Report*. Hong Kong：Hospital Authority, 2013-2015.

JSC VTB Bank. "2010 Annual report". March 2011.

Office of the Commissioner of Insurance and the Registrar of Occupational Retirement Schemes Hong Kong. *1997 Annual Report* (Hong Kong: Office of the Commissioner of Insurance and the Registrar of Occupational Retirement Schemes, 1997).

Shanghai Petrochemical Company Limited. "New Issue of 1,680,000,000 H Shares". 6 July 1993.

SWIFT. "RMB internationalisation： "Where we are and what we can expect in 2018". January 2018.

The University of Hong Kong. *The Review*. Hong Kong: The University of Hong Kong, 1997-1999.

Tsingtao Brewery Company Limited. "Share Offer of 317,600,000 H Shares of Nominal Value RMB 1.00 Each". 29 June 1993.

World Trade Organization, *World Trade Statistical Review 2018* (Geneva： World Trade Organization, The International Trade Statistics Section, 2018).

報章刊物

《21 世紀經濟報道》（廣州，2001-2014）。

《AM730》（香港，2005）。

《TVB 周刊》（香港，2006-2007、2012、2017）。

《人民日報》（1984-2018）。

《人民日報海外版》（北京，2000-2018）。

《上海證券報》（上海，2006-2008、2016-2017）。

《大公報》（香港版，1978-2021）。

《工商日報》（香港，1978-1984）。

《工商時報》（台北，2015）。

《工商晚報》（香港，1980、1983）。

《中大通訊》（香港，2003 年 11 月第 229 期）。

《中央社中文新聞》（台灣，2005）。

《中國工商報》（北京，2004）。

《中國水運報》（武漢，2003、2006、2008、2014）。

《中國交通報》（北京，1994-1995、1997-1999、2003-2005）。

《中國知識產權報》（北京，2009）。

《中國社會工作期刊》（北京，2008 年第 1 期）。

《中國青年報》（北京，2004-2017）。

《中國財經報》（太原，1993）。

《中國港口》（北京，1996 年第 06 期、2004 年第 5 期、2005 年第 10 期）。

《中國新聞社》（北京，1984、2017）。

《中國經貿》（北京，1999）。

《中國經濟時報》（北京，1999-2002、2007）。

《中國經濟新聞》（北京，1981、1985、2001）。

《中國經濟導報》（北京，1999-2000）。

《中國經營報》（北京，2001、2003）。

《中國電力報》（北京，2004）。

《中國證券報》（北京，1992-2017）。

《中華工商時報》（北京，1997、2001、2003、2006）。

《中銀香港發展規劃部：中銀財經速評第 125 號》（2016 年 10 月 27 日）。

《天天日報》（香港，1998）。

《太陽報》（香港，2004-2015）。

《文匯報》（香港，1978-2021）。

《北京日報》（北京，1992、1998、2001-2002、2004、2010、2016）。

《北京法制報》（北京，2003）。

《北京青年報》（北京，2000-2001、2007-2015）。

《北京科技報》（北京，2003）。

《北京商報》（北京，2008-2011、2013、2015）

《北京晚報》（北京，2000、2008、2012、2016）。

《北京晨報》（北京，1999、2002、2008、2015）。

《北京現代商報》（北京，2006）。

《四川日報》（成都，1998）。

《四川經濟日報》（成都，1993）。

《正報》（澳門，2010）。

《民營經濟報》（廣州，2004、2008、2017）。

《光明日報》（北京，1993-1995、2008）。

《成都日報》（成都，2008）。

《成都商報》（成都，2004）。

《成報》（香港，2006）。

《江門日報》（江門，2010）。

《江南晚報》（無錫，2008）。

《百姓》（香港，1986 年 11 月 1 日，第 133 期）。

《羊城晚報》（廣州，1980、2000-2008、2018）。

《西安晚報》（西安，2000）。

《佛山日報》（佛山，2018）。

《快報》（香港，1992）。

《投資導報》（深圳，1996-1998）。

《亞太經濟時報》（廣州，2006）。

《亞洲週刊》（香港，2012、2016）。

《京華時報》（北京，2003、2009、2011、2016）。

《叔蘋會訊》（上海，2013 年第 1 期）。

《明報》（香港，1978-2019）。

《明報加東版》（多倫多，2010）。

《東方日報》（香港，2001-2016）。

《東方早報》（上海，2007）。

《東莞日報》（東莞，2017）。

《法制日報》（北京，2004）。

《法制晚報》（北京，2009、2011）。

《金羊網 —— 羊城晚報》（廣州，2002-2003）。

《金融時報》（北京，2004-2007）。

《青島日報》（青島，2004）。

《保監透視》（香港，2000-2015，第 1、2、4、6、8、12、14、15、18-19、28-29、34、38、43 期）。

《信息早報》（北京，2002）。

《信息時報》（廣州，1992）。

《信報財經月刊》（香港，2013）。

《信報財經新聞》（香港，2000-2017、2020）。

《南方日報》（全國版）（廣州，2005-2006）。

《南方日報》（廣州，1992、1999、2001-2005、2008、2010-2013、2017-2019）。

《南方都市報》（廣州，2003-2021）。

《建築承造雜誌》（香港，1987 年 5/6 月、1988 年 5/6 月、1988 年 9/10 月、1993 年 11/12 月）。

《星島日報》（香港，1993-2015）。

《春華秋實》（香港，2014-2017，第 1、3、8、10、13-14、15 及 17 號）。

《科技日報》（北京，2006）。

《重慶商報》（重慶，2001）。

《重慶晨報》（重慶，2006）。

《音樂周報》（北京，2017）。

《香港 01》（香港，2019）。

《香港工商日報》（香港，1982）。

《香港中文大學校刊》（香港，1988）。

《香港行政》（香港，第 2、6、11 期）。

《香港建築師學會兩岸四地建築設計論壇及大獎》（香港，2013-2017）。

《香港商報》（香港，1985-2018）。

《香港國際電影節節目表及訂票手冊》（香港，1977-2017）。

《香港經濟日報》（香港，1997-2017）。

《香港電視》（香港，1978-1979、1983、1986-1987）。

《香港電影面面觀》（香港，1996-2003）。

《浙江日報》（杭州，2001）。

《珠江時報》（佛山，2019）。

《珠海特區報》（珠海，2015）。

《財經新聞報》（北京，2004）。

《陝西日報》（陝西，2004、2007）。

《國際金融報》（北京，2003、2005、2009）。

《國際商報》（北京，1993-2010）。

《深圳特區報》（深圳，2005-2020）。

《深圳商報》（深圳，1994-1997、2002、2004、2006）。

《第一財經日報》（上海，2005、2017）。

《都市日報》（香港，2003）。

《博雅行》（香港，2017年11月第四期、2019年1月第八期）。

《揚子晚報》（南京，2004）。

《晴報》（香港，2012）。

《湖南日報》（長沙，2015）。

《華夏時報》（北京，2004、2006）。

《華僑日報》（香港，1986-1995）。

《貴州日報》（貴州，2006、2011）。

《雲南日報》（昆明，2001）。

《新民晚報》（上海，2005）。

《新京報》（北京，2005-2015）。

《新商報》（大連，2005）。

《新報》（香港，2001、2007）。

《新華社》（北京，1985-2018）。

《新華澳報》（澳門，2017）。

《新聞晨報》（上海，2007、2009）。

《新疆日報》（烏魯木齊，2008）。

《粵港信息日報》（廣州，1994、1998）。

《經濟一週》（香港，2002、2004）。

《經濟日報》（北京，1992、1997、2002、2004）。

《經濟參考報》（北京，2003）。

《經濟導報》（香港，1978-1990、2001、2006、2016-2017）。

《解放日報》（上海，1993、1996、2003、2005、2015、2018、2020）。

《資本雜誌》（香港，2005年5月，第216期）。

《滬港經濟》（上海，1997年1期）。

《福建日報》（福建，1993、2010、2014）。

《精訊數據》（北京，1994-2002）。

《廣州日報》（廣州，1978-2019）。

《樹仁簡訊》（香港，2014年3月號）。

《澳門日報》（澳門，2000、2014-2016、2020）。

《錢江晚報》（杭州，2012）。

《頭條日報》（香港，2015-2016）。

《醫院管理局慈善基金通訊》（香港，2010年第12期號）。

《證券日報》（北京，2013、2015）。

《證券時報》（深圳，1999-2000、2007）。

《蘋果日報》（香港，2005、2012、2015）。

《蘭州早報》（蘭州，2013）。

Media: The Asian marketing and communications magazine (Hong Kong, 1978, 1979, 1995).

South China Morning Post (Hong Kong, 1985-1988, 1992-1996, 1998, 2004, 2013).

檔案

香港科技協進會：〈香港科技協進會〉，1986，香港科技協進會檔案，香港大學圖書館，檔案，HKP 506 H77 Ah。

電子書

丁棟虹：《創業管理》（北京：清華大學出版社，2006），https://books.google.com.hk/books?id=XggFyoYZhd0C&pg=PA400&lpg=PA400&dq=%E6%B7%B1%E5%9C%B3%E9%87%91%E8%9D%B6%E8%BD%AF%E4%B

B%B6%E7%A7%91%E6%8A%80%E6%9C
%89%E9%99%90%E5%85%AC%E5%8F%
B8+IDG+1998%E5%B9%B45%E6%9C%8
8&source=bl&ots=UTu9T5gvcR&sig=ACfU3
U3s2A4go4BioF-XnPWvKFGH4t2fNA&hl=zh-
TW&sa=X&ved=2ahUKEwjygpCu8ZDwA
hWNJaYKHSL3DzIQ6AEwCXoECAYQAw
#v=onepage&q=%E6%B7%B1%E5%9C
%B3%E9%87%91%E8%9D%B6%E8%B
D%AF%E4%BB%B6%E7%A7%91%E6%
8A%80%E6%9C%89%E9%99%90%E5%
85%AC%E5%8F%B8%20IDG%201998%-
E5%B9%B45%E6%9C%88&f=false。

中國人民大學風險投資發展研究中心編：《中
國風險投資年鑒》（北京：民主與建設出
版社，2002），http：//img.chinamaxx.
net.eproxy.lib.hku.hk/n/abroad/hwbook/
chinamaxx/11084870/c26bcd18ef8b4800b
73c0e967639fb1d/67ea59bfec550a8199d3
43d955018a46.shtml?tp=jpabroad&fenlei=&t
=1&username=hku。

浙江省外經貿志編纂委員會編：《浙江省外經貿志》
（北京：方志出版社，1998），http：//www.
zjdfz.cn/tiptai.web/BookRead.aspx？BookI
D=201212082685&bookType=Digital&Directo
ry=1。

浙江省外經貿志編纂委員會編：《浙江省紡織工
業志》（北京：方志出版社，1998），http：
//www.zjdfz.cn/tiptai.web/BookRead.aspx？
BookID=201212082678&bookType=Digital&
Directory=1。

國家統計局社會科技和文化產業統計司、科學
技術部戰略規劃司編：《中國科技統計年
鑒》（1991-2017）（北京：中國統計出版
社，1991-2017），https：//tongji-oversea-
cnki-net.eproxy.lib.hku.hk/fanti/navi/
HomePage.aspx?name=YBVCX&floor=1&id
=N2019030267。

專著及論文

〈1994 年我國進出口集裝箱超過 1000 萬 TEU〉，
《集裝箱化》，1995 年第 5 期，頁 2。

〈2008 公關與廣告國際學術論壇在香港隆重舉
行〉，《國際新聞界》，2008 年第 12 期，頁
95。

〈2016 年內地高校免試招收香港學生達 1391
人〉，《教學管理與教育研究》，2016 年第 24
期，頁 62。

〈33 年的無間動力〉，《CLP CONNECT》，2018
年第 6 期，頁 35-37。

Charlie Xia、嚴佳鈺：〈上海 K11 購物藝術中
心〉，《建築技藝》，2014 年第 11 期，頁 80-
85。

一國兩制研究中心：《香港與泛珠三角區域合作背
景報告》（香港：香港特別行政區政府中央政
策組，2004）。

丁三青：〈CEPA：中國高等教育國際化及其制度
創新〉，《煤炭高等教育》，2004 年第 3 期，
頁 21-23。

丁俊發：〈十一五規劃綱要中現代物流之解析：里
程碑、新起點〉，《中國儲運》，2006 年第 3
期，頁 25-28。

丁俊發：〈改革開放 40 年中國物流業發展與展
望〉，《中國流通經濟》，2018 年 4 月第 32
卷第 4 期，頁 3-17。

丁建平：〈一場進行了 20 年的接力賽跑 —— 上海
實業（集團）有限公司董事長蔡來興訪談錄〉，
《滬港經濟》，2001 年 6 期，頁 25-27。

人行廣州分行研究小組：《粵港澳三地貨幣跨境
流通問題研究》，《金融研究》，2002 年第 6
期，頁 87-94。

《上海日用工業品商業志》編纂委員會編：《上海
日用工業品商業志》（上海：上海科學院出版
社，1998）。

《上海市地方志》編纂委員會編：《上海市志·外
資經濟分志：1978-2010》（上海：上海辭書
出版社，2020）。

《上海市徐匯區年鑒》編纂委員會編：《徐匯年鑒
（2009）》（上海：上海社會科學院出版社，
2009）。

《上海市寶山區史志》編纂委員會編：《寶山年
鑒》（1996-1998）（北京：中國統計出版社，
1996-1998）。

上海市體育宣傳教育中心編輯委員會編：《歷史上
的今天 上海體育大事記（1980-2015）》（上
海：上海市體育宣傳教育中心，2016）。

《上海地方志》辦公室編：《上海名建築志》（上海：

上海社會科學院出版社，2005）。

《上海年鑑》編纂委員會編：《上海年鑑》（1996-2018）（上海：上海人民出版社，1996-2018）。

《上海住宅建設志》編纂委員會編：《上海住宅建設志》（上海：上海社會科學院出版社，1998）。

上海叔蘋獎學金得獎同學會：《傳承：從 42 到 8261：叔蘋獎學金成立 75 周年紀念文集》（上海：上海社會科學院出版社，2015）。

上海社會科學院、上海經濟年鑑編輯部編：《上海經濟年鑑》（1986-2002）（上海：上海人民出版社，1986-2002）。

《上海金融志》編纂委員會編：《上海金融志》（上海：上海社會科學出版社，2003）。

上海統計局編：《上海統計年鑑》（1981-2018）（北京：中國統計出版社，1981-2018）。

《上海通志》編纂委員會編：《上海通志·工業卷》（上海：上海人民出版社、上海社會科學院出版社，2005）。

《上海通志》編纂委員會編：《上海通志·對外貿易與經濟合作卷》（上海：上海人民出版社、上海社會科學院出版社，2005）。

《上海通志》編纂委員會編：《上海通志》（上海：上海人民出版社、上海社會科學院出版社，2005）。

《上海對外經濟貿易年鑑》編纂委員會編：《上海對外經濟貿易年鑑》（上海：上海遠東出版社，2004）。

《上海對外經濟貿易志》編纂委員會編：《上海對外經濟貿易志》（上海：上海社會科學院出版社，2001）。

上海廣播電視志編輯委員會編：《上海廣播電視志》（上海：上海社會科學院出版社，1999）。

于慶新：〈民樂翹楚 —— 香港中樂團「香港中樂團大型民族音樂會訪演北京座談會」綜述〉，《人民音樂》，2008 年第 4 期，頁 24-26。

〈凡事用心 全力以赴創佳績〉，《精英體育》，2013 年第 17 期，頁 F2。

大公財經：〈粵港動漫玩具業聯手掘金〉，《廣東經濟》，2015 年第 3 期，頁 89。

大公報：《大公報一百年（下冊）》（香港：大公報出版有限公司，2002）。

《大埔年鑑》編纂委員會、《大埔縣地方志》編纂委員會編：《大埔年鑑》（1995-2006）（廣州：廣東人民出版社，1995-2006）。

小君：〈吳方笑薇：不為地球還為誰〉，《環境教育》，2005 年第 6 期，頁 36-37。

小野耕世著，盧子英編，馬宋芝譯：《中國動畫：中國美術電影發展史》（香港：三聯書店（香港）有限公司，2021）。

《工業年鑑》編輯部編：《工業年鑑（2012）》（北京：中國財政經濟出版社，2012）。

〈中大與夥伴院校共建內地與港澳法學教育聯盟〉，《中大學術交流處通訊》，2017 年 7 月第 134 期。

《中山市地方志》編纂委員會編：《中山市志（1979-2005）》（廣州：廣東人民出版社，2012）。

中山市委辦公室，中山市政協文史委編：《足跡中山改革開放實錄經濟卷》（廣州：廣東人民出版社，2018）。

中共上海市委黨史研究室編：《上海改革開放風雲錄》（上海：上海人民出版社，1994）。

中共上海市委黨史研究室編：《破冰：上海土地批租試點親歷者說》（上海：上海人民出版社，2018）。

中共上海市建設和管理工作委員會、上海市建設和管理委員會編：《上海建設年鑑》（2003）（北京：新華出版社，2004）。

中共中央政策研究室綜合組編：《改革開放二十年大事記》（北京：中國人民大學出版社，1999）。

中共中央辦公廳調研室綜合組編：《東莞十年（1979-1988）》（上海：上海人民出版社，1989）。

中共東莞市委黨史研究室、東莞市檔案館編：《建國五十年東莞大事記》（廣州：廣東人民出版社，2002）。

中共浙江省委政策研究室、浙江省人民政府經濟技術社會發展研究中心編：《浙江經濟年鑑（1995）》（杭州：浙江人民出版社，1996）。

中共珠海市委黨史研究室編：《中國經濟特區的建立與發展·珠海卷》（北京：中共黨史出版社，1996）。

中共廣東省委黨史研究室編：《廣東經濟發展探索錄》（廣州：廣東人民出版社，2009）。

中苑：《服務香港共建未來 —— 紀念中國銀行在香港設立機構 90 周年》（香港：中國銀行（香港）有限公司，2007）。

中國人民政治協商會議、廣東省廣州市委員會、文史資料研究委員會編：《廣州文史》（廣州：廣東人民出版社，1994）。

中國人民政治協商會議、廣東省廣州市委員會、文史資料研究委員會編：《參與者談廣州改革開放》（北京：人民出版社，2018）。

中國人民政治協商會議番禺縣委員會文史資料研究委員會編：〈霍英東在番禺〉，《番禺文史資料》（第 5 期），1987 年 11 月。

中國人民政治協商會議廣東省委員會編：《敢為人先 —— 改革開放廣東一千個率先》（全八冊）（北京：人民出版社，2015）。

〈中國大學校長聯誼會 2009 年會暨校長論壇〉，《中大學術交流處通訊》，2009 年 11 月第 37 期。

〈中國大學校長聯誼會 2013 年會暨校長論壇〉，《中大學術交流處通訊》，2013 年 11 月第 87 期。

《中國工商行政管理年鑒》編輯部編：《中國工商行政管理年鑒（1994）》（北京：中國工商出版社，1994）。

〈中國公關顧問行業的領航人 —— 記縱橫公共關係顧問集團有限公司董事長兼董事總經理曾立基〉，《中國企業報》，2006 年第六版，頁 1。

中國太平保險集團有限責任公司編著：《太平史話》（香港：商務印書館（香港）有限公司，2019）。

中國包裝技術協會編：《中國包裝年鑒（1983-1984）》（北京：中國物資出版社，1984）。

中國民政：〈改革開放以來救災體制改革簡述〉，《中國民政》，2000 年第 2 期。

《中國交通年鑒》社編：《中國交通年鑒》（1986-1999）（北京：中國交通年鑒社，1986-1999）。

中國交通部、中國港口協會、中國港口年鑒編輯部編：《中國港口年鑒》（1999-2018）（上海：中國港口雜誌社，1999-2018）。

中國共產黨浙江省委員會政策研究室、浙江省人民政府經濟技術社會發展研究中心編：《浙江年鑒》（1992-2018）（杭州：浙江人民出版社，1992-2018）。

中國物流與採購聯合會編：《中國物流年鑒》（北京：中國物資出版社，2002）。

中國物流與採購聯合會編：〈中國物流改革開放 30 年大事記〉，《中國物流與採購》，2008 年第 24 期，頁 48-51。

中國物資經濟學會編：《外國和港澳地區物資管理考察》（北京：中國物資出版社，1981）。

《中國金融年鑒》編輯委員會編：《中國金融年鑒》（1990、1996）（北京：《中國金融年鑒》編輯部，1990、1996）。

《中國保險資產管理發展報告（2011）》編寫組編：《中國保險資產管理發展報告（2011）》（北京：中國金融出版社，2012）。

中國保險學會、《中國保險史》編審委員會編：《中國保險史》（北京：中國金融出版社，1998）。

中國建築工業出版社編：《中國建築業年鑒》（1977-1996）（北京：中國建築工業出版社，1977-1996）。

中國建築學會、香港建築師學會編：〈中國建築學會與香港建築師學會 1994-1996 三年合作協定〉，《建築學報》，1994 年第 6 期，頁 5。

〈中國科學院院士訪校計劃暨院士講座系列邁向十周年〉，《中大學術交流處通訊》，2017 年 3 月第 130 期。

中國食品工業年鑒編輯部編：《中國食品工業年鑒（1984）》（北京：中華書局，1984）。

中國旅遊年鑒編輯委員會編：《中國旅遊年鑒 1991》（北京：中國旅遊出版社，1991）。

中國海外編輯委員會：《中國海外集團內部月刊》（2007 年第 11 期）（香港：中國海外集團有限公司，2007）。

《中國能源發展報告》編輯委員會編：《中國能源研究報告：區域篇》（北京：中國統計出版社，2006）。

《中國能源發展報告》編輯委員會編：《中國能源發展報告》（北京：社會科學文獻出版社，2006）。

《中國商務年鑒》編輯委員會編：《中國商務年鑒》（北京：商務出版社，2004）。

中國國家發展和改革委員會、中國經濟體制改革研究會編：《中國經濟體制改革年鑒》（1989-2006）（北京：中國改革年鑒編纂委員會，1989-2006）。

中國國家發展和改革委員會、中國經濟體制改革

研究會編：《中國改革年鑒》（2007-2018）（北京：中國改革年鑒編纂委員會，2007-2018）。

中國國家體育總局編：《拼搏歷程，輝煌成就 —— 新中國體育 60 年 —— 項目卷》（北京：人民出版社，2009）。

《中國教育年鑒》編輯部：《中國教育年鑒》（1998-2015）（北京：人民教育出版社，1998-2015）。

中國教育發展基金會及教育部港澳台事務辦公室：《企業翹楚慈善楷模：紀念邵逸夫先生逝世一周年》（北京：高等教育出版社，2014）。

《中國設計年鑒》編輯委員會編：《中國設計年鑒 1980-1995》（哈爾濱：黑龍江美術出版社，1996）。

《中國設計年鑒》編輯委員會編：《中國設計年鑒 1996-1997》（北京：九洲圖書出版社，1998）。

《中國設計年鑒》編輯委員會編：《中國設計年鑒 1998-1999》（北京：九洲圖書出版社，1999）。

《中國港口年鑒》編輯部：《中國港口年鑒》（上海：中國港口雜誌社，2006）。

中國經濟信息網：〈RQFII 額度一覽表〉，《人民幣月刊 —— 中國債券通天下》，2017 年第 54 期，頁 11。

《中國經濟特區開發區年鑒》編委會編：《中國經濟特區開發區年鑒（1995）》（北京：改革出版社，1995）。

《中國經濟貿易年鑒》編輯委員會編：《中國經濟貿易年鑒（2018）》（北京：中國經濟貿易年鑒社，2018）。

中國經濟體制改革研究會編寫組：《中國改革開放大事記（1978-2008）》（北京：中國財政經濟出版社，2008）。

《中國電力年鑒》編輯委員會編：《中國電力年鑒》（1993-2018）（北京：中國電力出版社，1993-2018）。

中國電子信息產業發展研究院編：《中國信息產業發展報告（2006-2007）》（北京：國際數字傳媒出版集團，2007）。

中國電影家協會編：《中國電影年鑒》（1981-2006）（北京：中國電影出版社，1982-2007）。

中國電影發行放映公司：〈京、津、滬等十一個城市 1985 年上半年電影市場情況〉，載程季華主編：《中國電影年鑒 1986》（北京：中國電影出版社，1988），頁 385-387。

中國對外貿易經濟合作企業協會編：《中國外經貿企業年鑒（2001）》（北京：中國標準出版社，2001）

中國對外經濟貿易年鑒編輯委員會編：《中國對外經濟貿易年鑒》（2002）（北京：中國對外經濟貿易出版社，2002）。

《中國輕工業年鑒》編輯委員會編：《中國輕工業年鑒》（1988-1994）（北京：中國大百科全書出版社，1988-1994）。

中國銀行港澳管理處：〈勇於創新 開拓進取 邁向 90 年代 —— 香港中銀集團簡介〉，《國際金融研究》，1990 第 5 期，頁 23-24。

中國廣告協會編：《2001 年中國廣告年鑒》（北京：新華出版社，2001）。

中國廣告協會編：《2017 年中國廣告市場報告》（北京：中國工商出版社，2017）。

〈中國廣深珠高速公路 預期八七年通車〉，《香港建設》，總第 52 期，頁 12。

中國廣視索福瑞媒介研究：〈2005 年全國電視劇播出與收視狀況分析〉，載畢江燕主編：《中國電視收視年鑒 2006》（北京：中國傳媒大學出版社，2006），頁 87-99。

中國廣視索福瑞媒介研究：〈2006 年全國電視劇播出與收視狀況分析〉，載畢江燕主編：《中國電視收視年鑒 2007》（北京：中國傳媒大學出版社，2007），頁 117-125。

中國廣視索福瑞媒介研究：〈2008 年全國電視劇播出與收視狀況分析〉，載李紅玲主編：《中國電視收視年鑒 2009》（北京：中國傳媒大學出版社，2009），頁 104-120。

中國廣視索福瑞媒介研究：〈2009 年全國電視劇播出與收視狀況分析〉，載李紅玲主編：《中國電視收視年鑒 2010》（北京：中國傳媒大學出版社，2010），頁 105-114。

中國廣視索福瑞媒介研究：〈2010 年全國電視劇播出與收視回顧〉，載李紅玲主編：《中國電視收視年鑒 2011》（北京：中國傳媒大學出版社，2011），頁 105-118。

中國廣播電視年鑒編輯委員會：〈交流與合作〉，載《中國廣播電視年鑒》編輯委員會編：《中國廣播電視年鑒 2011》（北京：北京廣播學院出版社，2011），頁 559-573。

《中國機械電子工業年鑑》編輯委員會：《中國機械電子工業年鑑》（1991-1992）（北京：石油工業出版社，1991-1992）。

〈中國濕地保護〉，《野生之聲》，1990 年 6 月，頁 2。

《中港教育合作：現況與契機》（香港：香港浸會大學社會科學院教育學系，2017）。

《中港學術交流的現狀與前瞻》（香港：京港學術交流中心，1986）。

中華人民共和國交通部水運司：《中國對外開放港口》（北京：人民交通出版社，2000）。

《中華人民共和國年鑑》編輯部編：《中華人民共和國年鑑》（1997、1999）（北京：中華人民共和國年鑑社，1997、1999）。

中華人民共和國商務部編：《中國商務年鑑》（1982-1995）（北京：中國商務出版社，1982-1995）。

中華人民共和國國家統計局編：《中國統計年鑑》（1979-2018）（北京：中國統計出版社，1978-2018）。

中華人民共和國對外貿易經濟合作部：《創造卓越：中國外資巡禮》（香港：中國文化出版社，1994）。

中華人民共和國衛生部：〈關於下達「引流熊膽」暫行管理辦法的通知〉，《中國藥事》，1989 年第 2 期，頁 88。

中華民國對外貿易發展協會編：《一讀就通：大陸自由貿易區政策與商機寶典》（台北：中華民國對外貿易發展協會，2015）。

中華全國供銷合作總社編：《中國供銷合作社年鑑（1999-2000）》（北京：中華全國供銷合作總社，2001）。

中華健康快車基金會、健康快車香港基金：《健康快車十年》（香港：藍馬柯式印務有限公司，2007）。

中華健康快車基金會：《健康快車的故事》（北京：人民衛生電子音像出版社有限公司，2017）。

中視宣：〈《香港的故事》引起世人矚目〉，《當代電視》，1997 年第 8 期，頁 35。

《內地與香港經濟合作概覽》編寫組編：《內地與香港經濟合作概覽》（香港：中華書局（香港）有限公司，2016）。

卞祖善：〈中國交響樂創作世紀回顧 —— 為第六屆（上海）亞太地區交響樂團聯盟峰會而作〉，《藝術評論》，2009 年第 2 期，頁 16-22。

〈天津國際經貿展覽中心設計〉，《城市》，1989 年第 2 期，頁 25-26。

孔祥金：〈廣東兩條高速公路同步建設同時通車〉，《公路》，1989 年第 10 期，頁 47。

尤靜波：《流行音樂教育系列叢書：中國流行音樂簡史》（上海：上海音樂出版社，2015）。

尹定邦：〈改革是設計教育的根本出路〉，《美術》，1993 年第 4 期，頁 25-27。

尹定邦、劉露微：〈廣州美術學院設計系〉，《裝飾》，1991 年第 2 期，頁 8-9。

尹豪：〈改革開放以來中國對外勞務輸出發展綜述〉，《人口學刊》，2002 年第 6 期，頁 12-17。

尹鴻、何美：〈走向後合拍時代的華語電影：中國內地與香港電影的合作／合拍歷程〉，《台灣傳播與社會學刊》，2009 年第 7 期，頁 31-60。

巴晴：《人民幣國際化關鍵 —— 推動離岸市場機制構建》（香港：香港城市大學出版社，2019）。

文耀：〈從締造 4A 帝國，到告別 4A 帝國 —— 陳一枬，一個跨國中國人的故事〉，《廣告大觀》，2005 年第 9 期，頁 50-57。

方竹、王達軍：〈從成綿高速公路看外商在川投資前景〉，《中國西部》，1996 年 4 期，頁 4-7。

方舟、廖海峰、陳振寧：〈香港國際航運中心轉型與升級的政策建議〉，載陳多編：《港澳經濟年鑑 2009 —— 第四編 香港經濟專題研究》（香港：港澳經濟年鑑社，2006），頁 251。

方宏進：〈公共關係在中國十年的發展 —— 歷程、問題及前景〉，載邢穎：《中國公共關係二十年：理論研究文集》（北京：北京大學出版社，2007），頁 27。

方潤華：《餘慶集》（香港：和平圖書有限公司，2008）。

方樹福堂基金秘書處：《積善餘慶》畫冊（香港：蜂創作有限公司，2014）。

毛蘊詩、汪建成：《廣東企業 50 強：成長與重構》（北京：清華大學出版社，2005）。

毛艷華：《粵港澳合作四十年》（北京：中國社會科學出版社，2018）。

牛和恩、林常青：〈依靠體制改革 再造集資優勢

加快廣東公路建設步伐新的思路 —— 關於我省交通投資融資體制改革方案的代説明〉,《廣東公路交通》,1994 年第 2 期,頁 1-10。

王士雄、范世平:《中國大陸出境旅遊政策》(台北:秀威資訊科技股份有限公司,2005)。

王玉明:〈大珠三角城市群環境治理中的政府合作〉,《南都學壇》,2018 年第 4 期,頁 109-117。

王玉德:《再造招商局》(北京:中信出版股份有限公司,2008)。

王先進:〈中國土地使用制度改革的實踐與發展〉,載香港房地產建築業協進會、中國人民大學土地管理系編:《房地產論文集》(北京:中國人民大學出版社,1995),頁 9-16。

王帆:《韓寒 H 檔案》(瀋陽:萬卷出版公司,2010)。

王旭東、汪文彬:〈希望工程在香港〉,《記者觀察》,1997 年第 10 期,頁 16-18。

王受之:〈王受之談設計教育 —— 專訪長江藝術與設計學院院長王受之〉,《設計》,2016 年第 18 期,頁 90-92。

王定一、上海二輕工業志編纂委員會:《上海二輕工業志》(上海:上海社會科學院出版社,1997)。

王忠民、康卉、陸根書、朱長新、李凱:〈探索西部高校中外合作辦學新模式 —— 西安交通大學與香港理工大學合作的通理項目案例研究〉,《高等理科教育》,2013 年第 1 期。

王林、宋宏宇編:《深圳股份制改革》(深圳:海天出版社,1992)。

王林奕蘋:〈滬港攜手 前程似錦〉,《滬港經濟》,1994 年第 3 期,頁 4-5。

王思琦:〈1978-2003 年間中國城市流行音樂發展和社會文化環境互動關係研究〉(福建師範大學博士論文,2005)。

王思穗:〈內地傳媒亮相「廣告之都」——一九九八年亞洲廣告展側記〉,《新聞記者》,1998 年第 12 期,頁 38-40。

王春新:〈香港零售業調整的原因及前景〉,《中銀經濟月刊》,2016 年 5 月,頁 1-4。

王春新:《香港經濟轉型與兩地經濟合作》(廣州:廣東經濟出版社,2019)。

王效杰:〈第二屆華人平面設計大賽及作品綜評〉,《裝飾》,2003 年第 1 期,頁 96。

王偉群:《中信 30 年(1979-2009)》(香港:大風出版社,2011)。

王健、禹國剛主編:《深圳證券投資手冊》(北京:中國廣播電視出版社,1992)。

王國華主編:《香港文化導論》(香港:中華書局(香港)有限公司,2014)。

王珺、趙祥:《先行者的探索:廣東改革開放 40 年》(廣州:廣東經濟出版社,2018)

王婷娣:〈訪恩平廣聯泰紡織企業公司〉,《國際經濟合作》,1988 年第 3 期,頁 22-25。

王粵飛:〈王粵飛 —— 設計行業期待方式方法上的改變〉,《設計》,2019 年第 12 期,頁 64-65。

王寬誠教育基金會:《王寬誠教育基金會成立三十周年紀念文集》(香港:王寬誠教育基金會,2015)。

王德衍:〈團結‧奮鬥迎接海外行工作的新飛躍〉,《中國金融》,1986 年第 2 期,頁 34-35。

王緝憲:《世界級樞紐 —— 香港的對外交通》(香港:商務印書館(香港)有限公司,2019)。

王濤:〈香港旅遊業發展初探〉,《亞太經濟》,2004 年 4 月期。

世界自然基金會香港分會:《養育海岸:守護海洋的日子》(香港:世界自然基金會香港分會,2016)。

〈世界野生生物香港基金會的「聯合計劃」〉,《野生之聲》,1989 年 12 月,頁 3。

付林編著:《中國流行音樂 20 年》(北京:中國文聯出版社,2003)。

付啟元、趙德興:《南京百年城市史 1912-2012(文化卷)》(南京:南京出版社,2014)。

〈加強資產經營 壯大華潤實力〉,《華潤調研》,1996 年第 6 期,頁 9-10。

包旭、真虹:〈我國外資建港的發展狀況及應注意的若干問題〉,《中國港口》,2004 年第 5 期,頁 14-15。

包陪慶:《我的爸爸包玉剛》(香港:商務印書館(香港)有限公司,2008)。

包曉聞:〈中國廣播電影電視業的整合與發展〉,《中國企業應對入世的策略》(廣州:羊城晚報出版社,2002),頁 97。

《北京市地方志》編纂委員會編:《北京年鑒(1993)》(北京:北京年鑒社,1993)。

《北京市地方志》編纂委員會編：《北京志·市政卷·民用航空志》（北京：北京出版社，2000）。

《北京市地方志》編纂委員會編：《北京志·建築卷·建築志》（北京：北京出版社，2002）。

《北京市地方志》編纂委員會編：《北京志·對外經貿志》（北京：北京出版社，2015）。

北京市保險公司《簡明中國保險知識辭典》編寫組編：《簡明中國保險知識辭典》（石家莊：河北人民出版社，1989）。

北京漢唐文化發展有限公司編著：《十年 —— 1986-1996 中國流行音樂紀事》（北京：中國電影出版社，1997）。

北京德高房地產顧問有限公司主編：《1995 中國房地產市場》（北京：企業管理出版社，1995）。

四川電力年鑒編纂委員會編：《四川電力年鑒（2007-2009）》（北京：方志出版社，2010）。

左藝芳：〈新時期電視劇中廣州形象的呈現與建構〉（暨南大學新聞與傳播學院碩士論文，2016）。

甘國材：〈中外合資經營大有可為 —— 關於北京航空食品有限公司經營情況的調查〉，《中國民航學院學報》，1984 年第 1 期，頁 68-79。

甘肅省地方史志辦公室編：《甘肅年鑒》（2009）（蘭州：甘肅文化出版社，2010）。

田家炳基金會：《田家炳基金會銀禧紀念集》（香港：田家炳基金會，2008）。

田媛：〈博文約禮始「中」不渝 —— 專訪香港中文大學（深圳）蔡小強協理副會長〉，《高校招生》，2019 年第 2 期，頁 12-15。

白金榮：〈發揮國有資本的整合效應 —— 從「北京控股」香港三次股本融資說起〉，2007 年第 1 期，《宏觀經濟研究》，頁 30-32。

白漢平、李惟鐘：〈京廣大廈 —— 中國第一座超高層建築誕生記〉，《當代北京研究》，2010 年第 2 期，頁 6-30。

石開華：〈中國電影史的瀏覽〉，《盤古》，第 115 期（1978 年 5 月 10 日），頁 40-43。

石廣生：《中國對外經濟貿易改革和發展史》（北京：人民出版社，2013）。

任超、楊忠：《汽車文化》（北京：北京理工大學出版社，2016）。

任嬡如：〈重大國際電影節中國電影獲獎作品〉，載任嬡如、王靜、楊沛璐：《追光逐影：影視藝術基礎知識概覽》（北京：中國傳媒大學出版社，2017）。

全國政協文史和學習委員會：《十四個沿海城市開放紀實·上海卷》（北京：中國文史出版社，2015）。

全國政協文史和學習委員會：《十四個沿海城市開放紀實·廣州卷》（北京：中國文史出版社，2015）。

全國鄧小平生平和思想研討會組織委員會編：《鄧小平百周年紀念：全國鄧小平生平和思想研討會論文集 下》（北京：中央文獻出版社，2005）。

向陽：〈走向全面發展的中國公共關係業〉，載邢穎編：《中國公共關係二十年：理論研究文集》（北京：北京大學出版社，2007），頁 59。

地產代理監管局：〈內地房地產經紀人與香港地產代理專業資格互認續約協議〉，《專業天地》，2017 年 9 月，頁 4。

安民：《內地與香港、澳門更緊密經貿關係安排知識讀本》（北京：中國商務出版社，2004）。

成言實：〈以創意為生命的金帆獎〉，《廣告大觀》，1997 年 7 月（總 38 期），頁 22-32。

成磊：〈新里程：TAECO 交付全球首架波音 747-400BCF〉，《航空維修與工程》，2006 年第 1 期，頁 10-11。

有智、單泠、曙白：《張浚生訪談錄》（香港：中華書局（香港）有限公司，2011）。

朱士秀：《招商局史（現代部分）》（北京：人民交通出版社，1995）。

朱東山：〈香港落馬洲河套地區發展再思考〉，《特區經濟》，2019 年第 3 期（總 362 期），頁 34-36。

朱思鳴：〈TVB 電視劇在內地的文化傳播現象研究〉（西北大學碩士學位論文，2009）。

朱雲春：〈中遠國際城太倉港區的發展規劃研究〉（大連：大連海事大學碩士論文，2001）。

朱瑞冰主編：《香港音樂發展概論》（香港：三聯書店（香港）有限公司，1999）。

朱鳳娟：〈慶祝香港回歸 20 周年的標誌性文化活動 —— 重塑經典：《萬水千山總是情》〉，《文化交流》，2017 年第 7 期，頁 4-7。

朱曉君：〈區港聯動促中國保稅區向自由港轉型〉，《Shippers Today》，2004 年第 27 期。

朱興榮、謝繼朝：〈川港合建成綿路 天府又添大動脈〉，《中國西部》，1998 年 1 期，頁 18-23。

朱耀偉：〈那些年星光燦爛：眾星對唱劃時代〉，載朱耀偉：《香港流行文化的（後）青春歲月》（香港：中華書局（香港）有限公司，2019），頁 128-157。

汕頭大學：《汕頭大學落成典禮紀念冊》（汕頭：汕頭大學，1990）。

汕頭大學長江藝術與設計學院：《全國大學生平面設計比賽 2004 獲獎作品集》（北京：中國青年出版社，2005）。

汕頭大學長江藝術與設計學院：《靳埭強設計獎全球華人大學生平面設計比賽獲獎作品集》（北京：中國青年出版社，2006）。

江怡、邵有民、中共上海黨志編纂委員會：《中共上海黨志》（上海：上海社會科學院出版社，2001）。

江長錄、徐喆：〈華山銀花異奇峰 —— 華山影視公司成立剪綵側記〉，《當代戲劇》，1985 年第 1 期，頁 58。

江青：《故人故事》（台北：大塊文化出版股份有限公司，2013）。

江雙玲：〈曾立基：財經公關第一人〉，《國際公關》，2012 年第 5 期，頁 38。

《江蘇省地方志》編纂委員會編：《江蘇省志·對外經濟貿易志》（南京：江蘇古籍出版社，1997）。

江蘇省地方志編纂委員會辦公室、江蘇年鑒雜誌社：《江蘇年鑒》（1986-2018）（南京：江蘇年鑒雜誌社，1986-2018）。

江蘇省統計局：《江蘇統計年鑒》（2000-2018）（北京：中國統計出版社，2000-2018）。

江蘇省檔案館：《經典江蘇三十年：歷史上的今天》（南京：東南大學出版社，2008）。

〈百變所以美麗 —— 百麗鞋業的時尚經營〉，《中國稅務》，2006 年第 10 期，頁 56-57。

〈而今邁步從頭越 ——「龍璽」環球華文廣告獎開始運作〉，《聲屏世界：廣告人》，1998 年第 6 期，頁 13。

艾墨：〈十年，相遇在香港〉，《中國青年報冰點周刊》，2007 年 7 月 5 日號。

行子：〈拯救黑熊〉，《人與自然》，2012 年第 7 期，頁 108-109。

何子源：《公關工作透視》（香港：商務印書館（香港）有限公司，1990）。

何氏教育基金：《何氏教育基金暨中山大學管理學院五周年紀念》（香港：何氏教育基金，1990）。

何以傳：〈積極引進外資，加快高速公路建設〉，《港澳經濟》，1994 年 6 期，頁 22-25。

何弢：《何弢築夢》（香港：天地圖書有限公司，2000）。

何建平：〈深港兩地動漫產業合作模式探討〉，《當代電影》，2010 年第 10 期，頁 131-144。

何建宗、吳方笑薇：《水舞人間》（香港：Warrior Books，2013）。

何振梁：《情繫中華體育：霍英東體育基金會成立十周年》（香港：霍英東體育基金會，1995）。

何銘思主編：《改革開放二十年：我的參與》（香港：霍英東基金會，1998）。

何靜：〈香港創新科技署：繽紛亮點 點燃粵港融合新篇章 —— 專訪香港創新科技署署長王榮珍女士〉，《廣東科技》，2013 年，頁 14-17。

何鏡堂：〈回顧與體會〉，《世界建築》，1993 年第 4 期，頁 47。

余也魯：《萬水千山都是詩：余也魯回憶錄》（香港：海天書樓，2015）。

余化良、許德與：〈世紀豐碑「沙角 B」〉，《開放導報》，2000 年第 4 期，頁 23-24。

余明陽：《中國公共關係史》（上海：上海交通大學出版社，2007）。

余敏安、袁樹平：〈育己樹人二十載 桃李滿園結碩果 —— 寫在香港培華教育基金成立二十周年之際〉，《中國統一戰線》，2003 年第 4 期，頁 29-32。

余莉、黃一峰：〈2006 年影院建設的格局〉，載中國電影家協會編：《中國電影年鑒 2007》（北京：中國電影出版社，2007），頁 278-279。

余瑋：〈一個與中國體育結緣的家族 —— 香港奧委會會長霍震霆專訪〉，《黨史縱橫》，2009 年第 1 期，頁 38-42。

佚名：〈香港演員進軍內地影視業〉，《江海僑聲》，1997 年第 18 期，頁 24。

佛山年鑒編纂委員會：《佛山年鑒》（1994-2018）（廣州：廣東人民出版社，1994-2018）。

冷夏：《紅色資本家：霍英東全傳》（北京：中國

戲劇出版社，2005）。

吳方笑薇：〈綠色希望〉，《環境保護》，1995 年第 4 期，頁 40-43。

吳方笑薇：〈環境污染不能父債子還 —— 訪香港地球之友總幹事吳方笑薇〉，《資源與人居環境》，2007 年 3 期，頁 61-63。

吳方笑薇、陳美玲、李燁、陳志強：《源來護水自有方》（香港：香港地球之友，2012）。

吳存發、陳碧芬、蔣玲鳳：《走進楊孫西》（福州：福建人民出版社，2017）。

吳兌、畢雪岩等：〈珠江三角洲大氣灰霾導致能見度下降問題研究〉，《氣象學報》，第 64 卷第 4 期，2006 年 8 月，頁 510-518。

吳育頻：〈香港與內地經濟關係新態勢〉，《河北財經學院學報》，1995 年第 2 期，頁 47-48、51。

吳明華：〈走向國際樞紐大港的標誌 —— 上海口岸海上集裝箱國際轉運業務正式運營〉，《中國遠洋航務通告》，1997 年第 10 期，頁 1。

吳明華：〈CEPA 引發航運業務新的合作與發展，香港東方海外首獲 CEPA 五項批准書〉，《中國遠洋航務》，中國資訊行，2004 年 2 月。

吳思遠：〈對香港與內地合拍片現狀的探討〉，《當代電影》，2007 年第 3 期，頁 65-66。

吳倫霓霞：《邁進中的大學：香港中文大學三十年》（香港：香港中文大學，1993）。

吳素玲：《中國電視劇發展史綱》（北京：北京廣播學院出版社，1997）。

吳健民、廣東省政協文史資料研究委員會：《創辦珠海特區五年的回憶》（廣州：廣東人民出版社，1998）。

〈吳健民談創辦珠海經濟特區〉，《廣東黨史》，2008 年第 2 期，頁 20-25。

吳傑：〈全球化背景下中國動漫產業發展現狀評價及其地域分布特徵〉（重慶師範大學碩士學位論文，2016）。

吳學先：《紅色華潤》（北京：中華書局，2010）。

吳曉波：《騰訊傳：中國互聯網公司進化論》（台北：天下文化出版公司，2018）。

吳曉靈：《中國金融改革開放大事記》（北京：中國金融出版社，2008）。

吳躍農：〈為國家改革開放、繁榮昌盛多辦實事 —— 鄧小平與香港實業家霍英東 15 次會

面密切交往〉，《「一國兩制」研究》，2019 年第 3 期（總第 41 期），頁 177-188。

呂大樂：《凝聚力量：香港非政府機構發展軌跡》（香港：三聯書店（香港）有限公司，2010）。

呂明霞、陳齊潔：〈中港合作辦學的文化融合〉，《第十一屆中國不確定系統年會、第十五屆中國青年信息與管理學者大會論文集》（2013 年 7 月 27-31 日），頁 152-156。

呂品田：〈設計與裝飾 —— 必要的張力 —— 中央工藝美術學院辦學思想尋繹〉，《裝飾》，1996 年第 5 期，頁 19-27。

呂偉雄：《我生命中的夏天 —— 中山改革騰飛親歷者口述回憶》（廣州：廣東人民出版社，2015）。

宋軒麟：《香港航空百年》（香港：三聯書店（香港）有限公司，2013）。

李子遲：《去香港上大學》（南寧：廣西人民出版社，2007）。

李少南編：《香港傳媒新世紀》（香港：中文大學出版社，2003）。

李少峰：〈修建高速公路促進經濟騰飛 —— 兼論發展高速公路需解決的幾個問題〉，《國外公路》，1994 年第 5 期，頁 4-10。

李永銓口述，張帝莊、林喜兒編：《消費森林 x 品牌再生：李永銓的設計七大法則》（香港：三聯書店（香港）有限公司，2018）。

李向榮：《廣東省設計師作品選，1994-1999》（廣州：廣東人民出版社，1999）。

李有華編：《順德縣地名志》（廣州：廣東省地圖出版社，1987）。

李竹成：〈認真落實 CEPA，積極促進內地與香港共同發展 —— 在「香港專業服務融入內地市場的展望 —— CEPA 商機與專業人員資格認定」研討會上的發言〉，《京港學術交流》，第 62 號，2004 年 6 月。

李利明、曾人雄：《1979-2006 中國金融大變革》（上海：上海人民出版社，2007）。

李東慶：〈中國加工動畫同原創動畫之我見〉，《科技資訊》，2009 年第 32 期，頁 654。

李欣：〈「合」而不同　優酷土豆的「雙城記」〉，《成功行銷》，2013 第 4 期，頁 50-52。

李建平：〈粵港澳大灣區協作治理機制的演進與展望〉，《規劃師》，2017 年第 11 期，頁 53-59。

李海文：〈華國鋒與中國改革開放的發軔〉，《黨史博覽》，2018 年第 8 期，頁 12。

李海績：〈霍英東與霍英東教育基金會〉，《神州學人》，2005 年第 7 期，頁 39。

李敏生：《霍英東與體育》（北京：社會科學文獻出版社，1997）。

李雪廬：《李雪廬回憶錄：廣告及電視先鋒》（香港：三聯書店（香港）有限公司，2010）。

李嵐清：〈中國企業跨國經營的問題〉，《管理世界》，1992 年第 1 期，頁 33-37。

李嵐清：〈改革開放第一批涉外飯店是怎樣建立的〉，載李嵐清：《突圍 —— 國門初開的歲月》（北京：中央文獻出版社，2008），頁 78。

李智慧：〈上海國際航運中心建設問題研究〉（上海：上海師範大學碩士論文，2010）。

李焯桃編：《香港電影七九 – 八九》（合訂本）（香港：康樂及文化事務署，2000）。

李新宇、何健瑩：〈廣東粵語流行歌曲創作的肇始與興起〉，《星海音樂學院學報》，2016 年第 4 期（2016 年 10 月 10 日），頁 70-79。

李煥之：〈開拓音樂思維的新境界 —— 從香港「第一屆中國現代作曲家音樂節」談起〉，《中國音樂學》，1986 年第 4 期，頁 43-47。

李道新：《中國電影文化史》（北京：北京大學出版社，2005）。

李嘉誠基金會：《萬變社會，不變承諾》（香港：李嘉誠基金會，2012）。

李廣平：〈談改革開放四十年中國流行樂壇中的港台音樂〉，《中國文藝評論》，2018 年第 12 期（2018 年 12 月 25 日），頁 61-74。

李德潤：〈故事片《少林寺》引起轟動〉，載中國電影家協會編：《中國電影年鑑 1982》（北京：中國電影出版社，1982），頁 661-662。

李慶符：〈廣州市五羊新城在興建中〉，《住宅科技》，1986 年 6 月期，頁 12-14。

李樹明：〈駐港首席聯絡官　推介橫琴獨有優勢〉，《資本雜誌》，2015 年 11 月，第 342 期，頁 112。

李澤儒編：〈關於為到香港的外國人組團進深圳〉，載中國旅遊年鑑編輯委員會編：《中國旅遊年鑑》（北京：中國旅遊出版社，1995），頁 238。

李翰祥：《三十年細說從頭（四）》（香港：天地圖書有限公司，1984）。

李鵬：〈經濟要振興，電力必須先行〉，《電力技術》，1983 年第 10 期，頁 1。

李獻文、何蘇六：〈星輝閃耀的香港電視劇〉，載李獻文編：《港澳台電視概觀》（北京：北京廣播學院出版社，2004），頁 82。

杜翰煬：《香港新生代平面設計師訪談》（香港：三聯書店（香港）有限公司，2020）。

杜襟南：《廣州經濟年鑑》（廣州：廣州經濟年鑑編纂委員會，1983）。

汪義曉編著：《他們為何大紅大紫 —— 新世紀中國流行音樂偵探》（武漢：武漢出版社，2005）。

汶川特大地震四川抗震救災志編纂委員會：《汶川特大地震四川抗震救災志·總述大事記》（成都：四川人民出版社，2018）。

沈智、上海勞動志編纂委員會：《上海勞動志》（上海：上海社會科學院出版社，1998）。

沈衛：〈改革開放推動公證事業的重振和發展 —— 親身參加上海公證改革的若干回憶和體會〉，《上海公證》，總第 88 期（2008 年 3 月），頁 29-32。

狄淺：《時間的風景：蛇口四十年瞬間》（香港：商務印書館（香港）有限公司，2018）。

《迅達之路》編委會：《迅達之路 —— 中迅公司上海電梯廠發展史》（北京：企業管理出版社，1994）。

邢穎：《中國公共關係二十年：理論研究文集》（北京：北京大學出版社，2007）。

亞洲電視：《香港百人（下冊）》（香港：中華書局（香港）有限公司，2012）。

京港學術交流中心：〈中港學術交流的現況與前瞻〉，載京港學術交流中心編：《京港學術交流中心周年研討會論文集》（香港：香港中文大學，1986），頁 7、19、33、56。

京港學術交流中心：〈協助「中國深圳科技交易會」工作〉，《京港簡訊》，1986 年第 20 期（1986 年 4 月 21 日），頁 5。

京港學術交流中心、香港科技協進會：《香港與內地應用科技合作研討會資料匯編》（香港：京港學術交流中心，1990）。

京華時報：〈廣電總局放開合拍電視劇政策〉，《新聞前哨》，2006 年第 10 期，頁 54。

冼玉儀：《與香港並肩邁進：東亞銀行，1919-1994》（香港：東亞銀行有限公司，1994）。

冼玉儀：《東亞銀行：百年成就 成就百年 1919-2019》（香港：東亞銀行有限公司，2019）。

卓伯棠：〈邵氏兄弟與全球華語電視王國（上）〉，《北京電影學院學報》，2003 年第 4 期，頁 31-42。

周凡夫：《愛與音樂同行 —— 香港管弦樂團 30 年》（香港：三聯書店（香港）有限公司，2004）。

周凡夫：《雪泥鴻爪譜樂緣：香港中樂團三十年》（香港：香港中樂團，2008）。

周立：〈深港聯合治理深圳河工程的規劃設計〉，《人民長江》，第 30 卷第 9 期，頁 18-20。

周光蓁：《中央樂團史（1956-1996）》（香港：三聯書店（香港）有限公司，2009）。

周光蓁：《一位指揮家的誕生 —— 閻惠昌傳》（香港：三聯書店（香港）有限公司，2013）。

周佳榮：《香港浸會大學六十年發展史》（香港：三聯書店（香港）有限公司，2016）。

周延禮：〈改革無止境 沒有休止符 永遠在路上 —— 訪談原保監會周延禮副主席〉，《保險研究》，2018 年第 12 期紀念改革開放 40 周年專刊，頁 13-17。

周昆：〈香港大一設計學院「設計捌拾」展覽〉，《裝飾》，1980 年第 3 期，頁 30。

周波、上海經濟體制改革研究會、上海綜合開發研究院：《敢為天下先：上海改革創新的 N 個第一》（上海：上海人民出版社，2008）。

周茂君、姜雲峰：〈跨國廣告公司進入中國的心路歷程〉，《廣告大觀：理論版》，2008 年第 3 期，頁 88-94。

周鳳起、王慶一：《中國能源五十年》（北京：中國電力出版社，2002）。

周劍琴：〈「CEPA 先鋒」暢談心得，連鎖店萬寧廣東搶灘〉，《資本企業家》，第 2 期，2005 年 1 月，頁 116-117。

季崇威：《中國利用外資的歷程》（北京：中國經濟出版社，1999）。

岳經綸、李曉康：〈延續與變遷：21 世紀初的香港高等教育發展與改革〉，《清華大學教育研究》，2007 年第 1 期，頁 8-24。

岳毅：《人民幣 SDR 時代與香港離岸人民幣中心》（香港：三聯書店（香港）有限公司，2017）。

〈明天會更好 華放自有香 —— 香港明華成長記〉，《招商局集團員工刊物》，2020 年總第 232 期，頁 31-32。

易有伍：《雨果唱片的故事》（香港：三聯書店（香港）有限公司，2002）。

《杭州市地方志》編纂委員會：〈文化〉，載杭州市地方志編纂委員會編：《杭州年鑒》（杭州：方志出版社，2012），頁 354-375。

杭間、何潔、靳埭強主編：《歲寒三友：中國傳統圖形與現代視覺設計》（濟南：山東畫報出版社，2005）。

東莞市人民政府辦公室、東莞市檔案館：《東莞改革開放紀實（1979-1992）》（東莞：東莞市人民政府辦公室、東莞市檔案館，1993）。

東莞市政協編：《改革開放東莞百個率先》（廣州：廣東經濟出版社，2016）。

東莞市統計局：《東莞統計年鑒》（1979-2018）（北京：中國統計出版社，1979-2018）。

《東莞年鑒》編纂委員會：《東莞年鑒》（1991-2017）（北京、廣州：廣東人民出版社，1991-2017）。

林呂建、潘捷軍、陳野：《浙江省改革開放 30 年大事記》（杭州：浙江人民出版社，2008）。

林家陽：《林家陽的設計視野：設計創新與教育》（北京：生活·讀書·新知三聯書店，2002）。

林家陽：《全國大學生平面設計競賽 第一屆靳埭強設計基金獎獲獎作品集》（武漢：湖北美術出版社，2004）。

林莉賢、程建龍、石凌：〈廣東省高速公路對經濟社會發展促進作用研究〉，《公路》，2021 年 4 期，頁 253-257。

林雄：《精神跨越：廣東文藝實踐紀實》（廣州：南方日報出版社，2009）。

林雅斯：〈喜羊羊與灰太狼系列動畫電影整合營銷傳播研究〉，《廣東財經大學碩士論文》，2017 年第 2 期。

林耀琛、丁言鳴、徐弘：《香港寧波精英成功之道》（香港：香港文匯出版社，2010）。

武紀：〈《花幟》搬上熒屏〉，《當代電視》，1993 年第 11 期，頁 24。

武捷思：《粵海重組實錄》（香港：商務印書館（香港）有限公司，2002）。

法律出版社法規出版中心編：《中華人民共和國法

典》（北京：法律出版社，2003）。

《物流技術與戰略雜誌》編輯部：〈百年老店打造精彩冷鏈 專訪 太古冷藏倉庫工程總監蔡志勇〉，《物流技術與戰略雜誌》，2016 年第 80 期。

社會服務發展研究中心：《社會服務發展研究中心十周年紀念特刊》（香港：社會服務發展研究中心，2008）。

花鋒：《離岸市場人民幣匯率對利率的影響評析》，《中銀經濟月刊》，2015 年 3 月期。

花鋒：《香港人民幣拆息為何大幅波動？》，中銀（香港）經濟研究處研究報告，2016 年 3 月 22 日，頁 1-5。

邵為忠：《設計策略創商機》（香港：香港設計師協會、香港生產力促進局，2005）。

邵善波、楊春：《港深邊境開發區策略研究》（香港：一國兩制經濟研究中心，2000）。

金兆鈞：《光天化日下的流行 —— 親歷中國流行音樂》（北京：人民音樂出版社，2002）。

金磊：〈新中國建築歷程的改革開放 40 年省思〉，《北京規劃建設》，2019 年第 2 期，頁 182-185。

長石：〈90 年代香港電影大事記〉，《當代電影》，2002 年第 2 期，頁 87-90。

阿憶：《香港百年：中央電視台大型系列專題片〈香港百年〉解說詞》（廣州：廣東人民出版社，1997）。

侯兆燦：〈城市軌道交通 PPP 與 BOT 融資模式案例的比較研究〉（天津：天津財經大學碩士論文，2018）。

促進現代化專業人士協會：《本會歷史 現在與展望》（香港：促進現代化專業人士協會，2013）。

〈南開大學 —— 香港中文大學社會政策聯合研究中心成立〉，《南開學報》，2009 年第 1 期。

姚榮芬：〈上海港集裝箱碼頭集疏運工程設計與建立〉（上海：上海海運學院碩士論文，2002）。

姜忠、深圳市企業文化研究會、中共深圳市委宣傳部宣傳處：《特區企業文化》（北京：大地出版社，1989）。

《建築評論》編輯部編：《中國建築歷程 1978-2018》（天津：天津大學出版社，2019）。

恒大研究院：《中國住房制度：回顧、成就、反思與改革》（北京：恒大研究院，2019）。

政協全國委員會辦公廳：《霍英東：風範長存》（北京：中國文史出版社，2007）。

施珞雯：《點燈又點火：從香港出發的胡應湘》（香港：商務印書館（香港）有限公司，2007）。

施漢榮、鄧開頌、丘彬主編：《全球化大潮中的粵港澳經濟區 —— 歷史、現狀與前瞻》（澳門：澳門環球文化傳播有限公司，2004）。

柳鵬：〈外資角逐中國大陸集裝箱港口業 誰是大贏家〉，《中國港口》，2005 年 10 期，頁 14-16。

段運冬：〈「合拍片」與中國電影製片模式的發展〉，載國家廣播電影電視總局電影管理局、中國電影藝術研究中心、電影頻道節目中心編：《改革開放與中國電影 30 年：紀念改革開放三十周年中國電影論壇文集》（北京：中國電影出版社，2008），頁 525-532。

洪宜：〈香港回歸以來粵港電視劇傳播策略比較研究〉（廣州大學新聞學碩士論文，2011）。

洪柳：〈高等教育國際化與中外合作辦學研究 —— 基於動因、需求和案例的視角〉，《河北師範大學學報（教育科學版）》，2013 年第 6 期，頁 55-60。

〈為了華文廣告的未來 —— 李明「龍璽」歸來一席談〉，《廣告圈》，2000 年第 6 期，頁 19-21。

紀文鳳：《進入廣告天地》（廣州：廣東省廣告協會，1989）。

紀文鳳：《紀文鳳回歸路》（香港：皇冠出版社（香港），1997）。

胡少偉：〈香港的跨境教育與學生流動〉，《香港教師中心學報》，2015 年第 14 卷，頁 107-118。

胡少偉：〈香港高等教育的發展及國際化現況〉，《香港教師中心學報》，2017 年第 16 卷，頁 3。

胡百精：《中國公共關係史》（北京：中國傳媒大學出版社，2014）。

胡建：〈爭取電影的社會效益和經濟效益雙豐收〉，《電影通訊》，1991 年第 Z1 期，頁 56-60。

胡建華：〈理論研究之於中外合作辦學實踐發展的必要性 —— 評《高等教育中外合作辦學研究》〉，《教育研究》，2010 年第 10 期，頁 105-106。

胡建雄主編：《十年歷程 —— 深圳經濟特區房地產公司 1980-1990》（香港：經濟日報出版社，1989）。

胡超、王新哲：《中國邊境公路口岸》（北京：北京理工大學出版社，2016）。

胡衞娜：〈何梁何利：讓獎勵成為促進自主創新的強大杠杆〉，《中國科學獎勵》，2010 年第 11 期。

胡衞華、劉紅：〈深港深圳灣紅樹林濕地自然保護區管理經驗研究〉，《園林》，2019 年第 11 期，頁 7-12。

范魯彬：〈中國廣告業二十年點點滴滴札記〉，《中國廣告》，1999 年第 1 期，頁 12-19。

范魯彬：〈中國廣告業 30 年 200 個第一〉，《中國廣告》，2007 年第 12 期，頁 129-137。

郁偉：〈外國公司進入與中國民用航空維修業〉（對外經濟貿易大學在職人員以同等學歷申請碩士學位論文，2002）。

郇舒葉：〈從新華社到環球公關公司〉，《新聞記者》，1988 年第 11 期，頁 13。

郎春梅：〈CEPA 啟示香港需要新思維〉，《工商月刊》，2009 年 6 月，頁 18-22。

韋惠惠：〈粵港高等教育合作制度變遷與創新研究〉（中山大學博士學位論文，2010）。

《首屆華人平面設計大賽獲獎作品選》（哈爾濱：黑龍江科學技術出版社，1997）。

香港大學：《不同持份者的參與：研究廣深港高速鐵路項目事例》（香港：香港特別行政區政府中央政策組，2011）。

香港工業署工業資料及聯絡事務部：《一九九〇年香港製造業情況調查》（香港：香港工業署，1990）。

香港工業總會：《珠三角製造：香港製造業的蛻變‧第一部分研究報告》（香港：香港工業總會，2002）。

香港工業總會：《珠三角製造：香港工業的挑戰與機遇》（香港：香港工業總會，2007）。

香港工業總會：《香港物流業中小企業挑戰、機遇與應對策略》（香港：香港工業總會，2013）。

香港工業總會、香港經濟研究中心：《珠三角製造：香港製造業的蛻變‧第二部分暨總研究報告》（香港：香港工業總會，2003）。

香港中文大學：《香港經濟研究：經濟轉型、競爭力與經濟增長可持續性研究報告》（香港：香港特別行政區政府中央政策組，2009）。

香港中文大學資訊處：〈深港創新圈 —— 資訊科技界兩地協作論壇〉，《中大通訊》，第 285 期（2006 年 10 月 19 日）。

香港中旅集團編：《香港中旅八十年》（北京：中國社會科學出版社，2008）。

香港中國企業協會：《香港中資企業名錄》（香港：香港中國企業協會，1992）。

香港中華總商會：《香港工商業研討班 30 周年紀念特刊》（香港：香港中華總商會，2012）。

香港中資銀行業協會：《潮起東方 揚帆香江》（香港：香港中資銀行協會，2008）。

香港中資銀行業協會：《紀念國家改革開放 40 周年圖冊：潮起東方 —— 揚帆香江》（香港：香港中資銀行業協會，2018）。

香港中樂團著、周光蓁主編：《揮灑自如 —— 中樂指揮培訓與實踐》（香港：天地圖書有限公司，2020）。

〈香港公共行政學院高層：搭建兩地公務員培訓交流的橋樑〉，《紫荊雜誌》，2017 年 11 月號。

香港公共關係專業人員協會：〈中國國際公關協會會員大會在京舉行〉，《雙關》，2003 年 1 月第二十二期，頁 1-2。

香港公共關係專業人員協會：〈CIPRA 及 PRPA 簽署合作意向書〉，《雙關》，2003 年 3 月第二十四期，頁 6。

香港公共關係專業人員協會：〈第六屆中國最佳公共關係案例大賽〉，《雙關》，2003 年 9 月第二十五期，頁 6。

香港公共關係專業人員協會：〈二零零四年北京考察交流團加強與內地公關界聯誼會〉，《雙關》，2004 年 7 月第二十八期，頁 2-3。

香港公共關係專業人員協會：《傳訊傳心 雙知雙關（十周年紀念特刊）》（香港：香港公共關係專業人員協會，2005）。

香港公共關係專業人員協會：〈新書介紹 ——《國際公關》雜誌〉，《雙關》，2006 年 1 月第三十四期，頁 8。

香港公共關係專業人員協會：〈「雙關」—— 目標明確廣告媒介〉，《雙關》，2008 年 1 月第四十二期，頁 8。

香港公共關係專業人員協會：〈恭賀 PRPA 顧問曾立基先生獲委任為國際公關聯盟環球主席〉，

《雙關》，2016 年 5 月第七十三期，頁 5。

香港文匯報編輯部：《投資中國龍虎榜 —— 中華風采》（香港：香港文匯出版社，1997）。

香港市政局：〈電影節的誕生：訪問楊裕平〉，載香港市政局編：《香港國際電影節二十周年紀念 1977-1996》（香港：香港市政局，1996），頁 32。

香港市政局：《香港國際電影節二十周年紀念 1977-1996》（香港：香港市政局，1996）。

香港乒乓總會：〈教練專訪 李靜〉，《香港乒乓總會 2015 年會訊》，頁 2。

香港地方志中心：《香港志‧第一冊‧總述 大事記》（香港：中華書局（香港）有限公司，2020）。

香港地球之友：《源來護水自有方 —— 東江上游下游飲水思源》（香港：香港地球之友，2012）。

香港房地產建築業協進會、中國人民大學土地管理系編：《房地產論文集》（北京：中國人民大學出版社，1995）。

香港明天更好基金、一國兩制經濟研究中心：《「九五」計劃和十五年遠景目標與香港經濟論文集》（香港：香港明天更好基金，1997）。

香港社會服務聯會：《伴你同行：香港社會服務聯會金禧紀念特刊》（香港：香港社會服務聯會，1997）。

香港空運貨站：〈Hacis 每日提供封關跨境貨車服務 連接中港兩地〉，《貨運連線》，2014 年 7 月號。

香港律師會法律服務發展策略研究室—前海課題組：《律師行業前海發展研究報告》（香港：香港律師會，2012）。

香港科技大學第九屆學生會編輯委員會：《科大拾周年特刊》（香港：香港科技大學第九屆學生會編輯委員會，2002）。

香港特別行政區政府中央政策組：《泛珠三角地區之社會、經濟、政治趨勢顧問研究月報》（第 2、12 期）（廣西、雲南、貴州和四川四省區）（香港：香港特別行政區政府中央政策組，2005、2006）。

香港特別行政區政府中央政策組、大珠三角商務委員會：《「十二五」時期擴大深化 CEPA 開放的政策建議》（香港：香港特別行政區政府中央政策組、大珠三角商務委員會，2012）。

香港特別行政區政府律政司、公務員事務局和政制及內地事務局：《基本法簡訊》，2016 年 12 月第 18 期，頁 3-12。

香港特別行政區政府康樂及文化事務署：《爭鳴年代—1970 與 1980 年代香港平面設計歷史》（香港：香港特別行政區政府康樂及文化事務署，2021）。

香港培華教育基金會：《香港培華教育基金會：育己樹人，香港情懷》（香港：知出版社，2012）。

香港理工大學：〈理大積極參與 2008 北京奧運〉，《校友資訊 @ 理大》，2008 年 7 月第 18 期。

香港理工大學：〈理大助國家隊京奧奪金 備受表揚〉，《步伐 PROFILE》，2008 年 10 月號，頁 1-5。

〈香港理工大學為國育才 努力不懈支持科教興國〉，《中國研究生》，2007 年第 1 期，頁 30-33。

香港創新科技署、中國科學技術交流中心：《香港國家重點實驗室夥伴實驗室概覽》（2014 年 8 月）。

香港測量師學會：《測量師時代》（2009 年 11 月第 18 期第 11 號）（香港：香港測量師學會，2009）。

香港貿易發展局研究部：《香港貿易及貿易支援服務》（香港：香港貿易發展局，1996）。

香港貿易發展局研究部：《離岸貿易及境外投資發展前景（第二版）》（香港：香港貿易發展局，1998）。

香港貿易發展局研究部：《中國內地廣告及市場研究業：為香港締造商機》（香港：香港貿易發展局研究部，1998）。

香港貿易發展局研究部：《港商對中國內地投資環境的看法》（香港：香港貿易發展局，2000）。

香港貿易發展局研究部：《香港：中國內地產品採購中心》（香港：香港貿易發展局，2000）。

香港貿易發展局研究部：《香港貿易及貿易支援服務：最新發展與前景》（香港：香港貿易發展局，2002）。

香港貿易發展局研究部：《亞洲區內貿易增升：香港的角色》（香港：香港貿易發展局，2003）。

香港貿易發展局研究部：《CEPA：香港服務業商機》（香港：香港貿易發展局，2003）。

香港貿易發展局研究部：《CEPA 與香港的商機》

（香港：香港貿易發展局，2003）。

香港貿易發展局研究部：《走向世界 —— 全球化下香港工業和貿易的發展趨勢》（香港：香港貿易發展局，2004）。

香港貿易發展局研究部：《香港貿易商及生產商北望神州腹地》（香港：香港貿易發展局，2010）。

香港資訊科技聯會：《深港創新圈合作 香港中小企錦囊》（香港：香港資訊科技聯會，2009）。

香港滬港經濟發展協會、上海國際經濟交流基金會、香港文匯報上海辦事處：《滬港經濟年報（2002）》（上海：香港文匯報上海辦事處，2002）。

香港管理專業協會工商管理研究社：《香港管理專業協會屬會工商管理研究社 25 周年紀念文集：驀然回首》（香港：香港管理專業協會工商管理研究社，2001）。

〈「香港廣告進軍中國」封面專題〉，《世界工貿商情》，1993 年 1 月號，頁 19。

〈香港廣告業考察團訪京滬〉，《國際市場》，1998 年第 4 期，頁 5。

香港樂施會：《七年探索路 —— 樂施會在中國項目經驗總結 2006-2013》（香港：香港樂施會，2014）。

香港樹仁學院：《樹仁學院三十五周年紀念特刊》（香港：香港樹仁學院，2006）。

香港樹仁學院出版委員會：《樹仁學院二十周年校慶特刊》（香港：香港樹仁學院出版委員會，1991）。

香港總商會：〈緊貿安排問答錄〉，《工商月刊》，2003 年 9 月，頁 35。

香港總商會：〈前海蓄勢待發〉，《工商月刊》，2013 年 4 月，頁 54-56。

香港總商會：〈慶祝 CEPA 邁向十年〉，《工商月刊》，2013 年 7 月，頁 10-14。

〈香港舉行首屆亞洲廣告展〉，《廣告大觀》，1998 年第 10 期，頁 4。

〈香港東禾娶了成樂高速〉，《成都商報》，載於《公路運輸文摘》，2002 年 3 期，頁 5。

唐玨嵐：《拓展與升級：中國（上海）自由貿易試驗區建設進程與展望》（上海：上海人民出版社，2019）。

唐飛霄：〈黑熊的天堂 —— 訪成都黑熊救護中心〉，《環境》，2006 年第 3 期，頁 68-69。

夏萍：《曾憲梓傳：金利來創始人》（北京：作家出版社，1995）。

夏磊：《中國住房制度：回顧、成就、反思與改革》（深圳：恒大研究院，2019）。

奚晏平編著：《世界著名酒店集團比較研究》（北京：中國旅遊出版社，2012）。

孫少：〈天王錶創始人董觀明：我有幸趕上了改革開放的偉大時代〉，《中國經濟周刊》，2018 年第 28 期，頁 32-34。

孫文傑：〈眾志成城 破驚濤駭浪而奮進〉，《施工企業管理》，2020 年第 7 期，頁 102-105。

孫立：〈廈門太古繼續邁向卓越〉，《航空維修與工程》，2015 年第 7 期，頁 22-24。

孫立、張雋：〈全力以赴迎接未來 —— 訪廈門太古 CEO Steve Chadwick〉，《航空維修與工程》，2013 年第 5 期，頁 12-14。

孫鵬：〈靳埭強研究〉（汕頭大學碩士論文，2007）。

徐天明：《博弈危機：創維 16 年實戰案例剖析》（北京：當代中國出版社，2005）。

徐如言：〈向華文廣告新世紀邁進 ——「龍璽」廣告大使訪問「廣州 4A」〉，《廣告大觀》，1999 年第 11 期，頁 34。

徐泓：〈霍英東‧貴賓樓‧亞運會〉，載莊昭、王偉軒、袁廣達主編：《愛國愛鄉的霍英東》（廣州：中山大學出版社，1991），頁 107-119。

徐斌：《光榮與艱辛：1949-2009 浙江要事錄》（北京：人民出版社，2009）。

徐淼忠、黃赤鋒：《深圳特區企業經營管理經驗選編》（深圳：深圳市新華書店發行，1985）。

徐萍：〈改革開放 30 年來我國港口建設發展回顧〉，載中國國家發展和改革委員會綜合運輸研究所：《中國港口建設發展報告》（北京：人民交通出版社，2008），頁 12。

徐嘉怡：〈〔回顧香港乒壇 20 年〕陳江華 李靜：樂見香港小將崛起〉，《奧訊》，2017 年第 6 期，頁 7-8。

徐騰、許松華：〈僑福芳草地〉，《建築創作》，2010 年第 5 期，頁 202-211。

晏凌、田昊：〈香港電視劇內地取景中的文化意識變遷〉，《中國電視》，2016 年第 7 期，頁 94-97。

格力：〈一個創造奇跡的飛機維修企業 —— 記廈門太古飛機工程有限公司〉，《航空工程與維修》，2000 年第 3 期，頁 18-19。

浙江省統計局：《浙江統計年鑒》(1988-2018)(北京：中國統計出版社，1988-2018)。

《浦東年鑒》編輯委員會：《浦東年鑒》(1999-2000)(上海：浦東年鑒社，1999-2000)。

《烏魯木齊市黨史地方志》編纂委員會：《烏魯木齊年鑒（2016）》(烏魯木齊：新疆人民出版社，2018)。

烏魯木齊高新技術產業開發區（新市區）黨史地方志編委會辦公室：《烏魯木齊高新技術產業開發區（烏魯木齊市新市區）年鑒 2012》(烏魯木齊：新疆人民出版社，2013)。

烏蘭木倫：《發展中的香港中資企業》(香港：香港經濟導報社，1997)。

《珠海年鑒》編輯中心編：《珠海年鑒》(1979-1988、1994-2015)(廣州：廣東人民出版社，1979-1988、1994-2015)。

〈砥礪前行，築夢未來 —— 伯恩光學 30 年發展側記〉，《同舟共進》，2019 年第 2 期 ，頁 94。

秦然然：〈從唱片經濟到娛樂經濟：近三十年來中國大陸流行音樂產業走向〉(山東大學碩士論文，2011 年)。

秦福祥、張紀仁、上海電子儀表工業志編纂委員會：《上海電子儀表工業志》(上海：上海社會科學院出版社，1999)。

翁晟：〈內地居民赴港投保階段梳理〉，《大眾理財顧問》，2018 年第 8 期，頁 41-43。

《航空工程與維修》編輯部：〈TAECO 飛速發展〉，《航空工程與維修》，2004 年第 5 期，頁 77。

荀淵、劉信陽：《從高度集中到放管結合 —— 高等教育變革之路》(上海：華東師範大學出版社，2018)。

袁求實：《香港回歸大事記 1979-1997（第二版）》(香港：三聯書店（香港）有限公司，2015)。

袁求實：《香港回歸以來大事記 1997-2002》(香港：三聯書店（香港）有限公司，2015)。

袁求實：《香港回歸以來大事記 2002-2007》(香港：三聯書店（香港）有限公司，2015)。

袁虹衡、曹康：〈走向成熟走向世界 —— 香港 北京拉力賽回顧〉，《體育博覽》，1995 年第 1 期，頁 26-27。

袁採、顧福源、上海僑務志編纂委員會：《上海僑務志》(上海：上海社會科學院出版社，2001)。

財團法人台灣金融研訓院：《陸港澳經濟融合對台灣之影響及因應》(台北：行政院大陸委員會，2017)。

《陝西年鑒》社編：《陝西年鑒》(2005)(西安：陝西年鑒社，2005)。

馬至融：《海潮回流：海外華僑與廣東改革開放》(廣州：暨南大學出版社，2008)。

馬傑偉、周佩霞：〈跨界取景與複合再現：深描一部香港電視劇的國族地理建構〉，載《香港文化政治》(香港：香港大學出版社，2009)，頁 140。

馬慶泉編：《中國證券史：1978-1998》(北京：中信出版社，2003)。

高迎欣：〈改革開放 40 年 香港中資銀行業的發展與新機遇〉，《中國銀行業》，2018 年第 12 期。

匿名作者：〈《老夫子》春節檔啟動「動畫大冒險」 華誼兄弟首度入主兒童片市場〉，《中國電影市場》，2011 年第 1 期，頁 29。

匿名作者：〈首屆中國動漫藝術大展〉，《中國美術館》，2009 年第 10 期，頁 34-45。

匿名作者：〈香港動漫都市展首秀上海〉，《滬港經濟》，2016 年第 1 期，頁 88-89。

商可佳：〈香港航線運輸管理模式回顧〉，《中國民用航空》，2008 年第 5 期，頁 33。

商務部台港澳司港澳處：〈打造內地與港澳更緊密經貿關係 共創美好明天〉，載《港澳經濟年鑒》社編：《港澳經濟年鑒 2008》(北京：港澳經濟年鑒社，2008)，頁 378-381。

商務部研究院：《中國對外經濟合作 30 年》(北京：中國商務出版社，2008)。

商智謀略：〈數碼港推動粵港 ICT 行業合作〉，《商智謀略》，2012 年 10 月號，頁 2。

國家外匯管理局：《外匯管理概覽》(北京：國家外匯管理局，2009)。

國家統計局：《中國統計年鑒 1998》(北京：中國統計出版社，1998)。

國家統計局：《新中國五十年（1949-1999）》(北京：中國統計出版社，1999)。

國家統計局工交物資司主編：《中國能源統計年鑒

1986》（北京：能源出版社，1987）。

國家統計局工業交通統計司：《中國工業經濟統計年鑒（1994）》（北京：中國統計出版社，1995）。

國家新聞出版署、中國印刷技術協會：《中國印刷年鑒（1991-1992）》（北京：中國印刷年鑒社，1993）。

國家經濟體制改革委員會編：《中國經濟體制改革年鑒》（1994）（北京：改革出版社，1994）。

國家電力公司火電建設部主編：《600MW 級火電工程建設啟示錄》（北京：中國電力出版社，1999）。

國家廣播電影電視總局：《中國廣播影視》（北京：中國廣播影視雜誌社，1987）。

國務院發展研究中心市場經濟研究所：《改革開放40 年：市場體系建立、發展與展望》（北京：中國發展出版社，2019）。

國務院經濟體制改革辦公室：《中國經濟特區與沿海經濟技術開發區年鑒 1980-1989》（北京：改革出版社，1991）。

〈國際反腐敗日暨廉政之友十周年嘉年華〉，《廉政之友資訊站》，2008 年第 1 期，頁 5。

婁曉陽：〈中國風動畫的過去、現在和未來〉，《藝苑擷英視聽縱橫》，2019 年 10 月期，頁 109-112。

崔日輝：〈十年創新求發展自強不息展宏圖 —— 記廣州美特容器有限公司騰飛之路〉，《中國包裝工業》，1995 年第 2 期，頁 15-17。

崔綺雲：〈香港公共關係的教育概況〉，《雙關》，2007 年 7 月第 40 期，頁 6。

常沙娜：〈「三十而立」—— 祝賀中央工藝美術學院成立三十周年〉，《裝飾》，1986 年第 4 期，頁 4-6。

常振明：〈為香港繁榮聚力 與美好家園同行 —— 中信集團在香港投資、經營和發展紀實〉，《經濟導刊》，2017 年第 7 期，頁 44-48。

康育萍：〈集體北上 —— 中港合製電影中的文化勞動分工：以 CEPA 為分界〉（台灣政治大學碩士論文，2013）。

張文：〈國際化的飛機維修行業 —— 訪廈門TAECO 董事長兼常務董事陳炳傑先生〉，《航空工程與維修》，1999 年第 6 期，頁 10-11。

張文中：《我就是我：施永青的故事》（香港：天地圖書有限公司，2005）。

張木桂：〈廣東電視風雨十八年〉，《粵海風》，1997 年第 1 期，頁 8-11。

張平：《中國改革開放 1978-2008（下）》（北京：人民出版社，2009）。

張永恆：《奧運中國 —— 中外名人解讀北京奧運》（北京：人民出版社，2007）。

張兆龍主編：《中國電影年鑒 1991》（北京：中國電影出版社，1993）。

張亞培、萬國森、上海工商社團志編纂委員會：《上海工商社團志》（上海：上海社會科學院出版社，2001）。

張宗偉：〈激情的疏離：後九七時代香港電視劇北進之旅〉，《當代電影》，2008 年第 1 期，頁99-103。

張承良：《中國改革開放全景錄 —— 廣東卷》（香港：開明書店，2018）。

張承宗：〈我與香港名流的交往〉，《滬港經濟》，1996 年第 2 期，頁 11-14。

張明萌：〈國內 39 所師範大學裏面，都有一個「田家炳書院」〉，《南方人物周刊》，2018 年 8月 7 日號。

張松林：〈上海億利美動畫有限公司成立〉，載《上海文化年鑒》編輯部編：《上海文化年鑒 1991》（上海：中國大百科全書出版社，1991），頁 139。

張炳良：〈香港的樞紐港優勢有賴陸海空對外聯繫〉，載張炳良：《不能迴避的現實 —— 回顧任局長五年的運輸政策》（香港：中華書局（香港）有限公司，2018），頁 180-208。

張為波：〈香港旅遊業現狀及其發展趨勢淺析〉，《西南民族學院學報》（總 18 卷第 2 期）（1997年 4 月）。

張玲：〈孫莉莉：守護紅樹林〉，《中國慈善家》，2017 年 11 期，頁 59-63。

《張家港年鑒》編纂委員會編：《張家港年鑒》（2002）（北京：方志出版社，2002）。

張振東、李春武主編：《香港廣播電視發展史》（北京：中國廣播電視出版社，1997）。

張泰嶺、吳福光主編：《粵港澳高等教育交流與合作探討》（廣州：廣東高等教育出版社，1997）。

張翁玲：〈民生主義與中國大陸改革開放之研究（1979-2006）〉（台灣師範大學碩士論文，2005）。

張配豪：〈商湯科技「人臉識別」的商業之路〉，《人民周刊》，2017 年第 19 期，頁 40-41。

張敏：〈論舊歌新創及其對中國流行音樂的影響〉，《美與時代（下）》，2018 年第 8 期（2018 年 8 月 25 日），頁 120-121。

張添：《一家酒店和一個偉大的時代 白天鵝賓館傳奇》（廣州：廣東旅遊出版社，2018）。

張清：《申奧紀實》（北京：中國社會科學出版社，2008）。

張婷、祝茜、劉瑩瑩、劉亞楠、陶翠花等：〈中華白海豚的研究概況〉，《河北漁業》，2008 年第 9 期（總 177 期），頁 8-10、33。

張朝陽：〈CEPA 框架下的廣告業〉，《經濟導報》，2003 年第 31 期（總 2831 期），頁 14。

張結鳳：《台灣海・深圳河：變動中的中港台關係》（香港：《百姓》半月刊，1987）。

張傳良：〈保險資金境外運用面臨的風險及其化解對策〉，《上海保險》，2007 年第 9 期，頁 50-53。

張誠：〈七運會後的北京足球隊〉，《體育博覽》，1994 年第 3 期。

張夢：〈香港動漫軍團「入侵」內地〉，《商業文化》，2005 年第 12 期，頁 13-16。

張遠昌：〈胡應湘營商成功哲學〉，《物流世界》，總第 11 期，2003 年 10 月，頁 24-29。

張學法、耿蕾：〈另類和尚訪談錄〉，《報告文學》，2007 年第 11 期，頁 68。

張燕：〈一「拍」漸「合」，有「融」乃「大」——改革開放 30 年區域合作策略下的內地與香港合拍片〉，載國家廣播電影電視總局電影管理局、中國電影藝術研究中心、電影頻道節目中心編：《改革開放與中國電影 30 年：紀念改革開放三十周年中國電影論壇文集》（北京：中國電影出版社，2008），頁 533-544。

張燕、張江藝：〈2003 年內地、香港電影市場概況〉，《當代電影》，2004 年第 1 期。

張燕生：〈改革開放以來香港在促進國家經濟發展中的作用〉，載港澳經濟年鑑社編：《港澳經濟年鑑 2008》（北京：港澳經濟年鑑社，2008），頁 327-331。

張穎：〈風雲際會，搏浪爭鋒 —— 2003 年進口影片市場回顧〉，載中國電影家協會編：《中國電影年鑑 2004》（北京：中國電影出版社，2004），頁 193。

張興根：〈中國科學院與香港科技大學、香港大學共建聯合實驗室（中心）〉，《中國科學院院刊》，1997 年第 4 期，頁 254-256。

張錦貽：〈梁鳳儀女性小說的意義及其它 —— 香港女性小說談〉，《文科教學》，1995 年第 1 期，頁 28。

張臨軍：〈謝羅便臣：拯救黑熊的時代英雄〉，《環境》，2014 年 7 期，頁 60-62。

張賽群：〈新中國華僑捐贈政策演變及其特徵分析〉，《廣東社會科學》，2013 年第 2 期，頁 147-153。

〈張鴻義同志在深圳證券交易所開業典禮儀式上的主持辭〉，《證券市場導報》，1991 年第 2 期，頁 8。

張麗娉：〈新學院、新動力 —— 長江設計學院在汕頭大學成立〉，《裝飾》，2003 年第 12 期，頁 37。

張麗萍：〈植樹治沙慶回歸〉，《大自然》，1997 年第 4 期，頁 10。

〈從白天鵝賓館看國家的改革、開放、搞活政策〉，載霍英東：《改革開放二十年我的參與》（香港：霍英東基金會，1998），頁 21-24。

戚小彬：《香港玩具人：林亮》（香港：三聯書店（香港）有限公司，2017）。

曹遠征：《大國大金融：中國金融體制改革 40 年》（廣州：廣東經濟出版社，2018）。

曹龍騏、李辛白：《深圳證券市場十二年》（北京：中國金融出版社，2003）

曹馨月：〈我國香港 TVB 電視台經營策略研究〉，《西部廣播電視》，2016 年第 24 期，頁 37-38。

梁天培：〈滬港科技合作的前景〉，《紫荊雜誌》，1991 年 4 月號，頁 21。

梁文森：〈深圳特區引進外資的狀況和展望〉，《海洋開發》，1987 年第 2 期，頁 42-47。

梁建華：《霍英東經商謀略》（廣州：廣州出版社，1997）。

梁偉賢：《公共關係新論》（香港：商務印書館（香港）有限公司，1995）。

梁梅：〈藝術設計工作室訪談錄 —— 王序訪談〉，《裝飾》，1999 年第 4 期，頁 55-56。

梁鳳儀：《李兆基博士傳記》（香港：勤 + 緣出版社，2011）。

梁慶寅、陳廣漢：《粵港澳區域合作與發展報告 2010-2011》（北京：社會科學文獻出版社，2011）。

梅州市對外經濟工作委員會：《梅州外經志》（梅州：梅州市對外經濟工作委員會，1993）。

深圳市人民政府：《崛起的深圳：深圳市改革開放歷史與建設成就（文集）》（深圳：海天出版社，2000）。

深圳市工業經濟聯合會：《深圳企業創新紀錄年鑒（2017）》（深圳：深圳市工業經濟聯合會，2018）。

深圳市史志辦公室編：《中國經濟特區的建立與發展·深圳卷》（北京：中共黨史出版社，1997）。

深圳市史志辦公室編：《深圳改革開放紀事 1978-2009》（深圳：海天出版社，2009）。

深圳市平面設計協會：〈深圳平面設計 40 年〉，《藝術與設計》，2020 年第 11 期，頁 39-47。

《深圳市地方志》編纂委員會編：《深圳市志》（北京：方志出版社，2004）。

《深圳市地方志》編纂委員會編：《深圳市志·改革開放卷》（北京：方志出版社，2004）。

《深圳市地方志》編纂委員會編：《深圳市志·第一二產業卷》（北京：方志出版社，2008）。

《深圳市地方志》編纂委員會編：《深圳市志·第三產業卷》（北京：方志出版社，2011）。

《深圳市地方志》編纂委員會編：《深圳市志·改革開放卷》（北京：方志出版社，2014）。

《深圳市地方志》編纂委員會編：《深圳市志·基礎建設志》（北京：方志出版社，2014）。

《深圳市南山區區志》編纂委員會編：《深圳市南山區志·上冊》（北京：方志出版社，2012）。

深圳市計劃局：《深圳的全國之最》（深圳：海天出版社，1990）。

深圳市統計局：《深圳統計年鑒》（1987-2018）（北京：中國統計出版社，1987-2018）。

深圳市勞動和社會保障志編纂委員會：《深圳市勞動和社會保障志》（深圳：海天出版社，2005）。

深圳市輕工業公司、深圳市工業發展委員會：〈中外合資企業的佼佼者 —— 深圳嘉年印刷有限公司調查〉，《特區經濟》，1987 年第 1 期，頁 30-31。

深圳市龍崗區地方志編纂委員會：《深圳市龍崗區志（1993-2003 年）》上冊（北京：方志出版社，2012）。

深圳市羅湖區地方志編纂委員會：《深圳市羅湖區志》（北京：方志出版社，2013）。

《深圳年鑒》編輯委員會編：《深圳年鑒》（1997-2018）（深圳：深圳年鑒社，1997-2018）。

《深圳金融發展報告》編委會：《深圳金融發展報告（2016）》（深圳：《深圳金融發展報告》編委會，2017）。

深圳特區促進深港經濟發展基金會：《深圳 —— 香港：一河兩岸合作與發展研究》（北京：中國大百科全書出版社，2000）。

深圳博物館編：《深圳經濟特區創業史》（北京：人民出版社，1995）

深圳博物館編：《深圳特區史》（北京：人民出版社，1999）。

《深圳經濟特區年鑒》編輯委員會：《深圳經濟特區年鑒》（1985-1997）（廣州：經濟特區年鑒編輯委員會，1986-1997）。

深圳證券交易所：〈深圳中冠紡織印染股份有限公司人民幣特種股票（B 股）招股説明書〉，《證券市場導報》，1992 年第 2 期，頁 28-45。

深業集團有限公司：〈三十年譜寫「深圳事業」的華章 —— 深業集團 30 年發展紀實〉，《深業企業內刊》，2013 年第 9 期。

清華大學美術學院院史編寫組編：《清華大學美術學院（原中央工藝美術學院）簡史》（北京：清華大學出版社，2011）。

清華大學深圳研究生院：《深圳虛擬大學園創新資源利用生態體系研究》（深圳：清華大學深圳研究生院）。

〈理大內地辦學屆十載 盈千桃李遍神州〉，《步伐》，2007 年 7 月，頁 1-5。

畢亞軍：《呂志和傳：嘉華集團主席呂志和唯一授權自傳》（香港：三聯書店（香港）有限公司，2015）。

畢明強：〈香港在「一帶一路」中的樞紐地位〉，《鐘聲》，2019 第 3 季（總第 8 期），頁 2-5。

《第二屆華人平面設計大賽獲獎作品全集》（北京：中國城市出版社，2003）。

莊炎林主編：《世界華人精英傳略 港澳卷》（南昌：百花洲文化出版社，1995）。

莊昭、王偉軒、袁廣達主編：《愛國愛鄉的霍英東》（廣州：中山大學出版社，1991）。

郭安禧、黃福才、黎微：〈香港旅遊研究回顧與展望〉，《旅遊學刊》，2012 年第 27 期。

郭國燦、劉海燕：《香港中資財團（上、下）》（香港：三聯書店（香港）有限公司，2017）。

郭紹義、陳越：〈現代平面設計中圖騰文化的應用研究〉，《設計》，2015 年第 8 期，頁 134-135。

郭鎮之：《中國電視史》（北京：中國人民大學出版社，1991）。

郭麗萍：〈鄭大衛：電影審查員這樣審片〉，《東西南北》，2015 年第 4 期，頁 25-27。

都沛：《中國國際賽車紀實》（珠海：珠海出版社，1997）。

陳一枬：〈天龍八部 —— 客戶關係管理之道〉，《廣告大觀》，2005 年第 6 期，頁 150-156。

陳元安、曾軍敏：〈探索有中國特色的物業管理之路 中海深圳物業管理公司的成功經驗〉，《中外房地產導報》，1995 年第 16 期，頁 39-40。

陳文鴻：〈心繫教育 亦專亦恆〉，《傑出人物》，2012 年第 4 期。

〈陳幼堅設計作品選〉，《裝飾》，1999 年第 5 期，頁 28-29。

陳永華：〈八荒一統九州同 —— 回歸期的香港音樂創作〉，《人民音樂》，1997 年第 9 期，頁 18-19。

陳立思：〈跨國廣告公司和中國大眾傳媒互動關係探討：廣東電視台個案研究〉（香港：香港中文大學哲學碩士論文，1992 年）。

陳兆焜：《公關在中國》（廣州：廣東人民出版社，1997）。

陳多主編：《改革開放 40 年與香港》（香港：三聯書店（香港）有限公司，2019）。

陳君君：〈真誠服務二十載 黃金水道再添彩 —— 張家港永嘉集裝箱碼頭有限公司二十年發展紀實〉，《中國遠洋航務》，2012 年 7 月，頁 81-82。

陳志主編、丁一虹等編寫、《上海金融年鑒》編輯部編：《上海金融年鑒 2004》（上海：上海人民出版社，2004）。

陳志強：〈三十年的跨境環保路〉，《中華環境》，

2014 年 1 期，頁 23-25。

陳志誠：《在奮進中成長：香港城市大學二十五周年歷程的回顧》（香港：香港城市大學，2010）。

陳東：〈九洲港碼頭設備管理的探索〉，《港口裝卸》，2001 年 4 期，頁 31-32。

陳治祥：〈立足中華 走向世界 —— 記深圳中華自行車（集團）有限公司〉，《涉外稅務》，1992 年第 4 期，頁 38-39。

陳長庚：〈中國港口集裝箱運輸步入輝煌之路（3）〉，《集裝箱化》，2007 年 10 期，頁 15-18。

陳俊元：〈中國大陸保險業資金運用相關規範評析〉，《展望與探索》，第 5 卷第 3 期，2007 年 3 月，頁 103-120。

陳思堂：《參與式發展與扶貧 —— 雲南永勝縣的實踐》（北京：商務印書館，2012）。

陳剛：《當代中國廣告史：1979-1991》（北京：北京大學出版社，2010）。

陳家華：《廣告公關新思維：與香港業界對談》（香港：香港城市大學出版社，2006）。

陳雁楊、關文明：〈香港體育的現狀及其發展方向〉，《社會體育》，2000 年第 5 期，頁 107。

陳裕隆等：〈中華白海豚保護與研究進展〉，《海洋環境科學》，第 23 卷第 3 期，2004 年 8 月，頁 65-70。

陳漢民：〈銀行行徽設計〉，《裝飾》，1992 年第 1 期，頁 22。

陳熙炎：《我與花園酒店一個五星酒店總的經歷》（廣州：廣東旅遊出版社，1993）。

陳蓉、鄭振龍：〈NDF 市場：挑戰與應對 —— 各國 NDF 市場比較與借鑒〉，《國際金融研究》，2008 年第 9 期，頁 39-47。

陳劍雨：〈香港中國電影學會及其活動〉，載中國電影家協會編：《中國電影年鑒 1984》（北京：中國電影出版社，1984），頁 674-677。

陳廣漢：《港澳珠三角區域經濟整合與制度創新》（北京：社會科學文獻出版社，2008）。

陳德霖：〈打造全球離岸人民幣中心〉，《中國金融》，2014 年第 20 期，頁 43-45。

陳曉萍：〈中國人，通過電視譯製片看世界〉，《中國新聞周刊》，2008 年第 16 期，頁 79-81。

陶一桃：《深圳經濟特區年譜（1978-2018）》（北

京：社會科學文獻出版社，2018）。

陶存：《香港回歸十年志》（香港：香港大公報出版有限公司，2007）。

傅吉青、張衞：〈浙江與香港經貿關係發展回顧與展望〉，《浙江統計》，1997年第7期，頁35-38。

傅葆石：〈中國全球：1997年後的香港電影〉，載中國電影藝術研究中心、中國電影資料館編：《香港電影10年：「融合與發展——香港回歸十周年電影研討會」論文集》（北京：中國電影出版社，2007），頁19-21。

傅嘉駒：〈携手十載結碩果——寫在中外合資震德塑料機械廠有限公司開業十周年〉，《中國機電工業》，1997年第2期，頁44-45。

勞旭：〈香港成為內地企業集資首選地〉，《紫荊》，2000年8月號（總第118期）。

喬建中：〈精專精神遠大追求——香港龍音製作有限公司20年運行紀事〉，《人民音樂》，2015年第11期，頁83-86。

喻翔、張錦、張琪：〈成綿高速公路運營情況後評價研究〉，《公路》，2002年2期，頁57-62。

彭冲：《走過香港奧運路》（香港：南華體育會，2019）。

彭清源，韓永言主編：《中華人民共和國五十年成就事典1949-1999》（瀋陽：瀋陽出版社，1999）。

彭榮峰、柯兆銀：〈香港實業家張曾基訪談錄〉，《滬港經濟》，1994年第1期，頁9-13。

彭麗主編：《第四屆中樂國際研討會——傳承與流變》論文集（香港：香港中樂團，2012）。

曾玉娟：〈南沙新區粵港澳全面合作的政府對策研究〉（華南理工大學碩士論文，2012）。

曾恩瑜：〈論資源在電視媒體企業發展中的作用——以無線與亞視為例〉，《經濟師》，2009年6期，頁48-49。

曾培炎：〈西電東送：開創中國電力新格局〉，《中共黨史研究》，2010年第3期，頁5-13。

欽祥華、樂俊人、招商局總裁事務部：《跨世紀的足跡：招商局百年巡禮》（香港：招商局集團總裁事務部，1997）。

〈港粵攜手 培訓專科護士〉，《協力》，2011年10月號。

港澳台傳真：〈亞視落地珠三角〉，《企業導報》，2002年第10期，頁48。

港澳經濟年鑒社：《港澳經濟年鑒》（2000-2010）（北京：港澳經濟年鑒社，2000-2010）。

湖北省襄陽市人民政府編：《襄樊市志1979-2005（下）》（北京：中國城市出版社，2015）。

《湖北美術學院學報》編輯組：〈快訊剪輯〉，《湖北美術學院學報》，1999年第2期，頁80。

湯山文：《深港經濟合作的理論與實踐》（北京：人民出版社，2010）。

《無錫市地方志》編纂委員會辦公室：《無錫年鑒》（1992-1993）（上海：上海人民出版社，1992-1993）。

《番禺市地方志》編纂委員會辦公室：《番禺縣鎮村志》（廣州：廣東人民出版社，1996）。

程桂芳：《擔當：程萬琦回憶錄》（北京：華文出版社，2016）。

絲綢之路國際總商會：《絲綢之路國際總商會簡介》（香港：絲綢之路國際總商會，2016）。

舒伯陽、馬勇：〈內地與香港旅遊業跨區域合作的實施途徑分析〉，《世界地理研究》，1999年12月（第8卷第2期）。

〈華人社會福利政策國際會議〉，《中大通訊》，2014年6月19日號。

華東通訊社編：《上海年鑒》（1996-2018）（上海：上海書店出版社，1996-2018）。

《華僑日報》編：《香港年鑒》第46期（香港：華僑日報出版部，1994）。

華潤貿易諮詢公司：《香港經濟貿易統計彙編，1947-1983》（香港：華潤貿易諮詢公司，1984）。

華曉紅、楊立強：〈中國內地與香港CEPA效益評價〉，《國際貿易》，2008年第11期，頁38-45。

費明儀、周凡夫、謝素雁：《律韻芳華——費明儀的故事》（香港：三聯書店（香港）有限公司，2008）。

費樂思、陳輩樂：〈合力搶救全球日最瀕危的類人猿——海南長臂猿〉，《森林脈搏》，第七期，2004年5月，頁22-24。

鈕祖印：〈看香港電視連續劇《霍元甲》〉，《影視世界》，1983年第10期，頁8-9。

《雲南年鑒》社編：《雲南年鑒》（2009）（昆明：雲南年鑒社，2009）。

雲飛揚:〈港片的或然性機會與最後的榮譽〉,載
中國電影家協會編:《中國電影年鑒 2007》(北
京:中國電影出版社,2007),頁 508-510。

《順德市地方志》編纂委員會編:《順德縣志》(北
京:中華書局,1996)。

馮邦彥:《香港地產業百年》(香港:三聯書店(香
港)有限公司,2001)。

馮邦彥:《香港:打造全球性金融中心:兼論構建
大珠三角金融中心圈》(香港:三聯書店(香港)
有限公司,2012)。

馮邦彥:《承先啟後:利豐馮氏邁向 110 周年》(香
港:三聯書店(香港)有限公司,2016)。

馮邦彥:《香港金融史》(香港:三聯書店(香港)
有限公司,2017)。

馮邦彥:《不斷超越,更加優秀:創興銀行邁向
七十周年》(香港:三聯書店(香港)有限公
司,2018)。

馮邦彥:《香港地產史 1841-2020》(香港:三聯
書店(香港)有限公司,2021)。

馮邦彥、饒美蛟:《厚生利群:香港保險史(1841-
2008)》(香港:三聯書店(香港)有限公司,
2009)。

馮毓嵩:〈滿山開遍映山紅:當代中國影視動畫的
演進與變遷(下)〉,香港電影資料館《通訊》
季刊,2014 年第 69 期,頁 19-23。

馮煒光:〈淺談財經公關〉,《雙關》,1997 年 12
月第 4 期,頁 5。

馮應謙編:《歌潮·汐韻:香港粵語流行曲的發展》
(香港:次文化堂,2009)。

馮應謙、沈思:《悠揚·憶記:香港音樂工業發展
史》(香港:次文化堂,2012)。

黃世芬:〈寧波改革開放三十年大事記〉,《寧波
通訊》,2008 年第 6 期。

黃永智、廣東省(中國)對外貿易經濟合作廳主
編:《廣東外經貿之路 紀念改革開放三十
年》(廣州:廣東人民出版社,2008)。

黃式憲:〈《英雄》的市場凱旋及其文化悖論〉,《當
代電影》,2003 年第 2 期,頁 19-22。

黃君健、劉智鵬、錢浩賢:《天空下的傳奇:從啟
德到赤鱲角(上冊)》(香港:三聯書店(香港)
有限公司,2014)。

黃良然:〈廣佛高速公路的勘察設計〉,《中南公
路工程》,1994 年 3 期,頁 36-42。

黃枝連:《香港浸會學院中國關係學術活動報告書
1983 至 1988 學年》(香港:香港浸會學院,
1985)。

黃勇智:〈國兆中興 民償宿願 —— 番禺縣洛溪大
橋建成通車〉,《公路》,1988 年 12 期,頁
3-6。

黃玲主編:《深圳年鑒 2013》(深圳:深圳市市志
辦公室,2013)。

黃玲主編:《深圳年鑒 2014》(深圳:深圳市史志
辦公室,2014)。

黃夏柏:《漫遊八十年代 —— 聽廣東歌的好日子》
(香港:非凡出版,2017)。

黃華宗、睢寧:〈改革開放大潮中崛起的蘇州銅
材有限公司(蘇州銅材廠)〉,《江蘇冶金》,
1993 年第 3 期,頁 63-64。

黃煜、香港浸會大學傳理學院:《歲月·崢嶸:傳
理五十,唯善唯真》(香港:天地圖書有限公
司,2018)。

黃穎釧:〈〔奧訊專訪〕無憾領軍逾 20 年 沈金康
打造香港單車隊衝出世界〉,《奧訊》,2017
年第 6 期,頁 5。

黃寶森:〈卷首語〉,《公關與推廣》,1989 年 11
月 /12 月創刊號。

黃寶森:〈卷首語〉,《公關與推廣》,1990 年 8
月第三期。

《廈門交通志》編纂委員會編:《廈門交通志》(北
京:人民交通出版社,1989)。

《廈門市地方志》編纂委員會編:《廈門市志—第
一冊》(北京:方志出版社,2004)。

《廈門市地方志》編纂委員會編:《廈門市志—第
五冊》(北京:方志出版社,2004)。

新華社:〈中共中央、國務院召開全國金融工作
會議(二〇〇二年二月七日)〉,載中共中央
文獻研究室編:《十五大以來重要文獻選編
(下)》(北京:人民出版社,2003)。

新華社、中國年鑒編輯部:《中國年鑒》(1994-
1995)(北京:新華出版社,1994-1995)。

新疆天山毛紡織品有限公司:〈健全生產責任制抓
好品質管理〉,《國際貿易》,1983 年第 7 期。

新疆生產建設兵團年鑒社:《兵團年鑒》(2016)
(烏魯木齊:新疆生產建設兵團年鑒社,
2016)。

新疆維吾爾自治區地方志編纂委員會、《新疆通

1452

香港參與國家改革開放志

志‧紡織工業志》編纂委員會:《新疆通志‧紡織工業志》(烏魯木齊:新疆人民出版社,1995)。

楊小鵬:《參與者談廣州改革開放》(北京:人民出版社,2018)。

楊生華:《粵港澳合作報告》(香港:中國文化院有限公司,2015)。

楊苗健:〈廣佛高速公路交通量增長率及轉移率的初步分析〉,《廣東公路交通》,1994 年 2 期,頁 41-46。

楊英、劉彩霞:〈香港旅遊業的轉型升級〉,《中國發展》,2018 年 8 月(第 18 卷第 4 期)。

楊首憲:〈發展中的三山港〉,《珠江水運》,1998 年 7 期,頁 15、22。

楊偉光主編:《中國電視論綱》(北京:中國廣播電視出版社,1998)。

楊偉利:〈用「一廠一年一環保」活動 推進清潔生產 —— 粵港聯手推進清潔生產側記〉,《環境》,2006 年 11 期。頁 39-41。

楊敏:〈拯救亞洲黑熊〉,《環境》,2003 年 10 期,頁 12。

楊晨曦:〈上海美影廠創作群創作思想的研究〉(中國美術學院博士學位論文,2016)。

楊遠嬰編:《北京香港:電影合拍十年回顧》(北京:中國電影出版社,2012)。

溫詩步主編:《深圳文化變革大事》(深圳:海天出版社,2008)。

〈滙豐銀行慈善基金教練培訓計劃〉,《動向》,2012 年 51 期。

經濟導報社:《香港經濟年鑑》(1979、1983-1984)(香港:香港經濟導報社,1979、1983-1984)。

萬軍明:〈中國香港清潔生產伙伴計劃對珠江三角洲地區節能減排效果的探討〉,《環境污染與防治》,第 31 卷第 8 期(2009 年 8 月),頁 93-100。

萬潤龍:〈香港「漫畫之父」黃玉郎〉,《文化交流》,2008 年第 10 期,頁 18-20。

葉元、上海人民政協志編纂委員會:《上海人民政協志》(上海:上海社會科學出版社,1998)。

葉世濤:〈效益從何而來 —— 訪上海聯合毛紡織有限公司〉,《瞭望周刊》,1985 年第 4 期,頁 26。

葉茂康:《環球:專業公關之路 —— 來自中國環球公共關係公司的報告》(上海:復旦大學出版社,1997)。

葉純之:〈第一屆中國現代作曲家帶給我們什麼啟示?〉,《人民音樂》,1986 年第 9 期,頁 15-19。

葉劍:《中國口岸通覽》(北京:經濟管理出版社,1996)。

葉曙明:《最是夢縈家國‧霍英東與改革開放》(廣州:廣東人民出版社,2008)。

葛莉:〈《風雲決》:激發設計靈感的佳作〉,《電影文學》,2011 年第 5 期,頁 66-67。

董輔礽:《中華人民共和國經濟史》(北京:經濟科學出版社,1999)。

詹向陽:《買船出海:中國工商銀行香港併購實錄》(香港:商務印書館(香港)有限公司,2008)。

詹奕嘉:〈唐山大地震後 30 年:中國接受救災外援的歷程〉,《世界知識》,2006 年 14 期,頁 16-24。

賈大山:〈中國集裝箱港口發展對策評析〉,《集裝箱化》,1998 年 12 期,頁 4-9。

路甬祥:〈改革創新 跨越發展 走中國特色自主創新道路 —— 中國科學院 30 年改革開放的實踐與啟迪〉,《求是》,2008 年第 20 期。

路國樑:〈軌道交通專案 PPP 融資模式 —— 深圳地鐵四號線三期工程〉(深圳:深圳大學碩士學位論文,2017)。

鄒晶編譯:〈亞洲動物基金〉,《世界環境》,2007 年 5 期,頁 92。

雷文斌、陶雁:〈黑熊救護中心〉,《人與自然》,2004 年 3 期,頁 86-89。

電視廣播出版有限公司:《第一個十五年:電視廣播有限公司十五周年畫集》(香港:香港電視有限公司,1982)。

靳埭強:《眼緣心弦:靳埭強隨筆》(上海:上海文藝出版社,2002)。

靳埭強:《設計心法 100+1:設計大師經驗談》(香港:經濟日報出版社,2010)。

靳埭強:《情事藝事 100+1:設計大師記事本》(香港:經濟日報出版社,2012)。

靳埭強:《品牌設計 100+1:100 個品牌商標與 1 個城市品牌形象案例》(香港:經濟日報出版

社，2013）。

靳埭強：〈香港設計見聞與反思〉，《二十一世紀》，2013 年第 2 期，頁 87-104。

靳埭強主編：《靳埭強·身度心道：中國文化為本的設計·繪畫·教育》（合肥：安徽美術出版社，2008）。

靳埭強、潘家健：《關懷的設計：設計倫理思考與實踐》（香港：商務印書館（香港）有限公司，2015）。

嘉道理農場暨植物園：《嘉道理中國保育》（香港：嘉道理農場暨植物園，2019）。

壽建敏：〈長江三角洲中外合資集裝箱碼頭的發展及影響分析〉，《水運管理》，2002 年 3 期，頁 13-16。

寧波市政協文史委編、王耀成主筆：《王寬誠研究》（北京：中國文史出版社，2007）。

《寧波年鑑》編輯部編：《寧波年鑑》（1998-2002）（北京：中華書局，2000-2003）。

《寧夏年鑑》協會編：《寧夏年鑑》（2010、2012）（銀川：黃河出版傳媒集團寧夏人民出版社，2010、2012）。

廖承志：〈發展香港愛國電影事業〉，載銀都機構編著：《銀都六十 1950-2010》（香港：三聯書店（香港）有限公司，2010），頁 317-319。

廖美香：《中港教育大融合》（香港：雅典文化企業有限公司，2007）。

廖致楷：〈26 集電視連續劇 香港姊妹〉，《中國電視》，2007 年第 7 期，頁 2。

廖新波：〈粵港合作培訓專科護士的實踐及啟示〉，《中華護理雜誌》，2011 年第 12 期。

廖鳴華、李明華編：《走自己的路 廣州花園酒店管理模式探索與發展》（北京：中國旅遊出版社，2012）。

暨南大學出版社：《暨南校史：1906-1996》（廣州：暨南大學出版社，1996）。

滬港發展聯合研究所：《滬港年刊 2013》（香港：滬港發展聯合研究所，2013）。

《滬港經濟年報》編輯委員會：《滬港經濟年報 1998》（上海：上海社會科學院出版社，1998）。

熊端彥、龔建平：〈成綿高速公路領了出生證 四川省最大的中外合作基礎設施項目簽字始末〉，《今日四川》，1994 年 2 期，頁 42-43。

熊德義：〈說說赴港培訓這三十年〉，《國際人才交流》，2017 年 7 月號。

《福建省地方志》編纂委員會：《先行的腳步廈門：福建改革開放 30 年紀事》（福州：海潮攝影藝術出版社，2009）。

福建省政協辦公廳：〈把新能源產業帶回家鄉 —— 記省政協委員曾毓群博士〉，《政協天地》，2015 年第 7 期，頁 30-31。

福建漳江口紅樹林國家級自然保護區管理局：《滙豐／世界自然基金會福建漳江口濕地保護項目》（福建：福建漳江口紅樹林國家級自然保護區管理局，2013）。

福建閩江河口濕地國家級自然保護區管理處：《福建閩江河口濕地自然保育項目》（福建：福建閩江河口濕地國家級自然保護區管理處，2013）。

管濤：〈復盤香港個人人民幣業務出籠〉，載陳元、黃益平編：《中國金融四十人看四十年》（北京：中信出版社，2018），頁 278-295。

趙文濤：〈粵港貿易自由化、投資便利化政策效應研究〉（大連理工大學碩士論文，2007）。

趙和平：〈親身的經歷、難忘的回憶 —— 廣告盛典 87 第三世界廣告大會紀事〉，載北京廣告協會、中國傳媒大學、北京市廣告管理服務中心編：《見證：中國廣告三十年》（北京：中國傳媒大學出版社，2009），頁 259-262。

趙渝：《獨立調查啟示錄·馬家軍調查》（西安：陝西人民出版社，2014）。

趙福軍、汪海：《中國 PPP 理論與實踐研究》（北京：中國財政經濟出版社，2015）。

趙嫻、潘建偉、楊靜：〈改革開放 40 年中國物流業政策支持的回顧與展望〉，《河北經貿大學學報》，2019 年 9 月，第 40 卷第 5 期，頁 52-29。

趙衛防：〈變與不變 —— 論 30 年來內地因素對香港電影的影響〉，載國家廣播電影電視總局電影管理局、中國電影藝術研究中心、電影頻道節目中心編：《改革開放與中國電影 30 年：紀念改革開放三十周年中國電影論壇文集》（北京：中國電影出版社，2008），頁 426-438。

趙衛防：《香港電影產業流變》（北京：中國電影出版社，2008）。

趙衛防：〈內地和香港電影合拍流變及思考〉，《當代電影》，2010 年第 8 期。

趙衞防:〈回歸以來香港電影對內地電影的影響〉,《當代電影》,2017 年第 7 期。

銀都機構編著:《銀都六十（1950-2010）》（香港:三聯書店（香港）有限公司,2010）。

劉川巍、師麗霞:〈前海金融改革穩步推進 深港金融合作加速融合〉,《中國貨幣市場》,2017 年 11 月,總第 193 期,頁 27-31。

劉兆君:〈電腦動畫發展的現狀分析〉,《劇作家》,2008 年第 1 期,頁 146。

劉孟俊、吳佳勳、吳子涵、謝承評:《中國大陸四大自貿區發展趨勢對台灣的影響與因應》（台北:中華民國國家發展委員會,2016）。

劉昌勇:〈方塊動漫成功實踐文化產業化〉,《中外玩具製造》,2014 第 3 期,頁 56-57。

劉松金:〈劉松金副部長在國際班輪運輸 10 周年暨全國水運生產會議上的講話〉,《集裝箱化》,1996 年 5 期,頁 1-8、28。

劉青山:〈核電先驅王全國〉,《國資報告》,2018 年第 4 期（總第 40 期）,頁 105-109。

劉保孚:〈中國廣告法規的探索者〉,《中國廣告》,2006 年第 5 期,頁 52-53。

劉洵蕃:〈中國房地產發展十年（1980-1990）〉,載香港房地產建築業協進會、中國人民大學土地管理系編:《房地產論文集》（北京:中國人民大學出版社,1995）,頁 17-31。

劉偉:〈BOT 模式在深圳地鐵 4 號線續建工程中的應用〉,《都市快軌交通》,2006 年第 3 期,頁 18-20。

劉健:〈試論上海港集裝箱國際轉運業務〉,《中國港口》,1997 年第 6 期,頁 30-31。

劉習良主編:《中國電視史》（北京:中國廣播電視出版社,2007）。

劉雪琴:〈開拓新的發展空間 —— 轉口貿易發展對香港經濟的影響〉,《國際貿易》,1996 年第 12 期,頁 9-11。

劉萍、華志波:〈香港船東會與舟山海員管理協會簽訂戰略合作框架協議〉,《中國海事》,2011 年第 12 期,頁 81。

劉靖之:《中國新音樂史論》（香港:中文大學出版社,2009）。

劉靖之:《香港音樂史論 —— 粵語流行曲·嚴肅音樂·粵劇》（香港:商務印書館（香港）有限公司,2013）。

劉靖之:《香港音樂史論 —— 文化政策·音樂教育》（香港:商務印書館（香港）有限公司,2014）。

劉靖之:〈香港的音樂（1841-1997）〉,載王賡武編:《香港史新編（增訂版）》（香港:三聯書店（香港）有限公司,2016）,頁 775-824。

劉輝:〈理解香港影業和中國電影關係的鑰匙 —— 香港電影人吳思遠〉,載中國電影家協會編:《中國電影年鑑 2008》（北京:中國電影出版社,2008）,頁 545-547。

劉震、王玉平主編:《中國房地產市場》（武漢:湖北人民出版社,1999）。

劉曉玲:〈綠色禮物送祖國沙漠植樹行動〉,《國土綠化》,1998 年第 4 期,頁 44。

劉曉慶:《人生不怕從頭再來》（武漢:長江文藝出版社,2015）。

劉鴻儒:《中國企業海外上市回顧與展望》（北京:中國財政經濟出版社,1998）。

劉鴻儒:《突破 —— 中國資本市場發展之路（上卷）》（北京:中國金融出版社,2008）。

劉鴻儒:《突破 —— 中國資本市場發展之路（下卷）》（北京:中國金融出版社,2008）。

劉瀾昌、何亦文:《粵港澳共融:實現創新區域發展》（香港:香港城市大學出版社,2017）。

《廣州市地方志》編纂委員會:《廣州市志·外經志》（廣州:廣州出版社,2000）。

《廣州市地方志》編纂委員會:《廣州市志:1991-2000》（廣州:廣州出版社,2009）。

廣州市政協學習和文史資料委員會編:《參與者談廣州改革開放》（北京:人民出版社,2018）。

廣州市統計局:《廣州統計年鑑》（1986-2018）（北京:中國統計出版社,1986-2018）。

廣州市設計院白天鵝賓館設計組:〈廣州白天鵝賓館〉,《建築學報》,1983 年第 9 期,頁 31-38。

廣州市辦公廳:《十年改革開放之廣州》（廣州:中山大學出版社,1989）。

《廣州年鑑》編纂委員會編:《廣州年鑑》（1988-1998）（廣州:廣州年鑑社,1988-1998）。

《廣州經濟年鑑》編纂委員會:《廣州經濟年鑑》（1983-1990）（廣州:廣州經濟年鑑編纂委員會,1983-1990）。

《廣西壯族自治區地方志》編纂委員會:〈畫冊圖書、聲像、報刊宣傳〉,載《廣西壯族自治區地方志》編纂委員會編:《廣西通志(第一輪)旅遊志》(南寧:廣西人民出版社,2003),頁 218。

《廣東年鑒》編纂委員會:《廣東年鑒》(1987-2019)(廣州:廣東人民出版社,1987-2019)。

廣東改革開放紀事編纂委員會:《廣東改革開放紀事》(廣州:南方日報出版社,2008)。

廣東省人民政府地方志辦公室編:《廣東方志·廣東資政志鑒》(廣州:廣東人民出版社,2015)。

廣東省文藝批評家協會:《粵派電視:張木桂之論·劇·文》(廣州:花城出版社,2006)。

廣東省地方史志編纂委員會:〈友好往來〉,載廣東省地方史志編纂委員會編:《廣東省志(一輪)廣播電視志》(廣州:廣東人民出版社,1999),頁 289-296。

廣東省地方史志編纂委員會編:《廣東省志·公路交通志》(廣州:廣東人民出版社,1996)。

廣東省地方史志編纂委員會編:《廣東省志·對外經濟貿易志》(廣州:廣東人民出版社,1996)。

廣東省地方史志編纂委員會編:《廣東省志·體育志》(廣州:廣東人民出版社,2001)。

廣東省地方史志編纂委員會編:《廣東省志·粵港澳關係志》(廣州:廣州人民出版社,2004)。

廣東省地方史志編纂委員會編:《廣東省志·水運志》(廣州:廣東人民出版社,2006)。

廣東省地方史志編纂委員會編:《廣東省志·經濟綜述》(廣州:廣東人民出版社,2010)。

《廣東省志》編纂委員會編:《廣東省志·環境保護志》(廣州:廣東省地方志編纂委員會,2001)。

《廣東省志》編纂委員會編:《廣東省志(1979-2000)·交通卷》(北京:方志出版社,2014)。

《廣東省志》編纂委員會編:《廣東省志(1979-2000)·旅遊卷》(北京:方志出版社,2014)。

《廣東省志》編纂委員會編:《廣東省志(1979-2000)·專記卷》(北京:方志出版社,2014)。

《廣東省志》編纂委員會編:《廣東省志(1979-2000)·經濟特區與開發區卷》(北京:方志出版社,2014)。

《廣東省志》編纂委員會編:《廣東省志(1979-2000)·資源環境卷》(北京:方志出版社,2014)。

《廣東省志》編纂委員會編:《廣東省志(1979-2000)·銀行、證券、保險卷》(北京:方志出版社,2014)。

《廣東省志》編纂委員會編:《廣東省志(1979-2000)》(北京:方志出版社,2014)。

廣東省足球協會:《省港杯足球賽邁向 20 年 1978-1996》(廣州:廣東省足球協會,1996)。

廣東省東莞市虎門鎮志編纂委員會:《虎門鎮志》(北京:方志出版社,2016)。

廣東省建設委員會、南方日報社編:《南粵基業:廣東「八五」重點建設》(廣州:嶺南美術出版社,1997)。

廣東省統計局:《廣東工業統計年鑒》(2000-2010)(北京:中國統計出版社,2000-2010)。

廣東省統計局:《廣東統計年鑒》(1986-2018)(北京:中國統計出版社,1986-2018)。

廣東省電力工業志編纂委員會編:《廣東省志·電力工業志》(廣州:廣東人民出版社,1997)。

廣東海豐鳥類省級自然保護區管理處:《粵港合作 —— 滙豐 / 世界自然基金會海豐濕地項目》(廣州:廣東海豐鳥類省級自然保護區管理處,2012)。

《廣東設計年鑒》編輯部:《廣東設計年鑒》(廣州:廣東嶺南美術出版社,1993)。

歐戈易、劉沐強:〈馬不提鞭自奮蹄 —— 記 GAMECO 在改革開放 40 年中的發展歷程〉,《航空維修與工程》,2018 年第 9 期。

滕志榮:〈從實際出發辦好中外合資企業 —— 新疆天山毛紡織品有限公司總經理(中方)〉,《新疆社會經濟》,1991 年第 1 期,頁 81-85。

潘成夫:〈跨境貿易人民幣結算的突破,影響與前景〉,《金融與經濟》,2009 年第 8 期,頁 4-6。

蔡永雄:〈香港旅遊業的發展近況及前景〉,《中銀經濟月刊》,2018 年 5 月,頁 1-6。

蔡宏明:〈CEPA 與兩岸經貿合作機制〉,《貿易政策論叢》,2004 年第 1 期,頁 41-86。

蔡來興：〈打通內外資本市場 服務上海經濟發展 —— 上實集團紅籌上市實現跨越式發展〉，《上海黨史與黨建》，2017 年 3 月，頁 12。

蔡經倫、陳鏡治、黃樂恆、林秋儀：《區域物流服務樞紐》（香港：香港理工大學、香港物流協會，2014）。

蔡德麟、潘江津、李青：《深港關係史話》（深圳：海天出版社，1997）。

蔡寶瓊、香港荳品有限公司：《厚生與創業：維他奶五十年（一九四〇至一九九〇）》（香港：香港荳品有限公司，1990）。

蔣工聖：〈關於建立海運國際集裝箱貨物海關監管新模式的思考〉，《中國港口》，1996 年第 6 期，頁 38-39。

蔣氏工業慈善基金：《蔣氏工業慈善基金：第一個五年》（香港：蔣氏工業慈善基金，1997）。

蔣氏工業慈善基金：《蔣氏工業慈善基金：十年回顧》（香港：蔣氏工業慈善基金，2001）。

蔣玉濤、楊勇、李朝庭、商惠敏、林濤：〈深港創新圈發展及其推動珠三角產業轉型升級研究〉，《科技管理研究》，2013 年第 12 期，頁 81-84。

鄭全剛：〈溝通、理解、共振合拍片雄風〉，《電影通訊》，1998 年第 4 期。

鄭宏泰、周文港主編：《大浪淘沙：家族企業的優勝劣敗》（香港：中華書局（香港）有限公司，2017）

鄭宏泰、高皓：《為善者王：慈善信託歷史源流與制度分析》（香港：中華書局（香港）有限公司，2019）。

鄭家光主編：《深圳市城市建設志》（深圳：《深圳市城市建設志》編纂委員會，1988）。

鄭偉：〈改革開放 40 年的保險監管〉，《保險研究》，2018 年第 12 期，頁 73-77。

鄭偉滔：《中國器樂作品巡禮：老唱片資料彙編》（香港：香港中文大學出版社，2010）。

鄭國漢、王于漸：《港口設施及貨櫃處理服務》（香港：商務印書館（香港）有限公司，1997）。

鄰舍輔導會：《鄰舍輔導會四十周年紀念特刊》（香港：鄰舍輔導會，2009）。

鄰舍輔導會：《鄰舍輔導會四十五周年紀念特刊》（香港：鄰舍輔導會，2014）。

魯虹：〈平面設計是打開市場的重要手段 —— 與王粵飛對話〉，《藝術界》，1997 年第 4 期，頁 39-45。

黎熙元、杜薇：〈「香港個人遊計劃」實施與香港經濟行業變化的關聯性〉，《亞太經濟》，2013 年第 6 期。

黎熙元、鍾啟蘭：〈適度自由行：香港「個人遊」計劃實施十年的經濟學檢視〉，《大珠三角論壇》，2014 年第 2 期。

曉帆：〈話説湯鎮宗〉，《當代電視》，1993 年第 9 期，頁 20-23。

曉郭：〈555 香港 —— 北京拉力賽〉，《體育博覽》，1995 年第 10 期，頁 31。

獨人：〈招商局請進麥肯錫，意欲何為？ —— 專訪招商局集團總裁、本刊副理事長傅育寧〉，《中外管理》，2001 年第 5 期，頁 18-21。

盧鴻炳、黃燕丹：《探索：中國大酒店選址》（汕頭：汕頭大學出版社，2001）。

盧鴻炳，黃燕丹：〈探索中國酒店業之父盧鴻炳自傳〉（汕頭：汕頭大學出版社，2011）。

〈積極進取 不斷開拓 —— 上海集裝箱碼頭有限公司營運一周年〉，《集裝箱化》，1994 年第 8 期，頁 13。

《蕭山市地方志》編纂委員會辦公室：《蕭山年鑑（1987）》（北京：方志出版社，1989）。

錢林霞：〈讓愛在此駐足 —— 記廣東珠江口中華白海豚國家級自然保護區〉，《新經濟》，2013 年第 16 期，頁 78-80。

錢耀鵬：《當代香港航運》（大連：大連海事大學出版社，1997）。

閻永欽：〈一家欣欣向榮的合資企業 —— 北京航空食品有限公司〉，《國際貿易》，1983 年第 11 期，頁 38。

霍建國、錢建初、商務部國際貿易經濟合作研究院：《中國對外貿易史・下卷》（北京：中國商務出版社，2016）。

〈霍英東教育基金會成立 20 周年〉，《中國教育報》，2006 年 12 月 22 日，第 1 版。

《龍吟榜》編輯部：〈為何給自己找麻煩〉，《龍吟榜 —— 華文廣告精萃》，1995 年第 1 期，創刊號。

《龍吟榜》編輯部：《龍吟榜 —— 華文廣告精萃》，1995 年第 1 期，創刊號。

《龍吟榜》編輯部：〈我有很多話要說〉，《龍吟

榜 —— 華文廣告精萃》，1995 年第 3 期。

《龍吟榜》編輯部：《龍吟榜 —— 華文廣告精萃》，1996 年第 1 期。

《龍吟榜》編輯部：《龍吟榜 —— 華文廣告精萃》，1997 年第 1 期。

《龍吟榜》編輯部：《龍吟榜 —— 華文廣告精萃》，2010 年 12 月，第 74 期，終刊號 。

《龍吟榜》雜誌社：《榜上客：全球廿八位頂級華文創意人談廣告》（北京：中國物價出版社，2001）。

龍俊榮、施仁毅編：《港漫回憶錄》（香港：豐林文化傳播有限公司，2019）。

戴平、陸雲：〈「內地成就了我」〉，《環球人物》，2007 年 7 月，頁 28-29。

戴希立：《教育風雲 30 載》（香港：香港教育圖書公司，2015）。

戴斌：《中國國有飯店的轉型與變革研究》（北京：旅遊教育出版社，2003）。

聯合國開發計劃署駐華代表處：《聯合國開發署 —— 中國 40 年發展歷程》（北京：聯合國開發計劃署駐華代表處，2019）。

〈聯檢大樓及羅湖車站大樓：貫通中港的重要門戶〉，《建築業年鑒》，1985 年，頁 88-93。

薛求理：《世界建築在中國》（香港：三聯書店（香港）有限公司，2010）。

薛燕平：〈中國動畫對外交流簡史（續完）〉，《中國電視（動畫）》，2012 年第 12 期，頁 50-53。

謝文清主編：《中國廣播電視年鑒 1986》（北京：中國廣播電視出版社，1987）。

謝瑞振、吳錦煥：〈廣珠公路四大橋設計、施工簡介〉，《中南公路工程》，1984 年第 4 期，頁 37-48。

謝錦添、楊玉珍、廖振強：《深圳鹽田：從零到千萬大港》（新加坡：八方文化創作室，2015）。

鍾剛：〈加速發展中的港澳中銀集團〉，《國際金融研究》，1986 年第 5 期，頁 10-12。

鍾堅：《改革開放夢工場 —— 招商局蛇口工業區開發建設 40 年紀實（1978-2018）》（北京：科學出版社，2018）。

鍾華楠：〈從回憶到回歸〉，《建築學報》，1997年第 6 期，頁 6-8。

鍾寶賢：《香港影視業百年》（香港：三聯書店（香港）有限公司，2004）。

鍾寶賢：〈香港電影業的興衰變幻（1997-2007）〉，《當代電影》，2007 年第 3 期，頁 69-73。

韓秉華、蘇敏儀：《設計師叢書 韓秉華、蘇敏儀》（廣州：廣東人民出版社，2001）。

韓雨薪：〈長三角與珠三角對外資吸引力的比較分析〉，《時代金融》，2008 年 6 月，總第 370期，頁 114-116。

韓彪：〈論深港兩地港口航運合作〉，《特區經濟》，2000 年第 4 期，頁 17-18。

瞿振元、盧兆彤、周利明：〈香港高校內地招生的觀察與思考〉，《中國高教研究》，2007 年第 5 期，頁 1-5。

簡澤源：〈中國大陸與香港相互投資之分析〉，《中國大陸研究》，1999 年 42 卷 8 期 ，頁 53-69。

藍楠編譯：〈2015 全球十大機體維修企業排行榜〉，《航空維修與工程》，2015 年第 7 期，頁 33-35。

藍獅子著、吳曉波審定：《鷹的重生 —— TCL 追夢三十年》（北京：中信出版社，2012）。

藍潮：《鄭裕彤傳》（香港：名流出版社，1996）。

顏光明、錢蕾、王從軍：《中國汽車四十年》（上海：上海交通大學出版社，2018）。

魏小安：〈香港旅遊的起伏啟示〉，《旅遊學刊雙月刊》，1999 年第 4 期。

魏正明：〈第二屆「地球獎」頒獎大會在上海隆重舉行〉，《上海環境科學》，1998 年第 5 期，頁 9。

魏君子：《光影裏的浪花：香港電影脈絡回憶》（香港：中華書局（香港）有限公司，2019）。

羅卡：〈最是橙黃橘綠時〉，載許敦樂編：《墾光拓影：南方影業半世紀的道路》（香港：簡亦樂出版 MCCM Creations，2005），頁 190-195。

羅婭萍：〈香港環境保護團體 —— 長春社〉，《大自然》，1996 年第 4 期，頁 47。

羅婭萍：〈護林使者〉，《大自然》，1999 年第 2 期，頁 32-33。

羅婭萍：〈綠色禮物送祖國〉，《大自然》，2000年第 5 期，頁 43。

羅祥國：《中國改革開放 40 年 —— 航空業個案分

析》（香港：香港中文大學商學院，2018）。

羅祥國、馮嘉耀：〈一帶一路下香港參與亞洲基建的挑戰〉，《二十一世紀》，2018 年 8 月號（總第 168 期），頁 27-42。

羅莉敏：〈競爭政策對香港 — 內地服務業一體化的影響〉（廣東外語外貿大學碩士論文，2020）。

譚安傑、簡澤源：〈中國大陸對外直接投資的現況及趨勢分析〉，《亞洲研究》，1998 年 10 月，第 28 期，頁 166-207。

譚俊嶠：〈鶴山印刷工業的發展現狀及區域經濟特色〉，《印刷工業》，2007 年第 1 期，頁 25-27。

譚思哲主編：《江門五邑海外名人傳·第三卷》（廣州：廣東人民出版社，1993）。

譚藝：〈1996 年我國水路集裝箱運輸市場的回顧〉，《集裝箱化》，1997 年第 2 期，頁 2、29。

邊靜：〈中國電影人口述歷史系列 —— 王增夫訪談錄〉，《當代電影》，2012 年第 9 期，頁 70-76。

嚴雙軍、張希昆：《中國大洪災：1991 年中國特大洪澇災害紀實》（北京：地震出版社，1993）。

《蘇州年鑒》編輯委員會：《蘇州年鑒》（2005-2016）（蘇州：蘇州市檔案局，2005-2016）。

蘇根源：《香港乒乓 70 年》（香港：天地圖書有限公司，2006）。

蘇雲主編：《中國電影年鑒 1990》（北京：中國電影出版社，1992）。

饒原生：《世事新語：改革開放 30 年流行詞的廣東樣本》（廣州：新世紀出版社，2008）。

饒曙光、李國聰：《中國電影思潮流變，1978-2017》（北京：中國文聯出版社，2017）。

《蘭州年鑒》編纂委員會：《蘭州年鑒（2006）》（北京、蘭州：中國統計出版社，2006）。

鶴山區地方史志辦公室：《鶴山年鑒》（2011-2015）（鄭州：中州古籍出版社，2011-2015）。

龔詩：〈正在崛起的華南轉運中心 —— 蛇口集裝箱碼頭〉，《中國遠洋航務公告》，1997 年第 6 期，頁 25-26。

欒彩霞：〈孫莉莉〉，《世界環境》，2017 年第 3 期，頁 95。

Baranovitch, Nimrod, *China's New Voices: Popular Music, Ethnicity, Gender, and Politics, 1978-1997* (Berkeley, CA: University of California Press, 2003).

Brace, T. & Friedlander, "Rock and roll on the new long march: popular music, cultural identity, and political opposition in the People's Republic of China", in *Rockin' the Boat: Music and Mass Movements,* ed. R. Garofalo (Boston: South End Press, 1992), pp. 115-128.

Cheng, Chen-Ching, "Love Songs from an Island with Blurred Boundaries: Teresa Teng's Anchoring and Wandering in Hong Kong", in *Made in Hong Kong: Studies in Popular Music*, ed. Anthony Y.H. Fung and Alice Chik (New York: Routledge, 2020), pp. 107-114.

Edmund Kwok Siu-tong, *60 Years of Sporting Excellence: the Sports Federation & Olympic Committee of Hong Kong, China* (Hong Kong: Sports Federation & Olympic Committee of Hong Kong, China, 2011).

Edward KY Chen, "The economic setting", The business environment in Hong Kong, (Hong Kong: Oxford University Press Hong Kong, 1984).

Federation of Hong Kong Industries, *Hong Kong's Industrial Investment in the Pearl River Delta: 1991 Survey among Members of the Federation of Hong Kong Industries* (Hong Kong: Industry & Research Division, Federation of Hong Kong Industries, 1992).

Fung, Anthony Y. H., "The Emerging (National) Popular Music Culture in China", in *Inter-Asia Cultural Studies*, Vol. 8, No. 3 (2007).

Fung, Anthony Y. H., *Global Capital, Local Culture: Transnational Media Corporations in China* (New York: Peter Lang, 2018).

Ha, Serina, "Cantopop Is Always Hybrid: A Conversation with Serina Ha", in *Made in Hong Kong: Studies in Popular Music*, ed. Anthony Y.H. Fung and Alice Chik (New York: Routledge, 2020), pp. 205-213.

Ho, Bosco, *HPA: The Story of Ho & Partners architect* (Melbourne: The Images Publishing Group Pty Ltd, 2011).

Hong Kong Designers Association, *HKDA 20 Years in retrospect* (Hong Kong: The Association, 1992).

Hongkong International Terminals Limited, *Hongkong International Terminals, since 1969* (Hong Kong: Hongkong International Terminals Limited, 2010).

Kyme, Chris & Cheng Tommy. *Made in Hong Kong: How Hong Kong advertising found its true creative voice* (Hong Kong: WE Press Company Limited, 2014).

So, Man-yee and Bing-wah Hon, *HS art & design* (Hong Kong: HS Art & Design, 2005).

Yan-leung Cheung, Yuk-shing Cheng and Chi-keung Woo, *Hong Kong's Global Financial Centre and China's Development* (London: Routledge, 2017).

Zhang, Hongxing and Lauren Parker eds., *China design now* (London: V&A Publishing, 2008).

未刊史料

大學教育資助委員會:〈香港研究資助局與國家自然科學基金 —— 聯合科研資助基金〉(2021年6月25日),未刊行。

中信集團精英(GREY)廣告有限公司:〈精英(Grey)/中信(CITIC)合資經營企業意向書〉(1991年9月),紀文鳳提供,未刊行。

中國人民建設銀行、中華人民共和國建設部、香港劉紹鈞產業測量師行有限公司:〈會談備忘錄〉(1991年11月23日),未刊行。

中國海外集團有限公司:〈中海集團大事記〉(2020年12月8日),未刊行。

中國國際公共關係協會:〈中國國際公共關係協會及香港公關專業人員協會合作協議〉(2003年3月28日),崔綺雲提供,未刊行。

北京 2000 年奧林匹克運動會申辦委員會:〈北京 2000 年奧林匹克運動會申辦委員會委託函〉(1993年2月5日),紀文鳳提供,未刊行。

地球之友:〈2016 年第十五屆東江之子項目方案〉(日期從缺),未刊行。

地球之友:〈上游下游手拉手,綠化東江水源〉(日期從缺),未刊行。

地球之友:〈向日葵行動電子簡報〉(日期從缺),未刊行。

地球之友:〈香港地球之友中國事務總結和回顧 1995-2005 電子簡報〉(日期從缺),未刊行。

地球之友:〈源來護水自有方電子簡報〉(日期從缺),未刊行。

地球之友:〈地球之友會員通訊〉(香港地球之友)(1992年10月),未刊行。

紀文鳳:〈如何利用傳媒建立「國家形象」和「形象和信息:世界互相了解、友誼及發展的催化劑」(演講稿)〉(1992年),紀文鳳提供,未刊行。

香港公共關係專業人員協會:〈對在中華人民共和國開展公關業務的職業標準的立場〉(1995年7月2日),崔綺雲提供,未刊行。

香港特別行政區政府工業貿易署:〈2003 至 2017 年《香港服務提供者證明書》的申請及簽發數目(按行業劃分)〉(2021年4月),未刊行。

香港特別行政區政府工業貿易署:〈2004 年至 2017 年 CEPA 原產地證書的統計數字〉(2021年4月),未刊行。

香港特別行政區政府工業貿易署:〈2004 年至 2017 年 CEPA 貨物離岸總貨值(按貨品類別劃分)〉(2021年4月),未刊行。

香港特別行政區政府工業貿易署:〈2004 年至 2017 年的原產地證書的統計數字(按貨品類別劃分)〉(2021年4月),未刊行。

香港特別行政區政府工業貿易署:〈CEPA 貨物貿易自由化的進程〉(2021年4月),未刊行。

香港特別行政區政府工業貿易署:〈CEPA 貨物貿易成果(2004-2017年)〉(2021年4月),未刊行。

香港特別行政區政府工業貿易署:〈歷年獲發 CEPA《香港服務提供者證明書》香港企業的統計(以行業劃分)〉(2021年4月),未刊行。

珠海市橫琴新區工商行政管理局:〈關於協助提供相關數據信息的覆函〉(珠橫琴工商函〔2020〕187 號)(2020年11月5日),未刊行。

深圳市人民政府:〈深圳經濟特區社會經濟發展規劃大綱 —— 評議會分租名單〉(1980年3月1日),未刊行。

深圳市人民政府：〈深圳經濟特區社會經濟發展規
劃大綱〉（修改稿）（1982 年 8 月 20 日），未
刊行。

精信廣告公司：〈全港支持北京申辦奧運 2000 大
行動計劃書〉（1993 年 2 月 20 日），紀文鳳
提供，未刊行。

Cheng, Shuk Han & Chen, Xueping, "Transgenic
Fish and Uses Thereof" (12 March 2013),
United States Patent, unpublished.

Fung Business Intelligence Centre, "Business
Policy and City Clusters in China: China's
Cities and City Clusters Series — Special
Report 1" (2016), Fung Business Intelligence
Centre, unpublished.

"Territory-Wide Movement to welcome the
Olympic Flame (Draft)." (April 2008),
provided by Leonie Ki, unpublished.

網上資料庫

大學教育資助委員會統計數據平台

中華人民共和國教育部中外合作辦學監管工作信
息平台

天眼查商業查詢平台

香港交易所披露易平台

香港特別行政區政府公司註冊處網上查冊中心

香港特別行政區政府統計處香港標準行業分類 2.0
版搜尋工具

啟信寶企業信用信息平台

深圳市社會組織信息平台

國家企業信用信息公示系統

國家企業信用資訊公示系統（廣東）

Bloomberg Terminal

Crunchbase 平台

Factiva

Wisesearch Pro

網頁及多媒體資料

2014 深港設計雙年展網頁

《2015 中國公益映像節》網頁

21 世紀經濟報道

21 財經網頁

ACN Newswire 網頁

BBC 中文網

Bilibili 網頁

Box Office Mojo 網頁

Businesswire 新聞稿

Campaign 中國網頁

CIO 發展中心

DFA 亞洲最具影響力設計獎網頁

DJI 新聞中心

Future Living 網誌

G.D.C 環球數碼網頁

Gogofootball 網頁

IDG Capital 新聞中心

K11 網頁

Mcdull 麥兜網頁

Milkxhake 設計工作室網頁

MyTV Super 網頁

Now 新聞網頁

Nvidia 網頁

《on.cc 東網》財經即時新聞

QQ 音樂網頁

RICS 網頁

Stephenau.com

Time Out Hong Kong Company Limited 網頁

Top Magazine 網頁

unwire.pro 網頁

YouTube

一帶一路 · 香港網頁

一帶一路高峰論壇網頁

一帶一路國際聯盟網頁

九廣鐵路公司網頁

九龍倉集團有限公司網頁

人人焦點網頁

人民日報數據庫

人民網

人民網科技頻道

人民網—福建頻道

人保金融服務有限公司網頁

上海三菱電梯有限公司官方網頁

上海上實金融服務控股股份有限公司網頁

上海久事集團網頁

上海公共交通卡股份有限公司網頁

上海世茂集團網頁

上海市人民政府網頁

上海市地方志辦公室網頁

上海市松江區人民政府網頁

上海市科學技術委員會網頁

上海市商務委（市口岸辦）網頁

上海市商務委員會網頁

上海市教育發展基金會網頁

上海市黃浦區人民政府網頁

上海和黃白貓有限公司官方網頁

上海浦東國際集裝箱碼頭有限公司網頁

上海國際電影節網頁

上海集裝箱碼頭有限公司網頁

上海實業（集團）有限公司網頁

上海檔案資訊網

上海豐誠物業管理有限公司網頁

上海證券交易所網頁

上海證券報網頁

上海黨史網網頁

上港集團網頁

上實控股有限公司網頁

千龍網

大公財經網頁

大公報網頁

大地影院集團網頁

大昌行網頁

大連市統計局網頁

大新銀行網頁

大學教育資助委員會網頁

山西大學本科招生網頁

工商晚報網頁

中山大學管理學院網頁

中山大學歷史人類學研究中心網頁

中山日報網頁

中山溫泉高爾夫球會網頁

中文電影資料庫網頁

中外玩具製造網頁

中央人民政府網頁

中央人民政府駐香港特別行政區聯絡辦公室網頁

中央人民廣播電台網頁

中央政府門戶網站

中央紀委國家監委網頁

中央匯金投資責任有限公司網頁

中央電視台網頁

中央黨史和文獻研究院網頁

中共上海市委黨史研究室網頁

中共中央紀律檢查委員會及中華人民共和國國家
　　監察委員會網頁

中共廣州市委黨史文獻研究室網頁

中再資產管理股份有限公司網頁

中保國際控股有限公司網頁

中美國際保險銷售服務有限責任公司網頁

中海物業集團有限公司網頁

《中國人大》雜誌社網頁

中國人大網

中國人民人壽保險股份有限公司網頁

中國人民保險（香港）有限公司網頁

中國人民保險集團股份有限公司網頁

中國人民政治協商會議上海市委員會網頁

中國人民政治協商會議全國委員會網頁

中國人民政治協商會議廣州市委員會網頁

中國人民政治協商會議廣東省委員會網頁

中國人民財產保險股份有限公司網頁

中國人民銀行上海總部網頁

中國人民銀行網頁

中國人保資產管理有限公司網頁

中國人壽保險（海外）股份有限公司網頁

中國人壽保險股份有限公司網頁

中國人壽富蘭克林資產管理有限公司網頁

中國人壽資產管理有限公司網頁

中國口岸協會網頁

中國工程院網頁

中國中信股份有限公司網頁

中國中信集團有限公司網頁

中國中鐵電氣化局集團有限公司網頁

中國公益研究院網頁

中國天氣網安徽站網頁

中國太平人壽保險（香港）有限公司網頁

中國太平人壽保險（澳門）股份有限公司網頁

中國太平再保險顧問有限公司網頁

中國太平金融控股有限公司網頁

中國太平保險（香港）有限公司網頁

中國太平保險集團有限責任公司網頁

中國太平洋保險（香港）有限公司網頁

中國文化及旅遊部網頁

中國文明網

中國文藝評論網

中國日報中文網

中國外匯網

中國平安保險（集團）股份有限公司新聞稿

中國平安保險（集團）股份有限公司網頁

中國平安資產管理（香港）有限公司新聞稿

中國民用航空總局網頁

中國民航網網頁

中國交通新聞網

中國交銀保險有限公司網頁

中國光大控股有限公司網頁

中國光大集團網頁

中國全球圖片總匯

中國共產黨中央委員會統一戰線工作部網頁

中國共產黨湖北省委外事工作委員會辦公室網頁

中國共產黨湖南省委外事工作委員會辦公室網頁

中國共產黨新聞網

中國共產黨歷史網

中國共產黨歷次全國代表大會數據庫

中國再保險（集團）股份有限公司網頁

中國在線網頁

中國有色礦業有限公司網頁

中國自保網

中國作家網

中國冶金科工集團公司網頁

中國改革信息庫網頁

中國改革開放全紀錄數據庫

中國汽車摩托車運動聯合會網頁

中國足球協會網頁

中國亞太經濟合作中心網頁

中國法院網

中國金融信息網

中國青少年發展基金會網頁

中國保險報‧中保網

中國保險監督管理委員會網頁

中國建設銀行新聞稿

中國建築有限公司網頁

中國建築國際集團有限公司網頁

中國政府網

中國流通研究網

中國研究服務中心網頁

中國科技創新網

中國科學院心理研究所網頁

中國科學院金屬研究所網頁

中國科學院國際合作局網頁

中國科學院港澳台事務辦公室網頁

中國科學院網頁

中國科學院學部網頁

中國香港體育協會暨奧林匹克委員會網頁

中國旅遊研究院網頁

中國旅遊集團網頁

中國旅遊新聞網

中國核能行業協會網頁

中國海外發展有限公司網頁

中國海事仲裁委員會網頁

中國財經網

中國高校人文社會科學信息網網頁

中國唱片集團有限公司網頁

中國國際人才交流協會網頁

中國國際人才交流基金會網頁

中國國際公共關係協會網頁

中國基督教網

中國（深圳）國際文化產業博覽交易會網頁

中國創業投資網

中國富強基金會網頁

中國發展門戶網

中國發展簡報網頁

中國評論通訊社網頁

中國黃金網

中國新聞網

中國會展門戶網站

中國經濟新聞網

中國經濟網

中國資訊行

中國電力發展促進會核能分會網頁

中國電影發行放映協會網頁

中國電影資料館網頁

中國僑網網頁

中國輕工業網

中國銀行（香港）有限公司新聞稿

中國銀行（香港）有限公司網頁

中國銀行股份有限公司新聞稿

中國銀行股份有限公司網頁

中國銀行保險報·中保網

中國銀行保險報網頁

中國銀行保險監督管理委員會網頁

中國廣告博物館網頁

中國廣告網頁

中國（廣東）自由貿易試驗區網頁

中國廣視索福瑞媒介研究網頁

中國壁球協會網頁

中國證券報 —— 中證網

中國證券監督管理委員會網頁

中國證券網

中國體育博物館網頁

中國體育報網頁

中華人民共和國文化和旅遊部網頁

中華人民共和國外交部網頁

中華人民共和國外交部駐香港特別行政區特派員
公署網頁

中華人民共和國交通運輸部網頁

中華人民共和國科學技術部網頁

中華人民共和國海關總署網頁

中華人民共和國商務部網頁

中華人民共和國國家統計局網頁

中華人民共和國國家發展和改革委員會網頁

中華人民共和國國家稅務總局網頁

中華人民共和國國家電影局網頁

中華人民共和國國家衛生健康委員會國際合作司
（港澳台辦公室）網頁

中華人民共和國國務院新聞辦公室網頁

中華人民共和國國務院僑務辦公室網頁

中華人民共和國國務院辦公廳網頁

中華人民共和國教育部科技發展中心網頁

中華人民共和國教育部網頁

中華人民共和國教育部學位與研究生教育發展中
心網頁

中華人民共和國奧林匹克委員會網頁

中華人民共和國駐大韓民國大使館網頁

中華民國行政院大陸委員會網頁

中華股權投資協會網頁

中華健康快車基金會網頁

中視能量網頁

中電控股有限公司網頁

中電聯電力評價諮詢院網頁

中遠太平洋有限公司網頁

中遠海運港口有限公司網頁

中遠海運發展股份有限公司網頁

中銀—力圖—方氏（橫琴）聯營律師事務所網頁

中銀國際控股有限公司網頁

中銀集團保險有限公司網頁

中證網

今日頭條網頁

內地高校招收香港中學文憑考試學生網網頁

公益時報網頁

友邦人壽官方網頁

友邦人壽保險有限公司

友邦保險中國網頁

天下潮商網頁

天下雜誌網頁

天王電子（深圳）有限公司官方網頁

天津廣播電視台網頁

太古地產有限公司網頁

太平人壽保險有限公司網頁

太平金融控股有限公司網頁

巴士的報網頁

文庫 120 網頁

文匯報網頁

水中銀（國際）生物科技有限公司新聞稿

水中銀（國際）生物科技有限公司網頁

水母網

王寬誠教育基金會網頁

世界自然基金會北京分會網頁

世界自然基金會香港分會網頁

包玉剛國際基金網頁

北京 2008 網頁

北京 2022 年冬奧會和冬殘奧會組織委員會網頁

北京大學口腔醫院網頁

北京大學—香港理工大學中國社會工作研究中心
　　網頁

北京大學—香港理工大學漢語語言學研究中心
　　網頁

北京大學教育基金會網頁

北京大學滙豐商學院網頁

北京大學網頁

北京市人民政府國有資產監督管理委員會網頁

北京市住房和城鄉建設委員會網頁

北京京港地鐵有限公司網頁

北京法院法規檢索

北京青年報

北京師範大學官方微博

北京師範大學—香港浸會大學聯合國際學院網頁

北京師範大學教師教育研究中心網頁

北京高校思想政治理論課高精尖創新中心網頁

北京控股集團有限公司網頁

北京奧運城市發展促進會網頁

北京藝恩世紀資料科技股份有限公司網頁

北晚新視覺網頁

可口可樂中國網頁

史蒂文生黃律師事務所網頁

四川大學—香港理工大學災後重建與管理學院
　　網頁

四川師範大學網頁

央廣網

巨龍集團網頁

市區重建局網頁

平量行有限公司網頁

正昌環保科技（集團）有限公司網頁

正義紅師動畫官方網頁

民安（控股）有限公司新聞稿

民安（控股）有限公司網頁

永豐金資產管理（亞洲）有限公司網頁

甘肅奧電電梯有限公司官方網頁

田家炳基金會網頁

申港證券網頁

石漢瑞設計公司網頁

立基集團網頁

立橋保險集團控股有限公司網頁

立橋集團控股有限公司新聞稿

乒乓世界網頁

交通銀行太平洋信用卡中心網頁　　利民實業有限公司官方網頁

交通銀行股份有限公司網頁　　投資者及理財教育委員會錢家有道網頁

仲量聯行網頁　　李小加網誌

光大控股網頁　　李兆基基金會網頁

光明網　　李兆基博士輝煌傳奇智慧傳承網頁

全國人民代表大會網頁　　李嘉誠基金會網頁

全國水生野生動物保護分會網頁　　灼見名家

全景網　　豆瓣電影網頁

共產黨員網　　豆瓣網

合和實業有限公司網頁　　迅達（中國）電梯有限公司官方網頁

合肥航聯文化傳播有限公司網頁　　亞太財產保險有限公司香港分公司網頁

同濟大學設計創意學院網頁　　亞太商訊網頁

地產代理監管局新聞稿　　亞洲金融網頁

地產代理監管局網頁　　亞洲青年管弦樂團網頁

宅谷地產資訊網　　亞洲保險網頁

安信證券網頁　　亞洲動物基金網頁

安達人壽保險有限公司網頁　　亞洲象棋聯合會網頁

有方網　　亞洲開發銀行新聞稿

汕頭大學網頁　　亞洲奧林匹克理事會網頁

江西政協新聞網頁　　亞洲電視網頁

江門廣播電視台網頁　　京泰實業（集團）有限公司網頁

江南大學網頁　　京港學術交流中心網頁

江蘇省檔案館網頁　　佳源國際網頁

百老匯網頁　　依利安達集團有限公司官方網頁

百利唱片有限公司網頁　　兒童醫健基金會網頁

百度文庫　　其士集團網頁

百麗國際官方網頁　　叔蘋獎學金網頁

羊城網　　和記港口網頁

西安交通大學網頁　　和記港口鹽田國際網頁

伯恩光學官方網頁　　和記黃埔有限公司新聞中心

何梁何利基金網頁　　和記黃埔有限公司網頁

何鴻毅家族基金網頁　　尚乘集團網頁

何顯毅建築工程師樓地產發展顧問有限公司網頁　　忠誠集團網頁

佛山市順德區人民政府辦公室網頁　　房天下網頁

佛山市順德區政協網頁　　招商永隆保險有限公司網頁

佛山市順德區皇基機械有限公司官方網頁　　招商永隆銀行有限公司新聞稿

佛山新聞網　　招商局保險有限公司網頁

招商局能源運輸股份有限公司網頁

招商局港口控股有限公司網頁

招商局集團有限公司新聞稿

招商局集團網頁

招商局歷史博物館網頁

招商銀行香港分行網頁

招銀國際網頁

招聯金融網頁

昇捷網頁

明報財經網頁

明報新聞網

易車網

杭州市人民政府信息公開網頁

杭州市地鐵集團有限責任公司網頁

杭州網

杭州蕭山國際機場網頁

東方日報網頁

東方海外有限公司網頁

東方財富網

東方財經網頁

東方新聞網頁

東亞銀行（中國）有限公司新聞稿

東亞銀行有限公司新聞稿

東南大學網頁

東南網香港站

東科集團網頁

東莞市人民政府辦公室網頁

東莞市外商投資促進中心網頁

東莞市政府門戶網站

東莞市高新技術產業協會旗下企業服務平台網頁

東莞市檔案館網頁

東莞松山湖高新技術產業開發區管理委員會網頁

東華三院網頁

河南省地方金融監督管理局網頁

法律教育基金網頁

法國巴黎銀行新聞中心

法國杜卡斯學院網頁

泛海控股有限公司網頁

泛珠三角合作信息網

知乎

知網空間

社工中國網頁

社會服務發展研究中心網頁

花旗銀行（中國）有限公司新聞稿

金羊網

金利來集團有限公司官方網頁

金投賞網頁

金銀業貿易場新聞稿

金融界網頁

長江和記實業有限公司網頁

長江基建集團有限公司網頁

長春社網頁

阿里巴巴創業者基金新聞稿

阿里巴巴創業者基金網頁

阿里巴巴集團網頁

亮睛工程網網頁

促進現代化專業人士協會網頁

保華建業集團網頁

保險業監管局新聞稿

保險業監管局網頁

信報財經新聞網頁

信義玻璃控股有限公司官方網頁

前海・百科

前海在線網頁

前海金融控股有限公司網頁

前海政策百科網

前海國際聯絡服務有限公司網頁

前海深港青年夢工場網頁

前海深港現代服務業合作區深圳前海蛇口自貿片
　　區網頁

前海聯合交易中心網頁

前瞻經濟學人網頁

南方日報網頁

南方周末網頁

南方網

南沙金融工作局網頁

南沙區人民法院網頁

南沙區投促局網頁

南洋商業銀行網頁

南豐集團網頁

建滔集團有限公司官方網頁

恒生前海基金管理有限公司網頁

恒生管理學院供應鏈及資訊管理學系網頁

恒生管理學院新聞稿

恒生銀行（中國）有限公司新聞稿

恒生銀行（中國）有限公司網頁

恒生銀行有限公司新聞稿

恒基兆業地產有限公司網頁

恒隆地產有限公司網頁

政協深圳市委員會網頁

政協深圳市委員會辦公廳網頁

星美控股集團有限公司網頁

星島日報網頁

星島地產網頁

星晨旅遊網頁

流媒體網

看漢新聞發放

看誰網

祈福生活服務網頁

科技部門戶網站

科創企業公共服務平台網頁

科學網新聞

紅網

紅樹林基金會網頁

美亞保險香港有限公司網頁

美聯物業中國網頁

致信網

苗圃行動網頁

重大新聞網網頁

重慶大學環境與生態學院網頁

風行網

風傳媒網頁

首都文明網頁

首都機場集團公司網頁

首創置業網頁

香江學者計劃網頁

香港 X 科技創業平台新聞稿

香港 X 科技創業平台網頁

香港 01 網頁

香港人文社會研究所網頁

香港大學公民社會與治理研究中心網頁

香港大學—復旦大學工商管理（國際）碩士項目
　　網頁

香港大學新發傳染性疾病國家重點實驗室網頁

香港大學新聞稿

香港大學圖書館網頁

香港大學網頁

香港小交響樂團網頁

香港工商專業聯會網頁

香港工程師學會網頁

香港中文大學（深圳）網頁

香港中文大學生物醫學學院網頁

香港中文大學商學院網頁

香港中文大學專業進修學院網頁

香港中文大學傳訊及公共關係處新聞稿

香港中文大學新聞稿

香港中文大學網頁

香港中國企業協會人才網

香港中華教育基金網頁

香港中華煤氣有限公司網頁

香港中華總商會網頁

香港中樂團網頁

香港公共行政學院網頁

香港公共關係專業人員協會網頁

香港公開大學網頁

香港文化博物館網頁

香港生產力促進局新聞稿

香港生產力促進局網頁

香港乒乓總會網頁

香港交易及結算所網頁

香港交易所披露易網頁

香港交易所創業板網頁

香港交易所新聞稿

香港地球之友網頁

香港年報網頁

香港考試及評核局網頁

香港投資推廣署網頁

香港足球總會網頁

香港亞洲電影投資會網頁

香港房屋委員會網頁

香港明愛網頁

香港知專設計學院網頁

香港空運服務有限公司新聞稿

香港金融發展局網頁

香港金融管理局《匯思》網誌

香港金融管理局《觀點》網誌

香港金融管理局新聞稿

香港金融管理局網頁

香港金融管理學院網頁

香港青年協會網頁

香港保險中介人商會網頁

香港品牌官方網頁

香港城市大學太赫茲及毫米波國家重點實驗室
　　網頁

香港城市大學海洋污染國家重點實驗室網頁

香港城市大學專業進修學院網頁

香港城市大學新聞稿

香港城市大學網頁

香港建築師學會網頁

香港科技大學新聞稿

香港科技大學網頁

香港科技大學霍英東研究院網頁

香港科技協進會網頁

香港科技園公司新聞稿

香港科學院網頁

香港紅十字會網頁

香港飛機工程有限公司新聞資料庫

香港旅遊發展局香港旅業網網頁

香港海洋公園保育基金網頁

香港海運港口局網頁

香港浸會大學傳理學院網頁

香港浸會大學新聞稿

香港特別行政區二零一八至一九年度政府財政預
　　算案網頁

香港特別行政區立法會（第六屆）保安事務委員
　　會網頁

香港特別行政區立法會（第四屆）工商事務委員
　　會網頁

香港特別行政區立法會行政管理委員會網頁

香港特別行政區立法會秘書處資料研究組網頁

香港特別行政區立法會網頁

香港特別行政區政府工業貿易署資助計劃網頁

香港特別行政區政府工業貿易署網頁

香港特別行政區政府中央政策組網頁

香港特別行政區政府民航處新聞公報

香港特別行政區政府投資推廣署網頁

香港特別行政區政府律政司網頁

香港特別行政區政府政制及內地事務局新聞公報

香港特別行政區政府政制及內地事務局粵港澳大
　　灣區發展辦公室網頁

香港特別行政區政府政制及內地事務局網頁

香港特別行政區政府香港海關網頁

香港特別行政區政府旅遊事務署網頁

香港特別行政區政府海事處網頁

香港特別行政區政府財政司司長網誌

香港特別行政區政府商務及經濟發展局「一帶一
　　路」辦公室網頁

香港特別行政區政府商務及經濟發展局旅遊事務
　　署網頁

香港特別行政區政府商務及經濟發展局網頁

香港特別行政區政府康樂及文化事務署網頁

香港特別行政區政府教育局生涯規劃資訊網頁

香港特別行政區政府統計處新聞稿

香港特別行政區政府統計處網頁

香港特別行政區政府規劃署網頁

香港特別行政區政府渠務署網頁

香港特別行政區政府發展局新聞公報

香港特別行政區政府發展局網頁

香港特別行政區政府新聞公報網頁

香港特別行政區政府路政署港珠澳大橋相關香港
　工程項目網頁

香港特別行政區政府路政署網頁

香港特別行政區政府運輸及房屋局網頁

香港特別行政區政府漁農自然護理署網頁

香港特別行政區政府駐上海經濟貿易辦事處網頁

香港特別行政區政府駐北京辦事處網頁

香港特別行政區政府駐成都經濟貿易辦事處網頁

香港特別行政區政府駐粵經濟貿易辦事處網頁

香港特別行政區政府環境保護署網頁

香港特別行政區政策創新與統籌辦事處網頁

香港財華社網頁

香港商報網頁

香港國際教育發展協會網頁

香港國際貨櫃碼頭有限公司網頁

香港國際電影節協會網頁

香港培華教育基金會網頁

香港基督教服務處網頁

香港教育大學網頁

香港理工大學企業發展院網頁

香港理工大學海事中心網頁

香港理工大學網頁

香港票房有限公司網頁

香港貨運物流業協會有限公司網頁

香港測量師學會新聞稿

香港測量師學會網頁

香港童聲合唱協會網頁

香港象棋總會網頁

香港貿易發展局商貿全接觸網頁

香港貿易發展局新聞稿

香港貿易發展局網頁

香港貿發局專題報道

香港新聞網

香港經濟日報網頁

香港電台公共事務專頁網頁

香港電台網頁

香港電訊有限公司網頁

香港電影發展局網頁

香港演藝人協會網頁

香港演藝學院網頁

香港管弦協會有限公司網頁

香港管理專業協會網頁

香港綠建商舖聯盟網頁

香港銀行同業結算有限公司網頁

香港廣告商會網頁

香港影庫網頁

香港影業協會網頁

香港數碼港管理有限公司新聞稿

香港數碼港管理有限公司網頁

香港樂施會網頁

香港樹仁大學網頁

香港機場管理局新聞稿

香港機場管理局網頁

香港應用科技研究院網頁

香港總商會網頁

香港賽馬會網頁

香港懲教社教育基金網頁

香港藝術發展局網頁

香港藝術節網頁

香港鐵路有限公司網頁

香港體育學院網頁

庫客音樂網頁

時代在線

時代論壇

泰禾人壽保險有限公司新聞稿

泰禾人壽保險有限公司網頁

泰康保險集團股份有限公司網頁

泰康資產管理（香港）有限公司網頁

浙江大學─香港理工大學聯合中心網頁

浙江大學教育基金會網頁

浙江省人民政府地方志辦公室網頁

浙江新聞網頁

海峽兩岸暨香港地區醫學教育協會網頁

《珠江時報》網頁

珠海大橫琴股份有限公司網頁

珠海市人民政府辦公室網頁

珠海市斗門區人民政府網頁

珠海市斗門區金融服務中心網頁

珠海市金融工作局網頁

珠海市香洲區人民政府網頁

珠海市統計局網頁

珠海市發展和改革局網頁

珠海市橫琴新區工商行政管理局網頁

珠海市檔案館網頁

珠海橫琴新區管理委員會網頁

財資市場公會新聞稿

起動九龍東網頁

軒轅教育基金會網頁

陝西省人民政府網頁

陝西省媽媽環保志願者協會網頁

陝西檔案信息網網頁

高速公路網

參考網

偉志控股有限公司官方網頁

偉易達集團官方網頁

偉達公關網頁

動物友善網

動腦傳播

商務歷史網頁

商智謀略網頁

商湯科技網頁

《商業文化》月刊

啟勝管理服務有限公司網頁

國家外匯管理局上海市分局網頁

國家外匯管理局天津市分局網頁

國家外匯管理局網頁

國家外匯管理局廣東省分局網頁

國家自然科學基金委員會網頁

國家稅務總局網頁

國務院國有資產監督管理委員會網頁

國務院國資委新聞中心網頁

國務院僑務辦公室《僑務工作研究》編輯部網頁

國際能源網

國際商業機器公司網頁

國際專業服務機構網頁

國際設計聯盟網頁

國際應用科技開發協作網網頁

基建融資促進辦公室網頁

康泰旅行社網頁

康健國際醫療集團有限公司新聞稿

康健國際醫療集團有限公司網頁

彩生活服務集團有限公司網頁

深圳大學高爾夫學院網頁

深圳大學傳播學院網頁

深圳大學藝術學部網頁

深圳市人民政府口岸辦公室網頁

深圳市人民政府金融工作辦公室網頁

深圳市人民政府國有資產監督管理委員會網頁

深圳市人民政府發展研究中心網頁

深圳市工業設計行業協會網頁

深圳市方塊動漫畫文化發展有限公司網頁

深圳市百匯大廈物業管理有限公司網頁

深圳市地鐵集團有限公司網頁

深圳市物業管理有限公司網頁

深圳市物業管理行業協會網頁

深圳市前海深港現代服務業合作區管理局網頁

深圳市前海管理局網頁

深圳市南油（集團）有限公司網頁

深圳市城市交通規劃設計研究中心網頁

深圳市城建檔案館網頁

深圳市留學生創業園網頁

深圳市國家自主創新示範區服務中心網頁

深圳市國際投資推廣聯合會網頁

深圳市現代創新發展基金會網頁

深圳市機場（集團）有限公司網頁

深圳市檔案館網頁

深圳市藍海現代法律服務發展中心網頁

深圳市鹽田港集團有限公司網頁

深圳平面設計協會網頁

深圳投控灣區發展有限公司網頁

深圳政協網

深圳政府在線網頁

深圳特發集團網頁

深圳控股有限公司網頁

深圳晚報網頁

深圳博物館網頁

深圳港口協會網頁

深圳華森建築與工程設計顧問有限公司網頁

深圳虛擬大學園網頁

深圳註冊建築師協會網頁

深圳新聞網

深圳證券交易所網頁

深港產學研基地（北京大學香港科技大學深圳研
　　修院）網頁

深業集團有限公司網頁

清華大學美術學院網頁

清華大學黨建網

清潔生產伙伴計劃網頁

現代貨箱碼頭有限公司網頁

理文造紙有限公司官方網頁

祥祺集團網頁

第一太平戴維斯中國公司網頁

第一財經

第一財經日報網頁

統計處網上互動數據發布服務網頁

渣打銀行（中國）有限公司新聞稿

莞訊網

設施管理網

設計匯網頁

設計營商周 2020 網頁

通訊事務管理局辦公室網頁

陳博士體能康復研究中心網頁

陸氏集團（越南控股）有限公司官方網頁

麥家榮律師行網頁

創意香港網頁

創維集團有限公司網頁

創維集團財務有限公司網頁

創興銀行有限公司新聞稿

博雅旅遊分享網頁

富城集團網頁

富通保險有限公司新聞中心

富通保險有限公司網頁

富德控股（集團）有限公司網頁

富衛人壽保險（百慕達）有限公司新聞稿

富衛集團內地網頁

就愛文摘網移動版

彭年集團網頁

復旦大學招生網網頁

復星國際有限公司網頁

惠州市人民政府網頁

惠州市交通投資集團有限公司網頁

揚子晚報網

《晴報》網頁

智通財經

最美的書網頁

渤海銀行股份有限公司網頁

港珠澳大橋管理局網頁

港鐵軌道交通（深圳）有限公司網頁

港鐵學院網頁

皓天財經集團官方網頁

紫荊網

菜鳥網絡科技有限公司網頁

華人置業集團網頁

華中師範大學化學學院網頁

華東師範大學網頁

華南理工大學網頁

華泰資產管理公司網頁	新世界發展有限公司新聞稿
華商林李黎聯營律師事務所網頁	新世界發展有限公司網頁
華森建築與工程設計顧問公司網頁	新京報網頁
華僑大學網頁	新浪上海
華僑永亨銀行有限公司新聞稿	新浪收藏
華潤（集團）有限公司網頁	新浪香港
華潤物業有限公司網頁	新浪娛樂
華潤啤酒（控股）有限公司網頁	新浪旅遊
華潤置地有限公司網頁	新浪財經
街聲網頁	新浪博客
貴州省外事辦公室網頁	新浪新聞中心
貴州省保險行業協會網頁	新浪網
賀州政協網頁	新浪影音娛樂
越秀集團網頁	新浪體育
雲南省人民政府外事辦公室網頁	新創建集團有限公司網頁
雲南婦女網網頁	新華人壽保險股份有限公司網頁
雲洲智能網頁	新華每日電訊網頁
雲頂香港新聞稿	新華財經
順德城市網網頁	新華集團網頁
順豐控股網頁	新華資產管理股份有限公司網頁
匯才保險代理（深圳）有限公司網頁	新華資產管理香港有限公司網頁
匯賢產業信託網頁	新華網
廈門大學招生網	新豪集團網頁
廈門大學新聞傳播學院網頁	新興綜合物流園網頁
廈門大學會計發展中心網頁	新鴻基地產郭氏基金網頁
廈門市保險行業協會網頁	新鴻基地產發展有限公司網頁
廈門國際港務股份有限公司網頁	新疆天山毛紡織股份有限公司官方網頁
微文庫	會德豐地產有限公司新聞稿
愛思想網頁	溢星財經傳播有限公司新聞稿
愛高集團官方網頁	溢達集團網頁
搜狐娛樂	滙豐中國網頁
搜狐財經頻道	瑞士資訊 SWI swissinfo.ch 網頁
搜狐新聞	瑞安房地產網頁
搜狐網	當代金融家網頁
搜狐體育	當代電影雜誌網頁
搜狗百科	粵海廣南（集團）有限公司網頁
新世界中國地產有限公司網頁	粵港澳仲裁調解聯盟網頁

粵港澳高校圖書館聯盟網頁	領展資產管理有限公司網頁
經濟參考報網頁	鳳凰網
經濟通	億歐網頁
萬科物業網頁	劇情網
萬科集團新聞稿	劉榮廣伍振民建築師有限公司網頁
萬科集團網頁	《廣安日報》網頁
資本雜誌網頁	廣州太古匯網頁
路勁基建有限公司網頁	廣州市委黨史文獻研究室網頁
路透社網頁	廣州市南沙區人民政府網頁
農銀國際保險有限公司網頁	廣州市南沙區投資貿易促進局網頁
電能實業有限公司網頁	廣州市商務局網頁
電視廣播有限公司網頁	廣州市教育局網頁
電影數字節目管理中心網頁	廣州市番禺區番發集團有限公司網頁
靳尚誼官方網頁	廣州市體育局網頁
靳劉高設計官方網頁	廣州白天鵝賓館網頁
鼎睿再保險有限公司新聞稿	廣州南沙經濟技術開發區金融工作局網頁
鼎睿再保險有限公司網頁	廣州港南沙港務有限公司網頁
嘉里物流聯網有限公司網頁	廣州港集團網頁
嘉華集團網頁	廣州圖書館網頁
嘉道理農場暨植物園網頁	廣州錦漢展覽中心網頁
嘉實國際資產管理有限公司網頁	廣州體育文化博物館網頁
團結香港基金網頁	廣告門網頁
寧波北侖國際集裝箱碼頭有限公司網頁	廣東以色列理工學院網頁
寧波市檔案局網頁	廣東生益科技股份有限公司官方網頁
寧波永新光學股份有限公司官方網頁	廣東政協網頁
寧波舟山港股份有限公司網頁	廣東省人民政府港澳事務辦公室網頁
暨南大學教育發展基金會網頁	廣東省人民政府網頁
暨南大學網頁	廣東省公路建設有限公司網頁
滬港發展聯合研究所網頁	廣東省生態環境廳網頁
滬港經濟發展協會網頁	廣東省交通運輸廳網頁
漫友網	廣東省休閑漁業與垂釣協會網頁
端傳媒	廣東省政協文化和文史資料委員會網頁
綠城服務網頁	廣東省能源集團有限公司網頁
網易科技	廣東省高速公路發展股份有限公司網頁
網易娛樂	廣東省商務廳網頁
銀聯國際有限公司網頁	廣東省國資委網頁
閩信保險有限公司網頁	廣東省博物館網頁

廣東省港澳辦網頁

廣東省僑商投資企業協會網頁

廣東省廣播電視局網頁

廣東省體育局網頁

廣東飛晟投資有限公司網頁

廣東珠江口中華白海豚國家級自然保護區網頁

廣東商報網頁

廣東粵海集團控股有限公司網頁

廣東經濟雜誌社網頁

廣東黨史網

廣發國際網頁

影視及廣播產業文化部影視及流行音樂產業局
　　網頁

徵集碼頭網

德勒中國網頁

數英

樂居網頁

歐浦智網

潮商雜誌網頁

澎湃新聞

蔣震工業慈善基金網頁

鄧小平紀念網網頁

鄰舍輔導會網頁

寰宇保險代理（上海）有限公司網頁

橙天娛樂網頁

橫琴自貿區駐港經貿代表處網頁

澳門青年創業孵化中心網頁

澳門特別行政區政府旅遊局澳門旅遊業界網頁

澳門特別行政區政府經濟及科技發展局網頁

澳門發展策略研究中心網頁

澳門貿易投資促進局網頁

興業銀行股份有限公司網頁

霍英東教育基金會網頁

頭條日報網頁

龍昌集團官方網頁

龍湖集團網頁

龍璽創意獎網頁

優酷網

戲院誌網頁

濟南時報網頁

環球旅訊網頁

環球時報網頁

環球電視台中文網

環球數碼創意控股有限公司網頁

縱橫公共關係顧問集團有限公司網頁

聯合國兒童基金會香港委員會網頁

聯合國兒童基金會網頁

聯發集團網頁

職業訓練局網頁

豐德麗控股有限公司網頁

醫院管理局進修學院網頁

醫院管理局網頁

藝恩網頁

藝評香港網頁

證券時報網

證券及期貨事務監察委員會網頁

麗星郵輪網頁

寶鋼股份網頁

騰訊財經

騰訊證券網頁

鶴山市人民政府網頁

鶴山市印刷協會網頁

鶴山雅圖仕印刷有限公司網頁

權智有限公司官方網頁

體新聞網頁

體路網頁

觀察者網

觀瀾湖集團網頁

Airbus press release

America Movil website

Animal Asia website

Autodesk Inc. website news release

BC Gov News website

Boeing press release

Box Office Mojo website

CAF Development Bank of Latin America news

China Daily website

China Global Television Network website

Chinese Olympic Committee website

Cn.hanx.in website

Financial Times website

HKIAC website

Hong Kong Air Cargo Industry Services Limited press release

Hong Kong Baptist University Website

HSBC Group press release

International Finance Corporation website

International Olympic Committee press release

ITP Media Group website

Jing Daily website

Naxos Records website

People's Daily Online website

SPRG website

Standard Chartered PLC press release

State Key Laboratory for Emerging Infectious Diseases website

Strategic Public Relations Group website

The Hong Kong Advertisers Association website

The Hong Kong Association for the Advancement of Science and Technology website

The Hong Kong Jockey Club press release

The Phnom Penh Post website

The World Bank press release

Unilever press release

United Nations Conference on trade and development website

United Press International website

WE Marketing Group website

口述歷史及訪談

太平洋影音公司：香港地方志中心編輯部訪問，2021 年 8 月 4 日，電話訪問，香港地方志中心資料庫，香港：香港地方志中心。

田慶先：〈生產線北移的背景和進程〉，1990 年代，LKF-TINS-SEG-011，文稿，「香港留聲」口述歷史檔案庫，香港：香港記憶計劃。

伍淑清：香港地方志中心編輯部訪問，2020 年 12 月 16 日，訪談 2021-A87，影像，香港地方志中心資料庫，香港：香港地方志中心。

朱偉基：香港地方志中心編輯部訪問，2021 年 6 月 18 日，文稿，香港地方志中心資料庫，香港：香港地方志中心。

何定鈞：香港地方志中心編輯部訪問，2021 年 5 月 27 日，訪談 2021-A127，錄音，香港地方志中心資料庫，香港：香港地方志中心。

何顯毅：香港地方志中心編輯部訪問，2020 年 2 月 26 日，錄音，香港地方志中心資料庫，香港：香港地方志中心。

李添勝：香港地方志中心編輯部訪問，2020 年 12 月 16 日，訪談 2020-A113，錄音，香港地方志中心資料庫，香港：香港地方志中心。

李景勳、雷煥庭：香港地方志中心編輯部訪問，2021 年 7 月 21 日，錄音，香港地方志中心資料庫，香港：香港地方志中心。

李業廣：香港地方志中心編輯部訪問，2021 年 4 月 9 日，訪談 2021-A68，影像，香港地方志中心資料庫，香港：香港地方志中心。

汪振富：香港地方志中心編輯部訪問，2020 年 5 月 15 日，訪談 2020-A98，錄音，香港地方志中心資料庫，香港：香港地方志中心。

冼杞然：香港地方志中心編輯部訪問，2021 年 5 月 20 日，訪談 2021-A125，錄音，香港地方志中心資料庫，香港：香港地方志中心。

周凡夫：香港地方志中心編輯部訪問，2020 年 6 月 22 日，訪談 2020-A115，錄音，香港地方志中心資料庫，香港：香港地方志中心。

周光蓁：香港地方志中心編輯部訪問，2021 年 3 月 18 日，訪談 2020-A67，錄音，香港地方志中心資料庫，香港：香港地方志中心。

周勇平：香港地方志中心編輯部訪問，2019 年 11 月 19 日，訪談 2019-A5，影像，香港地方志中心資料庫，香港：香港地方志中心。

林乃仁：香港地方志中心編輯部訪問，2021 年 1
　　月 18 日，文稿，香港地方志中心資料庫，香
　　港：香港地方志中心。

林亮：〈改革開放初年內地設廠之過程〉，2010
　　年 9 月 29 日，文稿，「香港留聲」口述歷史
　　檔案庫，香港：香港記憶計劃。

施仁毅：香港地方志中心編輯部訪問，2021 年 5
　　月 17 日，訪談 2021-A69，錄音，香港地方
　　志中心資料庫，香港：香港地方志中心。

紀文鳳：香港地方志中心編輯部訪問，2021 年 1
　　月 6 日及 2021 年 3 月 9 日，訪談 2021-A58
　　及 2021-A66，影像，香港地方志中心資料
　　庫，香港：香港地方志中心。

胡應湘：香港地方志中心編輯部訪問，2019 年
　　10 月 29 日，訪談 2019-A1，錄影及錄音，香
　　港地方志中心資料庫，香港：香港地方志中心。

倫潔瑩：香港地方志中心編輯部訪問，2021 年 2
　　月 10 日，影像，香港地方志中心資料庫，香
　　港：香港地方志中心。

馬逢國：香港地方志中心編輯部訪問，2019 年
　　11 月 5 日，訪談 2019-A3，錄音，香港地方
　　志中心資料庫，香港：香港地方志中心。

高志森：香港地方志中心編輯部訪問，2020 年 2
　　月 27 日，訪談 2020-A93，錄音，香港地方
　　志中心資料庫，香港：香港地方志中心。

崔綺雲：香港地方志中心編輯部訪問，2021 年 3
　　月 10 日、2021 年 5 月 26 日、2021 年 6 月
　　11 日及 2021 年 6 月 18 日，文稿，香港地
　　方志中心資料庫，香港：香港地方志中心。

梁中本：香港地方志中心編輯部訪問，2021 年 5
　　月 18 日，訪談 2021-A124，錄音，香港地方
　　志中心資料庫，香港：香港地方志中心。

梁伯韜：香港地方志中心編輯部訪問，2019 年
　　12 月 9 日，訪談 2019-A8，影像，香港地方
　　志中心資料庫，香港：香港地方志中心。

陳永華：香港地方志中心編輯部訪問，2021 年 1
　　月 7 日，訪談 2021-A2，錄音，香港地方志
　　中心資料庫，香港：香港地方志中心。

陳永祺：香港地方志中心編輯部訪問，2020 年 1
　　月 9 日，訪談 2020-A72，影像，香港地方志
　　中心資料庫，香港：香港地方志中心。

陳嘉正：香港地方志中心編輯部訪問，2019 年
　　10 月 14 日，訪談 2019-A17，錄音，香港地
　　方志中心資料庫，香港：香港地方志中心。

陳羅光：香港地方志中心編輯部訪問，2021 年 6
　　月 10 日，訪談 2021-A126，錄音，香港地方
　　志中心資料庫，香港：香港地方志中心。

陳寶華：香港地方志中心編輯部訪問，2020 年 5
　　月 27 日，訪談 2020-A100，錄音，香港地方
　　志中心資料庫，香港：香港地方志中心。

陸恭蕙：香港地方志中心編輯部訪問，2019 年
　　12 月 5 日，訪談 2019-A55，錄音，香港地方
　　志中心資料庫，香港：香港地方志中心。

陸恭蕙：香港地方志中心編輯部訪問，2020 年 7
　　月 9 日，訪談 2020-A106，錄音，香港地方
　　志中心資料庫，香港：香港地方志中心。

曾正麟：香港地方志中心編輯部訪問，2021 年 3
　　月 1 日，訪談 2021-A64，錄音，香港地方志
　　中心資料庫，香港：香港地方志中心。

楊波：香港地方志中心編輯部訪問，2021 年 5
　　月 26 日，文稿，香港地方志中心資料庫，香
　　港：香港地方志中心。

雷國強：香港地方志中心編輯部訪問，2019 年
　　12 月 20 日，訪談 2019-A66，錄音，香港地
　　方志中心資料庫，香港：香港地方志中心。

靳埭強：香港地方志中心編輯部訪問，2019 年
　　12 月 3 日，訪談 2019-A6，文稿，香港地方
　　志中心資料庫，香港：香港地方志中心。

劉啟漢：香港地方志中心編輯部訪問，2020 年 7
　　月 3 日，訪談 2020-A105，錄音，香港地方
　　志中心資料庫，香港：香港地方志中心。

劉紹鈞：香港地方志中心編輯部訪問，2020 年 1
　　月 13 日，訪談 2020-A88，錄音，香港地方
　　志中心資料庫，香港：香港地方志中心。

劉紹鈞：香港地方志中心編輯部訪問，2021 年 1
　　月 27 日，訪談 2021-A61，錄音，香港地方
　　志中心資料庫，香港：香港地方志中心。

劉榮廣：香港地方志中心編輯部訪問，2020 年 1
　　月 15 日，錄音，香港地方志中心資料庫，香
　　港：香港地方志中心。

劉耀成：香港地方志中心編輯部訪問，2020 年 7
　　月 21 日，訪談 2020-A107，錄音，香港地方
　　志中心資料庫，香港：香港地方志中心。

鄭秉澤：香港地方志中心編輯部訪問，2020 年 5
　　月 15 日，錄音，香港地方志中心資料庫，香
　　港：香港地方志中心。

鄭新文：香港地方志中心編輯部訪問，2021 年 5
　　月 20 日，錄音，香港地方志中心資料庫，香

港：香港地方志中心。

錢國棟：香港地方志中心編輯部訪問，2021 年 5
月 4 日，訪談 2021-A70，錄音，香港地方志
中心資料庫，香港：香港地方志中心。

謝景芬：香港地方志中心編輯部訪問，2021 年 6
月 11 日，文稿，香港地方志中心資料庫，香
港：香港地方志中心。

羅健中：香港地方志中心編輯部訪問，2019 年
10 月 25 日，錄音，香港地方志中心資料庫，
香港：香港地方志中心。

羅健中：香港地方志中心編輯部訪問，2021 年 1
月 14 日，訪談 2021-A59，影像，香港地方
志中心資料庫，香港：香港地方志中心。

羅康瑞：香港地方志中心編輯部訪問，2019 年 12
月 11 日，訪談 2019-A10，錄影及錄音，香港
地方志中心資料庫，香港：香港地方志中心。

嚴迅奇：香港地方志中心編輯部訪問，2020 年 6
月 24 日，錄音，香港地方志中心資料庫，香
港：香港地方志中心。

蘇章盛：〈內地設廠的背景和進程（一）〉，2011
年 3 月 10 日，文稿，「香港留聲」口述歷史
檔案庫，香港：香港記憶計劃。

媒體訪問

梁振英：〈梁振英：親歷改革開放見證深圳巨變〉，
《深圳口述史》報道組訪問，深圳新聞網，
2019 年 4 月 3 日，文字記錄，https://www.
sznews.com/news/content/2019-04/19/
content_21638463.htm。

編後記

全面編修香港地方志，史無前例。修志是中華民族優良的文化傳統，有 2000 多年歷史。地方志書全面系統地記述特定區域內自然、政治、經濟、文化和社會的歷史與現狀。編纂《香港志》的緣起，可追溯至 2019 年春，由董建華先生領導的團結香港基金，承擔起這項極具意義的工作任務，同年 8 月為此成立「香港地方志中心」，推動和落實編纂工作。

《香港參與國家改革開放志》為一卷專志，編寫工作從 2019 年 9 月起，由於我們缺乏編纂地方志經驗，在篇目設計和記述體例上，從不認識「橫排門類，縱述史實」的志體規範，到明白「橫不缺要項，縱不斷主線」的記述方針，過程得到內地方志學家陳澤泓、王濤、楊波、曾新和學者專家陳多老師等諸位的指點，使我們可以在學習的基礎上展開工作。在「邊做邊學」過程中，工作前進步履跌宕起伏，篇目制訂幾易其稿，目前成書的篇目設計，我們雖盡力而為，但自知仍有疏漏，而自知的不足，鞭策我們努力不懈，矢志編寫好首部香港地方志這項偉大的文化工程。

《香港參與國家改革開放志》共十九章，參加撰寫人員，第一、二章黃麗瑗；第三章周少芳、陳立衡；第四章吳福全、蔡耀銘、陸錦榮；第五、七章楊竹；第六章張彧、彭寶珍；第八章周少芳；第九章崔德興、陳立衡；第十、十一章張健華；第十二章陳立衡；第十三章趙浩柏；第十四章蔡思行、張彧、李靜雯、林佩珊、張啟榮、許育冰；第十五章羅家輝、李靜雯、周咢年；第十六章趙漣、陳立衡；第十七章李慶餘；第十八章崔德興、吳福全、李慶餘；第十九章趙漣。撰寫人員當中，彭寶珍、張啟榮及許育冰在工作中途辭任。全書於 2020 年 11 月完成初稿，隨後，由陳景祥、陸錦榮、陳立衡進行志稿內審，修改、補充和統稿。內審完成後，把各章「內審定稿」送交相關學術或事務領域的專家學者，分別進行外審，批閱和提出修改意見。志稿外審於 2021 年 7 月完成，各章撰寫人員按外審專家學者的評審意見對志稿作出修訂，於 8 月中修訂完畢，形成「送審稿」，香港地方志中心編審委員會和香港地方志中心理事會分別對「送審稿」進行審核，並批准出版。

本志編修過程中，參考了內地多省市志書、兩地年鑑、學術期刊和政府統計報告等書籍及資料（主要參考文獻列表另附），並採用了其中一些材料。此外，在編寫過程中，得到眾多學者專家的指導；商界人士和企業、官方機構、法定組織及私營機構的襄助，提供資料、圖片，以及協助核證本志記述與其相關資料的正訛。由於香港參與國家改革開放 40 年來的歷程中，人、事、物的互動縱橫交錯，覆蓋面廣泛，記述難免掛一漏萬，祈請諒察。

對於各方的支持和襄助，在此致以誠摯感謝。限於水平，加上首次編纂地方志，經驗不足，本志難免有不妥善之處，敬請讀者不吝批評指正，寶貴意見可電郵至：editorial@hkchronicles.org.hk。

香港地方志中心編輯部
2021 年 10 月

鳴謝

中央人民政府駐香港特別行政區聯絡辦公室　　中國地方志指導小組
全國港澳研究會　　香港特別行政區政府
國務院港澳事務辦公室　　廣東省人民政府地方志辦公室

一帶一路總商會　　九龍倉集團有限公司
上海建工海外工程有限公司　　上海莘天置業有限公司
上海實業（集團）有限公司　　大新銀行集團有限公司
中信銀行（國際）有限公司　　中國人壽保險（海外）股份有限公司
中國工商銀行（亞洲）有限公司　　中國中信股份有限公司
中國太平人壽保險（香港）有限公司　　中國太平保險集團有限責任公司
中國交銀保險有限公司　　中國光大集團股份公司
中國建築國際集團有限公司　　中國香港體育協會暨奧林匹克委員會
中國旅遊集團有限公司暨香港中旅（集團）有限公司　　中國海外集團有限公司
中國港灣工程有限責任公司　　中國銀行（香港）有限公司
中華電力有限公司　　中銀集團人壽保險有限公司
友邦保險控股有限公司　　太古地產有限公司
太平再保險有限公司　　太平洋影音公司
王寬誠教育基金會　　世界自然基金會香港分會
北京師範大學—香港浸會大學聯合國際學院　　香港生產力促進局
田家炳基金會　　石漢瑞設計公司
合和實業有限公司　　旭日集團
何梁何利基金　　李景勳、雷煥庭建築師有限公司
亞洲動物基金　　京泰實業（集團）有限公司
京港學術交流中心　　和記港口集團有限公司
招商局集團有限公司　　東亞銀行有限公司
社會服務發展研究中心　　邵氏基金會
長江和記實業有限公司　　長江實業集團有限公司
長春社　　促進現代化專業人士協會
保險業監管局　　信和集團
南華早報出版有限公司　　城市規劃委員會
恒隆地產有限公司　　星島新聞集團

祈福集團

香格里拉（亞洲）有限公司

香港上海滙豐銀行有限公司

香港大公文匯傳媒集團

香港大學

香港中文大學

香港中國企業協會

香港中華總商會

香港公共行政學院

香港公共關係專業人員協會

香港世界宣明會

香港交易及結算所有限公司

香港地球之友

香港金融管理局

香港青年協會

香港保險業聯會

香港保險顧問聯會

香港城市大學司法教育與研究中心

香港城市大學

香港建築師學會

香港科技大學

香港科技園公司

香港旅遊發展局

香港海洋公園保育基金

香港浸會大學

香港特別行政區廉政公署

香港國際貨櫃碼頭有限公司

香港培華教育基金會

香港專業保險經紀協會

香港理工大學

香港設計中心

香港設計總會

香港貿易發展局

香港置地集團公司

香港管理專業協會

香港廣告商會

香港影業協會

香港數碼港管理有限公司

香港樂施會

香港機場管理局

香港總商會

香港賽馬會

香港鐵路有限公司

栗子坪國家級自然保護區

泰禾人壽保險有限公司

捷成洋行有限公司

救世軍港澳軍區

現代貨箱碼頭有限公司

陳幼堅設計公司

創科實業有限公司

富通保險有限公司

渣打銀行（香港）有限公司

華潤（集團）有限公司

順豐速運

馮氏集團公司

奧森時尚（上海）策劃諮詢有限公司

新世界發展有限公司

新華社

新鴻基地產發展有限公司

新鴻基有限公司

萬科控股（香港）有限公司

電能實業有限公司

鼎睿再保險有限公司

嘉里物流聯網有限公司

嘉道理農場暨植物園

閩信保險有限公司

廣東省廣告協會

廣東粵海控股集團有限公司

廣東廣播電視台

歐華爾顧問有限公司